MEYERS TASCHEN-LEXIKON GESCHICHTE

Band 1

Meyers Taschen-Lexikon Geschichte

in 6 Bänden

Herausgegeben und
bearbeitet von
Meyers Lexikonredaktion
2., aktualisierte
und durch einen Nachtrag
ergänzte Auflage

Band 1:
A–Daz

B.I.-Taschenbuchverlag
Mannheim/Wien/Zürich

Redaktionelle Leitung:
Werner Digel

Redaktion der 2. Auflage:
Klaus M. Lange, Mathias Münter

CIP-Titelaufnahme der Deutschen Bibliothek
Meyers Taschenlexikon Geschichte: in 6 Bd. / hrsg. u. bearb.
von Meyers Lexikonred. Red. Leitung: Werner Digel.
Red. d. 2. Aufl.: Klaus M. Lange; Mathias Münter.
Mannheim; Wien; Zürich: BI-Taschenbuchverl.
ISBN 3-411-02890-4 kart.
ISBN 3-411-01980-8 (gültig für d. 1. Aufl.)
NE: Digel, Werner [Red.]; Lange, Klaus M. [Red.]
Bd. 1. A – Daz. – 2., aktualisierte
u. durch e. Nachtr. erg. Aufl. – 1989
ISBN 3-411-02891-2

Lizenzausgabe mit Genehmigung
von Meyers Lexikonverlag, Mannheim

Satz: Bibliographisches Institut & F. A. Brockhaus AG
(DIACOS Siemens) und Zechnersche Buchdruckerei, Speyer
Druck und Einband: Klambt-Druck GmbH, Speyer
Printed in Germany
Gesamtwerk: ISBN 3-411-02890-4
Band 1: ISBN 3-411-02891-2

VORWORT

Vor mehr als hundert Jahren schrieb die Redaktion von „Meyers Konversations-Lexikon" (3. Auflage, Leipzig 1874 ff.) folgende Sätze:
„Die Bedeutung der Geschichte für das praktische Leben steht unwandelbar fest. Denn wer die Gegenwart richtig auffassen und beurtheilen will, muß nothwendig in die Vergangenheit zurückgreifen, die ihm Kunde davon gibt, auf welche Weise die Dinge die Gestalt erhalten haben, in der die Gegenwart sie vor uns erscheinen läßt, welchen Wurzeln und Keimen sie entsprossen, wie sie gewachsen sind und welchen Gang ihr Wachsthum genommen hat. Wie für den einzelnen Menschen, so ist nicht minder für jede Gesammtheit von solchen (für das Volk, das Heer, die Kirche etc.) Selbsterkenntnis die erste Bedingung gedeihlicher Thätigkeit. Ein richtiges Bild ihrer selbst aber erlangt jede solche Gemeinschaft nur in dem Spiegel, den ihr die Geschichte vorhält."
Die heutige Lexikonredaktion will nicht mehr von einem bestimmten moralischen oder ideologischen Standort her den Leser aufklären, sondern ihm sinnvoll geordnete, dokumentierte Fakten zur eigenen Urteilsfindung bereitstellen.
Die erste Auflage des vorliegenden Lexikons erschien 1982. Für die Neuauflage wurden alle Stichwörter durchgesehen und – wenn notwendig – aktualisiert. Größere Ergänzungen und die Fortführung der biographischen Artikel wurden dabei in einem Nachtragsteil vorgenommen. Die Geschichte der Staaten wurde bis Ende 1988 weitergeführt, eine größere Zahl neuer Biographien und Sachstichwörter aufgenommen. Die durch einen Nachtragsartikel aktualisierten Stichwörter sind mit einem * gekennzeichnet. Die Ergänzungen sowie die neuen Stichwörter finden sich ebenso wie die Erläuterungen zur Einrichtung des Buches und ein Abkürzungsverzeichnis am Ende des letzten Bandes. Das Verweiszeichen ▷ bezieht sich auf Verweisungen innerhalb des Nachtrags.

Mannheim, im Frühjahr 1989 — Verlag und Herausgeber

A

A (A.) für: Augustus oder Aulus bei röm. Namen.

AA, Abk. für: ↑Auswärtiges Amt.

Aachen, Stadt in NRW, in einem Talkessel am Rand des Hohen Venn, 246 000 E. A. war kelt. Siedlung, röm. Militärbad (der lat. Name *Aquisgranum* ist erst seit dem MA überliefert); die Stadt entwickelte sich um die Pfalz Karls des Großen. 936–1531 Krönungsstätte der dt. Könige. 1656 durch Brand fast völlig zerstört. Bis 1801 Reichsstadt, 1815 an Preußen.

Aachener Frieden, 1. ↑Devolutionskrieg; 2. ↑Österreichischer Erbfolgekrieg.

Aachener Kongreß, Kongreß der Siegermächte Großbritannien, Österreich, Preußen und Rußland in Aachen 1818, der den Schlußstrich unter die Niederwerfung des Napoleon. Frankreich zog und in der gleichberechtigten Wiederaufnahme Frankreichs in das Konzert der europ. Mächte gipfelte; erneutes Grundsatzbekenntnis zur Hl. Allianz als Norm europ. Völkerrechts.

Aargau, nordschweizer. Kt., 1404 km², 464 000 E. Hauptstadt Aarau.

Geschichte: Schon vorgeschichtl. stark besiedelt, wurde das Gebiet des heutigen A. nach rd. 400jähriger röm. Herrschaft von den Alemannen erobert und im 6. Jh. ins Frankenreich eingegliedert. Der Name A. wird erstmals 763 urkundl. erwähnt. Das ab 861 in Ober- und Unter-A. getrennte und unter verschiedenen Herrschaften stehende Gebiet des A. wurde erst 1803 aus den 1798 gebildeten Kantonen A. und Baden zum heutigen Kanton A. vereinigt. Die infolge konfessioneller Spaltung des A. in der Regenerationszeit nach 1830 entstandenen heftigen polit.-konfessionellen Kämpfe führten zum **Aargauer Klosterstreit** 1841 (Aufhebung aller Klöster), der zu Sonderbund und Sonderbundskrieg führte, und wirkten im Innern bis zum Kompromiß in der Verfassung von 1885 weiter.

Verfassung: Nach der Staatsverfassung vom 23. April 1885 liegt die Exekutive beim vom Volk auf 4 Jahre gewählten Regierungsrat (5 Mgl.). Die Legislative bilden der vom Volk auf 4 Jahre gewählte Große Rat (200 Mgl.) und das Volk selbst (obligator. Referendum).

📖 *Halder, N. u.a.: Gesch. des Kantons A., 1803–1953. Aarau; Baden 1953–78. 3 Bde.*

Abaelardus, Petrus ↑Abälard, Peter.

Abaj Takalik [span. a'βax taka'lik], Gruppe von Ruinenstätten bei El Asintal (Dep. Retalhuleu), an der pazif. Küstenabdachung von Guatemala. In der Trockenzeit 1975/76 wurden zahlr. Steinmonumente, darunter Stelen und Altäre im Mayastil des Tieflandes mit den bisher frühesten Mayadaten (um 540 v. Chr.), ausgegraben.

Abälard, Peter [abɛ'lart, '– – –] (Pierre Abélard, P. Abailard, Petrus Abaelardus), * Le Pallet bei Nantes 1079, † Kloster Saint-Marcel bei Chalon-sur-Saône 21. April 1142, frz. Theologe und Philosoph. - Schüler Roscelins von Compiègne, später Wilhelms von Champeaux. Lehrte insbes. Dialektik in Melun, Corbeil und Paris, wo seine Liebe zu ↑Heloise, seiner Schülerin, begann, deren Oheim, der Kanoniker Fulbert, ihn entmannen ließ. Gilt als richtungweisender Hauptvertreter der Frühscholastik v. a. auf den Gebieten der Logik, Erkenntnistheorie und einer philosoph. fundierten Theologie. Im ↑Universalienstreit vertrat er eine vermittelnde Position: Nach ihr sind die Universalien als Übereinstimmungen „in den Dingen" („in rebus") zwar existent, doch nur von Menschen erfundene Wörter; andererseits sind sie aber auch nicht nur willkürl. Festsetzungen menschl. Rede, sondern haben ihre Norm in der „Natur der Dinge". Zwar hielt A. grundsätzl. an der Autorität der Offenbarung fest, trug aber zugleich zur Emanzipation der Vernunft bei, der er in Zweifelsfällen die Möglichkeit begründeter eigenständiger Entscheidung zuerkannte. Seine Liebe zu Heloise stellte A. in der „Historia calamitatum mearum" (zwischen 1133 und 1136) unter Beifügung eines wohl fingierten Briefwechsels dar. Das Schicksal von A. und Heloise hat in Deutschland als erster C. Hofmann von Hofmannswaldau in seinen „Heldenbriefen" (1679) dichter. behandelt. Berühmt wurde bes. die von Alexander Pope 1717 verfaßte Epistel „Eloisa to Abelard".

📖 *Moos, P. v.: MA-Forschung u. Ideologiekritik. Mchn. 1974. - Gilson, É.: Heloise u. A. Zugleich ein Beitrag zum Problem v. MA u. Humanismus. Dt. Übers. Freib. 1955.*

Abaton [griech. „das Unzugängliche"], Teil eines Tempelbezirkes oder der einer Gottheit geweihte Ort, der von Unbefugten nicht betreten werden durfte.

Abbadiden, arab. Dynastie in Sevilla 1023–91, begr. durch den Kadi von Sevilla, Muhammad Ibn Abbad (1023–42). Die Ausweitung der Herrschaft über Córdoba hinaus stieß auf die erfolgreiche reconquistador. Gegenoffensive Alfons' VI. von Kastilien und León.

Abbas, Name von Herrschern:
Ägypten:
A. I. (A. Pascha), * Dschidda 1813, † Kairo 13. Juli 1854, Vizekönig (Khedive). - 1848 zum Regenten eingesetzt, im Nov. 1848 vom osman. Sultan zum Khediven ernannt; seine unfähige Politik ließ Ägypten wieder in völlige Abhängigkeit vom Osman. Reich geraten.
A. II. Hilmi, * Alexandria 14. Juli 1874, † Genf 20. Dez. 1944, Vizekönig (Khedive) (1892–1914). - Machtlos und türkenfreundl., begünstigte er die nationalist. Kräfte gegen die tatsächl. Herrscher im Land, die brit. Residenten; mußte am 20. Dez. 1914 zurücktreten, als Ägypten brit. Protektorat geworden war.
Persien:
A. I., der Große, * 27. Jan. 1571, † in Masandaran 19. Jan. 1629, Schah (seit 1587). - Aus der Dynastie der Safawiden; nach Absetzung seines Vaters als Schah anerkannt; brach durch Reorganisation des Heeres die Macht der rivalisierenden Vasallenfürsten, schuf durch Bau von Straßen, Brücken und Karawansereien die Voraussetzungen für eine starke Zentralverwaltung; stellte in erfolgreichen Feldzügen den territorialen Bestand Persiens wieder her, zerstörte 1623 die portugies. Kolonie Hormos am Pers. Golf und baute dort den Hafen Bandar Abbas; verlegte 1598 die Residenz nach Isfahan und ließ zahlr. bed. Bauten errichten.

Abbasiden

Abul Abbas As Saffah	749–754
Al Mansur (Abu Dschafar)	754–775
Al Mahdi	775–785
Al Hadi	785–786
Harun Ar Raschid	786–809
Al Amin	809–813
Al Mamun	813–833
Al Mutasim	833–842
Al Wathik	842–847
Al Mutawakkil	847–861
Al Mustansir	861–862
Al Mustain	862–866
Al Mutass	866–869
Al Muhtadi	869–870
Al Mutamid	870–892
Al Mutadid	892–902
Al Muktafi	902–908
Al Muktadir	908–932
Al Kahir	932–934
Ar Radi	934–940
Al Muttaki	940–944
Al Mustakfi	944–946
Al Muti	946–974
At Tai	974–991
Al Kadir	991–1031
Al Kaim	1031–1075
Al Muktadi	1075–1094
Al Mustaschir	1094–1118
Al Mustarschid	1118–1135
Ar Raschid	1135–1136
Al Muktafi	1136–1160
Al Mustandschid	1160–1170
Al Mustadi	1170–1180
An Nasir	1180–1225
As Sahir	1225–1226
Al Mustansir	1226–1242
Al Mustasim	1242–1258

Abbas Ibn Abd Al Muttalib, * Mekka um 565, † Medina um 653, Oheim des Propheten Mohammed, Ahnherr der Abbasiden.

***Abbas,** Ferhat, * Taher bei Djidjelli 24. Okt. 1899, alger. Politiker. - Urspr. Apotheker; seit 1948 Mgl. des alger. Parlaments und Führer des gemäßigten Flügels der alger. Nationalisten; 1956 Flucht nach Kairo und Übertritt zur FLN; 1958–61 Min.präs. der alger. Exilregierung; 1962/63 Präs. der alger. Nationalversammlung und provisor. Staatsoberhaupt; 1964/65 unter Hausarrest gestellt bzw. verhaftet.

Abbasiden, Kalifendynastie 749–1258 (Eroberung Bagdads durch die Mongolen); danach bis 1517 als Scheinkalifen in Kairo am Mameluckenhof; Nachkommen von Mohammeds Oheim Abbas; kamen durch einen Aufstand gegen die Omaijaden zur Macht.

Abbas Mirsa, * Nawa im Sept. 1789, † Meschhed 25. Okt. 1833, pers. Thronfolger. - Aus der Dynastie der Kadscharen; reformierte Heer und Verwaltung nach europ. Vorbildern; befriedete die Kurden, kämpfte erfolgreich gegen das Osman. Reich, erfolglos gegen Rußland.

Abbé [a'be:; frz. (zu aram. abba „Vater, Oberhaupt, Herr, Lehrer")], 1. svw. ↑ Abt; 2. Titel der Weltgeistlichen in Frankreich.

Abbevillien [abəvıli'ɛ̃:; frz.], zur Erinnerung an den in Abbeville tätigen Prähistoriker J. Boucher de Crèvecœur de Perthes benannte älteste Phase der Faustkeilkultur; irrtüml. oft mit dem Chelléen gleichgesetzt; nur in N-Frankr. genauer abzugrenzen.

Abbo von Fleury ['abo, frz. flœ'ri], hl., * bei Orléans um 945, † La Réole 13. Nov. 1004, frz. Benediktiner. - Abt von Fleury (seit 988), Vertreter der kluniazens. Reform; kam bei der Einführung der Reform in La Réole ums Leben; als Märtyrer verehrt.

Abbreviaturen [zu lat. brevis „kurz"] (Abbreviationen), paläograph. Bez. für Abkürzungen auf Inschriften, in Handschriften und alten Drucken und auf Münzen.

***Abbud,** Ibrahim, * Muhammad Kaul (am Roten Meer) 26. Okt. 1900, sudanes. Offizier und Politiker. - 1956 Präs. des Oberkommandos der sudanes. Armee; nach Militärputsch Staatsoberhaupt, Regierungschef und Verteidigungsminister (1958–64; 1964 gestürzt).

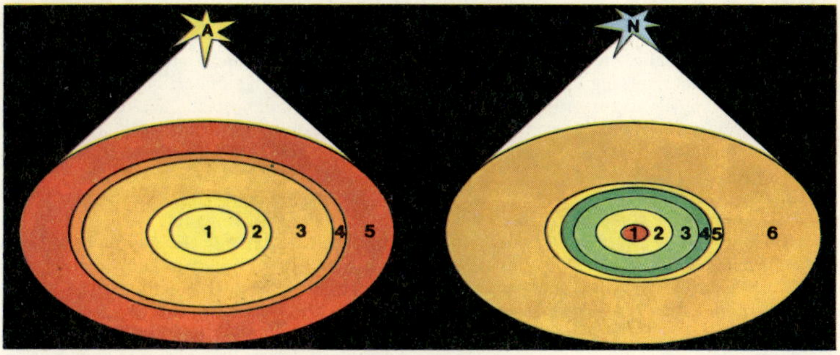

ABC-Waffen. Wirkungen eines herkömmlichen Atomsprengkopfes (50 kt; links) und eines Neutronensprengkopfes (rechts).
Atomsprengkopf: 1 (bis 800 m) tödliche Dosis, 2 (bis 1 000 m) für 50 Prozent des betroffenen Personenkreises tödlich, 3 (bis 2000 m) Druck- und Hitzewelle, Neutronen- und Gammastrahlung, 4 (bis 2200 m) Gebäudezerstörung, 5 (bis 3000 m) schwere Verbrennungen.
Neutronensprengkopf: 1 (bis 200 m) Gebäudezerstörung, 2 (bis 800 m) Personen sind spätestens nach fünf Minuten handlungsunfähig; nach ein bis zwei Tagen tritt der Tod ein, 3 (bis 1 000 m) ebenfalls Handlungsunfähigkeit innerhalb von fünf Minuten; nach vorübergehender Erholung tritt der Tod nach vier bis sechs Tagen ein, 4 (bis 1 200 m) innerhalb von zwei Stunden eingeschränkte Handlungsfähigkeit; geringe Überlebenschance; meist Tod nach einigen Wochen, 5 (bis 1 400 m) für 50 Prozent des betroffenen Personenkreises tödlich, 6 (bis 3000 m) Neutronenstrahlung

ABC-Staaten, zusammenfassende Bez. für **A**rgentinien, **B**rasilien und **C**hile. Ihre Gemeinsamkeit beruht seit Ausgang des 19. Jh. auf gegenseitigen Verträgen und auf enger wirtsch. und polit. Zusammenarbeit, die auf dem ersten panamerikan. Kongreß in Santiago de Chile (1908/09) beschlossen wurde.

ABC-Waffen, Sammelbez. für atomare (Atomwaffen, A-, Kern-, Nuklearwaffen), biolog. und chem. Waffen und Kampfmittel; die Pariser Verträge von 1954 verbieten der BR Deutschland ihre Herstellung.

Geschichte der A-Waffen: Die ersten A-Bomben wurden von den USA erprobt und gelangten 1945 über Hiroschima und Nagasaki zum bisher einzigen militär. Einsatz (12,5 und 22 KT Sprengkraft). 1952 erprobten die USA die erste Wasserstoffbombe. Die UdSSR verfügt seit 1949 (1953) über A- und H-Bomben; Großbritannien seit 1952 (1957); Frankreich seit 1960 (1968); die VR China seit 1964 (1967); Indien zündete seine erste A-Bombe 1974. Es wird vermutet, daß Israel, die Republik Südafrika und einige weitere Staaten sog. Schwellenmächte sind oder bereits über A-Waffen verfügen. Der Atomwaffensperrvertrag von 1968 soll die Weiterverbreitung verhindern. Die Entwicklung bis zu den 60er Jahren lief in den USA und der UdSSR darauf hinaus, die Sprengkraft einzelner Bomben zu vergrößern. Man wollte dadurch den Abschreckungswert steigern. Danach wurden bes. kleinere A-Waffen entwickelt (Mini-Nukes, takt. A-Waffen), die entweder einzeln auf dem Gefechtsfeld eingesetzt oder (als strateg. A-Waffen) gemeinsam mit einer Rakete über gegnerisches Gebiet geschossen werden können, von wo aus sie sich computergesteuert getrennt auf mehrere Ziele zubewegen. Seit den 50er Jahren wird an einer A-Waffe gearbeitet, die eine relativ geringe Druck- und Hitzewelle bei der Detonation freigibt, jedoch 80 % ihrer Energie als radioaktive Strahlung freisetzt. Diese *Neutronenbombe* soll eventuell die 7000 in Mitteleuropa lagernden amerikan. takt. A-Sprengköpfe ersetzen. Da ihr Einsatz Menschenleben in weitem Umkreis vernichtet, Gebäude aber nur in einem Umkreis von 200 m zerstört, ist ihre Serienfertigung und ihre Bereitstellung auf dem Gebiet der BR Deutschland sehr umstritten. Es wird befürchtet, daß sie weniger abschreckend wirken als die herkömml. A-Bomben.

Biologische Waffen: Biolog. oder bakteriolog. Waffen und Kampfmittel verseuchen Menschen, Tiere und Pflanzen. Da sie von Flugzeugen oder Raketen aus versprüht werden, unterliegt ihr Wirkungsbereich den Zufälligkeiten von Windrichtung und -geschwindigkeit. Es kann also nicht sichergestellt werden, daß nur der Gegner geschädigt wird. B-Waffen wurden bisher nicht eingesetzt, ihre Anwendung gilt als völkerrechtswidrig.

Chemische Waffen: Chem. Kampfstoffe werden aus tragbaren oder fahrbaren Behältern abgeblasen oder versprüht, aus Geschützen oder Minenwerfern verschossen oder von Raketen und Flugzeugen über dem Zielgebiet abgeworfen. Erstmalig wurden C-Waffen im 1. Weltkrieg (Gaskrieg) eingesetzt; im 2. Weltkrieg kamen sie nicht zur Anwendung; im Vietnamkrieg wurde Napalm von den USA eingesetzt. Ein völkerrechtl. Verbot der C-Waffen wird angestrebt.

📖 *Guha, A. A.: Die Neutronenbombe. Ffm. 1982. - Hoffmann, Hubertus: Atomkrieg - Atomfrieden. Mchn. 1980. - Bühl, A.: Atomwaffen. Bonn ²1972. - Bothe, M.: Das völkerrechtl. Verbot des Einsatzes chem. u. bakteriolog. Waffen. Köln 1973. - Die Wirkungen der Kernwaffen. Hg. v. S. Glasstone. Dt. Übers. Köln u. a. ²1964.*

Abd [arab. „Knecht"], oft erster Bestandteil arab. Personennamen, z. B. Abd Allah („Knecht Gottes").

Abd Al Asis, Name von Herrschern: Marokko:

A. A. A., * Marrakesch 24. Febr. 1878, † Tanger 10. Juni 1943, Sultan (1894–1908). - Seine von Günstlingswirtschaft begleiteten Reformansätze führten seit 1902/03 zu Aufständen, die in die 1. Marokkokrise mündeten; von seinem Bruder verdrängt, 1908 abgesetzt.

Saudi-Arabien:

A. A. A. Ibn Saud, König, ↑ Ibn Saud.

Türkei:

A. A. A., * 9. Febr. 1830, † Konstantinopel 4. Juni 1876 (ermordet), Sultan (seit 1861). - Seine Verschwendungssucht verursachte 1875 den Staatsbankrott; 1876 von Studenten der islam. Hochschulen („Softas") gestürzt.

Abd Al Hamid, Name von Herrschern:

A. A. H. I., * 20. März 1725, † 7. April 1789, osman. Sultan (seit 1774). - Bruder Mustafas III.; seine Regierung war durch empfindl. Gebiets- und Machteinbußen gegenüber Rußland (1774 Frieden von Küçük Kaynarcı, 1783 Verlust der Krim) und Österreich (1775 Abtretung der Bukowina) gekennzeichnet.

A. A. H. II., * Konstantinopel 21. Sept. 1842, † ebd. 10. Febr. 1918, osman. Sultan (1876–1909). - Sohn Abd Al Madschids I.; erließ 1876 unter dem Einfluß der Reformpartei des Großwesirs Midhat Pascha eine Konstitution und förderte liberale Reformen, die er jedoch nach dessen Absetzung abbrach; mußte erhebl. Gebietsverluste durch den russ.-türk. Krieg 1877/78 hinnehmen; erreichte später in Anlehnung an Deutschland und nach Aufnahme panislam. Propaganda eine gewisse Stabilisierung; von den Jungtürken 1908 zur Wiederherstellung der Verfassung gezwungen und 1909 abgesetzt.

Abd Allah, Name von Herrschern:

A. A., * At Taif (Hedschas) 24. Nov. 1913, † Bagdad 14. Juli 1958, Regent des Irak (1939–53). - 1939 zum Vormund Faisals II. ernannt; beim Staatsstreich Kasims getötet.

A. A. II., * Afarinkant da Mijankal um 1533, ⚔ Samarkand 1598, usbek. Khan. - Letzter bed. Herrscher aus dem Geschlecht der Schaibaniden, bemächtigte sich der verschiedenen usbek. Khanate und legte so die Grundlage für ein usbek. Großreich, das nach seinem Tod wieder zerfiel; trat offiziell die Regierung erst nach dem Tode seines Vaters 1583 an.

A. A. Ibn Al Husain, * Mekka 1882, † Jerusalem 20. Juli 1951, Emir (ab 1921) und König von Transjordanien (1946–50) bzw. von Jordanien (ab 1950). - Aus der Dynastie der Haschimiden, Bruder König Faisals I. von Irak; wegen seiner probrit., auch um einen Ausgleich mit Israel bemühten Politik von nationalist. Palästinensern abgelehnt; ermordet.

A. A. Ibn Ali, * um 712, † 764, Oheim der beiden ersten Abbasidenkalifen. - Erfolgreicher Heerführer, ließ die ↑ Omaijaden beseitigen; von Kalif Al Mansur gefangengesetzt und ermordet.

A. A. Ibn Saijid Muhammad, * in Darfur um 1843, ⚔ bei Umm Dubaikarat (Kordofan) 24. Nov. 1899, Herrscher im Sudan. - 1885 Nachfolger Al Mahdis; konnte sich bis 1898 im Sudan behaupten.

A. A. As Salim As Sabah, * Kuwait 1895, † ebd. 24. Nov. 1965, Scheich von Kuwait (seit 1950). - Modernisierte das Land, erließ 1962 eine Verfassung.

A. A. As Sallal ↑ Sallal, Abd Allah As.

Abd Al Malik, * Medina 646, † Damaskus 8. Okt. 705, Kalif (seit 685). - Aus der Dynastie der ↑ Omaijaden; besiegte nach 10 Jahren krieger. Auseinandersetzung den Gegenkalifen Abd Allah Ibn As Subair; leitete nach Wiederherstellung der Reichseinheit eine bed. Reformperiode ein.

Abd Al Mumin, Abu Muhammad, * um 1094 bei Tlemcen, † Salé im Mai 1163, Begründer der Dynastie der ↑ Almohaden. - Regierte 1133–63; dehnte seine Herrschaft ab 1140 über den nordafrikan. Teil des Almoravidenreiches bis ins arab. Spanien aus; ließ sich um 1150 zum almohad. Kalifen proklamieren.

Abd Al Wahhab, Begründer der Wahhabiten, ↑ Muhammad Ibn Abd Al Wahhab.

Abdankung (Abdikation), 1. die freiwillige oder durch äußeren Druck erzwungene Amtsentsagung vor Ablauf der gesetzl. festgelegten Amtszeit; 2. die mit dem Ende der Amtszeit erfolgende Amtsniederlegung und der damit verbundene Rechenschaftsbericht über die Amtsführung; 3. die unwiderrufl. Niederlegung einer Würde, insbes. der Verzicht auf die Krone (**Thronentsagung**).

Abd An Nasir, Gamal ↑ Nasser, Gamal Abd el.

Abd Ar Rahman, omaijad. Herrscher in Spanien:

A. A. R. I., * 731, † Córdoba 30. Sept. 788,

Begründer der Herrschaft der Merwaniden in Spanien. - Omaijaden-Prinz, entging der Ausrottung seines Hauses durch die Abbasiden; 756 zum Emir von Córdoba proklamiert; behauptete seine Herrschaft gegen zahlr. Aufstände; ließ die große Moschee in Córdoba bauen.

A. A. R. III., *889, † Córdoba 15. Okt. 961, Kalif. - Regierte seit 912, nahm gegen die Ansprüche der Fatimiden auf das Kalifat 929 selbst den Kalifentitel an; befriedete das Land im Innern, drängte die christl. Kgr. León und Kastilien wieder über die Ebrolinie zurück; unter ihm erreichte das arab. Spanien seine größte Macht und Blüte.

A. A. R. Ibn Abd Allah, ⚔ bei Tours und Poitiers im Okt. 732, arab. Statthalter in Spanien (seit 730). - Unterlag nach erfolgreichem Feldzug gegen Aquitanien Karl Martell in der Entscheidungsschlacht.

Abd El Kader (arab. Abd Al Kadir), * bei Mascara 1808, † Damaskus 26. Mai 1883, Emir in Algerien. - Kämpfte nach der Besetzung Algeriens (seit 1830) gegen die Franzosen; anfangs erfolgreich, mußte jedoch 1842 nach Marokko fliehen; 1847 ausgeliefert, bis 1852 in Frankr. interniert; lebte dann in Bursa und Damaskus.

Abd El Krim (arab. Abd Al Karim), * Aghdir 1882, † Kairo 6. Febr. 1963, marokkan. Emir. - 1920–26 Führer des Aufstandes der Rifkabylen gegen die Spanier, die er 1921 besiegte; mußte sich nach frz. Eingreifen auf span. Seite 1926 ergeben; auf die Insel Réunion verbannt; 1947 freigelassen.

Abdera, altgriech. Stadt an der thrak. Küste nahe der Nestosmündung; um 656 v. Chr. gegr., mehrfach zerstört; Heimat u. a. des Demokrit, des Protagoras; den Bewohnern wurde bereits in der Antike Skurrilität nachgesagt; daher **Abderiten,** svw. einfältige Menschen, Schildbürger.

Abdikation [lat.] ↑Abdankung.

Abduh, Muhammad ['abdʊx], * in Unterägypten 1849, † Kairo 11. Juli 1905, Begründer der islam. Reformbewegung in Ägypten. - Übte zus. mit seinem Schüler Raschid ↑Rida bed. Einfluß auf islam. Modernisierungsbestrebungen aus.

Abdullah ↑Abd Allah.

***Abdullah,** Scheich Mohammed, * Sura bei Srinagar 5. Dez. 1905, ind. Politiker. - Als „Löwe von Kaschmir" bekannt, trat 1947 für den Anschluß Kaschmirs an Indien und für konstitutionelle und soziale Reformen ein; nach Staatsstreich 1947–53 Premiermin. von Jammu and Kashmir; dann bis 1968 meist in Haft; 1975–77 und erneut seit Juli 1977 Chefmin. von Jammu and Kashmir.

Abdul Rahman, * im Sultanat Kedah 8. Febr. 1903, malays. Politiker. - Anwalt und Verwaltungsbeamter; seit 1957 erster Premiermin. und Außenmin. des Malaiischen Bundes, 1963–70 Premiermin. von Malaysia.

Abd Ur Rahman Khan, * um 1844, † Kabul 1. Okt. 1901, Emir von Afghanistan (seit 1880). - Im Verlauf des 2. afghan.-brit. Krieges von den Briten als Emir eingesetzt; verhalf Afghanistan in Anlehnung an Großbrit. zu starker Stellung als Pufferstaat.

Abecedarium [lat.], alphabet. geordnetes Register oder Repertorium (Inhaltsübersicht) röm., röm.-kanon. und dt. Rechtsbücher und ihrer Glossierungen aus dem 14./15. Jh.

Abeken, Heinrich, * Osnabrück 19. Aug. 1809, † Berlin 8. Aug. 1872, preuß. prot. Theologe und Ministerialbeamter. - Trat 1848 in das Auswärtige Amt ein; nach 1862 unentbehrl. „Feder Bismarcks".

Abel, Karl August von (seit 1844), * Wetzlar 17. Sept. 1788, † München 3. Sept. 1859, bayr. Politiker. - Seit 1810 im bayr. Staatsdienst, 1837–47 Min.präs. und Innenmin.; zunächst liberal, wurde er zum Vorkämpfer ultramontaner Restauration; stürzte wegen Verweigerung der Indigenatserteilung an Lola Montez.

***A.,** Wilhelm, * Bütow 25. Aug. 1904, dt. Agrarwissenschaftler und Wirtschaftshistoriker. - Prof. in Göttingen (seit 1949).
Werke: Agrarkrisen und Agrarkonjunktur (1935), Die Wüstungen des ausgehenden MA (1943), Agrarpolitik (1951), Geschichte der dt. Landw. vom frühen MA bis zum 19. Jh. (1962).

Abélard, Pierre [frz. abe'la:r] ↑Abälard, Peter.

Abelinus, Johann Philipp, eigtl. Abele, ≈ Straßburg 7. Dez. 1600, † Frankfurt am Main 12. Sept. 1638, dt. Historiker. - Verfaßte das von Merian verlegte und bebilderte „Theatrum Europaeum", eine die Jahre 1618–32 umfassende Chronik.

Abendland [zu Abend in der Bed. „Westen"] (Okzident), als Wort in der Lutherzeit gebildete, erst im 19. Jh. voll ausgeprägte geistesgeschichtl. Bez. für jenen Teil Europas, der sich im MA – stets in Abhebung gegenüber der östl. Welt des „Morgenlandes" – als einheitl. Kulturkreis formierte und bis in die Neuzeit Einheitlichkeit und Bedeutung wahrte. Antike Kultur, röm. Christentum und german. Element bildeten die einigenden Faktoren des ma. A. Auch trotz der Reformation, die die kirchl. Einheit des A. sprengte, blieb die kulturelle Einheit bestehen und erreichte im Humanismus einen neuen Höhepunkt. Zunehmend jedoch wurde der Begriff A. durch den säkularen Begriff Europa abgelöst, der den veränderten polit. und gesellschaftl. Verhältnissen besser entspricht, aber die etwas gewandelten Vorstellungen des A. in sich aufnahm, die in der europ. Romantik noch eine bes. Rolle spielten. Im 20. Jh. standen ideologisierende Vorstellungen von Geist und Kultur des A. in Zusammenhang mit kulturpessimist. Klagen über die verlorene, aber zu bewahrende europ. Einheit und geistig-religiöse

Ganzheit; diese Vorstellungen wurden durch Ideologiekritik völlig entwertet.

🕮 *Spengler, O.: Der Untergang des A. Mchn. 176.–195. Tsd. 1979. - Flitner, W.: Die Gesch. der abendländ. Lebensformen. Mchn. Neuausg. 1967. - Pirenne, H.: Geburt des A. Dt. Übers. Amsterdam[2] 1941.*

Abendländisches Schisma, die große Kirchenspaltung des Abendlandes (1378–1417), als zwei bzw. drei Päpste gleichzeitig Anspruch auf die oberste Gewalt in der Kirche erhoben. Nach dem Tod Gregors XI. wurde am 8. April 1378 Urban VI. gewählt. Die Kardinäle, offensichtl. von dessen Unfähigkeit überzeugt, erklärten die Wahl am 2. Aug. 1378 für erzwungen und ungültig; sie wählten am 20. Sept. 1378 Klemens VII., der nach Avignon ging. Die Doppelwahl spaltete die ganze abendländ. Kirche in zwei Anhängerschaften (Obedienzen). Das Konzil der Kardinäle in Pisa 1409 setzte die beiden Päpste ab und erhob Alexander V. Da sich die Abgesetzten nicht fügten, hatte man nun drei Päpste. Das Ende der Spaltung brachte das ↑Konstanzer Konzil.

🕮 *Tellenbach, G.: Die große Spaltung der abendländ. Kirche. Hdbg. 1934.*

***Abendroth,** Wolfgang, *Elberfeld (= Wuppertal) 2. Mai 1906, dt. Staatsrechtler und Sozialwissenschaftler. - U.a. Prof. in Leipzig (1947–48) und Marburg (seit 1951); engagierter Vertreter sozialist. Ideen. Schrieb u.a. „Aufstieg und Krise der dt. Sozialdemokratie" (1964), „Sozialgeschichte der europ. Arbeiterbewegung" (1965), „Antagonist. Gesellschaft und polit. Demokratie" (1967), „Arbeiterklasse, Staat und Verfassung" (1975).

Aberacht ↑Acht.

Abercorn [engl. æbə'kɔ:n], Adelstitel in der schott. Familie Hamilton (seit 1603 Baron, 1606 Earl, 1790 Marquess, 1868 Herzog von A.).

Abercromby, Sir (seit 1795) Ralph [engl. 'æbəkrʌmbɪ], *Menstry bei Tullibody 7. Okt. 1734, ⚔ vor Alexandria 28. März 1801, brit. General. - Zählt auf Grund seiner Verdienste um die Reorganisation der brit. Armee nach friderizian. Vorbild und wegen seines erfolgreichen Unternehmens gegen die napoleon. Resttruppen bei Abukir zu den berühmten Soldaten Großbrit. (Ehrenmonument in der Saint Paul's Cathedral in London).

Aberdeen [engl. æbə'di:n], Adelstitel in der schott. Familie Gordon (seit 1682 Earl of A., seit 1916 Marquess of A. and Temair). Bed.:

A., George Hamilton, Earl of A. (seit 1801), *Edinburgh 28. Jan. 1784, † London 14. Dez. 1860, brit. Politiker (Tory). - 1828–30 und 1841–46 Außenmin. A., der als „friedfertigster Staatsmann Europas" galt, scheiterte als Premiermin. (1852–55) an seiner im Ggs. zur öffentl. Meinung stehenden neutralist. Versöhnungspolitik.

Åberg, Nils [schwed. 'o:bærj], *Norrköping 24. Juli 1888, † Stockholm 28. Febr. 1957, schwed. Prähistoriker. - Prof. in Stockholm (seit 1949); Veröffentlichungen v.a. zum europ. Neolithikum und zur frühgeschichtl. Archäologie der german. Stämme.

Abernathy, Ralph David [engl. æbə'næθɪ], *Linden (Ala.) 11. März 1926, amerikan. baptist. Geistlicher. - Auf seine Initiative hin wurde in Montgomery (Ala.) eine Organisation zur Verbesserung der Lebensbedingungen der schwarzen Bürger, die „Southern Christian Leadership Conference" (SCLC) gegründet.

Abessinien, ältere Bez. für ↑Äthiopien.

Abetz, Otto, *Schwetzingen 26. März 1903, † Langenfeld (Rheinland) 5. Mai 1958, dt. Diplomat. - 1940–44 Botschafter in Paris, bemühte sich vergebl., Hitler und Ribbentrop zu einem weicheren Kurs gegenüber Frankreich zu bewegen. 1949 zu 20 Jahren Zwangsarbeit verurteilt, 1954 entlassen.

Abgar, Name der Könige des Osrhoen. Reiches von Edessa (heute Urfa); am bekanntesten **A. V. Ukkama** (♔ 9–46), der angebl. Jesus um Heilung von einer schweren Krankheit bat und mit ihm in Briefwechsel stand *(A.legende)*; besaß angebl. ein authent. Bild Jesu.

abgeledigt ↑Wappenkunde.

Abgeordnetenhaus, allg. Bez. für Volksvertretung, parlamentar. Körperschaft; Name der 2. Kammer in Preußen 1855–1918, der 2. Kammer des Reichsrats 1861–65 und 1867–1918 (für die westl. Reichshälfte) in Österreich, des Parlaments von Berlin (West) seit 1950.

Abgeordneter, vom Volk gewähltes Mgl. eines Parlaments oder eines öffentl.-rechtl. Verbandes. Nach Art. 38 GG der BR Deutschland wird der Bundestags-A. als Vertreter (Repräsentant) des ganzen Volkes angesehen, der an Aufträge und Weisungen (z.B. des Volkes, seiner Wähler, Partei oder Fraktion) nicht gebunden (sog. freies ↑Mandat) und allein seinem Gewissen unterworfen ist. Jeder Staatsbürger, der am Wahltag das 18. Lebensjahr vollendet hat und mindestens seit einem Jahr Deutscher ist, ist wählbar, wenn ihm nicht die Wählbarkeit, Amtsfähigkeit oder sein Stimmrecht richterl. aberkannt wurde oder andere Voraussetzungen (z.B. Entmündigung) vorliegen. Der A. verliert sein Mandat nach Ablauf der Wahlperiode, bei vorzeitiger Auflösung des Parlaments, nach festgestellter Ungültigkeit der Wahl, bei Neufeststellung des Wahlergebnisses sowie durch Entscheid des Bundesverfassungsgerichts über die Verfassungswidrigkeit der Partei, als deren Kandidat er gewählt wurde. Das Mandat kann dem A. weder durch die Wähler noch durch Beschluß des Parlaments entzogen werden.

Als *Rechte* des A. gelten die ungehinderte

Ausübung seines Amtes, der Schutz vor gerichtl. oder dienstl. Verfolgung wegen seines Verhaltens bei Abstimmungen oder wegen Äußerungen (außer im Falle verleumder. Beleidigungen) im Parlament oder dessen Ausschüssen *(Indemnität)* sowie der Schutz vor strafrechtl. Verfolgungen und Beeinträchtigungen seiner persönl. Freiheit *(Immunität)* mit der Ausnahme, daß er bei Begehen der Tat oder im Laufe des folgenden Tages festgenommen wird oder daß der Bundestag der Einleitung eines Verfahrens zugestimmt hat. Nach dem AbgeordnetenG (AbgG) vom 18. 2. 1977 gilt die Tätigkeit des A. als Amt, für das er eine monatl., der Einkommensteuer unterliegende *Entschädigung* (↑Diäten) sowie steuerfreie Aufwandsentschädigungen (sog. *Amtsausstattung*) bezieht. Eine *Altersentschädigung* erhalten A., wenn sie das 55. Lebensjahr vollendet und dem Bundestag mindestens 16 Jahre angehört haben, bei kürzerer Zugehörigkeit erst in höherem Lebensalter. Für die A. der Parlamente der Länder gibt es entsprechende Regelungen.

Österreich: Die A. zum Nationalrat sind ebenfalls an keinen Auftrag gebunden und genießen Immunität sowie Indemnität (sog. außerberufl. Immunität); um die Unabhängigkeit des A. sicherzustellen, stehen ihm Bezüge und Pensionsleistungen zu. Wählbar ist jeder Staatsbürger, der vor dem 1. Jan. des Jahres der Wahl das 25. Lebensjahr vollendet hat.

Schweiz: Jeder weltl. Bürger (d. h. Nicht-Geistliche) ist nach Vollendung des 20. Lebensjahres in den Nationalrat wählbar. Die A. dürfen nie wegen Abstimmungen oder Äußerungen im Parlament oder dessen Ausschüssen zivilrechtl., strafrechtl. oder disziplinar. verfolgt werden. Sie erhalten von der Bundeskasse weder Gehalt noch Pension, sondern nur Tagegelder und Reisevergütungen. Sie sind an keine Instruktionen ihrer Wähler gebunden. Ähnliches gilt für die A. der kantonalen Parlamente sowie des Ständerats (der Vertretung der Kantone auf Bundesebene). In einigen Kantonen besteht ein Abberufungsrecht.

📖 *Rausch, H. V.: Der A. Idee u. Wirklichkeit. Mchn. 1965.*

Abgrenzung, Bez. für die von der Regierung der DDR und von der SED verfolgte Politik, durch verschiedene Maßnahmen die Eigenstaatlichkeit der DDR gegenüber der BR Deutschland nachdrücklich herauszustellen.

abhängige Gebiete (engl. non-self-governing territories), Gebiete ohne volle Selbstregierung, die zwar der Gebietshoheit eines Mitglieds der UN unterstehen, nicht aber zu dessen Mutterland gehören.

Ablaß (lat. Indulgentia), in der kath. Kirche kann jedes Kirchenmitglied durch Erfüllung bestimmter Leistungen (z. B. durch gute Werke oder vorgeschriebene Gebete) erreichen, daß ihm die Kirche sog. „zeitl. Sündenstrafen" erläßt. Dies sind Strafen, die von der Kirche oder von Gott verhängt werden und die entweder auf Erden abgebüßt, oder, wenn dies nicht geschieht, im Fegefeuer gesühnt werden. Denn nach kath. Auffassung haben Jesus und die Heiligen „überschüssige" Verdienste erworben, die die Kirche wie einen Schatz (lat. „Thesaurus ecclesiae") verwaltet, so daß Sündern mit diesem Schatz ein Teil ihrer Strafe erlassen werden kann. Die Mißstände, die im späten MA einerseits die Theorie des A. mit ihrer begriffl. Vermengung von Strafe und Sünde, andererseits die von finanziellen Interessen geleitete Praxis der A.prediger (Gewinnen von A. gegen Bezahlung) hervorriefen, führten zum Protest Luthers und zur Reform des A.wesens auf dem Konzil von Trient. Heute spielt der A. in der kath. Kirche eine untergeordnete Rolle.

Abmeierung (Abtrieb, Absetzung, Abstiftung, Entsetzung, Expulsion), Entziehung des Nutzungsrechts an einem Bauerngut wegen Mißwirtschaft. Insbes. in Niedersachsen war die Leihe zu ↑Meierrecht eine verbreitete Form der Verleihung eines Bauernhofes. Der Meier (villicus) hatte ein dingl. und erbl. Nutzungsrecht an dem Bauerngut. Trieb er Mißwirtschaft, so wurde er durch den Grundherrn „abgemeiert".

Abodriten ↑Obotriten.

Abolitionismus [lat.], Bewegung zur Abschaffung der ↑Sklaverei in Großbrit. und in den USA; die Anhänger des A. heißen **Abolitionisten.**

A-Bombe, Kurzbez. für: Atombombe (↑ABC-Waffen).

Aborigines [engl. æbəˈrɪdʒɪni:z], die urspr. und ältesten Bewohner eines Landes, speziell die Ureinwohner Australiens.

Abotriten ↑Obotriten.

***Abrassimow,** Pjotr Andrejewitsch, * Bogutschewi bei Witebsk 16. Mai 1912, sowjet. Diplomat. - 1957–61 Botschafter in Warschau; seit 1961 Mgl. des ZK der KPdSU; 1962–71 und seit 1975 Botschafter in der DDR, 1971–73 in Frankr.; 1973–75 Abteilungsleiter im ZK der KPdSU.

Abri [frz. „Obdach"] (schweizer. Balm), Nische unter einem Felsüberhang, die natürl. Schutz für Rast- oder Wohnstätten bietet; v. a. in der Steinzeit benutzt.

Abrogation [lat.], röm.-rechtl. Ausdruck für die vollständige Aufhebung eines Gesetzes.

***Abrüstung,** teilweise oder vollständige Beseitigung der Rüstungen und Streitkräfte mit dem Ziel, sowohl die jeweilige nat. Sicherheit als auch die Chancen einer internat. vereinbarten Friedensordnung zu vergrößern. I. w. S. werden auch Maßnahmen einer **Rüstungskontrolle** (z. B. Beschränkungen von Rüstungsvorhaben, Absprachen über Standort, techn. Ausführung bestimmter Waffen) als A.maßnahmen bezeichnet, sofern sie Teil einer allg. A.strategie sind, auch wenn mit ihnen selbst keine Verminderung der gegenwärtigen Rüstungen verbunden ist. A. kann sich auf bestimmte Waffensysteme beschränken oder alle Rüstungen umfassen, sie kann allg. oder auf bestimmte Staatengruppen, einzelne Staaten oder Regionen (entmilitarisierte Zonen) beschränkt sein, sie kann auf Grund internat. Verträge zw. gleichberechtigten Partnern oder in gemeinsamem, zeitl. parallelem Vorgehen ohne vertragl. Übereinkunft durchgeführt werden, einseitig erfolgen oder von mächtigen Staaten schwächeren Staaten aufgezwungen werden.

Geschichte: Erste bed. Anstöße zu einer allg. A. gingen von dem A.manifest des russ. Zaren Nikolaus II. (1898) aus, das zur 1. der Haager Friedenskonferenzen (1899) führte. Nach dem 1. Weltkrieg wurden den unterlegenen Mittelmächten in den Pariser Vorortverträgen (1919/20) weitgehende Rüstungsbeschränkungen auferlegt, die zugleich als Einleitung einer – in der Völkerbundssatzung vorgesehenen – allg. A. aller Nationen proklamiert wurden: Friede und Sicherheit sollten durch kollektive Maßnahmen erhalten werden. Doch weder die A.kommission (seit 1925) noch die A.konferenz des Völkerbundes (seit 1932) kamen zu Ergebnissen. Außerhalb des Völkerbundes kam es zum Washingtoner Vertrag (1922), in dem die Großmächte eine Begrenzung ihrer Seerüstungen vereinbarten und zum Dt.-Brit. Flottenabkommen 1935, in dem das Verhältnis der dt. zur brit. Flotte auf 35 zu 100 festgelegt wurde. Beide Verträge wurden vor Beginn des 2. Weltkrieges gekündigt.

Durch die Entwicklung der Nuklearwaffen und der auf Grund ihres Vorhandenseins drohenden Möglichkeit einer Selbstvernichtung der Menschheit wurden nach 1945 A.gespräche und -verhandlungen wesentl. Bestandteil internat. Politik. Die Vereinten Nationen setzten in immer erneuten Anläufen A.kommissionen ein, ohne jedoch dieses Problem bisher gelöst zu haben. Der Interessengegensatz v.a. zw. den USA (Atommonopol) und der UdSSR (Übergewicht an konventionellen Waffen) war zu groß. Erst gegen Ende der 1950er Jahre näherten sich im Zeichen eines „atomaren Patts" und des sog. Gleichgewichts des Schreckens infolge der Existenz interkontinentaler Raketen die Positionen einander an. Neue techn. Möglichkeiten entschärften das Problem der Kontrolle von Atomwaffenversuchen; die gigant. Kosten, die die modernen Waffensysteme erfordern, verstärkten den Druck, zu A.vereinbarungen zu kommen. 1961 einigten sich die USA und die UdSSR im McCloy-Sorin-Abkommen über Prinzipien einer allg. A. und die Errichtung einer A.kommission von 18 Staaten, die wegen der Absage Frankr. als 17-Mächte-A.konferenz seit 1962 in Genf verhandelt; 1969 wurde sie als „Konferenz des A.ausschusses der UN" auf 25, 1975 auf 30 Teilnehmerstaaten erweitert. Da die Vorstellungen über die Verwirklichung einer allg. A. weit auseinandergingen, versuchte man zunächst, in Detailfragen Erfolge zu erzielen. Als solche Erfolge gelten das ↑Atomteststoppabkommen (1963), der Weltraumvertrag (1967), der ↑Atomwaffensperrvertrag (1968), der Meeresbodenvertrag (1971), das Verbot bakteriolog. und tox. Waffen (1972), der Vertrag über unterird. Kernwaffenversuche (1974) sowie das Verbot militär. Umweltveränderungstechniken (1977). Seit 1969 wurde jedoch deutl., daß die wichtigsten A.vereinbarungen de facto auf bilateraler Ebene zw. den USA und der UdSSR ausgehandelt werden. Dies zeigen v.a. die seit 1969 geführten bilateralen Gespräche zur Begrenzung strateg. Waffen (↑Strategic Arms Limitation Talks; Abk. SALT), die auf eine Stabilisierung des Rüstungsgleichgewichts der Großmächte zielen. Darüber hinaus finden seit 1973 in Wien zw. 13 NATO-Mgl.ländern und sechs Staaten des Warschauer Pakts „Verhandlungen über beiderseitige ausgewogene Reduzierungen von Streitkräften und Rüstungen und damit zusammenhängende Maßnahmen in Mitteleuropa" (↑Mutual Balanced Forces Reductions; Abk. MBFR) statt. Vor dem Hintergrund einer starken Belastung der Entspannungspolitik, insbes. seit dem Einmarsch der Sowjetunion in Afghanistan im Dez. 1979, stagnieren die A.verhandlungen (u.a. Nichtratifizierung des SALT-II-Abkommens durch den Senat der USA). Dennoch wurden im Nov. 1981 in Genf zwischen den USA und der Sowjetunion A.verhandlungen v.a. über die in Europa stationierten Mittelstreckenwaffen begonnen.

🕮 *A.planung in der Bundesrepublik. Hg. v. V. Rittberger. Baden-Baden 1979. - Burns, R. D.: Arms control and Disarmament. A bibliography. Santa Barbara (Calif.) 1977. - Rüstung u. A. im Atomzeitalter. Ein Hdb. Hg. vom Stockholm Internat. Peace Research Inst. Dt. Übers. Rbk. 1977. - Iwan, J. H.: Die A. Mchn. 1965.*

Abs, Hermann Josef, * Bonn 15. Okt. 1901, dt. Finanzfachmann. - Wurde 1938 Mgl. des Vorstandes und Direktor der Auslandsabteilung der Dt. Bank, 1957–67 deren Vorstandssprecher, seit 1967 Aufsichtsratsvorsitzender. Bei der Londoner Schuldenkonferenz 1951–53 Leiter der dt. Delegation.

Absalon, * Fjenneslev bei Sorø im Okt. 1128 (?), † Sorø 21. März 1201, dän. Staatsmann. - Ab 1158 Bischof von Roskilde (bis 1191), ab 1178 auch Erzbischof von Lund; Leiter der dän. Politik und Kriegführung unter Waldemar I. und Knut VI.; auf seine Anregung verfaßte sein Sekretär Saxo Grammaticus die „Gesta Danorum".

Abschied, Zusammenfassung der gesamten Beschlüsse einer Versammlung; z.B. **Reichsabschied:** Gesamtheit der Beschlüsse eines Reichstags (in Form eines Vertrags zw. Kaiser und Reichsständen).

Abschlagkulturen, Fundgruppen ohne Faustkeile bes. des Mittelpaläolithikums; Steinwerkzeuge vorwiegend aus breiten Abschlägen (Ggs. ↑Klingenkulturen); neuerdings eher als örtl. begrenzte Sondererscheinungen gedeutet (Clactonien, Levalloisien).

Abschreckung, militär.-polit. Konzept, wonach die konventionellen und v. a. atomaren Streitkräfte so ausgebaut und gestärkt werden, daß sie den potentiellen Gegner von einem militär. Angriff abhalten.

Absentismus [zu lat. absentia „Abwesenheit"], gewohnheitsmäßige Abwesenheit der Großgrundbesitzer von ihren Besitzungen, die sie Administratoren oder Pächtern überlassen, um sie nur als Rentenquelle zu benutzen; in weiten Teilen der Welt durch Agrarrevolutionen und Agrarreformen beseitigt.

Absolutismus [lat.-frz.], die geschichtl., monarch. Regierungsform, in der der Monarch allein die Herrschaftsgewalt besitzt, ohne an Mitwirkung oder Zustimmung autonomer polit. Körperschaften (v. a. Stände) gebunden zu sein. Im Unterschied zum Despoten jedoch erkennt der absolute Fürst das göttl. und histor. Recht an, obwohl er (unter Ausschluß eines Widerstandsrechts) über den gegebenen Gesetzen steht und diese auch brechen kann („princeps legibus solutus"). Der Früh-A. entwickelte sich in Europa (Spanien, Frankr., England) bis Ende des 15. Jh. infolge des Versagens der älteren feudal- und ständestaatl. Ordnungsgefüge. Er fand seine erste modellhafte Ausprägung in Frankr. seit Heinrich IV.; hinsichtl. England kann nur bedingt von A. gesprochen werden; in den nord. Staaten, bes. Schweden, vollzog sich ein mehrmaliger Wechsel von Königs- und Adelsvorherrschaft. Erscheinungsformen und zeitl. Geltung des A. differieren so je nach polit.-sozialer Ausgangsposition. Die zeitgenöss. staatstheoret. Analysen lieferten dem A., wenngleich sie nicht auf ihn zielten, das theoret. Fundament (Forderung nach Enttheologisierung und Stärkung des Staates für seine rein weltl. Aufgaben, Definition der Souveränität als unteilbare, absolute Gewalt nach innen und außen). Andererseits wurde der A. von den sich in der polit. Aufklärung verdichtenden Lehren von der Volkssouveränität und vom Gesellschaftsvertrag zunehmend in Frage gestellt. Der A. setzte einen bis heute nicht abgeschlossenen Verstaatungsprozeß in Gang: Aufstellung stehender Heere, Aufbau einer allein vom Fürsten abhängigen Beamtenschaft, Etablierung von Staatswirtschaftssystemen (Merkantilismus, Kameralismus), Aufrichtung von Staatskirchenherrschaft, Erzwingung von staatl. Einheit und Staatsbewußtsein, Ausrichtung der Regierungspolitik an den Maximen der Staatsräson. Voraussetzung dieses Prozesses war die weitgehende polit. Entmachtung der Stände (ohne Beseitigung der ständ. Gesellschaftsordnung, da der Monarch, auf die Dienstbereitschaft des Adels angewiesen, dessen überkommene Machtposition auf lokaler und regionaler Ebene nicht erschüttern konnte). Daneben förderte der A. die wirtsch. Interessen des Großbürgertums, ohne ihm einen entsprechenden polit. Rang einzuräumen. Die mangelnde Bewältigung der hieraus resultierenden Spannungen erwies die Grenzen der Leistungs- und Entwicklungsfähigkeit des A., für dessen Erschöpfung auch die Ausprägung des sog. „aufgeklärten A." (Modellfälle: Preußen unter Friedrich II., Österreich unter Joseph II.) Symptom war: In Anpassung an die humanitäre Staatsidee der Aufklärung führte der Fürst als „erster Diener" des Staates und Sachwalter des Gemeinwohls wohlfahrtsstaatl. Reformen durch (Bauernbefreiung, staatl. Schulpolitik, Ansätze zur Rechtsstaatlichkeit). Der A. zeitigte teils bis heute erkennbare negative Auswirkungen (administrative Bevormundung und Entpolitisierung der Untertanen, Überbewertung der Ordnungsfunktion des Staates im Innern und seiner Machtentfaltung nach außen), schuf andererseits mit der beginnenden Einebnung der ma. Gesellschaftsstrukturen, der Aktivierung des einzelnen im Dienst des Gemeinwohls, der Schaffung größerer staatl. Einheiten zur Bewältigung umfassenderer öffentl. Aufgaben, der Hebung des Wissensstandes der breiten Massen (allg. Schulpflicht) und der Vereinheitlichung des Rechts wichtige Voraussetzungen für den Demokratisierungsprozeß des bürgerl. Gemeinwesens. Die marxist.-leninist. Geschichtswissenschaft betrachtet den A. nicht als eigenständige histor. Epoche, sondern als letzte Entwicklungsstufe des Feudalismus in der Phase des weltgeschichtl. Übergangs zum Kapitalismus.

📖 *Hdb. der europ. Gesch. Bd. 4: Europa im Zeitalter des A. u. der Aufklärung. Hg. v. Fritz Wagner. Stg. ²1975. - Hubatsch, W.: Das Zeitalter des A. 1600–1789. Braunschweig ⁴1975. - Hintze, O.: Staat u. Verfassung. Gött. ³1970. - Oestreich, G.: Geist u. Gestalt des frühmodernen Staates. Bln. 1969. - Die Entstehung des modernen souveränen Staates. Hg. v. H. H. Hofmann. Köln u. Bln. 1967. - Beloff, M.: The age of absolutism, 1660 to 1815. New York ³1966. - Hartung, F.: Staatsbildende Kräfte der Neuzeit. Bln. 1961.*

absteigende Linie ↑Deszendent.

Abstimmung, Verfahren zur Feststellung der Mehrheit bei der Willensbildung. Während bei Wahlen Personen zur Wahrnehmung eines Amtes berufen werden, wird bei der A. unmittelbar eine Sachentscheidung getroffen.

Staatsrecht: Nach *Bundesrecht* ist eine A. nur im Rahmen der Neugliederung des Bundesgebietes gemäß Art. 29 GG vorgesehen. Einige

Landesverfassungen eröffnen die Möglichkeit von A. in größerem Umfange (Plebiszit, Volksabstimmung, Volksbegehren, Volksentscheid). Das A.verfahren in den Parlamenten und anderen Vertretungskörperschaften ist durch Verfassung, Geschäftsordnung, Gesetze und Satzungen geregelt. Meist wird durch Handzeichen oder Aufstehen abgestimmt; ergibt dies keine Klarheit über das Stimmenverhältnis, findet der sog. ↑Hammelsprung statt. In *Österreich* besteht die Möglichkeit der Volksabstimmung. In der *Schweiz* kann jeder Schweizer Bürger an den eidgenöss. (durch Referendum und Volksinitiative), kantonalen und kommunalen Wahlen und A. an seinem Wohnsitz teilnehmen. Das A.verfahren ist grundsätzl. der kantonalen Gesetzgebung überlassen. Das Bundesrecht legt nur folgende Prinzipien fest: Jeder Stimmberechtigte muß im Stimmregister eingetragen sein. Die A. sind geheim und finden unter Verwendung von Stimmzetteln und Stimmurne statt. Das Votum des Stimmberechtigten erfolgt handschriftl. oder mit gedrucktem Stimmzettel. Die A. finden gleichzeitig in der ganzen Schweiz statt.

Abstimmungsgebiete, Bez. für die dt. und östr. Grenzgebiete, in denen nach dem 1. Weltkrieg auf Grund des in den Friedensverträgen von Versailles und Saint-Germain nur teilweise zugestandenen nat. Selbstbestimmungsrechts die Bev. über ihre künftige staatl. Zugehörigkeit entscheiden sollte, im Ggs. zu Grenzgebieten, die ohne Abstimmung abgetreten werden mußten. A. in Deutschland waren Nordschleswig, Westpreußen östl. der Weichsel (Bez. Marienwerder), südl. Ostpreußen (Bez. Allenstein), Eupen-Malmedy (sämtl. 1920); Oberschlesien (1921); Saargebiet (1935); in Österreich: S-Kärnten (1920) und Ödenburg (1921).

Abt [zu Abba (↑Abbé)] (in der griech.-lat. Kirchensprache Abbas), Bez. und Titel des Vorstehers einer Mönchsgemeinschaft, Leiter einer Abtei mit Jurisdiktionsgewalt; er ist keinem Bischof unterstellt (exemt). In einzelnen ev. Anstalten, die auf kath. Klöster zurückgehen, blieb der Titel A. erhalten (z. B. in Loccum und Bursfelde).

Abtei, ein Kloster von (i. d. R. mindestens 12) Regularkanonikern, Mönchen oder Nonnen, das von einem Abt oder einer Äbtissin geleitet wird und verwaltungs- und vermögensrechtl. selbständig ist.

Äbtissin [zu Abba (↑Abbé)], Vorsteherin einer Abtei einer weibl. Ordensgemeinschaft, eines Kanonissen- oder eines Damenstifts.

Abtretung (Zession), im *Völkerrecht* ↑Gebietserwerb.

Abu Bakr (Abu Bekr), * Mekka um 573, † Medina 23. Aug. 634, erster Kalif. - Schwiegervater und Nachfolger des Propheten Mohammed nach dessen Tod 632; bezwang als Kalif zur Verteidigung der Einheit des Islams die abgefallenen arab. Stämme und schuf die Grundlage für die Eroberung des Kalifenreiches.

Abukir (arab. Abu Kir), Ort in Ägypten, am Mittelmeer, 20 km nö. von Alexandria. Der vernichtende Sieg der brit. Flotte unter Nelson über die Franzosen 1798 vor A. entschied prakt. den Ausgang der ägypt. Expedition; 1799 Sieg Bonapartes über ein osman. Landekorps.

Abul Abbas, † Anbar (Irak) Juni 754, erster Kalif (seit 749) der Dynastie der ↑Abbasiden. - Ließ die Omaijaden rücksichtslos verfolgen und z. T. hinrichten.

Abul Fida (Abul Feda), Ismail, * Damaskus im Nov. 1273, † Hama 27. Okt. 1331, arab. Geschichtsschreiber und Geograph. - Ab 1310 Statthalter von Hama und Sultan; verfaßte eine Weltgeschichte (Chronologie der Ereignisse bis 1329) und ein geograph. Werk.

ab urbe condita [lat. „seit der Stadtgründung" (Roms)] (anno urbis [conditae]), Abk. a. u. c.; röm. Jahrzählung von der Gründung Roms an, ↑Zeitrechnung.

Abusch, Alexander, * Krakau 14. Febr. 1902, † Berlin (Ost) 27. Jan. 1982, dt. Publizist und Politiker (KPD bzw. SED). - 1933–46 Emigration, 1956 Mgl. des ZK der SED; 1958–61 Min. für Kultur; 1961–71 einer der stellv. Vors. des Min.rats (zuständig für Kultur und Erziehung); zahlr. Schriften.

Abu Simbel, zwei Felsentempel Ramses' II. (1290–1224 v. Chr.) am westl. Nilufer, Oberägypten. Der *Große Tempel* ist der Dreiergottheit Re, Amun und Ptah und dem vergöttlichten König geweiht und so orientiert, daß bei den Äquinoktien die ersten Strahlen der aufgehenden Sonne 60 m in den Felsen bis zum Kultbild vordringen („Sonnenwunder"). Vor der Fassade 4 Kolossalstatuen des Königs. Der *Kleine Tempel*, 150 m nördl. des großen, gilt dem Kult der Göttin Hathor. Beide Tempel wurden 1964–68 auf Kosten der UNESCO und starker internat. Beteiligung in Blöcke zerlegt und 65 m höher wieder aufgebaut, da sie sonst im Stausee von Assuan versunken wären.

Abu Sir (altägypt. per-Osiri „Tempel des Osiris"; griech. Busiris), Name ägypt. Orte; beim wichtigsten (am westl. Nilufer, 11 km südl. von Kairo) stehen vier Pyramiden der 5. Dynastie sowie das bed. Grab eines Beamten dieser Zeit. In der Nähe die Überreste des Sonnenheiligtums des Königs Neuserre (5. Dynastie).

Abu Sir Al Malak, Ort in Oberägypten, am westl. Nilufer, 20 km nördl. von Bani Suwaif, am Eingang zum Becken von Al Faijum; bed. vorgeschichtl. Gräberfeld der 2. Hälfte des 4. Jt.; Ruinen eines Tempels der 30. Dynastie.

Abweichung, marxist. Begriff zur Kennzeichnung und Diffamierung von Parteiangehörigen und -gruppen, die gegen die jeweils offiziell festgelegte „Generallinie" der Partei verstoßen (Verbot des Fraktionalismus); oft wird unterschieden zw. „linker" und „rechter" A.; die Vorwürfe des Dogmatismus, Opportunismus, Revisionismus, Sektierertums u. ä. gehören in diesen Zusammenhang.

Abydos, (altägypt. Abodu) bed. Ruinenstätte in Oberägypten, 100 km nw. von Luxor, Hauptverehrungsstätte des Osiris. Wichtigstes Denkmal ist der gut erhaltene Osiristempel Sethos' I. mit sieben Kapellen für die Götter des Landes. Nördl. der älteste Bezirk mit Grabanlagen der Könige der beiden ersten Dynastien. Eines dieser Gräber, das des Djer, galt seit dem 2. vorchristl. Jt. als das Osirisgrab. Der zugehörige große Tempel ist nur in geringen Resten erhalten.

A., (lat. Abydus) antike Stadt an der engsten Stelle des Hellespont, daher als Lande- und Übergangsplatz bevorzugt (480 v. Chr. Xerxes, 334 Alexander der Große); angenommener Schauplatz der Hero-und-Leander-Sage; thrak. Gründung; um 700 v. Chr. von Milet aus besiedelt; im 14. Jh. durch die Osmanen endgültig zerstört.

Acadia [engl. əˈkeɪdjə] ↑Akadien.

Acciaiuoli [italien. attʃaiˈuɔːli], aus Brescia stammende, seit Anfang des 12. Jh. in Florenz ansässige Patrizierfamilie; die A. begr. 1282 eine Handelsgesellschaft und waren die Bankiers der Päpste sowie der Anjou in Neapel. Auf den Verdiensten von **Niccolò Acciaiuoli** (* 1310, † 1365) beruht die Übertragung der Statthalterschaft des Ft. Achaia an die Familie A., Ausgangspunkt für den Aufstieg der A. zu bed. polit. Einfluß im 14. und 15. Jh.; 1388–1456 (mit Unterbrechung 1395–1402) auch im Besitz der polit. gewichtigen Herzogswürde von Athen.

Accursius (Accorso), Franciscus, * Bagnolo bei Florenz vor 1185, † Bologna um 1263, italien. Jurist. - Berühmtester Vertreter der Glossatorenschule von Bologna, Verfasser der sog. „Glossa ordinaria" (1228) zum Corpus Juris Civilis.

Achäa ↑Achaia.

Achab (Ahab) [hebr.], siebter König von Israel (wahrscheinl. 871–52). A. baute Festungen, führte erfolgreiche Kriege gegen das Aramäerreich von Damaskus und die Moabiter und machte Israel zur Großmacht. Duldete, obwohl selbst jahwetreu, den Versuch seiner Frau Isebel, den phönik. Baalskult einzuführen. Der Prophet Elia trat dagegen mit Erfolg auf.

Achäer (Achaier), Name eines griech. Stammes frühgeschichtl. Zeit; bei Homer Name für die Gesamtheit der Griechen; siedelten seit der griech. Einwanderung in der südthessal. Phthiotis sowie an der N-Küste der Peloponnes; waren Träger der myken. Kultur und gehörten zur nordwestgriech. Dialektgruppe; durch die dor. Wanderung um 1200 v. Chr. zum Ausweichen nach W-Kleinasien und Zypern gezwungen; Rückzugsgebiet auf der Peloponnes.

Achaia (Achäa), Landschaft auf der nördl. Peloponnes, Griechenland, Hauptstadt Patras.

Im Rückzugsgebiet auf der Peloponnes bildeten die Achäer einen bis 324/322 selbständigen 12-Städte-Bund; 280–146 Teil des ↑Achäischen Bunds; ab 27 v. Chr. Name der gesamten röm. Senatsprov. in Griechenland; 395 endgültig beim byzantin. Reichsteil; nach dem 4. Kreuzzug (1204) polit. bed., die ganze Peloponnes umfassendes frz.-angiovin. Ft. mit kurzer Unterbrechung bis zur osman. Eroberung 1460.

Achäischer Bund, 280 v. Chr. gegr. Vereinigung von urspr. 4 Städten der nördl. Peloponnes; ständige Auseinandersetzung mit Sparta, Ätolien und Makedonien; ab 225 im Fahrwasser makedon. Politik; nach Krieg gegen Rom 146 v. Chr. aufgelöst.

Achämeniden (Achaimeniden), altpers. Königsgeschlecht, regierte von etwa 700 bis 330; ben. nach seinem Stammvater Achämenes (Achaimenes, altpers. Hachmanisch), in altpers. Inschriften und bei Herodot histor. Persönlichkeit.

Achas (Ahas, Vulgata: Achaz), König von Juda. - Regierte zwischen 742 und 716 16 Jahre lang; gewann durch Tribut den assyr. König ↑Tiglatpileser III. zum Bundesgenossen, der ihn in Abhängigkeit hielt.

Achasja (Ahasja, Vulgata: Ochozias), König von Israel wahrscheinlich 852/51, Nachfolger Achabs.

A., König von Juda. - Regierte um 845 (oder 842/41) v. Chr. etwa ein Jahr lang.

Achenbach, Heinrich von (seit 1888), * Saarbrücken 23. Nov. 1829, † Potsdam 9. Juli 1899, preuß. Jurist und Politiker. - Als Handelsmin. 1873–78 (1873/74 zugleich Landwirtschaftsmin.) einer der Exponenten der liberalen Freihandelspolitik; gehörte zu den Führern der Freikonservativen Partei; seit 1860 Prof. in Bonn.

Achenwall, Gottfried, * Elbing 20. Okt. 1719, † Göttingen 1. Mai 1772, dt. Historiker und Jurist. - Gehörte als Prof. (Philosophie, Jura) zum Göttinger Historikerkreis; einer der Mitbegr. der wiss. Statistik.

Acheson, Dean [engl. ˈætʃɪsn], * Middletown (Conn.) 11. April 1893, † Sandy Springs (Md.) 12. Okt. 1971, amerikan. Politiker. - Rechtsanwalt; ab 1933 Unterstaatssekretär im Finanzministerium; ab 1941 Unterstaatssekretär für Wirtschaftsangelegenheiten im Außenministerium, 1949–53 Außenmin.; seit 1961 wiederholt außenpolit. Berater der amerikan. Regierung, bes. für Fragen der atlant. Allianz; zahlr. Schriften.

Acheuléen [aʃøleˈɛ̃ː; frz.], nach dem Fundort Saint-Acheul bei Amiens ben. Stufe des Altpaläolithikums; kennzeichnend die

Faustkeile; bei manchen Autoren umfaßt das A. alle Fundgruppen mit Faustkeilen (unter Einschluß von Abbevillien bzw. Micoquien); als Alt-A. gilt heute fast allg. die früher als Chelléen bezeichnete Stufe; Dauer des A. mindestens rd. 250000–300000 Jahre; fast überall 3 Phasen unterscheidbar.

Achiver (Achivi), Bez. der Römer für die Achäer oder die homer. Griechen.

a. Chr. [n.], Abk. für lat.: **a**nte **Chr**istum [**n**atum], vor Christi [Geburt].

Achse Berlin-Rom, von Mussolini 1936 geprägte und seither gebräuchl. Bez. für das im Span. Bürgerkrieg begr. Verhältnis enger außenpolit. Zusammenarbeit zw. dem faschist. Italien und dem nat.-soz. Dt. Reich; wurde zum förml. Bündnis durch den Stahlpakt 1939, durch den Dreimächtepakt 1940 zur „A. B.-R.-Tokio“ erweitert, nachdem sich Italien schon 1937 dem Antikominternpakt 1936 angeschlossen hatte; aufgelöst durch den italien. Sonderwaffenstillstand 1943.

Achsenmächte, seit 1936 Bez. für das Dt. Reich und Italien, dann auch für Japan und alle mit dem nat.-soz. Deutschland verbündeten Staaten.

Acht, in der *Rechtsgeschichte* Bez. für den Ausschluß aus der [weltl.] Friedensgemeinschaft. Nach german. Recht konnte der in die A. erklärte Verbrecher von jedermann getötet werden. Die A. wurde durch die Land- oder Gerichtsgemeinde, später durch den König bzw. Kaiser verhängt und verkündet. Im dt. MA war die A. als *Reichs-*, *Landes-* und *Stadtacht* (entsprechend ihrem Geltungsbereich) eine häufig verhängte weltl. Strafe für Friedensbrecher und stand neben dem kirchl. Bann (daher die Formel „in A. und Bann tun“). Der Geächtete konnte sich innerhalb der Frist von Jahr und Tag durch freiwilliges Erscheinen vor Gericht aus der A. lösen. Andernfalls verfiel er der **Ober-** oder **Aberacht,** d.h. der vollen Rechtlosigkeit, die durch den A.brief bekanntgemacht wurde.

Achtundvierziger, allg. Bez. für die Teilnehmer an der dt. Revolution 1848/49, speziell für die republikan.-demokrat. gesinnten.

Achtzigjähriger Krieg, Bez. für den Freiheitskampf der Niederlande gegen Spanien 1568–1648. - ↑auch Niederlande (Geschichte).

Acker, Achille van, * Brügge 8. April 1898, † ebd. 10. Juli 1975, belg. sozialist. Politiker. - Früh in der Gewerkschaftsarbeit tätig; im 2. Weltkrieg in der Widerstandsbewegung; nach 1945 zeitweise Arbeits- und Sozialmin.; 1945/46 und 1954–58 Min.präs.

Ackerbau (Agrikultur), die von einer seßhaften Bevölkerung (bei vorübergehender Seßhaftigkeit spricht man von Wanderfeldbau) betriebene Nutzung des Bodens durch Anbau von Kulturpflanzen.

Geschichte: Die bisher ältesten Überreste von Kulturpflanzen wurden in Vorderasien, Nordthailand und Mexiko gefunden. Sie stammen aus dem 7. bzw. 6. Jt. v. Chr. Aus Vorderasien sind u.a. die frühesten kultivierten Gersten- und Weizenarten bekannt, aus Mexiko Mais und Kürbisse. Überall ist daneben mit anderen Kulturpflanzen zu rechnen (Hülsenfrüchte, Gewürzpflanzen, Fruchtbäume). Manche Pflanzen (v.a. trop. Knollengewächse) sind archäologisch kaum nachzuweisen. – Auch die nähere Beziehung zwischen der frühesten Kultivierung von Nutzpflanzen zur annähernd gleichzeitig belegten Domestikation von Tieren ist noch nicht klar zu erkennen. Jedenfalls hat dieser Schritt von der „aneignenden“ zur „produzierenden“ Form der Nahrungsgewinnung *(neolithische Revolution)* umwälzende Bedeutung in der Menschheitsgeschichte. Künstl. Bewässerung ist in Vorderasien spätestens für das 5. Jt. v. Chr. belegt. Älteste Geräte zur Bodenbearbeitung waren Grabstöcke und Pflanzstöcke aus Holz. Weiterbildungen sind Spaten und Furchenstock. Mit der Erfindung des Hakenpflugs (früheste Belege um 3000 v. Chr. als Schriftzeichen in Uruk) kam es zur Nutzung tier. Kraft zur Feldbestellung. Das Saatgut wurde vermutl. zunächst auf empir. Weg durch Auswahl der größten Körner und Samen verbessert. Älteste Düngemittel waren tier. und menschl. Exkremente, später auch Komposte. Die Gründüngung v.a. mit Lupinen und Anfänge mineral. Düngung waren bereits in der Antike bekannt. Der Pflugbau verdrängte weitgehend den trop. und subtrop. Hackbau, ist jedoch v.a. in Süd- und Ostasien eng mit diesem verbunden. Eine bedeutende Neuerung war die Erfindung des Streichbrettpflugs, vermutl. in der La-Tène-Zeit (500–200 v.Chr.) im Gebiet nördl. der Alpen.

Die Grundzüge des A. scheinen dann über Jahrhunderte unverändert geblieben zu sein. In Mitteleuropa entwickelte er sich von der wilden Feld-Gras-Wirtschaft über die Dreifelderwirtschaft bis hin zum intensiven Fruchtwechsel mit einer Vielzahl von Fruchtfolgen. – Erst ab der Mitte des 18. Jh. (Aufschwung der biolog. und der chem. Forschung) wurden die landwirtschaftl. Methoden entscheidend verbessert. Entscheidenden Anteil an der Erleichterung der Arbeitsbedingungen und der Leistungssteigerung des A. hatte die mit der industriellen Revolution langsam beginnende, dann immer schneller fortschreitende Technisierung der Landwirtschaft.

Ackerbürger, histor. Bez. für Stadtbürger, die in oder nahe der Stadtgemarkung über Grund und Boden verfügen und diesen - neben einem Gewerbe oder ausschließl. - landw. nutzen.

Ackerbürgerstadt, histor. Bez. für i.d.R. kleinstädt., mit Stadtrecht ausgestattete Siedlungen, die meist nur geringe oder keine zentralörtl. Funktionen haben; Bewohner zum wesentl. Teil Ackerbürger. In M-Europa v. a. Stadtgründungen des MA mit großer landw. Gemarkung, bis ins 19. Jh. die übl. Form der Kleinstadt.

Ackermann, Anton, eigtl. Eugen Hanisch, * Thalheim (Erzgebirge) 25. Dez. 1905, † Berlin (Ost) 4. Mai 1973, dt. Politiker. - Seit 1926 in der KPD, 1946 maßgebl. an der Gründung der SED beteiligt; bekleidete seitdem v. a. wichtige Parteiämter; vertrat bis 1948 die Theorie vom „bes. dt. Weg zum Sozialismus"; 1954 aller Ämter enthoben und aus dem ZK ausgeschlossen; 1956 rehabilitiert, übernahm bis 1964 erneut polit. Ämter.

Act [ækt; lat.-engl.], im angloamerikan. Recht Bez. für 1. eine Willenserklärung oder eine sonstige rechtl. relevante Handlung; 2. für ein vom Parlament verabschiedetes Gesetz. In England heißen die Gesetze **Act of Parliament,** in den USA **Act of Congress** bzw. (in den Einzelstaaten) **Act of the Legislature.** Andere Bez. sind „statute" und „law". Zu unterscheiden sind „public acts" und „private acts". Erstere enthalten generelle Regelungen, während sich letztere entweder auf bestimmte Personen oder Personengruppen beziehen („personal acts") oder nur örtl. Angelegenheiten regeln („local acts").

Acta diurna [lat. „tägl. Geschehen"], von Cäsar 59 v. Chr. gegr. amtl. röm. „Tageszeitung", durch Anschlag veröffentlicht.

Acta Sanctorum [lat. „Taten der Heiligen"], Abk. Acta SS, von den † Bollandisten hg. Sammlung hagiograph. Quellen (Märtyrerakten, Heiligenviten u. a.).

Action directe [frz. aksjõdi'rɛkt], svw. † direkte Aktion.

Action française [frz. aksjõfrɑ̃'sɛ:z „frz. Aktion"], rechtsradikale frz. Bewegung, eine der Wurzeln des frz. Faschismus; zugleich Name ihrer Tageszeitung 1908–44. Ende 1898 gegr., geriet 1899 unter den bald dominierenden Einfluß von Ch. Maurras. Die A. f. blieb im Parlament bedeutungslos, hatte aber als geistig bedeutendste Gruppierung der extremen Rechten weitreichenden Einfluß auf die frz. Rechte und die intellektuelle Jugend zw. den beiden Weltkriegen. Verfocht als autoritär-antiparlamentar. Gegenideologie gegen die Ideen von 1789 einen „integralen Nationalismus", erstrebte die Errichtung einer erbl. Monarchie mit föderalist. Gliederung des Landes; 1936 verboten; unterstützte seit 1940 das Regime Pétain. Viele Anhänger der A. f. wurden nach der Befreiung wegen Kollaboration verurteilt.

Act of Settlement [engl. 'ækt əv 'sɛtlmənt], engl. Gesetz von 1701 zur Sicherung der Ergebnisse der „Glorious revolution"; regelte die prot.-anglikan. Thronfolge; enthielt für die engl. Verfassungsentwicklung wichtige Klauseln über Verteilung und Ausübung der staatl. Macht; stärkte die Stellung des Staatsrats (privy council) und des Parlaments.

Act of Supremacy [engl. 'ækt əv sjʊ'prɛməsɪ] † Suprematsakte.

Acton [engl. 'æktən], John Dalberg, Baron A. of Aldenham (seit 1869), * Neapel 10. Jan. 1834, † Tegernsee 19. Juni 1902, brit. Historiker. - Enkel von Sir John Francis Edward A. und von Emmerich Josef Herzog von Dalberg; Schüler von Dupanloup, Wiseman und (1850–55) Döllinger; maßgebl. von der dt. histor. Schule geprägt; zunächst im Sinne eines antiultramontanen, aber strenggläubigen Katholizismus publizist. tätig; gewann als liberales Unterhaus-Mgl. 1859–68 bed. Einfluß auf Gladstone; seit 1895 Prof. in Cambridge; maßgeblich beteiligt an der Planung der „Cambridge modern history".

A., Sir (seit 1791) John Francis Edward, ≈ Besançon 3. Juni 1736, † Palermo 12. Aug. 1811, Min. in Neapel-Sizilien. - Leitender Min. unter Ferdinand IV.; seine antinapoleon. Politik scheiterte; 1798 und seit 1806 im sizilian. Exil.

A. D., Abk. für: **A**nno **D**omini. - † anno.

Adad-Nerari II., assyr. König (912–891); stellte die Macht Assyriens v. a. nach N und O wieder her.

Adalbero, Name von Bischöfen und Erzbischöfen:

A. I., † Sint-Truiden 25. April 962, Bischof von Metz (seit 929). - Gab 933 durch die Reform des Klosters Gorze den entscheidenden Anstoß zur lothring. Klosterreform.

A., * um 925, † Reims 23. Jan. 989, Erzbischof von Reims (seit 969). - Mönch und Abt in † Gorze. Blieb auch als Erzbischof von Reims treuer Anhänger der Ottonen. Brachte mit Hugo Capet, den er am 3. Juli 978 in Reims krönte, das Haus der Kapetinger auf den frz. Thron.

A. (Ascelin), * nach 947, † 19. Juli 1030, Bischof von Laon (seit 977). - Führer des Episkopats im Widerstand gegen den Einfluß Clunys in Gallien und entschiedener Parteigänger Hugo Capets.

A., hl., * um 1010, † Lambach (Oberösterreich) 6. Okt. 1090, Bischof von Würzburg (seit 1045). - Reformfreudiger Anhänger der Kaiser Heinrich III. und IV.; schloß sich nach dem Reichstag von Worms 1076 der Partei Papst Gregors VII. an.

A., Erzbischof von Trier, † Albero.

Adalbert, Name von Herrschern:

Hamburg-Bremen:

A., * um 1000, † Goslar 16. März 1072, Erzbischof (seit 1043). - Parteigänger der Salier. Als päpstl. Legat und (seit 1053) Vikar des Nordens gelang ihm durch Missionstätigkeit eine Erweiterung seines Einflußgebietes bis Finnland, Island und Grönland; erlangte während der vormundschaftl. Regierung für Heinrich IV. ab 1063 maßgebl. Einfluß auf die Reichspolitik; 1066–69 vom Hofe verbannt; ihm gelang es nicht, sein Erzbistum zu einem nord. Patriarchat zu erhöhen.

Magdeburg:
A. I., hl., † Zscherben bei Halle/Saale 20. Juni 981, Erzbischof (seit 968). - Nach erfolgloser Missionstätigkeit in Rußland 961/962 in der Kanzlei Ottos I.; 966 Abt des Klosters Weißenburg im Elsaß, wo er die Chronik Reginos von Prüm fortsetzte (für die Jahre 907–967); widmete sich als Erzbischof der Organisation seines Metropolitansprengels sowie der Missionstätigkeit.
Mainz:
A. I., † 23. Juni 1137, Erzbischof (seit 1109/11). - Seit 1106 erster Kanzler und maßgebl. Berater Heinrichs V.; betrieb erfolgreiche und für Mainz grundlegende Territorialpolitik; 1112–15 vom Kaiser auf dem Trifels gefangengesetzt, blieb A. bis 1122 Haupt der Fürstenopposition und der kirchl. Reformpartei im Kampf gegen Heinrich V.; setzte 1125 die Wahl Lothars von Supplinburg durch.
Österreich:
A. der Siegreiche, † Melk 26. Mai 1055, Markgraf (seit 1018). - Sohn des Babenberger Markgrafen Liutpold I., Nachfolger seines Stiefbruders Heinrich I.; gilt als eigtl. Gründer Österreichs.

Adalbert, eigtl. Heinrich Wilhelm A., Prinz von Preußen, * Berlin 29. Okt. 1811, † Karlsbad 6. Juni 1873, preuß. Admiral (1854). - Vetter Friedrich Wilhelms IV.; trat 1848 für die Bildung einer dt. Flotte ein; 1849–71 Oberbefehlshaber der preuß. Kriegsmarine.

Adalbert von Prag, hl., eigtl. Vojtěch, * Libice nad Doubravou (?) um 956, † im Samland am Frischen Haff (bei Tenkitten ?) 23. April 997 (erschlagen), Bischof (seit 983). - Seine Missionierung im ungar. Raum 994/995 erlangte geschichtl. Bedeutung; durch Boleslaw I. Chrobry zu den heidn. Preußen entsandt, fand A. den Märtyrertod; 999 Heiligsprechung.

Adam von Bremen, † 12. Okt. nach 1081, dt. Geschichtsschreiber. - Schrieb nach 1072 eine Kirchengeschichte Hamburg-Bremens, die eine Biographie des Erzbischofs Adalbert und eine auf älteren Quellen und zeitgenöss. Berichten beruhende Beschreibung der nord. Völker und Länder enthält.

Adamclisi (Adamklissi), rumän. Dorf bei Konstanza mit dem Tropaeum Traiani, ein vom röm. Kaiser Trajan nach seinen Siegen über die Daker im Jahre 109 n. Chr. errichtetes Denkmal (Rundbau, 30 m Durchmesser).

Adamovich, Ludwig [...'mɔvɪtʃ], * Osijek (Kroatien) 30. April 1890, † Wien 23. Sept. 1955, östr. Staatsrechtslehrer. - Prof. in Prag, Graz und Wien. 1946–55 Präs. des Verfassungsgerichtshofs, Mitschöpfer der Bundesverfassung Österreichs.

Adams [engl. 'ædəmz], eine der berühmtesten Familien Neuenglands und der USA; 1636 aus Devonshire nach Massachusetts eingewandert; brachte vom 18.–20. Jh. eine Reihe bed. Politiker und Gelehrter hervor. Zur Familie gehören:
A., Brooks, * Quincy (Mass.) 24. Juni 1848, † Boston 13. Febr. 1927, Historiker. - Jurist; bed. zeitkrit. Analytiker; prophezeite vor dem 1. Weltkrieg die Beherrschung der Weltpolitik durch die USA und Rußland, sagte für die USA als wirtsch. Vormacht den Zusammenbruch des demokrat. Systems voraus; Hg. der postumen Werke seines Bruders Henry A.
A., Henry, * Boston 16. Febr. 1838, † Washington 27. März 1918, Historiker, Geschichtsphilosoph und Schriftsteller. - 1870–77 Prof. (Mediävist) an der Harvard University; wandte sich dann der amerikan. Geschichte zu und schuf mit seiner „History of the United States during the administrations of Jefferson and Madison“ (9 Bde., 1889–91) ein epochemachendes Werk. Unter bes. Einfluß Tocquevilles und seines Bruders Brooks A. entstand A.' Kulturkritik in der Konfrontation eines geschlossenen Weltbilds des MA mit dem des 20. Jh.; auf der Suche nach „neuer Einheit“ entwickelte A. in Anwendung naturwissenschaftl. Theorien seine geschichtsphilosoph. Spekulation.
A., John, * Braintree (= Quincy, Mass.) 30. Okt. 1735, † ebd. 4. Juli 1826, 2. Präs. der USA (1797–1801). - Gemäßigter Delegierter im Kontinentalkongreß 1774–78; Anwalt der Unabhängigkeitserklärung auch gegenüber der engl. Krone; 1785–88 Gesandter in London; 1789–97 als Föderalist erster Vizepräs.; A.' Politik bewaffneter Neutralität und antiradikalist. Maßnahmen als Präs. führten zur Trennung vom rechten Parteiflügel.
A., John Quincy, * Braintree (= Quincy, Mass.) 11. Juli 1767, † Washington 23. Febr. 1848, 6. Präs. der USA (1825–29). - Ältester Sohn von John A.; 1790–94 Rechtsanwalt; seit 1794 im diplomat. Dienst; als Außenmin. wesentl. an der Formulierung der Monroedoktrin beteiligt; hatte als Präs. wenig Erfolg; 1831–48 unabhängiges Kongreßmitglied.

Adams [engl. 'ædəmz], Herbert Baxter, * Shutesbury (Mass.) 16. April 1850, † Amherst (Mass.) 30. Juli 1901, amerikan. Historiker. - Entscheidend beeinflußt durch Studien in Deutschland, wurde A. als Prof. in Baltimore ab 1876 einer der bahnbrechenden Lehrer und Organisatoren der Geschichtswissenschaft in den USA. Bis 1900 Sekretär der 1884 gegr. „American Historical Association“; verfaßte richtungweisende method. und biograph. Studien.
A., Samuel, * Boston 27. Sept. 1722, † ebd. 2. Okt. 1803, amerikan. Politiker und Journalist. - Als Führer der radikalen Patrioten in Massachusetts eine der Triebkräfte der amerikan. „Revolution“; organisierte 1773 die Boston Tea Party; 1794–97 Gouverneur von Massachusetts.

ADB, Abk. für: ↑**A**llgemeine **D**eutsche **B**iographie.

ad calendas graecas [lat. „an den griech. Kalenden"], röm. Sprichwort, „niemals", entspricht dem umgangssprachl. verwendeten Ausdruck „am Sankt-Nimmerleins-Tag" (die Griechen kannten keine „calendae", die bei den Römern Zahlungstermine waren).

Addams, Jane [engl. ædəmz], * Cedarville (Ill.) 6. Sept. 1860, † Chicago 21. Mai 1935, amerikan. Sozialreformerin. - Wirkte bahnbrechend in der ↑Settlementbewegung; kämpfte für soziale Gerechtigkeit, Frauenwahlrecht, Verbesserung des Jugendschutzes, Armenpflege; erhielt für ihre Tätigkeit in der internat. Friedensbewegung seit 1915 und als Mitbegr. und Präs. (1919–35) der „Women's International League for Peace and Freedom" 1931 mit N. M. Butler den Friedensnobelpreis.

Addington, Henry [engl. 'ædıŋtən], Viscount Sidmouth (seit 1805), * London 30. Mai 1757, † Richmond Park 15. Febr. 1844, brit. Politiker (Tory). - Wurde 1784 Parlamentsmitglied; 1789–1801 Sprecher im Unterhaus; scheiterte als Premiermin. 1801–04 mit seiner Friedenspolitik gegenüber dem Napoleon. Frankr.; lehnte als Innenmin. 1812–21 und auch danach jede Reformpolitik ab.

Addis Abeba ['adis 'abeba, - a'be:ba], Hauptstadt von Äthiopien, im südl. Abessin. Hochland, 1,05 Mill. E. - Im **Frieden von A. A.** (1896) erkannte Italien die Unabhängigkeit Äthiopiens an.

Adel [zu althochdt. adal „Geschlecht, Abstammung"], auf Grund von Geburt, Besitz oder Leistung ehemals sozial und polit. privilegierter Stand (Klasse, Kaste) mit bes. Ethos und Lebensformen. A. ist ein universalgeschichtl. Phänomen, vielfach differenziert, in bestimmten gleichgearteten Abläufen und Merkmalen faßbar. Über den Entstehungsprozeß des A. sind nur spekulative Aussagen mögl. Die A.gesellschaft war in der abendländ. Geschichte von der Antike bis in die Neuzeit ein bestimmender Faktor. Von der **Antike** her bestand eine Kontinuität aristokrat. polit. und kultureller Leistung bis zum europ. MA. Die antike Stadtkultur wurde von der griech. Aristokratie geprägt. Der Amts-A. (Nobilität, Optimaten) der röm. Republik sicherte zusammen mit dem A. unterworfener Prov. den Zusammenhalt des Reiches. V. a. der galloröm. Senatoren-A. überlieferte in seiner speziellen Bindung an die Tradition dem fränk. A. das aristokrat. Erbe. Der A. entwickelte sich im **MA** auf den Grundlagen des german., oft charismat. verstandenen A. Hinzu kamen Gruppen des Kriegs-A. der Völkerwanderung, z. T. auch des senator. A. der röm. Prov., Zuwachs aus Gefolgschaftswesen, Wehr- und Amtsdienst. Der sich rasch zusammenschließende A. der Merowingerzeit riß schließl. die Macht an sich. Die Reichsaristokratie der Karolingerzeit konnte im 9. und 10. Jh. ihre Macht entfalten und stellte den Hauptbestand des späteren Hoch-A., aus dem in Deutschland der Fürstenstand hervorging. Im Hoch-MA fanden die aus der Unfreiheit aufsteigenden Dienstmannen (↑ Ministerialen) der Könige und Fürsten Anschluß an den A. Sie bildeten die Ritterschaft, den niederen A., zu dem sich abhängig gewordene Edelfreie des älteren A. gesellten, später auch Familien des städt. Patriziats. Im Spät-MA begannen die kanzleimäßig beurkundeten Erhebungen in den A.stand (↑ Adelsbrief). Der A. des frühen MA kannte keine Rangunterschiede; sie ergaben sich dann aus den hoheits- oder stammesrechtl. delegierten Funktionen bzw. Ämtern der Grafen und Herzöge. Im Hoch-MA fielen Unterschiede der lehnsrechtl. Bindungen ins Gewicht. Aus den alten Amtsbez. wurden A.titel und Rangstufen, die v. a. in Deutschland meist auf die Gesamtfamilie übergingen. Die soziale und polit. Funktion des A., dessen beherrschende Rolle in den dt. Territorien des Spät-MA in der Durchschlagskraft landständ. Politik zum Ausdruck kam, erfuhr seit der beginnenden **Neuzeit** zunehmend Einschränkungen durch die Initiativen des regierenden Hoch-A. in Richtung frühmoderner Staatsbildung. Bis 1806 setzten sich die reichsständ. Fürsten und Grafen als regierender Hoch-A. vom niederen A. ab. Die Reichsritterschaft vermochte durch den Schutz des Reichsrechts ihre Sonderstellung und Aufstiegschancen in den geistl. Fürstenstand zu wahren. Der übrige niedere A. wurde landsässig. In der Habsburgermonarchie glichen erst die einschneidenden Reformen Maria Theresias und Kaiser Josephs II. den östr. A. in der Schwächung seiner polit.-ständ. und wirtsch. Stellung sowie Abhängigkeit vom monarch. Herrschaftsstaat der allg. dt. Lage an. Der Auflösungsprozeß des alten Dt. Reiches 1803–06 brachte eine Zäsur. Mit der Säkularisation der geistl. Fürstentümer wurde der Reichsritterschaft die polit.-wirtsch. Grundlage entzogen, ehe sie, nach Verlust aller bes. polit. Vorrechte (1806 bzw. 1815), v. a. in Österreich und Preußen Führungsanspruch geltend machen konnte. 1806–13 wurden zudem alle jene reichsständ. Geschlechter mediatisiert, die sich nicht nach dem Austritt aus dem Reichsverband behaupten konnten. Als Standesherrn wurden ihnen 1815–1918 die Rechtsstellung als Mgl. des Hoch-A. sowie persönl. Vorrechte bewahrt. Seit 1848 verloren auch sie ihre polit.-wirtsch. Vorrechte. Sie wurden damit weiter dem neuen, seit 1806/15 in reichem Maße geschaffenen Brief-A. angeglichen. Trotz weitgehender Beseitigung der Privilegien, Einebnung der ständ. gegliederten Gesellschaft und seiner unaufhaltsamen Privatisierung konnte der A. gerade im kaiserl. Deutschland als einer bürokrat.-autoritär regierten, quasikonstitutionel-

Der Adel im Heiligen Römischen Reich

Hochadel	**Reichsfürstenstand**	**König/Kaiser**
		geistliche Fürsten: geistliche Kurfürsten, die übrigen Erzbischöfe, Bischöfe, Fürstäbte und -äbtissinnen, Fürstpröpste, der Hoch- und Deutschmeister, der Johannitermeister
		weltliche Fürsten: weltliche Kurfürsten, Herzöge und Herzogsgleiche (Markgrafen, Pfalzgrafen, Landgrafen)
	sonstige Reichsstände	gefürstete Prälaten (Äbte, Pröpste), gefürstete Grafen, Reichsgrafen
Niederadel	**sonstige Reichsunmittelbare**	Reichsritter (später meist mit Freiherrentitel)
	Landsässige	landsässige Grafen, Freiherren

len Monarchie seine gesellschaftl. Vorrangstellung wahren und sich bis zum Ende des 1. Weltkrieges als Führungsschicht behaupten. 1918 wurden die bis dahin noch bestehenden Vorrechte des A.standes abgeschafft und die Neuverleihung des A. verboten. Die Weimarer Verfassung beließ namensrechtl. die Beibehaltung des A.titels. In Österreich wurden 1919 der A., seine äußeren Ehrenvorzüge sowie bloß zur Auszeichnung verliehene Titel und Würden aufgehoben. Die Führung von A.prädikaten, Titeln und Würden wurde bei Strafandrohung untersagt.

Schweiz: Nachdem 1397 im O, 1436 im W der letzte Feudalbesitz verschwunden war, verlor mit der Ablösung bzw. Trennung vom alten Dt. Reich v. a. der Reichs-A. in der späteren Schweiz auch formal seine Standesprivilegien. A.prädikate (A.partikel) dürfen in amtl. und bürgerl. Verkehr heute nur insoweit benutzt werden, als sie Bestandteil des Familiennamens sind.

Frankreich: Die Entwicklung des A. war dadurch bestimmt, daß sich das kapeting. Königtum seit Ende des Hundertjährigen Krieges gegenüber den Kronvasallen durchsetzte, daß während der absolutist. Herrschaft der Bourbonen der Widerstand des alten A. endgültig (↑Fronde) Mitte des 17. Jh. gebrochen wurde und der Hoch-A. als Hof-A. entpolitisiert bzw. mit dem niederen A. in Armee und Verwaltung neutralisiert wurde, während der Land-A. zwar seine starken polit. Positionen in den Prov. behauptete, seine materielle Entwicklungsmöglichkeit aber verlor. Entscheidend war auch, daß die frz. Krone seit dem 13. Jh. darauf verzichtete, einen Verdienst - A. zu schaffen. Nach Verzicht auf Vorrechte und Titel 1789, Dezimierung durch die Revolution, Schaffung eines Neu-A. durch Napoleon I. ab 1804, erneutem Verbot der Titelführung 1848–52, blieb der A., ohne jegl. Vorrechte, doch bis Ende 19. Jh. bestimmender Gesellschaftsfaktor.

England/Großbritannien: Im ausgehenden 15. Jh. erfolgte der Niedergang des anglo-normann. A., der nach 1066 die unterworfenen kelt., angelsächs. und dän. A.elemente überlagert hatte. Die Wiederherstellung königl. Machtposition seit den Tudors basierte auf dem zielbewußten Einsatz der Gentry. Dieser im 13. Jh. entstandene niedere A. erlebte seinen polit. Aufstieg im 17. und 18. Jh. als polit.-gesellschaftl. und wirtsch. Bindeglied. Die endgültige polit. Entmachtung des Hoch-A. („Peers“) erfolgte in mehreren Schritten: 1832 verlor er den Einfluß auf die Zusammensetzung des Unterhauses, seine Aktivität wurde allein auf das Oberhaus beschränkt; 1911 verlor er die Funktion als entscheidender Faktor der Gesetzgebung, das Veto des Oberhauses wirkt nur noch aufschiebend. Im Unterhaus verlor schließl. auch die Gentry das Übergewicht. Durch die von der Krone vorgenommenen Standeserhebungen behauptet der brit. A. noch heute seine Führungspositionen in Politik und Wirtschaft.

Italien: Die Entwicklung des A. war bestimmt durch die vom frühen MA bis 1870 andauernde, jeder übergreifenden Einheit entbehrende Territorialisierung. Bis Mitte des 13. Jh. war in den Stadtterritorien oligarch. A.herrschaft ungebrochen, dann zur Signorie oder zum Prinzipat umgewandelt. Vom 16. Jh. ab erfolgte eine kontinuierl. Beseitigung von Privilegien und eine polit. Entmachtung des A. 1948 wurde der A.stand abgeschafft, die namensrechtl. Führung von A.titeln auf der Ba-

sis der Zulassung von 1929 (unter Ausschluß faschist. A.titel) genehmigt.
Spanien: Der A. setzt sich aus zwei wesentl. verschiedenen Rangstufen zusammen. Vom hohen A., dessen polit. Macht im 15. Jh. kulminierte, genossen die Granden - als Vettern des Königs betrachtet - bes. Ehren. Die Zugehörigkeit zum meist armen niederen A., die sich nicht im Namen ausdrückte, begr. keine bes. Rechte. In den Republiken abgeschafft, wurde der A. nach deren Ende stets (zuletzt 1948) wiederhergestellt.
Polen: A. bildete sich seit dem 10.–12. Jh. aus freien Grundbesitzern und fürstl. Gefolgsleuten. Die ↑Schlachta wurde seit dem letzten Jh. des Jagellonenreiches zur bestimmenden polit. Kraft im Lande. Nach dem Untergang des poln. Staatswesens im 18. Jh. war der A. mit dem Bürgertum Träger der nationalpoln. Freiheitsbewegung.
Rußland: A. entstand durch Aneignung oder Vergabe von frei verfügbarem erbl. Grundbesitz an herkunftsmäßig ungleichartige Angehörige der fürstl. Gefolgschaft (↑Druschina, ↑Bojaren). Ab Ende des 15. Jh. wurden Dienst und Verdienst für den Selbstherrscher (Zar) zum entscheidenden Prinzip für die Konstituierung von A., der ab Anfang des 18. Jh. (bis 1917) die staatstragende Bürokratie bildete.
Ungarn: Der im Lauf des MA aus den Gefolgsleuten des Königs und den militär. Anführern entstehende A. (Magnaten und Komitats-A.) wurde zum primären Träger der Staatsordnung. Sein Einfluß und Ansehen blieben bis 1918 im Grunde ungebrochen und konnten sich in starkem Maße bis 1945 erhalten.
📖 *A. u. Bauern im dt. Staat des MA. Hg. v. Theodor Mayer. Lpz. 1943. Nachdr. Darmst. 1976. - Brunner, O.: Land u. Herrschaft. Wien [5]1965. Nachdr. Darmst. 1973. - Dt. A. Hg. v. H. Rössler. Darmst. 1965. 2 Bde.*

Adelantado [span.], im ma. Spanien Statthalter (Vertreter des Königs); seit dem 16. Jh. bloßer Titel.

Adelheid, Name von Herrscherinnen:
A., hl., * wohl Orbe (Kt. Waadt) um 931, † Kloster Selz (Unterelsaß) 16. Dez. 999, Kaiserin. - Tochter König Rudolfs II. von Hochburgund, 947 ∞ mit König Lothar II. von Italien, nach dessen Tod 950 in 2. Ehe ∞ mit Otto I.; 962 in Rom zur Kaiserin gekrönt; übernahm 991–994 für ihren Enkel Otto III. die Regentschaft; unterstützte in Burgund die Klosterreform von Cluny.
A., Kaiserin, ↑Eupraxia.

Adelsbrief (Adelsdiplom), Urkunde zwecks Bestätigung des Adelsstandes, v.a. aber anläßl. der Erhebung von Einzelpersonen oder Familien in den Adelsstand (Briefadel), oft verbunden mit Erteilung eines Wappens; ihre Ausstellung war alleiniges Recht der Souveräne.

Adelskrone ↑Wappenkunde.

Adelspartikel, schweizer. svw. Adelsprädikat.

Adelsprädikat, die Bez. der in den einzelnen Staaten unterschiedl. Rangstufen (Klassen) des ↑Adels. Im Nobilitierungsverfahren der röm.-dt. Kaiser: Herzog, Fürst, Graf, Freiherr, Ritter, Edler, später auch der bloße Namenszusatz „von".

Adelsprobe ↑Ahnenprobe.

Adelung, Friedrich von (russ. Adel nach 1824), * Stettin 25. Febr. 1768, † Petersburg 30. Jan. 1843, dt. Philologe und Historiker. - Seit 1801 in Petersburg Direktor des dt. Theaters und Zensor für dt. Bücher, 1803 Erzieher der Großfürsten Nikolaus (später Zar) und Michael, seit 1824 Direktor des Oriental. Instituts in Petersburg. Seine philolog. Verdienste erwarb sich A. in der allg. und vergleichenden Sprachwissenschaft.

Ademar von Chabannes, * Chabannes um 988, † Jerusalem 1034, Geschichtsschreiber. - Mönch in Limoges und Angoulême. Verfaßte u.a. eine bis 1028 reichende Chronik der Franken.

Aden (arab. Adan), größte Stadt in der Demokrat. VR Jemen, nahe der SW-Spitze der Arab. Halbinsel, auf einer kleinen Halbinsel im Golf von Aden, 264 000 E. Die Kronkolonie A. (= A. und Umgebung; ab 1937) trat 1963 als **State of Aden** der Südarab. Föderation bei, die 1967 in der späteren Demokrat. VR Jemen aufging.

Adenauer, Konrad, * Köln 5. Jan. 1876, † Bad Honnef am Rhein-Rhöndorf 19. April 1967, dt. Politiker. - Wuchs in bescheidenen Verhältnissen auf; nach jurist. und volkswirtsch. Studium 1902–04 Assessor, 1904–06 Vertreter eines Rechtsanwalts; trat 1906 dem Zentrum bei; 1908 1. Beigeordneter der Stadt Köln. Als Oberbürgermeister von Köln (ab 1917) erwarb er sich Verdienste um die wirtsch. Entwicklung der Stadt und die Gründung der Univ. (1919). Mgl. und Präs. des preuß. Staatsrats 1920–33; Mgl. des Provinziallandtags und des Provinzialausschusses der Rheinprovinz 1917–33. A. erhoffte sich von der Bildung einer von Preußen getrennten „Westdt. Republik" innerhalb des Dt. Reiches eine Entschärfung des 1919/20 und 1923/24 zugespitzten dt.-frz. Konfliktes und eine Befriedigung frz. Sicherheitsverlangens. Als Gegner des Nationalsozialismus 1933 aus allen Ämtern entlassen, vorzeitig pensioniert und 1944 im Zusammenhang mit dem 20. Juli 1944 vorübergehend in Haft. Nach der Einnahme Kölns durch die Amerikaner 1945 kurze Zeit erneut Oberbürgermeister. Trat der CDU bald nach ihrer Gründung bei und konzentrierte sich auf ihren Aufbau. Wurde 1946 Vors. der CDU der brit. Zone, MdL in NRW; 1948/49 Präs. des Parlamentar. Rates, dessen Arbeit er in entscheidender Weise mitbestimmte. 1950–66 Bundesvors. der

CDU. Am 15. Sept. 1949 zum 1. Bundeskanzler der BR Deutschland gewählt, suchte A. für die BR Deutschland einen Status größtmögl. Selbständigkeit und Gleichberechtigung zu erreichen und durch eindeutige Bindung an den Westen ihre außenpolit. Position zu bestimmen. 1951–55 zugleich Außenmin. A. akzeptierte innenpolit. die Wirtschaftspolitik L. Erhards unter Abkehr von urspr. recht weitgehenden Sozialisierungsvorstellungen des linken Flügels der CDU. Er beabsichtigte, durch die (schon 1950 den westl. Alliierten angebotene) Aufrüstung und die Integration der BR Deutschland in die westl. Verteidigungsgemeinschaft (1955 Beitritt zur NATO), die Sowjetunion zum Einlenken zu bewegen. Beim Besuch in Moskau 1955 erreichte er die Aufnahme diplomat. Beziehungen und die Rückkehr noch festgehaltener dt. Kriegsgefangener. A. erstrebte eine vollständige und dauerhafte Aussöhnung mit Frankr. als Grundlage für eine polit. Einigung Europas. Schritte dieser Politik waren u.a. der Beitritt der BR Deutschland zur OEEC 1949, zum Europarat 1950, zur Montanunion 1951, zur WEU 1954. Dem Ziel der westeurop. Integration diente auch die Schaffung der EWG 1957; der Dt.-Frz. Vertrag von 1963 war der Versuch, die dt.-frz. Union zur Basis dieser Integration zu machen. Trotz Verschlechterung v.a. seiner innenpolit. Position - nach den Wahlsiegen von 1953 und 1957 erlitt die CDU 1961 fühlbare Einbußen - vermochte A. sich die Kanzlerschaft zwei weitere Jahre zu sichern. Am 15. Okt. 1963 trat er unter starkem Druck als Bundeskanzler zurück, blieb jedoch bis zuletzt aktiv am polit. Leben beteiligt und verfaßte seine Memoiren, die 1965–68 („Erinnerungen", 4 Bde.) erschienen.

📖 *Bucerius, G.: Der A. Hamb. 1976. - Uexküll, G. v.: K. A. Rbk. 1976. - Frank-Planitz, U.: K. A. Bergisch Gladbach 1975. - Poppinga, A.: K. A., Geschichtsverständnis, Weltanschauung u. polit. Praxis. Stg. 1975. - Prittie, T., u.a.: K. A.: Leben u. Politik. Stg. 1975.*

ADGB, Abk. für: **A**llgemeiner **D**eutscher **G**ewerkschafts**b**und.

Adickes, Franz, * Harsefeld bei Stade 19. Febr. 1846, † Frankfurt am Main 4. Febr. 1915, dt. Kommunalpolitiker. - Ab 1883 Oberbürgermeister von Altona, ab 1890 von Frankfurt am Main, wo er Voraussetzungen für eine planmäßige Stadtentwicklung schuf; einer der Gründer der Univ. Frankfurt.

Ädilen [lat.; zu aedes „Tempel"], urspr. Beamte der röm. Plebs (Gehilfen der Volkstribunen und Verwalter des Cerestempels auf dem Aventin); ab 363 v. Chr. Beamte des Gesamtvolkes; zu den beiden plebej. Ä. traten zwei, in jährl. Wechsel von Patriziern bzw. Plebejern gestellte, kurul. Ä.; sie führten die Aufsicht über die öffentl. Gebäude, Straßen und Märkte, die Getreideversorgung Roms und die Organisation der öffentl. Spiele.

Adler, Friedrich, * Wien 9. Juli 1879, † Zürich 2. Jan. 1960, österr. Sozialist. - Sohn von Victor A.; ermordete 1916 als Kampfsignal der linken „Internationalisten" den österr. Min.-präs. Graf Stürgkh. Kämpfte nach Todesurteil, Begnadigung und Amnestierung entschieden gegen die Errichtung einer Räterepublik in Österreich; 1923–40 Generalsekretär der Sozialist. Arbeiter-Internationale.

A., Max, * Wien 15. Jan. 1873, † Wien 28. Juni 1937, östr. Soziologe. - Prof. in Wien; suchte nach theoret. Verbindungen von marxist. Soziologie und der Erkenntnistheorie Kants. Mitbegr. und Theoretiker des Austromarxismus. - *Werke:* Lehrbuch der materialist. Geschichtsauffassung (2 Bde., 1930–32), Die Rätsel der Gesellschaft (1936).

A., Victor, * Prag 24. Juni 1852, † Wien 11. Nov. 1918, östr. sozialist. Parteiführer. - Armenarzt; ging nach anfängl. Verbindungen zu den Deutschnationalen zur östr. Sozialdemokratie, deren Aufbau zur polit. Massenpartei sein Lebenswerk war (ab 1889 Parteiführer und Begr. ihres Organs, der „Arbeiterzeitung"); maßgebl. an der Herausbildung des Austromarxismus beteiligt; Mitbegr. der 2. Internationale 1889; Mgl. des Abgeordnetenhauses ab 1905, arbeitete 1914–18 für die Erhaltung Österreich-Ungarns als demokrat. Nationalitätenbund; 1918 Mgl. der östr. Nat.-versammlung und Staatssekretär des Äußern,

Adler als Wappentier. Deutscher Adler (um 1300; links); Byzantinischer Doppeladler

gab A. den Impuls zum Votum für den Anschluß Deutschösterreichs an das Dt. Reich.

Adler, als Symbol oder Attribut göttl. Macht und der Macht des Herrschers begegnet der A. in zahlr. Kulturen. Im Hinduismus reitet der höchste Gott Wischnu auf dem adlerähnl. Vogel Garuda. Auch in den altamerikan. Kulturen spielte der A. eine Rolle, u.a. als toltek. Symbol des Sieges und als Bezwinger der Schlange; als aufsteigender A. war er Symbol des aztek. Sonnengottes Tonatiuh. In der griech. Mythologie ist der A. Waffen-(Blitz)-Träger und Bote des Himmelsgottes Zeus. Bei den Römern ist das A.zepter das Attribut Jupiters, danach Attribut der triumphierenden Kaiser. Im röm. Kaiserkult wurde (zuerst in der Vergöttlichung des Augustus) die Auffahrt des verstorbenen Kaisers durch das Auffliegen eines Adlers symbolisiert. Der altnord. Mythos kennt den A. auf der Weltesche sitzend. *Heraldik:* Der A. ist Symbol imperialen Herrschaftsanspruchs; seit Marius Feldzeichen der röm. Legionen; Hoheitszeichen des ma. Kaisertums, offiziell seit 1433 (bis 1806) als Doppel-A. (**Reichsadler**); auch von Reichsstädten und zeitweise den Reichsfürsten im Wappen geführt. In verschiedener Form Hoheitszeichen des Dt. Reichs bzw. der BR Deutschland; u.a. von den Zaren (ab 1472), auch Napoleon I., heute von zahlr. weiteren Staaten (z.B. Polen, USA) als Wappentier geführt.

Adlerbergkultur, nach einer Bodenerhebung bei Worms ben. frühbronzezeitl. Fundgruppe im Ober- und Mittelrheingebiet; führte z.T. Traditionen der Glockenbecherkultur weiter.

Adlercreutz, Carl Johan Graf (seit 1814) [schwed. ˌɑːdlərkrœjts], * Kiala (Finnland) 27. April 1757, † Stockholm 21. Aug. 1815, schwed. General und Politiker. - Bekannt durch seine Verdienste im finn. Krieg gegen Rußland (1808/09); führend beim Staatsstreich gegen König Gustav IV. Adolf; Mgl. der provisor. Regierung; ab 1813 Chef des Generalstabs (Teilnahme am Feldzug gegen Napoleon I.).

Adlerfibel ↑Fibel.

Adlerorden, Bez. für zwei preuß. Orden: **Schwarzer Adlerorden:** höchster preuß. Orden für Zivil- und Militärpersonen, gestiftet 1701; mit Erbadel verbunden; nach 1919 hohenzollernscher Hausorden; Devise „Suum cuique" („Jedem das Seine"); eine Klasse. **Roter Adlerorden:** zweithöchster preuß. Orden (1792–1918); gestiftet 1705; klass. Orden Preußens für Beamtenverdienste; Großkreuz, 4 Klassen.

Adlersparre, Georg Graf (seit 1816) [schwed. ˌɑːdlərsparə], * Myssjö (Jämtland) 28. März 1760, † Gustavsvik (Värmland) 23. Sept. 1835, schwed. General und Politiker. - Als militär. Hauptverschwörer gegen König Gustav IV. Adolf an dessen Sturz beteiligt (1809) und führend in der provisor. Regierung.

Administration [lat.], Verwaltung, verwaltende Behörde; in den USA auch svw. Regierung (z.B. Carter-A.).

Administrator [lat.], Verwalter übertragener Aufgaben und Kompetenzen. In der *Reformationszeit* war A. Titel des Verwesers eines früher kath. Bistums.

Admiral [frz.; zu arab. amir „Befehlshaber"], in zahlr. Kriegsmarinen höchster Offiziersdienstgrad; in der Bundeswehr: Flottillen-, Konter-, Vizeadmiral, A.; in der dt. Kriegsmarine bis 1945 außerdem: Generaladmiral und Großadmiral.

Admiralität [frz.], Gesamtheit der Admirale.

◆ oberste Kommandostelle und Verwaltungsbehörde einer Kriegsmarine. Im Dt. Reich bestand 1872–89 die kaiserl. A., deren Funktionen 1889–1919 getrennt dem Oberkommando der Marine (ab 1899 Admiralstab) und dem Reichsmarineamt oblagen; Bez. ab 1920: *Marineleitung*, 1935–45 *Oberkommando der Kriegsmarine.*

Admiralstab ↑Generalstab.

Adolf, Name von Herrschern:

Hl. Röm. Reich:

A. von Nassau, * um 1255, ⚔ bei Göllheim 2. Juli 1298, König (seit 1292). - Nach dem Tod Rudolfs von Habsburg gegen dessen Sohn Albrecht nach weitgehenden Zugeständnissen an die Kurfürsten zum König gewählt; geriet bei dem Versuch, seine schwache Position im Reich durch Schaffung einer Hausmacht zu verstärken, in Gegensatz zu den Kurfürsten, die sich mit Albrecht von Österreich gegen ihn verbanden; 1298 in rechtlosem Prozeß abgesetzt und in der Entscheidungsschlacht gegen Albrecht gefallen.

Köln:

A. I., * um 1160, † Neuß 15. April 1220, Erzbischof (1193–1205). - Führer der Opposition gegen die Erbreichspläne des Staufers Heinrich VI. und Haupturheber des Thronstreits nach dessen Tod; setzte 1198 die Wahl des Welfen Otto IV. zum dt. König durch, trat jedoch 1204 zum Staufer Philipp von Schwaben über; 1205 von Innozenz III. gebannt und abgesetzt; verlor sein Erzbistum 1208 nach Philipps Ermordung.

Luxemburg:

A., * Biebrich (= Wiesbaden) 24. Juli 1817, † Schloß Hohenburg (= Lenggries) 17. Nov. 1905, Großherzog (seit 1890). - Herzog von Nassau ab 1839; verlor als Verbündeter Österreichs 1866 Territorium und Thron; 1890 in Luxemburg Nachfolger Wilhelms III. der Niederlande.

Schweden:

A. Friedrich, Herzog von Holstein-Gottorf, * Schloß Gottorf 14. Mai 1710, † Stockholm 12. Febr. 1771, König (seit 1751). - 1727 zum Fürstbischof von Lübeck, 1743 unter russ.

Druck vom schwed. Reichstag zum Thronfolger gewählt; seit 1744 ∞ mit Luise Ulrike, einer Schwester Friedrichs des Großen; unter seiner schwachen Herrschaft Machtzuwachs des Adels.

Adoptivkaiser [lat.], Bez. für die nach dem Sturz des flav. Kaiserhauses von 96 bis 180 regierenden röm. Kaiser ab Nerva (Trajan, Hadrian, Antoninus Pius, L. Verus und Mark Aurel). Die Bez. erklärt sich aus der Art der Nachfolgeregelung: Nach dem Vorbild von Augustus und Galba versuchten die A., durch möglichst frühzeitige Adoption und dadurch gewährleistete Vorbereitung des jeweiligen Nachfolgers der bestgeeigneten Persönlichkeit die Herrschaft zu sichern, ohne Rücksicht auf verwandtschaftl. Beziehung zum Herrscherhaus.

Ador, Gustave, * Genf 23. Dez. 1845, † Cologny (bei Genf) 31. März 1928, schweizer. liberaler Politiker. - 1889–1917 Mgl. des Nationalrats; 1917–19 Bundesrat (auswärtige Angelegenheiten), 1919 Bundespräs.; Vertreter der Schweiz im Völkerbund 1920–24 (erwirkte die Anerkennung der schweizer. Neutralität); 1910–28 Präs. des Internat. Komitees vom Roten Kreuz.

Adoula, Cyrille [frz. adu'la], * Léopoldville (= Kinshasa) 13. Sept. 1921, † Lausanne 24. Mai 1978, kongoles. Politiker. - 1958 Gründungs-Mgl. der Kongoles. Nat.bewegung (Mouvement National Congolais, MNC); 1960/61 zeitweise Innenmin. und Vertreter der Republik Kongo (Léopoldville) bei den UN. Im Kongokonflikt gemäßigter Vermittler; 1961–64 Min.präs., 1969/70 Außenmin. der Demokrat. Republik Kongo.

Adresse [lat.-frz.], Botschaft; in der Politik schriftl. formulierte Meinungsäußerung, die von Einzelpersonen oder der parlamentar. Körperschaft an das Staatsoberhaupt oder die Regierung gerichtet ist und sich von Petition wie Resolution unterscheidet.

Adrianopel ↑ Edirne.

adriatische Frage, Bez. für ein polit. Programm in Italien im 19. und 20. Jh. Mit dem Risorgimento entstanden, verband es irredentist. (↑ Irredentismus) Ziele (Triest, Fiume) mit Vorherrschaftsansprüchen („mare nostro") in Anlehnung an die bis ins 18. Jh. behaupteten venezian. Machtpositionen an der Adria. Als die a. F. nach dem italien. Scheitern in Abessinien (1896) Teil der italien. Gesamtkonzeption wirtsch. und polit. Expansion im Mittelmeerraum wurde, stieß sie auf die Balkan- und Adria-Interessen Österreich-Ungarns bzw. auf die Forderungen der aufstrebenden Balkanstaaten nach Zugang zu einer „freien Adria". In beiden Weltkriegen zu hegemoniellen Zielsetzungen gesteigert, erlangte die a. F. nach dem jeweiligen Scheitern Italiens innenpolit. Bedeutung.

Adua, Ort in N-Äthiopien, im Abessin. Hochland, 130 km südl. von Asmara. - Bei A. siegten die Äthiopier 1896 entscheidend im Krieg gegen Italien.

Aduatuker (lat. Aduatuci), german. Stamm; gehörte zu den Eburonen; Sitz an der Maas zw. Lüttich und Limburg.

Äduer (Häduer; lat. Aedui, Haedui), kelt. Stamm in der röm. Prov. Gallia Lugdunensis (zuerst Celtica) zw. Saône und Loire; Hauptort Bibracte auf dem Mont Beuvray, später Augustodunum (= Autun); römerfreundlich.

Advocatus ecclesiae [lat.] ↑ Vogt.

Aehrenthal, Aloys Graf (seit 1909) Lexa von ['ɛ:...], * Groß-Skal (= Hruba Skalá bei Turnso) 27. Sept. 1854, † Wien 17. Febr. 1912, östr. Politiker. - 1899–1906 Botschafter in Petersburg, 1906–12 östr.-ungar. Außenmin.; verfolgte nach anfängl. Ausgleichsbemühungen mit Rußland eine aktive, aber nicht imperialist. Politik zur Verstärkung der Balkanstellung der Donaumonarchie.

AEIOU, seit 1437 nachweisbares Fünfvokalzeichen Kaiser Friedrichs III., das über 300 lat. und dt. Deutungen erfuhr; vom Kaiser in seiner Neigung zur Buchstabenmagie und Zahlensymbolik als Kennzeichen von persönl. Eigentum, Stiftungen und geistiger Urheberschaft verwendet.

Aelia Capitolina ['ɛ:lia] ↑ Jerusalem.

Aemilius Paullus Macedonicus, Lucius [ɛ...], * um 228, † 160, röm. Staatsmann und Feldherr. - Vater von Scipio Aemilianus Africanus d. J.; Konsul 182 und 168; sein Sieg über den makedon. König Perseus bei Pydna 168 beendete den 3. Makedon. Krieg.

Aequi [ɛ...] ↑ Äquer.

Aerarium [ɛ...; lat., eigtl. „Kupferkammer"], im alten Rom der Staatsschatz und das Urkundenarchiv im Tempel des Saturn, in der Kaiserzeit die Senatskasse im Ggs. zum ↑ Fiskus, dem kaiserl. Vermögen.

Aerssen, François van (oder d') [niederl. 'a:rsə], Herr von Sommelsdijk, * Brüssel 1572, † Den Haag 27. Sept. 1641, niederl. Staatsmann. - Seit 1598 diplomat. Vertreter der Generalstaaten am frz. Hof (1613 entlassen); zunächst Anhänger, dann Gegner Oldenbarnevelts, an dessen Sturz (1619) beteiligt; 1619–23 Leiter der Außenpolitik der Generalstaaten.

Aes [ɛ:s; lat. „Kupfer, Erz"], ältestes Währungsmetall in Rom und Italien, daher oft mit Geld gleichgesetzt, ebenso bis etwa 100 n. Chr. mit dem Jahressold des Soldaten, dem Stipendium (daher auch svw. Dienstjahr).

Aestier ['ɛ:s...] (Aisten; lat. Aestii), Volksstämme im Gebiet der Weichselmündung und in angrenzenden östl. Küstengebieten; Abkunft umstritten, wahrscheinl. zur balt. Gruppe gehörend; kulturelle Übereinstimmungen mit Germanen; Sprache eventuell auch kelt. beeinflußt.

Aetios von Antiochia, * Koilesyrien um 300, † Konstantinopel um 366, arian. Bischof (seit 362; ohne Amtssitz). - Ehem. Sklave, um

350 zum Diakon geweiht; Gegner des Konzils von Nizäa.

Aetius, Flavius, * Durostorum (= Silistra) um 390, † Rom 454 (ermordet), weström. Feldherr und Politiker (Konsul, Patricius). - Um 425 zum Feldherrn für Gallien ernannt; seit 429 zweiter, seit 434 erster Reichsfeldherr; verteidigte seit 434 erfolgreich die röm. Reichsinteressen in Gallien gegen eindringende german. Völkerschaften (436 Vernichtung der Burgunder); bestimmte 20 Jahre von der Prov. aus die Geschicke des Weström. Reiches; wehrte 451 v. a. mit Hilfe der Westgoten auf den Katalaun. Feldern den hunn. Angriff unter Attila auf Gallien ab, konnte aber den Niedergang des Weström. Reiches nicht aufhalten.

Afar-und-Issa-Küste ↑Dschibuti.

*Afghanistan

(amtl. Vollform: De Afghanistan Dimukratik Dshamhuriat, Daulat i Dshamhuriye Dimukratiye Afghánistan; Democratic Republic of Afghanistan), Republik im östl. Hochland von Iran u. in Z-Asien, zw. 29° 25′ u. 38° 30′ n. Br. sowie 60° 30′ und 74° 53′ ö. L. **Staatsgebiet:** A. grenzt im W an Iran, im N an die UdSSR, im O und S an Pakistan, das O-Ende des Wakhanzipfels an China. **Fläche:** rd. 650 000 km² (nie amtl. ermittelt). **Bevölkerung:** etwa 17,2 Mill. E (1983), 24,6 E/km². **Hauptstadt:** Kabul. **Verwaltungsgliederung:** 29 Prov. **Staatssprache:** Paschtu; Amtssprachen: Paschtu und Dari. **Nationalfeiertag:** 18. August. **Währung:** Afghani (AF) = 100 Puls (Pl). **Internat. Mitgliedschaften:** UN, Colombo-Plan. **Zeitzone:** Die afghan. Zeit entspricht MEZ + 3 Std. 30 Min.

Geschichte: Seit dem 2. Jt. v. Chr. von iran. Stämmen besiedelt, gehörte das Bergland A. ab Mitte des 6. Jh. v. Chr. zum Perserreich, ab 329/27 zum Reich Alexanders des Großen, nach dessen Tod zum Seleukidenreich. Im N entstand um 250 v. Chr. das gräko-baktr. Reich, das um 130 v. Chr. unter dem Ansturm der von N kommenden Saken zerfiel, die das indoskyth. Reich unter der Dynastie der Kuschan begründeten. Anfang des 5. Jh. eroberten die Hephtaliten A.; sie wurden 567 vom Sassanidenkönig Chosrau I. vernichtend geschlagen. Doch schon 642 brach das Sassanidenreich unter den Angriffen der Araber zusammen, die 710 bis zum Indus vordrangen; A. wurde schnell islamisiert. Erst 962 entstand, von Ghazni ausgehend, wieder ein eigenständiges Reich in A., das Reich der Ghasnawiden (977 unabhängig), dessen Westen 1035/40 an die Seldschuken vorlorenging, in dessen Süden 1149 die Ghuriden an die Macht kamen. 1206–20 unter der Herrschaft der Schahs von Choresmien, gehörte A. danach zu verschiedenen mongol. Reichen. Während das westl. A. seit Beginn des 16. Jh. von den pers. Safawiden beherrscht wurde, blieb Ost-A. zw. Persien und dem Mogulreich umkämpft. In den Jahren des Niedergangs der Safawidendynastie besetzten die afghan. Herrscher Teile Persiens und herrschten in der pers. Residenz Isfahan, bis der spätere Nadir Schah sie vertrieb, der die pers. Grenze in das Industal verlegte. Mit der Machtübernahme durch Ahmed Schah, den Begründer der Durranidynastie nach der Ermordung Nadir Schahs 1747 beginnt die nat. Geschichte von A. Hauptstadt des neuen Staates war zunächst Kandahar, später Kabul. Ende des 18. Jh. machten sich Belutschistan und Sind selbständig; 1819 gingen Kaschmir und 1818/34 das Pandschab an die Sikhs bzw. Marathen verloren. 1819 wurde die Durranidynastie vertrieben; der neue Herrscher, Dost Mohammed Khan, nahm erst 1842 den Titel eines Emirs von Kabul an. A. konnte im 19. Jh. nur mit Mühe seine Grenzen und seine Unabhängigkeit gegen Perser, Russen und Briten, und nur wegen der Rivalität der letzteren, behaupten. In zwei afghan.-brit. Kriegen (1839–42 und 1878/79) versuchten die Briten ihre Vorherrschaft durchzusetzen. 1863 wurde nach einem iran.-afghan. Krieg die heutige iran.-afghan. Grenze, 1886 von einer brit.-russ. Kommission die russ.-afghan. Grenze festgelegt. Nach Gebietsabtretungen 1890/91 und 1893 stand ungefähr die heutige afghan.-pakistan. Grenze fest, die jedoch - v. a. nach militär., nicht nach ethn. Gesichtspunkten festgelegt - noch heute umstritten ist. Seit den Vereinbarungen in Indien 1947 fordert A. alle von afghan. Stämmen bewohnten Gebiete Pakistans (Paschtunistan) zurück. Nach dem 3. afghan.-brit. Krieg konnte Aman Ullah (♔ 1919–28) im Vertrag von Rawalpindi (1919) die polit. Unabhängigkeit A. von Großbrit. sicherstellen. Seine Versuche, A. polit. und sozial zu modernisieren, wurden von den Nachfolgern (Nadir Schah, ♔ 1928–33; Mohammed Sahir, ♔ 1933/53–73) behutsamer fortgesetzt. Außenpolit. blieb A. im 2. Weltkrieg neutral und verfolgte seitdem einen neutralist. Kurs der Blockfreiheit. Nach dem Sturz von König Mohammed Sahir 1973 durch einen Militärputsch unter Führung M. Daud Khans wurde die Republik A. ausgerufen. Daud Khan, der nach Auflösung des Parlaments und Außerkraftsetzen der Verfassung als Staatsoberhaupt, Regierungschef, Außen- und Verteidigungsmin. fungierte, wurde am 27. April 1978 durch einen Militärputsch gestürzt und kam ums Leben. Die Macht übernahm ein Revolutionsrat unter Führung des neuen Staatspräs. Nur Mohammed Taraki, des Führers der Demokrat. Volkspartei. Die neue Reg., in der nach der Ausschaltung Babrak Karmals Außenmin. Hafizullah Amin (seit Anfang 1979 Min.präs.) zum wichtigsten Mann nach Taraki aufrückte, schloß im Dez.

1978 einen weitgehenden Beistandspakt mit der Sowjetunion und führte eine Landreform durch. Die Bombardierung vieler Dörfer zur Niederschlagung jegl. Opposition führte zu einem Bürgerkrieg, dem auch zahlr. sowjet. Berater zum Opfer fielen. Nach internen Auseinandersetzungen wurde im Sept. 1979 Taraki († 9. Okt. 1979) abgesetzt; H. Amin wurde neuer Staatspräs.; Ende Dez. 1979 marschierten sowjet. Truppen in A. ein, angebl. auf Grund des Beistandspakts zu Hilfe gerufen; Amin kam ums Leben. Neuer Staatspräs. wurde der aus dem osteurop. Exil zurückgekehrte Babrak Karmal. Bei einer äußerst schmalen Basis in der Bev. konnte die neue Reg. auch mit massiver militär. Unterstützung durch sowjet. Truppen die muslim. Rebellen nicht in die Defensive zwingen. Weltpolit. führte die sowjet. Intervention zu einer schweren Krise zw. Ost und West sowie zur Abwendung zahlr. Staaten der dritten Welt von der Sowjetunion.

Politisches System: Die Verfassung der Demokrat. Republik A., im April 1980 vom ZK der Demokrat. Volkspartei verabschiedet, proklamiert als Kernelemente die „Achtung des Islams, der nat. Traditionen, der bürgerl. Freiheiten und der Demokratie". *Staatsoberhaupt* und oberster Inhaber der *Exekutive* als Reg.chef ist der Staatspräs. (seit Dez. 1979 Babrak Karmal) an der Spitze des 7köpfigen Präsidiums des Revolutionsrats (57 Mgl.). Die *Legislative* wird von Revolutionsrat und Ministerrat durch Dekrete ausgeübt. Ein Parlament existiert nicht. Beherrschende *Partei* ist die Demokrat. Volkspartei, deren ZK (36 Mgl.) und Politbüro (7 Mgl.) ebenfalls Karmal vorsteht. Die Demokrat. Volkspartei, 1965 von N. M. Taraki als antimonarchist., antifeudalist. und sozialist. Partei gegr., spaltete sich 1967 in 2 Fraktionen: die „Khalq"-Gruppe („Volk") unter Taraki und die „Partscham"-Gruppe („Flagge") unter Karmal. 1977 wieder vereinigt, kam die Demokrat. Volkspartei mit der Revolution von 1978 an die Macht, doch schaltete Taraki die „Partscham"-Gruppe bald aus. Mit der sowjet. Intervention Ende 1979 übernahm dann die „Partscham"-Gruppe unter Karmal die Führung in A. Die Demokrat. Volkspartei ist heute eine marxist.-leninist. Kaderpartei mit relativ kleiner Mitgliederzahl. Der polit. und militär. Widerstand gegen die Reg. wird v. a. von verschiedenen muslim. Organisationen getragen: die beiden wichtigsten sind die Islam. Partei und die Islam. Vereinigung, die als islam. Fundamentalisten den Reg. Pakistans und Irans nahestehen. In der Bewegung „Ewige Flamme" sind die linken, progressiven Gegner der Demokrat. Volkspartei zusammengeschlossen. Die *Verwaltung* der Prov. untersteht Gouverneuren, die von der Zentralregierung ernannt werden. Die Rechtsprechung beruht weiterhin auf islam. *Recht* und erlassenen Gesetzen. Höchstes Gericht ist der vom Revolutionsrat geschaffene und diesem verantwortl. Oberste Gerichtsrat. Die *Streitkräfte* hatten im Sommer 1979 eine Stärke von rd. 90 000 Mann (Heer 80 000, Luftwaffe 10 000), seit Ende 1979 durch Desertationen massiv verringert. Die Stärke der sowjet. Truppen liegt nach Schätzungen zw. 60 000 und 100 000 Mann.

🕮 *Revolution in Iran u. A. Mardom nameh, Jb. zur Gesch. u. Gesellschaft des Mittleren Orients. Hg. vom Berliner Institut für Vergleichende Sozialforschung. Ffm. 1980. - A. Natur, Gesch. u. Kultur, Staat, Gesellschaft u. Wirtschaft. Hg. v. W. Kraus. Tüb. u. Basel ³1975. - Klimburg, M.: A. Das Land im histor. Spannungsfeld Mittelasiens. Wien 1966.*

AFL/CIO [engl. ɛɪɛf'ɛl-siːaɪ'oʊ] ↑**A**merican **F**ederation of **L**abor/**C**ongress of **I**ndustrial **O**rganizations.

Africa, röm. Prov.; 146 v. Chr. Gründung der Prov. *A. vetus* um Karthago, 46 v. Chr. der Prov. *A. nova* (Numidien), ab 25 v. Chr. vereinigt zur Prov. *A. proconsularis.*

African National Congress [engl. 'æfrıkən 'næʃənəl 'kɔŋgrɛs] ↑Afrikanischer Nationalkongreß.

African National Council [engl. 'æfrıkən 'næʃənəl 'kaʊnsl] ↑Afrikanischer Nationalrat.

Africanus, Beiname der röm. Feldherren Publius Cornelius ↑Scipio d. Ä. und ↑Scipio d. J. wegen ihrer Siege über Karthago.

Afrika, zweitgrößter Kontinent (30,3 Mill. km²), umfaßt ¹/₅ der Landfläche der Erde. A. hat eine N–S-Erstreckung von fast 8 000 km und eine O–W-Erstreckung von etwa 7 600 km.

Geschichte:

Frühzeit: Schon zu Beginn des 3. Jt. v. Chr. trat mit Altägypten ein Teil von A. ins Licht der Geschichte. Weite Teile des übrigen Kontinents blieben jedoch bis in die sog. Neuzeit hinein „prähistor." Nicht wenige der afrikan. Staaten suchen an die Traditionen jener Frühzeit anzuknüpfen. Für viele Jahrhunderttausende lagen hier die Zentren menschl. Lebens. Fundkomplexe wie die von Aïn-Hanech in Algerien und Olduwai im nördl. Tansania gehören nach wie vor zu den ältesten sicheren Überresten menschl. Existenz. Skelettreste der sog. Australopithecinae sind aus weiten Teilen von A. bekannt.

Mit dem Auftreten der Faustkeile trat A. als Kerngebiet der damaligen Kulturen hervor. Im älteren Capsien Tunesiens entstanden die ersten Zeugnisse der bildenden Kunst. Während sich im S und O seit dem 7./5. Jt. v. Chr. Jäger- und Fischerstämme als „Buschmänner", „Strandlooper" z. T. bis in die Gegenwart halten konnten, bildeten sich im N des Kontinents vom 6. bis ins 3. Jt. auf Grund der (gegenüber heute) besseren Lebensbedingungen verschiedene neolith. Kulturgruppen (Felsbilder in der Sahara). Von

einer Bronzezeit im europ. Sinne kann man außerhalb Ägyptens höchstens in NW-Afrika einschließl. Mauretaniens sprechen. Im zentralen Nigeria scheint die Nokkultur als früheste „eisenzeitliche" Kultur in diesem Raum schon in vorchristl. Zeit geblüht zu haben.
Die histor. Räume: Nur in Ägypten (↑ägyptische Geschichte) ermöglicht die Quellenlage ein detailliertes Bild der Alten Geschichte. Erst nach der Islamisierung setzen schriftl. Quellen im Sudan ein.
Von der Zeit der ersten phönik. Niederlassungen an bis zur arab. Eroberung gehörte fast ganz A. nördl. der Sahara zum Bereich der mittelmeer. Kultur, zu deren Entwicklung Ägypten, die Phöniker, Rom und Byzanz wesentl. beitrugen. Durch die Landnahme der Vandalen (428 n. Chr.) wurde N-Afrika schwer erschüttert. 640/642 eroberten die Araber Ägypten, 697 das sog. latein. A. mit der Hauptstadt Karthago. Zu Beginn des 8. Jh. hatten sie ganz A. nördl. der Sahara erobert, dieses Gebiet gehörte in der Folgezeit zum islam. Herrschaftsbereich.
Afrikan. Reiche: In Nubien hatte seit etwa 1000 v. Chr. das Reich Kusch starken Einfluß auf Ägypten ausgeübt. Es blieb dem Röm. Reich verbunden, erlag aber um 350 n. Chr. dem Reich von Aksum. Die äthiop. Königslegende verlegt die Gründung des Reiches Aksum etwa auf das Jahr 950 v. Chr.
Am mittleren und oberen Niger lagen die drei bekanntesten afrikan. Reiche im Sudan: Gana, Mali und Songhai. Die Anfänge Ganas liegen wohl im 4. Jh. n. Chr., seine Nachfolge trat im 11. Jh. das Reich Mali an, das von einer muslim. Oberschicht regiert wurde. Beide Reiche lebten in der westafrikan. Überlieferung weiter. Auf Mali folgte im 15. Jh. das Reich Songhai, das Ende des 16. Jh. einem Angriff Marokkos erlag. Damit war gleichzeitig die Zeit der sudan. Großstaaten vorüber, die ihre Kraft v. a. dem Transsaharahandel verdankten. Die Ankunft der Europäer lenkte den Handel um. Die binnenländ. Staaten verarmten, im unmittelbaren Hinterland der Küsten entstanden neue Staaten wie Aschanti, Dahome, Yoruba und Benin, die sich auf den immer größere Ausmaße annehmenden Sklavenhandel einstellten und die europ. Handelsniederlassungen belieferten. Z. Z. der Ankunft der Europäer bestanden in Schwarz-A. drei Machtzentren: das Kongoreich am unteren Kongo und in N-Angola, das Reich des Monomotapa in Rhodesien und die Himastaaten im Zwischenseengebiet. Kongo und Monomotapa wurden von den Portugiesen zerstört. Die Himastaaten kamen erst Mitte des 19. Jh. mit den Europäern in Kontakt.
Das 19. Jh. brachte eine letzte Welle afrikan. Staatengründungen. Im Sudan standen sie im Zeichen des wiedererwachten Islams, in Südafrika im Zeichen einer letzten Wanderungswelle der Bantu.
Die Kolonisierung: Die Geschichte von A. nach der Entdeckung und Erforschung der Küsten durch die Portugiesen war bis ins 19. Jh. in erster Linie eine Handelsgeschichte, weil allein der Handel Europa mit den Küstengebieten und diese wiederum mit dem Inneren des Kontinents verband.
Nordafrikas Länder waren bis gegen Mitte 19. Jh. für ein europ. Eindringen zu fest gefügt. Die drei Länder Tunesien, Ägypten und Marokko verloren ihre Selbständigkeit selbst Anfang des 20. Jh. nicht völlig, sie blieben Protektorate (seit 1881, 1882 bzw. 1912).
In *Südafrika* entwickelte sich aus dem Flottenstützpunkt Kapstadt rasch eine weiße Siedlungskolonie, die sich schließl. zur heutigen Republik Südafrika ausweitete.
In *Ostafrika* waren bis Ende 19. Jh. nicht die Europäer, sondern die Araber maßgebend. Ab dem 13. Jh. entwickelten sich ihre Niederlassungen zu Siedlungskolonien mit arab.-afrikan. Mischbev., islam. Kultur und ausgedehntem, ostorientiertem Handel, der bis nach Indien und China reichte.
Die am tiefsten reichenden Veränderungen vollzogen sich in der Zeit von Anfang 16. bis Mitte 19. Jh. in *Westafrika.* Bis Mitte 19. Jh. waren die europ.-afrikan. Beziehungen weitgehend mit dem von Europäern an der atlant. Küste A. getätigten Handel identisch. Bis 1800 betrieben privilegierte Handelsgesellschaften Sklavenhandel, von 1800 bis 1880 war die Unterdrückung des Sklavenhandels bestimmend, verbunden mit einer Umorientierung des europ. Handels und dem beginnenden Engagement europ. Staaten.
Im Blick auf den Erwerb ganzer Territorien durch Großbrit., Belgien und Frankr. entschloß sich auch das Dt. Reich nach 1879, dt. Ansprüche in Togo, Kamerun, Südwestafrika und an der Sansibar gegenüberliegenden ostafrikan. Küste anzumelden. Die Grundsätze für die Aufteilung A. wurden von den europ. Mächten auf der Berliner Konferenz von 1884/85 festgelegt. Trotz dieser Abmachungen ergaben sich bei der nach 1890 in scharfem Wettbewerb der europ. Mächte zu Ende geführten Durchdringung Innerafrikas wiederholt Konflikte: 1890 kam es in Rhodesien zw. Großbrit. und Portugal, 1898 zw. Großbrit. und Frankr. bei Faschoda (= Kodok) am Weißen Nil zu militär. Auseinandersetzungen der Expeditionskorps.
Der Sieg von Omdurman über das Reich der Mahdisten 1898 machte Großbrit. endgültig zum Herren des oberen Nil und seiner Quellflüsse. Etwa seit 1885 trat als weitere europ. Macht Italien im N und O Afrikas in Erscheinung. Die Italiener setzten sich an der Küste nördl. und südl. von Äthiopien fest. In N-Afrika eroberten sie mit Tripolis 1912 das letzte noch nicht unter europ. Kontrolle stehende Land, das bisher zum Osman. Reich gehört hatte.

ENTDECKUNGSGESCHICHTE AFRIKAS

um 1480 v. Chr.	Ägypt. Expedition nach Punt (Küste der Somalihalbinsel)
um 600 v. Chr.	Phöniker umsegeln Afrika von O über S nach W
um 500 v. Chr.	Karthager befahren die W-Küste Afrikas bis zum Kamerunberg
974	Al Masudi reist in N- und O-Afrika
um 1150	Idrisi in Marokko und im nördl. Sudan
seit 1325	Ibn Battuta bereist ganz N-Afrika, O-Afrika bis Kilwa Kisiwani (südl. Daressalam) und kommt im W bis Timbuktu
um 1345	Italiener entdecken Madeira
1402	J. de Bethencourt erreicht die Kanar. Inseln
1416–60	Heinrich der Seefahrer sendet von Sagres aus alljährl. Expeditionen an der westafrikan. Küste südwärts etwa bis zu den Bissagosinseln
1445	Lançarote entdeckt die Senegalmündung
1469	Fernão do Póo entdeckt die Insel Fernando Póo
1482/83	Diogo Cão entdeckt auf seiner 1. Reise die Kongomündung und gelangt bis Kap Santa Maria
1488	Bartolomeu Diaz umsegelt die afrikan. Südspitze
1493	P. de Covilhão erreicht von Ägypten aus Äthiopien
1497	Vasco da Gama umsegelt am 22. 11. das Kap der Guten Hoffnung, landet am 25. 12. an der Natalküste
1506	F. Soarez und J. Gomes de Abreu landen auf Madagaskar
um 1515	Leo Africanus bereist Marokko, das Nigergebiet und den Sudan
1611–20	S. Brauns 3 Reisen (1611–13, 1614–16, 1617–20) an der Guineaküste
1616	G. Bocarro zieht von Tete (am unteren Sambesi) über das Südufer des Njassasees zum unteren Rovuma
1619/20	R. Jobson und G. Thompson ziehen den Gambia aufwärts, berichten von Timbuktu
1655	J. Wintervogel dringt von Kapstadt aus nach N vor; erstes Zusammentreffen mit Buschmännern
1719	Oranje zum erstenmal überschritten
1731	Harrison entdeckt die Gambiaquelle
1770	J. Bruce entdeckt die Quellen des Blauen Nils
1793–96	W. G. Browne als erster Europäer in Darfur
1795–97	M. Parks beweist durch seine Reise vom Gambia zum Niger, daß beide Flüsse in keinem Zusammenhang stehen
1798/99	F. K. Hornemann zieht von Kairo über die Oasen Siwa und Audschila nach Mursuk, von dort Abstecher nach Tripolis
1805/06	Parks 2. Reise, von der Île de Gorée (bei Dakar) durch Senegambien nach Bamako am Niger, Fahrt auf dem Niger ab Sansanding
1812	J. Campbell entdeckt die Limpopoquellen
1812–14	J. L. Burckhardt gelangt von Kairo aus als erster Europäer nach Nubien
1818	Mollien entdeckt die Quellgebiete von Senegal und Gambia
1822–24	H. Clapperton durchquert die Sahara von Tripolis über den Tschadsee und Sokoto bis zum Niger
1824	E. Rüppell als erster Europäer in Kordofan
1825/26	A. G. Laing gelangt von Tripolis über Ghudamis und In-Salah nach Timbuktu
1827/28	R. Caillié durchquert die W-Sahara von Timbuktu nach Tanger
1830/31	R. und J. Lander befahren den unteren Niger bis zur Mündung, entdecken die Benuemündung
1848	J. L. Krapf und Rebmann entdecken den Kilimandscharo
1849	Livingstones 1. Reise ins Innere, entdeckt den Ngamisee
1850–53	P. B. du Chaillu in Gabun und am Ogowe
1851	Barth zieht von Kuka nach Adamaua, entdeckt den Benue, über Yola gelangt er nach Kuka zurück, reist dann mit Overweg im Lande Kanem
1852–54	A. F. F. da Silva Porto durchquert als erster S-Afrika von W nach O
	Livingstone gelangt vom oberen Sambesi über die Sambesiquelle zum Kasai
1854–56	Livingstone zieht von Luanda nach Quelimane (O-Küste); er entdeckt 1855 die Victoriafälle des Sambesi
1858	Burton und Speke entdecken den Tanganjikasee, Speke zieht nach N, entdeckt den Victoriasee
	Livingstone befährt mit einem Dampfer den Mittellauf des Sambesi
1859	Livingstone entdeckt am 18. 4.

	den Lake Chilwa, am 16. 9. den Njassasee
1860–64	Livingstone zieht den Sambesi aufwärts zum Rovuma und in das Gebiet südl. und westl. des Njassasees
1863	der Lauf des Nil ist durch Speke bis zum Victoriasee bekannt
1863/64	Rohlfs zieht von Marokko über Tafilalet, Touatoasen (erster Europäer) und Ghudamis nach Tripolis
1864	Sir S. W. Baker entdeckt den Albertsee, erforscht dessen N-Ufer bis zur Mündung des Victorianil, zieht diesen aufwärts und entdeckt die Murchisonfälle
1864–66	G. Schweinfurth in Ägypten und im O-Sudan
1865–67	1. Afrikadurchquerung vom Mittelmeer zum Guineagolf durch Rohlfs
1865–72	K. Mauch in Transvaal und Südrhodesien, entdeckt die Goldfelder im Mashona- und Matabeleland
1866	Livingstone zieht von Sansibar über den Rovuma zum S-Ufer des Njassasees
1867	Livingstone am S-Ufer des Tanganjikasees, am Mwerusee und am Luapula
1868	Livingstone entdeckt den Bangweolosee
1869	G. Nachtigal zieht von Tripolis nach Mursuk, von dort Vorstoß nach Tibesti (erster Europäer dort)
1869–71	Schweinfurth zieht von Khartum über Kodok in das Bahr-Al-Ghasal-Gebiet, untersucht Eingeborenenstämme (Mangbetu, Nuer, Pygmäen), entdeckt den Uelle
	Livingstone westl. des Tanganjikasees, entdeckt im März 1871 den Lualaba
1871–74	Nachtigall gelangt von Mursuk nach Kuka in Bornu; er erforscht von dort Bornu, Kanem, Borku und Bagirmi. Auf der Rückseite klärt er in Wadai das Schicksal von Vogel und Beurman
1871–74	Livingstone wieder in Ujiji, trifft dort mit Stanley zusammen; beide ziehen zum N-Ufer des Tanganjikasees
1873	Livingstone am Tanganjikasee, † 1. 5. am Bangweolosee
	A. Bastian an der Loangoküste
1874/75	1. O–W-Durchquerung Äqatorialafrikas durch Cameron
1874–76	Dt. Loangoexpedition (Bastian, Pechuël-Loesche u. a.)
1875	Stanley am Victoriasee, umfährt ihn auf einem Schiff in 57 Tagen, entdeckt im W den Ruwenzori und den Eduardsee
1875–78	Brazza im Ogowegebiet, erkennt dessen Unabhängigkeit vom Kongosystem
1876	R. Gessi entdeckt den Ausfluß des Albertsees, den Albertnil
1876/77	Stanley befährt den Tanganjikasee und von Nyangwe den Kongo bis zur Mündung
1877–79	S. Pinto zieht von Benguela über das Hochland von Bié nach Lealui am Sambesi, von dort über die Victoriafälle, das östl. Betschuanaland und Pretoria zur O-Küste
1879	Rohlfs als erster Europäer in den Kufraoasen
	Moustier und Zweifel entdecken die Nigerquellflüsse
1879/80	Brazza von Franceville zum Stanley Pool, gründet Brazzaville
1879–84	Stanley im Auftrag Leopolds II. von Belgien im Kongogebiet, entdeckt den Leopold-II.-See
1880–82	Erste W–O-Durchquerung Äquatorialafrikas durch H. von Wißmann
1880–85	Brazza im Innern Gabuns
1880–86	Junker im Bahr-Al-Ghasal-Gebiet, entdeckt den Nepoko (Quellfluß des Aruwimi)
1887–88	Graf Teleki und von Höhnel entdecken den Rudolf- (Turkana-) und den Stefaniesee
1889	Hans Meyer und L. Purtscheller am Kilimandscharo, am 6. Oktober erreichen sie den Gipfel des Kibo
	Stanley am Albertsee; stellt fest, daß Albert- und Eduardsee nicht ident. sind
1892/93	O. Baumann erforscht den Kagera bis zur Quelle, stößt nach Ruanda vor
1893/94	Graf von Götzen gelangt zu den Virungavulkanen, entdeckt den Kiwusee, erforscht Ruanda
1895–97	V. Bottego in S-Äthiopien, entdeckt den Abajasee
1898–1900	Foureau und Lamy durchqueren die Sahara von N-Algerien zum Tschadsee; Foureau gelangt über Schari, Ubangi und Kongo zur Küste
1904–06	Mangin gelangt als erster Europäer nach Ennedi
1906	Ludwig Amadeus Hzg. der Abruzzen besteigt den Ruwenzori
1911	H. Meyer besteigt den Karisimbi und Nyiragongo

Große Teile W- und Z-Afrikas standen nach Abschluß der Aufteilung des Kontinents unter frz. Herrschaft. Nur das unter dem Schutz der USA stehende Liberia blieb unabhängig. In O- und S-Afrika hatte Großbrit. die Vorherrschaft. Von der Kapprov. aus betrieb Großbrit. die Annexion der Burenrepubliken. Außer Großbrit. waren in S- und O-Afrika nur Deutschland und Portugal vertreten. Frankr. eroberte 1885–96 Madagaskar.

Afrika seit 1914: Nach dem 1. Weltkrieg erhielten die Siegermächte die Gebiete der dt. Kolonien vom Völkerbund als Mandate zugesprochen. In N-Afrika hatte Italien Libyen nach dem Senussiaufstand von 1915 erst ab 1930 wieder unter seiner Kontrolle, Frankr. seine Gebiete erst ab 1934 wieder fest in seiner Hand. Die letzte große territoriale Veränderung resultierte aus der italien. Eroberung Äthiopiens 1935/36, die jedoch nur bis 1941 dauerte. Während des 2. Weltkriegs verlor Italien bis auf Somalia, das Italien 1950 von den UN für zehn Jahre als Treuhandgebiet übernahm, sämtl. Kolonien. Der 2. Weltkrieg hatte die Tendenz zur Selbstbestimmung auch der afrikan. Völker beschleunigt. Nach Aufständen in Marokko, Algerien und Tunesien entließ Frankr. 1955 Marokko und 1956 Tunesien in die Unabhängigkeit. Der alger. Aufstand löste den endgültigen Zerfall des frz. Kolonialreiches in A. aus. 1960 forderten und erhielten sämtl. west- und zentralafrikan. frz. Kolonien und Madagaskar die volle Unabhängigkeit.

Großbrit. hatte etwa um 1950 begonnen, seine Kolonien schrittweise und systemat. v.a. durch Verfassungsreformen auf die Unabhängigkeit vorzubereiten. Nachdem sich der angloägypt. Sudan 1956 einseitig für unabhängig erklärt hatte, folgte mit der Goldküste 1957 das erste Land, dem Großbrit. von sich aus die Unabhängigkeit gewährte. 1968 wurde von den Briten als letztes afrikan. Land Swasiland in die Unabhängigkeit entlassen. Die meisten Staaten blieben Mgl. des Commonwealth of Nations.

Belgien entließ seine Kongokolonie 1960 überstürzt und ohne gründl. Vorbereitung in die Unabhängigkeit; die Folge waren langanhaltende Wirren.

Spanien und Portugal hatten ihre Kolonien zu Überseeprov. erklärt. Während aber Spanien damit begann, seine Gebiete auf die Selbstregierung und schließl. Unabhängigkeit vorzubereiten, versuchte Portugal, seine Territorien noch stärker an das Mutterland zu binden. Erst die Revolution von 1974 in Portugal schuf die Voraussetzungen für die Unabhängigkeit seiner Kolonien.

Nachdem 1980 mit der Schaffung eines unabhängigen, mehrheitl. von Schwarzen regierten Simbabwe der jahrelang durch erbitterten Guerillakrieg geprägte Rhodesienkonflikt auf dem Verhandlungsweg beigelegt wurde, steht die Republik Südafrika als nunmehr einziger Staat in A., der von Weißen beherrscht ist, isoliert unter dem zunehmenden Druck der schwarzafrikan. Staaten und eines großen Teils der Weltöffentlichkeit.

Der Traum vieler afrikan. Politiker, nach der Unabhängigkeit würden bald die „Vereinigten Staaten von A." entstehen, war nicht realisierbar. 1963 wurde die Organisation für Afrikan. Einheit (OAU) gegründet, der alle unabhängigen afrikan. Staaten (außer Südafrika) angehören. Ziel der OAU ist zunächst die völlige Dekolonisierung von A.; darüber hinaus soll sie Mittel und Wege zur Vereinigung der afrikan. Staaten schaffen. Innerhalb und außerhalb der OAU bestehen wirtsch. Zusammenschlüsse, die allerdings oft nur regionalen Charakter haben. - Karte S. 32/33.

📖 *A. Gesch. v. den Anfängen bis zur Gegenwart in 4 Bden. Bd. 1 u. 2 Köln 1979. - Ki-Zerbo, J.: Die Gesch. Schwarz-A. Dt. Übers. Wuppertal 1979. - Konzelmann, G.: Sie alle wollten A. Stg. 1979. - Fage, J. D.: A history of Africa. New York 1978. - Bertaux, P.: A. Dt. Übers. Ffm. 4 1976. - Die Völker Afrikas u. ihre traditionellen Kulturen. Hg. v. H. Baumann. Wsb. 1975–79. 2 Bde. - Hallett, R.: Africa since 1875. Ann Arbor (Mich.) 1974. - Ansprenger, F.: A. Eine polit. Länderkunde. Bln. 66. Tsd. 1972. - Hallett, R.: Africa to 1875. Ann Arbor (Mich.) 1970. - Davidson, B.: A. Gesch. eines Erdteiles. Dt. Übers. Ffm. 1967. - Cornevin, R./Cornevin, M.: Gesch. A. v. den Anfängen bis zur Gegenwart. Dt. Übers. Stg. 1966. - Davidson, B.: Vom Sklavenhandel zur Kolonisierung. Afrikan.-europ. Beziehungen zw. 1500 u. 1900. Dt. Übers. Rbk. 1966. - Jacob, L. G.: Grundzüge der Gesch. A. Darmst. 1966. - Cole, S. M.: The prehistory of East Africa. Harmondsworth (Middlesex) 3 1965. - Hallett, R.: The penetration of Africa. New York; London 1965. - Charles-Picard, G.: Nordafrika u. die Römer. Dt. Übers. Stg. 1962. - Hassert, K.: Die Erforschung A. Lpz. 2 1943.*

Afrikaander ↑Buren.

Afrikanische Demokratische Sammlungsbewegung ↑Rassemblement Démocratique Africain.

Afrikanischer Nationalkongreß (engl. African National Congress, Abk. ANC), 1912 gegr. südafrikan. Partei der Bantu; ihr Ziel war eine demokrat. Gesellschaft, in der die sozial und polit. gleichberechtigten Rassen integriert zusammenleben; 1960 verboten, seitdem im Untergrund; einer der bekanntesten Führer war A. Luthuli.

Afrikanischer Nationalrat (engl. African National Council, Abk. ANC), 1971/72 entstandene polit. Organisation der Schwarzen in Rhodesien; strebt eine Regierung der schwarzen Bev.mehrheit an; nachdem sich 1974 die Befreiungsbewegungen angeschlossen hatten, kam es 1974 und 1975 zu Auseinandersetzungen über das Vorgehen und zu Spaltungen (↑Simbabwe, Geschichte).

Afterlehen, im Lehnsrecht das durch den Lehnsmann weiterverliehene Lehen (↑Lehnswesen).

Aftervasall ↑Lehnswesen.

Aga (Agha), früher Titel für hohe türk. Offiziere und Hofbeamte, später auch für niedrigere Ränge; im Pers. heute Anrede („Herr"), früher Titel für Adlige und Gelehrte.

Ägadische Inseln (italien. Isole Egadi; Ziegeninseln), vier italien Inseln vor der W-Spitze Siziliens; Hauptort Favignana (4600 E). - Hier siegte 241 v.Chr. die röm. Flotte über die Karthager und entschied damit den 1. Pun. Krieg. - An der W-Küste Höhlen mit prähistor. Felsmalereien.

ägäische Kultur (kret.-myken. Kultur), bronzezeitl. Kultur, die etwa 2600–1150 den Ägäisraum trotz seiner geograph. Zersplittertheit u. entsprechend differenzierten Bev.

Ägäische Kultur			
Troja	Kreta	Kykladen	griech. Festland
1. Hälfte 3. Jt. Entdeckung von Kupfer und Zinn			
2600	2600	2600	2500
frühe Bronzezeit Troja I–V	frühminoisch	Kykladenkultur	frühhellad.
	2050	2000	1900
	mittelminoisch	zunehmender minoischer Einfluß	mittelhellad.
1570	1570		1570
myken. Zeit. Troja VI	spätminoisch		späthellad.-myken.
	1400		
	myken. Vorherrschaft	myken. Vorherrschaft	
1200	1200	1200	1150

v. a. infolge eines zunehmend ausgeweiteten Handels zu einer im ganzen einheitl. Kulturprov. verband, in der sich mehrere Teilbereiche eigenen Gepräges abhoben: Westkleinasien samt Sporaden, Zypern und südl. Thrakien (↑Troja), die Kykladen (↑Kykladenkultur), Kreta (↑minoische Kultur) und das griech. Festland einschließl. Küstenmakedonien (↑helladische Kultur, in ihrer spätesten und wirkungsvollsten Phase ↑mykenische Kultur). Obgleich die Kenntnis der Kultur W-Kleinasiens und der Kykladenkultur noch sehr lückenhaft ist, sind einige Entwicklungsphasen der ä. K. deutl. - ↑auch Übersicht.

ägäische Wanderung, um 1250 v. Chr. beginnende, sich über die Randgebiete des östl. Mittelmeeres erstreckende Völkerbewegung; führte in Griechenland zur Ablösung der Bronze- durch die Eisenzeit, im Vorderen Orient zur Zerstörung des Hethiterreiches, zur Bedrohung Ägyptens durch die „Seevölker" und zu gewaltsamer Umwandlung der ganzen ägäischen Welt.

Aga Khan, seit Anfang des 19. Jh. Titel des erbl. Oberhauptes der islam. Sekte der Hodschas (↑Ismailiten) in Indien und Ostafrika. Der Träger des Titels gilt als Inkarnation göttl. Kräfte und als unfehlbar.

Agathokles, * Thermai (Sizilien) 360, † 289, Tyrann von Syrakus. - Gewann nach Vertreibung seiner polit. Gegner 322 eine führende Stellung in der wiederhergestellten Demokratie und erreichte schließl. unbegrenzte Machtbefugnis. Beim Versuch einer Herrschaftsausdehnung auf das übrige Sizilien kam es 311 zum Krieg mit den Karthagern, die er 310 in Afrika angriff, und die ihm 306/305 Sizilien bis zum Halykos zusprachen. Nahm 304 den Königstitel an; gab kurz vor seinem Tod Syrakus die demokrat. Verfassung zurück.

Ager publicus [lat.], das Grundeigentum des röm. Staates, im Ggs. zum Privatland des röm. Bürgers (**Ager privatus**). Seine Aufteilung wurde seit dem Ackergesetz 133 v. Chr. für ein Jh. ein wesentl. Streitpunkt der röm. Politik.

Agesilaos II., * 444/443, † Kyrene 360, König von Sparta (seit 399). - Sohn Archidamos' II. aus dem Geschlecht der Eurypontiden. A. bestieg den Thron, nachdem er seinen Neffen mit Hilfe des Lysander verdrängt hatte. Nach wechselvollen Kämpfen (seit 396) gegen die Perser für die Autonomie der Griechen Kleinasiens versuchte er gegen eine von Persien unterstützte Koalition von Theben, Athen, Korinth, Argos u. a., die spartan. Hegemonie in Griechenland aufrechtzuerhalten, die schließl. am Zusammenstoß mit Theben (unter Epaminondas) nach 371 zerbrach.

Agha Mohammad [pers. ɑ'γɑ: mohæm'mæd], * 1742, † Schischa (Aserbaidschan) 17. Juni 1797 (ermordet), Schah von Persien (seit 1796). - Gründer der Dynastie der Kadscharen; unterwarf 1779–94 ganz Persien.

Aghlabiden, arab. Dynastie in N-Afrika (800–909), begr. von Ibrahim Ibn Al Aghlab (♔ 800–812), von den Fatimiden gestürzt; nominell Vasallen des Kalifen von Bagdad, prakt. jedoch unabhängig; Sijada Allah I. (♔ 817–838) begr. die mehr als 200jährige arab. Herrschaft auf Sizilien.

Agiaden, spartan. Königsgeschlecht, das seinen Ursprung über den Dynastiegründer Eurysthenes auf Herakles zurückführte. Außer König Agis I., nach dem das Geschlecht benannt ist, gehören die spartan. Könige namens Agis zur Dynastie der Eurypontiden.

Agilolfinger (Agilulfinger), ältestes bayr. Herzogsgeschlecht, um die Mitte des 6. Jh. bis 788, vermutl. burgund. oder herul. Herkunft; zunächst Amts-, dann Stammesherzöge; standen seit 591 meist unter fränk. Oberherrschaft.

Agilulf, †616, König der Langobarden (seit 590). - Als Hzg. von Turin zum Nachfolger König Autharis gewählt, ∞ mit dessen Witwe †Theudelinde; festigte die königl. Macht; gewährte der kath. Kirche Schutz, ließ seinen Sohn Adaloald taufen.

Ägion (lat. Aegium), achäische Stadt an der Stelle oder nahe der heutigen Stadt Ájion. Hauptort des Achäischen Bundes, blühende Stadt bis in die Römerzeit; 23 n. Chr. durch Erdbeben teilweise zerstört. Antike Monumente sind nicht erhalten.

Agis, Name mehrerer spartan. Könige:
A. I., Sohn des Eurysthenes, †Agiaden.
A. II., regierte 427–399. - Sohn Archidamos' II., aus der Dynastie der Eurypontiden; unternahm als spartan. Heerführer im Peloponnes. Krieg entscheidende Schritte zur Niederwerfung Athens.
A. III., regierte 338–331. - Sohn Archidamos' III., aus der Dynastie der Eurypontiden; unterlag 331 dem Reichsverweser Antipater beim Aufstand gegen den abwesenden Alexander den Großen.

Agitation [lat.], aggressive Werbung für ein bestimmtes, meist polit. oder soziales Ziel; **Agitator,** seit dem 18. Jh. belegte Bez. für eine Person, die Agitation betreibt; **agitieren,** Agitation betreiben bzw. auf jemanden agitator. einwirken.

Agitation und Propaganda, seit Lenin Bestandteil der kommunist. Theorie der Beeinflussung der Massen mit dem Ziel, in ihnen revolutionäres Bewußtsein zu entwikkeln und sie zur aktiven Teilnahme an der sozialist.-kommunist. Bewegung zu veranlassen. A. ist die jeweils aktuelle Aufklärung der breiten Massen, die P. vermittelt die marxist.-leninist. Grundsätze und Lehren, insbes. den Mgl. von Partei und Massenorganisationen. Seit 1961 immer mehr durch den Terminus „ideolog. Arbeit" ersetzt. Das Kunstwort **Agitprop** bezeichnet A. u. P. mit den Mitteln der Kunst. In der DDR ist das oberste Lenkungs- und Leitungsorgan für die A. u. P. das Politbüro der SED.

Agnaten [zu lat. nasci „geboren werden"], 1. im *röm. Recht* unter derselben Hausgewalt (†Patria potestas) stehende Personen; 2. im *german. Recht* alle jene Männer und Frauen, deren Abstammung von einem gemeinsamen Stammvater allein durch Männer vermittelt wurde. Die Blutsverwandten, sog. Magen, werden nach ihrer Herkunft von der Vater- oder Mutterseite als Vater- bzw. Muttermagen bezeichnet. Die kognat. (†Kognaten) verwandten Männer der Vaterseite hießen Schwert-, Speer- oder Germagen; die Männer der Mutterseite sowie die Frauen beider Seiten hießen Spindel- oder Kunkelmagen. Hausverband und Erbrecht, Wehr- und Lehnswesen trugen zur Bevorzugung des A.prinzips bei, das nie allein gültig war.

Agnes, Name von Herrscherinnen:
dt. Kaiserin:
A. von Poitou, *um 1025, †Rom 14. Dez. 1077, Kaiserin. - Ab 1043 2. Gemahlin Kaiser Heinrichs III.; als Regentin für Heinrich IV. (seit 1056) leicht beeinflußbar, oft schwankend oder unentschlossen; zog sich nach Rom zurück, als ihr 1062 die Regierung entrissen wurde, und trat in enge Beziehungen zur Kirche.
Ungarn:
A. von Österreich, *1280, †Königsfelden (bei Brugg) 11. Juni 1364, Königin. - Tochter des Röm. Königs Albrecht I.; 1296 ∞ mit Andreas III. von Ungarn, lebte nach dessen Tod (1301) in Königsfelden (zeitweilig im Kloster) als Wahrerin habsburg. Interessen im Umkreis der alten Stammlande.

Agnes Bernauer †Bernauer, Agnes.

Agnew, Spiro Theodore [engl. 'ægnju:], *Baltimore (Md.) 9. Nov. 1918, amerikan. Politiker. - Bis 1946 Demokrat, dann Republikaner; ab 1966 Gouverneur von Maryland; 1969–73 Vizepräs. der USA; trat zurück, nachdem gegen ihn ein Ermittlungsverfahren wegen Steuerhinterziehung und Bestechung eröffnet worden war.

Agon [griech.], im antiken Griechenland zunächst Bez. für jede Versammlung und den Versammlungsplatz, dann für die einzelnen bei solchen Versammlungen ausgetragenen Wettkämpfe, v. a. bei den großen, in bestimmten zeitl. Abständen wiederkehrenden Festen zu Ehren der Götter Zeus (Olymp. Spiele, Nemeische Spiele), Apollon (Pyth. Spiele) und Poseidon (Isthm. Spiele). Der A. wurde bestritten von den **Agonisten,** geleitet und beaufsichtigt von den staatl. bestellten **Agonotheten.**

Agora [griech.], Volksversammlung der griech. Polis, auch Heeresversammlung; auf die Örtlichkeit übertragen, bezeichnet A. den Marktplatz der Stadt als Zentrum des polit. und später auch des geschäftl. Lebens. Zunächst unregelmäßiger, schließl. rechteckiger, drei- oder allseitig von Säulenhallen umschlossener Platz.

Agrargemeinschaft, östr. für: †Allmende.

Agrarier [lat.], allg. Bez. für die ihre wirtschaftspolit. Interessen vertretenden Landwirte; bes. gebräuchl. für die preuß. Großgrundbesitzer im Dt. Reich nach 1871.

Agrarkommunismus, Agrarverfassung mit allg. Gütergemeinschaft ohne privates Landeigentum; in der (urspr.) marxist. Lehre und im Marxismus-Leninismus das Ziel der proletar. Revolution auf dem Lande und die Vollendung des Agrarsozialismus. Die Theorie vom Gemeineigentum als ältester Form des Landeigentums, früher als notwendige Entwicklungsphase der Gesellschaft angenommen, haben neue Forschungen als unhaltbar erwiesen. Gelegentl. sind agrarkommunist. Züge in der Sozialverfassung geschlossener Gemeinschaften schon seit dem 2./1. Jh. v. Chr. zu beobachten. Eine umfassende agrar. Zwangsgemeinwirtschaft innerhalb einer Planwirtschaft marxist.-leninist. Typs wurde zuerst in der Sowjetunion und nach dem 2. Weltkrieg v. a. in den meisten osteurop. Staaten sowie in der VR China durchgeführt (↑Agrarrevolution). Daneben sind im 20. Jh. noch die landw., kollektivist. bzw. genossenschaftl. Siedlungsformen in Israel (Kewuza und Kibbuz) und in Mexiko (Ejidos) bedeutsam.

Agrarkrise, Krisenphase in der Agrarkonjunktur, verursacht etwa durch ein Mißverhältnis zw. Erzeugung und Verbrauch landw. Produkte, bzw. zw. Ertrag und Investitionen. A. traten z. B. im 14. Jh. nach der Dezimierung der europ. Bevölkerung durch die Pest auf; die A. nach dem Dt.-Frz. Krieg 1870/71 war eine Folge der Verdoppelung der Weizenanbaugebiete im Westen der USA in den Jahren 1865 bis 1880. Nach dem 1. Weltkrieg kam es, bedingt durch die techn. Entwicklung (Motorisierung) zu Überproduktion und Preisverfall; eine ähnl. Entwicklung nach dem 2. Weltkrieg konnte durch internat. Abkommen (z. B. Weltweizenabkommen) sowie Marktordnungen verhindert werden.

Agrarreformen, im weitesten Sinn ein Komplex agrarpolit. und agrarrechtl. Maßnahmen, deren Ziel die Förderung des Wohlstandes der landw. Bev. und die Erzeugungssteigerung der Landw. ist. Dementsprechend werden Maßnahmen der *Bodenbewirtschaftungs-* und der *Bodenbesitzreform* unterschieden, wobei das Gewicht der A. hauptsächl. auf den letzteren liegt (↑Bodenreform).

Agrarrevolution, im Ggs. zu evolutionären Bodenbesitzreformen („Agrarreformen") die mit einem polit. Umsturz erfolgende Änderung der Agrarverfassung: v. a. in Frankr. 1789 Beseitigung der seit dem MA teils erhebl. veränderten „feudalist." Agrarverfassung; in Rußland 1917 Überführung des entschädigungslos enteigneten Privatlandbesitzes in Volkseigentum, ab 1929 zwangsweise Kollektivierung der Landw. (↑auch Kolchose, ↑Sowchose); nach 1945 in den osteurop. kommunist. regierten Ländern, schrittweise und mit gewissen Abweichungen dem sowjet. Modell angepaßt; in der VR China ab 1950 von der Aufteilung des Bodens zur Kollektivierung der Landw. erst durch Produktionsgemeinschaften, seit 1958 durch Volkskommunen; in Kuba agrarrevolutionäre Maßnahmen ab 1959 in mehreren Etappen; im Zuge der Entkolonisation gab es A. auch in verschiedenen afrikan. und asiat. Staaten.

Agrarsozialismus, Theorien und Programme zur marxist. und nichtmarxist. Umgestaltung der Grundbesitzverhältnisse, v. a. auf dem Lande durch einschneidende Eingriffe in die Eigentumsrechte. Die agrarsozialist. Bodenreformbewegung trat für eine Einschränkung bzw. die Aufhebung des Privateigentums am Boden ein, ohne jedoch das kapitalist. Wirtschaftssystem antasten zu wollen (z. B. Abschaffung der Grundrente, Bodenverstaatlichung, Einrichtung von Produktivgenossenschaften). Die dt. Sozialdemokratie bekannte sich zunächst zur Vergesellschaftung des Bodens im Sinne des Marxismus im Unterschied zur frz. Sozialdemokratie, die für eine aktive Politik des Bauernschutzes und der Erhaltung kleinbäuerl. Eigentums eintrat. Nach dem 1. Weltkrieg setzten sich die Auffassungen der nichtorthodoxen Marxisten in der östr. (1925) und der dt. Sozialdemokratie (1927) durch, die nun das private Bodeneigentum befürworteten und zu sichern versprachen. Die brit. Labour Party vertrat (wie die Liberalen) noch 1926 den Gedanken der Verstaatlichung des gesamten Bodens, der erst nach dem 2. Weltkrieg von allen brit. Parteien aufgegeben wurde. In Rußland propagierten 1860–95 die nichtmarxist. Narodniki die russ. Dorfgemeinde mit kollektivem Bodenbesitz als Keimzelle einer künftigen sozialist. Gesellschaft. Die Forderung ihrer Nachfolger, der Sozialrevolutionäre, nach Vergesellschaftung des gesamten Landbesitzes unter „munizipaler" Verwaltung (1906) übernahm Lenin 1917 aus takt. Gründen als ersten Schritt auf dem Weg zum Agrarkommunismus.

🕮 *Lehmann, Hans G.: Die Agrarfrage in der Theorie u. Praxis der dt. u. internat. Sozialdemokratie. Vom Marxismus zum Revisionismus u. Bolschewismus. Tüb. 1970.*

Agrarverfassung, Summe der rechtl., ökonom. und sozialen Grundgegebenheiten und Bestimmungsmerkmale der Landw. in einem enger oder weiter gefaßten räuml. und zeitl. Bereich; dazu gehören v. a. Eigentumsverhältnisse und Sozialstruktur, Nutzungsrechte und -arten, Kulturbodenverteilung und Siedlungsform, Betriebsorganisation und Arbeitsverfassung, Verfassung der Märkte. Eine Typologie der A. berücksichtigt in Anlehnung an Max Weber als wichtigste Formen: Grundherrschaft mit Eigenwirtschaft abhängiger Grundholder; Plantagenwirtschaft mit unfreien Arbeitern; Gutsherrschaft mit erbuntertänigen Bauern; Gutswirtschaft, entweder im Eigenbetrieb des Bodenbesitzers oder unter Trennung von Bodenbesitz und Betrieb (mit Pacht); bäuerl. Besitzwirtschaft; Großfamilien-, Sippen- und Stammeswirtschaft; moderne Kollektivbetriebe, in verschiedenen Stadien der Unabhängigkeit bzw. zentralgeleiteter Wirtschaft; und zuletzt reine Staatswirtschaft.

Agreement [engl. ə'gri:mənt], im Völkerrecht weniger bedeutsame, formlose Übereinkunft zw. Staaten; **Gentleman's [Gen-**

tlemen's] **Agreement,** [diplomat.] Übereinkommen ohne formalen Vertrag, Übereinkunft auf Treu und Glauben.

Agricola, Gnaeus Julius [a'gri:...], *Forum Julii (= Fréjus) 13. Juni 40, †23. Aug. 93, röm. Feldherr. - Schwiegervater des Tacitus; wurde 73 Patrizier, 77 Konsul und Statthalter von Britannien, wo er den röm. Herrschaftsbereich erweiterte; 84 von Domitian zurückberufen.

A., Rudolf [niederl. a:'xri:ko:la:], eigtl. Roelof Huysman, *Baflo bei Groningen 17. Febr. 1444, † Heidelberg 27. Okt. 1485, niederl. Frühhumanist. - Lebte 1468–79 in Italien, 1481 im Auftrag der Stadt Groningen am Hof Maximilians I. in Brüssel, 1484 trat er in die Dienste des Kurfürsten Philipp von der Pfalz und lehrte in Heidelberg. Vermittelte dem Norden die humanist. Bildungsziele. Bed. persönl. Wirkung; schrieb „De inventione dialectica" (1479) und eine Petrarcabiographie (1477).

Agri decumates ↑Dekumatland.

Ágrip [altnord.] („A. af Nóregs konunga sogum" „Auszug aus der Geschichte der Könige Norwegens" [vom Ende 9. Jh. bis 2. Hälfte 12. Jh.]), in einer isländ. Handschrift der 1. Hälfte des 13. Jh. erhaltenes histor. Werk, das auf eine norweg. Vorlage zurückgeht.

Agrippa, Marcus Vipsanius, * 64 oder 63, † 12 v. Chr., röm. Staatsmann und Feldherr. - Jugendfreund Oktavians, unterstützte diesen auf dem Weg zur Macht (36 v. Chr. Seesiege bei Mylai und Naulochos über Sextus Pompejus, 31 Flottenbefehl bei Aktium gegen Antonius). Ließ mit Maecenas 25 u. a. das Pantheon errichten, regte die Anfertigung der ersten Weltkarte an; ab 21 ∞ mit Julia, der Tochter Kaiser Augustus'.

Agrippina, Name mehrerer Frauen des jul.-claud. Kaiserhauses:

A. die Ältere (Vipsania A.), *14 v. Chr., † auf Pandateria (= Ventotene) 33 n. Chr. - Tochter des Marcus Vipsanius Agrippa; seit 5 n. Chr. ∞ mit Germanicus; Mutter Caligulas; 29 verbannt, wählte den Hungertod.

A. die Jüngere (Julia A.), * Oppidum Ubiorum (= Köln) 6. Nov. 15 n. Chr., † bei Baiae (= Baia) 59. - Tochter des Germanicus und A. d. Ä.; 40/41 verbannt; heiratete 49 ihren Oheim, Kaiser Claudius, den sie 54 vergiftete, um ihrem Sohn aus 1. Ehe, Nero, zum Thron zu verhelfen; 59 durch Nero ermordet.

Agro Pontino ↑Pontinische Sümpfe.

Agudat Jisrael [hebr. „Bund Israels"], Weltorganisation des orth. Judentums, 1912 in Kattowitz gegr.; bis zur Gründung des Staates Israel 1948 antizionist.; heute als Partei in der Knesset.

Aguesseau, Henri François d' [frz. agɛ'so], * Limoges 27. Nov. 1668, † Paris 5. Febr. 1751, frz. Staatsmann. - Kanzler von Frankr. 1717/18, 1720–22, 1727–50; bemühte sich um eine vereinheitlichende Rechtskodifizierung.

Aguntum, röm. Siedlung in der Prov. Noricum, östl. des heutigen Lienz (Osttirol); in vorröm. Zeit von Illyrern gegr.; wohl Mittelpunkt eines Keltenstammes, frühchristl. Bischofssitz; im 7. Jh. von Slawen zerstört; Ausgrabungsfunde.

*Ägypten

(amtl. Vollform: Al Gumhurijja Al Arabijja Al Misrijja; dt. Arab. Republik Misr, 1958–71 Vereinigte Arab. Republik, Abk. VAR), Republik in NO-Afrika zw. 22° und 32° n. Br. sowie 25° und 36° ö. L. **Staatsgebiet:** Ä. grenzt im W an Libyen, im N an das östl. Mittelmeer, im NO an Israel, im O an das Rote Meer (mit seinen nördl. Teilarmen Golf von Sues und Golf von Akaba), im S an die Republik Sudan. **Fläche:** etwa 1 Mill. km^2, davon 96,5% Wüste. **Bevölkerung:** 45,9 Mill. E (1984), 45,9 E/km^2, auf das Kulturland berechnet jedoch 1 039 E/km^2. **Hauptstadt:** Kairo. **Verwaltungsgliederung:** 4 Stadtbez., 17 Gouv. (davon 9 in Unterägypten), 4 Grenzbezirke. **Amtssprache:** Arabisch; Handels- und Bildungssprache Englisch. **Staatsreligion:** Islam sunnit. Richtung. **Nationalfeiertage:** 25. April (Rückgabe des Sinaigebietes) und 23. Juli. **Währung:** Ägypt. Pfund (ägypt£) = 100 Piastres (P. T.). **Internat. Mitgliedschaften:** UN, OAU, Arab. Liga; Kooperationsabkommen mit EWG und EGKS. **Zeitzone:** Osteurop. Zeit, d. i. MEZ +1 Std.

Politisches System: Nach der Verfassung vom 1. 9. 1971 ist Ä. eine präsidiale Republik. Das ägypt. Volk wird als Teil der arab. Nation definiert. Der Islam ist Staatsreligion. *Staatsoberhaupt* ist der Präs. (seit Okt. 1981 M. H. Mubarak), der vom Parlament mit $^2/_3$-Mehrheit nominiert und vom Volk durch Referendum mit Mehrheit der abgegebenen Stimmen bestätigt wird; seine Amtsdauer beträgt 6 Jahre. Er bestimmt mit der Reg. die Politik und ist oberster Inhaber der *Exekutive*, er ernennt und entläßt den Min.präs. und die Min., beruft den Ministerrat ein und kann diesem vorsitzen, ernennt und entläßt zivile und militär. Beamte, hat ein Vetorecht gegenüber vom Parlament verabschiedeten Gesetzen, kann wichtige polit. Fragen dem Volk als Referendum vorlegen und das Parlament auflösen, schließt Staatsverträge ab, ist Chef der Armee und kann den Notstand ausrufen. Die *Legislative* liegt beim Parlament, der Nationalversammlung (360 Abg.). Sie wird in allg. Wahl auf 5 Jahre gewählt (bis auf 10 Abg., die vom Präs. ernannt werden). Die Nationalversammlung kann einzelnen Min. das Vertrauen entziehen und sie damit stürzen, nicht jedoch die gesamte Reg.; beherrschende polit. *Partei* ist die 1978 gegr. Nationaldemokrat. Partei unter der Führung des Staatspräsidenten, die über 280 Sitze in der Nationalversammlung verfügt. Die Liberalsozialist. Partei (12 Sitze) vertritt eine weitere polit. und wirtsch. Liberalisierung, v.a. größere Freiheiten für private Unternehmer. Als neue Linkspartei wurde 1978 die Sozialist. Arbeiterpartei gegründet. In der Nationalversammlung sind außerdem unabhängige Abg. vertreten. Dachverband der *Gewerkschaften* ist die Egyptian Federation of Labour, mit 16 Branchengewerkschaften und 2,5 Mill. Mgl. Der Aufbau der straff zentralisierten *Verwaltung* folgt dem frz. Vorbild. Das Land ist gegliedert in 4 Stadtgouvernements, 17 Gouvernements und 4 Grenzbezirke.

Das ägyptische *Recht*swesen ist auf den Gebieten des öffentlichen Rechts und des Zivilrechts mit Ausnahme des Personenstandsrechts nach dem Vorbild frz. Rechts und frz. Rechtsprechung ausgerichtet. Mit der Rechtsreform von 1955/56 wurden ein einheitl. ziviles Personenstandsrecht, das für alle Bürger ohne Unterschied der Religion gilt, und die Zivilehe eingeführt. Die Verfassung von 1971 legt jedoch das Islamrecht als wichtigste Quelle der Gesetzgebung fest. Das Gerichtswesen ist in 4 Stufen gegliedert. Die *Streitkräfte* umfassen rd. 445 000 Mann (Heer 320 000, Luftwaffe 25 000, Luftverteidigung 80 000, Marine 20 000); paramilitär. Kräfte: 379 000 Mann.

ägyptische Expedition, frz. Invasionsunternehmen 1798–1801, sollte Großbrit. in seiner Mittelmeerposition (Störung der Verbindung nach Indien) entscheidend treffen; trotz anfängl. Erfolge (Juni/Juli 1798) mit der Vernichtung der frz. Flotte bei Abukir fakt. gescheitert. Der verlustreiche Syrienfeldzug 1799 nach der Kriegserklärung des Osman. Reichs (1798) und die großen Anfangserfolge der 2. antifrz. Koalition veranlaßten Bonaparte 1799, allein nach Frankr. zurückzukehren. Die Reste der mehrfach, zuletzt von den Briten, geschlagenen frz. Truppen wurden 1801 zurücktransportiert.

ägyptische Geschichte, **Vorgeschichte** (bis etwa 3000 v. Chr.): Ägypten gehört zu den am frühesten von Menschen bewohnten Gebieten der Erde. Funde aus dem Paläolithikum zeigen, daß Ägypten kulturell schon damals mit dem übrigen Afrika und mit Vorderasien verbunden war. Die älteste bekannte, mehrphasige Großsiedlung aus dem Neolithikum ist Merimde am westl. Deltarand. Die älteste oberägypt. Kulturgruppe wird nach den Fundorten Tasa und Al Badari benannt. V. a. in der jüngeren Phase der folgenden Nakadakultur, dem Gerzean (2. Hälfte des 4. Jt. v. Chr.), zeigt sich Bev.verdichtung, Differenzierung und Verfeinerung der Kultur. Gegen Ende der Gerzeanzeit wurde auch Unterägypten in dieses Kulturgebiet einbezogen. Vereinzelte Kulturbeziehungen zur gleichzeitig sich herausbildenden mesopotam. Hochkultur sind erkennbar.

Altertum: Die Periode von der Reichsgründung bis zu Alexander d. Gr. teilt man in 31 Dynastien, deren Abgrenzung sich nicht nach der Geschlechterfolge, sondern nach Herrschaftsbereich und Residenz zu richten scheint, und die zum Alten, Mittleren und Neuen Reich sowie der Spätzeit zusammengefaßt werden.

Frühzeit: (1. und 2. Dynastie, 2900–2620): Das Einheitsreich der klass. Zeit wird sich wohl - entgegen der myth. und philosoph. Vorstellungen angepaßten ägypt. Tradition, daß ein König namens Menes das Land von Oberägypten aus geeint habe - allmähl. herausgebildet haben. Heimat und wohl auch Residenz dieser ersten beiden Dynastien war Abydos; daneben trat Memphis als Zentrum hervor. Die folgenreichste geistige Leistung dieser Zeit war die Entwicklung der Schrift sowie der Staatsverwaltung mit einem Beamtentum. Ein Zerfall des Einheitsreiches in der 2. Dynastie wurde nach einem Bürgerkrieg rückgängig gemacht.

Altes Reich (3.–8. Dynastie, 2620–2100): In der 3. und 4. Dynastie erfolgten die entscheidenden Schritte in Richtung auf den klass. ägypt. Staat und seine Kultur: Bau der Stufenpyramide König Djosers (und Imhoteps) und der ältesten größten echten Pyramiden der Könige Cheops, Chephren, Mykerinos; Ausbau der Verwaltung. Die Verwalter der Gaue wurden von der Zentralregierung, an deren Spitze der Wesir stand, eingesetzt und abberufen. Seit der 5. Dynastie galten die Herrscher als Söhne des Sonnengottes. Ihre (wesentl. kleineren) Grabmäler errichteten sie bei Abu Sir. Mit dem Beamtentum war als Lehen gegebener Grundbesitz verbunden, für den der Inhaber bald Erbvergabe beanspruchte; so entwickelte sich eine Art Beamtenadel. Die 6. Dynastie wurde bei dem Versuch, die oberägypt. Gaufürsten am Ausbau ihrer erbl. gewordenen Machtstellung zu hindern, von diesen abhängig. Unter der Regierung Pepis II. kam es zu (wohl sozial bedingten) Unruhen, nach seinem Tod zu einer blutigen Revolution und der Ersten Zwischenzeit. Die Gaufürsten sorgten für ihren Machtbereich und kämpften in wechselnden Koalitionen gegeneinander. Geistig war diese Periode bes. fruchtbar, da letzte Fragen nach dem Sinn des Lebens und der Theodizee aufbrachen und dichter. behandelt wurden. Als die 9. und 10. Dynastie von Herakleopolis auf dem Wege war, die Einheit des Landes wiederherzustellen, wurde sie von dem inzwischen erstarkten Gaufürstengeschlecht Thebens vernichtend geschlagen.

Mittleres Reich (11.–14. Dynastie, 2040–1650): Die Fürsten von Theben begr. die 11. Dynastie, Hauptstadt blieb Theben, die Könige hießen Mentuhotep. Eine den Gaufürsten freundl. Politik sicherte ihnen deren Unterstützung. Die 12. Dynastie verlegte die Residenz nach Memphis und an den Eingang zum Becken von Al Faijum. Durch geschickte Propaganda gelang es, dem Königtum zu neuem Ansehen zu verhelfen. Die Macht der Gaufürsten wurde mit Hilfe des städt. Bürgertums endgültig beschnitten. Friedl. Beziehungen zu asiat. Fürsten wurden gepflegt. Im S wurde Unternubien militär. besetzt und durch einen Festungsgürtel beherrscht. Die Ursachen für den Niedergang in der 13. und 14. Dynastie sind unbekannt. In kurzer Folge regierten zahlr. Herrscher, teilweise auch nebeneinander, während die Verwaltung intakt blieb. Zweite Zwischenzeit (15.–17. Dynastie, 1650–1551): Die Hyksos - wohl eine dünne, aus Asien gekommene Oberschicht - der 15. Dynastie beherrschten ganz Ägypten, wobei sie Unterkönige, auch einheim., anerkannten. Mit dem Reich von Kusch in Nubien, das sich nach dem Zusammenbruch der ägypt. Herrschaft etabliert hatte, schlossen sie ein Bündnis. Ihre Hauptstadt war Auaris im Ostdelta. Der Fürst Kamose von Theben begann den Kampf gegen die Hyksos, den sein Bruder Amosis I. dann vollendete. Neues Reich (18.–20. Dynastie, 1551–1070): Amosis I. stellte die Herrschaft Ägyptens auch in Nubien wieder her. Thutmosis I. machte Ägypten zu einer Großmacht bis zum Euphrat im N und 3. oder 4. Katarakt im S mit weiten Gebietsansprüchen. Nach 22jähriger Herrschaft verschwand die Königinwitwe Hatschepsut, die ihren Sohn Thutmosis III. zur Seite gedrängt hatte, um sich an seiner Statt selbst zur Königin krönen zu lassen. Thutmosis III. zog gegen die verbündeten und mit Mitanni zusammengehenden Fürsten, schlug sie bei Megiddo. In 16 weiteren Feldzügen und Expeditionen gegen Asien, wobei er systemat. der Küste entlang nach N befestigte Stützpunkte errichtete und dann ins Landesinnere vortrieb, stellte er das Reich seiner Ahnen wieder her und festigte es. Im S bildete der 4. Katarakt die Grenze des von Ägypten kontrollierten Gebietes. Die Nachfolger, Amenophis II. und Thutmosis IV., konnten den territorialen Bestand im wesentl. halten. Unter Amenophis III. erreichten Wohlstand und luxuriöses Leben in Ägypten ihren Höhepunkt. Thronerbe wurde sein Sohn Amenophis IV., der sich ganz der Religion widmete und als Echnaton in M-Ägypten Amarna als neue Hauptstadt gründete. Während seiner außenpolit. und militär. höchst nachlässigen Regierung gingen die asiat. Besitzungen verloren. Kult, Kunst und Verwaltung tragen deutl. Spuren seiner Persönlichkeit. Die zentrale Stellung des Königs wurde weiter ausgebaut und religiös begr. Für Echnatons Nachfolger, Tutanchaton (später Tutanchamun), hat wohl Eje die Regentschaft geführt, der nach dem Tod Tutanchamuns noch für vier Jahre den Thron bestieg. Haremheb, ein nicht mit dem Königshaus verwandter General wurde Nachfolger; scharf bekämpfte er die Korruption; er reorganisierte die Verwaltung und stärkte den Einfluß Ägyptens in Asien wieder. Als Residenz wählte er Memphis, Sethos I., der zweite König der 19. Dynastie, stellte in Syrien Verhältnisse wieder her, wie sie vor der Amarnazeit geherrscht hatten, nur daß der Gegner jetzt das Hethiterreich war. Libysche Stämme, die Ägyptens W-Grenze bedrohten, konnten abgewehrt werden. Sein Sohn Ramses II. verlegte die Residenz endgültig ins Ostdelta, wo er bei Kantir Palast und Wohnanlagen seines Vaters prunkvoll und großflächig ausbauen ließ. Nach unentschiedener militär. Auseinandersetzung zw. Ägypten und dem Hethiterreich 1285 verpflichteten sich beide in einem 15 Jahre später abgeschlossenen Friedensvertrag zu gegenseitiger Hilfe beim Angriff eines Dritten und anerkannten den Status quo. Die folgenden friedl. Jahrzehnte nützte Ramses v. a. zum Bauen: Karnak, Luxor, Abu Simbel, das Ramesseum sind nur die besterhaltenen unter den zahlr. Tempeln dieser Zeit. Ramses' II. Sohn u. Nachfolger Merenptah mußte insbes. die W-Grenze verteidigen, wo sich libysche Stämme zum Angriff auf das Niltal anschickten. Die große 19. Dynastie endete nach seiner Regierung in Wirren. Ramses III., dem bedeutendsten Herrscher der 20. Dynastie gelang es unter großem Einsatz, den Angriff der aus dem N des Mittelmeerraums einbrechenden Seevölker gegen Ägypten zu Lande und zur See abzuwehren. Doch war die Kraft des Landes erschöpft. Innere Unruhen, Arbeiterstreiks und Aufstände waren die Folgen. Mit Ramses XI. endete die Dynastie und damit das Neue Reich in wirtsch. Not und Zerfall. In der Dritten Zwischenzeit (21.–24. Dynastie, 1070–711) wurde das Land zunehmend in kleinere Herrschaftsbereiche aufgespalten.

Spätzeit (25.–31. Dynastie, 715–332): Nach dem Zusammenbruch der ägypt. Vorherrschaft hatte sich in Nubien ein äthiop. Reich mit Napata als Hauptstadt gebildet, dessen Herrscher sich als rechtmäßige Nachfolger der Pharaonen fühlten und sich vorübergehend durchsetzten. Doch machte sich noch einmal ein Deltafürst, Tefnacht, zum Pharao. Sein Sohn Bokchoris galt den Griechen als großer Gesetzgeber. Diese 24. Dynastie wurde von den Äthiopiern beendet, die nominell als 25. Dynastie bis 664 regierten. Ihr bedeutendster Herrscher war Taharka, der zahlr. Bauten errichtete und eine neue Ruhezeit heraufführte. 671/667 wurden sie von den Assyrern vertrieben. Psammetich I., der Begründer der 26. (Saitischen) Dynastie, von den Assyrern eingesetzt, betrieb eine eigene nat. Politik und einigte mit friedl. polit. Mitteln das Land. Unter seinem Sohn Necho II. versuchte Ägypten erneut, seinen alten Einfluß in Syrien wiederherzustellen. Psammetich II. kam einer erneuten Bedrohung durch die Herrscher von Napata zuvor. Gegen Apries erhoben sich die Truppen General Amasis' und machten diesen zum König. Bald nach dem Tod von Amasis, der eine griechenfreundl. Politik betrieben hatte, schlug der Perserkönig Kambyses das ägypt. Heer 525 bei Pelusium und gliederte das Land als Satrapie seinem Reich ein. Die Perserherrschaft (27. Dynastie) wurde nur vorübergehend durch wenig bed. einheim. Regenten (28. und 29. Dynastie) unterbrochen. Nur die 30. Dynastie ließ noch einmal in schwachem Abglanz frühere Größe ahnen. Die als 31. Dynastie gezählte zweite Perserherrschaft beendete Alexander d. Gr. 332.

Hellenist. und röm. Zeit: Alexander behielt die alte administrative Ordnung Ägyptens bei, traf aber für die polit. und wirtsch. Sicherung des Landes Maßnahmen zur Dezentralisierung der Verwaltung. Das hellenist. Ägypten übernahm unter den Ptolemäern ebenfalls die althergebrachten Wirtschafts- und Verwaltungsformen einschließl. des einheim. niederen Beamtenapparates. Die beiden letzten Jh. ptolemäischer Herrschaft scheinen durch Neuerwachen des nat. Selbstbewußtseins der Ägypter gekennzeichnet. Seit Mitte des 3. Jh. wurde Ägypten mehr und mehr zum Klienten Roms, dessen Interventionen wiederholt der zunehmend verfallenden Dynastie die Herrschaft sicherten. Nach dem Tod von Antonius und Kleopatra (VII.) und dem Scheitern ihrer Großmachtpolitik (30 v. Chr.) schuf Oktavian für Ägypten eine Sonderstellung in unmittelbarer Abhängigkeit vom Prinzeps persönl. In den ersten Jh. der Kaiserzeit erlebte Ägypten als Getreidekammer Roms eine nochmalige Blüte. Ägypten fiel mit der endgültigen Reichsteilung 395 mit den übrigen östl. Prov. zum Oström. Reich.

Mittelalter und Neuzeit: 619 von den Persern erobert, 628 wieder in byzantin. Besitz, wurde das Land, ab 639 durch die muslim. Araber erobert, Prov. des Kalifenreichs. Verwaltung und innere Ordnung blieben fast unverändert; der arab. Einfluß beschränkte sich zunächst auf Unterägypten. Erst die Koptenaufstände des 8. und 9. Jh. hatten eine verstärkte Islamisierung zur Folge. Die Tuluniden (868–905) waren nur noch nominell vom Kalifen abhängig. Es folgten die Dynastien der Ichschididen (ab 935), der Fatimiden (ab 969), der Aijubiden (ab 1171). Ab 1249 herrschten die Mamelucken, in deren Händen auch nach der Eroberung Syriens und Ägyptens 1517 durch die Osmanen die Verwaltung Ägyptens blieb. Wirtsch. Niedergang, u. a. verursacht durch die Entdeckung des Seewegs nach Indien, machte aus dem reichen Land eine der ärmsten Prov. des Osman. Reichs.

Bonapartes ägypt. Expedition beendete die ma. Herrschaftsform der Mamelucken. Mehmet Ali vermochte sich schließl. der Herrschaft zu bemächtigen und behauptete sie,

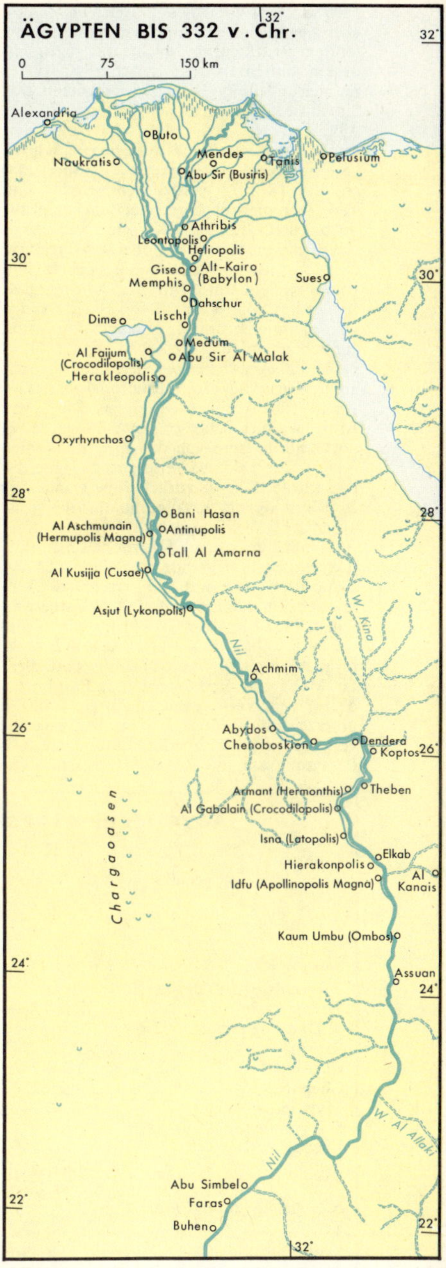

1805 wurde er vom Osman. Reich als Pascha über Ägypten anerkannt. Zwar mußte er unter dem Druck europ. Mächte das gegen den osman. Sultan eroberte Syrien 1840 wieder räumen und die ägypt. Armee reduzieren. Dafür wurde ihm die erbl. Statthalterschaft über Ägypten zugesichert. 1867 erwarb Ismail vom osman. Sultan das Recht auf den Titel Khedive (Vizekönig). 1869 wurde der Sueskanal eröffnet. 1872–74 wurden der S-Sudan und Teile Äthiopiens erobert. Nachdem Ismail aus finanziellen Gründen 1875 seine Sueskanalaktien verkaufen mußte, wobei sich Großbrit. die Kontrolle über den Kanal sicherte, und Ismail schließl. unter brit.-frz. Druck zugunsten seines Sohnes Taufik abgesetzt worden war, nahm eine brit.-frz. Finanzkommission zur Schuldentilgung die Arbeit auf. Großbrit. nahm die Auswirkungen des nun um sich greifenden fremdenfeindl. Nationalismus zum Anlaß, 1882 Truppen zu landen. Die ägypt. Armee wurde geschlagen. Ägypten wurde besetzt und de facto von den brit. Residenten regiert. Der 1881–85 verlorengegangene Sudan wurde 1896–98 zurückerobert und 1899 zum brit.-ägypt. Kondominium. Bei Ausbruch des 1. Weltkrieges wurde Ägypten unter Aufhebung der osman. Oberhoheit brit. Protektorat. Bei Kriegsende wuchs mit der nat. Opposition gegen die brit. Herrschaft der Wille nach Unabhängigkeit und Selbstbestimmung. 1922 beendete Großbrit. unter Sicherung v. a. militär. Reservatrechte sein Protektorat, Ägypten wurde unabhängige parlamentar. Monarchie. Erst unter König Faruk wurde 1936 ein Vertrag mit 20jähriger Laufzeit unterzeichnet, in dem Großbrit. Ägypten die volle Souveränität zuerkannte und die brit. Besatzung auf die Kanalzone beschränkte, die Sudanfrage aber weiter ungelöst ließ. Im 2. Weltkrieg blieb Ägypten bis Febr. 1945 neutral, obwohl dt. und italien. Truppen weit in ägypt. Gebiet eingedrungen waren. Gemeinsam mit anderen Staaten der Arab. Liga nahm Ägypten am Kampf gegen Israel teil. Nach anfängl. Erfolgen konnten die Ägypter nur den Gasastreifen halten. Zunehmende Korruption und Mißwirtschaft des Königs und der führenden Wafd-Partei hatten das Vertrauen der Armee untergraben. Nach dem Staatsstreich General Nagibs vom Juli 1952 mußte König Faruk zugunsten seines Sohns Fuad II. abdanken. Nagib wurde Min.präs. und nahm sofort eine Bodenreform in Angriff. Am 18. Juni 1953 wurde Ägypten zur Republik erklärt, die königl. Familie mußte das Land verlassen. Nagib übernahm auch das Amt des Staatspräs. Nach dem zunächst erfolglosen Versuch, 1954 Nagib zu stürzen, konnte Nasser, der eigtl. Organisator der Revolution, im April als neuer Min.präs. und im Nov. auch als Staatspräs. (Nagib wurde unter Hausarrest gestellt) die Macht ganz an sich bringen. Kurz nachdem Mitte Juni 1956 die 1954 mit den Briten vereinbarte Räumung der Kanalzone beendet war, brach die Sueskrise aus. Nasser kündigte am 26. Juli 1956 die Nationalisierung der Sueskanalgesellschaft an. Inmitten brit.-frz. militär. Demonstrationen und der Intervention der USA griff Israel am 29. Okt. Ägypten an und besetzte die Halbinsel Sinai. Am 31. Okt. landeten brit. und frz. Truppen am Sueskanal. Wegen des gemeinsamen Vorgehens der USA und der Sowjetunion konnte der UN-Sicherheitsrat einen Waffenstillstand und den Rückzug der Interventionstruppen aus Ägypten bis Frühjahr 1957 erreichen. Ägypten verpflichte-

ÄGYPTISCHE DYNASTIEN UND HERRSCHER

Frühzeit	
1. Dynastie (um 2900–2760)	
Menes	um 2900
2. Dynastie (um 2760–2620)	
Altes Reich	
3. Dynastie (um 2620–2570)	
Djoser	um 2600
4. Dynastie (um 2570–2460)	
Snofru	um 2570–2545
Cheops	um 2545–2520
Chephren	um 2500
Mykerinos	um 2470
5. Dynastie (um 2460–2320)	
Userkaf	um 2450
Sahure	um 2440
Unas	um 2320
6. Dynastie (um 2320–2150)	
Teti	um 2300
Pepi I.	um 2250
Pepi II.	um 2200
7. und 8. Dynastie (um 2150–2135)	
Thronwirren	
Erste Zwischenzeit	
9. und 10. Dynastie (um 2135–2040)	
Lokalfürsten in Herakleopolis	
Mittleres Reich	
11. Dynastie (um 2134/2040–1991)	
Mentuhotep I. Anjotef I.	um 2134–2118
Anjotef II.	2118–2069
Anjotef III.	2069–2061
Mentuhotep II.	2061–2010
Mentuhotep III.	2010–1998
Mentuhotep IV.	1998–1991
12. Dynastie (1991–1785)	
Amenemhet I.	1991–1962

ÄGYPTISCHE DYNASTIEN UND HERRSCHER

Sesostris I.	1971/62–1926
Amenemhet II.	1929/26–1892
Sesostris II.	1897/92–1878
Sesostris III.	1878–1840
Amenemhet III.	1842/40–1795
Amenemhet IV.	1798/95–1789
Königin Nefrusobek	1789–1785
13. und 14. Dynastie (1785–um 1650)	

Zweite Zwischenzeit

15. und 16. Dynastie (um 1650–1540)	
Hyksos	
17. Dynastie (um 1650–1551; Residenz Theben)	
Kamose	um 1555–1551

Neues Reich

18. Dynastie (1551–1306; Residenz Theben)	
Amosis I.	1551–1527
Amenophis I.	1527–1506
Thutmosis I.	um 1506–1493
Thutmosis II.	1493–1490
Königin Hatschepsut	1490–1468
Thutmosis III.	1490–um 1438
Amenophis II.	um 1438–1412
Thutmosis IV.	1412–1402
Amenophis III.	1402–1364
Amenophis IV. (Echnaton)	1364–1348
Semenchkare	um 1348–1347
Tutanchamun	1347–1337
Eje	1337–1334
Haremheb	1334–1306
19. Dynastie (1306–um 1186; Residenz im Ostdelta)	
Ramses I.	1306–1303
Sethos I.	1303–1290
Ramses II.	1290–1224
Merenptah	1224–1214
Sethos II.	1214–1210
20. Dynastie (um 1186–1070)	
Ramses III.	um 1186–1155
Ramses XI.	um 1100–1070

Dritte Zwischenzeit

21. Dynastie (um 1070–945)	
Gottesstaat in Theben	
22. Dynastie (Libyer; um 945–715)	
Scheschonk I.	um 945–925
Osorkon I.	um 925–910
Takelothis I. / Scheschonk II.	um 910–889
23. Dynastie (um 790–715)	
Libyer	
24. Dynastie (um 725–712; Residenz Sais)	
Tefnacht	um 740/725–718
Bokchoris	um 718–712

Spätzeit

25. Dynastie (Äthiopier; um 712–664)	
Schabaka	um 712–698
Taharka	690–664
26. Dynastie (664–525)	
Psammetich I.	664–610
Necho II.	610–595
Psammetich II.	595–589
Apries	588–568
Amosis II. (Amasis)	570/568–526
Psammetich III.	526–525
27. Dynastie (erste Perserherrschaft; 525–404)	
Kambyses (II.)	525–522
Darius I., der Große	522–486
Xerxes I.	486–465
Artaxerxes I.	465/464–425/424
Xerxes II.	425–424
Darius II.	423–404
28. Dynastie (404–399)	
Amyrtaios	404–399
29. Dynastie (399–380)	
30. Dynastie (380–343)	
Nektanebos	360–343
31. Dynastie (zweite Perserherrschaft; 343–332)	
Artaxerxes III.	343–338
Arses	338–336
Darius III.	336–332
Alexander der Große	332–323
Ptolemäer (323/305–30 v. Chr; Residenz Alexandria)	
Ptolemaios I. Soter	323/305–283
Ptolemaios II. Philadelphos	283–246
Ptolemaios III. Euergetes I.	246–221
Ptolemaios IV. Philopator	221–205
Ptolemaios V. Epiphanes	210/204–180
Ptolemaios VI. Philometor	180–145
Kleopatra II.	170–115
Ptolemaios VII. Neos Philopator	145
Ptolemaios VIII. Euergetes II.	164/163 und 145–116
Kleopatra III.	142–101
Ptolemaios IX. Philometor Soter II.	116–107 und 88–80
Ptolemaios X. Alexander I.	107–88
Kleopatra Berenike III.	88–80
Ptolemaios XI. Alexander II.	80
Ptolemaios XII. Theos Philopator Philadelphos (Neos Dionysos Auletes)	80–51
Ptolemaios XIII. Philopator Philadelphos	51–47
Kleopatra VII., die Große	51–30
Ptolemaios XIV. Philopator	47–44
Ptolemaios XV. (Kaisarion)	44–30

te sich zur Entschädigung der Sueskanalaktionäre. Der Zusammenschluß Ägyptens und Syriens zur Vereinigten Arab. Republik (VAR) unter Nasser als Staatspräs., der sich auch der Jemen zeitweilig assoziierte, bestand nur bis 1961, als Syrien nach dem Militärputsch wieder aus der VAR ausschied. Nach dem Scheitern der Vereinigten Arab. Republik behielt Ägypten den Staatennamen VAR bei. Der 3. Israel.-Arab. Krieg (Juni 1967) endete für die VAR mit dem Verlust der Halbinsel Sinai. Nach dem Tode Nassers (1970) wurde der ehem. Vizepräs. Anwar As Sadat neuer Staatspräs. und Vors. der Arab. Sozialist. Union (ASU). Das Übereinkommen von VAR, Libyen und Syrien 1971, eine „Föderation Arab. Republiken“ als Kampfmittel für die Errichtung einer arab. sozialist. Gemeinschaft und Instrument für den arab. Befreiungskampf zu gründen, wie der Beschluß (Okt. 1972) der Präs. Ägyptens und Libyens über die schrittweise Vereinigung beider Staaten bis zum 1. Sept. 1973, blieben ohne Wirkung, wenngleich im Aug. 1971 die Verfassung der Föderation von den drei Staatschefs gebilligt wurde und die VAR anläßl. der Gründung der Föderation den Namen „Arab. Republik Ägypten“ annahm, und wenn auch Ägypten und Syrien am 1. Sept. 1973 einen obersten Planungsrat mit Sitz in Kairo und eine verfassunggebende Versammlung mit je 50 Mgl. aus beiden Staaten ernannten. Der mit einem Angriff Ägyptens und Syriens gegen die Stellungen Israels auf dem östl. Ufer des Sueskanals bzw. den Golanhöhen begonnene 4. Israel.-Arab. Krieg (Okt./Nov. 1973) wurde durch ein Waffenstillstandsabkommen zw. Israel und Ägypten beendet, dem ein Truppenentflechtungsabkommen im Jan. 1974 folgte (↑ auch Israelisch-Arabischer Krieg). Auf Grund der im März 1976 beschlossenen Aufhebung des 1971 abgeschlossenen Freundschaftsvertrages mit der Sowjetunion mußte diese ihre militär. Stützpunkte in Ägypten auflösen. Innenpolit. waren die letzten Jahre v.a. bestimmt von der Absicht Sadats, Ägypten zu einem modernen Staat zu entwickeln (sog. „Oktoberpapier“, 1974 dem ZK der ASU vorgelegt und durch Volksabstimmung gebilligt), und durch die Verkündung der Bildung polit. Parteien 1976. Der Übergang vom Ein- zum Mehrparteiensystem wurde 1978 abgeschlossen, wobei freilich die dominierende Stellung Sadats mit seiner neugegr. Nationaldemokrat. Partei gewahrt blieb. Der Besuch Sadats in Israel im Nov. 1977 (als erster führender arab. Politiker) leitete intensive Gespräche und Verhandlungen zw. den beiden Staaten ein, die nach massivem Eingreifen der USA im März 1979 zum israel.-ägypt. Friedensvertrag führten. Dieser Vertrag, der u.a. die Rückgabe des gesamten Sinaigebiets an Ägypten im April 1982 nach sich zog, hatte nach heftigen Auseinandersetzungen unter den arab. Staaten schließl. die diplomat. und wirtsch. Isolierung Ägyptens in der gesamten arab. Welt zur Folge. Nach der Ermordung Sadats (6. Okt. 1981) versuchte sein Nachfolger M. H. Mubarak (* 1928 oder 1929), die Beziehungen zu den übrigen arab. Staaten zu verbessern, ohne den Frieden mit Israel zu gefährden.

🕮 *Ä. Tl. 1–3. Hg. v. J. Leclant. Dt. Übers. Mchn. 1979–81. - Otto, E.: Ä. Der Weg des Pharaonenreiches. Stg. ⁵1979. - Baker, R. W.: Egypt's uncertain revolution under Nasser and Sadat. Cambridge (Mass.) 1978. - Brunner-Traut, E./Hell, V.: Ä. Stg. u.a. ³1978. - Hornung, E.: Grundzüge der ä. G. Darmst. ²1978. - Konzelmann, G.: Der befohlene Friede. Weltpolitik in Nahost vor u. nach Camp David. Mchn. 1978. - Kees, H.: Das alte Ä. Wien u.a. ³1977. - Das Alte Ä. Bearb. v. C. Vandersleyen u.a. Bln. 1975. - Beckerath, J. von: Abriß der Geschichte des alten Ä. Mchn. u.a. 1971. - Vatikiotis, P. J.: The modern history of Egypt. London 1969. - Holt, P. M.: Egypt and the fertile crescent, 1516–1922. A political history. London; Ithaca (N. Y.) 1967. - Gardiner, A. H.: Gesch. des alten Ä. Dt. Übers. Stg. ³1965.*

ägyptische Religion, die Religion der alten Ägypter war einerseits durch eine große Anzahl von Gottheiten charakterisiert, andererseits durch eine einzigartige Betonung des Totenglaubens. Die *Vielzahl der Götter* beruht wahrscheinl. auf einer Aufnahme ehemaliger Gottheiten von ursprüngl. lokal begrenzter Bedeutung in das Gesamtpantheon, die nach der Reichsgründung erfolgt sein dürfte. An theolog. Versuchen einer Systematisierung dieser Vielheit hat es nicht gefehlt. Nach der großen **Götterneunheit von Heliopolis** stand an der Spitze der Urgott Atum, der durch das Ausatmen von Luft und das Ausspeien von Feuchtigkeit das Götterpaar Schu („Luft“) und Tefnut („Feuchtigkeit“) schuf. Beide brachten ihrerseits den Erdgott Geb und die Himmelgöttin Nut hervor. Deren Kinder sind Osiris und Seth mit ihren schwesterl. Gemahlinnen Isis und Nephthys. Der Neunheit von Heliopolis stand die **Achtheit von Hermopolis** gegenüber. Sie bestand aus vier Paaren, die Urmächte personifizierten: Das Urgewässer verkörperten Nun und Naunet, die Endlosigkeit Huh und Hauhet, die Finsternis Kuk und Kauket und die Unsichtbarkeit Amun und Amaunet. Damit waren jedoch keineswegs alle Gottheiten Ägyptens erfaßt. Bed. sind außerdem: der Sonnengott Re, Ptah, der Hauptgott der Stadt Memphis, die Himmelsgöttin Hathor, der Fruchtbarkeitsgott Min, ferner Chnum, der auf seiner Töpferscheibe die Menschen formt, der Totengott Anubis, die geiergestaltige Mut, Sachmet und die Katzengöttin Bastet, der Schreibergott Thot. Zeugnisse des ausgeprägten *Totenglaubens* sind die königl. Pyramidentexte, die Sargtexte und das Totenbuch. In dieser

umfangreichen Totenliteratur tritt zunehmend die Tendenz in Erscheinung, dem Verstorbenen durch mag. Mittel das Bestehen vor dem Totengericht des Osiris und ein glückl. Fortleben zu sichern (↑ ägyptische Literatur).
Strömungen vertiefter Religiosität sind seit der ersten Zwischenzeit auf dem Gebiet der *Ethik* zu erkennen. In der Spätzeit gewinnen sie in mehreren Weisheitslehren literar. Ausdruck. Bes. Charakteristikum des Alten Reiches war das *Sakralkönigtum*. Der Pharao galt als eine Erscheinungsform des Falkengottes Horus, und er war derjenige, der das Ordnungsprinzip, die Maat, verwirklichte. Bedeutsamstes religionsgeschichtl. Ereignis des Neuen Reiches war die Reform des Königs Echnaton. In der Spätzeit kündigt sich ein Verfall der ä. R. an, der v. a. in der gesteigerten Verehrung von Tieren, der *Zoolatrie* dieser Epoche seinen Ausdruck findet, bei der nicht nur einzelne Tiere, sondern ganze Tiergattungen religiöse Verehrung erfuhren. Mit der nach Alexander d. Gr. erfolgten Einbeziehung Ägyptens in die antike Kulturwelt erlosch die ä. R. als eigenständige Größe. Einzelne ihrer Gottheiten, v. a. Isis und Osiris, behielten jedoch bzw. vergrößerten noch ihre Bedeutung.

🕮 *Kees, H.: Der Götterglaube im alten Ägypten. Bln. ⁴1979. - Kees, H.: Totenglauben u. Jenseitsvorstellungen der alten Ägypter. Bln. ⁴1979. - Morenz, S.: Ä. R. Stg. ²1977.*

ägyptische Schrift, in mehreren Formen auftretende Schrift, in der die ägypt. Sprache überliefert ist. Die *Hieroglyphen* wurden kurz vor 3000 erfunden. Ihr Prinzip beruht darauf, daß zunächst zeichenbare Dinge, z. B. ägypt. per („Haus") standardisiert gezeichnet werden und mit dem Dargestellten auch das es bezeichnende Wort verkörpern. Diese Zeichen werden dann für Wörter ähnl. Lautung verwendet, die sich zeichner. nicht darstellen lassen. Dabei sieht man, um eine ausreichende Zahl von solchen übertragbaren Zeichen zu gewinnen, von den Vokalen ab. Wörter, für die kein zeichenbares Homöonym (ähnl. klingendes Wort) zur Verfügung stand, wurden „buchstabiert", d. h. zusammengesetzt, z. B. nht („stark") aus der n lautenden Wasserlinie und dem ht lautenden Ast. So war die ä. S. von vornherein keine Bilderschrift, sondern gleich eine Lautschrift, die die Phoneme der Sprache festhält, also z. B. Konjugationsendungen eindeutig wiedergibt. Um der schnellen Lesbarkeit willen wird 1. die Schreibung konventionalisiert, z. B. werden Wörter mit gleichen Konsonanten durch Schreibgewohnheit differenziert, 2. die Schrift durch Determinative erweitert, das sind Zeichen, die einem Wort zugefügt werden, um dessen Begriffsklasse zu bezeichnen (z. B. Vogel bei allem, was fliegt), die selbst aber keinen Lautwert tragen. Schriftrichtung ist in der

Ägyptische Götter in typischer Gestalt

Regel von rechts nach links, aber auch umgekehrt. Die Zeilen laufen senkrecht oder waagerecht. Verwendung fanden die Hieroglyphen u. a. auf Steinwänden von Tempeln und Gräbern und auf Grabsteinen und Stelen sowie in der Malerei. *Hieratisch* ist die Kursivform der Hieroglyphen. Die Zeichen verlieren, wenn sie mit einer Binse und Tinte auf eine glatte Fläche wie Papyrus, Kalkstein oder Topfscherben geschrieben werden, ihren Bildcharakter und werden zu Strichen und Strichgruppen verkürzt. Diese nur linksläufig geschriebene Kursive entwickelte sich fast gleichzeitig mit der Erfindung der Hierogly-

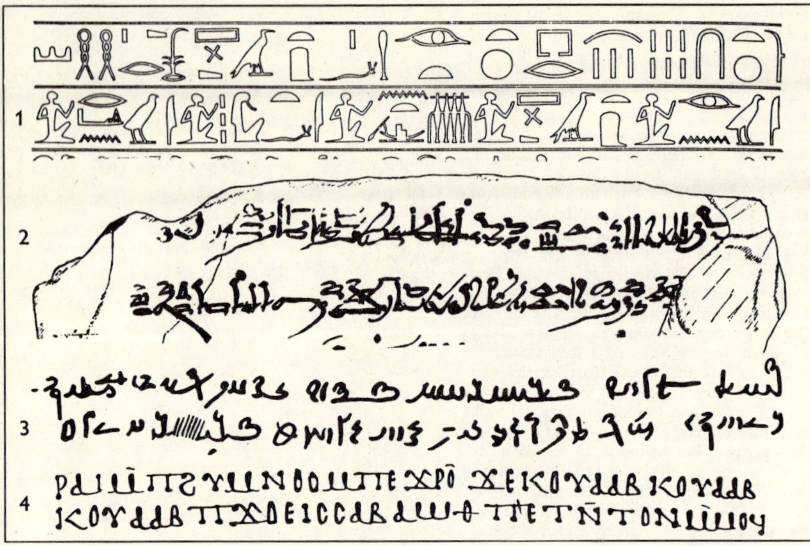

Ägyptische Schrift. 1 Hieroglyphen, 2 hieratische Schrift, 3 demotische Schrift, 4 koptische Schrift

phen. In ihr werden Briefe, Notizen, Rechnungen, Protokolle, aber auch literar., religiöse und wiss. Texte geschrieben. In der Spätzeit (ab 715 v. Chr.) übernimmt eine für die formelhafte Verwaltungssprache entwickelte weitere Verkürzung, das *Demotische*, diese Funktionen; nur die religiösen Texte werden weiterhin hierat. geschrieben. Demot., selten auch hierat. Zeichen werden gelegentl. in Stein gehauen. - Etwa seit der 2. Hälfte des 2. Jh. n. Chr. schreiben christl. Ägypter ihre Sprache ausschließl. mit dem griech. Alphabet, das um sechs demot. Zeichen für Laute erweitert ist, die das Ägypt. mehr besitzt als das Griechische. Diese Schrift, zu der es seit dem 2. Jh. v. Chr. vereinzelte Vorläufer gibt, wird als *koptische Schrift* bezeichnet. Die Entzifferung der ä. S. gelang erst 1822 J.-F. Champollion mit Hilfe des 1799 gefundenen Steines von Rosette.

🕮 *Cramer, M.: Kopt. Paläographie. Wsb. 1964. - Schott, S.: Hieroglyphen. Unterss. zum Ursprung der Schr. Wsb. 1950.*

Ägyptologie, die wiss. Erforschung des alten Ägypten. Zum Forschungsbereich der Ä. gehört: Ägypten seit der frühesten Zeit der Besiedlung des unteren Niltales, die polit. Geschichte bis zur Eroberung des Landes durch Alexander d. Gr. (332 v. Chr.), die Kunst und die Religion bis zum Erlöschen altägypt. Traditionen in der röm. Kaiserzeit, die altägypt. Sprache bis zum Aussterben ihrer jüngsten Phase, des Kopt., im 15. oder 16. Jh. Begründer ist J.-F. Champollion mit der Entzifferung der Hieroglyphen. Nach Sammlung von Inschriftenmaterial setzte Ende des letzten Jh. die Spatenforschung ein, das Verständnis für Kunst und Religion ist noch jünger. - Bed. Grammatiker und Texteditoren der Ä.: A. Erman, K. Sethe und A. H. Gardiner. Bei den Veröffentlichungen von Denkmälern ragen hervor: R. Lepsius, L. Borchardt, É. Chassinat. Die ägypt. Ausgrabungen wurden von W. M. F. Petrie method. entwickelt. Bed. Geschichtsforscher des alten Ägypten waren G. Maspero, J. H. Breasted. Die ägypt. Religion wurde von H. Brugsch, A. Erman, v. a. aber von H. Frankfort, H. Bonnet und S. Morenz erschlossen.

A. H., Abk. für: **A**nno **H**egirae (↑ Zeitrechnung).

Ahab ↑ Achab.

Ahas ↑ Achas.

Ahasja ↑ Achasja.

Ahidjo, Ahmadou [frz. aid'ʒo], * Garoua im Aug. 1924, kamerun. Politiker. - 1956/57 Präs. der Territorialversammlung von Kamerun, 1957–59 Innenmin., 1957/58 stellv. Premiermin., 1958/59 Premiermin.; ab 1960 Staatspräs. der unabhängigen Republik, 1961–72 der Bundesrepublik, seitdem der Vereinigten Republik Kamerun.

AHK, Abk. für: ↑ **A**lliierte **H**ohe **K**ommission.

Ahlener Programm ↑ Christlich Demokratische Union.

Ahlhorner Heide, Naturschutzgebiet um Wildeshausen, Ahlhorn und Visbek, Nds. -

Im Bereich der A. H. sind bes. viele Megalithgräber erhalten, u.a. „Visbeker Bräutigam" und „Visbeker Braut" sowie das ↑Pestruper Gräberfeld.

Ahmad ['axmat], Name von Herrschern:
Afghanistan:
A. Schah Durrani, * um 1724, † Margha bei Kandahar 1773, Begründer des selbständigen Afghanistan. - 1747 zum Fürsten der Afghanen erwählt, nahm den Titel „Durr-i Durran" („Perle der Perlen") an.
Ägypten:
A. Ibn Tulun, * im Sept. 835, † Antiochia im März 884, Statthalter von Ägypten (seit 868). - Begründete die Dynastie der Tuluniden; bemächtigte sich 878 Syriens und erklärte sich gegenüber dem Kalifen als unabhängig; ließ 876–879 die Ibn-Tulun-Moschee in Kairo erbauen.
Jemen:
A. Ibn Jahja, * Sana (Jemen) 1895, † ebd. 19. Sept. 1962, Imam (König) (seit 1948). - Oberhaupt der Zaiditensekte; öffnete das Land vorsichtig ausländ. Einfluß, schloß es 1958–61 der VAR an; behauptete sich 1955 und 1961 gegenüber Revolten.
Osman. Reich:
A. I. (türk. Ahmet), * Manisa 18. April 1590, † Konstantinopel 22. Nov. 1617, Sultan (seit 1603). - Schloß 1606 mit dem Kaiser den Frieden von Zsitvatorok, 1612 den Frieden mit Persien; ließ die Reichsvorschrift kodifizieren und in Konstantinopel die Sultan-A.-Moschee („Blaue Moschee") erbauen.
A. II. (türk. Ahmet), * 25. Febr. 1643, † Adrianopel 6. Febr. 1695, Sultan (seit 1691). - Kämpfte erfolglos gegen die Österreicher.
A. III. (türk. Ahmet), * 1673, † 30. Juni 1736, Sultan (1703–30). - Nachfolger seines Bruders Mustafa II.; versuchte, die Vertragsbestimmungen von Karlowitz (1699) zu revidieren; gegen Rußland und Venedig erfolgreich; mußte im Türkenkrieg 1714–18 vernichtende Niederlagen hinnehmen (Friede von Passarowitz 1718). Von den Janitscharen zur Abdankung gezwungen.

Ahmad Rida ['axmat 'rıda] (türk. Ahmet Riza), * Konstantinopel 1859, † ebd. 26. Febr. 1930, türk. Politiker. - Anerkannter Führer der jungtürk. Bewegung; 1908 Rückkehr aus dem Pariser Exil; Präs. des Abg.hauses, 1918 des Senats; 1919–22 erneut in Paris.

Ahnenforschung, svw. ↑Genealogie.

Ahnenprobe (Adelsprobe), Nachweis und Verfahren zum Beweis legitimer adliger Abkunft in männl. und weibl. Linie (für mehrere Generationen) eines Probanden zwecks Erlangung weltl. oder geistl. Würden.

Ahnentafel, Hilfsmittel der ↑Genealogie zum Nachweis der Abstammung. Auf der A. erscheinen alle bekannten Vorfahren (Aszendenten) einer Person (des Probanden), geordnet nach Generationen.

Ahnenverlust (Ahnenschwund), in der Genealogie die Verminderung der theoret. Ahnenzahl, sobald ein Vorfahre an zwei oder mehr Stellen der Ahnentafel auftritt; oft beträchtl. bei adligen Familien und in örtl. begrenzten Heiratsbezirken.

Ahrensburg, Stadt im nö. Vorortbereich von Hamburg, Schl.-H., 25 500 E. - In und bei A. wurden paläolith. und mesolith. Wohnplätze ausgegraben, u.a. der spätpaläolith. Kulturgruppe von Renjägern im 9. Jt. v. Chr. (**Ahrensburger Gruppe**).

Aichbühler Gruppe ↑Federsee.

Aigospotamoi [...'mɔʏ], Zufluß des Hellespont auf der Thrak. Chersones; die athen. Niederlage 405 v. Chr. beim gleichnamigen Ort führte die Entscheidung des Peloponnes. Krieges herbei.

Aiguillon, Emmanuel Armand de Vignerot du Plessis de Richelieu, Herzog von (seit 1750) [frz. ɛgɥi'jõ], * 31. Juli 1720, † Paris 1. Sept. 1788, frz. General und Minister. - 1753 Gouverneur der Bretagne, 1761 auch des Oberelsaß; 1770–74 Außenmin.; fiel nach Ludwigs XV. Tod in Ungnade.

Aihun [chin. aixuən] (Aigun; bis 1949 Hei-Ho), chin. Ort in der Prov. Heilungkiang, Mandschurei, am Amur. 10 000–20 000 E. Im 30 km südl. von A. gelegenen Alt-A. wurde 1858 der **Vertrag von Aihun** unterzeichnet. Diesem, durch den Vertrag von Peking (1860) erweiterten und offiziell bestätigten Vertrag zufolge mußte China das gesamte Gebiet nördl. des Amur und den Landstreifen zw. Amur-Ussuri und der Küste an Rußland abtreten. Diese Grenzziehung belastet bis heute die Beziehungen zw. beiden Ländern (sowjet.-chin. Kämpfe am Ussuri, v. a. im März 1969).

Aijubiden (arab. Al Aijubijjun), von Salah Ad Din Jusuf Ibn Aijub (↑Saladin) 1171 begr. Dynastie, die die Herrschaft der ↑Fatimiden in Ägypten ablöste (bis 1249). Die A. dehnten ihre Herrschaft auf Syrien und N-Mesopotamien aus und herrschten 1183–1232 auch im Jemen.

***Aiken,** Frank [engl. 'ɛıkın], * Camlough bei Newry (Armagh) 13. Febr. 1898, ir. Politiker. - Ab 1923 Stabschef der ir. Revolutionsarmee, ab 1932 Min. verschiedener Ressorts, 1951–54 und 1957–69 Außenmin., 1965–69 auch stellv. Premierminister.

Ain-Hanech [frz. aina'nɛʃ], bei der heutigen Stadt El-Eulma in NO-Algerien gelegener Fundplatz altpleistozäner Tierreste und bearbeiteter Steine, die zu den ältesten Zeugnissen menschl. Aktivität in Afrika gehören.

Ainu, Selbstbez. eines zu den Paläosibiriern gehörenden Volkes auf Hokkaido, ehem. auch auf Kamtschatka, den Kurilen und Sachalin. Ethn. gehen die A. zunehmend im jap. Volk auf, ihre Sprache (Ainu) wird kaum noch gesprochen.

Aischa, * Mekka um 614, † Medina 13. Juli 678, 3. Gemahlin des Propheten Mohammed. - Tochter von ↑Abu Bakr; wurde Mohammed mit 12 Jahren angetraut, nahm unter seinen Frauen die Favoritenstellung ein und hatte nach dessen Tod großen polit. Einfluß.

Aischines ['aɪsçinɛs] (Äschines), * Athen 390 oder 389, † auf Rhodos um 315, griech. Redner. - Seine makedonenfreundl. Politik veranlaßte Demosthenes (ohne Erfolg), ihn zweimal des Hochverrats anzuklagen. Die Verteidigungsreden des A. sind erhalten. A. war 339 mitverantwortl. für den hl. Krieg der delph. Amphiktyonie, der zur makedon. Oberherrschaft in Griechenland führte. Den Prozeß gegen Ktesiphon, der eine Ehrung des Demosthenes beantragt hatte, verlor er 330 (seine Rede „Gegen Ktesiphon" ist erhalten); ging in die Verbannung nach Kleinasien und Rhodos.

Aistulf, König der Langobarden (⚭ 749–756). - Gewählt anstelle seines Bruders Rachis; von Pippin III. gezwungen, die von ihm eroberten byzantin. Restgebiete ↑Exarchat (Ravenna) und ↑Pentapolis an den Papst herauszugeben (sog. ↑Pippinsche Schenkung).

Aisymneten [griech.], Bez. für die im wesentl. mit der Aufzeichnung des geltenden Rechtes im 7./6. Jh. beauftragten Beamten in einzelnen griech., bes. ion. Städten; einige der A. erlangten durch ihre Befugnisse tyrannenähnl. Macht.

Aitken, William Maxwell [engl. 'ɛɪtkɪn] ↑Beaverbrook.

Aix-en-Provence [frz. ɛksɑ̃prɔ'vɑ̃:s], frz. Stadt an der mittleren Arc, Dep. Bouches-du-Rhône, 109000 E. - Als **Aquae Sextiae** bed. röm. Militärstützpunkt im Kampf gegen die 102 v. Chr. bei der Stadt vernichtend geschlagenen Teutonen und Ambronen.

Ajatollah (Ayatollah, Ayatullah), [akadem.] Ehrentitel für hervorragende geistl. Würdenträger (Modschtahed) im schiit. Islam, der an Gelehrte verliehen wird, die ihr religiöses und rechtl. Wissen an einer theolog. Hochschule nachgewiesen haben. Der Titel A. bedeutet etwa „Zeichen (Wunder, Spiegelbild) Gottes".

Ajub Khan ↑Ayub Khan.

Akadien (frz. Acadie, engl. Acadia), histor. Gebiet im nö. Nordamerika, umfaßt etwa die heutigen kanad. Prov. New Brunswick und Nova Scotia und den Bundesstaat Maine (USA); seit 1614 zw. Frankr. und Großbrit. wegen seiner reichen Fischgründe strittig. 1621 vergab Jakob I. das Land an den Schotten William Alexander, der es Nova Scotia nannte. 1632 wieder offiziell Frankr. zugesprochen; 1713 z. T. an Großbrit. abgetreten. 1763 ging ganz Neufrankreich in brit. Besitz über.

Akbar [arab. „der Große"], eigtl. Dschalal Ad Din Muhammad, * Umarkot (Sind) 14. Okt. 1542, † Agra 15. Okt. 1605, Großmogul von Indien (seit 1556). - Nachfahre Timur-Lengs; folgte seinem Vater Humajun, mußte sich gegen andere Thronrivalen durchsetzen; dehnte sein Herrschaftsgebiet stetig aus (↑Mogulreich); während seiner Regierung wirtsch. und kulturelle Blüte; um Einigung in seinem Machtbereich durch religiöse Toleranz bemüht; versuchte, eine Islam und Hinduismus verbindende Religion (**Din Ilahi**) zu schaffen.

Akihito, Tsugu No Mija, * Tokio 23. Dez. 1933, jap. Thronfolger. - Ältester Sohn von Kaiser Hirohito; seit 1959 ∞ mit der bürgerl. Mitschiko Schoda.

Akkad (Akkade, Agade, Achad), ehem. Stadt in N-Babylonien, genaue Lage unbekannt, Hauptkultort der Ischtar von A.; gegr. durch Sargon von A., dessen semit. Dynastie von A. etwa 2350–2170 regierte; auch Name für N-Babylonien.

Akkerman, 1484–1918 Name der ukrain. Stadt Belgorod-Dnestrowski. - Die Aufkündigung der hier 1826 abgeschlossenen russ.-türk. **Konvention von Akkerman** über die Donaufürstentümer durch den Sultan führte 1828 zu einem russ.-türk. Krieg.

Akko (arab. Akka), Stadt im N von Israel, am N-Ende der Bucht von Haifa, 35000 E. - Phönik. Gründung, das **Hakko** des A. T., seit dem 2. Jt. v. Chr. als Hafen belegt, um 700 v. Chr. von Assyrien erobert; in hellenist. Zeit **Ptolemais,** 219 v. Chr. zum Seleukidenreich, 64 v. Chr. röm.; 638 von den Arabern erobert, 1104–87 einer der christl. Hauptstützpunkte im Hl. Land, 1191 von Richard Löwenherz zurückerobert, bis zur völligen Zerstörung 1291 Hauptstadt des Kgr. Jerusalem, in der 1198 der Dt. Orden gegr. wurde.

Akkulturation [lat.], Übernahme von Elementen einer fremden Kultur durch eine Gesellschaft, eine Gruppe oder einzelne Personen. A. findet ständig bei Kontakten zw. Gesellschaften statt, führt zu bes. Problemen bei ungleichen Beziehungen zw. ihnen (Kolonialismus, Imperialismus) oder bei Wanderungen in großem Ausmaß (Auswanderung, Gastarbeiter).

Akkumulation [lat.], in der *Wirtschaftstheorie* (bes. bei Marx) die fortschreitende Ansammlung von Produktionsmitteln, die den kapitalist. Wirtschaftsprozeß kennzeichnet; umfaßt Sparen und Investieren.

Aklilu Habtä Wäld, * Addis Abeba 12. März 1912, † 23. oder 24. Nov. 1974 (hingerichtet), äthiop. Politiker. - Seit 1936 im diplomat. Dienst; 1949 Außenmin., seit 1958 außerdem stellv. Min.präs.; 1961–74 Min.präs.

AKP-Staaten, Bez. für die Entwicklungsländer in Afrika, im karib. und pazif. Raum, die durch die Konvention von Lomé (1975) der EWG assoziiert sind; konstituierten sich 1975 in Georgetown auch als formelle Organisation; 1979 Unterzeichnung der 2. Konvention von Lomé durch 58 AKP-Staaten.

Akropolis, hochgelegener, geschützter Mittelpunkt (Zufluchtsplatz, Festung, Herrschersitz, Tempelbezirk) zahlr. griech. Städte der Antike; später vielfach Dominanz einer Funktion: als Festung (Akrokorinth), Tempelbezirk (A. von Athen) oder Residenz (A. von Pergamon). Die **Akropolis von Athen** ist der größte ummauerte (spätestens Ende 13. Jh.) Platz Attikas in myken. Zeit und übertrifft selbst Mykene. In früharchaischer Zeit (7./6. Jh.) war die A. nicht mehr befestigter Wohnsitz der Herrscher. Sie war allmähl. zur Kultstätte Athens geworden. 480 v. Chr. zerstörten die Perser die ganze Anlage. Der sog. Perserschutt (Reste von Bauteilen, Skulpturen usw.) wurde in die neue Burgmauer („Kimon. Mauer“) verbaut. Perikles begann 447 mit dem Neubau des Parthenons, ab 437 wurden die Propyläen erbaut, etwa 420 das Erechtheion, als letzter der klass. Tempel gegen Ende des 5. Jh. v. Chr. der der Athena Nike geweihte kleine ion. Tempel mit den berühmten Reliefs der Nikebalustrade. Im O lag auf der höchsten Stelle der Bezirk des Zeus Polieus, im W derjenige der Artemis Brauronia. - 1204 wurde die A. Sitz der „fränk.“ Herzöge, 1458 fiel sie in türk. Hände. Türk. Gebäude und Befestigungen wurden nach 1833 entfernt, 1835 der Niketempel wieder aufgebaut. Seither wurden auch andere zerstörte Bauwerke der A. z. T. wiederhergestellt (Propyläen, Parthenon) und ein A.museum eingerichtet. Die Bauwerke der A. sind heute stark gefährdet (u. a. Luftverschmutzung).

Ꝏ *Meletzes, S.: A. Dt. Übers. Mchn. u. Zürich* [10]*1979.*

Akschak (akkad. Upi), ehem. Stadt am Tigris; im 3. Jt. v. Chr. Sitz einer altsumer. Dynastie; genaue Lage unbekannt.

Aktium, Landzunge und Kap am Ausgang des Ambrak. Golfes ins Ion. Meer, westl. Mittelgriechenland. - Venezian. Festung in der Nähe des einstigen Apollotempels. - Bei A. (**Actium**) siegte 31 v. Chr. die Flotte Oktavians über Marcus Antonius.

Aktivbürgerrecht, im schweizer. Recht der Inbegriff der polit. Rechte. Im schweizer. Bundesrecht ist die Gesamtheit der aktiven (wählbaren und wahlfähigen) Bürger das höchste Organ. Die **Aktivbürger** nehmen an der Revision der Bundesverfassung teil (Referendum, Volksinitiative), sie entscheiden über Gesetze und Staatsverträge (fakultatives Referendum) und wählen die Mgl. des Nationalrates sowie die eidgenöss. Geschworenen. Der Schutz der Rechte der Aktivbürger erfolgt v. a. durch das Bundesgericht.

Akzise [frz.; zu lat. accidere „vermindern“] (Ziese, Assise), seit dem MA bis ins 19. Jh. übl. Bez. für indirekte verbrauch- und verkehrsteuerartige Abgaben; in Deutschland im 13. Jh. als von den Städten eingezogene *Tor-A.* eingeführt; im 19. Jh. zugunsten steuerl. Gerechtigkeit abgebaut; im 20. Jh. in Form von Umsatz- und Verbrauchsteuern neu belebt.

Ala [lat. „Flügel“], röm. Militäreinheit bundesgenöss. Truppen.

Alabama (Abk. Ala.), Bundesstaat im SO der USA, 133 667 km², 3,53 Mill. E (1976), 26 E/km², Hauptstadt Montgomery; 67 Counties.

Geschichte: Das Gebiet des heutigen A. wurde von Spaniern als ersten Weißen entdeckt und durchzogen (bes. Piñeda [1519], Narváez [1528] und de Soto [1540]). Es gehörte zu den Landschenkungen, die Karl II. von England Mitgliedern seines Hofes 1663 und 1665 als Provinz Carolina machte. Ungeachtet dieser

Akropolis von Athen (Grundriß)

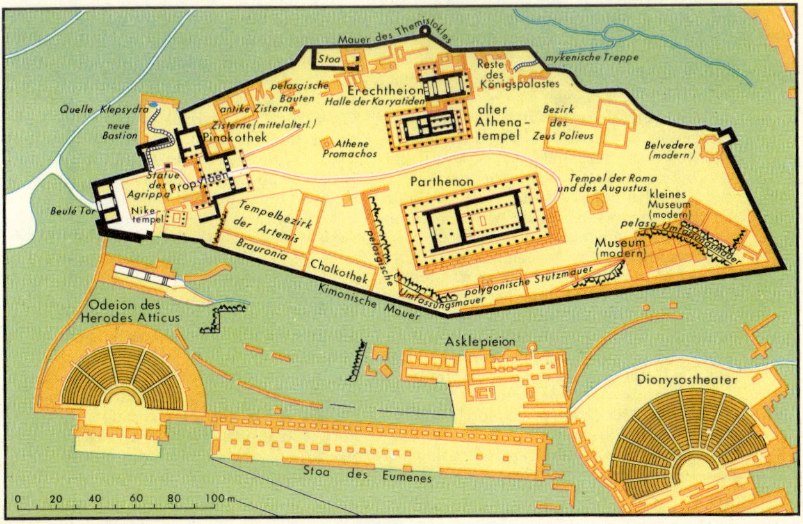

engl. Ansprüche ließen sich die Franzosen am Mobile River 1702 nieder und errichteten Fort Louis. Durch den Frieden von Paris ging der größere, nördl. Teil des Gebietes an Großbritannien über; der S fiel an Spanien. A. erhielt 1819, als Spanien auch das damalige Ostflorida an die USA abtrat (den Westflorida genannten Küstenstreifen zwischen Mississippi und Mobile River besaßen die USA seit 1810/13), seine heutigen Grenzen; über den N übten die USA seit 1812 ihre Gerichtsbarkeit aus. A. wurde 1817 als US-Territorium organisiert und 1819 22. Staat der USA. Die in A. ansässigen Indianer wurden bis 1832 vertrieben und über den Mississippi abgedrängt. A. trat im Januar 1861 aus der Union aus und unterstützte während des Sezessionskrieges die Konföderation. Nach deren Niederlage wurde A. 1868 wieder in die Union aufgenommen, blieb jedoch bis 1877 von Unionstruppen besetzt. - Von A. ging die Bürgerrechtsbewegung in den USA unter Martin Luther King aus.

🕮 *Owen, M. B.: The story of A., a history of the state. New York 1949. 5 Bde.*

Alaca Hüyük [türk. 'aladʒa hy'jyk] (genauer Hüyük bei Alaca), Ruinenhügel in Inneranatolien, Türkei; türk. Ausgrabungen seit 1935 legten Teile einer hethit. Stadt mit Tempelpalast, unter dieser Stadt Fürstengräber vom Ende des 3. Jt. v. Chr. (mit reichen Beigaben) frei.

Alalach, Ruinenstätte am Asinehri, rd. 20 km östl. von Antakya, Türkei (Ruinenhügel Tall Atschana); ausgegraben 1937–49 von C. L. Woolley; seit dem 3. Jt. v. Chr. besiedelt, im 2. Jt. Hauptstadt des Ft. Mukisch, zerstört kurz nach 1200 v. Chr.

Alalia (Alalíe), antike Stadt auf Korsika, um 565 v. Chr. von Kolonisten aus Phokäa gegr.; 535 v. Chr. Seesieg von Etruskern und Karthagern gegen Phokäer: Ende der griech. Expansion und Kolonisation im Mittelmeer; erhielt nach Eroberung durch die Römer (259 v. Chr.) den Namen **Aleria.**

Alamain, Al, ägypt. Ort 3 km vom Mittelmeer entfernt, an der Straße und Eisenbahnlinie von Alexandria nach As Sallum; Erdölvorkommen. - Im 2. Weltkrieg scheiterte in den Kämpfen bei Al A. (Juni–Nov. 1942) der Durchbruchsversuch des dt. Afrikakorps unter Generalfeldmarschall Rommel.

Alamán, Lucas, * Guanajuato 18. Okt. 1792, † Mexiko 2. Juni 1853, mex. Politiker und Historiker. - Als Führer der mex. Konservativen und Abg. der span. Cortes um eine friedl. Lösung der Unabhängigkeitsfrage bemüht; seit 1823 zeitweilig Innen- und Außenmin., bedeutendster mex. Historiker im 19. Jh.

Alamannen ↑ Alemannen.

Alamo, The [engl. ðɪ'æləmoʊ] ↑ San Antonio (Texas).

Alanbrooke, Alan Francis Brooke, Viscount (seit 1946) [engl. 'ælənbrʊk], * Bagnères-de-Bigorre 23. Juli 1883, † Hartley Wintney (Hampshire) 17. Juni 1963, brit. Feldmarschall (1944). - Leitete im 2. Weltkrieg den brit. Rückzug bei Dünkirchen; 1940/41 Oberbefehlshaber der Heimatstreitkräfte; 1941–46 Chef des Empire-Generalstabs.

Alanen, iran. Nomadenvolk, das aus mehreren Stämmen bestand; zogen als Vorläufer der Hunnen von O- und Z-Asien nach W; nach dem Hunneneinfall in ihre Wohnsitze zogen Teile der A. mit Germanen nach Frankr., Spanien und bis N-Afrika; von den A. stammen die in Kaukasustälern lebenden Osseten ab.

Alarich, Name westgot. Könige der Dynastie der Balthen:

A. I., * auf einer Insel im Donaudelta um 370, † in S-Italien 410. - Machte sich nach dem Tode Kaiser Theodosius' I. zum Führer der Westgoten; nach Plünderungszügen durch das ganze Balkangebiet zum oström. Magister militum ernannt; kämpfte nach mehreren Einfällen in Italien 408 erneut gegen Westrom; erstürmte 410 Rom (dreitägige Plünderung der Stadt); starb auf dem Zug nach S-Italien, von wo er nach Afrika übersetzen wollte; bei Cosenza im Busento begraben.

A. II., ⚔ 507, König (seit 484). - Sohn Eurichs, Schwiegersohn des Ostgotenkönigs Theoderich d. Gr.; das 506 von A. geschaffene Gesetzeswerk „Lex Romana Visigothorum" war im MA eine wichtige Quelle für die Kenntnis des röm. Rechts; fiel im Kampf gegen Chlodwig I.

Alaska, größter Staat der USA, 1 518 796 km², 330 000 E (1973), Hauptstadt Juneau.

Geschichte: Über die in der letzten Kaltzeit des Pleistozäns trocken liegende Beringstraße wanderten über A. die ersten Protoindianer nach Amerika ein; auch den späteren Einwanderungswellen diente A. als Brückenkopf. Die Europäer entdeckten A. von Sibirien her; bei der Durchfahrt durch die Beringstraße sichteten die Russen I. Fjodorow u. M. Sp. Gwosdew 1732 erstmals die amerikan. Gegenküste, 1741 entdeckten Bering u. A. I. Tschirikow die S-Küste A. und die Aleuten. Bis zur Etablierung der Russisch-Amerikanischen Kompanie (1799) schwärmten gewalttätige und gesetzlose russ. Pelzhändler und -jäger nach A.; A. blieb jedoch für Rußland eine vernachlässigte Kolonie; einzelne Gouverneure der Russisch-Amerikanischen Kompanie trugen zwar die russ. Expansion nach S entlang der Küste bis nach Kalifornien (Fort Ross), jedoch verfügten die Russen nicht über die personelle und materielle Kraft, sich gegen die von S her vordringenden Spanier und die von O her zur Küste drängenden Briten und Amerikaner zu behaupten. Sie mußten bis 1825 auf alle Ansprüche südl. der Grenzen des heutigen A. verzichten. Nach der Niederlage im Krimkrieg (1854) einerseits und wegen der gleichzeitigen Expansion im Amurgebiet verlor Rußland das letzte Interesse an A.; nach dem Ende des Sezessionskrieges traten die USA mit Rußland in Verhandlungen über den Kauf von A. ein, und im März 1867 kam der Handel für 7,2 Mill. $ zustande. Am 18. Okt. 1867 übernahmen die USA offiziell A. in Sitka. 1906 war in A. eine Territorialverwaltung eingerichtet worden, nachdem A. 1903 seine endgültigen Grenzen durch einen Vertrag zwischen den USA und Kanada erhalten hatte; 1912 erhielt das Territorium eine beschränkte Selbstverwaltung. 1959 wurde A. als 49. Staat zur Union zugelassen.

🕮 *Bandi, H.-G.: A. Urgesch., Gesch., Gegenwart. Stg. u.a. 1967.*

Alba, Fernando Álvarez de Toledo y Pimentel, Herzog von, * Piedrahita bei Ávila 29. Okt. 1507, † Lissabon 11. Dez. 1582, span. Feldherr und Staatsmann. - Begann seine militär. Laufbahn 1521; 1536 erster militär. Berater Karls V.; 1543–46 (während Karls V. Abwesenheit) Generalkapitän für Kastilien und Aragonien. Hatte als Oberbefehlshaber des kaiserl. Heeres wesentl. Anteil am Verlauf des Schmalkald. Krieges und 1547 am Sieg bei Mühlberg/Elbe. Zwang als Generalgouverneur von Mailand (1555/56), Vizekönig von Neapel (1556–58) und Generalkapitän in Italien Papst Paul IV., den Kampf gegen Spanien einzustellen. 1567 zum Generalkapitän in den Niederlanden und nach dem Rücktritt Margaretes von Parma zum Statthalter ernannt, um die span. Herrschaft zu festigen. Setzte sich zunächst durch, doch verstärkte sein entschiedenes und rücksichtsloses Vorgehen trotz militär. Erfolge letztl. den niederl. Widerstandswillen; 1573 abberufen, 1579 sogar verbannt, 1580 jedoch an die Spitze des Heeres berufen, das Portugal eroberte.

🕮 *Kirchner, W.: A., Spaniens eiserner Hzg. Gött. 1963.*

Alba Iulia (dt. Karlsburg), rumän. Stadt am rechten Ufer der Maros, 50 km nw. von Hermannstadt, 33 000 E. Am 1. Dez. 1918 erklärte in A. I. eine Nationalversammlung der transsilvan. Rumänen den Anschluß an das Kgr. Rumänien und sicherte den nat. Minderheiten Kulturautonomie zu (**Karlsburger Beschlüsse**).

Alba Longa, angebl. Hauptort der Städte des latin. Stammesbundes, wahrscheinl. am Ausfluß des Albaner Sees bei Castel Gandolfo gelegen; möglicherweise von den etrusk. Königen Roms im 6. Jh. (8. Jh.?) v. Chr. zerstört.

*Albanien

(amtl. Vollform: Republika Popullore e Shqipërisë), VR an der W-Küste der Balkanhalbinsel zw. 42° 39′ und 39° 38′ n. Br. sowie 19° 16′ und 21° 04′ ö. L. **Staatsgebiet:** A. wird im N und O von Jugoslawien, im SO von Griechenland begrenzt, im W stößt es an die Adria. **Fläche:** 28 748 km². **Bevölkerung:** 2,8 Mill. E (1983), 97,4 E/km². **Hauptstadt:** Tirana. **Verwaltungsgliederung:** 26 Bez. (Rrethet). **Amtssprache:** Toskisch. **Nationalfeiertage:** 28. und 29. Nov. (Unabhängigkeits- und Befreiungstag). **Währung:** 1 Lek = 100 Qindarka. **Internat. Mitgliedschaften:** UN, COMECON (formell). **Zeitzone:** MEZ (mit Sommerzeit).

Geschichte: Der S des heutigen A. war bereits im Jungpaläolithikum bewohnt, der N wurde erst in der Bronzezeit (3./2. Jt.) besiedelt. An der Küste entstanden um 900 v. Chr. griech. Kolonien, der S gehörte zum nordwestgriech. Reich Epirus. Das illyr. Reich von Skodra (Shkodër) wurde 168 v. Chr. römisch. Das Gebiet des heutigen A. gehörte seit 395 zum Oström. Reich. Vom Ende des 6. Jh. an drangen slaw. Stämme in die Balkanhalbinsel ein. Um 809 wurde in A. im Rahmen der Neuordnung des Byzantin. Reiches das Verw.-Geb. („Thema“) Dyrrhachion (Durrës) eingerichtet. Im 11. Jh. kam für die Illyrer der Name Albaner in Gebrauch; gleichzeitig begann eine alban. Expansion, v. a. nach S und SO, die im späten 14. Jh. bis auf die Peloponnes führte. Im 13. und 14. Jh. stand A. zeitweilig unter bulgar., venezian. und serb. Herrschaft. Ende des 14. Jh. begannen sich alban. Stammesfürstentümer zu bilden, die sich nach S ausdehnten; um die Wende zum 15. Jh. wurde A. von den Osmanen erobert und blieb bis ins 20. Jh. osman. Prov.

Seit 1878 entstand eine alban. Nationalbewegung; die 1910 beginnenden Aufstände der Albaner gegen die Türkisierungspolitik konnten schließl. von den Osmanen wegen des Ausbruchs des 1. Balkankrieges im Okt. 1912 nicht mehr niedergeworfen werden; sie hatten am 28. Nov. 1912 die Ausrufung des unabhängigen A. durch Ismail Kemal Bey zur Folge. Auf der Londoner Botschafterkonferenz beschlossen die europ. Großmächte 1913, A. zu einem unabhängigen Staat zu machen. Der von europ. Mächten eingesetzte Fürst, Prinz Wilhelm von Wied, konnte sich nicht durchsetzen, er mußte im Sept. 1914 das Land wieder verlassen. Im 1. Weltkrieg besetzte Italien A. Nach der Vertreibung der Italiener (1920) wurde 1921 die Unabhängigkeit A. in den Grenzen von 1913/14 internat. anerkannt, 1923 die Grenze gegen Griechenland festgelegt. In den inneren Kämpfen konnte sich Achmed Zogu mit jugoslaw. Unterstützung durchsetzen; er wurde 1925 Präs., 1928 König. Am 7. April 1939 besetzten italien. Truppen A., Zogu floh ins Ausland. Am 12. April beschloß die Nationalversammlung die Vereinigung mit Italien in Personalunion. Nach dem Übertritt Italiens ins Lager der Alliierten und dem Einmarsch dt. Truppen hob die alban. Nationalversammlung im Okt. 1943 die Personalunion mit Italien auf. Enver

Hoxha, Führer der alban. Befreiungsbewegung, die unter der Leitung der am 8. Nov. 1941 gegr. KP stand, kämpfte gegen die neue, von der dt. Besatzung abhängige Regierung. Die Widerstandsgruppen bildeten nach dem Abzug der Deutschen am 5. Jan. 1945 unter Enver Hoxha als Min.präs. eine Volksfrontregierung, die am 11. Jan. 1946 die VR A. ausrief. Nach sowjet. Muster wurde die Wirtschaft verstaatlicht, der Boden enteignet, die KP wurde Staatspartei. Ab 1956 geriet A., das schon 1954 das System der kollektiven Führung eingeführt hatte, in ideolog. und polit. Ggs. zur Sowjetunion. In dem Anfang der 1960er Jahre beginnenden Konflikt zw. der Sowjetunion und der VR China näherte A. sich China an und entzog sich dem sowjet. Einfluß: dem Abbruch der diplomat. Beziehungen zur Sowjetunion (1961) folgte 1968 der Austritt Albaniens aus dem Warschauer Pakt. Im Innern betrieb A. die Entwicklung der kommunist. Gesellschaftsform radikaler als die anderen europ. kommunist. Staaten. Mit der Aufnahme diplomat. Beziehungen zw. A. und Griechenland (1971) wurde der griech. Standpunkt aufgegeben, beide Länder befänden sich seit Mussolinis Kriegserklärung 1940 im Kriegszustand. Das enge Verhältnis zu China verschlechterte sich massiv 1977/78, als A. eine antichin. Kampagne gegen die „Dreiweltentheorie" Mao Tse-tungs eröffnete und behauptete, Peking plane ein Militärbündnis zw. A., Jugoslawien und Rumänien. China seinerseits stellte 1978 offiziell seine Wirtschafts- und Militärhilfe an A. unter Aufrechterhaltung der diplomat. Beziehungen ein.
Politisches System: Nach der 1976 von der Volksversammlung einstimmig angenommenen neuen Verfassungsvorlage ist A. eine Sozialist. Volksrepublik. A. wird darin als ein „Staat der Diktatur des Proletariats" und die Partei der Arbeit Albaniens als „einzige polit. Führungskraft des Staates und der Gesellschaft" bezeichnet. Die Volksversammlung (270 auf 4 Jahre gewählte Abg.) ist höchstes Organ der Staatsmacht und das einzige Organ der *Legislative*. Das Präsidium der Volksversammlung, der Ministerrat und das Oberste Gericht werden von ihr gewählt, ernannt und abberufen. Das Präsidium der Volksversammlung, das zw. dessen beiden jährl. Sitzungen bestimmte Kompetenzen ausübt, umfaßt den Präs. (nominelles *Staatsoberhaupt*, seit 1953 Haxhi Lleshi), drei Stellvertreter, den Sekretär und 10 Mgl. Höchstes Organ der *Exekutive* ist der Ministerrat. Ihm gehören der Vors. (Regierungschef; z.Z. Adil Carcani), die stellv. Vors. und die Min. an. Die tatsächl. Macht liegt in den Händen der Führer der Partei der Arbeit Albaniens (Partia e Punës). Erster Sekretär des Zentralkomitees ist Enver Hoxha, nach der Verfassung Oberbefehlshaber der Streitkräfte und Vors. des nat. Verteidigungsrates. Die *Verwaltung* erfolgt in Bezirken und Gemeinden über gewählte Selbstverwaltungsorgane. Die *Streitkräfte* sind etwa 43 000 Mann stark (Heer 30 000, Luftwaffe 10 000, Marine 3 000); daneben gibt es Betriebskampfgruppen und Polizeitruppen (etwa 13 000 Mann).

🕮 *Ruß, W.: Der Entwicklungsweg Albaniens. Meisenheim 1979. - Lichtenberger, E.: A. - der isolierte Staat. In: Mitt. der Östr. Geograph. Gesellschaft 118 (1976). - Skendi, S.: Albanian national awakening 1878–1912. Princeton (N. J.) 1967. - Stadtmüller, G.: Forsch. zur alban. Frühgesch. Wsb. ²1966. - Alban. Forsch. Hg. v. G. Stadtmüller. Bd. 1, Wsb. 1964 ff.*

Albany [engl. 'ɔːlbənɪ], Hauptstadt des Bundesstaates New York, USA, am rechten Ufer des oberen Hudson River, 115 000 E. Der **Kongreß von Albany** (1754; Unionsplan) brachte den ersten Versuch zum Teilzusammenschluß der Kolonien.

Alberich, Name von Herrschern:
A. I., † 925 (?), Herzog von Spoleto und Markgraf von Camerino. - Heiratete Marozia, die Tochter des Rom und Papsttum beherrschenden Theophylakt, half 915 Papst Johannes X. gegen die Sarazenen am Garigliano, wurde Konsul und Patrizius von Rom.
A. II., † Rom 954, Sohn von A. I. - Beherrschte ab 932 Rom und das Patrimonium als Prinzeps und Senator unter formeller Anerkennung der Rechte der von ihm völlig abhängigen Päpste; gewährte der Klosterreform von Cluny und Gorze Eingang in Rom.

Albero (Adalbero), * Montreuil bei Toul um 1080, † Koblenz 18. Jan. 1152, Erzbischof von Trier (seit 1131). - Förderer von Klostergründungen; seit 1137 päpstl. Legat für Deutschland; setzte 1138 die Wahl des Staufers Konrad III. zum dt. König durch.

Alberoni, Julio (Giulio), * Fiorenzuola d'Arda 31. Mai 1664, † Rom (?) 16. Juni 1752, span. Kardinal und Staatsmann italien. Herkunft. - Arrangierte 1714 die Heirat Philipps V. von Spanien mit Elisabeth Farnese; wurde danach Kardinal und beherrschte als Ratgeber der Königin und leitender Min. die span. Politik. Er wurde 1719 aller Ämter enthoben und verbannt, nachdem seine span. Rückeroberungspläne für Italien gescheitert waren.

Albert, Name von Herrschern:
Belgien:
A. I., * Brüssel 8. April 1875, † bei Namur (verunglückt) 17. Febr. 1934, König (seit 1909). - Neffe und Nachfolger Leopolds II.; verteidigte trotz militär. Aussichtslosigkeit die Neutralität Belgiens nach dem dt. Ultimatum 1914 und kämpfte bis 1918 mit belg. Resttruppen auf alliierter Seite.
A., * Schloß Stuyvenberg bei Brüssel 6. Juni 1934, Prinz. - Sohn König Leopolds III. und Königin Astrids, Bruder von König Baudouin I.; seit 1959 ∞ mit Prinzessin Paola

Ruffo di Calabria; steht in der Thronfolgeordnung an erster Stelle.
Großbritannien und Irland:
A., Prinz von Sachsen-Coburg-Gotha, * Schloß Rosenau bei Coburg 26. Aug. 1819, † Windsor Castle 14. Dez. 1861, Prinzgemahl (seit 1857). - Seit 1840 ∞ mit seiner Kusine ↑Viktoria, Königin von Großbrit. und Irland. Vielseitig gebildet, in der liberal-konstitutionellen Tradition des Hauses Coburg wurzelnd; erwarb in Großbrit. Achtung und Ansehen. Er vermied ein direktes polit. Eingreifen, gewann aber als Ratgeber Viktorias großen Einfluß; setzte sich für die Gründung eines gesamtdt. Bundesstaates ein; Initiator der 1. Weltausstellung (London 1851).
Magdeburg:
A. I. ↑Albrecht II. (Magdeburg).
Monaco:
A. I., * Paris 13. Nov. 1848, † ebd. 26. Juni 1922, Fürst (seit 1889). - Pazifist und bed. Tiefseeforscher (Forschungsreisen im Atlantik und im Mittelmeer). Unter seiner Regierung erhielt Monaco 1911 eine Verfassung.
Österreich:
A. ↑Albrecht VII. (Österreich).
Riga:
A. I. von Buxhövden, * bei Bremen um 1165, † Riga 17. Jan. 1229, erster Bischof von Riga. - 1199 zum Missionsbischof von Livland geweiht, mit dem er nach Eroberung 1207 belehnt wurde und das er mit Hilfe des Schwertbrüderordens christianisierte; gründete 1201 die Stadt Riga als seinen Bischofssitz. 1225 wurde ihm auch Lettland übertragen; bis 1227 wurden die Esten unterworfen.
Sachsen:
A. I., * Dresden 23. April 1828, † Sybillenort (Schlesien) 19. Juni 1902, König (seit 1873). - Sohn König Johanns; im Dt. Krieg 1866 Befehlshaber der sächs. Truppen auf östr. Seite, im Dt.-Frz. Krieg 1870/71 sehr erfolgreich als Kommandeur der Maasarmee (1871 Generalfeldmarschall).
Sachsen-Teschen:
A. Kasimir (Albrecht K.), * Moritzburg bei Dresden 11. Juli 1738, † Wien 10. Febr. 1822, Herzog. - Sohn Augusts III. von Sachsen-Polen. Die Heirat mit Marie Christine, der Lieblingstochter der Kaiserin Maria Theresia, brachte ihm das Hzgt. Teschen und reichen Besitz in Ungarn ein. 1765–80 Statthalter in Ungarn, 1780–92 Generalgouverneur der östr. Niederlande; ab 1760 Generalleutnant, 1794/95 Reichs-Generalfeldmarschall; begr. die Albertina in Wien.

Albertini, Luigi, * Ancona 19. Okt. 1871, † Rom 29. Dez. 1941, italien. Publizist und Politiker. - Machte als Direktor und Miteigentümer 1900–25 den „Corriere della Sera“ zur bedeutendsten italien. Zeitung und zu einem der führenden liberalen Blätter Europas; trat für Italiens Teilnahme am 1. Weltkrieg an der Seite der Entente ein; seit 1922 Gegner des Faschismus; nach 1925 v.a. histor.-publizist. tätig.
A., Rudolf von, * Zürich 28. Aug. 1923, schweizer. Historiker. - Prof. in Zürich, schrieb u.a.: „Das polit. Denken in Frankreich zur Zeit Richelieus“ (1951), „Freiheit und Demokratie in Frankreich“ (1957), „Dekolonisation“ (1966), „Moderne Kolonialgeschichte“ (1970).

Albertinische Linie ↑Habsburger, ↑Wettiner.

Albertz, Heinrich, * Breslau 22. Jan. 1915, dt. ev. Theologe und Politiker (SPD). - Pfarrer; Mgl. der Bekennenden Kirche; seit 1955 in Berlin, 1961–63 Senator für Inneres, 1963–66 Bürgermeister und Senator für Polizei, Sicherheit und Ordnung, 1966/67 Regierender Bürgermeister. Danach als Pfarrer auch publizistisch tätig.

Albigenser, nach der Stadt Albi benannte Gruppe der ↑Katharer. Sie vertraten radikale dualist. Anschauungen des Neumanichäismus (so nahmen sie beispielsweise einen guten und einen bösen Gott an) und strenge asket. Forderungen, die v.a. für ihre „Apostel“, die hierarch. gegliederten Perfecti („Vollkommene“), galten. Die A. spielten seit dem Ende des 12. Jh. im Languedoc eine bed. Rolle; in den **Albigenserkriegen** (1209–1229), zu denen Papst Innozenz III. aufgerufen hatte, wurden sie grausam ausgerottet.
🕮 *A. P. Evans: The Albigensian Crusade. In: A History of the Crusades. Hg. v. K. M. Setton. Bd. 2, Philadelphia (Pa.) 1962. - ↑ auch Katharer.*

Albion, alter, meist dichterisch gebrauchter Name für England (erstmals im 6. Jh. belegt); obwohl kelt. Ursprungs, mit lat. albus („weiß“) in Verbindung gebracht und auf die Kreidekliffküste bei Dover bezogen. Das Schlagwort „perfides A.“ kam 1793 in Frankr. auf (nach dem brit. Anschluß an die europ. Koalition gegen das revolutionäre Frankr.).

Albizzi (Albizi), seit Ende des 12. Jh. bezeugte, aus Arezzo stammende Florentiner Adelsfamilie. Die A. spielten seit dem 13. Jh. als Inhaber hoher Ämter und Führer der Guelfen eine bed. polit. Rolle und hatten in Florenz seit der Mitte des 14. Jh. die Vorherrschaft, bis die Medici die Macht übernahmen.

Alboin (Albuin), † Verona, wahrscheinl. 28. Juni 572, König der Langobarden. - Trat vermutl. zw. 560 und 565 die Regierung an; besiegte die Gepiden 567, tötete deren König und zwang dessen Tochter Rosamunde zur Heirat; brachte bis 572 den größten Teil N-Italiens in seine Hand; wurde im selben Jahr auf Veranlassung seiner Gattin ermordet.

Albornoz, Gil (Ägidius) Álvarez Carillo de [span. alβɔrˈnɔθ], * Cuenca um 1300, † bei Viterbo 1367, span. Kardinal (seit 1350), Feldherr und Staatsmann. - 1337–50 Erzbischof von Toledo und span. Kanzler; stellte nach Unruhen im Kirchenstaat im Auftrag von

Innozenz VI. die päpstl. Autorität wieder her und gab dem Kirchenstaat mit den „Constitutiones Aegidianae" eine Verfassung, die bis 1816 galt.

Albrecht, Name von Herrschern:

Hl. Röm. Reich:

A. I., * im Juli 1255, † an der Reuß bei Brugg 1. Mai 1308, König (seit 1298). - Ältester Sohn Rudolfs I. von Habsburg; Herzog von Österreich und Steiermark seit 1282 (seit 1283 Alleinherrscher). Wurde bei der Königswahl 1292 wegen seiner wachsenden Territorialmacht zugunsten Adolfs von Nassau übergangen; verband sich mit den Kurfürsten; nach Absetzung und Tod Adolfs 1298 zum König gewählt; verfolgte - letztl. vergebl. - eine starke Hausmachtpolitik gegen die Kurfürsten mit dem Ziel eines dauernden habsburg. Königtums; 1308 von seinem Neffen Johann Parricida ermordet.

A. II., * 16. Aug. 1397, † Neszmély bei Komáron 27. Okt. 1439, König (seit 1438), als Herzog von Österreich Albrecht V. (seit 1404/1411). - Schwiegersohn Kaiser Sigismunds (∞ mit dessen Tochter Elisabeth), nach dessen Tod 1437 König von Ungarn und Böhmen; 1438 zum dt. König gewählt, aber nie gekrönt. Zielte kirchenpolit. auf Vermittlung zw. dem Basler Konzil und dem abgesetzten Papst Eugen IV.

Bayern:

A. III., der Fromme, * München 27. März 1401, † ebd. 29. Febr. 1460, Herzog von Bayern-München (seit 1438). - Sohn von Herzog Ernst (♔ 1397–1438); zuerst ∞ mit A. † Bernauer, dann mit Anna von Braunschweig-Grubenhagen; lehnte 1440 die Annahme der böhm. Krone ab; förderte Kunst und Wiss. und führte eine Reform der bayr. Klöster durch.

A. IV., der Weise, * München 15. Dez. 1447, † ebd. 18. März 1508, Herzog (seit 1465). - Sohn von A. III.; Alleinregierung seit 1467; konnte 1504/05 Ober- und Niederbayern wiedervereinigen; 1506 Festlegung der Unteilbarkeit Bayerns und des Primogeniturrechts. Bed. Förderer der Kunst und Wissenschaft.

A. V., * München 29. Febr. 1528, † ebd. 24. Okt. 1579, Herzog (seit 1550). - Begr. als Mäzen Münchens Ansehen als Kunststadt; unterdrückte 1563/64 mit Härte die „Adelsverschwörung"; machte v. a. aus fürstl. „Staatsinteresse" seit 1568 sein Hzgt. zum ersten weltl. dt. Staat der Gegenreformation.

Brandenburg:

A. I., der Bär, * wohl Bernburg/Saale um 1100, † 18. Nov. 1170, Markgraf. - Bemächtigte sich 1124 der Markgft. Niederlausitz (1131 verloren); 1134 mit der Nordmark belehnt; sicherte sich das Havelland mit der Brandenburg und baute es zu einem dt. Territorium (Mark Brandenburg) aus; konnte seinen Anspruch auf das Hzgt. Sachsen (seit 1138) gegen Heinrich den Löwen nicht durchsetzen.

A. III. Achilles, * Tangermünde 24. Nov. 1414, † Frankfurt am Main 11. März 1486, Markgraf und Kurfürst (seit 1470). - Sohn Friedrichs I. von Brandenburg; erbte 1440 das Ft. Ansbach, wo er mit seiner 2. Gemahlin, Anna von Sachsen (berühmter Briefwechsel), glanzvoll Hof hielt, 1464 auch das Ft. Kulmbach-Bayreuth; setzte durch Hausgesetz 1473 die Primogenitur und Unteilbarkeit der Mark fest.

Brandenburg-Kulmbach:

A. Alcibiades, * Ansbach 28. März 1522, † Pforzheim 8. Jan. 1557, Markgraf von Kulmbach-Bayreuth (1541–54). - Wechselte als Söldner- und Reiterführer mehrfach zw. Kaiser Karl V. und den Protestanten; verwüstete im 2. Markgräflerkrieg (1552/53) Franken, wurde 1553 geschlagen; 1554 geächtet.

Braunschweig[-Lüneburg]:

A. I., der Große, * 1236, † 15. Aug. 1279, Herzog (seit 1252). - Teilte 1267 das Hzgt. mit seinem Bruder Johann, der das Ft. Lüneburg erhielt.

Magdeburg:

A. II. (Albert I.), * um 1170, † 15. Okt. 1232, Erzbischof. - Verhalf 1208 Otto IV. zur Anerkennung in ganz Deutschland, betrieb jedoch 1212 die Wahl Friedrichs II. zum König; von Otto IV. geächtet, 1223 von Friedrich II. zum Grafen der Romagna und zu seinem Stellvertreter in Oberitalien ernannt; ließ den Magdeburger Dom ab 1209 neu errichten.

Mainz:

A. II., Markgraf von Brandenburg, * 28. Juni 1490, † Mainz 24. Sept. 1545, Erzbischof und Kurfürst. - 1513 Erzbischof von Magdeburg und Administrator von Halberstadt, 1514 auch Erzbischof von Mainz, 1518 Kardinal; ließ Geld für Zahlungen an den Papst durch einen von Tetzel verkündeten Ablaß einbringen, was Anlaß für Luthers Protest gegen die Ablaßpraxis in seinen 95 Thesen wurde. A. war ein typ. Renaissancefürst, Förderer von Künstlern und Humanisten.

Mecklenburg:

A. III., Herzog, † Albrecht, König von Schweden.

Meißen:

A. der Entartete, * 1240, † Erfurt 13. (20.?) Nov. 1314 (1315?), Markgraf. - Erhielt 1265 Thüringen und die sächs. Pfalzgrafschaft; von seinen Söhnen wegen Erbzwistigkeiten mehrfach gedemütigt; zog sich schließl. gegen ein Jahrgeld nach Erfurt zurück.

Österreich:

A. I., Herzog, † Albrecht I. (Hl. Röm. Reich).

A. II., der Lahme (oder der Weise), * Wien 1298, † ebd. 20. Juli 1358, Herzog (seit 1330). - Sohn von König A. I.; regierte ab 1339 allein. Gewann 1335 Kärnten und Krain für das Haus Österreich, dessen Einheit er durch die Hausordnung von 1355 fixierte.

📖 *Eloga, E.: A. II., Hzg. v. Österreich. Diss. Wien 1952.*

A. III., * Ende 1349 oder Anfang 1350, † Schloß Laxenburg 29. Aug. 1395, Herzog (seit 1365). - Regierte gemeinsam mit seinem jüngeren Bruder Leopold III., mit dem er 1379 im Neuburger Vertrag die Erblande teilte (begr. die Albertin. Linie des Hauses Österreich); A. behielt Nieder- und Oberösterreich und übernahm nach Leopolds Tod 1386 die Gesamtregierung.
A. V., Herzog, ↑ Albrecht II. (Hl. Röm. Reich).
A. VI., * Wien 1418, † ebd. 2. Dez. 1463, Herzog (1453 Erzherzog). - Konnte 1446 die Herrschaft in den östr. Vorlanden übernehmen; stiftete 1457 die Univ. Freiburg im Breisgau; erreichte von seinem älteren Bruder, Friedrich V. (Kaiser Friedrich III.), 1458 die Abtretung Oberösterreichs, 1462 (nach Belagerung Friedrichs in der Hofburg) auch Niederösterreichs.
A. VII. (Albert, span. Alberto de Austria), * Wiener Neustadt 13. Nov. 1559, † Brüssel 13. Juli 1621, Erzherzog. - Jüngster Sohn Kaiser Maximilians II.; 1577 Kardinal, 1584 Erzbischof von Toledo; ab 1596 Statthalter, ab 1599 Regent der span. Niederlande; schloß 1609 mit den Generalstaaten einen 12jährigen Waffenstillstand.
A., Erzherzog, Herzog von Teschen, * Wien 3. Aug. 1817, † Arco 18. Febr. 1895, östr. Feldmarschall (1863). - Ältester Sohn des Erzherzogs Karl. Errang 1866 als Kommandant der Südarmee den Sieg über die Italiener bei Custozza; hatte als Generalinspekteur bed. Anteil an der Reorganisation der Armee.
Ⓛ *Jedlicka, L.: Feldmarschall Erzhzg. A. In: Gestalter der Geschicke Österreichs. Hg. v. H. Hantsch. Wien u. Mchn. 1962.*
Preußen:
A., Markgraf von Brandenburg-Ansbach, * Ansbach 17. Mai 1490, † Tapiau (Ostpreußen) 20. März 1568, letzter Hochmeister des Dt. Ordens (1510/11–25), erster Herzog in Preußen (seit 1525). - Entschloß sich, seit 1523 mit Luther persönl. in Verbindung, zur Umwandlung des Ordensstaates in ein weltl. Hzgt.; nahm im Vertrag von Krakau (1525) sein Hzgt. als erbl. „Herzog in Preußen" vom poln. König zu Lehen; trat zum ev. Bekenntnis über und führte die Reformation ein; gründete 1544 die Univ. Königsberg. Briefwechsel mit Gelehrten und Künstlern.
Ⓛ *Hubatsch, W.: A. v. Brandenburg-Ansbach. Deutschordens-Hochmeister u. Hzg. in Preußen 1490–1568. Hdbg. 1960.*
Sachsen:
A. der Beherzte, * Grimma 31. Juli 1443, † Emden 12. Sept. 1500, Herzog. - Sohn des Kurfürsten Friedrich II. von Sachsen; regierte ab 1464 zus. mit seinem älteren Bruder Ernst; wurde durch Teilung der wettin. Lande 1485 zum Begründer der Albertin. Linie der ↑ Wettiner; war Statthalter der Niederlande.
Sachsen-Teschen:
A. Kasimir, Herzog, ↑ Albert Kasimir.
Schweden:
A., * um 1340, † Kloster Doberan 31. März 1412, König (1364–89), als A. III. Herzog von Mecklenburg (1385–88 und seit 1395). - Sohn Herzog Albrechts II. von Mecklenburg; 1363 von den rebellierenden Ständen nach Schweden gerufen, 1364 zum König gewählt; nach dem Übergang der schwed. Opposition zu Königin Margarete von Dänemark und Norwegen (1388) von dieser 1389 besiegt und erst 1395 gegen den Verzicht auf seine Thronrechte freigelassen.
Württemberg:
A., * Wien 23. Dez. 1865, † Altshausen (Kreis Saulgau) 29. Okt. 1939, Herzog. - Führte im 1. Weltkrieg anfangs die 4. Armee. 1917 Generalfeldmarschall; bis 1918 Thronfolger König Wilhelms II. von Württemberg.

Albret [frz. al'brɛ], frz.-aquitan. Adelsgeschlecht, ben. nach seinem Herrschaftsgebiet in SW-Frankr. (heute Labrit, Dep. Landes); von mehreren Zweigen des Hauses A. war der älteste der berühmteste; führende Rolle der A. in der frz. Geschichte des 11.–16. Jh.; ab 1484 in Personalunion mit dem Kgr. Navarra; A. wurde 1550 Hzgt. und gelangte mit Navarra unter König Heinrich IV. 1607 an die frz. Krone.

Albuin ↑ Alboin.

Albuquerque, Afonso de [portugies. albu'kɛrkə], * Alhandra um 1462, † vor Goa 16. Dez. 1515, portugies. Seefahrer und Vizekönig in Indien (1504/09–15). - Entdeckte 1503 Sansibar und eroberte Cochin; behauptete 1507/08 Hormos; fuhr Ende 1508 nach Indien, übernahm 1509 das Amt des Vizekönigs und baute die Macht Portugals entscheidend aus; eroberte 1510 Goa, 1511 Malakka und drang bis zu den Molukken, schließl. zum Roten Meer vor, konnte aber Aden trotz Beschießung (1513) nicht nehmen; eroberte 1515 erneut Hormos; 1515 gestürzt.

Alcalá de Henares [span. alka'la ðe e'nares], span. Stadt, 27 km nö. von Madrid, 101 000 E. - 1348 wurde durch die Cortes mit der „Ordnung von Alcalá" ein bed. Rechtsbuch verkündet.

Alcalá Zamora y Torres, Niceto [span. alka'la θa'mora i 'tɔrrɛs], * Priego de Córdoba 6. Juli 1877, † Buenos Aires 18. Febr. 1949, span. liberaler Politiker. - 1931 führend im Revolutionskomitee, das den Rücktritt des Königs herbeiführte; kurze Zeit erster Min.-präs., 1931–36 erster Präs. der 2. Republik.

Alcántara, Orden von, einer der drei großen span. Ritterorden; seit 1218 Name des 1156 (oder 1166) zur Verteidigung der Festung Pereiro gegen die Mauren gegr. Ordens von San Julián de Pereiro; 1874 zum Verdienstorden umgewandelt.

Alcazaba [alka'θaβa; arab.-span.], Bez. für maur. Festungen in Spanien; oft gleichbedeutend mit ↑ Alkazar verwendet.

Alcázar [span. al'kaθar] ↑ Alkazar.

Aldermen [engl. 'ɔːldəmən], Ratsherren, Vorsteher in angelsächs. Ländern; in angelsächs. Zeit Beauftragte des Königs mit Herrschafts-, militär. und richterl. Funktionen; in den späteren Stadtverfassungen v. a. die freigewählten Ratsherren; im geltenden Gemeinderecht Großbrit. und der USA gewählte Ratsherren und Stadträte (Amtszeit bis zu 6 Jahren). Im ma. fries. Recht, teils auch in der Hanse, Bez. für Vorsteher in Genossenschaften, Gilden, Bruderschaften und Zünften, auch für Richter und Stadtobrigkeiten.

Aldringen (Aldringer), Johann Reichsgraf von (seit 1632), * Diedenhofen (= Thionville) (?) 10. Dez. 1588, ⚔ bei Landshut 22. Juli 1634, kaiserl. Heerführer. - Stand seit 1621 im Dienst Maximilians von Bayern, wechselte 1623 ins kaiserl. Heer über; seit 1625 Vertrauensmann Wallensteins; hervorragender Organisator und Taktiker; 1632 mit dem Oberbefehl über das Heer der Liga betraut und zum Feldmarschall ernannt.

alea iacta est [lat. „der Würfel ist geworfen"], sprichwörtl.: die Entscheidung ist gefallen. Die Worte wurden angebl. von Cäsar beim Überschreiten des Rubikon 49 v. Chr. gesprochen.

Aleander (Aleandro), Hieronymus (Girolamo), * Motta di Livenza 13. Febr. 1480, † Rom 1. Febr. 1542, italien. Humanist und päpstl. Diplomat. - Seit 1508 Lehrer an der Pariser Univ., 1513 deren Rektor. Wurde 1517 in Rom Sekretär des Kardinals Giulio de' Medici, des späteren Papstes Klemens VII. Als Nuntius bei Karl V. (seit 1520) leitete er die Exekution der Bannandrohungsbulle gegen Luther in den Niederlanden, nahm am Reichstag zu Worms teil, entwarf das Wormser Edikt und setzte dessen Verkündung durch den Kaiser durch. Seit 1524 Priester und Erzbischof von Brindisi und Oria, seit 1538 Kardinal. A. schriftl. Nachlaß ist eine wichtige Quelle für die Geschichte der Reformationszeit.

Alemannen (Alamannen), westgerman.-sueb. Stammesverband. Aus urspr. an der Elbe siedelnden Gruppen gebildet; kamen um 213 im Maingebiet erstmals mit Rom in Berührung, siedelten jedoch bis 233 außerhalb des Limes; besetzten anschließend das ↑Dekumatland zw. Rhein, Main und Donau; nach verschiedenen Unterwerfungsversuchen zuletzt bei Straßburg 357 von den Römern besiegt; nach nomineller Oberherrschaft der Ostgoten unter Theoderich d. Gr. vom Frankenreich (ab 496) unterworfen; das Land nördl. der Oos-Murg-Linie ging dem alemann. Volkstum verloren, südl. davon und im Elsaß konnten Herzöge der A. zu zeitweise sehr selbständiger Macht gelangen; Christianisierung seit dem 6. Jh.; im 7. und 8. Jh. Aufzeichnung der alemann. Volksrechte; nach heftigem Widerstand endgültig 746 von den Karolingern unterworfen. Im 9. Jh. bürgerte sich als Stammesname Schwaben ein. In roman. Sprachen dient der Name A. als Bez. für die Deutschen insgesamt, in der Volks- und Mundartkunde für die westl. und südl. Gebiete vom Elsaß über Baden und die Schweiz bis Vorarlberg.

📖 *Zur Gesch. der A. Hg. v. Wolfgang Müller. Darmst. 1975. - Schmidt, Ludwig: Die Westgermanen. Mchn. ²1938–40. 2 Tle. Neudr. 1970.*

Alesia, Hauptort der kelt. Mandubier in der röm. Prov. Gallia Celtica, beim heutigen Alise-Sainte-Reine (Côte-d'Or). Mit dem Sieg Cäsars über Vercingetorix 52 v. Chr. bei A. war die röm. Unterwerfung Galliens vollendet. - Ausgrabungen.

Alexander, Name von Päpsten:

A. I., hl., nach der ältesten röm. Bischofsliste 5. Nachfolger des Apostels Petrus.

A. II., * Baggio (= Mailand), † Rom 21. April 1073, vorher Anselm, Papst (seit 1. Okt. 1061). - Mit normann. Hilfe zum Papst gewählt. Der dt. Hof erhob Cadalus von Parma als Honorius II. zum Gegenpapst. Der Reichsepiskopat erkannte jedoch A. auf der Synode von Mantua 1064 an. Unter ihm schritten die Verwirklichung des Reformprogramms und das Anwachsen des päpstl. Einflusses in allen Ländern, aber auch die Verschärfung der Spannungen zu Heinrich IV. und den Bischöfen des Reiches fort.

A. III., * Siena, † Civita Castellana 30. Aug. 1181, vorher Rolando Bandinelli, Papst (seit 7. Sept. 1159). - 1150 Kardinal, 1153 Kanzler der röm. Kirche, einflußreicher Berater Hadrians IV., päpstl. Legat auf dem Reichstag von Besançon, dort Zusammenstoß mit Friedrich I.; wurde von der kaiserfeindl. Mehrheit der Kardinäle zum Papst gewählt; die kaiserfreundl. Minderheit erhob Viktor IV. zum Gegenpapst. 1179 wurde das 3. allg. Laterankonzil einberufen, auf dem u. a. eine Papstwahlordnung verabschiedet wurde. - A. war der erste bed. päpstl. Kanonist.

A. IV., † Viterbo 25. Mai 1261, vorher Rainald Graf Segni, Papst (seit 12. Dez. 1254). - Setzte die antistauf. Politik seiner Vorgänger fort; belehnte 1255 den engl. Prinzen Edmund mit Sizilien. Seit 1255 Ausbau der Herrschaft König Manfreds in ganz Italien und Sizilien unter Einbeziehung weiter Teile des Kirchenstaats. A. verbot in Deutschland 1256 die Wahl des Staufers Konradin.

A. VI., * Játiva bei Valencia wahrscheinl. 1. Januar 1431 (1432?), † Rom 18. Aug. 1503, vorher Rodrigo de Borja (Borgia), Papst (seit 10. Aug. 1492). - Von seinem päpstl. Onkel Kalixt III. 1455 zum Kardinal, 1456 zum Vizekanzler der röm. Kirche ernannt. Begegnete mit Erfolg dem Eindringen Frankr. und Spaniens in Italien. Seine Politik war von dem Ziel beherrscht, seine Familie, bes. seine Kinder (v. a. Lucrezia und Cesare Borgia) zu bereichern. Legitimierte die „Teilung der Welt" durch Festlegung einer Demarkationslinie, die im Vertrag von †Tordesillas (1494) bestätigt wurde.

A. VII., *Siena 13. Febr. 1599, †Rom 22. Mai 1667, vorher Fabio Chigi, Papst (seit 7. April 1655). - 1651 Staatssekretär Innozenz' X., 1652 Kardinal. Wichtigste Maßnahmen: Dekret der Propagandakongregation zugunsten der Jesuitenmission in China, Konstitutionen gegen den †Jansenismus, Verurteilung von Moralgrundsätzen des Laxismus; beauftragte Lorenzo Bernini u.a. mit der Gestaltung des Petersplatzes.

A. VIII., *Venedig 22. April 1610, †Rom 1. Febr. 1691, vorher Pietro Ottoboni, Papst (seit 6. Okt. 1689). - 1654 Bischof von Brescia, 1664 venezian. Kardinalprotektor. Erstrebte als Papst vergebl. die Aussöhnung mit Frankr., verurteilte 31 Sätze des Jansenismus und die vier gallikan. Artikel (†Gallikanismus).

Alexander, Name von Herrschern:

Bulgarien:

A. I., *Verona 5. April 1857, †Graz 17. Nov. 1893, Prinz von Battenberg, Fürst von Bulgarien (1879–86). - 1879 auf Vorschlag seines Onkels, des russ. Kaisers Alexander II., von der bulgar. Nationalversammlung gewählt; geriet durch seine nat. bulgar. Politik (u.a. Angliederung Ostrumeliens 1885) bald in Ggs. zu Rußland; dankte schließl. wegen der unversöhnl. Haltung des russ. Kaisers Alexander III. 1886 ab. Sein Plan, die preuß. Prinzessin Viktoria zu heiraten, verursachte 1888 eine innerdt. Krise (†Battenbergaffäre). Lebte dann als Graf Hartenau in Graz.

Griechenland:

A., *Athen 1. Aug. 1893, †ebd. 25. Okt. 1920, König (seit 1917). - Wurde König, nachdem sein Vater, Konstantin I., von der Entente zur Abdankung und sein Bruder, Kronprinz Georg, zum Thronverzicht gezwungen worden waren.

Judäa:

A. Jannäus (Jannai), †76 v. Chr., Hoherpriester und König der Juden (seit 103). - Aus dem Geschlecht der Hasmonäer (Makkabäer). Konnte das Staatsgebiet an der Küste wie östl. des Jordan beträchtl. erweitern.

Jugoslawien:

A. I. Karađorđević [serbokroat. kara,dzɔ:r-dzɛvitɕ], *Cetinje 17. Dez. 1888, †Marseille 9. Okt. 1934, König. - Sohn König Peters I. von Serbien; als Regent (1918–21) und König (seit 1921) des Kgr. der Serben, Kroaten und Slowenen (1929 in Jugoslawien umbenannt) konnte er als Vertreter serb. Führungsansprüche nicht die histor.-polit. heterogenen Landesteile und ihre gegensätzl. großserb. bzw. südslaw.-föderalist. Zielsetzungen harmonisieren. Nach Verkündung der „Königsdiktatur" 1929 verschärfte die 1931 oktroyierte Verfassung die Spannungen; kam bei einem Staatsbesuch in Frankr. mit dem frz. Außen-

REICH ALEXANDERS DES GROSSEN UND SEINE ZÜGE

min. Barthou durch ein Attentat kroat. und makedon. Nationalisten ums Leben.
📖 *Milićević, V.: Der Königsmord v. Marseille. Das Verbrechen u. seine Hintergründe. Dt. Übers. Bad Godesberg 1959.*
Makedonien:
A. der Große (A. III.), * Pella 356, † Babylon 13. Juni 323, König (seit 336). - Sohn Philipps II.; durch Aristoteles erzogen, mit der griech. Kultur vertraut; kam nach der Ermordung Philipps (336) nicht ohne Gewaltanwendung zur Regierung, ließ sich dessen Amt als Feldherr des Korinth. Bundes gegen Persien übertragen, sicherte die N-Grenze seines Reiches durch einen Zug gegen Thraker und Illyrer und begann nach der Niederwerfung eines Aufstandes in Griechenland 335 (Zerstörung Thebens) 334 den Kampf gegen Persien. Nach seinem ersten großen Sieg am Granikos über die kleinasiat. Satrapen (334) eroberte er die ganze kleinasiat. W-Küste, 333 ganz Kleinasien. Er rückte über Gordion nach Kappadokien und Kilikien vor, besiegte den pers. Großkönig ↑Darius III. bei Issos (333) und unterwarf 332/31 Syrien, Palästina und Ägypten, wo er als Befreier von der Perserherrschaft begrüßt wurde und als Nachfolger der Pharaonen auftrat. Der Sieg über Darius III. bei Gaugamela (331), nach dem A. den Titel „König von Asien" annahm, brachte Babylon und Teile des pers. Kernlandes in seine Hand. A. betrachtete sich nach dem Tod Darius' III. als legitimen Nachfolger der Achämeniden, besetzte bis 327 das restl. Reichsgebiet und schloß die polit. bedeutsame Ehe mit der baktr. Fürstentochter Roxane. Die Einführung des pers. Hofzeremoniells belastete sein Verhältnis zu den Makedonen; es kam zu Verschwörungen. 327 unternahm A. einen Zug nach NW-Indien. Nach seinem Sieg über den ind. König Poros am Hydaspes (= Jhelum; 326) mußte er wegen einer Meuterei seiner Truppen am Hyphasis (= Beas) umkehren. A. starb 323 unerwartet in Babylon. Wie sehr das Phänomen A. das Denken und Dichten der Völker beeinflußte, zeigt die Alexanderdichtung. Die ersten einigermaßen vollständig erhaltenen histor. Werke über A. stammen aus der röm. Kaiserzeit. Da A. keinen regierungsfähigen Erben besaß, gab es nach seinem Tod Machtkämpfe, die zur Entstehung der Reiche der ↑Diadochen führten. - Karte S. 57.
📖 *Lauffer, S.: A. d. G. Mchn. 1978. - Schachermeyr, F.: A. d. G.: das Problem seiner Persönlichkeit u. seines Wirkens. Wien 1973. – Wirth, G.: A. d. G. in Selbstzeugnissen u. Bilddokumenten. Rbk. 1973. - Tarn, W. W.: A. d. G. Dt. Übers. Darmst. 1968. 2 in 1 Bd. - Droysen, J. G.: Gesch. A. d. G. Bearb. u. Nachwort v. G. Ressing. Düss. 1966. – Hampl, F.: A. d. G. Hg. v. G. Franz. Gött. ²1965.*
Parma und Piacenza:
A. (Alessandro Farnese), * Rom 27. Aug. 1545, † Arras 3. Dez. 1592, Herzog (ab 1586). - Folgte seinem Vater Ottavio in der Regierung; bed. Heerführer und geschickter Diplomat: als span. Statthalter in den Niederlanden ab 1578 gelang es ihm, 1579 die Union und den Frieden von Arras zustande zu bringen, schließl. (u.a. nach der Eroberung von Antwerpen 1585) den ganzen S mit Flandern und Brabant, danach auch den NO wieder unter span. Herrschaft zu bringen.
Polen:
A. (poln. Aleksander Jagiellończyk), * 14. Aug. 1461, † 19. Aug. 1506, Großfürst von Litauen (seit 1492), König (seit 1501). - Sohn Kasimirs IV.; unter ihm erlitt Litauen starke Gebietsverluste in Weißrußland und der Ukraine; in Polen trug er entscheidend zur endgültigen Festigung der Adelsherrschaft bei.
Rumänien:
A. Johann I., Fürst, ↑Cuza, Alexandru Ioan I.
Rußland:
A. Newski [russ. 'njɛfskij], hl., * Wladimir um 1220, † Gorodez 14. Nov. 1263, Fürst von Nowgorod (1236–51), Großfürst von Wladimir (seit 1252). - Sicherte die NW-Grenze des russ. Reiches durch glänzende Siege über die Schweden 1240 an der Newa (daher sein Beiname) und über den Dt. Orden 1242 auf dem gefrorenen Peipussee.
A. I. Pawlowitsch, * Petersburg 23. Dez. 1777, † Taganrog 1. Dez. 1825, Zar und Kaiser (seit 1801). - Wußte angebl. von dem Staatsstreich, bei dem sein Vater und Vorgänger Paul I. ums Leben kam; im Geist der Aufklärung erzogen, dachte A. trotz Aufgeschlossenheit gegenüber liberalem Gedankengut nie an wirkl. Beschränkung seiner Selbstherrschaft. Die nur teilweise durchgeführten Reformen eines „bürokrat. Liberalismus" sollten die autokrat. Gewalt vervollkommnen. Repressive Innenpolitik in der letzten Regierungsphase mündete schließl. in den Aufstand der ↑Dekabristen. In seiner bes. durch die Kriege mit (1807–09) und gegen Napoleon I., durch die poln. und die oriental. Frage bestimmten Außenpolitik verband A. europ. Sendungsbewußtsein und expansives russ. Machtstreben; er erwarb Finnland, Bessarabien, erzwang 1815 auf dem Wiener Kongreß als „Retter Europas" die Anerkennung eines mit Rußland verbundenen Kgr. Polen; Stifter der ↑Heiligen Allianz.
📖 *Sementowsky-Kurilo, N. v.: A. I. v. Rußland. Ffm. Neuaufl. 1967. - Almedingen, E. M.: A. first. New York 1966. - Strakhovsky, L. I.: A. I. of Russia, the man who defeated Napoleon. London 1949.*
A. II. Nikolajewitsch, * Moskau 29. April 1818, † Petersburg 13. März 1881, Zar und Kaiser (seit 1855). - Nachfolger seines Vaters Nikolaus I.; führte das im Krimkrieg (1853–56) schwer erschütterte Rußland in

eine innere Reformära, die v. a. geprägt wurde durch Aufhebung der bäuerl. Leibeigenschaft (1861), Modernisierung des Heer-, Justiz-, Finanz-, Verwaltungs- und Schulwesens (1862–66); blutige Niederwerfung des poln. Aufstandes 1863; erreichte bei preußenfreundl. Kurs 1866 und 1870/71 die Aufhebung der Pontusklausel und den ↑Dreikaiserbund; asiat. Expansion (insbes. Eroberung von Turkestan seit 1864); nach erfolgreichem Türkenkrieg 1877/78 auf den Rückgewinn des Südteils von Bessarabien beschränkt; kam bei einem Bombenanschlag einer anarchist. Aktionsgruppe ums Leben.

🕮 *Grünwald, C. de: An den Wurzeln der Revolution. A. II. u. seine Zeit. Dt. Übers. Wien u. a. 1965.*

A. III. Alexandrowitsch, *Petersburg 10. März 1845, † Liwadija (Krim) 1. Nov. 1894, Zar und Kaiser (seit 1881). - Nachfolger seines Vaters A. II. Nikolajewitsch; betrieb unter maßgebendem Einfluß seines einstigen Lehrers K. P. Pobedonoszew eine schroff antiliberal-nationalist. Politik; mußte 1885/86 eine Schwächung des russ. Einflusses in Bulgarien (↑Battenbergaffäre) hinnehmen; entschloß sich erst 1890 zum Bündnis mit Frankr. (1891–94).

Serbien:

A. Karađorđević [serbokroat. kara͵dzɔ:rdzɛvitɕ], *Topola 11. Okt. 1806, † Temesvar 4. Mai 1885, Fürst (1842–58). - Sohn des Karađorđe; einmütig, doch ohne russ. Einverständnis, zum Fürsten gewählt; unter ihm starke wirtsch. und kulturelle Entfaltung Serbiens; wegen Anlehnung an Österreich und Neutralität im Krimkrieg 1858 abgesetzt und später wegen angebl. Beteiligung an der Ermordung des Fürsten Michael verurteilt.

A. I. Obrenović [serbokroat. ɔ͵brɛ:nɔvitɕ], *Belgrad 14. Aug. 1876, † ebd. 11. Juni 1903 (ermordet), König (seit 1889). - Seine (seit 1893 selbständig geführte) Regierung war bestimmt durch autoritäre Innenpolitik (mehrfach Verfassungsänderungen) und seine gemäßigte östr.-freundl. Expansionspolitik. Fiel einer Offiziersverschwörung zum Opfer.

Alexander von Roes [ro:s], Kölner Kanoniker der 2. Hälfte des 13. Jh. - Verfasser von im 15. Jh. weitverbreiteten Schriften zur Reichspolitik. In der Lehre von den drei Weltämtern wies er den Deutschen das Kaisertum („imperium"), den Italienern das Papsttum („sacerdotium") und den Franzosen die Wissenschaft („studium") zu.

Alexander [engl. ælɪɡ'zɑ:ndə], Albert Victor, Earl of Hillsborough (seit 1963), *Weston-super-Mare 1. Mai 1885, † London 11. Jan. 1965, brit. Politiker (Labour Party). - Abg. im Unterhaus 1922–31 und 1935–50; 1929–31 und 1940–46 1. Lord der Admiralität; 1946–50 Empire-Verteidigungsmin.; 1950–65 Mgl. des Oberhauses (seit 1956 Oppositionsführer).

A., Harold Lord, Earl of Tunis (seit 1952), *London 10. Dez. 1891, † ebd. 16. Juni 1969, brit. Feldmarschall (seit 1944). - Deckte 1940 den Rückzug der brit. Truppen von Dünkirchen; 1942 Oberbefehlshaber in Birma, im Nahen Osten, später im Mittelmeerraum; führte den Kampf gegen die dt. und italien. Streitkräfte in N-Afrika (Schlacht von Al Alamain); als Stellvertreter Eisenhowers an der Eroberung Italiens beteiligt; 1946–52 Generalgouverneur von Kanada; 1952–54 Verteidigungsminister.

Alexander Severus, röm. Kaiser, ↑Severus Alexander.

Alexandra, Name von Herrscherinnen:

Großbritannien und Irland:

A., *Kopenhagen 1. Dez. 1844, † auf Sandringham 20. Nov. 1925, Königin. - Älteste Tochter des späteren Königs Christian IX. von Dänemark; seit 1863 ∞ mit dem späteren brit. König Eduard VII.

Rußland:

A. Fjodorowna, eigtl. Alix (Alice), *Darmstadt 6. Juni 1872, † Jekaterinburg 16. Juli 1918 (ermordet), letzte Kaiserin. - Tochter des Großherzogs Ludwig IV. von Hessen, Enkelin der brit. Königin Viktoria; seit 1894 ∞ mit Zar Nikolaus II., auf den sie starken Einfluß ausübte.

Alexandria, ägypt. Stadt am W-Rand des Nildeltas, auf einer Nehrung an der Einmündung des Mahmudijjakanals ins Mittelmeer, 1,8 Mill. E. - 332/331 von Alexander d. Gr. gegr., Regierungssitz der Ptolemäer, Weltstadt, kultureller Mittelpunkt des Hellenismus. Im Zentrum lag die königl. Stadt (Begräbnisstätte Alexanders d. Gr.) mit den öffentl. Bauten (u.a. die Alexandrin. Bibliothek). Neben dem Wohnbezirk der Ägypter und dem der Griechen eigener Wohnbezirk der Juden. Im O lagen die Vorstädte Eleusis und Nikopolis, im W die Nekropole. Die ehem. Insel Pharus mit dem Leuchtturm (eines der Sieben Weltwunder) war mit dem Festland durch einen Damm verbunden. - 48 v. Chr. zog Cäsar in A. ein; 30 v. Chr. besetzte Augustus die Stadt. A. wurde Hauptstadt der kaiserl. Provinz Ägypten. In der Römerzeit wirtsch. und kulturelle Sonderstellung; ab dem 2. Jh. n. Chr. eines der Zentren des Christentums. Als A. 642 von den Arabern erobert wurde, hatte die Stadt noch 300 000 E; es folgte ein wirtsch. Niedergang; 1517 osman.; in Napoleon. Zeit nur noch Kleinstadt.

Das **Patriarchat Alexandria** spielte im christl. O vom 3. bis zum 5. Jh. eine große theolog. und kirchenpolit. Rolle durch bed. Bischöfe und die alexandrin. Schule. Es umfaßte vier Kirchenprov. sowie 100 Bischofssitze und wurde im 11. Jh. nach Kairo verlegt.

Alexandrinische Bibliothek, bedeutendste Bibliothek der Antike; von Ptolemaios II. im 3. Jh. v. Chr. in Alexandria angelegt. Zuletzt bestand sie vermutl. aus 200 000

Buchrollen im Tempel, dem Serapeion, und 700 000 in der „Schule“, dem Museion, Forschungsstätte der Gelehrten, die dort auch lebten. Es wurde 269/70 oder 273 zerstört, das Serapeion um 390 durch einen vom christl. Patriarchen geschürten Aufstand. Gerettete Bestände wurden z. T. unter Kaiser Justinian I. nach Konstantinopel überführt, die Reste bei der arab. Eroberung Alexandrias 642 vernichtet.

alexandrinisches Zeitalter, der Zeitraum zw. der Gründung Alexandrias und der röm. Eroberung des östl. Mittelmeerraumes mit der Blüte der hellenist. Kultur (v. a. in bildender Kunst, Wiss., Literatur) in den hellenisierten Gebieten zw. Mittelmeerraum und Indien, Nubien und Turan; Zentren waren neben Alexandria Pergamon und Antiochia, auch die Inseln Kos und Rhodos.

Alexei, Name von Herrschern:
Rußland:
A. Michailowitsch, * Moskau 19. März 1629, † ebd. 8. Febr. 1676, Zar (seit 1645). - Zweiter Romanow, Vater Peters d. Gr.; gewann die Ukraine links des Dnjepr und die Prov. Smolensk, Sibirien bis zur nördl. des Amur gelegenen Wasserscheide für das Moskauer Reich; 1649 Kodifizierung der überlieferten Gesetze, 1666 Kirchenreform im griech.-ökumen. Geist, 1667–71 großer Bauernaufstand gegen die Leibeigenschaft; Beginn der Europäisierung.
A. Nikolajewitsch, * Petersburg 12. Aug. 1904, † Jekaterinburg 16. Juli 1918, Thronfolger. - Sohn Nikolaus' II.; litt an Bluterkrankheit; von Bolschewisten umgebracht.
A. Petrowitsch, * Moskau 28. Febr. 1690, † ebd. 7. Juli 1718, Thronfolger. - Sohn Peters d. Gr., Vater Peters II.; floh 1716 nach Österreich; nach Rückkehr in einem Hochverratsprozeß zum Tode verurteilt; starb wohl an den Folgen der Folterungen.

Alexi, eigtl. Sergei Wladimirowitsch Simanski, * Moskau 8. Nov. 1877, † ebd. 17. April 1970, Patriarch von Moskau und ganz Rußland (seit 1945). - 1933–45 Metropolit von Leningrad; bemüht um einen Ausgleich zwischen der russ.-orth. Kirche und dem sowjet. Staat.

Alexios, Name von Herrschern:
Byzantin. Reich:
A. I. Komnenos, * Konstantinopel 1048, † ebd. 15. Aug. 1118, Kaiser (seit 1081). - Aus der Dynastie der Komnenen; erreichte den Wiederaufstieg des Oström. Reiches: wendete 1081–85 mit Hilfe Venedigs die Bedrohung von Byzanz durch die Normannen (Robert Guiscard) ab; befreite die von den Petschenegen 1090/91 belagerte Hauptstadt im Bündnis mit den Kumanen; brachte 1108 das normann. Ft. Antiochia unter seine Lehnsherrschaft; im Innern Reorganisation der Verwaltung, Stärkung der Finanz- und Verteidigungskraft des Reichs.
A. III. Angelos, † Nizäa 1210, Kaiser (1195–1203). - Aus dem Hause der Angeloi; stürzte 1195 seinen Bruder Isaak II. und ließ ihn blenden; 1195/96 von den Bulgaren vernichtend geschlagen, wurde Kaiser Heinrich VI. tributpflichtig; floh vor den Kreuzfahrern und Venezianern, die 1203 Isaak II. wieder einsetzten.
A. IV. Angelos, * 1182, † 28. Jan. 1204, Kaiser (seit 1203). - Neffe von A. III.; nach Flucht aus dessen Gefangenschaft von den Kreuzfahrern und Venezianern zum Mitregenten seines Vaters Isaak II. eingesetzt; bei einem Aufstand der byzantin. Bev. entthront und getötet.
byzantin. Kaiser in Trapezunt:
A. I. Megas Komnenos, * 1182, † 1222, Kaiser (seit 1204). - Enkel Andronikos' I.; begr. 1204 das Kaiserreich der Großkomnenen in Trapezunt.

Al Fatah ↑ Fatah, Al.

Alfieri, Dino Odoardo, * Bologna 8. Juli 1886, † Mailand 2. Jan. 1966, italien. Politiker. - Seit 1924 faschist. Abg.; 1936–39 Min. für Volksbildung; einer der führenden Verfechter der imperialen Expansion Italiens in Abessinien. 1939/40 Botschafter beim Hl. Stuhl, 1940–43 in Berlin; 1943 Gegner Mussolinis.

Alfinger, Ambrosius ↑ Dalfinger, Ambrosius.

Alföldi, András (Andreas), * Pomáz 27. Aug. 1895, † Princeton (N. J.) 12. Febr. 1981, ungar. Althistoriker. - Prof. in Budapest, 1948 in Bern und Basel, seit 1956 in Princeton (N. J.); Hauptarbeitsgebiete: Pannonien, röm. Kaiserzeit, frühröm. Geschichte: „Das frühe Rom und die Latiner“ (1964).

Alfons, Name von Herrschern:
Aragonien:
A. I., der Schlachtenkämpfer, * um 1073, † Poleñino 8. Sept. 1134, König (seit 1104). - Besiegte mehrmals die Mauren und vergrößerte Aragonien um das Doppelte; schützte die Muslime in seinem Reich; eroberte 1118 die künftige Hauptstadt Zaragoza.
A. V., der Großmütige, auch **A. der Weise,** * Medina del Campo (?) 1396, † Neapel 27. Juni 1458, König (seit 1416), als König von Neapel und Sizilien A. I. - Sohn und Nachfolger Ferdinands I.; nahm 1442 Neapel ein, seine neue Residenz; begr. die Bibliothek von Neapel und die dortige erste humanist. Akademie Italiens.
Asturien:
A. II., der Keusche, * 759, † 842, König (seit 791). - Erscheint in Chroniken als begabter Herrscher, der das christl. Spanien gerettet und die maur. Gegen-Reconquista abgewehrt habe; gewann vorübergehend Lissabon.
A. III., der Große, * um 838, † Zamora 20. Dez. 912, König (855–909). - Nutzte maur. Bürgerkriege zu großen Eroberungen bis zum Duero aus und sicherte die Grenzen durch Besiedlung und Burgenbau. Legte sich den

Titel eines Kaisers zu; von seinen Söhnen zur Abdankung und Reichsteilung gezwungen.

Kastilien und León:

A. VI., der Tapfere, * 1040 (?), † Toledo 30. Juni 1109, König von León (seit 1065) und Kastilien (seit 1072). - Sohn Ferdinands I., d. Gr.; als Landesherr des † Cid selbst einer der bed. Reconquistadoren; eroberte 1085 Toledo und nannte sich seitdem Kaiser von ganz Spanien.

A. VII., * in Galicien 1105, † La Fresneda im Aug. 1157, König (seit 1126). - Seit 1111 König in Galicien; mußte sich sein Reich gegen seinen Stiefvater Alfons I. von Aragonien erst erkämpfen; erreichte nach dessen Tod die Vorherrschaft auf der Iber. Halbinsel; erneuerte 1135 das Kaisertum; führte Maurenkriege seit 1133, nahm 1146 Córdoba, 1147 Almería ein; 1157 Erbteilung seines Reiches in Kastilien und León.

A. VIII., der Edle, * 11. Nov. 1155 (?), † Gutierre-Muñoz 6. Okt. 1214, König von Kastilien (seit 1158). - Sohn Sanchos III.; kämpfte entschlossen für die Rückeroberung der Iber. Halbinsel; erschütterte 1212 durch den großen Sieg bei Las Navas de Tolosa die Almohadenherrschaft.

A. IX., * Zamora 1171, † Villanueva de Sarria 24. Sept. 1230, König von León (seit 1188). - Führte durch die Ehe mit einer Tochter A.' VIII. von Kastilien die endgültige Wiedervereinigung beider Staaten unter seinem Sohn Ferdinand III. herbei.

A. X., der Weise, * Toledo 23. Nov. 1221, † Sevilla 4. April 1284, König (seit 1252). - Sohn Ferdinands III., des Heiligen, und der Beatrix, Tochter Philipps von Schwaben. 1257 von der frz. Partei gegen Richard von Cornwall zum röm.-dt. König gewählt. Obwohl A. nie nach Deutschland oder Italien kam und seine Wahl auch infolge des Widerstandes der Päpste nicht realisieren konnte, verzichtete er de jure nie auf das Reich. Wegen äußerer Mißerfolge und innenpolit. Versagens von seinem Sohn Sancho IV. aus der Regierung verdrängt; seit 1282 auf Andalusien beschränkt. A. erhielt seinen Beinamen als der größte Förderer von Kunst und Wiss. des MA: veranlaßte Gesetzessammlungen, eine Geschichte Spaniens und der Welt (unvollendet), förderte die Übersetzung arab. Werke und war selbst literar. tätig (v.a. Lieder).

📖 *Schoen, W. v.: A. X. v. Kastilien. Mchn. 1957.*

A. XI., der Gesetzgeber, * Salamanca 27. Sept. 1311, † vor Gibraltar 26. März 1350, König (seit 1312). - Sohn Ferdinands IV.; beendete in schweren Kämpfen das während seiner Minderjährigkeit bis 1325 entstandene Chaos. Der Sieg 1340 über die Mauren brachte Kastilien die Herrschaft über die Straße von Gibraltar; stand ab 1329 unter dem Einfluß seiner Geliebten Leonor de Guzmán; war auch Schriftsteller und Dichter.

Neapel und Sizilien:

A. I. † Alfons V. (Aragonien).

Portugal:

A. I., der Eroberer, * Guimarães (Distrikt Braga) im Sept. 1110, † 6. Nov. (?) 1185, Graf (seit 1128), König (seit 1139). - Schlug 1139 bei Ourique die Mauren, erhob Portugal zum Kgr., erklärte die Unabhängigkeit von Kastilien-León; eroberte 1147 das maur. Lissabon.

📖 *Blöcker-Walter, M.: A. I. v. Portugal. Zürich 1966.*

A. V., der Afrikaner, * Cintra 15. Jan. 1432, † ebd. 28. Aug. 1481, König (seit 1438). - Sohn König Eduards, regierte seit 1448 selbständig; erfolgreicher nordafrikan. Kreuzzug 1458; ließ die Entdeckungsfahrten seines Oheims Heinrich des Seefahrers fortführen; konnte seine Ansprüche auf Kastilien nicht durchsetzen.

Spanien:

A. XII., * Madrid 28. Nov. 1857, † Schloß El Pardo 25. Nov. 1885, König (seit 1874). - Sohn Isabellas II. und Franciscos de Asís; gegen die Republik und gegen karlist. Thronprätendenten zum König proklamiert; führte gegen die Karlisten bis 1876 einen Bürgerkrieg und zwang seinen Vetter Don Carlos zum Verlassen des Landes.

A. XIII., * Madrid 17. Mai 1886, † Rom 28. Febr. 1941, König. - Sohn König A.' XII. und Königin Maria Christinas, Erzherzogin von Österreich, die bis 1902 die Regentschaft führte; 1923 errichtete Primo de Rivera mit Billigung von A. eine Militärdiktatur (bis 1930); A. verließ nach dem Wahlsieg der republikan. Parteien das Land 1931, ohne abzudanken.

Alfred der Große, * Wantage bei Swindon 848 oder 849, † 26. oder 28. Okt. 899 (901?), König der Angelsachsen (seit 871). - Rettete England 878 durch den Sieg bei Edington (bei Westbury) vor gänzl. dän. Unterwerfung, gewann 886 London als Vorposten; Bau einer Flotte, Anlage von Befestigungen, Reorganisation des Heeres; sorgte nach neuen Abwehrerfolgen 894–97 für Wiederaufbau und Neueinteilung des Landes, bemühte sich um kulturelle Wiederbelebung und Bildung seines Volkes; förderte das Schulwesen, ließ Gesetze sammeln, übersetzte Werke der lat. Literatur (Boethius, Gregor d. Gr., Beda, Orosius), die er teils mit Zusätzen versah, teils kürzte bzw. ergänzte.

📖 *Loyn, H. R.: A. the Great. London u.a. 1967.*

Algarve, histor. Prov. in S-Portugal, umfaßt das Gebiet zw. unterem Guadiana und der W-Küste. - Zahlreiche Zeugnisse von der Anwesenheit von Phönikern, Ligurern, Kelten, Karthagern und Römern; gehörte in der Römerzeit zur Prov. Lusitania, dann zum Reich der Westgoten; 711 von den Arabern erobert; um 1250 zurückerobert; seit 1267 in portugies. Besitz; diente nach 1415 der portugies. Expansion nach Afrika als Basis.

Algeciras [span. alxe'θiras], span. Hafenstadt an der Bucht von A., gegenüber Gibraltar, 87000 E. - 1906 Tagungsort der Konferent von A. (↑ Marokkokrise).

*Algerien

(amtl. Vollform: Al Dschumhurijja Al Dschasairijja Dimukratijja Asch Schabijja; frz. République Algérienne Démocratique et Populaire [dt. Alger. Demokrat. VR]), Republik in NW-Afrika zw. 19° und 37° n. Br. sowie 8° w. L. und 12° ö. L. **Staatsgebiet:** A. grenzt im NW an Marokko, im äußersten W an Westsahara, im SW an Mauretanien und Mali, im SO an Niger, im O an Libyen und Tunesien; die Grenzen sind z. T. noch nicht endgültig festgelegt. **Fläche:** 2 293 190 km² (zweitgrößter Staat Afrikas). **Bevölkerung:** 21,5 Mill. E (1984), 8,6 E/km², ohne Saharabezirke 73 E/km². **Hauptstadt:** Algier. **Verwaltungsgliederung:** 31 Wilajas (früher Departements). **Amtssprache:** Arabisch; Unterrichts-, Bildungs- und z. T. auch Behördensprache: Französisch. **Staatsreligion:** Malikitische Schule der sunnit. Richtung des Islams. **Nationalfeiertag:** 1. Nov. (Beginn des Aufstandes 1954). **Währung:** Alger. Dinar (DA) = 100 Centimes (CT). **Internat. Mitgliedschaften:** UN, Arab. Liga, OAU, OPEC, OAPEC; dem GATT assoziiert. **Zeitzone:** Greenwicher Zeit, d.i. MEZ – 1 Std.

Geschichte: Im Gebiet des heutigen A. unterhielten die Phöniker, später die Karthager, Handelsniederlassungen. Die Römer beließen nach der Eroberung Numidiens und Mauretaniens die Berberstämme weitgehend autonom. Nach der Invasion der Vandalen im 5. Jh. und der Eroberung durch Byzanz 533 wurden in der Folge der arab. Eroberung 647–682 die Berber mit Gewalt islamisiert. Nach der Herrschaft der Almoraviden und der Almohaden begannen sich die heutigen Länder des Maghreb herauszubilden. 1492 ließen sich aus Andalusien rückwandernde Mauren an der Küste nieder; Spanien versuchte, die Berberei zu erobern. Seit 1519 übten die Osmanen die Oberherrschaft aus. Vom 16. bis ins 19. Jh. terrorisierten die sog. Barbareskenstaaten mit ihrer Seeräuberei das westl. Mittelmeer. Seit 1830 von den Franzosen gegen den Widerstand der Berber bis 1847 erobert, erst seit 1870 völlig unter der militär. Kontrolle Frankr., wurde diesem polit. und wirtsch. angegliedert. Schon vor dem 2. Weltkrieg begann sich der alger. Nationalismus zu regen. Ende 1954 brach unter Führung der FLN offener Widerstand gegen Frankr. aus. In Kairo, später in Tunis, wurde eine provisor. Exilregierung gebildet. Als Frankr. 1958 ein Autonomiegesetz verabschiedete, das den Wünschen der Algerier entgegenkam, war dies ein Signal für die Erhebung der OAS, die durch Terrorakte ein frz. A. zu retten suchte. Im Abkommen von Évian-les-Bains 1962 gewährte Frankr. A. die volle Unabhängigkeit. Staatspräs. wurde Ben Bella; unter seiner Leitung erhielt die FLN die Stellung einer Einheits- und Kaderpartei. Durch den Sturz Ben Bellas gelangte 1965 der Oberst Houari Boumedienne an die Spitze eines Revolutionsrates, der bis zur Annahme einer neuen Verfassung und zur Wahl Boumediennes zum Staatspräs. 1976 die exekutive Gewalt ausübte. Die konsequente sozialist. Industrialisierungspolitik Ben Bellas wurde fortgesetzt. 1975 besiegelte ein Staatsbesuch Präs. Giscard d'Estaings in Algier die Aussöhnung mit Frankr. Nach dem Tod Boumediennes (27. Dez. 1978) wurde Oberst Bin Dschadid Schadli von der Armee- und Parteiführung als Nachfolger im Staatspräsidentenamt vorgeschlagen und im Febr. 1979 durch Volksabstimmung bestätigt. Außenpolit. spielt A. eine maßgebl. Rolle in der „Gruppe der 77“ (d.h. bei der Formulierung einer neuen Weltwirtschaftsordnung), in der OPEC, der Arab. Liga und der OAU. Bei engem Kontakt zur Sowjetunion strebt A. auch gute Beziehungen zu China an. Die alger. Unterstützung der Befreiungsfront FPOLISARIO, die einen eigenen Staat in der Westsahara errichten will, führte seit Dez. 1975 zur militär. und polit. Konfrontation mit Marokko.

Politisches System: Nach der am 19. Nov. 1976 vom Volk gebilligten Verfassung ist A. eine präsidiale Republik mit Einheitspartei, die sich zum revolutionären Sozialismus bekennt und den Islam als Staatsreligion anerkennt. *Staatsoberhaupt* und Inhaber der *Exekutive* ist der auf 6 Jahre (bei unbeschränkter Wiederwahlmöglichkeit) direkt vom Volk gewählte Staatspräs., der Muslim und älter als 40 Jahre sein muß. Der Präsidentschaftskandidat wird vom Kongreß der Einheitspartei nominiert. Der Staatspräs. leitet die gemeinsamen Sitzungen der Partei und der Exekutive. Er ist Oberbefehlshaber der Streitkräfte, ernennt die Min. und leitet den Ministerrat. Er kann einen Vizepräs. und einen Min.präs. ernennen, an die er einige seiner Befugnisse delegieren kann. Organ der *Legislative* ist die Nat. Volksversammlung (261 Mgl., vom Volk auf 5 Jahre gewählt). Die Kandidaten werden von der Parteiführung nominiert. Ausgenommen vom Gesetzgebungsrecht der Nat. Volksversammlung ist die Landesverteidigung. In den Sitzungspausen kann der Staatspräs. Dekrete erlassen, die jedoch der nachträgl. Billigung durch die Nat. Volksversammlung bedürfen. Einzige *Partei* ist die Front de Libération Nationale (FLN, Nat. Befreiungsfront), deren Führung die Politik des Landes ausrichtet und kontrolliert. Ihre höchsten Organe sind Zentralkomitee, Polit. Büro und der Generalsekretär, der zugleich Staatspräs. ist. Dachverband der *Gewerkschaften* ist die Union Générale des Travailleurs Algériens (rd. 300 000 Mgl.). *Verwaltungsgliederung:* Die Wilajas (früher Departements) und Gemeinden haben jeweils gewählte Volksversammlungen. Doch unterstehen die Präfekten und Exekutivräte der Wilajas der Zentralregierung. Das *Rechtswesen* ist noch uneinheitl.; z. T. gelten islam. und frz. Recht nebeneinander (Zivilrecht), z. T. ausschließl. frz. Recht (Strafrecht). Die *Streitkräfte* umfassen rd. 139 000 Mann (Heer 120 000, Luftwaffe 12 000, Marine 7 000); daneben gibt es rd. 30 000 Mann paramilitär. Kräfte.

🕮 *Elsenhans, H.: A. Koloniale u. postkoloniale Reformpolitik. Hamb. 1977. - Münchhausen, T. v.: Kolonialismus u. Demokratie. Die frz. A.politik v. 1945–1962. Mchn. 1977. - Eichler, G.: Algeriens Sozialökologie 1955–1970. Vom Kolonialismus zur nat. Unabhängigkeit. Kassel 1976. - Elsenhans, H.: Frankreichs A.krieg 1954–1962. Mchn. 1974.*

Algọnkin, i. e. S. ein kleiner subarkt. Jägerstamm am Ottawa River, Kanada, i. w. S. eine der großen indian. Sprachfamilien N-Amerikas mit zahlr. Stämmen: zu den *Nördl. A.* gehören u. a. die A., Cree, Naskapi, Ottawa. Die *Östl. A.* (u. a. Micmac, Deleware) lebten an der atlant. Küste von Neufundland bis Georgia; sie wurden als erste von den europ. Kolonisten dezimiert oder nach W abgedrängt. Zu den *Zentralen A.* im Mittleren W der USA zählen u. a. Potawatomi, Illinois, Miami. Die *Westl. A.* waren in die Prärien und Great Plains abgewanderte Gruppen; zu ihnen gehören u. a. die Cheyenne, Blackfoot, Gros Ventres.

🕮 *Dräger, L.: Formen der lokalen Organisation bei den Stämmen der Zentral-A. Bln. 1968.*

Alhambra [span. a'lambra] (arab. Al Hamra), umfangreiche Feste der maur. Nasridenherrscher (erbaut im 13. und 14. Jh.), auf einem Bergrücken oberhalb von Granada gelegen. - 1492 wurden Granada und die A. von König Ferdinand von Aragonien erobert.

A̲li, Mohammed, * im Dez. 1878, † London 4. Jan. 1931, ind. Politiker. - Bekannt als der *Maulana;* Führer der ind. Muslime in der Unabhängigkeitsbewegung; 1915–19 interniert, 1921–23 inhaftiert; trat bis zuletzt für eine Lösung des Muslim-Hindu-Problems ein.

A., Mohammed, * Barisal 19. Okt. 1909, † Dacca 23. Jan. 1963, pakistan. Politiker. - Wiederholt Min., wesentl. Verdienste um Aufbau und staatl. Einheit Pakistans, 1953–55 Min.präs., 1955–59 Botschafter in Washington, 1959–62 in Tokio; 1962/63 Außenmin.

A̲li Ibn Abi Talib, * Mekka um 600, † Al Kufa 24. Jan. 661, 4. Kalif (seit 656). - Vetter und Schwiegersohn des Propheten Mohammed (∞ mit dessen Tochter Fatima). Nach der Ermordung des 3. Kalifen, Othman, erwählt, gelang es ihm nicht, sich gegen den Statthalter von Syrien, Muawija, durchzusetzen. Ein Schiedsgericht bestritt sein Recht auf das Kalifat; starb an den Folgen eines Attentats. Sein angebl. Grab in An Nadschaf (Irak) ist Wallfahrtsort und Zentrum von Theologie und Rechtsgelehrsamkeit der Schiiten.

🕮 *Petersen, E. L.: 'Ali and Mu'awiya in early Arabic tradition. Engl. Übers. Kopenhagen 1964.*

Alianza para el Progreso [span. a'li̯ansa 'para ɛl pro'ɣreso] ↑ Allianz für den Fortschritt.

Alianza Popular Revolucionaria Americana [span. a'li̯ansa popu'lar rrɛβolusi̯o'nari̯a ameri'kana], Abk. APRA, 1924 von V. R. ↑ Haya de la Torre gegr. lateinamerikan. antiimperialist. polit. Erneuerungsbewegung, die in Ablehnung oligarch. wie diktator. Herrschaft über Landreform, Industrialisierung, Arbeitsschutz und Eingliederung der Indianer in die moderne Zivilisation zur polit. und wirtsch. Einheit eines „Indoamérica" führen soll. 1931 in Peru erstmals parteipolit. organisiert, Vorbild der demokrat.-sozialrevolutionären Massenparteien Lateinamerikas.

Ali̲den, Nachkommen von ↑ Ali Ibn Abi Talib; bilden in den islam., bes. den schiit. Ländern eine Art religiösen Adels. Alid. Herrscherdynastien: Hassaniden, Fatimiden, Safawiden, Zaiditen.

A̦li Ji̦nnah ↑ Dschinnah, Mohammad Ali.

A̦li Kha̲n, Liaquat ↑ Liaquat Ali Khan.

A̦li Pa̦scha, eigtl. Muhammad Amin Ali, (türk. Mehmet Emin Ali Paşa), * Konstantinopel 5. März 1815, † Bebek 7. Sept. 1871, osman. Politiker. - Wiederholt Außenmin. und Großwesir; bed. Vertreter der Reformen, arbeitete eng mit Fuad Pascha zusammen.

Alişar Hüyük [türk. ɑli'ʃɑr hy'jyk], Ruinenhügel in Inneranatolien, 100 km nördl. von Kayseri; seit dem 3. Jt. v. Chr. besiedelt; alter Stadtname **Ankuwa;** amerikan. Ausgrabungen (1927–32), bed. für die Erschließung der Frühgeschichte Kleinasiens.

Aljubarrota [portugies. alʒuβɐ'rrotɐ], portugies. Ort, 25 km ssw. von Leiria, 4 800 E. Töpfereiind. - In der Schlacht bei A. sicherte Johann I. von Portugal 1385 die Unabhängigkeit Portugals.

Alkạzar (Alcázar) [arab. „die Burg"], span. Bez. für Burg, Feste, Schloß, Palast, z. B. in Sevilla und Toledo.

Alkibi̲ades (lat. Alcibiades), * um 450, † Melissa (Phrygien) 404, athen. Staatsmann und Feldherr. - Neffe des Perikles (in dessen Haus erzogen), Schüler des Sokrates. Nach dem Frieden des Nikias (421) vergebl. um Vernichtung Spartas bemüht; bewegte die Athener 415 zum Eingreifen in Sizilien, was die 2. Phase des Peloponnes. Krieges einleitete. Als einer der Strategen der Expedition des Hermenfrevels angeklagt und zurückbeordert; floh nach Sparta, wo er entscheidende Ratschläge zur Bekämpfung Athens erteilte, später zum pers. Satrapen Tissaphernes; schloß sich schließl. der demokrat. gesinnten athen. Flotte bei Samos an, die ihn zum Strategen wählte, und konnte 408 nach Seesiegen einen triumphalen Einzug in Athen feiern; ging, nach Mißerfolgen seines Postens enthoben, nach Thrakien, 404 nach Persien, wo er bald darauf ermordet wurde.

🕮 *Taeger, F.: A. Ffm. 1943.*

Alkmäoniden, angesehenes Geschlecht im alten Athen, das seinen Ursprung auf Alkmäon, eine mytholog. Gestalt, zurückführte. Übte v.a. im 6. Jh. v. Chr. beträchtl. Einfluß als entschiedener Gegner der Tyrannen aus (↑Kleisthenes).

Alkuin (Alcuinus, Alchvine), * York um 732, † Tours 19. Mai 804, angelsächs. Gelehrter. - Aus northumbr. Adel; seit 778 Lehrer an der Domschule in York, von Karl d. Gr. ins Frankenreich berufen, wurde zum Initiator der karolingischen Renaissance. Gilt als Vermittler des tradierten philosoph.-theolog. Wissens; versuchte die Artes liberales und die Philosophie in den Dienst der Theologie zu stellen.

🕮 *Edelstein, W.: eruditio und sapientia. Weltbild u. Erziehung in der Karolingerzeit. Unterss. zu Alcuins Briefen. Freib. 1965. - Wattenbach, W./Levison, W.: Deutschlands Geschichtsquellen im MA. Bearb. v. H. Löwe. H. 2. Weimar 1953.*

Alldeutsche, Anhänger einer Ende des 19. Jh. entstandenen polit. Bewegung, die die Forderung nach Stärkung des dt. Nationalbewußtseins mit völk. und imperialist. Zielsetzungen verbanden und zur Durchsetzung dt. Weltgeltung einen aggressiven Nationalismus propagierten. Organisator. 1894 im überparteil. **Alldeutschen Verband** (A. V.) zusammengefaßt, der für eine aktive Flotten- und Kolonialpolitik, für den Mitteleuropagedanken und im 1. Weltkrieg für ein extremes Annexionsprogramm zur Sicherung und Erweiterung „dt. Lebensraumes" eintrat. Nach 1918 agitierte der Alldt. Verband gegen die Weimarer Demokratie, forderte die Errichtung einer nat. Diktatur und - mit stark antisemit. Bezug - die Zurückdrängung „fremden Volkstums" und leistete so dem Nationalsozialismus Schrittmacherdienste. 1939 aufgelöst. - In *Österreich* entstand vor dem 1. Weltkrieg eine *alldt. Bewegung* als radikale Spielart der dt.-nat. Bewegung. In dem nach dem 1. Weltkrieg gegr. **Alldt. Verband in Österreich** (AVÖ) sammelten sich die Anhänger der Anschlußbewegung; 1934 verboten.

🕮 *Kruck, A.: Gesch. des A. Verbandes 1890–1939. Wsb. 1954.*

Allenby, Edmund Henry Hynmann [engl. 'ælənbɪ], Viscount of Megiddo and Felixstowe, * Brackenhurst bei Southwell 23. April 1861, † London 14. Mai 1936, brit. Feldmarschall. - Eroberte 1917/18 Palästina; 1919–25 Hoher Kommissar in Ägypten.

Allende Gossens, Salvador [span. a'jende 'ɣosens], * Valparaiso 26. Juli 1908, † Santiago de Chile 11. Sept. 1973, chilen. Politiker. - Arzt; 1933 Mitbegründer der Sozialist. Partei; 1937 Abg., seit 1945 Senator, seit 1964 Oppositionsführer; vertrat als Präs. seit 1970 ein sozialist. Wirtschaftsprogramm; 1973 von den Militärs gestürzt; kam bei der Erstürmung des Präs.palastes auf bisher ungeklärte Weise ums Leben.

Allerchristlichster König (lat. Rex christianissimus), Kurialfloskel für ma. Herrscher; vom 13. Jh. ab von den frz. Königen beansprucht; fand im 15. Jh. als Bestandteil allein des frz. Königstitels („roi très chrétien") grundsätzl. Anerkennung.

Allergläubigste Majestät (lat. Rex fidelissimus), von Papst Benedikt XIV. 1748 Johann V. verliehener Titel der Könige von Portugal.

Allerkatholischste Majestät ↑Katholisches Königspaar.

Allgemeine Deutsche Biographie, Abk. ADB, von R. von Liliencron und F. X. von Wegele 1875 bis 1912 in Leipzig hg. Biographiensammlung des dt. Sprachbereichs (56 Bände mit Generalregister; rd. 26 300 Biographien). Fortgesetzt durch das „Biograph. Jahrbuch und dt. Nekrolog für 1896–1913", hg. von A. Bettelheim (18 Bände sowie Register, 1897–1917), sowie durch das „Dt. biograph. Jahrbuch für 1914–29" (1925–32). Eine Neubearbeitung erscheint u. d. T. „Neue Dt. Biographie" (NDB), 1953 ff., hg. von der Bayer. Akademie der Wissenschaften.

Allgemeiner deutscher Arbeiterverein, Abk. ADAV, 1863 gegr. Partei, unter Führung F. Lassales erste selbständige dt. Arbeiterpartei, schloß sich 1875 mit der Sozialdemokrat. Arbeiterpartei zur Sozialist. Arbeiterpartei Deutschlands zusammen.

Allgemeiner Deutscher Frauenverein, 1865 u. a. von L. Otto-Peters und A. Schmidt gegr. erster dt. Frauenverein; Ziele: v. a. die organisator. Weiterentwicklung der ↑Frauenbewegung, Verbesserung der schul. und berufl. Ausbildungsmöglichkeiten, nach 1918 die polit. Gleichberechtigung der Frau.

Allgemeiner Deutscher Gewerkschaftsbund, Abk. ADGB, 1919–33 Spitzenverband der freien Gewerkschaften (↑Gewerkschaften).

Allgemeines Landrecht [für die preuß. Staaten], Abk. ALR, 1794 (nach Abänderung einer Fassung von 1791) in Kraft getretene Kodifikation des gesamten preuß. Rechts. Es umfaßte in über 19 000 Paragraphen das Zivil- und Strafrecht und behandelte Fragen des Verwaltungs- und Verfassungsrechts. Es blieb in weiten Teilen Preußens bis 1899 in Kraft. Neben bürgerl.-rechtl. Vorschriften, die als Landesrecht fortgelten, haben insbes. öffentl.-rechtl. Bestimmungen (als Gewohnheitsrecht über das Gebiet des ehem. Preußen hinaus) noch heute Bed., so v. a. § 10, II, 17 (Umschreibung der polizeil. Eingriffsermächtigung).

Koselleck, R.: Preußen zw. Reform u. Revolution. A. L., Verwaltung u. soziale Bewegung v. 1791 bis 1848. Stg. ²1975. - Conrad, H.: Die geistigen Grundll. des A. L. f. d. p. S. v. 1794. Köln u. Opladen 1958.

Allgemeine Zeitung, 1798 von J. F. Freiherr Cotta von Cottendorf gegr. und hg. Tageszeitung, galt, im allg. gemäßigt liberal, bis 1850 als wichtigste dt. Zeitung; erschien bis 1914, zuletzt nur noch monatl.

Alliance Démocratique [frz. aljã:sdemɔkra'tik], Abk. A. D., ↑Demokratische Allianz.

Alliance for Labor Action [engl. ə'laɪəns fə 'lɛɪbə 'ækʃən], Abk. ALA, amerikan. Gewerkschaftsverband, 1968 gegr. (↑auch Gewerkschaften).

Alliance for Progress [engl. ə'laɪəns fə 'proʊgrɛs] ↑Allianz für den Fortschritt.

Alliance Israélite Universelle [frz. aljã:sɪsraelitynivɛr'sɛl], Abk. AIU, 1860 gegr. jüd. Hilfsorganisation mit dem Ziel, weltweit für die Gleichstellung der Juden zu arbeiten, Judenverfolgungen zu verhindern und jüd. wiss. Publikationen zu unterstützen. Sitz: Paris.

Allianz [frz.; zu lat. alligare „verbinden"], völkerrechtl. Bez. für ein Bündnis zw. Staaten, v.a. im 17. und 18. Jh.; meist nach Umfang oder Zahl der A.partner ben. (3 Partner: Tripelallianz; 4 Partner: Quadrupelallianz); anderen Charakter hatte die ↑Heilige Allianz.

Allianz für den Fortschritt (engl. Alliance for Progress; span. Alianza para el Progreso), 1961 in Punta del Este geschlossenes Bündnis der USA mit den lateinamerikan. Staaten (außer Kuba) zur Förderung der Entwicklung Lateinamerikas.

Allianzwappen, zwei Wappen, die einander zugekehrt sind (Heirats-, Ehe-, Zweischildwappen). - ↑Wappenkunde (Übersicht).

Alliierte, Bez. für die durch formelle Allianz verbündeten Mächte im Kampf gegen Napoleon I. (1813–15) sowie v. a. für die Gegner der Mittelmächte im 1. Weltkrieg und der Achsenmächte im 2. Weltkrieg; nach 1945 v.a. Bez. für die „Großen Vier" (Frankr., Großbrit., UdSSR, USA). **A. und assoziierte Mächte,** erweiterte Bez. für die A. des 1. Weltkrieges und die auf ihrer Seite im wesentl. 1917/18 ohne Bündnisvertrag in den Krieg eingetretenen Staaten.

Alliierte Hohe Kommandantur Berlin, gemeinsames Organ der vier Besatzungsmächte für Berlin seit Juli 1945. Wegen Funktionsunfähigkeit tagen die westl. Stadtkommandanten seit Juni 1948 ohne den Vertreter der UdSSR.

Alliierte Hohe Kommission, Abk. AHK, oberstes Organ der drei Westmächte für die BR Deutschland und die Westsektoren von Berlin während der Geltungsdauer des Besatzungsstatuts vom 21. Sept. 1949 bis 5. Mai 1955 mit Sitz auf dem Petersberg bei Königswinter; bestand aus den drei Hohen Kommissaren.

Alliierter Kontrollrat, am 8. Aug. 1945 gebildetes oberstes Regierungsorgan der Besatzungsmächte (Frankr., Großbrit., UdSSR, USA), das sich aus deren 4 Oberbefehlshabern in Deutschland zusammensetzte. Die Aufgaben des A. K., die in der Entscheidung aller Deutschland als Ganzes angehenden Fragen und der Gewährleistung eines einigermaßen einheitl. Vorgehens der 4 Befehlshaber lagen, konnten angesichts der zunehmenden Meinungsverschiedenheiten unter den Besatzungsmächten nur beschränkt wahrgenommen werden. Trat seit März 1948 nicht mehr zusammen.

Allmende [mittelhochdt. „was allen gemeinsam gehört"] (östr. Agrargemeinschaft), Ländereien, meist aus Weide, Wald oder Ödland bestehend, die den Mgl. einer Gemeinde zur gemeinschaftl. Nutzung zustehen. Die A. hat sich histor. aus german. Siedlungsformen entwickelt, doch ist dieser Prozeß durch die bisherige Forschung nur zum Teil geklärt. Die Aufteilung der A. und ihre Überführung in Privateigentum erfolgte erst im Zuge der Agrarreformen des 19. Jh. Von Bed. ist die A. heute v.a. noch in der Schweiz und in S-Deutschland (überwiegend forstwirtschaftl. Nutzung oder Gebirgsweiden).

Allobroger (lat. Allobroges), größter kelt. Volksstamm der röm. Prov. Gallia Narbonensis zw. Rhone, Isère, Genfer See und Grajischen Alpen mit der Hauptstadt Vienna (= Vienne); 121 v. Chr. von den Römern unterworfen; Empörungsversuch 61 v. Chr.

Allod [mittellat.], 1. lehnsrechtl. Bez. für volleigenen Besitz innerhalb des Gesamtbesitzes; stand seit der Karolingerzeit als Nichtlehen meist in Ggs. zu Lehen. 2. In M- und O-Deutschland schon im Spät-MA Bez. für einen adligen Wirtschaftshof, auch wenn er lehnbar war.

Allodialgüter [mittellat./dt.], in der Neuzeit Privatvermögen fürstl. Familien zum Unterschied von Staatsgütern.

Allodifizierung (Allodifikation) [mittellat.], Umwandlung eines Lehens in ein Allod.

Allon, Jigal, * Kefar-Tavor (Palästina) 10. Okt. 1918, † Afula 29. Febr. 1980, israel. Politiker. - Mgl. des rechten Flügels der Mapai; 1961–69 (mit Unterbrechung) Arbeitsmin.; 1968–77 stellv. Min.präs.; 1969–74 Erziehungsmin., 1974–77 Außenminister.

Almagro, Diego de, * Almagro 1475, † Cuzco Juli 1538, span. Konquistador. - Als Findelkind nach seinem Geburtsort benannt; eroberte 1531–33 mit Pizarro Peru; 1535–37

Eroberungen in Chile; danach Kampf mit Pizarro um Cuzco; nach Gefangennahme erdrosselt.

Almeida [portugies. al'mɐiðɐ], Antonio José de, * Vale da Vinha 18. Juli 1866, † Lissabon 30. Okt. 1929, portugies. Politiker. - Arzt; 1910 maßgebl. am Sturz der Monarchie beteiligt; Innenmin. einer provisor. Regierung, 1916/17 Min.präs.; 1919–23 Präs. der Republik.

A., Francisco de, * Lissabon um 1450, ⚔ an der Saldanha Bay (Südafrika) 1. März 1510, portugies. Eroberer. - Breitete als 1. portugies. Vizekönig in Vorderindien (seit 1505) die portugies. Herrschaft über dessen W-Küste aus und erzwang durch den Seesieg über Araber und Ägypter bei Diu 1509 das Monopol im Gewürzhandel.

Almeríakultur, nach der span. Prov. Almería benannte neolith. Kulturgruppe an der span. SO-Küste; ihre Kollektivgräber gelten als Vorläufer der Megalithgräber.

Almgren, Oscar, * Stockholm 9. Nov. 1869, † Uppsala 13. Mai 1945, schwed. Prähistoriker. - Prof. in Uppsala, bed. Forschungen bes. über skand. bronzezeitl. Felsbilder und die german. Kultur der Eisenzeit.

Almohaden (arab. Al Muwahhidun „die Bekenner der göttl. Einheit"), span.-arab. Dynastie 1147–1269, hervorgegangen aus der gleichnamigen, von Muhammad Ibn Tunart gegr. religiösen Bewegung. 1147 Sieg über die Almoraviden, dann Eroberung des muslim. Spanien (neue wirtsch. und kulturelle Blüte); konnten nach 1212 Spanien nicht mehr lange halten; 1269 von den Meriniden in Marokko gestürzt.

Almonde, Philips van, * Den Briel 29. Dez. 1644, † Oegstgeest (= Leiden) 8. Jan. 1711, niederl. Admiral. - Erfocht als Befehlshaber des niederl. Teils der niederl.-engl. Flotte den Sieg über die Franzosen bei La Hogue 1692; zerstörte 1702 bei Vigo die span. Silberflotte.

Almonte, Juan Nepomuceno, * Valladolid 1804, † Paris 22. März 1869, mex. General und Politiker. - Betrieb im Kampf gegen B. Juárez die frz. Expedition nach Mexiko; 1863 Präs. des Regentschaftsrats des mex. Kaiserreiches; floh nach der Erschießung Kaiser Maximilians nach Europa.

Almoraviden (arab. Al Murabitum), Dynastie berber. Herkunft in Marokko und Spanien 1061–1147; hervorgegangen aus einem am Senegal zur Islamisierung der Berber gegr. Missionsorden; eroberten Marokko, ab 1090 das muslim. Spanien; 1147 von den Almohaden gestürzt.

Alp Arslan, * 1030, † in Transoxanien im Jan. 1073 (ermordet), Sultan aus der Seldschukendynastie (seit 1063). - Dehnte seine Herrschaft von Persien nach Syrien aus; Sieg über Byzanz 1071; brachte den größten Teil Kleinasiens in seine Gewalt.

Alpenbund, Kampfbund v. a. geflüchteter Tiroler in Österreich 1812/13; beabsichtigte von den 1805/09 verlorenen Alpenländern aus eine europ. Erhebung gegen die Herrschaft Napoleons I.; geplanter Aufstand von Metternich 1813 vereitelt.

Alpenjäger, 1. von Garibaldi 1859–62 organisierte Freischarbrigaden; 2. dt. Bez. für die Gebirgstruppen Italiens (**Alpini**) und Frankreichs (**Chasseurs alpins**).

Alpera, span. Dorf, westl. von Almansa, bei dem 1910 bed. mesolith. Felsmalereien entdeckt wurden (naturgetreue und proportionsgerechte Menschendarstellungen).

ALR, Abk. für: ↑**A**llgemeines **L**and**r**echt [für die preußischen Staaten].

Alsace [frz. al'zas] ↑Elsaß.

altamerikanische Kulturen, Gesamtheit der kulturellen Manifestationen der Indianer, die vor der Entdeckung Amerikas entstanden. Während die frühen Funde in N-Amerika noch umstritten sind (Vorgeschoßspitzen-Horizont), wurden in S-Amerika um 12000 v. Chr. datierte Komplexe festgestellt. Auf sie folgten die als paläoindian. bezeichneten Traditionen. Typ. sind die Llano- und Lindenmeiertraditionen (9500 bis 8000) im SW und in den Prärien N-Amerikas mit ihrer Betonung der Jagd. In anderen Räumen spielte dagegen das Sammeln eine bedeutendere Rolle. Eine Differenzierung hielt auch in der Folgezeit an und führte zur Entstehung kultureller Großräume („areas"), deren wichtigste (zusammengefaßt als „Kernamerika") sich entlang der pazif. Küste von N-Mexiko bis Nordchile erstreckten: Mesoamerika, Zentralamerika, Zwischengebiet, zentrales Andengebiet. Hier erlebten die indian. Kulturen ihre höchste Blüte, von hier drangen kulturelle Errungenschaften in die Nachbarräume ein. Die Großräume, deren Begrenzungen im Laufe der Geschichte nicht konstant waren, weisen erhebl. Unterschiede auf; jeder Großraum führte ein kulturelles Eigenleben, das sich in dem nur für einen Raum zutreffenden Rhythmus im Ablauf der Entwicklung manifestiert. Die einen Großraum bildenden Regionen waren dabei oft selbständig und wurden nur zeitweise zu einer Einheit verschmolzen, z. B. im zentralen Andengebiet während der Chavínkultur, der Wari- und Inkareiche. Religiöse oder polit. Bewegungen waren meist der Anlaß solcher kultureller Integrationen. Zu einer Vereinheitlichung aller Kernamerika bildenden Großräume ist es nie gekommen. Allerdings haben sich in früher Zeit gewisse Kulturelemente im ganzen Raum und darüber hinaus verbreitet. Das zeigt u. a. das Vorkommen einiger Kulturpflanzen mit unterschiedl. Entstehungszentren in weiten Teilen Amerikas (Bohnen, Paprika u. a.). Mais z. B. wurde bereits um 5000 v. Chr. im Tal von Tehuacán in Mexiko kultiviert. Von hier drang er nach N und S vor, hatte um 2000

v. Chr. die peruan. Küste und den SW N-Amerikas erreicht und läßt sich ab 500 v. Chr. im Ohiogebiet nachweisen. Möglicherweise breitete sich von einem Ursprungsort über fast ganz Amerika die Keramik aus, deren älteste Vorkommen bisher um 3 200 v. Chr. (Ecuador, Kolumbien) nachgewiesen wurden. Dörfl. Siedlungen traten in allen Großräumen auf, z. T. schon vor Beginn intensiven Feldbaus: im zentralen Andengebiet ab 2500 v. Chr., in Mesoamerika ab 3000 v. Chr.; von hier Ausbreitung der permanenten Siedlungsweise in benachbarte Gebiete, z. B. von Mesoamerika in das Pueblogebiet des sw. N-Amerika. Im O N-Amerikas scheinen bereits im 2. Jt. v. Chr. Dauersiedlungen bestanden zu haben, semipermanente Siedlungen schon um 5000 v. Chr. Städte blieben Kennzeichen Kernamerikas: in Mesoamerika seit etwa 200 n. Chr. (↑Teotihuacán), in Zentralmexiko (↑Tolteken; ↑Azteken), auch im S nicht unbekannt (↑Maya; ↑Zapoteken). Ihre Entwicklung ging nicht von Dörfern aus, sondern von den für Mesoamerika typ. Tempelzentren, die erstmalig in der La-Venta-Phase (↑Venta, La) der südl. Golfküste (seit etwa 1000 v. Chr.) auftreten. Erste Städte im zentralen Andengebiet um 200 n. Chr. im südl. Hochland (↑Tiahuanaco), mit Ausbreitung des Warireiches auch in anderen Regionen des Großraums; Ansätze zum Städtebau auch im Zwischengebiet. Eng im Zusammenhang mit der Städtebildung stand die Schaffung ausgedehnter Reiche in beiden Großräumen (Wari; Inka; Teotihuacán; Azteken). In einigen der nordamerikan. Großräume verlief die Entwicklung unter Einflußnahme aus Kernamerika; früh im Pueblogebiet des SW (Anasazitradition), spät (ab 1000 n. Chr.) im O (Mittel-Mississippi). Alle anderen Großräume der USA und Kanadas haben keine direkten Beeinflussungen aus Kernamerika erfahren. Die a. K. brachten schon früh künstler. hochstehende Keramik, Textilkunst und später auch Halbedelstein- und Goldschmiedearbeiten hervor. Als Mutterkultur aller Künste gilt die Kultur der sog. ↑Olmeken (La Venta), ebenfalls an der Golfküste entstand - bed. später - die Kultur von El ↑Tajín. In Peru folgten aufeinander mit bed. künstler. Manifestationen die Chavínkultur (↑Chavín de Huantar), die Paracaskultur und die Kultur von ↑Nazca, schließl. die Huarikultur, die von ↑Tiahuanaco (Bolivien) Stilelemente übernahm. Im Hochland von Mexiko blühten die künstler. außerordentl. schöpfer. Kulturen von ↑Teotihuacán, der ↑Tolteken und der ↑Maya, außerdem befand sich hier ↑Monte Albán, später Hauptstadt der ↑Zapoteken, denen dann die ↑Mixteken die Herrschaft über das Tal von Oaxaca streitig machten, schließl. übernahmen die ↑Azteken das künstler. und kulturelle Erbe. Im Andengebiet breitete sich die Inkakultur aus. - Tafel S. 68.

🕮 *Alcina, G.: Die Kunst des alten Amerika. Dt. Übers. Freib. 1979. - Trimborn, H./Haberland, W.: Die Kulturen Alt-Amerikas, Ffm. 1969. - Lothrop, S. K.: Das vorkolumbian. Amerika u. seine Kunstschätze. Dt. Übers. Genf 1964.*

Altamira, Höhle bei Santillana (Prov. Santander, Spanien), in der 1879 Malereien und Gravierungen überwiegend aus dem ↑Magdalénien entdeckt wurden. Erst 1902 von der Forschung in ihrer Bed. erkannt. Nachbildung der Höhlendecke des sog. Bisonsaals (maßstabgerecht) im Dt. Museum in München.

Altbayern, Bez. für die Gebiete des B.-landes Bayern, die das Kurfürstentum vor 1803 bzw. vor 1777 umfaßte, etwa die heutigen Reg.-Bez. Oberbayern, Niederbayern, Oberpfalz.

Altenburg, durch Wallanlagen befestigtes Basaltplateau bei Niedenstein nahe Kassel, Hessen; kelt. Stadtanlage (Oppidum) der jüngeren La-Tène-Zeit (um 50 v. Chr. zerstört).

Altenstein, Karl Freiherr von Stein zum, * Schalkhausen bei Ansbach 1. Okt. 1770, † Berlin 14. Mai 1840, preuß. Politiker. - Geriet mit K. Reichsfreiherr von und zum Stein als dessen Berater in Gegensatz und betrieb dessen Sturz; 1808–10 Finanzmin.; bestimmte als Chef des neuerrichteten Ministeriums für Kultus, Unterricht und Medizinalwesen 1817–38 nachhaltig die preuß. Kulturpolitik: Ordnung und Ausbau der Elementarschulen, Lehrerseminare; Ausdehnung der Schulpflicht auf das gesamte Staatsgebiet (1825); Förderung von Gymnasien und Universitäten.

Alter Dessauer ↑Leopold I. von Anhalt-Dessau.

Alternat [zu lat. alternare „abwechseln"], völkerrechtl. Übung bei der Unterzeichnung von Staatsverträgen: jeder Beteiligte wird in der für ihn bestimmten Ausfertigung zuerst aufgeführt und unterzeichnet diese Ausfertigung zuerst.

Alter Orient, Bez. für Vorderasien einschließl. Ägypten in vorhellenist. Zeit; umfaßt Iran, Mesopotamien, Armenien, Kleinasien, Syrien, Palästina und das Niltal (bis Khartum). Aus sehr früher Besiedlung entstanden um etwa 3 000 v. Chr. die großen Hochkulturen des A. O.: Ägypten (↑ägyptische Geschichte), ↑Sumer, ↑Babylonien u. ↑Assyrien. Am Rande dieser Kulturräume entwickelten sich weitere eigenständige Staaten, v. a. ↑Elam, die Reiche der ↑Churriter und der ↑Hethiter, ↑Urartu und das Reich von ↑Meroe. Daneben gab es v. a. in Syrien-Palästina eine Vielzahl kleinerer Staaten. Als Alexander d. Gr. den Staat der Achämeniden eroberte (334–331), begann die Hellenisierung des A. O., der aber in den Traditionen der hellenist. Antike und des Christentums fortwirkte.

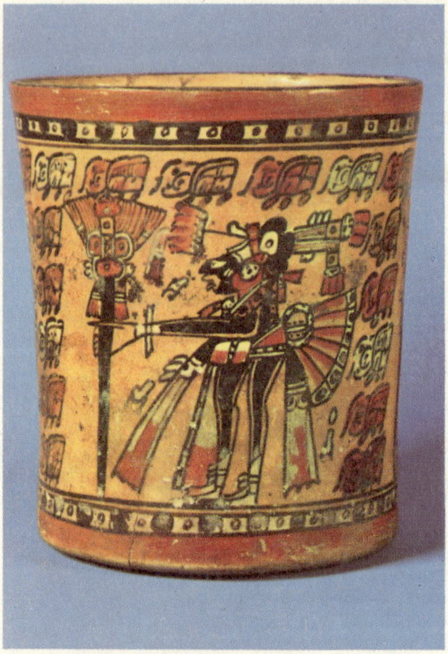

Tongefäß der Maya
(gefunden in Zentralguatemala)

Opfergefäß in Form eines Jaguars aus
Lavagestein (gefunden in Mexiko)

Kopf eines Gottes aus bemaltem Ton
(der Mixtekenkultur zugehörend)

Sitzfigur eines Priesters des
aztekischen Gottes Xipe Totec (Mexiko)

Tongefäß mit zwei Ausgüssen (der Nazca-
kultur zugehörend; gefunden in Südperu)

🕮 *Die Altoriental. Reiche. Hg. v. E. Cassin u.a. Dt. Übers. Ffm. 5–71978–80. 3 Bde. - Der A. O. Bearb. v. W. Orthmann u.a. Bln. 1975. - Schmökel, H./Otten, H., u.a.: Kulturgesch. des A. O. Stg. 1961. - Schmökel, H.: Gesch. des alten Vorderasien. Leiden 1957.*

Alterspräsident, in neugewählten Körperschaften (v. a. Parlamenten) ältestes Mgl., das bis zum Amtsantritt eines gewählten Präs. den Vorsitz in der Versammlung führt.

alter Stil ↑Zeitrechnung.

Altertum, Zeitraum zw. schriftloser Prähistorie (vom Beginn erster schriftl. Aufzeichnungen im Alten Orient um 3000–2800) und europ. MA (bis zum Ausgang der griech.-röm. Antike im 4.–6. Jh.), räuml. begrenzt auf die Randgebiete des Mittelmeers mit den vorgelagerten Ländern in Europa und Asien.
Entwicklung des Begriffes: Im 19. Jh. trat im Gefolge von Romantik und Historismus eine Vertiefung des (nach nur unklaren Vorstellungen vom A. im MA) in der Zeit des Humanismus und der Renaissance konturierten A.begriffes durch Erschließung neuer Quellengruppen ein. Durch die Entzifferung von Schriften und Sprachen kam es zu einer Erweiterung des A.begriffes in zeitl. und räuml. Hinsicht, so daß sich heute das A. als die Geschichte zweier Kulturkreise darstellt, des vorderasiat.-ägypt. und des griech.-röm., nebst den dazugehörigen, vom A. beeinflußten Randkulturen in Europa, Asien und Afrika. Man spricht daher vom vorderasiat.-mediterranen A.begriff. - Zum A.begriff der marxist. Geschichtsforschung ↑Sklavenhaltergesellschaft.
Periodisierung: Die eingebürgerte Hauptgliederung unterteilt die Geschichte des A. in Geschichte des Alten Orients, Griechenlands und des Hellenismus, Roms und des Imperium Romanum. Der Alte Orient wird einmal nach Völkern, zum andern nach grob durch die Jt.grenzen bezeichneten Zeitabschnitten gegliedert. Die griech. Geschichte wird periodisiert nach der kret.-myken. Zeit (1900–1100), der Übergangszeit (1100–800), dem Archaikum (800–500), der klass. und nachklass. Zeit (500–336) und dem Hellenismus (336–30 v. Chr.). Die röm. Geschichte zerfällt in die Königszeit (bis etwa 500/470), in die Zeit der Republik (bis 27 v. Chr.) und in die Kaiserzeit (27 v. Chr.–476). Der Übergang zum MA ist fließend, wobei entweder einzelne Jahre oder ganze Perioden zw. 193 (Beginn der Severerdynastie) und Karl dem Großen (768–814) angenommen werden.
Bedeutung: Die bleibende Wirkung des A. beruht v. a. auf vier großen Leistungen: Erfindung der Schrift, Ausbildung der Stadtzivilisation, Entwicklung organisierter Staatswesen, Schöpfung einer in vielen Bezügen überzeitl. geistigen Kultur.
🕮 *Werner, R.: Über Begriff u. Sinn der Gesch. des A. In: Gesch. in Wiss. u. Unterricht 21 (1970). - Taeger, F.: Das A. Gesch. u. Gestalt der Mittelmeerwelt. Stg. 61966. - Rostovtzeff, M.: Gesch. der Alten Welt. Dt. Übers. Bremen 4–51961–70. 2 Bde. - Meyer, Eduard: Gesch. des A. Hg. v. H. E. Stier. Nachdr. Darmst. 5–91975–78. 5 Bde. in 8 Bden. - Kornemann, E.: Weltgesch. des Mittelmeer-Raumes. Von Philipp II. v. Makedonien bis Muhammed. Hg. v. H. Bengtson. Nachdr. Mchn. 1967. 2 Bde.*

Altertümer, Denkmäler (Zeugnisse) aus Vor- und Frühgeschichte eines Volkes oder einer Kultur, aus Altertum und MA.

Altertumswissenschaft, von F. A. Wolf geschaffene Bez. für die Summe aller Disziplinen zur Erforschung urspr. des klass. Altertums oder der griech.-röm. Antike, dann des gesamten Altertums unter Einbeziehung des Alten Orients und der antiken Randkulturen.

Älteste der Kaufmannschaft, regionale kaufmänn. Standesorganisationen in Preußen im 19. Jh.; aus den ma. Kaufmannsgilden entwickelt; Vorläufer der Handelskammern.

Ältestenrat, Organ des Dt. Bundestags, mit der Aufgabe, den Bundestagspräs. bei der Führung seiner Geschäfte zu unterstützen und eine Einigung der Fraktionen über den Arbeitsplan des Bundestages und die Tagesordnung der Plenarsitzungen herbeizuführen; er vereinbart ferner zu Beginn jeder Legislaturperiode die Besetzung der Stellen der Ausschußvors. durch die Fraktionen und beschließt seit 1969 auch alle inneren Verwaltungsangelegenheiten des Bundestags. Der Ä. setzt sich zusammen aus dem Präs., dem Vizepräs. und 23 MdB, die von den Fraktionen benannt werden.

Alte Welt, Bez. für die seit alters her bekannten Erdteile Asien, Afrika und Europa. Für Amerika wurde die Bez. **Neue Welt** geprägt.

Altflur, Bez. für die bereits vor der ma. Rodungsperiode gerodeten Teile der Feldflur.

Altgläubige (russ. Starowerzy) ↑Raskolniki.

Altheim, Franz, * Frankfurt am Main 6. Okt. 1898, † München 17. Okt. 1976, dt. Althistoriker. - 1936 Prof. in Halle, 1950–65 in Berlin (FU); schrieb u. a. „Weltgeschichte Asiens im griech. Zeitalter" (1947/48), „Geschichte der Hunnen" (1959–62).

Altheimer Gruppe, nach einem Fundort im Landkr. Landshut in Niederbayern ben. jungneolith. Fundgruppe.

Althing (isländ. alþing), isländ. gesetzgebende, in älterer Zeit auch rechtsprechende Versammlung.

Althoff, Friedrich Theodor, * Dinslaken 19. Febr. 1839, † Berlin-Steglitz 20. Okt. 1908, preuß. Politiker. - Bestimmte in führenden Stellungen im preuß. Kultusministerium wesentl. die preuß. Kulturpolitik um die Jh.wende; reformierte u.a. das Bibliothekswesen; stellte Gymnasien, Realgymnasien und Oberrealschulen gleich; wirkte für den Ausbau der preuß. Univ., wiss. Institute und die Gründung neuer TH.

Althusius (Althaus), Johannes, * Diedenshausen (Kreis Wittgenstein) 1557, † Emden 12. Aug. 1638, dt. Rechtslehrer und Politiker. - Anhänger der Munizipalselbstverwaltung und des Kalvinismus. Prof. in Herborn; seit 1604 Stadtsyndikus in Emden. Sein bed. Hauptwerk „Politica methodice digesta ..." (1603, [3]1614) ist eine schließl. dem polit. Kalvinismus angepaßte - auf der Basis unveräußerl. Majestätsrechte des Volkes und der von ihm delegierten, an die Gesetze gebundenen Herrschaftsgewalt - systemat., naturrechtl. Vertragslehre des durch ein neuformuliertes Widerstandsrecht geschützten polit. Gemeinwesens.

🕮 *Wolf, E.: Große Rechtsdenker der dt. Geistesgesch. Tüb. [4]1963. - Gierke, O. v.: J. A. u. die Entwicklung der naturrechtl. Staatstheorien. Aalen [5]1958.*

Altkastilien (span. Castilla la Vieja), histor. Prov. (Region) im mittleren und nördl. Spanien, erstreckt sich vom Golf von Biskaya bis zum Kastil. Scheidegebirge.
Geschichte: A. ist die Keimzelle des späteren Kgr. und urspr. Träger des Namens Kastilien, der dann auch für das sich vergrößernde Territorium galt. Der Name A. entstand im 15. Jh. zur Unterscheidung des nun zur Prov. gewordenen histor. Kernlands und des Gesamtreichs.

Altkatholiken (Alt-Katholiken), Angehörige einer kath. Reformkirche, die aus der Ablehnung des Dogmas von der Unfehlbarkeit des Papstes in Fragen der Glaubens- und Sittenlehre auf dem 1. Vatikan. Konzil (1869–70) hervorgegangen ist und v.a. die Stellung der Laien in der Kirche stärkte.

🕮 *Küry, U.: Die altkath. Kirche. Ihre Gesch., ihre Lehre, ihr Anliegen. Stg. 1966.*

Altkonservative, Gruppe preuß. Konservativer ab 1872, die sich im Ggs. zu den ↑Neukonservativen gegen die Reichspolitik Bismarcks wandten; betonten die einzelstaatl., bes. die preuß. Eigenständigkeit und lehnten den Kulturkampf strikt ab; gingen 1876 in der Deutschkonservativen Partei auf.

Altkordillerenkultur (Old Cordilleran Culture), über den NW N-Amerikas (N-Kalifornien bis Alaska) verbreitete paläoindian. Blattspitzentradition in früher nachpleistozäner Zeit.

Altliberale, allg. Bez. für gemäßigte Liberale zur Abgrenzung gegen radikale Linksliberale u. rechtsorientierte Nationalliberale; v.a. gebräuchl. für die gemäßigten Liberalen in Preußen ab 1848, die 1858 im Abg.haus die Mehrheit gewannen. 1861 spaltete sich eine linke Gruppe ab (↑Deutsche Fortschrittspartei). Die Reste der A., 1863 zur „konstitutionellen Fraktion" zusammengeschlossen, gingen nach 1866 zur Nationalliberalen oder zur Freikonservativen Partei über.

Altlutheraner, Mgl. der dt. luth. Freikirchen, die im 19. Jh. unter Protest gegen Unionsbestrebungen zw. reformierten und luth. Kirchen entstanden, wie sie von den Landesfürsten betrieben wurden.

Altmark, Landschaft westl. der Elbe, DDR, geht nach W in die Lüneburger Heide über, nach N in das Hannoversche Wendland.
Geschichte: Ende des 8. Jh. Einbeziehung in das fränk. Herrschaftsgebiet; ging im großen Wendenaufstand 983 verloren. 1134 erhielt Albrecht der Bär von Kaiser Lothar den Markgrafentitel als Amtslehen. Polit. teilte die A. nun das Schicksal der Markgft. Brandenburg. Kam 1807 an das Kgr. Westfalen, 1815 zur preuß. Prov. Sachsen, 1945 an das Land Sachsen-Anhalt; seit 1952 Teil des Bez. Magdeburg.

Altmeier, Peter, * Saarbrücken 12. Aug. 1899, † Koblenz 28. Aug. 1977, dt. Politiker. - 1945 Mitbegr. und bis 1966 Landesvors. der CDU, 1947–69 Min.präs. von Rhld.-Pfalz.

Altmühlgruppe, nach Fundplätzen im Altmühltal (Bayern) ben. mittelpaläolith. Fundgruppe in Süd- und Mitteldeutschland; kennzeichnender Steinwerkzeugtypus Blattspitzen; Verbindung zu osteurop. Kulturen.

Alto Adige [italien. 'alto 'a:didʒə] ↑Südtirol.

Altorientalistik, die Wiss. von Geschichte, Sprachen und Kulturen, denen der Gebrauch der ↑Keilschrift oder davon abgeleiteter Schriftsysteme gemeinsam ist. Die A. begann als Assyriologie, als Wiss. des alten Assyrien und Babylonien einschließl. der Gebiete Iran, Syrien, Kleinasien, und erweiterte sich zur A. mit der Erschließung weiterer Keilschriftsprachen wie des Sumer., Hethit., Churrit., Uratäischen, Elam., Ugaritischen. Spezialdisziplinen sind Sumerologie, Akkadistik, Hethilogie usw., auch z.B. Keilschriftrecht. Die vorderasiat. Archäologie ist heute in Deutschland ein eigenes Universitätsfach.

Altpaläolithikum ↑Paläolithikum.

Altpreußen, Bez. für das Gebiet des 1525 aus dem Staat des Dt. Ordens hervorgegangenen Hzgt. Preußen (Ostpreußen), auch für die Prov. des preuß. Staates, die vor 1806/07 zu ihm gehörten, v.a. Ost-, Westpreußen, Pommern, Brandenburg.

Altranstädt, Teil der Gemeinde Großlehna, 10 km sw. von Leipzig, Bez. Leipzig, DDR. Im **Frieden von Altranstädt** (1706) zw. Schweden und Sachsen schied August der Starke aus dem Nord. Krieg aus und entsagte der poln. Krone zugunsten von Stanislaus Leszczyński. - In der **Konvention von Altranstädt** (1707) mußte Kaiser Joseph I. Karl XII. von Schweden zur Verhinderung eines schwed.-frz. Kriegsbündnisses im Span. Erbfolgekrieg u.a. in Schlesien die Wiederherstellung der prot. Glaubensfreiheit und den Bau von 6 Gnadenkirchen zugestehen.

Altsiedelland, Gebiet, das eine kontinuierl. Besiedlung und Landnutzung seit der ältesten erkennbaren Besetzung des Raumes durch Siedler erfuhr, in M-Europa im allg. Gebiete, die vor der im 9. Jh. einsetzenden ma. Ausbauperiode bereits besiedelt waren.

Altsteinzeit, svw. ↑Paläolithikum.

Alvarado, Pedro de [span. alβa'raðo], * Badajoz 1485, † Guadalajara (Mexiko) 4. Juli 1541, span. Konquistador. - Nahm 1511 an der Eroberung Kubas, 1519–21 unter Cortez an der Eroberung Mexikos teil; unterwarf als dessen Stellvertreter und in dessen Auftrag 1524 Guatemala; 1527 zum Gouverneur und Generalkapitän von Guatemala ernannt.

Alvensleben, niedersächs. Adelsgeschlecht; als Ministerialen 1163 erstmals erwähnt; weitverzweigte Familie. Bed.:

A., Albrecht Graf von, * Halberstadt 23. März 1794, † Berlin 2. Mai 1858, preuß. Politiker. - Als Finanzmin. 1835–42 sehr erfolgreich; wahrte als Bevollmächtigter an den Dresdner Konferenzen 1850/51 energ. die Stellung Preußens gegenüber Österreich.

A., Gustav von, * Eichenbarleben bei Magdeburg 30. Sept. 1803, † Gernrode 30. Juni 1881, preuß. General. - Schloß 1863 die ↑Alvenslebensche Konvention.

Alvenslebensche Konvention, preuß.-russ. Abkommen vom 8. Febr. 1863; legte während des damaligen poln. Aufstands die militär. Zusammenarbeit beider Mächte „zur Verfolgung der Aufständischen, die von einem Land in das andere überwechselten", fest.

Alyattes, † um 560 v. Chr., lyd. König (619/605–um 560). - Aus der Mermnadendynastie, Vater des Krösus; plante die Ausdehnung des Reiches bis zum Halys und bis nach W-Kleinasien, verzichtete jedoch auf die Entscheidungsschlacht mit dem Mederkönig Kyaxares unter dem Eindruck der Sonnenfinsternis 585, die Thales von Milet vorausberechnet haben soll.

Amadeus, Name von Herrschern:

Savoyen:

A. V., der Große, * Le Bourget um 1250, † Avignon 16. Okt. 1323, Graf (seit 1283). - Von Kaiser Heinrich VII. 1312 zum Reichsfürsten und Generalvikar in der Lombardei ernannt; Stammvater des italien. Königshauses.

A. VI., gen. „der grüne Graf", * Chambéry 4. Jan. 1334, † in Apulien 2. März 1383, Graf (seit 1343). - Enkel von A. V.; wurde durch Erweiterung seiner Lande eigtl. Begründer der savoyischen Machtstellung; 1365 zum erbl. Reichsvikar im Arelat bestellt.

A. VIII., Hzg., ↑Felix V., Gegenpapst.

Spanien:

A., Herzog von Aosta, * Turin 30. Mai 1845, † ebd. 18. Jan. 1890, König (1870–73). - Sohn König Viktor Emanuels II. von Italien. Nach dem Sturz der span. Bourbonen (1868) von den Cortes zum König gewählt; von Volk und Adel abgelehnt, bewogen ihn ein republikan. Attentat, Umsturzbewegungen und der Ausbruch des 3. Karlistenkrieges zur Abdankung.

Amalarich, * 502, † Barcelona (?) 531, westgot. König (seit 522). - Aus dem Geschlecht der Balthen; Sohn Alarichs II., Enkel Theoderichs d. Gr.; heiratete eine Tochter König Chlodwigs; seine Zugehörigkeit zum Arianismus bot Childebert I. den Vorwand zum Eingreifen; bei Narbonne (531) geschlagen und auf der Flucht ermordet.

Amalasuntha (Amalaswintha), † auf der Insel Martana im Bolsenasee 535 (nach dem 30. April; ermordet), ostgot. Regentin. - Tochter Theoderichs d. Gr.; regierte seit 526 für ihren unmündigen Sohn Athalarich; nach dessen Tod 534 wählte sie ihren Vetter Theodahad zum Mitregenten, der sie 535 gefangensetzen ließ.

Amaler (Amali), ostgot. Herrschergeschlecht, dem Theoderich d. Gr. angehörte; die ↑Amelungen der Heldensage; erlosch 536.

Amalfi, italien. Hafenstadt und Seebad, Region Kampanien, 6400 E. - Seit etwa 850 selbständige Seerepublik, in Konkurrenz zu Pisa und Genua (Blütezeit 10./11. Jh.).

Amalie, Name von Herrscherinnen:

Hessen-Kassel:

A. Elisabeth, * Hanau am Main 29. Jan. 1602, † Kassel 3. Aug. 1651, Landgräfin. - Seit 1637 Regentin für ihren Sohn; tatkräftig und erfolgreich um die Vergrößerung ihres Territoriums bemüht.

Niederlande:

A., * Braunfels (Lahn) 31. Aug. 1602, † Den Haag 8. Sept. 1675, Prinzessin von Oranien. - Seit 1625 ∞ mit Prinz Friedrich Heinrich von Oranien, Statthalter der Niederlande; entwickelte starken polit. Ehrgeiz; erlangte bestimmenden Einfluß auf die oran. Politik gegenüber Spanien, Frankr. und Brandenburg; schuf in glänzender Hofhaltung einen geistigen und künstler. Mittelpunkt der europ. Gesellschaft.

Preußen:

A., * Berlin 9. Nov. 1723, † ebd. 30. Sept. 1787, Prinzessin. - Schwester Friedrichs d. Gr., seit 1755 Äbtissin von Quedlinburg; bekannt durch ihre Liebe zu F. von der Trenck.

Sachsen-Weimar-Eisenach:

A. (Amalia) ↑Anna Amalia.

Amann, Max, * München 24. Nov. 1891, † ebd. 30. März 1957, dt. Politiker (NSDAP) und Journalist. - 1925 Direktor des Zentralverlags der NSDAP und Reichsleiter für die gesamte NS-Presse; 1933–45 Präs. der Reichspressekammer.

Aman Ullah, * Kabul 1. Juni 1892, † Zürich 25. April 1960, König (Schah) von

Afghanistan (seit 1926). - 1919 zum Emir ausgerufen; sicherte die polit. Unabhängigkeit Afghanistans; scheiterte mit durchgreifenden sozialen Reformen am Widerstand der sunnit.-islam. Geistlichkeit; 1929 zum Thronverzicht und zur Flucht ins europ. Exil gezwungen.

Amarna (Al Amarna, Tall Al Amarna), Ruinenstätte in Oberägypten, am rechten Nilufer, gegr. von Echnaton etwa 1360 v. Chr. unter dem Namen **Achet-Aton** („Lichtberg des Aton"). Unter den Nachfolgern Echnatons zerstört, doch fanden sich zahlr. Reliefblöcke in der gegenüberliegenden Ruinenstadt Al Aschmunain. Im Atelier des Thutmosis in A. wurde u. a. die Büste der Nofretete gefunden. Die Kunst von A. zeigt z. T. naturalist. Züge. Eine bed. Geschichtsquelle für Palästina und Syrien sind die sog. **Amarnabriefe** (Tontafeln mit babylon. Keilschrift).

📖 *Lange, K.: Kg. Echnaton u. die A.-Zeit. Mchn. 1951.*

Amasis (Amosis II.; gräzisierte Form des ägypt. Namens Ahmose), ägypt. König der 26. Dynastie. - Regierte 570–526; entthronte König Apries; in richtiger Erkenntnis der Gefahr, die Ägypten von dem Großreich der Meder (seit 549 der Perser) drohte, verbündete er sich (letztl. erfolglos) mit allen Persergegnern; Griechenfreund.

Amazja (Amasia[s]), 9. König von Juda (801–773 [796–781?]). - Sohn des Joas. Zu seiner Zeit regierten in Israel Joas und Jerobeam II. A. schlug die Edomiter. Bei einer Verschwörung in Lachisch ermordet (2. Kön. 14, 1–22; 2. Chron. 25).

Ambedkar, Bhimrao Ramji [engl. əm'bɛɪdkə], * 14. April 1893, † Delhi 6. Dez. 1956, ind. Politiker. - Aus der Kaste der Parias; hatte als Justizmin. 1946–51 großen Anteil an der Ausarbeitung der neuen ind. Verfassung, insbes. bei der verfassungsrechtl. Abschaffung der Unberührbarkeit.

Ambiorix, Fürst der Eburonen Mitte 1. Jh. v. Chr. - Von Cäsar aus der Abhängigkeit von den Aduatukern befreit; kämpfte bis 51 gegen die Römer, wurde vernichtend geschlagen.

Amboise [frz. ã'bwa:z], Georges d', * Chaumont-sur-Loire 1460, † Lyon 25. Mai 1510, frz. Kardinal und Staatsmann. - 1492 Erzbischof von Narbonne, 1493 von Rouen, 1498 Kardinal und 1501 päpstl. Legat in Frankr. Übte als leitender Min. Ludwigs XII. bestimmenden Einfluß auf die frz. Politik aus.

Amboise [frz. ã'bwa:z], frz. Stadt an der Loire, Dep. Indre-et-Loire, 11 000 E. - 1563 beendete das **Edikt von Amboise** den 1. Hugenottenkrieg; 1764 wurde die Herrschaft A. zum Hzgt. erhoben.

Ambonesen, die Bewohner der Molukkeninseln Ambon, Ceram, Haruku, Saparua und Nusa Laut, i. e. S. die Christen oder Muslime unter ihnen, während die anderen A. meist Alfuren genannt werden. Nach dem Zusammenbruch der Republik der Süd-Molukken emigrierte 1951 eine Gruppe von A. in die Niederlande und versucht, von dort aus (z. T. mit terrorist. Mitteln) die Wiederherstellung der Republik zu erreichen.

Ambronen (lat. Ambrones), Volksstamm vermutl. nordgerman. Herkunft (Amrum?); 102 mit den Teutonen bei Aquae Sextiae vernichtend geschlagen.

Amendment [engl. ə'mɛndmənt], im angloamerikan. Recht: Änderungsantrag zu einem Gesetzentwurf.

◆ Gesetz zur Änderung oder Ergänzung eines bereits erlassenen Gesetzes. Die A. werden dem betreffenden Gesetz in zeitl. Reihenfolge angehängt; z. B. die 26 Zusätze der Verfassung der USA.

Amendola, Giorgio, * Rom 21. Nov. 1907, † ebd. 5. Juni 1980, italien. Politiker. - Sohn von Giovanni A.; Mgl. der KPI seit 1929; nach Verbannung und Exil seit 1943 führend in der Organisation der „Resistenza" in Rom und N-Italien; Mgl. des ZK der KPI.

A., Giovanni, * Neapel 15. April 1882, † Cannes 7. April 1926, italien. Publizist und liberaldemokrat. Politiker. - Einer der Führer der Opposition gegen die Kapitulation vor dem Faschismus 1922; stand 1924 an der Spitze der Aventinianer; starb in der Emigration an den Folgen eines faschist. Attentates.

Amenemhet [ägypt. „Amun ist vorn"] (gräzisierte Namensform: Ammenemes), Name ägypt. Könige der 12. Dynastie, v. a. bekannt:

A. I., ♔ 1991–62; verlegte die Residenz von Theben nach Lischt; festigte die Grenze nach Asien, sicherte die ägypt. Herrschaft in Nubien; bei einer Palastrevolution ermordet.

A. III., ♔ 1842–1795; vollendete die Kolonisierung des Beckens von Al Faijum, an dessen Eingang er seine Pyramide mit dem Totentempel (Labyrinth) errichtete.

Amenhotep ↑ Amenophis.

Amenophis [gräzisierte Form des ägypt. Namens Amenhotep („Amun ist zufrieden")], Name ägypt. Könige der 18. Dynastie:

A. I., ♔ 1527–06; schuf die geistigen Grundlagen des Neuen Reiches, bes. auf dem Gebiet der Religion.

A. II., ♔ 1438–12; Sohn und Nachfolger Thutmosis' III.; v. a. krieger. und sportl. Leistungen; festigte in Feldzügen nach Asien das von seinem Vater eroberte Reich.

A. III., ♔ 1402–1364; Enkel von A. II., Sohn und Nachfolger Thutmosis' IV.; ersetzte in der Außenpolitik die Politik der Stärke durch Diplomatie; baute im Lande und in Nubien prächtige Tempel (Luxor, Soleb, Sedeinga); unter seiner Regierung erlebte Ägypten die Periode größten Wohlstandes.

A. IV. ↑ Echnaton.

Amer ↑ Amir, Muhammad Abd Al Hakim.

American Federation of Labor/Con-

gress of Industrial Organizations [engl. əˈmɛrɪkən fɛdəˈrɛɪʃən əv ˈlɛɪbə ˈkɔngrɛs əv ɪnˈdʌstrɪəl ɔːgənaɪˈzɛɪʃənz], Abk. AFL/CIO, amerikan. Gewerkschaftsdachorganisation, 1955 entstanden durch Zusammenschluß der American Federation of Labor (1886 gegr.) und des Congress of Industrial Organizations (1938 gegr.). - ↑Gewerkschaften (Übersicht).

American Legion [engl. əˈmɛrɪkən ˈliːdʒən], größter Verband der amerikan. Kriegsveteranen; 1919 in Paris gegr.; verfolgt neben sozialer Sicherung der Veteranen auch polit. Ziele; über 2,8 Mill. Mgl.

Amerigo Vespucci ↑Vespucci, Amerigo.

Amerika, der durch eine Festlandbrücke und eine Inselkette (Mittelamerika) verbundene, aus den beiden dreieckförmigen Festlandmassen Nordamerika und Südamerika bestehende Doppelkontinent; wegen der relativ späten Entdeckung als *Neue Welt*, wegen seiner Lage zu Europa als *Westfeste* bezeichnet.

Amerikanischer Bürgerkrieg, svw. ↑Sezessionskrieg.

Amiens [frz. aˈmjɛ̃], frz. Stadt an der Somme, 115 km nördl. von Paris, 118 000 E. - Die Unterzeichnung des **Friedens von Amiens** zw. Großbrit. und Frankr. 1802 beendete den 2. Koalitionskrieg.

Ämilische Straße ↑Römerstraßen.

Amin Dada, Idi, * Koboko 1924, ugand. General. - Seit 1967 Oberbefehlshaber der ugand. Streitkräfte; übernahm 1971 nach einem Militärputsch gegen den Staatspräs. M. Obote die Macht in Uganda; zugleich Verteidigungs-, seit 1974 auch Außenmin. und Stabschef der Armee; nach Schätzungen fielen seit 1971 zw. 25 000 und 250 000 Menschen seinem Terrorregime zum Opfer; wurde nach einem Bürgerkrieg, in dem auf beiden Seiten ausländ. Truppen eingriffen, im April 1979 gestürzt und ging ins Ausland.

Amir (Amer), Muhammad Abd Al Hakim, * Istal (Prov. Minja) 11. Dez. 1919, † Gise 4. Okt. 1967 (Selbstmord), ägypt. Marschall und Politiker. - Seit 1953 Mgl. des Revolutionsrats und Oberbefehlshaber der Streitkräfte; 1954 Kriegsmin.; 1958 Vizepräs. der VAR; nach der Niederlage 1967 gegen Israel verhaftet.

Amir, Kalifentitel, ↑Emir.

Ammann, 1. im oberdt. Sprachgebrauch allg. svw. ↑Amtmann; 2. in der Schweiz Beamter der vollziehenden Gewalt in Kt., Bez. und Gemeinden.

Ammianus Marcellinus, * Antiochia (Syrien) um 330, † um 395, röm. Geschichtsschreiber. - Lebte ab etwa 380 in Rom, wo er das letzte bed. Geschichtswerk der Antike („Res gestae"), eine Fortsetzung von Tacitus' „Historiae", schrieb. Von 31 Büchern sind 18 erhalten (14–31) für die Jahre 353–378.

Amnestie [zu griech. amnēstía, eigtl. „das Vergessen"], Strafbefreiung, die sich, anders als die Begnadigung, nicht auf einzelne Fälle, sondern auf eine unbestimmte Anzahl von Fällen und Tätern bezieht.
Eine A. kann in der BR Deutschland nur durch Gesetz erfolgen. Die beim Inkrafttreten des A.gesetzes anhängigen betroffenen Strafverfahren werden eingestellt, bereits ergangene Urteile werden nicht vollstreckt.
Im *östr.* und *schweizer. Recht* gilt Entsprechendes.

Amnesty International [engl. ˈæmnɪstɪ ɪntəˈnæʃənəl], Organisation zum Schutz der Menschenrechte; 1961 gegr.; will insbes. aus weltanschaul.-religiösen oder polit. Gründen inhaftierten Menschen in allen Staaten der Erde helfen. 1986 gab es rd. 500 000 ehrenamtl. Mgl. und Förderer aus 150 Ländern; etwa 2 430 kleine Gruppen betreuten in 42 Ländern insgesamt rd. 4 130 Adoptions- oder Untersuchungsfälle; die betreuten Gefangenen dürfen niemals Gewalt angewendet oder befürwortet haben. A. I. konnte zur Freilassung von ungefähr zwei Dritteln der von ihr betreuten Gefangenen beitragen. Sie bemüht sich auch um eine bessere Aufklärung der Öffentlichkeit über die Situation der polit. Verfolgten in den verschiedenen Ländern. Die Organisation erhielt 1977 den Friedensnobelpreis.
🕮 *Larsen, E.: a. i. Im Namen der Menschenrechte. Mchn. 1980.*

Amoriter ↑Amurru.

Amosis (gräzisierte Form des ägypt. Namens Ahmose), Name ägypt. Könige:
A. I., regierte 1551–27, erster König der 18. Dynastie; beendete den Befreiungskampf gegen die Hyksos und brachte Unternubien wieder unter ägypt. Herrschaft; reorganisierte und zentralisierte die Verwaltung.
A. II. ↑Amasis.

Amphiktyonie, griech. Bez. für einen Staatenbund mit religiös-polit. Zielen; Kultverband der Umwohner eines bestimmten Heiligtums; nachweisbar auf Delos, Kalauria sowie in Onchestos. Die bekannteste ist die A. von Delphi, sie verpflichtete zum Schutz des Heiligtums und zu bestimmten polit. Verhaltensweisen. Die A. verlor in hellenist. Zeit schnell an polit. Bed., dürfte kult. (mit kurzer Unterbrechung) bis zur Schließung des Heiligtums unter Theodosius I. angedauert haben.
🕮 *Zeilhofer, G.: Sparta, Delphoi u. die Amphiktyonen im 5. Jh. v. Chr. Diss. Erlangen 1961.*

Amphipolis, ehem. griech. Stadt westl. der Mündung des Strymon (Ruinen nahe dem heutigen Neochori) im thrak. Teil Makedoniens; wurde 437 v. Chr. athen. Kolonie, 424 von Sparta erobert, 357 makedonisch.

Amphitheater, in der röm. Architektur offener Großbau von ellipt. Grundriß, mit stufenförmig ansteigenden, um eine Arena angelegten Sitzreihen, für Gladiatorenkämpfe und Tierhetzen. Das älteste erhaltene A. (aus Erdwällen) ist das bald nach 80 v. Chr. erbaute

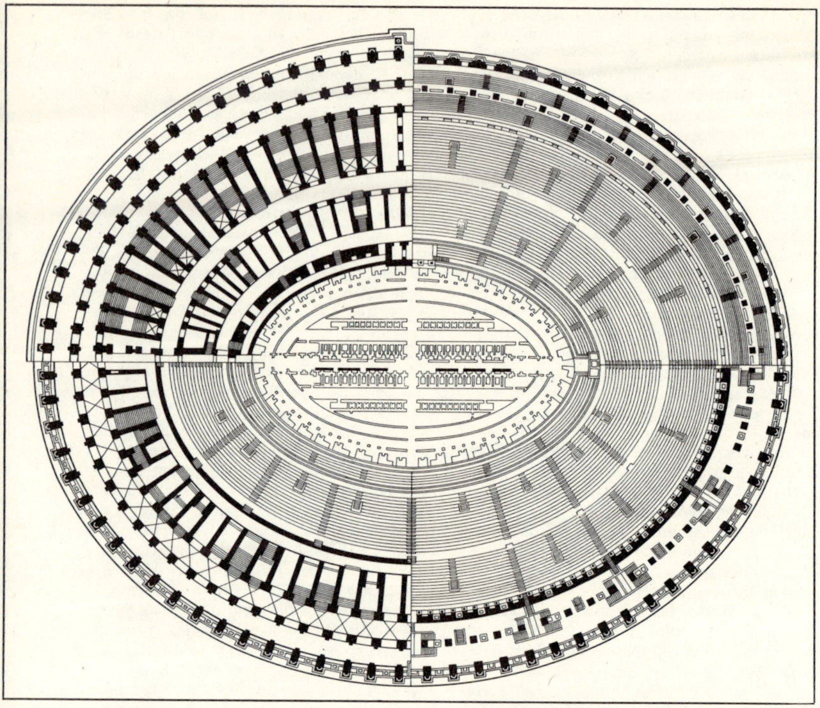

Amphitheater. Grundriß des Kolosseums in Rom in vier Ebenen (von rechts oben im Uhrzeigersinn); unter der Arena (Bildmitte) befanden sich Räume, in denen Gladiatoren und Tiere ihren Platz hatten

A. von Pompeji mit etwa 20 000 Plätzen. In Rom selbst gab es zunächst nur zu bestimmten Anlässen auf Abbruch errichtete hölzerne A.; das erste ganz steinerne A. ist das ↑Kolosseum. Verbreitung des A. vornehml. im Westen des Röm. Reiches, bes. gut erhalten das A. von Nîmes (1. Jh. v. Chr.).

Ampsivarier (Amsivarier), german. Stamm, von Tacitus als Nachbarn der Friesen gen.; im 4. Jh. als Teilstamm der Franken erwähnt.

Ampurias, Ruinenstadt am Golf von Rosas, im äußersten N der span. O-Küste, Prov. Gerona; um 580 v. Chr. von Griechen als **Emporion** gegr.; Ende des 6. Jh. v. Chr. Anlage einer neuen Stadt. Durch ausgedehnte Grabungen ist dort die hellenist. Stadt (2. und 1. Jh.) freigelegt. Vermutl. in cäsar. Zeit wurde westl. neben der hellenist. Stadt eine röm. Kolonie gegr., die wesentl. größer als die Altstadt war (noch wenig erkundet).

Amrikultur [engl. 'æmrı], nach der Ruinenstätte Amri (Prov. Sind, Pakistan) benannte Kultur wohl des 4. Jt. v. Chr., älter als die Harappakultur, verbreitet bis nach Belutschistan; Steinbauweise, Buntkeramik.

Amselfeld, Hochbecken im südl. Jugoslawien. - 1389 wurden hier die Serben von den Osmanen geschlagen *(Schlacht auf dem A.);* 1448 wurde das ungar. Heer von den Osmanen besiegt.

Amt [zu althochdt. ambaht „Diener, Gefolgsmann"], im Staats- und Verwaltungsrecht Bez. für 1. eine Einrichtung, deren sich der Staat u. a. jurist. Personen des öffentl. Rechts zur Erfüllung ihrer Aufgaben bedienen, z. B. Landratsamt, Finanzamt, Ministerium; 2. den hoheitl. oder fiskal. Aufgabenkreis, der einer Person (A.träger; in der Regel Beamte) vom Staat oder einer anderen jurist. Person des öffentl. Rechts zur Erledigung übertragen wird; 3. das A.gebäude oder die A.räume; 4. einen aus mehreren benachbarten Gemeinden und gemeindefreien Grundstükken innerhalb eines Landkreises zusammengesetzten Gemeindeverband. Das ma. Lehnswesen verband mit dem A. das A.lehen, verstand dann das A. selbst (auch Grafen- und Herzogswürde) als Lehen. Zugleich mit dem

Entstehen einer festbesoldeten und absetzbaren Beamtenschaft (neben den fortbestehenden Hofämtern) in den Landesherrschaften seit dem 13. Jh. vollzog sich seit dem Spät-MA eine Verdinglichung des urspr. personal verstandenen A., sowohl räuml. (Entwicklung von Verwaltungsbezirken) als auch organisator. (Ausbildung von Behördeninstitutionen). 🕮 *Hdwb. zur dt. Rechtsgesch. Hg. v. A. Erler u. E. Kaufmann. Bln. u. a. 1971 ff. Auf 4 Bde. berechnet. (Bis 1979 sind 2 Bde. erschienen).* ◆ Bez. für Herrschaft; seit dem Spät-MA, v. a. im 16. und 17. Jh., das Selbstverständnis fürstl. Herrschaft in Deutschland als ein von Gott in Pflicht und Verantwortung gesetztes A.; in der Zeit des aufgeklärten Absolutismus säkularisiert zur Formel des Fürsten als „erstem Diener des Staates".

Ämterkäuflichkeit, Erlangung eines Amtes durch Kauf, auch durch Verpfändung, Anleihe usw.; gemeineurop., seit dem 16. Jh. bed. geschichtl. Phänomen, entstand infolge des meist frühabsolutist. Aufbaus von Behörden und Bürokratie ohne voll ausgebildete und funktionsfähige Beamte und ohne entsprechende Verwaltungsorganisation; wurde erst an der Wende zum 19. Jh. durch das entstehende moderne Berufsbeamtentum abgelöst.

Ämterpatronage [...'na:ʒə], Übertragung öffentl. Ämter an Personen nur auf Grund ihrer Zugehörigkeit zu einer bestimmten Partei oder Organisation oder auf Grund von deren Unterstützung.

Amtmann, heute Dienstbez. im gehobenen Verwaltungs- und Justizdienst; im MA Bez. für den Inhaber eines Amtes (*ambahtman, villicus,* z. B. Verwalter eines Bezirks [Amtes]). Die oberdt. Wortform **Ammann** bezeichnet einen Dorfvorsteher oder auch städt. Beamten.

Amtssprache, die offizielle Sprache eines Staates. Die A. ist die Sprache der Gesetzgebung, der Verwaltung, des Gerichts, der Schulen. Oft ist die A. mit der Nationalsprache identisch. In Staaten mit größeren nat. Minderheiten ist mitunter die Nationalsprache der Minderheit als 2. Amtssprache gesetzl. garantiert.

Amtswappen ↑Wappenkunde.

Amundsen, Roald [norweg. ˌa:munsən], * Borge (Østfold) 16. Juli 1872, verschollen zw. Tromsø und Spitzbergen seit 18. Juni 1928, norweg. Polarforscher. - Begann 1903 auf dem umgebauten Fischkutter „Gjøa" seine erste Reise, auf der er 1906 die erste Fahrt durch die Nordwestpassage vollendete; erreichte in Rivalität zu R. F. Scott am 15. Dez. 1911 als erster den Südpol; entdeckte auf dem Rückweg die Königin-Maud-Kette; 1918–20 bezwang er mit dem Neubau „Maud" die Nordöstl. Durchfahrt, wobei die geophysikal. Verhältnisse der gesamten nordsibir. Küste genau erforscht wurden. Nach vergebl. Versuchen 1923 und 1925 gelang A. mit dem Luftschiff „Norge" zus. mit L. Ellsworth und U. Nobile von Spitzbergen aus vom 11.–13. Mai 1926 die Überfliegung des Nordpols; stürzte bei der Aktion zur Rettung Nobiles mit dem frz. Wasserflugzeug „Latham" ab (wahrscheinl. bei der Bäreninsel). Schrieb u. a. „Mein Leben als Entdecker" (1929).

Amurru (Amoriter; veraltet auch „Ostkanaanäer"), umstrittene Bez. für die semit. Nomadenstämme, die seit etwa 2 000 v. Chr. von W nach Mesopotamien vorstießen und mancherorts die polit. Führung übernahmen (z. B. in Babylon, wo sie die 1. babylon. Dynastie gründeten). Ihre Sprache, die dem Kanaanäischen verwandt ist, läßt sich nur in Resten nachweisen (v. a. in Mari und durch überlieferte Personennamen). Im A. T. („Amoriter") nicht eindeutige Bez. für die gesamte vorisraelit. Bev. Palästinas; der Unterschied zu „Kanaanäern" ist unklar.

Amyklai, antiker Ort auf der Peloponnes, südl. von Sparta, Besiedlung seit der frühhellad. Periode, in griech. Zeit Heiligtum des Apollon Amyklaios, verbunden mit einem Heroenkult des Hyazinth, dem seit spätmyken. Zeit das Heiligtum gewidmet war. Berühmt war die (hocharchaische) Kultstatue des Apollon in marmorner Säulenarchitektur des 6. Jh. v. Chr.

Anabasis [griech. „der Zug hinauf" (d. h. ins Innere des Pers. Reiches)], Titel antiker Feldzugsberichte; berühmt die A. des Xenophon, Beschreibung von Vormarsch und Rückzug der 10 000 Griechen im Dienste Kyros' d. J. gegen seinen Bruder Artaxerxes II. (402–400), und die A. des Arrian, bedeutendste der erhaltenen Schilderungen des Alexanderzuges.

Anaklet II., † Rom 25. Jan. 1138, vorher Petrus Pierleone, Papst (seit 14./23. Febr. 1130). - Stammte aus ursprüngl. jüd. Familie; Anhänger der streng gregorian. Reformpartei (↑Gregor VII.).

Ananinokultur, nach einem Gräberfeld am Kuibyschewer Stausee, sö. von Kasan ben. früheisenzeitl. (7.–4. Jh.) Kulturgruppe im Uralgebiet und an der Kama. Kleine, meist befestigte Siedlungen an Flüssen; u. a. Produktion von (weit verbreiteten) Metallwaren.

Anarchie [griech.], Herrschafts-, Gesetzlosigkeit; **anarchisch,** gesetzlos.

Anarchismus [griech.], Sammelbez. für sozialphilosoph. und polit. Denkmodelle und die Versuche ihrer Verwirklichung, die jede Art von Autorität (Staat, Kirche usw.) als Form der Herrschaft von Menschen über Menschen verwerfen und das menschl. Zusammenleben auf der Basis unbeschränkter Freiheit des Individuums nach den Grundsätzen von Gerechtigkeit, Gleichheit, Brüderlichkeit (Solidarität) verwirklichen wollen. Anarchist. Gedankengänge gibt es seit der

Antike, doch stammt der Begriff A. aus dem 19. Jh., in dem er auch als Denksystem und Modell polit. Aktionen seine bis heute wirksame Ausprägung erhielt. Die *philosoph. Begründung* des A., insbes. des frühen A., stützt sich auf eine Extremposition aufklärer. Lehre vom Gesellschaftsvertrag, auf den aufgeklärten Begriff des Naturrechts, das sich – einmal erkannt – sozusagen von selbst verwirklicht, und schließl. in Übereinstimmung mit dem frühen Liberalismus auf die These, daß die vernünftige Entscheidung emanzipierter, freier Individuen eine harmon. Gesellschaft verbürgt und den Fortschritt sichert.
Der *individualist. A.* stellt das Recht des einzelnen in den Mittelpunkt seiner Gesellschaftstheorie und vertritt die These, daß die Emanzipation des Individuums durch Aufklärung in einem evolutionären Prozeß die staatl. Zwangseinrichtungen zunehmend überflüssig macht und beseitigt. Bei grundsätzl. Beibehaltung des Privateigentums wird eine gerechtere Güterverteilung angestrebt. Theoretiker dieses Typs sind W. Godwin, P. J. Proudhon und M. Stirner.
Der *kollektivist., revolutionäre* – teils von nihilist. Tendenzen beeinflußte – A. will, im Extremfall durch Gewalt und Terror, eine Kollektivordnung sich frei föderierender Gruppen mit Kollektiveigentum herstellen. Hauptvertreter dieses Typs ist M. A. Bakunin.
Eine Variante des kollektivist. A. ist der *Anarchokommunismus* des Fürsten P. Kropotkin. Eine *religiös-eth. Spielart* des A. vertrat L. Tolstoi, orientiert an den Geboten der Bergpredigt, der Nächstenliebe und des „Nichtwiderstehens dem Bösen".
Der A. der Gegenwart, in der 2. Hälfte der 60er Jahre v. a. in Studentenbewegungen der westl. Welt sichtbar, zielt weiterhin auf eine herrschaftsfreie Gesellschaft, unter Berücksichtigung der histor. Erfahrung und der veränderten gesellschaftl. und polit. Verhältnisse. Die *anarchist. Bewegungen* blieben in ihrer polit. Wirksamkeit, abgesehen von ihrem Beitrag zum Erfolg der Oktoberrevolution und Störungen der polit. Entwicklung, nicht zuletzt durch drakon. Gegenmaßnahmen der Regierungen ohne nennenswerten Einfluß auf die geschichtl. Entwicklung des 19. und 20. Jh., v. a. auf Grund des Verzichts auf polit. wirksame Organisation über kleinere Gruppen und Geheimbünde hinaus.

🕮 *Cattepoel, J.: Der A. Gestalten, Gesch., Probleme. Mchn. 3 1979. - Guérin, D.: A., Begriff u. Praxis. Dt. Übers. Ffm. 8 1979. - Lösche, P.: A. Darmst. 1977. - Bartsch, G.: A. in Deutschland. Hannover 1972–73. 3 Bde. - Eucken-Erdsieck, E.: Die Macht der Minderheit. Eine Auseinandersetzung mit dem neuen A. Freib. u.a. 1970. - Krämer-Badoni, R.: A., Gesch. u. Gegenwart einer Utopie. Wien u.a. 1970.*

Anarchosyndikalismus [griech.], sozialrevolutionäre Arbeiterbewegung, die sich Ende des 19. Jh. als Synthese von Theorie und Bewegung aus Anarchismus und Syndikalismus ausbildete und im Ggs. zum älteren Anarchismus die Arbeiterschaft zu organisieren versuchte: Gewerkschaften (Syndikate) als Kampforgane, zugleich als zukünftige Selbstverwaltungsorgane; direkte Aktion als Kampfform. Erlangte bis zum 1. Weltkrieg in den roman. Ländern polit. Einfluß und ließ in Frankr., Italien und Spanien mächtige Gewerkschaften entstehen.

Anasazitradition [engl. ɑːnəˈsɑːzɪ; Navajo „die Alten"], bekannteste Kulturtradition im SW der USA, v. a. im sö. Utah, nördl. New Mexico, sw. Colorado und nördl. Arizona; aus der Cochisekultur entstanden. Phasen: *Basketmaker II* (100 v. Chr.–400 n. Chr.): Weiler mit wenig versenkten Häusern; Pflanzenbau (Mais, Kürbis); *Basketmaker III* (400–700): Dörfer mit Grubenhäusern; Domestizierung des Truthahns; Anbau von Bohnen; Keramikherstellung; Zeremonialbauten; *Pueblo I* (700–900): Übergang zu oberird. Bauten. *Pueblo II* (900–1100): Beginn der Steinbauten. *Pueblo III* (1100–1300): Bewässerungsfeldbau; stadtartige Großsiedlungen. *Pueblo IV* (1300–1600); *Pueblo V* (1600 bis heute). - ↑ auch altamerikanische Kulturen.

Anatolien (türk. Anadolu), im 14. Jh. im osman. Reich eingeführte Bez. für den asiat. Teil der Türkei; urspr. Bez. für den O-Teil des Byzantin. Reiches; 15.–18. Jh. Prov., Hauptstadt Kütahya.

ANC [engl. ɛɪɛnˈsiː], Abk. für: **A**frican **N**ational **C**ongress, ↑ Afrikanischer Nationalkongreß.

Ancien régime [frz. ɑ̃sjɛ̃reˈʒim „alte Regierungsform"], aus bürgerl.-liberalem Geschichtsverständnis zunächst Bez. für das Herrschafts- und Gesellschaftssystem des absolutist. Frankr. vor 1789, dann zunehmend für die europ. Gesellschafts- und Staatsordnung von der Mitte des 17. bis zur Wende vom 18. zum 19. Jh.

🕮 *Williams, E. M.: The A. r. in Europe: government and society in the major states. 1648 to 1789. London 1970. - Teller, G.: Aspects de la politique française sous l'A. r. Paris 1965.*

Ancillon [frz. ɑ̃siˈjõ], brandenburg.-preuß. Hugenottenfamilie; emigrierte nach Aufhebung des Edikts von Nantes (1685) von Metz nach Brandenburg; zählte zur Führungsschicht Preußens. Bed.:
A., Johann Peter Friedrich (Jean Pierre Frédéric), * Berlin 30. April 1767, † ebd. 19. April 1837, preuß. Staatsmann und Gelehrter. - Vetter von Friedrich Gentz; wurde 1810 Erzieher des späteren Königs Friedrich Wilhelm IV.; ab 1832 Außenmin.; wandelte sich vom Konservativen zum Reaktionär und war Parteigänger des sozialkonservativen „Systems" Metternichs.

Ancus Marcius, nach der Sage der 4.

König von Rom. Soll etwa 640–616 regiert haben; angebl. Gründer von Ostia und Erbauer der 1. Tiberbrücke.

Andalusien (span. Andalucía), histor. Prov., größte Region in Spanien, erstreckt sich über die gesamte Breite des S, grenzt mit dem größeren Teil seiner Küstenlinie an das Mittelmeer, westl. der Straße von Gibraltar an den Atlantik.
Geschichte: Almeríakultur und Megalithbauten im Neolithikum. Erste histor. greifbare Bewohner waren die Iberer. Im letzten Jt. v. Chr. war das Reich von Tartessos wegen seines Reichtums und Handels berühmt. Der phönik. Kolonisation (Gründung u. a. von Cádiz um 1100 v. Chr.) folgte ab 500 Karthago; in der Römerzeit Prov. Baetica, vorübergehend im Besitz der Vandalen (409/411–429), dann der Westgoten bis zur arab. Invasion 711; ab 756 Errichtung des unabhängigen Emirats (ab 929 Kalifat) der Omaijaden von Córdoba aus (bis 1031); ab 1090 erneute Einigung unter den Almoraviden und Almohaden; 1212–1492 Reconquista durch Kastilien; Schauplatz der Moriskenaufstände des 16. Jh. 1641 Ausgangspunkt einer Adelsverschwörung; im span. Unabhängigkeitskrieg Zentrum des span. Widerstandes; 1936 eine der Ausgangsbasen für die Eroberung Spaniens durch General Franco Bahamonde.
🕮 *Hole, E.: Andalus; Spain under the Muslims. London 1958.*

Andean Biface Horizon [engl. 'ændıən 'baıfɛıs hə'raızn], Reihe früher Kulturkomplexe in Südamerika, etwa 10 000–7 000 v. Chr.; gekennzeichnet durch zweiseitig bearbeitete, längl. ovale Geräte (Messer?); verbreitet in Venezuela, Peru, Chile und Argentinien.

Andechs, Grafen von, seit 1095 nachweisbares bayr. und fränk. Geschlecht; 1248 im Mannesstamm erloschen; ihre Besitzungen, von Bayern bis an die Adria verstreut, fielen v. a. an Bayern, Tirol und die Burggrafen von Nürnberg.

Andenpakt, Vereinbarung über wirtsch. Zusammenarbeit zw. Chile, Kolumbien, Venezuela (Beitritt 1973), Peru, Ecuador und Bolivien. 1968 als subregionale Zollunion durch den Vertrag von Cartagena offiziell gegr., nachdem die Entwicklung der Lateinamerikan. Freihandelszone stagnierte. Auf Grund von Meinungsverschiedenheiten über die Ausarbeitung eines gemeinsamen Außenzolltarifs und über die geplante Behandlung des Auslandskapitals schied Chile 1976 wieder aus.

Anders, Wladysław, * Błonie bei Warschau 11. Aug. 1892, † London 12. Mai 1970, poln. General und Exilpolitiker. - Wurde 1941 Oberbefehlshaber der poln. Armee in der UdSSR; kämpfte später in N-Afrika und Italien; lebte seit 1945 in London; war 1954 Mgl. des poln. Dreierrats im Exil.

Andorra

(amtl. Vollformen: Valls d'A., Principado de A., Les Vallées d'Andorre), Ft. in den östl. Pyrenäen, unter gemeinsamer Oberhoheit des frz. Staatspräs. und des span. Bischofs von Seo de Urgel, zw. 42° 25′ und 42° 40′ n. Br. sowie 1° 20′ und 1° 47′ ö. L. **Staatsgebiet:** A. grenzt im N und O an Frankr., im S und W an Spanien. **Fläche:** 453 km². **Bevölkerung:** 42 000 E (1984), 92,7 E/km². **Hauptstadt:** Andorra la Vella. **Amtssprachen:** Katalan., Span., Frz. **Währung:** span. Peseta und frz. Franc. **Zeitzone:** MEZ mit Sommerzeit.

Politisches System: Die Verfassung gründet sich auf einem zw. dem Bischof von Seo de Urgel und dem Grafen von Foix im Jahre 1278 geschlossenen Abkommen („Paréage"), in dem sich beide die Herrschaft teilten. Der frz. Staatspräs. trat die Rechtsnachfolge der Grafen von Foix an. Die von den Souveränen delegierten landesherrl. Rechte werden durch zwei Landvögte wahrgenommen (durch den Präfekten des frz. Dep. Pyrenées-Orientales und den Zivilgouverneur der span. Prov. Lérida), die mit der Ausübung ihres Amtes in A. residierende sog. Vikare beauftragen, den „Viguier de France" und den „Viguer episcopal". Das Landesparlament, der „Generalrat der Täler", von den 625 wahlberechtigten Familienoberhäuptern der Talschaft auf 4 Jahre gewählt, hat zwar keine direkte legislative Gewalt, konnte jedoch immer weitere Kompetenzen der Souveräne an sich ziehen. Der Rechtsprechung liegt das 1748 aufgezeichnete Gewohnheitsrecht zugrunde. Alle Familienhäupter bilden die Volksmiliz, jede Gemeinde hat einen Polizisten.

Andrada e Silva, Antônio Carlos Ribeiro de, * Santos 1. Sept. 1773, † Rio de Janeiro 5. Dez. 1845, brasilian. Politiker. - Bruder von José Bonifácio de A. e S.; wirkte bei der Unabhängigkeitserklärung Brasiliens (1822) mit; konzipierte 1823 die Verfassung, die von Kaiser Peter verworfen wurde; später Innenmin. und Senator.
A. e S., José Bonifácio de, * Santos 13. Juni 1763, † Niterói (Rio de Janeiro) 6. April 1838, brasilian. Politiker. - Bruder von Antônio Carlos Ribeiro de A. e S., Metallurge; ging 1819 nach Brasilien und trug entscheidend dazu bei, daß der Thronfolger Peter sich von Portugal lossagte, um sich an die Spitze eines unabhängigen Kaiserreichs Brasilien zu stellen.

Andrae, Ernst Walter, * Leipzig 18. Febr. 1875, † Berlin 28. Juli 1956, dt. Archäologe. - Mitarbeiter von R. Koldewey in Babylon, Ausgräber von Assur 1903–14; seit 1923 Prof. an der TH Berlin; seit 1928 Direktor der Vorderasiat. Abteilung der Berliner Museen.

Andrássy, Gyula (Julius) Graf, d. Ä. [ungar. 'ɔndra:ʃi], * Košice 3. März 1823, † Volosca bei Rijeka 18. Febr. 1890, östr.-ungar. Politiker. - Kämpfte auf seiten Kossuths für die Unabhängigkeit Ungarns; nach Emigration und Trennung von Kossuth ab 1861 Vertreter eines zentralist. Dualismus der Gesamtmonarchie mit gemeinsamer Außenpolitik und Verteidigung; 1867 erster ungar. Min.-präs.; erreichte als östr.-ungar. Außenmin. (1871–79) 1872 mit Rußland und dem Dt. Reich das Dreikaiserabkommen, auf dem Berliner Kongreß 1878 die Ermächtigung östr.-ungar. Besetzung Bosniens und der Herzegowina und schloß 1879 mit Bismarck den Zweibund.

🕮 *Novotny, A.: Außenmin. G. Graf A. d. Ä. In: Gestalter der Geschicke Österreichs. Hg. v. H. Hantsch. Innsb. u. a. 1962.*

A., Gyula (Julius) Graf, d. J., * Tőketerebes 30. Juni 1860, † Budapest 11. Juni 1929, östr.-ungar. Politiker. - Sohn von Gyula Graf A. d. Ä.; einer der Führer der Verfassungspartei; 1906–10 Innenmin.; bot als letzter östr.-ungar. Außenmin. (Okt. 1918) den Alliierten einen Sonderfrieden an; 1921 maßgebl. am Oktoberputsch König Karls beteiligt.

Andreas, Name von ungar. Herrschern:

A. I., * um 1013, † Zirc im Herbst 1060, König (seit 1046). - Neffe König Stephans I., der ihn verbannte; konnte nach einem heidn. Aufstand gegen König Peter 1046 zurückkehren; führte erfolgreiche Kämpfe gegen Kaiser Heinrich III.; erreichte 1058 den Verzicht auf die Oberhoheit des Reiches über Ungarn.

A. II., * 1176 oder 1177, † 21. Sept. 1235, König (seit 1205). - Sohn Bélas III., Vater der hl. Elisabeth von Thüringen; mußte 1222 dem Adel bed. Vorrechte gewähren; rief 1211 den Dt. Orden zum Schutz gegen die Kumanen vorübergehend ins Burzenland; gewährte 1224 den Siebenbürger Sachsen mit dem *Privilegium Andreanum* rechtl. und polit. Sonderstellung.

A. III., * um 1265, † 14. Jan. 1301, König (seit 1290). - Enkel A.' II.; gelangte nach der Ermordung Ladislaus' IV. zur Regierung; Thronkämpfe hatten die fakt. Mitherrschaft des ungar. Adels zur Folge; mit A. erloschen die Arpaden im Mannesstamm.

Andreas, Willy, * Karlsruhe 30. Okt. 1884, † Litzelstetten (Landkr. Konstanz) 10. Juli 1967, dt. Historiker. - Prof. u. a. in Rostock, Heidelberg und Freiburg im Breisgau. Bed. Forschungen u. a. zur Geistes- und Kulturgeschichte des 15. und 16. Jh. („Deutschland vor der Reformation", 1932; „Staatskunst und Diplomatie der Venezianer im Spiegel ihrer Gesandtenberichte", 1943), zum Ancien régime und dem frühen 19. Jh. („Das Zeitalter Napoleons und die Erhebung der Völker", 1943).

Andrejew, Andrei Andrejewitsch, * Kusnezowo (Gouv. Smolensk) 30. Okt. 1895, † Moskau 5. Dez. 1971, sowjet. Politiker. - In zahlr. hohen Partei- und Staatsämtern; u. a. als Mgl. des ZK (1920–60) und des Politbüros (1932–52) der KPdSU, als stellv. Vors. des Min.rates der UdSSR (1946–53), einer der einflußreichsten Funktionäre unter Stalin.

***Andreotti,** Giulio, * Rom 14. Jan. 1919, italien. Politiker und Journalist. - Vertreter und Abg. des rechten Flügels der Democrazia Cristiana (DC); seit 1954 mehrfach Min. (Inneres; 1955–58 Finanzen; 1958/59 Schatz; 1959–66 und 1974 Verteidigung; 1966–69 Handel und Industrie; 1974–76 Budgetplanung und Mezzogiorno); 1968–72 Fraktionsvors. der DC in der Abg.kammer; 1972/73 und erneut 1976–79 Min.präsident.

Andronikos, Name von byzantin. Herrschern:

A. I. Komnenos, * 1122 (?), † Konstantinopel 12. Sept. 1185, Kaiser (seit 1183). - Ließ die Witwe Kaiser Manuels I., Maria, und ihren Sohn Alexios II. (1180–83) beseitigen; entfaltete ein v. a. gegen die führenden Adelsgeschlechter gerichtetes Schreckensregiment; mußte territoriale Verluste hinnehmen; bei einem Aufstand getötet.

A. II. Palaiologos, * Nizäa 1259 oder 1260, † Konstantinopel 13. Febr. 1332, Kaiser (1282–1328). - Sohn Michaels VIII. Palaiologos; Mitkaiser Michael IX. 1294–1320; schwere außenpolit. Rückschläge, große territoriale Verluste v. a. in Kleinasien an die Osmanen, im NW an die Serben; die Wirtschafts- und Finanzkraft des Staates verfiel zunehmend; Wiederherstellung des kirchl. Friedens; ab 1320 Machtkampf mit seinem Enkel A. III.

A. III. Palaiologos, * 1296 oder 1298, † 15. Juni 1341, Kaiser (seit 1328). - Gelangte gegen seinen Großvater A. II. an die Macht (seit 1325 bereits Mitkaiser); unter A. III. stetiger Verfall des Byzantin. Reichs (weiteres Vordringen der Osmanen in Kleinasien und der Serben im NW); 1333 Rückeroberung von Epirus und Thessalien und weiterer Verfall des Staatsapparats und der Finanzen; erfolgreiche Reform des Gerichtswesens.

Andronowokultur, nach einem Fundplatz nahe Atschinsk benannte bronzezeitl. Kultur in S-Sibirien, zw. Ural und Jenissei; unter Einflüssen aus S-Rußland zw. 17. und 16. Jh. herausgebildet, bis ins 1. Jt. v. Chr. fortlebend.

***Andropow,** Juri Wladimirowitsch, * Nagutskaja (Gebiet Stawropol) 15. Juni 1914, sowjet. Politiker. - Ab 1961 im ZK der KPdSU, dessen Sekretär 1962–67; 1967 Kandidat des Politbüros und (im Min.rang) Vors. des Komitees für Staatssicherheit (KGB); seit 1973 Mgl. des Politbüros.

Androsch, Hans, * Wien 18. April 1938, östr. Politiker (SPÖ). - Seit 1967 Nationalrat; 1970–81 Finanzmin., 1976–81 zugleich auch Vizekanzler.

Andrussowo [russ. an'drusɐvɐ], Dorf im Gebiet von Smolensk; durch den Waffenstillstand von A. 1667 erhielt Rußland endgültig von Polen-Litauen Smolensk und die Ukraine links des Dnjepr mit Kiew.

Anerbenrecht, Sondererbrecht für ländl. Grundbesitz zur Verhinderung unwirtschaftl. Teilungen durch geschlossene Erbfolge eines einzigen Hoferben (Anerben). Entweder erbt der älteste oder der jüngste Sohn, der den übrigen gesetzl. Erben eine Abfindung zu zahlen hat, die für den Anerben wirtschaftl. tragbar sein muß.

Angell, Sir Norman Lane [engl. 'ɛɪndʒəl], eigtl. Ralph N. A. Lane, * Holbeach (Lincolnshire) 26. Dez. 1874, † Croydon (= London) 7. Okt. 1967, brit. Schriftsteller und Publizist. - Warnte in seinem Buch „The great illusion" (1910) vor der Gefahr imperialist. Politik und trat für eine internat. Friedensordnung ein; setzte sich für eine Revision des Versailler Friedensvertrages ein; 1929–31 Mgl. des Unterhauses (Labour Party), erhielt 1933 den Friedensnobelpreis.

Angeln (lat. Angli[i]), westgerman. Volksstamm im Gebiet der Landschaft A. in Schleswig, erstmals im 1. Jh. n. Chr. von Tacitus erwähnt; waren im 5./6. Jh. maßgebl. an der german. Eroberung und Reichsbildung in Britannien beteiligt (↑Angelsachsen).

Angeloi, bed. byzantin. Familie, die ab 1185 die Kaiser Isaak II., Alexios III., Alexios IV. und Alexios V. stellte und nach dem Zusammenbruch des Byzantin. Reichs (1204) Restherrschaften in Epirus und Thessalien behauptete.

Angelsachsen, seit etwa 775 Bez. für die im 5./6. Jh. vom Festland auf die Brit. Inseln ausgewanderten german. Stämme der ↑Sachsen, ↑Angeln und ↑Jüten, die die einheim. Kelten in Randgebiete und über die See verdrängten und mehrere Kleinkönigreiche gründeten (Kent, Sussex, Wessex, Essex, East Anglia, Mercia, Northumbria); durch iroschott. und röm. Mission (6./7. Jh.) christianisiert und schließl. im 9. Jh. unter Führung der Könige von Wessex geeint. Seit dem 9. Jh. starken Einflüssen der Dänen ausgesetzt, die in England Fuß gefaßt hatten und 1016–42 das Land beherrschten; 1066 von den Normannen unterworfen. Die A. hatten großen Einfluß auf Kirche und Kultur des Frankenreiches.

🕮 *Preparatory to Anglo-Saxon England. The collected papers of the late Sir F. M. Stenton. Hg. v. Lady Stenton. London u.a. 1970. - Loyn, H. R.: Anglo-Saxon England and the Norman conquest. London u. New York ³1963. - The Anglo-Saxons. Studies in some aspects of their history and culture. Hg. v. P. Clemoes. London u. New York 1959. - Blair, P. H.: An introduction to Anglo-Saxon England. London 1956. - Hodgkin, R. H.: A history of the Anglo-Saxons. London u.a. ³1953. 3 Bde.*

angelsächsisches Recht, 1. i. e. S. das in England vor der Eroberung durch die Normannen (1066) geltende Recht. Die älteren angelsächs. Rechtsbücher weisen eine enge Verwandschaft mit den Volksrechten der niederdt. Stämme (Sachsen, Friesen, Thüringer) auf. Das a. R. fand seinen Niederschlag in Gesetzen und Gesetzessammlungen, in Aufzeichnungen des Gewohnheitsrechts und in privaten Rechtskompilationen. Es ist gekennzeichnet durch den Ggs. von Volksrecht und Privilegien, durch die vorherrschende Tendenz der Friedenswahrung sowie durch das Überwiegen strafrechtl. Vorschriften. 2. i. w. S. das zunächst in England entwickelte und später von vielen Ländern rezipierte ↑Common Law. In diesem Sinn gehören zum angelsächs. Rechtskreis außer Großbrit. und den USA v. a. Australien, Kanada, Indien, Neuseeland und die früher zum brit. Empire gehörenden Staaten Afrikas. Die Entwicklung des a. R. begann in der Regierungszeit des engl. Königs Heinrich II. (1154–89), der den ersten mit Berufsrichtern besetzten zentralen Gerichtshof einsetzte. Die diesem angehörenden königl. Richter entwickelten aus dem vorgefundenen lokalen weltl. und dem kirchl. Recht das Common Law (gemeines Recht). Dieses verhärtete im Laufe der Zeit jedoch immer mehr und wurde den sich wandelnden Anforderungen nicht mehr gerecht. Im 15. Jh. entstand neben den Common-Law-Gerichten der Court of Chancery („Gericht des Lordkanzlers"), der nach Billigkeit („equity") entschied. Im Laufe der Zeit erwuchs durch die Rechtsprechung des Court of Chancery neben dem Common Law ein weiteres Gebäude von Rechtsregeln, die ↑Equity, die sich durch größere Elastizität auszeichnete und eine Reihe neuer Rechtsinstitute hervorbrachte. Im 19. Jh. wurden in England wie in den USA die beiden Gerichtszweige organisator. miteinander verschmolzen, so daß heute dieselben Gerichte Common Law und Equity anwenden, wobei im Konfliktsfalle letztere vorgeht. Sowohl Common Law als auch Equity bestehen aus gerichtl. Entscheidungen, deren tragende Grundsätze für die nachgeordneten Gerichte bindend sind. Eine wichtige Quelle des a. R. ist das von Parlament, Behörden und Körperschaften gesetzte Recht (Act).

🕮 *Pollock, F./Maitland, F. W.: The history of English law. Neudr. London 1968.*

Angerdorf, meist planmäßig angelegtes Platzdorf, dessen Gehöfte einen großen, für Gemeinschaftszwecke und als Gemeindeweide genutzten Platz umrahmen. Eine der Grundtypen mittelalterl. dt. Ostkolonisation.

angevinisch [ãʒə'vi:...], aus Angers, aus Anjou; auf Anjou[-Plantagenet] bezüglich.

Angevinisches Reich [ãʒə'vi:...], europ. Großreich, begr. 1128/52 durch die Ehen Gottfrieds V. von Anjou und König Heinrichs II. Kurzmantel von England, das England, Irland und den größten Teil W- und S-Frankreichs umfaßte; zerfiel seit Anfang 13. Jh. Die-

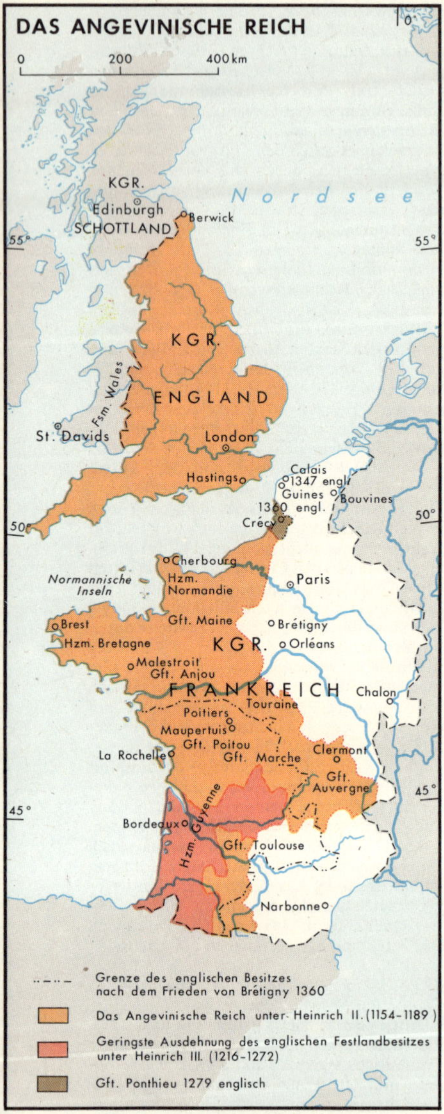

ses heterogene Gebiet zusammenzuhalten, brachte das engl. Königtum in jh.lange Konflikte.

Angilbert, hl., *um 745, †18. Febr. 814, fränk. Abt. - Lebte meist am Hofe Karls d. Gr., dessen Tochter Bertha ihm zwei Söhne gebar; mehrfach diplomat. Aufträge; 792 Abt von Centula (Saint-Riquier).

angiovinisch [andʒoˈviːnɪʃ; italien.], die Epoche des Hauses Anjou in Neapel betreffend und dessen gegen den dt. Einfluß gerichtete Politik in Italien; die a. „Partei" ist daher weitgehend ident. mit den Guelfen.

Angkor, Ruinenstadt in Kambodscha, 230 km nnw. von Phnom Penh; 889 n. Chr. als Hauptstadt im Kernland des Khmerreiches gegr.; Mittelpunkt der quadrat. angelegten Stadt war der in Anlehnung an die ind. Kosmologie errichtete Tempelberg Phnom Bakheng, Grundlage der Macht der Dynastie von A. waren riesige rechteckige Stauseen und Bewässerungsanlagen, die Intensivreisbau (drei Ernten im Jahr) ermöglichten. Höhepunkte mit großer Bautätigkeit unter Surjawarman II. (1113–1150); er errichtete das Meisterwerk der klass. Khmerarchitektur, *Ankor Wat* (= Hauptstadt-Kloster), eine dem Gott Wischnu geweihte dreistufige Pyramide mit Galerien und Ecktürmen und dem Mausoleum Surjawarmans, das später buddhist. Heiligtum wurde. Der ganze Bau ist mit Bauplastik überzogen (v.a. mytholog. Szenen). Unter Dschajawarman VII. (1181–1219) entstanden zahlr. Bauten von barocker Schönheit, u.a. der symbolträchtige, das „Reichszentrum" bildende *Bajon* im Stadtmittelpunkt. 1431 zerstörten die Thai A.; Anstoß für die Freilegung und Erforschung von A. gab der frz. Naturforscher H. Mouhot 1860.

anglikanische Kirche (von lat. Ecclesia Anglicana), ungenaue Bez. für die „Kirche von England" (Church of England), deren Tochterkirchen sich meist „Protestant Episcopal Church" nennen. Die Kirche von England, mit ihren Tochterkirchen in der Anglikan. Kirchengemeinschaft vereinigt, ist nicht aus der Reformation hervorgegangen. Die a. K. entstand durch den persönl. bedingten Bruch Heinrichs VIII. (♔ 1509–1547) mit Rom, den das Parlament 1534 nachvollzog, als es in der *Suprematsakte* den König als „Supreme Head in Earth of the Church of England" („Irdisches Oberhaupt der Kirche von England") anerkannte. Abgesehen von der Verwerfung des Papsttums und der Aufhebung der Klöster (1534–1539), deren Besitz an die Krone fiel, blieb die a. K. in ihrer Verfassung (Beibehaltung des Bischofsamtes) und in ihrer Liturgie zunächst katholisch. Erst unter Eduard VI. (♔ 1547–1553) kam es zu Reformen im prot. Sinn. Der für den minderjährigen König die Regentschaft führende Edward Seymour (* um 1506, † 1552) setzte 1549 als amtl. liturg. Buch das *Common Prayer Book* in Kraft, das die Liturgie vereinfachte und in seiner 2. Ausgabe von 1552 kalvinist. Züge trug. Innerhalb der a. K. entstanden im 19. Jh. konservativ-hochkirchl. (d. h. kath. Züge bewahrende) Bestrebungen, die sich seit 1834 in der High Church („Hochkirche") repräsentieren. Ihr stehen zwei weitere Hauptrichtungen gegenüber: die gemäßigt liberale, von der histor. krit. Theologie beeinflußte *Broad Church* und die *Low Church*, die tätiges Christentum und soziale Aktivitäten in den Vordergrund stellt.

Angloamerika, das überwiegend englischsprachige Nordamerika (USA, Kanada).

*Angola

(amtl. Vollform: República popular de A.), Staat in SW-Afrika, zw. 4° 22′ (Cabinda) und 18° 02′ s. Br. sowie 11° 41′ und 24° 05′ ö. L. Das **Staatsgebiet** umfaßt als Hauptteil das Gebiet vom Atlantik zw. der Mündung des Kongo (im N) und des Cunene (im S) bis zum Quellgebiet des Sambesi (im O) sowie als Exklave (zw. Kongo und Zaïre) den Distrikt Cabinda, ebenfalls am Atlantik, mit 7200 km^2 und 84000 E (1973). Der Hauptteil grenzt im N und nördl. W an Zaïre, im südl. W an Sambia und im S an Namibia. **Fläche:** 1246700 km^2. **Bevölkerung:** 8,5 Mill. E (1985), 6,8 E/km^2. **Hauptstadt:** Luanda. **Verwaltungsgliederung:** 18 Prov. **Amtssprache:** Portugiesisch; Umgangssprachen: Bantusprachen. **Währung:** 1 Kwanza = 100 Lwei. **Internat. Mitgliedschaften:** UN, OAU. **Zeitzone:** MEZ.

Geschichte: Die Küste A. wurde 1483 von Diogo Cão entdeckt; Ende des 16. Jh. begann Portugal das Land gegen den Widerstand der Eingeborenen militär. zu besetzen (erst Ende 19. Jh. kontrollierte Portugal das ganze Land), um Sklaven nach Brasilien auszuführen. Verwaltungsmäßig und wirtsch. war A. bis 1822 prakt. eine Kolonie Brasiliens; vorübergehend niederl. besetzt. Nach dem Verbot der Sklaverei in A. 1869 bestand bis 1910 offiziell für die eingeborene Bev. das System der Zwangsarbeit. Eine stärkere Einwanderung von Weißen nach A., dessen Grenzen 1885 auf der Kongokonferenz festgelegt wurden, setzte erst nach dem 1. Weltkrieg ein, als Portugal begann, A. zu erschließen. 1951 erhielt A. den Status einer Überseeprov. Ein 1961 begonnener bewaffneter Aufstand panafrikan.-nationalist. Kräfte gegen Portugal wurde 1964 niedergeworfen. Seitdem kam es wiederholt zu militär. Aktionen der angolan. Befreiungsbewegungen: des 1956 gegr. „Movimento Popular de Libertação de Angola“ (MPLA), der 1962 gegr. „Frente Nacional de Libertação de Angola“ (FNLA) und der von dieser 1966 abgespaltenen „União Nacional para a Independência total de Angola“ (Unita). In der Folge der Revolution in Portugal 1974 erhielt A. im Jan. 1975 seine erste Reg. mit schwarzer Majorität, an der alle drei Befreiungsbewegungen beteiligt waren. In den nun zw. diesen ausbrechenden militär. Auseinandersetzungen, in die auch ausländ. Mächte aus allen ideolog. Blöcken mehr oder weniger massiv eingriffen, erreichte Portugal keine Vermittlung und entließ trotz der ungeklärten Situation A. am 11. Nov. 1975 in die Unabhängigkeit. Nachdem von der MPLA die „Volksrepublik A.“ mit dem MPLA-Führer Neto als Staatspräs., von FNLA und Unita die „Demokrat. Volksrepublik A.“ mit dem FNLA-Chef Holden Roberto als Präs. des Nat. Revolutionsrates und einem der Unita angehörenden Min.präs. ausgerufen worden war, konnte sich schließl. mit sowjet. und kuban. Unterstützung die marxist. orientierte MPLA gegen die prowestl. orientierten, kooperierenden FNLA und Unita durchsetzen. Nach dem Tod von Staatspräs. Neto (10. Sept. 1979) wählte das ZK der MPLA-Partei der Arbeit José Eduardo dos Santos zum neuen Präs. der Partei und damit zum Staatspräs.; im Nov. 1980 fanden die ersten Parlamentswahlen statt.

Politisches System: Die Verfassung der VR A. vom Nov. 1975 (geändert im Okt. 1976) legt die Führungsrolle der MPLA fest. Einheitspartei und Staat sind institutionell eng verflochten. Der Präs. der MPLA übernimmt als Staatspräs. die Funktion des *Staatsoberhaupts* und ist zugleich oberster Inhaber der *Exekutive*. Er hat den Vorsitz im Revolutionsrat und im Ministerrat, ernennt und entläßt die Reg.mitglieder und die Prov.gouverneure, verhängt den Belagerungs- oder den Ausnahmezustand. Die Regierung besteht aus dem Staatspräs., dem Premiermin., den stellv. Premiermin., den Min. und den Staatssekretären. Ihre Hauptaufgaben liegen in der Gewährleistung der Sicherheit und in der Aufstellung und Durchführung des Haushaltsplans. Die Funktionen der *Legislative* gingen im Nov. 1980 vom Revolutionsrat auf das Parlament, die Nat. Volksversammlung, über. Einheits*partei* A. ist die marxist.-leninist. MPLA, gegr. 1956 als Befreiungsbewegung und 1978 reorganisiert als Movimento Popular de Libertação de Angola - Partido de Trabalho (Partei der Arbeit). Ihr oberstes Organ ist der Parteikongreß, der den Präs. der Partei (und damit Staatspräs.) und das ZK (90 Mgl.) wählt. Das ZK wählt das Politbüro (mit bis zu 13 Mitgliedern) als Exekutivorgan. *Verwaltung:* An der Spitze der 18 Prov. stehen vom Staatspräs. ernannte Gouverneure. Auf den unteren Ebenen der Verwaltung wird die Reg. durch Kommissare vertreten. Das *Rechtswesen* beruht noch auf portugies. Recht, soll aber reorganisiert werden. Die *Streitkräfte* umfassen insgesamt rd. 100000 Mann (Heer 91500, Luftwaffe 7000, Marine 1500).

🕮 *Bender, G. J.: A. under the Portuguese; the myth and the reality. Berkeley (Calif.) 1978. - Pélissier, R.: La colonie du Minotaure. Nationalisme et révolutes en A. (1926–1961). Paris 1968. - Heimer, F.-W.: Der Entkolonisierungsprozeß in A.: eine Zwischenbilanz. Freib. 1976. - Boavida, A.: A. Zur Gesch. des*

Kolonialismus. Dt. Übers. Ffm. 1970. - Birmingham, D.: The Portuguese conquest of A. London 1965.

Angoulême [frz. ãgu'lɛm], bed. frz. Adelsgeschlecht:

A., Charles de Valois, Herzog von (seit 1619), * Schloß Fayet bei Montmélian 28. April 1573, † Paris 29. Sept. 1650, frz. Heerführer. - Sohn Karls IX. von Frankreich, anfangs Parteigänger Heinrichs IV., später wegen Verschwörung gegen ihn 1605 zum Tode verurteilt, jedoch begnadigt und 1616 wieder freigelassen.

A., Louis Antoine de Bourbon, Herzog von, * Versailles 6. Aug. 1775, † Görz 3. Juni 1844, Dauphin. - Sohn des späteren frz. Königs Karl X.; 1789–1814 und ab 1830 im Exil; bemüht um die bourbon. Restauration; kämpfte 1815 gegen Napoleon I. und 1823 in Spanien; verzichtete 1830 mit seinem Vater auf den Thron.

A., Marie-Thérèse Charlotte, Herzogin von, gen. Madame Royale, * Versailles 19. Dez. 1778, † Görz 19. Okt. 1851. - Tochter Ludwigs XVI. und der Marie Antoinette; heiratete 1799 Louis Antoine de Bourbon, Herzog von A.; ihre Standhaftigkeit und der feste Glaube an die Mission der Dynastie ließen sie nach der Rückkehr aus dem Exil 1814 versuchen, Bordeaux 1815 gegen Napoleon I. zu halten.

Angoumois [frz. ãgu'mwa], histor. Prov. im sw. Frankr., nördl. und südl. von Angoulême (Gft. Angoulême), entspricht etwa dem heutigen Dep. Charente; zeitweilig im Besitz der Plantagenets, 1515 zum Hzgt. erhoben, ab 1714 endgültig Teil der frz. Krondomäne.

Angriff, im *Völkerrecht* die Androhung oder Anwendung von Gewalt durch einen Staat (**Angreifer**) gegenüber einem anderen Staat mit dem Ziel, zur Durchsetzung eines Anspruchs gegen den Willen des anderen Staates einen bestehenden Zustand zu ändern. Wenn ein Staat einem ihm unmittelbar drohenden A. gewaltsam zuvorkommt, so begeht er, weil der Anstoß zum Gewaltgebrauch nicht von ihm ausging, selbst keinen A. Als verschiedene A.formen sind zu unterscheiden: krieger. A. mit militär. oder wirtschaftl. Mitteln, die in Kriegsabsicht unternommen werden (**Angriffskrieg**), und nichtkrieger. A., bei denen eine Kriegsabsicht nicht besteht (Repressalie, Intervention).

War der krieger. A. nach klass. Völkerrecht nur erlaubt, wenn er zur Wiederherstellung eines dem Recht entsprechenden Zustandes geführt wurde, so galt er im älteren Völkerrecht unter dem Einfluß des Rechtspositivismus als rechtsneutral, d. h., er stand außerhalb der rechtl. Betrachtungssphäre und war daher ein jederzeit anwendbares Mittel zur Durchsetzung zwischenstaatl. Forderungen. Die in neuerer Zeit erfolgte Wiederbelebung der klass. Auffassung hat schließl. zum Sicherheitsrecht der UN geführt. Hiernach können, sofern der Sicherheitsrat der UN das Vorgehen eines Staates als A.handlung im Sinne von Art. 39 der UN-Charta bezeichnet, gemäß deren Art. 41 und 42 nichtmilitär. oder militär. Sanktionsmaßnahmen gegen den Angreifer verhängt werden.

📖 *Wengler, W.: Das völkerrechtl. Gewaltverbot. Probleme u. Tendenzen. Bln. 1967. - Klein, F.: Der Begriff des „A." in der UN-Satzung. In: Festschr. H. Jahreis. Hg. v. K. Carstens u. H. Peters. Köln u. a. 1964.*

Angrivarier (lat. Angrivarii; Engern), westgerman. Völkerschaft beidseitig der mittleren Weser, wo sich ihr Name in dem der Landschaft Engern erhalten hat; Nachbarn und Verbündete der Cherusker; gingen schließl. in der sächs. Stammesbildung auf.

Anguilla [engl. æn'gwɪlə], brit. Kolonie, die aus der Insel A. (Kleine Antillen) besteht, 91 (oder 88) km², Verwaltungssitz The Valley, Bev. 7 000 E (1984).

Geschichte: A. war von 1650–1967 brit. Kolonie und wurde 1967 Bestandteil von Saint Christopher-Nevis-Anguilla, einem mit Großbrit. assoziierten Staat im Verband der ↑ Westindischen Assoziierten Staaten. Nach der Rebellion der Bev. von A. gegen die Zugehörigkeit zu Saint Christopher-Nevis wurde diese Verbindung 1971 von Großbrit. fakt. aufgelöst, bestand jedoch formal bis 1980. 1976 erhielt A. eine neue Verfassung.

Polit. Verhältnisse: Nach der Verfassung von 1976 hat A. den Status eines von Großbrit. abhängigen Gebietes. Staatsoberhaupt ist die brit. Königin, vertreten durch einen Kommissar, der den Vorsitz im Exekutivrat (Chefmin. und weitere Min.) innehat und für Außenpolitik, Verteidigung, innere Sicherheit, öffentl. Dienst und Justiz verantwortl. ist. Organ der Legislative ist die Gesetzgebende Versammlung (7 Abg., die vom Volk auf 4 Jahre gewählt werden, 3 Mgl. ex officio und 2 vom Kommissar ernannte Mgl.). Die Anguilla National Alliance stellt seit den Wahlen 1984 4 von den 7 gewählten Abgeordneten.

Anhalt, ehem. Gliedstaat des Dt. Reiches; mehrteiliges Territorium an der mittleren Elbe, unteren Saale und im Unterharz; Hauptstadt Dessau. Kreise: Ballenstedt, Bernburg, Dessau, Köthen, Zerbst; 2 326 km², 432 000 E (1939).

Geschichte: Das Ft. A. war der Rest des Herrschaftsbereiches der Askanier, jahrhundertelang durch Erbteilungen zersplittert. Die ständigen Teilungen fanden durch die Vereinigung des gesamten anhalt. Besitzes 1570 vorübergehend ein Ende, doch entstanden durch eine erneute Landesteilung schon 1603 die jüngeren Linien A.-Dessau (bis 1918), A.-Bernburg (bis 1863), A.-Köthen (bis 1665), A.-Zerbst (bis 1793) und A.-Plötzkau (seit 1665 Köthen-Plötzkau; bis 1847). 1807 traten die noch bestehenden Teilfürstentümer als Hzgt. dem Rheinbund bei, gerieten nach 1815 immer stärker unter preuß. Einfluß und mußten dem Dt. Zollverein 1833/34 beitreten. 1863 wurden die anhalt. Gebiete zum Hzgt. A. vereinigt. Nach einer kulturellen Blütezeit im 18. Jh. nahm A. erst im 19. Jh. wirtsch. Aufschwung durch Abbau der Bodenschätze (Kali, Braunkohle) u. Förderung der Zuckerindustrie. Mit der Abdankung des Herzogshauses 1918 wurde A. Freistaat (bzw. Land des Dt. Reiches); stand 1933–45 mit Braunschweig unter einem Reichsstatthalter; 1945 mit der ehem. Prov. Sachsen zur Prov. (seit 1947 Land) Sachsen-A. vereinigt; 1952 kam der größere Teil zum Bez. Halle, der kleinere zum Bez. Magdeburg.

Anhörung, svw. ↑Hearing.

Ani [türk. ɑ'ni, 'ɑni], Ruinenstätte im NO der Türkei, 40 km osö. von Kars; seit dem 5. Jh. als Festung erwähnt, als Hauptstadt der Bagratiden (953–1045 bzw. 1080) planmäßig ausgebaut; zu Beginn des 13. Jh. neue Blütezeit; nach dem Erdbeben von 1319 von den Bewohnern verlassen. Mit zahlr., meist aber stark zerstörten Bauwerken ist A. eine bed. Stätte der armen. Architektur.

Anjou [frz. ã'ʒu], Seitenlinien des frz. Königshauses der Kapetinger. Das *ältere Haus A.* (1246–1435) besaß auch die Gft. Provence, 1265–82 Sizilien, 1265–1435 das Kgr. Neapel, 1277–1435 den Titel des Kgr. Jerusalem, 1308–86 das Kgr. Ungarn, 1370–86 das Kgr. Polen. Das *jüngere Haus A.* (1356–1481) konnte den älteren A. nur die Provence abringen, führte aber dann auch die Königstitel von Neapel-Sizilien, Ungarn, Aragonien und Jerusalem und besaß 1431–73 das Hzgt. Lothringen. 1481 fielen A., Maine und Provence an die Krone zurück. Stammtafeln ↑Kapetinger, ↑Valois.

📖 *Léonard, E. G.: Les Angevins de Naples. Paris 1954.*

Anjou [frz. ã'ʒu], histor. Gebiet in W-Frankr., im Z die alte Hauptstadt Angers. A. wird von der oberen Loire durchflossen und hat Anteil am armorikan. Massiv im W und dem Pariser Becken im O. - Der Name leitet sich von den gall. Andekavern ab. Im 9. Jh. entwickelte sich um Angers eine mächtige Grafschaft, die bis Anfang 12. Jh. Touraine und Maine mit umfaßte. Gehörte 1154–1204 unter den Plantagenets zu England.

📖 *Dornic, F.: Histoire de l'A. Paris 1961.*

Anjou-Plantagenet [engl. ã:ʒu:plæn'tædʒɪnɪt], engl. Herrscherhaus, ↑Plantagenet.

Anna, Name von Herrscherinnen:

Byzanz:

A. Komnene, * 1083, † nach 1148, Geschichtsschreiberin. - Tochter von Kaiser Alexios I. Komnenos, dessen Geschichte sie schrieb („Alexias"); trotz panegyr. Tendenz eine wertvolle Geschichtsquelle.

England/Großbritannien:

A. Boleyn [engl. 'bʊlɪn], * 1507 (?), † London 19. Mai 1536, Königin. - Ab 1525 Geliebte, ab 1533 2. Gemahlin Heinrichs VIII., Mutter der späteren Königin Elisabeth I.; wegen angebl. Ehebruchs 1536 verurteilt und enthauptet.

A. von Kleve, * 22. Sept. 1515, † Chelsea (= London) 28. Juli 1557, Königin. - Anfang 1540 4. Gemahlin Heinrichs VIII. (Heirat v. a. aus polit. Gründen), von diesem jedoch wegen ihrer Reizlosigkeit und mangelnden Bildung schon nach einem halben Jahr wieder geschieden.

A. Stuart [engl. stjʊət], * London 6. Febr. 1665, † Kensington (= London) 1. Aug. 1714, Königin (seit 1702). - Tochter Jakobs II., ∞ mit Prinz Georg von Dänemark; führte ihre Herrschaft ohne Berücksichtigung des zugunsten des Parlaments verschobenen Souveränitätsverhältnisses; verwandelte 1707 die Personalunion England-Schottland in eine Realunion („Großbritannien"), stürzte 1711 Marlborough und bahnte, polit. den Tories zuneigend und starr hochkirchl. gesinnt, einer bis 1714 währenden Toryherrschaft mit dem Ziel stuart.-jakobit. Thronfolge den Weg.

📖 *Holmes, G. S.: British politics in the age of Anne. London 1967.*

Frankreich:

A. von Beaujeu [frz. bo'ʒø], * 1461, † Chantelle (Allier) 14. Nov. 1522, Regentin. - Tochter Ludwigs XI., seit 1474 ∞ mit Peter von Beaujeu, dem späteren Herzog von Bourbon; führte ab 1483 mit ihrem Gemahl für ihren minderjährigen Bruder Karl VIII. bis 1491 die Regentschaft.

📖 *Chabannes, H. de/Linarès, I. de: Anne de B. Paris 1955.*

A. von Bretagne [brə'taɲ], * Nantes 26. Jan. 1477, † Blois 9. Jan. 1514, Königin. - Erbin der Bretagne; mußte auf den Ehevertrag mit König Maximilian I. (1489) verzichten; ab 1491 ∞ mit dem frz. König Karl VIII., ab 1499 mit Karls Nachfolger Ludwig XII. Sie war der geistige Mittelpunkt des frz. Hofes.

A. von Österreich, * Valladolid 22. Sept. 1601, † Paris 20. Jan. 1666, Königin. - Älteste Tochter Philipps III. von Spanien; ab 1615 ∞ mit Ludwig XIII. von Frankr.; in Frankr. unbeliebt; ermöglichte während der Regentschaft für ihren unmündigen Sohn Ludwig XIV. (bis 1651) als Stütze Mazarins gegen die Fronde die Kontinuität der frz. Politik.

Polen:

A. (poln. A. Jagiellonka), * 18. Okt. 1523, † 9. Sept. 1596, Königin. - Tochter Sigismunds I.; von der Schlachta 1575 zur Herrscherin ausgerufen; 1576 ∞ mit dem neuen Wahlkönig Stephan IV. Báthory und gekrönt.

Rußland:

A. Iwanowna [russ. i'vanɐvnɐ], * Moskau 7. Febr. 1693, † ebd. 28. Okt. 1740, Zarin und Kaiserin. - 1730 unter Verzicht auf die absolute Zarengewalt vom Adel auf den Thron erhoben, stellte jedoch nach Regierungsantritt sofort die Autokratie wieder her; betrieb eine erfolgreiche russ. Machtpolitik gegenüber Polen und der Türkei; regierte weitgehend durch ihren Günstling Biron, den sie 1740 zum Regenten für den von ihr bestimmten Nachfolger Iwan VI. einsetzte.

A. Leopoldowna [russ. lıaˈpɔljdɐvnɐ], eigtl. Elisabeth Katharina Christine, * Rostock 18. Dez. 1718, † Cholmogory bei Archangelsk 18. März 1746, Regentin. - Prinzessin von Mecklenburg-Schwerin, in Rußland erzogen, 1739 ∞ mit dem Prinzen Anton Ulrich von Braunschweig-Wolfenbüttel; führte ab Nov. 1740 an Stelle Birons nominell die Regentschaft mit dem Titel „Großfürstin" für ihren Sohn Iwan VI. bis zur Absetzung und Verbannung beider als Folge des Staatsstreiches der neuen Zarin Elisabeth Petrowna 1741.

Sachsen-Weimar-Eisenach:

A. Amalia (Amalie), * Wolfenbüttel 24. Okt. 1739, † Weimar 10. April 1807, Herzogin. - Führte 1758–75 die Regentschaft für ihren Sohn Karl August; berief Wieland als Prinzenerzieher und hatte als Begründerin des Weimarer „Musenhofes" entscheidenden Anteil am Aufstieg Weimars zum dt. Kulturmittelpunkt; komponierte u. a. die Musik zu Goethes „Erwin und Elmire" (1776).

Annaba, alger. Hafenstadt, 165 000 E. Im 12. Jh. v. Chr. von Phönikern gegr.; später **Hippo Regius** genannt, bis zum Ende der Pun. Kriege Hauptstadt Numidiens; dann unter röm. Schutz selbständig; 431 von den Vandalen zerstört, 533 byzantin.; Ende des 7. Jh. endgültig durch die Araber zerstört.

Anna Hyde [engl. haɪd] ↑ Hyde, Anna.

Annalen [lat.; zu annus „Jahr"], Aufzeichnungen geschichtl. Ereignisse nach Jahren geordnet. A. gab es im Altertum bei den Ägyptern, Assyrern, Hethitern, Juden, Chinesen, Griechen *(Horoi)* und bei den Römern *(Annales)*, bei denen man drei Epochen der Annalistik unterscheidet: die ältere (etwa 200–155), mittlere (etwa 155–100), jüngere Annalistik (etwa 80 bis um Christi Geburt). Bed. Vertreter u. a. Titus ↑ Livius, in der Spätzeit ↑ Tacitus. Die A. des MA, wenig von der literar. Tradition und dem Vorbild antiker Vorläufer bestimmt, dienten zunächst als Aufzeichnungen für den Eigengebrauch von Klöstern und Domstiften, meist anonym, ohne Titel und Vorwort durch Generationen geführt. Später entwickelten sich die A. zu einer literar. anspruchslosen Gattung ma. Geschichtsschreibung, z. T. offiziös. Im 11. und 12. Jh. tritt die Darstellung der Zeitgeschichte sehr stark in den Vordergrund. Seit der 2. Hälfte des 11. Jh. verschmelzen A., Chronik und Historie; gleiches gilt auch für die A. in der Zeit des Humanismus.

📖 *Grundmann, H.: Geschichtsschreibung im MA. Gött. ³1978. - Gelzer, M.: Der Anfang röm. Geschichtsschreibung. In: Gelzer: Kleine Schrr. Bd. 3. Wsb. 1964.*

Annam, Landschaft an der O-Küste Hinterindiens, zw. dem Delta des Roten Flusses und dem Mekongdelta, besteht aus schmalen Küstenebenen und Gebirgsland. - Das annamit. Reich wurde 968 im zuvor ab 111 meist chin. beherrschten Tonkin gegr., 1413–28 erneut von China unterworfen. Die Einheit des Reiches, im 18. Jh. durch Aufstände bedroht, konnte erst 1801 gesichert werden. Ende 13. Jh. kamen die Brüder Polo auf dem Landweg als erste Europäer nach A., zu Schiff im 16. Jh. die Portugiesen. Frankr. weitete seinen polit. und wirtsch. Einfluß immer mehr aus, eroberte schließl. 1883/84 A. und machte es zum Protektorat. A. wurde mit Tonkin (1945) und Kotschinchina (1949) zum neuen Staat Vietnam zusammengeschlossen. Der letzte Kaiser (1932–45) von A., Bao Dai, war 1949–55 Staatschef von Vietnam.

Annexion [lat.-frz.], im Völkerrecht der durch einen Staat erfolgende gewaltsame Erwerb eines Gebietes, das zuvor anderer Staatsgewalt unterstand. Eine A. kann durch einseitige Erklärung nach Eroberung eines fremden Staatsgebietes und endgültiger Brechung des gegner. Widerstandes erfolgen oder auf Grund eines unter Zwang geschlossenen Vertrages.

Annexionskrise (1908) ↑ Bosnien und Herzegowina.

anno (Anno) [lat. „im Jahre"], Jahresbez. des lat. Kulturkreises und der lat. beeinflußten Kulturkreise, z. B.: **anno urbis [conditae], anno post Romam conditam** (auch: ab urbe condita, Abk. a. u. [c.]): „im Jahre nach der (sagenhaften) Gründung Roms", 753 v. Chr. - **anno consulatus N. N.:** „im Jahre des Konsulats von N. N." - **Anno (anno) Domini [Jesu Christi],** Abk. A. D.: „im Jahre des Herrn" (n. Chr.); **anno salutis:** „im Jahre des Heils" (n. Chr.); **anno incarnationis** (Abk. a. inc.): „im Jahre der Menschwerdung" (n. Chr.); **anno post Christum natum** (Abk. a. p. Chr.): „im Jahre nach Christi Geburt" (n. Chr.); entsprechend zurückgezählt **anno ante Christum natum** (Abk. a. a. Chr.): „im Jahre vor Christi Geburt" (v. Chr.). - **anno jubil[a]ei:** „im Jubeljahr" (oft verwechselt mit Jobeljahr) oder „im Heiligen Jahr", seit 1300 in der kath. Kirche gefeierte Gedächtnisjahre mit Romfahrten und Ablässen. - **anno orbis conditi** (Abk. a. o. c.), **anno mundi** (auch: ab origine mundi): „im Jahre nach der Erschaffung der Welt" (wobei unterschiedl. Berechnungen zugrunde liegen können). - ↑ auch Zeitrechnung.

Anno II., hl., * um 1010, † Siegburg 4. Dez. 1075, Erzbischof von Köln (seit 1056). - Ab 1056 mit Kaiserin Agnes Vormund Heinrichs IV., dessen er sich 1062 in Kaiserswerth bemächtigte, um die Reichsregierung allein zu führen, mußte diese aber 1063 an Adalbert von Bremen abgeben. Wegen seiner willkürl. Herrschaft 1074 aus der Stadt Köln vertrieben nach Siegburg, wo bald seine Verehrung begann und die Niederschrift einer Vita erfolgte (Grundlage des „Annoliedes").

🕮 *Gesch. des Erzbistums Köln. Hg. v. W. Neuss u. F. W. Oediger. Bd. 1. Köln 1964.*

Anno Hegirae ↑Zeitrechnung.

Annona [lat.], im Röm. Reich der Jahresertrag an Feldfrüchten, auch der Vorrat (bes. an Getreide); auf röm. und kaiserzeitl. griech. Münzen als Personifikation mit Ähren, Kornscheffel, Fruchtkorb und/oder Füllhorn.

Annuarium [lat.], Kalender, Jahrbuch.

Annuntiationsstil [lat.], ma. und frühneuzeitl. Zeitbestimmung mit dem Jahresanfang am 25. März (Fest Mariä Verkündigung, lat. Annuntiatio Mariae) *vor* (calculus Pisanus) oder *nach* (calculus Florentinus, mos Anglicanus) unserem Jahresanfang.

annus [lat. „Jahr"], **annus civilis:** bürgerl. Jahr; **annus communis:** Gemeinjahr; **annus confusionis:** Jahr der Verwirrung (46 v. Chr., in das Cäsar bei Einführung des Julian. Kalenders zwei Monate einschaltete); **annus decretorius:** Normaljahr; **annus gratiae:** Gnadenjahr; **annus intercalaris:** Schaltjahr; **annus normalis:** Normaljahr.

Ansbach-Bayreuth, ehem. fränk. Markgft. der [Hohen]zollern; Bayreuth fiel 1248 aus dem Erbe der Grafen von ↑Andechs an die Burggrafen von Nürnberg, die 1331 auch Ansbach, 1338 Kulmbach und später noch andere Rechte und Besitzungen in O-Franken erwarben. Teilung in die Ft. Ansbach und Bayreuth 1473 (Dispositio Achillea); hohenzoller. Sekundogenitur. Wiederholte Vereinigungen; 1791 preuß.; 1805 Ansbach bayr., 1807 Bayreuth frz., 1810 bayrisch.

🕮 *Endres, R.: A.-B. In: Hdb. der bayer. Gesch. Hg. v. M. Spindler. Bd. 3. Mchn. ²1979.*

Anschlußbewegung, Bez. für Bestrebungen mit dem Ziel, Österreich an Deutschland anzugliedern. Nach gescheiterten A. im 19. Jh. entstand mit dem Zusammenbruch der östr.-ungar. Monarchie (1918) eine neue A.: Die östr. Nationalversammlung erklärte am 12. Nov. 1918 Deutschösterreich zum Bestandteil der dt. Republik, aber trotz entsprechender Entschließung der Weimarer Nationalversammlung scheiterte die A. am Widerspruch der Alliierten, insbes. Frankreichs. Im Friedensvertrag von Saint-Germain-en-Laye 1919 wurde der Anschluß untersagt, Änderungen der östr. Unabhängigkeit sollten nur mit Zustimmung des Völkerbundrates mögl. sein. 1931 scheiterte ein dt.-östr. Zollunionsplan, den der Haager Gerichtshof für unzulässig erklärte. Der von Hitler erzwungene Anschluß am 12. März 1938 fand in Österreich zunächst Zustimmung und bei den einstigen Alliierten Duldung. Im Staatsvertrag von 1955 wurde Österreich erneut zur polit. und wirtschaftl. Unabhängigkeit verpflichtet.

Ansegis, hl., * wohl in der Diözese Lyon um 770, † Fontenell (= Saint-Wandrille-Rançon) 20. Juli 833, Abt von Fontenelle. - Aus fränk. Adelsgeschlecht; ab 807 Abt von Saint-Germer-de-Flay, 817 von Luxeuil und 823 auch von Fontenelle; Ratgeber Karls d. Gr. und Ludwigs des Frommen, Kompilator einer wichtigen Sammlung von Kapitularien (827).

Ansegisel (Ansigisil), † 685, fränk. Herzog. - 632 Hausmeier König Sigiberts II. von Austrien; Sohn des Bischofs Arnulf von Metz; Vater Pippins des Mittleren; Stammvater der ↑Karolinger.

Ansgar (Anscharius, Anskarius, Ansger), hl., * wahrscheinl. in der Nähe von Corbie um 801, † Bremen 3. Febr. 865, Benediktiner, Erzbischof von Hamburg-Bremen. - Schüler und Mönch in der Abtei Corbie, 823 Lehrer in der Klosterschule Corvey und 832 erster Bischof des 831 errichteten Bistums Hamburg. Missionierte in Dänemark und Schweden.

Antagonismus [griech.], Gegensatz, Gegnerschaft, Widerstreit; **antagonistisch,** gegensätzlich, feindlich. Im Marxismus wird unter A. (oder „antagonist. Widerspruch") der unversöhnl. Gegensatz zwischen den Interessen verschiedener Klassen einer nichtsozialist. Gesellschaft verstanden.

Antakya, Garnisonsstadt im äußersten S der Türkei, 40 km südl. von İskenderun, 66 500 E. - A. ist das antike **Antiochia** (307 v. Chr. als *Antigoneia* etwas weiter oberhalb am Orontes gegr., 301 v. Chr. an die heutige Stelle verlegt); wurde Hauptstadt des Seleukidenreiches und größte Stadt des Orients (etwa 500 000 E). 64 v. Chr. von Rom erobert; Hauptstadt der Prov. Syrien; 540 von Chosrau I. erobert und entvölkert, unter Justinian I. als *Theupolis* neu erbaut; ab 638 arab., im 10./11. Jh. unter wechselnder Herrschaft; 1098–1268 Hauptstadt des Kreuzfahrer-Ft. Antiochia; 1268 von den Mamelucken erobert und zerstört.

Antalkidas (Antialkidas), spartan. Stratege und Politiker im 4. Jh. v. Chr. - Handelte 387 mit dem pers. Großkönig Artaxerxes II. die Bedingungen eines allg. Friedens aus (↑Königsfriede), der die Griechen Kleinasiens an Persien auslieferte und die spartan. Hegemonie in Griechenland sichern sollte.

Antarktis, Land- und Meeresgebiete um den Südpol.

Entdeckung und Erforschung: J. Cook befuhr auf seiner 2. Reise (1772–75) die südl. Meere von W nach O auf etwa 60° s. Br., überschritt zweimal den südl. Polarkreis und drang bis etwa 70° 10′ s. Br. vor. F. G. von Bellinghausen wiederholte im Auftrag Zar Alexanders I. Cooks Umrundung der A. 1819–21 in höheren Breiten. 1839–43 waren gleichzeitig J. S. C. Dumont d'Urville, C. Wilkes und J. C. Ross in der A. tätig, v. a., um auf Anregung A. von Humboldts und K. F. Gauß' die genaue Lage des südl. Magnetpols zu ermitteln. 1901–05 arbeiteten 5 große Expeditionen in

zuvor festgelegten Abschnitten. Den ersten großen Vorstoß auf den Südpol unternahm 1907–09 E. H. Shackleton, R. Amundsen erreichte ihn am 14. Dez. 1911, R. F. Scott am 18. Jan. 1912. 1928 setzte H. Wilkins erstmals das Flugzeug ein, mit dem R. E. Byrd als erstem am 28./29. Nov. 1929 der Flug zum Südpol gelang. Bis zum Ausbruch des 2. Weltkrieges waren durch Flüge prakt. der Verlauf der gesamten Küsten der A. festgestellt sowie beträchtl. Gebiete des Inlandes erkundet oder sogar vermessen worden. Nach dem 2. Weltkrieg begannen die an der A. polit. interessierten Staaten in zunehmendem Maß permanent belegte Forschungsstationen einzurichten. Seit Ende 1977 leben erstmals versuchsweise Familien mit Kindern in einer argentin. Versuchsstation. 1957/58 durchquerte eine Expedition unter Führung von V. Fuchs und E. Hillary die Antarktis.
Die **polit. Geschichte** der A. begann 1908, als Großbrit. alle Gebiete südl. von S-Amerika der Verwaltung der Falklandinseln unterstellte. Argentinien und Chile haben diese Besitzergreifung nie anerkannt. Sie erklärten ihrerseits diese Gebiete als zu ihrem Hoheitsgebiet gehörend. An der weiteren Aufteilung beteiligten sich Neuseeland, Frankr., Australien und Norwegen. Durch die Organisation des 1956 vereinbarten Internat. Geophysikal. Jahres wurde eine polit. Regelung unausweichlich (↑Antarktisvertrag).
🕮 *Porter, E.: Die A. Dt. Übers. Mchn. 1980. - Kosack, H.-P.: Die Polarforschung. Braunschweig 1967. - Lewis, R. S.: Das Abenteuer A. Dt. Übers. Mchn. 1966.*

Antarktisvertrag, multilaterales Abkommen zur Förderung der wiss. Forschung im Südpolargebiet und zur Sicherstellung der Nutzung dieses Gebietes für ausschließl. friedl. Zwecke. Der A. wurde am 1. Dez. 1959 in Washington von 12 Staaten unterzeichnet (Argentinien, Australien, Belgien, Chile, Frankr., Großbrit., Japan, Neuseeland, Norwegen, Südafrika, UdSSR, USA; nachträgl. beigetreten sind Dänemark, Polen und die BR Deutschland (5. Febr. 1979). Der A. trat am 23. Juni 1961 in Kraft und währt 30 Jahre.

ante Christum [natum] [lat.], Abk. a. Chr. [n.], veraltet für: vor Christi [Geburt], vor Christus.

Antennendolche, variantenreiche Typengruppe bronzener und eiserner Dolche mit hufeisenförmigem Griffende; in W-Europa (bes. Spanien und S-Frankr.) wahrscheinl. seit dem 8. Jh. v. Chr.; in Süddeutschland kennzeichnend für die späte Hallstattkultur (6. und 5. Jh.); verwandte Formen auch in O-Europa und Vorderasien.

Antennenschwerter, Typengruppe bronzener Vollgriffschwerter, deren Knaufplatte in beidseitig nach oben eingerollten Enden ausläuft; im 9. und 8. Jh. in M-Europa und Italien verbreitet.

Anthony, Susan Brownell [engl. 'æntənɪ], * Adams (Mass.) 15. Febr. 1820, † Rochester (N. Y.) 13. März 1906, amerikan. Frauenrechtlerin. - Wurde bekannt durch ihren Kampf für die Durchsetzung des Frauenstimmrechts; 1892–1900 Präs. der „National American Woman Suffrage Association".

Anti-Corn-Law-League [engl. 'æntɪ'kɔːn'lɔː,liːg „Antikornzollverein"], 1838 in Manchester gegr. Verein zur Abschaffung der Getreidezölle und Durchführung des Freihandels; erreichte unter Führung von R. Cobden 1846 die Beseitigung der Kornzölle.

Antifaschismus, urspr. Bez. für jede Art von Opposition gegen den italien. Faschismus (so ab 1924 durch die Aventinianer; später v. a. durch linke Emigranten aus dem Exil), dann für den Widerstand gegen die faschist. Regime bis 1945 bzw. danach gegen die [neo]-faschist. Systeme und Bewegungen. Internat. polit. Bed. erhielt der A. durch die nat.-soz. Machtergreifung 1933. Im Span. Bürgerkrieg kam es erstmals zu einer polit.-militär. Koalition einer Vielzahl polit. Gruppen im Zeichen des A. („Internat. Brigaden"). Während des 2. Weltkriegs kämpften die Widerstandsbewegungen vielfach mit der Parole des A. (oder *Antinazismus*), wobei die Gegnerschaft gegen die Achsenmächte bzw. das Dt. Reich die inneren polit.-sozialen und weltanschaul. Widersprüche überdeckte. Ideolog. ausgeweitet, wurde A. Bez. für eine polit. Doktrin, die v. a. von der Komintern bzw. den kommunist. Parteien in der Zwischen- und Nachkriegszeit entwickelt und propagandist. verfochten wurde und zunächst eine „Einheitsfront von unten" in der Auseinandersetzung mit den faschist. wie den bürgerl. und sozialdemokrat. Parteien schaffen sollte, später in Zusammenarbeit mit letzteren gegen den Faschismus zugleich takt. Werkzeug zur kommunist. Machtübernahme war.
🕮 *Amendola, G.: Der A. in Italien. Dt. Übers. Stg. 1977. - Delzell, C. F./Mommsen, H.: A. In: Sowjetsystem u. Demokrat. Gesellschaft. Hg. v. C. D. Kernig u. a. Bd. 1. Freib. u. a. 1966. - Komintern u. Faschismus. Dokumente zur Gesch. u. Theorie des Faschismus. Hg. v. T. Pirker. Stg. 1965.*

antifaschistisch-demokratische Ordnung, nach der in der DDR herrschenden Ideologie die 1945–49 durch die „antifaschist.-demokrat. Revolution" in der damaligen SBZ geschaffene Staats- und Gesellschaftsverfassung.

Antigonos, Name von Herrschern:
Judäa:
A. II. Mattathias, † Antiocheia 37 v. Chr., König und Hoherpriester (seit 40). - Letzter Hasmonäer; eroberte 40 Jerusalem; nach dem Sieg Herodes I. auf röm. Befehl hingerichtet.
Makedonien:
A. I. Monophthalmos („der Einäugige"), * um 384, ⚔ Ipsos (Inneranatolien) 301, König (seit

306). - Als Feldherr Alexanders d. Gr. nach dessen Tod Statthalter von Großphrygien, Lykien und Pamphylien; sein Streben nach Wiederherstellung der Reichseinheit brachte ihn in Gegensatz zu anderen Diadochen, gegen die er mit seinem Sohn Demetrios Poliorketes kämpfte; seine Nachfolger hießen **Antigoniden,** ihr Reich **Antigonidenreich.**

A. II. Gonatas, * um 320, † 239, König (seit 276). - Von seinem Vater Demetrios Poliorketes zum Statthalter von Griechenland eingesetzt; kam erst 276, nach seinem Sieg über die Kelten bei Lysimacheia, wirkl. in den Besitz der Herrschaft.

A. III. Doson, * um 263/262, † 221, König. - Stiefvater und seit 229 Vormund Philipps V., nannte sich seit 227 König; sein Sieg über die Spartaner bei Sellasia brachte Makedonien wieder die Hegemonie in Griechenland.

Antigua und Barbuda

Staat im Bereich der Westind. Inseln, umfaßt die Inseln Antigua, Barbuda und Redonda. **Fläche:** 443 km². **Bevölkerung:** 78 000 E (1983), 160 E/km². **Hauptstadt:** Saint John's. **Amtssprache:** Englisch. **Nationalfeiertag:** 1. Nov. (Unabhängigkeitstag). **Währung:** Ostkarib. Dollar (EC$). **Internat. Mitgliedschaften:** UN, Commonwealth, CARICOM. **Zeitzone:** MEZ −5 Std.

Geschichte: 1956 richtete die brit. Kolonialverwaltung für die Leeward Islands eine eigene Territorialverwaltung ein; das Territorium ging 1958 in der Westind. Föderation auf. Die Selbstverwaltungsverfassung, die A. u. B. 1960 zugestanden wurde, blieb auch nach Auflösung der Föderation 1962 in Kraft. 1967 wurden die Inseln als mit Großbrit. assoziierter Staat Antigua Mgl. der ↑ Westindischen Assoziierten Staaten. Am 1. Nov. 1981 wurde A. u. B. ein selbständiger Staat im brit. Commonwealth.

Politisches System: Staatsoberhaupt ist die brit. Königin, die durch einen einheim. Gouverneur vertreten wird. Die Regierung – Premier-Min. und Kabinett – ist dem Parlament verantwortl., das aus dem Senat (10 ernannte Mgl.) und dem auf 5 Jahre gewählten Repräsentantenhaus besteht. Von den gewählten 17 Mgl. des Repräsentantenhauses gehören seit 1984 13 Abg. der Antigua Labour Party an, 1 Abg. der Progressive Labour Movement.

Antike [zu lat. antiquus „alt"], Bez. für die Zeit des griech.-röm. oder klass. ↑ Altertums, das um 1100 v. Chr. beginnt und im 4.–6. Jh. endet. Unter Ausschluß der kret.-myken. Zeit (1900–1100), die gelegentl. auch zur A. gerechnet wird, beginnt die A. nach der illyr.-dor. Wanderung (1250–1050) mit dem sog. griech. Mittelalter (1100–800): Eine erstarkende Aristokratie tritt an die Stelle des Königtums, Ausbildung der Gemeindestaaten (↑ Polis). Das Archaikum (800–500) war bestimmt von der griech. Kolonisation (750–550), dem allmähl. Niedergang der Aristokratie, dem Aufkommen einer Schicht von Gewerbetreibenden und Kaufleuten und der Entstehung der ↑ Tyrannis (7./6. Jh.). Etwa Mitte 8. Jh. entstanden die homer. Epen „Ilias" und „Odyssee", um die Wende vom 7. zum 6. Jh. die Lyrik. Das 5. Jh. war die Blütezeit der Polis: innenpolit. durch Entstehung der Demokratie, ihre zunehmende Radikalisierung und (Ende 5., Beginn 4. Jh.) Entartung in Ochlokratie (Pöbelherrschaft), außenpolit. durch Perserkriege und Peloponnes. Krieg gekennzeichnet. In Drama, Geschichtsschreibung, Philosophie, Architektur und Plastik wurden die bis heute klass. Vorbilder erreicht. Im 4. Jh. verfiel die Polis polit. unter den Hegemonien Spartas und Thebens und dem Aufstieg Makedoniens, während die Kultur noch einmal blühte. Der mit Alexander d. Gr. beginnende Hellenismus (336–330) brachte durch die Verschmelzung griech. Gesittung und Geistigkeit mit der der unterworfenen Völker das Zeitalter der griech.-oriental. Weltkultur. - ↑ auch griechische Geschichte.

Rom erlangte nach der Beseitigung des Königtums (500/470) in Kämpfen bis ins 3. Jh. die Vorherrschaft in Italien. Von 264 bis 133 trat Rom durch die Unterwerfung des Mittelmeerraumes in die imperiale und von 133 bis 27 v. Chr. in die revolutionäre Phase seiner Geschichte ein. In der Königszeit unter etrusk. Kultureinfluß, geriet Rom im 3. und 2. Jh. unter zunehmenden kulturellen Einfluß der Griechen, formte aber das griech. Infiltrat röm. um. In republikan. Zeit wurden kulturelle Höhepunkte erreicht. In der von Augustus begr. Kaiserzeit (27 v. Chr. bis 476 n. Chr.) brachte das Augusteische Zeitalter den Höhepunkt der lat. Dichtkunst und Geschichtsschreibung, das 1. Jh. n. Chr. eine beachtl. Blüte, während die größte überzeitl. Schöpfung der Römer, die Jurisprudenz, im 2. und 3. Jh. ihre höchste Entfaltung erlebte. Auf dem Boden des Röm. Reiches erstarkte seit dem 2. Jh. das Christentum, das nach Verfolgungen schließl. toleriert und Ende 4. Jh. Staatsreligion wurde. Seit dem 3. Jh. begann das Reich zu verfallen. - ↑ auch römische Geschichte.

Fortleben der A.: Die Auseinandersetzung zw. Christentum und heidn. Kultur führte zu Verschmelzungen, die sich in den Werken von Augustinus, Martianus Capella, Cassiodor, Boethius und Isidor zeigten und auf das MA einwirkten. In der Scholastik wurde die aristotel. Philosophie für die Theologie fruchtbar gemacht. In Literatur und Kunst lebte die A. bes. in der sog. karoling. Renaissance oder Renovatio und in der stauf. Klassik (um 1200) oder Protorenaissance wei-

ter. Tief einschneidend war dann die ganze neuartige Rezeption der A. durch ↑Humanismus und ↑Renaissance. Unmittelbare oder vermeintl. Nachbildungen antiker Formen in Literatur und Kunst stehen neben der Rezeption der Stoffe und Gestalten der antiken Mythologie, Sage, Geschichte und Literatur. Der frz. „classicisme" (17. Jh.) wie die „Weimarer Klassik" (um 1800) berufen sich auf die „klass. A.". Auch der Klassizismus des 19. Jh. meint, die A. in ihrem Geist zu erfassen.
📖 *Lamer, H., u. a.: Wörterb. der A. Fortgef. v. P. Kroh. Stg. [8]1976. - Hiltbrunner, O.: Kleines Lex. der A. Bern u. Mchn. [5]1974. - Lex. der Alten Welt. Hg. v. C. Andresen u. a. Zürich u. Stg. 1965. - Antike Geisteswelt. Hg. v. W. Rüegg. Zürich u. Stg. [2]1964. - Der Kleine Pauly. Lex. der A. Hg. v. Ziegler u. W. Sontheimer. Stg. u. Mchn. 1964–75. 5 Bde. - Das Erbe der A. Hg. v. F. Wehrli. Zürich u. Stg. 1963.*

Antiklerikalismus, Gegnerschaft gegen den Klerikalismus v. a. als polit.-soziales Phänomen; entstand in der Reaktion auf das Staatskirchentum und den von ihm verbürgten polit.-sozialen Sonderstatus und Einfluß des Klerus; noch heute eine bed. polit. Kraft, v. a. in den roman. (bes. lateinamerikan.), aber auch in den kommunist. Ländern.

Antikomintern, Organisation zur antikommunist. Propaganda im In- und Ausland (1933–39); eingetragener Verein, prakt. jedoch Instrument des Reichspropagandaministeriums.

Antikominternpakt, Abkommen zw. dem Dt. Reich und Japan vom 25. Nov. 1936 zur Bekämpfung der Komintern und Absicherung der beiderseitigen Politik gegenüber der Sowjetunion; stellte im Vorfeld des 2. Weltkrieges eine Art Bündnis gegen die Sowjetunion dar, hielt aber die Möglichkeit einer eigenständigen Politik des jeweiligen Vertragspartners gegenüber der Sowjetunion offen; Beitritte u. a. Italiens 1937, Mandschukuos, Ungarns, Spaniens 1939; 1941 um 5 Jahre verlängert, zugleich Beitritt weiterer Länder; durch die dt. Kapitulation 1945 aufgelöst.
📖 *Martin, B.: Deutschland u. Japan im Zweiten Weltkrieg. Von Pearl Harbor bis zur dt. Kapitulation. Gött. u. a. 1969. – Jacobsen, H.-A.: Nat.-soz. Außenpolitik 1933–1938. Ffm. 1968. - Sommer, T.: Deutschland u. Japan zw. den Mächten 1935–1940. Vom A. zum Dreimächtepakt. Tüb. 1962.*

Antikommunismus, Bez. für (meist) militante geistig-polit. Gegnerschaft zum Kommunismus; in der Zeit des kalten Kriegs exemplar. in der A.kampagne des amerikan. Senators J. R. McCarthy 1950–54 hervorgetreten.

Antimachiavell [...makia'vɛl], Name von Streitschriften gegen Machiavellis „Il principe"; bekannt v. a. die staatstheoret. Schrift des späteren preuß. Königs Friedrich II. (1739 entworfen, 1740/41 anonym erschienen).

Antiochia, ein nach A. am Orontes benanntes Patriarchat, das in der alten Kirche eine große theolog. und kirchenpolit. Rolle durch bed. Bischöfe (Ignatius, Theophilos) und die *antiochen. Schule* (Theologen, die sich v. a. mit christolog. Problemen befaßten) spielte. Es umfaßte im 4. Jh. die Reichsdiözese Oriens mit 15 Kirchenprovinzen und rund 220 Bistümern. Heute gibt es mehrere Patriarchate A. von verschiedenen östl. Kirchen: *jakobit., melchit., maronit., syr.-uniert.* Das kath. (latein.) Patriarchat A. ist heute nur noch Titularpatriarchat.

Antiochia, Name hellenist. Städte; berühmt v. a.:

A. in Pisidien (Kleinasien), Fundort lat. Fragmente des Tatenberichtes des Kaisers Augustus.

A. am Orontes (Syrien) ↑Antakya.

Antiochos (Antiochus), Name von Königen der makedon. Dynastie der Seleukiden; bekannt v. a.:

A. I. Soter, * um 325, † 2. Juni 261, König (seit 281). - Sohn von Seleukos I., seit etwa 293 Mitregent; konnte 275 die in Kleinasien eingedrungenen kelt. Galater besiegen; verlor im 1. Syr. Krieg (274–271) Teile Syriens an Ägypten, später noch Pergamon (262).

A. III., der Große, * 242, † bei Susa 4. Juni oder Juli (?) 187, König (seit 223). - Sohn von Seleukos II.; stellte die Herrschaft in Kleinasien und in Medien wieder her; sein großer Feldzug nach O (212–205) führte zu Verträgen mit Parthern, baktr. Dynasten und ind. Fürsten, erreichte aber nirgends vollständige Unterordnung; 192 nach Griechenland gerufen, mußte im Kampf gegen Rom nach Niederlagen 191 und 190 u. a. Kleinasien westl. des Taurus aufgeben.
📖 *Schmitt, Hatto Herbert: Unterss. zur Gesch. A.' d. Gr. u. seiner Zeit. Wsb. 1964. - Badian, E.: Rom u. A. d. Gr. In: Welt als Gesch. 20 (1960).*

A. IV. Epiphanes, † in Persien 164, König (seit 175). - Wurde mit Zustimmung Roms König; eroberte 170–168 Ägypten, 168 durch röm. Ultimatum zur Räumung gezwungen; verursachte durch sein Vorgehen gegen die jüd. Gottesverehrung in Jerusalem den Aufstand der Makkabäer.

A. VII. Euergetes Sidetes, * vermutl. Side (Pamphylien) 164, ⚔ in Medien 129, König (seit 139 oder 138). - Eroberte und schleifte Jerusalem 134; konnte den Parthern Babylonien und Medien entreißen, 129 mit seiner Armee von ihnen jedoch vernichtet.

Antipater (Antipatros), † 43 v. Chr., Leiter der Staatsgeschäfte von Judäa seit 48. - Verdankte seine Stellung persönl. Beziehungen zu Cäsar, teilte das Land unter seine Söhne (u. a. ↑Herodes der Große); vergiftet.

A., * um 400, † 319, makedon. Feldherr und

Staatsmann. - Sicherte nach Philipps Ermordung die Thronfolge Alexanders; vertrat ihn während des Persienfeldzuges als Statthalter in der Heimat, konnte 331 den Aufstand unter dem spartan. König Agis III. niederschlagen; besiegte die nach Alexanders Tod 323 aufständ. Griechen 322 bei Krannon; ab 321 Reichsverweser.

Antiphon, * Rhamnus (Attika) um 480, † Athen 411, griech. Redner. - Führender Initiator des oligarch. Putsches 411, Gegner der Demokratie, nach Zusammenbruch der Herrschaft der Vierhundert zum Tode verurteilt und hingerichtet; erhalten sind 15 Reden und einige Papyrusfragmente. Ungeklärt bleibt das Problem, ob es zwei Träger dieses Namens, einen Redner und einen Sophisten, gab, wie man aus stilist. Gründen schloß.

Antirassismusprogramm (engl. Ecumenical Program to Combat Racism, Abk. PCR), ein 1969 vom Zentralausschuß des Ökumen. Rates der Kirchen verabschiedetes Programm zur Bekämpfung des Rassismus, der Rassendiskriminierung und sozialen Unterdrückung rass. Minderheiten und Mehrheiten in aller Welt. - Ziel des A. ist eine gerechte „Neuverteilung" der sozialen, wirtschaftl., polit. und kulturellen Macht zugunsten der Machtlosen, die als Voraussetzung einer friedl. Weltentwicklung und Weltgemeinschaft erkannt wird. Neben der Erforschung der Formen und Ursachen des Rassismus und der weltweiten Aufklärung über sie mit dem Ziel einer Bewußtseinsänderung und der Entwicklung von Aktionsprogrammen zur Bekämpfung des Rassismus gehört zum A. auch die finanzielle Unterstützung der Befreiungsbewegungen auf *humanitärem* Gebiet. V. a. deswegen wurde das A. von konservativen Kreisen verdächtigt, Gewalt zu unterstützen.

Anti-Revolutionaire Partij [niederl. ɑnti:re:vo:ly:tsjo:'nɛ:rə pɑr'tɛi̯], Abk. ARP, kalvinist.-konservative Partei in den Niederlanden, 1879 gegr.; seit 1945 erneut Partei der bürgerl. Rechten, seit 1952 wieder an der Regierung beteiligt; schloß sich 1976 mit der Christelijk-Historische Unie und der Katholieke Volkspartij zus. zum ↑Christen Democratisch Appèl.

Antisemitismus, 1879 von W. Marr geprägter Begriff für Bestrebungen gegen die Juden, insofern irreführend, als nicht die Gesamtheit der semit. Völker gemeint ist. - Die Judenfeindschaft reicht bis in die jüd. Diaspora zurück. Der A. entzündete sich primär an der religiösen und sozialen Absonderung der Juden im Gastland, die die jüd. Minderheiten schon vor der Durchsetzung des Christentums als fremdartig erscheinen ließ; bis ins 19. Jh. zielt er auf die konfessionelle und soziale Assimilation der jüd. Minderheit. Seitdem wendet sich der A. v. a. gegen die Bestrebungen zur rechtl. und gesellschaftl. Gleichstellung (Judenemanzipation). Daher muß zw. *traditioneller Judenfeindschaft* (↑Judentum, ↑Judenverfolgungen) und *modernem A.* unterschieden werden. Beide sind sozialpsycholog. als Reaktion auf die religiöse und soziale Sonderstellung der jüd. Gemeinden und das starke innerjüd. Zusammengehörigkeitsgefühl zu erklären. Der A. ist in christl. Kulturen bes. stark hervorgetreten (Überlieferung des N. T.), aber nicht auf diese beschränkt.

Der moderne, rass. A. gewann größeren Einfluß seit dem letzten Drittel des 19. Jh. im Zusammenhang mit der sozialen Umschichtung und mit dem Niedergang des bürgerl. Liberalismus. Die zunächst von J. A. Gobineau entwickelte Lehre von der „Überlegenheit der ar. Rasse" wurde von E. Dühring, H. St. Chamberlain und P. de Lagarde zur pseudowiss. Grundlage des A. fortgebildet und gleichzeitig von antisemit. Agitatoren popularisiert.

Parteibildend wurde der rass. A. in Deutschland und Österreich-Ungarn u. a. in den Bewegungen um A. Stoecker und G. v. Schönerer. Er gewann auch in Frankr. Einfluß und gelangte mit der Dreyfusaffäre auf seinen Höhe- und Wendepunkt. Während in W-Europa die polit. Bed. des A. beschränkt blieb, fand er in Deutschland und Österreich-Ungarn, z. T. durch den Einfluß angesehener Persönlichkeiten, wie H. v. Treitschke, J. Langbehn und R. Wagner, sowie in O-Europa starke Verbreitung und wirkte als Ventil sozialer Verunsicherung insbes. breiter kleinbürgerl. und bäuerl. Schichten; er nahm vielfach antikapitalist. Färbung an. Nach dem 1. Weltkrieg wurde der A. für die Mittelschichten zu einer neurot. Zwangsvorstellung und einem Schlüssel zur Erklärung der sozialen und polit. Strukturkrise. Als ledigl. verschiedene Formen einer planmäßigen, parasitären jüd. Unterwanderung und Zersetzung galten Kommunismus, Sozialismus, Kapitalismus und Liberalismus. In absurd übersteigertem Biologismus wurde vom Einstrom „jüd. Blutes" die psych. und phys. Zersetzung der ar. Völker erwartet. Dieser irrationale A. ist von der völk. und der nat.-soz. Bewegung bewußt ausgenutzt worden, erfaßte jedoch neben konservativen Gruppen auch Teile des kath. Klerus, hingegen nicht die Arbeiterschaft. Die hemmungslose antisemit. Agitation der 1920er Jahre stand im Widerspruch zu der fortschreitenden Assimilation des dt. Judentums. Der A. des NS, einziger fester Bestandteil der nat.-soz. Ideologie und damit von großer Bed. für den Zusammenhalt der Bewegung, unterschied sich nur im Grad der Radikalität vom A. der Vorkriegszeit. Nach 1933 ging die NS-Führung den Weg der „gesetzl." Ausschaltung der Juden aus dem öffentl. Leben. Die „Reichskristallnacht" im Nov. 1938 leitete die systemat. wirtsch. Ausschaltung der jüd. Bev. ein. 1942 wurde dann die „Endlösung der Judenfrage" beschlossen. Die Ermordung von 5 ½ Mill. jüd. Menschen in den Vernichtungslagern der SS auf Grund einer antisemit. Ideologie, die den Juden als „Untermenschen", als „Parasiten" und Urheber der Weltkriege zum kollektiven Feindsymbol erklärte, war vorbereitet worden durch die terrorist. erzwungene Trennung der jüd. von der übrigen Bev. Nach 1945 ist A. als kollektives Vorurteil keineswegs überwunden, nur in seiner aggressiven faschist. Form. Dies gilt, in unterschiedl. Maße, für die westl. Nationen (auch für die BR Deutschland, wo rechtsradikal-antisemit. Gruppen in unverhohlener Weise agieren, und Frankr., wie das Synagogenattentat 1980 in Paris gezeigt hat), ebenso für die USA, v. a. aber für die osteurop. Völker. Der Stalinismus hat auch nach dem 2. Weltkrieg den in Osteuropa durch Aufklärung und Liberalismus nur oberflächl. überdeckten, traditionellen A. wiederholt takt. ausgenutzt. - ↑ auch Zionismus, ↑ Philosemitismus.

🕮 *Poliakov, L.: Gesch. des A. Dt. Übers. Worms 1977 ff. Auf 8 Bde. berechnet. - Loewenstein, R. M.: Psychoanalyse des A. Dt. Übers. Ffm. 19. Tsd. 1971. - Reichmann, E. G.: Flucht in den Haß. Die Ursachen der dt. Judenkatastrophe. Dt. Übers. Ffm. ⁷1969. - Sterling, E.: Judenhaß. Die Anfänge des polit. A. in Deutschland (1815–1850). Ffm. Neuausg. 1969. - Zur Pathologie der bürgerl. Gesellschaft. Hg. v. H. Huss u. a. Schröder. Ffm. 1965. - Massing, P. W.: Vorgesch. des polit. A. Dt. Übers. Ffm. 1959.*

Antisklavereiakte, von der 7. Völkerbundversammlung am 25. Sept. 1926 beschlossene Konvention gegen Sklaverei, Sklavenhandel und Zwangsarbeit; von 55 Nationen, jedoch nicht von der Sowjetunion, Japan und einigen südamerikan. Staaten ratifiziert. Voraus gingen die Antisklavereierklärung des Wiener Kongresses (1815), der Londoner Fünfmächtevertrag (1841), die Kongoakte (1885) und die Brüsseler Generalakte (1889/90); 1956 von den UN erweitert.

Antitrustbewegung [...trʌst...], Bewegung gegen wirtsch. Machtzusammenballung; entstand in den USA mit dem Verbot der offenen Monopolbildung 1873. Die eigtl. Antitrustgesetzgebung, eingeleitet durch die „Sherman Antitrust Act" (1890), löste alle monopolist. Organisationen zwangsweise auf. Die „Clayton Antitrust Act" (1914) erklärte den unlauteren Wettbewerb als ungesetzl. und verfügte die Errichtung der *Federal Trade Commission* mit der Aufgabe, die Wettbewerbsgesetzgebung auszulegen und anzuwenden. Unter dem Eindruck der Weltwirtschaftskrise zielte die A. auf den Schutz kleinerer und mittlerer Produzenten.

Anton, Name von Herrschern:
Braunschweig-Wolfenbüttel:
A. Ulrich, * Hitzacker 4. Okt. 1633, † Salzdahlum bei Wolfenbüttel 27. März 1714, Herzog. - Ab 1685 Mitregent, ab 1704 Alleinherrscher; vielgereister, weltkluger und prunkliebender Barockfürst; pflegte Theater und Musik, schrieb luth. Kirchenlieder, geistl. Oden, dramat. Singspiele sowie bed. Staatsromane.
A. Ulrich, * Bevern 28. Aug. 1714, † Cholmogory bei Archangelsk 15. Mai 1774, Prinz. - Vater des Zaren Iwan VI.; nach dem Sturz seiner Gattin Anna Leopoldowna verbannt.
Lothringen:
A. II., der Gute, * Bar-le-Duc 4. Juni 1489, † ebd. 14. Juni 1544, Herzog (seit 1509). - Besiegte mit frz. und span. Truppen 1525 bei Zabern die aufständ. elsäss. Bauern; erreichte 1542 die Freistellung Lothringens vom Reichskammergericht und leitete damit die Loslösung seines Landes vom Reich ein.
Navarra:
A. von Bourbon, * 22. April 1518, ⚔ Les Andelys 17. Nov. 1562, König (seit 1555). - Vater Heinrichs IV. von Frankr.; seit 1537 Herzog von Vendôme; ab 1548 ∞ mit Johanna von Albret; ab 1556 Herzog von Albret; Hugenottenführer; ab 1560 Generalleutnant des Kgr., trat wieder zum Katholizismus über; befehligte im 1. Hugenottenkrieg das kath. Heer.
Oldenburg:
A. I., * 1505, † Oldenburg (Oldenburg) 22. Jan. 1573, Graf (seit 1529). - Führte 1531 die Reformation ein; verwendete das eingezogene Kirchengut zur Aufrüstung seines Landes; entriß 1547 dem Bistum Münster die 1482 verlorene Herrschaft Delmenhorst. Typ. Herrschergestalt des dt. Frühabsolutismus.
Sachsen:
A. I., * Dresden 27. Dez. 1755, † Pillnitz (= Dresden) 6. Juni 1836, König (seit 1827). - Bruder von Friedrich August I.; urspr. für das geistl. Amt erzogen; seine prokath. Politik erregte solchen Widerstand, daß er 1830 seinen Neffen Friedrich August (II.) als Mitregenten annehmen mußte, der prakt. regierte. 1831 Verabschiedung einer Verfassung.

🕮 *Kretzschmar, H.: Das sächs. Königtum im 19. Jh. In: Histor. Zs. 170 (1950).*

Antonescu, Ion, * Piteşti 14. Juni 1882, † Jilava (= Bukarest) 1. Juni 1946, rumän. Marschall und Politiker. - 1933 Generalstabschef des rumän. Heeres. 1937/38 Verteidigungsmin., 1940 von König Karl II. zum Min.präs. mit uneingeschränkten Vollmachten ernannt; erzwang zwei Tage später die Abdankung des Königs zugunsten von dessen Sohn Michael und regierte als „Führer" („conducător") zunächst mit der faschist. Eisernen Garde, nach deren mißglücktem Putschversuch (Jan. 1941) als Militärdiktator; polit. und militär. Anschluß Rumäniens an die Achsenmächte (u. a. Beitritt zum Dreimächtepakt 1940, Eintritt auf dt. Seite in den Krieg 1941); durch eine nat. Opposition 1944 gestürzt, 1946 hingerichtet.

🕮 *Hillgruber, A.: König Carol u. Marschall A. Die dt.-rumän. Beziehungen 1938–1944. Wsb. ²1965.*

A., Mihai, * 1904, † Jilava (= Bukarest) 1. Juni 1946, rumän. Jurist und Politiker. - Seit 1941 polit. tätig; Außenmin. und stellv. Min.-präs. unter Ion A.; 1944 verhaftet, 1946 zum Tode verurteilt und hingerichtet.

Antonia, Burg von Jerusalem, an der NW-Ecke des Tempelplatzes auf einer Felserhebung; im jüd. Krieg 66 n. Chr. von den Aufständischen besetzt, 70 von Titus erobert und geschleift.

Antoninus Pius (Titus Aelius Hadrianus Antoninus), * Lorium (Latium) 19. Sept. 86, † ebd. 7. März 161, röm. Kaiser (seit 138). - 138 von Hadrian durch Adoption zum Nachfolger ernannt, adoptierte auf dessen Wunsch die späteren Kaiser Mark Aurel und Lucius Verus; seine Regierung war eine Zeit des Wohlstandes; sicherte N-Britannien durch den Antoninuswall (um 142), Germanien und Rätien durch einen neuen, vorgeschobenen Limes (um 155).

🕮 *Hammond, M.: The Antonine monarchy. Rom 1959.*

Antonius, Marcus, * um 82, † 1. Aug. 30, röm. Feldherr und Staatsmann. - 54–50 im Stabe Cäsars in Gallien, setzte sich für ihn als Volkstribun 50/49 ein. 48/47 Stellvertreter Cäsars in Rom und Italien, 44 mit Cäsar Konsul; geriet nach dessen Ermordung bald in Ggs. zum Senat und zu Oktavian († Augustus); mußte sich im April 43 geschlagen nach Gallien zurückziehen; bildete mit Oktavian und M. Aemilius Lepidus 43–33 das 2. † Triumvirat. Die polit. Gegner wurden geächtet, Cicero wurde ermordet. In der Doppelschlacht von Philippi (42) besiegte A. die Cäsarmörder Brutus und Cassius. Anschließend übernahm er den O des Reiches und baute sich dort eine Machtposition auf; traf 41 erstmals mit † Kleopatra VII. zusammen. Nach Spannungen brach der Konflikt zw. A. und Oktavian 32 offen aus. In der Seeschlacht bei Aktium (31) unterlag A. dem Feldherrn Oktavians, Agrippa. Beging schließl. Selbstmord.

🕮 *Bengtson, H.: Markus A. Triumvir u. Herrscher des Orients. Mchn. 1977. - Tarn, W. W./Charlesworth, M. P.: Oktavian, A. u. Kleopatra. Dt. Übers. Mchn. 1967. - Buchheim, H.: Die Orientpolitik des Triumvirn M. A. Hdbg. 1960.*

Antrustionen [mittellat.], insbes. im merowing. Frankenreich durch dreifaches † Wergeld ausgezeichnete, zur unmittelbaren Gefolgschaft des Königs gehörende Freie.

Anwar Pascha † Enwer Pascha.

ANZUS-Pakt [engl. 'ænzəs], 1951 von Australien, New-Zealand (Neuseeland) und den USA abgeschlossenes und 1952 in Kraft getretenes Verteidigungsbündnis; als kollektives Sicherheitsbündnis im pazif. Raum geplant.

a. o. c., Abk. für: **a**nno **o**rbis **c**onditi († anno).

Äolien, Bez. für das von † Äoliern bewohnte Gebiet an der kleinasiat. NW-Küste zw. Hermostal im S und Abydos im N.

Äolier (Äoler), griech. Stamm, v. a. in Thessalien, Böotien sowie auf der Peloponnes beheimatet; wurde durch die dor. Wanderung teils überlagert, teils zur Abwanderung gezwungen. Die Ä. besetzten noch vor der ion. Einwanderung Lesbos und Tenedos und breiteten sich zw. 11. und 7. Jh. in NW-Kleinasien († Äolien) aus.

Aorser, großer, zu den Sarmaten gehörender, mit den iran. Alanen eng verwandter, histor. Stammesverband im Steppengebiet zw. Asowschem Meer, unterem Don und Kasp. Meer.

Apachen [a'paxən, a'patʃən], Athapaskenstämme im SW der USA und in N-Mexiko; Jäger und Sammler; berüchtigt durch Überfälle auf Pueblodörfer und Siedlungen der Weißen; erst 1886 unterworfen. Leben heute in Reservaten in Arizona und New Mexico als Viehzüchter oder Ackerbauern. Polit. bildeten sie Lokalgruppen, bei Kämpfen schlossen sie sich unter bed. Häuptlingen (Cochise, Victorio, Geronimo) zu Verbänden zus.

🕮 *Mails, T. E.: The people called Apache. Englewood Cliffs (N.J.) 1974. - Apachean culture, history and ethnology. Hg. v. K. H. Basso u. M. E. Opler. Tucson (Ariz.) 1971.*

Apameia (Apamea), Name hellenist. Stadt- bzw. Neugründungen; am bekanntesten:

A. am Orontes, von Seleukos I. gegr.; 64 v. Chr. von Pompejus, Anfang 7. Jh. n. Chr. durch Chosrau II. erobert; im 12. Jh. durch Erdbeben zerstört; weite Ruinenstätte, gelegen beim heutigen Kalat Al-Mudik (Syrien); Stadtmauer, Prunkstraße.

A. Kibotos, am Mäander, Ort des Friedensschlusses zw. Antiochos III., d. Gr., und Rom (188 v. Chr.); ab 133 zu Rom; bed. röm. Handelsplatz; ab 1070 osman.; Ruinenreste; heute Dinar (Türkei).

Apanage [apa'na:ʒə; frz.; zu altfrz. apaner „ausstatten", eigtl. „mit Brot (lat. panis) versehen"], Ausstattung nachgeborener, fast ausschließl. männl. Mgl. regierender Häuser v. a. mit Geld oder Territorialbesitz (anwachsend bis zu *A.herzogtümern*) zur Sicherung standesgemäßen Unterhalts. In Deutschland erst seit dem 17. Jh. übl., in Frankr. und England seit dem 13. Jh. fester Brauch.

Apartheid [afrikaans, eigtl. „Gesondertheit"], Bez. für die von der Regierung der Republik Südafrika praktizierte Politik der Rassentrennung zw. weißer und farbiger (Bantu, Mischlinge und Asiaten) Bev.; seit 1948 offizieller Bestandteil der Politik aller südafrikan. Regierungen und durch Gesetze institutionalisiert. Ziel der A. ist die „gesonderte Entwicklung" der verschiedenen ethn. Bev.teile, durch die das auf Rassenkriterien basierende Herrschaftssystem der privilegierten weißen Minderheit gesichert bleiben soll.

Seit 1949 sind Ehen und Geschlechtsverkehr zw. den Angehörigen verschiedener Rassen verboten. In öffentl. Einrichtungen herrscht strikte Rassentrennung. Die Weißen besitzen alle polit., sozialen und kulturellen Privilegien. Die Farbigen besitzen weder aktives (Ausnahme: Mischlinge der Kapprovinz) noch passives Wahlrecht. Ihre Angelegenheiten werden von einem weißen Min. wahrgenommen. 1950 wurden mit dem „Group Areas Act" und dem „Bantustan Authorities Act" zwei grundlegende Gesetze beschlossen, durch die jeder Südafrikaner einer Rasse zugeordnet und einem bestimmten Wohngebiet zugewiesen wurde. Die staatl. Kontrolle über die nach Rassen getrennte Besiedlung wurde 1954 durch ein Gesetz, das die Zwangsumsiedlung der Nichtweißen legitimierte, noch erweitert. Zur Durchführung dieser räuml. Segregation wurden für die Bantubevölkerung sog. „Heimatländer" (Bantustans; neuerdings als „Autonomstaaten" bezeichnet) geschaffen. Die ↑Transkei erhielt 1976, ↑Bophuthatswana 1977, ↑Venda 1979 und die Ciskei 1981 von Südafrika die Unabhängigkeit, die aber bisher von keinem anderen Staat der Erde anerkannt wurde. Die große Zahl der in den Städten arbeitenden und lebenden Bantu erhielt den Status von Fremdarbeitern, deren Niederlassung außerhalb ihres Bantustans befristet und jederzeit widerrufbar ist. Für alle Farbigen in Südafrika besteht ein Koalitions- und Streikverbot. Alle Widerstandsaktionen der Farbigen (blutige Unruhen seit 1976) wurden von der Reg. mit scharfen Polizeigesetzen und mit massivem Gewalteinsatz beantwortet. Opposition gegen die Politik der A. kommt v. a. von der englischsprachigen Presse, von der „Progressive Party" und von den im Kirchenrat zusammengeschlossenen Kirchen, die 1968 die A.politik prinzipiell verurteilten. Die Republik Südafrika wurde wiederholt in den UN wegen ihrer Rassenpolitik verurteilt.

📖 *Frauen gegen A. Hg. v. R. Weiss. Rbk. 1980. - Kap ohne Hoffnung oder Die Politik der A. Hg. v. F. Duve. Rbk. ²1978. - Adam, H.: Südafrika. Soziologie einer Rassengesellschaft. Ffm. ²1970. - Sachs, A. L.: South Africa: The violence of a. London ²1970.*

a. p. Chr., Abk. für: anno post Christum natum (↑anno).

Apel, Erich, * Judenbach bei Sonneberg 3. Okt. 1917, † Berlin 3. Dez. 1965 (Selbstmord), dt. Politiker. - Ab 1955 Min. für Schwermaschinenbau, ab 1958 Leiter der Wirtschaftskommission beim Politbüro des ZK, ab 1960 Mgl. des ZK der SED, ab 1961 Kandidat des Politbüros; 1963–65 stellv. Vors. des Min.rats und Vors. der Staatl. Plankommission; zielte (1963) auf eine Lockerung des starren, zentralist. Planungssystems der DDR; lehnte 1965 die Unterzeichnung eines Handelsvertrags mit der UdSSR ab.

Apelt, Willibalt, * Löbau 18. Okt. 1877, † Gräfelfing bei München 16. Juni 1965, dt. Jurist und Politiker. - 1918 Mitarbeit an der Weimarer Verfassung; 1920–33 Prof. in Leipzig; 1927–29 sächs. Innenmin. und stellv. Min.präs.; ab 1946 Prof. in München; zahlr. Schriften zur allg. Staatslehre, zum Staats- und Verwaltungsrecht.

apenninische Kultur (Apenninen-, Apenninkultur), mehrphasige, die Bronzezeit M- und S-Italiens bestimmende Kulturgruppe; aus kupfer- und frühbronzezeitl. Traditionen herausgebildet; Höhepunkt 14./13. Jh.

APO (Apo, ApO), Abk. für: ↑außerparlamentarische Opposition.

Apokatastasis [griech.], Bez. für den Zusammenfall des Neujahrstags im alexandrin., und ägypt. Kalender (Sothisperiode: 1 460 Jahre). Eine solche A. fand im Jahre 139 statt. Von diesem Zeitpunkt an berechnete Theon von Alexandria nachträgl. frühere Apokatastasen (1321, 2781, 4241 v. Chr. usw.).

Apologeten [zu griech. apología „Verteidigung"], Bez. einer Gruppe griech. Schriftsteller aus dem 2. Jh., die in Form offizieller Eingaben an den röm. Kaiser Verdächtigungen der Christen zurückwiesen und ihre Lehre darlegten. Sie stellten die Christen als loyale und zuverlässige Staatsbürger vor und deuteten auf der philosoph. Grundlage des „mittleren Platonismus" den christl. Monotheismus als einzig vertretbaren Gottesglauben.

Apologie [griech.], Verteidigungsrede oder -schrift; am bekanntesten ist die A. des Sokrates, die dessen Schüler Platon und Xenophon fingierten, sowie die A. des Augsburger Bekenntnisses von Melanchthon.

Apostat [griech.], Bez. für eine Person, die ↑Apostasie begeht.

Apostolische Majestät, Titel der ungar. Könige, verliehen 1758 von Papst Klemens XIII. an Maria Theresia und ihre Nachfolger.

Apostolischer Stuhl (Heiliger Stuhl, lat. Sedes Apostolica oder Sancta Sedes), Bez. für das Amt des Papstes, den Papst selbst als Inhaber, Träger des Amtes und die Hilfsorgane des Papstes. - Im internat. Bereich bezeichnet „Hl. Stuhl" den Papst als die rechtl. Vertretung der gesamten röm.-kath. Kirche. Der A. S. beansprucht auf Grund des Sendungsauftrags der Kirche und der innerkirchl. Stellung des Papstes völkerrechtl. Souveränität, auch unabhängig von weltl. Herrschaft. Diese (geistl.) Souveränität ist von fast allen Staaten anerkannt, zumindest als quasivölkerrechtl. Souveränität oder als Souveränität eigener Art.

Apotheose [griech.], Erhebung eines Menschen zum Gott, Vergöttlichung eines lebenden oder verstorbenen Herrschers, insbes. die Alexanders d. Gr. und der röm. Kaiser. Herkunft aus dem oriental. Herrscherkult.

Apparatschiks [russ.], abschätzige Bez.

für Funktionäre in Verwaltung und Parteiapparat, die ohne Rücksicht auf Allgemeininteressen oder auf berechtigte Interessen Einzelner, Weisungen und Maßnahmen ihrer Organisation durchzusetzen versuchen.

Appeasement [engl. ə'pi:zmənt „Beschwichtigung"], Beschwichtigungspolitik; v.a. Schlagwort in der Polemik gegen die brit. Außenpolitik 1933–39, die zu weitgehenden Konzessionen gegenüber Hitler bereit war.

🕮 *Lundgreen, P.: Die engl. A.-Politik bis zum Münchener Abkommen. Bln. 1969. - Gilbert, M.: The roots of a. London 1966. - Wendt, B.-J.: A. 1938. Ffm. 1966. - Herzfeld, H.: Zur Problematik der A.-Politik. In: Gesch. u. Gegenwartsbewußtsein. Festschr. für H. Rothfels. Hg. v. W. Besson u. F. Frhr. Hiller v. Gaertringen. Gött. 1963.*

Appenzell, schweizer. Kt., umfaßt das nördl. Säntisgebiet und dessen Molassevorland; aus konfessionellen Gründen geteilt in die beiden Halbkantone **Appenzell Innerrhoden** (172 km², 13000, meist kath. E, Hauptort A.) und **Appenzell Außerrhoden** (243 km², 49000, meist ev. E, Hauptort Herisau).
Geschichte: Röm. Unterwerfung der Räter 15 v. Chr.; gehörte im frühen und hohen MA größtenteils zum Hzgt. Alemannien, später Schwaben; Inbesitznahme durch das Kloster Sankt Gallen im 11. Jh.; Einwanderung von Neusiedlern; das entstehende bäuerl. Gemeinwesen wurde 1411 zugewandter Ort, 1513 vollberechtigter 13. Ort der Eidgenossenschaft. Die Reformation setzte sich nur in einem Teil von A. durch, daher 1595/97 in die Halbkantone aufgeteilt; gehörte 1798–1803 ganz zum damaligen Kt. Säntis. Die Halbkantone sind administrativ getrennt, gelten jedoch verfassungsrechtl. als Einheit; entsenden je 1 Mgl. in den Ständerat.
Verfassung: In *A. Innerrhoden* liegt nach der Verfassung vom 24. Nov. 1872 die Exekutive bei der von der Landsgemeinde jährl. gewählten Standeskommission (9 Mgl.). Die Legislative bilden der vom Volk auf 1 Jahr gewählte Große Rat (63 Mgl.) und die Landsgemeinde. In *A. Außerrhoden* liegt nach der Verfassung 26. April 1908 die Exekutive beim von der Landsgemeinde jährl. gewählten Regierungsrat (7 Mgl.). Die Legislative bilden der vom Volk auf 3 Jahre gewählte Kantonsrat (61 Mgl.) und die Landsgemeinde (obligator. Referendum).

🕮 *Das Land A. Hg. v. H. Maeder. Olten u. Freib. 1977.*

Appian (Appianos), griech. Geschichtsschreiber des 2. Jh. aus Alexandria. - Schrieb in griech. Sprache eine röm. Geschichte, die von den Anfängen der Sage (Äneas) bis ins 2. Jh. n. Chr. reicht; bed. wegen der vollständig erhaltenen Darstellung der röm. Bürgerkriege in 5 Büchern; von den 24 Büchern sind 10 vollkommen, außerdem Fragmente und Auszüge erhalten.

Appische Straße ↑Römerstraßen.

Appomattox [engl. æpə'mætəks], Stadt in Z-Virginia, USA, 30 km östl. von Lynchburg, 1400 E. - Die Kapitulation der konföderierten Truppen unter General Lee 1865 in A. beendete prakt. den Sezessionskrieg.

Apponyi [ungar. 'ɔponji], ungar. Magnatengeschlecht (urspr. *Peczh*); erwarb 1392 die Herrschaft A. im Komitat Neutra und wurde

Aquädukt in Segovia (2. Jh. v. Chr.)

nach ihr genannt; ab 1718 Freiherrn, 1739 (ältere Linie) und 1818 (jüngere erloschene Linie) Grafen; hatten polit. bzw. kulturelle Bedeutung.

APRA, Abk. für: ↑Alianza **P**opular **R**evolucionaria **A**mericana.

Apraxin, Fjodor Matwejewitsch, * 1661, † Moskau 21. Nov. 1728, russ. Generaladmiral. - Einer der engsten Mitarbeiter und Vertrauten Peters I., d. Gr.; 1718 Generaladmiral und Präs. des Admiralitätskollegiums; trug wesentl. zum Aufbau der russ. Flotte bei.

A., Stepan Fjodorowitsch, * 1702, † 26. Aug. 1760, russ. General. - Neffe von Fjodor M. A.; als Oberkommandierender der russ. Armeen im Siebenjährigen Krieg Sieger über die Preußen bei Großjägersdorf (1757); später wegen Bestechlichkeit vor Gericht gestellt; starb im Gefängnis.

Aprilthesen, von Lenin unmittelbar nach seiner Rückkehr nach Rußland 1917 in Petrograd verkündetes Aktionsprogramm; die A. bestimmten die Aktionen der bolschewist. Partei auf dem Weg von der Februar- in die Oktoberrevolution.

Apulien, Region und Großlandschaft in S-Italien, 19347 km², 3,8 Mill. E (1976), Hauptstadt Bari.

Geschichte: Bed. Zeugnisse vorgeschichtl. Kultur; im Altertum von den Apulern und illyr. Stämmen besiedelt; geriet seit dem 9. Jh. v. Chr. immer stärker unter griech. Einfluß; 317 von Rom annektiert; kam nach dem Untergang des Weström. Reichs unter ostgot., dann unter oström. Herrschaft; der N gehörte seit etwa 570 zum langobard. Hzgt. Benevent, der S blieb byzantin.; Mitte 11. Jh. durch die Normannen erobert; durch die Belehnung Rogers II. von Sizilien mit A. und Kalabrien 1130 zum Kgr. Sizilien zusammengefaßt; größte Blüte unter stauf. Herrschaft, v. a. unter Kaiser Friedrich II.; verlor unter den Anjou an Bed.; seit 1282 beim Kgr. Neapel. 🕮 *Willemsen, C. A./Odenthal, D.: A. Land der Normannen, Land der Staufer. Köln ²1966. - Waldburg-Wolfegg, H. Graf v.: Vom Südreich der Hohenstaufen. Mchn. ⁴1964.*

Aquädukt [zu lat. aqua „Wasser" und ductus „Leitung"], in der archäolog. Terminologie der oberird. auf Bogenbauten geführte Teil der röm. Wasserleitung (im antiken Wortgebrauch hieß jede Wasserleitung A., auch Aqua). Diese Abschnitte der röm. Wasserleitungen (über Täler, Flüsse, Ebenen) waren nötig, weil die Römer nur Gefälleleitungen kannten. Charakterist. für die Architektur der A. sind die oft mehrgeschossigen Bogenstellungen (z. B. der dreigeschossige Pont du Gard bei Nîmes). Die älteste Wasserleitung der Stadt Rom war die von dem Zensor Appius Claudius Caecus 312 v. Chr. angelegte Aqua Appia (16 km; davon 90 m auf Arkaden). Erst die Aqua Marcia (142 v. Chr.) wurde über beträchtl. Strecken auf Arkaden geführt (etwa 11 km). Aufsicht führte eine eigene Behörde unter Leitung eines *Curator aquarum*. - Abb. S. 93.

Aquae [lat. „die Wasser"], Name röm. Badeorte, z. B.: *A.*, heute Baden bei Wien; *A. Aureliae*, heute Baden-Baden; *A. Granni (Grani)*, heute Aachen; *A. Helveticae*, heute Baden, Schweiz; *A. Mattiacae*, heute Wiesbaden; *A. Patavinae*, heute Abano Terme; *A. Sextiae*, heute Aix-en-Provence; *A. Statiellae*, heute Acqui Terme; *A. Sulis*, heute Bath; *A. Tacapitanae*, heute El-Hamma.

*Äquatorialguinea

(amtl. Vollform: República de Guinea Ecuatorial), Republik in Afrika, am und im Golf von Guinea. **Staatsgebiet:** Ä. umfaßt als festländ. Anteil die Prov. Mbini (Hauptort Bata) zw. 1° 01′ (Grenze gegen Gabun) und 2° 21′ n. Br. (Grenze gegen Kamerun) sowie zw. Atlantik und 11° 20′ ö. L. (ebenfalls Grenze gegen Gabun), zu der auch die der Küste im SW vorgelagerten Inseln Corisco (15 km²), Elobey Grande (2,27 km²) und Elobey Chico (0,19 km²) gehören, sowie die Inseln Fernando Póo (2017 km²) in der Bucht von Biafra und Pagalu (früher Annobón; 17 km²) bei 1° 25′ s. Br. und 5° 37′ ö. L. **Fläche:** rund 28050 km², davon rd. 26000 km² auf dem Festland. **Bevölkerung:** 320000 E (1985), 11,4 E/km². **Hauptstadt:** Malabo (früher Santa Isabel) auf Bioko. **Verwaltungsgliederung:** 2 Prov., unterteilt in 15 Gemeindebez. **Amtssprache:** Spanisch; Umgangssprachen: Fang in Mbini, Bubi und Pidgin-English auf Fernando Póo, kreol. Portugiesisch auf Pagalu. **Nationalfeiertag:** 12. Okt. (Unabhängigkeitstag). **Währung:** Ekuele = 100 Céntimos. **Internat. Mitgliedschaften:** UN, OAU, der EG assoziiert. **Zeitzone:** MEZ.

Geschichte: Seit Beginn des 20. Jh. bildeten das heutige Mbini und Fernando Póo die span. Kolonie *Territorios Españoles del Golfo de Guinea;* 1959 in eine Überseeprov. umgewandelt; 1963 durch Gewährung eines gemeinsamen Sonderstatus, der v. a. die innere Autonomie enthielt, wieder zu einem Territorium vereint, das Ä. genannt wurde; nach Beratungen seit Ende 1967 über eine Unabhängigkeitsverfassung, nach Billigung des Verfassungsentwurfs in Spanien und Ä. und nach Wahlen 1968 Ausrufung der unabhängigen Republik Ä.; Febr./März 1969 Unruhen als Folge wirtsch. Schwierigkeiten und ethn. Spannungen, die zur Aufhebung der Verfassung führten und Staatspräs. F. Macías Nguema die Übernahme absoluter Herrschaft ermöglichten. Für sein Terrorregime, dem nach Schätzungen Tausende Oppositioneller zum Opfer gefallen sein sollen und das sich auf eine Einheitspartei, eine ihm ergebene Jugendtruppe und eine 2000 Mann umfassende Miliz stützte, schuf

er sich 1973 als Basis eine neue Verfassung. Im Aug. 1979 wurde Macías Nguema durch einen Putsch gestürzt (am 29. Sept. 1979 hingerichtet). Seither regiert der Oberste Militärrat unter T. O. Nguema Mbasogo das Land.
Politisches System: Die Verfassung der Republik Ä. von 1973 gab dem Diktator Macías Nguema, ab 1972 Präs. auf Lebenszeit, unbeschränkte Rechte in Exekutive, Legislative und Rechtsprechung. Nach dem Sturz von Macías Nguema im Aug. 1979 liegen *Exekutive* und *Legislative* beim Obersten Militärrat und bei der Militärregierung unter Führung des neuen *Staatsoberhaupts* und Regierungschefs Oberstleutnant T. O. Nguema Mbasogo, der unter seinem Onkel Macías Nguema stellv. Verteidigungsmin. war. Ein Parlament existiert nicht. Polit. *Parteien* sind nicht zugelassen. Einheitspartei unter Macías Nguema war seit 1970 die Partido Único Nacional de los Trabajadores (PUNT; „Nat. Arbeiter-Einheitspartei"). Vom Exil aus arbeiten die Alianza Nacional de Restoración Democrática (ANRD) und die Equatorial Guinea Liberation Front (EGLF). *Verwaltung:* Ä. ist in 2 Prov. gegliedert. Die *Streitkräfte* werden von einer 2000 Mann starken Miliz gebildet.
📖 *Berman, S.: Spanish Guinea. An annotated bibliography. Washington 1961.*

Äquer (lat. Aequi), sabell. Volksstamm M-Italiens; seit dem 5. Jh. v. Chr. ständig in Kriegen mit Rom und dem Latin. Bund; 304 v. Chr. endgültig durch Rom unterworfen.

Aquileja (italien. Aquileia), italien. Stadt in Friaul-Julisch-Venetien, 9 km vom Golf von Triest entfernt, 3000 E. - 181 v. Chr. als röm. Kolonie gegr. (**Aquileia**); 90 v. Chr. röm. Bürgerrecht („municipium"); wichtiger und reicher Handelsplatz; früh Bischofssitz; bis zur Eroberung und Zerstörung durch Attila (425) eine der Großstädte Italiens; 568 von den Langobarden erobert.
Patriarchat von A.: Wohl seit der 2. Hälfte des 3. Jh. Bischofssitz; im 5. Jh. unterstanden fast ganz Venetien und Istrien, dann Westillyrien, Noricum und Rätien seiner Metropolitangewalt. Ab 607 zwei Patriarchate: das byzantin. Grado (Aquileia Nova) und das schismat. langobard. [Alt-]Aquileia in Cormons, seit etwa 737 in Forum Julii (Cividale del Friuli); beide Patriarchate blieben auch nach Beilegung des Schismas (kurz vor 700) bestehen. 1238 verlegte der Patriarch von A. seine Residenz nach Udine. 1418–20 eroberte Venedig das weltl. Gebiet des Patriarchats A.; 1451 wurde der Patriarchentitel von Grado nach Venedig übertragen. Für das 1751 aufgelöste Patriarchat A. wurden 1752 die Erzbistümer Udine und Görz errichtet.
📖 *Schmidinger, H.: Patriarch u. Landesherr. Die weltl. Herrschaft des Patriarchen v. A. bis zum Ende der Staufer. Graz u. Köln 1954.*

Aquisgranum (Aquisgrani) ↑Aachen.

Aquitanien, histor. Landschaft in SW-Frankr., ben. nach den Stämmen der Aquitaner, ab 71 v. Chr. mehrfach von den Römern unterworfen. Die Landschaft A. umfaßte zunächst das Gebiet zw. Pyrenäen, Garonne und Atlantik. 418 besetzten die Westgoten A., das Kerngebiet des sog. Tolosanischen Reiches. Seit 507 von den Franken erobert. Mit dem Verfall der merowing. Königsmacht bildete sich im späten 7. Jh. ein fast selbständiges Hzgt. A., bis zur erneuten Unterwerfung durch Karl d. Gr. 768. Kam als Unterkönigtum über Ludwig den Frommen und Pippin I. 838 an Pippin II., dem es Karl der Kahle entriß, um es dem Westfränk. Reich einzugliedern. Im späten 9. Jh. entstand in reduziertem Umfang ein neues Hzgt. A., dessen Herzöge zwar Kronvasallen waren, bald aber große Macht erlangten und auch kulturell führend waren. Das 1128/52 entstandene Angevin. Reich wurde zwar durch Philipp II. von Frankr. zerschlagen, doch blieb das Hzgt. A. bis zum Ende des Hundertjährigen Krieges in engl. Besitz. Seitdem unterstand die Prov. Guyenne et Gascogne (d. h. Aquitanien und Vasconien) direkt der frz. Krone.
📖 *Auzias, L.: L'Aquitaine carolingienne 778–987. Toulouse 1937.*

Ära [lat.], in der wiss. ↑Zeitrechnung eine Jahresreihe, der als zeitl. Ausgangspunkt (Epochendatum, -jahr) ein wirkl. oder fiktives Ereignis zugrunde liegt und die durch fortlaufende Weiterzählung der einzelnen Jahre zustande kommt. Epochenjahr und -datum können gelegentl. erst nachträgl. festgelegt worden sein, beziehen sich aber stets, wie die Jahre der Ä. selbst, auf das Kalenderjahr. Nach Entstehung und Bed. können die Ären unterteilt werden in: chronograph., dynast., sakrale Ären, Erinnerungs-, Freiheits-, Provinzial-, Revolutions-, Sieges-, Stadtären.

Araber, urspr. Bez. für die semit. Stämme der Arab. Halbinsel, als Folge der Ausbreitung des Islams übertragen auf alle Menschen, die Arabisch als Muttersprache sprechen, heute wohl über 100 Mill. A.
Geschichte: Schauplatz der vorislam. Geschichte der A. waren ↑Arabien und seine Randgebiete. Erst mit der Gründung des Kalifenreiches durch die zum Islam bekehrten A. erfolgte ihr weltgeschichtl. Ausgreifen bis zum Indus, Kaukasus und den Pyrenäen. Mit Übernahme des Islams setzte in den unterworfenen Ländern eine rasche Arabisierung ein. Der Sieg der Mamelucken 1260 bei Ain Dschalut (Palästina) bewahrte die A. vor der Mongolenherrschaft. Das im 15. Jh. erstarkte Osman. Reich faßte die A. noch einmal zu einer Einheit zusammen. 1516/17 kamen Syrien und Ägypten, 1519 NW-Afrika mit Ausnahme Marokkos unter osman. Oberhoheit. Mit dem Niedergang des Osman. Reichs im 19. Jh. wurden die arab. Länder Objekte und Schauplatz europ. Großmachtpolitik. Algerien kam 1830, Tunesien 1881, Marokko 1912

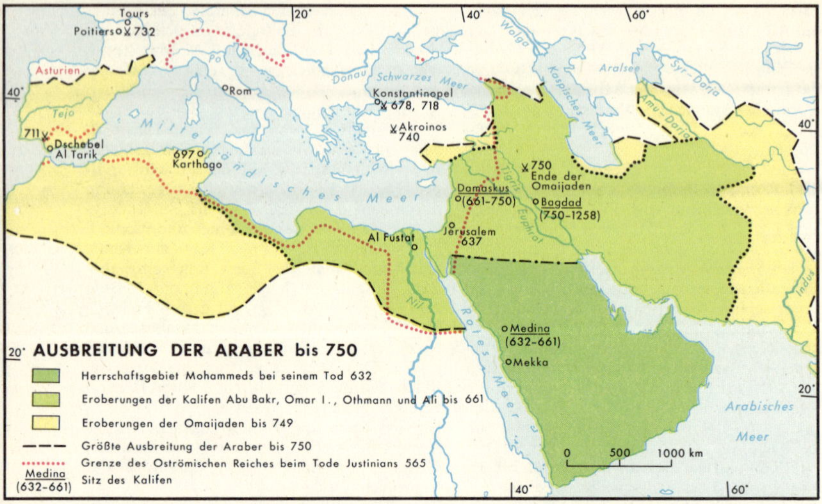

unter frz. Herrschaft. Ägypten wurde 1882 von Großbrit., Libyen 1911/12 von Italien besetzt. Der arab. O wurde nach dem 1. Weltkrieg in brit. und frz. Mandatsgebiete aufgeteilt. Nur Jemen und Saudi-Arabien blieben selbständig, nachdem sich Großbrit. im 19. Jh. auch in S-Arabien und am Pers. Golf festgesetzt hatte. Der arab. Nationalismus richtete sich nun gegen die Kolonialmächte. Die nach 1945 unabhängig gewordenen arab. Staaten schlossen sich in der Arab. Liga zusammen, die sich jedoch als zu schwach für eine polit. Einigung erwies. Die einheitl. arab. Front gegen das 1948 gegr. Israel zerbrach 1979 mit dem israel.-ägypt. Separatfrieden.

🕮 *Planhol, X. de: Kulturgeograph. Grundll. der islam. Gesch. Dt. Übers. Zürich u. Mchn. 1975. - Lex. der Arab. Welt. Hg. v. S. u. N. Ronart. Dt. Übers. Zürich u. a. 1972. - Gesch. der A. Von den Anfängen bis zur Gegenwart. Hg. v. L. Rathmann. Bln. 1971 ff. Auf 5 Bde. berechnet. - Gabrieli, F.: Gesch. der A. Dt Übers. Stg. 1963. - Kißling, H. J.: Die islam. Völker am Mittelmeer u. im Nahen Osten. In: Abriß der Gesch. außereurop. Kulturen. Hg. v. W.-D. v. Barloewen u. a. Bd. 1, Tl. 2, Mchn. 1961. - Hunke, S.: Allahs Sonne über dem Abendland. Unser arab. Erbe. Stg. 1960 (Tb. 1976).* - ↑ auch Islam.

Arabien, im histor. und polit. Sinne gebrauchtes Synonym für Arab. Halbinsel. Vermutl. seit der Steinzeit bewohnt. Anfang des 2. Jt. v. Chr. wanderten semit. Stämme ein. Nach 500 v. Chr. entstanden die ersten Reiche in S-A.: v. a. Saba, Main, Kataban und Hadramaut, im 3. Jh. n. Chr. von Saba erobert. Im 4. und 6. Jh. gehörte S-A. zeitweilig zu Aksum, wurde seit 420 von Christen missioniert und 570 persisch. Die nordarab. Stämme standen meist unter kulturellem und polit. Einfluß der benachbarten Reiche der Perser, Griechen, Römer und Sassaniden, dehnten sich aber über die Randgebiete von A. aus. Im 4. Jh. v. Chr. erstarkte im NW das Reich der Nabatäer, das 106 n. Chr. zur röm. Prov. Arabia wurde. In nachchristl. Zeit entstanden arab. Ft. (u. a. in Palmyra und Hatra sowie die der Lachmiden und der Ghassaniden). Mohammed bekehrte und unterwarf bis zu seinem Tod (632) ganz A., das aber im Kalifenreich nicht mehr das Kernland war. Z-A. blieb unorganisiertes Beduinengebiet, im 10. und 11. Jh. von den Karmaten beherrscht. Unter den Abbasiden trennten sich die arab. Prov. Hedschas, Jemen und Oman nach und nach vom Kalifenreich. Alle arab. Küstenländer mit Ausnahme der S- und SO-Küste wurden im 16. Jh. von den Osmanen erobert. Die verbleibenden Staaten wurden im 19. Jh. brit. Protektorate bzw. enge Verbündete von Großbrit. und sind heute selbständige Staaten (Kuwait, Bahrain, Katar, Vereinigte Arab. Emirate, Oman, Demokrat. VR Jemen, Arab. Republik Jemen). In Z-A. kam es 1932 zur Gründung des Kgr. Saudi-Arabien, am nördl. Rand von A. zur Schaffung der Kgr. Transjordanien (heute Jordanien) und Irak.

🕮 *Doe, B.: Südarabien. Antike Reiche am Ind. Ozean. Dt. Übers. Bergisch Gladbach 1970. - Dietrich, A.: Gesch. A. vor dem Islam. In: Hdb. der Orientalistik. Bd. 1, 2. Leiden 1966. - Altheim, F./Stiehl, R.: Die Araber in der Alten Welt. Bln. 1963–65. 5 in 6 Bden.*

Arabische Legion, von Großbrit. seit 1921 ausgebildeter und ausgerüsteter Kernverband der jordan. Armee; 1956 schaltete

König Husain II. den Einfluß der brit. Militärexperten aus.

Arabische Liga, 1945 begr. polit. Zusammenschluß zunächst Ägyptens, Saudi-Arabiens, Syriens, Transjordaniens (= Jordanien), Iraks, Libanons und Jemens (= Arab. Republik Jemen) zur außenpolit. Zusammenarbeit, zur friedl. Beilegung innerarab. Konflikte bei gegenseitiger Respektierung ihrer Souveränität. Organe: der Rat der Liga, das eigtl. Entscheidungsorgan, zu dem jeder Staat einen stimmberechtigten Vertreter stellt; ein polit. Ausschuß der Außenmin. und ein ständiges Generalsekretariat (bis 1979 in Kairo; seitdem in Tunis); 1950 auf das militär., 1957 auf das wirtsch. Gebiet ausgedehnt; polit.-ideolog. Differenzen unter den arab. Staaten schränkten die Wirksamkeit der A. L. stark ein. Beitritte: Libyen (1953), Sudan (1956), Marokko und Tunesien (1958), Kuwait (1961), Algerien (1962), Südjemen (= Demokrat. VR Jemen; 1967), Katar, Bahrain, Oman und die Vereinigten Arab. Emirate (1971), Mauretanien (1973), Somalia (1974), PLO (1976), Dschibuti (1977). 1979 kam Ägypten einem Ausschluß wegen des israel.-ägypt. Friedensvertrags zuvor, indem es ein Einfrieren seiner Aktivitäten innerhalb der A. L. erklärte.

arabischer Nationalismus, polit. Bewegung, die auf der histor., sprachl. und religiösen Zusammengehörigkeit der arab. Länder beruht und deren polit. Unabhängigkeit und Einigung zum Ziel hat. Nach einer ersten arab. nat. Bewegung in Syrien-Libanon seit der 2. Hälfte des 19. Jh., von der osman. Regierung mit scharfen Maßnahmen, bes. nach der jungtürk. Revolution 1908, unterdrückt, erreichten die arab. Staaten erst nach dem 2. Weltkrieg ihre Unabhängigkeit innerhalb der von den Kolonialmächten hergestellten polit. Ordnung, die durch die 1945 gegr. Arab. Liga konsolidiert werden sollte. Unter Nasser, lange Jahre Symbol der polit. und geistigen Einheit der arab. Welt, verband sich der a. N. mit den Ideen eines von ihm geprägten spezif. arab. Sozialismus. Doch blieben bislang alle Versuche, die arab. Einheit herbeizuführen, vergebl.; die gemeinsame arab. Front gegenüber Israel, wesentl. Bestandteil der arab. Einheit, zerbrach mit dem israel.-ägypt. Separatfrieden von 1979.

Arabische Sozialistische Union, Abk. ASU, 1962 gegr. ägypt. Einheitspartei, strebte die Verwirklichung eines spezif. arab. Sozialismus an; ging 1978 in der Nationaldemokrat. Partei auf.

Arabisch-Israelischer Krieg ↑Israelisch-Arabischer Krieg.

Arafat, Jasir, gen. Abu Ammar, * Jerusalem 1929, palästinens. Politiker. - Hatte seit Mitte der 1960er Jahre entscheidenden Anteil am Aufbau der Al ↑Fatah, seit 1967 deren Führer; seit 1969 Vors. des Exekutivkomitees der PLO.

Aragonien (span. Aragón), histor. Prov. (Region) in NO-Spanien, Hauptstadt Zaragoza.

Geschichte: Durch den 2. Pun. Krieg kam das Gebiet von A. in röm. Besitz; im 5. Jh. von den Westgoten, 713 von den Arabern erobert. Mit Beginn der Reconquista wurde A. (um 800 als fränk. Gft. entstanden) von Navarra aus erobert. 1035 und erneut seit 1134 unabhängiges Kgr. Die Formierung der *Krone A.* durch den Zusammenschluß (1319 Festlegung der Unteilbarkeit) von A. mit den Kgr. Katalonien (1137) und Valencia (1238) ermöglichte A. den Aufstieg zur Großmacht im westl. Mittelmeer. Könige aus dem Hause A. herrschten in Sizilien (seit 1282), Sardinien (seit 1323) und Neapel (seit 1442). Mit der Vorrangstellung Kastiliens seit 1469 wurde A. auf einige Sonderrechte beschränkt, die es 1707 verlor. Seitdem A. mit der Prov.-Einteilung Spaniens 1833 die administrative Selbständigkeit einbüßte, regte sich hier Widerstand gegen die als kastil. empfundene Zentralgewalt. Im Span. Bürgerkrieg erwies sich A. als entschlossener Verteidiger der Republik.

📖 *Miron, E. L.: Queens of Aragon. Port Washington (N. Y.) 1970. - Schneidman, J. L.: The rise of the Aragonese-Catalan Empire. 1200–1350. New York 1970. 2. Bde. - Chaytor, H. J.: History of Aragon and Catalonia. New York 1969.*

Araktschejew, Alexei Andrejewitsch, * im Gouv. Twer 4. Okt. 1769, † Grusino (Gebiet Nowgorod) 3. Mai 1834, russ. General. - Erhielt unter Paul I. General- und Grafentitel; unter Alexander I. 1803 Generalinspekteur und Organisator der Artillerie, 1808 Kriegsmin.; 1815–25 allmächtiger Günstling des Zaren und Leiter der verhaßten Militärkolonien.

Aramäer, eine Gruppe westsemit. Nomadenstämme, die seit dem Ende des 2. Jt. v. Chr. aus dem Wüstengebiet westl. des Euphrat nach Syrien und Mesopotamien eindrangen; gründeten nach 1000 v. Chr. am mittleren Euphrat einzelne Ft., übernahmen auch bald die Macht in Stadtstaaten N- und M-Syriens, die von den Assyrern bis zum 8. Jh. v. Chr. unterworfen wurden. 626 v. Chr. begr. die A.dynastie der Chaldäer das neubabylon. Reich.

Aramburu, Pedro Eugenio, * Rio Cuarto (Prov. Córdoba) 21. Mai 1903, † nach dem 29. Mai 1970, argentin. General und Politiker. - Führte im Sept. 1955 den Aufstand gegen Perón in den nördl. Prov.; 1955–58 Staatspräs.; leitete eine Phase wirtsch. Stabilisierung ein; von einer peronist. Untergrundorganisation entführt und ermordet.

Aranda, Pedro Pablo Abarca de Bolea, Graf von, * Siétamo (Prov. Huesca) 18. Dez. 1718, † Épila (Prov. Zaragoza) 9. Jan. 1798, span. General und Politiker. - Präs. des Rates von Kastilien (1766–73); brachte als Anhänger der frz. Aufklärung ein großes Reformprogramm in Gang, setzte dabei 1767 die Vertreibung der Jesuiten durch; seit 1773 Gesandter in Paris; 1792–94 leitender Min.

Aranjuez [span. araŋ'xu̯εθ], span. Stadt am Tajo, 50 km südl. von Madrid, 31 000 E. Im **Vertrag von Aranjuez** (1805) verbündete sich Spanien mit Napoleon I. gegen Großbritannien.

Ara Pacis Augustae [lat. „Altar des Augustusfriedens"], Altar des Friedens, den Kaiser Augustus dem Röm. Reich gebracht hatte. 13 v. Chr. vom röm. Senat anläßl. der Rückkehr des Kaisers von Spanien nach Rom gestiftet, 9 v. Chr. geweiht.

Aratos von Sikyon (Arat), * Sikyon (Peloponnes) 271, † 213 (ermordet), griech. Feldherr und Staatsmann. - Bedeutendster Führer des Achäischen Bundes; betrieb urspr. eine Politik gegen makedon. Hegemonie, die er jedoch nach seinem Bündnis mit Antigonos III. Doson (225/224) nicht verhindern konnte; im Krieg gegen den Ätol. Bund 220–217 Feldherr und Berater Philipps V. von Makedonien.

Araxes, im Altertum Name mehrerer Flüsse, u. a. des Amu-Darja und des Arax.

Arbeit, jede auf ein wirtsch. Ziel gerichtete, planmäßige Tätigkeit des Menschen, gleichgültig ob geistige oder körperl. Kräfte eingesetzt werden. Das Ziel kann reine Bedarfsdeckung oder Gewinn- bzw. Einkommensmaximierung sein. Steuerrechtl. wird unterschieden zw. **selbständiger Arbeit** (Tätigkeit, die in eigener Verantwortung und auf eigene Rechnung erfolgt) und **unselbständiger Arbeit** (Tätigkeit, die unter Aufsicht und Anweisung eines Arbeitgebers, d. h. auf fremde Rechnung erfolgt).
Verglichen mit den anderen beiden Produktionsfaktoren, Kapital und Boden, hat die A. eine Sonderstellung. Zunächst wären ohne sie die anderen Produktionsfaktoren unbrauchbar; Kapital und Boden müssen mit A. kombiniert werden, damit sie eine Leistung erbringen können. Außerdem ist A. im Vergleich zu Kapital ein „ursprüngl." Faktor, da dieses erst mit Hilfe der A. erstellbar ist. Ferner kann Arbeitsleistung von der Person des Arbeitenden nicht getrennt werden; daher beinhalten Art und Umstände der Erbringung der Leistung, die Arbeitsbedingungen, zugleich eine bes. soziale Problematik. Schließl. ist Arbeitsleistung nicht nur für unterschiedl. Zwecke nutzbar; vielmehr ist ihre Verwendbarkeit vielseitiger als die anderer Produktionsfaktoren, v. a. kann das Leistungsvermögen des Menschen durch eine Reihe von Lernvorgängen (Erfahrung, Ausbildung) verändert und verbessert werden.
Bei der Kombination mit anderen Produktionsfaktoren kann A. einerseits ausführende, objektbezogene und andererseits planende, kontrollierende und leitende Funktionen (dispositive Tätigkeiten) haben. In den meisten Betrieben als Produktionseinheiten wird die Arbeitskraft mehrerer Menschen benötigt, die mit unterschiedl. Aufgaben betraut sind. Die Zahl der Arbeitskräfte, ihre Leistungsfähigkeit und ihre zeitl. Inanspruchnahme bestimmen den Bestand des Faktors A. einer Volkswirtschaft. Wieviele Arbeitskräfte in den Produktionsprozeß einbeziehbar sind, hängt in erster Linie von der Struktur der Wohnbev. eines Landes nach Alter und Geschlecht sowie von gesetzl. Beschränkungen (z. B. Jugendarbeitsschutzgesetz, obere Altersgrenzen) ab. Die zeitl. Inanspruchnahme des Faktors A. wird durch die Art der Tätigkeit und die mit ihr verbundenen Belastungen geprägt. Als ein Bestimmungsfaktor der Leistung wird die Arbeitszeit i. d. R. in Tarifverträgen festgelegt. V. a. durch größere Leistungsintensität und durch Überstunden ist die Inanspruchnahme des Faktors A. begrenzt dehnbar. Durch Wandel der Nachfrage und techn. Fortschritt ergeben sich Veränderungen in der Produktionsstruktur, aus denen auch veränderte Anforderungen an die Qualifikation der Arbeitskraft resultieren. Anpassungsschwierigkeiten der Anbieter von Arbeitsleistungen können damit ebenso wie die Ersetzung menschl. Arbeitskraft durch Maschinen zu Arbeitslosigkeit führen. Sie lassen Vollbeschäftigung zu einem wirtschaftspolit. Ziel werden.

📖 *Gesch. der A. Hg. v. Helmuth Schneider. Köln 1980. - Weber, Max: Die prot. Ethik. Bd. 1. Hg. v. J. Winckelmann. Gütersloh ⁵1979. - Conze, W.: A. In: Geschichtl. Grundbegriffe. Bd. 1. Hg. v. O. Brunner u. a. Stg. 1973. - Arendt, H.: Vita activa oder Vom tätigen Leben. Mchn. Neuaufl. 1967. - Engels, F.: Anteil der A. an der Menschwerdung des Affen. Bln. ¹²1964.*

Arbeiter, i. w. S. jede Person, die eine Arbeitsleistung erbringt, i. e. S. der Lohnarbeiter, heute vorwiegend der Industriearbeiter. Das Hauptkriterium ist, daß der A. seine Arbeitskraft dem Arbeitgeber gegen einen entsprechenden Lohn zur Verfügung stellt. Man unterscheidet heute ungelernte, angelernte und gelernte A., die eine unterschiedliche Ausbildung und Entlohnung und verschiedene Aufstiegsmöglichkeiten haben. In formaler Hinsicht teilt die Rechtsordnung den A. in verschiedene Gruppen ein, für gewerbl. A., A. des öffentl. Dienstes, Bergleute, Seeleute, Landarbeiter u. a. gelten jeweils bes. gesetzl. Vorschriften, deren grundlegende Regelungen aber im wesentl. übereinstimmen. - Sozialstatist. ist in der BR Deutschland festzustellen, daß der Anteil der Arbeiter an der Zahl der Erwerbstätigen gesunken ist. 1961 waren 45%, im Jahre 1978 42,3% der Erwerbstätigen Arbeiter. Dagegen stieg die Zahl der Angestellten von 22,1% auf 36,1% der Erwerbstätigen an.

📖 *Kern, H./Schumann, M.: Industriearbeit u. A.bewußtsein. Ffm. Neuaufl. 1977. - Deppe,*

F./Deppe-Wolfinger, H.: Das Bewußtsein der A. Köln 1971. - Conze, W.: Vom „Pöbel" zum „Proletariat". In: Vjschr. für Sozial- u. Wirtschaftsgesch. 41 (1954).

Arbeiterbewegung, der seit dem 19. Jh. erfolgte Zusammenschluß der abhängigen Lohnarbeiter mit dem Ziel, die bestehenden ökonom., sozialen und polit. Verhältnisse evolutionär oder revolutionär zu verändern. Die Verelendung der mit der industriellen Produktion sich bildenden Arbeiterklasse verschärfte die sozialen Spannungen und führte - zuerst in Großbrit. - zu Protestaktionen und zu Zusammenschlüssen der Arbeiter (Chartismus). In Deutschland entwickelten zuerst in der Ind. beschäftigte Handwerkergesellen Organisationsformen. In die A. gingen sozialist. und kommunist. Vorstellungen ein. Daneben entwickelte sich im 19. Jh. eine christl. A. 1848 stellten Marx und Engels mit dem „Kommunist. Manifest" das erste grundlegende polit. Programm der A. auf (Notwendigkeit des Klassenkampfes). 1864 wurde unter ihrem Einfluß in London die Internat. Arbeiterassoziation geschaffen. In Deutschland gründete Lassalle 1863 den „Allg. dt. Arbeiterverein". 1869 entstand unter der Führung von Bebel und Liebknecht die „Sozialdemokrat. Arbeiterpartei", 1875 verschmolzen beide Parteien zur „Sozialist. Arbeiterpartei Deutschlands" (SAP), seit 1890 „Sozialdemokrat. Partei Deutschlands" (SPD). Parallel dazu entwickelte sich seit 1868 eine dt. Gewerkschaftsbewegung, teils auf marxist.-sozialist., teils auf liberal-christl. Basis. Die SPD, an der sich die meisten europ. Arbeiterparteien orientierten, entschied sich für den parlamentar. Weg zur Macht. Der 1. Weltkrieg führte zur Auflösung der internat. und nat. Einheit der sozialist. A. Zum Zentrum der sich seit 1919 bildenden kommunist. Parteien wurde die Komintern unter sowjet. Führung. In Deutschland setzte die SPD, nach 1918 zunächst in der Regierung, zus. mit den Gewerkschaften ihre Reformpolitik fort, ohne den Kapitalismus überwinden zu können. Die faschist. Diktaturen bekämpfte die A., aktivster Teil des Widerstandes, aus der Illegalität. 1949 proklamierte die SED die Gründung der DDR als Verwirklichung der Ziele der dt. A. In Westdeutschland schlossen sich 1949 sozialist. und christl. Gewerkschafter im DGB zur Einheitsgewerkschaft zusammen. 1959 vollzog die SPD im Godesberger Grundsatzprogramm den Schritt von der Arbeiter- zur linken Volkspartei. - Heute sind Arbeiterparteien und Gewerkschaften in den westl. parlamentar. Demokratien wie in den kommunist. Ländern fest in das jeweilige wirtsch., soziale und polit. System integriert. - Abb. S. 100.

📖 *Klönne, A.: Die dt. A. Düss. u. Köln 1980. - Hofmann, W.: Ideengesch. der sozialen Bewegung des 19. u. 20. Jh. Bln. [6]1979. - Fricke, D.: Die dt. A. 1896–1914. Bln. 1976. - Abendroth, W.: Sozialgesch. der europ. A. Ffm. [2]1975. - Ritter, G. A.: A., Parteien u. Parlamentarismus. Gött. 1972. - Wachenheim, H.: Die dt. A. v. 1844 bis 1914. Köln u. Opladen [2]1970. - Der Sozialismus. Vom Klassenkampf zum Wohlstandsstaat. Texte, Bilder u. Dokumente. Hg. v. I. Fetscher u.a. Mchn. 1968. - Schieder, W.: Anfänge der dt. A. Auslandsvereine im Jahrzehnt nach der Julirevolution v. 1830. Stg. 1963. - Grebing, H.: Gesch. der dt. A. Mchn. [2]1966.*

Arbeiterrat, Vertretungsorgan aller Belegschafts-Mgl. der Betriebe und Unternehmen in kommunist. Ländern, insbes. in Jugoslawien; an der Betriebsführung entscheidungsberechtigt beteiligt.

Arbeiter-und-Bauern-Inspektion, Abk. ABI, 1963 geschaffenes Kontrollorgan des ZK der SED und des Min.rats der DDR zur Überwachung der Durchführung der Beschlüsse der Parteigremien sowie der Gesetze und Erlasse der staatl. Organe; besitzt weitreichende Vollmachten zur Durchführung der Kontrollfunktion.

Arbeiter-und-Bauern-Macht, polit.-ideolog. Begriff des Marxismus-Leninismus, der das Klassenbündnis der Arbeiter und Bauern bezeichnen soll; die DDR bezeichnet sich als A.-u.-B.-M. seit 1952; wichtig v.a. in der chin. Propaganda für die kommunist. Bewegungen der sog. kolonialen und halbkolonialen Länder.

Arbeiter-und-Soldaten-Räte, in revolutionären Situationen des 20. Jh. entstandene Interessenvertretungen proletar. Schichten; bis heute wichtigste Erscheinungsformen der Idee des Rätesystems. In *Rußland* bildete in der Revolution von 1905 die parteipolit. meist ungebundene Arbeiterschaft spontane Räte (russ. „sowjet") als demokrat. Selbstverwaltungsorgane mit zunächst primär sozialökonom., dann zunehmend polit. Zielsetzungen, die z.T. Zentren des revolutionären Kampfes wurden. Nach deren Neuformierung in der Februarrevolution von 1917 wurde der Petrograder Arbeiter-und-Soldaten-Rat neben und mit der Provisor. Regierung zum zentralen polit. Machtträger. Nach der bolschewist. Machtübernahme wurden die Räte, formal Grundlage der neuen Staatsordnung, fakt. durch die unumschränkte Einparteienherrschaft völlig entmachtet. - In *Deutschland* organisierten sich im Nov. 1918 auf der Basis der Betriebe und einzelner Truppenteile A.-u.-S.-R. als Träger der Revolution, erzwangen den Rücktritt der Landesfürsten und des Kaisers und beanspruchten alle exekutiven, legislativen und jurisdiktionellen Funktionen, ließen aber i.d.R. die überkommenen Verwaltungsapparate unangetastet und begnügten sich mit deren Leitung und Kontrolle. Der vom Großberliner Arbeiter-und-Soldaten-Rat als oberstes Revolutionsorgan für ganz Deutschland eingesetzte Vollzugsrat bestätigte den ↑Rat der Volksbeauf-

Arbeiterbewegung. Plakat aus der Zeit um 1900

tragten als eigtl. Regierung, dem eine Reichskonferenz aller A.-u.-S.-R. im Dez. 1918 offiziell die vollziehende und gesetzgebende Gewalt übertrug. Der zugleich als Kontrollorgan geschaffene Zentralrat übertrug am 4. Febr. 1919 seine Kompetenzen auf die Nationalversammlung gegen den Widerstand der USPD und des Spartakusbundes. Im Frühjahr 1919 wurden die Räteregierungen mit Hilfe bürgerl.-rechtsradikaler Freikorps von der Reichsregierung in einigen Ländern, v.a. in der Räterepublik Bayern, gewaltsam unterdrückt.

📖 *Arnold, V.: Rätebewegung in der Novemberrevolution. Hannover 1978. - Rothe, V.: Der russ. Anarchismus u. die Rätebewegung 1905. Ffm. 1978. - Schneider, Dieter/Kuda, R.: Arbeiterräte in der Novemberrevolution. Ffm. ^{3}1973.*

Arbeitervereine, der kulturellen und wirtsch. Förderung und Emanzipation der bildungsmäßig benachteiligten und diskriminierten Arbeiterschaft dienende Organisationen. Nach brit. und schweizer. Anfängen entstanden dt. A. seit 1844. Nach kurzem Aufschwung 1848 von den Regierungen 1849 verboten, konnten sie erst seit etwa 1860 neu gebildet werden. Zunächst überwogen v.a. **Arbeiterbildungsvereine,** die oft die Gründungskeime polit. und gewerkschaftl. Aktivität wurden. Ein Seitenzweig der Bildungsvereine waren die Volksbühnen. Daneben stand eine Fülle von Sportvereinen der Arbeiter-Turn- und Sportbewegung. 1933 wurden diese Verbände von den Nationalsozialisten verboten, nach dem Kriege nur wenige neu gegr. An ihre Stelle traten Volkshochschule und Kurse des DGB. - Die ersten **Evangelischen Arbeitervereine** (Abk. EAV) wurden 1882 gegr.; verstanden sich als Gegen- und Parallelbewegung zu den Kath. A. und als Organisation im Kampf gegen Marxismus und Sozialdemokratie; zeitweilig unter dem Einfluß von A. Stoecker und F. Naumann; gingen 1933 zwangsweise im Ev. Männerdienst auf; nach 1945 neu gegr., seit 1952 in der Ev. Arbeiterbewegung zusammengeschlossen. - Die **Katholischen Arbeitervereine,** Mitte des 19. Jh. entstanden, erlangten größere Bed. erst Ende der 1860er Jahre im Gefolge des sozialen Wirkens von Ketteler. 1911 Bildung eines Kartellverbands, 1927 des Reichsverbands der kath. Arbeiter- und Arbeiterinnenvereine Deutschlands. Die Vereine wurden 1933 z.T. aufgelöst, der Reichsverband 1936 unterdrückt; nach 1945 neugegr., in der Kath. Arbeiterbewegung (seit 1968 Kath. Arbeitnehmer-Bewegung) zusammengeschlossen.

Arbeitgeberverbände, Vereinigungen der Arbeitgeber auf der Grundlage eines freiwilligen Zusammenschlusses in der Form eines privatrechtl. Vereins. In ihrer Eigenschaft als Verhandlungs- und Vertragspartner der Gewerkschaften vertreten sie in der BR Deutschland insbes. die sozialen und sozialpolit. Belange ihrer Mgl. im Unterschied zu den wirtschaftspolit. Aufgaben der Wirtschaftsverbände. Die Zielsetzung der Organisation der A. ist, Eigeninitiative, Selbstverantwortung, Privateigentum, Unternehmerfreiheit und eine gesamtwirtschaftl. (d.h. konkret: preisneutral) orientierte Lohnpolitik zu propagieren und in den Vordergrund zu stellen. Diese Zielsetzung schafft zwangsläufig einen Konfliktstoff gegenüber den Arbeitnehmervertretungen, wenn es z.B. um die Fragen der Mitbestimmung und der Einkommens- bzw. Vermögensumverteilung geht.

Die Spitzenorganisation der A. in der BR Deutschland ist die **Bundesvereinigung der Deutschen Arbeitgeberverbände e.V. (BDA).** Sie hat kein Weisungsrecht an ihre Unterverbände und ist auch nicht tariffähig. Ihre Hauptaufgabe ist vielmehr die Wahrung gemeinsamer sozialpolit. Belange der A., soweit sie grundsätzl. Natur sind, d. h. über den Bereich eines Landes oder eines Wirtschaftszweiges hinausgehen. Zur Erfüllung dieser Aufgabe legt sie die Grundlagen der Arbeitgeberpolitik fest, gibt Empfehlungen zu ihrer Durchführung und strebt generelle Vereinbarungen mit dem Dt. Gewerkschaftsbund an. Internat. A. sind z. B. die „Internat. Arbeitgeberorganisation" (IOE), Genf, in der Arbeitgeber aus 82 Staaten der westl. Welt vertreten sind, und der „Generalrat der Europ. Industrieverbände" (REI), Paris.

🕮 *Erdmann, G.: Die dt. A. im sozialgeschichtl. Wandel der Zeit. Neuwied u. Bln. 1966.*

Arbeitsdienst, freiwillig oder auf Grund gesetzl. Zwanges im Dienst der Allgemeinheit geleistete körperl. Arbeit ohne ein den übl. Lohnbedingungen entsprechendes Entgelt. In Deutschland entwickelte sich der **freiwillige Arbeitsdienst** aus der student. Arbeitslagerbewegung der 1920er Jahre. Unter dem Eindruck wachsender Arbeitslosigkeit verabschiedete die Regierung Brüning 1931 ein Gesetz über den freiwilligen A. Jugendlicher. Im Juli 1932 wurden bereits 97 000 Arbeitsdienstwillige meist in der Landw. eingesetzt. Auf dem Höhepunkt der Weltwirtschaftskrise entstanden auch in Polen, den Niederlanden, der Tschechoslowakei und den USA dem dt. freiwilligen A. ähnl. Einrichtungen. 1935 wurde der **Reichsarbeitsdienst** (Abk. RAD) als Organisation zur Durchführung der für alle Deutschen beiderlei Geschlechts zw. 18 und 25 Jahren eingeführten halbjährigen Arbeitsdienstpflicht geschaffen; umfaßte bei Kriegsbeginn rund 390 000 männl. und 36 000 weibl. Angehörige; urspr. zur Bodenkultivierung eingesetzt; ab 1938 z. T. militär. bestimmte Hilfsdienste; nach Kriegsbeginn zunehmend den Erfordernissen der Kriegsführung untergeordnet und als Bautruppe der Wehrmacht eingesetzt.

🕮 *Benz, W.: Vom Freiwilligen Arbeitsdienst zum Arbeitsdienstpflichtgesetz. In: Vjschr. für Zeitgesch. 16 (1968).*

Arbenz Guzmán, Jacobo [span. ar'βenz ɣuz'man], * Quezaltenango 14. Sept. 1913, † Mexiko 27. Jan. 1971, guatemaltek. Politiker. - Organisierte 1944 den Sturz der Generäle Ubico und Ponca; 1950 zum Staatspräs. gewählt, erließ 1952 ein Bodenreformgesetz, das die Enteignung der amerikan. United Fruit Co. ermöglichte; 1954 mit amerikan. Unterstützung gestürzt.

Arbil (Arbela), Stadt in N-Irak, 80 km osö. von Mosul, 90 000 E. - Nahe A. besiegte 331 v. Chr. Alexander d. Gr. in der Schlacht von **Gaugamela** Darius III.

Arbogast, † 394 n. Chr., röm. Reichsfeldherr (Magister militum) fränk. Abstammung. - Von Kaiser Theodosius I. 388 zum Berater Valentinians II. ernannt, den er 392 stürzte; erhob Eugenius zum Kaiser; von Theodosius 394 geschlagen, beging Selbstmord.

Arcadius (Arkadios, Arkadius), * in Spanien 377, † 1. Mai 408, oström. Kaiser. - Sohn Kaiser Theodosius' I.; 383 zum Augustus ausgerufen, erhielt nach dem Tod seines Vaters 395 den Osten des Röm. Reiches, während sein Bruder Honorius den Westen übernahm; schwache Herrscherpersönlichkeit.

Archäologie [griech.], Altertumskunde, untersucht die materialen Hinterlassenschaften der Vergangenheit, bes. von Hochkulturen. Die Grenze zur Vorgeschichte ist oft fließend. A. ist stets eng mit Philologie und Literaturwiss. der jeweiligen Kultur verflochten. Es gibt bibl., vorderasiat., frühchristl., ma., präkolumb. u. a. Archäologien. A. ohne Zusatz meint i. d. R. klass. A., deren Ziel die Erforschung der griech.-röm. Kultur und anliegender Randkulturen ist. Erste Ansätze während der Renaissance; später v. a. sammelnde und registrierende Tätigkeit (u. a. B. de Montfaucon, 1719). Durch J. J. Winckelmann im 18. Jh. als Kunst- und Geisteswiss. etabliert, beeinflußte die vertiefte Kenntnis der Antike nachhaltig Kunst und Kultur Europas (dt. Klassik, Klassizismus). Seit dem 18. Jh. auch systemat. Untersuchung antiker Denkmäler: Ausgrabung von Herculaneum seit 1738, von Pompeji seit 1748; Aufnahme (Registrierung) der klass. Bauwerke Athens 1751–54 durch die Engländer J. Stuart und N. Revett; seit 1828 Ausgrabung großer Mengen griech. Vasen in Vulci. 1829 Gründung eines internat. Inst. für archäolog. Korrespondenz in Rom, das 1859 preuß. wurde und 1874 unter die Obhut des Dt. Reiches kam. Seit 1846 (frz. Inst. in Athen) Entstehung weiterer nat. Inst. mit Missionen in den Hauptstädten der Mittelmeerländer. Dt. Archäolog. Inst. mit Sitz in Berlin und Zweigstellen in Rom, Athen, Istanbul, Kairo, Madrid, Bagdad, Teheran. Die A. ist heute außerdem an Univ. (in Deutschland erstmals in Kiel 1802), öffentl. Museen und in der Denkmalpflege institutionalisiert.

Wiedergewinnung gestörter Zusammenhänge und Rekonstruktion des nur fragmentar. Erhaltenen nehmen in der A. breiten Raum ein. Ausgrabungen und Surveys († archäologische Landesaufnahme) dienen der Erweiterung der Materialbasis. Zu den *Forschungsgebieten* der klass. A. gehören im einzelnen antike Topographie, Urbanistik, Architektur, Plastik, Malerei, Keramik und Kunsthandwerk sowie alle Gerätschaften des öffentl. und privaten Lebens. Im Zuge weitgehender Spezialisierung haben sich eigenständige Teil- und Hilfsdisziplinen gebildet (antike Bauforschung, Numismatik u. a.). Die Fragestellungen der A. sind z. T. histor.-kunsthistor., z. T. theoret.-ästhet. Natur. Die innere Entwicklung der A. spiegelt stark die jeweils herrschenden geistigen und polit. Strömungen im 19. und 20. Jh.; bes. prägend waren Historismus und Positivismus sowie in jüngerer Zeit marxist. Ansätze. Als gültige *Methoden* finden in der kunsthistor. orientierten A. Stilanalyse, Motiv- und Typenforschung sowie Ikonographie Anwendung; Hermeneutik, Funktions- und Bedeutungsanalyse bezeichnen weitere Bereiche archäolog. Forschung. Die sog. Strukturforschung der klass. A. der ersten Hälfte des 20. Jh. war dagegen ein method. Irrweg (bes. in Deutschland). Die eigentüml. Bed. der klass. A. gegenüber den anderen A. resultiert aus dem lange als vorbildhaft empfundenen Charakter ihres Materials und aus der Rolle der griech.-röm. Kultur als einer der bestimmenden Wurzeln der europ. Kultur.

🕮 *Die A. Mesopotamiens. Dt. Übers. Mchn. 1981. - Die Cambridge Enzyklop. der A. Dt. Übers. Mchn. 1980. - Kleßmann, E.: Unter unseren Füßen. Neue archäolog. Funde in Deutschland. Nachdr. Ffm. u. a. 1980. - Bianelu Bandinelli, R.: Klass. A. Dt. Übers. Mchn. 1978. - Methoden der A. Eine Einf. in ihre naturwiss. Techniken. Hg. v. B. Hrouda. Mchn. 1978. - Niemeyer, H. G.: Einf. in die A. Darmst. ²1978. - Deuel, L.: Das Abenteuer A. Dt. Übers. Mchn. ⁵1977. - Bray, W./Trump, D.: Lex. der A. Dt. Übers. Mchn. 1973 (Tb. 1975). - Moortgat, A.: Einf. in die vorderasiat. A. Darmst. 1972. - Andresen, C.: Einf. in die christl. A. Gött. 1971. - Hdb. der A. Hg. v. U. Hausmann. Mchn. 1954 ff. Bis 1980 sind 4 Bde. erschienen.*

archäologische Landesaufnahme (Survey), Methode der Archäologie und Vorgeschichtsforschung, die durch systemat. Geländebegehung und Luftbildauswertung (Luftbildarchäologie) oder auf Grund literar. Überlieferung vermutete archäolog. Stätten festzustellen versucht.

Archelaos, Name von Herrschern:

Judäa:

A., † um 16 n. Chr., Ethnarch von Judäa, Idumäa und Samaria. - Sohn Herodes' d. Gr.; 5 v. Chr. als Ethnarch von Augustus bestätigt; regierte mit großer Härte (vgl. Matth. 2, 22); 6 n. Chr. von Augustus abgesetzt.

Makedonien:

A., † 399 v. Chr. (ermordet), makedon. König (seit 413). - Sicherte sich die Nachfolge durch Ermordung seiner Verwandten; modernisierte allg. das Land und suchte durch Berufung griech. Künstler an seinen Hof die Verbreitung griech. Kultur zu fördern.

Archidamos, Name spartan. Könige aus dem Geschlecht der Eurypontiden. Bed.:

A. II., † 427, König (seit 469?). - Rettete 464 Sparta beim Aufstand von Messeniern und lakon. Heloten; vertrat beim Ausbruch des Peloponnes. Kriegs eine Politik des Einlenkens, ging zögernd gegen Athen vor, leitete die ersten Einfälle nach Attika (431–21 **Archidam. Krieg**).

A. III., * um 400, ⚔ bei Manduria, wohl erst nach 340 (338?), König (seit 360?). - Enkel von A. II.; rettete das geschlagene spartan. Heer nach der Niederlage von Leuktra (371); verteidigte 362 Sparta gegen Epaminondas; fiel als Bundesgenosse Tarents im Kampf gegen Lukaner und Messapier.

Archiv [spätlat.; zu griech. archeîon „Regierungs-, Amtsgebäude"], Einrichtung zur systemat. Erfassung, Erhaltung und Betreuung rechtl. und polit. Schriftguts (i. w. S. auch jegl. anderen Schrift-, Bild- oder Tonguts, das aus einer amtl. oder privaten Geschäftsführung erwachsen ist); auch der Raum für dessen Aufbewahrung. Archivaliengattungen sind Urkunden, Akten, Briefe, Amtsbücher mit fortlaufenden Eintragungen (z. B. Protokolle, Rechnungen), Karten, Pläne, Bild- und Tonträger. Die Ordnung eines modernen A. steht unter dem Grundsatz der Provenienz (Herkunft). Eine andere Möglichkeit, das aus der Registratur übernommene Prinzip der sachl. oder territorialen Pertinenz (Zugehörigkeit), hat sich für das A. als wenig brauchbar erwiesen. - Seit dem Altertum sind A. mit dem Einsetzen schriftl. Verwaltungstätigkeit in allen Kulturen bekannt. Das MA knüpfte durch die Vermittlung der Kirche an die Tradition der Antike an. Das unter Kaiser Friedrich II. allmähl. entstandene Reichs-A. ging 1806 überwiegend im heutigen Östr. Staats-A. in Wien auf. 1919 wurde für die Reichsakten seit 1867 in Potsdam ein neues dt. Reichs-A. eingerichtet. Nachfolgeinstitutionen wurden das Dt. Zentral-A. der DDR in Potsdam (Abteilung II in Merseburg) und das Bundes-A. in Koblenz. Internat. bed. A. sind das Archivo General de Simancas (gegr. 1545), das Vatikan. A. in Rom (1612), das Haus-, Hof- und Staats-A. in Wien (1749; Abteilung I des Östr. Staats-A.), das Archivo General de Indias in Sevilla (1781, als wichtigstes für die span. Kolonialgeschichte), die Archives Nationales in Paris (1789), das Public Record Office in London (1838), die Zentralen Staats-A. der UdSSR in Leningrad und Moskau (1918/20) und die National Archives in Washington (1934).

🕮 *Brenneke, A.: A.kunde. Ein Beitr. zur Theorie u. Gesch. des europ. A.wesens. Hg. v. W. Leesch. Nachdr. Pullach 1970. - Meisner, H. O.: Archivalienkunde v. 16. Jh. bis 1918. Lpz. 1969.*

Archon (Mrz. Archonten) [griech. „Herrscher"], Bez. für Inhaber des höchsten Staatsamtes einer Reihe griech. Stadtstaaten. In Athen begann das **Archontat** unter dem Königtum mit der Übernahme einzelner monarch. Herrschaftsfunktionen durch dafür bestellte Personen. Die Amtszeit der schließl. 9 Archonten, anfangs wohl lebenslängl., wurde im 8. Jh. v. Chr. auf 10, später (682?) auf ein Jahr festgesetzt. Zwar schwand die Bed. des Archontats, doch hielt es sich als Ehrenamt bis in die röm. Kaiserzeit.

Ardaschir I. (Artaschir I.; mittelpers. Arta[ch]schir), Perserkönig (224–241). - Aus der von ihm begr. Dynastie der Sassaniden; besiegte 224 den letzten parth. König Artabanos V., der im Kampf fiel; seit 231/233 mit wechselhaftem Erfolg geführter Krieg gegen die Römer um N-Mesopotamien und Kleinasien.

Ardiäer (lat. Ardiaei), illyr. Volksstamm an der dalmatin. Küste; berüchtigt durch Raubfahrten in Adria und Ägäis; begr. mit Labeaten und Dokleaten vereinigt das südillyr. Reich von Skodra (260/250–168/167); 135 v. Chr. von Rom unterworfen.

Arduin (Harduin, Hartwin), * um 955, † Fruttuaria 14. Dez. 1015, Markgraf von Ivrea, König der Lombarden. - Von Otto III. gebannt; übernahm nach dessen Tod sofort die Führung des nach Unabhängigkeit strebenden lombard. Adels; 1002 in Pavia zum König gekrönt; mußte 1004 vor König Heinrich II. zurückweichen; nach erneuter Erhebung 1013/14 geschlagen.

Arelat (mlat. regnum Arelatense „Reich von Arles"), Bez. für das Kgr. Niederburgund zur Unterscheidung vom welf. Kgr. Hochburgund, seit 933 für ganz Burgund.

Arena [lat.], ursprüngl. die sandbedeckte Kampfbahn im Amphitheater, im Stadion und im Zirkus. Die A. des ↑Circus maximus in Rom maß 600 × 150 m.

Arenberg (Arlberg, Arburg), unter dem Namen A. erstmals 1166 erwähntes rhein.-westfäl. Dynastengeschlecht, das zeitweilig das Burggrafenamt in Köln ausübte; erlosch im Mannesstamm vor 1281. Durch Heirat der Erbtochter mit dem Grafen von der Mark wurde die *2. Linie* der Herren von A. begr. (bis 1544); kam durch Heirat an das Haus Ligne. Diese *3. Linie* wurde 1549 in den Reichsgrafenstand, 1576 in den Reichsfürstenstand erhoben, erhielt 1644 den Herzogstitel. Wurde 1803 für die linksrhein. Verluste mit dem Hzgt. A. (Recklinghausen und Amt Meppen) entschädigt (Verlust der Souveränität 1810/11), 1826 wurde das standesherrl. Gebiet Meppen zum Hzgt. A.-Meppen erhoben.

Arendt, Hannah, * Hannover 14. Okt. 1906, † New York 4. Dez. 1975, amerikan. Politikwissenschaftlerin und Soziologin dt. Herkunft. - Emigrierte 1933 nach Frankr., 1940 in die USA; lehrte seit 1959 an der Princeton University; wurde bekannt durch Studien zum Totalitarismusproblem („Elemente und Ursprünge totalitärer Herrschaft", 1951), zur Philosophie der Politik und zu jüd. Problemen („Eichmann in Jerusalem", 1964).

Arenga [mittellat.] ↑Urkunde.

Areopag [griech., eigtl. „Areshügel"], ältester und berühmtester Gerichtshof im alten Athen, auf dem Areshügel westl. der Akropolis; gilt als myth. Ursprungs; ergänzte sich in histor. Zeit aus ehem. Archonten; besaß urspr. die Kontrolle der übrigen Behörden.

Aretin, bayr. Adelsgeschlecht. Die Stammreihe beginnt mit **Johann Baptist Christoph Aroutioun Caziadur** (* 1706?, † 1769), 1769 in den Freiherrenstand erhoben. Bed. Vertreter waren der Diplomat **Johann Adam Freiherr von Aretin** (* 1769, † 1822), Kunstsammler und Mitbegr. der „Gesellschaft für ältere dt. Geschichtskunde", der Historiker, Publizist und Jurist **Johann Christoph Freiherr von Aretin** (* 1772, † 1824), der als Hofbibliothekar in München wertvolle Bestände säkularisierter Klosterbibliotheken rettete, und der Historiker und Diplomat **Karl Maria Freiherr von Aretin** (* 1796, † 1868), u. a. Initiator und erster Direktor des Bayr. Nationalmuseums.

Arevaker (lat. Arevaci), keltiber. Volksstamm im Gebiet der heutigen span. Prov. Soria, Hauptstadt Numantia; kämpften 143–133 gegen Rom, verschwanden nach 72 v. Chr. fast ganz aus der Geschichte.

Arévalo, Juan José [span. aˈreβalo], * Taxisco 10. Sept. 1904, guatemaltek. Pädagoge und Politiker. - 1945–50 Staatspräs.; setzte gegen den Widerstand der Großgrundbesitzer eine Bodenreform und eine Sozialgesetzgebung zugunsten der Indios durch.

Argenteus [...te-ʊs; lat. „der Silberne"], Bez. für jede röm. Silbermünze.

*Argentinien

(amtl. Vollform: República Argentina), Republik in Südamerika zw. 21° 46′ und 55° 03′ s. Br. sowie 53° 39′ und 73° 29′ w. L. **Staatsgebiet:** A. grenzt im O an den Atlantik, im W an Chile, im N an Bolivien und Paraguay, im NO an Brasilien und Uruguay. A. beansprucht die Falklandinseln u. a. südatlant. Inseln sowie den Sektor der Antarktis zw. 25° und 74° w. L. (einschließl. der Süd-Shetland- und Süd-Orkney-Inseln). **Fläche** (ohne beanspruchte Gebiete): 2 776 656 km². **Bevölkerung:** 29,6 Mill. E (1983), 10,6 E/km². **Hauptstadt:** Buenos Aires. **Verwaltungsgliederung:** 22 Prov., 1 Bundesdistrikt und das Nationalterritorium Tierra del Fuego. **Amtssprache:** Spanisch. **Nationalfeiertage:** 25. Mai (Tag der Unabhängigkeitsbewegung; 1810) und 9. Juli (Tag der Unabhängigkeitserklärung; 1816). **Währung:** Argentin. Peso (argent$) = 100 Centavos (c). **Internat. Mitgliedschaften:** UN, OAS, ALALC, GATT, SELA, Cuenca del Plata. **Zeitzone:** Atlantikzeit, d. i. MEZ – 5 Std.

Geschichte: Die ältesten archäolog. Funde stammen aus dem NW, aus Patagonien und dem (chilen.) Feuerland (10 000–8 500). In Patagonien lebten bis zur Ankunft der Europäer Sammler und Jäger. Die Entwicklung in NW-A. ist häufig von außen beeinflußt. So wurden um 500 v. Chr. aus dem bolivian. Hochland Feldbau, Lamahaltung, Keramik und Metallbearbeitung übernommen. Durch Mischung entstandene entwickelte Kulturen waren z. T. Grundlage für die Blüte während der mittelkeram. Periode (600–1000). In der spätkeram. Periode (1000–1480) tauchen u. a. stadtähnl. Siedlungen auf. Ganz NW-A. wurde um 1480 unterworfen und dem Inkareich einverleibt. Die Entdeckung A. durch die Europäer begann 1516, die Besiedlung bereits im 16. Jh. A. war lange Teil des span. Vize-Kgr. Peru (Schaffung des Vize-Kgr. Río de La Plata erst 1776). Der direkte Handel mit Spanien war gering. 1810 begann der Aufstand gegen die span. Herrschaft, Bolivien und Paraguay blieben abseits. 1816 wurde formell die Unabhängigkeit der „Vereinigten Prov. des Río de la Plata" erklärt. Im Innern kam es danach zu schweren Verfassungskämpfen zw. den liberalen Zentralisten und den konservativen Föderalisten. Im folgenden Bürgerkrieg gewannen 1825 die Föderalisten die Oberhand; ihr Anführer J. M. de Rosas errichtete als Diktator seit 1835 den argentin. Einheitsstaat. Nach Rosas' Sturz (1852) gab sich A. die formell noch heute gültige Verfassung von 1853. Nach weiteren inneren Wirren (bis 1880) wurde A. endgültig zum Bundesstaat. Seinen größten Gebietszuwachs erreichte A. durch die Kolonisation des S, des Landes der freien Indianer. Um 1880 wurde Patagonien unterworfen, angegliedert und durch vermehrt eingewanderte Europäer besiedelt, was den Untergang eines großen Teils der Indianer zur Folge hatte. Verstärkter Ackerbau machte A., bisher durch Viehwirtschaft geprägt, in der 2. Hälfte des 19. Jh. zu einer der Kornkammern der Erde. Der im Gefolge der wirtsch. Wandlungen erstarkte Mittelstand begann, Forderungen nach stärkerer Demokratisierung zu stellen (Einführung des gleichen und geheimen Wahlrechtes in den Jahren nach 1910). Der 1. Weltkrieg bewirkte eine erste Industrialisierungswelle. Während der wirtsch. Blüte der 1920er Jahre führten die Mittelstandsparteien mit Präs. H. Irigoyen die Regierung. Die Weltwirtschaftskrise ließ jedoch auch die argentin. Wirtsch. zusammenbrechen; die Folge war der Umsturz 1930, in dem mit Hilfe des Militärs die konservativen Kräfte die Oberhand gewannen. 1943 übernahm das Militär selbst die Macht. Die Wirtsch. erholte sich langsam. 1946 wurde J. D. Perón, der mit seiner neuen Parti do Laborista die Arbeiterschaft gewonnen hatte, zum verfassungsmäßigen Präs. gewählt. Seine mit diktator. Mitteln betriebene Politik des sozialen Ausgleichs, der Industrialisierung und der Nationalisierung der Wirtsch. führte in eine schwere finanzielle Krise. Perón wurde 1955 vom Militär gestürzt und verbannt; der Peronismus jedoch lebte in der Arbeiterschaft fort. Die folgenden Zivilregierungen konnten ebensowenig wie die wechselnden Militärregierungen seit 1962 finanzielle, polit. und soziale Stabilität erreichen. Nach dem erneuten Übergang zur Zivilregierung wurde im Okt. 1973 J. D. Perón erneut Präs. Nach seinem Tod im Juli 1974 übernahm seine Witwe die Präsidentschaft. Unter ihr zerbrach die Einheit der peronist. Bewegung vollends; die Aktivitäten der Stadtguerilla nahmen zu. 1976 wurde Frau Perón vom Militär gestürzt. Die folgende Militärdiktatur unter Führung von General J. R. Videla drängte die linken Guerillas zwar in die Defensive, doch nahmen die (z.T. von der Reg. geduldeten) terrorist. Aktivitäten der Rechten zu. Die Zahl der polit. Morde stieg stark an. Innenpolit. bemühte sich die Reg., Zugeständnisse der peronist. Zeit zurückzunehmen, die privatwirtsch. Initiative zu fördern sowie die Einschränkungen für ausländ. Investitionen und für die Tätigkeit multinat. Unternehmen zu reduzieren. Die Inflation konnte um die Hälfte verringert werden, aber die Reallöhne sanken weiter. Außenpolit. strebte das Regime eine Annäherung an die von Militärregierungen beherrschten Nachbarländer Chile, Brasilien, Peru, Bolivien, Uruguay und Paraguay an, doch konnten Spannungen mit Brasilien (insbes. bezüglich des Einflusses in Paraguay) und mit Chile wegen der Grenzziehung im Bereich der Südspitze Südamerikas nicht vermieden werden. Ein brit. Schiedsspruch über den Beaglekanal im Mai 1977 entschied gegen A., das den Spruch jedoch nicht anerkannte. Im März 1981 wurde Videla von General R. E. Viola, dieser im Dez. 1981 von General L. F. Galtieri abgelöst. Im April 1982 besetzten argentin. Truppen die brit. Falklandinseln. Die Besetzung wurde durch die UN verurteilt und führte zu krieger. Auseinandersetzungen zw. einem brit. Flottenverband und argentin. Kampfverbänden und zu erhebl. internationalen Spannungen.

Politisches System: Die Verfassung von 1853, die einen föderalen Staatsaufbau und ein präsidiales Regierungssystem mit Zweikammerparlament vorsieht, wurde nach dem Staatsstreich vom 24. März 1976 in wesentl. Punkten außer Kraft gesetzt. Die neue Ordnung des Staates wurde gleichzeitig in 3 Gesetzen fixiert. Oberstes staatl. Machtorgan ist die 3köpfige Junta Militar, die aus den Oberbefehlshabern des Heeres, der Luftwaffe und der Marine besteht. Sie nimmt Befugnisse der *Exekutive* und *Legislative* wahr, ernennt und entläßt den Präs., ebenso die Mgl. des Obersten Gerichtshofs und den Obersten Staatsanwalt, hat den Oberbefehl über die gesamten Streitkräfte, kann den Krieg erklären und den Belagerungszustand verhängen. *Staatsoberhaupt* und Reg.chef ist der von der Junta Militar bestimmte Präs., der Katholik, über 30 Jahre alt und ein hoher Offizier sein muß. Er billigt und verkündet die Gesetze, zu deren Ausführung er Verordnungen erlassen kann. Er ernennt und entläßt die Minister. Die Junta hat eine legislative Beratungskommission (Comisión de Asesoriamento Legislativo, Abk. CAL) gebildet, die aus je 3 Offizieren der 3 Teilstreitkräfte besteht. Gesetze müssen von der CAL gebilligt werden, bevor sie verkündet werden können. Bei Meinungsverschiedenheiten entscheidet die Junta. Sämtl. *Parteien* sind verboten. Dem *Gewerkschaftsverband* Confederación General de Trabajo (CGT), der eine bed. peronist. Organisation war, wurden 1977 alle Aktivitäten untersagt, 1979 wurde er verboten. Die *Verwaltung* des Landes wurde stark zentralisiert. Die Prov.parlamente wurden aufgelöst; die Prov.gouverneure werden vom Präs. ernannt. Das *Gerichtswesen* gliedert sich in die Gerichte auf Prov.ebene (mit jeweils einem Obersten Gericht an der Spitze) sowie auf Bundesebene in die Appellationsgerichte und den Obersten Gerichtshof. Seit 1976 sind Militärgerichte zunehmend von Bed.; sog. Kriegsräte wurden zur Aburteilung von Terrorakten geschaffen. Die *Streitkräfte* haben eine Gesamtstärke von 139 500 Mann (Heer 85 000, Luftwaffe 19 500, Marine 35 000). Paramilitär. Kräfte sind insgesamt rd. 42 000 Mann stark.

🕮 *A. Natur, Gesellschaft, Gesch., Kultur, Wirtschaft. Hg. v. J. A. Friedl Zapata. Tüb. u. Basel 1978. - Henggeler, P. A.: Die industrielle Entwicklung Argentiniens. Bern u. Stg. 1974. - Evers, T. T.: Militär-Reg. in A. Ffm. 1972. - Diaz Alejandro, C. F.: Essays on the economic history of the Argentine Republic. New Haven (Conn.) 1970. - Kirkpatrick, F.: History of the Argentine Republic. New York 1969. - Levene, R.: A history of Argentina. Hg. v. W. S. Robertson. New York 1963.*

ärgere Hand, im älteren Recht der unfreie, später der auch sonst standesniedrigere nicht ebenbürtige Ehegatte und Elternteil. Der rechtl. Grundsatz, wonach die Kinder aus standesverschiedenen Ehen dem Stande der ä. H. folgten, galt im Hochadel bis in die neueste Zeit.

Argiver, die Bewohner von Argos. Bei Homer u. a. Sammelbez. für die im Trojazug vereinigten Griechen.

Argolis, Landschaft auf der nördl. Peloponnes. - Bereits in frühhellad. Zeit besiedelt, in mittelhellad. Zeit Kernland der ↑ mykenischen Kultur.

Argos, griech. Stadt auf der Peloponnes, 19 000 E. - Besiedlungsspuren nahe A. aus frühhellad. Zeit nachweisbar; in archaischer Zeit Machtausdehnung über die ganze östl. Peloponnes; in histor. Zeit langsame Konsolidierung des argiv. Machtbereichs in den der Stadt näher liegenden Landschaften; wegen ständiger Kämpfe mit Sparta im Perserkrieg (480) neutral, im Peloponnes. Krieg seit 415 auf athen. Seite; 395 im Bund mit Korinth, 369 mit Theben; schloß sich später Philipp II. von Makedonien an; danach herrschten in A. von Makedonien abhängige Tyrannen; seit 229 Mgl. des Achäischen Bundes bis zu dessen Unterwerfung durch Rom (146).

Argyll [engl. ɑːˈgaɪl], Adelstitel in der schott. Familie Campbell (seit 1457 Earl, seit 1641 Marquess of A., seit 1701 Hzg. von A.).

Arianismus, die Christologie des alexandrin. Priesters Arius. Nach ihr ist Christus mit Gott nicht wesensgleich, sondern nur dessen vornehmstes Geschöpf. Arius wurde von seinem Bischof Alexander exkommuniziert, seine Lehre, die der griech. Kirchenlehrer Athanasios aufs heftigste bestritt, wurde 325 unter Einfluß von Konstantin d. Gr. auf dem Konzil von Nizäa verurteilt. Bei Goten, Vandalen und Langobarden lebte sie jedoch bis zum 6. Jh. fort.

Arias Navarro, Carlos [span. ˈarjaz naˈβarrɔ], * Madrid 11. Dez. 1908, span. Politiker. - Jurist; 1957–65 Leiter des Staatssicherheitsdienstes; 1965–73 Bürgermeister von Madrid; 1973 Innenmin.; 1973–76 Min.-präsident.

Aribert von Antimiano (Heribert), † Mailand 16. Jan. 1045, Erzbischof von Mailand (seit 1018). - Krönte Konrad II. 1026 mit der langobard. Krone; weigerte sich 1037 im Streit mit dem niederen Lehnsadel (Valvassoren), Konrads Urteil anzunehmen; verteidigte sich mit der Mailänder Bürgerschaft gegen den Kaiser.

Aribo, * um 990, † Como 6. April 1031, Erzbischof von Mainz (seit 1021). - Aus dem Hause der Aribonen; seit 1020 Erzkaplan Kaiser Heinrichs II., nach der von ihm geförderten Wahl Konrads II. 1024 auch Erzkanzler für Italien und Leiter der Reichskanzlei.

Aribonen, stark verzweigtes, v. a. in Ostbayern und in Österreich begütertes Adelsgeschlecht seit Beginn des 10. Jh., ben. nach dem Ostmarkgrafen Aribo; 977–1053 im Besitz des bayr. Pfalzgrafenamtes; gab der Klosterreform starken Auftrieb; die männl. Linie starb zu Beginn des 12. Jh. aus.

Arier, Bez. für die Angehörigen der Völker, die eine der sog. arischen Sprachen sprechen; histor. nachweisbar zuerst Mitte des 2. Jt. v. Chr. als die im Reich von Mitanni staatstragende Adelsschicht; wohl etwa gleichzeitig Eindringen der Indoarier über die Pässe des Hindukusch nach N-Indien. - Von der europ. Sprachwiss. des 19. Jh. wurden die zunächst rein sprachwiss. Begriffe A. und arisch zeitweise den Begriffen „Indogermanen, indogerman." gleichgesetzt und sie drangen in Anthropologie und Rassenkunde ein, wo sie allmähl. die Bed. „Angehörige der nord. Rasse", schließl. (in antisemit. Einengung) „Nichtjuden" annahmen.

Ariovist (lat. Ariovistus), † vor 54 v. Chr., Heerkönig der german. Sweben, vielleicht der um Argentorate sitzenden Triboker. - Überschritt um 71 v. Chr. den Rhein, errang um 61 einen bed. Sieg über die Äduer; führte Haruden, Triboker, Nemeter und Wangionen in das Gebiet des heutigen Elsaß, der Pfalz und Rheinhessens; von Cäsar 58 zw. Belfort und Schlettstadt (wahrscheinl. bei Mülhausen) vernichtend geschlagen; in Cäsars „De bello Gallico" eindrucksvoll charakterisiert.

Arisierung [Sanskrit], während der nat.-soz. Zeit die Verdrängung der Juden aus dem dt. Berufs- und Wirtschaftsleben (auch „Entjudung") durch Verhinderung jegl. Berufs- und Erwerbstätigkeit von Juden, Ausübung eines wirtsch. Drucks, um die Auswanderung von Juden aus Deutschland zu erreichen, sowie Ausplünderung der Juden und Überführung ihres Vermögens in sog. arische (nichtjüd.) Hände; im allg. durch die Judengesetze 1933–41 schrittweise verwirklicht.

Aristagoras, ⚔ 497 v. Chr., Tyrann von Milet. - Betrieb um 500 v. Chr. den Ion. Aufstand, der schließl. zur pers. Gegenoffensive und gewaltsamen Befriedung Kleinasiens führte; fiel im Kampf gegen die thrak. Edoner.

Aristides der Gerechte, † 467 v. Chr. (?), athen. Staatsmann und Feldherr. - 490 Stratege, 489/488 eponymer Archon; als Gegner der Seemachtspolitik des Themistokles 482 verbannt; nach allg. Amnestie 480 Teilnahme an der Schlacht bei Salamis; führte 479 als Stratege die athen. Truppen bei Platää, 478 athen. Flottenbefehlshaber; hatte entscheidenden Anteil an der Gründung des Attisch-Delischen Seebundes (477), dessen Organisation er übernahm.

Aristobulos, Name von Herrschern:
Judäa:
A. I., Ethnarch bzw. König und Hoherpriester (104–103). - Aus der Familie der Hasmonäer. Eroberte große Teile Galiläas; nahm nach Josephus als erster Hasmonäer den Königstitel an.
A. II., † Rom 49 v. Chr., König und Hoherpriester des Hasmonäischen Reichs (67–63). - Durch Intervention seitens Pompejus in seinen Ämtern bestätigt; von diesem dann 63 besiegt und als Gefangener nach Rom geführt; 49 von Cäsar wieder in seine Ämter eingesetzt, vor seiner Abreise jedoch vergiftet.

Aristobulos von Kassandreia, griech. Geschichtsschreiber. - Verfaßte ein Werk über Alexander d. Gr., an dessen Feldzug er (als Techniker?) teilgenommen hatte.

Aristogeiton (Aristogiton), athen. Tyrannenmörder. - Tötete zusammen mit seinem Geliebten **Harmodios** 514 v. Chr. den Peisistratiden Hipparchos, wohl aus persönl. Motiven; dafür hingerichtet, wurden beide später als Symbolgestalten athen. Freiheitswillens gefeiert und geehrt.

Aristokratie [zu griech. aristokratía „Herrschaft der Besten"], Bez. für die Staatsform, in der die Herrschaft im Besitz einer privilegierten sozialen Gruppe (Adel) ist; seit Aristoteles Herrschaftsordnung zw. Monarchie und Demokratie mit den Entartungsformen Oligarchie und Plutokratie (Timokratie); seit dem 1. Jt. v. Chr. in den griech. Stadtstaaten im allmähl. Abbau monarch. Herrschaft verwirklicht; etwa 600 v. Chr. von der Demokratie abgelöst; analog in der röm. Geschichte nach Beendigung der Königsherrschaft die von den Patriziern bestimmte Verfassung, fortgesetzt in der ↑Nobilität der Republik; im europ. MA und in der Neuzeit v. a. Staatsform der genossenschaftl.-aristokrat. Stadtrepubliken (Italien, dt. Reichsstädte).
◆ ständ.-privilegierte, adlige Führungsschicht; prägte den „aristokrat. Charakter" der europ. Staats- und Sozialentwicklung (↑Adel), wobei schon seit der Antike neben altaristokrat. Gruppen in herrschaftsstabilisierender Funktion neue A. geschaffen wurde. Die A. blieb dominierender Faktor in der europ. Geschichte, bis sie schließl. im 20. Jh. den Führungsansprüchen der neuen ↑Eliten weichen mußte.

Aristonikos, † Rom 129 v. Chr. (getötet), unehel. Sohn Attalos' II. von Pergamon. - Erhob nach 133 v. Chr. auf das testamentar. den Römern übertragene Pergamen. Reich Herrschaftsansprüche; führte einen Freiheitskrieg mit deutl. sozialen Zügen; erst 130 von den Römern geschlagen.

Ari Thorgilsson (isländ. Þorgilsson), * 1068, † 1148, isländ. Geschichtsschreiber. - Verfaßte um 1122/32 die erste Geschichte Islands in altnord. Sprache („Íslendingabók") für die Jahre 870–1120.

Arizona, Bundesstaat im SW der USA, 295 022 km², 3 Mill. E, 10 E/km², Hauptstadt Phoenix, 44 Counties.
Geschichte: Das Gebiet des heutigen A. wurde von Coronado als erstem Weißen 1540 durchquert, der dort nach den sagenhaften 7 Städten von Cibola suchte. Während des 17. Jh. arbeiteten Franziskaner- und Jesuitenmissionare unter den Hopi; im 18. Jh. gründeten die Missionare Stationen, die bis zum Beginn der mex. Unabhängigkeit (1821) die einzigen Zentren europ. Kultur blieben; Züge der Apache verhinderten die Ansiedlung von Weißen. Durch den Frieden von Guadalupe Hidalgo (1848) und durch den Gadsden-Kaufvertrag (1854) kam A. an die USA, die 1863 A. als Territorium zuließen; erst 1912 wurde A. als 48. Bundesstaat der USA konstituiert.
📖 *A., the Grand Canyon State: a history. Hg. v. F. Wachholtz. Westminster (Colo.) 1975. 2 Bde.*

Arkadien, gebirgige Landschaft auf der Peloponnes, Griechenland. Wurde nur im SW von der dorischen Wanderung berührt; war Rückzugsgebiet der archaischen Bev. Nach dem Versuch Spartas im 6. Jh. v. Chr., durch das die Peloponnes strateg. beherrschende A. einen Zugang zum Isthmus von Korinth zu gewinnen, trat ganz A. um 550 v. Chr dem von Sparta beherrschten Peloponnesischen Bund bei; nach der spartan. Niederlage bei Leuktra (371 v. Chr.) befreite sich A. von der spartan. Hegemonie im ↑Arkadischen Bund. Verödete in röm. Zeit (seit 189 v. Chr.); im

8. Jh. n. Chr. nur durch die Einwanderung slaw. Stämme vor der völligen Entvölkerung bewahrt; fiel 1458 an das Osman. Reich; war im griech. Unabhängigkeitskrieg wegen seiner strateg. Bed. umkämpft.

Arkadios, oström. Kaiser, ↑Arcadius.

Arkadischer Bund, Zusammenschluß der Städte Arkadiens nach der Schlacht bei Leuktra (371 v. Chr.); urspr. unter Anschluß an Theben gegen Sparta gerichtet, führte eine Spaltung in Anhänger Thebens und Spartas zur Teilung Arkadiens in einen Nord- und einen Südbund; ging im 3. Jh. im Achäischen Bund und im Ätol. Bund auf.

Arkansas, Bundesstaat im S der USA, 137 539 km², 2,35 Mill. E, 17 E/km², Hauptstadt Little Rock, 75 Counties.

Geschichte: Das Gebiet des heutigen A. wurde von de Soto als erstem Weißen 1541 durchzogen, der dort nach den sagenhaften 7 Städten von Cibola suchte. Gegen Ende des 17. Jh. begannen die Franzosen A. zu durchqueren: Nach Jolliet und Marquette (1673) nahm 1682 die Expedition von La Salle und Tonti das Gebiet von A. mit dem gesamten Tal des Mississippi für Frankreich in Besitz. 1763 fiel dieses Gebiet, die (seit 1731) Kronkolonie Louisiane, an Spanien. Frankreich gewann Louisiane 1799 von Spanien zurück; die Bekanntgabe dieses Besitzwechsels (1802) rief sofort die jungen USA auf den Plan, die 1803 nach zähen Verhandlungen Louisiane für 15 Mill. $ von Frankreich kauften. Schon während der span. Herrschaft waren einzelne englischsprechende Siedler in das Gebiet von A. gezogen. Nach dem Krieg der USA mit Großbritannien von 1812–1814 setzte eine Einwanderungswelle ein, die 1819 die Einrichtung des Territoriums A. und 1836 die Proklamierung des Staates A. und seine Aufnahme in die USA zur Folge hatte. Wirtschaft und Gesellschaft des neuen Staates gründeten sich auf Baumwollanbau und Sklavenhaltung; trotzdem war der Staat beim Ausbruch des Sezessionskrieges (1861) in der Frage gespalten, ob er sich der Union oder der Konföderation anschließen sollte, schwenkte jedoch schließlich in das Lager des Südens über. Durch die Kriegshandlungen – eine Reihe von Schlachten wurden auf dem Boden von A. geschlagen – erlitt der Staat sehr schwere Verluste. Nach dem Ende des Krieges (1865) wurde A. zunächst von der Union verwaltet, erst 1868 wurde es wieder als Unionsstaat mit neuer Verfassung zugelassen. Die polit., wirtschaftl., soziale und kulturelle Diskriminierung der Farbigen führte im 20. Jh. zu Rassenkonflikten, die sich seit 1957 v. a. an der Integration der Schulen entzündeten und ein wiederholtes Eingreifen der Bundesregierung zur Durchsetzung der verfassungsmäßigen Rechte der Farbigen zur Folge hatten.

📖 *Ashmore, H. S.: A. New York 1978.*

Arkebuse [frz.], Anfang 15. Jh. entstandene schwere Handfeuerwaffe; **Arkebusier,** ein mit der A. ausgerüsteter Schütze; im 17. Jh. auch beritten (**Arkebusierreiter**).

Arktis [griech.] (Nordpolargebiet), die um den Nordpol liegenden Land- und Meeresgebiete.

Entdeckung und Erforschung: Nach ersten, von ir. Mönchen und den Normannen seit dem 8. und 9. Jh. gesammelten Kenntnissen über die A. wurde v. a. von den Engländern/Briten und Niederländern im 16. und 17. Jh. im Bemühen um neue Wege nach „Indien", um Nordwestpassage und Nordostpassage bis Mitte 17. Jh. die W-Küste Grönlands und die O-Küsten des nördl. Nordamerika sowie des Kanad.-Arkt. Archipels zum großen Teil erforscht, die Büreninsel und Nowaja Semlja erreicht. Die Erkundung der N-Küste Asiens, durch Rußland begonnen, führte zur Entdeckung Alaskas, der Beringstraße und des Beringmeers, bis um 1750 zur ersten, notdürftigen Kartierung der N-Küste Sibiriens. 1778 drang J. Cook in der Tschuktschensee nach NW und NO bis zur Eisgrenze vor. Nachdem Ende des 18. Jh. in Nordamerika die arkt. Küste erreicht worden war, setzte nach 1819 (v. a. 1848–79) eine intensive Erforschung dieser Küste und des südl. und östl. Kanad.-Arkt. Archipels ein; u. a. gelang J. McClure 1850–54 die erste Bewältigung der Nordwestpassage. Später gelangen die Bezwingung der Nordöstl. Durchfahrt (1878–80 A. E. von Nordenskiöld), die Erkundung der Küsten Grönlands (1886–1906 R. E. Peary; 1902–33 K. Rasmussen) und des Kanad.-Arkt. Archipels (1906–18 V. Stefansson), die Erreichung des Nordpols (1908 F. A. Cook, 1909 R. E. Peary) sowie der Nachweis, daß der Nordpol von Meer umgeben ist (insbes. 1893–96 F. Nansen mit der „Fram"). Seitdem steht die geophysikal. Erforschung der A. im Vordergrund des Interesses, mit Flugzeug (1926, R. E. Byrd), Luftschiff (1926; R. E. Amundsen, L. Ellsworth, U. Nobile), Eisbrecher, Atom-U-Boot und festen sowie auf Eisschollen driftenden Forschungsstationen.

📖 *Salzmann, K. H.: Der Kampf um den Nordpol. Stg. 1958–59. 2 Bde.*

Arles [frz. arl], frz. Stadt an der Rhone, Dep. Bouches-du-Rhône, 50 000 E. Als **Theline** im 6. Jh. v. Chr. von Massilia errichtete Tochterkolonie; die von Cäsar um 46 v. Chr. gegr. Römerstadt **Colonia Julia Paterna Arelate Sextanorum** erhielt 22 v. Chr. das Recht einer röm. Stadt; im 4. und 5. Jh. n. Chr. mehrmals Residenz röm. Kaiser; kam 536 zum Fränk. Reich; wurde 879 Haupt- und Krönungsstadt des Kgr. Burgund (Arelat), kam mit diesem 1033/34 zum röm.-dt. Reich, 1251 zur Provence, mit dieser 1481 zu Frankreich. - Zahlr. Ruinen aus galloröm. Zeit.

Arlesheim, Bezirkshauptort im schweizer. Halbkanton Basel-Landschaft, 5 km südl. von Basel, 8 500 E. Bei A. erkämpften 1499 die Schweizer gegen Maximilian I. ihre fakt. Unabhängigkeit vom Reich.

Armada [lat.-span.], bis Anfang des 18. Jh. allg. Bez. für Streitkräfte, dann für Kriegsflotte, v. a. für die „unüberwindl. A.", die 1588 gegen England ausgesandte span. Flotte. Oberbefehlshaber über 129 Schiffe und 30 000 Mann war der völlig unerfahrene Herzog von Medina Sidonia. Die zahlenmäßig weit unterlegene engl. Flotte führte Lord Howard (Sir Francis Drake war Vizeadmiral). Die in 3 Seeschlachten vor SW-England besiegte A. segelte um Schottland herum heimwärts; erlitt in den Herbststürmen weitere Verluste. 66 Schiffe mit 10 000 Mann kehrten nach Spanien zurück. Im Schicksal der A. sah die prot. Welt ein Gottesurteil.

Ⓛ *Warner, O.: Große Seeschlachten. Dt. Übers. Oldenburg 1963. - Lewis, M.: The Spanish A New York 1960. - Mattingly, G.: Die A. 7 Tage machen Weltgesch. Dt. Übers. Mchn. 1960.*

Armagnac [frz. arma'ɲak], frz. Landschaft, ehem. Gft. im südl. Aquitan. Becken. 53 v. Chr. als „pagus Armanicus" Teil der röm. Prov. Aquitanien; im 5. Jh. westgot., im 6. Jh. fränk.; gehörte seit dem 7. Jh. zum Hzgt. Gascogne. Den Höhepunkt ihrer Macht erreichten die Grafen von A. um die Wende von 14. zum 15. Jh. Die Gft. kam schließl. 1607 an die frz. Krone.

Armagnaken [arma'ɲakən], Söldner des Grafen von Armagnac seit 1410, wegen ihrer Plünderungen in Frankr. und Schwaben berüchtigt; von Karl VII. von Frankr. gegen die schweizer. Eidgenossen gesandt, von diesen 1444 bei Sankt Jakob an der Birs geschlagen.

Armansperg, Joseph Ludwig Graf von, * Kötzting 28. Febr. 1787, † München 3. April 1853, bayr. Politiker. - Seit 1825 liberaler bayr. Innen- und Finanzmin., 1828–31 Außenmin.; wirkte tatkräftig für die dt. Zollunion; seit 1832 Präs. der Regentschaft für Otto I. von Griechenland, dessen Schatzkanzler 1835–37.

Armatolen, in den nordgriech. Gebieten seit dem Vordringen der Osmanen wirkende Freischaren; v. a. bekannt durch ihre Teilnahme am griech. Befreiungskampf.

Armbrust [volksetymolog. umgebildet aus mittellat. arbalista (zu lat. arcuballista „Bogenschleuder")], aus dem Bogen entwikkelte Schußwaffe, mit der Bolzen, Pfeile, Stein- und Bleikugeln geschleudert werden können; schon den Chinesen bekannt; im 15./16. Jh. allmähl. von den Handfeuerwaffen verdrängt; war aber noch bis zum 17. Jh. in Gebrauch.

Armee [frz.; zu lat. armare „bewaffnen"], 1. ältere Bez. für die Streitmacht eines Staates, gleichbed. mit Heer; 2. i. e. S. ein für eine bestimmte Aufgabe oder einen Kriegsschauplatz bestimmter Verband unter einheitl. Oberbefehl (z. B. Afrika-A., Invasions-A.); 3. Großverband des Heeres, besteht normalerweise aus mehreren Armeekorps.

Armenien (Armina, Hajastan), histor. Reich in Vorderasien, im Bereich eines Hochlandes *(Hochland von A.)*, größtenteils auf dem Gebiet der heutigen Türkei (O-Anatolien), in der UdSSR (südl. des Kleinen Kaukasus; im S der Grusin. SSR, in der Armen. SSR und in der Nachitschewaner ASSR) und in NW-Iran.

Geschichte: Ältestes im Hochland von A. nachweisbares Volk waren die Churriter; in der 2. Hälfte des 2. Jt. v. Chr. stand A. unter hethit. und assyr. Einfluß. Das im 9. Jh. v. Chr. gegr. Reich Urartu faßte erstmals fast ganz A. zu einer polit. Einheit zusammen. Im 7. Jh. wanderten von W her die Armenier ein; ihr Reich blieb unter med. und pers. Oberhoheit und kam nach 331/323 zum Reich Alexanders d. Gr., 301 zum Seleukidenreich. Seit 190 machten sich unter röm. Schutz v. a. die Artaxiden selbständig, die seit etwa 90 v. Chr. ein großarmen. Reich errichteten. Seit 69 v. Chr. unter röm. Protektorat; 53–430 unter der Herrschaft parth. Arsakiden, wurde Pufferstaat zw. Rom, Parthien und den nomad. Völkern Transkaukasiens. Mit dem Hellenismus kam das Christentum nach A. 387 zw. Rom und Persien geteilt: O-A. kam an Persien, Klein-A. an Rom (ab 395 Bestandteil Ostroms). Geriet nach kurzzeitiger Unabhängigkeit 646/656 unter arab. Herrschaft. Trotz erneuter Blüte unter den Bragatiden konnte A. zw. Byzanz und den Arabern nicht bestehen. Von Byzanz annektierte große Teile von A. gingen 1071 an die Seldschuken verloren. Mitte des 13. Jh. wurde A. von den Mongolen und 1390 von Timur-Leng überrannt. W-A. kam Ende des 14. Jh. an das Osman. Reich. Im 17. Jh. wurden Teile von A. von den pers. Safawiden erobert. 1722 besetzten russ. Truppen Teile Transkaukasiens, 1746 annektierte Persien die Gebiete zw. den Flüssen Kura und Arax; diese fielen 1813/28 an Rußland, 1878 auch Türk.-A. (Kars und Ardahan). Blutige Verfolgungen der Armenier in den osman. verbliebenen Teilen von A. lösten 1895/96 und 1914/15 starke Einwanderungswellen nach Russ.-A. aus. Der 1918 proklamierten unabhängigen Republik A. bereiteten 1920 sowjet. und türk. Truppen ein Ende. 1923 wurde die türk. Annexion von Kars und Ardahan internat. anerkannt wie die sowjet. Einverleibung des übrigen A., das seit 1922 als Autonome Sowjetrepublik in der Transkaukas. SFSR und seit 1936 als Armen. SSR Bestandteil der UdSSR ist.

Ⓛ *Sarkisian, E. K./Sahakian, R. G.: Vital issues in modern Armenian history. Engl. Übers. Hg. v. E. B. Chrakian. Watertown (Mass.) 1965. - Sarkisyanz, E.: Gesch. der oriental. Völker Rußlands bis 1917. Mchn. 1961. - Thorossian, H.: Histoire de l'Arménie et du peuple arménien depuis les temps les plus reculés jusqu'à nos jours. Paris 1958. - Der Nersessian, S.: Armenia and the Byzantine empire. Cambridge (Mass.)*

^{2}*1947. - Grousset, R.: Histoire de l'Arménie des origines à 1071. Paris 1947.*

Armenier, indogerman. Volk, urspr. in Armenien lebend, nach den türk. Verfolgungen zum größten Teil ausgewandert.

Armer Konrad, Bez. für die Bauernbünde im Bauernaufstand in Württemberg 1514.

Armfelt, schwed.-finn. Adelsgeschlecht, ging Mitte des 17. Jh. aus einer Bauernfamilie hervor; 1731 Freiherren, 1812 Grafen. Bed. Mgl. waren der schwed. General **Carl Gustaf Frhr. von Armfelt** (* 1666, † 1736), der die russ. Eroberung Finnlands nicht verhindern konnte, der schwed. General und Diplomat **Gustaf Mauritz Graf Armfelt** (* 1757, † 1814), der seit 1811 in russ. Diensten stand, und der finn. Politiker **Alexander Graf Armfelt** (* 1794, † 1876), der sich nachdrückl. für die finn. Autonomie unter der Herrschaft des Zaren einsetzte.

Arminius (fälschl. Hermann), * 18 oder 16 v. Chr., † 19 oder 21 n. Chr., Cheruskerfürst. - Sohn des Cheruskerfürsten Segimer, ∞ mit Thusnelda. A., von dem nur der lat. Name bekannt ist, kam etwa 8 v. Chr. nach Rom; nahm als Militärtribun mit seinem Bruder Flavus 4–6 an den Feldzügen des Tiberius gegen das freie Germanien teil, wobei er die Kontingente seiner Landsleute befehligte; für seine Verdienste mit dem röm. Bürgerrecht und mit der Ritterwürde ausgezeichnet. 7 n. Chr. in die Heimat zurückgekehrt, wurde er zum Gegner Roms; organisierte den Widerstand eines Teils der Germanenfürsten und vernichtete im Herbst 9 n. Chr. im Teutoburger Wald ein röm. Heer von etwa 20000 Mann unter Varus; in dem 14–16 zuerst von Tiberius, dann von Germanicus geführten Krieg gegen A. blieb dieser in mehreren Schlachten strateg. Sieger, erlitt 16 eine schwere Niederlage; erreichte trotz einer weiteren Niederlage die Räumung Germaniens; wandte sich nun gegen den romfreundl. Markomannenfürsten Marbod, der sich - geschlagen - nach Böhmen zurückziehen mußte; bei einem Aufstand der Cherusker von Verwandten ermordet.

🕮 *Timpe, D.: A.-Studien. Hdbg. 1970. - Petrikovits, H. v.: A. In: Bonner Jbb. 167 (1967).*

Armorial [frz.], svw. Wappenbuch.

Armorika (Armorica, Aremorica), kelt. Bez. für die Bretagne und einen Teil der Normandie.

Armut, wirtsch. Situation einer Person oder Gruppe (z. B. Familie), in der diese nicht aus eigener Kraft einen angemessenen (sich an der jeweiligen wirtsch., sozialen und kulturellen Situation einer Gesellschaft sowie an der von dieser als Mindestbedarf angesehenen Größe, dem sog. Existenzminimum, orientierenden) Lebensunterhalt bestreiten kann *(objektive A.)* oder ihre materielle Lage als Mangel empfindet *(subjektive A.)*.
Ursachen der A. können persönl. Schicksal (z. B. Krankheit, Alter, Arbeitslosigkeit), aber auch allg. Zeitereignisse (z. B. [Wirtschafts-]-Krisen, Katastrophen, Kriege) sein. In den Industrieländern werden die von A. Betroffenen v. a. durch Maßnahmen der Sozialgesetzgebung unterstützt. Im Weltmaßstab ist A. v. a. ein Problem der industriell unzureichend entwickelten südl. Welthemisphäre mit starker Bev.vermehrung: Etwa 20 % der gegenwärtigen Weltbev. gelten als unterernährt bzw. hungern, etwa 50 % leiden generell an Mangelernährung. Da das Pro-Kopf-Realeinkommen und damit der Lebensstandard in den Entwicklungsländern extrem niedriger als in den Industrieländern ist, spricht man hier von der (relativen) *A. eines Landes.*

🕮 *Roth, J.: A. in der Bundesrepublik. Rbk. Neuaufl. 1979. - Wißmann, H.: A. In: Theolog. Realenzyklopädie. Hg. v. G. Krause u. Gerhard Müller. Bd. 4, Lfg. 1/2. Bln. u. New York 1979. - Die A. des Volkes: Verelendung in den unterentwickelten Ländern. Hg. v. F. Fröbel. Dt. Übers. Rbk. 1974. - Myrdal, G.: Polit. Manifest über die A. in der Welt. Dt. Übers. Ffm. 1970.*

Armutsbewegungen, die verschiedenen, religiös und sozial bedingten ordensähnl. Gemeinschaften, die aus der hochmittelalterl. Kirchenreform hervorgingen, deren Leitbild in der Selbstidentifikation („Nachfolge") mit dem „armen Christus" bestand.

🕮 *Grundmann, H.: Religiöse Bewegungen im MA. Darmst. ^{3}1970.*

Armutsstreit, bez. die Auseinandersetzung um den Umfang der Armutsverpflichtung im Orden der Franziskaner. Die Spiritualen erklärten Regel und Testament des Franz von Assisi für verbindl.; die Konventualen stützten sich in der Armutspraxis auf die päpstl. Regelerklärungen. Der A. war über die Theologie hinaus Anlaß zur Diskussion über die Verhältnisbestimmung von Armut und Christentum.

Arn (Arno), * im Isengau bald nach 740, † 24. Jan. 821, Erzbischof von Salzburg (seit 798). - Stammte aus bayr. Hochadel; 785 Bischof von Salzburg; nach Tassilos III. Sturz Vertrauensmann Karls d. Gr. in Bayern, als Missus, später als Erzbischof, nach den Awarenkriegen auch Verwalter des Missionsgebietes in Pannonien.

Arndt, Adolf, * Königsberg (Pr) 12. März 1904, † Kassel 13. Febr. 1974, dt. Jurist und Politiker. - SPD-Mgl. seit 1946, Mgl. des Parteivorstandes 1956–64; MdB 1949–69, Senator für Wiss. und Kunst in Berlin 1963/64; zahlr. v. a. verfassungsrechtl. Schriften.

A., Ernst Moritz, * Groß Schoritz/Rügen 26. Dez. 1769, † Bonn 29. Jan. 1860, dt. Schriftsteller und Publizist. - Sohn eines zum Gutspächter aufgestiegenen Leibeigenen; nach Studium von Geschichte und ev. Theologie Hauslehrer; 1805 Prof. für Geschichte in Greifswald. Sein „Versuch einer Geschichte der Leibeigenschaft in Pommern und Rügen"

(1803) trug entscheidend zur Aufhebung der Leibeigenschaft im damals schwed. Vorpommern bei (1806). Wegen seines Aufrufs zum Kampf gegen Napoleon I. „Geist der Zeit" (Bd. 1 1806; 3 weitere Bde. 1809–18) mußte er 1806 vor den Franzosen fliehen und hielt sich bis 1808 in Schweden auf. Ergriff mit den patriot. „Liedern für Teutsche" (1813) und der Flugschrift „Der Rhein, Teutschlands Strom, aber nicht Teutschlands Grenze" (1813) leidenschaftl. Partei für die nat. Sache. Prof. in Bonn 1818–20 (im Zuge der Demagogenverfolgung suspendiert); 1840 rehabilitiert; schloß sich als Abg. der Frankfurter Nationalversammlung 1848/49 dem rechten Zentrum an; forderte einen dt. Nationalstaat mit Erbkaisertum unter preuß. Führung. Zahlr. weitere Werke.

Arneth, Alfred Ritter von, * Wien 10. Juli 1819, † ebd. 30. Juli 1897, östr. Historiker und liberaler Politiker. - Mgl. der Frankfurter Nationalversammlung 1848 (großdt.); Mgl. des östr. Herrenhauses seit 1869, Direktor des Haus-, Hof- und Staatsarchivs seit 1868 und Präs. der Wiener Akademie der Wiss. seit 1879; schrieb u.a. eine 10bändige „Geschichte Maria Theresias" (1863–79).

Arnim, märk. Adelsgeschlecht, erstmals 1204 urkundl. erwähnt, Ländereien v.a. in der Uckermark; seit dem 15. Jh. aufgespalten in mehrere Linien; 1786 wurde der Zweig *A.-Boitzenburg* in den preuß. Grafenstand erhoben:

A., Adolf Heinrich Graf von A.-Boitzenburg, * Berlin 10. April 1803, † Schloß Boitzenburg 8. Jan. 1868, preuß. Staatsmann. - Innenmin. 1842–45; März 1848 Min.präs.; seit 1854 Mgl. des Herrenhauses.

A. (Arnheim), Hans Georg von A.-Boitzenburg, * Boitzenburg 1583 (1581?), † Dresden 28. April 1641, Heerführer und Politiker. - Stand in schwed., poln., seit 1626 in kaiserl. Diensten (unter Wallenstein); Feldmarschall; verließ nach 1629 als überzeugter Lutheraner das kaiserl. Heer, trat in kursächs. Dienste (bis 1635) und setzte sich für eine unabhängige „Mittelpartei" unter kursächs. Führung ein.

A., Harry Graf (seit 1870) von A.-Suckow, * Moitzelfitz bei Kolberg 3. Okt. 1824, † Nizza 19. Mai 1881, preuß. Diplomat. - 1850 Eintritt in den diplomat. Dienst; 1871 Gesandter, seit 1872 Botschafter in Paris, wo er als Gegenspieler Bismarcks eine monarch. Restauration unterstützte; 1874 abberufen; wegen Zurückhaltung amtl. Akten zu 9 Monaten Gefängnis verurteilt; nach Flucht in die Schweiz wegen Landesverrats zu 5 Jahren Zuchthaus in Abwesenheit verurteilt.

Arnold II., † Xanten 14. Mai 1156, Erzbischof (seit 1151) von Köln. - Aus der Familie der Grafen von Wied; Jugendfreund Wibalds von Stablo; 1138–51 Kanzler Konrads III.; wirkte für die Wahl Friedrichs I. und krönte ihn 1152 in Aachen.

Arnold von Lübeck, † 27. Juni 1211 oder 1214, Benediktinerabt und Chronist. - Seit 1177 Abt des Johannisklosters in Lübeck; Fortsetzer der Slawenchronik des Helmold von Bosau für die Jahre 1171 bis 1209.

Arnold, Karl, * Herrlishöfen bei Biberach an der Riß 21. März 1901, † Düsseldorf 29. Juni 1958, dt. Gewerkschafter und Politiker. - Urspr. Lederarbeiter; seit 1920 aktiv in den Christl. Gewerkschaften tätig; nach 1933 Kaufmann; 1944 verhaftet; 1945 Mitbegr. der CDU, langjähriger Leiter der Sozialausschüsse, stellv. Parteivors.; 1946 Oberbürgermeister von Düsseldorf, 1947–56 Min.präs. von NRW.

Arnoldson, Klas Pontus, * Göteborg 27. Okt. 1844, † Stockholm 20. Febr. 1916, schwed. Schriftsteller und Politiker. - Gründete 1883 den schwed. Friedensverein; 1908 Friedensnobelpreis (mit F. Bajer).

Arnsberg, westfäl. Dynastengeschlecht. Die Hauptlinie der Grafen von Werl nannte sich seit dem ausgehenden 11. Jh. Grafen von Arnsberg. Die Gft. A. wurde im 12. Jh. auf das nördl. Sauerland eingeschränkt; fiel auf dem Erbweg an die niederl. Grafen von Cuijk (= jüngere Linie der Grafen von A.), die 1371 ausstarben. Die 1368 dem Erzstift Köln übertragene Gft. A. bildete den wichtigsten Bestandteil des Hzgt. Westfalen der Kurfürsten von Köln.

Arnulf, Name von Herrschern:
röm.-dt. Kaiser:

A. von Kärnten, * um die Mitte des 9. Jh., † Regensburg 8. Dez. 899, ostfränk. König (seit 887) und röm.-dt. Kaiser (seit 896). - Natürl. Sohn König Karlmanns, nach 876 Markgraf in Kärnten und Pannonien; besiegte 891 die Normannen entscheidend; konnte den Zerfall des Gesamtreichs in Teilkönigtümer, die ledigl. seine Oberherrschaft anerkannten, nicht verhindern; vom Papst in Rom zum Kaiser gekrönt.

Bayern:

A. der Böse, † Regensburg 14. Juli 937, Herzog (seit 907). - In den Auseinandersetzungen mit König Konrad I. vorübergehend vertrieben; konnte sein Land 917 zurückgewinnen; erscheint 919 als König (dt. Gegenkönig oder König in einem bayr. Reich?), erkannte aber 921 die Oberhoheit Heinrichs I. an.

Metz:

A. von Metz, hl., * um 580, † Remiremont 18. Juli 640(?), Bischof (614?–629). - Stürzte mit Pippin d. Ä. 613 Königin Brunhilde und zwang Chlothar II. 623 zur Übergabe Austriens an seinen Sohn Dagobert I., für den beide die Regierung führten; zog sich 629 in das Kloster Remiremont zurück.

Arnulfinger, Bez. für die fränk., an der Mosel begüterte Adelsfamilie des Arnulf von Metz, dessen Sohn Ansegisel Stammvater der Karolinger wurde.

***Aron,** Raymond [frz. a'rõ], * Paris 14. März

1905, frz. Journalist und Soziologe. - 1947–77 Verfasser von Leitartikeln für den „Figaro", seit 1977 für „L'Express"; 1955 Prof. an der Sorbonne; Hauptarbeitsgebiet: Analyse der modernen Industriegesellschaft und ihrer verschiedenen polit. Systeme (u. a. „Frieden und Krieg", 1963; „Die industrielle Gesellschaft", 1964; „Demokratie und Totalitarismus", 1965, dt. 1970; „Plädoyer für das dekadente Europa", dt. 1978).

Árpád, † um 907, ungar. Fürst (seit etwa 886). - Vereinigte die ungar. Stämme und führte sie aus dem Dnjestr–Pruth-Gebiet 896 in die Pannon. Ebene. Stammvater der ungar. Dynastie der **Arpaden**.

Arras, frz. Stadt am rechten Ufer der Scarpe, 46000 E. - Der **Friede von Arras** (1579), in dem sich die südl. Niederlande wieder der span. Oberhoheit unterstellten, leitete die endgültige Teilung der Niederlande ein.

Arrian (Flavius Arrianus), * Nikomedia (Bithynien) um 95, † Athen um 175, griech. Schriftsteller. - War u. a. Verwalter der Prov. Kappadokien, wo er 137 inschriftl. bezeugt ist. Seine „Anabasis" Alexanders stellt in 7 Büchern das wichtigste Dokument für Alexanders Indienzug dar; in der Wahl seiner Quellen (Ptolemaios I., Aristobulos) äußerst geschickt.

Arsakiden, parth. Dynastie (um 250 v. Chr. bis 224 n. Chr.), benannt nach dem Gründer *Arsakes I.* - ↑ auch Parther.

Arsenal [arab.-italien.], Zeughaus; Geräte-, Waffenlager.

Arsinoe II., * um 316, † 270, Tochter Ptolemaios' I. - Nacheinander ∞ mit Lysimachos von Thrakien, ihrem Stiefbruder Ptolemaios Keraunos, seit 279 mit ihrem Bruder Ptolemaios II.; bereits zu Lebzeiten mit ihrem Gatten göttl. verehrt, erhielt nach dem Tod einen eigenen Kult.

🕮 *Kornemann, E.: Große Frauen des Altertums. Bremen [4]1958.*

Arslan Taş [türk. ars'lan 'taʃ], Ruinenhügel in N-Syrien, 20 km östl. von Karkamış, mit den Ruinen der assyr. Provinzstadt **Chadatu.** Ausgrabungen legten 1928 u. a. den Palast Tiglatpilesers III. (Wandmalereien) und einen von ihm gestifteten Ischtartempel frei (Steinskulpturen); Elfenbeinschnitzereien syr.-ägypt. Stils.

Artamanen, Mgl. des völk.-rechtsradikalen Bundes **Artam e. V.** (1924–31 gesamtbünd. Einrichtung); propagierte und organisierte ländl. Arbeitsdienst in der Jugendbewegung.

Artaschat, sowjet. Ort am Arax, 25 km ssö. von Jerewan, Armen. SSR, 15000 E. - Hier lag die alte Hauptstadt Armeniens, **Artaxata,** kurz nach 190 v. Chr. von König Artaxes gegr.; 58 n. Chr. von den Römern zerstört.

Artaxerxes (altpers. Artachschasa), Name pers. Könige:

A. I. Makrocheir (lat. Longimanus; „der mit der langen Hand"), † 425 oder 424, König (seit 464). - Schloß als Nachfolger seines Vaters Xerxes I. nach mehreren Niederlagen durch die Griechen und Unterdrückung von Aufständen 449 den Kalliasfrieden; suchte nach Beginn des Peloponnes. Krieges Verbindung mit Athen sowie Sparta.

A. II. Mnemon („der Erinnerungsreiche"), * um 451 (?), † um 363 (?), König (seit 404). - Enkel von A. I.; warf 401 einen Aufstand seines Bruders Kyros d. J. nieder; konnte 387/386 pers. Machtausdehnung über ganz Kleinasien und Einfluß in Griechenland sichern.

A. III. (Ochos), † 338 (?; ermordet), König (seit 359). - Konnte das zerfallene pers. Imperium konsolidieren (343 Eroberung Ägyptens); Sicherung der pers. Herrschaft in Kleinasien und Phönikien.

Artaxiden, armen. Dynastie; gegr. vom seleukid. Statthalter Artaxes (Artaxias), der nach 190 v. Chr. den Königstitel annahm; bed. v. a. Tigranes II., d. Gr., der das armen. Reich stark erweiterte; endete um 14 n. Chr.

Artefakt [zu lat. ars „Kunst" und facere „machen"], allg. ein von menschl. Hand gefertigter Gegenstand. In der *Vorgeschichtsforschung* ein Gegenstand, der seine Form durch menschl. Einwirkung erhielt, auch ein bei der Herstellung von Steinwerkzeugen entstandenes Abfallprodukt.

Artel [russ. ar'tjelj], im *zarist. Rußland* freiwilliger, oft zeitl. befristeter genossenschaftl. Zusammenschluß ländl. Arbeitskräfte gleichen Berufes, die sich auf gemeinsame Rechnung zur Arbeit verdingten, teils auch gemeinsam siedelten; in der *UdSSR* landw. Produktionsgenossenschaften innerhalb der Kolchosverfassung mit Möglichkeiten privaten Eigentums und privater Bewirtschaftung.

Artemision, Kap an der N-Spitze von Euböa. - 480 v. Chr. errangen die Griechen bei A. den ersten Seesieg über die Perser.

Artemision, Heiligtum bzw. Tempel der Artemis, am berühmtesten das **A. von Ephesus,** Mitte des 6. Jh. v. Chr. an der Stelle älterer Kultstätten errichtet, eins der Sieben Weltwunder. Krösus, König von Lydien, stiftete die meisten der 127 Säulen des etwa 55 × 115 m messenden Tempels. Baumeister waren die Kreter Chersiphron und Metagenes sowie der Samier Theodoros. Nach Brandstiftung (356 v. Chr.) im 4./3. Jh. durch einen Neubau auf dem alten Grundriß ersetzt.

Artevelde, Jacob van, * Gent um 1290, † ebd. 17. Juli 1345, flandr. Volksführer. - Vater von Philips van A.; 1338 zum Genter Stadthauptmann gewählt, schloß sich 1340 an England an; fand bei einem Aufstand der Genter Weber den Tod.

A., Philips van, * Gent 18. Juli 1340, ⚔ bei Rozebeke 27. Nov. 1382, flandr. Volksführer. - Sohn von Jacob van A.; ab 1382 Stadthauptmann von Gent, leitete den Kampf gegen den Grafen von Flandern, nahm Brügge ein und wurde Statthalter von Flandern; fiel im Kampf gegen die Franzosen.

Arthur, Chester Alan [engl. 'ɑ:θə], * Fairfield (Vt.) 5. Okt. 1830, † New York 18. Nov. 1886, 21. Präs. der USA. - Rechtsanwalt; Republikaner; 1880 Vizepräs. unter James A. Garfield; nach dessen Ermordung 1881 Präsident bis 1885.

Artigas, José Gervasio [span. ar'tiɣas], * Montevideo 19. Juni 1764, † Asunción 23. Sept. 1850, uruguay. Nationalheld. - Befreite als Gauchoführer bis 1814 die Banda Oriental, das spätere Uruguay, von span. Herrschaft; nach 1820 bis zu seinem Tode im Exil in Paraguay.

Artillerie [frz.], Bez. für die Gesamtheit der mit (meist schweren) Geschützen ausgerüsteten Truppe. - Die Anfänge der A. reichen bis ins 14. Jh. zurück. Der A.park Kaiser Maximilians I. bestand aus Büchsen, Kartaunen, Nachtigallen, Schlangen, Feldschlangen und Mörsern, umfaßte die Kaliber von 5–35 mm. Friedrich d. Gr. führte die reitende A. ein. Große Bed. erlangte die A. unter Napoleon I., der als erster den Wert des zusammengefaßten Feuers erkannte. Die A. des alten Heeres (bis 1918) bestand aus Feld-A., Fuß-A. und Festungs-A. Bis Ende des 2. Weltkriegs überwiegend pferdebespannt, z. T. durch Zugmaschinen gezogen oder als Selbstfahrlafette ausgebildet; es entstand die Panzer-A. zur Unterstützung des Panzerangriffs, die Flak.-A. zur Bekämpfung von Luftzielen, die Raketen-A. als Flächenfeuerwaffe mit konzentrierter Wirkung. Heute ist die A. in einigen Ländern mit atomaren Sprengkörpern ausgerüstet. Außerdem gibt es Küsten-A. und Schiffs-A. (seit dem 14. Jh.), die jedoch mehr und mehr durch Raketen ersetzt wird.

📖 *Kosar, F.: Tb. der A. Bd. 1: Leichte Feldgeschütze. Mchn. 1971. - Lusar, R.: Riesengeschütze u. Schwere Brummer einst und jetzt. Mchn. 1971.*

Artois [frz. ar'twa], histor. Gebiet in N-Frankr., zw. Picardie im SW und flandr. Ebene im NO. - **Geschichte:** Das Gebiet der kelt. Atrebaten gehörte in der Römerzeit zur Prov. Belgica (ab 4. Jh. Belgica II); im 5. Jh. eroberten es die Franken; kam 863 an die Grafen von Flandern, 1180 zur frz. Krone; ab 1237 Gft., als Apanage 1384 an die Herzöge von Burgund ausgegeben; kam 1477 in den Besitz des Hauses Österreich, blieb aber mit Frankr. umstritten, wurde 1659 zum größten Teil, 1678 vollständig wieder französisch.

📖 *Trénard, L.: Histoire des Pays Bas français. Toulouse 1972–74. 2 Bde.*

Artus (Arthur), sagenhafter britann. König, der mit den Rittern seiner Tafelrunde zum Mittelpunkt eines ausgedehnten Sagenkreises wird. Der histor. A. scheint ein britann. Heerführer gewesen zu sein, der um 500 sein Volk gegen die Invasion der Angelsachsen verteidigte und 537 in der Schlacht am Camlann gefallen sein soll. In der „Historia regum Britanniae" (um 1135) des Geoffrey von Monmouth wird A. vom kelt. Lokalhelden zum glanzvollen Herrscher von weltgeschichtl. Bed. erhoben.

Artushof, seit dem 14. Jh. Name geselliger Vereinigungen ritterl. und patriz. Geschlechter in den reichen Städten Preußens und Livlands. Sie gaben sich den Namen nach der Tafelrunde des Königs Artus. Auch das Gebäude, in dem die Festlichkeiten stattfanden, hieß bald A. (er wurde auch als Börse und Versammlungsraum der Kaufmannschaft [auch für Nichtmitglieder] benutzt). Der repräsentativste A. wurde 1481 in Danzig eingeweiht, ein spätgot. Bau mit großer dreischiffiger Halle und 1617 barockisierter Fassade.

Arvalbrüder (lat. Fratres Arvales [„Saatfeldbrüder"]), altröm. Priesterkollegium, das urspr. Fruchtbarkeitsriten zu vollziehen hatte und später mit der Besorgung des Kultes der Dea Dia sowie Gelübden und Opfern für den Kaiser beauftragt war.

Arverner (lat. Arverni), bed. kelt. Volk in der heutigen Auvergne; versuchten wiederholt, sich Gallien untertan zu machen; der A. Vercingetorix war 52 v. Chr. Führer des gesamtgall. Aufstands gegen Cäsar.

As [lat.], in der röm. Antike allg. Bez. für das jeweils als Grundeinheit verwendete Maß oder Gewicht; bei Längeneinheiten: 1 As = 1 Fuß, bei Flächeneinheiten: 1 As = 1 Morgen, bei Gewichtseinheiten: 1 As = 1 Pfund; in Rom von etwa 289 v. Chr. bis etwa 275 n. Chr. auch Bez. für eine Münzeinheit, wobei urspr. 1 As = 1 Pfund Kupfer war (das Pfund vermutl. zu 272,88 g), als Untereinheit verwendete man die Unze (= $^1/_{12}$ As).

Asa, König von Juda (vermutl. 910–870). - Setzte in seinem Land den Jahweglauben durch; wird im Stammbaum Jesu genannt (Matth. 1, 7f.).

Asad, Hafis (Assad), * Al Ladhakijja 1928, syr. General und Politiker. - Oberbefehlshaber der syr. Luftwaffe; 1966–70 Verteidigungsmin.; nach Militärputsch 1970/71 Min.-präs., seit 1971 Staatspräs.; seit 1973 Oberbefehlshaber der Streitkräfte.

Asarhaddon (Assarhaddon, Aschschur-Achu-Iddina, Esarhaddon), † 669, assyr. König (seit 680). - Baute das von seinem Vater Sanherib zerstörte Babylon wieder auf; festigte in Feldzügen gegen das Meerland im S und nach W (Zerstörung von Sidon) sein Reich; eroberte 671 Ägypten bis Memphis.

Aschanti, Volk der Sudaniden im zentralen S-Ghana.

Das Reich der A. westl. des unteren Volta bestand vom späten 17. bis Ende des 19. Jh., es nahm um 1800 fast den ganzen S-Teil des heutigen Ghana ein. Schließl. gerieten die A. in Konflikt mit den Europäern, die Niederlassungen an der Küste hatten und wurden seit 1872 nach einem letzten Aufstand (1900) endgültig von brit. Truppen besiegt.

🕮 *Claridge, W. W.: History of the Gold Coast and Ashanti. New York [2]1964. 2 Bde.*

Aschikaga, altjap. Adelsgeschlecht, Zweig der Minamoto, ben. nach ihrem Stammsitz Aschikaga; stellte seit 1338 - beginnend mit **Takaudschi Aschikaga** (* 1305, † 1358) - fünfzehn Schogune; erreichte den Höhepunkt unter dem großen Mäzen **Aschikaga Joschimitsu** (* 1358, † 1408, Schogun 1369–95); 1573 wurde der letzte A.-Schogun seines Amtes enthoben; berühmte Rittersippen der Feudalzeit sind Zweiglinien der Aschikaga.

Aschkenasim (Einz. Aschkenas) [hebr.], im A. T. (1. Mos. 10, 3) Mgl. einer Völkerschaft im N Palästinas; der Begriff wurde übertragen auf die mittel- und osteurop. Juden (ben. nach dem seit dem MA übl. Wort für Deutschland, Aschkenas), deren Umgangssprache Jidd. ist.

Im Ggs. dazu heißen die iber. Juden ↑Sephardim.

Aschmunain, Al, Ort in Oberägypten, 35 km südl. von Al Minja, 6200 E. - Bei A. liegt die ausgedehnte Ruinenstätte des antiken **Schmunu** („die Achtheit" nach 8 dort verehrten Urgöttern), Hauptverehrungsstätte des Gottes Thot, den die Griechen Hermes nannten (in griech. Zeit **Hermopolis Magna**).

Aschoka, † zw. 237 und 232, dritter König aus der Dynastie der ↑Maurjas (seit 273/268). - Sein zentralist. regiertes Großreich umfaßte nach den Fundorten von Inschriften den ind. Subkontinent bis zum Penner, Pakistan und Teile Afghanistans; hinterließ zahlr. der moral. Erziehung seiner Untertanen gewidmete Inschriften (auf Felsen, Säulen oder in Höhlen); als Anhänger und Förderer des Buddhismus zugleich Vertreter religiöser Toleranz. Karte S. 113.

📖 *Kern, F.: Aśoka. Kaiser u. Missionar. Hg. v. W. Kirfel. Bern 1956.*

Ascoli Satriano, italien. Ort in Apulien, 30 km südl. von Foggia, 7700 E. - In der Antike **Ausculum,** bei dem 279 v. Chr. König Pyrrhus von Epirus („Pyrrhussieg") die Römer besiegte.

ASEAN [engl. 'ɛɪzɪən], Abk. für: ↑Association of South East Asian Nations.

Asen, bulgar. Herrscherdynastie, ↑Assen.

Aserbaidschan, histor. Gebiet in Vorderasien, westl. des Kasp. Meeres; der nördl. Teil gehört als Aserbaidschanische SSR zur UdSSR, der südl. zu Iran. - In der Antike im wesentl. Albania gen.; 643 von den Arabern erobert und durch Gouverneure regiert. Im 11. Jh. wanderten türk. Stämme ein; A. kam unter die Herrschaft der Seldschuken und wurde türkisiert. 1120 gerieten Teile von A. unter georg. Herrschaft (bis ins 13. Jh.). Mongol. Invasionen (1221/22 und 1235/39) schädigten das Gebiet sehr. Nach dem Zerfall des mongol. Großreiches zw. den Teilreichen der Ilchane und der Goldenen Horde umkämpft. Im Zuge der gewaltsamen Umsiedlungspolitik Timur-Lengs gelangten weitere türk. Stämme nach A. Unter der pers. Dynastie der Safawiden erlebte A. einen wirtsch. Aufschwung. Nach kurzer Herrschaft der Osmanen eroberte Schah Abbas I., der Große, A. 1603 zurück. Nach russ. Besetzungen und Eroberungen im 18. Jh. fiel das nördl. A. 1828 endgültig an Rußland.
1918 riefen nationalist. islam. Kräfte in dem russ. Teil von A. die unabhängige Republik A. aus. 1920 durch die Rote Armee besetzt; 1922 zur Autonomen Sowjetrepublik ausgerufen, die sich der Transkaukas. SFSR anschloß. Durch die Verfassungsreform 1936 als SSR Bestandteil der UdSSR.
Der bei Persien verbliebene südl. Teil war 1909–17 von russ. Truppen besetzt. Anschließend unterstützte die Türkei protürk. Bestrebungen (Einsetzung einer protürk. Regierung). 1921 gelang die Vertreibung der Türken. 1941–46 von der UdSSR besetzt, die 1945 eine Regierung einsetzte.

Ásgeirsson, Ásgeir [isländ. 'au̯sgjɛi̯rsɔn], * Kóranes (Mýrasýsla) 13. Mai 1894, † Reykjavík 15. Sept. 1972, isländ. Politiker. - 1926–31 und 1934–38 Erziehungs-, 1931–34 Finanzmin.; 1932–34 Min.präs.; 1938–52 Bankdirektor; 1952–68 Staatspräs.

Ashqelon, Stadt im S von Israel, 47 000 E. 3 km sw. liegen die Ruinen des alten **Askalon** (heute Nationalpark), eine der 5 Hauptstädte der Philister (gegr. um 1200 v. Chr.).

Asiatische Entwicklungsbank (Asian Development Bank), internat. Institution, deren Mgl. Regierungen sind; 1966 gegr., Hauptsitz ist Manila. Zu ihren nichtasiat. Mgl. gehören die USA, Kanada und die meisten westeurop. Länder. Zweck ist die Förderung und Beschleunigung der wirtsch. Entwicklung und Zusammenarbeit in der asiat.-fernöstl. Region.

Asien, größter Kontinent (44,3 Mill. km²), umfaßt 29,7 % der Erdoberfläche.

Geschichte: Die Geschichte von A. besteht aus den Geschichten der einzelnen Hochkulturen. Ihre Entwicklung wurde immer wieder durch einfallende Nomaden unterbrochen; erst die Eroberung A. durch die europ. Kolonialmächte brachte die Einbeziehung aller asiat. Staaten in ein Staatensystem.

Vorderasien: Die älteste Hochkultur schufen Mitte des 4. Jt. v. Chr. die Sumerer am Unterlauf des Tigris. Die ersten Großreiche wurden jedoch von Semiten gebildet, die schon lange im Lande saßen und die Sumerer zuerst im nördl., dann auch im südl. Mesopotamien zurückdrängten. Die 1. indoeurop. Völkerwanderung in der 1. Hälfte des 2. Jt. löste im Vorderen Orient Bewegungen aus, in deren Verlauf sich um die umkämpfte syr. Landbrücke ein labiles Staatensystem unter Einschluß Kleinasiens und Ägyptens bildete. Neugründungen waren das churrit. Mitanni-Reich im Euphratbogen (etwa 1520–1340) und das kleinasiat. Hethiterreich im Halysbogen (etwa 1600–1200), das 1531 Babylon zerstörte, das Mitanni-Reich unterwarf und Nordsyrien im Kampf mit Ägypten, das seit etwa 1500 weite Teile Syriens beherrschte, eroberte. Der Untergang des Hethiterreiches, bedingt durch die von W vordringenden sog. Seevölker, erleichterte den Aufstieg der neuen Macht Assyrien. Im W Kleinasiens bildete sich in der Nachfolge des indoeurop. Phrygierreiches das frühhellenist. Reich der Lydier (etwa 690–546), das die ostion. Griechen unterwarf.
Die Zusammenfassung aller vorderasiat. Staaten gelang den Persern seit 550, die wie die Meder in der 1. indoeurop. Völkerwanderung aus Innerasien nach O-Iran eingewandert waren. In den Perserkriegen (500–448) widerstand allein Griechenland der Ausdeh-

nung des pers. Weltreiches nach W. Eine Verbindung Griechenlands mit diesem Großreich gelang Alexander d. Gr., nach dessen Tod (323) das Reich in die drei Großmächte Ägypten (Ptolemäer), Syrien-Mesopotamien-Persien (Seleukiden) und Makedonien zerfiel. Seit 200 gewann Rom die Vorherrschaft über diese Diadochenreiche. Während Rom nach Vorderasien vordrang, setzte sich im O des Seleukidenreiches das iran. Reitervolk der Parther fest. Deren Sieg bei Carrhae über die Römer (53 v. Chr.) brachte die röm. Expansion zum Stillstand und machte den Euphrat bzw. den Chabur zur Grenze der beiden Großreiche.

Erst der Islam stellte die polit. und kulturelle Einheit des Vorderen Orients wieder her. 633–661 eroberten die arab. Nomaden das Perserreich und einen Großteil des Byzantin. Reiches (↑auch Kalifenreich). Im 9. Jh. verselbständigten sich Dynastien in Ostiran und Mesopotamien. Erste Staaten türk. Söldnersklaven bildeten sich 961 in Ostiran. Als erstes islamisiertes Turkvolk drangen um 1040 Turkmenen unter Führung der Seldschuken in Iran ein, erhielten 1055 in Bagdad die Sultanswürde, besetzten den asiat. Teil des Kalifats und nahmen den Glaubenskrieg gegen Byzanz erfolgreich auf. Gegen die durch die Kreuzzüge ausgelöste christl. Bedrohung entstand ein Reich von Mesopotamien bis Ägypten, dem 1187 die Rückeroberung Jerusalems gelang. Der Niedergang des Kalifats von Bagdad endete in der Katastrophe des Einfalls der ↑Mongolen, der die polit. Einheit der islam. Welt endgültig beseitigte. Erst zw. 1500 und 1526 bildete sich ein neues Mächtegleichgewicht heraus, als die Safawidendynastie (1502–1722) Persien bis zum Amu-Darja zusammenfaßte. In Kleinasien hatten inzwischen die türk. Osmanen beidseitig des Bosporus (Eroberung Konstantinopels 1453) mit der Bildung eines Reiches begonnen. Während das Osman. Reich seit 1683 von Österreich und seit 1768 von Rußland bis 1913 vom Balkan verdrängt wurde, konnte es seinen Besitzstand in Vorderasien bis zum 1. Weltkrieg halten. Nachdem Persien in der 1. Hälfte des 18. Jh. seine größte Ausdehnung erreicht hatte, lösten sich in der 2. Hälfte des 18. Jh. mehrere Prov.: Neben Belutschistan wurde 1747 Afghanistan unabhängig; das nördl. Chorasan ging 1788 an die Turkmenen verloren.

Indien: Im Ggs. zu Vorderasien und China kam es in Indien nur vorübergehend zur Bildung umfassender Großreiche, die zumeist von Nomaden, die über den Khaiberpaß aus Zentralasien eingefallen waren, in N-Indien begr. wurden. Von Indien ging keine polit. Expansion aus, jedoch durchdrangen Hinduismus und Buddhismus von Indien aus ganz Südost-, Zentral- und Ostasien (↑Indien, Geschichte). Der Islam überschritt die von den Arabern am unteren Indus (712) und in Afghanistan (870) erreichten Grenzen, als Mahmud von Ghasni und Muhammad von Ghur die Eroberung des Pandschab (1021) und des Gangesbeckens (1192–1201) gelang. Nach dem verheerenden Einfall Timur-Lengs in N-Indien (1398) zerfiel das Sultanat von Delhi in zahlr. Reiche, zw. denen sich hinduist. Staaten behaupteten. Ein neues islam. Großreich, das Mogulreich, entstand 1526, das Indien erneut bis auf geringe Reste bis ins 18. Jh. hinein vereinigte. In das sich bildende Staatensystem griff 1757 die brit. Ostind. Kompanie ein.

Hinterindien, China und Japan: Hinterindien wurde von mehreren Wellen mongol. und südchin. Einwanderer erfaßt, doch mit Ausnahme Annams in den ersten nachchristl. Jh. zu einer ind. und im S von 1300 bis 1600 zu einer islam. Kulturprov. Im heutigen Indonesien bestand vom 7. bis 13. Jh. das Reich von Sriwidjaja, abgelöst in der Vorherrschaft über Sumatra, Malakka und Borneo vom Reich von Madjapahit, das kurz vor dem Auftreten der Portugiesen zerfiel. Das früheste indisierte Handelsreich in Hinterindien (Funan) bestand zw. dem 2. und 6. Jh. am unteren Mekong. Ihm folgte vom 7. Jh. bis zu seiner Vernichtung durch die Annamiten 1471 das Reich der Tschampa an der vietnames. Küste, das seit dem 10. Jh. von Chinesen, Annamiten und Khmer zurückgedrängt wurde. Die seit 1428 fakt. souveränen Kaiser von Annam stießen längs der Küste nach S vor, wo sie im 18. Jh. das Mekongdelta erreichten. Weiter im W wurde um 800 ein straff zentralisierter Khmerstaat mit dem Mittelpunkt Angkor errichtet. Der 1250/60 von den urspr. sinisierten Thai in Sukhotai gebildete Staat auf dem Territorium und nach dem Vorbild der Khmer wurde 1350 von dem Thaistaat in Ayutthaya (Siam) unterworfen, der sich bis ins 19. Jh. territorial ausdehnen konnte. Die mongol. Birmanen waren im 9./10. Jh. aus NW-China eingewandert und gründeten 1044 ein erstes birman. Reich in Pagan, das 1287 von China annektiert wurde. Ein neues Reich wurde 1347 im Toungoo am Setteng gegr., das aber erst 1531–44 ganz Birma erobern konnte und in Kämpfen mit Laos und Siam die nördl. Thaistämme (Schan) unterwarf. - Unter den asiat. Hochkulturen war die chin. Kultur in Ostasien die zeitl. späteste. Sie entstand in N-China und gelangte im 2. Jt. zur polit. Zusammenfassung in einem Reich, das später S-China, zeitweise auch Annam und Korea, schließl. die mongol. Steppe eroberte und besiedelte. Histor. faßbar wird das Chin. Reich erst vom 16. Jh. v. Chr. an (↑chinesische Geschichte). - In Japan läßt sich der erste Einheitsstaat um 300 n. Chr. fassen, als der Jamatostaat die Hegemonie über die jap. Inseln errichtete (↑Japan, Geschichte).

ENTDECKUNGSGESCHICHTE ASIENS

Ende 6. Jh. v. Chr.	Skylax von Karyanda befährt den Indus und von dessen Mündung bis zum Pers. Golf die Küste des Ind. Ozeans
5. Jh. v. Chr.	Herodot bereist Kleinasien, Mesopotamien und das westl. Persien; erkennt den Binnenmeercharakter des Kasp. Meeres
um 400	Ktesias aus Knidos verfaßt die erste ausführl. Beschreibung Indiens
329–324	Alexander d. Gr. trägt durch seine Eroberungszüge bis zum Oxus (Amudarja) und Jaxartes (Syrdarja) sowie bis zum Indus wesentl. zur Erweiterung des Weltbildes bei; erste Nennung der Insel Taprobane (Ceylon)
um 100 v. Chr.	Hippalus beschreibt die Gesetzmäßigkeit der Monsunwinde; Beginn griech. Handelsfahrten nach Indien. Etwa gleichzeitig erreichen die ersten chin. Schiffe die ind. O-Küste
um 100 n. Chr.	Der griech. Kaufmann Alexander erreicht den chin. Hafen Kattigara (wahrscheinl. im Delta des Roten Flusses)
um 160	Ptolemäus faßt das antike Wissen über Asien zusammen: im N Kenntnisse bis N-China; in Südostasien sind große Teile des Malaiischen Archipels, Hinterindien und S-China bekannt
1246–55	Die Missionare J. von Carpin, A. von Longjumeau und W. von Rubruk gelangen nach Karakorum
1271–95	M. Polo bereist Zentralasien, China und Südostasien. Sein Bericht bildet bis ins 16. Jh. die Grundlage aller abendländ. Kenntnisse über Asien; bis zum Ende der Mongolenherrschaft in China (1368) gelangen zahlr. europ. Reisende dorthin
1421–33	Chin. Expedition im Ind. Ozean bis Mogadischu (Somalia)
um 1419 bis 1444	Der Venezianer N. dei Conti erreicht Indien und den Malaiischen Archipel
1466–72	Der Russe A. Nikitin gelangt nach Indien
1487–89	P. de Covilhão kommt über Sues und Aden nach Indien
1498	Vasco da Gama erreicht auf dem Seeweg Indien
1509	D. Lopes de Sequeira auf Malakka
1511	D. Fernandes gelangt nach Thailand
1512	A. de Abreu findet die Gewürzinseln, die Molukken; F. P. Peres de Andrade entdeckt die Malediven, erkundet Sumatra
1516	Andrade entdeckt die Riukiuinseln, landet in Kanton
1520	Die erste portugies. Gesandtschaft am Kaiserhof in Peking
1521	F. de Magalhães entdeckt von O her die Philippinen
1542	A. de Moto erreicht Japan
16.–18. Jh.	Christl. Missionare (u. a. M. Ricci, A. Schall) vermitteln grundlegende Kenntnisse über China
1635–39	A. Olearius bereist Persien
1643	M. G. de Vries entdeckt auf einer Fahrt entlang der jap. O-Küste die Insel Hokkaido, die südwestl. Kurilen und S-Sachalin
1668	Schiffbrüchige Holländer finden Korea
1690–92	E. Kaempfer in Japan; sein Bericht bildet die Grundlage der europ. Japankenntnisse bis zur Mitte des 19. Jh.
1761–67	C. Niebuhr bereist Syrien, Palästina, Arabien und Persien
1808	M. Elphinstone bereist von Indien aus Afghanistan bis Kabul
1813	W. Moorcroft erreicht den Sutlej
1822	W. Moorcroft in Kaschmir
1823–26	J. Crawfurd bereist Birma
1830–37	J. Crawfurd im Gebiet des Saluen, in Laos und Thailand
1833	A. Burnes erreicht von Indien aus über den Hindukusch Buchara W. C. MacLeod am oberen Mekong
1839–48 u. 1855–64	F. W. Junghuhn bereist Java und Teile Sumatras
1846	E. R. Huc und J. Gabet dringen von China über den Kukunor nach Lhasa vor
1849	J. D. Hooker erschließt Sikkim
1855/56	A. H. und R. Schlagintweit überqueren Himalaja und Karakorum, durchqueren Tibet, übersteigen den Kunlun und dringen ins Tarimbecken vor
1856–58	P. P. Semjonow-Tjan-Schanski erreicht von N her den Tienschan
1861–63	A. Bastian durchquert Hinterindien
1864/65	A. Bastian in der Mandschurei
1870–88	N. M. Prschewalski durchforscht die Mongolei, N-Tibet, die Wüste Gobi, das Tarimbecken (Entdeckung des Lop Nor)
1887–90	F. E. Younghusband gelingt die erste Durchquerung Innerasiens
1894–1935	S. Hedin erforscht auf mehreren Reisen Innerasien
1903–40	W. Filchner (z. T. zus. mit A. Tafel) erforscht O-China, Tibet, das Tarimbecken und Nepal

Die europ. Kolonialmächte: Das Auftreten der Europäer in A. beschränkte sich im 16.–18. Jh. auf den Handel mit Luxusprodukten. Erst Ende des 18. Jh. begannen die Europäer, auch in A. größere Territorien in Besitz zu nehmen, und innerhalb von rd. 100 Jahren unterwarfen sie ganz A. wirtsch. und größtenteils auch polit. Die Portugiesen beschränkten sich auf die Vermittlung des Seehandels nach Europa und die Anlage von Stützpunkten in Indien (Goa 1510), Hinterindien (Malakka 1511) und China (Macau 1557). Auch ihre Nachfolger, die Engländer, Niederländer und schließl. die Franzosen, beschränkten sich auf Handel von einzelnen Stützpunkten aus, der den jeweiligen privaten ostind. Handelsgesellschaften (gegr. 1600, 1602, 1664) als Monopol übertragen wurde. Die einzige frühe Besetzung eines Landes ging von den Spaniern aus, die 1564 die Philippinen von Mexiko aus eroberten und christianisierten.
Auf den asiat. Nebenkriegsschauplätzen der europ. Kriege von 1756–1815 ging Großbrit. als Sieger hervor, und bis 1818 gelang die Unterwerfung ganz Indiens mit Ausnahme des Indusgebietes. Die finanziell und militär. vom Mutterland fast unabhängigen Kolonialverwaltungen Großbrit., der Niederlande und Rußlands rundeten schließl. im 19. Jh. ihre Herrschaftsgebiete großzügig ab. Die birman. Einfälle in NO-Indien benutzten die Briten zur schrittweisen Annexion des Landes (1826, 1852/53). Napoleon III. von Frankr. eroberte 1858–67 aus innenpolit. Gründen Kotschinchina (Saigon) und zwang Siam 1863 zur Abtretung Kambodschas. Auch Rußland, das bis Mitte des 17. Jh. durch Sibirien an den Pazifik vorgestoßen war, nutzte seine militär. Überlegenheit, um Persien Aserbaidschan (1813) und Armenien (1828), China die Amurprov. (1858/60) abzunehmen und in Zentralasien die Khanate von Kokand (1864), Buchara (1868) und Chiwa (1873) zu unterwerfen. Im letzten Drittel des 19. Jh. traten im Wettlauf nach Absatzmärkten und Rohstofflieferanten neue Kolonialmächte in A. auf (Japan, USA, Deutschland) und teilten die noch nicht besetzten Gebiete auf. Nur wenige Länder, wie die Türkei, Persien, Afghanistan, Tibet, Thailand und China, konnten ihre polit. Selbständigkeit, die sie der Rivalität der europ. Mächte verdankten, weitgehend bewahren. Die Entkolonisation setzte erst im Anschluß an den 2. Weltkrieg ein, in dessen Verlauf Japan weite Teile Südostasiens erobert und besetzt hatte. Im Ablauf und in der Folge dieses Prozesses kam es unter nat. und ideolog. Positionen zu Kriegen und Bürgerkriegen, die das territoriale Bild Südostasiens nachhaltig änderten.

🕮 *Pretzell, K. A.: Modernisierung u. sozialer Wandel in A. (Auswahlbibliogr.). Hamb. 1976. - Cwik, H.-J.: Die dt.-asiat. Beziehungen in neuerer Zeit (Auswahlbibliogr.) Hamb. 1975. - Grousset, R.: Die Steppenvölker. Dt. Übers. Essen Neuaufl. 1975. - Bingham, W., u. a.: A history of Asia. Rockleigh (N. J.) ²1974. 2 Bde. - Ostasienwiss. Beitr. zur Sprache, Lit., Gesch., Geistesgesch., Wirtschaft, Politik u. Geographie. Wsb. 1974. - Kornemann, E.: Weltgesch. des Mittelmeerraumes. Von Philipp II. v. Makedonien bis Muhammed. Hg. v. H. Bengtson. Mchn. Neuaufl. 1967. - Waldschmidt, E., u. a.: Gesch. Asiens. Mchn. 1950. - Altheim, F.: Weltgesch. A. im griech. Zeitalter. Halle/Saale 1947–48. 2 Bde.*

Asiento [span.], Abkommen, Vertrag; v. a. im 16.–18. Jh. ein öffentl.-rechtl. Vertrag mit der span. Krone, die dem Partner ein wirtsch. Monopol auf befristete Zeit überließ; spielte eine Rolle bei der Erschließung Amerikas. Oft schlechthin A. genannt werden die „Asientos de negros", Lizenzen auf Negerimporte in die Neue Welt, so bis 1640 mit Portugiesen, dann auch mit Genuesen, Niederländern, Franzosen, Briten vereinbart.

Asjut, Gouvernementshauptstadt in Oberägypten, am linken Nilufer, 154 000 E. In pharaon. Zeit bed. Prov.stadt mit Haupttempel des Gottes Upuat; sw. am Wüstenrand ausgedehnte Nekropole, v. a. aus der Zeit des Mittleren Reiches, z. T. mit wichtigen histor. Inschriften. Im Altägypt. hieß A. **Saut,** im Griech. **Lykonpolis.**

Askalon, Ruinenstätte, ↑Ashqelon.

Askanier, Dynastengeschlecht in Norddeutschland, das sich in die vier Zweige Anhalt, Brandenburg, Lauenburg und Wittenberg teilte; stammt urspr. aus Schwaben; nannte sich nach der Gft. Ascharien (d. h. Aschersleben), woraus mythologisierend (Anknüpfung an den Sohn des Äneas, Ascanius) **Askanien** wurde. Albrecht der Bär wurde 1134 Markgraf der Nordmark, sein Sohn Bernhard erhielt 1180 den Titel eines Herzogs von Sachsen und einen Teil des Hzgt. an der unteren Elbe bei Lauenburg; konnte rechtselb. Territorium um Wittenberg dazugewinnen. Ende des 13. Jh. Aufteilung in Sachsen-Lauenburg (1689 ausgestorben) und Sachsen-Wittenberg (1422 ausgestorben). Die Brandenburger Linie, die bed. Erfolge in der Ostkolonisation hatte, starb 1319 aus. Der allein noch blühende Zweig Anhalt wurde durch mehrfache Teilungen (zuletzt im 17. Jh.) geschwächt.

Askari [arab.], Bez. für die schwarzafrikan. Soldaten der ehem. dt. Schutztruppen in Afrika, bes. in O-Afrika (nach dem auch im Swahili verwendeten arab. Wort).

Asparuch (Isperich, Ispor), * um 643, † um 701, Khan der Protobulgaren. - Besiegte 680 Kaiser Konstantin IV.; im Frieden mit Byzanz 681 wurde seine unabhängige Herrschaft zw. Donau und Balkangebirge bestätigt (Beginn des bulgar.-slaw. Reiches).

Aspasia, Milesierin, zweite Gattin des Perikles, dem sie einen gleichnamigen Sohn gebar. Geistreich und von großem Einfluß auf ihren Gatten, wurde sie das Angriffsziel seiner polit. Gegner.

Aspendos, Ruinenstätte in der Nähe des 40 km onö. von Antalya gelegenen Dorfes Balkıs, Türkei, am Köprüırmağı (in der Antike **Eurymedon**), heute 13 km von der Mittelmeerküste entfernt. Bed. Reste aus röm. Zeit.

Aspern, bereits im 11. Jh. bestehendes Dorf auf dem Marchfeld, 1904–38 Teil des XXI., seit 1954 des XXII. Bez. von Wien. In der **Schlacht von Aspern und Eßling** am 21./22. Mai 1809 (↑Napoleonische Kriege) fügten die Österreicher unter Erzherzog Karl dem bis dahin unbesiegten Napoleon I. erstmals eine Niederlage zu, konnten den Sieg jedoch nicht ausnutzen.

Asquith, Herbert Henry [engl. 'æskwıθ], Earl of Oxford and Asquith (seit 1925), * Morley (Yorkshire) 12. Sept. 1852, † London 15. Febr. 1928, brit. Politiker. - Urspr. Rechtsanwalt; 1886–1918 und 1920–24 liberaler Abg. im Unterhaus; 1892–95 Innenmin.; dann Vizepräs. der imperialist. „Liberalen Liga"; Verfechter der Freihandelspolitik; 1905–08 Schatzkanzler; 1908–16 Premiermin.; erreichte u. a. die Ausschaltung des Oberhauses als wesentl. Faktor der Gesetzgebung; sein Sturz führte zur vorübergehenden Spaltung der Liberalen; legte 1926 die Parteiführung nieder.
🕮 *Jenkins, R.: A Portrait of a man and an era. New York 1964.*

Assad ↑Asad.

Assarhaddon ↑Asarhaddon.

Assassinen [arab. „Haschischgenießer"], Geheimbund der Ismailiten, der von Hasan As Sabbah († 1124) auf der Bergfestung Alamut um 1090 gegründet wurde. Von den Mgl. des Ordens wurde bedingungsloser Gehorsam verlangt. Angebl. durften sie zum Lohn die Paradiesfreuden mit Hilfe des Haschischgenusses erfahren. Die A. breiteten sich über den Iran, Syrien und Palästina aus. Sie suchten ihre Ziele v. a. durch Mordanschläge (daher frz. „assassin" und italien. „assassino" „Mörder") durchzusetzen. Das Oberhaupt der syr. A. wurde „Alter vom Berge" genannt. Die Eroberung Alamuts 1256 bereitete den A. in Persien ein Ende.

Assemblée [asã'ble:; frz.], Versammlung, Volks- und Ständeversammlung; in Frankr.: **Assemblées du clergé,** Bez. für die früher alle 10 Jahre stattfindenden Tagungen der Klerikervertreter; **Assemblée constituante** („verfassunggebende Versammlung", 1848, 1945, 1946), **Assemblée législative** („gesetzgebende Versammlung", 1849), **Assemblée nationale** („Nationalversammlung", 1789, 1871 bzw. 1875–1940; seit 1946 Name der frz. Abg.-kammer), **Assemblée nationale constituante** („verfassunggebende Nationalversammlung", 1789–91), **Assemblée nationale législative** („gesetzgebende Nationalversammlung", 1791/92).

Assen, bulgar. Herrscherdynastie (1187–1280). Dazu gehören: **Assen I.,** † 1196, Zar seit 1187, **Assen II.** (Iwan A. II.), * um 1190, † 1241, Zar seit 1218.

Asser, Tobias Michael Carel, * Amsterdam 28. April 1838, † Den Haag 29. Juli 1913, niederl. Jurist und Politiker. - Seit 1862 Prof. in Amsterdam; seit 1893 Mgl. des niederl. Staatsrats; Delegierter bei den Haager Friedenskonferenzen von 1899 und 1907; Mitbegr. des „Institut de Droit International" (1873). A. erhielt 1911 zus. mit A. H. Fried den Friedensnobelpreis.

Assessor [lat., eigtl. „Beisitzer"], in der röm. Kaiserzeit rechtskundiger Beisitzer in der staatl. Gerichtsbarkeit. Im dt. Rechtsbereich gab es A. als rechtsgelehrte oder als adelige Beisitzer am Reichskammergericht.

Assignaten [frz.; zu lat. assignare „zuweisen"], das Papiergeld der Frz. Revolution. Auf die seit 1789 enteigneten Kirchengüter, königl. Domänen und den Emigrantenbesitz wurden zur Deckung des großen Geldbedarfs verzinsl. Staatsobligationen ausgegeben; hatten Zwangskurs, wurden aber schrankenlos vermehrt, deshalb schließl. wertlos; 1796 durch „Mandats territoriaux" ersetzt, die gleichfalls rasch verfielen; als die A. 1797 für ungültig erklärt wurden, waren weite Teile der Bev. durch sie verarmt.

Assisen [frz.], verfassungsrechtl. Begriff des MA für Versammlungen u. Zusammenkünfte, auf denen Angelegenheiten rechtl. Natur verhandelt wurden, dann auch deren Ergebnisse (Rechtssprüche, Gesetze, Ordonnanzen); auch für die Gesetzgebung des süditalien. Normannenstaates und der Kreuzfahrerstaaten. A. von Jerusalem: Kodifikation der Rechte der Vasallen und Bürger des Kgr. Jerusalem (12. Jh.).
🕮 *A. In: Hdwb. zur dt. Rechtsgesch. Hg. v. A. Erler u. E. Kaufmann. Lfg. 1. Bln. u. a. 1964.*

Association of South East Asian Nations [engl. əsoʊsı'eıʃən əv 'saʊ'θi:st 'eıʃən 'neıʃənz], Abk. ASEAN, 1967 gegr. Vereinigung südostasiat. Nationen; strebt die Festigung und Förderung des Friedens und des sozialen und wirtsch. Wohlstands in ihrer Region an; Mgl. sind Indonesien, Malaysia, die Philippinen, Singapur und Thailand.

Assoziierung [lat.-frz.], vertragl. Zusammenschluß mehrerer Personen, Unternehmen oder Staaten zur Verfolgung bestimmter gemeinsamer Interessen. Im Recht der EG ist die A. eine bes. Art des Anschlusses anderer Länder, wobei nicht die volle Mitgliedschaft erworben wird.

ASSR, Abk. für: ↑**A**utonome **S**ozialistische **S**owjet**r**epublik.

Assuan (arab. Aswan), Gouvernementshauptstadt in Oberägypten, am rechten Nilufer, 128 000 E. - In der Pharaonenzeit lag die Siedlung auf der Nilinsel Elephantine, erst im letzten Jt. wurde das O-Ufer besiedelt (**Syene**).

GESCHICHTE ASSYRIENS UND BABYLONIENS

Kultur- und Sprachepochen		Babylonien	Assyrien
	etwa 2550–2350	*Frühe sumer. Dynastien*	
Altsumerisch		1. Dynastie von Ur; Dynastie von Lagasch	(seit etwa 2400 lokales Fürstentum um Assur)
	um 2350	Lugalsagesi von Umma gründet ein sumer. Großreich	
Altakkadisch	etwa 2350–2170	*Dynastie von Akkad:* Erstes semit. Großreich; Sargon, Naramsin	
	etwa 2170–2070	Fremdherrschaft der *Gutäer*	
Neusumerisch	etwa 2070–1950	*3. Dynastie von Ur:* „Sumerische Renaissance"	
	etwa 1950–1700	*Isin-Larsa-Zeit:* Rivalisierende semit. Dynastien	19./18. Jh. *Altassyr. Handelskolonien* von Assur aus in Kleinasien
Altbabylonisch/ Altassyrisch	etwa 1830–1531	*1. Dynastie von Babylon* (Amoriter)	etwa 1749–1717 Schamschi-Adad I.: Assyr. Reich bis Syrien und Euphrat
		1728–1686 Hammurapi schafft ein einheitl. Reich in Babylonien und Assyrien	
		1531 Ende der Dynastie durch Eroberungszug des *Hethiter*königs Mursili I. nach Babylon	
Mittelbabylonisch/ Mittelassyrisch	bis etwa 1160	*Kassitenherrschaft:* Polit. unbedeutend, kulturgeschichtl. wichtig durch Sammlung des sumer.-babylon. literar. Erbes	seit etwa 1500 Assyrien unter *churrit.* Oberherrschaft (*Mitanni*-Staat), von der es um 1364–1328 1350 Assur-Uballit I. befreit
		1225 Tukulti-Ninurta I. von Assyrien (1234–1198) erobert Babylon	
	etwa 1155–1023	*2. Dynastie von Isin* 1124–1103 Nebukadnezar I.	1115–1078 Tiglatpileser I.: Assyr. Reich bis zum Vansee und Mittelmeer, Kampf gegen *Aramäer*
Neubabylonisch/ Neuassyrisch	912– etwa 627	*Neuassyr. Weltreich,* seit etwa 900 auch Babylonien unter assyr. Oberhoheit, gegen die alle Aufstandsversuche mißlingen 912–891 Adad-Nerari II. 883–859 Assurnasirpal II. 858–824 Salmanassar III. 745–727 Tiglatpileser III. 726–722 Salmanassar V., erobert 722 Samaria 722–704 Sargon II. (Dynastie der Sargoniden) 704–681 Sanherib, zerstört 689 Babylon 680–669 Asarhaddon, erobert 671 Ägypten 669– etwa 627 Assurbanipal, bis 648 (Putschversuch) in Babylon Schamasch-Schum-Ukin	
Spätbabylonisch	626–539	*Spätbabylon. Reich* der *aram. Chaldäer:* Wiederaufbau und letzte Blüte Babylons 626–605 Nabupolassar 605–562 Nebukadnezar II., erobert 597 Jerusalem 556–539 Nabonid (z. T. neben ihm sein Sohn Belsazar)	
(Achämenidisch)	539–331	*Perserreich* der iran. Achämeniden; 539 erobert Kyros II., der Große, Babylon	
	331	Alexander d. Gr. erobert auf seinem Asienfeldzug Assyrien und Babylonien	
(Seleukidisch)	seit 312	*Seleukidenherrschaft:* Hellenisierung der babylon. Kultur	

* Jahreszahlen bis etwa 1500 nach der sog. kurzen Chronologie

Südl. von A. Granitbrüche des Altertums. Auf dem W-Ufer des Nils liegen Fürstengräber des Alten und Mittleren Reiches.

Assur (akkad. Aschschur), Ruinenstätte am rechten Ufer des Tigris, bei Asch Scharkat, Irak, hoch über dem Tigris. Im Altertum auch im N von einem Tigrisarm begrenzt. Seit dem 3. Jt. v. Chr. besiedelt, war Ausgangspunkt und bis ins 9. Jh. v. Chr. auch Hauptstadt des nach A. benannten assyr. Reichs. Als Residenz wurde A. später ersetzt durch Kalach, Dur-Scharrukin und Ninive. Nach der Zerstörung 614 v. Chr. durch die Meder erstand die Stadt noch einmal unter den Parthern (2. Jh. v. Chr.–3. Jh. n. Chr.). - Umfangreiche Ausgrabungen der Dt. Orient-Gesellschaft 1903–14 unter Leitung von E. W. Andrae und R. Koldewey, Fund zahlr. Keilschrifttafeln, u. a. der Bibliothek Tiglatpilesers I. (1115–1078).

Andrae, W.: Das wiedererstandene A. Mchn. [2]1977.

Assurbanipal (Aschschur-Bani-Apli; Sardanapal), assyr. König (669 bis etwa 627). - Sohn des Asarhaddon; versuchte sein Reich als Gesamtheit zu erhalten, doch ging Ägypten 655 endgültig verloren; eroberte gegen seinen (seit 652) aufständ. Bruder 648 Babylon, 639 auch Elam; doch ging das Reich in den Wirren nach seinem Tod zugrunde. Unter A. entstanden bed. Reliefs und die bedeutendste Bibliothek des Alten Orients in Ninive mit einst etwa 5 000 Keilschrifttafeln (heute zum Großteil im British Museum).

Assurnasirpal II. (Aschschur-Nasir-Apli), assyr. König (883–859). - Durch militär. Erfolge gewann A. den Tribut der syr. Kleinstaaten bis zum Mittelmeer; baute in seiner Residenz Kalach einen repräsentativen Palast mit Reliefschmuck.

Assyrien (akkad. Aschschur), das Land um die Stadt Assur am mittleren Tigris, heute der N-Teil des Irak. Nach den frühesten Siedlungen in den Tälern des Sagrosgebirges seit etwa 9000 v. Chr. sind im assyr. Flachland im 6. Jt. v. Chr. die hauptsächl. an ihrer bemalten Keramik unterscheidbaren Kulturkreise von Tall Hassuna, Samarra und Tall Halaf nachzuweisen. Nach 2400 v. Chr. entstand ein lokales Fürstentum um Assur unter sumer. Oberhoheit. Zu einer größeren polit. Einheit wurde A. jedoch erst durch den Usurpator Schamschi-Adad I. (etwa 1749–17), dessen Reich aber unter seinen Söhnen von dem aufstrebenden Babylon erobert wurde. Die Fürsten von A. wurden vom churrit. Mitanni-Staat abhängig, bis Assur-Uballit I. (1364–28) die Unabhängigkeit erstritt. Tukulti-Ninurta I. (1234–1198) beherrschte sogar für kurze Zeit Babylon. Nach einer Schwächeperiode vermochte Tiglatpileser I. (1115–1078) bis zum Mittelmeer und zum Vansee vorzudringen, doch erst unter Adad-Nerari II. (912–891; Babylon kam wieder unter assyr. Oberhoheit) und bes. Assurnasirpal II. (883–859; mit neuer Residenz Kalach) wurde A. zur Weltmacht. Salmanassar V. (726–722) eroberte 722 Samaria und deportierte die Bevölkerung Israels; Sargon II. (722–704, neue Residenz Dur-Scharrukin) schlug Urartu ent-

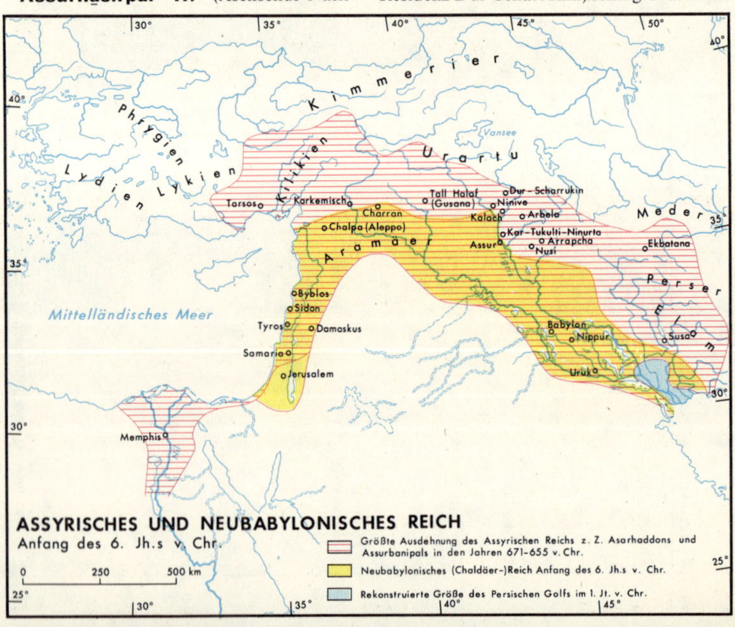

scheidend und kämpfte gegen das aufständ. Babylon, das sein Sohn Sanherib (704–681, Residenz Ninive) 689 zerstörte. Asarhaddon (680–669) eroberte 671 Ägypten. Ein letztes Mal gelang es seinem jüngeren Sohn Assurbanipal (669 bis etwa 627), das Reich geeint zu erhalten. 614 fiel Assur, 612 Ninive und Kalach unter dem Druck der Meder und Babylonier. - Übersicht S. 119.

🕮 *Die Altoriental. Reiche. Hg. v. E. Cassin u. a. Bd. 2. Dt. Übers. Ffm. 61.–65. Tsd. 1980. - Schmökel, H., u. a.: Kulturgesch. des Alten Orient. Stg. 1961. - Schmökel, H.: Gesch. des alten Vorderasien. In: Hdb. der Orientalistik. Hg. v. B. Spuler. Abt. 1. Bd. 2, 3. Leiden 1957.*

Assyriologie [griech.] ↑Altorientalistik.

assyrische Religion ↑babylonisch-assyrische Religion.

assyrisches Recht ↑babylonisches Recht.

a. St., Abk. für: **a**lter **St**il (↑Zeitrechnung).

Astrachan, sowjet. Gebietshauptstadt, RSFSR, an der unteren Wolga, 458 000 E. - Als Handelsplatz schon im 6. Jh. bekannt; entwickelte sich bis zur Zerstörung durch Timur-Leng (1395) zu einem der größten Warenumschlagplätze in S-Rußland; im 15. Jh. Sitz des tatar. Khanats A., 1554 als **Zartum A.** dem Moskauer Reich einverleibt, bald danach Zentrum eines bed. Wirtschaftsgebiets und Sitz von Niederlassungen der größten europ. Handelskompanien für den Handel mit Persien, Buchara und China. Wurde im 18. Jh. Haupthafen der russ. Flotte im Bereich des Kasp. Meeres und Sitz einer Admiralität, im 19. Jh. wichtigster Transithafen im russ.-asiat. Handel.

Asturien (span. Asturias), histor. Prov. (Region) in N-Spanien, entspricht der heutigen Prov. Oviedo, Hauptstadt Oviedo.

Geschichte: Das von keltiber. Asturiern bewohnte Gebiet wurde 25–19 von Augustus unterworfen und Teil der röm. Prov. Hispania Tarraconensis. Im 5. Jh. eroberten die Sueben den W, etwas später die Westgoten den O von A., das seit 584 ganz zum westgot. Reich gehörte. Nach der arab. Invasion (711) letzte Zuflucht der restl. westgot. Bev. Von A. aus begann nach 722 die christl. Reconquista der Iber. Halbinsel. A. wurde christl. Kgr., seit 925 Kgr. León, das 1230 im Kgr. Kastilien aufging. 1388 wurde das Ft. A. errichtet, seither Apanage der kastil., später der span. Thronfolger (Prinzen von A.); 1823 in die Prov. Oviedo umgewandelt.

Asturien [asturi'ɛ̃:] (Asturiense), nach der span. Landschaft A. benannte mesolith. Fundgruppe an der Küste der Iber. Halbinsel, deren Träger als Küstensammler lebten; vorwiegend aus Höhlen und Abris bekannt; Steinwerkzeuge (Pebble tools); lebte bis ins Neolithikum fort.

Astyages, letzter König der Meder. - Nach Herodot Sohn des Kyaxares, Schwager des Krösus und Großvater Kyros' II., der ihn um 550 v. Chr. stürzte.

ASU, Abk. für: ↑**A**rabische **S**ozialistische **U**nion.

Asylrecht, 1. allgemein: das Recht auf Schutz vor Verfolgung. Schon in frühen kulturellen Entwicklungsstufen finden sich A.formen im religiösen Bereich. Der Verfolgte erlangte Schutz durch das Betreten hl. Stätten, das Berühren hl. Personen oder Gegenstände. In der griech. und röm. Antike war jeder den Göttern geweihte Ort Freistatt; seit Konstantin I., d. Gr., wurde das A. auf Kirchen, Klöster, christl. Hospitäler u. a. übertragen. Von der kath. Kirche wird das A. noch heute formell aufrechterhalten. Förml. abgeschafft wurde das Asylwesen in Deutschland erst gegen Ende des 18. Jh.
2. Im geltenden Recht das Recht des Staates, in dem eine Person Zuflucht gesucht hat (Zufluchtstaat), dieser vor dem Verfolgerstaat Schutz zu gewähren, v. a. sie nicht auszuliefern.

Aszendent [lat.], in der *Genealogie:* Vorfahre (Ahne) einer Person. - Ggs.: Deszendent. **Aszendenz,** Verwandschaft in aufsteigender Linie. Ggs.: Deszendenz.

Atahualpa [span. ata'ualpa] (Quechua: Atawalchpa), † Cajamarca (Peru) 29. Aug. 1533, 13. (letzter) Herrscher der traditionellen Inkaliste. - Nahm um 1530, obwohl nicht thronberechtigt, die Inkawürde an; Alleinherrscher 1532 nach Gefangennahme seines Halbbruders Huáscars; 1532 von den Spaniern unter F. Pizarro gefangengenommen; trotz Zahlung eines ungeheuren Lösegeldes zum Tode verurteilt und erdrosselt.

🕮 *Die Eroberung Perus in Augenzeugenberichten. Hg. v. L. u. T. Engl. Mchn. 1975.* - ↑*auch Inka,* ↑*Pizarro, Francisco.*

Ataman [russ.], in Entsprechung zur ukrain.-poln. Bez. Hetman die russ. histor. Bez. für den freigewählten, mit militär. und ziviler Befehlsgewalt ausgestatteten Führer der Kosaken.

Atasi, Al, Haschim (Atassi), * Homs 1876 (?), † ebd. 6. Dez. 1960, syr. Politiker. - 1936–39 Staatspräs., 1949 Min.präs., 1949–51 und 1954/55 erneut Staatspräs.

A., A., Nur Ad Din (Atassi), * Homs 1929, syr. Politiker. - Urspr. Arzt; 1963 Innenmin., 1964 stellv. Min.präs., ab 1966 Vors. der Bath-Partei in Syrien und Staatspräs.; 1968 auch Min.präs.; gehört zum radikalen Flügel der Bath-Partei; 1970 gestürzt; lebt im Exil in Libyen.

Atatürk ↑Kemal Atatürk.

Atérien [ateri'ɛ̃:] (Atirian), nach dem in der Nähe des Fundplatzes Qued Djebbana gelegenen Bir el-Ater (etwa 75 km südl. von Tébessa, Algerien) benannte steinzeitl. Kulturgruppe, die im N Afrikas vom Niltal bis zur Atlantikküste und im S bis zum 15. Breitengrad vorkommt; typ. sind Spitzen und

Schaber mit für die Schäftung ausgearbeitetem Stiel.

Athalarich (lat. At[h]alaricus), * 516, † 2. Okt. 534, König der Ostgoten (seit 526). - Sohn der Amalasuntha und des Eutharich; stand als Nachfolger Theoderichs d. Gr. unter mütterl. Vormundschaft.

Athanarich (Athanerich, lat. Athanaricus), † Konstantinopel 381, Führer der Westgoten. - Mehrere Christenverfolgungen (348, 369) aus Römerhaß; durch Kaiser Valens nach mehrjährigem Krieg 369 zum Vertragsverhältnis mit Rom gezwungen; zog sich vor den Hunnen mit einem Teil des Volkes in das Banater Bergland zurück; gegen Lebensende von Kaiser Theodosius I. ehrenvoll aufgenommen.

Athaulf, † Barcelona 415 (ermordet), König der Westgoten (seit 410). - Schwager Alarichs; führte sein Volk 412 nach Gallien, wo er ein eigenes Reich zu gründen suchte; konnte sich trotz versuchter Anlehnung an Rom und Eheschließung (414) mit Galla Placidia, der Schwester Kaiser Honorius', nicht halten und zog nach Spanien.

Athen (neugriech. Athinä), Hauptstadt Griechenlands, 885 000 E, städt. Agglomeration (56 ehem. selbständige Gemeinden und die Hafenstadt Piräus) 3,03 Mill. E.
Geschichte: Älteste Besiedlungsspuren finden sich auf Akropolis und Kolonos (3. Jt. ?). Der Sage nach unter Theseus, tatsächl. in jh.langem Prozeß der Vereinigung (Synoikismos) Attikas zum Staat geworden. A. machte in archaischer und vorklass. Zeit den innenpolit. Entwicklungsprozeß von der Monarchie (Abschaffung 683 ?) zur Demokratie durch, wobei die aristokrat. Oberschicht lange Zeit starke polit. und wirtsch. Geltung besaß. Nach dem antiaristokrat. Umsturzversuch des Kylon (um 630) und der Gesetzgebung Drakons (um 624) schuf bes. Solon (ab 594) die Grundlagen der athen. Demokratie, die nach der Tyrannis der Peisistratiden († Peisistratos) in der Staatsordnung des Kleisthenes (ab 508/507) und schließl. des Ephialtes (462) ihre Form fand. Die Beteiligung A. am Ion. Aufstand (500–494) löste die Perserkriege (ab 490) aus; 480 zerstört, 479/478 durch Themistokles befestigt. Die Gründung des Att.-Del. Seebundes (477) dokumentierte den Aufstieg A. zur Vormacht der Griechen († griechische Geschichte). Die athen. Machtstellung wurde im Peloponnes. Krieg (431–404) durch Sparta erschüttert, in der Schlacht bei Chaironeia (338) durch Makedonien endgültig zerschlagen. Nach dem Abfall von seinem Verbündeten Rom im 1. Mithridat. Krieg 86 von Sulla erobert, blieb A. jedoch auch in der röm. Kaiserzeit Kulturmittelpunkt. Nach Barbareninvasion (267 Heruler, 395 Westgoten) bedeutete die Schließung der Akademie durch Kaiser Justinian I. 529 für A. den Abschluß der Antike und zugleich den Anfang allg. Verfalls. Seit 1204 im Besitz der Kreuzfahrer; 1205–1308 von dem burgund. Geschlecht de la Roche, 1311–87 von der Katalan. Kompanie und bis zur osman. Eroberung (1456) von der florentin. Patrizierfamilie Acciaiuoli beherrscht. Unter den Osmanen hatte A. (**Setine**) als Teil der Apanage der Sultansfamilie weitgehende Selbstverwaltung. Im Großen Türkenkrieg 1687/88 von den Osmanen in Brand gesetzt, (vorübergehend) von den Venezianern erobert. Nach dem griech. Unabhängigkeitskrieg 1834 Hauptstadt Griechenlands und königl. Residenz. - Karte S. 124.

📖 *Ferguson, W. S.: Hellenistic Athens. Chicago (Ill.) Neuaufl. 1974. - Sarkady, J.: Reise in das alte A. Dt. Übers. Lpz. 1974. - Kraiker, W.: Funde in A. Gött. 1971. - Travlos, J.: Bildlex. zur Topographie des antiken A. Tüb. 1970. - Tarkiainen, T.: Die athen. Demokratie. Zürich 1966 (Tb. 1972). - Gregorovius, F.: Gesch. der Stadt A. im MA. Basel u. Stg. ^{4}1962. 2 Bde.*

Athenais, * Athen um 400, † Jerusalem 460, oström. Kaiserin. - Getauft als Eudokia; wurde 421 Gattin des Kaisers Theodosius II. A.; auch Verf. profaner und religiöser Dichtungen, übte auf den Kaiser und seine Politik weitreichenden Einfluß aus; 441 vom Hof vertrieben, lebte in Jerusalem.

Äthiopien

(amtliche Vollform: Yä Eteyopeya Manguist), Staat in NO-Afrika zwischen 3° und 18° n. Br. sowie 33° und 48° ö. L. **Staatsgebiet:** Ä. grenzt im NO an das Rote Meer, im W an die Republik Sudan, im S an Kenia, im O an Somalia (hier stößt die Prov. Harar mit der Landschaft Ogaden als scharfe Spitze in das Staatsgebiet Somalias vor) und im zentralen NO an Dschibuti. **Fläche:** 1 221 900 km². **Bevölkerung:** 42 Mill. E (1984), 34,4 E/km². **Hauptstadt:** Addis Abeba. **Verwaltungsgliederung:** 14 Prov. (Teqlay Ghizat). **Staatssprache:** Amharisch, zweite Amtssprache: Englisch, in Eritrea ist Italienisch Handels- und z. T. Verwaltungs-, an der Küste Arabisch Umgangssprache. **Staatsreligion:** Christentum, in der Form der Äthiop. Staatskirche. **Nationalfeiertag:** 12. Sept. (Jahrestag der Nat. Revolution). **Währung:** Birr = 100 Cents. **Internat. Mitgliedschaften:** UN und OAU, den EG assoziiert. **Zeitzone:** Moskauer Zeit, d. i. MEZ + 2 Std.

Geschichte: Etwa von 500 v. Chr. bis zum 3./4. Jh. n. Chr. überlagerten semit. Einwanderer aus S-Arabien die einheim. (kuschit.) Bev. Die Überlieferung Äthiopiens selbst kennt mehrere (legendäre) Versionen zur Frühgeschichte: neben dem Bericht über die Herrschaft eines Drachens oder einer Schlange die der Begegnung der Königin von Saba mit Salomon, der der Sohn Menilek (I.) entstammte. Diese Tradition ist Teil der äthiop. Reichsideologie: Auch das zuletzt regierende Herrscherhaus leitete seinen Stammbaum von Salomon und der Königin von Saba her. In N-Äthiopien wurden Objekte der sog. voraksumit. Kultur (etwa 4. Jh. v. Chr. bis 2. Jh. n. Chr.) ausgegraben, einer Vorstufe zum aksumit. Reich: Die Stadt Aksum wurde vielleicht Mitte 1. Jh. n. Chr. gegr.; Hafen und wichtiger Handelsplatz war Adulis am Roten Meer. Den Wendepunkt der äthiop. Geschichte bildet die Annahme des Christentums durch König Esana (4. Jh., Blüte des Reiches). 525–572 war S-Arabien unter äthiop. Oberhoheit. Durch das Aufkommen des Islams und das Vordringen der Araber geriet Aksum in die Isolierung. Nach seinem Untergang im 10. Jh. ging aus inneren Wirren schließl. die neue Dyn. der Sagwe mit ihrem bekanntesten Herrscher Lalibäla hervor. Mit Jekuno Amlak gelangte 1270 die salomon. Dyn. wieder zur Herrschaft. In der nun folgenden Epoche (Reich von Amhara) verlagerte sich der polit. Schwerpunkt nach S. Hier bildete sich zunächst das Reich von Schoa heraus mit Amdä Sejon I. (♔ 1314–44) und Sära Jakob (♔ 1434–68) als bedeutendsten Herrschern. Seit 1527 wurde das Reich durch die Einfälle des muslim. Emirs Granj schwer getroffen und v. a. durch das Eingreifen der Portugiesen unter Dom Cristóvão da Gama vor dem Untergang bewahrt. Das Reich von Gondar (17./18. Jh.) war mit dem Problem konfrontiert, wie die vordringenden Galla in den christl. Staat integriert werden konnten. Innere Zwistigkeiten ließen das Reich von Gondar Ende des 18. Jh. im Zerfall der Reichsgewalt enden. Die Grundlagen zu einem modernen Äthiopien wurden von Menilek II. (♔ 1889–1913) gelegt, der mit italien. Unterstützung zum Kaiser erhoben wurde. Sein glänzender Sieg über die Italiener, als er sich deren Oberhoheit entzog, in der Schlacht bei Adua (1896) sicherte die Unabhängigkeit des Reiches, das er nach SO, S und W ausdehnte. Die neue Hauptstadt Addis Abeba entwickelte sich rasch. Sein Werk wurde von Kaiser Haile Selassie I. (♔ 1930–74) fortgeführt, wobei die italien. Okkupation (1936–41) nur eine kurze Unterbrechung bedeutete. Er schuf eine zentralist. Verwaltung, reformierte das Rechtswesen und baute das Bildungswesen aus. Die Verfassung von 1931 wurde 1955 revidiert. 1974 übernahm nach vorangegangenen Unruhen das Militär die Macht, Kaiser Haile Selassie I. wurde abgesetzt, die Monarchie 1975 abgeschafft. Wegen (oft blutigen) Konflikten zw. den führenden Militärs wechselten die Militärreg. häufig. Das Programm der Militärreg. vom April 1976 verkündete als Ziel eine „Demokrat. VR" unter proletar. Führung. Jede Opposition wird durch Terrormaßnahmen unterdrückt. Seit 1974 herrscht Bürgerkrieg in der Prov. Eritrea, wo die Eritreische Befreiungsfront die Unabhängigkeit der Prov. erstrebt. Der zunehmende Einfluß und die Waffenhilfe der UdSSR führten 1977 zum Bruch mit den USA. In dem von Somalia beanspruchten Gebiet Ogaden verteidigten 1977/78 äthiop. Truppen die Integrität des Landes gegen die Westsomal. Befreiungsfront.

Politisches System: In der Revolution von 1974 wurde Ä. zum sozialist. Staat proklamiert. 1975 wurde die Monarchie abgeschafft. Eine neue Verfassung wurde angekündigt. *Staatsoberhaupt* und oberster Inhaber der *Exekutive* ist seit Febr. 1977 Mengistu Haile Mariam. Er ist Vors. der Generalversammlung, des ZK des Ständigen Komitees und des Ministerrats sowie Oberbefehlshaber der Streitkräfte. Die Generalversammlung (rd. 50 Mgl.) ist durch eine im Dez. 1976 und im Febr. 1977 erfolgte Umstrukturierung des Provisor. Militärrats (auch „Derg" gen.) entstanden und ist das polit. Entscheidungsgremium mit Befugnissen der *Legislative.* Die Generalversammlung wählt das 32köpfige ZK, das bestimmte wirtsch. und diplomat. Befugnisse hat, sowie das 16köpfige Ständige Komitee, das polit., rechtl. und diplomat. Funktionen wahrnimmt. Die Befugnisse des vorwiegend aus Zivilisten bestehenden Ministerrats sind eng begrenzt. Führende *Partei* ist die 1984 gegr. marxist.-leninist. Arbeiterpartei Äthiopiens (WPE) unter Vorsitz von Mengistu Haile Mariam. Von geringerem Einfluß sind die Parteien Eech-At (Revolutionäre Bewegung für die Unterdrückten), Malerid (Marxist.-Leninist. Organisation) und Woz Ader (Arbeiterliga). Daneben gibt es einige oppositionelle Parteien, die im Untergrund agieren. Die *Gewerkschaften* sind im Gesamtäthiop. Gewerkschaftsverband zusammengeschlossen. *Verwaltung:* Ä. ist in 14 Prov. gegliedert, deren Gouverneure der Reg. unterstehen. Auf lokaler Ebene bestehen mit weitreichenden administrativen und gerichtl. Befugnissen Verbände von Stadtbewohnern bzw. Bauern, die Verwaltungskomitees und Bürgermeister wählen. Neben die ordentl. *Gerichte* auf den verschiedenen territorialen Ebenen mit dem Obersten Gerichtshof an der Spitze traten 1974 Militärtribunale. Die *Streitkräfte* haben eine Gesamtstärke von 318 800 Mann (Heer 313 000, Luftwaffe 4 000, Marine 1 800). Außerdem gibt es 178 000 Mann paramilitär. Kräfte.

🕮 *Hasselblatt, G.: Ä. Menschen, Kirchen, Kulturen. Stg. 1979. - Göricke, F. V.: Revolutionäre Agrarpolitik in Ä. Saarbrücken 1977. - Matthies, V.: Der Grenzkonflikt Somalias mit Ä. u. Kenya. Hamb. u. Pfaffenhofen a. d. Ilm 1977. - Scholler, H./Brietzke, P.: Ethiopia. Revolution, law, and politics. Mchn. 1976. - Doresse, J.: Histoire de l'Éthiopie. Paris 1970. - Pankhurst, R.: Economic history of Ethiopia, 1800–1935. Addis Abeba 1968. - Hammerschmidt, E.: Ä. Christl. Reich zw. Gestern u. Morgen. Wsb. 1967.*

ATHEN
Von der Gründung des Attisch-delischen Seebundes (477) bis zum Ende des Peloponnesischen Krieges (404).
0 50 100km
Attisch-delischer Seebund, gegr. 477 v. Chr.
Nicht dem Seebund angehörende Bundesgenossen Athens
Selbständige Fürstentümer
Sparta und seine Bundesgenossen im Peloponnesischen Krieg (431–404)
Neutrale griechische Staaten
Persisches Reich
Samos Staaten, die sich gegen Athen erhoben
Naxos Attische Kleruchien
Sardes Persische Satrapenresidenzen
Seezüge Athens gegen:
Sizilien
Korinthisches Kolonialreich
Persien
IV Steuererhebungsbezirke des Seebundes
411 Athens Anstrengungen zur Sicherung der pontischen Einfuhr
407 Entscheidende Phasen des spartanischen Sieges
Makedonien
Lynkestis
Epirus
Thessalien
Perrhaibia
Magnesia
Chalkidike
Ätolien
Akarnanien
Böotien
Attika
Euböa
Achaia
Elis
Arkadien
Peloponnes
Messenien
Lakonien
Kreta
Phrygien
Mysien
Lydien
Karien
Lykien
Propontis
Ägäisches Meer
Kretisches Meer
Ionisches Meer
Syrakus 413: Niederlage Athens
455
465
am Eurymedon (um 465) Athen Großmacht
beim zyprischen Salamis (448) > Freiheit f. Griechen
Ägypten (460–454)
Bundeskasse Delos (478–454)
Byzantion
Chalkedon
Perinthos
Kyzikos
Lampsakos
Abydos
Chersones
Imbros
Lemnos
Thasos
Samothrake
Lesbos
Arginusen
Chios
Samos
Naxos
Andros
Skyros
Rhodos
Karpathos
Athen
Sparta
Sardes
Daskyleion

Athos, Mönchsrepublik auf der Halbinsel Ajion Oros, der östlichsten Halbinsel der Chalkidike, Griechenland, 340 km^2, 20 größere und zahlr. kleinere Klöster auf dem Berg A., 3000 E. Seit der Mitte des 9. Jh. gab es Einsiedler bes. im N des A.berges; das älteste der A.klöster ist das 963 gegr. Moni Lawra.

Atlantikcharta, am 14. Aug. 1941 von Churchill und Roosevelt auf dem brit. Schlachtschiff „Prince of Wales" im Atlantik beschlossene Erklärung über die Grundsätze der zukünftigen Kriegs- und Nachkriegspolitik Großbrit. und der USA: u. a. Verzicht auf Annexion, Anerkennung des Selbstbestimmungsrechts der Völker bei der Wahl ihrer Regierungsformen und bei der Regelung territorialer Streitigkeiten, Wiederherstellung der weltwirtsch. Beziehungen auf der Grundlage grundsätzl. Gleichberechtigung aller Staaten im Welthandel, Freiheit der Meere, vollständige Entmilitarisierung aller Aggressorstaaten bis zur Herstellung eines dauerhaften Systems der kollektiven Sicherheit; wurde zu einem der Grunddokumente der UN.

Atlantikpakt ↑NATO.

Atlantikwall, dt. Befestigungsanlagen an der frz., belg. und niederl. Küste, 1942–44 errichtet; sollte amphib. Großlandungen der Alliierten verhindern; wurde bereits am ersten Tag der alliierten Invasion in der Normandie (6. Juni 1944) durchbrochen.

Atlantis, sagenhafte, nach Berichten Platons im „Timaios" und im „Kritias" angebl. im Atlant. Ozean westl. von Gibraltar gelegene Insel, von der ägypt. Priester dem Solon erzählt haben sollen. Die Frage, ob es sich um eine Fiktion handelt oder ob eine Lokalisierungsmöglichkeit besteht, ist von jeher umstritten.

Ätolien, Landschaft im westl. M-Griechenland.

Geschichte: Die stark mit vorgriech. Bev. gemischten **Ätolier** galten lange Zeit als Halbbarbaren; Ä. gelangte erst durch den Zusammenschluß zum ↑Ätolischen Bund zu polit. Bed. 189 v. Chr. von den Römern unterworfen, unter Augustus der Prov. Achaia eingegliedert.

Ätolischer Bund, polit. Zusammenschluß der Einwohner Ätoliens; erstmals 367 v. Chr. nachweisbar; entwickelte sich erst in der Diadochenzeit zu einem wichtigen Faktor in der griech. Geschichte (279 Rettung Delphis vor kelt. Angriff). Machtzuwachs bis in die Peloponnes, jedoch in ständigem Ggs. zum Achäischen Bund sowie zu Makedonien; seit 212 Bundesgenossen Roms, wesentl. an der Niederringung Makedoniens beteiligt; 189 zur Anerkennung der röm. Oberhoheit gezwungen, verlor prakt. die Selbständigkeit; blieb als kult. Gemeinschaft innerhalb der Prov. Achaia bestehen.

atomares Patt, aus dem Schachspiel entlehnter Begriff, mit dem seit Ende der 1950er Jahre das nukleare Rüstungsgleichgewicht der USA und der UdSSR gekennzeichnet wird. Trotz quantitativer Unterschiede im atomaren Potential beider Mächte bleibt das a. P. durch die Möglichkeit beider Seiten bestehen, im Falle eines nuklearen Überraschungsangriffes einen atomaren Vergeltungsschlag gegen den Angreifer zu führen. Da dieses „Gleichgewicht des Schreckens" nur auf Grund verstärkter finanzieller Anstrengungen aufrechterhalten werden kann und beide Großmächte über ein atomares Potential verfügen, das zur mehrfachen Vernichtung des Gegners ausreicht, wird seit 1969 versucht, eine Begrenzung der strateg. Atomwaffenrüstung auszuhandeln. - ↑auch Abrüstung.

Atomteststoppabkommen, am 5. Aug. 1963 in Moskau von den USA, Großbrit. und der UdSSR abgeschlossener Vertrag über das Verbot von Kernwaffenversuchen in der Atmosphäre, im Weltraum und unter Wasser. Am 30. März 1976 trat ein Vertrag zw. den USA und der UdSSR in Kraft, in dem sich beide Mächte verpflichteten, unterird. Kernwaffenversuche mit einer Sprengkraft von mehr als 150 kt TNT zu unterlassen.

Atomwaffen ↑ABC-Waffen.

atomwaffenfreie Zone (kernwaffenfreie Zone), Gebiet, in dem auf Grund internat. Abmachungen oder einseitiger Erklärungen keine Kernwaffen hergestellt, stationiert oder eingesetzt werden sollen. Der erste Vertrag über die Errichtung einer a. Z. wurde am 14. Febr. 1967 von mittel- und südamerikan. Staaten geschlossen. Seit 1981 ist der Plan einer a. Z. in Nordeuropa verstärkt im Gespräch.

Atomwaffensperrvertrag, Kurzbez. für den am 1. Juli 1968 in Washington, London und Moskau von den Vertretern der Regierungen der drei Atommächte USA, Großbrit. und UdSSR (die zugleich Verwahrregierungen sind) unterzeichneten „Vertrag über die Nichtverbreitung von Kernwaffen". Eine große Anzahl weiterer Staaten schloß sich der Unterzeichnung an (auch die BR Deutschland). Die beiden Atommächte Frankr. und die VR China unterzeichneten nicht. Der Vertrag trat am 5. März 1970 in Kraft.

Atomzeitalter, Bez. für das gegenwärtige Zeitalter als Ausdruck für die mit der Explosion der ersten Atombombe (1945) begonnene Entwicklung, die durch die techn. Nutzung der aus Atomkernen freigesetzten Kernenergie gekennzeichnet ist; Teil des industriellen Zeitalters.

Atossa, pers. Königin. - Tochter Kyros' I.; u. a. ∞ mit ihrem Bruder Kambyses, dann mit Darius I., den sie zur Eroberung Griechenlands anspornte; sicherte ihrem Sohn Xerxes I. die Herrschaft.

Attalos, Name pergamen. Könige:
A. I. Soter, *269, †Pergamon 197, König

(seit 241). - Nachfolger Eumenes' I.; konnte sich Kleinasiens bis zum Taurus bemächtigen, es jedoch nicht behaupten; gewann als Bundesgenosse der Ätolier und Römer gegen Makedonien (seit 212) Ägina; löste den 2. Makedon. Krieg aus (201).

A. II. Philadelphos, * 220, † 138, König (seit 159). - Sohn A.' I.; wurde 159 Nachfolger seines Bruders Eumenes II. und heiratete dessen Witwe Stratonike; rettete Pergamon mit röm. Hilfe vor bithyn. Angriffen (156–154) und mischte sich erfolgreich in seleukid. Thronstreitigkeiten ein; in seiner Regierungszeit Vollendung des Pergamonaltars sowie der nach ihm ben. Stoa in Athen.

A. III. Philometor, * 171, † 133, König (seit 138). - Sohn Eumenes' II. (oder A.' II.?) und der Stratonike, letzter pergamen. König; vermachte das Pergamen. Reich testamentar. Rom.

Attika, Halbinsel des östl. M-Griechenland, zw. Saron. Golf im W und Petal. Golf im O.

Geschichte: Siedlungsspuren aus dem Neolithikum; in der 2. Hälfte des 3. Jt. enge Beziehungen zur kyklad. Kultur. Die Anfang des 2. Jt. in A. eindringenden Ionier übernahmen von der älteren Bev. Kulte und viele geograph. Namen und konnten alle Siedlungsversuche anderer Stämme abwehren. Der polit. Einigung der att. Kleinfürstentümer (Athen, Marathon, Eleusis, Thorikos, Brauron, Aphidna) gingen lokale Zusammenschlüsse um gemeinsame kult. Zentren voraus. Seit Entstehung der ganz A. umfassenden athen. Herrschaft (10.–8. Jh.) ältestes kulturell geschlossenes Gebiet des griech. Festlands. Gehörte im MA zum Hzgt. Athen.

Attila, † 453, König der Hunnen (seit 434). - Regierte bis 445 mit seinem Bruder Bleda, den er ermordete; Kernland seines Reiches war die ungar. Tiefebene; Raubzüge zwangen zunächst Ostrom zur Erhöhung der Tributleistungen und zur Verleihung des Titels Magister militum an A.; verwüstete nach antihunn. Politik Westroms ab 450 den N Galliens, wurde aber 451 von Aetius auf den Katalaun. Feldern geschlagen; stieß 452 nach Italien vor; von Papst Leo I. aber zur Umkehr bewogen; starb (durch Mord?) bei der Vorbereitung eines Kriegs gegen Ostrom; lebte in Sagen und Liedern (Atli, Etzel) fort.

🕮 *Grousset, R.: Die Steppenvölker. A. - Dschingis-Khan – Tamerlan. Dt. Übers. Essen 1976. - Boor, H. de: Das A.bild in Gesch., Legende u. heroischer Dichtung. Nachdr. Darmst. 1963. - Altheim, F.: A. u. die Hunnen. Baden-Baden 1951.*

Attisch-Delischer Seebund, 477–404 bestehende Vereinigung griech. Staaten (in seiner Blütezeit etwa 200) unter Führung Athens zur Sicherung Griechenlands nach Abwehr der pers. Invasion 480; entwickelte sich nach 449 zum Machtinstrument athen. Politik mit deutl. Tendenz zur Schaffung eines Seereichs. Ein zweiter Bund (**Att. Seebund,** 378–354) sollte v. a. ein Gegengewicht gegen spartan. Vormachtbestrebungen sein.

Attlee, Clement Richard Earl (seit 1955) [engl. 'ætlɪ], * London 3. Jan. 1883, † ebd. 8. Okt. 1967, brit. Politiker. - Urspr. Anwalt; seit 1907 Mgl. der Fabian Society und der Labour Party; 1922–55 Unterhausabg., seit 1935 Führer der Labour Party und Oppositionsführer im Unterhaus; seit 1940 Stellvertreter Churchills und mehrfach Min.; setzte als Premiermin. 1945–51 u. a. die Verstaatlichung der Schlüsselindustrien, den Ausbau des staatl. Versicherungswesens und des Wohlfahrtstaates durch; 1951–55 erneut Oppositionsführer; danach Mgl. des Oberhauses.

Attuarier (Chattuarier, lat. Attuarii), german. Volksstamm, Teil der Chatten.

Aubin, Hermann [frz. o'bɛ̃], * Reichenberg (Böhmen) 23. Dez. 1885, † Freiburg im Breisgau 11. März 1969, dt. Historiker. - Prof. in Gießen, Breslau, Kairo, 1946 in Hamburg, seit 1954 in Freiburg im Breisgau; Forschungen zur ma. Geschichte, Wirtschafts- und Sozialgeschichte; gab v. a. der Forschung zur Landesgeschichte und zur dt. Ostsiedlung entscheidende Impulse.

Auctoritas [lat.], bei den Römern das Ansehen und die Bed. einzelner Personen und Personengruppen sowie deren Führungseigenschaften und -berechtigung. Mit A. war jedoch keine staatl. Macht verbunden, weshalb die A. neben und sogar im Gegensatz zur Amtsgewalt („potestas") stand. In der späteren Kaiserzeit verstand man unter A. die gesamte kaiserl. Gewalt. Im MA wurde nach der Lehre Papst Gelasius' I. von 494 die „geheiligte A. der Bischöfe" von der „königl. potestas" unterschieden.

🕮 *Heinze, R.: A. In: Römertum. Hg. v. H. Oppermann. Darmst. ⁴1976. - Löwe, H.: Kaisertum u. Abendland in otton. u. frühsal. Zeit. In: Histor. Zs. 196 (1963).*

audiatur et altera pars [lat. „gehört werde auch der andere Teil"], Grundsatz des röm. Zivilprozeßrechts, nach dem auch der Prozeßgegner zu hören ist.

Audiencia, ursprüngl. höherer Gerichtsbezirk in Spanien und Lateinamerika, auch Bez. für die Gerichtsbehörde selbst. Seit dem 16. bis zum 19. Jh. besaßen die A. auch (untergeordnete) Verwaltungsfunktionen.

Auer, Ignaz, * Dommelstadt bei Passau 19. April 1846, † Berlin 10. April 1907, dt. Politiker (SPD). - 1877 erstmals MdR, später Mgl. des Parteivorstands; neben Bebel und Liebknecht einer der Führer der dt. Sozialdemokratie; Vertreter des Revisionismus.

Auersperg, Krainer Adelsgeschlecht, benannt nach dem gleichnamigen Ort (heute Turjak, südöstl. von Ljubljana), 1220 erstmals erwähnt; teilte sich Mitte 15. Jh. in zwei Linien, deren ältere 1530 in den Freiherrn-, 1630 in den Grafenstand, und deren jüngere 1653 in den Reichsfürstenstand erhoben wurde. Bed. Vertreter:

A., Adolf Fürst, Herzog von Gottschee, * 21. Juli 1821, † Schloß Goldegg (Niederösterreich) 5. Jan. 1885, östr. Politiker. - Bruder von Carlos Fürst A.; Jurist; 1871–79 östr. Min.präs.; führte eine liberale Wahlreform durch (direkte Wahl des Reichsrats); scheiterte v. a. infolge seiner Zustimmung zur Okkupation Bosniens und der Herzegowina; wurde 1879 Präs. des obersten Rechnungshofs.

A., Anton Alexander Graf von, östr. Dichter, ↑ Grün, Anastasius.

A., Carlos Fürst, Herzog von Gottschee, * Prag 1. Mai 1814, † ebd. 4. Jan. 1890, östr. Politiker. - Forderte 1846/47 als Mgl. der dt. Fortschrittspartei die Erweiterung der Rechte des böhm. Landtags; 1861–67 Präs. des Herrenhauses, befürwortete die Politik des östr.-ungar. Ausgleichs; stritt als östr. Min.präs. 1867/68 für die Aufhebung des Konkordats von 1855.

Auerstedt, Gemeinde im Landkr. Apolda (Thüringen), Bez. Erfurt, DDR, unter 1 000 E. Bekannt durch die Doppelschlacht von ↑ Jena und Auerstedt (1806).

Auerswald, ostpreuß. Adelsgeschlecht; entstammt meißn. Uradel; 1263 erstmals erwähnt; seit etwa 1500 im Hzgt. Preußen ansässig. Bed. Vertreter:

A., Alfred von, * Marienwerder 16. Okt. 1797, † Berlin 3. Juli 1870, preuß. Politiker. - Sohn von Hans Jakob von A.; wirkte im altliberal-konstitutionellen Sinn; März–Juni 1848 preuß. Innenmin., bis Nov. 1848 Mgl. der Frankfurter Nationalversammlung, 1850 des Erfurter Parlaments; langjähriges Mgl. des preuß. Abg.hauses.

A., Hans Jakob von, * Plauth 25. Juli 1757, † Königsberg (Pr) 3. April 1833, preuß. Staatsbeamter. - Berief auf eigene Verantwortung als Oberpräs. von Ost- und Westpreußen und Litauen (1808–24) 1813 den ostpreuß. Landtag ein, der die dt. Erhebung einleitete.

A., Rudolf von, * Marienwerder 1. Sept. 1795, † Berlin 15. Jan. 1866, preuß. Politiker. - Sohn von Hans Jakob von A.; Juni–Sept. 1848 Außenmin.; ab 1853 einer der Führer der altliberalen Opposition im preuß. Abg.haus; 1858–63 Staatsmin. ohne Portefeuille und stellv. Min.präs. im Ministerium der „Neuen Ära"; scheiterte im Heereskonflikt.

Aufklärung, ein im 18. Jh. aufkommender Begriff 1. allgemein für einen Erkenntnisprozeß, der gerichtet ist auf die Befreiung von Traditionen, Institutionen, Konventionen und Normen, die nicht vernunftgemäß begründet werden können, um die Gesamtsituation des Menschen durch die so gewonnenen Erkenntnisse im Sinne des Fortschritts zu verändern; 2. Epochenbez. für die gesamteurop., alle Lebensbereiche beeinflussende, zunehmend gesellschaftskrit. Bewegung des 17./18. Jh., die den Prozeß der Säkularisierung der modernen Welt einleitet.

Den verschiedenen Richtungen der A. ist gemeinsam die Grundüberzeugung von der Autonomie der menschl. Vernunft: Die Vernunft ist die einzige und letzte Instanz, die über Methoden, Wahrheit und Irrtum jeder Erkenntnis ebenso entscheidet wie über die Normen des eth., polit., sozialen Handelns. Instrument der aufklärer. autonomen Vernunft ist die Kritik, die prinzipiell der freien, öff. Diskussion und Gegenkritik zu unterwerfen ist; deshalb die Forderung nach Freiheit der Meinungsäußerung und Toleranz gegenüber anderen Meinungen. Zentrale Instanz der Vernunftkritik sind die method. verfahrenden (auf allgemeine Überprüfbarkeit angelegten) Wissenschaften, die - wegen der unbestreitbaren Erfolge der Naturwissenschaften seit Beginn der Neuzeit - weithin naturwissenschaftl. orientiert sind. Mit dem Glauben an die Vernunft verbindet sich der Glaube an den Fortschritt, der zwar grundsätzlich seine Grenze im Erkenntnisvorgang selbst hat, aber - aufklärer. optimist. - prakt. als unbegrenzt angesehen wird. Das die A. kennzeichnende überaus starke Interesse an Fragen der Erziehung, der Pädagogik folgt unmittelbar aus der gesellschaftsverändernden Absicht der A.

Nach Ansätzen in der Renaissance und im Humanismus ist *polit.* die Erschütterung der Macht und Autorität der konfessionell gespaltenen Kirche eine entscheidende Voraussetzung zur Entwicklung der A.bewegung des 17./18. Jh. Geistig erhält die A. v. a. durch folgende Bewegungen entscheidende Impulse: durch den durch die Schule von Salamanca vorbereiteten Durchbruch zum modernen Naturrecht, das bereits im 16. Jh. im Ringen um Glaubensfreiheit und ständ.-polit. Freiheit Einfluß gewinnt und von J. Althusius, H. Grotius und S. v. Pufendorf systematisiert wird, und zum anderen durch den im 17. Jh. einsetzenden Umbruch in den Naturwissenschaften (Astronomie, Physik, Medizin), der zum Abbau des scholast.-aristotel. Weltbildes und zum Aufbau eines mechanist. Weltbildes führt. Ausgangspunkt des Autonomiestrebens der einzelnen Richtungen der A.bewegung des 17./18. Jh. ist - bei aller Unterschiedenheit - die Lösung des Denkens aus den Bindungen der tradierten, auf Offenbarungswahrheiten gegründeten christl. Religion und Theologie und dem durch das Christentum theolog.-metaphys. begründeten Weltbild mit seiner Staats- und Gesellschaftsordnung.

Die Philosophie der A. richtet ihr Interesse - abgesehen von ihren Versuchen zur Begründung einer natürlichen Religion, die die tradierte Offenbarungsreligion ablösen soll, - insbes. auf die Erkenntnistheorie, die hier erstmals zur Erkenntniskritik wird und sich so von der klass. Metaphysik abwendet. In sich nicht einheitl. steht die Philosophie der A. im Spannungsfeld zwischen Empirismus und Rationalismus und ihrer Auseinandersetzung über den Zusammenhang von Erfahrung und Vernunft. Der Empirismus findet v. a. in England seine Ausprägung, u. a. bei F. Bacon, Hobbes, Locke, D. Hume. In Frankr. herrschen dagegen rationalist. Systeme, konzipiert von Descartes, N. Malebranche, P. Bayle, Voltaire und den Enzyklopädisten. Die frz. A. erreicht ihren Höhepunkt im Skeptizismus bei Condillac und im Materialismus etwa bei J. O. de La Mettrie, Diderot, C. A. Helvétius, Baron v. Holbach. In Deutschland wird die A. verzögert und zunächst in einer gewissen Enge mit der Betonung des Nützlichen als Wertkategorie und maßvoller, bürgerl. Zufriedenheit als Ziel wirksam. Vorbereitend wirkt Ch. Thomasius, Ch. Wolff und seine Schule (G. B. Bilfinger, Gottsched, A. G. Baumgarten) vermitteln vereinfachend und oft einseitig Denkelemente von Leibniz, der frz. Rationalisten und des engl. Empirismus und Sensualismus. Durch M. Mendelssohn erhält dieser Ansatz breite Publikumswirkung. Erst durch Kant gewinnt die A. in Deutschland Profil; seine krit. Philosophie wird zum Höhepunkt dieser A.epoche überhaupt und weist über sie hinaus in die Zukunft. Durch seine method. Kritik der prakt. und theoret. Vernunft zeigt Kant die Möglichkeiten, Bedingungen und Grenzen von Empirismus und Rationalismus auf, die zu einem Skeptizismus und Dogmatismus zu pervertieren drohen und so von verschiedener Seite aus die menschl. Freiheit und die Möglichkeit von Wissenschaft bedrohen. Kant bestimmt das Ziel der A. als „Ausgang des Menschen aus selbstverschuldeter Unmündigkeit".

In Entsprechung, teils in engem Zusammenhang mit der Philosophie werden - ausgehend von der Kritik der Offenbarung - spezif. Positionen der Wissenschaftskritik (Bibelkritik, Literarkritik, histor. Kritik) entwickelt. Sie führen auf nahezu allen Gebieten der Wissenschaften zu bed. Neuansätzen.

In der *Geschichtswissenschaft* entwickelt Bayle die histor. Kritik. A. de Condorcet verweist auf den Entwicklungsgedanken. Die Universalgeschichte wird zum Programm erhoben, um den Menschen als Vernunftwesen darzustellen und den durch ihn bewirkten Fortschritt zu erfassen. Bed. Werke der Geschichtsschreibung (Hume, Gibbon, Voltaire) und der Geschichtsphilosophie (Montesquieu, Condorcet) entstehen. In *Rechtswissenschaft* und *Rechtsphilosophie* begründeten Grotius und J.-J. Burlamaqui ein modernes Völkerrecht, in dem sie - ausgehend von der sozialen Natur des Menschen - sein individuelles Glücksstreben zur Grundlage eines harmon. Zusammenlebens der Völker machen. Ähnl. Vorstellungen werden in den philosoph. Friedensutopien, u. a. von Kant, propagiert. In der *Pädagogik* kommt es zu einer „Revolutionierung" des Erziehungswesens mit hohem eth. Anspruch v. a. im Volksschul- und im höheren Bildungswesen; herausragender Reformer ist Pestalozzi. Vom Pietismus wird die Kombination christl. und humaner Erziehung (später Menschenbildung), von Rousseau das Modell einer freiheitl. Erziehung bzw. einer „natürl. Entwicklung" von Gefühl und „Vernunft" in einem geordneten Freiheitsraum übernommen.

Auswirkungen und Nachwirkungen: In Großbrit. erschöpft sich die A. nach dem Zurückgehen ihrer polit. Funktion, die in der Glorious revolution (1688/89) ihren Höhepunkt hatte, in der Popularisierung der A. (mit Ausstrahlungen zu den nordamerikan. Kolonien), wobei die Auseinandersetzung mit rational-spekulativen Naturrechtslehren und dem Utilitarismus J. Benthams und mit A. Smith im Vordergrund stehen. In Frankr. gelingt es nicht, wie Montesquieu forderte, die absolutist. Monarchie durch Zwischengewalten zu mäßigen oder nach Vorstellung der Physiokraten eine aufgeklärt-absolutist. Praxis zu schaffen. Es kommt zur Pervertierung aufklärer. Ansätze bis hin zur terrorist. Gewalt in der Frz. Revolution. In Deutschland, zuerst in Preußen, wird der Schritt zum aufgeklärten Absolutismus vollzogen. Einen Höhepunkt bildet das Reformwerk Großherzog Leopolds von Toskana (später Kaiser Leopold II.), der die aufgeklärt-absolutist. Herrschaft zum Konstitutionalismus weiterentwickelt. - Trotz der Einleitung unverzichtbarer humanitärer, sozialer und polit. Reformen scheitert die A. an der Überschätzung der menschl. Vernunft, der es nicht gelingt, ihre Kritik und ihre Programme in polit. Handeln umzusetzen.

🕮 *Habermans, J.: Strukturwandel der Öffentlichkeit. Neuwied* [10]*1979. - Schalk, F.: Studien zur frz. A. Mchn.* [2]*1977. - Was ist A.? Beiträge aus der Berlin. Mschr. 1783–1786. Darmst.* [2]*1977. - Horkheimer, M./Adorno, T. W.: Dialektik der A. Ffm.* [3]*1976. - Cassirer, E.: Die Philosophie der A. Tüb.* [3]*1973. - Koselleck, R.: Kritik u. Krise. Eine Studie zur Pathogenese der bürgerl. Welt. Ffm. 1973. - Stuke, H.: A. In: Geschichtl. Grundbegriffe. Hg. v. O. Brunner, W. Conze u. R. Koselleck. Bd. 1. Stg. 1972. - Mittelstraß, J.: Neuzeit u. A. Bln. 1970. - Funke, G.: Die A. In ausgewählten Texten. Stg. 1963. - Krauss, W.: Studien zur dt. u. frz. A. Bln. 1963. - Valjavec, F.: Gesch. der abendländ. A. Wien u. Mchn. 1961. - Cobban, A.: In search of humanity. The role of the enlightenment in modern history. New York 1960. - Klempt, A.: Die Säkularisierung der universalhistor. Auffassung. Gött. u. a. 1960.*

Aufrüstung, Bemühung eines Staates, sein militär. Potential zu verstärken; urspr. rein quantitativ auf Vermehrung der Mannstärke stehender Heere gerichtet; seit Ende

19. Jh. zunehmend durch die Entwicklung neuer Waffen und Waffensysteme bestimmt, die i. d. R. ein Wettrüsten der potentiellen Konkurrenten auslöst. Die gewaltigen finanziellen Kosten der A. und die durch Wettrüsten bedingte Kriegsgefahr lösten seit der J.wende Abrüstungsbestrebungen aus, die bislang nur zu Teilerfolgen führten.

Aufschwörung, ma. und frühneuzeitl. Rechtsbegriff; Ableistung eines Eides vor Zeugen, insbes. mit amtl. Charakter oder bei Eintritt in eine Rechtsstellung.

Aufseß, Edelfreiengeschlecht in Franken; läßt sich bis ins 12. Jh. zurückverfolgen; gehörte zu den reichsten und angesehensten Mgl. der fränk. Reichsritterschaft; 1714 in den Reichsfreiherrnstand erhoben. Bed. Vertreter: **Hans Freiherr von und zu Aufseß** (* 1801, † 1872), Gründer des German. Nationalmuseums in Nürnberg.

aufsteigende Linie ↑Aszendent.

Augereau, Pierre François Charles [frz. o'ʒro], Herzog von Castiglione (seit 1805), * Paris 21. Okt. 1757, † La Houssaye 12. Juni 1816, frz. Marschall (1804). - Spielte die entscheidende Rolle beim Staatsstreich vom 18. Fruktidor (4. Sept. 1797), ordnete sich aber Napoleon I. später unter; schloß sich jedoch als einer der ersten Ludwig XVIII. an, der ihm die Würde eines Pairs von Frankr. verlieh.

Augsburg, Stadt an der Mündung der Wertach in den Lech, Bay., 244 900 E.

Geschichte: 15 v. Chr.–14/16 n. Chr. röm. Legionslager am linken Wertachufer (A.-Oberhausen); unter Kaiser Tiberius Gründung der Zivilstadt **Augusta Vindelicum** (benannt nach den kelt. Vindelikern) in geschützter Lage zw. Wertach und Lech; Hauptstadt der neu gebildeten Prov. Raetia et Vindelicia; seit Kaiser Hadrian Munizipium, ab 1. Hälfte des 4. Jh. Hauptstadt der neuen Prov. Raetia secunda; Niedergang im 3.–6. Jh. - Die Stadtrechtsurkunde Kaiser Friedrichs I. Barbarossa grenzte 1156 die Rechte von Bischof und Bürgern gegeneinander ab, 1316 sicherte König Ludwig IV., der Bayer, A. Stellung als Reichsstadt. 1368 erkämpften sich die Zünfte in einem Aufstand die Mehrheit im Stadtrat. Mgl. des Schwäb. Städtebundes. Im 14.–16. Jh. verschafften Gewerbe, Kunstgewerbe und Fernhandel der Stadt schließl. Weltgeltung; etwa seit 1480 traten Fugger und Welser hervor. Stätte der Reichstage 1518, 1530, 1548 und 1555; 1534 führte der Stadtrat die Reformation ein. Im Schmalkald. Krieg durch Karl V. 1547/48 unterworfen.

🕮 *A. Gesch. in Bilddokumenten. Hg. v. F. Blendinger u. a. Mchn. 1976. - Hübener, W.: Zum röm. u. früh-ma. A. In: Jb. des Röm.-German. Zentralmuseums Mainz 5 (1958). - Zorn, W.: A. Gesch. einer dt. Stadt. Mchn. 1955.*

A., Bistum (wohl seit dem 4. Jh.). Die Zugehörigkeit zur Kirchenprov. Mainz ist seit 829 bezeugt; die Bischofsliste geht bis 738 zurück. Die Grenzen des Bistums verliefen im W an der Iller, im S am Alpensaum bis zur Lechquelle, im O bis Neuburg a. d. Donau, im N nördl. von Ellwangen. Bis zum 19. Jh. blieben die Grenzen im wesentl. bestehen. Nach der Säkularisation kam A. an die Kirchenprov. München und Freising und wurde neu umschrieben.

Augsburger Allianz, 1686 in Augsburg geschlossenes Bündnis zw. dem Kaiser, Spanien, Schweden, Bayern und verschiedenen Reichsständen zur Abwehr der territorialen Ansprüche Ludwigs XIV.

Augsburger Bekenntnis (Augsburgisches Bekenntnis; lat. Confessio Augustana), von Melanchthon für den Reichstag zu Augsburg 1530 verfaßte Schrift, die zur wichtigsten Bekenntnisschrift der reformator. Kirche wurde.

Das A. B. wurde am 25. Juni 1530 vor Kaiser und Reichstag im dt. Text verlesen. Straßburg, Konstanz, Memmingen und Lindau verweigerten wegen der im A. B. enthaltenen luth. Abendmahlslehre ihre Unterschrift und legten die sog. Confessio tetrapolitana vor.

Das A. B. gliedert sich in zwei Teile: 21 Artikel unter der Überschrift „Artikel des Glaubens und der Lehre" und 7 Artikel über die abgestellten Mißbräuche. Die theolog. Begründung vieler Aussagen lieferte Melanchthon erst in der *Apologie der Augustana.* - Seit der dt. Erstausgabe von 1531 änderte Melanchthon mehrfach den Text des A. B. Umstritten sind die Änderungen in der lat. Ausgabe von 1540 (Variata). Die Originalschriften des A. B. sind verloren, für den dt. Text ist eine im Staatsarchiv in Wien aufbewahrte Abschrift maßgebend, für den lat. Text die Editio princeps (1531) von Melanchthon.

Das A. B. fand als Lehrnorm der luth. Landeskirchen sehr schnell Verwendung und war seit Schmalkalden (1535) für alle neu aufzunehmenden Bundesglieder verbindlich.

🕮 *Die Bekenntnisschrr. der Ev.-luth. Kirche. Gött. ⁶1967. - Hoffmann, Georg: Entstehungsgesch. der Augustana. In: Zs. f. systemat. Theologie 15 (1938), 419.*

Augsburger Interim, Bez. für das Reichsgesetz von 1548; vorläufige Lösung der Religionsfrage im Reich nach dem Schmalkald. Krieg auf dem sog. „geharnischten" Reichstag zu Augsburg; den prot. Ständen wurden einige Zugeständnisse (Laienkelch, Priesterehe) gemacht; konnte nur z. T. (v. a. in S-Deutschland) durchgeführt werden; bereits 1552 durch den Passauer Vertrag ersetzt.

Augsburger Religionsfriede, ein Grundgesetz des Hl. Röm. Reiches; als Teil des Augsburger Reichsabschieds von 1555 zur Beilegung der Religionskämpfe verkündet. Den Anhängern des Augsburger Bekenntnisses (nicht den Kalvinisten bzw. Zwinglianern) wurde neben den Katholiken Frieden und

Besitz (nach dem Stand von 1552) gesichert. Doch galt die grundsätzl. freie Wahl der Konfession ohne Rechtsnachteil nur für die weltl. Reichsstände und die reichsunmittelbare Ritterschaft, die über die Religion ihrer Untertanen entschieden (cuius regio, eius religio); geistl. Reichsfürsten verloren bei Konfessionswechsel ihr kirchl. Amt und ihre Reichslehen.

📖 *Bornkamm, H.: Der A. R. In: Bornkamm: Das Jh. der Reformation. Gött. [2]1966.*

Augspurg, Anita, * Verden (Aller) 22. Sept. 1857, † Zürich 20. Dez. 1943, dt. Frauenrechtlerin und Pazifistin. - Führte den radikaldemokrat. Flügel der dt. Frauenbewegung; 1915 Mitbegr. der späteren Internat. Frauenliga für Frieden und Freiheit, dessen dt. Vorstand sie bis zu ihrer Emigration 1933 angehörte.

Augst (auch Basel-A.), schweizer. Dorf, Kt. Basel-Landschaft, 10 km östl. von Basel, 950 E. - In der Nähe von Augst wurde nach formeller Stadtgründung (44 v. Chr.) die **Colonia Augusta Raurika** errichtet; nach den kelt. Raurikern benannt, gehörte zur Prov. Gallia Belgica. Erlebte als Verkehrsknotenpunkt, Handels- und Handwerkerstadt im 2. Jh. eine Blütezeit; im 3. Jh. von Alemannen zerstört; um 300 Errichtung des stark befestigten Legionslagers Castrum Rauracense (= **Kaiseraugst**), im 4. Jh. Basis und Hauptquartier für Germanenfeldzüge. Zahlreiche Ausgrabungen.

Auguren [lat.], Angehörige eines aus 3, später aus 16 Mgl. bestehenden Priesterkollegiums im alten Rom; sie hatten urspr. für das Wohl des röm. Volkes zu beten, später die ↑ Auspizien zu überwachen.

August, Name von Herrschern:

Braunschweig-Wolfenbüttel:

A. der Jüngere, * Dannenberg 10. April 1579, † Wolfenbüttel 17. Sept. 1666, Herzog (seit 1635). - Verdient um das Schulwesen. Seine auf Schloß Hitzacker aufgebaute umfangreiche Sammlung von Büchern und Handschriften wurde Grundstock für die berühmte Herzog-August-Bibliothek in Wolfenbüttel; auch schriftsteller. tätig.

Polen:

A. I., König ↑ Sigismund II. August.

Polen-Sachsen:

A. II., der Starke * Dresden 12. Mai 1670, † Warschau 1. Febr. 1733, König von Polen (1697–1706, seit 1709), als Friedrich A. I. Kurfürst von Sachsen (seit 1694). - Trat 1697 zum Katholizismus über, um König von Polen zu werden; mußte 1706 nach schweren Niederlagen im Nord. Krieg zugunsten von Stanislaus Leszczyński auf die Krone Polens verzichten, gewann sie mit russ. Hilfe nach Karls XII. Niederlage 1709 zurück; scheiterte 1715/16 mit dem Versuch, absolutist. Regierungsmethoden einzuführen; prunkliebender Fürst und Kunstmäzen; ließ seine Residenzen Dresden und Warschau nach dem Vorbild von Versailles ausbauen, hielt Hof im Stil Ludwigs XIV. und ruinierte dadurch die sächs. Finanzen; hatte zahlr. Mätressen.

📖 *Pönicke, H.: A. der Starke. Gött. u. a. 1972. - Kalisch, J./Gierowski, J.: Um die poln. Krone. Bln. 1962.*

A. III., * Dresden 17. Okt. 1696, † ebd. 5. Okt. 1763, König von Polen (seit 1733); als Friedrich A. II. Kurfürst von Sachsen. - Sohn des späteren A. II. von Polen; konnte sich in Polen gegen Stanislaus Leszczyński nur mit russ. Waffenhilfe im Poln. Thronfolgekrieg (1733–35) durchsetzen; seine Regierungszeit war durch den weiteren Niedergang Polens und Abnahme der polit. Bed. Sachsens gekennzeichnet; überließ die Regierungsgeschäfte weitgehend dem Günstling Graf Brühl.

Preußen:

A. Wilhelm, * Berlin 9. Aug. 1722, † Oranienburg 12. Juni 1758, preuß. General. - Bruder Friedrichs d. Gr.; ab 1744 „Prinz von Preußen“; Teilnahme an den Schles. Kriegen und am Siebenjährigen Krieg; versagte beim Rückzug nach der Niederlage bei Kolin und verließ, von seinem Bruder gedemütigt, die Armee.

Sachsen:

A., * Freiberg 31. Juli 1526, † Dresden 12. Febr. 1586, Kurfürst (seit 1553). - Nachfolger seines älteren Bruders Moritz; vergrößerte systemat. sein Territorium; setzte sich für die Durchführung des Religionsfriedens ein und verfolgte eine an den Kaiser angelehnte Neutralitätspolitik; stand bis 1574 hinter Melanchthons Anhängern; mit der Annahme der Konkordienformel von 1577 setzte sich in Kursachsen die luth. Orthodoxie durch; erzielte große Erfolge bei der wirtsch. Entwicklung seines Landes (v. a. Bergwerks- und Hüttenwesen, Land- und Forstwirtschaft, Leipziger Messe).

Augusta [lat. „die Erhabene“], Titel der röm. Kaiserinnen; 14 n. Chr. Livia, der Gemahlin des Augustus verliehen; von den Gemahlinnen der Kaiser seit Domitian fast ausnahmslos geführt.

Augusta, * Weimar 30. Sept. 1811, † Berlin 7. Jan. 1890, preuß. Königin und dt. Kaiserin. - Tochter des Großherzogs Karl Friedrich von Sachsen-Weimar; ab 1829 ∞ mit dem späteren preuß. König und dt. Kaiser Wilhelm I., auf den sie anfangs erhebl. Einfluß zugunsten einer liberal-konservativen, probrit. Politik ausübte; von ihrem Gegner Bismarck von polit. Einflußnahme ausgeschaltet, widmete sich v. a. wohltätigen Werken.

Augusta, in röm. Zeit seit Augustus Name (mit näherer Bez.) von Städten, die auf eine Koloniegründung oder -erweiterung zurückgehen; u. a. *A. Emerita,* heute Mérida; *A. Praetoria [Salassorum],* heute Aosta; *A. Raurica,* heute Augst; *A. Suessionum,* heute

Soissons; *A. Taurinorum*, heute Turin; *A. Treverorum*, heute Trier; *A. Vindelicum*, heute Augsburg; *A. Viromanduorum*, heute Saint-Quentin.

Augustenburger Linie, Zweig der Sonderburger Linie des Hauses Oldenburg; ben. nach dem Schloß Augustenburg auf Alsen; begr. durch Ernst Günther († 1689). Die A. L. erhob im 19. Jh. gegenüber Dänemark für den Fall des Aussterbens der königl. Hauptlinie ihr Recht auf die Nachfolge in Schleswig und Holstein. Nach dem Tod Friedrichs VII. von Dänemark (1863) wurde Friedrich von Schleswig-Holstein-Sonderburg-Augustenburg von der Mehrzahl der Bewohner der Hzgt. als Friedrich VIII. anerkannt. Durch die preuß. Einverleibung von Schleswig und Holstein 1866 mußten die Augustenburger ihre Ansprüche endgültig aufgeben.

Auguste Viktoria, * Dolzig (Niederlausitz) 22. Okt. 1858, † Schloß Doorn 11. April 1921, letzte dt. Kaiserin und preuß. Königin. - Tochter des Herzogs Friedrich von Schleswig-Holstein-Sonderburg-Augustenburg; seit 1881 ∞ mit dem späteren Kaiser Wilhelm II.; auf kirchl.-sozialem Gebiet tätig.
🕮 *Dorpalen, A.: Empress Auguste Victoria and the fall of the German monarchy. In: American Historical Review 58 (1952).*

Augustin I., Kaiser von Mexiko, ↑ Itúrbide, Agustín de.

Augustus [lat. „der Erhabene"], röm. Kaisertitel; erstmals 27 v. Chr. Oktavian vom röm. Senat verliehen; in der Folgezeit von allen Kaisern geführt; bezeichnete seit Hadrian den regierenden Kaiser im Unterschied zum designierten Nachfolger bzw. untergeordneten Mitregenten (Caesar).

Augustus, urspr. Gajus Octavius, * Rom (?) 23. Sept. 63 v. Chr., † Nola bei Neapel 19. Aug. 14 n. Chr., röm. Kaiser. - Sohn des Gajus Octavius und der Atia, einer Nichte Cäsars; nannte sich auf Grund der testamentar. Adoption durch Cäsar seit 44 Gajus Julius Caesar, seit 38 Imperator Caesar Divi filius; Beiname Oktavian (Octavianus) für die Zeit vor 27 gebräuchl.; Ehrenname A. seit 27. Oktavians Auftreten als Cäsars Erbe brachte ihn in Gegensatz zu Marcus ↑ Antonius, den er zunächst mit Billigung des Senats im Mutinens. Krieg (April 43) bekämpfte. Am 19. Aug. 43 erzwang er jedoch seine Wahl zum Konsul und einigte sich im Okt. mit Antonius und Marcus Aemilius Lepidus über die gemeinsame Übernahme der höchsten Macht im Staat (2. Triumvirat, durch die Lex Titia am 27. Nov. 43 für fünf Jahre bestätigt, bis Ende 33 verlängert). Nachdem Oktavian mit Antonius in der Schlacht bei Philippi (42) die Cäsarmörder besiegt, mit seinem Feldherrn Marcus Vipsanius Agrippa bei Mylai und Naulochos Sextus Pompejus Magnus geschlagen hatte (36), war er zum Herrn der westl. Reichshälfte geworden. Der O fiel ihm

Augustus. Marmorstatue (vermutlich 17 v. Chr.). Vatikanische Sammlungen

mit dem Seesieg von Aktium (2. Sept. 31) und der Einnahme von Alexandria (Aug. 30) zu, der der Selbstmord von Antonius und seiner Geliebten Kleopatra VII. von Ägypten folgte.
Durch die Annullierung aller von den Triumvirn getroffenen Anordnungen (Dez. 28) und die Rückgabe seiner gesamten außerordentl. Gewalt an Senat und Volk (13. Jan. 27) stellte Oktavian die republikan. Verfassung formell wieder her. Sein polit. Gewicht wurde aber vom Senat am 16. Jan. 27 durch den Beinamen A. und durch die Übertragung der wichtigsten Prov. (zunächst auf 10 Jahre) anerkannt (Entwicklung zum ↑ Prinzipat). Das damit verbundene Kommando über die dort stehenden Heere wurde 23 zum Oberbefehl im gesamten Reich erweitert. In Rom stützte sich A. bis 23 auf das Konsulat, seitdem auf die ↑ Tribunicia potestas. Durch den Kantabr. Krieg in Spanien 26–19 sowie Kriege an Rhein und Donau (16–9 v. Chr.; 4–9 n. Chr.; Feldherren waren seine beiden Stiefsöhne Drusus und Tiberius) bemühte sich A. im W und N um Konsolidierung und Abrundung des Reichs (zahlr. Koloniegründungen). Die Elbegrenze wurde wegen der Niederlage des Varus (9 n. Chr.) nicht erreicht. Im O sicherte A. die Grenze durch eine Reihe von Klientelstaaten (Armenien). Seine Herrschaft wurde als Pax Augusta verklärt.
🕮 *Bengtson, H.: Kaiser A. Mchn. 1981.* -

Buchan, J.: A. Der Herr der Welt. Ffm. 1979. - Kaiser A. Meine Taten. Res gestae divi Augusti. Hg. v. Ekkehard Weber. Mchn. 1970. - A. Hg. v. W. Schmitthenner. Darmst. 1969. - Vittinghoff, F.: Kaiser A. Gött. ²1967.

Aulard, Alphonse [frz. o'la:r], * Montbron (Charente) 19. Juli 1849, † Paris 23. Okt. 1928, frz. Historiker. - 1886–1922 Prof. für Revolutionsgeschichte an der Pariser Sorbonne; zahlr. Arbeiten zur Frz. Revolution, darunter „Polit. Geschichte der frz. Revolution" (2 Bde., dt. 1924).

Aulis (neugriech. Awlis), böot. Ort an der engsten Stelle des Golfes von Euböa, Griechenland, gegenüber von Chalkis, 740 E. - In der Antike hatte A. ein bed. Heiligtum der Artemis (Tempel ausgegraben). Hier soll sich im Trojan. Krieg die Flotte gesammelt haben; 397 v. Chr. Ausgangspunkt des spartan. Angriffs gegen Persien.

Aunjetitzer Kultur, nach einem bei Únětice (Aunjetitz) nw. von Prag gefundenen Gräberfeld ben. Gruppe frühbronzezeitl. Kulturen, die sich in Mähren (dort früher auch **Mönitzer Kultur** gen.), Böhmen, Mitteldeutschland (dort auch **Leubinger Kultur** gen.), in der Lausitz, Mittel- und Oberschlesien und an der mittleren Warthe herausbildeten; Funde zum überwiegenden Teil aus Hokkergräbern; Blütezeit etwa 18.–16. Jh. v. Chr.

Aurangsib [aʊraŋ'ksi:p] (Aurangzeb), * Dhod (Malwa) 24. Okt. 1618, † Ahmednagar 2. März 1707, Großmogul von Indien (seit 1658). - Vizekönig im Dekhan; gewann nach Gefangennahme seines Vaters durch Siege über seine Brüder den Thron; in seiner Regierungszeit zerfiel das Reich.

📖 *Sarkar, J.: A short history of Aurangzib. Kalkutta ³1962.*

Aurelian (Lucius Domitius Aurelianus Augustus), * in Mösien oder Sirmium (Pannonien) 9. Sept. 214, † bei Byzanz 275, röm. Kaiser (seit 270). - Mußte anfangs Niederlagen durch die Germanen hinnehmen, die zur endgültigen Aufgabe Dakiens führten und sogar die Befestigung Roms durch die heute noch bestehende *Aurelian. Mauer* veranlaßten; konnte aber die feindl. Stämme über die Donau abdrängen und 272 das Reich von Palmyra zerschlagen; mit der freiwilligen Unterwerfung des Tetricus in Gallien (273) war die Reichseinheit wiederhergestellt; bei der Vorbereitung eines Perserkriegs ermordet.

Aurelische Straße ↑ Römerstraßen.

Aurelius, Name eines vom 3. Jh. v. Chr. bis zum Ende der Antike nachweisbaren plebej. Geschlechts in Rom; bedeutendster Vertreter ist der röm. Kaiser ↑ Mark Aurel.

Aurelius, Marcus ↑ Mark Aurel.

Aureus [lat. „golden"], eigtl. „aureus nummus", röm. Goldmünze, erstmals um 216 v. Chr. geprägt; seit Cäsar Einheit der röm. Goldprägung im Wert von 25 Denaren oder 100 Sesterzen, 8,19 g schwer; seit Augustus geringeres Gewicht; neben Halbstücken (Quinarius) gab es auch Mehrfachstücke (Medaillon).

Aurignacien [frz. ɔrinja'sjɛ̃:], nach der Höhle von Aurignac (Dep. Haute-Garonne, Frankr.) ben. Kulturperiode des Paläolithikums; seit 1906 als älteste der 3 jungpaläolith. Perioden in Frankr. definiert und in Châtelperronien, eigtl. A. und Gravettien unterteilt; übriges Verbreitungsgebiet: Iber. Halbinsel, Italien, M- und O-Europa, Vorderasien; gemeinsame Merkmale aller Gruppen des A.: Verwendung zumeist in Klingentechnik verfertigter Steinwerkzeuge, die leichter als ältere sind, gut gearbeitete Knochenwerkzeuge (bes. Speerspitzen), Herstellung verschiedener Arten von Schmuck, erste Werke darstellender Kunst (bes. Kleinplastik); hat sich wahrscheinl. im östl. M-Europa herausgebildet (spätestens um 30 000 v. Chr.), wurde nach einer Dauer von 10 000–15 000 Jahren von anderen jungpaläolith. Kulturen abgelöst.

Auriol, Vincent [frz. ɔ'rjɔl], * Revel (Haute-Garonne) 27. Aug. 1884, † Paris 1. Jan. 1966, frz. Politiker. - Urspr. Rechtsanwalt; ab 1914 sozialist. Abg. in der Nationalversammlung; 1936/37 Finanz-, 1937/38 Justizmin.; stieß als Gegner Pétains 1943 zum nat. Befreiungskomitee de Gaulles; vertrat 1945 Frankr. als Abg. und Staatsmin. bei den UN; 1947–54 erster Präs. der 4. Republik.

Aurunker (lat. Aurunci; Ausonen), osk. Volksstamm; siedelte Anfang 5. Jh. v. Chr. sö. des Gebietes der Latiner; von Rom Ende 4. Jh. v. Chr. unterworfen; in der antiken Literatur manchmal fälschl. als Ureinwohner Italiens bezeichnet (danach **Ausonia** zuerst für S-Italien, später auch für ganz Italien).

Ausbeutung, Aneignung unbezahlter fremder Arbeitskraft durch ökonom. (Märkte) und außerökonom. (phys.) Gewalt; kann nach der Marxschen A.theorie Aneignung der Mehrarbeit (Sklavenarbeit), des Mehrprodukts (naturale Renten) oder des Mehrwerts (Profite, Gewinne, Renten, Zinsen) bedeuten und ist danach ein gesellschaftl. Verhältnis zw. Klassen und kein Diebstahl (Proudhon). - ↑ auch Marxismus.

Auschwitz (poln. Oświęcim), Stadt in Polen, 50 km westl. von Krakau, 41 000 E. 1940 richtete die SS bei A. ein Konzentrationslager ein und erweiterte es 1941 zum Vernichtungslager, v. a. für Juden. Bis 1945 kamen in A. 2,5–4 Mill. Menschen um (geschätzte Zahl).

📖 *Kielar, W.: Anus Mundi. Fünf Jahre A. Dt. Übers. Ffm. 1979. (Tb. 1982).*

Auschwitz-Prozesse, Prozesse gegen Lagerleitung und SS-Aufsichtspersonal des Konzentrations- und Vernichtungslagers Auschwitz: in Polen gegen den Kommandanten R. Höß (1947 zum Tode verurteilt) und gegen weiteres SS-Personal (Todes- bzw. langjährige Zuchthausstrafen 1947); 1963–65 und 1965/66 in Frankfurt am Main (u. a. gegen den Adjutanten des Lagerkommandanten, R. Mulka, 1965 zu 14 Jahren Zuchthaus verurteilt), wobei einzelne Freisprüche und z. T. niedriges Strafmaß Empörung in der Weltöffentlichkeit auslösten; im März 1966 in der DDR gegen den Lagerarzt G. Fischer (zum Tode verurteilt). Im Sept. 1977 begann in Frankfurt am Main ein Prozeß gegen zwei ehem. SS-Angehörige wegen Tötungshandlungen in dem Nebenlager Lagischa (nö. von Kattowitz; poln. Łagisza) und auf dem Evakuierungsmarsch von Golleschau (bei Teschen; poln. Golasowice) nach Loslau (bei Rybnik; poln. Wodzisław Śląski).

🕮 *Der Auschwitz-Prozeß. Hg. v. H. Langbein. Ffm. 1965. 2 Bde.*

Ausculum ↑Ascoli Satriano.

Ausgleich (östr.-ungar. A.), kam nach langjährigen Vorverhandlungen, durch die Niederlage von 1866 erzwungen, nach Bildung eines konstitutionellen ungar. Ministeriums (Febr. 1867) und Verhandlungen zw. Deák, Andrássy und Beust durch die kaiserl. Sanktionierung zweier Gesetzeskomplexe zustande: des ungar. A.gesetzes (1867) als Vertrag zw. dem Kaiser als König von Ungarn und der im eigenen Reichstag vertretenen ungar. Nation und des Delegationsgesetzes (1867) der übrigen „im Reichsrat vertretenen Königreiche und Länder"; schuf, ergänzt durch die östr. Dezemberverfassung 1867, die Doppelmonarchie ↑Österreich-Ungarn.

🕮 *Der östr.-ungar. A. v. 1867. Seine Grundll. u. Auswirkungen. Mchn. 1968. - Der östr.-ungar. A. v. 1867. Vorgesch. u. Wirkungen. Red. v. P. Berger. Wien u. Mchn. 1967.*

Ausgleichsverträge, Bez. für die von der BR Deutschland mit Belgien (1956), Luxemburg (1959) und den Niederlanden (1960) geschlossenen völkerrechtl. Verträge zur Bereinigung der aus dem 2. Weltkrieg resultierenden Streitfragen (v. a. Grenzberichtigungen, Wiedergutmachungsleistungen).

Ausgrabung, das Freilegen verschütteter Überreste der Vergangenheit; wichtiges Hilfsmittel der archäolog., prähistor. und paläontolog. Forschung. Erste A. in der Renaissance (Raffael in Rom) mit dem Zweck, Monumente des Altertums kennenzulernen. Spätere A. galten bes. der Bergung schöner oder merkwürdiger Gegenstände für Sammlungen und Museen, wie noch heute bei (strafbaren) heiml. Raubgrabungen, von denen der Kunsthandel profitiert. Im 19. Jh. Ausbildung wiss. A.methoden, bes. der Schichtenbeobachtung zur Klärung histor. Abfolgen (Dörpfeld in Olympia, 1875). Moderne A. zielen weniger auf Gewinnung kostbarer Einzelfunde als auf Aufdeckung histor. und kulturhistor. relevanter Befunde; Notgrabungen dienen der Rettung bedrohter Altertümer. Die *Methoden* einer A. differieren je nach Objekt (Abris, Pfahlbau, Tempel, Stadt, Nekropole) so stark, daß allgemeine Kriterien kaum existieren. Neuerdings wird der Einsatz techn. und naturwissenschaftl. Hilfsmittel verstärkt (Altersbestimmung u. a. mit Hilfe der C-14-Methode). Eine A. beginnt mit der Bestimmung des Grabungsplatzes durch Zufall oder systemat. Auswahl (Begehung, Luftbildarchäologie). Sie kann auf komplizierten Plätzen Generationen dauern und erfordert Mitarbeit von fachfremden Spezialisten (Geologen, Botanikern, Architekten, Werkstoffwissenschaftlern usw.). Nach der Publikation der Ergebnisse stellt sich heute oft die Forderung nach denkmalpfleger. Konservierung und gegebenenfalls Rekonstruktion vor Ort, um der Öffentlichkeit Zugang und Information zu vermitteln. Vorbildl. ist z. B. die amerikan. A. der Agora von Athen.

🕮 *Avi-Yonah, M.: Von Expeditionen, A. u. Funden. Dt. Übers. Zürich u. Köln 1978. - Schwarz, G. T.: Archäolog. Feldmethode. Thun u. Mchn. 1967.*

Ausnahmezustand, durch schwere Naturkatastrophen oder polit. Ereignisse (militär. Angriff von außen, Aufstand im Innern) verursachter, die Existenz des Staates bedrohender Notstand, zu dessen Bewältigung die Rechtsordnung außerordentl. Vollmachten für die Staatsorgane bereithält, um eine Konzentration aller Kräfte zu ermöglichen. Der A. setzt einen „*Normalzustand*", in dem die Staatsgewalt verfassungsrechtl. Beschränkungen unterliegt, voraus. Totalitäre Staaten kennen deshalb die Problematik des A. nicht. Nicht alle Staaten besitzen eine bes. Notstandsverfassung. In mehreren westeurop. Staaten (Belgien, Dänemark, Niederlande, Norwegen, Schweiz, z. T. auch Großbrit.) haben deshalb im 2. Weltkrieg die Parlamente den Regierungen entweder für die Stunde der Not Sondervollmachten erteilt oder die Krisenbewältigung den Regierungen überlassen und ihnen nach Kriegsende für die notwendigen Verfassungsüberschreitungen durch Gesetz Indemnität gewährt *(extrakonstitutionelles Notrecht).* - Die *Weimarer Reichsverfassung* ermächtigte in Art. 48 (Diktaturparagraph) den Reichspräsidenten, bei erhebl. Störung oder Gefährdung der öffentl. Sicherheit und Ordnung die zu ihrer Wiederherstellung nötigen Maßnahmen, auch gesetzgeber. Art (Notverordnungsrecht), zu treffen. Eine formelle Erklärung des A. war nicht erforderlich. Die sog. **Notstandsgesetzgebung** der BR Deutschland vom 24. 6. 1968 bemüht sich, die Erfordernisse einer Stärkung der Regierungsgewalt und die einer höchstmögl. rechtsstaatl.-demokrat. Sicherung gegen Machtmißbrauch und Staatsstreichgefahren miteinander in Einklang zu bringen.

🕮 *Boldt, H.: A. In: Geschichtl. Grundbegriffe. Hg. v. O. Brunner, W. Conze u. R. Koselleck. Bd. 1. Stg. 1972.*

Ausonen, osk. Volksstamm, ↑Aurunker.

Auspizien [lat.], Brauch der Römer, durch Beobachtung u. a. des Geschreis der Vögel, der Richtung und der Begleitumstände des Vogelflugs den Willen der Götter zu erforschen.

Außenminister, der für die Führung der auswärtigen Politik zuständige Minister, Chef der Diplomatie; heißt in Großbrit. „Principal Secretary of State for Foreign Affairs", in den USA „Secretary of State"; die Funktion des A. übt in der *Schweiz* der Bundesrat aus, der das Eidgenöss. Polit. Departement leitet.

Außenministerium, allg. Bez. für die in jedem Land zur Führung der auswärtigen Angelegenheiten zuständige Behörde, der die Auslandsvertretungen (Botschaften, Gesandtschaften, Konsulate) untergeordnet sind; heißt in der BR Deutschland Auswärtiges Amt, in Österreich Bundesministerium für auswärtige Angelegenheiten, in der Schweiz Eidgenöss. Polit. Departement, in Großbrit. Foreign Office, in den USA State Departement.

Außenpolitik, die Gesamtheit jener staatl. Vorgänge, die sich direkt auf das Verhältnis zu anderen Staaten beziehen. Die außenpolit. Beziehungen eines Staates sind *bilateral,* wenn sie einen Partner, *multilateral,* wenn sie mehrere betreffen. Zu den außenpolit. *Mitteln,* derer sich ein Staat bedient, zählen u. a. Diplomatie, Verträge, Bündnisse, Mitarbeit in supranat. und internat. Gremien. Zahlr. *Faktoren* bestimmen das außenpolit. Handeln eines Staates: seine geograph. Lage und Landesnatur einschließl. des Vorkommens von Bodenschätzen, seine technolog. und wirtsch. Möglichkeiten, seine Größe und die Art seiner Grenzen, v. a. aber seine innenpolit. Verfassung und Organisation, seine im internat. Zusammenhang zu sehende Interessenlage, seine außenpolit. und außenwirtschaftl. Stellung sowie die ideolog. Einstellung und Motivation der jeweiligen Entscheidungsträger eines Staates. Die *Methoden,* deren sich die Staaten bei der Durchsetzung ihrer A. bedienen, können *friedl.* (z. B. Verhandlungen mit Hilfe der Diplomatie, außenwirtschaftspolit. Maßnahmen wie Handelsabkommen, Wirtschaftsverträge und -hilfe, kulturelle Zusammenarbeit) und *krieger.* sein, einschließl. der Maßnahmen des kalten Krieges und der Aufrüstung (auch angebl. um ihrer „abschreckenden Wirkung" willen). *Hauptaufgabe* der A. ist heute die internat. Friedenssicherung, zu deren Ziel bereits nach dem 1. Weltkrieg der Völkerbund und nach dem 2. Weltkrieg die Vereinten Nationen (UN) gegr. wurden. Der Entwicklung eines kollektiven Sicherheitssystems stand jedoch die nach 1945 aufgetretene Polarisierung der Großmächte und die damit zusammenhängende Blockbildung entgegen. Infolge der wachsenden Auflösung der Blöcke seit Mitte der 1960er Jahre und des zunehmenden Einflusses der Staaten der Dritten Welt ist die A. v. a. kleinerer Staaten zunehmend unabhängiger von der Politik der Großmächte geworden. *Träger* auswärtiger Gewalt ist traditionell die Exekutive, also Regierung und Verwaltung eines Staates, in der BR Deutschland die Bundesregierung. Dem Bundesmin. des Auswärtigen stehen zur Durchführung seiner Aufgaben das Auswärtige Amt und dessen Auslandsvertretungen (Botschaften und Konsulate) zur Verfügung.

🕮 *Gunst, D.: A. zw. Macht u. Recht. Mainz 1977. - Hdwb. internat. Politik. Hg. v. W. Woyke. Opladen 1977. - Seibt, P.: A. u. Internat. Beziehungen. In: Lehmbruch, G., u. a.: Einf. in die Politikwiss. Stg. u. a. 1967. - Wildenmann, R.: Macht u. Konsens als Problem der Innen- u. A. Köln u. Opladen* [2]*1967. - Treviranus, H. D.: A. im demokrat. Rechtsstaat. Tüb. 1966. - Aron, R.: Frieden u. Krieg. Eine Theorie der Staatenwelt. Dt. Übers. Ffm.* [2]*1963. - Krippenhoff, E.: Ist A. A.? In: Polit. Vjschr. 4 (1963).*

außerparlamentarische Opposition, Abk. APO, in der BR Deutschland nach 1966 Bez. für eine locker organisierte Aktionsgemeinschaft v. a. von Studenten und Jugendlichen, die sich als antiautoritäre Bewegung verstand u. in provokativen Protestaktionen die einzige Chance für die Durchsetzung polit. und gesellschaftl. Reformen und Veränderungen sah. Die polit. Ziele der verschiedenen Gruppierungen innerhalb der APO, unter denen der Sozialist. Dt. Studentenbund (SDS) dominierte, reichen von der Abschaffung des bestehenden Regierungs- und Gesellschaftssystems bis zur Profilierung akuter polit. und gesellschaftl. Konflikte. Wurde zu einer polit. relevanten Kraft v. a. infolge der durch die Bildung der Großen Koalition aus SPD und CDU/CSU 1966 deutl. gewordenen Schwächung der innerparlamentar. Opposition. Ihren Höhepunkt erreichten die Aktionen der APO in den durch den Mordanschlag auf Rudi Dutschke ausgelösten Osterunruhen und in der Anti-Springer-Kampagne des Jahres 1968.

🕮 *Agnoli, J./Brückner, P.: Die Transformation der Demokratie. Ffm.* [6]*1978. - Otto, K. A.: Vom Ostermarsch zur APO. Ffm. 1977. - Studentenbewegung 1967–69. Hg. v. F. Wolff u. E. Windaus. Ffm. 1977.*

Aussiedler, dt. Staatsangehörige oder Volkszugehörige, die vor dem 8. Mai 1945 ihren Wohnsitz in den Gebieten östl. der Oder-Neiße-Grenze, in Polen, Rumänien, der Sowjetunion, Ungarn und der Tschechoslowakei hatten und diese Länder nach Abschluß der allgemeinen Vertreibungsmaßnahmen verlassen haben oder verlassen. Ihre Rechtsstellung und ihre wirtschaftl. und soziale Eingliederung werden durch das Bundesvertriebenengesetz und die Bestimmungen über den Lastenausgleich geregelt. - ↑auch Vertreibung.

Austerity [engl. ɔs'tɛrɪtɪ; zu lat. austeritas „Strenge"], Schlagwort für die Wirtschafts- und Finanzpolitik des brit. Schatzkanzlers Sir R. S. Cripps, der seit 1948 die brit. Volkswirtschaft vor einer Inflation zu bewahren suchte.

Austerlitz (tschech. Slavkov u Brna), Stadt in der ČSSR, 20 km osö. von Brünn, 210 m ü. d. M., 5000 E. - Bei A. fand am 2. Dez. 1805 die **Dreikaiserschlacht** zw. den Armeen Napoleons I., Kaiser Franz' II. und des Zaren Alexander I. statt.

🕮 *Duffy, Ch.: Die Schlacht bei A. Dt. Übers. Mchn. 1979.*

Austrägalrecht [zu veraltet dt. Austrag „Ausgleich, Schiedsgericht"], im MA entstandenes reichsständ. Privileg, das die erstinstanzl. Gerichtsbarkeit des Reichshofgerichts und dann des Reichskammergerichts durch Vorschaltung eines Austrägalgerichts ausschloß.

*Australien

(amtl. Vollform: Commonwealth of Australia, dt. Austral. Bund), B.staat zw. Ind. und Pazif. Ozean, zw. 10° und 44° s. Br. sowie 113° 09' und 153° 39' ö. L. **Staatsgebiet:** Umfaßt den Kontinent Australien einschließl. der Insel Tasmanien sowie zahlr. kleiner, den Küsten vorgelagerter Inseln, v. a. im Großen Barriereriff. **Fläche:** 7 678 700 km². **Bevölkerung:** 15,5 Mill. E (1984), 2 E/km². **Hauptstadt:** Canberra. **Verwaltungsgliederung:** 6 Bundesländer, ein Bundesterritorium und ein Territorium, als Außengebiete verwaltet der Austral. Bund: Coral Sea Islands Territory, Norfolk Island, Christmas Island, Kokosinseln, Heard and McDonald Islands, Macquarie Islands, Ashmore and Cartier Islands und Austral.-Antarkt. Territorium. **Amtssprache:** Englisch. **Nationalfeiertag:** 26. Jan. (Australia Day). **Währung:** Austral. Dollar ($A) = 100 Cents (c). **Internat. Mitgliedschaften:** UN, Commonwealth, SEATO, ASPAC, ANZUS-Pakt, OECD, Colombo-Plan, SPC, GATT. **Zeitzone:** Chin. Küstenzeit oder Interkontinentale Zeit, d. i. MEZ + 7 Std. (Westaustralien), Südaustral. Zeit, d. i. MEZ + 8½ Std. (Südaustralien, Nordterritorium), Ostaustral. Zeit, d. i. MEZ + 9 Std. (Ostaustralien).

Geschichte: Über den Zeitpunkt der Einwanderung der Urbev. (Australier) bestehen nur Vermutungen. Portugiesen erreichten A. wohl schon im 16. Jh. Der Niederländer A. Tasman umsegelte 1642 W- und S-Australien bis zur Insel Tasmanien. Erst J. Cook erreichte 1770 die austral. O-Küste; er befuhr sie von S nach N, überwand das Große Barriereriff und fand erneut die Meeresstraße zw. A. und Neuguinea, deren Entdeckung (1606) die Spanier geheimgehalten hatten. Bis auf einige Abschnitte der S- und SO-Küste war nun der Umriß von A. bekannt. Briten erforschten 1800 die noch unbekannten Küsten.
Die Besiedlung von A. erfolgte ausschließl. von Großbrit. aus. Die austral. O-Küste wurde anstelle der verlorenen nordamerikan. Kolonien zum neuen Platz für die Anlage von Sträflingskolonien. 1788 landete eine Flotte mit etwa 1 000 Sträflingen in Port Jackson. Dort wurde die Siedlung Sydney gegr. Die neue Kolonie war nach großen Anfangsschwierigkeiten ab 1792 in der Lage, sich mit den notwendigsten Gütern zu versorgen. Freie Siedler, die die neue brit. Kolonie gegen mögl. frz. Aktivitäten sichern sollten, kamen ab 1793 und führten die Schafzucht ein; sie wurden zu den eigtl. Pionieren der Kolonisation. Die Kolonialreg. ließ zunächst die südl. O-Küste und Tasmanien erforschen, die durch neue Siedlungen gesichert wurden. Das Hinterland wurde mehr und mehr von den Siedlern selbst erkundet. Bis 1813 war der größte Teil der Küstenebene von New South Wales besiedelt. Nachdem 1803 die 1. Sträflingskolonie auf Vandiemensland gegr. worden war, begann 1820 die Besiedlung von Victoria; in W-A. entstanden die ersten Sträflingskolonien 1829, in S-A. 1836.
1851 lösten Goldfunde eine große Einwanderungswelle aus, die die Städte schnell wachsen ließ. Viele Einwanderer hatten Europa aus polit. Gründen (Revolution von 1848) verlassen, ihre liberalen und sozialen Ideen brachten sie in scharfen Gegensatz zu den konservativen Großgrundbesitzern. Die polit. Austragung des Konfliktes war mögl., nachdem Großbrit. 1850 den Kolonien New South Wales, Victoria, Tasmania und South Australia eine fast uneingeschränkte Autonomie mit parlamentar.-demokrat. Verfassung gewährt hatte; Queensland folgte 1859, Western Australia erst 1890.
Bis in die 1870er Jahre erlebte A. einen fast beispiellosen wirtsch. Aufstieg, v. a. dank seiner nach Europa exportierten Wollproduktion. Die durch den europ. Konjunkturumschwung in A. ausgelöste Rezession führte zu schweren sozialen Konflikten. Neben die Gewerkschaften (seit der Jh.mitte) trat als polit. Organisation der Arbeiterschaft die Australian Labor Party.
Der aus wirtsch. Gründen wünschenswerte staatl. Zusammenschluß der austral. Kolonien war zunächst unpopulär und wurde v. a. von der Labor Party bekämpft. Nach einem Kompromiß zw. Freihandels- und Schutzzollanhängern konnte schließl. eine Bundesverfassung ausgehandelt werden. 1901 wurde der Austral. Bund gegründet.
Die liberale Reg. honorierte die Zustimmung der Labor Party zur Schutzzollpolitik mit einer Sozial- und Bildungsgesetzgebung, die von der Labor-Reg. (ab 1908) zu einem umfassenden System erweitert wurde. Angesichts der Kriegsgefahr in Europa führte A. 1911

die Wehrpflicht ein und begann den Aufbau einer eigenen Flotte. Der 1. Weltkrieg bedeutete für A. einen entscheidenden Einschnitt. Abgesehen von der Unterstützung des Mutterlandes mit Truppen und Hilfslieferungen übernahm A. den Kampf mit den dt. Kolonialtruppen im pazif. Raum und setzte seine Flotte im Krieg gegen das dt. Kreuzergeschwader in Fernost ein; am folgenreichsten war jedoch der kriegsbedingte Aufbau einer leistungsfähigen eigenen Industrie. Durch den Krieg war A. außenpolit. Position entscheidend verbessert worden: A. war Signatarmacht der Pariser Vorortverträge, trat als Voll-Mgl. in den Völkerbund ein und erhielt das Mandat über bisher dt. Kolonialgebiete; die brit. Empirekonferenzen bestätigten formell die von den Dominions erreichte Unabhängigkeit vom Mutterland. Ab 1929 wurde auch A. von der Weltwirtschaftskrise erfaßt. Das Gefühl wachsender Bedrohung durch das übervölkerte Japan führte zum Einwanderungsstopp für Asiaten und zum Bemühen um verstärkte europ. Einwanderung. Weiter begann A., das 1929 unter Führung der Labor Party die allg. Wehrpflicht abgeschafft hatte, nach 1934 auf der Basis einer kleinen Berufsarmee mit der Wiederaufrüstung (v. a. Flotte und Luftwaffe). Gleichzeitig gab A. seine isolationist. Außenpolitik auf und begann in den USA einen Bündnispartner zu sehen. Im 2. Weltkrieg stand A. in vorderster Front gegen Japan. Die austral. Flotte erlitt im Abwehrkampf gegen die jap. Flotte schwere Verluste. Nach dem Verlust nahezu aller außeraustral. Positionen der Alliierten war A. zunächst letzter Rückhalt, mit der Wende des Krieges dann Operationsbasis für die Gegenoffensive gegen Japan.

Während des Krieges wandelte sich A. vollends zum Industriestaat. Die staatl. Wirtschaftslenkung suchte die Labor-Reg. auch nach dem Krieg beizubehalten. Doch die seit 1949 von der Liberal Party und der Country Party getragenen Reg. bauten die Zwangswirtschaft ab und förderten v. a. die europ. Einwanderung. Die Labor-Reg. seit 1972 normalisierte unter Abbau der bisherigen antikommunist. Positionen die Beziehungen zur VR China. Sie wurde 1975 von einer konservativen Koalition der Liberal Party und der National Party unter J. M. Fraser abgelöst, die in den vorgezogenen Wahlen vom Dez. 1977 und erneut - trotz beachtl. Gewinne der oppositionellen Labor Party - im Okt. 1980 bestätigt wurde.

Politisches System: Nach der Verfassung von 1901 ist A. eine bundesstaatl. parlamentar. Monarchie. Das Reg.system lehnt sich eng an das brit. an. *Staatsoberhaupt* ist die brit. Königin Elisabeth II., vertreten durch den von ihr ernannten Generalgouverneur. Nominell übt dieser mit dem Exekutivrat, dem u. a. alle Staatsmin. angehören, die *Exekutive* aus. Tatsächl. regiert jedoch der vom Generalgouverneur zum Premiermin. berufene Führer der Parlamentsmehrheit mit seinem Kabinett. Die *Legislative* liegt beim Bundesparlament, das aus dem Generalgouverneur, Senat und Repräsentantenhaus besteht. Die 64 Senatoren werden direkt auf 6 Jahre gewählt, jeweils die Hälfte von ihnen zugleich mit den alle 3 Jahre stattfindenden Wahlen zum Repräsentantenhaus (z. Z. 125 Abg.). Für alle Bürger ab 18 Jahre besteht Wahlpflicht. Derzeit sind im Repräsentantenhaus drei *Parteien* vertreten: Liberal Party (54 Sitze) und National Party (20 Sitze; früher Country Party), die beide konservativ ausgerichtet sind und seit 1975 die Reg. führen; in Opposition steht die demokrat.-sozialist. Labor Party (51 Sitze). Die fast 300 *Gewerkschaften* erfassen 55 % aller Arbeitnehmer. Die Bundesstaaten sind in der *Verwaltung* aller nicht dem Bund übertragenen Aufgaben (v. a. Erziehung, Gesundheit, öffentl. Ordnung) autonom. Ihr Reg.system mit Gouverneur, Premier, Parlament gleicht dem des Bundes. Das austral. *Recht* ist vom brit. abgeleitet. Die Gerichtsbarkeit ist fast ausschließl. Sache der Bundesstaaten. Das Oberste Bundesgericht ist letzte Berufungsinstanz und Verfassungsgericht. Die *Streitkräfte* haben eine Gesamtstärke von rd. 71000 Mann (Heer 32000, Marine 17000, Luftwaffe 22000). Die Wehrpflicht wurde 1973 abgeschafft.

🕮 *Doeker, G.: Parlamentar. Bundesstaaten im Commonwealth of Nations: Kanada, A., Indien. Bd. 1. Tüb. 1980. - O'Brien, E. M.: The foundation of Australia, 1786–1800. Westport (Conn.) Neuaufl. 1970. - Mulvaney, D. J.: Prehistory of Australia. New York 1969. - Australia: a social and political history. Hg. v. G. Greenwood. Sydney 1966. - Barnard, M.: History of Australia. New York 1963. - Sharp, A.: The discovery of Australia. London 1963. - Australian explorers. Hg. v. K. E. P. Fitzpatrick. London 1958.*

Austria, lat. Name für Österreich.

Austrien (Austrasien, Auster [„Ostreich"]), Bez. für den östl. Reichsteil bzw. das östl. Teilreich des merowing. Frankenreiches (Gegenstück zu ↑Neustrien); erstmals im späten 6. Jh. bezeugt, verschwindet im Karolingerreich.

Austrofaschismus, Bez. für eine östr. polit. Bewegung seit 1918, die sich auf den rechten Flügel der Heimwehren stützte. Die Austrofaschisten bekämpften die SPÖ, vertraten ständestaatl. Ziele und waren vom italien. Faschismus beeinflußt.

Austromarxismus, Bez. für die von Politikern und Theoretikern der östr. Sozialdemokratie vor und nach dem 1. Weltkrieg entwickelte Sonderform des Marxismus. Die Austromarxisten (Hauptvertreter: u. a. F. Adler, O. Bauer, R. Hilferding, K. Renner) vertraten im Ggs. zum revolutionären Marxismus-

Leninismus in Theorie und Praxis ein den bes. Verhältnissen des Vielvölkerstaates angepaßtes evolutionäres Konzept.

🕮 *Leser, N.: Zw. Reformismus u. Bolschewismus. Der A. als Theorie u. Praxis. Wien u.a. 1968.*

Austroslawismus, Bez. für die nat.-konservativen völk. Bestrebungen der Slawen, v.a. der Tschechen, in der Habsburgermonarchie ab Mitte des 19. Jh.; mit Beginn des 1. Weltkriegs durch die Zielsetzung nat. souveräner Unabhängigkeit überholt.

Auswanderung, Aufgabe des Wohnsitzes im Heimatstaat, um sich dauernd oder für längere Zeit im Ausland niederzulassen. A. als histor. greifbare Größe - unter Ausschluß der Gemeinschaftswanderungen, wie der Wanderungen ganzer Völker oder Volksgruppen, der Binnenkolonisation (z.B. Rußlands in Sibirien), der deutschen Ostsiedlung bis ins 19. Jh. oder der Überseezüge ganzer Gefolgschaften (Wikinger) sowie der Flüchtlingsströme durch Vertreibungen - ist in Europa erst seit dem 16. Jh. feststellbar und seit dem 19. Jh. statistisch zureichend erfaßt. Die Anlässe zur A. waren sehr verschieden. Wirtschaftl. Not, Landmangel, persönl. oder polit. Unfreiheit, Freisetzung von Arbeitskräften in der Landwirtschaft, religiöse, polit. oder ethn. Verfolgung sowie die Erwartung besserer Lebensbedingungen in der neuen Heimat trieben zur Auswanderung. Irland verlor infolge von Kartoffelmißernten zwischen 1846 und 1879 und einer großen Hungersnot 1895 seit der ersten Volkszählung von 1841 bis zur Jh.wende v.a. durch A. die Hälfte seiner Einwohner. Beispiele dt. A. sind auch A. nach Übersee. Die dt. Amerikawanderung schätzt man für das 18. Jh. auf etwa 200000 Menschen. Im 19. Jh. erreichte die Welle der A. v.a. in die USA einen Höhepunkt in den Jahren der polit. und wirtschaftl. Krise 1846–54 (allein 1847 etwa 100000 Menschen). Großbritannien verließen (z.T. staatl. gefördert und registriert) 1815–66 1,29 Mill. Einwohner.

🕮 *Ungern-Sternberg, R. v.: Wanderungen der Westeuropäer während der letzten Jahre. In: Jbb. f. Nationalökonomie u. Statistik 175 (1963), 132.*

auswärtige Angelegenheiten, Beziehungen eines Staates zu ausländ. Staaten und zu internat. Organisationen; a. A. sind insbes. die Entsendung staatl. Repräsentanten ins Ausland und der Empfang ausländ. Repräsentanten, der Abschluß völkerrechtl. Verträge, die Betreuung eigener Staatsangehörigen im Ausland, Kriegführung mit ausländ. Staaten. Zu den a. A. der BR Deutschland gehören im Unterschied zur DDR (Ministerium für a. A.) nicht die innerdeutschen Beziehungen. Die a. A. werden in den meisten Staaten von einem Außenministerium (BR Deutschland: Auswärtiges Amt; in Österreich: Bundesministerium für a. A.; in der Schweiz: Eidgenöss. Polit. Departement) wahrgenommen. Die völkerrechtl. Vertretung des Staates ist jedoch Sache des Staatsoberhauptes (in der BR Deutschland, in Österreich und in der Schweiz des Bundespräs.).

🕮 *Reichel, G. H.: Die auswärtige Gewalt nach dem GG für die BR Deutschland vom 23. Mai 1949. Bln. 1967.*

Auswärtiges Amt, Abk. AA, Bez. des für die auswärtigen Beziehungen zuständigen Ministeriums in der BR Deutschland; entstand 1870, als das preuß. Außenministerium vom Norddt. Bund zur Erledigung der auswärtigen Bundesangelegenheiten übernom-

Auswanderung. Auswanderer auf 100000 Einwohner aus dem Gebiet des Dt. Reiches bzw. dem Bundesgebiet (bis 1956 ohne Saarland) 1871–1979 und ihre Zielgebiete 1900 und 1970

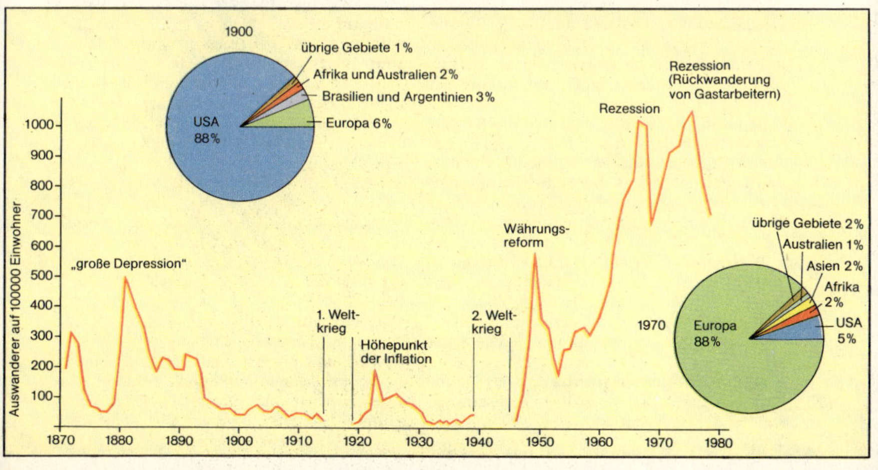

men wurde; zunächst in Vertretung des Kanzlers von einem Staatssekretär geleitet, wurde das AA nach 1918/19 selbständiges Ministerium unter der Leitung eines verantwortl. Reichsmin. (bis 1945); 1951 wieder entstanden.

100 Jahre A. A. 1870–1970. Hg. vom Auswärtigen Amt. Zusammengestellt v. H. G. Sasse u. E. Eickhoff. Bonn 1970.

Authari, † Pavia 5. Sept. 590 (ermordet), König der Langobarden (seit 584). - Bemühte sich um einen Ausgleich zw. Langobarden und Romanen, um erfolgreich byzantin. Angriffe abzuwehren; isolierte Byzanz auch durch Verhandlungen mit den Franken, gegen die er Rückhalt bei den Bayern suchte; heiratete die bayr. Herzogstochter Theudelinde.

Autodafé [portugies.; zu lat. actus fidei „Glaubensakt"], feierl. Verkündung und anschließende Vollstreckung eines von einem Gericht der Inquisition gefällten Urteils (Freispruch oder Tod durch Verbrennen). - Das erste A. soll 1481 in Sevilla, das letzte 1815 in Mexiko stattgefunden haben.

Autograph [griech.], vom Verfasser eigenhändig geschriebenes Schriftstück (heute auch authentischer maschinenschriftl. Text), Manuskript. Als A. gelten ferner vom Autor redigierte Handschriften und Drucke.

Autokephalie [griech.], im Recht der Ostkirchen Bez. für die Stellung einer orthodoxen Nationalkirche mit eigener Jurisdiktionsgewalt, die unter dem Ehrenprimat von Konstantinopel steht.

Autokratie [griech.], Oberbegriff für alle Regierungsformen, in denen die uneingeschränkte Staatsgewalt in der Hand eines einzelnen Herrschers (Autokrat) liegt.

Autokrator [griech.], in griech. Staaten übl. Bez. für Amtsträger mit bes. Vollmachten zu eigener Entscheidungsfreiheit (v. a. im militär. Bereich); in griech. Darstellungen röm. Geschichte Bez. für den Diktator; in Byzanz ab Mitte des 7. Jh. bis 1261 Titel zur Bez. des Hauptkaisers im Unterschied zu Mitkaisern; von den Moskauer Großfürsten ihrem Zarentitel meist hinzugefügt.

autonome Gebiete, Bez. für diejenigen Staatsteile (z. B. in der UdSSR), die in bestimmten Sachbereichen (bes. Kulturverwaltung) mit dem Recht der Selbstbestimmung (Verwaltung, aber auch Gesetzgebung und Rechtsprechung) ausgestattet sind; sie werden v. a. zum Schutz von Minderheiten geschaffen.

Autonome Sozialistische Sowjetrepublik, Abk. ASSR, nach dem Nationalitätenmerkmal in den Unionsrepubliken der Sowjetunion gebildete Verwaltungseinheit (eigensprachige Verwaltung, Schule und Presse).

Autonomiebewegungen, organisierte Gruppen, deren Ziel die größere Selbständigkeit und Sonderstellung von Teilen eines Staates oder von Völkern bzw. Völkergruppen innerhalb eines Staatswesens ist. A. resultieren aus dem Willen zu nat. Eigenentwicklung, sammeln sich insbes. im Widerstand gegen Assimilierungstendenzen moderner, meist zentralist. Nationalstaaten und Staatsnationen gegenüber eigenen ethn. und nat. Minderheiten, stehen jedoch in der Gefahr eigenen Abgleitens in separatist. Nationalismus. - Abgesehen von der Türkei, in der grundsätzl. Separationstendenzen überwogen, lagen bis zum Ende des 1. Weltkriegs die Zentren der A. in den Vielvölkerstaaten Rußland und Österreich (-Ungarn). Daneben agierten in Europa, teils bis heute, weitere A.: die der Flamen in Belgien, der Basken und Katalanen in Spanien, der Bretonen in Frankr., v. a. der Iren in Großbrit. Nach 1919 entstanden neue A. z. B. in der ČSR und in Italien. Vor der Bewältigung der durch A. aufgeworfenen Probleme stehen heute auch junge Nationalstaaten anderer Kontinente (u. a. A. der Frankokanadier, der Kurden).

autoritäres Regime, Bez. für eine Regierungsform, die auf einen einzelnen Machtträger (Einzelperson, Versammlung, Komitee oder Partei) den polit. Machtanspruch monopolisiert. Das a. R. läßt weder eine Kontrolle seiner Exekutivorgane noch eine Beteiligung anderer polit. Gruppierungen am polit. Willensbildungsprozeß zu. Meist Verfallsform der demokrat.-parlamentar. Ordnung: u. a. die Präsidialkabinette der Weimarer Republik 1930–33, Militärdiktaturen, Militärjuntas.

Autorität [lat.], in der *Soziologie* die soziale Relation, in der Personen und Institutionen eine Führungs- oder Vorbildrolle übernehmen und dabei Normen und Ziele bestimmter Gruppenordnungen repräsentieren und durchsetzen, andererseits aber auch von der Zustimmung der einzelnen Gruppenmitglieder abhängig bleiben. Die A. einer Person kann auf den verschiedensten Eigenschaften, z. B. Intelligenz, Überzeugungskraft, Bildung, Besitz und Fachwissen basieren. Der hohe soziale Rang eines A.trägers kann sich aber auch aus einem Amt herleiten, also delegierte A. sein. Eine auf Rang oder Stellung einer Person innerhalb einer Hierarchie gegr. A. bezeichnet man als *formale* oder *zugeordnete A.*, während sich *funktionale* oder *erwirkte A.* von der Sachkunde einer Person ableitet.

Eschenburg, T.: Über A. Ffm. 1976. - Arendt, H.: Macht u. Gewalt. Dt. Übers. Mchn. ³1975. - Rabe, H.: A. In: Geschichtl. Grundbegriffe. Hg. v. O. Brunner, W. Conze u. R. Koselleck. Bd. 1. Stg. 1972.

Auvergne [frz. o'vɛrɲ], Landschaft und Region in M-Frankr.

Geschichte: Die schon im Paläolithikum relativ dicht besiedelte Landschaft hat ihren Namen von den Arvernern; sie bildete nach endgültiger Unterwerfung durch Cäsar eine Civitas innerhalb der Prov. Aquitanien; 475 westgot.; 507 fränk.; kam als Gft. A. 955 an Poitou. Bei der Teilung des ab 980 selbständigen Hauses A. 1155 in zwei Linien zerfiel die A. in die *Terre d'A.* (1360 Hzgt., endgültig 1527/31 zur frz. Krone) und die *Dauphiné d'A.* (lange Zeit im Besitz des Hauses de la Tour d'A.). Lehnshoheit der frz. Krone über die ganze A. ab 1189 (vorher aquitan.-engl. Lehnshoheit).

🕮 *Rigodon, R.: Histoire de l'A. Paris ³1963.*

Auxilien (lat. Auxilia), im röm. Heer z.Z. der Manipulartaktik die nichtröm. Hilfstruppen. Durch Augustus einheitl. bewaffnet und z.T. nach röm. Vorbild organisiert, wurden sie zum festen Bestandteil des stehenden röm. Heeres.

Avaren, asiat. Nomadenvolk, ↑Awaren.

Avebury [engl. 'ɛɪvbərɪ, 'ɛɪbərɪ], Ort in der Gft. Wiltshire mit spätneolith. frühbronzezeitl., zu den eindrucksvollsten megalith. Anlagen in Europa gehörenden Kultstätten.

Aventin (Aventinus mons), einer der sieben Hügel Roms. Dianenheiligtum. Zunächst plebejische, seit dem 1. Jh. n. Chr. vornehme Wohngegend.

Aventinianer, Bez. für die italien. kath., liberalen, demokrat., sozialist. und kommunist. Abg., die nach der Ermordung G. Matteottis 1924 (in Analogie zum Auszug der Plebejer auf den Aventin 493 v. Chr.) den Boykott der Kammersitzungen bis zur Wiederherstellung der demokrat. Feiheiten durch eine neue Regierung beschlossen; sie blieben mit ihrem strikt legalen und weitgehend moral. Protest letztl. erfolglos, ihre Mandate wurden annulliert, ihre Führer zur Emigration gezwungen.

Aventinus, Johannes, eigtl. J. Turmair, * Abensberg (Niederbayern) 4. Juli 1477, † Regensburg 9. Jan. 1534, dt. Geschichtsschreiber. - Ab 1508 bayr. Prinzenerzieher, ab 1517 bayr. Hofhistoriograph. Sein Hauptwerk sind die 1519–22 entstandenen „Annales ducum Boiariae" und deren dt. Fassung, die literar. wertvolle „Bayr. Chronik" (entstanden 1522–33, gedruckt dt. 1566).

Averescu, Alexandru, * Ismail 9. April 1859, † Bukarest 3. Okt. 1938, rumän. Marschall und Politiker. - Kriegsmin. 1907–09; im 1. Weltkrieg erfolgreicher Heerführer, mehrmals Min.präs. (1918, 1920/21, 1926/27); Gründer der Volksliga (später Volkspartei); erreichte eine Annäherung an Italien.

Avignonisches Exil, in der Kirchengeschichte die Zeit von 1309 bis 1376, als die Päpste in Avignon residierten (↑Papsttum).

Ávila Camacho, Manuel [span. 'aβila ka'matʃo], * Teziutlán (Puebla) 24. April 1897, † Mexiko 14. Okt. 1955, mex. General und Politiker. - Schloß sich früh der mex. Revolution an; 1940–46 Präs. der Republik; setzte eine Agrarreform durch, die die kleinen Landeigentümer begünstigte.

Ávila y Zúñiga, Luis de [span. 'aβila i 'θuɲiɣa], * um 1500, † Plasencia 24. Sept. 1573, span. Diplomat und Geschichtsschreiber. - Bekannt durch sein Karl V. preisendes Werk über den Schmalkald. Krieg, den er, wie andere Feldzüge, im kaiserl. Gefolge mitgemacht hatte.

Avis [portugies. ɐ'viʃ], portugies. Dyn. (1385–1580), begr. von König Johann I. (dem unehel. Sohn Peters I. aus dem Haus Burgund), Großmeister des Avis-Ordens.

Avis-Orden [portugies. ɐ'viʃ], in Portugal 1147 begr. geistl. Ritterorden, erhielt 1166 Évora, später Avis, wonach die Ritter sich nunmehr nannten. 1550 der portugies. Krone inkorporiert, 1789 mit dem ↑Christusorden vereinigt, sank der A. zur militär. Verdienstauszeichnung ab.

Avunkulat [lat.], Vorrecht des Mutterbruders gegenüber dem Vater in mutterrechtl. Gesellschaften.

Avvakum ↑Awwakum.

Awami-Liga, urspr. ostpakistan. Partei, die für die Autonomie und Loslösung des ostpakistan. Landesteils von der westpakistan. Zentralverwaltung eintrat, dann Regierungspartei in Bangladesch; 1970 stärkste Partei im pakistan. Parlament; 1975 aufgelöst. Präs. ab 1966: Scheich Mujibur Rahman.

Awaren (lat. Avares, eigtl. War-Chun oder Warchuniten), zu den Hunnen gehörendes, vermutl. protomongol. nomadisierendes Steppenvolk; die A. stießen um 460 aus Z-Asien in die Kasp. Senke vor; ihr Vordringen veranlaßte eine Reihe zentralasiat. Nomadenvölker, ebenfalls den Namen der A. anzunehmen; bedrohten nach 558 Ostrom, dessen Bundesgenossen sie gewesen waren, vernichteten im Bunde mit dem Langobardenkönig Alboin die ostgerman. Gepiden (566), ließen sich an Donau und Theiß nieder, von wo aus sie durch Unterwerfung der angrenzenden Slawenstämme 568 ein eigenes Reich errichteten, das Dalmatien, Ostrom und das fränk. Merowingerreich beunruhigte. Den mit der Niederlage von Konstantinopel eingeleiteten Verfall des A.reiches vollendete Karl d. Gr. 791–803. 822 verschwinden die A. aus der Geschichte.

Awwakum, Petrowitsch (Avvakum), * Grigorowo bei Nischni Nowgorod (= Gorki) um 1621, † Pustosjorsk 14. April 1682, russ. Geistlicher und Schriftsteller. - Als Oberpriester (Protopope) Führer der Altgläubigen (↑Raskolniki) gegen die Kirchenreform Nikons, deswegen verfolgt, mehrfach verbannt und schließlich verbrannt. Verf. mehrerer Werke v. a. religiösen Inhalts.

Axelrod (Akselrod), Pawel Borissowitsch [russ. aksɪlj'rɔt], eigtl. Pinchas Borutsch A., * Gouv. Tschernigow 25. Aug. 1850 (?), † Berlin 1928, russ. Sozialist. - Zunächst Narodnik, dann Marxist; Mitbegr. der russ. Sozialdemokratie, in der er als engagierter Gegenspieler

Lenins und führender menschewist. Theoretiker wirkte; nach 1917 in der Emigration.

Axen, Hermann, * Leipzig 6. März 1916, dt. Publizist und Politiker. - 1945 Mitbegr. der FDJ; 1946–49 Sekretär für Propaganda und Agitation beim Zentralrat der FDJ; seit 1950 Mgl. des ZK der SED; 1956–66 Chefredakteur des „Neuen Deutschland“; seit 1970 Mgl. des Politbüros des ZK der SED.

Axt, in der Vorgeschichtswissenschaft werden, im Gegensatz zum Beil, alle Schlagwerkzeuge bzw. Schlagwaffen mit parallel zur Schäftungsachse verlaufender Schneide, bei denen der Schaft oder Holm durch ein Schaftloch gesteckt war, als A. bezeichnet.

Ayub Khan, Mohammed, * Abbottabad 14. Mai 1907, † Islamabad 20. April 1974, pakistan. Feldmarschall und Politiker. - 1951 Oberbefehlshaber des pakistan. Heeres. 1954/55 Verteidigungsmin., 1958 Min.präs. und nach dem von ihm erzwungenen Rücktritt des Staatspräs. Iskander Mirza auch Staatschef und Verteidigungsmin.; 1963 Vors. der Muslimliga (bis 1970); nach bürgerkriegsähnl. Unruhen ab Ende 1968 Rücktritt als Staatspräs. 1969.

Azaña y Díaz, Manuel [span. a'θaɲa i 'ðiaθ], * Alcalá de Henares 10. Jan. 1880, † Montauban (Frankr.) 4. Nov. 1940, span. Politiker und Schriftsteller. - Wurde literar. bekannt durch essayist.-krit. Schriften sowie Romane; 1931 erst Kriegsmin., dann Min.-präs. bis 1933; setzte ein umfangreiches Reformprogramm (v. a. Agrargesetzgebung, antiklerikale Gesetze) durch; ab 1936 erneut Min.präs., später Präs. der Republik bis 1939; emigrierte 1939 nach Frankreich.

Azeglio, Massimo Taparelli, Marchese d' [italien. ad'dzeʎʎo], * Turin 24. Okt. 1798, † ebd. 15. Jan. 1866, italien. Politiker und Schriftsteller. - A. setzte sich in romant.-patriot. histor. Romanen für die Einigung Italiens ein und verfaßte antipapist. polit. Schriften. Wurde unter Viktor Emanuel II. 1849 Min.präs. von Sardinien (bis 1852).

🕮 *Marshall, R.: M. d'A. An artist in politics 1798–1866. London u. New York 1966.*

Azilien [azili'ɛ̃:; frz.], nach Funden im Höhlentunnel der Arise bei Le Mas-d'Azil (Dep. Ariège) benannte Kultur am Übergang vom Jungpaläolithikum (Beginn wohl vor 10 000 v. Chr.) zum Mesolithikum in S-Frankreich und an der kantabr. Küste Spaniens; kennzeichnend sind Steinwerkzeuge mit Tendenz zur Mikrolithik, Harpunen aus Hirschhorn und bemalte oder gravierte Kiesel.

Azincourt [frz. azɛ̃'ku:r], frz. Ort, 50 km wnw. von Arras, 210 E. Nach dem glänzenden engl. Sieg bei A. im Hundertjährigen Krieg 1415 über die zahlenmäßig weit überlegenen Franzosen nahm Heinrich V. von England den Titel eines Königs von Frankr. an.

Azoren, portugies. Inseln im Atlantik.
Geschichte: Schon in der Antike bekannt; Mitte 14. Jh. erscheinen sie auf einer italien. Weltkarte. Als eigentl. Entdecker (um 1427) gelten die Portugiesen; seit 1432 portugies. Besiedlung; im 15. Jh. ließen sich Flamen nieder, im 16. und 17. Jh. auch aus Spanien vertriebene Morisken; während der span.-portugies. Personalunion wichtiger Stützpunkt v. a. für die span. Amerikaflotten; 1832 Ausgangspunkt der portugies. Revolution; 1895 Autonomiestatut. Die im 1., v. a. im 2. Weltkrieg von Großbrit. und den USA auf den A. errich-

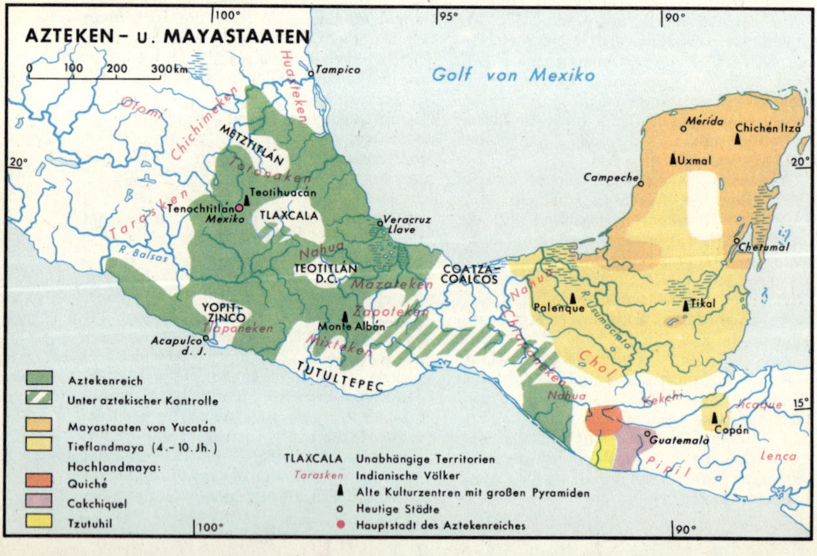

teten Stützpunkte hatten für den transatlant. Verkehr größte Bedeutung.

Azteken [as...], größter Stamm der Nahua-Sprachgruppe in Mexiko. Die alte A.kultur hat sich bis heute in abgelegenen Gegenden in gewissem Umfang erhalten. Die höchste Macht unter den A. teilten sich der König als Kriegsanführer und der Oberpriester, eine Art Friedensfürst, der stets ein nächster Verwandter des Königs war. Der Stamm der A. gliederte sich in 20 exogame Lokalgruppen mit eigenem Landbesitz, der zu einem Teil unter den Mitgliedern aufgeteilt wurde, zum anderen Teil Gemeinbesitz war, auf dem die Abgaben gemeinsam erarbeitet wurden. Die Gesellschaft gliederte sich in Adlige, unterteilt in Geburtsadel und Kriegeradel, das gemeinfreie Volk, unter dem sich neben den Feldbauern bes. Handels- und Handwerkerzünfte befanden, sowie eine Art von Hörigen, die Angehörigen der voraztek. Bevölkerung.
Religion: Die A. übernahmen zu ihren eigenen Gottheiten auch Götter von früheren und umgebenden Kulturen und Völkern, so daß ein großes Pantheon entstand. Von den Tolteken übernahmen sie den Quetzalcoatl, der einst aus dem Osten wiederkehren sollte, so daß er mit den eindringenden Weißen zunächst identifziert werden konnte. Im Ggs. zu dessen Verehrungsform forderten die aztek. Götter Menschenopfer in großer Zahl. So wurde zu Ehren des Sonnen- und Kriegsgottes Huitzilopochtli den Opfern bei lebendigem Leib das Herz herausgerissen; dem Frühlings- und Fruchtbarkeitsgott Xipe Totec („unser Herr der Schinder") zu Ehren wurde den Menschen nach Herausreißen des Herzens die Haut abgezogen und dem Priester übergestülpt (Analogiehandlung zur sich neu kleidenden Vegetation). Der 260tägige Ritualkalender und der 365tägige Sonnenkalender, die zus. einen 52jährigen Zyklus ergaben, dienten mant. Praktiken (Weissagungspraktiken). Die rebusartige Schrift wurde auch zur Aufzeichnung histor. Ereignisse, Tributlisten usw. verwendet.
Zur *span. Eroberungszeit* waren die A. polit. Mgl. eines Dreibundes, der aus den selbständigen Stadtstaaten Tenochtitlán (heute Mexiko), Tezcoco und Tlacopán bestand, der jedoch zunehmend von den A. (Tenochtitlán) beherrscht wurde. Die krieger. Expansion des Dreibundes ging nicht auf Landgewinn aus, sondern auf die Erlangung von Tributen und von zur Opferung bestimmten Gefangenen. Die A. waren im 13. Jh. aus dem NW als Nomadengruppe in das Hochbecken von Mexiko eingewandert (1256 bei Chapultepec nachweisbar). Erste Siedlungsversuche unter einheim. Fürstentümern scheiterten. Um 1260 Gründung von Tlatelolco, 1370 von Tenochtitlán, der späteren Hauptstadt. Polit. Bedeutung erlangten die A. unter Itzcoatl (1428–40) mit der Gründung des Dreibundes und der Beendigung der Vormachtstellung der Tepaneken (1430). Das Herrschaftsgebiet des Dreibundes (das aztek. Reich) dehnte sich in den folgenden 100 Jahren stark aus. Es umfaßte bei der Landung von H. Cortés (1519) ganz Z-Mexiko zwischen den Ozeanen und große Teile S-Mexikos. Das aztek. Reich endete mit der Eroberung Tenochtitláns und der Gefangennahme des letzten Herrschers, Cuauhtémoc (13. Aug. 1521). - ↑auch Mexiko, ↑Mayakultur.

🕮 *Hagen, V. von: Sonnenkönigreiche. A., Inka, Maya. Dt. Übers. Mchn. [11]1979. - Johnson, W. W.: Cortez. Die Eroberung u. Zerstörung des A.reichs. Dt. Übers. Wsb. 1979. - Krickeberg, W.: Altmexikan. Kulturen. Bln. Neuaufl. 1975. - Davies, N.: Die A. Dt. Übers. Düss. u.a. 1974 (Tb. 1976). - Vaillant, G. C.: Die A. Dt. Übers. Köln 1957. - ↑auch altamerikanische Kulturen.*

B

Baader, Ottilie, * Frankfurt/Oder 30. Mai 1847, † Berlin 24. Juli 1925, dt. Arbeiterinnenführerin. - Setzte sich für eine sozialist. Frauenbewegung ein; war 1900–08 „Zentralvertrauensperson der Genossinnen Deutschlands", forderte verbesserten Arbeitsschutz für Frauen und Weiterbildungsmöglichkeiten.

Baader-Meinhof-Prozesse, 1975–77 in Hamburg, Kaiserslautern und Stuttgart-Stammheim durchgeführte Strafverfahren gegen Mgl. der terrorist. „Rote-Armee-Fraktion" (RAF; sog. Baader-Meinhof-Gruppe nach ihren Anführern A. Baader [* 1944, † 1977] und U. Meinhof [* 1934, † 1976; Selbstmord]). Die Angeklagten wurden nach langwierigen Prozessen (u. a. zahlr. Befangenheitsanträge,

Hungerstreiks, Ausschluß eines Teiles der Verteidiger wegen Verdachts der Unterstützung einer kriminellen Vereinigung) wegen Mordes, Bildung einer kriminellen Vereinigung bzw. Mitgliedschaft in dieser, Banküberfällen, Bombenattentaten und Verstößen gegen das Waffen- und Kriegswaffengesetz zu lebenslangen (A. Baader, G. Ensslin, J.-C. Raspe, M. Grashof, K. Jünschke) bzw. zu langjährigen Freiheitsstrafen verurteilt. Nach dem Scheitern des Versuchs ihrer Freipressung durch die Entführung von H. M. Schleyer und eines Flugzeugs der Lufthansa wurden Baader, Ensslin und Raspe in der Vollzugsanstalt Stuttgart-Stammheim am 18. Okt. 1977 tot bzw. sterbend aufgefunden. Das Ermittlungsergebnis der Staatsanwaltschaft lautete auf Selbstmord in allen Fällen (wird z. T. in Frage gestellt). - ↑ auch Terrorismus.

Baalbek, libanes. Stadt am W-Fuß des Antilibanon, 70 km onö. von Beirut, 1 175 m ü. d. M., 18 000 E. Sitz eines melchit. und eines maronit. Bischofs; bed. Fremdenverkehr. - Infolge Gleichsetzung von Baal-Hadad mit dem griech. Sonnengott Helios in hellenist. Zeit **Heliopolis** genannt. Unter Augustus röm. Kolonie (**Colonia Julia Augusta Felix**), größte Blüte im 2. und 3. Jh.; 673 von den Arabern, 1175 von Saladin erobert, 1260 von Mongolen zerstört. 1900–05 dt. Ausgrabungen; bed. ist v. a. der Bezirk des Jupiter (270 × 120 m), südl. liegt der sog. Bacchustempel (2. Jh. n. Chr.), östl. der sog. Venustempel (hufeisenförmiger Grundriß). Seit 1955 jährl. internat. Festspiele.

Baath-Partei ↑ Bath-Partei.

Babenberger, ostfränk., zu markgräfl. und herzogl. Rang aufgestiegenes, in männl. Linie 1246 ausgestorbenes Adelsgeschlecht; 941/45–1003 waren Berthold († 980) und sein Sohn Heinrich Markgrafen des bayr. Nordgaues (Oberpfalz), 1048–57 war sein Enkel Otto Hzg. von Schwaben. Der fränk. Hausbesitz wurde nach 1057 aufgeteilt. Luitpold I. († 994) und seine Nachkommen waren 976–1156 Markgrafen, 1156–1246 Hzg. der bayr. Ostmark; errichteten eine vorbildl. Landesherrschaft in Österreich; 1139–56 auch Hzg. von Bayern, erwarben im 12. Jh. Teile Oberösterreichs und 1192 das Hzgt. Steiermark; hatten 1012–38 das Hzgt. Schwaben inne. - Die *älteren B.* oder **Popponen** besaßen im 9. Jh. mehrere Gft. in Ostfranken, zeitweise auch die Sorb. Mark (Grenzschutz gegen die Slawen), unterlagen aber in der Babenberger Fehde 902–906 den rheinfränk. Konradinern.

Babeuf, François Noël, gen. Gracchus [frz. ba'bœf], * Saint-Quentin 23. Nov. 1760, † Vendôme 28. Mai 1797, frz. Revolutionär. - Entwickelte sozialrevolutionäre Ideen einer „Republik der Gleichen", in der das Privateigentum abgeschafft werden sollte; nach Fehlschlag seines gegen die Direktorialregierung gerichteten Umsturzversuchs (Mai 1796) ein Jahr später mit einigen Mitverschwörern zum Tode verurteilt und hingerichtet. Seine Ideen wirkten auf den europ. Kommunismus.

Babi Jar, Schlucht im Norden Kiews, Ukrain. SSR, in der 1941 33 771 jüd. Männer, Frauen und Kinder von Angehörigen eines dt. Polizeibataillons ermordet wurden.

Babington, Anthony [engl. 'bæbɪŋtən], * Dethick (Derbyshire) im Okt. 1561, † London 20. Sept. 1586, engl. Verschwörer. - Mittelpunkt einer kath. Gruppe, die die Ermordung Elisabeths I. und die Befreiung Maria Stuarts mit span. Hilfe plante; nach Aufdekkung des Komplotts 1586 verhaftet und als Hochverräter hingerichtet (gevierteilt).

Babur (arab. Sahir Ad Din Muhammad; Babar, Baber), * 14. Febr. 1483, † Agra 26. Dez. 1530, ind. Herrscher. - Nachkomme Dschingis-Khans und Timur-Lengs. Wurde nach erfolgreichen Kriegen Herr von N-Indien u. Gründer der ind. Moguldyn.; verfaßte literar. Werke und eine wertvolle Autobiographie (dt. 1828 u. d. T. „Denkwürdigkeiten des Zehir-Eddin Muhammed Baber, Kaisers von Hindustan").

Babylon (hebr. Babel, akkad. Bab-Ili), Ruinenstadt im mittleren Irak, etwa 6 km nördl. von Al Hilla, am alten Euphratlauf. B. gelangte unter Hammurapi um 1700 v. Chr. zu polit. Bed. Sein Stadtgott Marduk wurde in ganz Vorderasien verehrt. Seinen größten Glanz erlebte es im neubabylon. Reich der Chaldäer (626–539). Bis etwa 1000 n. Chr. blieb B. bewohnt. Ausgrabungen der Dt. Orient-Gesellschaft 1899–1917 unter Leitung von R. Koldewey legten in dem aus mehreren Hügeln bestehenden Ruinenfeld von B. nur die beiden neubabylon. Stadtteile beidseits des Euphrats frei (hoher Grundwasserspiegel). Eine 6 m breite Brücke verband sie. Von der Stadtmauer erhielt sich gut das Ischtartor im N, ein monumentales Doppeltor, mit farbigen Reliefs aus Glasurziegeln. Wesentl. größer als die Innenstadt ist das nur angegrabene Gebiet, das die von Nebukadnezar II. gebaute Mauer von etwa 15 km Länge auf dem linken Euphratufer umfaßt. Der Palast im W des Ischtartors am Euphrat ist gut bekannt, v. a. die ältere S-Burg mit ihrem ebenfalls glasurziegelgeschmückten Thronsaal und einer Terrassenanlage auf Gewölbebögen (vielleicht die „Hängenden Gärten" der Semiramis). Schlecht erhalten ist der ausgedehnte Komplex des Mardukheiligtums Esagila, das Xerxes I. 480 zerstörte.

Babylonien, von den Griechen nach der Hauptstadt Babylon geschaffene Bez. der Landschaft um den Unterlauf von Euphrat und Tigris, heute der S-Teil des Irak bis etwa Bagdad; die Babylonier selbst nannten es Sumer und/oder Akkad. Heute versteht man unter B. oft den gesamten Kulturraum des südl. Zweistromlandes. Sicher bestanden

schon vor Anfang des 3. Jt. v. Chr. Städte wie Uruk und Eridu, deren kultureller Aufschwung mit den Sumerern in Beziehung gebracht wird. In N-B. hatte Kisch eine Führungsposition inne. Sicher histor. belegt sind die (Lokal-)Könige der 1. Dynastie von ↑Ur und von ↑Lagasch (seit etwa 2550 v. Chr.) durch eigene Inschriften. Das 1. (kurzlebige) sumer. Großreich schuf Lugalsagesi von Umma; es wurde von Sargon aus der semit. Dynastie von Akkad (etwa 2350–2170) übernommen. Nach der Zerstörung des altakkad. Reiches durch die Gutäer entstand um 2070 unter der 3. Dynastie von Ur ein letztes Mal unter sumer. Führung ein neues großes Reich, dem die von W eindringenden Amoriter um 1950 ein Ende setzten. Die in der Folgezeit sich bildenden rivalisierenden Stadtstaaten (u. a. um Isin, Larsa, Eschnunna und Mari) wurden von ↑Hammurapi aus Babylon (♔1728–1686) wieder zusammengefaßt. Nach dem Zug des Hethiterkönigs Mursili I. (1531) übernahmen in B. die Kassiten aus dem Bergland im NO die Herrschaft. Sie spielten jedoch neben dem churrit. Mitanni-Staat in Obermesopotamien und dem aufstrebenden Assyrien, von dem sie zeitweilig abhängig waren, keine bed. Rolle. Um 1160 bereitete ein Angriff der Elamier der Kassitenherrschaft ein Ende. Die folgende sog. 2. Dynastie von Isin (etwa 1155–1023) vermochte sich zwar unter Nebukadnezar I. zu behaupten, doch verlor B. weiter an Bed. Seit Adad-Nerari II. von Assyrien (10./9. Jh.) war B. unter assyr. Oberhoheit, bis der Chaldäer Nabupolassar (♔626–605) zus. mit den Medern Assyrien zerschlug und das neubabylon. Reich gründete. Nebukadnezar II. (♔605–562) dehnte es bis nach S-Palästina (597 Eroberung Jerusalems und Deportation der Bev.) aus, doch 539 nahm der Perserkönig Kyros II., d. Gr., Babylon ein. Unter achämenid. und seleukid. Herrschaft verlor B. endgültig sein polit. Gewicht.
Chronolog. Übersicht und *Karte* ↑Assyrien.
🕮 *Die Altoriental. Reiche. Hg. v. E. Cassin u. a. Dt. Übers. Ffm. 3–5 1974–76. 3 Bde. - Schmökel, H.: Gesch. des alten Vorderasien. In: Hdb. der Orientalistik. Hg. v. B. Spuler. Abt. 1, Bd. 2. Leiden 1957.*

babylonisch-assyrische Religion, die Religion der Semiten Mesopotamiens, die z. T. sumer. Gut übernommen hatten (↑sumerische Religion). Im *Götterglauben* kannten sie eine kosm. Dreiheit, die der Himmelsgott Anu, Enlil, der Herr der Erde, und Ea bildeten, dem die Gewässer unterstanden und der außerdem als menschenfreundl. Gott der Weisheit und der Beschwörungen galt. Neben dieser wurde eine astrale Dreiheit verehrt, die aus dem Mondgott Sin bestand, seinem Sohn Schamasch, dem Sonnengott, und aus Ischtar, der Herrin des Morgen- und Abendsterns, die zugleich eine Liebesgöttin war. Die Dynastie in Babylon (1894–1595; mit Hammurapi [♔ 1728–1686]) setzte Marduk, den Stadtgott von Babylon, an die Spitze des Pantheons; wichtigstes literar. Zeugnis hierfür ist das Schöpfungsepos „Enuma elisch“. Die Stellung des Marduk nahm bei den Assyrern Assur ein, der Gott ihrer Hauptstadt wie auch ihres Reiches. Im *Kult* trat die religiös bed. Stellung des Königtums v. a. bei der Feier des Neujahrsfestes zutage; der König mußte sich hierbei stellvertretend für das ganze Volk demütigen, konnte jedoch Strafen, die ihn anstelle seiner Untertanen trafen, auf einen Ersatzkönig übertragen (Sündenbock). Die *Ethik*, die von dem Gedanken allg. menschl. Verschuldung bestimmt war, bestand aus Verpflichtungen gegenüber dem Sonnengott Schamasch. *Wahrsagekunst* und *Beschwörungen* nahmen im tägl. Leben der Babylonier und Assyrer einen hervorragenden Platz ein. Man war überzeugt, menschl. Glück nur im Diesseits zu finden. Die *Jenseitsvorstellung* kannte nur ein bejammernswertes Schattendasein in einem unterird. „Land ohne Rückkehr“.
🕮 *Hirsch, H.: Unterss. zur altassyr. Religion. Graz 1961.*

babylonische Religion ↑babylonisch-assyrische Religion, ↑sumerische Religion.

Babylonisches Exil (Babylonische Gefangenschaft), Zwangsverschleppung des größten Teils der Juden nach Babylon 597 und 587 v. Chr. (vgl. 2. Kön. 24 und 25). 538 gab Kyros II. den Erlaß heraus (Esra 5, 6–6, 12), daß der Jerusalemer Tempel aus öffentl. Mitteln wieder aufgebaut werden dürfe. Die Juden durften in verschiedenen Schüben aus Babylon zurückwandern und die Tempelgeräte mitnehmen.

babylonisches Recht, das Recht im babylon.-assyr. Kulturbereich. Oberster Richter war der König, der wichtige Fälle selbst entschied, sonst wurde Recht anfängl. von Stadtältesten und Priestern, aber auch schon früh von Berufsrichtern gesprochen. Das Gewohnheitsrecht wurde in Sammlungen übl. Entscheidungen fixiert. Das berühmteste, aber nicht älteste Beispiel ist der sog. Kodex Hammurapi (um 1700 v. Chr.). Mit seinem Prinzip der Talion (Vergeltung) unterscheidet er sich vom älteren sumer. Recht, das mehr auf Wiedergutmachung abzielt, und enthält darin ein Erbe aus semit. Stammesrecht.

Bacciocchi, Maria Anna, gen. Elisa [italien. bat'tʃɔkki], geb. B[u]onaparte, * Ajaccio 3. Jan. 1777, † Schloß Sant'Andrea bei Triest 6. Aug. 1820, älteste Schwester Napoleons I. - Wurde 1805 Fürstin von Piombino und Lucca, 1806 Herzogin von Massa-Carrara, 1809 Großherzogin von Toskana; als Herrscherin weitaus fähiger als ihr Gatte (ab 1797) **Felice Pasquale Bacciocchi** (* 1762, † 1841), der durch seine Heirat die Titel, nicht aber die Herrschaftsrechte seiner Frau erhielt.

Bach, Alexander Freiherr von (seit 1854), * Loosdorf bei Melk 4. Jan. 1813, † Schloß Schöngrabern bei Hollabrunn 12. Nov. 1893, östr. Politiker. - Erst Liberaler, dann polit. Wendung zum konservativen Machtpolitiker; Justizmin. 1848/49, Innenmin. 1849–59; plädierte für einen straffen Einheitsstaat und einen auch auf Ungarn ausgedehnten bürokrat. Zentralismus; reformierte die Staatsverwaltung, deren Charakter in der Donaumonarchie er bis 1918 bestimmte. 1859–65 Gesandter beim Vatikan.

Bachofen, Johann Jakob, * Basel 22. Dez. 1815, † ebd. 25. Nov. 1887, schweizer. Rechtshistoriker und Anthropologe. - 1841 Prof. für röm. Rechtsgeschichte, 1844 Appellationsrichter in Basel; griff in seinem Werk „Das Mutterrecht" (1861) die Überzeugung von der Naturgegebenheit der monogamen patriarchal. Familie an und beeinflußte mit der These, daß histor. das Matriarchat der patriarchal. Familienverfassung vorausgegangen sei, die moderne Sozialanthropologie und Ethnologie. Seit etwa 1925 fanden seine romant. Deutung der antiken Symbolik und Mythologie, seine Lehre von der organ. „Einheit der Kulturen", sein Geschichtsbild mit dem Ggs. von Orient und Okzident und seine Geschichtsprophetie von dessen Überwindung Beachtung.

***Bachtiar,** Schahpur [pers. bæxti'ɑːr], * 1915 (1916?), iran. Politiker. - In der Reg. Mossadegh (1951–53) Staatssekretär und stellv. Arbeitsmin.; versuchte 1961 die oppositionelle Nat. Front zu reorganisieren und wurde in deren Zentralrat gewählt; zeitweilig in Haft; im Jan. 1979 durch den Schah zum Min.präs. ernannt, wurde B. aus der Nat. Front ausgeschlossen; leitete die Abreise des Schahs in die Wege, trat nach der Ernennung der Reg. Basargan durch R. Chomaini im Febr. 1979 zurück und ging ins Exil.

Bacon, Francis [engl. 'beɪkən], Viscount Saint Albans (seit 1620), * London 22. Jan. 1561, † Highgate bei London 9. April 1626, engl. Philosoph, Schriftsteller und Politiker. - Seit 1579 Anwalt in London, 1584 Sitz im Unterhaus. Stellte sich im Interesse seines Fortkommens skrupellos in den Dienst des Königshauses. Oberster Kronanwalt und Lordsiegelbewahrer unter Jakob I.; 1618 Lordkanzler, 1621 wegen Korruption aus allen öff. Ämtern entlassen. - In seinem wiss. Werk begründete B. die Notwendigkeit einer rational geplanten *Empirie* (gegen deduktiv orientierte Methoden), die den Zufall bei der Vermehrung der wiss. Erkenntnisse ausschalten sollte. Diese Erkenntnisse sollten der Herrschaft über die Natur dienen aber auch die Möglichkeit eröffnen, die Bedürfnisse der Menschen kollisionsfrei zu befriedigen und damit den polit. Frieden in einer auf das Regiment wiss.-techn. orientierter Weiser gegr. Gesellschaft zu sichern (Utopie „Nova Atlantis").

📖 *Anderson, F. H.: F. B.: His career and his thought. Los Angeles (Cal.) 1962. Nachdr. Westport (Conn.) 1978.*

Baden, histor. Land am Oberrhein, Teil von Bad.-Württ. - Die Zähringer, seit 1112 Markgrafen von B., besaßen im 12. Jh. die Gft. im Breisgau und in der Ortenau, die Burg von Baden-Baden sowie Backnang und Besigheim. Im 13. Jh. wurden u. a. Pforzheim, Durlach, Ettlingen und Alt-Eberstein erworben. Weiterer Gebietszuwachs und eine straffe Verwaltung machten B. im 15. Jh. zu einem bed. Staat am Oberrhein. Durch die Teilung 1535 entstanden die beiden Kleinstaaten der kath. Linie Baden-Baden und der ev. Linie Baden-Durlach. Karl Friedrich (1738/46–1811) vereinigte 1771 die Markgft. wieder und führte zahlr. Reformen im Sinne des aufgeklärten Absolutismus durch. Im Bündnis mit Frankr. erreichte er zw. 1803 und 1810 eine Vergrößerung B. von 3600 km^2 mit rund 175000 E auf 15000 km^2 mit fast 1 Mill. E. Das neue Großhzgt. B. (seit 1806) erhielt eine neue Regierungs- und Verwaltungsorganisation und 1810 das Bad. Landrecht nach frz. Vorbild. Verfassung (1818) und Wahlgesetz waren vorbildl. für den dt. Frühkonstitutionalismus. Die 2. Kammer galt als Schule der liberalen und nat. Bewegung. Im April und Sept. 1848 kam es zu Aufständen unter Führung der Linken (F. Hecker, G. Struve) und im Mai 1849 mit der Einsetzung einer republikan. Regierung zur Revolution, die von preuß. Truppen niedergeschlagen wurde. Nach der Reaktionszeit brachte die „neue Ära" 1860–66 den Versuch eines liberalen parlamentar. Regimes (Min. Lamey, Roggenbach). 1866 kehrte B. zur konstitutionellen Regierungsweise zurück (Min. Mathy, Jolly), wobei sich Friedrich I. (1856–1907) wie Friedrich II. (1907–18) auf die Nationalliberalen stützten. 1870/71 beteiligte sich B. aktiv an der Reichsgründung. Der bis zum 1. Weltkrieg dauernde bad. Kulturkampf erreichte 1864–76 seine größte Schärfe. Gegen das Zentrum (stärkste Partei seit 1905) bildete sich der Großblock (1905–17) aus Liberalen, Demokraten und revisionist. SPD. Die Verfassung des Freistaates B. von 1919 stellte einen vom Landtag jährl. zu wählenden Staatspräs. an die Spitze der Reg., die bis 1929 von Zentrum (stärkste Partei), SPD und DDP gebildet wurde. 1940 wurde eine Verwaltungsunion zw. dem seit 1933 gleichgeschalteten B. und dem Elsaß eingeleitet. 1945 kam die N-Hälfte von B. zur amerikan., der S zur frz. Besatzungszone. Im Herbst 1945 erfolgte auf amerikan. Anordnung die Bildung von Württemberg-B. Der S konstituierte sich als Land B. Nach der Volksabstimmung vom 6. Dez. 1951 ging B. am 25. April 1952 in Baden-Württemberg auf.

📖 *Becker, Joseph, u.a.: Bad. Gesch. Vom Großhzt. bis zur Gegenwart. Stg. u. Aalen 1979. - Bender, Helmut: B. 1000 Jahre europ. Gesch. u.*

Kultur. Konstanz 1977. - Sütterlin, B.: Gesch. Badens. Bd. 1: Frühzeit u. MA. Karlsruhe ²1968. - Haebler, R. G.: Bad. Gesch. Karlsruhe 1951. - Bibliogr. der bad. Gesch. Begr. v. F. Lautenschlager. Hg. v. der Kommission für geschichtl. Landeskunde in Baden-Württemberg. Stg. 1929–72. 8 Bde.

Badener Kultur (in Ungarn: Péceler K.), nach Funden aus der „Königshöhle" in Baden bei Wien benannte jungneolith. bzw. kupferzeitl. Kulturgruppe an der mittleren Donau; Ausstrahlungen nach Böhmen, Polen, M- und S-Deutschland; kennzeichnend: Keramik mit schwärzl. Oberfläche und Verzierung durch Kanelüren.

Badeni, Kasimir Felix Graf, * Suchorów (Galizien) 14. Okt. 1846, † Krasne (Galizien) 9. Juli 1909, östr. Politiker. - Seit 1888 Statthalter Galiziens; 1895–97 östr. Min.präs. und Innenmin., wollte (letzl. erfolglos) die parlamentar. Erneuerung des Ausgleichs mit Ungarn 1897 durch Konzessionspolitik lösen; scheiterte am Widerstand der dt. Parteien.

Baden-Powell, Robert Stephenson Smyth, Baron [engl. ˈbeɪdnˈpoʊəl], * London 22. Febr. 1857, † Nyeri (Kenia) 8. Jan. 1941, brit. General. - Gründete die Jugendorganisation der Boy-Scouts (1907/08); Leiter der internat. Pfadfinderorganisation.

Baden-Württemberg, Bundesland im SW der BR Deutschland, 35 751 km², 9,24 Mill. E (1984), Landeshauptstadt Stuttgart.
Geschichte: Anregungen von 1918/19 zum Zusammenschluß von Baden und Württ. blieben erfolglos. 1945–47 ließen die Besatzungsmächte auf dem Gebiet von Baden und Württemberg die Länder Württ.-Baden (US-Zone) sowie Württ.-Hohenzollern und (S-)Baden (frz. Zone) errichten. Um nach Inkrafttreten des GG eine Regelung durch den Bund zu vermeiden, einigten sich die drei Länder im April 1950 auf eine Probeabstimmung. Diese ergab am 24. Sept. 1950 eine starke Mehrheit für den Südweststaat, in ganz Baden aber eine knappe Mehrheit für die Wiederherstellung des alten Landes. Eine am 6. Dez. 1951 auf Grund eines Bundesgesetzes in vier Stimmbezirken (N-Baden, S-Baden, N-Württ., S-Württ. mit Hohenzollern) abgehaltene Volksabstimmung brachte 69,7 % für den Südweststaat (in S-Baden 62,2 % für das alte Land). Die im März 1952 gewählte Verfassungsgebende Landesversammlung von B.-W. wählte R. Maier (FDP) zum Min.präs. einer Koalition von FDP, SPD und BHE und schuf die Verfassung vom 11. Nov. 1953. 1953–58 führte G. Müller (CDU) eine Allparteienreg., nach ihm K. G. Kiesinger (CDU). 1960–66 war Kiesinger Min.präs. einer Koalition aus CDU, FDP und (bis 1964) BHE. Min.präs. H. K. Filbinger führte 1966–72 eine CDU-SPD-Reg., seitdem eine CDU-Reg.; nach dessen erzwungenem Rücktritt 1978 wurde L. Späth Min.präs., der auch nach den Landtagswahlen von 1980, 1984 und 1988 die CDU-Alleinreg. weiterführte.
Verfassung: Nach der Verfassung von 1953 übt der Landtag, der alle 4 Jahre zu wählen ist, die gesetzgebende Gewalt aus und wählt den Min.präs., der die Reg. ernennt. Der Landtag kann durch eine (von 200 000 Wahlberechtigten zu beantragende) Volksabstimmung aufgelöst werden, wenn dies die Mehrheit der Abstimmungsberechtigten verlangt.
🕮 *Bausinger, H./Eschenburg, Th.: B.-W. Eine polit. Landeskunde. Stg. ²1981. - Konstanzer, E.: Die Entstehung des Landes B.-W. Stg. u.a. 1969. - B.-W. Staat, Wirtschaft, Kultur. Hg. v. Th. Pfizer. Stg. 1963.*

Bader, führte im dt. MA seit dem 12. Jh. eine Badestube (daher auch die Bez. *Stübner*); zum Ausüben der niederen Chirurgie und zum Rasieren berechtigt. Das Gewerbe galt bis 1406 als unehrlich.

Badisches Landrecht, Name für drei bad. Gesetzeswerke (1588, 1622, 1810); die 1810 als „Code Napoléon mit Zusätzen und Handelsgesetzen als Landrecht für das Großhzgt. Baden" in Kraft getretene Kodifikation des bürgerl. Rechts bestand v.a. aus übernommenem Recht des frz. Code civil; galt bis zum Inkrafttreten des BGB 1900 als volkstüml. „Landrecht für das Großhzgt. Baden nebst Handelsgesetzen" weiter.

Bad Langensalza, Krst. im Thüringer Becken, an Salza und Unstrut, Bez. Erfurt, DDR, 16 500 E. - Nach der **Schlacht bei Langensalza** (1866) kapitulierte die hannoversche Armee vor preuß. Truppen.

Badoglio, Pietro [italien. baˈdɔʎʎo], * Grazzano Monferrato bei Alessandria (= Grazzano Badoglio) 28. Sept. 1871, † ebd. 1. Nov. 1956, italien. Marschall (seit 1926). - 1919–21 Generalstabchef des Heeres; führte 1935/36 den Äthiopienfeldzug zu Ende, bis 1937 Vizekönig von Äthiopien; als Chef des Gesamtgeneralstabs (seit 1939) Gegner eines italien. Kriegseintritts; schied Ende 1940 aus der Armee aus; nach Mussolinis Sturz 1943 Regierungschef bis 1944; schloß am 3. Sept. 1943 einen separaten Waffenstillstand mit den Alliierten.

Baeck, Leo [bɛk], * Lissa (Posen) 23. Mai 1873, † London 2. Nov. 1956, jüd. Theologe. - Nach Studium bei W. Dilthey seit 1912 Rabbiner in Berlin und Dozent an der „Hochschule für die Wiss. des Judentums", auch nach deren Schließung durch die Gestapo (1939) bis zu seiner Deportation nach Theresienstadt (1943). Seit 1933 Präs. der Reichsvertretung der dt. Juden. Seit 1945 in London, war B. v.a. um Wiederaufnahme des christl.-jüd. Dialogs bemüht. B. war die führende Gestalt des dt. Judentums zw. den beiden Weltkriegen, danach bis zu seinem Tod des Judentums überhaupt. - *Werke:* Das Wesen des Judentums (1905), Dieses Volk (2 Bde., 1955–57).

Baffin, William [engl. ˈbæfɪn], * 1584,

† Hormos 1622, engl. Seefahrer. - Führte 1612–16 mehrere Expeditionen auf der Suche nach der Nordwestpassage, entdeckte Baffinmeer, Lancaster-, Jones- und Smith-Sound, erreichte im Baffinmeer 77° 45′ n. Br., die mehr als 200 Jahre nicht überschritten wurden.

Bafile, Corrado, * L'Aquilla 4. Juli 1903, päpstl. Diplomat. - Seit 1939 im päpstl. diplomat. Dienst; 1960–75 Apostol. Nuntius für Deutschland; seit 1976 Kardinal.

Bagdad, Hauptstadt des Irak, am Tigris, 3,16 Mill. E. - **Madinat As Salam** wurde vom Kalifen Al Mansur 762 als Hauptstadt seines Reiches gegr.; um 800 von Harun Ar Raschid erweitert. Im 10. und 11. Jh. kulturelles und wirtsch. Zentrum des Islams, etwa 1,5 Mill. E; 1258 von den Mongolen zerstört.

Bagdadbahn, die Eisenbahnlinie von Konya (Türkei) nach Bagdad, projektiert im späten 19. Jh. als wichtigste Landverkehrsverbindung zw. Europa und den Gebieten am Pers. Golf, mit Basra als Endpunkt. 1903 unter maßgebl. dt. Beteiligung begonnen, was von Großbrit. und Rußland als dt. Bedrohung ihrer Einflußsphären angesehen wurde; einer der Reibungspunkte zw. den Mächten vor dem 1. Weltkrieg; 1940 fertiggestellt (rd. 2 500 km).

Bagdadpakt, 1955 abgeschlossenes Bündnis zw. der Türkei und dem Irak; nach Beitritt Großbrit., Pakistans und Irans 1955, indirektem Teilbeitritt der USA 1959 und dem formellen Austritt des Irak 1959 im Rahmen des antisowjet. Bündnissystems der Westmächte zur ↑Central Treaty Organization (CENTO-Pakt) umgewandelt.

Bagratiden (Bagratuni), bed. armen.-georg. Fürstengeschlecht; regierten in Armenien als Könige 885–1080; einigten im 9. Jh. Georgien mit byzantin. Unterstützung.

Bahamas

(amtl. Vollform: The Commonwealth of the Bahamas), Staat im Bereich der Westind. Inseln zw. 20° 50′ und 27° 25′ n. Br. sowie 72° 37′ und 80° 32′ w. L. **Staatsgebiet:** Umfaßt die Gruppe der Bahamainseln. **Fläche:** 13 939 km² (nach anderen Angaben 11 396, 11 405, 13 864 oder 13 935 km²). **Bevölkerung:** 226 000 E (1984), 16,2 E/km². **Hauptstadt:** Nassau (auf New Providence Island). **Amtssprache:** Englisch. **Nationalfeiertag:** 10. Juli (Unabhängigkeitstag). **Währung:** Bahama-Dollar (B$) = 100 Cents. **Internat. Mitgliedschaften:** Commonwealth, UN, den EG assoziiert (AKP-Staat). **Zeitzone:** Eastern Standard Time, d. i. MEZ −6 Stunden.

Geschichte: Am 12. Okt. 1492 landete Kolumbus auf San Salvador. Auf die nach Verschleppung der Eingeborenen Anfang 17. Jh. unbewohnten Inseln wanderten ab 1648 brit. Siedlergruppen ein, ab 1671 entstand eine Verwaltung. Zwischenzeitl. Piratenversteck, wurden die Bahamainseln 1718 brit. Kronkolonie unter einem Gouverneur. Die Ende 17. Jh. für die Arbeit auf den Plantagen eingeführten schwarzen Sklaven wurden erst 1834 frei. 1782 von den Spaniern erobert, 1783 wieder brit. 1964 erhielten die B. eine Verfassung mit erweiterter Autonomie, 1973 die volle Unabhängigkeit.

Politisches System: Nach der Verfassung von 1973, die auf der (1968 erweiterten) von 1964 aufbaut, sind die B. eine parlamentar. Monarchie im Commonwealth. *Staatsoberhaupt* ist die brit. Königin, repräsentiert durch den Generalgouverneur. Die *Exekutive* liegt beim Premiermin. und den auf seinen Vorschlag vom Generalgouverneur ernannten Kabinettsmgl. Die *Legislative* liegt beim Zweikammerparlament: dem Abg.haus mit z. Z. 38 auf 5 Jahre gewählten Mgl. und dem Senat, dessen 16 Mgl. auf Vorschlag des Premiermin. bzw. des Oppositionsführers vom Generalgouverneur ernannt werden. Stärkste *Partei* (31 Abgeordnete) ist die Progressive Liberal Party, die sich auf die schwarze Bevölkerungsmehrheit stützt. Die Free National Movement verfügt über 16 Sitze; 2 Abg. sind parteilos. Die meisten *Gewerkschaften* sind in der B. Federation of Trade Unions zusammengeschlossen. Die B. werden zentral von Nassau aus verwaltet. Das *Rechts*wesen ist am brit. Vorbild orientiert. Es gibt keine eigenen regulären *Streitkräfte.* Die Polizei hat zw. 1 000 und 1 500 Mann Stärke.

📖 *Hannau, H. W.: Die B. Ffm. 1979. - Albury, P.: The story of the B. London 1975. - Craton, M. A.: A history of the B. London 1962.*

Bahiakultur [span. ba'ia], präkolumbische Kultur an der Küste von Ecuador (zw. 500 v. und 500 n. Chr.?), ben. nach der Bucht Bahía de Caráquez; reichte von dort bis zur Isla La Plata; charakterist.: große Dörfer mit Tempelpyramiden, Feldbau, entwickelte Religion mit Schlangen- und Drachenkult. Die B. ist die künstler. bedeutendste Kultur der ecuadorian. Küste, besonders durch die nach dem Brennen bemalten Tonfiguren. Die Datierung zwischen 500 v. und 500 n. Chr. ist noch unsicher.

***Bahr,** Egon [Karlheinz], * Treffurt 18. März 1922, dt. Journalist und Politiker (SPD). - Berater von W. Brandt als Regierendem Bürgermeister von Berlin; arbeitete an der Neukonzeption der dt. Ostpolitik mit („Wandel durch Annäherung“), wurde 1966 Sonderbotschafter, 1969 Staatssekretär im Bundeskanzleramt, im Okt. 1969 außerdem Bundesbevollmächtigter für Berlin; erarbeitete einen für die Verhandlungen über ein Gewaltverzichtsabkommen mit der UdSSR grundlegenden Vertragsentwurf; Bundesmin. für bes. Aufgaben 1972–74, für wirtsch. Zusammenarbeit 1974–76; MdB seit 1972; 1976–1981 Bundesgeschäftsführer der SPD.

*Bahrain

(amtl. Vollform: Maschjaka Al Bahrain), Emirat im Pers. Golf vor den Küsten Saudi-Arabiens und Katars an der Einfahrt in den 180 km langen *Golf von B.* **Staatsgebiet:** Umfaßt 33 Inseln, die größten sind die Insel B. (563 km²), die ihr nö. vorgelagerten Inseln *Al Muharrak* (14 km²) und *Sitra* (9,5 km²), die nw. vorgelagerte Insel *Umm Nasan* (19 km²) und die Insel *Hawar* (41 km²) vor der W-Küste Katars. **Fläche:** 662 km². **Bevölkerung:** 435 065 E (1986), 657,2 E/km². **Hauptstadt:** Al Manama. **Verwaltung:** 4 Städte und 2 Landbez. **Amtssprache:** Arabisch. **Nationalfeiertag:** 14. August (Unabhängigkeitstag). **Währung:** Bahrain-Dinar (BD) = 1 000 Fils. **Internat. Mitgliedschaften:** UN, Arab. Liga. **Zeitzone:** Baku-Zeit, d.i. MEZ +3 Std.

Geschichte: Die Inseln waren seit vorgeschichtl. Zeit besiedelt, im 3. Jt. (Tilmun) wichtiger Umschlagplatz zw. Babylonien und dem Industal, seit dem 3. Jh. n. Chr. unter sassanid. Herrschaft, im 7. Jh. von den Arabern erobert. 900–1075, im 13./14. Jh. und 1602–1783 unter pers. Herrschaft; Staat der Karmaten; 1515–1602 portugies. besetzt; seit 1783 Teil des Scheichtums Bahrain, das 1867 mit den Briten einen Protektoratsvertrag schloß. Bei Ausbruch des 1. Weltkriegs ganz brit. Schutz unterstellt; war 1935–58 wichtigster brit. Stützpunkt im Pers. Golf; erklärte sich 1971 für unabhängig und souverän. Seit der islam. Revolution in Iran gibt es Spannungen zw. der schiit. Minderheit und der sunnit. Mehrheit.
Politisches System: B. ist ein unabhängiges Ft. (Emirat), das vom *Staatsoberhaupt*, Scheich Isa Ibn Salman Al Chalifa, mittels eines Kabinetts absolut regiert wird, nachdem die *Legislative*, das nach der Verfassung von 1973 vorgesehene und gewählte Parlament (30 Mgl.), Mitte 1975 (wegen „Linkstendenzen") wieder aufgelöst worden war. *Parteien* sind nicht zugelassen. Es gilt islam. *Recht*, für Nichtmuslime brit. Recht. Die *Streitkräfte* sind rd. 2 850 Mann stark.
📖 *Abu Hakima, A. M.: History of Eastern Arabia, 1750–1800. The rise and development of B. and Kuwait. Beirut 1965. - Faroughy, A.: The Bahrein Islands, 750–1951. New York 1951.*

Bahrprobe † Gottesurteil.

Baibars I., * 1233, † Damaskus 1277, Mameluckensultan (seit 1260). - Kiptschaktürke; kam als Sklave an den Aijubidenhof; ermordete 1260 den Mameluckensultan Kutus; beseitigte die Herrschaft der Aijubiden in Syrien; eroberte 1265–71 den größten Teil der Kreuzfahrerstaaten; konnte die Bedrohung durch die Mongolen abwehren.

Baida, Al (Beidha), prähistor. Fundplatz in S-Jordanien, 7 km nördl. von Petra. Ausgrabungen seit 1958: über einer Natufian-Siedlung mit Lehmziegelbauten (etwa 9./8. Jt.) 6 präkeram., neolith. Siedlungsschichten (eng mit Jericho verwandt) der 1. Hälfte des 7. Jt. v. Chr.; z. T. mehrgeschossige Gebäude, vornehml. aus Stein.

Baiern (Bajuwaren, Bayern), dt. Volksstamm, der sich etwa 480–550 in Rätien, Noricum, Pannonien und nördl. der Donau aus Teilen german. Stämme und keltoroman. Vorbev. bildete. Seit den Anfängen lag bei dem Geschlecht der Agilolfinger die Führung des bayr. Stammes, der – zunächst arian. – im 7./8. Jh. durch iroschott., angelsächs. und fränk. Missionare kath. wurde. Nach 591 in Abhängigkeit von den Franken geraten, konnten sich die B. aber im 7. Jh. zu selbständiger Macht entwickeln. Zwei Vorstöße Karl Martells 725 und 728 brachten wieder engeren Anschluß an das Frankenreich, bis schließl. Karl d. Gr. 788 die bayr. Selbständigkeit beendete.

Bailli [frz. ba'ji; zu lat. baiulus „Lastträger"] (mittellat. Ballivus, engl. Bailiff), im MA Bez. für meist untergeordneten Amtsträger: in England seit der normann. Eroberung Vorsteher einer Hundertschaft mit gerichtl. Befugnissen; später Bez. für den Vollstreckungsbeamten im Gericht des Sheriffs sowie für Vorsteher einiger Städte, z. T. noch heute. Übertragung als Verwaltungstitel ins stauf. Unteritalien und Übernahme in Ritterorden († Ballei). Im nördl. Frankr. seit Ende 12. Jh. Amtsträger der frz. Krone für die richterl., finanzielle und militär. Verwaltung eines bestimmten Bezirks (**Bailliage**) und zur Aufsicht über die Prévôts; verlor seit dem 14. Jh. seine Befugnisse; im 17. Jh. bloßer Titel.

Bainville, Jacques [frz. bɛ̃'vil], * Vincennes 9. Febr. 1879, † Paris 9. Febr. 1936, frz. Historiker und Politiker. - Führendes Mgl. der Action française; übte durch seine Bücher v. a. über Themen der dt.-frz. Geschichte nachhaltigen Einfluß auf den frz. Nationalismus aus.

Bajasid (türk. Bayezit, auch: Bayazit; Bajezid, Bajesid, Bajazet, Bayazet), Name osman. Sultane:

B. I. Yıldırım („der Blitz"), * 1360, † 10. März 1403, Sultan (seit 1389). - Sohn Murads I.; brachte Bulgarien 1393 endgültig unter türk. Herrschaft, machte die Walachei nach 1395 tributpflichtig und gliederte die Dobrudscha seinem Reich ein; nach seinem Sieg über das abendländ. Kreuzfahrerheer 1396 drangen die Osmanen in Griechenland bis Morea vor; 1402 von Timur-Leng besiegt; starb in mongol. Gefangenschaft.

B. II. Wali (türk. Veli; „der Heilige"), * Demotika (= Didymotichon) im Jan. 1448, † bei Demotika 26. Mai 1512, Sultan (seit 1481). - Sohn Muhammads II.; erfolgreiche Feldzüge gegen Bosnien und die Moldau; erste Einfälle in Österreich und Siebenbürgen; in Ägypten den Mameluckensultan unterlegen; 1512 zur Abdankung gezwungen, kurz darauf vergiftet;

Bauherr der berühmten Bajasid-Moschee in Istanbul.

Bajer, Frederik, * Vester Egede 21. April 1837, † Kopenhagen 22. Jan. 1922, dän. Politiker. - Gründete 1891 das Internat. Friedensbüro in Bern, dessen Präs. bis 1907; erhielt 1908 mit K. P. Arnoldson den Friedensnobelpreis.

Bajonett [frz.; nach dem Herstellungsort Bayonne], auf den Gewehrlauf aufgesetzte Stoßwaffe für den Nahkampf; urspr. ständig am Gewehr; später wurde nur im Bedarfsfall das Seitengewehr als B. aufgepflanzt.

Bajuwaren, älterer Name der ↑Baiern.

Bakchiaden, korinth. Herrschergeschlecht, das sich von den Herakliden herleitet und unter dem Korinth zu einer der ersten Mächte Griechenlands aufstieg; 657/620 gestürzt.

Bakr, Al, Ahmad Hasan [al'bakər], * Tikrit 1912, irak. Offizier und Politiker. - 1958 am Sturz der Monarchie beteiligt; Mgl. der Bath-Partei (gemäßigter Flügel); nach 1963 zweimal Min.präs. und bis 1964 Vizepräs.; 1968–79 Staatspräs. und Regierungschef.

bakteriologische Kriegführung, die Anwendung und Verwendung von Krankheitserregern im Kriegsfalle zu militär. Zwekken. Seit dem Genfer Protokoll vom 17. 6. 1925 verboten.

bakteriologische Waffen ↑ABC-Waffen.

Baktrien, histor. Landschaft im NO des alten Iran, Hauptstadt Baktra (heute Balkh). Seit Anfang des 1. Jt. v. Chr. von den Baktrern besiedelt; geriet im 7. Jh. unter med. Oberhoheit, in der 2. Hälfte des 6. Jh. dem Perserreich einverleibt; von Alexander d. Gr. 329–327 erobert; später seleukid. Wohl 239/238 nahm der baktr. Satrap Diodotos I. den Königstitel an, nach 230 Entstehung des gräkobaktr. (hellenobaktr.) Reichs, unter Demetrios um 180 nach Vorderindien erweitert, wurde 129/128 zerstört, fiel in die Hände der iran. Tocharer; schließl. seit 642 arabisch.

Bakunin, Michail Alexandrowitsch, * Prjamuchino (Gouv. Twer, heute Gebiet Kalinin) 30. Mai 1814, † Bern 1. Juli 1876, russ. Revolutionär. - Aus altadliger Familie; Offizierslaufbahn, Studium der Philosophie Fichtes und v. a. Hegels. 1848 Teilnehmer am Prager Slawenkongreß; wegen aktiver Beteiligung am Dresdner Aufstand 1849 in Sachsen und Österreich inhaftiert und zum Tode verurteilt, 1851 an Rußland ausgeliefert und in 6jähriger Einzelhaft festgehalten; floh 1861 aus der sibir. Verbannung über Japan und die USA nach London, beteiligte sich u. a. an der Gründung der 1. Internationale (1864; nach Bruch mit Marx und wegen zunehmender Hinwendung zum Anarchismus 1872 ausgeschlossen); 1871–74 in Italien konspirativ tätig; Vorkämpfer eines kollektivist.-kommunist. ↑Anarchismus.

Balaguer, Joaquín Videla [span. bala'ɣɛr], * Santiago de los Caballeros 1. Sept. 1907, dominikan. Politiker. - Erziehungs- (1949–54, 1955), Außenmin. (1954), Vizepräs. (1957–60); 1960/61 Präs. der Republik; 1962–65 im Exil in New York; erneut 1966–78 Präsident.

Balaklawa, kleiner Hafen an der SW-Küste der Krim, Ortsteil von Sewastopol. - Skyth. Festung, griech. Kolonie, seit 1365 genues. Niederlassung, seit 1475 osman., seit 1783 russ.; im Krimkrieg von brit. Truppen besetzt, 1854 Schlacht („Totenritt von B.").

Balance of power [engl. 'bæləns əv 'paʊə] ↑Gleichgewicht der europäischen Mächte.

Balbo, Italo, * Quartesana (Prov. Ferrara) 5. Juni 1896, † Tobruk 28. Juni 1940, italien. Politiker. - 1922 militär. Organisator des „Marsches auf Rom"; 1923 General der Faschist. Miliz; organisierte seit 1926 (als Min. 1929–33) die italien. Luftfahrt; seit 1934 Generalgouverneur von Libyen und Marschall.

Balboa, Vasco Núñez de, * Jerez de los Caballeros (Estremadura) um 1475, † Acla (Panama) Jan. 1519 (enthauptet), span. Konquistador und Entdecker. - Nach 1510 Generalkapitän u. Gouverneur in Darién; überquerte 1513 den Isthmus von Panama und stieß am 29. Sept. 1513 auf den Pazifik, den er Südsee nannte.

Bălcescu, Nicolae [rumän. bəl'tʃesku], * Bukarest 29. Juni 1819, † Palermo 29. Nov. 1852, rumän. Schriftsteller und Politiker. - Wurde 1848 zur führenden Gestalt der nationalrevolutionären Bewegung in der Walachei. Emigrierte nach Paris, wo er mit histor. Schriften für den Dakoromanismus warb.

Balch, Emily Greene [engl. bɔːltʃ], * Jamaica Plain (Mass.) 8. Jan. 1867, † Cambridge (Mass.) 9. Jan. 1961, amerikan. Sozialpolitikerin und Pazifistin. - Aktiv in der ↑Settlementbewegung tätig; 1897–1918 Prof.; Mitbegr. von „The Women's International League for Peace and Freedom"; erhielt 1946 zus. mit John R. Mott den Friedensnobelpreis.

Balduin, Name von Herrschern:

Belgien:

B. ↑Baudouin I., König der Belgier.

Jerusalem:

B. I., Graf von Boulogne, * 1058, † Al Arisch 2. April 1118, König. - Nahm am 1. Kreuzzug teil, wurde 1098 Graf von Edessa, nach dem Tod seines Bruders Gottfried von Bouillon 1100 König des Kreuzfahrerstaats Jerusalem; gewann u. a. Tripolis, Beirut und Sidon.

Konstantinopel:

B. I., * 1171, † 1205, lat. Kaiser (1204/05), Graf von Flandern (als B. IX.) und Hennegau (als B. VI.). - Nach der Eroberung Konstantinopels durch die Kreuzfahrer zum Souverän des neugeschaffenen Lat. Kaiserreichs gekrönt; 1205 von den Bulgaren besiegt, starb in Gefangenschaft.

Trier:
B. (Baldewin) **von Luxemburg,** * 1285, † Trier 21. Jan. 1354, Erzbischof und Kurfürst (seit 1307). - Bewirkte 1308 die Wahl seines Bruders Heinrich (VII.) zum dt. König; unterstützte 1314 die Wahl Ludwigs des Bayern, war führend am ↑Kurverein von Rhense (1338) beteiligt; betrieb 1346 die Wahl seines Großneffen Karl (IV.).

Baldus de Ubaldis (italien. Baldo degli Ubaldi), * Perugia um 1320, † Pavia 28. April 1400, italien. Jurist. - Als Schüler von Bartolus de Sassoferrato nach ihm der bedeutendste Vertreter der Kommentatoren; beeinflußte stark die dt. Rechtsentwicklung im 15.–17. Jh.

Baldwin, Stanley [engl. 'bɔ:ldwɪn], Earl B. of Bewdley (seit 1937), * Bewdley (Worcester) 3. Aug. 1867, † Stourport on Severn (Worcester) 14. Dez. 1947, brit. Politiker. - Sohn und Erbe eines bed. Stahlindustriellen; 1908–37 konservatives Mgl. des Unterhauses, danach des Oberhauses; trug 1922 mit zum Sturz Lloyd Georges bei; 1922/23 Schatzkanzler, 1923/24 Premiermin., erneut 1924–29; 1931 Lordpräs.; hatte als Führer der stärksten Fraktion den bestimmenden Einfluß in der Regierung; 1935–37 erneut Premiermin.

Balearen, Inselgruppe im westl. Mittelmeer und span. Prov., umfaßt Mallorca, Menorca, Cabrera und die auch *Pityusen* bezeichneten Inseln Ibiza und Formentera sowie zahlr. Felseilande.
Von der bronze- und eisenzeitl. B.kultur, die erst in röm. Zeit endete, zeugen die Talayots, massive Türme. Die B. wurden häufig von Phönikern und Griechen besucht; vom 6. Jh.–201 v. Chr. unter der Herrschaft Karthagos, 123 v. Chr. von Rom erobert. In der Zeit der Völkerwanderung waren Vandalen, Westgoten, Oströmer und Franken auf den B., die 798 von den Arabern erobert und im 13. Jh. von Aragonien zurückerobert wurden. Das seit 1262 zunächst selbständige Kgr. Mallorca, zu dem auch die Cerdaña, das Roussillon und Montpellier gehörten, wurde 1348/49 endgültig mit der Krone Aragonien vereinigt. Menorca war 1708–1802 mit Unterbrechungen unter brit. Herrschaft; im span. Bürgerkrieg republikanisch.

Balewa, Alhaji, Sir Abubakar Tafawa, * Bauchi (= Tafawa Balewa) Dez. 1912, † Jan. 1966 (ermordet), nigerian. Politiker. - Seit 1951 Abg. und Min., 1957–60 Min.präs. Nigerias; 1960–66 Premier- und Außenmin. einer Föderationsregierung des unabhängigen Nigeria.

Balfour, Arthur James, Earl of B. (1922) [engl. 'bælfə], * Whittingehame (East Lothian) 25. Juli 1848, † Woking (Surrey) 19. März 1930, brit. Politiker. - 1874–1922 konservativer Unterhausabg., 1887 Min. für Irland. Leitete als Premiermin. (1902–07) 1904 die außenpolit. Neuorientierung Großbrit. durch den Abschluß der Entente cordiale mit Frankr. und mit der Education Act (Schulgesetz, 1902) eine für England und Wales dauerhafte Lösung des nat. Bildungswesens ein; 1907–11 Oppositionsführer. 1915 Marine-, 1916–19 Außenmin.; vertrat 1919 Großbrit. auf der Pariser Friedenskonferenz; definierte 1926 den seither gültigen Status der Dominions in ihrem Verhältnis zu Großbrit. im Begriff „Commonwealth of Nations“, der Ausgangspunkt des Statuts von Westminster (1931) wurde.

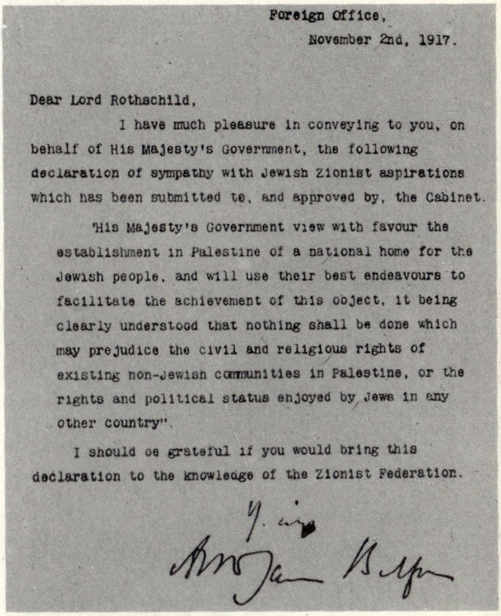

Foreign Office,
November 2nd, 1917.

Dear Lord Rothschild,

I have much pleasure in conveying to you, on behalf of His Majesty's Government, the following declaration of sympathy with Jewish Zionist aspirations which has been submitted to, and approved by, the Cabinet.

"His Majesty's Government view with favour the establishment in Palestine of a national home for the Jewish people, and will use their best endeavours to facilitate the achievement of this object, it being clearly understood that nothing shall be done which may prejudice the civil and religious rights of existing non-Jewish communities in Palestine, or the rights and political status enjoyed by Jews in any other country".

I should be grateful if you would bring this declaration to the knowledge of the Zionist Federation.

Balfour-Deklaration. Die Sympathieerklärung für die zionistischen Ziele, die vom britischen Kabinett gebilligt wurde

Balfour-Deklaration [engl. 'bælfə], Erklärung des brit. Außenmin. A. J. Balfour in einem Brief an den Zionistenführer Lord Rothschild 1917, in dem brit. Hilfe für die Gründung einer „nat. Heimstätte“ der Juden in Palästina zugesagt wurde.

Baliol (Balliol) [engl. 'bɛɪljəl], angloschott. Adelsfamilie, aus Bailleul (Somme) in der Normandie stammend. *John de B.* (* 1249 [?], † 1314) war 1292–96, sein ältester Sohn, *Edward de B.* († 1364) 1332–56 schott. König.

Balk, Hermann, † Würzburg (?) 5. März 1239, erster Landmeister des Dt. Ordens in Preußen (seit 1230). - Errichtete die Burgen Thorn, Culm, Marienwerder, Rheden und Elbing; vermittelte 1235 die Vereinigung des Dt. Ordens mit dem Dobriziner Ritterorden, führte 1237 den Anschluß des livländ. Schwertbrüderordens durch.

Balkan, polit.-histor. Begriff im Zusammenhang mit der Entstehung der B.frage v. a. im 19. und beginnenden 20. Jh.; erfaßt im allg. die bis 1878 unter osman. Hoheit stehenden Territorien (Serbien, Bosnien-Herzegowina, Montenegro, Albanien, Makedonien, Bulgarien, Griechenland und die europ. Türkei).

Balkanbund, System von vier zweiseitigen Kriegsbündnisverträgen 1912 zw. Bulgarien und Serbien bzw. Griechenland, Montenegro und Bulgarien bzw. Serbien zur Beseitigung der osman. Herrschaft auf dem Balkan und der Annexion Makedoniens, Thrakiens und Albaniens.

Balkanentente, Vertrag zw. Griechenland, Jugoslawien, Rumänien und der Türkei 1934 zur Garantie der bestehenden Grenzen auf dem Balkan; wurde durch Italiens militär. Eingreifen in Griechenland (1940) gegenstandslos.

Balkanisierung, polit. Schlagwort für ungerechtfertigte Zersplitterung, v. a. für polit.-territoriale Aufspaltung mit dadurch bewirkter polit. Instabilität; urspr. auf den Zerfall der osman. Herrschaft auf dem Balkan im 19. Jh. bezogen.

Balkankriege, Erster Balkankrieg (1912/13): Krieg der Staaten des Balkanbundes gegen das zerfallende Osman. Reich; dessen militär. Niederlage führte zur Befreiung Makedoniens und zur staatl. Selbständigkeit Albaniens. **Zweiter Balkankrieg** (1913): Krieg zw. Bulgarien und den übrigen Mgl. des Balkanbundes sowie Rumänien um die Aufteilung Makedoniens; nach rascher Niederlage Bulgariens Frieden von Bukarest: Serbien und Griechenland teilten den größten Teil Makedoniens unter sich auf, Bulgarien mußte sich mit dessen NO-Zipfel sowie einem schmalen Zugang zur Ägäis begnügen, zudem die S-Dobrudscha an Rumänien abtreten.

Balkanpakt, zw. Jugoslawien, Griechenland und der Türkei 1953 vereinbarter Freundschaftsvertrag, durch den Vertrag von Bled 1954 zu einem militär. Beistandspakt (auf zwanzig Jahre) erweitert; verlor seit 1955 an Bedeutung.

Balken, in der Heraldik ↑Wappenkunde.

Ballei [mittellat.; zu bal(l)ivus „Verwalter, Vogt"], im MA ein Verwaltungs- oder Amtsbezirk, v. a. die Prov. eines Ritterordens (v. a. des Johanniterordens und des Dt. Ordens).

Ballhaus, seit dem 15. Jh. Gebäude für Ballspiele (Jeu de paume, Vorläufer des Tennisspiels). Das B. in Versailles wurde dadurch berühmt, daß dort (im Rahmen der Frz. Revolution) am 20. Juni 1789 die Abgeordneten des 3. Standes schworen, nicht auseinanderzugehen, ehe sie sich eine Verfassung gegeben hätten.

Ballhausplatz, Platz in Wien, ben. nach dem hier 1740–1880 befindl. Hofballhaus, mit dem Gebäude des östr. Bundeskanzleramts und dem Bundesministerium für Auswärtige Angelegenheiten; auch Bez. für das Außenministerium sowie die östr. Außenpolitik.

Ballin, Albert [...li:n], * Hamburg 15. Aug. 1857, † ebd. 9. Nov. 1918 (Selbstmord), dt. Reeder. - Seit 1899 Generaldirektor der Hamburg-Amerika Linie (HAPAG), die sich unter seiner Führung zur größten Reederei der Welt entwickelte. B. trat für eine enge polit. und wirtschaftl. Zusammenarbeit mit Großbritannien ein und unternahm zu Beginn des 1. Weltkrieges einen [erfolglosen] Friedensvermittlungsversuch.

Balliol [engl. 'bɛɪljəl] ↑Baliol.

Ballot [engl. 'bælət, eigtl. „kleine Kugel" (zum Abstimmen)], angloamerikan. Bez. für geheime Abstimmung.

Ballotage [balɔ'ta:ʒə; frz.; zu ballotte „kleine Kugel" (zum Abstimmen)], in Frankr. Bez. für die Stichwahl zw. den beiden Kandidaten, die im vorangegangenen Wahlgang die meisten Stimmen erhalten hatten.

Balmaceda, José Manuel [span. balma'seða], * Santiago de Chile 1838, † ebd. 19. Sept. 1891 (Selbstmord), chilen. Politiker. - Seit 1870 einer der führenden Liberalen; seit 1882 Innen- und Kultusmin., 1886–91 Staatspräs., praktizierte insbes. eine Politik antiklerikaler Schulreform; unterlag im Bürgerkrieg und trat zurück.

Balten, indogerman. Völkergruppe: Altpreußen, Letten und Litauer.

Balthen [got. „die Tapferen"], westgot. Adelsgeschlecht; gelangte 396 mit Alarich I. zur Herrschaft; endete mit Amalarich († 531).

Baltikum [zu mittellat. Mare Balticum „Balt. Meer" (Ostsee), nach Baltia, dem lat. Namen für ein Bernsteingebiet im Ostseeraum], seit Ende 19. Jh. Bez. für die histor. Landschaften Livland, Estland und Kurland als Prov. des Russ. Reiches, später Bez. für das Gebiet der balt. Staaten Lettland und Estland, vielfach auch unter Einbeziehung Litauens.

baltische Staaten, Sammelbez. für Estland, Lettland und Litauen in der Zeit ihrer staatl. Selbständigkeit vom Ende des 1. bis Anfang des 2. Weltkrieges; im Aug. 1940 als Sowjetrepubliken in die UdSSR eingegliedert.

Bamberg, ehem. Bistum und Hochstift; 1007 von Kaiser Heinrich II. gegr., mit weitreichenden Grundherrschaften zw. Kärnten und der Wetterau ausgestattet; seit 1120 unter päpstl. Schutz; erreichte im 13. Jh. die Unabhängigkeit von Mainz; bildete bald als Fürstbistum einen polit. und, mit dem Kloster Michelsberg, auch geistigen Mittelpunkt des Reiches, stand in enger Verbindung zur königl. Kanzlei; wuchs seit dem 12. Jh. zu einem mächtigen Territorium zusammen; verlor in der Reformation $^2/_3$ aller Pfarreien; fiel im Zuge der Säkularisation 1803 an Kurbayern.

Bamberger, Ludwig, * Mainz 22. Juli 1823, † Berlin 14. März 1899, dt. Politiker. -

Nach Mitwirkung an der pfälz. Erhebung 1849 verurteilt, bis 1866 im Exil; 1868 nat.-liberaler Abg. im Zollparlament, 1871–93 MdR; finanzpolit. Berater Bismarcks, opponierte als Verfechter des Freihandels gegen dessen Schutzzoll- und Kolonialpolitik; wurde einer der Hauptsprecher der linksliberalen Opposition; 1880 maßgebl. an der nat.-liberalen Sezession, 1884 an der Gründung der Dt.-Freisinnigen Partei beteiligt, von der er sich 1893 trennte.

Bambergische Halsgerichtsordnung, 1507 verfaßte Strafgerichtsordnung für das Fürstbistum Bamberg; geringfügig abgeändert 1516 als **Brandenburgische Halsgerichtsordnung** in den zollerschen Ft. in Franken, Ansbach und Kulmbach eingeführt; mehrfach überarbeitet von Kaiser Karl V. als **Carolina** 1532 zum Reichsgesetz erhoben.

Ban [serbokroat. „Herr"] (latinisiert Banus), zunächst Name des obersten Würdenträgers nach dem altkroat. Fürsten; nach 1102 Bez. für den obersten Amtsträger der Stephanskrone in Kroatien-Slawonien-Dalmatien, danach auch für die Befehlshaber der südl. ungar. Grenzmarken (Banate) wie für die bosn. Herrscher. Die Bez. B. (Banat) wurde für Verw.-Bez. Jugoslawiens übernommen.

Banat, histor. Landschaft, an der Rumänien, Jugoslawien und Ungarn Anteil haben. **Geschichte:** Das Gebiet des B. gehörte in der Römerzeit zur Prov. Dakien. Das im 10. Jh. hier bestehende Ft. Csanád gliederte König Stephan I. um 1028 seinem Reich ein. War Anfang 18. Jh. nach Verlust des wesentl. Teils der madjar. Bev. durch die Türkeneinfälle im 15./16. Jh. nur schwach von Rumänen und Serben besiedelt; 1718 unter unmittelbare östr. Militärverwaltung gestellt, setzte der Wiederaufbau des Landes mit mehreren großen Einwanderungswellen v. a. dt. Siedler (↑ Banater Schwaben) ein. 1742 wurde im S und O die Banater Militärgrenze (bis 1872) eingerichtet, die übrigen Gebiete wurden 1778/79 mit Ungarn vereinigt. 1848/49–60 mit angrenzenden Gebieten nochmals als Kronland Wien direkt unterstellt. Nach dem 1. Weltkrieg fiel der W an Jugoslawien, der (größere) O an Rumänien.

Banater Schwaben, Bez. für die im Banat lebenden Deutschen. Die im wesentl. aus W- und SW-Deutschland stammenden Siedler bei der seit 1716/18 von der kaiserl. Reg. begonnenen Neubesiedlung der in der Türkenzeit größtenteils entvölkerten Gebiete kamen v. a. 1722–26, 1736/37; 1744–52, 1763–71 und 1782–87. In der Folge des 2. Weltkriegs verschwanden im jugoslaw. Banat die dt. Siedlungen völlig. Im rumän. Banat leben heute noch etwa 200 000 Deutsche.

Bancroft, George [engl. 'bænkrɔft], * Worcester (Mass.) 3. Okt. 1800, † Washington 17. Jan. 1891, amerikan. Historiker und Diplomat. - Demokrat; 1845/46 Marinemin.; 1846–49 Gesandter in London, 1867–74 in Berlin, wo er die **Bancroft-Verträge** zw. den USA und dem Norddt. Bund bzw. den süddt. Staaten zur Regelung der Auswanderung und zur Bestimmung des Staatsangehörigkeitsstatus der in die USA Eingewanderten durchsetzte (1868); schrieb u. a. eine 10bändige idealisierende Geschichte der USA (dt. 1845–75).

Banda, H[astings] Kamuzu, * Distrikt Kasungu 1905, malaw. Politiker und Arzt. - Seit 1960 Leiter der „Malawi Congress Party" (MCP); seit 1961 mehrfach Min.; seit 1963 Premiermin. Njassalands; seit 1964 Staatschef Malawis; führte 1966 das Einparteiensystem ein und übernahm alle Exekutivvollmachten; ließ sich 1971 zum Präs. auf Lebenszeit wählen.

* **Bandaranaike,** Sirimawo, * Balangoda auf Ceylon 17. April 1916, ceylones. Politikerin. - Übernahm an Stelle ihres 1959 ermordeten Mannes Solomon B. die Führung der sozialist. „Sri Lanka Freedom Party"; 1960–65 Premiermin., Außen- und Verteidigungsmin.; verstaatlichte die großen Tee- und Kautschukplantagen, Banken und Ölgesellschaften Ceylons; erneut 1970–77 Premierminister.

B., Solomon, * Colombo 8. Jan. 1899, † ebd. 26. Sept. 1959 (ermordet), ceylones. Politiker. - ∞ mit Sirimawo B., mehrfach Min. und Präs. des Abg.hauses; Mitbegr. der sozialist. Freiheitspartei („Sri Lanka Freedom Party"); 1956 Premiermin., Verteidigungs- und Außenmin. mit sozialist. Programm.

bandkeramische Kultur (Bandkeramik), nach der bänderartigen Ornamentik ihrer Tongefäße ben. älteste neolith. Kultur M-Europas (Ende 5. Jt. bis Ende 4. Jt.). Kerngebiete: Niederösterreich, Mähren, Böhmen; man unterscheidet Linien- oder Linearbandkeramik und jüngere Stichbandkeramik (v. a. in M-Deutschland, Böhmen, Mähren, Schlesien); teilweise befestigte Dörfer; Anbau von

Bandkeramische Kultur.
Gefäß aus Vaux-et-Borset bei Lüttich
(um 4000 v. Chr.; Brüssel,
Musées Royaux d'Art et d'Histoire)

Weizen, Emmer, Gerste, Hülsenfrüchten, Haltung von Rind, Schaf oder Ziege, Schwein, Hund; meist Hockerbestattung in kleinen Gräberfeldern; Kultplätze mit Menschen- und Tieropfern; steinerne Holzbearbeitungswerkzeuge (Schuhleistenkeile).

Bandungkonferenz, 1955 in Bandung unter Teilnahme von 29 afrikan. und asiat. Staaten (u.a. VR China) abgehaltene Konferenz mit dem Zweck, einheitl. ideolog. Ziele für den Kampf gegen die „Ausbeutung der unterentwickelten Länder durch den Kolonialismus“ auszuarbeiten.

Banér, Johan [schwed. ba'ne:r], *Schloß Djursholm bei Stockholm 23. Juni 1596, † Halberstadt 10. Mai 1641, schwed. Feldmarschall (seit 1634). - Trug 1631/32 erhebl. zu den Erfolgen im Schwed. Krieg bei; 1634 schwed. Oberbefehlshaber; Generalgouverneur Pommerns ab 1638.

*Bangladesch

(amtl. Vollform: Ghana Praja Tantri Bangla Desh), VR in S-Asien, zw. 21° 05′ und 26° 40′ n. Br. sowie 88° 05′ und 92° 50′ ö. L. **Staatsgebiet:** Umfaßt den östl. Teil Bengalens, das ehem. Ost-Pakistan; fast allseits von ind. Staatsgebiet umgeben, nur im SO an Birma, im S an den Golf von Bengalen grenzend. **Fläche:** 142776 km² (Landfläche: 134475 km²). **Bevölkerung:** 98,7 Mill. E (1985), 691 E/km². **Hauptstadt:** Dacca. **Verwaltungsgliederung:** 4 Verw.-Geb. (untergliedert in 19 Distrikte). **Amtssprache:** Bengali. **Nationalfeiertag:** 26. März (Unabhängigkeitstag). **Währung:** Taka (Tk.) = 100 Poisha (Ps.). **Internat. Mitgliedschaften:** UN, Commonwealth, GATT. **Zeitzone:** MEZ +5 Std.

Geschichte: Als Indien seine Unabhängigkeit erlangte, wurde Bengalen aufgeteilt: W-Bengalen fiel der Ind. Union zu (West Bengal), das vorwiegend muslim. O-Bengalen wurde östl. Landesteil Pakistans. Autonomiewünsche der Bengalen wurden von der pakistan. Reg. nur unzureichend berücksichtigt. Bei den ersten direkten Parlamentswahlen seit Erlangung der Unabhängigkeit Pakistans 1970/71 entschied sich die überwiegende Mehrheit der Wahlberechtigten O-Pakistans für das Autonomieprogramm der Awami-Liga unter Scheich Mujibur Rahman, der am 26. 3. 1971 die unabhängige VR B. ausrief; nach einem Bürgerkrieg und einem ind.-pakistan. Krieg bildete er im Jan. 1972 ein Kabinett. Nach Verhängung des Ausnahmezustands Ende 1974 ließ sich Premiermin. Mujibur Rahman am 21. 1. 1975 weitgehende Sondervollmachten übertragen; er wurde jedoch am 15. Aug. mit seiner Familie und zahlreichen Anhängern von putschenden Truppen ermordet. Das Land wurde unter Kriegsrecht gestellt. Nach einem weiteren Putsch wurde im Nov. 1975 der Vors. des Obersten Gerichts Abu Sadat Mohammad Sayem Präs. und Oberster Kriegsrechtsadministrator. Die eigtl. Macht lag bei den Oberkommandierenden der 3 Waffengattungen, unter denen der Generalstabschef Ziaur Rahman den Vorrang hatte. Das Parlament wurde aufgelöst. Ziaur Rahman, seit Dez. 1976 Oberster Kriegsrechtsadministrator, seit April 1977 Präs., kündigte eine schrittweise Rückkehr zu demokrat. Normen an. In der ersten direkten Präsidentschaftswahl im Juni 1978 errang Ziaur Rahman als „Zivilpolitiker“ 76,63 % der Stimmen und bildete ein reguläres Kabinett vorwiegend aus Zivilisten. Die Parlamentswahlen vom Febr. 1979 brachten Ziaur Rahmans Bangladesh Nationalist Party 207 von 300 Mandaten. Im April 1979 wurde das Kriegsrecht nach Zusammentritt des Parlaments aufgehoben. Ziaur Rahman, der ein Konzept der „gelenkten Demokratie“ verfolgte, wurde am 30. Mai 1981 bei einem fehlgeschlagenen Putsch ermordet. Seine Amtsgeschäfte wurden von Vizepräs. Abdus Sattar übernommen, der als Kandidat der Bangladesh Nationalist Party am 15. Nov. 1981 vom Volk zum Präs. gewählt wurde. Seit März 1982 übt das Militär unter H. M. Ershad die Macht aus.

Politisches System: Nach der Verfassung von 1972 (im März 1982 außer Kraft gesetzt) ist B. eine präsidiale Republik. *Staatsoberhaupt* und Inhaber der *Exekutive* ist der Präs., der vom Volk gewählt wird. Er steht an der Spitze der Reg., der außer den Min. auch ein Vizepräs. und ein vom Präs. ernannter Premiermin. angehören. Organ der *Legislative* ist das Einkammerparlament, die Nationalversammlung (300 direkt vom Volk gewählte sowie 30 ernannte Abg.). Zahlr. *Parteien* wurden nach der Aufhebung des Parteienverbots 1976 wieder oder neu gegründet, darunter die Awami-Liga, die sich inzwischen gespalten hat (insgesamt 41 Parlamentssitze), die von Ziaur Rahman gegr. Bangladesh Nationalist Party, ein Zusammenschluß von 6 Parteien (207 Sitze), die Muslim-Liga (19 Sitze), die linksorientierte Jatiya Samajtantrik Dal (9 Sitze). *Verwaltung:* B. besteht aus 4 Verw.-Geb. (Divisions), die in insgesamt 19 Distrikte untergliedert sind. An der Spitze des *Gerichtswesens* steht der Oberste Gerichtshof; darunter bestehen Distriktgerichte. Die *Streitkräfte* haben eine Gesamtstärke von rd. 101500 Mann (Heer 90000, Luftwaffe 4000, Marine 7500); paramilitär. Kräfte: rd. 55000 Mann.

📖 *Moudud Ahmed: Bangladesh. Constitutional quest for autonomy 1950–1971. Wsb. 1978. - Kapp, K. W., u.a.: Neue Wege f. Bangladesh. Sozio-ökonom. Analyse der Entwicklungsaufgaben u. -möglichkeiten des neuen Staates. Hamb. 1975. - Chowdhury, R.: The genesis of Bangladesh. London 1972.*

Bani Hasan (Beni Hasan), ägypt. Dorf auf dem O-Ufer des Nils, nahebei die Felsgräber der Gaufürsten des 16. oberägypt. Gaus aus dem Mittleren Reich (um 2000 v. Chr.) mit berühmten Malereien. Etwa 5 km südl. liegt der Felsentempel der Königin Hatschepsut.

Banisadr, Abol Hassan, * 1933 bei Hamadan, iran. Politiker. - Sohn eines Ajatollah; studierte Soziologie und Wirtschaftswiss.; Gegner des Schahs, lebte 1964–79 im frz. Exil. Mit R. Chomaini, dessen Wirtschaftsberater er war, im Febr. 1979 nach Iran zurückgekehrt, wurde B. Mgl. des Revolutionsrats. Im Nov. 1979 übernahm er das Wirtschafts- und Finanzministerium, für kurze Zeit auch das Außenministerium. Mit über 75% der Stimmen von der Bevölkerung gewählt, war B. ab Febr. 1980 Staatspräs. Nach heftigen Konflikten mit Chomaini und der Islam.-Republikan. Partei wurde B. im Juni 1981 abgesetzt und ging ins frz. Exil.

Banken [zu italien. banco „Tisch des Geldwechslers"] (Kreditinstitute), Unternehmen, die Geldanlagemöglichkeiten bieten, Finanzierungsmöglichkeiten eröffnen und den bargeldlosen Zahlungsverkehr besorgen.

Geschichte: Nachgewiesen sind für *Ägypten* bereits im Alten Reich nach Gewicht festgelegte Kupfer- und Silberbarren, die als Zahlungsmittel („Geld") und Wertmesser dienten. Über Staatsspeicher, bei denen Kaufleute und Grundbesitzer Konten unterhielten, erfolgte durch Last- und Gutschriften ein bargeldloser Zahlungsverkehr. - In *Babylonien* und *Assyrien* dienten schon früh Edelmetalle auch als geldähnl. Verrechnungswerte. Tempel- und Palastwirtschaft, seit dem 2. Jt. auch zunehmend Privatpersonen waren Kapitalgeber für Darlehens- und Hypothekengeschäfte, deren Urkunden wie Schecks und Wechsel weitergegeben wurden. Auch die großen neubabylon. Handelshäuser werden als „B." bezeichnet, sie arbeiteten jedoch fast ausschließlich mit eigenem Kapital. - In *Griechenland* übten zuerst vielfach Priester bankierähnliche Funktionen aus: sie nahmen Einlagen zur Aufbewahrung entgegen und gewährten Darlehen gegen Entgelt. Mit der Entstehung des Münzwesens in ganz Griechenland entwickelte sich ein neuer Beruf, die Trapeziten (griech. τράπεζα = Tisch), die sich vorwiegend mit der Münzprüfung und dem Geldwechsel befaßten. - Im alten *Rom* gab es Berufsbankiers (argentarii, mensarii), die ähnl. Funktionen wie die Trapeziten ausübten. - Als Ursprung der *modernen europ. Bank* kann die Geschäftstätigkeit der Geldwechsler des mittelalterl. Italien (Bancherii, Kambisten) angesehen werden. V. a. waren es geschäftstüchtige Lombarden, die an großen Messe- und Handelsplätzen ihren Tisch aufschlugen, Münzen und Metalle abwogen, prüften und umtauschten. Aus dem Geldwechselgeschäft entwickelte sich bald auch ein Depositen- und Wechselgeschäft sowie ein Giroverkehr. Die techn. Voraussetzungen für diese Geschäfte wurden durch die Entwicklung der doppelten Buchführung, des Wechsels und des Depositenscheins (Banknote) geschaffen. Bed. florentin. Familien (Bardi, Peruzzi, Medici), später auch Genueser (Centurioni, Grimaldi, Vivaldi; in Deutschland die Fugger und Welser), betätigten sich im Bankgeschäft und gewannen Bedeutung und Privilegien durch Finanzierung staatl. Vorhaben und polit. Machtkämpfe. Große Bedeutung erlangten auch Bankiers, die mit der Kirche zusammenarbeiteten. Neben Geldwechslern, privaten Bankiers und Finanziers entstanden im 15., 16. und 17. Jh. schon öffentl. und halböffentl. Banken: So u. a. 1401 in Barcelona eine öffentl. Wechsel-, Depositen- und Girobank, 1408 in Genua die „Casa di S. Giorgio", 1598 die „Banca di Sant'Ambrogio" in Mailand, 1609 die „Amsterdamsche Wisselbank", 1619 die „Hamburger Bank" und 1621 der „Banco Publico zu Nürnberg". Daneben sind die „montes pietatis" zu erwähnen, die Minderbemittelten gegen Pfand kleine zinslose Darlehen gewährten, um sie vor Ausbeutung durch Wucherer zu schützen. Besondere Bedeutung kommt der Gründung der Bank von England 1694 zu, die auch als erste moderne Kreditbank bezeichnet worden ist. Weitere wichtige B.gründungen: 1668 Nationalbank Stockholm, 1765 Preuß. Bank Berlin, 1800 Bank von Frankreich. Im 18. Jh. wurden außerdem nach der Idee von John Law erstmals sog. Zettel-B. gegr., deren Notenemissionen nicht durch Metall, sondern durch Bodenhypotheken und Wertpapiere gedeckt waren. Beeinflußt durch die Entwicklung in Italien und das vielgestaltige Münzwesen, gab es seit dem MA in Deutschland Handelshäuser, die für ihre Kunden zunächst das Geldwechselgeschäft, später auch das Kreditgeschäft betrieben. Sie können als Vorläufer der sog. Privatbankiers angesehen werden, die sich insbes. im 18. und 19. Jh. zu bed. privaten Bankunternehmen (z. B. Rothschild, Bethmann) von z. T. internationalem Rang entwickelten. Der in dieser Zeit einsetzende Industrialisierungsprozeß führte im Verlaufe des 19. Jh. zu Kreditanforderungen, die die Kapitalkraft der Privatbankiers überstiegen. Durch die z. T. auf ihre Initiative gegründeten Aktien-B. erwuchsen ihnen mächtige Konkurrenten. Die Statuten zahlr. damals errichteter dt. Aktien-B. wurden nach dem Vorbild der 1852 von Anhängern der Ideen des Grafen Saint-Simon in Paris gegründeten „Société Générale du Crédit Mobilier" gestaltet. Die weitere Entwicklung des modernen europ. Bankwesens ist geprägt durch die im 19. und 20. Jh. sich vollziehenden polit., wirtschaftl., technolog. und soziolog. Veränderungen. Sie führten entsprechend den differenzierten Anlage- und Finanzierungsbedürfnissen der öffentl. und der gewerbl. Wirtschaft sowie brei-

ter Bevölkerungskreise zur Entstehung verschiedener B.gruppen und unter währungsschutzpolit. Zielsetzungen zum Aufbau eines zentralen Notenbankwesens (in Deutschland mit Gründung der Reichsbank 1875).
◻ *Gerloff, W.: Die Entstehung des Geldes u. die Anfänge des Geldwesens. Ffm.* ³*1947.*

Bank für Internationalen Zahlungsausgleich, Abk. BIZ, internat. Bank, als AG geführt, Sitz Basel, gegr. 1930 durch die Präs. der Notenbanken von Belgien, Deutschland, Frankr., Großbrit., Italien und Japan und die Vertreter einer amerikan. Bankengruppe. Zweck der BIZ ist, die Zusammenarbeit der Zentralbanken zu fördern, neue Möglichkeiten für internat. Finanzgeschäfte zu schaffen und als Treuhänder oder Agent bei den ihr auf Grund von Verträgen mit den beteiligten Parteien übertragenen internat. Zahlungsgeschäften zu wirken. Genehmigtes Kapital: 1,5 Mrd. Goldfranken (ein Goldfranken entspricht etwa 0,29 g Feingold).

Banlieue [frz. bã'ljø], frz. Bez. für den engeren und weiteren Einflußbereich einer Stadt; entspricht dem dt. Begriff ↑Bannmeile.

Bann, im dt. MA die königl. Regierungsgewalt (**Königsbann**), die in **Heerbann** (Einberufung des Heeres), in **Friedensbann** (der König nahm bestimmte Personen oder Sachen in seinen Schutz und verbot Angriffe auf sie), **Blutbann** (Ausübung der peinl. Gerichtsbarkeit), **Verordnungsbann** (Befugnis zum Erlaß von Rechtsnormen) und **Verwaltungsbann** (Exekutivgewalt) zerfiel. Unter B. wurde auch das entsprechende Ge- und Verbot (z. B. die gerichtl. Ladung, bannitio) sowie die auf deren Nichtbefolgung hin verhängte Strafe (B.buße, Verbannung) bezeichnet. **Bannleihe** war die Übertragung des Blut-B. auf Grafen, Klostervögte u. ä.

Banner [frz., eigtl. „Ort, wo die Fahne aufgestellt wird"], Fahne [mit Feld-, Hoheitszeichen, Wappen], die durch eine waagerecht hängende Querstange mit dem Fahnenschaft verbunden ist.

Bannleihe ↑Bann.

Bannmeile, 1. im MA Gebiet von einer Meile um eine Stadt, innerhalb dessen dem städt. Gewerbe keine Konkurrenz gemacht werden durfte; 2. in den sog. B.gesetzen genau umschriebenes Gebiet um den Sitz der Gesetzgebungsorgane des Bundes und der Länder sowie des Bundesverfassungsgerichts (sog. befriedeter Bannkreis). Innerhalb des befriedeten Bannkreises sind öff. Versammlungen unter freiem Himmel und Aufzüge mit Ausnahme von religiösen Veranstaltungen und Volksfesten verboten; **Bannkreisverletzung** wird nach § 106a StGB mit Freiheits- oder Geldstrafe bestraft.

Bantu, Bez. der großen Gruppe von Stämmen und Völkern, die B. sprechen.

Bantuheimatländer (engl. Bantu homelands; auch Bantustans, Autonomstaaten), Gebiete in der Rep. Südafrika (Basotho-Qwaqwa, Gazankulu, Kwazulu, Lebowa) und in Namibia, in denen im Rahmen der Apartheidpolitik bestimmte Stammesgruppen der Bantubevölkerung leben und sich bis zu einem gewissen Grade selbst verwalten. Von den südafrikan. B. wurden 1976 die Transkei, 1977 Bophuthatswana, 1979 Venda und 1981 Ciskei unabhängig, sie wurden jedoch von keinem Staat - außer der Rep. Südafrika - anerkannt.

Banzer Suárez, Hugo [span. ban'sɛr 'suares], * Tarija 1927, bolivian. Offizier und Politiker. - 1969/70 Kommandeur der Kriegsakademie in La Paz. Ging nach einem mißglückten Putschversuch im Jan. 1971 nach Argentinien ins Exil; entmachtete nach Rückkehr durch Militärputsch im Aug. 1971 Präs. J. J. Torres; bis 1978 selbst Präsident.

Bao-Dai [vietnames. bau dai], * Hue 22. Okt. 1913, Kaiser von Annam (1925–45). - Von den Vietminh zur Abdankung gezwungen; wurde 1949 mit frz. Unterstützung „Staatschef" der „Republik Vietnam"; 1955 abgesetzt; lebt seitdem in Frankreich.

Baptisten [zu griech. baptistḗs „Täufer"], ehem. Spottname für eine auf dem Hintergrund des engl. Puritanismus im 17. Jh. entstandene, am Modell der christl. Urgemeinde ausgerichtete Gemeindebewegung, deren auffallendes Merkmal die Erwachsenentaufe ist (daher der Name). Infolge der Auswanderung breiteten sich die B. zunächst in Amerika aus. Ihre Unterstützung der amerikan. Unabhängigkeit wie ihr Einsatz für die Freiheit des Gemeindelebens verschafften ihnen Ansehen und Einfluß. - Die Ausbreitung der B. auf dem europ. Kontinent begann erst im 19. Jh. Die meisten B.gemeinden sind in der 1905 in London gegr. *Baptist World Alliance* (Sitz Washington) zusammengeschlossen. Ein einheitl. baptist. *Glaubensbekenntnis* gibt es nicht. Die Bibel, die jeder Gläubige auslegen kann, gilt als die alleinige Richtschnur für Glaube, Gemeindeordnung und Leben.

Bar, sowjet. Stadt 60 km sw. von Winniza, Ukrain. SSR, 14 000 E. Die poln. **Adelskonföderation von Bar** (1768) gegen die russ. Fremdherrschaft scheiterte 1772.

*Barbados

Staat im Bereich der Westind. Inseln, bei 59° 37′ w. L. und 13° 4′ n. Br. **Staatsgebiet:** Umfaßt die gleichnamige Insel. **Fläche:** 430 km². **Bevölkerung:** 253 000 E (1985), 558 E/km². **Hauptstadt:** Bridgetown. **Amtssprache:** Englisch. **Nationalfeiertag:** 30. Nov. **Währung:** Barbados-Dollar (BDS$) = 100 Cents. **Internat. Mitgliedschaften:** UN, Commonwealth, OAS, CARICOM, SELA, den EG assoziiert (AKP-Staat), GATT. **Zeitzone:** Atlantikzeit, d. i. MEZ – 5 Std.

Geschichte: Spätestens seit 1511 bekannt; ab 1536 von Portugiesen besucht. Ab 1627 von Engländern besiedelt, nachdem die archäolog. nachgewiesene Aruakbev. im 16. Jh. durch span. Sklavenjäger und Kariben verschleppt worden war. Seit 1652 bis ins 19. Jh. als Kronkolonie fest in brit. Hand. 1834/38 wurden die Sklaven befreit. In der Folgezeit wiederholt wirtsch. begr. Aufstände bzw. Unruhen (1876, 1937). Seit 1937 polit., wirtsch. und soziale Reformen; 1950 Einführung des allg. und gleichen Wahlrechts. 1958–61/62 Mgl. der Westind. Föderation. Erhielt am 30. Nov. 1966 die volle Unabhängigkeit und wurde Mgl. des Commonwealth.

Politisches System: B. ist eine parlamentar. Monarchie. *Staatsoberhaupt* ist Königin Elisabeth II., vertreten durch den Generalgouverneur, der den Premier.min. (seit 1976: J. G. M. Adams) und auf dessen Vorschlag die Min. des Kabinetts ernennt. Die *Exekutive* liegt beim Kabinett. Die *Legislative* besteht aus Senat (21 vom Generalgouverneur auf Vorschläge ernannte Senatoren) und Abg.haus (27 vom Volk auf 5 Jahre nach dem Mehrheitswahlrecht gewählte Abg.). Die Barbados Labour Party, die nach den Wahlen von 1976 die bis dahin regierende Democratic Labour Party in der Reg. abgelöst hatte, gewann auch die Wahlen von 1981.

🕮 *Hoyos, F. A.: B. A history from the Amerindians to independence. London 1978.*

Barbar [griech.], bei den Griechen jeder nicht Griech. Sprechende, also jeder „Fremde". Seit den Perserkriegen verbanden die Griechen damit den Begriff des Ungebildeten, Rohen und Grausamen. Die Römer bezeichneten alle Völker außerhalb der griech.-röm. Kultur als Barbaren.

Barbarossa [italien. „Rotbart"], Beiname Kaiser †Friedrichs I.

B., Chair Ad Din †Chair Ad Din.

Barbarossa (Fall B.), Deckname des dt. Feldzugsplans gegen die UdSSR im 2. Weltkrieg.

Barclay de Tolly, Michail Bogdanowitsch Fürst (seit 1815) [russ. bar'klajdɛ'tɔlli], *Luhde-Großhoff (Livland) 27. Dez. 1761, † bei Insterburg 26. Mai 1818, russ. Feldmarschall (1814). - Aus livländ. Adelsgeschlecht schott. Herkunft; 1810–12 Kriegsmin. 1812 Oberbefehlshaber der russ. Hauptarmee gegen die Große Armee Napoleons I., nach der Schlacht von Smolensk durch Kutusow ersetzt; 1813 erneut Oberbefehlshaber der russ. Truppen.

Bardengau, früh-ma. Gau in [Nieder]-sachsen zw. Unterelbe und Lüneburger Heide beiderseits der Ilmenau (Hauptort Bardowick).

Bárdossy, László [ungar. 'ba:rdoʃi], *Szombathely 10. Dez. 1890, † Budapest 10. Jan. 1949, ungar. Politiker. - April 1941–März 1942 Min.präs.; Kriegserklärungen gegenüber der UdSSR und den USA; 1946 als Kriegsverbrecher verurteilt und hingerichtet.

Barentsz, Willem [niederl. 'ba:rənts], *auf Terschelling um 1550, † 20. Juni 1597 vor Nowaja Semlja, niederl. Seefahrer und Kartograph. - Gelangte bei der Suche nach der Nordöstl. Durchfahrt 1594 bis zur O-Küste von Nowaja Semlja, mußte 1595 umkehren; entdeckte 1596 die Bäreninsel und Spitzbergen wieder; starb bei dem Versuch, bewohntes Festland zu erreichen.

Barkiden, angesehene, aristokrat. Familie im 3. Jh. v. Chr. in Karthago; Nachkommen des Hamilkar Barkas, namentl. dessen Söhne Hannibal, Hasdrubal und Mago.

Bar Kochba (hebr. Simon Bar Kosiba), ⚔ Beth-Ter 135 n. Chr., jüd. Freiheitskämpfer. - Führer des jüd. Aufstandes gegen die Römer 132; sein messian. Anspruch wurde vom Volk und den Rabbinen bereitwillig anerkannt; erst mit rd. 50 000 Mann gelang den Römern die Eroberung und Zerstörung Jerusalems (134); fand den Tod, als die Festung Beth-Ter durch Verrat fiel; Tausende wurden hingerichtet, als Sklaven verkauft oder nach Ägypten deportiert.

Barmekiden (Barmakiden; arab. Al Baramika, auch: Al Barmak), Familie iran. Herkunft, deren Mgl. hohe Ämter unter den ersten Abbasidenkalifen innehatten; 803 entmachtet.

Barmer Bekenntnissynode, von der †Bekennenden Kirche zum 30./31. Mai 1934 nach Barmen einberufene Synode; verabschiedete die kirchengeschichtl. bed. †Barmer Theologische Erklärung.

Barmer Theologische Erklärung, von der Barmer Bekenntnissynode einstimmig am 31. Mai 1934 angenommene theolog. Erklärung, deren sechs Sätze vorwiegend von K. Barth stammen. Sie ist Bekenntnis gegenüber der vom Nationalsozialismus geprägten Verfälschung christl. Lehren durch die Deutschen Christen. Die B. T. E. gilt in der EKD, v. a. in unierten Kirchen, als Bekenntnisschrift. Sie hat große theolog. und kirchenpolit. Bed. auch über den dt. Bereich hinaus.

Barnim, Name pommerscher Herzöge:

B. I., *um 1218/19, † 13. oder 14. Nov. 1278, Herzog von Pommern (seit 1220). - Regierte seit 1233 selbständig, vereinigte 1264 ganz Pommern, baute sein Hzgt. zu einem lebenskräftigen Territorium aus; Städtegründungen.

Baron [frz. ba'rõ, engl. 'bærən; german.-frz.; urspr. „Lehnsmann, streitbarer Mann"], in *Frankr.* und *England* seit dem 12. Jh. einer der unmittelbar der Krone unterstehenden hohen Lehnsleute (Kronvasallen, Pairs, Lords), in England auch Angehöriger des Parlamentsadels; wurde in Frankr. seit dem 13. Jh. zum niederen Adelstitel, in England heute niedrigster Titel des Hochadels. In *Deutschland* Ende 16. Jh. aus Frankr. übernommene Anrede für einen Freiherrn (**Baronin:** Freifrau; **Baronesse:** Freiin). In *Rußland* als Adelstitel durch Peter d. Gr. eingeführt.

Baronet [engl. 'bærənıt], engl. Adelstitel seit 1611; zw. „baron" und „knight" (Ritter) stehend; berechtigt zur Führung des Titels Sir. Die Frau führt eigtl. den Titel Dame, wird jedoch zumeist Lady genannt.

Barras, Paul Vicomte de, * Fox-Amphoux (Var) 30. Juni 1755, † Chaillot bei Paris 29. Jan. 1829, frz. Politiker. - Als Oberbefehlshaber in Paris an Robespierres Sturz maßgebl. beteiligt (1794); dann Präs. des Konvents; schlug mit Hilfe Bonapartes den royalist. Aufstand nieder (1795); verschaffte als führendes Mgl. des Direktoriums Bonaparte den Oberbefehl in Italien; 1799 aber selbst gestürzt und aus Paris verbannt.

Barre, Raymond [frz. ba:r], * Saint-Denis (auf Réunion) 12. April 1924, frz. Politiker. - Seit Jan. 1976 Außenhandelsmin.; Aug. 1976 bis Mai 1981 Premiermin., bis 1978 zugleich Finanz- und Wirtschaftsminister.

Barrios, Justo Rufino, * San Lorenzo 17. Juli 1835, ⚔ Chalchuapa (El Salvador) 2. April 1885, guatemaltek. Politiker. - 1873–85 Präs.; wollte die mittelamerikan. Republiken zu einem Bundesstaat vereinigen; fiel im Krieg gegen El Salvador.

Barros, João de [portugies. 'barruʃ], * Viseu (Beira Alta) (?) 1496, † Ribeira bei Pombal 20. Okt. 1570, portugies. Schriftsteller und Geschichtsschreiber. - Neben einem Ritterroman, theolog., sprachwiss. u. a. Abhandlungen schrieb er eine portugies. Kolonialgeschichte, von der 4 Bde. erschienen: „Ásia" ([d. h. Ostindien] 1552, 1553, 1563, 1615).

Barsani, Al, Mulla Mustafa (Barzani), * Barsan (NO-Irak) 14. Mai 1903, † Washington (D. C.) 2. März 1979, irak. Politiker. - Kämpfte seit 1920 für die Autonomie der Kurden; 1932–43 inhaftiert; 1947–58 im Exil in der UdSSR; führte seit 1961 den kurd. Guerillakrieg gegen die Regierung des Irak; seit 1970 einer der irak. Vizepräs.; flüchtete nach erneutem Ausbruch der Kampfhandlungen mit der irak. Armee seit 1972 im Frühjahr 1975 nach Iran und erklärte Anfang Mai das Ende des bewaffneten kurd. Kampfes für größere Autonomie.

Bartenstein, Johann Christoph Frhr. von (seit 1733), * Straßburg 23. Okt. 1689, † Wien 6. Aug. 1767, östr. Staatsmann. - Vertrauter Kaiser Karls VI.; seit 1733 Sekretär der Geheimen Staatskonferenz und damit eigtl. Leiter der Außenpolitik; trat für die Sicherung der Pragmat. Sanktion ein; befürwortete im Östr. Erbfolgekrieg ein Zusammengehen mit Frankr.; 1753 von Kaunitz in die Innenpolitik verdrängt.

Bartenstein (Ostpr.) (poln. Bartoszyce), Stadt in Ostpreußen, Polen▾; 15 000 E. Der **Bartensteiner Vertrag,** ein gegen Napoleon I. und den Rheinbund gerichtetes russ.-preuß. Kriegsbündnis vom 26. April 1807, wurde durch den Tilsiter Frieden vom 7. Juli 1807 rasch hinfällig.

Barth, Heinrich, * Hamburg 16. Febr. 1821, † Berlin 25. Nov. 1865, dt. Afrikareisender. - Bereiste 1845–47 die afrikan. (ohne Marokko) und vorderasiat. Küstenländer des Mittelmeers; erforschte 1850–55 den Aïr und das Gebiet um den Tschadsee, entdeckte den Benue, drang in den Adamaua und nach Bagirmi vor, erforschte den Niger bis Timbuktu; sammelte grundlegendes histor. und linguist. Material über die Sudanvölker; seit 1863 Prof. in Berlin.

Barthélemy, François Marques de (seit 1818) [frz. bartel'mi], * Aubagne 20. Okt. 1747, † Paris 3. April 1830, frz. Politiker. - 1792–1797 Gesandter in der Schweiz; handelte 1795 die Basler Friedensverträge mit Preußen und Spanien aus; 1797 Mgl. des Direktoriums; seit 1800 Vizepräs. des Senats; unter Ludwig XVIII. Pair und Staatsminister.

Bartholomäusnacht (Pariser Bluthochzeit), die Nacht zum 24. Aug. (Bartholomäustag) 1572, in der die Anführer des hugenott. Adels, die anläßl. der Hochzeit Heinrichs von Navarra mit Margarete von Valois in der Hauptstadt versammelt waren, mit Tausenden von Glaubensgenossen ermordet wurden (in Paris mindestens 3 000, auf dem Lande wohl 10 000). Nach mißlungenem Anschlag auf den Admiral Coligny, den Führer der Hugenotten, gab Katharina von Medici, die Königinmutter, mit Zustimmung Karls IX. den Befehl zum Überfall. Heinrich von Navarra und Henri I. Condé konnten sich nur durch Abschwörung ihres Glaubens retten.

Barthou, Louis [frz. bar'tu], * Oloron-Sainte-Marie (Basses-Pyrénées) 25. Aug. 1862, † Marseille 9. Okt. 1934, frz. Advokat und Politiker. - Seit 1889 Abg., 1922 Senator; als Vertreter der „rechten Mitte" wiederholt Min.; Min.präs. 1913; vertrat als Präs. der Reparationskommission 1922–26 Poincarés harten Kurs gegenüber dem Dt. Reich; bemühte sich als Außenmin. 1934 um diplomat. Isolierung des NS-Regimes; Opfer eines Attentats auf König Alexander I. von Jugoslawien.

***Barzel,** Rainer, * Braunsberg (Ostpr.) 20. Juni 1924, dt. Politiker. - Seit 1957 MdB (CDU), seit 1960 Mgl. des Bundesvorstands der CDU; 1962/63 Bundesmin. für gesamtdt. Fragen; 1964–73 Vors. der CDU/CSU-Fraktion im Bundestag (1969–73 Oppositionsführer); 1971–73 CDU-Parteivors.; seit 1981 Vors. des Auswärtigen Bundestagsausschusses.

Basanavičius, Jonas [lit. basa'na:vıtʃʊs], * Ožkabaliai (SW-Litauen) 23. Nov. 1851, † Wilna 16. Febr. 1927, lit. Publizist und Politiker. - Rief mit der von ihm 1883 mitbegr. Zeitschrift „Aušra" („Morgenröte") eine nat.-lit. Publizistik ins Leben; setzte sich im 1. Weltkrieg für einen unabhängigen lit. Staat ein.

Basel (frz. Bâle), Hauptstadt des schweizer. Halbkantons B.-Stadt, beiderseits des Rheins, 196000 E.

Geschichte: Erste kelt. Siedlung **Robur.** Das röm. **Basilea** wird 374 n. Chr. erstmals erwähnt. Im 7. Jh. Verlegung des Bischofssitzes von Augst nach B.; 1392 Erwerb des rechtsrhein. Klein-B. durch die Bürgerschaft, mit Groß-B. vereinigt; im Kampf zw. Bischof und Bürgerschaft siegten um 1450 die Zünfte, die fortan die Stadt regierten. In der 2. Hälfte des 15. Jh. erwarb B. den größten Teil seines Untertanengebietes. 1501 Aufnahme in die Eidgenossenschaft. 1529 Einführung der Reformation. 1803 entstand aus dem ehem. städt. Untertanengebiet und einem Teil des säkularisierten Bistums B. (Bez. Arlesheim) der Kanton B., der sich 1832/33 in die beiden Halbkantone B.-Stadt und B.-Landschaft trennte.

B., Bistum, in röm. Zeit in Augusta Raurica († Augst) gegr., im 7. Jh. nach B. verlegt. In der Reformation wurden Stadt und Landschaft B. prot.; die Residenz des Bischofs wurde nach Pruntrut verlegt, das Domkapitel ging nach Freiburg im Breisgau (seit 1679 in Arlesheim).

Basel-Landschaft (Basel-Land), Halbkanton in der NW-Schweiz, 428 km², 222000 E (1975), Hauptstadt Liestal.

Geschichte: Nach Wiederherstellung der alten Vorherrschaft der Stadt Basel über die Landschaft, das ehem. Untertanengebiet, 1815 blieben die Forderungen nach polit. Gleichberechtigung für Stadt und Land bestehen. Nach Ablehnung der Trennung in einer Volksabstimmung 1831 schloß der Große Rat 1832 jedoch 46 Gemeinden aus dem basler. Staatsverband aus; diese konstituierten sich als eigener Kt.; 1833 bestätigte die eidgenöss. Tagsatzung die Trennung in zwei Halbkantone.

Verfassung: Nach der Verfassung des Halbkantons vom 4. April 1892 liegt die Exekutive beim vom Volk auf 4 Jahre gewählten Regierungsrat (5 Mgl.). Die Legislative bilden der vom Volk auf 4 Jahre gewählte Landtag (80 Mgl.) und das Volk selbst (obligator. Referendum).

Basel-Stadt, nordschweizer. Halbkanton, mit 37 km² kleinster Kt. der Schweiz, 218000 E (1975), Hauptort Basel.

Geschichte: Der 1832/33 durch die Aufteilung des Kt. Basel entstandene Halbkanton umfaßt neben der Stadt Basel die Gemeinden Riehen und Bettingen; Kleinhüningen wurde 1893 in Basel eingemeindet.

Verfassung: Nach der Verfassung des Halbkantons vom 12. Dez. 1889 liegt die Exekutive beim vom Volk auf 4 Jahre gewählten Regierungsrat (7 Mgl.). Die Legislative bilden der vom Volk auf 4 Jahre gewählte Große Rat (130 Mgl.) und das Volk selbst (fakultatives Referendum); seit 1966 haben die Frauen aktives und passives Wahlrecht.

Basileios [bazi'laɪɔs, ba'zi:laɪɔs], Name byzantin. Kaiser der makedon. Dynastie:

B. I. Makedon, * um 812, † 29. Aug. 886, Kaiser (seit 867). - Gelangte durch die Ermordung seines Gönners, Kaiser Michaels III., auf den Thron; festigte die byzantin. Herrschaft und erweiterte das byzantin. Reichsgebiet; erwarb sich große Verdienste durch den Versuch der bereinigten Sammlung der überkommenen Gesetze.

B. II. Bulgaroktonos („Bulgarentöter"), * um 956, † 15. Dez. 1025, Kaiser (seit 976). - Brachte in lang andauerndem Kampf mit dem makedon.-bulgar. Reich die gesamte Balkanhalbinsel wieder in byzantin. Besitz (1018); Rückeroberung weiter Gebiete Syriens; hatte entscheidenden Anteil an der Christianisierung Rußlands (Ende des 10. Jh.).

Basileus [griech.], Bez. für den Herrscher seit der frühesten Zeit der griech. Geschichte; in Athen nach der Zeit der Monarchie Attribut des vorwiegend mit religiösen Aufgaben betrauten Archonten (Archon B.). Bez. auch für den pers. Großkönig, ebenso den röm. Kaiser. Im MA offizielle Bez. der oström. Kaiser (und Mitkaiser) nach 610 († auch Autokrator), ab 812 erweiterte Titulatur „B. ton Rhomaion" („Herrscher der Römer").

Basilika (Basiliken), von Kaiser Leon VI. (886–912) in den ersten Jahren seiner Regierung veranlaßte Rechtskodifikation, eine bereinigte Sammlung aller bis dahin gültigen Gesetze des Oström. Reiches.

Basisgruppen, im Zusammenhang mit der Studentenbewegung Ende der 1960er Jahre entstandene, v. a. student., polit. linksorientierte Arbeitskreise zur gemeinsamen (hochschul-)polit. Arbeit im Institutsbereich bzw. zur allg. polit. Überzeugungsarbeit im Rahmen prakt. Hilfe (z. B. Nachhilfeunterricht) für sozial schwache Bev.gruppen.

Basis und Überbau, Begriffspaar im Marxismus zur Kennzeichnung der Wechselwirkung von soziokulturellen [Überbau]phänomenen (z. B. Recht, Bildungswesen, polit. Institutionen) und sozioökonom. [Basis]faktoren, bei der den letztgenannten (z. B. Produktionsverhältnisse) eine primär bestimmende Rolle zugewiesen wird.

Baskenland und Navarra (Bask. Prov., span. Vascongadas), nordspan. Region am Golf von Biskaya.

Geschichte: Die Bewohner des von den Römern **Vasconia** gen. Landes bewahrten ihre Eigenständigkeit gegenüber Römern, Westgoten, Mauren und Franken; Teile wanderten seit 587 in das Frankenreich ab und ließen sich in der Gascogne nieder; das im 10. Jh. entstandene Kgr. Navarra deckte sich weitgehend mit dem bask. Siedlungsgebiet. Die span. Basken, die im Span. Bürgerkrieg im Streben nach größerer Autonomie auf seiten der Republik kämpften, verloren ihre Privilegien 1939. Verstärkte Aktivität des bask. Nationalismus in Spanien seit den 1960er Jahren, insbes. terrorist. Aktionen der Untergrundorganisation ETA. 1979 wurde das bask. Autonomiestatut in einer Volksabstimmung im B. und vom span. Parlament gebilligt. Daraufhin wurde im März 1980 ein bask. Regionalparlament gewählt, im April 1980 eine bask. Regionalregierung gebildet.

Ortots: Die Basken - Vergangenheit u. Zukunft eines freien Volkes. Mchn. 1979.

Basler Friede, 1795 zw. der frz. Republik und Preußen geschlossener Friede; dem revolutionären Frankr. gelang die fakt. völkerrechtl. Anerkennung, die Durchsetzung seiner geforderten „natürl. Grenzen" und die entscheidende Schwächung der europ. Koalition sowie des Reiches; Preußen erreichte eine von ihm selbst zu garantierende Neutralisierung des Reiches nördl. der „Mainlinie" unter Preisgabe seiner linksrhein. Territorien bis zum allg. Friedensschluß.

Basler Konzil (Konzil Basel, Ferrara-Florenz), das 17. der ökumenischen Konzile, 1431 von Papst Eugen IV. eröffnet. Es stellte sich zunächst die folgenden Aufgaben: 1. Bekämpfung der Hussiten, 2. den Frieden unter den christl. Fürsten, 3. die Reform der Kirche. Die Konzilväter erließen verschiedene Reformdekrete. Die 1433 geführten Verhandlungen mit den ↑Hussiten (**Prager/Basler Kompaktaten**) führten zu einer Übereinkunft, in der u.a. der Laienkelch zugestanden wurde. Papst Eugen verlegte das Konzil nach Ferrara, dann nach Florenz, wo 1439 am 6. Juli die Unionsbulle, in der der päpstl. Primat anerkannt wurde, unterzeichnet werden konnte. Die Basler Konzilsväter, die der Verlegung nach Ferrara keine Folge geleistet hatten, setzten am 25. Juli 1439 Eugen IV. ab und wählten am 5. Nov. Felix V. zum Nachfolger. Da dieser von den europ. Mächten nicht anerkannt wurde, löste sich das Konzil der Basler Konzilsväter schließl. 1449 auf, das von Florenz tagte seit 1443 in Rom.

Bastardfaden ↑Wappenkunde.

Bastarner (Bastarnen, Basternen; lat. Bastarnae, Basternae), wohl stark mit fremden Elementen durchsetztes ostgerman. Volk, trat Anfang des 2. Jh. v. Chr. im Gebiet von Donaumündung bis zum Bug auf; von Philipp V. von Makedonien im Zuge seiner antiröm. Politik an die N-Grenze seines Reiches gezogen (179 v. Chr. Einfall in Thrakien); 88 Verbündete Mithridates' VI. von Pontus in dessen 1. Krieg gegen Rom; von den Römern 29/28 über die Donau nach NO abgedrängt; siedelten Ende 3. Jh. n. Chr. in Thrakien.

Bastille [frz. bas'tij], urspr. Bez. für eine schloßähnl. Befestigungsanlage, dann nur noch die achttürmige Festung im O von Paris am Tor Saint-Antoine; diente seit dem 17. Jh. als Staatsgefängnis; seit 1784 erwog man den Abbruch; am 14. Juli (frz. Nationalfeiertag) 1789 als Symbol des königl. Despotismus erstürmt (Beginn der Frz. Revolution) und kurze Zeit später zerstört.

Bastonade [frz.; zu italien. bastone „Stock"], Prügelstrafe mit Stöcken und Riemen auf die Fußsohlen und den Rücken; bis ins 19. Jh. im Orient übl.; vereinzelt noch heute vollstreckt.

Bataver [ba'ta:vər, 'ba:tavər] (lat. Batavi), german. Volksstamm in der Gegend der Rheinmündung (heute Betuwe) und auf den Inseln im Rheindelta; seit Ende 1. Jh. v. Chr. unter röm. Oberhoheit; 69/70 vergebl. Aufstand der B. und Kannenefaten, der auf Gallien übergriff; seit dem 4. Jh. unter fränk. Herrschaft.

Batavische Republik [nach Batavia, dem lat. Namen der Niederlande], 1795–1806 Name der von Frankr. abhängigen Republik der Vereinigten Niederlande.

Bathorden [engl. bɑ:θ] (The Most Honourable Order of the Bath), von König Heinrich IV. von England 1399 gestifteter Ritterorden, dessen Bez. („Orden vom Bade") vielleicht auf die Aufnahmezeremonie zurückzuführen ist; geriet im 17. Jh. in Vergessenheit, 1725 von König Georg I. als Verdienstorden erneuert; hat eine militär. und eine zivile Abteilung, seit 1815 zu je 3 Klassen.

Báthory (Báthori) [ungar. 'ba:tori], ungar. Magnatengeschlecht, Fürsten von Siebenbürgen; 1250 erstmals erwähnt, im 17. Jh. ausgestorben; Stephan IV. B. war 1575–86 König von Polen.

Bath-Partei (Hisb Al Bat Al Arabi Al Ischtschiraki „sozialist. Partei der arab. Auferstehung"), arab. polit. Partei, die den föderativen Zusammenschluß der arab. Staaten auf der Grundlage einer sozialist. Gesellschaftsordnung anstrebt. 1942 als Untergrundpartei gegr., vereinigte sich 1952 mit der Arab. Sozialist. Partei; in Syrien und Irak an der Macht.

Batista y Zaldívar, Fulgenico [span. ba'tista i sal'diβar], * Banes (Oriente) 16. Jan. 1901, † Guadalmina bei Marbella (Málaga) 6. Aug. 1973, kuban. Diktator. - 1940–44 Staatspräs.; 1944–52 im Exil in den USA; kam 1952 durch Staatsstreich wieder an die Macht; 1959 von F. Castro gestürzt.

Batlle y Ordóñez, José [span. 'batje i ɔr'ðoɲes], * Montevideo 1. Mai 1856, † ebd. 21. Okt. 1929, uruguayischer Politiker. - Präs. der Republik 1903–07 und 1911–17, Vertreter eines laizist., toleranten Rechtsstaates.

Battenberg, Name eines 1314 erloschenen hess. Grafengeschlechts, dessen Titel seit 1858 die morganat. Nachkommen des Prinzen *Alexander von Hessen* (* 1823, † 1888) führen. **Ludwig Alexander von B.** (* 1854, † 1921), brit. Admiral und 1912–14 Erster Seelord, legte 1917 den hess. Titel ab und nahm den

Namen **Mountbatten** an (für sich und alle in Großbrit. naturalisierten Mgl. des Hauses).

Battenbergaffäre, polit. Spannung auf dem Balkan 1883–85 und innerdt. Krise 1888 (Konflikt zw. Bismarck und Kaiser Friedrich III. sowie dessen Gattin) wegen des Plans einer Heirat von Alexander von Battenberg, 1879–86 Fürst von Bulgarien, mit der preuß. Prinzessin Viktoria, Tochter Friedrichs III.; aus Sorge vor einer Belastung des dt.-russ. Verhältnisses von Bismarck vereitelt.

Batthyány [ungar. 'bɔttja:nji], eines der ältesten und angesehensten ungar. Magnatengeschlechter; urkundl. 1398 genannt; 1628 ungar. Barone, 1630 ungar. Grafen, 1645 niederöstr. Herrenstand. Die jüngere Linie **Battyány-Strattmann** wurde 1764 in den Reichsfürstenstand erhoben; bed.:

B., Lajos (Ludwig) Graf, * Preßburg 14. Febr. 1806, † Pest 6. Okt. 1849 (hingerichtet), ungar. Reformpolitiker. - 1848 Min.präs. im ersten ungar. Parlament, bemühte sich (vergebl.) um einen Ausgleich zw. dem östr. Kaiser und Ungarn; 1849 wegen Hochverrats zum Tode verurteilt.

Batu Khan, * um 1205, † Sarai 1255, Mongolenfürst. - Enkel Dschingis-Khans; herrschte seit 1227 über das sog. Kiptschak; überrannte 1237–40 ganz Rußland, 1241/42 weite Teile Polens, Schlesiens und Ungarns; errichtete das Khanat der Goldenen Horde.

Batzen, die seit Ende 15. Jh. in der Schweiz und in Süddeutschland als Mittelsorte zw. Gulden und Kreuzer geprägten Münzen im Wert von 4 Kreuzern (mit - nach Güte und Feingehalt - sehr unterschiedl. Arten); durch die Reichsmünzordnung von 1559 zugunsten neuer Geldsorten endgültig beseitigt; blieb als Bez. für kleinere Münzen jedoch erhalten.

Baudissin, Adelsgeschlecht aus der Oberlausitz; erstmals erwähnt 1326; Erhebung in den Reichsgrafenstand 1741; Ende 18. Jh. Trennung in die Linien *Knoop* und *Rantzau*, beide in Holstein, letztere mit der Linie *B.-Zinzendorf;* bed.:

***B.,** Wolf Stefan Traugott Graf von, * Trier 8. Mai 1907, dt. Generalleutnant. - Arbeitete seit 1951 am Reformkonzept der Bundeswehr mit und prägte den Begriff „Staatsbürger in Uniform“; 1961–67 Funktionen in der NATO; danach Lehrtätigkeit an der Univ. Hamburg (seit 1971 Direktor des Inst. für Friedensforschung und Sicherheitspolitik).

Baudouin I. [frz. bo'dwɛ̃] (niederl. Boudewijn I.), * Schloß Stuyvenberg bei Brüssel 7. Sept. 1930, König der Belgier (seit 1951). - Ältester Sohn König Leopolds III.; seit 1960 ∞ mit Doña Fabiola de Mora y Aragón.

Bauer, Bruno, * Eisenberg (Thür.) 6. Sept. 1809, † Berlin 15. April 1882, dt. ev. Theologe, Philosoph und polit. Schriftsteller. - 1834 Privatdozent für Theologie in Berlin, 1839 in Bonn. Wegen seiner Evangelienkritik 1842 Entzug der Lehrerlaubnis. Diese Kritik zielte durch Bestreitung der Historizität Jesu auf Beseitigung der Religion überhaupt und der auf ihr basierenden Lebens- und Gesellschaftsformen. In „Christus und die Cäsaren“ (1877) führte B. die Entstehung des Christentums auf die Gedankenwelt Philos und Senecas zurück. Dieses Werk erhielt autoritative Bedeutung für den Marxismus und hatte u. a. auch nachhaltigen Einfluß auf Nietzsches Religionskritik.

Weitere Werke: Geschichte der Politik, Kultur und Aufklärung des 18. Jh. (1843–45), Kritik der paulin. Briefe (1850–52), Zur Orientierung über die Bismarcksche Ära (1880).

B., Gustav, * Darkehmen 6. Jan. 1870, † Berlin 16. Sept. 1944, dt. Politiker. - 1912–25 MdR (SPD), 1919 Arbeitsmin.; unter seiner Reichskanzlerschaft (1919/20) wurde der Versailler Vertrag unterzeichnet und die Verfassung der Weimarer Republik verabschiedet. 1920 und 1921/22 Reichsschatzmin.; 1925 aus der Partei ausgestoßen.

B., Otto, * Wien 5. Sept. 1881, † Paris 4. Juli 1938, östr. Politiker und Publizist. - Einer der Wortführer und Haupttheoretiker des Austromarxismus, plädierte als Staatssekretär im Außenministerium 1918/19 für die Auflösung Österreich-Ungarns und den Anschluß Deutschösterreichs an das Dt. Reich; 1920 maßgebl. an der Ausarbeitung der östr. Verfassung beteiligt; floh 1934 in die ČSR und 1938 weiter nach Frankreich.

Batzen. Gipsabdruck eines Batzens von 1514 aus der Reichsmünzstätte Nördlingen (Silber; 3,95 g)

Bauer [zu althochdt. giburo, mittelhochdt. bure, gebure, eigtl. „Mitbewohner, Dorfgenosse“], urspr. Bez. für den Nachbarn, heute für den Eigentümer oder Pächter eines landw. Betriebs. - Seit der sog. „neolith. Revolution“ (6./5. Jt. v. Chr.) bildeten Landbebauung und Viehzucht zunächst neben, dann vor der Jagd einen immer entscheidenderen Faktor für die Deckung des Nahrungsbedarfs. In den ersten großen Agrargesellschaften (Flußtalkulturen: Niltal, Zweistromland, Industal, Jangtsetal) wurden durch zentrale Wasserbewirtschaftung hohe Erträge erzielt, wobei die meisten B. für Staat, Stadt oder

Tempelbetriebe arbeiteten. Privater Landbesitz entstand seit dem 3. Jt. v. Chr. Auch in der Antike war Ackerbau der wichtigste Wirtschaftsfaktor. Sowohl in Griechenland (etwa seit dem 5. Jh. v. Chr.) als auch in Rom (schon in republikan. Zeit) ist eine Entwicklung von der kleinbäuerl. Wirtschaft zum Großgrundbesitz festzustellen. Die röm. Wirtschaftsform der Latifundien (bewirtschaftet durch Sklaven) wurde für das ganze Imperium charakteristisch.

Die Germanen der Völkerwanderungszeit kannten neben dem freien großbäuerl. Grundbesitz bereits die Grundherrschaft mit einer großen Zahl abhängiger B. In der Agrarverfassung der Karolingerzeit ist zu differenzieren zw. Unfreien, die das Land des Domänenherrn bewirtschafteten, halbfreien Pacht-B. und freien B. (häufig Wehr- und Rodungs-B.). Durch den wachsenden Einfluß des Adels, der freie Klein-B. als Gefolgsleute in seine Abhängigkeit bringen konnte, kam es zu einer Nivellierung innerhalb des ma. B.tums. Andererseits jedoch gab es auch für Unfreie Möglichkeiten sozialen Aufstiegs als Verwalter (Meier) grundherrl. Besitzes. Neben der Grundherrschaft kannte das ma. B.tum auch das genossenschaftl. Element von Markgenossenschaft und Dorfgemeinde. - Bev.zuwachs, steigender Getreidepreis und das Ausbleiben von Hungersnöten bis ins 14. Jh. waren der Erfolg verbesserter Anbaumethoden (Aufkommen der Hülsenfrüchte, verbesserter Einsatz von Zugtieren und Pflug, Einführung der Dreifelderwirtschaft). - Im Spät-MA verschlechterte sich allg. die Position der B.; Hungersnöte, Seuchen (Pest) und Geldverfall führten im 14. Jh. zu Landflucht und Verödung; in Aufständen wehrten sich die B. bis ins 16. Jh. v. a. gegen ihre soziale Deklassierung (Höhepunkt in Deutschland 1524/25 der Bauernkrieg). - Teils unberührt hiervon entstand seit dem 15. Jh. in O-Deutschland und im östl. Mitteleuropa (Polen, Litauen, Ungarn) die ↑Gutsherrschaft mit einer weiteren Form der bäuerl. Erbuntertänigkeit.

Die Verwüstungen und Bev.verluste des Dreißigjährigen Krieges zwangen den modernen Fürstenstaat, sich mit Nachdruck den wirtsch. und sozialen Problemen zuzuwenden. Im Mittelpunkt seiner Wirtschaftspolitik stand die Lenkung der Landw.: Neben staatl. Förderung für Wiederaufbaumaßnahmen (Steuerfreijahre, Schuldentilgung, Investitionshilfen), Arbeitszwang und Zwangsansiedlung förderte er den Handel mit Agrarprodukten. Das 18. Jh. brachte umwälzende Neuerungen in der Agrartechnik, die mit anderen Faktoren zur ↑Bauernbefreiung beitrugen. In Rußland verlief die Geschichte des B.tums wesentl. anders: Die urspr. überwiegend freien ostslaw. B. waren seit der Zeit der Tatarenherrschaft in immer stärkere Abhängigkeit von geistl. und weltl. Grundherren geraten und von der Moskauer Autokratie im 16. Jh. an ihre Dorfgemeinde gebunden (↑Mir, ↑Obschtschina) und bis zum 18. Jh. der völligen Verfügungsgewalt des Adels als Gegenleistung für dessen Dienstpflicht gegenüber dem Staat überantwortet worden. Die B.befreiung begann in Rußland erst 1861 mit der Aufhebung der Leibeigenschaft. Die von Stalin 1929–37 durchgeführte Zwangskollektivierung wurde nach dem 2. Weltkrieg zum Vorbild für die Landw. im osteurop. Einflußbereich der Sowjetunion.

Der entscheidende Wandel der gesellschaftl. Stellung der B. vollzog sich mit der industriellen Revolution: Sie brachte eine Landflucht mit sich, die zur Auflösung der Gesindearbeitsverfassung und zum Zusammenbruch der großbäuerl. Lebensweise führte. Auch sank der Bedarf an bäuerl. Arbeitskräften durch die starke Produktionssteigerung infolge der wiss.-techn. Neuerungen in der Landw. (künstl. Düngung, Pflanzen- und Tierzucht, Mechanisierung). Im MA tragendes wirtsch. Element und weitaus größter Bev.teil, sind die B. heute eine Minderheit geworden, deren Lebensstil auf Grund der Erschließung des ländl. Raumes durch Verkehr und Massenkommunikationsmittel dem der Städter weitgehend angeglichen ist.

🕮 *Blickle, P., u. a.: Aufruhr u. Empörung? Studien zu den Formen bäuerl. Widerstandes in Territorien des Alten Reichs. Mchn. 1980. - Quellen zur Gesch. des dt. B.standes im MA. Ges. u. hg. v. G. Franz. Darmst. ²1974. - Conze, W.: B., B.stand, B.tum. In: Geschichtl. Grundbegriffe. Hg. v. O. Brunner, W. Conze u. R. Koselleck. Bd. 1. Stg. 1972. - Klein, E.: Gesch. der dt. Landwirtschaft. Stg. 1969. - Dt. Agrargesch. Hg. v. G. Franz. Bd. 2–5. Stg. ²⁻³1967–78. - Radbruch, G./Radbruch, R. M.: Der dt. B.stand zw. MA und Neuzeit. Gött. ²1961.*

Bauergericht (Bauersprache, Bauding, Heimgericht, Hagensprache), ma. Dorfgericht, das unter dem Vorsitz eines gewählten Vorstehers (Bauernmeisters oder Heimbürgen) insbes. über Flurangelegenheiten zu entscheiden hatte.

Bauernbefreiung, Bez. für Agrarreformen des 18. und 19. Jh. zur Beseitigung der bäuerl. Erbuntertänigkeitsverhältnisse. Sie umfaßte neben der Beseitigung der persönl. Unfreiheit und der damit verbundenen persönl. und dingl. Lasten die Übertragung des von den Bauern bewirtschafteten Bodens in ihr volles Eigentum (meist bei Entschädigung der Grundherren), die Aufhebung der grund- und gutsherrl. Patrimonialgerichtsbarkeit sowie die Aufteilung der Allmenden und die Beseitigung des Flurzwangs. In Brandenburg-Preußen versuchte schon Friedrich Wilhelm I. 1718/19, die Leibeigenschaft auf den landesherrl. Domänen aufzuheben. In Baden hob Markgraf Karl Friedrich 1783 die

Leibeigenschaft auf. In Österreich setzte Joseph II. die unter Maria Theresia 1776–78 begonnenen Reformen mit dem „Leibeigenschaftsaufhebungspatent" von 1781 fort, doch wurden nach seinem Tod (1790) diese Gesetze teilweise wieder rückgängig gemacht. Die erste eigentl. B. wurde 1761/71 in Savoyen durchgeführt. In Frankr., wo die Leibeigenschaft auf den königl. Domänen 1779 beseitigt worden war, wurden die persönl. Lasten im Zuge der Frz. Revolution 1789 ohne Ablösung aufgehoben. In den dt. Territorialstaaten vollzog sich die B. auf dem Weg staatl. Reformen bis zur Mitte des 19. Jh.: In Preußen wurde die Gutsuntertänigkeit 1807 im Rahmen der preuß. Reform für alle Bauern beseitigt, doch führte die in der Folgezeit uneinheitl. geregelte Ablösungspflicht der Bauern zur Vermehrung des Großgrundbesitzes und zur Entstehung einer dem Industrieproletariat vergleichbaren Schicht besitzloser Landarbeiter, da die meisten Bauern wegen Fehlens von Darlehenskassen ein Drittel oder die Hälfte des bisherigen Hoflandes an den Gutsherrn abtreten mußten und dadurch vielfach die Existenzgrundlage verloren. Vorbildl. lösten Sachsen (1832) und Hannover (1833) die B. durch einheitl. Gesetzgebungswerke. Im Unterschied zu Großbrit., wo eine B. infolge des Bauernlegens gegenstandslos wurde, war sie ein Zentralproblem in Osteuropa, insbes. in Rußland. In den russ. Kerngebieten brachte die Aufhebung der Leibeigenschaft (1861) den Bauern nur die rechtl.-persönl. Freiheit. Den Weg zur Begründung lebensfähiger bäuerl. Eigentumswirtschaften machten erst die Agrarreformen Stolypins seit 1906 frei; sie verschärften freilich auch das Problem der Dorfarmut.

🕮 *Dipper, C.: Die B. in Deutschland. Stg. 1980. - Conze, W.: Quellen zur Gesch. der dt. B. Gött. u.a. 1957.*

Bauern-, Gewerbe- und Bürgerpartei (Abk. BGB) ↑Schweizerische Volkspartei.

Bauernjörg ↑Waldburg, Georg Truchseß von.

Bauernkrieg, gewaltsame Erhebung der Bauern und einiger Städte in S- und M-Deutschland 1524/25, in Tirol 1526; Höhepunkt der Bauernaufstände in W- und M-Europa seit dem 14. Jh. und größte polit.-soziale Massenbewegung der dt. Geschichte. Die Bauern wehrten sich hauptsächl. gegen die Ausdehnung der landesherrl. Gerichtsherrschaft und ihre Auswirkungen auf die rechtl. und polit. Stellung der Bauern, erst in 2. Linie gegen die Ausdehnung der Grund- und Leibherrschaft und deren sozioökonom. Konsequenzen (Fronen, Abgaben). Sie richteten ihre Hoffnung auf den Kaiser (gegen die Landesherren) und erwarteten von der reformator. Bewegung die Unterstützung ihrer Forderungen nach Wiederherstellung des „alten Rechts". Der B. begann im Juni 1524 in der Landgft. Stühlingen (südl. Schwarzwald) und griff Ende des Jahres auf Oberschwaben, Bodenseegebiet und Donaukreis über. Die Zwölf Artikel der schwäb. Bauernschaft (Febr. 1525) wurden zum Manifest der Bauernbewegung. Inzwischen breitete sie sich über Oberdeutschland (ausgenommen Bayern), vom Elsaß bis in die Steiermark und nach Tirol (M. Gaismair) aus, griff nach Franken (W. Hipler, F. Weigandt, F. Geyer, G. von Berlichingen), Thüringen (T. Müntzer) und ins sächs. Erzgebirge über. Nach anfängl. großen Erfolgen der Bauern (u.a. Zerstörung von Klöstern und Burgen) gelang es seit Mai 1525

Bauernkrieg. Belagerung einer Burg (Holzschnitt von Hans Burgkmair dem Älteren; links); überfallene Bauern im Kampf mit Landsknechten (Holzschnitt von Hans Sebald Beham)

in Oberdeutschland dem Schwäb. Bund unter Georg Truchseß von Waldburg, im Elsaß Herzog Anton von Lothringen, in Thüringen Landgraf Philipp I. von Hessen, die Erhebung niederzuwerfen (Schlachten bei Böblingen, Königshofen, Zabern, Frankenhausen u. a.). Mit dem Sieg der Landesherren schied das Bauerntum für Jh. aus dem polit. Leben der Nation aus.

Franz, G.: Der dt. B. Bad Homburg v. d. H. [8]1969. - Quellen zur Gesch. des B. Hg. v. G. Franz. Mchn. 1963.

Bauernlegen, Bez. für die Einziehung von Bauernstellen mit scheinbar unsicheren Besitztiteln durch Auskaufen oder Vertreibung (Abmeierung, Eviktion). Das Land wurde dem Grund- oder Gutsherrenbesitz zugeschlagen; zuerst in England im 15. und 16. Jh. praktiziert, als die Grundherren ihr Weideland wegen des steigenden Wollbedarfs durch Einhegungen vergrößerten; in den dt. Territorien v. a. nach dem Dreißigjährigen Krieg, Höhepunkt im 17. und 18. Jh.; das Verbot in Preußen ab 1709 hatte nur geringen Erfolg.

Bäumer, Gertrud, * Hohenlimburg 12. Sept. 1873, † Gadderbaum bei Bielefeld 25. März 1954, dt. Frauenrechtlerin und Schriftstellerin. - Setzte sich zus. mit H. Lange und F. Naumann für die Gleichberechtigung der Frau ein; Mitarbeit an den Zeitschriften „Die Hilfe" und „Die Frau"; 1919–33 MdR (DDP); 1920–33 Ministerialrätin. 1933 ihrer Ämter enthoben. Schrieb histor. Romane („Adelheid, Mutter der Königreiche", 1936) und Biographien (Dante, Otto III., Goethes Mutter, R. Huch u. a.). Autobiographie „Im Lichte der Erinnerung" (1953); Briefe.

Baumgartner (Paumgartner, Baumgärtner), dt. Patriziergeschlecht; stammt wohl aus dem niederen Adel Oberfrankens, kam im 13. oder 14. Jh. nach Nürnberg, seit 1396 in Rat und Patriziat nachweisbar; im 15. Jh. im internat. Handel, später als Gelehrte und in der städt. Verwaltung tätig. Mgl. der Nürnberger Familie (1726 erloschen) übersiedelten um 1480 nach Augsburg (seit 1538 im Patriziat), wo sie eine bed. Handelsfirma gründeten. Der Augsburger Zweig starb im 17. Jh. aus.

Bavaria, lat. Name für Bayern, zugleich Personifikation Bayerns.

***Bayar,** Mahmut Celâl, * Umurbey bei Bursa 15. Mai 1883, türk. Politiker. - Bankfachmann; 1921–24 mehrmals Min., hatte als Wirtschaftsmin. 1932–37 maßgebl. Anteil an der Erfüllung des 1. türk. Fünfjahresplanes 1933; 1937–39 Min.präs.; Mitbegr. der Demokrat. Partei 1946; als deren Vors. seit 1950 Staatspräs.; durch Militärputsch 1960 gestürzt und verhaftet; 1961 zu lebenslängl. Haft verurteilt, 1966 begnadigt.

Bayard, Pierre du Terrail, Seigneur de [frz. ba'ja:r], * Schloß Bayard bei Grenoble 1476, † bei Romagnano Sesia bei Novara 30. April 1524, frz. Heerführer. - Erwies sich in den italien. Feldzügen Karls VIII., Ludwigs XII. und Franz' I. als einer der besten Heerführer seiner Zeit; verkörperte noch das ideale Rittertum („Ritter ohne Furcht und Tadel").

Bayazit, Name osman. Sultane, ↑ Bajasid.

Bayerischer Erbfolgekrieg, östr.-preuß. Krieg 1778/79, beendet durch den Frieden von Teschen. Preußen vereitelte den Versuch Kaiser Josephs II., größere Teile Bayerns durch Vertrag mit Kurfürst Karl Theodor von der Pfalz, dem nächsten Anwärter auf Bayern nach dem Aussterben der bayr. Wittelsbacher, zu erwerben.

Bayerischer Reichskreis ↑ Reichskreise.

Bayerische Volkspartei, Abk. BVP, Nachfolge- bzw. in der Rheinpfalz Konkurrenzpartei des bayr. Zentrums; 1918 gegr.; antisozialist. und streng föderalist.; unterstützte die Politik der „Ordnungszelle Bayern" und schuf damit trotz Gegnerschaft gegen den völk. Nationalismus wesentl. Voraussetzungen für den Hitlerputsch 1923. Verfolgte 1924–33 eine gemäßigtere Linie; im Dt. Reich 1922–32 Regierungspartei; 1933 zwangsweise Selbstauflösung.

Bayern ↑ Baiern.

***Bayern,** größtes Land der BR Deutschland, 70 547 km², 10,97 Mill. E (1985), 155 E/km², Hauptstadt München.

Geschichte: Seit dem Altpaläolithikum ist menschl. Tätigkeit in B. durch Funde belegt. In der 1. Hälfte des 6. Jh. war die Landnahme der Bajuwaren im Gebiet zw. Lech, Donau und Alpen bereits vollzogen; später dehnten sie sich auch nördl. der Donau aus (bayr. Nordgau). Unter der Führung des Herzogsgeschlechts der Agilolfinger entstand ein kraftvoller Stamm, der allerdings 591 in Abhängigkeit vom Fränk. Reich geriet. Mit der Absetzung Hzg. Tassilos III. 788 durch Karl d. Gr. endete das ältere bayr. Stammeshzgt., das nun karoling. Teilreich wurde. Markgraf Luitpold und sein Sohn Arnulf stellten im Kampf gegen die Ungarn (seit 900) das Stammeshzgt. wieder her, das jedoch 938/47 dem Reich fest eingegliedert und nunmehr von den Ottonen beherrscht wurde. Nach der Abwehr der Ungarn (Lechfeld 955) begann die zweite bayr. Ostsiedlung (Bildung der bayr. Ostmark). Der Aufstand Hzg. Heinrichs II. gegen Kaiser Otto II. scheiterte 976, Kärnten wurde von B. abgetrennt. Unter den Welfenherzögen (seit 1070) gewann B. wieder polit. Eigengewicht und innere Geschlossenheit. Heinrich der Stolze (1126–39) erbte 1137 das Hzgt. Sachsen; aus dieser Machtstellung ergab sich der stauf.-welf. Gegensatz. 1139 enthob der Staufer König Konrad III. den Welfen des bayr. Hzgt. und gab dieses den Babenbergern, die, nach Rückgabe von B. an den Welfen Heinrich den Löwen (1156), das von B. abgetrennte Österreich behielten. Der erneuerte welf.-

stauf. Konflikt führte 1180 zur Abtrennung der Steiermark und zur Vergabe des verbliebenen Hzgt. an die Wittelsbacher. Auf die Teilung von 1255 in Nieder-B. und Ober-B. (mit der Rheinpfalz) folgte weitere Aufsplitterung. Im 14. Jh. zum Ständestaat geworden, erwarb B. unter Ludwig IV. Brandenburg, Tirol sowie die Niederlande, wurde aber 1329 geteilt: in die rhein. Pfalz (mit der Kurwürde) und die Oberpfalz und in das restl., seit 1340 wieder vereinigte B., das 1349 erneut geteilt und erst 1505 wieder vereinigt wurde. Im 16. Jh. wurde B. zur Vormacht der Gegenreformation in Deutschland. Hzg. Maximilian I. (1597–1651), der in B. einen frühabsolutist. Staat aufbaute, spielte eine zentrale Rolle im Dreißigjährigen Krieg und erwarb 1623–48 die Kurwürde und die Oberpfalz. Die folgenden 100 Jahre seit 1648 waren vom (vergebl.) Streben der bayr. Kurfürsten nach europ. Großmachtstellung geprägt.

Der moderne Staat B. wurde maßgebl. durch den Min. Montgelas geschaffen. Im Bündnis mit Napoleon I. wurde B. 1806 Kgr. und konnte zw. 1803 und 1815 sein Gebiet von 40000 km^2 auf 75000 km^2 vergrößern, v. a. durch den Gewinn der geistl. Territorien und der Reichsstädte. Die heterogenen Gebiete wurden in zentralist.-absolutist. Geist zu einem straff verwalteten Staat zusammengeschweißt. Seit 1815 Mgl. des Dt. Bundes, erhielt B. 1818 eine Verfassung mit einem aus zwei Kammern bestehenden Landtag und trat 1834 dem Dt. Zollverein bei. Die heute noch bestehende Einteilung in Reg.-Bez. wurde 1837 geschaffen. König Ludwig I. (ab 1825), der München zu einem Zentrum der Künste und Wiss. machte, dankte in der Märzrevolution 1848 ab. Maximilian II. (1848–64) begünstigte liberale und soziale Reformen. Im Dt. Bund strebte B. ein Zusammengehen der Mittelstaaten (Triaspolitik) unter bayr. Führung an. Im Dt. Krieg 1866 auf östr. Seite, näherte sich B. danach Preußen und trat gegen die Zusicherung von Sonderrechten 1870/71 dem Dt. Reich bei. Die Liberalen mußten ihre Parlamentsmehrheit 1869 an die Patriotenpartei (seit 1887 Bayr. Zentrum) abgeben.

Im Nov. 1918 rief K. Eisner (USPD) die Republik aus. Die im April 1919 proklamierte Räterepublik wurde im Mai von Reg.truppen beseitigt. Auf SPD-geführte Regierungen (1919/20) folgten ausschließl. rechtsgerichtete Reg., meist unter Führung der Bayer. Volkspartei (ehem. Bayr. Zentrum). In den 1920er Jahren Zentrum rechter Opposition gegen die Weimarer Republik, wurde auch B. nach der NS-Machtergreifung (1933) gleichgeschaltet. Unter amerikan. Besatzung wurde B. (ohne die Pfalz) 1945 als Land wiederhergestellt. Als einziges westdt. Parlament lehnte der bayr. Landtag 1949 das GG ab, akzeptierte jedoch die Gründung der BR Deutschland unter Einschluß Bayerns. Stärkste Partei ist seit den ersten Landtagswahlen von 1946 die CSU, die 1946–54 und seit 1957 in unterschiedl. zusammengesetzten Koalitionen, seit 1966 in der Alleinreg., den Min.präs. gestellt hat; 1946–54 und 1960–62 H. Ehard, 1957–1960 H. Seidel, 1962–78 A. Goppel, 1978–88 F. J. Strauß. 1954–57 war W. Hoegner (SPD) Min.präs. (SPD-BP-FDP-BHE-Koalition).

Verfassung: Die Verfassung des Freistaates B. stammt vom 1. 12. 1946. Wichtigstes Organ der Gesetzgebung ist der nach modifiziertem Verhältniswahlrecht auf vier Jahre gewählte Landtag, der den Min.präs. zum Leiter der Staatsreg. wählt. Der Senat nimmt beratend an der Gesetzgebung teil; dieser, eine bayr. Eigentümlichkeit, setzt sich aus 60 Mgl. zusammen, die von den sozialen, wirtsch., kulturellen und kommunalen Körperschaften entsandt werden. Durch Volksbegehren und Volksentscheid kann die Bev. direkt an der Gesetzgebung teilnehmen. Jede Verfassungsänderung muß vom Volk gebilligt werden. - Karte S. 164.

🕮 *Bosl, K.: Bayer. Gesch. Mchn. 1980. - Hümmert, L.: B. vom Kgr. zur Diktatur 1900–1933. Pfaffenhofen 1979. - Hubensteiner, B.: Bayer. Gesch. Mchn. ^{6}1977. - Hdb. der bayer. Gesch. Hg. v. M. Spindler. Mchn. ^{2}1976–80. 4 Bde. - Aretin, K. O. v.: B.s Weg zum souveränen Staat. Mchn. 1976. - Deuerlein, E., u. a.: Gesch. B.s. Wzb. 1975. - Bayer. Geschichtsatlas. Hg. v. M. Spindler. Red. v. G. Diepold. Mchn. 1969.*

Bayernpartei, Abk. BP, bayr. polit. Partei mit extrem föderalist. Zielsetzung; stark landw. orientierte Mittelstandspartei; 1947 gegr.; bis 1966 im bayr. Landtag vertreten (1949 auch im Dt. Bundestag).

Bayezit, Name osman. Sultane, ↑Bajasid.

Bayle, Pierre [frz. bɛl], * Carlat-Bayle (Ariège) 18. Nov. 1647, † Rotterdam 28. Dez. 1706, frz. Philosoph. - Trat 1669 unter jesuit. Einfluß zum Katholizismus über; 1670 Rückkehr zum ref. Protestantismus; 1676 Prof. in Sedan, 1681 in Rotterdam, 1693 Verlust der Professur auf Betreiben des orth. Theologen P. Jurieu. B. Skepsis, sein Eintreten für Toleranz und Atheismus als moral. Alternative zur religiös begr. Sittlichkeit machte ihn zum Vorbild der in der Aufklärung verfolgten vernünftigen Selbständigkeit. Sein „Dictionnaire historique et critique" (1696–97, endgültige Fassung 1702, dt. 4 Bde. 1741–44) hatte großen Einfluß auf Aufklärung und neuzeitl. Denken.

Bazaine [frz. ba'zɛn], François Achille, * Versailles 13. Febr. 1811, † Madrid 24. Sept. 1888, frz. Marschall (seit 1864). - Befehligte die frz. Expedition in Mexiko (1863–67), erstrebte ein frz. Protektorat über Mexiko unter seiner Führung; 1870 an der Spitze der Rheinarmee; kapitulierte schließl. in Metz; 1873 von einem Kriegsgericht deshalb zum Tode verurteilt, zu 20 Jahren Festungshaft begnadigt; floh 1874 nach Spanien.

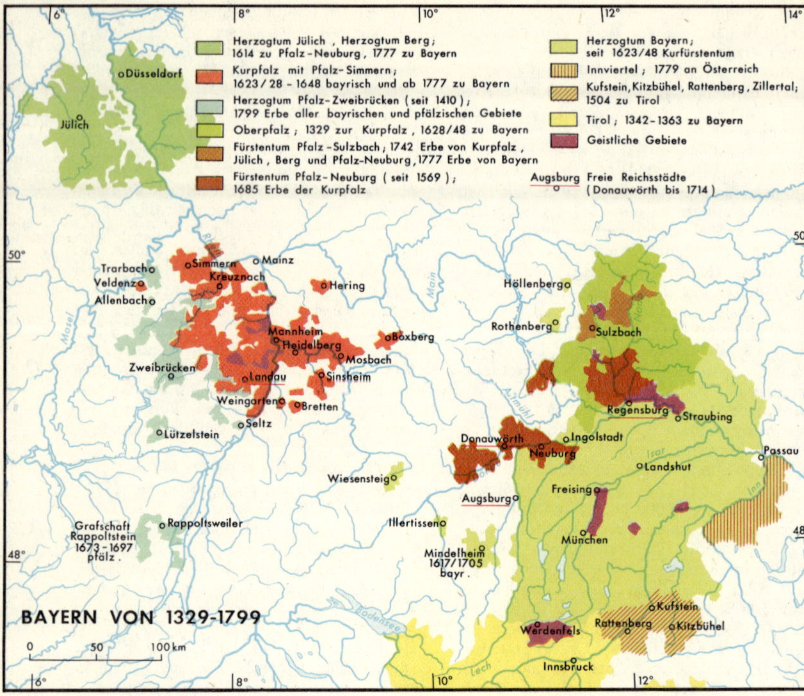

B. C. [engl. bi:'si], Abk. für engl.: **b**efore **C**hrist (vor Christus).

BDM, Abk. für: **B**und **D**eutscher **M**ädel (↑Hitlerjugend).

BdV, Abk. für: **B**und **d**er **V**ertriebenen, Vereinigte Landsmannschaften und Landesverbände.

Beaconsfield, Earl of [engl. 'bi:kənzfi:ld] ↑Disraeli, Benjamin, Earl of Beaconsfield.

Beamte, diejenigen Angehörigen des öff. Dienstes, die in einem öff.-rechtl. Dienst- und Treueverhältnis stehen.

Geschichte: In der griech.-röm. Antike entwickelten sich B. im Zuge der Schwächung der Königsherrschaft durch die Aristokratie (Griechenland 8. Jh., Rom 6. Jh. v. Chr.). Sie setzte neben den König oder an die Stelle des Königs durch Wahl oder Losung Beauftragte aus ihrem Kreis zur Erledigung der Staatsgeschäfte, machte sie dem Rat oder der Volksversammlung gegenüber verantwortl. und rechenschaftspflichtig und begrenzte ihre Amtszeit meist auf ein Jahr. In der späten röm. Kaiserzeit (seit Diokletian) entstand ein allein vom Herrscher abhängiges und ihm allein verantwortl. differenziertes B.tum. Ein B.tum entwickelten im Hoch-MA, aufbauend auf einer verbeamteten Ministerialität und Hofgeistlichkeit mit lehnsrechtl. Einschlag, aber auch die beginnende Geldwirtschaft nutzend, die westeurop. Staaten, v. a. die Normannen in England und Sizilien, nach deren Vorbild Frankr. und ansatzweise die Staufer. In den fürstl. Territorien, ihrem Steuerwesen und Kammergut, wurden Administration, Finanzen und Justiz Amtsträgern übertragen, deren Unterhalt weitgehend noch in der Nutzung der von ihnen verwalteten Rechte bestand. Schritte zur Herausbildung moderner B. erfolgten v. a. in den Städten des MA, deren vielfältige Ämter meist nur nebenberufl. oder ehrenamtl. wahrgenommen wurden. Die zunehmende Bildung des Bürgertums ermöglichte danach insbes. den fürstl. Landesherrn, rechts- und sachkundige B., bürgerl. und kleinadlige Räte zum Aufbau fürstl. Behörden, in Verwaltung und Landesregierung in Dienst zu nehmen (**Fürstendiener**). Über Jh. nur in zeitweiliger außerordentl. Auftragsverwaltung fungierend, wurden sie seit dem 17. Jh. gemeineurop. mit der beginnenden Errichtung zentralgelenkter, dauernd funktionierender Bürokratien als wirkungsvollstes Herrschaftsinstrument des Absolutismus als dauernde Institution zum Prototyp des modernen B., des **Staatsdieners,** der sich bes. in Preußen im 18. und 19. Jh. in einem langdauernden Prozeß entwickelte.

Ⓛ *Hdwb. zur dt. Rechtsgesch. Hg. v. A. Erler u. E. Kaufmann. Lfg. 2. Bln. u. a. 1965. S. 339. - Gerhard, D.: Amtsträger zw. Krongewalt u. Ständen - ein europ. Problem. In: Alteuropa u. die moderne Gesellschaft. Festschr. f. Otto Brunner. Gött. 1963. S. 230. - Hartung, F.: Zur Gesch. des B.tums im 19. und 20. Jh. Bln. 1948.*

Beard, Charles Austin [engl. bɪəd], * Knightstown (Ind.) 27. Nov. 1874, † New Haven (Conn.) 1. Sept. 1948, amerikan. Historiker und Politikwissenschaftler. - Einer der geistigen Führer des amerikan. Liberalismus; befaßte sich zunächst v. a. mit ökonom. und sozialen Problemen, später mit Fragen der amerikan. Außenpolitik.

Béarn [frz. be'arn], histor. Gebiet in SW-Frankr., umfaßt die östl. W-Pyrenäen und ihr Vorland, Zentrum Pau. - Seit dem 10. Jh. Vize-Gft. im Hzgt. Gascogne, aus dessen Lehnsabhängigkeit es sich Anfang des 11. Jh. lösen konnte; kam 1290 nach Lösung von Aragonien in den Besitz der Grafen von Foix und über das Haus Albret (1472) zum Kgr. Navarra (1484); fiel 1589 an die frz. Krone, wurde aber erst 1620 Frankr. als Teil der Prov. Navarra eingegliedert.

Beatrix, Name von Herrscherinnen:

Hl. Röm. Reich:

B. von Burgund, * um 1144, † 15. Nov. 1184, Kaiserin. - Als Alleinerbin der Gft. Burgund seit 1156 2. Gemahlin Kaiser Friedrichs I.; regierte in Burgund zeitweise selbständig; bed. Einfluß auf die burgund. Kultur.

Niederlande:

B., * Schloß Soestdijk bei Baarn 31. Jan. 1938, Königin der Niederlande (seit 1980). - Älteste Tochter Königin Julianas und Prinz Bernhards; seit 1956 offizielle Thronerbin und Mgl. des niederl. Staatsrats; seit 1966 ∞ mit Claus von Amsberg; am 30. April 1980 in ihr Amt als Königin eingeführt.

Ungarn:

B., * Neapel 14. Nov. 1457, † Ischia 13. Sept. 1508, Königin. - Natürl. Tochter König Ferdinands I. von Neapel; seit 1475 2. Gemahlin von König Matthias Corvinus von Ungarn; förderte die Ausbreitung der italien. Renaissancekultur am ungar. Hofe.

Beatty, David, Earl B. of the North Sea and of Brooksby (seit 1919) [engl. 'bi:tɪ], * Borodale (Irland) 17. Jan. 1871, † London 11. März 1936, brit. Admiral. - Im 1. Weltkrieg Befehlshaber des brit. Schlachtkreuzergeschwaders in den Seegefechten bei Helgoland (1914), an der Doggerbank (1915) und in der Seeschlacht vor dem Skagerrak (1916); 1916–19 Oberbefehlshaber der „Grand fleet", 1919–27 Erster Seelord.

Beatus Rhenanus, eigtl. Beat Bild, * Schlettstadt 22. Aug. 1485, † Straßburg 20. Juli 1547, dt. Humanist. - Studierte in Paris, Straßburg und Basel. Seit 1526 in Schlettstadt. Seine Freundschaft mit Erasmus von Rotterdam (seit 1515) war bedeutsam für seine Editionstätigkeit (antike Autoren, Kirchenväter; mit Vorreden) wie die Freundschaft mit K. Peutinger für seine historiograph. Arbeiten zur german. Frühgeschichte und zur dt. Geschichte des MA („Rerum Germanicarum libri tres", 1531). Besorgte die Gesamtausgabe von Erasmus' Werken (1540/41).

Beauchamp [engl. 'bi:tʃəm], Name engl. Adelsgeschlechter, ↑ Warwick.

Beauharnais [frz. boar'nɛ], frz. Adelsgeschlecht, seit dem 15. Jh. in der Gegend von Orléans ansässig, spaltete sich Ende des 18. Jh. in zwei Linien, von denen sich die jüngere mit der Familie Bonaparte verband; bed. Vertreter:

B., Alexandre Vicomte de, * Fort-Royal (Martinique) 28. März 1760, † Paris 23. Juli 1794, frz. General. - 1791 in zwei Sitzungen Präs. der Nationalversammlung; verurteilt und hingerichtet, weil er als Kommandant der Rheinarmee angebl. die Übergabe von Mainz 1793 mitverschuldet hatte; Napoleon I. heiratete seine Witwe Joséphine.

B., Eugène de ↑ Leuchtenberg, Eugène de Beauharnais, Herzog von.

B., Hortense de ↑ Hortense, Königin von Holland.

B., Joséphine de ↑ Joséphine, Kaiserin der Franzosen.

B., Stéphanie de ↑ Stephanie, Großherzogin von Baden.

Beaujolais [frz. boʒɔ'lɛ], histor. Gebiet in M-Frankr., zw. Saône und Loire. Gehörte nach der röm. Eroberung zur Prov. Lugdunensis; seit 443 unter burgund., 532 unter fränk. Herrschaft; fiel 1400 an Bourbon, 1527/32 an die frz. Krone.

Beaverbrook, William Maxwell Aitken, Baron (1916) [engl. 'bi:vəbrʊk], * Maple (Ontario, Kanada) 25. Mai 1879, † Mickleham (Surrey) 9. Juni 1965, brit. Politiker und Zeitungsverleger. - Konservatives Mgl. des Unterhauses (ab 1910) und des Oberhauses (ab 1916); 1918 kurze Zeit Informations- und Propagandamin.; 1940–42 Min. für Luftwaffen- bzw. Materialbeschaffung; machte den „Daily Express" zur auflagenstärksten Zeitung der Welt; kontrollierte ein Viertel der brit. Zeitungsauflage; Vertreter eines mächtigen brit. Empire ohne Bindungen an Europa; gab 1954 die Aktienmehrheit seines Zeitungskonzerns auf.

Bebel, August, * Köln-Deutz 22. Febr. 1840, † Passugg (Schweiz) 13. Aug. 1913, dt. Politiker. - Drechslermeister; schloß sich 1861 der dt. Arbeiterbewegung an; wurde 1867 Vors. des Verbandes Dt. Arbeitervereine; begr. 1867 mit W. Liebknecht die Sächs. Volkspartei, seitdem MdR (Unterbrechung 1881–83), 1881–91 sächs. MdL; 1869 maßgebl. an der Gründung der Sozialdemokrat.

Arbeiterpartei beteiligt, bald deren Vors.; 1872 mit W. Liebknecht wegen Hochverrats und kurz darauf auch wegen Majestätsbeleidigung zu Festungshaft verurteilt; 1891 maßgebl. an der Ausarbeitung des Erfurter Programms beteiligt; baute die Partei in den 1890er Jahren zu einer Massenpartei mit zentralist. Organisation aus. B. fand in der wechselseitigen Abhängigkeit von polit. Praxis und theoret. Übernahme des Marxismus eine polit. Mittellinie, die er gegen den Revisionismus E. Bernsteins wie gegen die linken Radikalisten in der SPD verteidigte. Schrieb u. a. „Unsere Ziele" (1870), „Die Frau und der Sozialismus" (1883, [55]1946), „Aus meinem Leben" (3 Bde., 1910–14).

🕮 *Hirsch, H.: A. B. Rbk. 1973. - Bartel, H., u. a.: A. B. Eine Biogr. Bln. 1963. - Schraepler, E.: A.-B.-Bibliogr. Düss. 1962.*

Beccaria, Cesare Bonesana, Graf von, * Mailand 15. März 1738, † ebd. 28. Nov. 1794, italien. Jurist. - Prof. in Mailand seit 1768; Vorkämpfer eines modernen Strafrechts; Gegner von Todesstrafe, Inquisitionsprozeß und Folter.

Bech, Joseph, * Diekirch 17. Febr. 1887, † Luxemburg 8. März 1975, luxemburg. Politiker (christl.-sozial). - 1926–37 und 1953–58 Min.präs.; 1926–58 Außenmin. (1940–44 im Exil), 1959–64 Präs. der Abg.kammer.

Becherkulturen, Sammelbez. für verschiedene Kulturen des ausgehenden europ. Neolithikums (um 2000 v. Chr.), die durch Becher als regelmäßige Grabbeigabe in den Einzelbestattungen gekennzeichnet sind (z. B. Glockenbecherkultur).

Beck, Józef, * Warschau 4. Okt. 1894, † Stăneşti (Rumänien) 5. Juni 1944, poln. Politiker. - Enger Mitarbeiter Piłsudskis; unterzeichnete als Außenmin. (1932–39) die Nichtangriffsverträge mit der UdSSR (1932) und Deutschland (1934); verfolgte als außenpolit. Erbschaftsverwalter Piłsudskis (schließl. erfolglos) den Plan der Schaffung eines ostmitteleurop. Staatenblocks in Gestalt des „Dritten Europas" unter poln. Führung.

B., Ludwig, * Biebrich (= Wiesbaden) 29. Juni 1880, † Berlin 20. Juli 1944, dt. General. - Seit 1911 im Generalstab tätig, 1935 an die Spitze des Generalstabs des Heeres berufen; widersetzte sich Hitlers Plänen zur völligen Zerschlagung der Tschechoslowakei, trat während der Sudetenkrise im Aug. 1938 zurück; wurde nach seiner Entlassung aus der Wehrmacht immer stärker Mittelpunkt der militär. und nichtkommunist.-zivilen dt. Widerstandsbewegung; an den Vorbereitungen zum 20. Juli 1944 maßgebl. beteiligt; nach gescheitertem Selbstmordversuch erschossen.

B., Max Wladimir Freiherr von, * Wien 6. Sept. 1854, † ebd. 20. Jan. 1943, östr. Politiker. - 1906–08 östr. Min.präs.: Ausgleichserneuerung mit Ungarn, Einführung des allg. Wahlrechts (1906/07), umfassende Sozialpolitik zur Gewinnung der Sozialdemokraten; 1915–34 Präs. des obersten östr. Rechnungshofes.

Beckerath, Hermann von, * Krefeld 13. Dez. 1801, † ebd. 12. Mai 1870, dt. Politiker. - Einer der Führer des rhein. Liberalismus; 1848/49 Mgl. der Frankfurter Nationalversammlung und Reichsfinanzmin.; spielte als „Erbkaiserlicher" eine führende Rolle im Erfurter Parlament 1850.

Becket, Thomas [engl. 'bɛkɪt] ↑Thomas Becket.

Beda (Baeda), gen. B. Venerabilis [lat. „der Ehrwürdige"], hl., * auf dem Territorium des späteren Klosters Wearmouth (gegr. 674, heute in Sunderland, Durham) 672/673, † Kloster Jarrow bei Newcastle upon Tyne 26. Mai 735, angelsächs. Theologe und Geschichtsschreiber. - Wurde seit früher Jugend im Kloster Wearmouth erzogen, wechselte später in das Kloster Jarrow über, dort als Lehrer und Schriftsteller tätig. B. schrieb für den Schulgebrauch Abhandlungen über Metrik, Rhetorik, Orthographie und Naturlehre. Zwei Handbücher über Chronologie, denen eine Chronik angehängt ist, waren grundlegend für die ma. Zeitrechnung. Sein Hauptwerk „Historia ecclesiastica gentis Anglorum" behandelt die Geschichte Englands von der Eroberung durch Cäsar bis zum Jahre 731. Auf ihm basiert die gesamte engl. Chronistik des MA. Seine theolog. Werke (Bibelkommentare) beruhen auf der allegor.-moralisierenden Methode. B., der zu den geistigen Vätern der karoling. Renaissance gehört, wurde 1899 zum Kirchenlehrer erklärt.

Bede [niederdt.] (Bete, Gewerf, Schatzung, Schloß, lat. collecta, petitio, precaria, tallia), in Geld zu entrichtende, direkte Vermögensteuer des MA; seit dem 13. Jh. von den Landesherren entsprechend dem landständ. Steuerbewilligungsrecht von Fall zu Fall „erbeten", seit dem 16. Jh. vielfach als feste Steuer gefordert; von den Grundherren in Umlage v. a. auf die Bauern erbracht (geistl. und ritterl. Besitz waren grundsätzl. ausgenommen), verfiel in der Zeit absolutist. Staatsbildung.

Bedford [engl. 'bɛdfəd], engl. Adelstitel; 1414–35 Herzogstitel im Haus Lancaster; in der Familie Russell (ab 1550 Earl, 1694 Herzog); bed.:

B., John Plantagenet Herzog von (seit 1414), * 20. Juni 1389, † Rouen 14. Sept. 1435, Feldherr und Staatsmann. - Sohn Heinrichs IV. von England; 1422 Regent in Frankr.; 1429 durch Jeanne d'Arc zur Aufgabe der Belagerung von Orléans gezwungen.

Beefeaters [engl. 'bi:f,i:təz „Rindfleischesser"], volkstüml. Bez. für die engl. königl. Leibwache, bes. für die Wachmannschaft des Londoner Towers.

Beel, Louis, * Roermond 12. April 1902, † Utrecht 11. Febr. 1977, niederl. Politiker

(Katholieke Volkspartij). - 1946–48 Min.-präs., 1948/49 Hoher Kommissar in Indonesien; 1951–56 Innenmin.; 1958/59 erneut Min.präs.; seit 1959 Vizepräs. des Staatsrates.

Beernaert, Auguste Marie François [niederl. 'be:rna:rt], * Ostende 26. Juli 1829, † Luzern 6. Okt. 1912, belg. Politiker. - 1884–94 Min.präs.; führte 1893 eine Verfassungs- und Wahlrechtsreform durch; Chef der belg. Delegation bei den Haager Friedenskonferenzen 1899 und 1907; erhielt 1909 den Friedensnobelpreis (zus. mit P. Estournelles).

Befreiungsbewegungen, Sammelbegriff für den organisierten Widerstand, der meist auf Ablösung einer Kolonialherrschaft zielt, sich gegen nat. diktator. Regime richtet oder die Loslösung eines Teilgebietes aus einem Gesamtstaat anstrebt. Der Widerstand kann gewaltfrei sein oder gewaltsam unter dem Vorzeichen der Gegengewalt geführt werden, wobei seine Mittel vom verdeckten Kampf (Guerilla) bis zum offenen Befreiungskrieg reichen können. Die B. entstanden in der Zeit der Entkolonisation der Länder der Dritten Welt nach dem 2. Weltkrieg, zunächst v. a. im Widerstand gegen Frankr. (Algerien, Indochina). Eine große Bed. kam den Vietcong als B. im Vietnamkrieg gegen die halbkoloniale, von den USA abhängige südvietnames. Regierung bis 1973 zu. In den 1970er Jahren wurde die portugies. Herrschaft in Moçambique und Angola durch B. gebrochen. Eine Sonderstellung nimmt die Bewegung der Palästinenser ein, die ihren Kampf gegen Israel von außen und durch Terroranschläge im Ausland führt.

Befreiungskriege (Freiheitskriege), die Kriege der Koalition europ. Mächte 1813–15 zur Beseitigung der Hegemonie und Fremdherrschaft Napoleons I. in Europa; nach Anfängen des Widerstandes in Preußen seit 1806/07, nach dem span. Unabhängigkeitskrieg (seit 1808) und der östr. Erhebung 1809 erst aus der Katastrophe des frz. Rußlandfeldzuges (1812) entstanden. Im *Frühjahrsfeldzug* 1813 führte Napoleon I. erneut ein den preuß. und russ. Armeen zahlenmäßig überlegenes Heer nach Deutschland und zwang die Alliierten zum Rückzug nach Schlesien. Österreich erklärte am 12. Aug. Frankr. den Krieg. Der *Herbstfeldzug* 1813 vereinigte unter östr. Oberkommando östr., preuß., russ. und schwed. Verbände. Doch der alliierte Vorstoß gegen die Napoleon. Hauptarmee scheiterte bei Dresden Ende August. Die unterdessen zw. Rußland, Preußen und Österreich festgelegten polit. Kriegsziele umfaßten die volle Wiederherstellung Preußens und Österreichs, die Auflösung des Rheinbundes bei Anerkennung der Rheinbundfürsten und Unabhängigkeit aller dt. Staaten. Zusätzl. konnte Metternich Bayern für die Koalition gewinnen. - Ende Sept. ergriff die schles. Armee unter Blücher die Initiative. In der *Völkerschlacht bei Leipzig* (16.–19. Okt.), wo Napoleon mittlerweile seine Hauptkräfte zusammengezogen hatte, siegte das Koalitionsheer; Napoleon entkam. Die Napoleon. Herrschaft in Deutschland brach zusammen, in den Niederlanden wurde sie im Nov. beseitigt. Anfang 1814 schloß Dänemark Frieden mit Großbrit., das Kgr. Neapel ging zur Koalition über. - Da Napoleon Verhandlungen ablehnte, begann der *Feldzug 1814* mit dem weiteren Vormarsch der Alliierten nach Frankr. Nach der Einnahme von Paris (31. März) mußte Napoleon kapitulieren und abdanken. Er wurde auf die Insel Elba verbannt. - *Feldzug 1815:* Die Rückkehr Napoleons nach Frankr. im März 1815 (während des Wiener Kongresses) vereinigte die Siegermächte zu sofortiger Gegenaktion. Napoleon wurde trotz anfängl. Erfolge am 18. Juni bei Belle-Alliance von den beiden Koalitionsarmeen unter Wellington und Blücher besiegt und nunmehr nach Sankt Helena verbannt.

📖 *Ritter, G.: Staatskunst u. Kriegshandwerk. Bd. 1. Mchn. ⁴1970. - Kleßmann, E.: Die B. in Augenzeugenberichten. Gütersloh ²1966.*

Begga, hl., † Andenne 17. Dez. 693 oder 695, Tochter Pippins I. - ∞ mit Ansegisel, dem Sohn Arnulfs von Metz. Als Mutter Pippins II. Stammutter der Karolinger.

***Begin,** Menachem, * Brest-Litowsk 16. Aug. 1913, israel. Politiker. - Rechtsanwalt; 1939 Führer einer radikalen zionist. Jugendorganisation; in Litauen von den Sowjets verhaftet und 1940/41 nach Sibirien verbannt; 1942 nach Palästina eingewandert; ab 1942 Führer der terrorist. Untergrundorganisation Irgun Zwai Leumi; 1948 Gründer und seitdem Vors. der rechtsgerichteten Cherut-Partei; 1967–70 Min. ohne Geschäftsbereich; seit 1977 als Kandidat des nat.-konservativen Likud-Blocks Premierminister; unterzeichnete im März 1979 den durch amerikan. Vermittlung zustandegekommenen ägypt.-israel. Friedensvertrag. Zusammen mit M. A. As Sadat hatte B. 1978 den Friedensnobelpreis erhalten. Seine unnachgiebige Haltung gegenüber einer Autonomieregelung für die Palästinenser in dem israelisch besetzten Gebiet stößt auch in Israel auf harte Kritik.

Behistan (erschlossene Form, belegt ist ma. Bahistun, heute pers. Bisutun), Felsmassiv im Sagrosgebirge, Iran, etwa 30 km nö. von Kermanschah, an der alten Karawanenstraße aus dem mesopotam. Tiefland ins Hochland von Iran (nach Ekbatana, heute Hamadan); an der fast senkrecht aufsteigenden Ostwand des Felsmassivs in über 60 m Höhe ein bed. Denkmal des Darius I.: Relief (etwa 3 × 5,5 m) und dreisprachige altpers.-elam.-babylon. Inschrift. Das Relief zeigt links in Überlebensgröße den Großkönig, seinen linken Fuß auf den unter ihm liegenden Usurpator † Gaumata stellend, vor ihm neun gefangene Aufständische sowie den Gott Ahura

Masda als geflügelte Sonnenscheibe. Die altpers. Keilschrift wurde offenbar erst während der Entstehung des Reliefs geschaffen. Die Inschrift verhalf der von G. F. Grotefend eingeleiteten Entzifferung der altpers. Schrift zum Abschluß und lieferte zugleich den Schlüssel zur Entzifferung der babylon. Keilschrift.

Bei (Beg, Bej, Bey) [türk. bey, beğ; pers. bek; arab. bak], im Orient verbreiteter Titel mit verschiedener Bed. (**Begum** für die Frau des Titelträgers); im Osman. Reich für den 2. Sohn eines Sultans verwendet; seit etwa 1450 Bez. für die Sultansstellvertreter an der Spitze der einzelnen Sandschaks (Kreise); **Beglerbeg:** Verwalter und v. a. in Kriegszeiten Heerführer einer Provinz, schließl. in der Umgangssprache svw. „Herr".

Beil, in der vor- und frühgeschichtl. Forschung Bez. für alle (im Ggs. zur Axt) nicht senkrecht zur Schneidenachse durchlochten schneidenden Schlagwerkzeuge.

Beilager, Eheschließungsakt im MA: Besteigen des Ehebettes unter Zeugen.

Beisassen, svw. ↑Schutzverwandte.

Beizeichen (Brüche, Brisuren), in der *Heraldik* ↑Wappenkunde.

Bekennende Kirche, aus dem 1933 von dem dt. ev. Theologen M. Niemöller organisierten „Pfarrernotbund" hervorgegangene kirchl. Oppositionspartei gegen die nationalsozialist. geprägten ↑Deutschen Christen sowie gegen die Unterdrückung der Kirche durch den nationalsozialist. Staat. Die B. K. formulierte ihre theolog. Grundsätze in der ↑Barmer Theologischen Erklärung auf der *Barmer Bekenntnissynode* (29.–31. Mai 1934). Sie bildete einen Reichsbruderrat und Landesbruderräte, die die Funktionen einer Kirchenleitung übernahmen. Nach dem 2. Weltkrieg wurden zahlr. Führer der B. K. beim kirchl. Neuaufbau mit leitenden Funktionen betraut.

🕮 *Zipfel, F.: Kirchenkampf in Deutschland 1933–1945. Bln. 1965. - Niemöller, W.: Die Ev. Kirche im Dritten Reich. Hdb. des Kirchenkampfes. Bielefeld 1956.*

Bekenntnisschriften, schriftl. Zusammenfassung von ↑Bekenntnissen, die die Norm für die Lehre darstellen und von kirchl. bzw. theolog. Instanzen autorisiert worden sind. - Dazu gehören in der *alten Kirche* das Apostolische Glaubensbekenntnis in seinen verschiedenen Fassungen (Konzil von Nizäa, von Konstantinopel), Glaubensentscheidungen der allgemeinen Konzilien (z. B. Chalkedon) sowie deren disziplinäre Festlegungen, auch päpstl. Lehrschreiben und Synodalbeschlüsse. - In spezif. Weise haben *die reformator. Kirchen* die Normen des Glaubens in B. festgestellt. Im Luthertum sind es v. a. das ↑Augsburger Bekenntnis (1530) und die Katechismen Luthers. In der ref. Kirche findet sich eine weitaus größere Mannigfaltigkeit von B. (Confessio Belgica, Confessio Bohemica, Confessio Gallicana, Confessio Helvetica, Confessio tetrapolitana, Genfer Katechismus, Heidelberger Katechismus).

🕮 *Die B. der Ev.-Luth. Kirche. Gött. ^{8}1979. - Kelly, J. N. D.: Early Christian creeds. London ^{2}1960.*

Béla, Name ungar. Könige aus der Dynastie der Arpaden.

Béla Kun ↑Kun, Béla.

Belalcázar, Sebastián de, span. Konquistador, ↑Benalcázar, Sebastián de.

***Belaúnde Terry,** Fernando [span. bela'unde 'tɛrri], * Lima 7. Okt. 1912, peruan. Politiker. - Seit 1956 Führer der Partei „Acción Popular", 1963–68 (durch Militärputsch gestürzt) Staatspräs.; verwirklichte Reformen in Wirtschaft, Erziehung und Sozialwesen; bis 1976 im Exil in den USA; erneut seit Juli 1980 gewählter Staatspräsident.

Belgen (lat. Belgae), Sammelbez. für die im Altertum das nördl. Gallien zw. Seine, Marne, Rhein und Nordsee bewohnenden, aus Kelten und Germanen bestehenden Stämme (u. a. Aduatuker, Ambianer, Atrebaten, Bellovaker, Eburonen, Kondrusen, Menapier, Moriner, Nervier, Remer, Suessionen, Veliokassen, Viromanduer), die sich im 3. Jh. v. Chr. aus den kelt. Trägern der Marnekultur und zuwandernden Germanen bildeten; 51 v. Chr. von Cäsar unterworfen.

*Belgien

(amtl. Vollform: Koninkrijk België, Royaume de Belgique), parlamentar. Monarchie in W-Europa, zw. 49° 30′ und 51° 30′ n. Br. sowie 2° 32′ und 6° 24′ ö. L. **Staatsgebiet:** Erstreckt sich von der Kanalküste bis zu den Ardennen; gemeinsame Grenzen bestehen mit den Niederlanden im N und NO, mit der BR Deutschland im O, mit Luxemburg im SO und mit Frankr. im S; im W stößt Belgien an den Atlantik. **Fläche:** 30514 km² **Bevölkerung:** 9,9 Mill. E (1985), 324 E/km². **Hauptstadt:** Brüssel. **Verwaltungsgliederung:** 9 Prov. **Amtssprachen:** Niederländisch, Französisch. **Nationalfeiertag:** 21. Juli (Unabhängigkeitstag). **Währung:** Belg. Franc (bfr) = 100 Centimes (c). **Internat. Mitgliedschaften:** UN, NATO, EG, Europarat, OECD, Benelux, GATT, WEU. **Zeitzone:** MEZ (mit Sommerzeit).

Geschichte: Der Name B. geht zurück auf die Bez. der röm. Prov. (Gallia) *Belgica.* Die heute noch polit. relevante Sprachgrenze zw. Wallonen und Flamen entstand während der Völkerwanderung durch die Niederlassung erst der sal., dann der ripuar. Franken im N der Prov. Belgica II. Der größere östl. Teil des seit dem 5. Jh. zum Frankenreich gehörenden Gebietes fiel 880 an das Ostfränk., der kleinere westl. Teil an das Westfränk. Reich.

Seit 1385 gelangte das Gebiet des heutigen B. nach und nach an das sich ausbildende Burgund. 1477 kamen die gesamten Niederlande an die Habsburger. Die Unabhängigkeit der Vereinigten Niederlande 1648 führte zur Ausbildung der N-Grenze des heutigen B. Aus dem Anfang des 18. Jh. resultiert die heutige S-Grenze zu Frankr. 1790 kam es zur kurzfristigen Unabhängigkeitserklärung der „vereinigten belg. Staaten". Nach Besetzung durch Frankr. (1794) wurde B. von frz. Rechts- und Verwaltungsnormen überzogen. Begünstigt durch die Kontinentalsperre entwickelte sich B. in der 1. Hälfte des 19. Jh. zum am stärksten industrialisierten Staat nach Großbritannien. Auf Betreiben der Großmächte waren B. und die Niederlande 1815 auf dem Wiener Kongreß zum Kgr. der Vereinigten Niederlande zusammengefaßt worden. 1828 schlossen liberale und kath. Gruppen ein Bündnis gegen den Einheitsstaat. Im Aug. 1830 entluden sich in einem von Brüssel ausgehenden, von Frankr. unterstützten Aufstand die Spannungen, der zur Unabhängigkeitserklärung B. am 4. Okt. 1830 führte. Die 5 Großmächte erkannten auf der Londoner Konferenz 1830/31 die Unabhängigkeit des neuen Staates an, den sie für permanent neutral erklärten. Als brit.-frz. Kompromißkandidat wurde Leopold I. aus dem Hause Sachsen-Coburg zum König der Belgier gewählt. Nach 1839 traten Spannungen zw. liberaler und kath. Bewegung auf, und bis 1857 löste eine Regierung der Mehrheitspartei die Koalitionsregierung ab. In der 2. Hälfte des 19. Jh. kamen die Auseinandersetzungen v. a. auf dem Schulsektor zum Austrag, als zunächst noch nebenrangiges Problem tauchte seit 1840 die Sprachenfrage auf. Eine indirekte Bestätigung, schließl. jedoch eine Bedrohung der belg. Neutralität, v. a. von seiten Deutschlands, resultierte aus dem Erwerb des belg. Kongo (↑auch Zaïre, Geschichte). Dieses Gebiet, fakt. Privatbesitz des belg. Königs, ging 1908 auf Grund der v. a. von Großbrit. angeprangerten Mißstände im Verwaltungssystem an den belg. Staat über. Durch den Einmarsch dt. Truppen 1914 wurde die Neutralität B. verletzt, der äußerste W des Landes war während des 1. Weltkrieges Frontgebiet. Die dt. Militärverwaltung versuchte eine Spaltungspolitik zw. dem wallon. und fläm. Bevölkerungsteil zu betreiben. Die Friedensregelung von 1918/19 brachte neben dem Gewinn des dt.-sprachigen Gebietes von Eupen und Malmedy das Ende der Neutralitätsbestrebungen und eine Anlehnung v. a. an Frankr. Im 2. Weltkrieg wurde B. erneut von dt. Truppen besetzt. Während sich die Regierung ins Exil nach London begab, blieb König Leopold III. als Kriegsgefangener in Belgien. Unter dem Vorwurf der Kollaboration mit den Deutschen mußte Leopold III. nach der Befreiung 1944 sein Amt seinem Bruder Karl überlassen. Als eine kath. Regierung Leopold III. 1950 nach einer Volksabstimmung zurückrief, zwangen ihn die Sozialisten durch einen Generalstreik zur Abdankung zugunsten seines Sohnes Baudouin I. - Außenpolit. engagierte sich B. nach dem 2. Weltkrieg bei gleichzeitiger Aufgabe seiner Neutralität im westl. Bündnissystem. Das aus dem Verlust der Kolonie Belg.-Kongo (1960 Unabhängigkeit) sowie aus einer Strukturkrise im techn. veralteten Kohlenbergbau resultierende Sparprogramm der Regierung (1961) führte zu einer Verschärfung des Sprachenkampfes zw. Wallonen und Flamen in den 1960er Jahren. Das von den großen Parteien seit Anfang der 1960er Jahre gemeinsam verfolgte Ziel einer Regionalisierung von B. wurde mit der Verfassungsreform von 1970 nur vorläufig erreicht. B. wurde in die 3 Regionen Flandern, Wallonien und Brüssel aufgeteilt. Doch bereiteten die Durchführungsgesetze große Schwierigkeiten. Mehrere Reg. sind darüber bis heute gestürzt. Nach dem Rücktritt des christdemokrat. Min.präs. L. Tindemans (1974–78) und Parlamentswahlen im Dez. 1978 bildete W. Martens (PSC/CVP) im April 1979 eine Koalitionsreg. mit Sozialisten und der Front Démocratique des Francophones. Im Kabinett wurden sog. Teilreg. mit Zuständigkeit für regionale Wirtschaft und Kultur gebildet. Am 5. Aug. 1980 billigte die Abg.kammer mit großer Mehrheit eine Verfassungsänderung, die - unter vorläufiger Ausklammerung des Status von Brüssel - eine weitgehende Föderalisierung von B. vorsieht. Wegen der Uneinigkeit über ein Sanierungsprogramm für die Wirtschaft und die Sozialversicherung kam es im Okt. 1980 zu einer Reg.neubildung ohne die Front Démocratique des Francophones. Doch schon im März 1981 führten Konflikte innerhalb der Koalition über ein wirtschaftl. Notstandsprogramm zum Rücktritt von Min.präs. Martens. Der Christdemokrat G. Eyskens bildete daraufhin im April 1981 erneut eine Koalitionsreg. mit den Sozialisten.

Politisches System: Nach der mehrfach, zuletzt 1980 geänderten Verfassung von 1831 ist B. eine parlamentar. Monarchie, erbl. in direkter männl. Linie des Hauses Sachsen-Coburg.

Trotz weitgehender verfassungsmäßiger Rechte besitzt der König als *Staatsoberhaupt* fakt. nur Repräsentationsbefugnisse. In Übereinstimmung mit der Mehrheit im Senat und in der Abg.kammer ernennt er die Reg., bei der die *Exekutive* liegt. Min.präs. und Min. sind dem König (nur formell) und dem Parlament verantwortl.; seit 1946 besteht daneben ein gleichfalls an der Exekutive beteiligter Staatsrat mit Gesetzgebungs- und Verwaltungsabteilung. Die *Legislative* liegt beim Parlament. Es besteht aus der Abg.kammer (z. Z. 212 Abg.), die bei allg. Wahlpflicht (ab 18 Jahren) alle 4 Jahre gewählt wird, und dem Senat, der auch alle 4 Jahre neu gewählt wird,

wobei die 181 Senatoren auf unterschiedl. Weise bestimmt werden.
Die in der Abg.kammer vertretenen *Parteien* sind (nach den Wahlen vom Dez. 1978) Parti Social Chrétien/Christelijke Volkspartij (PSC/CVP; 82 Sitze), Parti Socialiste Belge/Belgische Socialistische Partij (PSB/BSP; 58 Sitze), Partij voor Vrijheid en Vooruitgang (PLP/PVV; 22 Sitze), Parti Réformateur Libéral (15 Sitze), die fläm. Volksunie (14 Sitze), Front Démocratique des Francophones (FDF; 11 Sitze), Rassemblement Wallon (4 Sitze), Parti Communiste de Belgique/Kommunistische Partij van Belgie (4 Sitze). Eng verbunden mit den polit. Parteien sind die verschiedenen *Interessengruppen*, insbes. Gewerkschaften und Arbeitgeberverbände. Rd. 2,4 Mill. Arbeitnehmer sind gewerkschaftl. organisiert, davon in der sozialist. Fédération Générale du Travail de Belgique/Algemeen Belgisch Vakverbond etwa 1,1 Mill. Mgl. und in der christl. Confédération des Syndicats Chrétiens (CSC) rd. 1,2 Mill. Mgl.
Die regionale und kommunale *Verwaltung* wird von den jeweiligen Vertretern des Königs (9 Prov.gouverneure und die vom König ernannten Bürgermeister) wahrgenommen. Seit 1974 bestehen Regionalparlamente für die 3 Regionen Flandern, Wallonien und Brüssel, denen durch die Verfassungsänderung von 1970 kulturelle Autonomie zugestanden wurde. Die Verfassungsänderung vom Aug. 1980 sieht für die beiden Regionen Flandern und Wallonien die Errichtung eigener Parlamente (Wahl im Herbst 1982) und Reg. vor. Der Status von Brüssel wurde noch nicht geregelt. Die neuen Regionalparlamente und -regierungen haben erweiterte Kompetenzen im wirtsch. Bereich; sie können auch eigene Steuern erheben.
Die *Recht*sprechung wird nach frz. Vorbild von ordentl. Gerichten und Sondergerichten ausgeübt. Als Sondergerichte sind die „Tribunaux d'exception" zuständig für Zivil- und Handelsangelegenheiten, die „Juridictions spéciales" für Strafsachen, der Oberste Kassationsgerichtshof für die Ministeranklage.
Die *Streitkräfte* umfassen bei allg. Wehrpflicht (Wehrdienstdauer 10 Monate, bei belg. Einheiten in der BR Deutschland 8 Monate) rd. 86 800 Mann (Heer 62 300, Luftwaffe 20 100, Marine 4 400). Paramilitär. Kräfte sind rd. 16 300 Mann stark.

📖 *Chlepner, B. S.: Cent ans d'histoire sociale en Belgique. Brüssel [4]1972. - Baudhuin, F.: Histoire économique de la Belgique, 1957–1968. Brüssel 1970. - Van Impe, H.: Le régime parlementaire en Belgique. Brüssel 1968. - Beitr. zur dt. u. belg. Verfassungsgesch. im 19. Jh. Hg. v. W. Conze. Stg. 1967. - Baudhuin, F.: Histoire économique de la Belgique, 1945–1956. 3 Bde. Brüssel 1958.*

Belgrad (serbokroat. Beograd), Hauptstadt Jugoslawiens und der jugoslaw. Republik Serbien, an der Mündung der Save in die Donau, 770 000 E.
Geschichte: B. liegt an der Stelle des von Kelten gegr. **Singidunum;** Anfang des 15. Jh. erstmals Residenz serb. Fürsten, 1427–1521 wichtige ungar. Grenzfestung gegen die Osmanen; nach Eroberung durch die Osmanen deren Hauptlager und Versorgungsbasis für Feldzüge nach N und W; bis 1867 osman. (bei kurzen Unterbrechungen östr. Besetzungen), wurde im 19. Jh. polit. und kulturelles Zentrum Serbiens. Der **Friede von Belgrad** am 18. Sept. 1739 beendete den Türkenkrieg Rußlands und Österreichs 1735–39.

Belgrader Konferenz, Konferenz der blockfreien Staaten in Belgrad 1961 unter Teilnahme der meisten unabhängigen Länder Afrikas und Asiens, dazu Jugoslawien; auf der B. K. wurde versucht, angesichts der Berlinkrise und des Laoskonfliktes eine gemeinsame polit. Linie für alle blockfreien Länder zu finden.

Belgrader Nachfolgekonferenz ↑Konferenz über Sicherheit und Zusammenarbeit in Europa.

Belisar, * Germaneia (thrak.-illyr. Grenze), um 500, † Konstantinopel 565, oström. Feldherr. - Berühmtester Feldherr Kaiser Justinians I.; unterdrückte 532 den Nikaaufstand in Konstantinopel; eroberte 533/34 das Vandalenreich in N-Afrika, kämpfte 535–40 und 544–49 gegen die Ostgoten in Italien und Dalmatien, 541 gegen die Perser; 550 aus dem Heeresdienst ausgeschieden, rettete er 559 Konstantinopel vor dem Ansturm der Hunnen.

Belize

[engl. bɛ'li:z] (früher Britisch-Honduras), Republik in Zentralamerika, zwischen 18° 29′ und 15° 53′ n. Br. sowie 87° 45′ und 89° 15′ w. L. **Staatsgebiet:** B. grenzt im O an das Karibische Meer, im N an Mexiko, im W und S an Guatemala. **Fläche:** 22 965 km². **Bevölkerung:** 166 000 E (1985), 7 E/km². **Hauptstadt:** Belmopan. **Verwaltungsgliederung:** 6 Distrikte. **Amtssprache:** Englisch. **Währung:** Belize-Dollar (Bz$) = 100 Cents (c). **Internat. Mitgliedschaften:** UN, Commonwealth. **Zeitzone:** Central Standard Time, d. i. MEZ −7 Std.

Geschichte: Das Land gehörte zum Kerngebiet der Maya; 1638 von brit. Schiffbrüchigen besiedelt, seit 1782 unter brit. Schutz; 1862 Kolonie, seit 1871 Kronkolonie, seit 1884 unter eigenem Gouverneur; erhielt 1964 die volle innere Autonomie; 1973 wurde das frühere Brit.-Honduras in B. umbenannt. Seit 1964 wurden Verhandlungen über die Unabhängigkeit geführt, die sich u. a. wegen territorialer, von den Spaniern geerbter Ansprüche Guatemalas schwierig und langwierig gestalteten. Ein Abkommen zwischen Großbrit., B. und Guatemala vom März 1981 schuf schließl. die Voraussetzungen dafür, daß B. am 21. Sept. 1981 unabhängig wurde.

Politisches System: Die *Exekutive* liegt beim Premiermin. - jeweils der Führer der stärksten Partei - und beim Kabinett. Als *Legislative* fungieren der Senat (8 Mgl.) und das Repräsentantenhaus (28 vom Volk direkt gewählte Mgl.). Stärkste *Partei*, die auch die Reg. stellt, ist die United Democratic Party (UDP). Wichtigste Oppositionspartei ist die People's United Party (PUP). An der Spitze der 6 *Verwaltungs*distrikte steht je ein ernannter Distriktkommissar. Das *Recht* fußt auf dem brit. Recht. B. unterhält eigene *Streitkräfte* in einer Stärke von 600 Mann; zusätzl. unterhält Großbrit. ein Kontingent von 1 400 Mann.

Helfritz, H.: Guatemala, Honduras, B. Die versunkene Welt der Maya. Köln ²1978. - Grant, C. H.: The making of modern B. London 1976. - Dobson, N.: A history of B. Port of Spain 1973.

Belkassem Krim, * in der Kabylei 1922, † Frankfurt am Main 18. Okt. 1970 (?; ermordet), alger. Politiker. - Mgl. des Revolutionsrats der FLN; 1956–62 stellv. Min.präs. und 1960–62 Außenmin. der Exilregierung; wegen Differenzen mit Ben Bella im Exil.

Bella gerant alii, tu, felix Austria nube! [lat. „Andere mögen Kriege führen, du glückl. Österreich, heirate!"], humanist. Distichon auf die Heiratspolitik des Hauses Österreich; fälschl. Matthias Corvinus zugeschrieben.

Belle-Alliance [frz. bɛla'ljã:s], Gehöft südl. von Brüssel, Belgien, nach dem Blücher die erfolgreiche Entscheidungsschlacht vom 18. Juni im Feldzug 1815 gegen Napoleon I. benannte, während Wellington die Bez. nach seinem Hauptquartier Waterloo vorzog.

Bellingshausen, Fabian Gottlieb von (russ. Faddei Faddejewitsch Bellingsgausen), * auf Ösel 20. Sept. 1778, † Kronstadt 25. Jan. 1852, russ. Seeoffizier und Südpolarforscher. - Leitete 1819–21 die 1. russ. Antarktisexpedition, in deren Verlauf die Antarktis vollständig umfahren wurde; endeckte 1821 mit der Alexander-I.-Insel und der Peter-I.-Insel als erster zur Antarktis gehörendes Land.

Bellum iustum [lat. „gerechter Krieg"], von der Naturrechtslehre (Augustinus, Thomas von Aquin u. a.) entwickelter moraltheolog. Begriff, der die Kriterien eines nach christl. Vorstellung sittl. gerechtfertigten Krieges zusammenfaßt; im modernen Völkerrecht ohne Bedeutung.

Below, Georg von ['be:lo], * Königsberg (Pr) 19. Jan. 1858, † Badenweiler 20. Okt. 1927, dt. Historiker. - Prof. in Königsberg (Pr), Münster, Marburg, Tübingen und 1905–24 in Freiburg im Breisgau; befaßte sich v. a. mit Verfassungs- und Wirtschaftsgeschichte; schrieb u. a. „Der dt. Staat des MA" (1. Bd. 1914), „Probleme der Wirtschaftsgeschichte" (1920).

Belsazar (Belsassar, Belsazer; akkad. Bel-Schar(ra)-Usur; lat. Baltassar), † vermutl. 539 v. Chr., babylon. Kronprinz. - Ältester Sohn des letzten Chaldäerkönigs ↑ Nabonid; führte seit 551 die Regierungsgeschäfte; wohl im Kampf um Babylon gegen den Perserkönig Kyros II. gefallen; gilt im A. T. (Daniel 5) als Sohn Nebukadnezars II. und als letzter König von Babylon, der nach einer Gotteslästerung ermordet wird.

Belutschistan (pers. Balutschestan), östl. Teil des Hochlandes von Iran, im äußersten SO von Iran und in Pakistan.

Geschichte: Die wohl seit dem 11. Jh. in das in seleukid. Zeit **Gedrosien,** in sassanid. und arab. Zeit **Makran** gen. Gebiet einwandernden westiran. Belutschen blieben unter loser pers. Abhängigkeit; 1595–1638 zum Mogulreich; die von den Belutschen verdrängten Brahui gewannen im 17. Jh. die Oberherrschaft über ganz B., konnten in der 2. Hälfte des 18. Jh. die fakt. Unabhängigkeit erringen; danach bemächtigte sich Persien des westl. Teils; seit Mitte des 19. Jh. brit. Einfluß, 1876 Schutzvertrag mit den Briten, in den 1890er Jahren dem Vizekgr. Indien eingegliedert.

bemaltkeramische Kulturen, Gruppe archäolog. Kulturen, für die zwei- und mehrfarbig verzierte Tongefäße (Buntkeramik) kennzeichnend sind; Kernbereich vom 6. bis 4. Jt. Griechenland, S-Kleinasien, das Hochland von Iran und N-Mesopotamien; Randzonen: im W bis Sizilien und Unteritalien, im N über die Balkanhalbinsel bis Mähren und S-Rußland, im O bis ins südl. Z-Asien und nach Westpakistan.

Benalcázar, Sebastián de [span. benal'kaθar] (Belalcázar), eigtl. Moyano, * Belalcázar (Prov. Córdoba) 1495, † Cartagena (Kolumbien) 1551, span. Konquistador. - Eroberte 1524 Nicaragua, beteiligte sich 1532 an Pizarros Zug nach Peru; gründete Quito Guayaquil; unternahm einen Zug nach dem heutigen Kolumbien; 1550 Statthalter und Adelantado in dem von ihm gegr. Popayán.

Ben Barka, Mehdi (arab. Ibn Baraka, Muhammad), * Rabat 1920, † 1965 (?), marokkan. Politiker. - Mitbegr. der Istiklal-Partei, Führer ihres sozialist. Flügels; seit 1961 im frz. Exil; 1963 von einem marokkan. Militärgericht in Abwesenheit zum Tode verurteilt; 1965 in Paris entführt und vermutl. ermordet.

***Ben Bella,** Mohammed Ahmed (arab. Ibn Balla, Muhammad), * Marnia 25. Dez. 1916, alger. Politiker. - Floh 1952 nach Kairo und schloß sich dort der FLN an; 1956–62 in frz. Haft; seit Aug. 1962 Min.präs., seit Sept. Staatspräs. mit ausgedehnten Vollmachten und Generalsekretär der FLN; 1965 durch Militärputsch gestürzt; bis 1979 unter Hausarrest.

Benckendorff ↑Benkendorf.

***Benda,** Ernst, *Berlin 15. Jan. 1925, dt. Jurist und Politiker (CDU). - Rechtsanwalt; 1957–71 MdB; 1967 parlamentar. Staatssekretär beim Bundesmin. des Innern; 1968/69 Bundesinnenmin.; seit Dez. 1971 Richter am Bundesverfassungsgericht, zugleich dessen Präsident.

Beneckendorff, seit Anfang 15. Jh. nachgewiesenes neumärk. Adelsgeschlecht; seit 1789 mit Namen und Wappen der ausgestorbenen Familie Hindenburg vereinigt (B. und Hindenburg).

Benedek, Ludwig August Ritter von, *Ödenburg 14. Juli 1804, † Graz 27. April 1881, östr. Heerführer. - Wurde 1860 Generalstabschef, Gouverneur in Ungarn und Oberkommandierender in Venetien; übernahm 1866 widerstrebend das Kommando der ungenügend ausgerüsteten Nordarmee gegen Preußen; eine kriegsgerichtl. Untersuchung nach der Niederlage bei Königgrätz wurde auf Intervention des Kaisers eingestellt.

Benedetti, Vincent Graf (seit 1869), * Bastia 29. April 1817, † Paris 28. März 1900, frz. Diplomat. - Botschafter in Berlin 1864–1870; seine Mission in Bad Ems im Juli 1870 gab Bismarck den Anlaß zur ↑Emser Depesche.

Benedikt, Name von Päpsten:

B. VIII., † Rom 9. April 1024, vorher Theophylakt, Papst (seit 21. [?] Mai 1012). - Aus dem Geschlecht der Grafen von Tusculum; B. regierte in stetem Einvernehmen mit Kaiser Heinrich II., den er 1014 krönte. Im Zusammenwirken von Papst und Kaiser wurden Synoden in Rom 1014 und Pavia 1022 abgehalten, die Priesterehe und Simonie verworfen, wobei die Erhaltung des Kirchengutes eine wesentl. Rolle spielte.

B. IX., † Grottaferrata (?) um die Jahreswende 1055/56, vorher Theophylakt, Papst (27. Aug./3. Sept. [?] 1032–1. Mai 1045). - 3. Tuskulanerpapst, Neffe seiner Vorgänger Benedikt VIII. und Johannes XIX. Im Sept. 1044 wurde B. durch einen Aufstand der Römer vertrieben, konnte aber im März 1045 den Gegenpapst Silvester III. wieder verdrängen. B. trat die Papstwürde an Gregor VI. gegen eine erhebl. Geldsumme ab. 1046 förml. abgesetzt, konnte er 1047 erneut das Papsttum gewinnen, 1048 endgültig vertrieben.

B. XII., * Saverdun (Languedoc), † Avignon 25. April 1342, vorher Jakob Fournier, Papst (seit 20. Dez. 1334). - Zisterzienser; durch Baubeginn des Papstpalastes in Avignon fiel die folgenschwere Entscheidung gegen eine Rückkehr nach Rom. B. blieb von Frankr. abhängig. Es kam zum Bruch mit Kaiser Ludwig dem Bayern und zum Anwachsen der antikurialen Stimmung in Deutschland.

B. XIII., † Peñíscola bei Valencia 23. Mai 1423, vorher Pedro de Luna, Papst/Gegenpapst (28. Sept. 1394–26. Juli 1417). - Im Abendländ. Schisma wirkte er erfolgreich für Klemens VII.; hielt als dessen Nachfolger an der alleinigen Legitimität seines Pontifikates fest. Nach Gefangenschaft in Avignon (1399–1403) floh er in die Provence; erlangte Anerkennung Kastiliens und Frankr., vom Konzil von Pisa am 5. Juni 1409 abgesetzt, erneut durch das Konstanzer Konzil 1417 als Häretiker und Schismatiker; gab aber seinen Anspruch nicht auf; erhielt noch zwei Nachfolger: Klemens VIII. (1423–29) und einen Benedikt XIV. (1425), der jedoch nie in Erscheinung trat.

B. XIV., * Bologna 31. März 1675, † Rom 3. Mai 1758, vorher Prospero Lambertini, Papst (seit 17. Juli 1740). - Erzbischof von Ancona, Kardinal (1726), Erzbischof von Bologna. Als Papst erfolgreich auf Vergleich mit den Mächten bedacht; Übereinkommen mit Neapel 1741, Spanien 1753, Österreich für Mailand 1757; Anerkennung der preuß. Königswürde. Als verfehlt erwies sich seine Entscheidung im Ritenstreit. Neben Verwaltungsreformen im Kirchenstaat, Förderung von Kunst und Wiss. steht seine Wirksamkeit im Bereich des Kirchenrechts.

B. XV., * Genua 21. Nov. 1851, † Rom 22. Jan. 1922, vorher Giacomo della Chiesa, Papst (seit 3. Sept. 1914). - 1907 Erzbischof von Bologna, 1914 Kardinal. Sein Pontifikat stand im Schatten des 1. Weltkriegs; erfolglose Note „an die Oberhäupter der kriegführenden Völker" (1. Aug. 1917); konzentrierte seine Aktivität auf Linderung der Not in Krieg und Folgezeit. Die bedeutsamsten innerkirchl. Entscheidungen waren die Einführung des neuen kirchl. Gesetzbuchs (Codex Iuris Canonici) und die programmat. Abkehr von der Europäisierung in der Mission.

Benefizium [lat.], im *röm. Recht* Bez. für einen gesetzl. ausnahmsweise gewährten Vorteil oder erlassenen Nachteil, worauf kein Rechtsanspruch bestand.

◆ im *ma. weltl. Recht* eine Form der Landleihe, aus der sich seit dem 10. Jh. das ↑Lehnswesen entwickelte.

Benelux, Kurzw. für die am 1. Jan. 1948 in Kraft getretene Zoll-, seit 1960 auch Wirtschaftsunion zw. **Bel**gique (Belgien), **Ne**derland (Niederlande) und **Lux**embourg (Luxemburg). Ausgangspunkt der engen wirtsch. Verbindung ist ein 1944 von den Exilregierungen der drei Staaten unterzeichnetes Zollabkommen, 1948 durch Inkrafttreten der B.-Zollkonvention verwirklicht, die die gegenseitigen Zollgrenzen beseitigen sollte und einen gemeinsamen Zolltarif für die Einfuhren aus Drittländern festsetzte. Die Wirtschaftsunion wurde am 3. 2. 1958 durch den Staatsvertrag über die Gründung der „Union Économique Benelux" (**Benelux-Vertrag**) vollzogen. Der 1960 von den drei Staaten ratifizierte Vertrag wurde für die Dauer von 50 Jahren abgeschlossen und sieht neben der nahezu vollständigen

Liberalisierung des Waren-, Kapital- und Arbeitsverkehrs eine Harmonisierung der Außenhandels- und Landwirtschaftspolitik und eine Koordinierung der Währungs-, Struktur- und Konjunkturpolitik vor.
Die wichtigsten *Organe* sind: ein aus Regierungsmitgliedern der drei Staaten zusammengesetzter Ministerausschuß, das leitende Organ der Union; ein konsultativer Parlamentar. Rat, dessen Mgl. die einzelnen Landesparlamente aus ihrer Mitte wählen; ein Wirtschafts- und Sozialrat; ein Sozialgerichtshof (seit 1964) und ein Generalsekretariat mit Sitz in Brüssel.
🕮 *Weil, G. L.: The B. nations. The politics of small country democracies. London 1970.*

Beneš, Eduard [tschechisch 'bɛnɛʃ], * Kožlány (Böhmen) 28. Mai 1884, † Sezimovo Ustí (Böhmen) 3. Sept. 1948, tschechoslowak. Politiker. - Wirkte als enger Mitarbeiter T. G. Masaryks nachhaltig und erfolgreich für die Errichtung einer über die „histor. Länder" hinausgreifenden ČSR, deren Entwicklung er als Außenmin. (1918–35), Min.präs. (1921/22) und Staatspräs. (1933–38) maßgebl. mitbestimmte. Nach dem Münchner Abkommen am 5. Okt. 1938 Rücktritt und Exil, ab 1940 Präs. der tschechoslowak. Exilregierung in London. Unter seiner erneuten Staatspräsidentschaft ab 1945 gleitende kommunist. Machtübernahme in der ČSR; trat nach dem Prager Staatsstreich 1948 zurück.

Benevent, ehem. Hzgt. bzw. Ft. Das im späten 6. Jh. errichtete, große Teile Unteritaliens umfassende Hzgt. B. zerfiel im 9. Jh. in die Fürstentümer B., Salerno und Capua. 1051 vertrieb B. den Fürsten und unterstellte sich dem Papst. Die Päpste konnten nur die Stadt B. als Exklave in normann. Gebiet halten.

Bengtson, Hermann, * Ratzeburg 2. Juli 1909, dt. Althistoriker. - 1942 Prof. in Jena, 1952 in Würzburg, 1963 in Tübingen, 1966 in München. Hauptarbeitsgebiet: Geschichte des Hellenismus; Verfasser u. a. von „Einführung in die alte Geschichte" (1949, ⁶1969), „Griech. Geschichte" (1950, ⁴1969).

Ben Gurion, David, früher: Gruen [hebr. grin], * Płońsk (Polen) 16. Okt. 1886, † Tel Aviv-Jaffa 1. Dez. 1973, israel. Politiker. - Wanderte 1906 nach Palästina aus; Mitbegr. der jüd. Gewerkschaft Histadrut, 1921–33 deren Generalsekretär; 1930 Mitbegr. der Mapai; organisierte als Vors. der Jewish Agency und der zionist. Exekutive in Palästina 1935–48 die illegale Einwanderung jüd. Flüchtlinge, v. a. aus Deutschland; proklamierte 1948 den selbständigen Staat Israel; hatte als Min.präs. und Verteidigungsmin. 1948–53 und 1955–63 entscheidenden Anteil am Sieg über die arab. Nachbarstaaten und an der Stabilisierung des Staates Israel; gründete 1965 die Rafi-Partei; zog sich 1970 aus der Politik zurück.

Benin

(amtl. Vollform: République Populaire du Bénin) [bis 30. Nov. 1975: Dahomey], VR in W-Afrika, zw. 6° 30′ und 12° 30′ n. Br. sowie 0° 45′ und 4° ö. L. **Staatsgebiet:** B. grenzt im S an den Atlantik, im W an Togo, im NW an Obervolta, im NO an Niger und im O an Nigeria. **Fläche:** 112 622 km². **Bevölkerung:** 3,9 Mill. E (1985), 35 E/km². **Hauptstadt:** Porto-Novo; Sitz der meisten Regierungsbehörden: Cotonou. **Verwaltungsgliederung:** 6 Prov. **Amtssprache:** Französisch; Handelssprache im N ist Hausa. **Nationalfeiertag:** 1. Aug. (Unabhängigkeitstag). **Währung:** CFA-Franc = 100 Centimes (c). **Internat. Mitgliedschaften:** UN, OAU, OCAM, Conseil de l'Entente, UMOA; mit GATT und EG assoziiert. **Zeitzone:** MEZ.

Geschichte: Im 16./17. Jh. entstanden in Arda (heute Allada), Savé und Ouidah portugies., niederl., engl. und frz. Handelsniederlassungen. Von den einheim. Kgr. wurde das von Abomey (später Dahome) im 19. Jh. bed. Nach der Besetzung durch frz. Truppen (1894) gehörte Dahomey ab 1904 als Kolonie zu Frz.-Westafrika; seit 1945 im frz. Parlament vertreten. 1946 als Überseeterritorium Mgl. der Frz. Union; 1957 beschränkte innere Autonomie; 1958 autonome Republik Dahomey innerhalb der Frz. Gemeinschaft; 1960 Proklamation der vollen Unabhängigkeit, Austritt aus der Frz. Gemeinschaft. Seitdem infolge des sozialen Gefälles und der alten Stammesgegensätze zw. S und N mehrere Militärputsche. Major M. Kérékou (* 1934), der die Macht 1972 an sich riß, hat sich seitdem im höchsten Staatsamt behauptet. 1974 erklärte er den Marxismus-Leninismus zur revolutionären Ideologie des Landes und gründete 1975 die Einheitspartei. Am 1. Dez. 1975 wurde der Staatsname geändert und die VR Benin proklamiert. Die ersten Parlamentswahlen seit der Machtübernahme Kérékous fanden im Nov. 1979 statt.

Politisches System: Das Grundgesetz für die VR B. wurde 1977 verkündet. B. hat ein Einparteiensystem mit starker Stellung des Präs. *Staatsoberhaupt* ist der Präs. der Rep. (z. Z. M. Kérékou), der von der Nat. Revolutionsversammlung gewählt wird und zugleich oberster Inhaber der *Exekutive* ist als Leiter der Reg., die die Bez. Exekutivrat führt. Die *Legislative* bildet die Nat. Revolutionsversammlung, deren 196 Mgl. („Volkskommissare") nach einem Vorschlag der Einheitspartei vom Volk gewählt werden. Einzige zugelassene *Partei* ist die marxist.-leninist. ausgerichtete Parti de la Révolution Populaire du Bénin. Ihre Führungsorgane sind das 45köpfige ZK und das von diesem gewählte Politbüro. Vors. des ZK und Parteiführer ist M. Kérékou. Die *Verwaltungs*gliederung umfaßt 6 Prov.,

an deren Spitze jeweils ein Präfekt und ein Generalsekretär sowie ein Prov.rat der Revolution stehen. Das *Rechtswesen* ist vom frz. Vorbild geprägt. Die *Streitkräfte* umfassen 4350 Mann (Heer 3800, Luftwaffe 350, Marine 200); paramilitär. Kräfte rd. 4000 Mann.
🕮 *Peukert, W.: Der atlant. Sklavenhandel v. Dahomey (1740–1797). Wsb. 1978. - Ronen, D.: Dahomey. Between tradition and modernity. Ithaca (N. Y.) 1975.*

Benin, ehem. Kgr. im heutigen S-Nigeria; wohl im 12. Jh. gegr.; 1485 kamen die ersten Portugiesen nach Benin. 1892 schloß der letzte selbständige Herrscher von B. einen Protektoratsvertrag mit Großbrit., nach dessen Bruch er 1897 von den Briten verbannt wurde; Staatsvolk waren die Edo. - Die Kunst von B. erlebte ihre Blüte um 1450.

Benjamin, Hilde, geb. Lange, * Bernburg/ Saale 5. Febr. 1902, dt. Juristin und Politikerin. - Seit 1927 Mgl. der KPD, 1928–33 Rechtsanwältin; 1949–67 Mgl. der Volkskammer (SED); Vizepräs. des Obersten Gerichtshofes der DDR 1949–53; 1953–67 Justizmin.; an der Neuordnung des Strafrechts in der DDR 1968 entscheidend beteiligt.

Benkendorf (Benckendorff), Alexandr Christoforowitsch Graf (seit 1832), * Reval 4. Juli 1781 oder 1783, † auf See vor Dagö 5. Okt. 1844, russ. General und Hofbeamter. - Polit. Ratgeber Nikolaus' I.; 1826–44 Organisator und Chef der nach dem Aufstand der Dekabristen neu geschaffenen Geheimpolizei.

Bennigsen, niedersächs. Adelsgeschlecht; erscheint urkundl. zum ersten Mal 1261; 1618 Teilung in die Linien Banteln-Gronau (gräfl.) und Bennigsen; bed.:

B., Levin August Gottlieb Graf von (seit 1813), russ. Bennigsen, Leonti Leontjewitsch, * Braunschweig 10. Febr. 1745, † Banteln (Landkr. Alfeld [Leine]) 3. Okt. 1826, russ. General. - 1801 an der Verschwörung gegen Paul I. beteiligt; siegte 1807 bei Preußisch Eylau über Napoleon I.; 1812 Generalstabschef Kutusows.

B., Rudolf von, * Lüneburg 10. Juli 1824, † Bennigsen (Landkr. Springe) 7. Aug. 1902, dt. Jurist und liberaler Politiker. - MdR und Mgl. des preuß. Abg.hauses ab 1867; Mitbegr. der Nationalliberalen Partei, bis 1883 und erneut 1887–98 deren Fraktionsvors. im Reichstag; erwirkte einen Kompromiß über die siebenjährige Festlegung der Friedensstärke des Heeres (Septennat, 1874) und setzte die Justizgesetzgebung (1876) durch; Zollschutzpolitik und Sozialistengesetzgebung 1878/79 führten zum Bruch mit Bismarck; 1888–98 Oberpräs. in Hannover.

Bentham, Jeremy [engl. 'bɛntəm], * London 15. Febr. 1748, † ebd. 6. Juni 1832, engl. Sozialphilosoph und Jurist. - Seine vom Utilitarismus geprägten Theorien zur Rechtsphilosophie, Justiz- und Parlamentsreform sowie zur Volkswirtschaftslehre hatten bed. Einfluß auf Gesellschafts- und Wirtschaftswissenschaft. - *Hauptwerke:* A fragment on government (1776), An introduction to the principles of morals and legislation (1789).

Bentheim, ehem. dt. Gft. im Gebiet der mittleren Vechte, im Grenzbereich der Diözesen Münster und Utrecht; fiel 1421 an das niederrhein. Geschlecht von Götterswick (Güterswyk), das seinen Territorialbesitz erhebl. vergrößern konnte (u.a. Steinfurt, Tecklenburg, Rheda, Limburg); durch Erbteilung im 17. Jh. zersplittert. Heute existieren noch zwei 1817 in den preuß. Fürstenstand erhobene Linien: die Fürsten von **Bentheim und Steinfurt** und die von **Bentheim-Tecklenburg,** die 1707 zugunsten Preußens auf die Gft. Tecklenburg verzichtet hatten. B. wurde 1815 zw. Preußen und Hannover aufgeteilt.

***Benya,** Anton ['bɛnja], * Wien 8. Okt. 1912, östr. Gewerkschaftsführer und Politiker (SPÖ). - 1959–63 Vizepräs., seitdem Präs. des Östr. Gewerkschaftsbundes (ÖGB), seit 1956 Mgl. des Nationalrats, seit 1971 dessen Präs.

Ben Zwi, Isaac, früher Schimschilewitsch, Isaak, * Poltawa 6. Dez. 1884, † Jerusalem 23. April 1963, israel. Politiker russ. Herkunft. - Ging 1907 als Lehrer nach Palästina; Mitbegr. der Gewerkschaft Histradut 1921 und der Arbeiterpartei Mapai 1930; organisierte als Präs. des Nationalrates der Juden Palästinas 1931–48 die jüd. Selbstverteidigung; ab 1953 Staatspräs.

Berber, europide Stämme in NW-Afrika, u.a. Kabylen, Guanchen, Tuareg; meist Bauern und Viehzüchter (oft in Transhumanz); leben in vaterrechtl. Großfamilien; älteste in NW-Afrika lebende Bev.schicht, waren z.T. Karthago tributpflichtig und gehörten zur röm. Prov. Africa. Durch die arab. Eroberung Nordafrikas wurden die B. im 7. Jh. islamisiert, im 11. Jh. in Sprache, Rasse und Kultur arabisiert.

Berchtold, Leopold Graf, * Wien 18. April 1863, † Schloß Peresznye bei Ödenburg 21. Nov. 1942, östr.-ungar. Diplomat und Politiker. - Aus mähr. Magnatenfamilie; Botschafter in Petersburg; 1912–15 Außenmin.; anfangs bemüht, den internat. Frieden durch Nichtintervention und Erhaltung des Status quo auf dem Balkan zu erhalten; löste mit dem Ultimatum an Serbien (23. Juli 1914) die zum 1. Weltkrieg führende Julikrise aus.

Berengar, Name von Königen von Italien:

B. I., † Verona 7. April 924, König (seit 888). - Enkel Kaiser Ludwigs des Frommen, 873 Markgraf von Friaul; 915 zum Kaiser gekrönt; unterlag Rudolf von Hochburgund und wurde ermordet.

B. II., † Bamberg 6. Aug. 966, König (seit 950). - Enkel B. I.; Markgraf von Ivrea; von Otto d. Gr. 952 zur Lehnsnahme gezwungen, 961 abgesetzt und 963 nach Deutschland verbannt.

Berenike, Name hellenist. Königinnen:
B., um 279 v. Chr., ptolemäische Königin. - Seit etwa 317 ∞ mit Ptolemaios I., dem sie Arsinoe II. und Ptolemaios II. gebar; nach ihrem Tod göttl. Verehrung.
B., † um 246 v. Chr., seleukid. Königin. - Tochter Ptolemaios' II. und Arsinoes I.; 253 ∞ mit dem Seleukiden Antiochos II.; nach einem von ihr angezettelten Aufstand ermordet.
B., † 221 v. Chr. (ermordet), ptolemäische Königin. - Seit 246 ∞ mit Ptolemaios III., für dessen glückl. Rückkehr aus dem 3. Syr. Krieg sie eine Locke ihres Haupthaares gelobte (nach der Legende in ein Sternbild verwandelt); schon zu Lebzeiten mit ihrem Gatten göttl. verehrt.

Berenike, * 28, † nach 79, jüd. Prinzessin. - Tochter des Herodes Agrippa I.; lebte nach mehreren Ehen mit ihrem Bruder Herodes Agrippa II. zusammen; wurde 67 Geliebte des späteren Kaisers Titus, der sie aus Gründen der Staatsräson nicht heiratete.

Beresina, rechter Nebenfluß des Dnjepr, entspringt 110 km nördl. von Minsk, mündet 45 km wnw. von Gomel, UdSSR, 613 km lang. - 1812 erlitt die Große Armee Napoleons I. auf dem Rückzug aus Rußland beim Übergang über die B. schwere Verluste.

Berg, histor. Territorium zw. Rhein, Ruhr und Sieg. Die Grafen (1101–1225) von B. gehörten zu den mächtigsten und reichsten Dynastengeschlechtern zw. Lippe und Sieg. 1160/61 Gründung einer Seitenlinie (B.-Altena), aus der die späteren Grafen von Mark stammten. B. kam über einen verwandten Zweig der Herzöge von Limburg 1348 an eine Nebenlinie der Herzöge von Jülich, die B. (seit 1380 Hzgt.) territorial endgültig abrundete (Residenz Düsseldorf). 1423 Vereinigung von Jülich und B.-Ravensberg, 1511 von Jülich-B.-Ravensberg mit dem Hzgt. Kleve-Mark (in Personalunion). Das kath. gebliebene B. kam mit Jülich nach dem Jülich-Kleveschen Erbfolgestreit 1614 (endgültig 1666) an Pfalz-Neuburg, wurde 1685 kurpfälz. und 1777 bayr.; 1806 napoleon. Großhzgt. unter Joachim Murat, 1809–15 prakt. Teil Frankr.; danach zu Preußen, 1946 zu Nordrhein-Westfalen.

Bergen ['--], Stadt im südl. Teil der Lüneburger Heide, Nds., 70 m ü. d. M., 12 000 E. Bauind., Sägewerke; Fremdenverkehr. - Sw. von B. liegt das ehem. KZ **Bergen-Belsen.**
B. [norweg. bærgən], norweg. Hafenstadt am Byfjord, 214 000 E.
Die **Union von Bergen** zw. Dänemark und Norwegen (1450) bestätigte die dän.-norweg. Personalunion von 1380 und bekräftigte die Eigenständigkeit Norwegens.

Bergfried [zu mittelhochdt. perfrit „hölzerner Belagerungsturm"], Hauptturm der ma. Burg, steht meist frei im Burghof. Er diente als Kern der Verteidigung und als letzter Zufluchtsort, war aber nicht zum Wohnen eingerichtet (im Ggs. zum frz. Donjon). Im 15./16. Jh. wurde der B. niedriger und breiter und entwickelte sich allmählich zur Bastion.

Berg Isel, 749 m hohe Erhebung im südl. Stadtgebiet von Innsbruck. Hier fanden im Tiroler Freiheitskampf 1809 fünf Schlachten statt.

Bergpartei (frz. Montagnards), während der Frz. Revolution Bez. für die radikalste Gruppe in der Assemblée législative und im Konvent, wo ihre Mgl. auf den höher gelegenen Sitzreihen Platz nahmen; bildete eine geschlossene Front gegen die gemäßigten Girondisten; nach 1795 unterdrückt.

Bergrecht, Gesamtheit der für den Bergbau geltenden Sonderrechtssätze. Bereits im 12. Jh. entwickelte sich das **Bergregal.** Dieses gab seinem Inhaber das Verfügungsrecht über bergbaul. Mineralien. Für Italien wurde das Silber- und Salzregal von Kaiser Friedrich I. in der Ronkal. Konstitution von 1158 verkündet, die durch die Libri Feudorum in Deutschland als gemeines Recht übernommen wurde. Daneben entstand ein gewohnheitsrechtl. B. Die außerordentl. Rechtszersplitterung auf diesem Gebiet wurde erst durch das *Allgemeine Berggesetz* [für die preuß. Staaten] (ABG) von 1865 beseitigt, das in neuerer Zeit auch im Saarland (1935), in Hamburg (1937) und Bremen (1941) eingeführt wurde. Die meisten dt. Staaten glichen ihr B. dem ABG an.

Bergsträsser, Arnold, * Darmstadt 14. Juli 1896, † Freiburg im Breisgau 24. Febr. 1964, dt. Kulturhistoriker und Politikwissenschaftler. - 1928 Prof. in Heidelberg; emigrierte 1937 in die USA (bis 1950), dort Prof. am Claremont College (Kalifornien), seit 1954 Prof. in Freiburg i. Br.; 1955–59 Direktor des Forschungsinstituts der Dt. Gesellschaft für Auswärtige Politik, Bonn.
B., Ludwig, * Altkirch (Elsaß) 23. Febr. 1883, † Darmstadt 23. März 1960, dt. Historiker und Politiker. - 1924–28 MdR (DDP); 1930 Übertritt zur SPD; 1948/49 Mgl. des Parlamentar. Rates, 1949–53 MdB (SPD); 1945 Prof. in Frankfurt am Main, seit 1950 in Bonn; schrieb u. a. „Geschichte der polit. Parteien in Deutschland" (1921, [10]1965).

Berija, Lawrenti Pawlowitsch, * Mercheuli bei Suchumi 29. März 1899, † Moskau 23. Dez. 1953 (erschossen), sowjet. Politiker. - 1921–31 in leitenden Polizeifunktionen, 1931–36 Erster Parteisekretär in Transkaukasien und Georgien; seit 1934 Mgl. des ZK der KPdSU, 1938 Volkskommissar des NKWD (später MWD) und damit Chef des gesamten Polizei-, Nachrichten- und Sicherheitsdienstes, den er nach Beendigung der von ihm mitgetragenen „großen Säuberungen" Stalins reorganisierte und perfektionierte; Marschall der Sowjetunion (1945), stellv. Min.präs. und Mgl. des Politbüros (1946); nach Stalins Tod Ende Juni 1953 gestürzt.

Bering, Vitus Jonassen [dän. 'be:reŋ], * Horsens (Jütland) 1680, † auf der Beringinsel 19. Dez. 1741, dän. Seeoffizier in russ. Diensten. - Fand 1728 das bereits 1648 entdeckte NO-Kap Asiens wieder und stellte die Trennung Asiens von Amerika fest; entdeckte als Leiter der Großen Nord. Expedition 1741 die S-Küste Alaskas sowie die Aleuten.

Berlepsch, Hans Hermann Freiherr von, * Dresden 30. März 1843, † Schloß Seebach bei Bad Langensalza 2. Juni 1926, preuß. Politiker. - 1890–96 als preuß. Min. für Handel und Gewerbe Initiator der Politik des neuen Kurses; stand hinter der Handels- und Sozialpolitik Caprivis; Mitbegr. der „Internat. Vereinigung für gesetzl. Arbeiterschutz".

Berlichingen, Götz (Gottfried) von, * Jagsthausen 1480, † Burg Hornberg (= Neckarzimmern) 23. Juli 1562, Reichsritter. - Verlor im Landshuter Erbfolgekrieg 1504 die rechte Hand, die durch eine kunstvoll gefertigte eiserne ersetzt wurde; beteiligte sich einige Jahre an zahlr. Fehden; 1512, erneut 1518 geächtet; 1525 im Bauernkrieg durch den Odenwälder Haufen zur Übernahme der Hauptmannschaft gezwungen; verließ seine Schar vor der Entscheidungsschlacht. Trotz Freispruchs durch das Reichskammergericht jahrelang in seiner Bewegungsfreiheit eingeschränkt; sein Lebensbericht (hg. 1731) diente Goethe als Quelle für sein Drama „Götz von B. mit der eisernen Hand" (1773).

***Berlin,** ehem. Hauptstadt des Dt. Reiches. B. ist als Folge des 2. Weltkrieges geteilt: B. (West), 480 km^2, 1,879 Mill. E (1986) und B. (Ost), 403 km^2, 1,236 Mill. E (1986).

Geschichte: Um die Burgen Köpenick und Spandau entstanden im 12. Jh. Siedlungen, gleichzeitig die Fernhandelssiedlung Kölln (1232 Stadtrecht). Zw. 1230 und 1240 gründeten die brandenburg. Markgrafen auf dem rechten Spreeufer die Stadt B.; etwa gleichzeitig entstanden auch die Dörfer Schöneberg, Lichtenberg und Wilmersdorf. B. und Kölln entwickelten sich infolge ihrer für den Fernhandel günstigen Lage schnell und bildeten nach der Stadt Brandenburg das polit. Zentrum der Mark. Nach dem Dreißigjährigen Krieg nahm die Entwicklung einen neuen Aufschwung, u. a. durch die Ansiedlung von Hugenotten und die Funktion als Hauptstadt des erhebl. vergrößerten Brandenburg-Preußen. 1709 wurden (Alt-)B., Kölln und weitere Orte zur Residenzstadt B. mit 56 600 E vereinigt. Die Bev. stieg bis 1800 auf 172 000 E. Die Gründung der Univ. (1809/10) setzte die Entwicklung zum bed. Kulturzentrum fort. Weitere Gewerbezweige wurden angesiedelt. B. wurde wichtigster Knotenpunkt des entstehenden norddt. Eisenbahnnetzes. Im März 1848 lösten die Straßenkämpfe in B. die Revolution in Preußen aus. 1860 wurden Wedding und Moabit eingemeindet (1861: 548 000 E). Nach 1871 Reichshauptstadt, wurde B. zunehmend von der Industrie geprägt (1880: 1 315 000 E). Der Bau großer Mietskasernen führte zu untragbaren Wohnverhältnissen: 1900 lebte etwa die Hälfte der E von B. in Hinterhofwohnungen. 1920 wurde B. mit den umliegenden Städten und Dörfern zur 4-Mill.-Stadt Groß-B. vereinigt. Im 2. Weltkrieg schwer zerstört, wurde B. 1945 in vier Besatzungssektoren eingeteilt und von den vier Siegermächten zunächst gemeinsam regiert. Im Nov. 1945 gestand die UdSSR den Westalliierten drei Luftkorridore nach Westdeutschland zu. Die Sowjetunion zog sich am 16. Juni 1948 aus der Alliierten Kommandantur für B. zurück. Die Durchführung der Währungsreform in den Westsektoren am 23. Juni 1948 hatte die sowjet. Blockade zur Folge, während der B. (West) durch die Luft versorgt wurde. Im Sept. 1948 war B. schließl. polit. gespalten. F. Ebert (SED) wurde Oberbürgermeister in B. (Ost), das 1949 Hauptstadt der DDR wurde. In Berlin (West) wurde im Dez. 1948 E. Reuter zum Oberbürgermeister gewählt, der bis 1953 eine SPD-CDU-FDP-Reg. führte; danach koalierten CDU und FDP bis 1955 unter W. Schreiber. 1955 bildete O. Suhr und 1957 W. Brandt (SPD) einen SPD-CDU-Senat. Nachdem das sowjet. Ultimatum von 1958 eine neue B.-Krise ausgelöst hatte, führte der Flüchtlingsstrom aus der DDR am 13. Aug. 1961 zum Bau der Berliner Mauer. Auch nach W. Brandt stellte die SPD die Regierenden Bürgermeister: H. Albertz (1966/67), K. Schütz (1967–77), D. Stobbe (1977–81), H.-J. Vogel (Jan.-Juni 1981). Nach den vorgezogenen Wahlen vom Mai 1981, bei denen erstmals auch die „Alternative Liste" Sitze im Abg.-Haus erringen konnte, bildete die CDU einen Minderheitssenat unter R. von Weizsäcker als Regierendem Bürgermeister.

Status und Verfassung von B. (West): Die Verfassung von 1950 weist B. (West) als Land der BR Deutschland aus, doch gilt diese Bestimmung gegenwärtig nicht. Auch das Viermächteabkommen von 1971 stellt fest, daß B. (West) „kein konstitutiver Teil" der BR Deutschland ist. Die Hoheitsgewalt über B. (West) wird von den drei Westalliierten ausgeübt. Die Vertreter von B. (West) im Bundestag (nicht von der Bev., sondern vom Abg.-Haus gewählt) und im Bundesrat haben kein volles Stimmrecht. Bundesgesetze bedürfen zu ihrer Gültigkeit in B. (West) der Zustimmung des Abg.-Hauses. Die Landesgesetzgebung wird vom Abg.-Haus ausgeübt, das die Mgl. der Landesregierung (Senat), mit dem Regierenden Bürgermeister an der Spitze, wählt. Es besteht die Möglichkeit des Volksentscheids.

B. (Ost) unterliegt nach Auffassung der Bundesregierung und der Westmächte ebenfalls den Bestimmungen des Viermächteabkommens; die DDR und die Ostblockstaaten widersprechen dieser Auffassung.

📖 *B. 10 Kap. seiner Gesch. Hg. v. R. Dietrich. Bln. u. New York 1981. - Kotschenreuther, H.: Kleine Gesch. B.s Bln. 1976. - Kaeber, E.: Beitr. zur B.er Gesch. Bln. 1964.*

Berlinabkommen, Kurzbez. für das Viermächteabkommen über Berlin vom 3. Sept. 1971 zw. den USA, Großbrit., Frankr. und der UdSSR. Es bestätigt die Verantwortlichkeiten und Rechte der vier Mächte unter Wahrung ihrer unterschiedl. Rechtspositionen. Die UdSSR verpflichtet sich, den zivilen Transitverkehr zw. Berlin (West) und der BR Deutschland auf Straßen, Schienen und Wasserwegen zu erleichtern und nicht zu behindern. Aufrechterhalten und entwickelt werden sollen die Bindungen zw. der BR Deutschland und den Westsektoren Berlins, die kein konstitutiver Teil der BR Deutschland sind und auch weiterhin nicht von ihr regiert werden. Die „Kommunikationen". zw. Berlin (West) und Berlin (Ost) sowie der DDR sollen verbessert werden. Berlin (West) soll durch die BR Deutschland im Ausland vertreten werden können. Zus. mit den konkretisierenden und ergänzenden Vereinbarungen zw. der BR Deutschland bzw. dem Berliner Senat und der DDR trat das B. am 3. Juni 1972 in Kraft.

Berliner Blockade, die von der UdSSR im Zuge der verschärften Ost-West-Spannung verhängte Sperrung der Land- und Wasserwege für den Personen- und Güterverkehr zw. West-Berlin und Westdeutschland vom 24. Juni 1948 bis 12. Mai 1949, während der die Versorgung West-Berlins durch die von den USA und Großbrit. errichtete Luftbrücke sichergestellt werden konnte.

Berliner Kongreß, Zusammenkunft führender Staatsmänner der europ. Großmächte und des Osman. Reiches 1878 zur Ordnung der Verhältnisse auf dem Balkan. Als „ehrl. Makler" übernahm der dt. Reichskanzler Bismarck die Aufgabe, den Balkankonflikt zw. Großbrit., Rußland und Österreich-Ungarn zu schlichten. Die neue Balkanordnung führte jedoch zu neuen Spannungen: Verschärfung der russ.-östr. Rivalität und der nat. Frage auf dem Balkan.

Berliner Mauer, von der DDR-Regierung mit Zustimmung der Mgl. des Warschauer Paktes veranlaßte Sperrmaßnahmen, die seit dem 13. Aug. 1961 die Sektorengrenze zw. Berlin (Ost) und Berlin (West) bis auf wenige Übergänge hermet. abriegeln; sollte v. a. den ständig steigenden Flüchtlingsstrom aus Berlin (Ost) stoppen; beim Versuch, die B. M. von O nach W zu überwinden, wurden bis 1978 etwa 70 Menschen getötet.

Berliner Vertrag, Geheimvertrag zw. König Friedrich Wilhelm I. von Preußen und Kaiser Karl VI. von 1728; hatte die Pragmat. Sanktion und die preuß. Ansprüche auf das Hzgt. Berg zum Gegenstand.

◆ dt.-sowjet. Abkommen von 1926, in dem sich die Partner auf der Grundlage des Rapallovertrages zu strikter Neutralität bei Angriff eines der Vertragspartner durch Dritte und zur Nichtbeteiligung an wirtsch. Boykottmaßnahmen verpflichteten; 1931 um 3 Jahre verlängert.

Berlinfrage, als Teil der ↑deutschen Frage seit dem 2. Weltkrieg ein Hauptkrisenpunkt der europ. Politik. Auf Grund des Berliner Viermächtestatus vom 5. Juni 1945 wurde Berlin seit Juli 1945 von amerikan., brit., frz. und sowjet. Truppen besetzt und, in vier Sektoren aufgeteilt, gemeinsam verwaltet. 1948 beendeten die Auseinandersetzungen zw. den Westalliierten und der UdSSR fakt. die Viermächteverwaltung der Stadt. Die UdSSR stellte im Juni ihre Mitarbeit in der Alliierten Hohen Kommandantur Berlin ein und verhängte die ↑Berliner Blockade. Seit Sept. 1948 war auch die dt. Selbstverwaltung der Stadt gespalten. Die Berlinkonferenzen der folgenden Jahre brachten keine Lösung. 1958 verlangte die UdSSR ultimativ die Umwandlung von Berlin (West) in eine entmilitarisierte freie Stadt und kündigte die Vereinbarungen über Berlin. Dieses Vorgehen wurde von den Westalliierten zurückgewiesen. Die verschärften Spannungen eskalierten am 13. Aug. 1961 mit dem Bau der Berliner Mauer. Die polit. Vorstöße der UdSSR und der DDR zielten seit 1963 verstärkt auf die Isolierung Berlins (West) von der BR Deutschland. Seit März 1970 fanden Verhandlungen der vier Mächte statt, die am 3. Sept. 1971 mit dem ↑Berlinabkommen abgeschlossen wurden.

📖 *Zivier, E.: Der Rechtsstatus des Landes Berlin. Bln. ^{3}1977. - Herzfeld, H.: Berlin in der Weltpolitik 1945–1970. Bln. u. New York 1973.*

***Berlinguer,** Enrico, *Sassari 25. Mai 1922, italien. Politiker. - Seit 1959 im Parteivorstand der italien. KPI (PCI); 1962–66 Leiter des Parteisekretariats; 1969 stellv. Generalsekretär, seit 1972 Generalsekretär der Partei; verstärkte durch seinen eurokommunist. Kurs und seine Strategie des „histor. Kompromisses" mit den Christdemokraten deutl. den polit. Einfluß der KPI; seit 1979 Mgl. des Europ. Parlaments.

Berlinklausel (Berliner Klausel), Gesetzes- bzw. völkerrechtl. Vertragsklausel, die Geltung des Bundesrechts der BR Deutschland [und der völkerrechtl. Verträge der BR Deutschland] in Berlin (West) betreffend. Auf Grund des Genehmigungsvorbehaltes der Besatzungsmächte gelten die vom Bundestag beschlossenen Gesetze in Berlin (West) nicht unmittelbar, können jedoch, wenn der B.gesetzgeber dies will und dem Gesetz die B. beifügt, im Gesetzgebungswege vom Berliner Abg.haus in Geltung gesetzt werden.

Bermudainseln, brit. Kronkolonie, Inselgruppe im westl. Nordatlantik, 53 km², 56 000 E (1985), Hauptstadt Hamilton.

Geschichte: Nach der Überlieferung Anfang des 16. Jh. entdeckt; Besiedlung und Übergang in engl. Besitz 1609–12; gingen 1684 an die engl. Krone über; im 18. Jh. zum brit. Flottenstützpunkt ausgebaut, 1797–1957 mit brit. Garnison. 1941 verpachtete die brit. Regierung ein Areal im NW der B. an die USA auf 99 Jahre zur Anlage von Marine- und Luftwaffenstützpunkten.
Verfassung: Die Verfassung von 1968 brachte der Kronkolonie B. die Selbstverwaltung. An der Spitze der *Exekutive* steht der von der brit. Krone ernannte Gouverneur; er ist für Außenpolitik, Verteidigung und innere Sicherheit zuständig und ernennt den Premiermin. Die *Legislative* besteht außer ihm aus den 11 ernannten Mgl. des gesetzgebenden Rats und den 40 gewählten Mgl. des Abg.hauses. Es gibt zwei *Parteien:* die United Bermuda Party und die Progressive Labour Party. Auf den B. gilt engl. *Recht.* Die *Landesverteidigung* ist Sache Großbritanniens.
📖 *Zuill, W. E.: The story of Bermuda and her people. London 1973.*

Bern, Hauptstadt der Schweiz und des Kt. B., an der Aare, 153 000 E. - 1191 von Herzog Berthold V. von Zähringen gegr.; 1218 Reichsstadt. Während des Interregnums Anschluß an Savoyen. Im Laupenkrieg (1339) Unterstützung durch die Waldstätte, mit denen es 1353 ein ewiges Bündnis schloß. Im 14. Jh. brachte B. die meisten umliegenden Städte und Gebiete in seinen Besitz. Annäherung an die Eidgenossenschaft nach 1415; führte 1476/77 die Eidgenossen in den Kriegen gegen Burgund. Die Reformation wurde z. T. mit Gewalt eingeführt. 1536 besetzte B. die savoyische Waadt; neben Zürich Vormacht der Eidgenossenschaft. Aufstände gegen die patriz. Reg. und der Landschaft gegen die Stadt (1653, 1723, 1749). 1798 frz. besetzt, Oberland, Aargau und Waadt wurden selbständige Kt. Seit 1848 B.hauptstadt.
B., zweitgrößter Kt. der Schweiz, 6 049 km², 930 600 E (1986), Hauptstadt Bern.
Geschichte: Entstand aus ehem. Untertanengebiet der Stadt Bern. Das 1798 zum selbständigen Kanton erhobene Oberland wurde B. 1803 wieder eingegliedert. Als Kompensation für die abgetrennten Kantone Aargau und Waadt erhielt B. 1815 einen großen Teil des säkularisierten Bistums Basel (Jura). Nach langen Auseinandersetzungen, einer Volksabstimmung im Jura (1974) sowie in der gesamten Schweiz (1978) wurde 1978 der neugebildete Kt. Jura vom Kt. B. abgetrennt.
Verfassung: Nach der Staatsverfassung vom 26. April 1893 liegt die Exekutive beim vom Volk auf 4 Jahre gewählten Regierungsrat (9 Mgl.). Die Legislative bilden der vom Volk auf 4 Jahre gewählte Große Rat (200 Mgl.) und das Volk selbst (obligator. Referendum).

Bernadotte [frz. bɛrna'dɔt, schwed. ˌbærnadɔt], aus Béarn (SW-Frankr.) stammendes frz. Geschlecht, dem Jean-Baptiste B., der spätere schwed. König und Begründer der schwed. Dynastie B. Karl XIV. Johann, entstammt (↑auch Stammtafel):
B., Folke, Graf von Wisborg, * Stockholm 2. Jan. 1895, † Jerusalem 17. Sept. 1948, schwed. Philanthrop. - Neffe König Gustavs V. von Schweden. 1943 Vizepräsident, 1946 Präs. des schwed. Roten Kreuzes; 1948 in Palästina von jüd. Extremisten ermordet, als er im Auftrag der UN zw. Arabern und Israelis zu vermitteln suchte.

Bernauer (Pernauer, Perner, Berner), Agnes, † Straubing 12. Okt. 1435, Augsburger Badertochter. - Wohl 1432 heiml. ∞ mit Herzog Albrecht III. von Bayern-München, von dessen Vater Ernst 1435 gefangengesetzt und als Hexe in der Donau ertränkt.

Bernhard, Name von Herrschern:
Niederlande:
B., * Jena 29. Juni 1911, Prinz der Niederlande (seit 1937), Prinz von Lippe-Biesterfeld. - Seit 1937 ∞ mit Juliana, Kronprinzessin der Niederlande; nach deren Thronbesteigung bemüht um die Förderung der kulturellen, sozialen und wirtsch. Interessen der Niederlande; seit 1970 Generalinspekteur der niederl. Streitkräfte; trat 1976 in Zusammenhang mit einem Bestechungsvorwurf von allen öffentl. Ämtern zurück.
Sachsen:
B., Graf von Aschersleben (Anhalt), * um 1140, † Bernburg/Saale 9. Febr. 1212, Herzog (seit 1180). - Sohn Albrechts des Bären, erbte 1170 den askan. Stammbesitz zw. Harz und Elbe; wurde nach dem Sturz Heinrichs des Löwen (1180) mit dem Hzgt. Sachsen belehnt.
Sachsen-Weimar:
B., * Weimar 16. Aug. 1604, † Neuenburg (Baden) 18. Juli 1639, Herzog und Feldherr. - Kämpfte seit 1631 auf der Seite Gustav Adolfs; übernahm nach dessen Tod in der Schlacht von Lützen das Kommando; erhielt 1633 den Oberbefehl in Süddeutschland und wurde mit dem Hzgt. Franken belehnt; eroberte Regensburg, wurde jedoch bei Nördlingen vernichtend geschlagen und verlor sein Hzgt.; trat 1635 in frz. Dienste und erhielt die Landgrafschaft Elsaß sowie die Landvogtei Hagenau; erfolgreiche Feldzüge in Lothringen und Burgund; eroberte 1638 Breisach.

Bernis, François Joachim de Pierre de, * Saint-Marcel-d'Ardèche 22. Mai 1715, † Rom 2. Nov. 1794, frz. Kardinal (1758), Politiker und Schriftsteller. - 1757/58 Min. des Auswärtigen; 1769 Gesandter in Rom, wo er die Wahl Klemens' XIV. und die Aufhebung des Jesuitenordens (1773) betrieb.

Bernstein, Eduard, * Berlin 6. Jan. 1850, † ebd. 18. Dez. 1932, dt. Politiker. - Schloß sich 1872 der Sozialdemokrat. Arbeiterpartei an; seit 1881 Leiter des Parteiorgans „Sozialdemokrat"; 1887–1901 in London; lieferte mit seinem Buch „Die Voraussetzung des Sozialis-

STAMMTAFEL DES HAUSES BERNADOTTE
(Übersicht)

Jean-Baptiste Bernadotte, *1763, †1844
König (1818; als **Karl XIV. Johann**)
∞ 1798 Désirée (Desideria) Clary, †1860

Oskar I., *1799, †1859
König (1844)
∞ 1823 Josephine, Tochter von Eugène de Beauharnais, Herzog von Leuchtenberg, †1876

Karl XV., *1826, †1872
König (1859)
∞ 1850 Luise, Prinzessin der Niederlande, †1871
(Oranien-Nassau)

Oskar II., *1829, †1907
König (1872)
∞ 1857 Sophie, Tochter Herzog Wilhelms von Nassau, †1913

August, *1831, †1873
Herzog von Dalarna
∞ 1864 Therese, Prinzessin von Sachsen-Altenburg, †1914

Luise, *1851, †1926
∞ 1869 Friedrich (VIII., König von Dänemark), †1912
(Glücksburg)

Gustav V., *1858, †1950
König (1907)
∞ 1881 Viktoria
Tochter des Großherzogs Friedrich I. von Baden, †1930

Oskar, *1859, †1953
Prinz Bernadotte (1888)
Graf von Wisborg (1892)
∞ 1888 Ebba Munck af Fulkila, †1946

Karl, *1861, †1951
Herzog von Västergötland
∞ 1897 Ingeborg, Tochter König Friedrichs VIII. von Dänemark, †1958
(Glücksburg)

Gustav VI. Adolf, *1882, †1973
König (1950)
∞ (1) 1905 Margarete Prinzessin von Connaught, †1920
∞ (2) 1923 Louise Lady Mountbatten, †1965

Wilhelm, *1884, †1965
Herzog von Södermanland
∞ 1908 (⚮ 1914) Maria Pawlowna Großfürstin von Rußland, †1958
(Gottorf)

Folke Bernadotte, *1895, †1948
Graf von Wisborg
∞ 1928 Estelle Manville, *1904

Margaretha, *1899, †1976
∞ 1919 Axel, Prinz von Dänemark, †1964
(Glücksburg)

Märtha, *1901, †1954
∞ 1929 Olaf (V., König von Norwegen) *1903 *(Glücksburg)*

Astrid, *1905, †1935
∞ 1926 Leopold (III., König der Belgier), *1901
(Sachsen-Coburg)

Karl, *1911
Prinz Bernadotte (1937)
∞ 1937 Elsa Gräfin von Rosen, *1904

Lennart, *1909
L. Bernadotte (1932)
Graf von Wisborg (1951)
∞ (1) 1932 (⚮ 1971) Karin Nissvandt, *1911
∞ (2) 1972 Sonja Haunz, *1946

Gustav Adolf, *1906, †1947
Herzog von Västerbotten
∞ 1932 Sibylla, Tochter des Herzogs Karl Eduard von Sachsen-Coburg-Gotha, †1972

Sigvard, *1907
S. Bernadotte (1934)
Graf von Wisborg (1951)
∞ (1) 1934 (⚮ 1943) Erika Patzeck, *1911
∞ (2) 1943 (⚮ 1961) Sonja Robbert, *1909
∞ (3) 1961 Marianne Lindberg, *1924

Ingrid, *1910
∞ 1935 Friedrich (IX., König von Dänemark), †1972
(Glücksburg)

Bertil, *1912
Herzog von Halland
∞ 1976 Lilian May, *1915

Karl Johann, *1916
K. J. Bernadotte (1946)
Graf von Wisborg (1951)
∞ 1946 Kerstin Wijkmark, *1910

Margaretha, *1934
∞ 1964 John Ambler, *1924

Birgitta, *1937
∞ 1961 Johann Georg von Hohenzollern-Sigmaringen, *1932

Désirée, *1938
∞ 1964 Niclas Freiherr von Silfersköld, *1934

Christina, *1943
∞ 1974 Tord Magnuson, *1940

Karl XVI. Gustav, *1946
König (1973)
∞ 1976 Silvia Sommerlath, *1943

Victoria, *1977 — Carl Philipp, *1979 — Madeleine, *1982

Die Namen der Könige von Schweden und (bis 1905) von Norwegen sind halbfett gesetzt.

mus und die Aufgaben der Sozialdemokratie" (1899) die theoret. Grundlage seiner Kritik am Marxismus und stellt seine These in den Mittelpunkt der theoret. Auseinandersetzungen um den Revisionismus: Reform der kapitalist. Verhältnisse als das naheliegende Ziel der Sozialdemokratie. 1902–06, 1912–18 und 1920–28 MdR. 1917 Mgl. der USPD, trat 1920 wieder in die SPD ein und bestimmte wesentl. deren Görlitzer Programm.

Bernstorff, dt.-dän. Adelsgeschlecht, seit Anfang des 14. Jh. auf dem Besitz in Mecklenburg nachweisbar; bed.:

B., Albrecht Graf von, * Dreilützow (Landkr. Hagenow) 22. März 1809, † London 26. März 1873, preuß. Diplomat. - 1861 preuß. Außenmin.; trat als Botschafter in London (1862–73) für einen Ausgleich der preuß.-engl. Spannungen ein.

B., Albrecht Graf von, * Berlin 6. März 1890, † ebd. 25. April 1945, dt. Diplomat. - Enkel von Albrecht Graf von B. († 1873); machte sich als Mgl. der dt. Botschaft in London 1922–33 um die Entwicklung der dt.-engl. Beziehungen verdient; aktiver Widerstandskämpfer, zweimal inhaftiert, von der Gestapo ermordet.

B., Andreas Peter Graf von, * Hannover 28. Aug. 1735, † Kopenhagen 21. Juni 1797, dän. Staatsmann. - Neffe von Johann Hartwig Ernst Graf von B.; Gegner Struensees; 1773–80 und seit 1784 dän. Staats- und Außenmin.; konnte mit der Bereinigung der Gottorffrage 1773 den dän. Gesamtstaat herstellen; machte sich verdient um die Bauernbefreiung (1788), bereitete die Aufhebung der Leibeigenschaft in Schleswig-Holstein vor.

B., Johann Hartwig Ernst Graf von, * Hannover 13. Mai 1712, † Hamburg 18. Febr. 1772, dän. Staatsmann. - Seit 1751 Außenmin.; wahrte die Neutralität im Siebenjährigen Krieg, bahnte 1767 den Ausgleich mit Rußland in der Gottorffrage an; 1770 von Struensee verdrängt, nach dessen Sturz zurückberufen, starb er vor Wiederaufnahme seiner Tätigkeit; förderte Kunst, Wissenschaft und Bildungswesen.

B., Johann Heinrich Graf von, * London 14. Nov. 1862, † Genf 6. Okt. 1939, dt. Diplomat. - Warnte als Botschafter in Washington (1908–17) die dt. Regierung vor Wiederaufnahme des unbeschränkten U-Boot-Kriegs und bemühte sich, die USA vom Kriegseintritt abzuhalten; setzte sich für den Eintritt Deutschlands in den Völkerbund ein.

Bernward, hl., * um 960, † Hildesheim 20. Nov. 1022, Bischof von Hildesheim (seit 993). - Seit 987 in der Kanzlei Ottos II. und als Erzieher Ottos III. tätig, bis er 993 zum Bischof von Hildesheim berufen und als Reichsbischof ein treuer Helfer Ottos III. und Heinrichs II. wurde; Förderer kirchl. Reformen und der Kunst.

Berry, Charles Ferdinand Herzog von [frz. bɛr'i], * Versailles 24. Jan. 1778, † Paris 14. Febr. 1820, frz. Prinz. - Sohn des Grafen von Artois, des späteren frz. Königs Karl X.; ∞ mit Karoline von Bourbon-Sizilien; als bourbon. Thronerbe ermordet.

Berry [frz. bɛ'ri], histor. Gebiet in Frankr., erstreckt sich im südl. Pariser Becken von der Loire im O bis zur Mündung der Gartempe in die Creuse im W; Zentrum ist die ehem. Hauptstadt Bourges. - Das Gebiet der kelt. Bituriger kam 52 v. Chr. unter röm. Herrschaft; unterstand vom 6.–10. Jh. den Grafen von Bourges; 1200 ganz frz.; diente häufig als Apanage; 1616 Gouvernement.

Bertha (Bertrada), † Choisy-au-Bac (Oise) 12. Juli (?) 783, Königin im Fränk. Reich. - Gemahlin Pippins d. J., versuchte vergebl. im Streit zw. ihren Söhnen Karl d. Gr. und Karlmann zu vermitteln.

Bertha, * um 780, † nach 829, Tochter Karls d. Gr. - Geliebte Angilberts und Mutter des Chronisten Nithard. Die Sage von „Eginhard und Emma" bezieht sich wohl auf Bertha.

Berthier, Alexandre [frz. bɛr'tje], * Versailles 20. Nov. 1753, † Bamberg 1. Juni 1815, Fürst von Neuchâtel und Herzog von Valangin (seit 1806), frz. Marschall. - Wurde 1795 Generalstabschef der frz. Armee in Italien; 1799–1807 Kriegsmin., 1804 Marschall; in den Napoleon. Feldzügen Generalstabschef, seit 1807 Vizekonnetabel des Reiches; ging 1814 zu den Bourbonen über.

Berthold, Name von Herrschern:

Mainz:

B. von Henneberg, * 1441/42, † 21. Dez. 1504, Erzbischof und Kurfürst (seit 1484). - Setzte als Kurerzkanzler auf dem Reichstag zu Worms 1495 gegen Maximilian I. Hauptziele der ständ. Reichsreform durch; scheiterte beim Ausbau dieser teilweise vom Königtum unabhängigen Reichsordnung durch die Institutionalisierung eines ständ. Reichsregiments (1500–1502).

Zähringen:

B. II., * um 1050, † 12. April 1111, Markgraf, Herzog von Kärnten, Schwaben und Zähringen. - Wurde 1092 von der kaiserfeindl. Partei zum [Gegen]herzog von Schwaben gewählt, mußte aber 1097 zugunsten des Staufers Friedrich I. auf das Hzgt. verzichten, unter Beibehaltung des Herzogstitels mit Zürich als Reichslehen.

Berthold der Schwarze (Bertholdus Niger), Mönch (vermutl. Zisterzienser oder Franziskaner) der 2. Hälfte des 14. Jh. in Freiburg im Breisgau (?). - Angebl. Erfinder des Schießpulvers und der Feuerwaffen; soll wegen seiner Erfindung um 1388 zum Tode verurteilt worden sein.

Bertram, Adolf Johannes, * Hildesheim 14. März 1859, † Schloß Johannesberg (Nordmähr. Gebiet) 6. Juli 1945, dt. kath. Theologe, Kardinal (seit 1916). - 1906 Bischof von Hildesheim, 1914 Fürstbischof von Breslau, 1930 Erzbischof von Breslau und Metropolit der ostdt. Kirchenprovinz. Führend im Kampf gegen den Nationalsozialismus.

besät ↑Wappenkunde.

Besatzungsstatut, von den drei westl. Besatzungsmächten USA, Großbrit. und Frankr. einseitig erlassene Grundregelung des Verhältnisses ihrer Hoheitsgewalt zu jener der BR Deutschland; auf der Konferenz von Washington 1949 ausgearbeitet; trat 1949 in Kraft. Durch das B. wurde Bund und Ländern die volle gesetzgebende, vollziehende und rechtsprechende Gewalt übertragen. Die Besatzungsmächte behielten sich jedoch die Zuständigkeit hinsichtl. einiger Sachgebiete (v. a. Entwaffnung und Entmilitarisierung, Kontrolle über die Ruhr, Reparationen, Dekartellisierung, auswärtige Angelegenheiten) und das Recht vor, die Ausübung der vollen Gewalt ganz oder teilweise wieder zu übernehmen, wenn sie dies als unerläßl. für die Sicherheit, die Aufrechterhaltung der demokrat. Ordnung oder die Erfüllung ihrer internat. Verpflichtungen erachten sollten. Seit 1951 weiterer Abbau der Vorbehaltsrechte der Besatzungsmächte (sog. *Revidiertes B.*); am 5. Mai 1955 mit Inkrafttreten der Pariser Verträge aufgehoben, in die die Bestimmungen des Deutschlandvertrages eingingen.

Besatzungszonen, im Völkerrecht Gebiete, in denen die Ausübung der früheren Gebietshoheit durch eine neue Gebietshoheit eingeschränkt oder ausgeschlossen ist. B. wurden u. a. in Deutschland nach dem Waffenstillstandsvertrag vom 11. Nov. 1918 sowie nach dem 2. Weltkrieg auf dem Territorium des Dt. Reiches und Österreichs gebildet.

Beseler, Georg, * Rödemis (= Husum) 2. Nov. 1809, † Bad Harzburg 28. Aug. 1888, dt. Jurist und Politiker. - Prof. in Basel, Rostock, Greifswald und Berlin; Mgl. der Frankfurter Nationalversammlung 1848/49 als einer der Führer der Erbkaiserpartei und des

Verfassungsausschusses; 1874 MdR; seit 1875 im preuß. Herrenhaus, dessen Vizepräs. 1882–1887; berühmt durch seine Arbeiten zur Genossenschaftstheorie.

B., Hans von (seit 1904), * Greifswald 27. April 1850, † Neubabelsberg (= Potsdam) 20. Dez. 1921, preuß. General. - Sohn von Georg B.; Generalgouverneur in Warschau 1915–1918; proklamierte 1919 im Namen des Kaisers das Kgr. Polen.

B., Wilhelm, * Schloß Marienhausen bei Jever 3. März 1806, † Bonn 2. Sept. 1884, schleswig-holstein. Politiker. - Bruder von Georg B.; 1848 Mgl. der provisor. Regierung in Schl.-H., 1848/49 Abg. der Frankfurter Nationalversammlung, dann mit F. Graf von Reventlow bis 1851 Statthalter von Schleswig und Holstein.

Besetzung, im Völkerrecht die vorläufige Ausübung der tatsächl. Gewalt über ein fremdes Staatsgebiet unter Ausschluß der bisherigen Gebietsherrschaft. Dabei wird die vorhandene Staatsgewalt nicht aufgehoben, sondern ledigl. für die Dauer der B. suspendiert. Die **krieger. Besetzung** feindl. Gebietes erfolgt durch einen Gewaltakt bei bestehendem Kriegszustand. Die **friedl. Besetzung** vollzieht sich entweder durch einen Vertrag mit dem zu besetzenden Staat (z. B. Besetzung des Rheinlandes auf Grund des Versailler Vertrages von 1919) oder durch einen Gewaltakt außerhalb eines Kriegszustandes (z. B. Ruhr-B. 1923–25).

Bessarabien, Gebiet in der UdSSR, zw. Dnjestr, Donau, Pruth und Schwarzem Meer. - Seit dem 3. Jh. v. Chr. Siedlungsgebiet ostgerman. Bastarner; im 3. Jh. n. Chr. von den Westgoten erobert, denen Hunnen und Bulgaren (5. Jh.), Awaren (6. Jh.), Ungarn (9. Jh.), Petschenegen (11. Jh.) folgten; seit dem 10. Jh. zum altruss. Ft. Kiew; seit 1240 selbständig; im 14. Jh. vom walach. Fürstenhaus der Basarab erobert, nach ihnen B. genannt. Ende des 15. Jh. von den Osmanen erobert; wurde zu einem russ.-türk. Streitobjekt; 1812 Rußland zugesprochen; 1856 zum Ft. Moldau, 1878 von Rußland zurückgewonnen; 1918 von Rumänien annektiert, 1940 von der UdSSR besetzt; 1941 von dt. und rumän. Truppen zurückerobert; kam 1944/47 endgültig wieder in den Besitz der UdSSR.

Bessos, † Ekbatana 329 v. Chr., pers. Satrap Baktriens und der Sogdiana. - Zettelte 330 eine Verschwörung gegen den von Alexander d. Gr. geschlagenen König Darius III. an, die zu dessen Ermordung führte; an Alexander ausgeliefert und hingerichtet.

Best, Werner, * Darmstadt 10. Juli 1903, dt. Politiker (NSDAP). - 1942–45 Reichskommissar in Dänemark, dort 1948 zum Tode verurteilt, dann zu Gefängnis begnadigt, 1951 entlassen.

Besthaupt (Kurmede, Sterbhaupt, Mortuarium), ma. Abgabe der Erben eines Hörigen an den Herrn, meist das beste Stück Vieh, bei Frauen deren bestes Kleid (Gewandfall); nahm später den Charakter einer Erbschaftsteuer an, die Naturalleistung wurde in eine Geldleistung umgewandelt.

bestreut ↑ Wappenkunde.

Bestuschew-Rjumin, Alexei Petrowitsch Graf, * Moskau 2. Juni 1693, † Petersburg 21. April 1766, russ. Großkanzler. - Seit 1742 Vize- und seit 1744 Großkanzler; 1758 entlassen und verbannt; Rückkehr 1762; führte Rußland im Bündnis mit Österreich in den von ihm bewußt mitausgelösten Siebenjährigen Krieg gegen Preußen.

Betancourt, Rómulo [span. betaŋ'kur], * Guatire bei Caracas 22. Febr. 1908, † New York 28. Sept. 1981, venezolan. Politiker. - Mitbegr. der linksorientierten Acción Democrática 1940; nach Staatsstreich 1945–48 an der Macht, 1959–64 Präs., verfolgte eine gemäßigte Reformpolitik.

Bethlen von Bethlen, István (Stephan) Graf, * Gernyeszeg 8. Okt. 1874, † bei Moskau 1947, ungar. Politiker. - Wichtiger Berater des Reichsverwesers Horthy; Min.präs. 1921–31; bemühte sich v. a. um Wiederherstellung der inneren Ordnung und die wirtsch. Konsolidierung Ungarns; konnte sich nach der Besetzung Ungarns durch dt. Truppen 1944 einer geplanten Verhaftung entziehen; nach dem sowjet. Einmarsch verhaftet und verschleppt.

Bethlen von Iktár, Gabriel (ungar. B. Gábor), * Illye (= Ilia, Rumänien) 1580, † Weißenburg 15. Nov. 1629, Fürst von Siebenbürgen (seit 1613). - Mit osman. Unterstützung zum Fürsten gewählt; kämpfte seit 1619 mit dem Ziel territorialer Erweiterung des selbständigen Siebenbürgen gegen den Kaiser und die habsburg. Rekatholisierung Ungarns; ließ sich 1620 zum König von Ungarn wählen; 1621 zum Verzicht gezwungen (bei Verleihung der Reichsfürstenwürde).

Bethmann Hollweg, Moritz August von (seit 1840), * Frankfurt am Main 8. April 1795, † Schloß Rheineck bei Andernach 14. Juli 1877, dt. Jurist und Politiker. - Großvater von Theobald von B. H.; Prof. in Berlin (1823) und Bonn (1829), Schüler Savignys; Begr. und Präs. (1848–72) der Dt. Ev. Kirchentage; 1858–62 preuß. Kultusmin.

B. H., Theobald von, * Hohenfinow bei Eberswalde 29. Nov. 1856, † ebd. 2. Jan. 1921, dt. Politiker. - Seit 1899 Oberpräs. der Prov. Brandenburg, seit 1905 preuß. Innenmin., seit 1907 Staatssekretär des Reichsamtes des Innern; 1909 Reichskanzler und preuß. Min.-präs., stützte sich im Reichstag auf wechselnde Mehrheiten. Es gelang ihm jedoch nicht, die strukturbedingten innenpolit. Gegensätze durch eine „Politik der Diagonale" zu mildern. In der Außenpolitik duldete er die Kanonenbootpolitik, die 1911 die 2. Marokkokrise auslöste. Die angestrebte Aussöhnung und das Flottenabkommen (1912) mit

Großbrit. scheiterten v. a. am Widerstand von Tirpitz. Der Anteil von B. H. an den Entscheidungen in der ↑Julikrise 1914 ist erhebl. Aus Furcht vor Rußland und einer weiteren Schwächung des östr.-ungar. Verbündeten drängte auch er Wien zu einer raschen militär. Aktion gegen Serbien. Doch seine Hoffnung, durch Lokalisierung des Konflikts einen europ. Krieg zu vermeiden, zerschlug sich. Nach Ausbruch des 1. Weltkriegs trug B. H. den Annexionsforderungen der Alldt. und anderer zunächst Rechnung, zielte aber schon ab Nov. 1914 auf einen Verständigungsfrieden. V. a. seit Übernahme der Obersten Heeresleitung (OHL) durch Hindenburg und Ludendorff (1916) entglitt ihm zunehmend die polit. Führung. Die Zurückweisung seines Friedensangebots durch die Alliierten und der ultimative Druck der OHL insbes. führten schließl. im Juli 1917 zu seinem Rücktritt.

Hildebrand, K.: B. H.: Der Kanzler ohne Eigenschaften? Düss. ²1970. - Stern, F.: B. H. u. der Krieg: Die Grenzen der Verantwortung. Tüb. 1968.

Bettelorden (Mendikanten), aus der ma. Armutsbewegung entstandene neue Ordenstypen mit Besitzlosigkeit des Klosters und des Ordens, seelsorger. Tätigkeit und genossenschaftl. Verfassungsformen. Sie erwerben ihren Lebensunterhalt aus ihrer Arbeit und Almosen. Urspr. Franziskaner und Dominikaner. Später wurden ihnen weitere Ordensgemeinschaften zugerechnet (u. a. Karmeliten, Augustiner).

Beust, Friedrich Ferdinand Graf von (seit 1868), * Dresden 13. Jan. 1809, † Schloß Altenberg bei Greifenstein (Niederösterreich) 24. Okt. 1886, sächs. bzw. östr.-ungar. Politiker. - Seit 1849 sächs. Außen- und Kultusmin., seit 1852 Außen- und Innenmin. (seit 1858 auch Min.präs.); schwenkte nach 1850 als Vertreter der Triaspolitik in eine antipreuß.-proöstr. Richtung um; seit 1866 östr. Außenmin., 1867 auch Min.präs. (Reichskanzler); hatte maßgebl. Anteil an der Ausarbeitung des östr.-ungar. Ausgleichs und der Dezemberverfassung; arbeitete als östr.-ungar. Außenmin. (1867–71) vergebl. am Zustandekommen einer antipreuß. Koalition; 1871–78 Botschafter in London, 1878–82 in Paris. Schrieb Erinnerungen.

Potthoff, H.: Die dt. Politik B.s v. seiner Berufung zum östr. Außenminister Oktober 1866 bis zum Ausbruch des dt.-frz. Krieges 1870/71. Bonn 1968.

Bevan, Aneurin [engl. 'bɛvən], * Tredegar 15. Nov. 1897, † Chesham 6. Juli 1960, brit. Politiker. - Urspr. Bergmann; aktiv in der Gewerkschaftsbewegung; seit 1929 Unterhausabg. für die Labour Party (radikaler Flügel), setzte als Gesundheitsmin. 1945–51 die allg. staatl. Gesundheitsfürsorge durch; 1951 Arbeitsmin., seit 1957 außenpolit. Experte der Labouropposition.

Bevensen ↑Bad Bevensen.

Beveridge, William Henry, Baron (seit 1946) [engl. 'bɛvərɪdʒ], * Rangpur (Bangladesch) 5. März 1879, † Oxford 16. März 1963, brit. Nationalökonom und Politiker. - 1919–37 Leiter der London School of Economics and Political Science; 1941/42 Vors. des interministeriellen Ausschusses für Sozialversicherung, der den Beveridge-Plan erarbeitete; 1944–46 liberales Unterhausmgl.

Beveridge-Plan [engl. 'bɛvərɪdʒ], 1942 von W. H. Beveridge veröffentlichter Bericht, der die Schaffung eines umfassenden Versicherungs- und Fürsorgesystems und eines nat. Gesundheitsdienstes sowie die Beseitigung der Ursachen der Arbeitslosigkeit durch eine Politik der Vollbeschäftigung vorsah; Grundlage für die brit. Sozialreformen nach dem 2. Weltkrieg.

Bevin, Ernest, * Winsford (Somerset) 9. März 1881, † London 14. April 1951, brit. Gewerkschaftsführer und Politiker. - Nach Zusammenfassung von 32 Gewerkschaftsorganisationen zur Transportarbeitergewerkschaft 1921 als deren Generalsekretär (bis 1946) mächtigster Gewerkschaftsführer von Großbrit.; Min. für Arbeit und nat. Dienst 1940–45, als Außenmin. 1945–51 maßgebl. am Zustandekommen der Brüsseler Verträge 1948 und der NATO beteiligt.

Bevölkerungsexplosion, Bez. für die rapide Zunahme der Erdbev. allg., bes. aber der Bev. der Dritten Welt in den letzten Jahrzehnten; hervorgerufen v. a. durch die mit der Industrialisierung verbundene Verbesserung der wirtsch. und sozialen Verhältnisse, durch Herabsetzung der Säuglingssterblichkeit, durch die Weiterentwicklung der medizin. Wissenschaft, Verbesserung der hygien. Verhältnisse und Einführung eines öff. Gesundheitswesens (Steigerung der durchschnittl. Lebenserwartung).

Bevölkerungswachstum, absolute oder relative Veränderung des Bestands einer Bev. infolge der natürl. und/oder der räuml. Bev.bewegung. Das natürl. B. (absolut) wird definiert als Differenz zw. der Anzahl der Geborenen und der Anzahl der Sterbefälle in einer Periode; das Gesamt-B. schließt zusätzl. Wanderungsgewinne bzw. -verluste ein.
Um 1650 gab es etwa 500 Mill. Menschen auf der Erde, die Wachstumsrate betrug 0,3 % jährl.; dies entsprach einer Verdoppelungszeit von rund 250 Jahren. 1970 betrug die Weltbev. etwa 3,6 Mrd., 1978 etwa 4,26 Mrd. Menschen bei einer Wachstumsrate von 1,8 % und einer Verdoppelungszeit von 33 Jahren. Das stärkste B. wird in Afrika verzeichnet (2–3 %), das schwächste in Europa (unter 1 %). Seit etwa dem Ausgang des MA unterliegt die Bev.entwicklung derjenigen Völker, die sich in der Einflußsphäre des zivilisator.-techn. Fortschritts befinden, einem gesetzmäßigen Mechanismus: Nach einer Periode relativ

stabilen Gleichgewichtes bzw. nur geringer Geburtenüberschüsse, in der hohen Geburtenraten entsprechend hohe Sterberaten gegenüberstehen, sinken infolge der Verbesserung der medizin. und hygien. Verhältnisse zunächst die Sterberaten, wodurch hohe Geburtenüberschüsse entstehen. Im weiteren Verlauf passen sich jedoch die Geburtenraten den weiterhin abnehmenden Sterberaten an. Auf relativ hohen Zivilisationsstufen spielt sich i. d. R. wiederum ein Gleichgewicht ein, bei dem die Bev.zahl über lange Zeit stagniert oder sogar zurückgeht. Bestimmende Faktoren hierfür sind der ökonom. und soziale Wandel, die Urbanisation, die Veränderung der Lebensgewohnheiten, die z. B. höhere Aufwendungen für einen angemessenen Lebensstandard des einzelnen erfordern, andererseits die soziale Sicherung der Großfamilie und des Sippenverbandes durch gesellschaftl. Einrichtungen (Sozialversicherung, Altersversorgung) ersetzen und somit die Kleinfamilie begünstigen. Erst in jüngster Zeit treten zusätzl. Familienplanung und Geburtenkontrolle in Erscheinung.

Während die westl. Ind.nationen diesen „Bev.zyklus" nahezu vollständig durchlaufen haben und im wesentl. stabilisierte, wenn nicht zurückgehende Bev.zahlen aufweisen, befinden sich die Länder der Dritten Welt überwiegend in der Anstiegsphase dieses Prozesses. Bev.veränderungen vollziehen sich in der Dritten Welt vielfach in anderen Größenordnungen als bei den Ind.nationen. Da die technolog. Entwicklung mit dem B. nicht Schritt halten kann, ist Hunger unvermeidl. Nach Schätzungen der UN sterben in den Entwicklungsländern jährl. 4 Mill. Menschen an Hunger.

🕮 *Bolte, K. M./Kappe, D.: Struktur u. Entwicklung der Bev. Leverkusen [4]1979. - Baade, F.: Der Wettlauf zum Jahre 2000. Mchn. [3]1969. - Das Wachstum der Weltbev. Hg. v. der Hochschule St. Gallen f. Wirtschafts- u. Sozialwiss. Tüb.; Zürich 1965.*

Beyme, Karl Friedrich von (seit 1816), * Königsberg (Neumark) 10. Juli 1765, † Steglitz (= Berlin) 10. Dez. 1838, preuß. Politiker. - 1798 zum Geheimen Kabinettsrat ernannt; Anhänger liberaler Ideen, setzte die Bauernbefreiung auf den Domänen fort; 1806/07 (08) Min. des Auswärtigen; Justizmin. 1808–10. 1817–19 Min. für Gesetzesrevisionen.

***Bhave,** Vinoba, * Gagoda (Maharashtra) 11. Sept. 1895, ind. Sozialreformer. - Schüler Gandhis; versucht zur Lösung des Agrarproblems beizutragen, indem er in Wanderpredigten Großgrundbesitzer zur Landübertragung an besitzlose Bauern bewegt. In der Bhudan-(Landschenkungs-)Bewegung wurden seit 1951 rd. 2,5 Mill. ha übereignet.

BHE, Abk. für: ↑**B**lock der **H**eimatvertriebenen und **E**ntrechteten.

Bhutan

(amtl.: Druk-Yul), konstitutionelle Monarchie in Asien, zw. 26° 50′ und 28° 20′ n. Br. sowie 88° 50′ und 92° 05′ ö. L. **Staatsgebiet:** Erstreckt sich an der S-Abdachung des östl. Himalaja, im N von China (Tibet), im O, W und S von Indien begrenzt. **Fläche:** 46 600 km². **Bevölkerung:** 1,42 Mill. E (1985), 30,4 E/km². **Hauptstadt:** Thimbu. **Verwaltungsgliederung:** 15 Distrikte. **Amtssprache:** Dzongkha, Englisch als Handels- und Unterrichtssprache. **Staatsreligion:** Mahajana-Buddhismus. **Währung:** Ngultrum (NU) = 100 Chetrum. **Internat. Mitgliedschaften:** UN, Colombo-Plan. **Zeitzone:** Ind. Zeit, d. i. MEZ + 4½ Std.

Geschichte: Besiedlung und buddhist. Mission seit dem 7. Jh., im 8. Jh. Ft., im 16./17. Jh. Begründung der Staatsreligion und der theokrat. Herrschaft; nach krieger. Auseinandersetzungen mit Brit.-Indien im 19. Jh. zur Anerkennung der brit.-ind. Vormacht gezwungen; in jüngster Zeit verstärkte Bemühungen um volle Unabhängigkeit (seit 1971 Mgl. der UN).

Politisches System: Seit 1968 ist B. eine konstitutionelle Monarchie mit autonomer innerer Verwaltung; die auswärtigen Angelegenheiten werden - gemäß Vertrag von 1949 - durch die Schutzmacht Indien wahrgenommen. *Staatsoberhaupt* ist der König (seit 1972: Jigme Singye Wangchuk); die *Legislative* liegt bei der Nationalversammlung, die das Recht hat, den König mit Zweidrittelmehrheit abzusetzen, und der die *Exekutive* (Min.rat und Königl. Rat) verantwortl. ist. Es gibt keine polit. Parteien. Die Streitkräfte sind rd. 5 000 Mann stark.

🕮 *Charak, S. S.: History and culture of Himalayan states. Bd. 2. New York 1979. - Gansser, U., u. a.: B. Land der verborgenen Schätze. Bern u. Stg. 1969. - Haab, A./Vellis, N.: B. Fürstenstaat am Götterthron. Gütersloh [2]1969.*

Bhutto, Zulfikar Ali-Khan, * Larkana (West-Pakistan) 5. Jan. 1928, † Rawalpindi 4. April 1979 (hingerichtet), pakistan. Politiker. - 1963–66 Außenmin., gründete die linksgerichtete oppositionelle „Volkspartei"; befürwortete die militär. Intervention der westpakistan. Zentralregierung, durch die der Separationsversuch Ost-Pakistans 1971 niedergeschlagen werden sollte; 1971–73 Staatspräs., 1973–77 Min.präs.; nach Militärputsch verhaftet und 1978 wegen Anstiftung zum Mord an einem polit. Gegner zum Tode verurteilt; trotz Intervention ausländ. Politiker 1979 hingerichtet.

Biafra, Name des O-Teils (76 000 km²) Nigerias, unter dem dieses Gebiet sich am 30. Mai 1967 für selbständig erklärte; Hauptstadt Enugu; nach krieger. Auseinandersetzungen mußte B. 1970 vor den Truppen der nigerian. Bundesregierung kapitulieren; seitdem wieder voll in den nigerian. Staat integriert.

🕮 *Bühler, J.: Tragödie eines begabten Volkes. Dt. Übers. Zürich u. Stg. 1968.*

Bias, griech. Staatsmann in Priene (Kleinasien) um die Mitte des 6. Jh. v. Chr. - Einer der sog. Sieben Weisen; berühmt als Richter und Schiedsrichter.

Biban Al Muluk [arab. „Tore (d. h. Gräber) der Könige"], Doppeltal westl. von Theben in Oberägypten mit den Gräbern der Pharaonen des Neuen Reiches; berühmte Gräber von Tutanchamun, Sethos I., Amenophis II.

Bibracte, befestigter, auf 4 Hügeln gelegener Hauptort der kelt. Äduer auf dem Mont Beuvray (822 m), 20 km westl. von Autun; hier schlug Cäsar 58 v. Chr. die Helvetier; gegen Ende 1. Jh. v. Chr. Umsiedlung der Bev. ins neugegr. Augustodunum.

***Bidault,** Georges [frz. bi'do], * Moulins (Allier) 5. Okt. 1899, frz. Politiker. - Schloß sich 1941 der Widerstandsbewegung an, leitete als Präs. des „Conseil National de la Résistance" (seit 1943) den Pariser Aufstand vom Aug. 1944; 1944 Mitbegr., 1949–52 Vors. des Mouvement Républicain Populaire (MRP); Außenmin. (1944–46, Jan. 1947/48, 1953/54), 1946 und 1949/50 Min.präs.; schied als entschiedener Gegner der Algerienpolitik de Gaulles 1959 aus dem MRP aus; 1959 Präs. des „Rassemblement pour l'Algérie française", 1962 Vors. des wiederbelebten „Conseil National de la Résistance" und Mgl. des Exekutivkomitees der Organisation de l'Armée Secrète (OAS). 1963–68 im Exil in Brasilien bzw. Belgien.

Bielski, Marcin [poln. 'bjɛlski], * Biała bei Sieradz 1495, † ebd. 18. März 1575, poln. Humanist und Geschichtsschreiber. - Verfaßte u. a. die als histor. Quelle bed. erste Weltchronik in poln. Sprache.

Bierut, Bolesław [poln. 'bjɛrut], * Rury Jesnickie bei Lublin 18. April 1892, † Moskau 12. März 1956, poln. Politiker. - Drucker, seit 1918 Mgl. der poln. KP; 1933 in Polen zu 7 Jahren Gefängnis verurteilt; wurde Anfang 1944 Vors. des Nationalrates; Staatspräs. 1947–52, Min.präs. 1952–54; Vors. seit 1948 und 1. Sekretär seit 1954 der Poln. Vereinigten Arbeiterpartei.

Bijedić, Džemal [serbokroat. biˌjɛditɕ], * Mostar 17. April 1917, † bei Sarajewo 18. Jan. 1977 (Flugzeugabsturz), jugoslaw. Politiker. - Seit 1939 Mgl. der KP (später Bund der Kommunisten [BdK]) Jugoslawiens. Mgl. des ZK des BdK von Bosnien und Herzegowina und des ZK des BdK Jugoslawiens; Min.präs. von Jugoslawien seit 1971.

Bilák, Vasil [slowak. 'bila:k], * Krajná Bystra (Slowakei) 11. Aug. 1917, tschechoslowak. Politiker. - Seit 1946 Mgl. der slowak. KP; 1960–63 Min. ohne Ressort; 1968 1. Sekretär der slowak. KP; im Aug. 1968 zunächst von seinen Ämtern entfernt; seit Dez. 1968 für internat. Partei- und Wirtschaftsbeziehungen zuständiger Sekretär des ZK der KPČ.

Bilddevise (engl. badge, italien. impresa) ↑ Wappenkunde.

Bilderschrift (Piktographie), graph. Darstellung von Sachverhalten durch Bilder oder Symbole, im Ggs. zur Wort- (Begriffs-), Silben- und Buchstabenschrift: 1. B. (uneigentl. B.), die nicht an eine bestimmte Sprache gebunden sind, sondern Vorstellungen opt. wiedergeben, wobei die Bilder zwar vom „Empfänger" gedeutet, aber nicht im eigtl. Sinne gelesen werden. Erste Ansätze zu einer solchen B. (aus der Steinzeit) wurden in der Höhle La Pasiega im Berg El Castillo in N-Spanien entdeckt. Die Sumerer entwickelten am Ende des 4. Jt. v. Chr. eine B. für ihren Warenaustausch: dargestellt sind jeweils die konkreten Gegenstände oder Symbole mit Mengenangaben (Buchungstontafeln aus Uruk, um 3000 v. Chr.). Solche Arten von B. wurden auch bei nordamerikan. Indianern, bei den Eskimo, bei verschiedenen Völkern N-Asiens und Afrikas verwendet. Eine Art primitiver **Satzschrift** findet sich auch bei den Ewe in Togo, die durch mehrere konkrete Bildzeichen die wesentl. Teile eines Satzes andeuten. - 2. B. (eigtl. B.), die nicht mehr nur an Vorstellungen, sondern an bestimmte Wörter und damit an eine bes. Sprache gebunden sind. Die erste Stufe dieser Art B., die **Wortbildschrift,** kann jedoch noch unabhängig von einer bestimmten Lautform sein, wie

Bilderschrift. Sumerische Bildzeichen: 1 Wasser, 2 Feld, 3 Brunnen, 4 Hügel, 5 Kopf, 6 Hand, 7 Mund, 8 Auge, 9 Ochse, 10 Geheimnis, 11 schreiben, 12 essen, 13 Gottheit, 14 Monat, 15 Stadt, 16 Vogel, 17 Gemüse, 18 Negation, 19 Verdoppelung (Multiplikation), 20 Addition

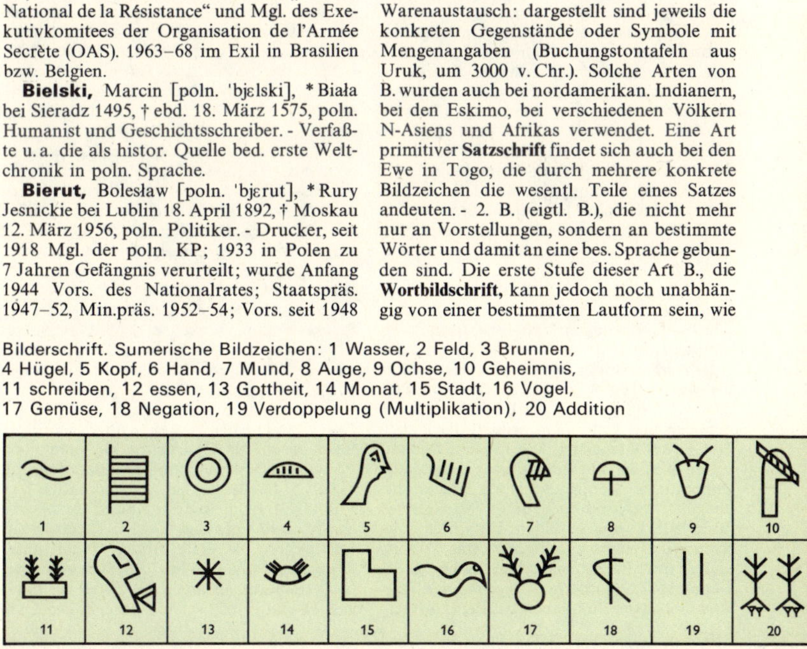

z. B. die chin. Schrift. Die Phonetisierung der Schrift, die Fixierung einer bestimmten Lautform, beginnt mit der gesonderten Kennzeichnung von Wortteilen, zunächst Silben, dann einzelnen Lauten. Die älteste voll phonetisierte Schrift sind die ägypt. ↑Hieroglyphen (seit dem Ende des 4. Jt.). Auch die ↑Keilschrift geht auf Bildzeichen zurück.

Bilderstreit, polit.-religiöser Konflikt im Byzantin. Reich im 8./9. Jh. zw. den Anhängern der Bilderverehrung (**Ikonodulen**), die die nur Gott gebührende Anbetung von der den Bildern Christi bzw. der Heiligen entgegengebrachten Ehrenbezeigung unterschieden, und ihren Gegnern, die die Bilderverehrung als Götzendienst verurteilten. 730 erließ Kaiser Leon III. (♔ 717–741) ein Edikt gegen die Bilderverehrung. Unter seinem Sohn Konstantin V. Kopronymos (♔ 741–775) kam es zur Zerstörung der Bilder und zur Verfolgung der Bilderfreunde (**Ikonoklasmus**). Der B. wurde erneut durch die Kaiser Leon V. (♔ 813–820), Michael II. (♔ 820–829) und Theophilos (♔ 829–842) geführt, wenn auch nicht mehr in gleicher Schärfe.

📖 *Ostrogorsky, G.: Studien zur Gesch. des byzantin. B. Nachdr. Amsterdam 1964. - Grabar, A.: L'iconoclasme byzantin. Paris 1957.*

Bildersturm, in der Reformationszeit Zerstörung der bildl. Darstellungen Christi und der Heiligen. Nach Luthers Kritik an der überkommenen Bilderverehrung zogen radikalere Reformatoren (Karlstadt, Müntzer) prakt. Konsequenzen zur Beseitigung der Bilder, Heiligengestalten und Marienfiguren; erstmals kam es in Wittenberg in Abwesenheit Luthers unter Führung Karlstadts zu einem B. (Jan. 1522); Luther griff nach seiner Rückkehr mäßigend ein. In Zürich (Zwingli) wurden nach der Großen Disputation von 1523 durch Mehrheitsbeschluß des Rates Bilder und Messe abgeschafft. Im Bereich der kalvin. Reformation fielen ebenfalls die Bilder. Darüber hinaus kam es immer wieder im Zusammenhang mit sozialen Unruhen zu Bilderstürmen, am vernichtendsten in den Niederlanden 1566.

Bill [mittellat.-engl.], in der angloamerikan. Rechtssprache Bez. für Urkunden, schriftl. Erklärungen und Rechtsakte verschiedenster Art.

Bill of Rights [engl. bɪləv'raɪts], engl. Staatsgrundgesetz, im Febr. 1689 von Wilhelm III. von Oranien und Maria II. angenommen und von einem ordentl. Parlament im Okt. 1689 bestätigt. Die 13 Artikel untersagten u. a. die Thronfolge kath. oder kath. verheirateter Könige, verboten Steuererhebungen, Erlaß und Aufhebung von Gesetzen durch die Krone und den Unterhalt eines stehenden Heeres im Frieden ohne Zustimmung des Parlaments, beseitigten geistl. Gerichtshöfe, forderten regelmäßige Geschworenengerichte, gaben das Petitionsrecht frei und sicherten die parlamentar. Rede-, Debattier- und Verfahrensfreiheit. - Im amerikan. Verfassungsrecht bezeichnet B. of R. die 1791 in Kraft getretenen 10 ersten Zusatzartikel zur Verfassung der USA von 1787.

Birendra, Bir Bikram Schah, * Katmandu 28. Dez. 1945, König von Nepal. - Nach dem Tode seines Vaters, König Mahendra Bir Bikram Schah (Jan. 1972) König von Nepal (Krönung Febr. 1975).

Birger Jarl [schwed. 'birjər 'jɑːrl], † 1266, schwed. Regent. - Aus dem Geschlecht der sog. Folkunger; 1250–66 Vormund seines bereits zum König gewählten Sohnes Waldemar; erweiterte und sicherte durch einen Kreuzzug nach Finnland die schwed. Herrschaft im O, strebte mit Dänemark und Norwegen friedl. Beziehungen an; Handelsverträge mit der Hanse sicherten den steigenden schwed. Wohlstand, gilt als Gründer Stockholms.

Birka, ma. Handelsort der Wikinger auf der Insel Björkö im Mälarsee (Schweden); durch Ausgrabungen (seit 1816) genau untersucht; Anfang des 9. Jh. gegr.; bedeutendster Handelsplatz der Wikinger; nach einer Katastrophe um 970 aufgegeben.

*Birma

(amtl. Vollform: Pyidaungsu Socialist Thammada Myanma Nainggnan; Sozialist. Republik der Union von B.; engl. The Socialist Republic of the Union of Burma), sozialist. Republik in SO-Asien, zw. 10° und 28° 34′ n. Br. sowie 92° und 101° ö. L. **Staatsgebiet:** Umfaßt den westlichsten Teil Hinderindiens, der im NO bzw. O von China, Laos und Thailand, im W von Indien, Bangladesch und dem Golf von Bengalen begrenzt wird; erstreckt sich mit einem schmalen Gebietsstreifen auf der Halbinsel Malakka bis zum Isthmus von Kra und schließt noch den der Küste vorgelagerten Merguiarchipel ein. **Fläche:** 676 578 km². **Bevölkerung:** 37,1 Mill. E (1985), 55 E/km². **Hauptstadt:** Rangun. **Verwaltungsgliederung:** 7 „States" und 7 „Divisions". **Amtssprache:** Birmanisch (Gebrauch des Englischen ist gestattet). **Nationalfeiertag:** 4. Jan. (Unabhängigkeitstag). **Währung:** Kyat (K) = 100 Pyas (P). **Internat. Mitgliedschaften:** UN, Colombo-Plan, GATT. **Zeitzone:** MEZ + 5½ Std.

Geschichte: Anfang des 8. Jh. treten die Birmanen in die Geschichte. Sie waren von W- und S-China aus, den Flußtälern folgend, in den N des Landes gelangt und hatten hier Fuß gefaßt. Durch die Eroberung des mächtigen Mon-Reiches von Thaton (Sudhammavatī) dehnte das erste birman. Reich unter König Anðratha (1044–77?) seinen Machtbereich bis nach S-B. aus. Der Einfall der mongol. Yüan-Dyn. setzte der Pagan-Dyn.

(1044–1287) ein Ende. Nach einer Periode wechselvoller Kämpfe zw. Birmanen, Schan und Mon um die Vorherrschaft einigte Alaungpaya, der Gründer der letzten birman. Konbaung-Dyn. (1752–1885), das Reich. Im frühen 19. Jh. wurde B. das Ziel brit. Expansionspolitik. Nach drei brit.-birman. Kriegen schließl. 1886 Brit.-Indien einverleibt. In B. entwickelte sich die nat. antibrit. Bewegung verhältnismäßig spät. Schließl. wurde auch B. die bereits im ind. Kaiserreich eingeführte „Dyarchie" (Montagu-Chelmsford-Reformen) zugestanden. Nach dem Saya-San-Aufstand 1930 billigte Großbrit. 1935 B. die Selbstverwaltung unter einer eigenen Regierung mit frei gewähltem Parlament zu. Im 2. Weltkrieg besetzte Japan das Land. In der Enttäuschung über die „Befreiungspolitik" der Japaner, mit denen man zuerst kollaborierte, unterstützte B. Großbrit. Am 4. Jan. 1948 erlangte B. die staatl. Unabhängigkeit. Das Land (Union of Burma) lehnte den Status eines Dominions ab. Obwohl Premiermin. U Nu über die parlamentar. Mehrheit verfügte, führten kommunist. Unruhen und Aufstände ethn. Minderheiten 1948–52 zu einer prekären innenpolit. Situation. 1958 trat U Nu zurück und übertrug die Staatsgewalt General Ne Win, übernahm aber nach einem überwältigenden Wahlsieg 1960 erneut die Reg. Auf Grund innerer Unruhen und Wirtschaftskrisen stürzte im März 1962 General Ne Win die Reg. Ein aus Offizieren gebildeter Revolutionsrat stattete Ne Win mit allen Regierungsvollmachten aus, die Verfassung von 1947 wurde außer Kraft gesetzt. Der „birman. Weg zum Sozialismus" brachte das Land durch den Abbruch der Außenhandelsbeziehungen - die VR China ausgenommen - in die Isolierung. 1974 erhielt B. eine neue sozialist. Verfassung. Die letzten Wahlen fanden 1978 statt.
Politisches System: Nach der neuen Verfassung von 1974 ist B. eine sozialist. Republik. *Staatsoberhaupt* ist als Präs. der Vors. des 28 Mgl. (vorwiegend Militärs) umfassenden Staatsrates (Ne Win), der vom Nat. Volkskongreß auf Vorschlag der Einheitspartei gewählt wird und bei dem die *Exekutive* liegt. Gegenüber dem Staatsrat hat der aus 18 Min. bestehende Ministerrat eine untergeordnete Stellung. Der Nat. Volkskongreß, als Einkammerparlament Organ der *Legislative* (464 Abg.), wird nach der Einheitsliste alle 4 Jahre gewählt. - Einzig zugelassene *Partei* (seit 1971) ist die 1962 gegr. Burma Socialist Programme Party (BSPP). Eine nach Peking hin orientierte Kommunist. Partei arbeitet illegal. An die Stelle der bisher ernannten Räte der Unionsstaaten und der weiteren *Verwaltungseinheiten* sind auf verschiedenen Ebenen gewählte Volksräte (mit Exekutivkomitees) getreten, die für wirtsch. und soziale Angelegenheiten und die Verwaltung auf lokaler Ebene verantwortl. sind. Das *Gerichtssystem* wurde 1974 neu strukturiert. Oberster Gerichtshof ist der aus Mgl. der Volksversammlung gebildete Rat der Volksgerichtshöfe. Darunter gibt es auf den verschiedenen Verwaltungsebenen Gerichtshöfe, deren Mgl. den lokalen Volksräten angehören. Die Stärke der *Streitkräfte* beträgt rd. 186000 Mann (Heer 170000, Marine 7000, Luftwaffe 9000); hinzu kommen rd. 73000 Mann starke paramilitär. Kräfte.

🕮 *Fleischmann, K.: Die neue Verfassung der Union v. B. Hamb. 1976. - Luce, G. H.: Old Burma - early Pagán. New York 1969–70. 3 Bde. - Aung Htin, Maung: A history of Burma. New York 1967. - Harvey, G. E.: History of Burma. London 1967. - Storz, H. U.: B. Land, Gesch., Wirtschaft. Wsb. 1967. - Tinker, H.: The Union of Burma. A study of the first years of independence. London [4]1967.*

Biron, urspr. Bühren, kurländ. Geschlecht westfäl. Herkunft, 1638 in den poln. Adel aufgenommen, stellte 1737–95 die Herzöge von Kurland. Deren Nachkommen lebten auf im 18. Jh. in Schlesien erworbenen Besitzungen, der Herrschaft Wartenberg (1734) und dem Hzgt. Sagan (1786), als Prinzen *B. von Curland.* Bed.:

B., Ernst Johann Reichsgraf von (seit 1730), * Kalnciems (Kurland) 23. Nov. 1690, † Jelgava 29. Dez. 1772, russ. Politiker. - Sekretär und Günstling von Anna Iwanowna, Herzoginwitwe von Kurland und seit 1730 russ. Kaiserin; seit 1737 Herzog von Kurland und Semgallen; beeinflußte nachhaltig die russ. Innen- und Außenpolitik; von Anna unmittelbar vor ihrem Tod (Okt. 1740) zum Regenten für ihren unmündigen Neffen Iwan VI. ernannt; im Nov. 1740 gestürzt und verbannt; 1762–69 erneut Herzog von Kurland.

Biron [frz. bi'rõ], frz. Adelsgeschlecht, leitet seinen Namen von der Herrschaft B. her (heute Dep. Dordogne), die im 12. Jh. an die Fam. Gontaut gelangte; im 15. Jh. wurde auch der Name B. übernommen. Bed.:

B., Armand Louis de Gontaut, Herzog von, * Paris 13. April 1747, † ebd. 31. Dez. 1793, General. - 1792/93 Kommandant der Armeen am Rhein, in Italien und in der Vendée; wegen Verrates angeklagt und guillotiniert.

Bischof [griech.], leitender Geistlicher der christl. Gemeinden; sein Amt wird auf die Apostel zurückgeführt (apostol. Sukzession umstritten); urspr. war der B. Gemeindeältester unter anderen, aber schon um 100 n. Chr. Vorstand der Gemeinde, der allmähl. immer mehr Vollmachten erhielt und zum Leiter der Diözese wurde. Sein Amt umfaßte die Lehr-, Weihe- und Jurisdiktionsgewalt. Zuerst von der Gemeinde gewählt, vom 3./4. Jh. an von den anderen Bischöfen oder von der Aristokratie, im abendländ. MA v. a. vom König eingesetzt. Darüber kam es mit dem Papsttum zum Konflikt († Investiturstreit), der im † Wormser Konkordat beigelegt wurde: Der Kaiser verzichtete auf die

Investitur und gestattete kanon. Wahl und Weihe. Heute wird in der kath. Kirche der meist vom Domkapitel, mitunter auch vom Land vorgeschlagene B. vom Papst eingesetzt. - Die Reformation hat in den meisten Ländern das B.amt abgeschafft (in England und Schweden z.B. aber nicht); in Deutschland ging das Amt auf den Landesherrn über (Summus Episcopus). Nach 1918 trat an die Stelle des Landesherrn ein meist als B. bezeichneter höherer Geistlicher.

Bischoffwerder, Johann (Hans) Rudolf von, *Ostramondra bei Kölleda 13. Nov. 1741, † Marquardt bei Potsdam 31. Okt. 1803, preuß. General und Politiker. - Hatte entscheidenden Einfluß auf König Friedrich Wilhelm II.; wurde 1789 dessen Generaladjutant; seit 1791 eigtl. Leiter der preuß. Außenpolitik; blieb mit seinem Eintreten für eine Annäherung an Österreich erfolglos; 1797 entlassen.

Bismarck (Bismark), altmärk. Adelsgeschlecht ab 1270; zählte ab 1345 zum sog. schloßgesessenen Adel; 1562 Tausch des altmärk. Sitzes gegen die ostelb. Besitzungen Schönhausen, Fischbeck und Crevese; wenig später Trennung in die beiden Hauptlinien *B.-Crevese* und *B.-Schönhausen*, von der sich im 17. Jh. ein westfäl. Ast löste; 1817 entstand durch Heirat der gräfl. Zweig *B.-Bohlen* der Schönhausener Hauptlinie. Bed. Vertreter der Linie B.-Schönhausen:

B., Herbert Fürst von (seit 1898), *Berlin 28. Dez. 1849, † Friedrichsruh 18. Sept. 1904, dt. Diplomat. - Sohn von Otto Fürst von B.-Schönhausen; 1874–81 im auswärtigen Dienst, vorwiegend als Privatsekretär seines Vaters; Botschaftsrat 1882–84; 1885 Unterstaatssekretär, 1886 Staatssekretär im Auswärtigen Amt; 1888–90 preuß. Staatsmin.

B., Otto von B.-Schönhausen (seit 1865 Graf, 1871 Fürst, 1890 Herzog von Lauenburg), *Schönhausen (Altmark) 1. April 1815, † Friedrichsruh 30. Juli 1898, preuß.-dt. Staatsmann. - Studierte in Göttingen und Berlin Jura. Dem Referendardienst (1836–39) folgten Jahre als Landwirt, in denen er ein wildes Kavaliersleben führte, sich aber auch intensiv mit Literatur, Geschichte und Philosophie beschäftigte. Sein Leben erhielt eine Wendung, als er im pietist. Freundeskreis seiner künftigen Frau Johanna von Puttkamer (∞ 1847) die Religiosität fand, die ihn später sein Handeln als Ausdruck göttl. Willens begreifen ließ. 1845 Abg. im sächs. Provinziallandtag, 1847 stellv. Mgl. des Vereinigten Landtags. Die Verteidigung der Vormachtstellung des landbesitzenden preuß. Adels wurde B. Leitprinzip. Aus dem Erlebnis der Revolution von 1848 und der Gegenrevolution wurden die Furcht vor dem Umsturz wie die Alternative des Staatsstreichs Konstanten seines Denkens. Mitbegr. der

AUFBAU DES BISMARCKSCHEN BÜNDNISSYSTEMS 1872-1890

Kreuzzeitung und der konservativen Partei, Mgl. der 2. preuß. Kammer (seit 1849) und des Erfurter Parlaments (1850/51). 1851–59 Vertreter Preußens am Bundestag in Frankfurt am Main, 1859–62 Gesandter in Rußland, seit dem Frühjahr 1862 in Frankr. Als der preuß. Verfassungskonflikt und die preuß.-östr. Auseinandersetzung um die polit. und wirtsch. Vorherrschaft in Mitteleuropa sich zuspitzten, wurde B. zum preuß. Min.-präs. berufen (23. Sept. 1862, Außenmin. 8. Okt. 1862). Seine Lösung bestand darin, die innere und äußere Krise zusammenzuführen und dem Machtanspruch der Liberalen durch Lösung der dt. Frage „von oben" zu begegnen. Der Erfolg der Dt. Einigungskriege 1864, 1866, 1870/71 und ihre Ergebnisse (1866 Auflösung des Dt. Bundes, 1867 Gründung des Norddt. Bundes und 1871 Gründung des Dt. Reiches) beruhten auf der Verbindung festumrissener Kriegsziele nach außen und kalkulierter Integrationswirkung nach innen. 1871–90 war B. Reichskanzler, preuß. Min.-präs. (außer 1872/73), Leiter der auswärtigen Politik und seit 1880 preuß. Min. für Handel und Gewerbe. B. Innenpolitik versuchte, die bestehende Sozialordnung mit staatl. Autorität zu schützen, äußerstenfalls durch das Mittel des Staatsstreichs. Dabei blieb der Gegensatz von industrieller Gesellschaft und vorindustrieller Staatsordnung unausgetragen. B. förderte entscheidend den Zerfall des Liberalismus, um der Unterwerfung der monarch. Exekutive unter parlamentar. Mehrheiten vorzubeugen. Der Stärkung des preuß.-konservativen Charakters des Reiches sollte die Bekämpfung des polit. Katholizismus im Kulturkampf (seit 1872) und der Sozialdemokratie durch das Sozialistengesetz (1878) dienen, sowie das Interessenbündnis von ostelb. Junkertum und Schwerindustrie in der Schutzzollpolitik (1879). Als epochemachend gilt bis heute die Einführung der Sozialversicherung, die freilich ihre werbende Wirkung auf die Arbeiterschaft im Kampf gegen die Sozialdemokratie verfehlte. Nach 1871 war B. Außenpolitik zurückhaltend und auf Ausgleich bedacht (bes. bedeutsam seine Rolle auf dem Berliner Kongreß 1878). Aus der Furcht vor einem Deutschlands Existenz gefährdenden Zweifrontenkrieg war ihr Ziel die Sicherung des Friedens durch die Isolierung Frankr., Annäherung an Österreich-Ungarn und gute Beziehungen zu Rußland. Dem entsprach sein Bündnissystem: Dreikaiserbund 1873 und 1881, Zweibund 1879, Dreibund 1882, Mittelmeerabkommen und Rückversicherungsvertrag 1887. Polit. Gegensätze zur militär. Führung und zur Umgebung des Kaisers führten im März 1890 zu B. Entlassung durch Wilhelm II. In der Bewertung B. nach 1945 stehen neben Reichsgründung und Friedenspolitik auch die Alternativen, die durch den Sieg des Machtstaates über Liberalismus und Demokratie verschüttet wurden. Ergebnisse seiner Politik waren auch Obrigkeitsstaat und Untertanengeist, Militarismus und die polit. Isolierung der Arbeiterschaft.

Otto von Bismarck, „Der Lotse verläßt das Schiff"; Karikatur aus dem satirischen Londoner Wochenblatt „Punch" zu Bismarcks Entlassung

🕮 *Gall, L.: B. Der weiße Revolutionär. Bln. 1980. - B.s Außenpolitik u. der Berliner Kongreß. Hg. v. K. O. Aretin. Wsb. 1978. - Hillgruber, A.: O. v. B. Gründer der europ. Großmacht Dt. Reich. Hg. v. G. Franz. Gött. 1978. - Wehler, H. U.: B. u. der Imperialismus. Mchn. 1976. - Hillgruber, A.: B.s Außenpolitik. Freib. 1972. - B. u. die preuß.-dt. Politik 1871–1890. Hg. v. M. Stürmer. Mchn. 1970. - Pflanze, O.: B. and the development of Germany. Princeton (N. J.) 1963. - Taylor, A. J. P.: B. Mensch u. Staatsmann. Dt. Übers. Mchn. 1962.*

Bithynien (lat. Bithynia), im Altertum Landschaft in NW-Kleinasien (etwa ident. mit dem heutigen türk. Verw.-Geb. Kocaeli); benannt nach dem thrak. Stamm der Bithynier; kam um 550 v. Chr. zu Lydien, 546 an Persien; Ende 5. Jh. v. Chr. erster größerer polit. Zusammenschluß; Erweiterung des bithyn. Gebietes und zunehmende Hellenisierung; 75 durch den Kg. testamentar. an Rom übertragen, 74 als Prov. konstituiert und 64/63 mit Teilen von Pontus zu einer Prov. vereinigt, ab 395 n. Chr. oström., 1074–97 seldschuk., dann wieder byzantin., nach 1204 Zentrum des Kaiserreiches Nizäa; seit 1298 Teil des Osman. Reiches.

Bitonto, Stadt im Hinterland von Bari, Region Apulien, 44 500 E. 1734 siegten in der Schlacht bei B. die Spanier über die Österreicher.

***Bitsios,** Dimitrios, * 1915, griech. Diplomat und Politiker. - Ständiger Vertreter Griechenlands bei den UN 1961–65 und 1967–72; Chef des Kabinetts des Königs 1966/67; 1974–77 Außenminister.

Bittel, Kurt, * Heidenheim an der Brenz 5. Juli 1907, dt. Prähistoriker und Archäologe. - 1938–45 und 1953–60 Direktor des Dt. Archäolog. Institutes in Istanbul, 1946 Prof. für Vor- und Frühgeschichte in Tübingen, seit 1960 Präs. des Dt. Archäolog. Institutes in Berlin; schrieb grundlegende Arbeiten zum prähistor. und frühantiken Kleinasien.

Biturigen (Bituriger), kelt. Stamm in Aquitanien, mit den Teilstämmen der Bituriges Cubi, Hauptort Avaricum (= Bourges), und der Bituriges Vivisci, Hauptort Burdigala (= Bordeaux).

Bizone, Bez. für den 1947 erfolgten Zusammenschluß der amerikan. und brit. Besatzungszone zu einem einheitl. Wirtschaftsgebiet; der Wirtschaftsrat der B. stellte als eine Art Wirtschaftsparlament eine Vorform der westdt. Regierung dar; am 8. April 1949 durch Anschluß der frz. Besatzungszone zur Trizone erweitert.

🕮 *Pünder, T.: Das bizonale Interregnum. Spich b. Köln 1966.*

Björkö, finn. Insel im Bottn. Meerbusen; hier unterzeichneten - ohne vorherige diplomat. Absprache - am 25. Juli 1905 Kaiser Wilhelm II. und Zar Nikolaus II. ein dt.-russ. Defensivbündnis.

Björnsson, Sveinn [isländ. 'bjœsɔn], * Kopenhagen 27. Febr. 1881, † Bessastaðir bei Reykjavik 25. Jan. 1952, isländ. Politiker. - Während der dt. Besetzung Dänemarks 1941–1943 isländ. Reichsvorsteher; 1944–52 erster Präs. des selbständigen Freistaats Island.

Blackfoot [engl. 'blækfʊt] (Schwarzfuß-[indianer]), Konföderation von drei Algonkinstämmen in den nördl. Great Plains: Blackfoot, **Blood** und **Piegan.**

Black Muslims ['blæk 'mʊslɪmz; engl. „schwarze Muslime"], straff organisierte religiöse Bewegung von Schwarzen in den USA, die sich offiziell *„Lost-Found Nation of Islam in North America"* („Verlorene und wiedergefundene Nation des Islams in Nordamerika") nennt, im Jahre 1932 von Elijah Muhammad begr. Die religiöse Sonderstellung des Gründers und das Ziel der Regierung der Erde durch die Schwarzen sondert die B. M. vom übrigen Islam. Bekannteste Anhänger sind der 1965 ermordete Malcolm X und der Boxer Cassius Clay, der sich seit seinem Beitritt zu den B. M. Muhammad Ali nennt. Schätzungen über die Zahl der B. M. schwanken zw. 100 000 und 200 000.

Black Panther Party [engl. 'blæk 'pænθə 'pɑːtɪ], afroamerikan. Organisation, 1966 in Oakland (Calif.) gegr.; ben. nach ihrem Symbol, einem springenden Panther; ihre Anhänger befürworten die bewaffnete „Selbstverteidigung" und versuchen, Strategien des Befreiungskampfes mit revolutionären marxist. Zielsetzungen zu verbinden; bekannteste Führer: S. Carmichael, B. Seale, H. Newton, D. Hilliard und E. Cleaver.

🕮 *Spichal, D.: Die B. P. P. Osnabrück 1974.*

Black Power ['blæk 'paʊə; engl.], seit 1966 die Parole („Macht für die Schwarzen") jenes Teils der afroamerikan. Bewegung, der von der Zubilligung der vollen Bürgerrechte (↑ Bürgerrechtsbewegung) keine Verbesserung der sozialen Lage der schwarzen Amerikaner erwartet und die Schaffung eines unabhängigen Staates der Schwarzen auf dem Territorium der USA anstrebt, sich zur „schwarzen Schönheit" („black is beautiful") und zu einer eigenständigen Kultur bekennt und die „Befreiung der schwarzen Rasse" durch einen bewaffneten Aufstand durchsetzen will; die Black Muslims und die Black Panther Party zählen zu dieser Bewegung.

Blaine, James Gillespie [engl. bleɪn], * West Brownsville (Pa.) 31. Jan. 1830, † Washington 27. Jan. 1893, amerikan. Politiker. - Mitbegr. der Republikan. Partei; Mgl. des Repräsentantenhauses, 1869–75 dessen Vors. (Speaker); trat für das Wahlrecht der farbigen Bev. ein; Außenmin. 1881, 1889–92.

Blaj [rumän. blaʒ] (dt. Blasendorf), siebenbürg. Stadt, Rumänien, nö. von Alba Julia, 18 000 E. Auf dem Freiheitsfeld bei B. forderten 1848 über 40 000 siebenbürg. Rumänen die Aufhebung der Leibeigenschaft sowie Gleichberechtigung und Vertretung im Landtag.

Blake, Robert [engl. bleɪk], * Bridgwater (Somerset) im Aug. 1599, † auf See vor Plymouth 7. Aug. 1657, engl. Admiral. - Anhänger Cromwells, der ihm 1649 den Oberbefehl über die Flotte übertrug; Mitbegr. der engl. Seeherrschaft.

Blanc, [Jean Joseph] Louis [frz. blɑ̃], * Madrid 28. Okt. 1811, † Cannes 6. Dez. 1882, frz. Sozialist. - Setzte als Präs. des Amtes für Arbeit 1848 die Einrichtung einer Arbeiterkommission durch und forderte zur Lösung der sozialen Frage vom Staat die Errichtung „sozialer Werkstätten" in Form von Arbeiterproduktionsgenossenschaften; mußte 1848 aus Paris fliehen; lebte 1854–70 in Großbrit.

Blank, Theodor, * Elz (Hessen) 19. Sept. 1905, † Bonn 14. Mai 1972, dt. Politiker. - MdB (CDU) seit 1949; Beauftragter der Bundesregierung für Fragen der alliierten Besatzungstruppen (Dienststelle B.) seit 1950 und Sicherheitsbeauftragter der BR Deutschland seit 1951. 1955/56 erster Verteidigungsmin. der BR Deutschland, 1957–65 Bundesmin. für Arbeit und Sozialordnung.

Blanka (Blanche de Castille), hl., * Palencia 1188, † Kloster Maubuisson (= Paris) 26.

oder 27. Nov. 1252, Königin von Frankr. - Tochter Alfons VIII. von Kastilien, seit 1200 ∞ mit König Ludwig VIII. von Frankr.; beendete während der Regentschaft für ihren unmündigen Sohn Ludwig IX. (1226–34) die Albigenserkriege und schlug die Aufstände der Barone nieder.

blanke Waffen, im Ggs. zu den Feuerwaffen die Hieb- und Stichwaffen wie Säbel, Seitengewehr, Dolch und Lanze.

Blanqui, Louis Auguste [frz. blɑ̃'ki], * Puget-Théniers (Alpes-Maritimes) 7. Febr. 1805, † Paris 1. Jan. 1881, frz. Sozialist und Revolutionär. - Nahm als einer der Führer der republikan. Opposition aktiv an allen Aufständen gegen die Julimonarchie teil; organisierte 1848 Arbeiterdemonstrationen. 1865–71 im Exil; 1871 als Mgl. der Pariser Kommune verhaftet, 1879 begnadigt; verfaßte Schriften zur polit. Ökonomie sowie Abhandlungen über die Technik der Verschwörung und des bewaffneten Aufstandes, die die spätere kommunist. Bewegung wesentl. beeinflußten; seine Anhänger nannten sich **Blanquisten.**

🕮 *Deppe, F.: Verschwörung, Aufstand u. Revolution. A. B. u. das Problem der sozialen Revolution im 19. Jh. Ffm. 1970.*

Blaskowitz, Johannes Albrecht, * Paterswalde (Ostpreußen) 10. Juli 1883, † Nürnberg 5. Febr. 1948 (Selbstmord), dt. Generaloberst. - Seit Okt. 1939 Oberbefehlshaber Ost; protestierte gegen die SS-Greuel in Polen, im Mai 1940 abgesetzt; zuletzt Oberbefehlshaber in den Niederlanden; 1948 in Nürnberg angeklagt.

Blason [bla'zõ:; frz.], Wappenschild (↑ auch Heraldik).

Blasonieren [frz.], fachgerechte Beschreibung eines Wappens (vom Träger aus gesehen) nach den Regeln der herald. Kunstsprache.

Blattspitzen, blattförmige, vorwiegend beidseitig retuschierte Steingeräte unterschiedl. Funktion (Speerspitze, Messer); ältestes Auftreten im Mittelpaläolithikum, im Jungpaläolithikum Ostmitteleuropas und W-Europas, in Afrika in verschiedenen Gruppen des Middle Stone Age und Atérien; zu den B. zählen in N-Amerika Clovis- und Folsomspitzen.

Blaubuch ↑ Farbbücher.

Blaue Division (División Azul), span. Freiwilligenverband in Gesamtstärke von wahrscheinl. 47000 Mann, der 1941–43 auf dt. Seite am Krieg gegen die UdSSR teilnahm.

blaues Blut (Blaublütigkeit), svw. altadliges Blut; der Ausdruck geht ins 19. Jh. zurück, aus span. „sangre azul" übertragen (der span. Adel westgot. Herkunft fiel in der Umgebung dunkelhäutiger Menschen durch die unter der hellen Haut an Schläfen und Handrücken bläul. schimmernden Venen auf).

Bleikammern (italien. piombi), unter dem Bleidach des Dogenpalastes in Venedig gelegenes, berüchtigtes Untersuchungsgefängnis (seit 1591) der venezian. Inquisition, 1797 zerstört.

Blenheim [engl. 'blɛnɪm], engl. Bez. für Blindheim (Landkr. Dillingen); nach dieser Ortschaft wird in der engl. Literatur, sachlich nicht ganz gerechtfertigt, die Schlacht von ↑ Höchstädt a. d. Donau (1704) bezeichnet.

Blieskastel, Stadt an der Blies, Saarland, 6200 E. Der 6,60 m hohe **Gollenstein** bei B. ist der größte Menhir Deutschlands.

Bligh, William [engl. blaɪ], * Tyntan (Cornwall) 9. Sept. 1754, † London 7. Dez. 1817, brit. Seefahrer. - Kapitän der „Bounty", deren Besatzung auf der Rückfahrt von Tahiti 1789 meuterte und ihn in der Südsee in einem Boot aussetzte; entdeckte die Neuen Hebriden.

Blitzkrieg, zu Beginn des 2. Weltkriegs entstandene Bez. für die innerhalb kurzer Zeit entschiedenen Feldzüge (Polenfeldzug, Frankreichfeldzug); dann allg. für jeden rasch entschiedenen Krieg.

Bljucher, Wassili Konstantinowitsch (Blücher), eigtl. W. Gurow, * Barschtschinka (Gouv. Jaroslawl) 1. Dez. 1890, † 9. Nov. 1938, sowjet. General. - Bürgerkriegsheld und Führer des erfolgreichen bolschewist. Kampfes 1921/22 gegen Japan in Sibirien. 1924–27 unter dem Namen Galen militär. Berater der chin. Kuomintang-Regierung; 1929–38 Befehlshaber der sowjet. „Fernöstl. Streitkräfte"; 1935 Marschall der Sowjetunion; 1938 wahrscheinl. im Zusammenhang mit dem Prozeß gegen Tuchatschewski von Stalin liquidiert; 1956 postum rehabilitiert.

Bloch, Marc [frz. blɔk], * Lyon 6. Juli 1886, † bei Saint-Didier-de-Formans (Ain) 16. Juni 1944, frz. Historiker. - 1943 aktiv in der Résistance tätig, 1944 nach seiner Verhaftung durch die Gestapo erschossen. Arbeitete v. a. über die Sozialgeschichte des MA. Beeinflußt von Marx und der Soziologie Durkheims, forderte er eine umfassende wiss. Darstellung des Menschen in seiner sozialen Bedingtheit (Mitbegr. der ↑ École des Annales).

Block, Bez. für die enge Zusammenarbeit polit. Parteien zur Unterstützung der Reg. (z. B. *Bülow-B.* der Konservativen, Nat.liberalen und Freisinnigen 1907–09), als Wahlbündnis zur Übernahme der Reg.verantwortung (z. B. der mit Ausnahme der Royalisten die gesamte Rechte umfassende und bis zu den Sozialisten reichende *Bloc national* 1919–1924 in Frankr.) oder zur Organisation der Opposition. - In der Endphase des dt. Kaiserreichs bedeutete **Blockpolitik** z. T. die Verwirklichung von Vorformen des Parlamentarismus (↑ Kartell). - Seit 1945 spielt das **Blocksystem** in den Volksdemokratien des Ostblocks als Zusammenfassung aller zugelassenen und im Parlament vertretenen Parteien eine zentrale Rolle bei der Durchsetzung der antifaschist.-demokrat. Ordnung und im

Übergang zum Sozialismus nach sowjet.-marxist. Modell; verlor in der DDR seit 1949/50 an Bed. gegenüber der Politik der Nat. Front.

Blockade [frz.; zu bloc „Klotz"], *im Völkerrecht* die militär. Absperrung von Häfen oder Küstenstrichen durch eine feindl. Seemacht. Voraussetzung für die Rechtsgültigkeit einer B. ist ihre Effektivität (an Ort und Stelle patrouillierende Kriegsschiffe); es genügt nicht die bloße Erklärung der B. oder Verhängung der B. durch das Verlegen von Seeminen. Die B. muß den Behörden des blockierten Staates und den neutralen Staaten bekanntgegeben werden. Der **Blockadebruch** (Umgehung oder Durchbrechung des **Blockadegürtels**) berechtigt zur Aufbringung und Einziehung des betreffenden Schiffes.

Block der Heimatvertriebenen und Entrechteten, Abk. BHE, 1950 in Schl.-H. von W. Kraft als Interessenvertretung der Vertriebenen und Kriegsgeschädigten gegr. Partei, die sich 1951 auch auf Bundesebene konstituierte und in Bundesländern mit einem hohen Anteil an Flüchtlingen eine größere Mgl.zahl und einen hohen Stimmenanteil in den Landtagswahlen gewann; nahm 1952 den Namen Gesamtdt. Block (GB) an; zeitweilige Reg.beteiligung in Bund und Ländern. Trotz Fusion mit der Dt. Partei 1961 zur Gesamtdt. Partei (GDP/BHE) gelang es nicht, nach Abnahme des urspr. Wählerreservoirs neue Wählerschichten zu erschließen.

blockfreie Staaten, Staaten, die sich im Ost-West-Konflikt als neutral bezeichnen und weder den östl. noch den westl. Bündnissystemen angehören; 25 b. St. traten 1961 erstmals zu einer Konferenz zusammen (↑Belgrader Konferenz); gewannen bes. in den UN in der Folgezeit polit. Gewicht und konnten eigene Initiativen entwickeln, wenngleich bislang kein dauerhaftes geschlossenes Handeln erreichen.

Blomberg (Blumberger, Plumberger), Barbara, * Regensburg um 1528, † Ambrosero (Spanien) 18. Dez. 1597, Bürgertochter. - Geliebte Kaiser Karls V. und Mutter von Don Juan d'Austria. Ihr Leben wurde seit dem 18. Jh. mehrfach literar. bearbeitet, zuletzt von C. Zuckmayer (Schauspiel, 1949).

B., Werner von, * Stargard i. Pom. 2. Sept. 1878, † Nürnberg 14. März 1946, dt. Generalfeldmarschall (seit 1936). - Ließ als Reichswehrmin. (seit 1933) nach dem Tode Hindenburgs die Reichswehr auf Hitler vereidigen; seit 1935 Reichskriegsmin. und Oberbefehlshaber der Wehrmacht; 1938 wegen einer nicht standesgemäßen Heirat verabschiedet.

Blücher, Franz, * Essen 24. März 1896, † Bad Godesberg (= Bonn) 26. März 1959, dt. Politiker. - 1945 Mitbegr., 1949–54 Bundesvors. der FDP; 1949–58 MdB (FDP); 1949–57 Vizekanzler und Bundesmin. für den Marshallplan bzw. Min. für wirtsch. Zusammenarbeit; wechselte 1956 zur Freien Volkspartei, später zur Dt. Partei; vertrat ab 1958 die BR Deutschland bei der Hohen Behörde der Montanunion.

B., Gebhard Leberecht Fürst B. von Wahlstatt (seit 1814), * Rostock 16. Dez. 1742, † Krieblowitz (nach B. umbenannt in Blüchersruh, Schlesien) 12. Sept. 1819, preuß. Generalfeldmarschall (1813). - Stand im Siebenjährigen Krieg zunächst in schwed., seit 1760 in preuß. Diensten; nahm 1770 seinen Abschied, kehrte 1787 in sein altes Regiment zurück; 1801 Generalleutnant, zeichnete sich in den Napoleonkriegen aus, errang in den Befreiungskriegen mit Gneisenau Siege als Oberbefehlshaber der schles. Armee, überschritt 1813/14 siegreich bei Kaub den Rhein; entschied mit Wellington den Feldzug 1815 in der Schlacht bei Belle-Alliance (Waterloo).

📖 *Parkinson, R.: B. Der Marschall „Vorwärts". Mchn. 1979. - B., der Held des Volksheeres. Schrr. von u. über B. Mit einer Einf. v. Harald Müller. Bln. 1953.*

B., Wassili Konstantinowitsch, ↑Bljucher. Wassili Konstantinowitsch.

Blum, Léon, * Paris 9. April 1872, † Jouy-en-Josas (Yvelines) 30. März 1950, frz. Politiker. - Gründete 1902 mit J. Jaurès die reformist. Parti socialiste français (ab 1905 SFIO), reorganisierte und reformierte die Partei als deren Sekretär seit 1916; formulierte 1918/19 ihr Nachkriegsprogramm; 1936/37 und 1938 Min.präs.: weitgehende soziale Reformen, Verbot der faschist. Wehrverbände. 1942 verhaftet, 1943–45 in mehreren dt. KZ interniert; 1946/47 erneut Min.präs.; setzte sich in seinen Schriften für Weltfrieden und Völkerverständigung ein.

📖 *Ziebura, G.: L. B. Theorie u. Praxis einer sozialist. Politik. Bln. 1963.*

B., Robert, * Köln 10. Nov. 1807, † Brigittenau (= Wien) 9. Nov. 1848, dt. Politiker. - Hg. des „Allg. Theaterlexikons" (1839–42); ab 1839 einer der führenden Vertreter der liberalen Opposition in Sachsen; 1848 Vizepräs. des Frankfurter Vorparlaments, in der Nationalversammlung Mgl. des Verfassungsausschusses, im Parlament Führer der radikalliberalen Fraktion; trat für das Prinzip der Volkssouveränität und für die Einführung der Republik mit legalen Mitteln ein, beteiligte sich in Wien am Widerstand gegen Windischgrätz; nach dem Sieg der reaktionären Kräfte standrechtl. erschossen.

* **Blüm,** Norbert, * Rüsselsheim 21. Juli 1935, dt. Politiker (CDU). - Zunächst Werkzeugmacher, dann Studium; 1968–75 Hauptgeschäftsführer der CDU-Sozialausschüsse; seit 1969 Mgl. des Bundesvorstandes der CDU; seit 1972 MdB; seit 1977 Vors. der CDU-Sozialausschüsse; einer der profiliertesten Vertreter des linken Flügels der CDU; seit 1981 Senator für Bundesangelegenheiten in Berlin (West).

Blumhardt, Christoph, * Möttlingen bei

Calw 1. Juni 1842, † Bad Boll 2. Aug. 1919, dt. ev. Theologe und Politiker. - Begründer des ↑religiösen Sozialismus (Einfluß auf Karl Barth). B. verlor seinen Pfarrertitel, als er in die SPD eintrat (1899); 1900–1906 Landtagsabgeordneter.

Bluntschli, Johann Kaspar, * Zürich 7. März 1808, † Karlsruhe 21. Okt. 1881, schweizer.-dt. Staatsrechtslehrer und Politiker. - 1833 Prof. in Zürich, 1848–61 in München, danach in Heidelberg; führender Staatstheoretiker; als liberaler Politiker 1861–71 Mgl. der bad. Ersten Kammer und des dt. Zollparlaments; ab 1873 Abg. und zuletzt Präs. der bad. Zweiten Kammer; zahlr. wiss. Werke.

Blutbann ↑hohe Gerichtsbarkeit, ↑Bann.

Blutfahne, (Blutbanner) rote Fahne, die bei der Vergabe eines mit der hohen Gerichtsbarkeit (Blutbann) verbundenen Reichslehens verwendet wurde.

◆ Hakenkreuzfahne, die auf dem Marsch zur Feldherrnhalle 1923 mit dem Blut ihres Trägers getränkt worden sein soll und mit der alle anderen Fahnen der NSDAP durch Berührung geweiht wurden.

Blutgeld, 1. im MA und im Großbrit. des 18. Jh. Belohnung für die Entdeckung und Anzeige eines Verbrechers; 2. ↑Wergeld; 3. Abgabe an den Inhaber der hohen Gerichtsbarkeit.

Blutrache, im german. Recht und in anderen frühen Stufen der Rechtsentwicklung Form der Selbstjustiz (Recht und Pflicht), durch die eine Verletzung der Sippenehre, v. a. die Tötung eines Angehörigen, geahndet werden sollte; richtete sich gegen die Sippe, der der Täter angehörte; konnte durch Geld (↑Wergeld) abgelöst werden; steht heute allg. im Ggs. zur herrschenden Rechtsordnung.

Blutsbrüderschaft, bei den Germanen die Form einer verwandtschaftsähnl. Beziehung unter nicht miteinander verwandten Männern; unter feierl. Ritual abgeschlossen (meist Treuegelöbnis und Blutvermischung); die Beteiligten verpflichteten sich, einander wie leibl. Brüder zu behandeln; eine ähnl. Verbindung war die **Schwurbrüderschaft.**

Blut und Eisen ↑Eisen und Blut.

Boabdil [boap'dil, span. boaβ'ðil] (arab. Abu Abd Allah Muhammad), genannt „el Chico" („der Junge"), eigtl. Abu Abd Allah Muhammad XII., ⚔ Fes 1527 (?) letzter arab. König von Granada (1482/83 und 1487–92). - Aus der Dynastie der Nasriden; geriet 1483 vorübergehend in die Gefangenschaft der Kath. Könige; fand nach der Eroberung der letzten arab. Stützpunkte in Spanien 1492 Zuflucht in Marokko.

Bock, Fedor von, * Küstrin 3. Dez. 1880, ⚔ Lensahn (Schl.-H.) 5. Mai 1945, dt. Generalfeldmarschall. - Oberbefehlshaber verschiedener Heeresgruppen; nach dem gescheiterten Vorstoß auf Moskau im Dez. 1941 abgelöst; endgültig nach Protest gegen den gleichzeitigen Vormarsch in Richtung Stalingrad und Kaukasus 1942 abgesetzt.

Böckler, Hans, * Trautskirchen bei Neustadt a. d. Aisch 26. Febr. 1875, † Düsseldorf 16. Febr. 1951, dt. Gewerkschaftler und Politiker. - 1928–1933 MdR (SPD); als führender Kopf der illegalen Gewerkschaftsbewegung in der NS-Zeit verfolgt und zeitweise verhaftet; organisierte nach 1945 den Wiederaufbau der Gewerkschaften und deren einheitl. Zusammenfassung im DGB; ab 1947 1. Vors. des DGB in der brit. Besatzungszone, ab 1949 in der BR Deutschland; trat erfolgr. für die Mitbestimmung in der Montanind. ein.

Bocskai, István (Stephan) [ungar. 'botʃkɔi], * Klausenburg 1557, † Kaschau (= Košice) 29. Dez. 1606, Fürst von Siebenbürgen (ab 1605). - Stellte sich 1604 an die Spitze einer Erhebung ungar. prot. Magnaten gegen die habsburg. Herrschaft; schloß 1606 den Wiener Frieden mit Kaiser Rudolf II., der ständ. und religiöse Freiheiten im habsburg. Ungarn brachte.

Bodelschwingh, seit 1320 nachweisbares westfäl. Adelsgeschlecht. Bed. Vertreter:

B., Friedrich [Christian Carl] von, genannt „Vater B.", * Lengerich (Haus Marck) 6. März 1831, † Bethel (= Bielefeld) 2. April 1910, ev. Theologe. - 1872 Leiter der Bodelschwinghschen Anstalten in Bethel. Seit 1882 gründete er Arbeiterkolonien, u. a. in Berlin, 1905 in Bethel eine theolog. Hochschule, 1906 die Bethel-Mission in Afrika.

B., Friedrich von, * Bethel (= Bielefeld) 14. Aug. 1877, † ebd. 4. Jan. 1946, ev. Theologe. - Sohn von Friedrich von B., 1910 dessen Nachfolger in der Leitung von Bethel; erreichte durch seinen Widerstand den Abbruch der nationalsozialist. Tötungen „lebensunwerten Lebens".

Bodenreform (Bodenbesitzreform), die Veränderung der Rechtsverhältnisse an landw. genutztem Boden bzw. am Bauland, und zwar entweder durch Überführung dieses Grund und Bodens in Gemeineigentum oder durch seine Umverteilung. Die Bestrebungen für eine B. tauchten bereits im 18. Jh. insbes. in England und Amerika auf (T. Spence, W. Ogilvie). Im 19. Jh. forderte u. a. K. Marx die Aufhebung des privaten Grundeigentums und die Überführung von Grund und Boden in Gemeineigentum (↑Agrarkommunismus). Die anderen Befürworter einer B. (H. George, J. S. Mill, in Deutschland v. a. A. Damaschke) hielten jedoch im wesentl. am Privateigentum fest, forderten aber u. a. eine andere Besitzverteilung, um monopolartige Machtstellungen und unangemessene Bereicherung durch Bodenspekulation oder Bodenwucher zu verhindern (Agrarsozialismus). Der 1888 gegr. „Dt. Bund für Bodenreform" bewirkte die Aufnahme des Erbbaurechts in das BGB. Nach dem 1. und 2. Weltkrieg wurde die B. im Sinne von Marx in den kommunist. beherrschten Ländern weitgehend verwirklicht. - Im Gebiet der BR Deutschland ergingen nach 1945 in den einzelnen Ländern B.gesetze, die im wesentl. der Beschaffung von Land zur Seßhaftmachung von heimatvertriebenen Bauern, aber auch dem polit. Ziel dienten, den Großgrundbesitz zu reduzieren.

Bodin, Jean [frz. bɔ'dɛ̃], * Angers 1529 oder 1530, † Laon 1596, frz. Staatstheoretiker und Philosoph. - 1561 Advokat am Pariser Parlament, entging 1572 nur knapp dem Massaker der Bartholomäusnacht; seit 1577 Kronanwalt in Laon; erlangte geschichtl. Bed. als Wortführer der Gruppe der „Politiker", die zur Überwindung der anarch. Konsequenzen der Hugenottenkriege den modernen, in der Herrschaftsgewalt entscheidend gestärkten Staat forderten; ordnete in seiner Staatstheorie („Les six livres de la République", 1576) im Begriff der ↑Souveränität ihrem Träger die absolute, unteilbare Staatsgewalt zu, die der Gerechtigkeit dienen soll und auf das Gemeinwohl auszurichten ist, und lieferte damit dem Absolutismus das theoret. Fundament; vertiefte die Forderung nach religiöser und polit. Toleranz.

🕮 *Hinrichs, E.: Fürstenlehre u. polit. Handeln im Frankr. Heinrichs IV. Unterss. über die polit. Denk- u. Handlungsformen im Späthumanismus. Gött. 1969. - Imboden, M.: Johannes Bodinus u. die Souveränitätslehre. Basel 1963.*

Boethius, Anicius Manlius Severinus [bo'e:tiʊs, ...tsiʊs], * Rom um 480, † Pavia 524, röm. Philosoph, Schriftsteller und Staatsmann. - Ratgeber am Hof des Ostgotenkönigs Theoderich, später wegen seines Eintretens für einen angeklagten Freund des Hochverrats beschuldigt, eingekerkert und hingerichtet. Im Kerker schrieb er sein berühmtes, während des ganzen MA weitverbreitetes „Trostbuch der Philosophie" („De consolatione philosophiae"), einen Dialog zw. dem auf die Hinrichtung wartenden B. und der personifizierten Philosophie.

Boeynants, Paul Vanden [niederl. 'bu:jnants], * Forest bei Brüssel 22. Mai 1919, belg. Politiker. - Seit 1949 Mgl. der Abg.kammer für die Parti Social Chrétien (PSC); 1958–61 Min. für den Mittelstand; 1961–66 Präs. der PSC; Premiermin. 1966–68; Verteidigungsmin. seit 1972, zeitweilig zugleich Min. für Brüsseler Angelegenheiten (seit 1977 auch stellv. Premiermin.); erneut 1978/79 Premiermin.; seit 1979 erneut Präs. der PSC.

Boğazkale [türk. bɔ:'ɑzkɑ,lɛ] (bis 1937 Boğazköy), türk. Dorf 150 km östl. von Ankara mit den ausgedehnten Ruinen von **Hattusa,** der alten Hauptstadt der Hethiter; 1834 entdeckt, Ausgrabungen seit 1905. Besiedelt seit dem 3. Jt. v. Chr. Im 18. Jh. v. Chr. von den Hethitern erobert, ab 1570 v. Chr. Hauptstadt des Hethiterreiches. Die meisten Bauten im Stadtgebiet stammen aus dem 13. Jh. v. Chr.; Funde von zahlr. Tafeln in babylon. Keilschrift, zum größten Teil in hethit. Sprache; außerhalb der Stadt liegt im NW das Felsenheiligtum Yazılıkaya mit seinen Götterreliefs. Nach dem Zusammenbruch des Hethiterreichs bestand v. a. im 9.–4. Jh. in B. eine bed. Siedlung der Phryger; in röm. Zeit nur noch ein kleiner Ort.

🕮 *Bittel, K., u. a.: Boğazköy. Bln. 1935–69. 4 Bde.*

Bogen, als Jagd- und Kriegswaffe verwendetes Gerät zum Verschießen von **Pfeilen** (seltener auch Kugeln); heute auch als Sportwaffe gebräuchlich. Die frühesten Belege für die Verwendung des B.s stammen aus dem präkeram. Neolithikum des Nahen Ostens (etwa 8./7. Jt. v. Chr.). Die berühmten Jagd- und Kampfdarstellungen mit Pfeil und B. der ostspan. Felsmalereien sind jünger. Der zusammengesetzte B. begegnet zum ersten Mal auf Darstellungen vom Ende des 4. Jt. v. Chr. in Mesopotamien, wo bis dahin die Schleuder dominierte. Er breitete sich von Asien in die Mittelmeerländer aus. Ursprünglich v. a. Jagdwaffe, ist der B. unter den Akkadern (24. und 23. Jh. v. Chr.) zum ersten Mal in großem Stil als Kriegswaffe eingesetzt worden. Von Griechen und Römern wurden die leichtbewaffneten **Bogenschützen** überall dort eingesetzt, wo im Kampf größere Entfernungen zu überwinden waren, z. B. bei der Eröffnung der Schlacht und bei der Belagerung. In der späten röm. Kaiserzeit stützte sich die Sicherheit des Imperiums zu einem erhebl. Teil auf fremdländ., meist oriental B.schützen. Bei den nomad. und halbnomad. Steppenvölkern Asiens war der zusammengesetzte B. die Hauptkampfwaffe. In Europa erreichten die Engländer mit ihren schweren **Langbogen** aus Eibe den Höhepunkt der Bogenkunst. Bes. im Hundertjährigen Krieg hat sich diese Waffe bewährt. Im Jahre 1807 wurde der B. zum letzten Mal als Kriegswaffe innerhalb Europas von poln. Reitern gegen napoleon. Truppen eingesetzt.

Bogomilen (Bogumilen) [slaw.], Anhänger einer Strömung des Neumanichäismus, die im 1. bulgar. Reich unter Zar Peter (♔ 927–969) entstand und sich auf dem Balkan und in Kleinasien bis zum Ende des 14. Jh. hielt. Nach ihrem Ursprungsland wurden die B. auch **Bulgari** genannt. Sie wurden wegen ihrer Ablehnung der christl. Kirchenordnungen schließl. im 12. Jh. aus dem Byzantin. Reich vertrieben, sie erreichten ihre größte Verbreitung im 12./13. Jh. in Bulgarien und Bosnien.

Bogotácharta [span. boɣo'ta], Gründungsakte der ↑Organization of American States (OAS) 1948.

Böhmen (tschech. Čechy), histor. Gebiet im W der ČSSR.

Geschichte: Seit der La-Tène-Zeit keltisiert (Herleitung des Namens B. von dem kelt.

Stamm der Bojer), wurde B. seit dem 2. Jh. v. Chr. von german., seit Ende 6. Jh. von westslaw. Stämmen besiedelt, von denen die Tschechen (um Prag) im 9./10. Jh. unter ihren Herzögen (↑Przemysliden) die Führung gewannen. Obwohl B. stets als Teil des Hl. Röm. Reiches galt und seine Herrscher später zu den Kurfürsten (Erzmundschenk) gezählt wurden, bewahrte B. seine Selbständigkeit (973 Gründung des Bistums Prag, 1344 Erzbistum; 1198/1203 Aufstieg Ottokars I. zur Königswürde). Um 1029 kam Mähren, 1322 das Egerland, unter den Luxemburgern (1310–1437) der größte Teil Schlesiens (1327/29–1742) an B. Karl I. machte B. zum Kernland des Reiches und faßte B., Mähren und Schlesien als Länder der böhm. Krone zusammen. Die Hussitenkriege (1419/20–1433/34) brachten jedoch ein Erstarken des tschech. Nationalbewußtseins (tschech.-nat. Führung unter Georg von Podiebrad und Kunstatt) und die Abdrängung der seit dem 11. Jh. eingewanderten, aber ethn. nicht mit den Tschechen verschmolzenen Deutschen mit sich. Nach kurzer jagellon. Herrschaft (Vereinigung von B. mit Polen 1471 und Ungarn 1490) fielen die böhm. Länder 1526 an die Habsburger. Die Zuspitzung des konfessionellen Gegensatzes in B. führte trotz des kaiserl. Majestätsbriefs (1609) für die Protestanten 1618 zum Böhm. Aufstand, nach dessen Niederschlagung (Prager Blutgericht) sich landesfürstl. Absolutismus und Gegenreformation in B. auf lange Sicht durchsetzten. Aufklärung und Romantik brachten eine Wiedergeburt des tschech. Nationalbewußtseins. Unter dem Einfluß F. Palackýs, der die Teilnahme der Tschechen an der Frankfurter Nationalversammlung ablehnte, trat die nat. Frage in den Vordergrund. Nach dem von A. Fürst Windischgrätz niedergeschlagenen Prager Pfingstaufstand der Radikalen (1848) wandte sich die tschech. Nationalbewegung zunächst einer gemäßigten Politik zu, doch wurden ihre Hoffnungen von der östr. Regierung Schwarzenberg enttäuscht. Der sich nun verschärfende dt.-tschech. Gegensatz wurde in der Folge zu einer existenzbedrohenden Belastung der Donaumonarchie. Ab 1867 beherrschte die Obstruktionspolitik bald der Tschechen, bald der Deutschen den östr. Reichsrat und den böhm. Landtag. Mehrere Ausgleichsversuche der östr. Regierungen (u. a. 1871 Projekt zur Gleichstellung von B. und Ungarn durch 18 Fundamentalartikel) scheiterten. 1913 wurden wegen Arbeitsunfähigkeit des böhm. Landtags Landesverfassung und Autonomie suspendiert, B. wurde von einer Landesverwaltungskommission und im 1. Weltkrieg mit Hilfe des Ausnahmezustands regiert. 1918/19 ging B. in der neugegründeten Tschechoslowakei auf.

🕮 *Rokyta, H.: Die böhm. Länder. Hdb. der Denkmäler u. Gedenkstätten europ. Kulturbeziehungen in den böhm. Ländern. Salzburg 1970. - Hdb. der Gesch. der böhm. Länder. Hg. v. K. Bosl. Stg. 1966–74. 4 Bde. - Siedlung u. Verfassung B. in der Frühzeit. Hg. v. F. Graus u. H. Ludat. Wsb. 1967. - Kann, R. A.: Das Nationalitätenproblem der Habsburgermonarchie. Dt. Übers. Graz u. Köln ²1964. 2 Bde. - Wegener, W.: B., Mähren u. das Reich im Hochmittelalter. Unterss. zur staatsrechtl. Stellung B. u. Mährens im Dt. Reich 919–1253. Köln 1959.*

Böhmer, Johann Friedrich, *Frankfurt am Main 22. April 1795, †ebd. 22. Okt. 1863, dt. Historiker. - Mitbegr. der modernen Diplomatik. Ab 1824 neben H. Pertz Leiter der Monumenta Germaniae historica.

Böhmische Brüder (Böhm. und mähr. Brüder), an Jan Hus anschließende vorreformator. Reformbewegung aus dem Kreis um P. Chelčický. Die B. B. schlossen sich ab 1467 zur *Unitas Fratrum* (Brüderunität) zusammen. Sie pflegten ein bibelorientiertes, weltflüchtiges und schlichtes Leben unter Verwerfung von Kriegsdienst, Eid, Bekleidung öffentl. Ämter. Nach 1528 wurde die **Brüderunität** zur selbständigen ev. Kirche.

Böhmischer Aufstand (1618/19), konfessionell und polit. bedingte antihabsburg. Revolution v. a. des prot. Teils der böhm. Stände; begann nach dem an königl. Amtsträgern vollzogenen 2. *Prager Fenstersturz* mit der Bildung eines ständ. Direktoriums und der Aufstellung und den Aktionen eines eigenen Heeres. Am 31. Juli 1619 wurde in der Konföderationsakte Böhmen zum freien, ständisch verfaßten Wahlreich erklärt, König Ferdinand abgesetzt (22. Aug.) und der pfälz. Kurfürst Friedrich V. zum Träger der Wenzelskrone gewählt (26./27. Aug. 1619). Dessen Wahlannahme löste den ↑Dreißigjährigen Krieg aus. Der B. A. brach in der Katastrophe am Weißen Berge (1620) zusammen.

Boiankultur, nach einer dorfartigen Inselsiedlung im Boiansee (Rumänien) ben. neolith. mehrphasige Kulturgruppe (4./3. Jt.) in der Walachei, Siebenbürgen, an der Moldau und im nordbulgar. Gebiet; gekennzeichnet durch schnitt- und ritzverzierte sowie weiß bemalte Tonware und Steingeräte.

Bojar [russ.], zuerst Name für den freien Gefolgsmann der fürstl. Druschina der Kiewer Zeit, seit dem 12. Jh. für den Angehörigen der gehobenen Schicht in der Gefolgschaft der Fürsten und Teilfürsten und damit für den nichtfürstl. Adel Altrußlands; zeitweise auch eine polit. einflußreiche Kraft; seit dem 15. Jh. von den Moskauer Großfürsten entmachtet, im 16. und 17. Jh. mit den Pomeschtschiki zu einem neuen Dienstadel verschmolzen.

◆ als **Bajorai** Bez. für den litau. Adel.

◆ Bez. für den protobulgar., nichtslaw. Adel bis etwa zum 10. Jh.

◆ in der Walachei und der Moldau zw. 14. Jh. und Mitte 17. Jh. Bez. für die grundbesitzende Oberschicht (**Boier** oder **Boer**); stellte den Dienstadel in Verwaltung und Heerwesen.

Bojer (Boier; lat. Boii, Boi), einer der bedeutendsten Stämme der Kelten, der von Gallien um 400 v. Chr. teils mit anderen Stämmen nach Oberitalien einwanderte (193 v. Chr. von Rom besiegt), teils anscheinend über das Gebiet zw. Main und Donau in die Gegend des heutigen Böhmen eindrang, sie 60 v. Chr. aber mehrheitl. wieder verließ.

***Bokassa,** Jean Bedel, * Bobangui 22. Febr. 1921, zentralafrikan. Politiker. - 1963 Chef des Generalstabs; 1966 nach Militärputsch Präs. und Reg.chef (zugleich Leiter zahlr. Ministerien) der Zentralafrikan. Republik; proklamierte 1976 das Zentralafrikan. Kaiserreich und ließ sich zum Kaiser Bokassa I. ausrufen (pompöse Krönungszeremonie im Dez. 1977); wurde im Sept. 1979 gestürzt und ging ins Ausland. In Abwesenheit zum Tode verurteilt.

Bokchoris [gräzisierte Namensform], ägypt. König der 24. Dynastie (720–715). - Berühmt als Gesetzgeber; von Schabaka von Napata besiegt und hingerichtet.

Boleslaw (tschech. Boleslav), Name von Herrschern:

Böhmen:

B. I., der Grausame, Herzog (929–967 oder 935–972). - Führer der Opposition gegen seinen Bruder Wenzel, den er ermordete, um das Hzgt. an sich zu bringen; mußte 950 die Oberhoheit Kaiser Ottos I. anerkennen; konnte nach 955 seinen Machtbereich bis nach Kleinpolen ausdehnen.

B. II., der Fromme, Herzog (972 [967 ?]–999). - Sohn von B. I. Erreichte die Gründung des Bistums Prag (973); konnte die Grenzen Böhmens weiter nach O verschieben, stärkte die Stellung der Przemysliden durch Ausrottung der konkurrierenden Slavnikiden (995).

Polen:

B. I. Chrobry („der Tapfere"), * 966, † im Juni 1025, Herzog (seit 992), König (seit 1025). - Aus dem Haus der Piasten; vollendete die staatl. Einigung Polens; führte gegen Kaiser Heinrich II. 1002–18 mehrere Kriege, behielt schließl. die Lausitz als Reichslehen.

B. II. Szczodry („der Freigebige") oder **Śmiały** („der Kühne"), * um 1040, † Ossiach 1083, Herzog (seit 1058), König (1076–79). - Geriet in Ggs. zu Kaiser Heinrich IV.; die durch eine Adelsopposition vorbereitete Empörung zwang B. zur Flucht nach Ungarn.

B. III. Krzywousty („Schiefmund"), * 1085, † 1138, Herzog (seit 1102). - Brachte 1102–22 Pommern in seine Abhängigkeit, veranlaßte dessen Christianisierung durch Bischof Otto von Bamberg; mußte 1135 für Pommern Kaiser Lothar III. den Lehnseid leisten.

Schlesien:

B. I., der Lange, † 18. Dez. 1201, Herzog von (Nieder-)Schlesien (seit 1163). - Stammvater der niederschles. Piasten; berief dt. Zisterzienser zur Kolonisation nach Leubus und dt. Adlige an seinen Hof.

Boleyn, Anna [engl. 'bʊlɪn] ↑Anna (A. Boleyn), Königin von England.

Bolingbroke, Henry Saint John, Viscount (seit 1712) [engl. 'bɔlɪŋbrʊk], * Battersea (= London-Wandsworth) 10. Okt. 1678, † ebd. 12. Dez. 1751, brit. Politiker und Schriftsteller. - Seit 1701 als Tory im Unterhaus; 1710 Min. des Äußeren, an den Utrechter Friedensverhandlungen (1713) maßgebl. beteiligt; floh als Gegner des Hauses Hannover 1715 nach Frankr.; 1723 nach Großbrit. zurückgekehrt; beeinflußte als Schriftsteller das polit. Denken über das Parteiwesen und die Funktion parlamentar. Opposition.

Bolívar, Simón [span. bo'lißar], * Caracas 24. Juli 1783, † San Pedro Alejandrino bei Santa Marta (Kolumbien) 17. Dez. 1830, Staatsmann, Anführer der lateinamerikan. Unabhängigkeitsbewegung. - Entstammte einer im 16. Jh. nach Amerika ausgewanderten bask. Hidalgofamilie; gehörte der Junta an, die sich im April 1810 gegen die span. Herrschaft erhob und die erste lokal gewählte Regierung in Span.-Amerika bildete; ein v. a. auf Betreiben von B. einberufener Kongreß beschloß am 5. Juli 1811 die Unabhängigkeit Venezuelas; am 14. Okt. 1813 zum Libertador (Befreier) proklamiert; nach wechselvollen und schließl. siegreichen Kämpfen gegen die Spanier 1819 zum Präs. Venezuelas gewählt; vereinigte Venezuela und Neugranada zur Republik Groß-Kolumbien; befreite 1822 das heutige Ecuador, 1824 Peru; organisierte die Reg. in Oberperu, das sich nach ihm Bolivien nannte; seit Aug. 1827 Präs. von Peru, das er Groß-Kolumbien anschloß; trat nach vergebl. Versuchen, diese Union zu erhalten, 1830 endgültig zurück.

🕮 *Del Rio, D. A.: S. B. New York 1965. - Madariaga, S. de: B. Dt. Übers. Stg. 1961.*

*Bolivien

(amtl. Vollform: República de Bolivia), Republik in Südamerika, zw. 10° 20′ und 23° s. Br. sowie 69° und 58° w. L. **Staatsgebiet:** B. grenzt im N und O an Brasilien, im SO an Paraguay, im S an Argentinien, im SW an Chile, im NW an Peru. **Fläche:** 1 098 581 km². **Bevölkerung:** 6,4 Mill. E (1985), 6 E/km². **Hauptstadt:** Sucre (Regierungssitz: La Paz). **Verwaltungsgliederung:** 9 Dep. **Amtssprache:** Spanisch. **Staatsreligion:** röm.-kath. **Nationalfeiertag:** 6. Aug. (Unabhängigkeitstag). **Währung:** Peso Boliviano ($b) = 100 Centavos. **Internat. Mitgliedschaften:** UN, OAS, ALALC, SELA, Andengruppe, GATT. **Zeitzone:** Atlantikzeit, d. i. MEZ −5 Std.

Geschichte: Die indian. Geschichte B. ist weitgehend mit der Perus verbunden. Eine Ausnahme bildet das östl. Tiefland, das Beziehungen zum südbrasilian. und amazon. Bereich hat. Kultureller Mittelpunkt von B. war das südl. Titicacabecken, in dem zw. 200 v. und 600 n. Chr. das stadtähnl. Kulturzentrum Tiahuanaco entstand, Zentrum eines auch große Teile des übrigen bolivian. Hochlandes und der pazif. Küste umfassenden Reiches; nach 800 n. Chr. in kleine Stammesgruppen und Föderationen zersplittert. Um 1460 unterwarf der Inka Pachacutic den das Titicacabecken beherrschenden Aymarástamm der Lupaca. Nach Niederschlagung eines Aufstandes der Colla und Lupaca um 1475 war das ganze bolivian. Hochland bis zur span. Eroberung Teil des Inkareiches. 1533 zogen die ersten Spanier zum Titicacasee. Während des größten Teiles der Kolonialzeit war das heutige (damals Oberperu gen.) B. eng mit Peru verbunden. Bei den Unabhängigkeitskämpfen zu Beginn des 19. Jh. erlangte die Prov. Oberperu als Bollwerk der span. Herrschaft eine eigenständige Bed. 1809 und 1823 versuchten patriot. Armeen Oberperu zu erobern. Erst 1824 konnte A. J. de Sucre y de Alcalá in B. einmarschieren. Unter seiner Führung erklärte Oberperu am 6. Aug. 1825 seine Unabhängigkeit. Sucre gab dem Land den Namen Bolivien nach S. Bolívar, der auch für wenige Monate der erste Präs. des Landes war. Ihm folgte der als Vizepräs. fungierende Sucre, der schon 1828 gestürzt wurde. Sein Nachfolger wurde nach den folgenden Wirren A. de Santa Cruz, der 1836 nach Eroberung von Peru die bolivian.-peruan. Union verkündete. Durch eine militär. Intervention erzwangen Chile und Argentinien 1839 die Auflösung der Union und die Absetzung von Santa Cruz. Verbündet mit Peru verlor B. im Pazif. Krieg gegen Chile (1879–83) das umstrittene Gebiet Atacama. Nach dem Krieg 1902/03 gegen Brasilien mußte B. das Acre-Gebiet im NO abtreten. Der Chacokrieg gegen Paraguay (1932–35) führte zum Verlust des größten Teiles des Gran Chaco im Frieden von 1938 an Paraguay. Die finanziellen Belastungen führten zu einem Zusammenbruch der bolivian. Wirtschaft und zur Errichtung der Militärdiktatur. 1952 übernahm die Nat. Revolutionsbewegung (Movimiento Nacionalista Revolucionario) unter Paz Estenssoro mit Hilfe der Minenarbeiter die Macht. Der neue Präs. verfügte die Nationalisierung der Zinnminen und leitete eine Bodenreform ein. Im Verlauf schwerer wirtsch. Krisen übernahm 1964 die Armee unter General Barrientos die Macht. Mit amerikan. Hilfe gelang die Unterdrückung eines Partisanenkrieges der von E. „Che" Guevara geführten Guerillagruppe. Die folgende Staats- und Reg.krise führte zur direkten Übernahme der Macht durch die Armee. Unter der seit Sept. 1969 von General A. Ovando Candia geführten Junta wurde ein außen- und wirtschaftspolit. links orientiertes Programm (Verstaatlichung amerikan. Erdöl- und Bergbaufirmen, Aufnahme diplomat. Beziehungen zur UdSSR) zu realisieren versucht. Die v.a. auch innerhalb der Armee starke Opposition der Konservativen führte 1970/71 zu mehreren Putschen, in deren Verlauf zunächst der linksorientierte General J. J. Torres am 7. Okt. 1970 die Macht übernahm. Er wurde am 23. Aug. 1971 von einer Junta rechtsorientierter Offiziere unter Oberst H. Banzer Suárez gestürzt. Bei den am 9. Juli 1978 durchgeführten Wahlen erreichte J. Pereda Asbun als Präsidentschaftskandidat eine Mehrheit. Nachdem jedoch das Wahlergebnis wegen des Verdachts der Manipulation annulliert worden war, riß Pereda Asbun die Macht durch einen Militärputsch an sich. Banzer Suárez trat zwar zurück, doch wurde Pereda Asbun schon im Nov. 1978 wieder gestürzt. General D. Padilla Arancibia hatte die Macht an sich gerissen, aber gleichzeitig versprochen, im Sommer 1979 allg. Wahlen abhalten zu lassen, aus denen das Movimiento Nacionalista Revolucionario (MNR) von V. Paz Estenssoro als Sieger hervorging, dicht gefolgt von der Unión Demócrata Popular (UDP) von H. Siles Zuazo. Der knappe Wahlausgang machte eine Präsidentschaftswahl mit der verfassungsmäßig vorgeschriebenen Mehrheit unmögl.; als Kompromiß wurde schließl. der bisherige Parlamentspräs. W. Guevara Arze (* 1911) zum Interimspräs. mit 1jähriger Amtsdauer bestimmt. Im Okt. 1979 wurde er durch einen Putsch von Oberst A. Natusch Busch gestürzt, der sich selbst zum Präs. ernannte. Die Putschisten stießen auf eine geschlossene Ablehnung durch alle zivilen Politiker und die Gewerkschaften. Es kam zu einem Generalstreik und blutigen Zusammenstößen. Nach nur 14tägiger Reg.-zeit trat Natusch Busch freiwillig zurück. Zur Präsidentin für eine Übergangsperiode mit der Hauptaufgabe, 1980 erneut Wahlen abhalten zu lassen, wurde Lidia Gueiler Tejada (* 1926) gewählt. Aus der Wahl vom Juni 1980 ging die UDP mit deutl. Vorsprung vor der MNR als Sieger hervor. Im Juli putschte erneut das Militär; eine Junta ernannte den Oberbefehlshaber des Heeres, General L. García Meza Tejada (* 1930), zum Staatschef. Durch einen erneuten Putsch (Aug. 1981) kam General C. Torrelio Villa (* 1933) an die Macht. Außenpolit. entstanden Spannungen mit Chile, da B. einen Zugang zum Meer fordert, den es 1879 im Salpeterkrieg an Chile verloren hatte. Peru erklärt sich bereit, B. 2 Freihandelsplätze an seiner Küste einzuräumen.

Politisches System: Nach der 1964 anstelle der Verfassung von 1961 wieder in Kraft gesetzten Verfassung von 1947, die aber nur noch auf dem Papier gilt, ist B. eine Republik mit Präsidialsystem. *Staatsoberhaupt* ist der vom Volk auf 4 Jahre gewählte Präs. (seit

Sept. 1981 der Oberbefehlshaber des Heeres, General C. Torrelio Villar), der zugleich als Reg.chef oberster Inhaber der *Exekutive* ist und die übrigen Mgl. des Kabinetts ernennt und entläßt. Erreicht einer der Bewerber um das Präs.amt die absolute Mehrheit der Stimmen nicht, entscheidet das Parlament. Der Präs. ist nicht unmittelbar wiederwählbar. Oberstes Organ der *Legislative* ist das Zweikammerparlament, bestehend aus Senat (27 vom Volk nach Dep. für 4 Jahre gewählte Mgl.) und Abg.haus (117 vom Volk für 4 Jahre gewählte Abg.); es ist z. Z. aufgehoben, das Militärkabinett regiert mit Dekreten. Von den *Parteien* bzw. Parteigruppierungen, denen nach Annullierung der Wahl vom Juni 1980 der Boden zur polit. Arbeit entzogen ist, sind die 3 wichtigsten die gemäßigte linksgerichtete Movimiento Nacionalista Revolucionario (MNR), die linksgerichtete Unión Democrata Popular (UDP) und die rechtsgerichtete Alianza Democrática Nacionalista (ADN). Bedeutendster Verband der *Gewerkschaften* ist Central Obrero Boliviano (CBO); die Militärs beabsichtigen, das Gewerkschaftswesen zu reorganisieren. *Verwaltungs*mäßig ist B. in 9 Dep. gegliedert, denen vom Präs. ernannte Präfekten vorstehen. Die Dep. sind weiter unterteilt in Prov., diese in Kantone. Das *Rechtswesen* ist am frz. Vorbild orientiert. Neben dem Obersten Gerichtshof bestehen Distrikts- sowie Provinz- und Gemeindegerichte. Die *Streitkräfte* umfassen rd. 27600 Mann (Heer 20000, Luftwaffe 4000, Marine 3600); rd. 19000 Mann paramilitär. Kräfte.
📖 *Monheim, F.: 20 Jahre Indianerkolonisation in Ost-B. Wsb. 1977. - Alexander, R. J.: The Bolivian national revolution. Washington Neuaufl. 1974. - Fifer, J. V.: Bolivia. Land, location, and politics since 1825. London 1972. - Barton, R.: A short history of the Republic of Bolivia. La Paz ²1968.*

Bollandisten, Mgl. des Jesuitenordens, die in Gemeinschaftsarbeit das Werk des Kirchenhistorikers Jean Bolland (* 1596, † 1665) fortführen, Sitz in Brüssel. Sie arbeiten weiter an den „Acta Sanctorum" (Quellensammlung zum Leben aller kath. Heiligen).

Bolschewiki [russ. „Mehrheitler"], Selbstbez. von Lenin und seinen Anhängern auf Grund einer Mehrheit (von 2 Stimmen), die ihre Fraktion 1903 bei einer Abstimmung der Sozialdemokrat. Arbeiterpartei Rußlands erreichte. 1918–52 Beiname der Kommunist. Partei Rußlands bzw. der Sowjetunion: KPR (B), seit 1925 KPdSU (B).

Bolschewismus [russ.], im kommunist. Sprachgebrauch bis zu Stalins Tod (1953) übl., seither seltener benutzter Sammelname für Theorie und Praxis des Sowjetkommunismus (einschließl. Marxismus-Leninismus, Stalinismus) und der von ihm beeinflußten kommunist. Parteien und sonstigen Organisationen des Weltkommunismus.

Bolz, Eugen, * Rottenburg am Neckar 15. Dez. 1881, † Berlin 23. Jan. 1945, dt. Jurist und Politiker. - MdL in Württemberg und MdR 1912–33 (Zentrum); 1919–23 Justiz-, 1923–33 Innenmin., 1924 zeitweise auch Finanzmin. und 1928–33 gleichzeitig Staatspräs. von Württemberg; nach dem 20. Juli 1944 verhaftet und hingerichtet.

***B.,** Lothar, * Gleiwitz 3. Sept. 1903, dt. Jurist und Politiker. - Seit 1929 Mgl. der KPD; 1939–46 in der UdSSR; Mitbegr. des Nat.komitees Freies Deutschland; 1948–72 Vors. der Nat.demokrat. Partei Deutschlands, im ersten Kabinett der DDR 1949–53 Aufbaumin., 1950–67 stellv. Min.präs. und 1953–65 Außenmin. der DDR.

Bonampak [zu Maya bonam „gefärbt" und pak „Wand"], Ruinenstätte der Maya im mex. Staat Chiapas, nahe der Grenze gegen Guatemala, auf einer schmalen Anhöhe in einem Flußtal. Zentrum der Anlage ist ein von Terrassen eingeschlossener rechteckiger Platz am südl. Ende. Eine weit ausladende Treppe führt zu einem Gebäude, dessen 3 nicht miteinander verbundene Räume vollkommen ausgemalt sind (um 800 n. Chr.).

Bonaparte [bona'parte, ...tə; frz. bɔna'part], urspr. Buonaparte, kors. Familie italien. Herkunft; kam 1529 von Sarzana nach Ajaccio; Napoléon B. und seine vier Brüder begr. die Dyn. Bonaparte; bed.:

B., Charles Louis Napoléon ↑Napoleon III., Kaiser der Franzosen.

B., Charles Marie (Carlo Buonaparte), * Ajaccio 29. März 1746, † Montpellier 24. Febr. 1785, kors. Jurist. - Vater Napoleons I.; 1773 königl. Rat.

B., Jérôme ↑Jérôme, König von Westfalen.

B., Joseph ↑Joseph, König von Spanien.

B., Letizia (Laeticia), geb. Ramolino, * Ajaccio 24. Aug. 1750, † Rom 2. Febr. 1836, Mutter Napoleons I. - Heiratete 1764 Charles Marie B.; erhielt 1804 den Titel Kaiserl. Hoheit verliehen; bekannt als „Madame Mère"; lebte seit 1815 in Rom.

B., Louis ↑Ludwig, König von Holland.

B., Lucien, Prinz, * Ajaccio 21. Mai 1775, † Viterbo 29. Juni 1840, Fürst von Canino und Musignano (seit 1807). - Bruder Napoleons I.; als Präs. des Rates der Fünfhundert führend am Staatsstreich des 18. Brumaire beteiligt; demokrat. gesinnt, widersetzte sich erfolglos den monarch. Ambitionen seines Bruders.

B., Maria Anna, gen. Elisa ↑Bacciocchi, Maria Anna.

B., Marie-Annonciade, gen. Karoline ↑Murat, Joachim.

B., Napoléon ↑Napoleon I., Kaiser der Franzosen.

B., Napoléon François ↑Reichstadt, Napoleon Herzog von.

B., Napoléon Joseph Charles (Jérôme), gen. Plon-Plon, Prinz, * Triest 9. Okt. 1822, † Rom

18. März 1891, frz. General und Politiker. - Sohn von Jérôme B.; nahm als Divisionsgeneral am Krimkrieg teil; in der 2. Republik Abg. der extremen Linken; später Senator und Min. für Algerien und die Kolonien.

Bonapartismus, nach Napoleon I. und v. a. nach Napoleon III. ben. autoritäre Herrschaftstechnik, als Negation von Ancien régime und bürgerl. Parlamentarismus in der Übergangsphase zur bürgerl.-industriewirtsch. Gesellschaft ausgebildet; Voraussetzung war ein ungefähres Machtgleichgewicht zw. agrar.-konservativen und städt.-liberalen Bev.gruppen, das zunehmend durch das Aufkommen einer beide Sozialgruppen bedrohenden Industriearbeiterschaft gefährdet wurde. Diese Situation förderte das Einverständnis mit einer von der Bürokratie getragenen und vom Heer gedeckten teilweisen Modernisierung von Staat, Gesellschaft und Wirtschaft; sie sicherte dem Bürgertum die Freisetzung der Wirtschaftskräfte wie den Ausbau des Rechtsstaats, enthielt ihm aber die eigtl. Macht im Staate vor, die in der Hand des bonapartist. Staatsmannes konzentriert blieb. Elemente des B. finden sich in den autoritären und faschist. Regimen des 20. Jh. wieder.

Bonapartisten, Anhänger und Verfechter der Verfassungs- und Regierungssysteme Napoleons I. und Napoleons III. bzw. der Thronansprüche der Familie Bonaparte; am Aufstieg Napoleons III. wesentl. beteiligt.

Bonar Law [engl. 'boʊnə 'lɔ:], brit. Politiker, ↑ Law, Andrew Bonar.

Bonhoeffer, Dietrich, * Breslau 4. Febr. 1906, † KZ Flossenbürg 9. April 1945, dt. ev. Theologe. - Sohn von Karl B. Seit 1931 Studentenpfarrer und Privatdozent in Berlin; 1933 Auslandspfarrer in London, 1934 beratendes Mgl. des Ökumen. Rates und 1935 Leiter des (illegalen) Predigerseminars der Bekennenden Kirche in Finkenwalde. Rede- und Schreibverbot seit 1941; schloß sich der polit. Widerstandsbewegung um Canaris an. Am 5. März 1943 verhaftet; in den letzten Kriegstagen gehängt.

Bonifatius, hl., eigtl. Winfrid, * im Königreich Wessex 672/673 † bei Dokkum (Friesland) 5. Juni 754, bed. Vertreter der angelsächs. Mission (gen. „Apostel der Deutschen"). - 719 von Papst Gregor II. mit der Germanenmission beauftragt. Wirkte zunächst in Thüringen und Friesland, seit 721 auch in Hessen (Gründung der Klöster Amöneburg und Fritzlar). 722 in Rom zum Bischof geweiht, 723 Fortsetzung der Missionstätigkeit in Hessen (Fällung der Donareiche, vermutl. in Geismar bei Fritzlar). Seit 725 kam es auch in Thüringen mit Hilfe angelsächs. Missionare zu Klostergründungen. B. war bestrebt, die fränk. Kirche neu zu organisieren. 732 Ernennung zum Erzbischof in Rom. 737/738 gründete er in Bayern die Bistümer Passau, Regensburg und Freising (745 auch Eichstätt) und organisierte Salzburg neu. Unter Karlmann (seit 741) war auch die Gründung der Bistümer Würzburg, Büraburg und Erfurt möglich. Wohl 746 übernahm er das Bistum Mainz. Starb als Märtyrer in der Friesenmission. - Fest: 5. Juni.

🕮 *Lortz, J.: B. u. die Grundlegung des Abendlandes. Wsb. 1954. - Schieffer, T.: Winfrid-B. u. die christl. Grundlegung Europas. Freib. 1954 (Nachdr. 1972).*

Bonifatius, Name von Päpsten:

B. VIII., * Anagni um 1235, † Rom 11. Okt. 1303, vorher Benedetto Caetani, Papst (seit 24. Dez. 1294). - In Neapel einstimmig zum Nachfolger Cölestins V. gewählt. Durch sofortige Übersiedlung nach Rom beendete er die Abhängigkeit von Neapel. Seine durchweg von Mißerfolgen begleitete Politik wurzelte in der Auffassung von der Überordnung des Papsttums über alle Institutionen der Welt. B. führte das erste „Hl. Jahr" (1300) ein.

B. IX., * Neapel um 1350, † Rom 1. Okt. 1404, vorher Pietro Tomacelli, Papst (seit 2. Nov. 1389). - Im Abendländ. Schisma gewählt als Nachfolger Urbans VI., gelang ihm die Durchsetzung und Sicherung seiner Herrschaft in Rom und im Kirchenstaat. Zu ihm hielten u. a. England und Deutschland. Alle Vorschläge Benedikts XIII. zur Beendigung der Spaltung lehnte er ab.

Bonifatius II., * um 1155, ⚔ Mosynopolis (Makedonien) 1207, Markgraf von Montferrat, König von Thessalonike. - Als Führer des 4. Kreuzzugs (1202–04) maßgebl. an der Eroberung Konstantinopels (1204) beteiligt; gründete in Makedonien und Thessalien das Kgr. Thessalonike (bis 1224); fiel im Kampf gegen die Bulgaren.

Bonin, hinterpommer. Adelsgeschlecht, urkundl. erstmals 1294 erwähnt, teilte sich seit dem 14. Jh. in mehrere Linien; zahlr. Mgl. der Familie waren in Verwaltung und Militärdienst in Preußen tätig.

Bonomi, Ivanoe, * Mantua 18. Okt. 1873, † Rom 20. April 1951, italien. Politiker. - Einer der Führer und Haupttheoretiker des reformist. Flügels der Sozialist. Partei Italiens. 1912 ausgeschlossen; Interventist; 1916/17 Min. für öff. Arbeiten, 1920/21 Kriegsmin.; 1921/22 Min.präs.; ab Ende 1942 Kontakt zu Kreisen des antifaschist. Widerstandes; nach Mussolinis Sturz 1943 Präs. des Nat. Befreiungskomitees, 1944/45 Min.präs. einer provisor. Regierung; ab 1948 Senatspräs.

* **Bonvin,** Roger [frz. bõ'vɛ̃], * Icogne (Kt. Wallis) 12. Sept. 1907, schweizer. Politiker. - Seit 1955 Nationalrat (Konservative Volkspartei); 1962–73 Bundesrat (1968–73 zuständig für das Departement Verkehr und Energiewirtsch.), 1967 und 1973 Bundespräs.

Bootaxtkultur, nach der typ. Streitaxtform (bootähnl.) ben. Kultur um 2000 v. Chr., zu der man heute den balt., finn. und schwed.-

norweg. Zweig der Streitaxtkulturen zählt; Funde meist aus kleinen Gräberfeldern mit Hockerbestattungen.

Bootgrab, vor- und frühgeschichtl. Form der Beisetzung in einem Boot, vorwiegend aus N-Europa überliefert. Abgesehen von Bestattungen in Einbäumen aus dem späten Neolithikum und der Bronzezeit N- und M-Europas sind Bootgräber bes. in Skandinavien seit dem 6. Jh. n. Chr. nachgewiesen; meist reiche Beigaben.

Böotien [...tsiən], Landschaft und Verw.-Geb. in Griechenland, zw. dem Golf von Euböa und dem Golf von Korinth.

Geschichte: Älteste Siedlungsspuren aus der Steinzeit; 1900 bis 1600 Kernland des Minyerreiches; in myken. Zeit saßen in Theben bed. Herrscherdynastien; in vorklass. Zeit für den Seeverkehr von Bed., später auf Athen ausgerichtet (v. a. als Nahrungsmittelproduzent); spielte nach Gründung des Böot. Bundes im 5. und 4. Jh. eine bed. polit. Rolle; im 13./14. Jh. Kernland des latein. Hzgt. Athen; gegen Ende des MA wanderten in die stark verödete Landschaft Albaner ein.

Böotischer Bund, 447 v. Chr. unter polit. Führung Thebens gebildeter Bundesstaat; stand im Peloponnes. Krieg auf seiten Spartas; nach antispartan. Politik 386 aufgelöst; durch Theben 379 erneuert, unter dessen Hegemonie dominierende Macht Griechenlands; unterlag 338 Makedonien bei Chaironeia; endete als polit. Institution 146 v. Chr. (Errichtung der röm. Prov. Macedonia); danach noch kult. Funktion.

Bophuthatswana, ehem. Heimatland der Tswana im NW der Kapprov., im W von Transvaal und im Zentrum des Oranjefreistaats, 44 000 km² in sechs Teilgebieten, 2,5 Mill. E (1985), 56,8 E/km², Hauptstadt Mmabatho (im Aufbau) bei Mafikeng. - B. erhielt als zweites Bantuheimatland 1972 Selbstverwaltung, im Dez. 1977 die (formal) volle Unabhängigkeit; von keinem Staat, außer der Republik Südafrika, anerkannt.

Borden, Sir Robert Laird [engl. bɔːdn], * Grand Pré (Nova Scotia) 26. Juni 1854, † Ottawa 10. Juni 1937, kanad. Politiker. - Seit 1901 Führer der Konservativen Partei; 1911–20 Premiermin.; unterzeichnete auf der Pariser Friedenskonferenz 1919 für Kanada den Friedensvertrag; gilt als einer der „Väter" des British Commonwealth of Nations.

Borghese [italien. borˈgeːse], röm. Adelsfamilie, seit dem 13. Jh. in Siena nachzuweisen; ihr Aufstieg begann mit Camillo B., der 1605–21 als Paul V. Papst war; sein Neffe Kardinal Scipione B. (* 1576, † 1633) gründete die Villa Borghese und die berühmte Sammlung. Sein Bruder Marcantonio II. war Stammvater der noch bestehenden Linie.

Borgia [italien. ˈbɔrdʒa], aus Spanien stammendes Adelsgeschlecht (**Borja**), seit dem 13. Jh. in Játiva (Valencia) nachweisbar. Mit Alonso B. begann die polit. bed. Rolle der B. in Italien. Als Päpste haben Alonso B. (Kalixt III., 1455–58) und Rodrigo B. (Alexander VI., 1492–1503) durch Nepotismus Reichtum und Einfluß der B. stark vergrößert. 1748 starb das Geschlecht aus. Bed.:

B., Cesare, * Rom 1475, ⚔ Viana (Kastilien) 12. März 1507, italien. Renaissancefürst. - Sohn von Papst Alexander VI.; 1492 Erzbischof von Valencia (Spanien), 1493 Kardinal; gab 1498 die geistl. Laufbahn auf, wurde zur Ausschaltung päpstl. Gegnerschaft in der Fortsetzung der frz. Eroberungspolitik in Italien 1498 von Ludwig XII. von Frankr. mit dem Hzgt. Valentinois belehnt; kehrte 1499 nach Italien zurück und eroberte Imola, 1500 Forlì; zielte mit weitgespannten Unternehmungen (besetzte 1501 Piombino, 1502 Urbino und Camerino, versuchte auch Bologna und Florenz zu erobern) auf die Bildung eines mittelitalien. Kgr.; Machiavelli nahm ihn als Vorbild für seinen „Principe"; 1503/04 (Tod des Vaters, Gegnerschaft Papst Julius II., 1503/04 und 1504–06 gefangengesetzt; frz.-span. Annäherung) scheiterten B. polit. Pläne; endete als Kondottiere im Dienste seines Schwagers, des Königs von Navarra.

📖 *Fusero, C.: La vie de César B. Frz. Übers. Paris 1965.*

B., Lucrezia, * Rom 18. April 1480, † Ferrara 24. Juni 1519, italien. Fürstin. - Tochter von Papst Alexander VI.; viermal verheiratet, zuletzt (seit 1501) mit Alfonso I. d'Este, Herzog von Ferrara; zog als geistvolle typ. Renaissancefürstin namhafte Dichter und Gelehrte an den Hof von Ferrara (u. a. Ariosto); ihr unrühml. Nachruf beruht auf zeitgenöss. Verleumdung.

📖 *Bellonci, M.: L. B. Dt. Übers. Mchn. Neuaufl. 1979.*

Boris, Name von Herrschern:

Bulgarien:

B. I., † 2. Mai 907, Fürst (852–889), bulgar. Nationalheiliger. - Begründer des 1. bulgar. Reiches und Schöpfer einer bulgar. Nationalkultur; trat 864 mit einem Teil seines Volkes zum Christentum über (christl. Name: Michael); unterstellte sein Land 870 dem Patriarchen von Konstantinopel; zog sich 889 in ein Kloster zurück.

B. III., * Sofia 30. Jan. 1894, † ebd. 28. Aug. 1943, König (seit 1918). - Behauptete sich als König nach der Abdankung seines Vaters Ferdinand I. 1918; führte seit 1934 ein autoritäres Regime ein, seit 1935 Königsdiktatur; um gute Beziehungen v. a. zu Jugoslawien und Deutschland bemüht, trat 1941 dem Dreimächtepakt bei. Sein plötzl. Tod ist ungeklärt.

Rußland:

B. [Fjodorowitsch] Godunow, Zar, ↑Godunow, Boris [Fjodorowitsch].

Bór-Komorowski, Tadeusz, urspr. Graf Komorowski, * bei Terebowlja (Gebiet Tarnopol) 1. Juni 1895, † Grove Farm (Buckinghamshire, England) 24. Aug. 1966, poln. General und Politiker. - Unter dem Decknamen Bór (Wald), den er nach Kriegsende beibehielt, ab 1943 Befehlshaber der im Untergrund tätigen „Heimatarmee"; leitete 1944 den Warschauer Aufstand; lebte nach dt. Gefangenschaft seit 1945 in Großbrit. im Exil.

Bormann, Martin, * Halberstadt 17. Juni 1900, verschollen seit dem 1. Mai 1945 und amtsgerichtl. für tot erklärt, dt. Politiker. - Schloß sich 1928 der NSDAP an; seit 1930 in der obersten Parteiverwaltung tätig; seit 1941 Leiter der Parteikanzlei mit Min.rang und 1943 „Sekretär des Führers"; gewann seitdem großen Einfluß auf Hitler. 1946 vom Nürnberger Gerichtshof in Abwesenheit zum Tode verurteilt. Sein Tod konnte (bis heute) nicht eindeutig nachgewiesen werden.

📖 *Lang, J. v.: Der Sekretär: M. B. Stg. 1977.*

Bornhöved [...'hø:fət], Gemeinde im Ldkr. Segeberg, Schleswig-Holstein, 2600 E (1979). - In der Schlacht bei B. am 22. Juli 1227 wurde König Waldemar II. von Dänemark von einer Koalition norddt. Fürsten und Städte unter Führung Graf Adolfs IV. von Holstein besiegt. Damit war der Versuch, das dän. Ostseeimperium bis zur Elde und Elbe wiederherzustellen, endgültig vereitelt.

Borodino, sowjet. Dorf in den Smolensk-Moskauer Höhen, 100 km wsw. von Moskau. - Am 7. Sept. 1812 siegte bei B. die Große Armee Napoleons I. über die russ. Armee unter General Kutusow.

Borough [engl. 'bʌrə], städt. Siedlungszentren im England des MA und der Neuzeit, die mit bes. wirtsch. und verwaltungstechn. Privilegien ausgestattet waren; ermöglichten im 13. und 14. Jh. z. T. eine eigenständige, körperschaftl. organisierte Administration mit stark oligarch. Struktur; hatten seit Heinrich III. das Recht, Vertreter ins Parlament zu entsenden; 1832 Abschaffung der „rotten boroughs" (entvölkerter, bedeutungsloser, aber noch mit Wahlrecht ausgestatteter B.) im Zuge der Parlamentsreform, 1835 Vereinheitlichung des Wahlrechts und der Verwaltungsstruktur; seit 1888 Unterscheidung zw. grafschaftsangehörigen („municipal boroughs") und grafschaftsfreien („county boroughs"); meist Städte mit über 50 000 E (nach 1945: 100 000), die nun von der Administration der Grafschaften unabhängig wurden. - In den USA wird B. nur in New Jersey, Pennsylvania, Connecticut und Minnesota als Bez. für kleinere Städte gebraucht, ebenso für die Groß-New-York bildenden Verwaltungseinheiten Manhattan, Brooklyn, Queens, Bronx und Richmond.

Börsen [niederl., wohl nach einer Brügger Kaufmannsfamilie von der Burse, vor deren Haus sich Kaufleute zu Geschäftszwecken trafen; der Familienname Burse wohl zu niederl. beurs „Geldbeutel" (von spätlat. bursa „Ledersack")], Märkte für Waren, Wertpapiere oder Devisen, an denen nach festen Gebräuchen und Vorschriften Preise ausgehandelt und Umsätze getätigt werden, ohne daß die entsprechenden Güter gleichzeitig und am Ort der B.versammlung übergeben und bezahlt werden. Auch die Gebäude, in denen die Versammlungen stattfinden, werden meistens B. genannt.

Geschichte: Börsenartige Versammlungen sind schon für große Handelsplätze im Altertum überliefert. Im ausgehenden MA entwikkelten sich börsenartige Märkte für Waren, Wechsel und Sorten; aber erst vom 15. Jh. an nahmen die B.gründungen, bes. in M- und W-Europa, rasch zu: Brügge 1409, Antwerpen 1460, Lyon 1462, Amsterdam 1530, Augsburg und Nürnberg 1540, London 1554, Wien 1753, New York 1792. Wichtige Einschnitte in der Geschichte des B.wesens bedeuteten der aufkommende Handel mit Aktien, Staatsanleihen und Pfandbriefen. Aufschwünge nahm das B.wesen im 17. Jh. mit dem aufkommenden Ostindienhandel, im 18. Jh. durch die Einrichtung von Waren-B. und im Laufe des 19. Jh. durch die wachsende Bed. des Effektenhandels. Anfang des 19. Jh. war Frankfurt am Main der führende dt. B.platz; nach der Reichsgründung übernahm Berlin diese Position. Durch die B.reform (1934) wurde die Anzahl der Effekten-B. von 21 auf 9 verringert, um leistungsfähige Märkte zu schaffen. Das damals abgeschaffte Regionalprinzip in der B.aufsicht wurde nach dem 2. Weltkrieg in der BR Deutschland wieder eingeführt.

Borussia, lat. Name für Preußen; auch weibl. Personifikation Preußens.

Bosch, Gavino Juan [span. bɔs], * La Vega 30. Juni 1909, dominikan. Politiker und Schriftsteller. - 1937–61 im Exil; Febr.–Sept. 1963 (Militärputsch) gewählter Präs.; 1966–70 im Exil in Spanien und Frankr.; soziolog. und polit. Essays, Romane und Erzählungen.

Bose, Subhas Chandra, * Cuttack (Orissa) 23. Jan. 1897, † Taipeh (Formosa) 18. Aug. 1945 (Flugzeugunglück), ind. Politiker. - Radikaler Führer der ind. Unabhängigkeitsbewegung; 1938/39 Vors. der Kongreßpartei; ging 1941 nach Deutschland, 1943 nach Japan, wo er eine „Nationalarmee" aufstellte; erklärte als Chef einer ind. „Nationalregierung" in Singapur 1943 Großbrit. und den USA den Krieg.

Bosl, Karl, * Cham 11. Nov. 1908, dt. Historiker. - 1953–60 Prof. in Würzburg, seither in München. Arbeiten zur bayr. Landesgeschichte sowie zur Verfassungs-, Wirtschafts- und Gesellschaftsgeschichte des MA. Er ist Hg. u. a. des „Handbuchs der Geschichte der böhm. Länder" (4 Bde., 1966–74).

Bosniaken, Bez. für die südslaw. Muslime in Bosnien und der Herzegowina.

◆ Name für Lanzenreiter, meist poln. und bosn. Herkunft, im preuß. Heer im 18. Jh.

Bosnien und Herzegowina [hɛrtsego'vi:na, hɛrtse'go:vina] (Sozialist. Republik B. u. H.), drittgrößter Gliedstaat Jugoslawiens, 51 129 km², 3,92 Mill. E (1974), Hauptstadt Sarajevo.
Geschichte: Etwa im 5. Jh. v. Chr. drangen Kelten in das zuvor von Illyrern besiedelte Gebiet des heutigen B. und H. ein; ab 3. Jh. mehrere Staatengründungen; 9 n. Chr. endgültig von den Römern unterworfen, wurde der Prov. Dalmatia eingegliedert; kam 395 zum Weström. Reich, Ende 5. Jh. zum Ostgotenreich, um 530 zum Byzantin. Reich. Anfang des 7. Jh. siedelten sich Südslawen an. Bosnien war zw. Serbien, Kroatien, Byzanz und Zeta umstritten. Vom 12. Jh. an beanspruchte Ungarn die Oberhoheit über das Ft. Bosnien. Im 14. Jh. als Kgr. bed. Macht, umfaßte Serbien und das Land Hum, das ab Ende des 15. Jh. Herzegowina hieß. Ab 1463/82 unter osman. Herrschaft; B. und H. blieben als Paschalik (ab 1580) vereint. Nach Aufständen (1834, 1852–56 und 1875) Intervention Rußlands; 1908 formlose Annexion des Landes durch Österreich, was zum verschärften Widerstand der Bev. führte (die Organisation „Junges Bosnien“ war am Attentat von Sarajevo beteiligt). 1918 wurden B. und H. Teil des neugegr. Jugoslawien. Im 2. Weltkrieg ein Zentrum der Widerstandsbewegung.
🕮 *Sugar, P. F.: Industrialization of Bosnia-Hercegovina 1878–1918. Seattle (Wash.) 1963. - Heppell, M.: The history of the Yugoslaw lands up to the outbreak of the First World War. London 1961.*

Boso, Graf von Vienne, † 11. Jan. 887, König von Niederburgund. - 875 zum Herzog und Statthalter Italiens ernannt; ließ sich 879 zum König von Niederburgund (Arelat) krönen und verteidigte es gegen die Karolinger.

Bosporanisches Reich, antikes Reich an der N-Küste des Schwarzen Meeres zu beiden Seiten der Straße von Kertsch (sog. Kimmer. Bosporus); um 480 v. Chr. gegr.; nach Erweiterungen des Reichsgebietes bis Ende des 2. Jh. v. Chr. durch Eroberungen auf der Halbinsel Taman und der Krim und durch Unterwerfung mäot. Völkerschaften am Ostufer des Asowschen Meeres Mithridates VI. von Pontus angeboten und in Personalunion mit dem Reich von Pontus verbunden; von 17 v. Chr. bis 3. Jh. n. Chr. röm. Klientelstaat; um 8. v. Chr. wieder unabhängig vom Pont. Reich; vom 3. Jh. an wirtsch. und polit. Niedergang.
🕮 *Werner, R.: Das B. R. In: Abriß der Gesch. antiker Randkulturen. Hg. v. W.-D. v. Barloewen. Mchn. 1961.*

Bosporus, türk. Meerenge (ehem. Flußtal); verbindet das Marmarameer mit dem Schwarzen Meer, trennt Europa von Asien, 31,7 km lang, an der engsten Stelle 660 m breit. Die Durchfahrt von Kriegsschiffen wurde im Dardanellenvertrag (1841) bzw. im Meerengenabkommen (1936) geregelt.

Bossuet, Jacques Bénigne [frz. bɔ'sɥɛ], * Dijon 27. Sept. 1627, † Paris 12. April 1704, frz. Theologe und Historiker. - 1652 Priester in Metz. Widmete sich seit 1670 v. a. der Erziehung des Dauphins, für den er eine vom Standpunkt der christl. Heilsgeschichte bestimmte Darstellung von der Erschaffung der Welt bis zum Reich Karls d. Gr. schrieb („Discours sur l'histoire universelle ...“, veröffentlicht 1681). 1681 Bischof von Meaux; 1697 Staatsrat. In seiner Schrift „Politique tirée des propres paroles de l'Écriture Sainte“ (1709 veröffentlicht) lieferte er eine theoret. Begründung des Absolutismus und des Gottesgnadentums. Setzte sich in der „Histoire des variations des Églises protestantes“ (1688) mit dem Protestantismus auseinander und betrieb die Aufhebung des Edikts von Nantes. 1682 verfaßte er die Deklaration des Klerus über die gallikan. Freiheiten (↑Gallikanismus).

Boston Tea Party [engl. 'bɔstən 'ti: 'pɑ:tɪ], Vernichtung einer Teeladung im Hafen von Boston (Mass.) durch als Indianer verkleidete Mgl. der Geheimorganisation „Sons of Liberty“ 1773, mit der die „amerikan. Revolution“ mit eingeleitet wurde.

Bosworth [engl. 'bɔzwə:θ] (Market Bosworth), Stadt in der engl. Gft. Leicester. Auf der nahegelegenen Ebene Redmore (Bosworth Fields) fand am 22. Aug. 1485 die Schlacht von B. statt, in der Richard III. fiel (Ende der ↑Rosenkriege und Thronbesteigung des ersten Tudorkönigs).

Botha, Louis, * Greytown (Natal) 27. Sept. 1862, † Rusthof (Pretoria) 27. Aug. 1919, südafrikan. General und Politiker. - Seit 1900 Oberbefehlshaber der Transvaal-Streitkräfte im Burenkrieg; setzte sich nach 1902 erfolgreich für eine Aussöhnung mit Großbrit. ein; 1907 erster Premiermin. von Transvaal, 1910 erster Premiermin. der Union von Südafrika; besetzte 1915 Dt.-Südwestafrika.

***B.,** Pieter Willem, * im Paul-Roux-Bezirk (Oranjefreistaat) 12. Jan. 1916, südafrikan. Politiker. - Seit 1948 Parlamentsabg. für die National Party; 1961–66 Min. für Städtebau, öffentl. Arbeiten und Angelegenheiten der Farbigen; seit 1966 Parteiführer der National Party in der Kapprov.; 1966–80 Verteidigungsmin.; seit 1978 zugleich Min. für Nat. Sicherheit sowie Premierminister.

Bothwell, James Hepburn, Earl of [engl. 'bɔθwəl], * um 1536, † Dragsholm (Seeland) 14. April 1578, schott. Adliger. - Für die Ermordung Lord Darnleys, Maria Stuarts 2. Gemahl, verantwortl.; heiratete 1567 selbst die Königin; floh nach Marias Sturz nach Norwegen, starb in dän. Gewahrsam.

Botschaft, die von einem Botschafter im Ausland geleitete Behörde des Sendestaates. Die B. untersteht i. d. R. dem Außenministerium des Sendestaates. Zu den völkerrechtl. Aufgaben der B. gehören die Vermittlung des Verkehrs zw. den beiden Reg., die Berichterstattung über Vorgänge im Empfangsstaat und die Ausübung des Schutzrechtes über die dort lebenden Staatsangehörigen.

Botschafter, nach dem Wiener Reglement vom 19. März 1815, dem Aachener Protokoll vom 21. Nov. 1818 und dem Wiener Übereinkommen vom 18. April 1961 die erste Rangklasse der diplomat. Vertreter. Sie repräsentieren persönl. das Staatsoberhaupt und genießen daher Ehrenrechte.

Botswana

(amtl. Vollform: Republic of Botswana), Republik im südl. Afrika, zw. 18° und 27° s. Br. sowie 20° und 29° ö. L. **Staatsgebiet:** B. grenzt im N und W an Namibia, im S und SO an die Republik Südafrika, im NO an Simbabwe. Die Grenze zu Sambia ist nur punktuell im Sambesi. **Fläche:** 600372 km². **Bevölkerung:** 1,08 Mill. E (1985), 2 E/km². **Hauptstadt:** Gaborone. **Verwaltungsgliederung:** 16 Distrikte. **Staatssprache:** Tswana; Amts- und Handelssprache z.T. noch Englisch. **Nationalfeiertag:** 30. Sept. **Währung:** 1 Pula = 100 Thebe. **Internat. Mitgliedschaften:** UN, OAU, Commonwealth, dem GATT und der EG assoziiert. **Zeitzone:** Osteurop. Zeit, d.i. MEZ + 1 Std.; mit Sommerzeit (MEZ + 2 Std.).

Geschichte: B. verdankt seine Entstehung dem brit.-bur. Gegensatz. Das Land wurde in der ersten Hälfte des 19. Jh. v.a. von brit. Missionaren erforscht. Das Vordringen der Buren in das Oranje- und Transvaalgebiet gab den Missionsstationen zw. heutigem Südafrika und Simbabwe polit. Bed.: über sie konnte Großbrit. die W- und NW-Grenzen der Burenrepubliken kontrollieren. 1884 besetzte Großbrit. **Betschuanaland** (Bechuanaland); 1885 wurde der nördl. Teil offiziell brit. Protektorat, der südl. Teil bekam den Status einer Kronkolonie und wurde später der Kapkolonie angegliedert. Großbrit. praktizierte das System der indirekten Herrschaft. Als es 1960 begann, Betschuanaland auf die Unabhängigkeit vorzubereiten, fiel dem 1948 wegen Heirat mit einer Engländerin aus dem Lande verbannten Häuptlingssohn Seretse Khama die Rolle eines polit. Führers zu. Am 30. Sept. 1966, dem Tag der Unabhängigkeit von B., wurde er Staatspräs. der Republik. Als einer der schwarzafrikan. „Frontstaaten" im Rhodesienkonflikt (bis 1979) befand sich B. wegen seiner starken wirtsch. Abhängigkeit von der Republik Südafrika in einer bes. exponierten Position. Nach dem Tod Seretse Khamas am 13. Juli 1980 wählte die Nat.versammlung am 18. Juli den bisherigen Vizepräs. und Finanzmin. Qu. K. J. Masire (* 1925) zum neuen Präsidenten.

Politisches System: Nach der Verfassung von 1966 ist B. eine präsidiale Republik innerhalb des Commonwealth. *Staatsoberhaupt* und Träger der *Exekutive* als Reg.chef ist der von der Nat.versammlung im Zusammenhang mit den Wahlen zur Nat.versammlung alle 5 Jahre gewählte Präs., zugleich auch Oberbefehlshaber der Streitkräfte. Das Zweikammerparlament, das den Präs. wählt, und bei dem die *Legislative* liegt, besteht aus der Nat.versammlung und dem House of Chiefs (Beratungsgremium; Häuptlinge der 8 Hauptstämme). Die *Parteien* sind vorwiegend nach Stammeszugehörigkeit zu unterscheiden. Neben der bei weitem stärksten Partei, Botswana Democratic Party (mit 29 von 32 wählbaren Sitzen) gibt es drei Oppositionsparteien. *Gewerkschaften* sind erst im Aufbau. Den Distrikten als *Verwaltungs*einheiten stehen Distrikträte vor, deren Mgl. gewählt werden sollen, von den Häuptlingen in den Stammesdistrikten aber ernannt werden. Im *Rechts*wesen bestehen traditionelles Recht und südafrikan. Recht nebeneinander. Die *Streitkräfte* sind rd. 3250 Mann stark; daneben gibt es rd. 1000 Mann paramilitär. Kräfte.

🕮 *Jeske, J.: B.-Lesotho-Swaziland. Agrargeograph. Struktur u. wirtsch. Verflechtung im südl. Afrika. Mchn. 1977. - Sillery, A.: B. A short political history. London 1974.*

Boucher de Crèvecœur de Perthes, Jacques [frz. buʃedkrɛvkœrdə'pɛrt] (B. de Perthes), * Rethel (Ardennes) 10. Sept. 1788, † Amiens 5. Aug. 1868, frz. Prähistoriker. - Erkannte auf Grund von Forschungen (1832), daß Menschen bereits zus. mit „antediluvialen" Tieren gelebt haben müssen. Damit war eine neue Zeitdimension für das erste Auftreten des Menschen gewonnen.

Bougainville, Louis-Antoine Comte de [frz. bugɛ̃'vil], * Paris 11. Nov. 1729, † ebd. 31. Aug. 1811, frz. Offizier und Seefahrer. - Leitete 1766–69 die 1. frz. Erdumseglung, auf der er in Melanesien mehrere Inseln entdeckte (Wiederauffindung der Salomoninseln).

Bouillon, Gottfried von ↑Gottfried IV. von Bouillon.

Bouillon [frz. bu'jõ], ehem. Gft. im Hzgt. Niederlothringen, die 1096 Gottfried von B. dem Bischof von Lüttich verpfändete, um die Kosten für seinen (1.) Kreuzzug zu bestreiten; später Hzgt., zeitweise im Besitz der Grafen von der Mark; den Hzg.titel führte ab 1594 die Familie de la Tour d'Auvergne.

Boulanger, Georges [frz. bulã'ʒe], * Rennes 29. April 1837, † Ixelles bei Brüssel 30. Sept. 1891 (Selbstmord), frz. General und Politiker. - 1886/87 Kriegsmin.; Wortführer der Revanchisten; führte eine Koalition der mit dem bestehenden Regime unzufriedenen Elemente herbei, wagte aber trotz immer wachsenden Anhangs nicht, 1889 den Elyséepalast zu stürmen; des Staatsstreichs angeklagt; floh nach Brüssel.

Boumedienne, Houari [frz. bume'djɛn] (arab. Bumidjan, Huwari), eigtl. Mohammed Boukharouba, * Guelma 16. Aug. 1925, † Al-

STAMMTAFEL DES HAUSES BOURBON

JÜNGERE LINIE
(Übersicht)

Karl, * 1489, † 1537
Graf/Herzog von Vendôme (1495/1514)
Herzog von Bourbon (1527)
∞ 1513 Françoise d'Alençon, † 1550

Anton, * 1518, † 1562
Herzog von Vendôme (1537)
König von Navarra (1555)
∞ 1548 Johanna von Albret
Königin von Navarra, † 1572

Karl, * 1523, † 1590
„Kardinal von Bourbon"
Erzbischof von Rouen (1550–82)
von der Hl. Liga von Péronne als
Karl X. nominiert

Ludwig I., * 1530, † 1569
Fürst von Condé
Herzog von Enghien

LINIE CONDÉ

Heinrich IV., * 1553, † 1610
König von Frankreich (1589)
König von Navarra (1562; als H. III.)
∞ (1) 1572 (⚮ 1599) Margarete, Tochter
König Heinrichs II. von Frankreich, † 1615 *(Valois)*
∞ (2) 1600 Maria von Medici, Tochter des
Großherzogs Franz von Toskana, † 1642

Ludwig XIII., * 1601, † 1643
König von Frankreich (1610)
∞ 1615 Anna von Österreich, Tochter König
Philipps III. von Spanien, † 1666 *(Habsburger)*

Elisabeth, * 1602, † 1644
∞ 1621 Philipp IV., König von Spanien
† 1665 *(Habsburger)*

Henriette, * 1609, † 1669
∞ 1625 Karl I., König von England
† 1649 *(Stuart)*

Ludwig XIV., * 1638, † 1715
König von Frankreich (1643)
∞ 1660 Maria Theresia, Tochter König
Philipps IV. von Spanien, † 1683 *(Habsburger)*

Philipp I., * 1640, † 1701
Herzog von Orléans (1660)
∞ (1) 1661 Henriette, Tochter König
Karls I. von England, † 1670 *(Stuart)*
∞ (2) 1671 Elisabeth Charlotte, Tochter
des Kurfürsten Karl Ludwig von der Pfalz
† 1712 *(Wittelsbacher)*

JÜNGERE LINIE ORLÉANS

Ludwig, * 1661, † 1711
„le Grand Dauphin"
∞ 1680 Marianne Christine, Tochter des
Kurfürsten Ferdinand Maria von Bayern
† 1690 *(Wittelsbacher)*

BOURBON-ANJOU

Ludwig, * 1682, † 1712
Herzog von Burgund
Dauphin (1711)
∞ 1697 Maria Adelheid, Tochter des
Königs Viktor Amadeus II. von Sardinien
† 1712 *(Savoyen)*

Philipp V., * 1683, † 1746
„Herzog von Anjou"
König von Spanien (1700–24, 1724)
∞ (1) 1701 Marie Luise, Tochter des
Königs Viktor Amadeus II.
von Sardinien, † 1714
∞ (2) 1714 Elisabeth Farnese, Tochter
Herzog Odoardos II. von Parma, † 1766

BOURBON-PARMA

Ludwig, *1707, †1712
Dauphin (1712)

Ludwig XV., *1710, †1774
König von Frankreich (1715)
∞1725 Maria Leszczyńska, Tochter König Stanislaus' I. Leszczyński von Polen, †1768

Ludwig I., *1707, †1724
König von Spanien (1724)
∞1723 Luise, Tochter Herzog Philipps II. von Orléans, †1742

Ferdinand VI., *1713, †1759
König von Spanien (1746)
∞1729 Maria Theresia Tochter König Johanns V. von Portugal, †1758 *(Bragança)*

Karl III., *1716, †1788
Herzog von Parma und Piacenza (1731–35)
König von Neapel (1735–59; als **Karl VII.**)
König von Spanien (1759)
∞1738 Maria Amalie, Tochter des Kurfürsten Friedrich August II. von Sachsen †1760 *(Wettiner)*

Philipp, *1720, †1765
Herzog von Parma, Piacenza und Guastalla (1748)
∞1739 Luise Elisabeth Tochter König Ludwigs XV. von Frankreich, †1759

Ludwig, *1729, †1765
Dauphin
∞(1) 1745 Maria Theresia, Tochter König Philipps V. von Spanien, †1746
∞(2) 1747 Maria Josepha, Tochter des Kurfürsten Friedrich August II. von Sachsen, †1767

Bourbon-Sizilien

Ludwig XVI., *1754, †1793
König von Frankreich (1774–91)
König der Franzosen (1791–92)
∞1770 Marie Antoinette, Tochter Kaiser Franz' I., †1793 *(Habsburg-Lothringen)*

Karl X., *1757, †1836
König von Frankreich (1824–30)
∞1773 Maria Theresia, Tochter des Königs Viktor Amadeus III. von Sardinien, †1805

Karl IV., *1748, †1819
König von Spanien (1788–1808)
∞1765 Marie Luise, Tochter Herzog Philipps von Parma, Piacenza und Guastalla, †1819

Ferdinand III., *1751, †1825
König von Sizilien (1759–1816)
König beider Sizilien (1816)
∞(1) 1768 Karoline Maria Tochter Kaiser Franz' I. †1814 *(Habsburg-Lothringen)*

Ferdinand, *1751, †1802
Herzog von Parma, Piacenza und Guastalla (1765)
∞1769 Maria Amalia Tochter Kaiser Franz' I. †1804

Ludwig XVIII., *1755, †1824
König von Frankreich (1814)
∞1771 Luise Maria, Tochter des Königs Viktor Amadeus III. von Sardinien, †1810 *(Savoyen)*

Ludwig Joseph *1781, †1789
Dauphin

Ludwig (XVII.) *1785, †1795
Dauphin (1789–93)

Karl Ferdinand, *1778, †1820
Herzog von Berry
∞(2) 1816 Maria Karoline Tochter Franz Xavers I. Königs beider Sizilien, †1870

Ferdinand VII., *1784, †1833
König von Spanien (1814)
∞(1) 1802 Maria Antonia, Tochter König Ferdinands III. von Sizilien, †1806
∞(2) 1816 Isabella, Tochter König Johanns VI. von Portug., †1818 *(Bragança)*
∞(3) 1819 Maria Josepha, Tochter von Prinz Maximilian von Sachsen, †1829 *(Wettiner)*
∞(4) 1829 Maria Christine, Tochter Franz Xavers I., Königs beider Sizilien, †1878

Karl, *1788, †1855
Herzog von Molina
∞(1) 1816 Franziska Tochter König Johanns VI. von Portugal, †1834
∞(2) 1838 Therese Tochter König Johanns VI. von Portugal, †1874

Franz Xaver I., *1777, †1830
König beider Sizilien (1825)
∞(1) 1797 Maria Klementine Tochter Kaiser Leopolds II. †1801 *(Habsburg-Lothringen)*
∞(2) 1802 Maria Isabella Tochter König Karls IV. von Spanien, †1848

Karlistische Linie

Ludwig I., *1773, †1803
König von Etrurien (1801)
∞1795 Maria, Tochter König Karls IV. von Spanien, †1824

Heinrich, *1820, †1883
Graf von Chambord
∞1846 Maria Luise Theresia Tochter Herzog Franz' IV. von Modena, †1886 *(Österreich-Este)*

Isabella II., *1830, †1904
Königin von Spanien (1833–68)
∞1846 Francisco de Asís (**Franz** von Assisi) König von Spanien (1846–68)

Ferdinand II., *1810, †1859
König beider Sizilien (1830)
∞(1) 1832 Maria Christine Tochter König Viktor Emanuels I. von Sardinien, †1836 *(Savoyen)*
∞(2) 1837 Maria Theresia Tochter des Erzherzogs Karl von Österreich, †1867 *(Habsburg-Lothringen)*

Karl Ludwig, *1799, †1883
König von Etrurien (1803–07; als Ludwig II.)
Herzog von Lucca (1824–47)
Herzog von Parma und Piacenza (1847–49; als Karl II.)
∞1820 Maria Theresia, Tochter König Viktor Emanuels I. von Sardinien, †1879

STAMMTAFEL DES HAUSES BOURBON (Forts.)

Alfons XII., *1857, †1885
König von Spanien (1875)
∞ (1) 1878 Maria Mercedes von
Bourbon-Montpensier, †1878
∞ (2) 1879 Maria Christine
Tochter des Erzherzogs Karl
Ferdinand von Österreich, †1929
(Habsburg-Lothringen)

Alfons XIII., *1886, †1941
König von Spanien (1886–1931)
∞ 1906 (⚮ 1935) Viktoria
Eugenia von Battenberg, *1887

Don Jaime, *1908
Herzog von Anjou und Segovia
Thronprätendent (bis 1933)
∞ 1935 Emmanuelle de Dampierre, *1913

Don Juan, *1913
Graf von Barcelona
Thronprätendent (1933–77)
∞ 1935 Maria Mercedes
von Bourbon-Sizilien, *1910

Johann Karl I. (Juan Carlos I.), *1938
König von Spanien (1975)
∞ 1962 Sophie, Tochter König Pauls I.
von Griechenland, *1938 *(Glücksburg)*

Helene (Elena)
*1963

Christine (Cristina)
*1965

Philipp (Felipe), *1968
Fürst von Asturien

Franz II., *1836, †1894
König beider Sizilien (1859–60)
∞ 1859 Marie Sophie, Tochter
Maximilians, Herzogs in Bayern, †1925
(Wittelsbacher)

Karl III., *1823, †1854
Herzog von Parma und
Piacenza (1849)
∞ 1845 Luise, Tochter Herzog Karl
Ferdinands von Berry, †1864

Robert, *1848, †1907
Herzog von Parma und Piacenza (1854–60)
∞ (1) 1869 Maria Pia, Tochter
Ferdinands II., Königs beider Sizilien, †1882
∞ (2) 1884 Maria Antonia, Tochter des
Prinzen Michael von Portugal, *1862
(Bragança)

Franz Xaver, *1889, †1977
Prinz von Bourbon-Parma
∞ 1927 Madeleine von
Bourbon-Busset, *1898

Hugo Carlos, *1930
Prinz von Bourbon-Parma
∞ 1964 (⚮ 1981) Irene, Tochter von Königin
Juliana der Niederlande, *1939
(Oranien-Nassau)

Halbfett gesetzt sind die Namen der Könige von Frankreich, Spanien, Neapel und Sizilien (bzw. beider Sizilien).

gier 27. Dez. 1978, alger. Offizier und Politiker. - Schloß sich 1954 der FLN an; seit 1960 Generalstabschef der Befreiungsarmee und Kommandeur der alger. Streitkräfte in Tunesien und Marokko; unterstützte anfangs Ben Bella; seit 1962 Verteidigungsmin., seit 1963 zugleich stellv. Min.präs.; stellte sich im Juni 1965 an die Spitze eines Revolutionsrates, der Ben Bella absetzte und B. als Staatschef einsetzte.

Bourbaki, Charles Denis Sauter [frz. burba'ki], *Pau 22. April 1816, † Bayonne 22. Sept. 1897, frz. General griech. Herkunft. - Übernahm 1870 den Befehl über die kaiserl. Garde; mit seinen Truppen in Metz eingeschlossen; verhandelte in Großbrit. mit der Kaiserin Eugénie über einen dt.-frz. Frieden; versuchte nach dem Scheitern dieser Mission 1871 vergebl., Belfort zu entsetzen.

Bourbon [frz. bur'bõ] (Bourbonen), nach dem Herrschaftssitz B.-l'Archambault (heute Dep. Allier) benannte Seitenlinie der ↑Kapetinger, begr. durch Graf Ludwig I. von Clermont (*1270, † 1342), einen Enkel Ludwigs IX. von Frankr., der 1327 zum Herzog von B. erhoben wurde. Die auf seine Söhne zurückgehenden Hauptlinien (*ältere Linie*, erloschen 1521/27; *jüngere Linie B.-Vendôme*, erloschen 1833) teilten sich in zahlr. Nebenlinien. Die jüngere Linie gelangte mit Heinrich IV. auf den frz. Thron (1589–1792, 1814–30), 1830–48 mit Louis Philippe die 1660 von ihr abgespaltene Nebenlinie ↑Orléans. In Spanien begründete 1700 König Philipp V., ein Enkel Ludwigs XIV., die Linie *B.-Anjou* (1808–14, 1868–75 und 1931–75 des Throns entsetzt), die 1735–1860 in Neapel-Sizilien und 1748–1859 in Parma-Piacenza Sekundogenituren innehatte. - Stammtafel S. 204ff.

B. (Bourbon-Montpensier), Charles de, *17. Febr. 1490, ⚔ vor Rom 6. Mai 1527, Herzog und frz. Feldherr. - Siegte als Konnetabel von Frankr. 1515 bei Marignano. Seine Beziehungen zu König Franz I. verschlechterten sich aber seit 1521 wegen eines Erbstreits. Im Juli 1523 schloß er deswegen ein geheimes Bündnis mit Kaiser Karl V., das aber verraten wurde; B. mußte fliehen. Mit Georg von Frundsberg befehligte er das dt.-span. Heer vor Rom (1527) und fiel bei der Erstürmung der Stadt.

Bourbonnais [frz. burbɔ'nɛ], histor. Gebiet in Frankr., am N-Rand des Zentralmassivs und im Übergangsbereich zum Pariser Becken, durchflossen von Allier und Cher; Zentrum ist die ehem. Hauptstadt Moulins. - Die Herrschaft Bourbon bestand vom 9. Jh. an; seit 1587 Gouv.; 1327 Hzgt. einer Nebenlinie der Valois; 1527/32 von der Krone eingezogen.

Bourgeois, Léon Victor [frz. bur'ʒwa], *Paris 29. Mai 1851, † d'Oger (Marne) 29. Sept. 1925, frz. Politiker. - 1890–1917 mehrfach Min., 1895/96 Min.präs., 1920–23 Senatspräs.; vertrat 1919 die frz. Forderung nach größeren Exekutiv- u. Sanktionsbefugnissen des Völkerbundes. Seit 1920 frz. Vertreter in Rat und Versammlung des Völkerbundes; erhielt 1920 den Friedensnobelpreis.

Bourgeois [burʒo'a; frz.], Angehöriger der Bourgeoisie; in der marxist. Terminologie abwertendes Kampfwort.

Bourgeoisie [burʒoa'zi:; frz.], ursprüngl. im Franz. gebraucht zur Bez. der sozialen Schicht zwischen Adel und Bauernschaft, entsprechend etwa dem dt. „Bürgertum"; taucht nicht vor dem 13. Jh. auf; es grenzt die neue sozioökonom. Klasse der wohlhabenden Stadtbewohner gegen Adel und Bauern ab, später auch gegen den „citoyen", das proklamierte Ideal des vernünftig und eigenverantwortlich handelnden Staatsbürgers. Im *Marxismus* wird B. definiert als herrschende Klasse der kapitalist. Gesellschaft (im Ggs. zur ausgebeuteten Arbeiterklasse), die im Besitz der Produktionsmittel ist.

📖 *Sowjetsystem u. demokrat. Gesellschaft. Hg. v. C. D. Kernig. Bd. 1. Freib. u. a. 1968. S. 942.*

Bourguiba, Habib [frz. burgi'ba] ↑Burgiba, Habib.

Bouteflika, Abdul Aziz [frz. butefli'ka] (arab. Bu Taflika, Abd Al Asis), * Melilla 1935 oder 1937, alger. Politiker. - 1960 Generalsekretär des Generalstabes der Nat. Befreiungsarmee; 1962/63 Min. für Jugend, Sport und Tourismus, 1963–79 Außenmin.; seit 1965 Mgl. des Revolutionsrates; 1979/80 Berater des Präsidenten.

Bouvines [frz. bu'vin], nordfrz. Ort im Dep. Nord, 10 km sö. von Lille, 611 E (1975). - Bei B. besiegte am 27. Juli 1214 König Philipp II. August von Frankreich das vereinigte welf. (Kaiser Otto IV.), engl. (König Johann I. ohne Land) und flandr. Heer. Dieser Sieg beschleunigte den Zerfall des Angevin. Reiches der Plantagenets, festigte die frz. Königsmacht der Kapetinger und entschied den dt. Thronstreit zugunsten des mit dem frz. König verbündeten Friedrich II.

Boxer [engl.; an die Vorstellung von boxenden Fäusten anknüpfende Wiedergabe von chin. i-ho-ch'üan „Fäuste der Rechtlichkeit und Eintracht" (ein Mißverständnis der urspr. Bez. i-ho-t'uan „Gesellschaft für Rechtlichkeit und Eintracht")], Mgl. eines christen- und fremdenfeindl. Geheimbundes, der 1900 im N Chinas aus Protest gegen die zahlr. Konzessionen und Gebietsabtretungen an die europ. Mächte mit der Belagerung des Pekinger Gesandtschaftsviertels und der Ermordung des dt. Gesandten K. Freiherr von Ketteler den **Boxeraufstand** auslöste, der durch die militär. Intervention eines internat. Expeditionskorps niedergeschlagen wurde. 1901 mußte China im **Boxerprotokoll** die von den an der Expedition beteiligten Mächten Deutschland, Frankr., Großbrit., Japan und USA diktierten Bedingungen akzeptieren.

📖 *Purcell, V.: The B. uprising; a background study. London 1963.*

Boxheimer Dokument, ein aus Diskussionen hess. NSDAP-Funktionäre im Boxheimer Hof bei Bürstadt hervorgegangener Entwurf von Sofortmaßnahmen, die im Fall einer nat.-soz. Machtergreifung im Anschluß an einen kommunist. Putsch verwirklicht werden sollten; Hitler distanzierte sich vom B. D. nach dessen Bekanntwerden 1931; ein Hochverratsverfahren wurde schließl. 1932 vom Reichsgericht eingestellt.

Boyen, Hermann von, * Kreuzburg (Ostpr.) 23. Juli 1771, † Berlin 15. Febr. 1848, preuß. Min. und Generalfeldmarschall (seit 1847). - 1803 von Scharnhorst als Mgl. in die „Militär. Gesellschaft" berufen; bereitete als Major in der Militärreorganisationskommission (1808) und als Direktor des Kriegsdepartements (1810) seine Reformen vor; wurde Generalstabschef Bülows und nach dem Befreiungskrieg 1814–19 preuß. Kriegsmin.; verwirklichte mit dem Wehrgesetz und der Einführung der allg. Wehrpflicht seine Reformen; stieß mit seinen Plänen, die Ansätze einer Demokratisierung enthielten, auf heftigsten Widerstand der Kreise der Restauration am Hof; 1841–47 erneut Kriegsminister.

Boykott [engl.], planmäßiges Fernhalten eines Gegners von geschäftl. oder sozialen Beziehungen ohne Einsatz rechtl. Mittel mit dem Ziel, ein bestimmtes Verhalten zu erzwingen. Der B. ist gesetzl. nicht geregelt; er ist nur insoweit rechtmäßig, als die vorgesehenen Maßnahmen sozialadäquat im Verhältnis zum angestrebten Erfolg sind. - Die Bez. „B." rührt wohl von dem engl. Gutsverwalter C. C. Boycott (* 1832, † 1897) her, der auf Grund seiner Rücksichtslosigkeit gegen die ir. Landpächter 1880 durch die ir. Landliga zum Verlassen Irlands gezwungen wurde.

Boyne [engl. bɔɪn], Hauptfluß der ir. Prov. Leinster, entspringt im Bog of Allen, mündet in die Irische See bei Drogheda. - 1690 Sieg der Engländer unter Wilhelm III. über Iren unter Jakob II.: das seit 1689 unabhängige Irland wieder unter engl. Oberhoheit.

Boyneburg (Boineburg, Bönburg, Bemelburg, Bemmelberg), hess. Adelsgeschlecht; teilte sich noch im 12. Jh. in die Familien Boyneburgk und Boineburg (gen. Hohenstein); neben den uradligen Familien gibt es eine bayr. freiherrl. Linie, seit 1859 die großherzogl.-hess. gräfl. Linie B. und Lengsfeld.

BP, Abk. für: ↑Bayernpartei.

Brabant, histor. Gebiet in Belgien und den Niederlanden. Die Grafen von Löwen erwarben im Verlauf des 11. Jh. ein Gebiet, dessen Grenzen sich in etwa mit dem der belg. Prov. Antwerpen und Brabant und dem der niederl. Prov. Nordbrabant decken, und nannten sich nach 1150 Herzöge von B. Das Hzgt. kam 1430 an Burgund, 1477 an die Habsburger. Die Generalstaaten eroberten das nördl. B. im Achtzigjährigen Krieg und wurden 1648 in dessen Besitz bestätigt. B. wurde in der frz. Zeit (1794–1814) in 3 Dep. aufgeteilt, Grundlage der heutigen Prov., deren beide südl. nach 1830 Kernland des neuen Kgr. Belgien wurden.

Brabant, Herzog von, Titel des belg. Kronprinzen (seit 1840).

Brabanter Kreuz (Lazarus-, Kleeblattkreuz), Kreuz mit kleeblattförmig endenden Armen.

***Bracher,** Karl Dietrich, * Stuttgart 13. März 1922, dt. Historiker und Politikwissenschaftler. - Seit 1959 Prof. in Bonn; stellv. Vors. der Kommission für Geschichte des Parlamentarismus und der polit. Parteien (1962–68 deren Präs.). – *Werke:* Die Auflösung der Weimarer Republik (1955), Die nationalsozialist. Machtergreifung (1960; zus. mit W. Sauer und G. Schulz), Die dt. Diktatur (1969), Das dt. Dilemma (1971), Die Krise Europas 1917–1975 (1976).

Bracht, Franz, * Berlin 23. Nov. 1877, † ebd. 26. Nov. 1933, dt. Jurist und Politiker. - 1924–32 Oberbürgermeister in Essen; 1932/33 Reichskommissar für Inneres in Preußen, gleichzeitig Reichsinnenmin.; stand dem rechten Flügel des Zentrums nahe.

Brackmann, Albert, * Hannover 24. Juni 1871, † Berlin 17. März 1952, dt. Historiker. - Prof. in Marburg (1905), Königsberg (1913) und Berlin (1922), seit 1929 Generaldirektor der Preuß. Staatsarchive; bed. Forschungen zum päpstl. Urkundenwesen, zur ma. Reichsgeschichte und zu den dt. Ostbeziehungen.

Bradley, Omar Nelson [engl. 'brædlɪ], * Clark (Mo.) 12. Febr. 1893, † New York 8. April 1981, amerikan. General. - Maßgebl. an den Landungen in N-Afrika (1942), auf Sizilien (1943) und in der Normandie (1944) beteiligt; wirkte als Generalstabschef (seit 1947) beim Abschluß des Nordatlantikpaktes mit, trug als Chef der Vereinigten Generalstäbe (1949–53) die Mitverantwortung für die Operationen im Koreakrieg.

Bragança [portugies. brɐ'γɐ̃sɐ], portugies. Dyn., die in männl. Linie 1640–1853 (mit Unterbrechung 1807–21) in Portugal und 1822–89 auch in Brasilien regierte; begr. 1442 von Alfons I., einem natürl. Sohn König Johanns I., als erstem Herzog von B. Die heute noch bestehende Linie des Hauses B. stammt von Dom Miguel, Sohn Johanns VI., ab, der 1834 aus Portugal verbannt worden war.

Brahmanismus [Sanskrit], Vorform des Hinduismus, literar. durch den „Weda", die „Brahmanas" und die „Upanischaden" belegt, inhaltl. charakterisiert durch eine zunehmend starre, ausschließl. am Opferwesen orientierte „Wissenschaft", ferner durch Kastensystem und Wiedergeburtslehre.

Brakteaten [lat.], einseitige Abdrücke oder Durchreibungen antiker griech. Münzen mittels Goldblech, mit hohler Rückseite.

◆ Schmuckscheiben (Schmuck-B.) der Völkerwanderungszeit aus Gold-, Silber- und Kupferblech, v.a. in Skandinavien beheimatet, mit einseitig getriebenen oder geprägten figürl. Darstellungen.

◆ silberne Hohlpfennige (Blech- oder Schüsselmünzen, hole penninghe, denarii concavi) des Hoch-MA mit nur einem Stempel auf weicher Unterlage hergestellt, so daß das Bild der Vorderseite auf der Rückseite vertieft erscheint.

Brandenburg, Friedrich Wilhelm Graf von (seit 1795), * Berlin 24. Jan. 1792, † ebd. 6. Nov. 1850, preuß. General und Staatsmann. - Sohn König Friedrich Wilhelms II. von Preußen aus der morganat. Ehe mit Sophie Gräfin von Dönhoff; festigte als Min.-präs. 1848–50 die Autorität der Regierung durch Auflösung der Nat.versammlung und durch die oktroyierte Verfassung vom 5. Dez. 1848 und stimmte 1850 der Olmützer Punktation zu.

Brandenburg (Mark B., Mark), histor. Landschaft im Gebiet der DDR und Polens▾, umfaßt in Polen (Neumark) die Woiwodschaft Zielona Góra und den S der Woiwodschaft Szczecin, in der DDR im wesentl. die Bez. Potsdam und Frankfurt sowie den größten Teil des Bez. Cottbus und den SO des Bez. Neubrandenburg. - Nach dem Abzug german. Stämme wanderten im 7. Jh. von O Slawen ein (bed. v.a. die in der späteren Mark siedelnden Liutizen). Nach mehreren vergebl. oder nur vorübergehend erfolgreichen Versuchen, das Land dem Fränk. bzw. ostfränk.-dt. Reich einzugliedern (Kämpfe Karls d. Gr.), wurde B. von dem 1134 mit der Nordmark belehnten Askanier ↑Albrecht I., dem Bären, endgültig der dt. Ostsiedlung und der Christianisierung erschlossen. Die Markgrafen von B. (Titel seit 1157) stiegen in den Kreis der bedeutendsten R.-Fürsten auf (seit 1177 als R.-Erzkämmerer bezeugt, später Kurfürsten). Nach dem Aussterben der Askanier (1320) gab König Ludwig IV., der Bayer, B. als erledigtes R.-Lehen seinem Sohn Ludwig d. Ä. (♔ 1323–51), der sich aber ebensowenig wie seine wittelsbach. Nachfolger in der Mark durchsetzen konnte. Die landesfürstl. Macht wurde durch die Autorität der Landstände (1. Landtag 1345) eingeschränkt. König Sigismund belehnte 1417 den Nürnberger Burggrafen Friedrich VI. von Hohenzollern mit der Mark (als Markgraf von B. Friedrich I.). Dessen Sohn Friedrich II., der Eiserne (♔ 1440–70), machte Berlin bzw. Cölln zur Residenz. Albrecht III. Achilles legte mit der ↑Dispositio Achillea (1473) den Grund zur dauernden territorialen Einheit der Mark, zur Trennung zw. B. und den fränk. Besitzungen der Hohenzollern und zur Festigung der Landesherrschaft. Joachim II. Hektor vollzog, nachdem sich bereits ein großer Teil der Bev. der luth. Lehre angeschlossen hatte, mit der Kirchenordnung von 1539 den entscheidenden Schritt zur Reformation. Nach dem ↑Jülich-Kleveschen Erbfolgestreit kamen das Hzgt. Kleve, die Gft. Mark und Ravensberg an B. (1614), 1618 das Hzgt. Preußen als poln. Lehen. Im Westfäl. Frieden (1648) erhielt B. Hinterpommern, die Bistümer Halberstadt, Cammin und Minden sowie die Anwartschaft auf das Erzbistum Magdeburg (Anfall 1680). Friedrich Wilhelm, der Große Kurfürst (♔ 1640–88), schuf den absolutist. brandenburg.-preuß. Staat. Trotz polit. Entmachtung der Landstände (letzter märk. Landtag 1652/53) verbesserten die Gutsherren ihre wirtsch. und soziale Stellung, während sich die Lage der Landbev. weitgehend bis zur Leibeigenschaft verschlechterte. 1657/60 (Vertrag von Wehlau und Friede von Oliva) erlangte der Kurfürst die Souveränität für das Hzgt. Preußen. Ab 1685 wurden Hugenotten und dann auch andere Glaubensflüchtlinge und Auswanderer (Schweizer, Pfälzer u.a.) in der Mark angesiedelt. Nach der Krönung des Kurfürsten zum „König in Preußen" (1701) geht die brandenburg. Geschichte in der Geschichte ↑Preußens auf.

🕮 *Berlin u. die Mark B. Hg. v. H. U. Engel. Ffm. 1979. - Holmsten, G.: B. Gesch. der Mark,*

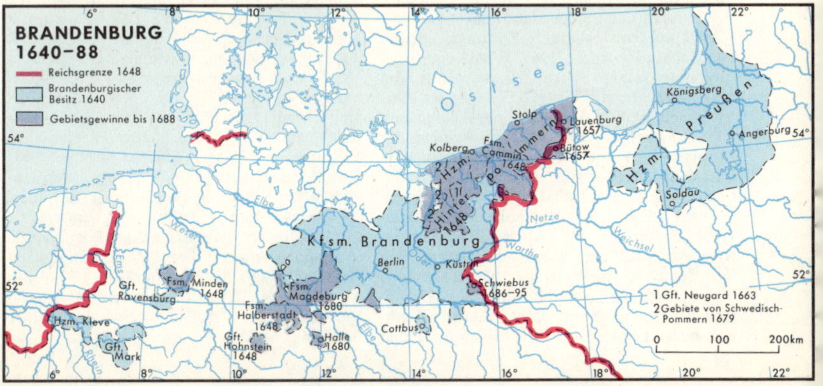

ihrer Städte u. Regenten. Bln. 1973. - Schreckenbach, H.-J.: Bibliogr. zur Gesch. der Mark B. Weimar 1970–74. 4 Bde. - Berlin u. die Prov. B. im 19. u. 20 Jh. Hg. v. H. Herzfeld. Bln. 1968. - Hubatsch, W./Jablonowski, H.: Epochen polit. Gestaltung im nordostdt. Raum. Sonderausg. Darmst. 1968. - Histor. Handatlas v. B. u. Berlin. Bln. 1962ff. - Schultze, Johannes: Die Mark B. Bln. 1961–69. 5 Bde.

B., ehem. Bistum, 948 von Otto I. als Missionsbistum gegr., 968 dem Erzbistum Magdeburg unterstellt; 983 aufgegeben; im 12. Jh. neu umschrieben; bis Ende des MA reichsunmittelbar; nach Einführung der Reformation 1571 aufgelöst; das Kapitel, 1826 reorganisiert, bestand als ev. Stift weiter.

Brandenburgische Halsgerichtsordnung ↑Bambergische Halsgerichtsordnung.

Brandgrab, vor- und frühgeschichtl. Grab für die Beisetzung der Reste von Leichenverbrennungen, mit oder ohne Aschenurnen.

Brandi, Karl, * Meppen 20. Mai 1868, † Göttingen 9. März 1946, dt. Historiker. - Seit 1897 Prof. in Marburg, 1902–36 in Göttingen; schrieb u. a. „Die Renaissance in Florenz und Rom" (1918), „Dt. Geschichte im Zeitalter der Reformation und Gegenreformation" (2 Bde., 1927–30), „Kaiser Karl V." (2 Bde., 1937–41).

Brändström, Elsa, * Petersburg 26. März 1888, † Cambridge (Mass.) 4. März 1948, schwed. Philanthropin. - Als Delegierte des schwed. Roten Kreuzes 1914–20 maßgebl. an der Versorgung der Kriegsgefangenen in Rußland und ihrer Rückführung beteiligt („Engel von Sibirien"); beschaffte nach dem 1. Weltkrieg in den USA und in Skandinavien Mittel zur Gründung von Arbeitssanatorien und Waisenhäusern in Deutschland.

***Brandt,** Willy, früher Herbert Ernst Karl Frahm, * Lübeck 18. Dez. 1913, dt. Politiker. - 1930 Mgl. der SPD, seit 1931 der SAP; emigrierte 1933 nach Norwegen, journalist. tätig; 1938 von den dt. Behörden ausgebürgert, nahm die norweg. Staatsbürgerschaft an; 1940 Flucht nach Schweden; kehrte 1945 als Korrespondent skand. Zeitungen nach Deutschland zurück, 1947 Wiedereinbürgerung unter seinem Schriftstellernamen B. und erneut Mgl. der SPD, 1949–57 sowie seit 1969 MdB; seit 1950 Mgl. des Berliner Abg.hauses, 1955–57 dessen Vors.; 1957–66 Regierender Bürgermeister von Berlin (West); seit 1964 Parteivors.; Außenmin. und Vizekanzler der Großen Koalition 1966–69; als Bundeskanzler (seit 1969) v. a. außenpolit. Aktivitäten: Unterzeichnung des Atomwaffensperrvertrags, Abschluß des Dt.-Sowjet. Vertrags 1970 und des Dt.-Poln. Vertrags 1970, aber auch in der Deutschland- und Berlinpolitik (Gipfeltreffen mit W. Stoph 1970, Viermächteabkommen über Berlin 1971); erhielt 1971 den Friedensnobelpreis; 1974 Rücktritt als Bundeskanzler (Guillaume-Affäre); seit 1976 Vors. der Sozialist. Internationale, 1977–80 der Nord-Süd-Kommission.

🕮 *Stern, C.: W. B. Rbk. 1975.*

Brandts, Franz, * Mönchengladbach 12. Nov. 1834, † ebd. 5. Okt. 1914, dt. Fabrikant und Sozialpolitiker. - Führte in seiner Fabrik mustergültige soziale Einrichtungen ein; 1890 Mitbegr. des sozialreformer. „Volksvereins für das kath. Deutschland".

Branicki (Branecki), Franciszek Ksawery Graf [poln. bra'nitski], * um 1730, † Belaja Zerkow (Ukraine) im April 1819, poln. Politiker. - ∞ mit einer illegitimen Tochter Katharinas II. und Potjomkins; poln. Krongroßfeldherr 1774–93; führender Parteigänger Rußlands, entschiedener Gegner innerer Reformen und 1792 Mitbegr. der gegen die Maiverfassung von 1791 gerichteten Konföderation von Targowica, die die 2. Poln. Teilung zur Folge hatte.

Branković [serbokroat. 'bra:ŋkɔvitɕ], serb. Dynastie des 14./15. Jh.; **Đurađ (Georg) Branković** (* um 1375, † 1456), seit 1427 Fürst von Serbien, erhielt 1429 von Byzanz die Despotenwürde.

Branting, Hjalmar, * Stockholm 23. Nov. 1860, † ebd. 24. Febr. 1925, schwed. Politiker. - 1889 Mitbegr. der Sozialdemokrat. Arbeiterpartei; 1917/18 Finanzmin.; führte als Min.-präs. 1920–23 und 1924/25 weitgehende soziale Reformen durch; erhielt 1921 mit C. Lange den Friedensnobelpreis.

Brasidas, ⚔ Amphipolis 422 v. Chr., spartan. Heerführer. - Konnte im Peloponnes. Krieg Amphipolis in seine Hand bringen, in der Schlacht von Amphipolis gegen ein athen. Heer unter Kleon fielen beide Heerführer.

*Brasilien

(amtl. Vollform: República Federativa do Brasil; dt. Föderative Republik Brasilien), präsidiale BR in Südamerika, zw. 5° 16′ n. Br. und 33° 45′ s. Br. sowie 34° 46′ und 74° w. L. **Staatsgebiet:** Umfaßt den Großteil des zentralen und nördl. Südamerika (47,3 % von dessen Landfläche), grenzt im N an Französisch-Guayana, Surinam, Guyana und Venezuela, in NW an Kolumbien, im W an Peru, Bolivien und Paraguay, im SW bzw. S an Argentinien und Uruguay, im O an den Atlantik (rd. 7 400 km Küstenlänge). Zu B. gehören noch mehrere Inseln im Atlantik. **Fläche:** 8 511 965 km². **Bevölkerung:** 135,5 Mill. E (1985), 16 E/km². **Hauptstadt:** Brasília. **Verwaltungsgliederung:** 23 Bundesstaaten, 3 Bundesterritorien, ein Bundesdistrikt. **Amtssprache:** Portugiesisch. **Nationalfeiertag:** 7. Sept. (Unabhängigkeitstag). **Währung:** Cruzeiro (Cr$) = 100 Centavos. **Internat. Mitgliedschaften:** UN, OAS, ALALC, SELA, GATT. **Zeitzonen** (von O nach W): MEZ −4, −5 und −6 Std.

Geschichte: *Präkolumbische Zeit:* Erste menschl. Spuren sind für etwa 8 000 v. Chr. im Inneren B. nachgewiesen (Lagoa Santa). Bereits die ersten Keramiken um 1 000 v. Chr. machen die Zweiteilung B. in Amazonasbekken und S-B. deutl. Während für S-B. eine Eigenständigkeit angenommen wird, rechnet man im Amazonasbecken mit starken äußeren Einflüssen aus Venezuela, den Guayanas und vom Oberlauf des Amazonas. *Kolonialgeschichte:* Als erste Europäer erreichten die Spanier 1500 die Küste des heutigen B. Mit Fahrten entlang der brasilian. Küste sicherte sich aber Portugal seine auf dem Vertrag von Tordesillas beruhenden Ansprüche auf dieses Land. 1531 (Gründung von São Vicente) wurde die systemat. Besiedlung eingeleitet. Eine wichtige Gründung war die des Jesuitenkollegs São Paulo durch den Indianermissionar Manuel da Nóbrega. Während der Vereinigung Portugals mit Spanien (1578–1640) war B. Angriffen der Gegner Spaniens (Engländer, Franzosen, Niederländer) ausgesetzt, die jedoch bis 1654 aus dem Land wieder vertrieben wurden (1662 endgültiger Verzicht der Niederlande auf ihre Ansprüche). Im 17. Jh. griffen die „Bandeirantes" aus São Paulo die von span. Jesuiten in Paraná und Santa Catarina gegr. Missionen, die sog. Indianerreduktionen, an. Erst die Niederlage der Bandeirantes (1641) gegen die von den Jesuiten geführten und bewaffeneten Indianer beendete die portugies. Ausdehnung. Seit 1650 begann, v. a. von São Paulo aus, die Durchdringung und Besiedlung des Innern.

Bis Anfang des 19. Jh. war B. ein vom Mutterland Portugal abhängiges Vizekönigreich. Mit dem Einmarsch der Franzosen in Portugal 1807 übersiedelte der portugies. Hof nach Brasilien. Nachdem der Hof 1821 bei seiner Rückkehr nach Portugal die geforderte freiheitl. Verfassung für B. nicht verkündete, antwortete B. am 7. Sept. 1822 mit der Unabhängigkeitserklärung. Der zurückgebliebene portugies. Regent, Kronprinz Peter, der sich an die Spitze der Unabhängigkeitsbewegung gestellt hatte, wurde zum konstitutionellen Kaiser Peter I. ausgerufen. 1825 erkannte Portugal die Unabhängigkeit seiner ehemaligen Kolonie an. Unter der Herrschaft Peters II. begann der große Aufstieg von B., v. a. seiner S-Provinzen. Konsequent wurde die Einwanderung von Europäern (bis 1889 über 800 000) gefördert. Die brasilian. Wirtschaft stellte sich in dieser Zeit auf den Anbau von Kaffee um. Das Problem des Arbeitskräftemangels in den rasch wachsenden Plantagen wurde durch Import von schwarzen Sklaven aus Afrika gelöst. Auf Grund der geringen Rassenvorurteile setzte in B. eine starke Vermischung der schwarzen und der weißen, bald auch der indian. Rasse ein. Erst 1888 verfügte das Parlament die entschädigungslose Freilassung aller Sklaven. 1889 übernahm eine republikan. Verschwörung die Macht. Die Verfassung der neuen Republik von 1891 lehnte sich stark an das Vorbild der USA an. Der 1. Weltkrieg brachte, v. a. im Bundesstaat São Paulo, den Aufbau der Industrie. Er wurde jedoch durch die Weltwirtschaftskrise unterbrochen. Extremist. Parteien (Kommunisten und die faschist. Integralisten) erzielten große Stimmengewinne. Nach dem Aufstand der Kommunisten (1935) und auf Grund der anhaltenden Unruhen ließ Präs. G. Vargas (1930–45) die neu ausgearbeitete Verfassung 1937 aufheben und alle polit. Parteien verbieten. Nach dem Ende des 2. Weltkrieges nahm die Opposition gegen Vargas rasch zu und erzwang 1945 seinen Rücktritt. Vargas wurde jedoch 1950 erneut zum Präs. gewählt. 1954 forderte schließl. das Militär seinen Rücktritt. Unter Präs. Kubitschek (1956–61) wurde der innere Ausbau in B., v. a. die Industrialisierung und die Errichtung der neuen Hauptstadt Brasília, vorangetrieben. Die 1961 vom Militär geforderte Verfassungsreform zugunsten des Parlaments wurde nach einer Volksabstimmung 1963 rückgängig gemacht. Seit 1964 übt in B. das Militär die Herrschaft aus; die Position der Zentralexekutive wurde durch die neue Verfassung von 1967 erhebl. verstärkt. 1968 setzte die Militärreg. die wichtigsten Verfassungsgarantien außer Kraft. 1969 wurde die geltende Verfassung erlassen. Präs.: 1974–79 E. Geisel, seit März 1979 General J. B. Figueiredo.

Politisches System: Der Verfassung von 1969 nach ist B. eine bundesstaatl. Präsidialdemokratie. Seit 1964 hat B. eine vom Militär getragene Reg. *Staatsoberhaupt* ist der vom Bundesparlament u. Mgl. der Parlamente der Bundesstaaten auf 5 Jahre gewählte Präs. (Wiederwahl ist nicht mögl.), der als Reg.chef auch Inhaber der *Exekutive* ist. Neben der Reg. besteht ein „Nat. Sicherheitsrat". Die *Legislative* liegt beim Bundesparlament, dem Nationalkongreß; er besteht aus Abg.haus (364 Abg.) und Senat (66 Mgl.). Auf Grund des Wahlsystems errang bei den Wahlen zum Abg.haus 1978 die Regierungspartei ARENA mit 41,5% der Stimmen 231 Sitze, die Oppositionspartei MDB mit 58,5% nur 189 Sitze. Seitdem haben sich das brasilian. *Parteiensystem* und die Sitzverteilung im Parlament gewandelt, da 1979 zusätzl. zu den bis dahin legalen zwei Parteien die Bildung weiterer Parteien zugelassen wurde. Die ARENA wurde umgebildet zur Partido Democrático Social (PDS) mit nunmehr 222 Abg.; die MDB änderte ihren Namen in Partido do Movimento Democrático Brasileiro (PMDB; jetzt 92 Abg.). Neu bildeten sich u. a. die Partido Popular (PP; 70 Sitze) und die Partido Trabalhista Brasileiro (PTB; 27 Sitze). Der Einfluß der *Gewerkschaften* (über 7 Mill. Mgl.) ist gering. Die 22 Bundesstaaten haben bei eigenen Verfassungen unterschiedl. Einrichtungen für die

Verwaltung, Gesetzgebung und Rechtsprechung, eigene Parlamente als Legislativorgane, direkt gewählte Gouverneure als Inhaber der Exekutive. Die 4 Bundesterritorien unterstehen unmittelbar den Bundesbehörden. Es gilt fortentwickeltes portugies. *Recht*. Das Gerichtswesen gliedert sich in Zivil-, Arbeits-, Wahl- und Militärgerichte. Das Oberste Bundesgericht urteilt über Verfassungsfragen und Anklagen gegen Angehörige der Exekutive und Legislative. Bei allg. Wehrpflicht umfassen die *Streitkräfte* rd. 272 550 Mann (Heer: 182750, Marine: 47000, Luftwaffe: 42800); außerdem rd. 185000 Mann paramilitär. Kräfte.

Holtz, U.: B. Eine histor.-polit. Landeskunde. Paderborn 1980. - Aktuelle Perspektiven Brasiliens. Hg. v. H. A. Steger u. Jürgen Schneider. Mchn. 1979. - Grabendorff, W./Nitsch, M.: B., Entwicklungsmodell u. Außenpolitik. Mchn. 1977. - Jacob, E. G.: Grundzüge der Gesch. B.s. Darmst. 1974. - B. heute. Beitr. zur polit., wirtsch. u. sozio-kulturellen Situation Brasiliens. Dt. Übers. Hg. v. C. Furtado. Ffm. 1971. - Prado, C. jr.: Colonial background of modern Brazil. Berkeley (Calif.) 1969.

Brătianu [rumän. brə'tjanu], Ion C., * Piteşti 2. Juni 1821, † Florica 16. Mai 1891, rumän. Politiker. - Spielte bei der Vereinigung der Donaufürstentümer 1859 eine maßgebende Rolle; trug wesentl. zur Vertreibung des Fürsten Cuza bei und förderte die Thronbesteigung Karls von Hohenzollern-Sigmaringen (1866); 1868 kurzfristig Min.präs.; 1876–1888 als Führer der nat.liberalen Partei erneut Min.präs. (mit kurzer Unterbrechung 1881); festigte die außenpolit. Stellung seines Landes; führte zahlr. Reformen durch (allg. Wahlrecht, Bodenreform).

B., Ion (Ionel) I. C., * Florica 20. Aug. 1864, † Bukarest 26. Nov. 1927, rumän. Politiker. - Sohn von Ion C. B.; mehrmals Min.; 1909–11, 1914–18, 1918/19 und 1922–26 Min.präs.; seit 1909 Vors. der Liberalen Partei; setzte bei Kriegsausbruch die Neutralität Rumäniens durch; trat 1916 an der Seite der Entente in den Krieg ein; Mitbegr. der Kleinen Entente.

***Bratschi,** Robert, * Lengnau (BE) 6. Febr. 1891, schweizer. Politiker und Gewerkschaftsführer. - Seit 1922 sozialdemokrat. Nationalrat, 1934–53 Präs. des Schweizer. Gewerkschaftsbundes.

***Bratteli,** Trygve Martin, * Nøtterøy 11. Jan. 1910, norweg. Politiker. – Seit 1950 Abg. des Storting, mehrmals Min.; 1964–75 Vors. der (sozialdemokrat.) Arbeiterpartei; 1971/72 und 1973–76 Ministerpräsident.

Braubach, Max, * Metz 10. April 1899, † Bonn 21. Juni 1975, dt. Historiker. - 1928–67 Prof. in Bonn; Arbeiten zur rhein. Landesgeschichte, zur europ. Geschichte des 17. und 18. Jh. sowie zur Zeitgeschichte.

Brauchitsch, Walter von, * Berlin 4. Okt. 1881, † Hamburg 18. Okt. 1948, dt. Generalfeldmarschall. - 1938 als Nachfolger von W. von Fritsch zum Oberbefehlshaber des Heeres ernannt; nach wiederholten Differenzen mit Hitler über die strateg. Planung im Dez. 1941 verabschiedet; starb in brit. Haft.

Brauer, Max, * Ottensen (= Hamburg) 3. Sept. 1887, † Hamburg 2. Febr. 1973, dt. Kommunalpolitiker (SPD). - 1919 Bürgermeister, 1924 Oberbürgermeister von Altona; 1933 von den Nationalsozialisten abgesetzt und verhaftet, in der Emigration (bis 1946); 1946–1953 und 1957–60 1. Bürgermeister von Hamburg; 1961–65 auch MdB.

Braun, Eva ↑ Hitler, Adolf.

B., Heinrich, * Pest (= Budapest) 23. Nov. 1854, † Berlin 8. Febr. 1927, dt. Sozialpolitiker. - ∞ mit Lily B.; 1883 Mitbegr. der „Neuen Zeit", 1888–1903 Hg. des „Archivs für soziale Gesetzgebung und Statistik", 1892–95 des „Sozialpolit. Zentralblattes", 1905–07 der „Neuen Gesellschaft", 1911–13 der „Annalen für Sozialpolitik und Gesetzgebung".

B., Lily, * Halberstadt 2. Juli 1865, † Berlin 8. Aug. 1916, dt. Schriftstellerin. - ∞ mit Heinrich B.; war führend in der dt. Frauenbewegung tätig; Mgl. der SPD. Neben Romanen und Dramen stehen ihre „Memoiren einer Sozialistin" (2 Bde., 1909–11), die v. a. als Zeugnis der Zeit wichtig sind.

B., Otto, * Königsberg (Pr) 28. Jan. 1872, † Locarno 14. Dez. 1955, dt. Politiker (SPD). - Seit 1911 im Parteivorstand; Mgl. des preuß. Abg.hauses seit 1913, der Weimarer Nat.versammlung, 1920–33 MdR; 1918–21 preuß. Landw.min.; 1920–33 preuß. Min.präs. (mit kurzer Unterbrechung 1921 und 1925; „Roter Zar von Preußen"); die kampflose Räumung dieser Machtposition nach der Wahlniederlage und dem Preußenputsch der Reichsregierung von Papen 1932 ebnete Hitler den Weg zur Macht; am 6. Febr. 1933 durch Verordnung des Reichspräs. endgültig amtsenthoben; emigrierte 1933 in die Schweiz.

Schulze, Hagen: O. B. oder Preußens demokrat. Sendung. Sonderausg. Bln. 1981.

Brauns, Heinrich, * Köln 3. Jan. 1868, † Lindenberg i. Allgäu 19. Okt. 1939, dt. Sozialpolitiker. - Kath. Priester; 1919 Mgl. der Nat.versammlung, 1920–23 MdR (Zentrum); 1920–28 Reichsarbeitsminister.

Braunschweig, Stadt an der Oker, Nds., 270000 E.

B., Bez. mehrerer Territorien und Häuser der Welfen sowie eines ehem. dt. Hzgt. und Landes. **Altes Haus Braunschweig:** Bei der Teilung des Hzgt. ↑ Braunschweig-Lüneburg (1267) erhielt Albrecht I. das Ft. B., das schon um 1286 in die Ft. ↑ Grubenhagen, ↑ Göttingen und ↑ Wolfenbüttel geteilt wurde. - **Mittleres Haus Braunschweig:** Aus einer abermaligen Teilung bildeten sich 1428 neu die Ft. Lüneburg und B. (aus Calenberg, Wolfenbüttel, seit 1463 auch Göttingen; Hauptlinie Calenberg, 1432–73 eigenständiges Wolfenbütteler

Ft.). 1495 brachte eine neue Teilung abermals ein eigenes Ft. Wolfenbüttel hervor, das sich nach der Hildesheimer Stiftsfehde (1519–23) mit der Linie Calenberg-Göttingen in das eroberte Stiftsgebiet teilte und 1584 das Ft. Calenberg-Göttingen erbte. Mit der Inbesitznahme von Grubenhagen 1596 (bis 1617) wurde der ganze S des welf. Machtbereichs in einer Hand vereint. 1634 starb die Wolfenbütteler Linie aus. - **Neues Haus Braunschweig:** Gründung des Neuen Hauses B. durch die Dannenberger Linie des Hauses Lüneburg, die das Ft. Wolfenbüttel (ohne Calenberg und Grubenhagen) erhielt (seit 1735 deren Nebenlinie B.-Bevern) und seit 1753 in Braunschweig regierte. Gehörte 1807–13 zum Kgr. Westfalen, konstituierte sich 1813 etwa in den Grenzen des alten Ft. Wolfenbüttel neu, doch setzte sich die Bez. Hzgt. B. endgültig durch. Nach Erlöschen des Hauses B. (1884) bestand eine preuß. (bis 1906) bzw. mecklenburg. (bis 1913) Regentschaft; 1913–18 regierte Hzg. Ernst August. - **Freistaat:** Kurzlebige Räterepublik, seit 1918 sozialdemokrat. bzw. bürgerl. geführte Regierungen (republikan. Verfassung ab 1921); seit 1933/34 ohne Eigenständigkeit, 1945 wiederhergestellt, ging 1946 im Land Nds. auf.

Braunschweig-Lüneburg, aus dem Besitz (Allod) der Welfen durch die Belehnung Ottos I. (1235) entstandenes dt. Hzgt., das reichsrechtl. bis 1806 bestand, aber schon 1267 in die Ft. ↑ Braunschweig und ↑ Lüneburg geteilt wurde.

Bray-Steinburg, Otto Graf von [frz. brɛ], * Berlin 17. Mai 1807, † München 9. Jan. 1899, bayr. Politiker. - Jurist; 1846/47 und 1848/49 Außenmin.; 1860–70 und 1871–97 Gesandter in Wien; 1870/71 erneut Außenmin., zugleich Vors. im Ministerrat; schloß die Verträge über Bayerns Eintritt in das Dt. Reich ab.

Brazza, Pierre **Savorgnan de** [frz. bra'za], * Castel Gandolfo 25. Jan. 1852, † Dakar 14. Sept. 1905, frz. Afrikaforscher und Kolonisator italien. Herkunft. - Erforschte 1875–78 den Ogowelauf; gründete auf seiner 2. Reise (1879/80) u. a. Brazzaville; Regierungs- (seit 1883) und Generalkommissar (seit 1886) von Frz.-Äquatorialafrika.

Brazzavillestaaten [frz. braza'vil], nach einer Konferenz in Brazzaville 1960 ben. Gruppe afrikan. Staaten (Dahomey, Elfenbeinküste, Gabun, Kamerun, Kongo-Brazzaville, Madagaskar, Mauretanien, Niger, Obervolta, Senegal, Tschad, Zentralafrikan. Republik).

Brecht, Arnold, * Lübeck 26. Jan. 1884, † Eutin 11. Sept. 1977, amerikan. Politologe dt. Herkunft. - 1921–27 Ministerialdirektor im Reichsinnenministerium, danach stimmführender Bevollmächtigter Preußens im Reichsrat; 1933 entlassen; 1933–54 in New York; nach 1945 Berater bei der Gründung der BR Deutschland und der Verabschiedung des GG. Wichtige Werke zur polit. Theorie.

Breisgau, Landschaft am Oberrhein, Bad.-Württ., zw. dem Rhein im W, dem Schwarzwaldrand im O, dem Markgräfler Land im S und der Ortenau im N. Städt. Zentren sind Freiburg im Breisgau und Breisach am Rhein. - Um 400 erstmals genannt; bezeichnete seit karoling. Zeit eine Gft. (erst zähring., kam im 11. Jh. an die Badener, 1190 an ihre hachberg. Linie). Der (nördl.) „niedere“ B. wurde 1318 an die Grafen von Freiburg verpfändet. Teile des B. brachten die Habsburger im 14./15. Jh. an sich, machten sie zu einer Landvogtei und ließen sich 1478 mit der Landgrafschaft im B. belehnen. Seit 1805 zu Baden.

Breitenfeld, Ortsteil von Lindenthal bei Leipzig, DDR; 1631 vernichtende Niederlage des Heeres der Liga unter Tilly durch die Schweden und die mit ihnen vereinigte sächs. Armee; 1642 Sieg der Schweden unter Torstensen über die Kaiserlichen.

Breitscheid, Rudolf, * Köln 2. Nov. 1874, † KZ Buchenwald 24. Aug. 1944, dt. Politiker. - Schloß sich 1912 der SPD an; 1917 Mgl. der USPD; 1918/19 preuß. Innenmin.; MdR 1920–33 zunächst für die USPD, dann die SPD, deren Fraktionsvors. und Hauptsprecher in außenpolit. Fragen; 1926–30 Mgl. der dt. Völkerbundskommission; 1940 von der Vichy-Reg. an die Gestapo ausgeliefert, kam 1944 bei einem Luftangriff um.

Bremen, Hauptstadt des Landes B., an beiden Seiten der unteren Weser, 324 km², 654 000 E.

Geschichte: Kirchsiedlung auf der Domdüne, hierher 845 Verlegung des Erzbistums Hamburg. Marktprivilegien 888 und 965; am Weserufer entstand eine Kaufmannssiedlung, die mit der Domsiedlung verschmolz; 1186 städt. Privilegien. Um 1300 Ummauerung aller Stadtteile (1350: 20 000 E). Bis ins 20. Jh. i. d. R. vom Rats- bzw. Senatspatriziat regiert. Beitritt zur Hanse 1358; 1522 reformiert, später kalvinist.; Reichsunmittelbarkeit 1541 anerkannt, 1646 bestätigt. 1806 Freie Hansestadt, 1810–13 frz. und 1815–66 Mgl. des Dt., seit 1867 des Norddt. Bunds. Seit 1871 zum Dt. Reich, seit 1888 zum Reichszollgebiet. Militärrevolte 1918; Ausrufung der Räterepublik 1919, von der Reichsregierung nach wenigen Wochen gestürzt. Parlamentar.-demokrat. Regierung durch Verfassung 1919/20. Ab 1933 mit Oldenburg von einem Reichsstatthalter regiert. 1945 der amerikan. Militärregierung unterstellt, die 1947 das Land B. proklamierte.

🕮 *Schwarzwälder, H.: Gesch. der Freien Hansestadt B. Hamb. 1975ff. Auf 3 Bde. berechnet.*

B., (amtl. Freie Hansestadt Bremen) kleinstes Land der BR Deutschland, an der unteren Weser, besteht aus den 60 km voneinander

entfernten Landesteilen Bremen und Bremerhaven, 403,77 km², 696700 E (1979), Sitz der Landesregierung ist Bremen.
Geschichte: ↑Bremen (Stadt).
Verfassung: Nach der Verfassung von 1947 liegt die Gesetzgebung, außer bei einem Volksentscheid, beim Landesparlament, der *Bürgerschaft*, deren 100 Mgl. auf 4 Jahre gewählt werden. Die Landesregierung *(Senat)*, Träger der Exekutive, besteht aus den von der Bürgerschaft gewählten Senatoren und wählt zwei von diesen zu Bürgermeistern, von denen einer gleichzeitig Senatspräs. ist.
B., Hochstift, 787/788 gegr., 864 endgültig aus der Metropolitanhoheit der Erzbischöfe von Köln gelöst und mit dem nach B. verlegten Erzbistum Hamburg vereinigt; Zentrum der Missionsaktivität der Reichskirche für die skand. und ostseeslaw. Länder; nach 1236 Aufbau eines Territorialgebiets zw. Niederelbe und Niederweser, Verwaltungsmittelpunkt und Hauptsitz war Bremervörde, da die Stadt Bremen sich frühzeitig der erzbischöfl. Hoheit entzogen hatte; nach 1558 unter luth. Administratoren; 1648 als weltl. Hzgt. der Krone Schweden zugeteilt, 1719 zu Hannover.

Brenner, Otto, * Hannover 8. Nov. 1907, † Frankfurt am Main 15. April 1972, dt. Gewerkschaftsführer. - Nach 1945 Mitbegr. der Gewerkschaften und der SPD in Niedersachsen; seit 1952 Vors. der IG Metall; seit 1961 Präs. des „Internat. Metallarbeiterbundes".

Brentano, lombard. Adelsgeschlecht, urkundl. 1282 erstmals erwähnt; teilte sich im 14. Jh. in die Linien Gnosso, Tremezzo, Toccia (erloschen) und Cimaroli (erloschen). Die Linie Tremezzo war seit dem 17. Jh. in Deutschland ansässig; 1888 als **Brentano di Tremezzo** in den hess. Adelsstand erhoben. Bed.:
B., Heinrich von, * Offenbach am Main 20. Juni 1904, † Darmstadt 14. Nov. 1964, dt. Politiker. - Mitbegr. der CDU in Hessen, 1946–49 hess. MdL, Mgl. des Parlamentar. Rats, 1949–64 MdB, 1949–55 und 1961–64 Fraktionsvors. der CDU/CSU; vertrat als Außenmin. 1955–61 die Außenpolitik Adenauers; gilt als eigtl. Autor der Hallsteindoktrin.
B., Lujo (Ludwig Josef), * Aschaffenburg 18. Dez. 1844, † München 9. Sept. 1931, dt. Nationalökonom. - Mitbegr. des „Vereins für Socialpolitik"; B. zählt zu den Kathedersozialisten; er setzte sich für die Gewerkschaftsbewegung ein. - *Werke:* Die Arbeitergilden der Gegenwart (2 Bde., 1871/72), Die klass. Nationalökonomie (1888), Der wirtschaftende Mensch in der Geschichte (1923).

***Breschnew,** Leonid Iljitsch [russ. 'brjɛʒnɪf], * Dneprodserschinsk (Ukraine) 19. Dez. 1906, sowjet. Politiker. - Seit 1931 Mgl. und seit 1937 hauptamtl. Funktionär der KPdSU; seit 1952 im ZK, 1952/53 und 1956–1957 Kandidat und seit 1957 Mgl. des Präsidiums der KPdSU, 1960–64 außerdem Vors. des Präsidiums des Obersten Sowjets der UdSSR und damit nominelles Staatsoberhaupt; seit Okt. 1964 1. (seit April 1966 General-) Sekretär der KPdSU; außenpolit. v. a. um die Sicherung der Weltmachtstellung der UdSSR und deren Hegemonie in Osteuropa bemüht, innenpolit. Fortsetzung des wirtsch.-techn. Modernisierungsprozesses bei restaurativen Tendenzen; 1975 Armeegeneral, 1976 Marschall der Sowjetunion; seit 1977 als Vors. des Präsidiums des Obersten Sowjets Staatsoberhaupt.

Breschnew-Doktrin ['brjeʒnif], zur (nachträgl.) Rechtfertigung der militär. Intervention der UdSSR in der ČSSR 1968 von sowjet. Parteiideologen entwickelte und von L. I. Breschnew vertretene Doktrin von der „beschränkten Souveränität" und dem „beschränkten Selbstbestimmungsrecht" aller sozialist. Staaten.

Breslau (poln. Wrocław), Hauptstadt des Verw.-Geb. Wrocław in Schlesien, Polen▾, am Oberlauf der Oder, 569000 E.
B., Erzbistum, im Jahre 1000 als Suffraganbistum von Gnesen gegründet. B. umfaßte das Land beiderseits der oberen Oder. Nach Einführung der Reformation wurde B. im 17. Jh. teilweise rekatholisiert. Nach der Säkularisierung wurde B. 1821 erweitert, neu umschrieben und dem Hl. Stuhl direkt unterstellt. 1929/30 wurde B. Erzbistum mit den Suffraganbistümern Berlin, Ermland und der Freien Prälatur Schneidemühl. Im Juni 1972 wurde das Erzbistum B. neu umschrieben. Das Gebiet wurde aufgeteilt in das Erzbistum B. (seit 1976 besetzt) und die Bistümer (zeitweilig Apostol. Administraturen) Cammin-Stettin, Landsberg (Warthe) und Oppeln. Der westl. der Oder-Neiße-Linie liegende Teil, vom Erzbischöfl. Amt Görlitz verwaltet, wurde Apostol. Administratur mit Sitz in Görlitz. Das Bistum Berlin, das als Suffraganbistum zur Kirchenprov. B. gehörte, wurde zur gleichen Zeit exemt.

Breßlau, Harry, * Dannenberg (Elbe) 22. März 1848, † Heidelberg 27. Okt. 1926, dt. Historiker. - 1877 Prof. in Berlin und Mitarbeiter, seit 1888 auch Mgl. der Zentraldirektion der Monumenta Germaniae Historica. Schrieb u. a. „Handbuch der Urkundenlehre für Deutschland und Italien" (2 Bde., 1889–1931, Nachdr. mit Reg.-Bd. 1960).

Brest-Litowsk, Frieden von, erster Friedensschluß im 1. Weltkrieg. Der Vertrag wurde in der weißruss. Stadt Brest nach Verhandlungen seit Dez. 1917 am 3. März 1918 von der Sowjetregierung und den Mittelmächten unterzeichnet. Rußland verlor durch Preisgabe von Finnland, Livland, Estland und Kurland, Polen, Litauen, Ukraine, Georgien und der armen. Gebiete Kars, Ardahan und Batum ein Territorium von 1,42 Mill. km² mit einer Bev. von über 60 Mill. Menschen und 75 % seiner bisherigen Stahl- und Eisenindustrie. Zusätzl. wurde die Sowjetmacht zur Zahlung von 6 Mrd. Goldmark verpflichtet. Von den Westmächten am 11. Nov., von der Sowjetregierung am 13. Nov. 1918 für nichtig erklärt.

Brest-Litowsk, Union von, Vereinigung der orth. ukrain. mit der röm.-kath. Kirche zur ruthenischen Kirche. Die Union wurde am 23. Okt. 1595 in Rom geschlossen und auf der Synode in Brest-Litowsk (16.–20. Okt. 1596) bestätigt. Nach dem 2. Weltkrieg wurde die unierte Kirche von der UdSSR der orthod. Kirche zwangseingegliedert.

Bretagne [bre'tanjə], größte und westlichste Halbinsel in Frankr.; Verwaltungszentrum der Region B. ist Rennes.

Geschichte: Während des Neolithikums eines der Hauptzentren der europ. Megalithkultur. Nach der Mitte des 1. vorchristl. Jt. erfolgte die Einwanderung kelt. Stämme; 56 v. Chr. unterwarf Cäsar die B. (kelt.: **Armorika**) der röm. Herrschaft (gehörte erst zur Prov. Lugdunensis, etwa seit 300 zur Prov. Lugdunensis II). Vom 5. Jh. an wanderten kelt. Briten (Bretonen) von Britannien ein. 497 bis etwa 630 unter merowing. Herrschaft, später zeitweise unter lockerer karoling. Oberhoheit (755 die Breton. Mark um Nantes und Rennes), seit 845/846 unabhängiges Territorium; geriet seit Anfang des 10. Jh. unter frz. Lehnshoheit; 952 unter normann. Schutzherrschaft, seit 1113 engl. Lehen, fiel 1166 an das Haus Plantagenet, 1213 an eine kapeting. Nebenlinie, 1341/65 an das Haus Montfort; 1515 zur frz. Krondomäne.

📖 *Rother, F./Rother, A.: Die B. Köln 1979. - Metken, G.: Breton. Reiseb. Mchn. ⁵1979. - Poisson, H.: Histoire de la B. St-Brieuc 1966.*

Bretonen, Name für Briten, die sich seit dem 5. Jh. n. Chr. wegen der Invasion der Angeln, Sachsen, Jüten in Britannien in der Armorika (= Bretagne) niederließen.

Bretton Woods [engl. 'brɛtən 'wʊdz], Ort in New Hampshire, USA, in den White Mountains. - Nach dem Tagungsort B. W. werden die dort am 23. Juli 1944 geschlossenen Verträge über die Gründung des Internat. Währungsfonds und der Weltbank **Bretton-Woods-Abkommen** genannt.

Breuil, Henri [frz. brœj], *Mortain (Manche) 28. Febr. 1877, † L'Isle-Adam bei Paris 14. Aug. 1961, frz. Prähistoriker und kath. Geistlicher. - Einer der bedeutendsten Forscher auf dem Gebiet des Paläolithikums, Begr. der systemat. Erforschung der vorgeschichtl. Kunst, bes. der Höhlenkunst.

Breysig, Kurt, *Posen 5. Juli 1866, † Bergholz-Rehbrücke bei Potsdam 16. Juni 1940, dt. Kulturhistoriker. - Schüler G. von Schmollers, 1896–1934 Prof. in Berlin; betrachtete die Geschichte der Menschheit als gesetzmäßig verlaufenden Werdeprozeß. Beeinflußte mit seinen Arbeiten O. Spengler; verfaßte u. a. „Der Stufenbau und die Gesetze der Weltgeschichte" (1905).

Briand, Aristide [frz. bri'ã], *Nantes 28. März 1862, † Paris 7. März 1932, frz. Politiker. - Advokat, Journalist; wurde 1902 Abg.; zw. 1906 und 1932 19 Jahre lang Regierungs-Mgl. als Außenmin. (zuletzt 1925–32) oder Min.präs. (1909–11, 1913, 1921/22, 1925/26, 1929); verließ 1906 die Sozialist. Partei; versuchte nach 1918 mit dem Instrument des Völkerbunds, durch Abrüstungspolitik und eine Politik der Versöhnung mit Deutschland ein kollektives Sicherheitssystem zu schaffen (u. a. Locarnopakt 1925, Briand-Kellogg-Pakt 1928, Rheinlandräumung 1930); erhielt 1926 zus. mit G. Stresemann und mit Sir J. A. Chamberlain (für 1925) den Friedensnobelpreis; verfaßte u. a. „Frankr. und Deutschland" (Einleitung von G. Stresemann, 1928).

📖 *Baumont, M.: B. Diplomat und Idealist. Dt. Übers. Gött. 1966.*

Briand-Kellogg-Pakt [frz. bri'ã, engl. 'kɛlɔg; nach A. Briand und F. B. Kellogg], am 27. Aug. 1928 in Paris durch das Dt. Reich, die USA, Belgien, Frankr., Großbrit., Italien, Japan, Polen und die ČSR unterzeichneter völkerrechtl. Vertrag, mit dem der Krieg als Mittel zur Lösung internat. Streitfälle verurteilt und auf ihn als Werkzeug nat. Politik in den zwischenstaatl. Beziehungen verzichtet wurde. Dem Pakt traten zahlr. Staaten, auch die UdSSR, bei (schließl. 63). Sein materieller Inhalt ging in der Satzung der UN auf.

Briefadel, im Unterschied zum Uradel der durch Adelsbrief eines Souveräns verliehene Adel.

Briganten (lat. Brigantes), zahlenmäßig stärkster Stamm der Kelten in Britannien; 71/80 n. Chr. durch die Römer unterworfen; Hauptort Isurium (= Aldborough).

Briganten [italien.], Bez. für Aufwiegler, Unruhestifter, auch für Straßenräuber und Freibeuter; im 14. Jh. auch für die Söldner.

Brigantier (lat. Brigantii), kelt. Vindelikerstamm am Bodensee mit dem Hauptort Brigantium (= Bregenz).

Brigantine [italien.; zu brigare „kämpfen"], im Spät-MA getragene leichte, Oberkörper und Lenden deckende Schutzrüstung aus Leder oder starkem Stoff, außen mit Metallplättchen dicht besetzt.

Brîncoveanu, Constantin (Brâncoveanu), *15. Aug. 1654, † Konstantinopel 26. Aug. 1714, Fürst der Walachei (1688–1714). - Behauptete sich über 25 Jahre gegenüber seinen osman. Oberherren, den Habsburgern und Rußland durch geschickte Balancepolitik; im April 1714 von der Pforte abgesetzt, mit seinen Söhnen hingerichtet; verdienstvoller Förderer von Kunst, Bildungswesen, Druckwesen.

Brissot, Jacques Pierre [frz. bri'so], gen. B. de Warville, *Chartres 15. Jan. 1754, † Paris 31. Okt. 1793, frz. Journalist und Revolutionär. - Einer der Führer der Girondisten in der Gesetzgebenden Körperschaft 1791; trat als Vors. des außenpolit. Ausschusses wie danach im Konvent für die Kriegspolitik des revolutionären Frankr. ein; 1793 angeklagt, abgeurteilt und hingerichtet.

Britannicus, Tiberius Claudius Caesar, * 12. Febr. 41, † kurz vor dem 12. Febr. 55. - Sohn des Kaisers Claudius und der Valeria Messalina; von seiner Stiefmutter Agrippina d. J. zugunsten Neros aus der Nachfolge verdrängt, auf dessen Befehl vergiftet.

Britannien (lat. Britannia), seit Cäsar der lat. Name für England und Schottland; seit dem 6. vorchristl. Jh. den Griechen und Phönikern bekannt; Invasion Cäsars 55 und 54 v. Chr.; 43–50 Eroberung durch Claudius bis zum Humber und Severn, abgeschlossen durch Agricola (78–85); Bau des Hadrianwalls 122, des Antoninuswalls 142. Die Prov. B. umfaßte die bisherigen (kelt.) Stammesgebiete, dazu 28 Civitates, u. a. Verulamium (beim heutigen Saint Albans) und 4 Kolonien: Eboracum (heute York), Lindum (heute Lincoln), Glevum (heute Gloucester), Camulodunum (heute Colchester); 197 in 2 Prov., im Zuge der Diokletian. Neuordnung Ende 3. Jh. in 4 Prov. unterteilt; seit dem 3. Jh. zunehmende Christianisierung; seit dem Ende des 3. Jh. Invasionen aus Schottland (Pikten) und vom Festland her (Sachsen, Franken, Angeln); nach mehrfacher gewaltsamer Befriedung und Abzug röm. Truppen verstärkte sächs. Invasionen und Niedergang der röm. Kultur; im 5./6. Jh. durch die Angelsachsen erobert.
📖 *Frere, Sh.: Britannia, a history of Roman Britain. London 1967.*

Briten (lat. Britanni, Britones; Britannen, Britannier, Britonen), Sammelname für die Einwohner Britanniens im Altertum (u. a. Ikener, Trinobanten, Belgen, Dumnonen, Katuvellauner, Briganten, Silurer, Kaledonier bzw. Pikten).

Britisches Reich und Commonwealth [engl. 'kɔmənwɛlθ] (engl. British Empire and Commonwealth), Gemeinschaft des Vereinigten Kgr. von Großbrit. und Nordirland mit den Kronkolonien und sonstigen abhängigen Staaten sowie folgenden unabhängigen Staaten: Austral. Bund, Bahamas, Bangladesch, Barbados, Botswana, Dominica, Fidschi, Gambia, Ghana, Grenada, Guyana, Indien, Jamaika, Kanada, Kenia, Kiribati, Lesotho, Malawi, Malaysia, Malta, Mauritius, Nauru (indirekt), Neuseeland, Nigeria, Papua-Neuguinea, Saint Lucia, Saint Vincent, Salomonen, Sambia, Seychellen, Sierra Leone, Singapur, Sri Lanka, Swasiland, Tansania, Tonga, Trinidad und Tobago, Tuvalu (indirekt), Uganda, Westsamoa, Zypern.
Ursprünge: Die Grundlagen der engl. Seemacht wurden im 16. Jh. gelegt (1559 Rückzug vom europ. Festland, 1588 Sieg über die span. Armada). Es folgte die Zeit der großen engl. Handelskompanien, v. a. der Ostind. Kompanie. Die Kompanie, die 1600 das Monopol für den engl. Ostindienhandel erhielt, bestand bis 1858 und legte den Grund für das brit. Imperium des 19. Jh. Engl. Handelskompanien verschafften sich seit 1612 Stützpunkte für die Route nach Westindien. Die Afrikakompanie setzte sich an der Goldküste fest, um sich einen Anteil am Sklavenhandel zu sichern. Die Eroberung Jamaikas 1655 gab England eine sichere Basis im Karib. Meer. An der ind. Küste wurde 1639 Madras gegründet. 1662 fiel Bombay an die engl. Krone. Abseits dieser Stützpunkte entwickelten sich im 17. Jh. entlang der nordamerikan. O-Küste Siedlungskolonien, denen die Überbevölkerung in England und die Emigration von Puritanern, Mgl. von Sekten und Katholiken zugute kamen. Nach Virginia (1607) und Massachusetts (1621) wurden Connecticut, Rhode Island, Maine, New Hampshire, Vermont, Maryland, North und South Carolina besiedelt. Die Niederländer wurden aus Nieuw Amsterdam vertrieben, das nun den Namen New York erhielt. W. Penn gründete 1681/82 Pennsylvania. Alle diese Kolonien und Stützpunkte blieben unter loser engl. Aufsicht. Export und Import der Kolonien waren an die engl. Schiffahrt gebunden.
Von 1688 bis 1815: Nach dem Niedergang der span. und dann der niederl. Seemacht wurde Frankr. der Hauptrivale. Der Span. Erbfolgekrieg (1701–13/14) sicherte England/Großbrit. mit dem Erwerb von Gibraltar den Zugang zum Mittelmeer und verschaffte ihm die Hudson-Bay-Länder, Neufundland und Akadien von Frankr. Die brit.-frz. Kolonialrivalität, die in Indien und in Nordamerika ihren Höhepunkt erreicht hatte, entlud sich im Siebenjährigen Krieg (1756–63), der das Ende der frz. Herrschaft in Kanada brachte. Der Handelsverkehr im nunmehr ausgebildeten ersten brit. Imperium diente v. a. in London konzentrierten Interessen. Dies traf auf den offenen Widerstand der 13 Siedlerkolonien in Nordamerika, die sich 1776 als „Vereinigte Staaten von Amerika" für unabhängig erklärten. Im Kampf gegen das revolutionäre Frankr. und Napoleon I. (1793–1815) konnte Großbrit. den Grund für ein neues Kolonialimperium legen: Ceylon (1796), Trinidad (1797), Malta (1800), Tasmanien (1803), Kapstadt (1806). In Indien, das nunmehr Schwerpunkt des brit. Kolonialreiches war, wurde das alte Faktoreiensystem der Kompanien durch polit. Herrschaft ersetzt. Der territoriale Kolonialismus des 19. Jh. war geboren.
Von 1815 bis 1914: Nach 1815 besaß Großbrit. die absolute Vormachtstellung auf den Weltmeeren. Weitere Stützpunkte wurden Singapur 1819, die Falklandinseln 1833, Aden 1839 und Hongkong 1842. Zunehmend von brit. Siedlern bevölkert wurden Australien (seit 1820) und Neuseeland (seit 1840).

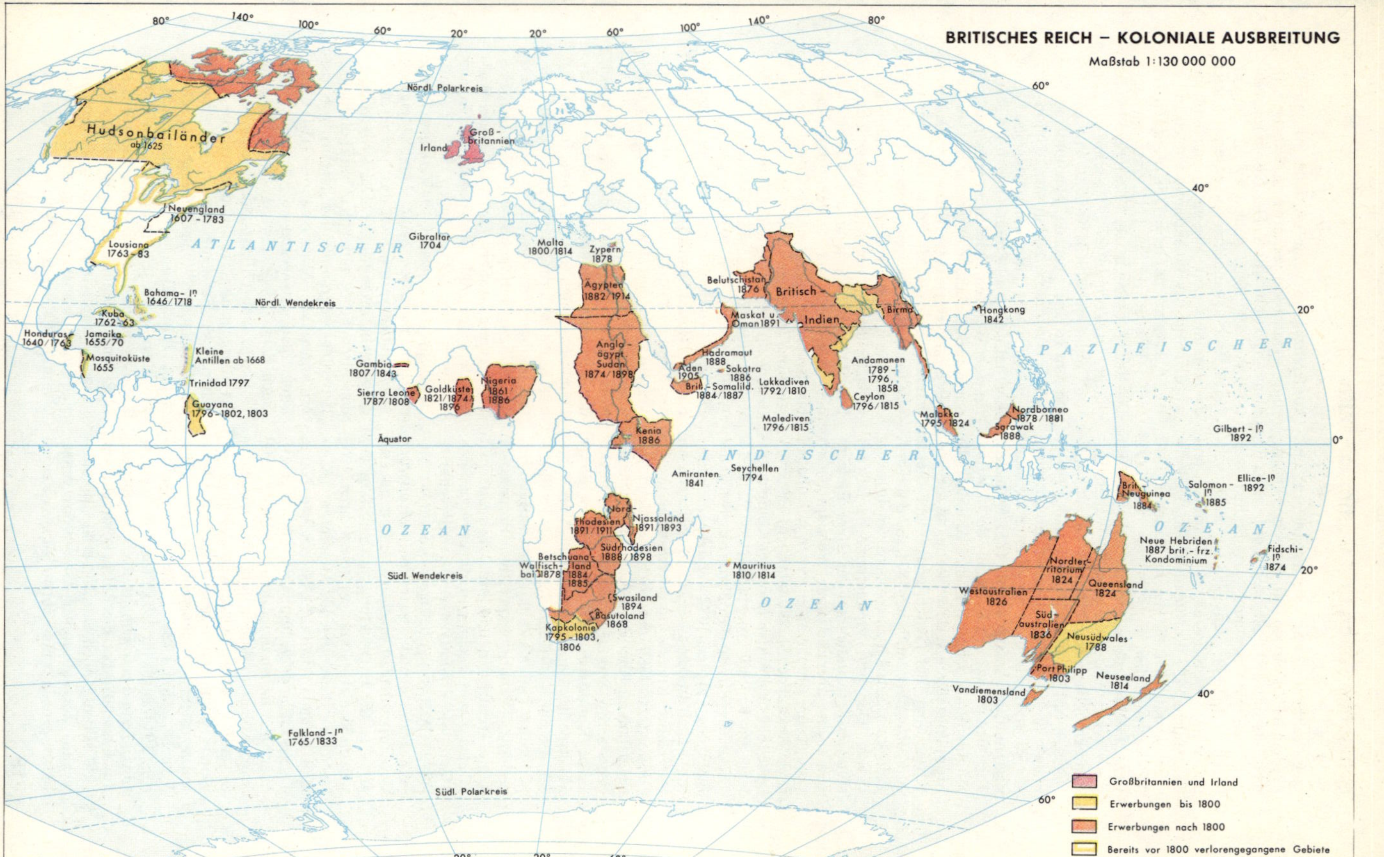
BRITISCHES REICH – KOLONIALE AUSBREITUNG
Maßstab 1:130 000 000
Hudsonbailänder ab 1625
Neuengland 1607 - 1783
Lousiana 1763 - 83
Bahama - I[n] 1646/1718
Kuba 1762 - 63
Jamaika 1655/70
Honduras 1640/1763
Mosquitoküste 1655
Kleine Antillen ab 1668
Trinidad 1797
Guayana 1796 - 1802, 1803
Falkland - I[n] 1765/1833
Nördl. Polarkreis
Nördl. Wendekreis
Äquator
Südl. Wendekreis
Südl. Polarkreis
ATLANTISCHER OZEAN
INDISCHER OZEAN
PAZIFISCHER OZEAN
Irland
Groß-britannien
Gibraltar 1704
Malta 1800/1814
Zypern 1878
Ägypten 1882/1914
Anglo-ägypt. Sudan 1874/1898
Kenia 1886
Gambia 1807/1843
Sierra Leone 1787/1808
Goldküste 1821/1874 1896
Nigeria 1861 1886
Nord-rhodesien 1891/1911
Njassaland 1891/1893
Südrhodesien 1888/1898
Betschuana-land 1884 1885
Walfisch-bai 1878
Swasiland 1894
Basutoland 1868
Kapkolonie 1795 - 1803, 1806
Mauritius 1810/1814
Amiranten 1841
Seychellen 1794
Aden 1905
Hadramaut 1888
Sokotra 1886
Brit.-Somalild. 1884/1887
Maskat u. Oman 1891
Belutschistan 1876
Britisch-Indien
Birma
Lakkadiven 1792/1810
Malediven 1796/1815
Andamanen 1789 - 1796, 1858
Ceylon 1796/1815
Malakka 1795/1824
Hongkong 1842
Nordborneo 1878/1881
Sarawak 1888
Gilbert - I[n] 1892
Ellice - I[n] 1892
Salomon - I[n] 1885
Brit.-Neuguinea 1884
Neue Hebriden 1887 brit.-frz. Kondominium
Fidschi-I[n] 1874
Westaustralien 1826
Nordterritorium 1824
Queensland 1824
Südaustralien 1836
Neusüdwales 1788
Port Philipp 1803
Vandiemensland 1803
Neuseeland 1814
Großbritannien und Irland
Erwerbungen bis 1800
Erwerbungen nach 1800
Bereits vor 1800 verlorengegangene Gebiete

Der Welthandel war vorwiegend brit. und Freihandel fiel mit den brit. Interessen zusammen. Verantwortl. Selbstreg. wurde 1840 für das vereinigte Ober- und Niederkanada verwirklicht, 1852 für Neuseeland, 1855 für Neufundland, Neusüdwales, Victoria und Tasmanien, 1856 für Südaustralien, 1859 für Queensland, 1872 für die Kapkolonie, 1890 für Westaustralien und 1893 für Natal. Die Bez. „Dominion" wurde erstmals 1867 für das vereinigte Kanada gewählt. Weitere Zusammenschlüsse benachbarter Gebiete vollzogen sich 1901 in Australien und 1910 in Südafrika. - Gegenüber dieser Entwicklung zur Selbstreg. war Indien ein Sonderfall. Nach dem muslim. Aufstand von 1857/58 gingen Territorium und Eigentum der Ostind. Kompanie, die schon 1833 ihre kommerzielle Monopolstellung verloren hatte, an die brit. Krone über; der Generalgouverneur rückte zum Vizekönig auf. Nach 1871 stand die brit. Politik im Zeichen eines offensiven Imperialismus. Der brit. Premiermin. B. Disraeli stützte sich in Indien auf das islam. Element und suchte über die islam. Welt des Nahen Ostens eine Brücke nach Indien aufzubauen (1875 Ankauf der Sueskanalaktien). Er veranlaßte 1876 die Proklamation der Königin Viktoria zur Kaiserin von Indien. 1878 trat die Türkei Zypern an Großbrit. ab. Nach der Besetzung Ägyptens 1882 war die Mittelmeerroute nach Indien ausreichend gesichert. Im imperialist. Ringen um Afrika sicherte sich Großbrit. zw. 1884 und 1900 Njassaland, Betschuanaland, Rhodesien, Kenia, Uganda und Nigeria. Im Sudan wurde 1898 das angloägypt. Kondominat errichtet. Hinter dieser Machtpolitik standen verbreitete Vorstellungen von der Kap-Kairo-Linie und der Singapur-Kairo-Linie als künftigen Achsen des Imperiums. Die brit. imperialist. Propaganda setzte Weltfrieden und brit. Weltherrschaft in eins. Die Abkehr von dieser imperialen Machtpolitik bahnte sich mit dem Burenkrieg (1899–1902) an, der heftige Kritik im Mutterland auslöste und die weltpolit. Isolierung Großbrit. offenbar machte. Die Reg. sah sich genötigt, die Entwicklung zur Selbstreg. der weißen Siedlerkolonien weiterzuführen. 1907 bestanden dann folgende Dominions: Kapland, Kanada, Australien, Neuseeland, Natal, Transvaal und Neufundland. Ihnen gegenüber blieb Indien unter dem Vizekönig. 1909 wurden hier ein Wahlrecht mit hohem Zensus eingeführt und die legislativen Befugnisse erweitert, doch von einem Parlamentarismus brit. Musters war man weit entfernt.

Von 1914 bis 1939: Die brit. Kriegserklärung 1914 wurde für das ganze Empire ausgesprochen und eine gemeinsame Kriegführung durchgesetzt. Aber die Reichskonferenz von 1917 ließ nur noch ein „Imperial Commonwealth" der autonomen Dominions gelten. Indien erreichte den Zutritt zu den Reichskonferenzen und eine offizielle brit. Erklärung, wonach die verantwortl. Selbstreg. Indiens angestrebt wurde. Der Dominionstatus blieb ihm allerdings noch verwehrt. In Versailles 1919 verhandelten und unterzeichneten die Dominions mit; alle, außer Neufundland, wurden Mgl. des Völkerbundes, auch Indien (1920), das auch als Quasi-Dominion den Versailler Friedensvertrag 1919 unterzeichnete. Die Reichskonferenz von 1926 (endgültig das Statut von Westminster 1931) schuf das „British Commonwealth of Nations" mit den Dominions (Irland, Kanada, Neufundland [bis 1934], Australien, Südafrikan. Union und Neuseeland) als „autonomen Gemeinschaften innerhalb des brit. Empire, gleich im Status, in keiner Weise einander in inneren und äußeren Angelegenheiten untergeordnet, obwohl durch eine gemeinsame Bindung an die Krone vereinigt und als Mgl. des Brit. Commonwealth of Nations frei assoziiert" (Balfour). Auch die farbigen Völker sollten allmähl. zu voller Selbstreg. kommen, entsprechend dem liberal-pazifist. Ideengut des Völkerbundes, das sich auch im System der Völkerbundsmandate niederschlug. Erweiterte konstitutionelle Befugnisse wurden Kenia, Rhodesien, Birma (1923) und Ceylon (1924) gewährt. Eine parlamentar. Verfassung mit allg. Wahlrecht erhielten 1931 Ceylon und 1937 Birma, das von Indien getrennt wurde. Indien blieb das Hauptproblem, das auch die Londoner Round-Table-Konferenzen 1930–32 mit Vertretern der ind. Nationalbewegung nicht lösen konnten.

Seit 1939: Im 2. Weltkrieg bewährte sich der Zusammenhalt des Commonwealth. Die Dominions traten, mit Ausnahme Irlands, der brit. Kriegserklärung bei. Indien wurde automat. einbezogen, was den scharfen Protest des Indian National Congress hervorrief. 1940 räumte Großbrit. den USA gegen Waffenlieferungen zahlr. Stützpunkte ein. Es verlor durch das jap. Vordringen 1941/42 sämtl. Besitzungen in Ostasien. 1943 erklärte Birma auf jap. Betreiben seine Unabhängigkeit. Nach Indien vermochten die Japaner allerdings nicht vorzudringen. Die USA verbanden ihren Krieg mit einem antikolonialist. Befreiungsprogramm, das ebenso wie die brit.-amerikan. Atlantikcharta (1941) den Emanzipationsbewegungen Auftrieb gab. Nach dem Kriege gewann Großbrit. seine Kolonien und Völkerbundmandate zurück, die nunmehr als „Treuhandgebiete der UN" galten. Der Fortgang der Entkolonisation war aber angesichts der machtpolit. Schwächung Großbrit. nicht mehr aufzuhalten. In der liberal-pazifist. Tradition traf die brit. Labourreg. (seit 1945) weitreichende Entscheidungen zugunsten der Befreiungsbewegungen. Birma wurde endgültig als unabhängige Republik anerkannt und schied aus dem Commonwealth aus (1948). 1947 erhielt Indien seine volle Selbständigkeit. Durch den Ggs. zw. hinduist. Kongreßpartei und Moslemliga bildeten sich zwei Staaten, Indien und Pakistan, die zunächst Dominions, 1950 bzw. 1956 aber Republiken innerhalb des Commonwealth wurden; Pakistan trat 1972 aus. Auch Ceylon erreichte 1948 den Dominionstatus. Aus dem „British Commonwealth of Nations" wurde in der nachkolonialen Ära das „Multiracial Commonwealth", eine neuartige Partnerschaft verschiedener Rassen und Staatsformen, die jedem Mgl. Vorteile bot. In den zwei Jahrzehnten nach 1950 erreichte dann die Mehrzahl der Kolonien ihre Unabhängigkeit. Nur wenige von ihnen gaben ihre Mitgliedschaft in der Gemeinschaft auf, so Irland (1949) und Südafrika (1961), dessen Apartheidpolitik als mit der Commonwealthidee unvereinbar verurteilt wurde. 1948 räumten die brit. Truppen Palästina, wo der jüd. nat. Rat den Staat Israel proklamierte. 1956 wurde der Sudan nach Aufhebung des angloägypt. Kondominats unabhängige Republik. Zypern wurde 1961 unabhängiges Mgl. des Commonwealth, Malta 1964. Bis 1971 gab Großbrit. alle Schutzgebiete östl. von Sues (ausgenommen Hongkong) auf. In Ozeanien wurden 1962 Westsamoa, 1970 Tonga und Fidschi unabhängig. - In Amerika wurden nach dem Zerfall der 1958 gegr. Westind. Föderation 1962 Jamaika sowie Trinidad und Tobago unabhängige Mgl., 1966 Guyana und Barbados. - Die größten Veränderungen ergaben sich in Afrika. Nach Auflösung der 1953 gebildeten Föderation Rhodesien und Njassaland (1963) wurden 1964 Nordrhodesien als Republik Sambia und Njassaland unter dem Namen Malawi selbständige Mgl., ebenso Ghana (1960), Nigeria (1960), Tanganjika (1961) und Sansibar (1963), die sich 1964 als Tansania zusammenschlossen, Sierra Leone (1961), Uganda (1962), Kenia (1963), Gambia (1965), Betschuanaland als Botswana (1966), Basutoland als Lesotho (1966), Mauritius (1968) und Swasiland (1969). Das seit 1964 Rhodesien gen. Südrhodesien proklamierte zur Aufrechterhaltung seiner weißen Minderheitsherrschaft 1965 einseitig seine Unabhängigkeit. 1979 übergangsweise erneut unter brit. Herrschaft gestellt, erlangte es im Frühjahr 1980 unter dem Namen Simbabwe seine internat. anerkannte Unabhängigkeit unter einer schwarzen Mehrheitsregierung. 1972 wurde das von Pakistan abgespaltene Bangladesch Mgl. des Commonwealth. Ihre Unabhängigkeit erreichten 1973 die Bahamas, 1974 Grenada, 1975 Papua-Neuguinea, 1976 die Seychellen, 1978 die Salomonen, Dominica und die Gilbert Islands (jetzt Tuvalu), 1979 die Ellice Islands (jetzt Kiribati), Saint Lucia und Saint Vincent, 1981 Belize (bis 1973 Brit.-Honduras genannt). Innere Autonomie wurde 1966 Hongkong, 1967 den Westind. Assoziierten Staaten und 1968 den Bermudainseln gewährt. Kleine Gebiete wie Anguilla, die Falklandinseln u. a. blieben Kronkolonien, andere wie Brunei u.a. Schutzgebiete unter der brit. Krone.

🕮 *McIntyre, W. D.: The Commonwealth of Nations. Origins and impact, 1869–1971. Minneapolis (Minn.) 1977. - Höpfl, H.: Gesch. Englands u. des Commonwealth. Ffm. ²1973. - Griffiths, P.: Empire into Commonwealth. London 1969. - Bulwer, P. M.: Commonwealth history. London 1967. - Williamson, Y. A.: Short history of British expansion. London ³⁻⁶1965–67. 2 Bde. - Cambridge history of the British Empire. Hg. v. J. H. Rose u.a. London ¹⁻²1929–63. 8 Bde.*

Britisch-Guayana, ehem. brit. Kolonie an der NO-Küste Südamerikas, ↑Guyana.

Britisch-Honduras ↑Belize.

Brockdorff, seit dem frühen 13. Jh. bezeugtes holstein.-dän. Adelsgeschlecht; es bestehen noch Linien in Schleswig-Holstein und Dänemark (seit 1672 bzw. 1838 gräfl.) sowie der 1814 in Bayern immatrikulierte, 1706 in den Reichsgrafenstand erhobene fränk. Zweig.

B.-Rantzau, Ulrich Graf von, * Schleswig 29. Mai 1869, † Berlin 8. Sept. 1928, dt. Diplomat und Politiker. - Ab Dez. 1918 als Staatssekretär Leiter des Auswärtigen Amtes, danach Außenmin. Febr. bis Juni 1919; bemühte sich vergebl., die Bedingungen des Versailler Vertrages zu mildern und trat aus Anlaß der Vertragsunterzeichnung, die er ablehnte, zurück; ging trotz Bedenken gegen den Rapallovertrag als erster Botschafter in die Sowjetunion (1922–28); befürwortete eine Annäherung an Moskau und trug entscheidend zum Zustandekommen des Berliner Vertrages (1926) bei.

Broda, Hans Christian, * Wien 12. März 1916, östr. Jurist und Politiker (SPÖ). - Seit 1959 Abg. zum Nationalrat; Justizmin. 1960–66 (an der Ausarbeitung des Staatsvertrags beteiligt) und seit 1970.

Broglie [frz. brɔj], frz. Adelsgeschlecht, seit dem 13. Jh. in Piemont beheimatet; 1643 kam ein Zweig der Familie nach Frankr. und erhielt 1742 den erbl. Herzogstitel. Aus dieser Familie gingen zahlr. bed. frz. Politiker (u. a. **Achille Léon Victor Herzog von Broglie** [* 1785, † 1870], 1832–36 frz. Außenmin. sowie 1830 und 1835/36 auch Min.präs., und **Albert Victor Herzog von Broglie** [* 1821, † 1901], 1873/74 Min. und 1877 Min.präs.), Heerführer (u. a. die Marschälle **François Marie Herzog von Broglie** [* 1671, † 1745] und **Victor François Herzog von Broglie** [* 1718, † 1804]) sowie Wissenschaftler hervor.

Brok, tom (ten Brok), ostfries. Häuptlingsgeschlecht des 14./15. Jh.: **Ocko I. tom Brok** (1376–91), machte Aurich zum Mittelpunkt einer ausgedehnten Herrschaft; **Keno II.** (1399–1417) einigte Ostfriesland; **Ocko II.** (1417–27) nannte sich Häuptling von Ostfriesland, unterlag aber 1427 Focko Ukena und starb 1435 als letzter seines Geschlechts.

Brömsebro [schwed. brœmsə'bru:], Ort in Schweden, 30 km nö. von Karlskrona, 250 E. Im **Frieden von B.** (1645) am Ende des schwed.-dän. Krieges verlor Dänemark seine strateg. Stellung im Ostseegebiet und die Vormacht in N-Europa.

Bronsart von Schellendorf, Paul, * Danzig 25. Jan. 1832, † Schettnienen bei Braunsberg (Ostpr.) 23. Juni 1891, preuß. General und Politiker. - 1870/71 Chef der Operationsabteilung im Großen Hauptquartier. Setzte als Kriegsmin. (1883–89) eine umfassende Reorganisation der Armee durch (Erhöhung der Friedensstärke, Verlängerung der Landwehr- und Landsturmpflicht).

Bronzezeit ['brõ:sə], Kulturperiode zw. Ende 3. und Anfang 1. Jt. v. Chr., in der Bronze das wichtigste Rohmaterial v. a. für Schmuckgegenstände und Waffen war. Im Dreiperiodensystem zw. Stein- und Eisenzeit eingeschoben, kann die B. in ihren räuml. und zeitl. Dimensionen mit diesen jedoch kaum verglichen werden. Eine ausgeprägte B. gab es nur im größten Teil Europas (Kerngebiete: M-Europa, N-Italien, O-Frankr., S-Skandinavien, Baltikum, Polen, NW-Balkan), in Teilen N-Afrikas (Maghreb, N-Mauretanien, ägypt. Niltal) und in vielen Teilen Asiens (Vorder- und Z-Asien, NW-Indien, S-Sibirien, China, z. T. Hinterindien und Indonesien). Eine durchgehende Periodisierung der B. ist nur im zentraleurop. Kerngebiet in großen Zügen mögl.: frühe B. (Anfang 2. Jt.–16. Jh.), mittlere B. (16.–13. Jh.) und späte B. (13.–8. Jh.; Urnenfelderzeit). - Wo Bronze zuerst bewußt hergestellt wurde, ist umstritten. Frühe Zentren der B. lagen in Böhmen und M-Deutschland (Aunjetitzer Kultur; Anfang 2. Jt.) und in SW-England (Wessexkultur; wahrscheinl. 1. Hälfte 2. Jt.).

Kennzeichnend für die B. sind eine gewisse soziale Differenzierung (handwerkl. Spezialisierung für Bronzegewinnung und -bearbeitung erforderl.; soziale Hervorhebung einzelner Persönlichkeiten durch die reiche Ausstattung der sog. Fürstengräber belegt) und eine vorwiegend bäuerl. Wirtschaftsform. Unterschiedl. Grabformen (frühe B.: Hockergräber; mittlere B.: überwiegend Hügelgräber; späte B.: Urnenbestattung in Flachgräbern). Zu den Funden gehören u. a. Schmuckstücke (Arm-, Bein-, seltener Fingerringe, Anhänger, Nadeln, in der späten B. Fibeln), Waffen (Beile, Äxte, Lanzen- und Pfeilspitzen, Dolche, Dolchstäbe, später Schwerter), seltener und meist erst in der späten B. Rüstungsteile (Helme, Panzer, Beinschienen, Schilde); figurale Kunstwerke selten, getriebene Bronzegefäße in der späten B. häufig. Vorherrschend ist eine abstrakte Ornamentik mit Zickzack-, Stern- und Spiralmotiven.

📖 *Gimbutas, M.: Bronze age cultures in central and eastern Europe. Den Haag 1965. - Childe, V. G.: The bronze age. Cambridge 1930. Nachdr. New York 1963.*

Brosio, Manlio Giovanni, * Turin 10. Juli 1897, † ebd. 14. März 1980, italien. Politiker und Diplomat. - Als einer der führenden Vertreter der Liberalen 1943/44 Mgl. des Komitees für Nat. Befreiung; 1944–46 mehrmals Min.; 1946–64 Diplomat; 1964–71 NATO-Generalsekretär.

***Broszat,** Martin ['brɔʃat], * Leipzig 14. Aug. 1926, dt. Historiker. - Ab 1955 Mitarbeiter am Institut für Zeitgeschichte in München, seit 1972 dessen Direktor. Seit 1972 Professor in Konstanz. - *Hauptwerke:* Der Nationalsozialismus. Weltanschauung, Programm und Wirklichkeit (1960), Nationalsozialist. Polenpolitik 1939–1945 (1961), Zweihundert Jahre dt. Polenpolitik (1963), Anatomie des SS-Staates (1965; mit H. Buchheim u. a.; 2 Bde.), Der Staat Hitlers (1969), Bayern in der NS-Zeit (1977; Mithg.).

Brougham, Henry Peter Baron B. and Vaux [engl. brʊm], * Edinburgh 19. Sept. 1778, † Cannes 7. Mai 1868, brit. Politiker und polit. Schriftsteller. - Rechtsanwalt; Mgl. des Unterhauses 1810–12 und 1816–30 und des Oberhauses ab 1830. Vorkämpfer für Abschaffung des Sklavenhandels, Neuorganisation und Verbesserung des Schulwesens und der Gerichtsverfassung; unterstützte 1828/29 die Katholikenemanzipation; Lordkanzler 1830–34.

Brown [engl. braʊn], George Alfred, brit. Politiker, ↑ George-Brown, Baron of Jevington.

B., John, * Torrington (Conn.) 9. Mai 1800, † Charlestown (W. Va.) 2. Dez. 1859, amerikan. Vorkämpfer für die Sklavenbefreiung. - Unterstützte flüchtige Sklaven und bekämpfte mit Mord- und Terroraktionen die Sklavenhalter. Beim Überfall auf ein Waffenarsenal in Harpers Ferry (W. Va.) 1859 von Regierungstruppen gestellt, zum Tode verurteilt und gehängt.

Broz, Josip, jugoslaw. Politiker, ↑ Tito.

Bruce [engl. bru:s], schott. Adelsgeschlecht anglonormann. Herkunft seit dem 11. Jh.; gehörte ab 1290 zu den Anwärtern auf den schott. Thron; aber erst Robert I. wurde König von Schottland (1306–29). Mit dessen Sohn, König David II. (1329–71), starb die Familie aus, die Erbfolge ging auf die ↑ Stuarts über.

Bruce of Melbourne, Stanley Melbourne [engl. 'bru:s əv 'mɛlbən], Viscount (seit 1947), * Melbourne 15. April 1883, † London 25. Aug. 1967, austral. Politiker. - 1918–1929 und 1931–33 Mgl. des Abg.hauses des Austral. Bundes; 1921–23 Schatzmin.; 1923–1929 Min.präs., zugleich Außenmin.; 1931–33 Min.resident in London, dort 1933–45 Hoher Kommissar (Vertreter des Dominions); seit 1947 Mgl. des brit. Oberhauses.

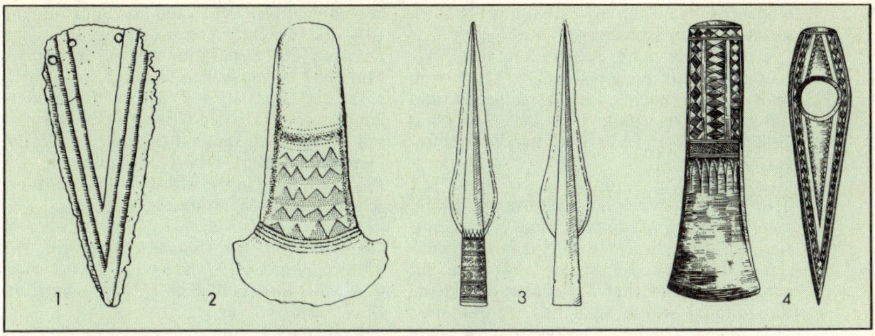

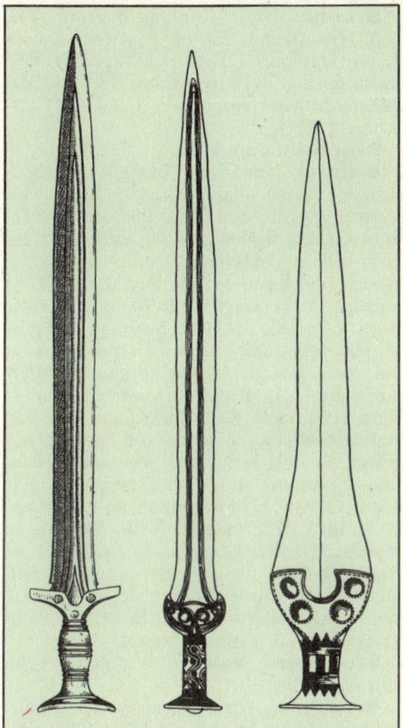

Bronzezeit. Oben: 1 triangulärer Dolch, 2 irisches Flachbeil, 3 Lanzenspitzen, 4 Axt; links: Mörigenschwert und zwei Vollgriffschwerter

Brück, Gregor, latinisiert Pontanus, eigtl. Heintze, * Brück bei Magdeburg 1483, † Jena 15. (20.?) Febr. 1557, kursächs. Jurist und Politiker. - 1519 zum kursächs. Hofrat und 1520 zum Kanzler (bis 1529) berufen; Hauptverfasser der Protestation von Speyer (1529), regte die Abfassung des Augsburger Bekenntnisses an, ermöglichte die Gründung des Schmalkald. Bundes, beeinflußte die Konsistorialverfassung der ev. Landeskirchen und das ev. Eherecht.

Brugger, Ernst, * Bellinzona (Tessin) 10. März 1914, schweizer. Politiker. - Mgl. der Freisinnig-demokrat. Partei der Schweiz: 1970–77 Bundesrat (Volkswirtschaftsdepartement); 1974 Bundespräsident.

Brühl, thüring. Adelsgeschlecht; wohl 1344 erstmals urkundl. erwähnt; 1737/38 Erhebung in den Reichsgrafenstand, Bed.:

B., Heinrich Graf von, * Gangloffsömmern (Landkr. Sömmerda) 13. Aug. 1700, † Dresden 28. Okt. 1763, kursächs. Minister. - Setzte 1733 die Wahl Friedrich Augusts II. zum König von Polen (als August III.) durch; 1738 alleiniges Vortragsrecht, 1746 zum leitenden Minister ernannt, bestimmte völlig die sächs. Politik; erwarb großen persönl. Reichtum; nach seinem Tod entdeckte man, daß er der Staatskasse 4,6 Mill. Taler schuldete.

Brukterer (lat. Bructeri), german. Stamm, Ende 1. Jh. v. Chr., den Friesen und Chauken benachbart, an der Ems siedelnd; stießen 8 v. Chr. zur Lippe vor; 4 n. Chr. von den Römern unterworfen; um 97 von den Chamaven und Angrivariern fast ausgerottet, gingen später in den Franken auf.

Brumaire [frz. bry'mɛːr „Nebelmonat"], 2. Monat des Kalenders der Frz. Revolution (22.; 23. bzw. 24. Okt. bis 20., 21. bzw. 22. Nov.); bekannt der 18. B. (9. Nov. 1799), der Tag des Staatsstreichs, durch den Napoleon Bonaparte Erster Konsul wurde.

Brun I., hl., * um 925, † Reims 11. Okt. 965, Erzbischof von Köln (seit 953). - Bruder Ottos I., d. Gr., 951 zum Erzkanzler ernannt; 953 Herzog von Lothringen; gilt als Schöpfer der otton. Bildungspflege, Förderer der von Gorze ausgehenden Klosterreform, einer der bedeutendsten Vertreter des otton. Reichskirchensystems.

Brun, Rudolf, * um 1300, † Zürich 17. Sept. 1360, Ritter, Bürgermeister von Zürich. - Stürzte 1336 v. a. mit Handwerkern den vom Kaufmannsstand getragenen Rat Zürichs; wurde nach erzwungener Verfassungsänderung auf Lebenszeit gewählter Bürgermeister; mußte 1351 ein ewiges Bündnis mit den eidgenöss. Waldstätten schließen; 1356 Ausgleich mit den Habsburgern.

***Brunei** (Brunai), Sultanat an der NW-Küste von Borneo, am Südchin. Meer, vom malays. Landesteil Sarawak umgeben und durch ihn zweigeteilt; 5765 km^2, 224000 E (1985), 39 E/km^2. Hauptstadt Bandar Seri Begawan.

Geschichte: Ein hinduist. Reich B. ist seit dem 9. Jh. nachweisbar; gehörte im 14. Jh. zum Reich von Madjapahit; um 1410 islamisiert. Im 16. Jh. brachten die Spanier den ganzen N unter ihre Herrschaft; 1841 kam der ganze S an den Briten J. Brooke; das kleine Restsultanat wurde 1888 brit. Protektorat; 1941–45 jap. besetzt. Der Vertrag zw. dem Sultan und der brit. Reg. vom Jan. 1979 sieht für Ende 1983 die volle Unabhängigkeit von B. vor.

Politische Verhältnisse: Nach dem im Nov. 1971 mit Großbrit. geschlossenen Vertrag bleibt dieses nurmehr für Verteidigung und Außenpolitik verantwortl.; das Sultanat besitzt volle innere Autonomie. Die Verfassung von 1959 ist seit 1962 z. T. außer Kraft gesetzt. Staatsoberhaupt ist der Sultan, seit 1967 Muda Hassanal Bolkiah. Vertreter der brit. Krone ist ein Hochkommissar, der Mgl. des Min.rats (11 Mgl.) ist. Dem Min.rat (Exekutive) sitzt der Sultan vor. Der Gesetzgebende Rat besteht aus 20 vom Volk gewählten Mgl. und dem vom Sultan ernannten Speaker. Die Streitkräfte umfassen rd. 2800 Mann. Ein brit. Gurkha-Bataillon ist in B. stationiert.

Brunhilde (Brunichilde), * um 550, † 613, fränk. Königin. - Seit 567 ∞ mit Sigibert I. von Austrien; regierte nach dessen Ermordung (575) im austras., ab 592 auch im burgund. Teilreich; unterlag dem Bündnis des austras. und burgund. Adels; zu Tode geschleift. Ihr Name lebt vermutl. im „Nibelungenlied" fort.

Brüning, Heinrich, * Münster 26. Nov. 1885, † Norwich (Vt.) 30. März 1970, dt. Politiker. - Aus kath. Kaufmannsfamilie; 1920–30 Geschäftsführer des christl. Dt. Gewerkschaftsbundes; 1924–33 MdR (Zentrum); setzte als führender Finanzpolitiker 1925 die Begrenzung des Lohnsteueraufkommens auf 1,2 Mrd. Mark durch (Lex B.); übernahm Ende 1928 fakt. die Führung des Zentrums, 1929 die Leitung der Reichstagsfraktion; 1933 Parteivors.; wurde am 30. März 1930 von Hindenburg zum Reichskanzler eines von Fraktionsbindungen unabhängigen Kabinetts berufen. Nahziel B. war eine Sanierung der Reichsfinanzen, um die Voraussetzungen für die Lösung der Reparationsfrage und zur Bekämpfung der Massenarbeitslosigkeit zu schaffen. Ging ab Sept. 1930 zu einer parlamentar. tolerierten Präsidial-Reg. über, wobei er seine wirtschafts- und finanzpolit. Maßnahmen mit Hilfe von Notverordnungen durchsetzte und sich zur Auflösung des Reichstages bevollmächtigen ließ; schuf bis zum Frühjahr 1932 die wesentl. Voraussetzungen für die Revision der Reparationen; wurde am 30. Mai 1932 auf Betreiben General von Schleichers entlassen. 1934 Flucht in die Niederlande; seit 1935 in den USA (Prof. in Harvard seit 1939); nach seiner Rückkehr in die BR Deutschland 1951–54 Prof. in Köln; zog sich 1957 endgültig in die USA zurück; 1970 erschienen seine Memoiren.

📖 *Bracher, K. D.: Brünings unpolit. Politik u. die Auflösung der Weimarer Republik. In: Vjhh. f. Zeitgesch. 19 (1971), 113. - Treviranus, G. R.: Das Ende v. Weimar. H. B. u. seine Zeit. Düss. 1968.*

Brünne ↑Rüstung.

***Brunner,** Otto, * Mödling 21. April 1898, östr. Historiker. - 1931–45 Prof. in Wien, ab 1954 in Hamburg. Befaßte sich v. a. mit der Verfassungs- und Sozialgeschichte des Spät-MA und der frühen Neuzeit, u. a. „Land und Herrschaft" (1939).

Bruno I. ↑Brun I., hl.

Brüssel (amtl. frz. Bruxelles, niederl. Brussel), Haupt- und Residenzstadt Belgiens, Verwaltungssitz der Prov. Brabant, im Tal und auf den Talhängen der Zenne, 15 bis 74 m ü. d. M., 158000 E.

Geschichte: Reste neolith. Besiedlung; B. ist ab Ende 7. Jh. belegt; Ende 10. Jh. Bau einer Burg, Keimzelle der städt. Siedlung Handelsposten), schon um 1100 mit einer Ringmauer umgeben; Hauptstadt der burgund. Niederlande; im 15. Jh. Residenz, höchste kulturelle Blüte. Führende Rolle im Kampf der aufständ. Niederlande gegen die span. Herrschaft, ab 1578 Hauptstadt der Generalstaaten. Zerstörung durch frz. Truppen (1695), seit 1713 östr.; 1794 frz., Hauptstadt des Dep. Dyle; 1815 als 2. Hauptstadt zum Vereinigten Kgr. der Niederlande. Von B. ging 1830 die Revolution aus, die zur Unabhängigkeit Belgiens führte. Im neuen Kgr. fielen B. sämtl. zentralörtl. Funktionen zu. In beiden Weltkriegen von dt. Truppen besetzt.

Brüsseler Pakt ↑Westeuropäische Union.

Brussilow, Alexei Alexejewitsch * Tiflis 31. Aug. 1853, † Moskau 17. März 1926, russ. General. - Leitete 1916 an der SW-Front die nach ihm benannte erfolgreiche russ. Offensive in Galizien und Wolynien; 1917 Oberbefehlshaber des Heeres.

Bruttium, antiker Name Kalabriens; nach den **Bruttiern** ben., die nach 356 v. Chr. griech. Kolonien eroberten, 300–295 gegen Syrakus, 278–275 gegen Rom kämpften; 272 von Rom unterworfen; stellten sich 216 auf Hannibals Seite, von den Römern hart bestraft; im 2. Jh. v. Chr. war B. fast vollständig romanisiert.

Brutus, Beiname des röm. Geschlechts der Junier; bekannt v. a.:

B., Decimus Junius B. Albinus, * um 81, † 43,

Prätor (45). - Zeichnete sich als Legat Cäsars und Flottenkommandant vor Massilia aus (49), Statthalter von Gallia transalpina (48–46), dann von Gallia cisalpina (44/43), designierter Konsul für 42; nahm an der Verschwörung gegen Cäsar teil; kämpfte im sog. Mutinens. Krieg ab 44 gegen M. Antonius, der ihn ermorden ließ.

B., Lucius Junius, nach röm. Überlieferung Begr. der röm. Republik (509 v. Chr.). - Er und Tarquinius Collatinus waren die ersten Konsuln.

B., Marcus Junius, * 85, † bei Philippi (Makedonien) etwa Mitte Nov. 42 (Selbstmord), Prätor urbanus (44). - Trat im Bürgerkrieg auf die Seite des Pompejus; nach der Schlacht von Pharsalos (48) von Cäsar begnadigt und gefördert: Verwaltung von Gallia cisalpina (46/45), Designation zum Konsul für 41; beteiligte sich als Verfechter der alten Res publica führend an der Verschwörung gegen Cäsar; rüstete seit Ende 44 im O, unterlag aber Antonius 42.

📖 *Bengtson, H.: Zur Gesch. des B. Mchn. 1970.*

Bryan, William Jennings [engl. 'braɪən], * Salem (Ill.) 19. März 1860, † Dayton (Tenn.) 26. Juli 1925, amerikan. Politiker. - Rechtsanwalt; unterlag in den Präsidentschaftswahlen 1896, 1900 und 1908 als Kandidat der Demokraten; 1913–15 Außenmin.; Sozialreformer, Pazifist und Gegner des Dollarimperialismus; setzte den Abschluß der ↑Bryan-Verträge durch.

Bryan-Verträge [engl. 'braɪən] (amerikan. Friedensverträge), auf Betreiben von W. J. Bryan 1913/14 zw. den USA und 21 anderen Staaten geschlossenes völkerrechtl. Abkommen zur Vermeidung krieger. Auseinandersetzungen; gelten zumeist noch heute; verpflichten die Vertragsparteien, vor Aufnahme von Feindseligkeiten erst den Bericht einer 5köpfigen, im voraus bestellten internat. Untersuchungskommission abzuwarten.

***Brzezinski,** Zbigniew [engl. bʒɛ'zɪnskɪ], * Warschau 28. März 1928, amerikan. Politologe poln. Herkunft. - Seit 1962 Prof. an der Columbia University; seit 1960 Berater im State Department, seit 1976 Leiter des Nat. Sicherheitsrats; 1977–81 Sonderberater des amerikan. Präs. für Fragen der nat. Sicherheit; untersuchte die verschiedenen Erscheinungsformen des Kommunismus („Der Sowjetblock“, 1962; „Alternative zur Spaltung“, 1966).

Bubastis, Hauptstadt des 18. unterägypt. Gaues, im östl. Nildelta; Ruinen mehrerer Tempel vom 3. bis 1. Jt.

Bucer, Martin ['bʊtsər], eigtl. M. Butzer, * Schlettstadt 11. Nov. 1491, † Cambridge 27. (28.) Febr. 1551, dt. Reformator und Humanist. - Dominikaner, wurde 1518 Anhänger der Reformation. B. mußte, nachdem er in Weißenburg (Elsaß) die Reformation eingeführt hatte, nach Straßburg fliehen. Er bemühte sich seit 1533 um die Organisation des Gemeindelebens (Kirchenzucht, ev. Konfirmation) und als Mitverfasser der Confessio Tetrapolitana um die Einigung der Protestanten und vermittelte im Abendmahlsstreit; die Wittenberger Konkordie von 1536 ist v. a. sein Werk. B. gewann großen Einfluß auf Landgraf Philipp von Hessen, Als Gegner des Augsburger Interims mußte er 1548 Straßburg verlassen und folgte einem Ruf des Erzbischofs Thomas Cranmer von Canterbury nach England; dort Prof. in Cambridge.

Buch [zu althochdt. buoh „zusammengeheftete Buchenholztafeln“ (auf denen man schrieb)], mehrere, zu einem Ganzen zusammengeheftete bedruckte, beschriebene oder auch leere Blätter, die in einen B.einband (Buchdecke) eingebunden sind. Darüber hinaus wird auch jedes geheftete oder klebgebundene (Broschüre, Taschenbuch) literar. Erzeugnis als B. bezeichnet.

Geschichte: Über die Anfänge des B. ist wenig bekannt. Inschriften wurden meist auf Stein gemeißelt oder in Metall geritzt. Im Vorderen Orient wurden seit etwa 3000 v. Chr. Schriftenzeichen in Tontafeln eingedrückt, die dann getrocknet und manchmal gebrannt wurden. Ein weiterer Beschreibstoff war Leder. In Indien wurden Blätter benutzt, in China mindestens seit 1300 v. Chr. mit Bambus zusammengehaltene Bambus- oder Holzstreifen. Die frühesten erhaltenen Dokumente auf pflanzl. Beschreibstoff sind die Papyri. Zunächst wurden Einzelblätter verwendet, seit dem 2. Jt. v. Chr. finden sich B.rollen aus aneinandergeklebten Einzelblättern. In Kleinasien wurde seit 2. Jh. v. Chr. Pergament zur B.herstellung verwendet. Schreibtafeln sind schon bei Homer bezeugt, mit Wachs bezogene bei Herodot (5. Jh. v. Chr.). Diese Tafeln wurden an der linken Längsseite zusammengebunden oder mit Scharnieren, Ringen und Riemen zusammengehalten. Seit etwa Christi Geburt wurden auch Papyrus- und Pergamenthefte (Kodizes) angelegt, die meist recht unhandl. Format annahmen. Ein Kodex besteht aus einer Vielzahl gleich großer Pergamentblätter, die, in der Mitte gefaltet, ineinandergelegt und mit Faden geheftet und zw. Holzdeckeln oder -rahmen eingebunden sind.

Das Papier wurde zwar schon im 2. Jh. v. Chr. in China erfunden, aber erst im 8. Jh. n. Chr. wurde die Technik der Papierherstellung von den Arabern übernommen und gelangte mit ihnen nach S-Europa. Im 15. Jh. bestand ein Großteil der Handschriften bereits aus Papier, nach der Erfindung des Buchdrucks wurde das Pergament rasch durch das billigere Papier verdrängt: seit 1500 etwa hatte das B. weitgehend seine heute noch übl. Gestalt. Die Neuzeit der B.geschichte beginnt mit Gutenbergs Bibeldruck (1455). Gutenberg druckte i. d. R. Auflagen von 150–200 Exemplaren. Nach 1480 stieg die Auflagenhöhe teilweise auf 1 000; von Luthers Übersetzung des N. T. (Septemberbibel) wurden 1522 schon 5 000 Exemplare gedruckt. 1522–34 gab es 85 Ausgaben von Luthers N.T.; zw. 1534 und 1574 wurden 100 000 Exemplare der vollständigen Bibelübersetzung Luthers verkauft. Neben die vielen religiösen Inkunabeln traten bald wiss. Werke und Dichtungen.

Das B. ist bis heute ein wichtiger Träger der geistigen Kommunikation, des Austausches von Ideen und Informationen geblieben, trotz des Aufkommens von Hörfunk, Fernsehen, Datenverarbeitung.

📖 *Funke, F.: B.kunde. Ein Überblick über die Gesch. des B.- u. Schriftwesens. Mchn. ⁴1978. - Presser, H.: Das Buch vom B. 5 000 Jahre B.gesch. Hannover ²1978.*

Buchanan [engl. bju:'kænən], George, * Killearn (Stirlingshire) Febr. 1506, † Edinburgh 29. Sept. 1582, schott. Humanist. - Kam in Paris mit den Gedanken der Reformation in Berührung, wurde in Schottland wegen seiner gegen die Franziskaner gerichteten satir. Schriften „Somnium" und „Franciscanus" als Ketzer verurteilt und mußte fliehen (über Paris nach Bordeaux). Nach seiner Rückkehr nach Schottland trat er 1562 zum Protestantismus über; Gegner Maria Stuarts; verfocht die Lehre vom Tyrannenmord und trat für die Volksrechte ein. Schuf ein bed. Werk über die Geschichte Schottlands („Rerum Scoticarum historia", 1582).

B., James, * Stony Batter bei Mercersburg (Pa.) 23. April 1791, † Wheatland (Pa.) 1. Juni 1868, 15. Präs. der USA (1857–61). - Jurist; 1812 und 1814 als Vertreter der Federalist party in das Repräsentantenhaus gewählt, gehörte 1820–31 als Demokrat dem Kongreß an; 1834–45 Senator für Pennsylvania; Außenmin. 1845–49; 1853–56 Gesandter in London; brachte viel Sympathien für die Einstellung der Südstaaten (z. B. Sklaverei) auf, focht aber im Sezessionskrieg auf seiten der Union und unterstützte A. Lincoln.

Bucharin, Nikolai Iwanowitsch, * Moskau 9. Okt. 1888, † ebd. 15. März 1938, sowjet. Politiker und Wirtschaftstheoretiker. - Seit 1906 Mgl. des linken Flügels der Sozialdemokrat. Arbeiterpartei; 1911 Verbannung nach Sibirien und Flucht nach Deutschland; wesentl. Rolle in der Oktoberrevolution (Leiter des bolschewist. Aufstandes in Moskau), enger Kampfgenosse Lenins (ZK-Mgl. und Chefredakteur der „Prawda" seit 1917); unterstützte als Mgl. des Politbüros (seit 1924) und Vors. der Komintern (seit 1926) zunächst den Kurs Stalins, wandte sich dann jedoch gegen dessen Zwangskollektivierungs- und Industrialisierungspläne; von Stalin ausgeschaltet, verlor 1929 sämtl. polit. Ämter; 1937 verhaftet, nach Schauprozeß hingerichtet; zahlr. Arbeiten zu ökonom. und polit. Fragen, u. a. „Theorie des histor. Materialismus" (1922).

📖 *Cohen, St. F.: Bukharin and the Bolshevik Revolution. New York 1973. - Löwy, A. G.: Die Weltgesch. ist das Weltgericht. B., Vision des Kommunismus. Wien u. a. 1969.*

Buchdruck, ältestes, in der heutigen Form auf die um 1440 erfolgte Erfindung Gutenbergs zurückgehendes Druckverfahren. **Geschichte:** Obgleich bereits im Altertum in Ägypten und Rom eingefärbte Stein- und Metallstempel mit figürl. Darstellungen, Buchstaben oder ganzen Wörtern verwendet wurden und bis ins MA überkommen sind, ist der Beginn des B. in China zu suchen, wo vor mehr als 1 200 Jahren die Technik des Tafel- oder Blockdruckes bekannt war: In eine Platte aus Metall oder Holz wurde der Text eingeschlagen bzw. eingeschnitzt. Da jede Druckplatte nur einmal verwendet werden konnte, begann man im 11. Jh., mit bewegl. Lettern aus Ton zu drucken. Über die Araber gelangte die Technik des Tafeldrucks nach W-Europa (Ende des 14. Jh.). Sie wurde aber bereits kurze Zeit später durch den B. mit bewegl. Lettern aus Metall verdrängt. Gutenberg unternahm seit etwa 1436 in Straßburg, ab 1440 in Mainz Versuche mit einzelnen, beliebig zusammensetzbaren sog. Typenstempeln. Aus diesen fügte er Druckformen zusammen und druckte mit ihnen (ab etwa 1445) mit Hilfe einer von ihm entwickelten Drukkerpresse. Seine Leistung lag in der Bewältigung des Problems des Letterngusses und des Pressens. Die Typenstempel waren zunächst aus Holz, dann aus Blei, später auch aus Eisen oder Kupfer. Die neue Technik verbreitete sich schnell über ganz Europa: Italien überflügelte Deutschland bald in der Anwendung der neuen Technik; um 1500 hatte z. B. allein Venedig bereits 150 Druckereien. Weitere entstanden u. a. in Paris, Leiden, Amsterdam, Basel und London. - Die ersten Drucker bemühten sich, die handgeschriebenen Bücher genau nachzuahmen. Erst in den folgenden Jahrzehnten wurde es allg. übl., alle Elemente des Buches mechan. zu vervielfältigen, d. h. Initialen usw. in Holz oder Metall zu schneiden und sogar mehrfarbig zu drucken. Es entstanden auch bes. Schriftarten, die den techn. Problemen des B. Rechnung trugen: Während Gutenberg für seine Bibel (1455) neben Interpunktionszeichen u. a. 47 Groß- und 243 Kleinbuchstaben brauchte, um der Tendenz der got. Schrift zur Verschmelzung gerecht zu werden, erleichterte die von Jenson entwickelte und seit etwa 1520 allg. verwendete Antiqua mit ihren isolierten Lettern den Schriftguß wesentl. In der 1. Hälfte des 16. Jh. entstand ferner in der Fraktur eine leichter lesbare und herstellbare got. Schriftart, die in Deutschland und im westslaw. Bereich bis ins 20. Jh. in Gebrauch war. Um 1570 war die Umstellung von der Handschrift auf den B. vollzogen. Von nun an vervollkommnete sich v. a. das techn. Verfahren des B., bes. seit Ende des 19. Jh.

Presser, H.: Buch u. Druck. Krefeld 1978.

Buchenwald, großes nat.-soz. Konzentrationslager auf dem Ettersberg bei Weimar für Kriminelle und aus rass., religiösen oder polit. Gründen Verfolgte; 1937–45 wurden rd. 240 000 Menschen aus 32 Nationen nach B. verschleppt; von ihnen fanden dort schätzungsweise 56 500 den Tod; nach Kriegsende bis 1950 von der sowjet. Besatzungsmacht als Internierungslager benutzt; heute Mahnmal und Gedenkstätte.

Bucher, Lothar, * Neustettin 25. Okt. 1817, † Glion bei Montreux 10. Okt. 1892, dt. Publizist und Politiker. - 1848 radikaldemokrat. Abg. der preuß. Nationalversammlung, 1849 der 2. Kammer; 1850–61 in London im Exil; später enger Mitarbeiter Bismarcks; nach 1890 an der Niederschrift der „Gedanken und Erinnerungen" Bismarcks beteiligt.

Bücherverbrennung, aus Anlaß eines polit. oder kirchl. Bücherverbots oder als Zeichen eines Protests geübte Demonstration (bes. seit der Inquisition); 1817 verbrannten Studenten beim Wartburgfest reaktionäre Literatur; am 10. Mai 1933 wurden in den dt. Univ.städten die Bücher verfemter Autoren (u. a. Feuchtwanger, S. Freud, E. Kästner, Kisch, H. Mann, Remarque, Tucholsky, A. Zweig) verbrannt.

Buckingham [engl. 'bʌkɪŋəm], engl. Earl- und Herzogstitel, zuerst belegt Ende 11. Jh., Herzogstitel in den Familien Stafford 1444–1521, Villiers 1623–87, Sheffield 1703–1739, Grenville (Herzöge von B. und Chandos) 1822–89.

Budapest [ungar. 'budɔpɛʃt], Hauptstadt von Ungarn, auf beiden Seiten der Donau, 100–245 m ü. d. M., 2,07 Mill. E.

Geschichte: 1872 durch die Zusammenlegung der beiden 1148 erstmals erwähnten Städte **Buda** und **Pest** entstanden. Schon früh besiedelt; röm. Legionslager **Aquincum** am pannon. Limes. Durch Veteranensiedlungen entstand die Stadt Aquincum, 124 n. Chr. Stadtrecht, 184 Kolonie, Residenz der Statthalter der Prov. Pannonia inferior; die Aravisker hielten hier ihre Landtage ab. Im 10. Jh. erstes Herrschaftszentrum der Magyaren. 1241 von den Mongolen zerstört. Im 13. Jh. Wiederaufbau der beiden Städte, erste königl. Burg (seit Mitte 14. Jh. ständige Residenz der ungar. Könige); 1541 endgültig durch die Osmanen erobert. Buda war Sitz eines Paschas; 1686 Vertreibung der Osmanen. Im 18. Jh. wurde Buda wieder Hauptstadt Ungarns. 1848 waren Buda und Pest Zentren des ungar. Vormärz. 1872 als B. Hauptstadt der transleithan. Reichshälfte; im 2. Weltkrieg und beim Aufstand 1956 schwere Schäden.

Tóth-Epstein, E.: Histor. Enzyklop. v. B. Budapest 1974. - Mesterházi, L.: Tausendjähriges B. Kassel 1970.

Buddha [Sanskrit „der Erwachte, der Erleuchtete"] (tibet. Sangsgyas, chin. Fo, jap. Butsu) (Ehrentitel des Siddhartha Gautama), * Kapilawastu 560, † bei Kusinara vermutl. 480, Stifter des Buddhismus. - B. stammte aus dem zur Kschatrija-Kaste gehörenden Geschlecht der Schakja von Kapilawastu; daher bezeichnete man ihn als **Schakjamuni** („weiser Einsiedler aus dem Schakja-Geschlecht"). Eine häufige Selbstbez. in seinen Reden war **Tathagata** („der so [d. h. auf dem Heilsweg] Gegangene").

Oldenberg, H.: B. Sein Leben, seine Lehre, seine Gemeinde. Stg. [13]1959.

Buddhismus, Weltreligion, ben. nach ihrem Stifter Buddha; sie beruht auf dessen Lehre und Ordensgründung. Die erste Predigt Buddhas, in der traditionellen Formulierung das „Inbewegungsetzen des Rades der Lehre", war nicht allein der Anfang der Ausbreitung buddhist. Gedanken, sondern zugleich die Begründung der *Ordensgemeinschaft* buddhist. Mönche (des **Sangha**), denen Buddha nach seiner Predigt die erbetene Mönchsweihe erteilte. Erst nach anfängl. Ablehnung nahm Buddha auch Frauen in seinen Orden auf. Nicht den strengen Gesetzen des Mönchtums unterworfen sind die Laienanhänger.

Der *ind. B.* erfuhr unter der Herrschaft des Königs Aschoka (♔ 268–227) eine Blütezeit. Doch waren bereits auf dem Konzil zu Vaischali (um 380 v. Chr.) erhebl. Differenzen innerhalb des Ordens zutage getreten. Sie führten zur Spaltung in die beiden Richtungen („Fahrzeuge") des Hinajana-Buddhismus und Mahajana-Buddhismus, die seitdem in ihrer Lehre und Ausbreitungsgeschichte unterschiedl. Wege gingen.

Conze, E.: Der B. Dt. Übers. Stg. [5]1974. - B. der Gegenwart. Hg. v. H. Dumoulin. Freib. u. a. 1970. - Schlingloff, D.: Die Religion des B. Bln. 1962–63. 2 Bde.

Budjonny, Semjon Michailowitsch, * Kosjurin (Gebiet Rostow am Don) 25. April 1883, † Moskau 26. Okt. 1973, sowjet. Marschall (1935). - Gewann 1919–21 als erfolgreicher „roter" Reiterführer im Kampf gegen die „Weißen" und Polen legendären Ruhm; befehligte im 2. Weltkrieg die Truppen an der SW-Front (1941) und im N-Kaukasus (1942); ZK-Mgl. 1939–52, seit 1938 Mgl. des Präsidiums des Obersten Sowjets.

Buffalo Bill [engl. 'bʌfəloʊ 'bɪl], eigtl. William Frederick Cody, * Scott County (Iowa) 26. Febr. 1846, † Denver (Colo.) 10. Jan. 1917, amerikan. Pionier und Offizier. - Kämpfte als Kavallerieoffizier 1868–72 und 1876 gegen die Indianer; erhielt seinen Namen durch seine Fertigkeit im Erlegen von Bisons als Versorgungsleiter beim Bau der Pazifikbahn 1867/68; seit 1883 als Schausteller in den USA und in Europa bekannt durch seine „Wildwestschau".

Buganda, ehem. Kgr. in Z-Uganda, in dem fast ganzjährig gut beregneten, sanftwelligen Rumpfflächenland nw. des Victoriasees, 64998 km², 2,2 Mill. E (1967), Hauptstadt Mengo; um 1500 gegr.; der König (Kabaka) herrschte absolutist. bis in die Kolonialzeit (1894); nach 1962 der wichtigste, weitgehend selbständige Bundesstaat Ugandas; 1967 wurde die Selbständigkeit B. durch die neue ugand. Verfassung aufgehoben.

Bugenhagen, Johannes, * Wollin 24. Juni 1485, † Wittenberg 19. April 1558, norddt. Reformator. - 1509 Priester; 1523 Pfarrer, 1533 Prof. in Wittenberg. Mitarbeiter Luthers, Verfasser zahlr. Kirchenordnungen.

Buisson, Ferdinand [frz. bɥi'sõ], * Paris 20. Dez. 1841, † Thieuloy-Saint-Antoine (Oise) 16. Febr. 1932, frz. Pädagoge und Politiker. - 1896–1906 Prof. an der Sorbonne; trat als radikalsozialist. Abg. 1902–24 maßgebl. für die Trennung von Staat und Kirche ein; verfocht Frauenstimm- und Proportionalwahlrecht; Mitbegr. und langjähriger Vors. der frz. Liga der Menschenrechte; erhielt 1927 mit L. Quidde den Friedensnobelpreis.

Bujiden (Buwaihiden), pers. Dyn., herrschte 940/945–1055.

Bukarester Friedensschlüsse, 1. Friede vom 28. Mai 1812: beendete den seit 1806 währenden russ.-türk. Krieg (↑Türkenkriege). - 2. Friede vom 10. Aug. 1913: beendete den 2. ↑Balkankrieg.

Buke [jap. 'buˌke, bu'ke], die Familien des jap. Kriegsadels im Gegensatz zu denen des Hofadels (↑Kuge); entstanden als Klasse im 12. Jh. und hatten bis Ende der Feudalzeit 1868 die polit. Führung in Japan; die Oberschicht bildeten die Daimio, an deren Spitze der Schogun mit seiner Familie stand.

Bukowina [russ. buka'vinɐ] (Buchenland), Gebiet am Osthang der Waldkarpaten, im Quellgebiet von Pruth und Sereth mit (1850–1918) 10442 km²; der N gehört zur UdSSR (Ukrain. SSR), der S zu Rumänien. - Im späten 14. Jh. brachte das Ft. Moldau die B. unter seine Kontrolle. Nach dem russ.-türk. Krieg (1768–74) gestand Rußland 1774 die Besetzung der B. durch Österreich zu. 1775 mußte das Osman. Reich das Gebiet an Österreich abtreten, in das ab 1782 neben Rumänen und Ukrainern auch Deutsche einwanderten und das 1850 als Hzgt. im Rahmen der Doppelmonarchie den Status eines Kronlandes erhielt. 1918 entschied sich die B. für den Anschluß an Rumänien; 1940 besetzte die UdSSR die Nord-B.; 1941 gliederte sich Rumänien die Nord-B. wieder ein, mußte sie jedoch 1947 an die UdSSR abtreten, die das Gebiet 1944 besetzt hatte.

Bule [griech.], Bez. für die mit verschiedener Funktion in fast allen griech. Staaten nachweisbare Ratsversammlung; Funktionen: u.a. Vorberatung der Anträge an die Volksversammlung, Ausführung der Volksbeschlüsse, Beaufsichtigung der Staatsverwaltung, Vertretung des Staates nach außen, bes. Staatsgerichtshof. In Athen bestand die B. unter Solon aus 400 gewählten Mgl. (**Buleuten**), nach der Reform des Kleisthenes aus 500 Ratsherrn. Verdrängte im 5. Jh. v. Chr. den Areopag aus seinen polit. Funktionen.

Bulganin, Nikolai Alexandrowitsch, * Nischni Nowgorod 11. Juni 1895, † Moskau 24. Febr. 1975, sowjet. Politiker. - Bekleidete seit den 1930er Jahren leitende Positionen in Stalins Partei- und Staatsapparat: 1937 Mgl. des ZK, 1938–41 stellv. Vors. des Rats der Volkskommissare; seit 1948 Mgl. des Politbüros; 1947 Marschall der Sowjetunion, 1947–49 und 1952–55 Verteidigungsmin., seit 1955 Min.präs.; 1958 als Regierungschef amtsenthoben und aus dem Politbüro, 1961 auch aus dem ZK entfernt.

*Bulgarien

(amtl. Vollform: Narodna Republika Balgarija), sozialist. Republik in SO-Europa, zw. 44° 13′ und 41° 14′ n. Br. sowie 22° 22′ und 28° 37′ ö. L. **Staatsgebiet:** Umfaßt einen Teil der östl. Balkanhalbinsel südl. der Donau; B. grenzt im N an Rumänien, im O an das Schwarze Meer, im SO an die Türkei, im S an Griechenland und im W an Jugoslawien. **Fläche:** 110912 km². **Bevölkerung:** 8,96 Mill. E (1985), 80,8 E/km². **Hauptstadt:** Sofia. **Verwaltungsgliederung:** 28 Bezirke (Okrag). **Amtssprache:** Bulgarisch. **Nationalfeiertag:** 9. Sept. **Währung:** Lew (Lw) = 100 Stótinki (St). **Internat. Mitgliedschaften:** UN, COMECON, Warschauer Pakt. **Zeitzone:** Osteurop. Zeit, d.i. MEZ + 1 Std.

Geschichte: Erstes histor. faßbares Volk auf dem Gebiet des heutigen B. sind die Thraker. Sie wurden teilweise verdrängt von den Illyrern, kulturell beeinflußt von den Griechen und im 5. Jh. v. Chr. in das Makedon. Reich einbezogen. Im 2. Jh. kam das heutige B. unter röm. Herrschaft. Das Byzantin. Reich mußte die Gründung des 1. Bulgar. Reiches nach einer schweren Niederlage 681 vertragl. anerkennen. Der byzantin. Einfluß führte zur Annahme des orth. Christentums durch Boris I. (864) und zur Einführung der kyrill. Schrift. Unter Simeon I., d. Gr. (♔ 893–927), erreichte das 1. Bulgar. Reich seine größte Macht und Ausdehnung (Titel „Zar der Bulgaren“ seit 918, Erhebung des bulgar. Erzbischofs zum Patriarchen). Unter seinen Nachfolgern zerfiel das Reich. B. wurde Byzanz einverleibt und kirchl. dem Erzbistum Ochrid unterstellt. Das 2. Bulgar. Reich entstand nach einem Aufstand unter der Führung der Brüder Peter und Assen (1185). Die Dyn. der Assen konnte den territorialen Bestand des 1. Bulgar. Reiches nahezu wiederherstellen und B. zeitweise zur führenden Balkanmacht aufsteigen lassen. Nach der Schlacht bei Welbaschd (= Kjustendil) geriet B. 1330 unter serb. Einfluß.

Zugleich löste es sich in mehrere Teilreiche auf und wurde 1393 Teil des Osman. Reiches. Erst im 18. Jh. setzte die Wiedergeburt bulgar. Selbstbewußtseins ein. Die Einrichtung des bulgar. Exarchats (1870/72) führte zum Schisma zw. der griech. und der bulgar. Kirche (bis 1945). Die erfolgreichen Freiheitskämpfe der Griechen, Serben und Rumänen sowie die Wirkung der russ.-türk. Kriege führten auch in B. zur Bildung bewaffneter Freischärlergruppen. Blutig niedergeschlagene Aufstände führten schließl. zum russ.-türk. Krieg von 1877/78, der im Vorfrieden von San Stefano ein befreites Großbulgarien ergab, das auf dem Berliner Kongreß aber auf ein tributäres Ft. reduziert wurde. Süd-B. blieb als autonome Prov. Ostrumelien beim Osman. Reich (bis 1885). Das Ft. B. erhielt unter russ. Ägide eine liberale Verfassung, Alexander von Battenberg wurde zum Fürsten gewählt. Die nat. bulgar. Bestrebungen Alexanders I. führten zur Gegnerschaft Rußlands und schließl. zum Thronverzicht des Fürsten (1886). Als sein Nachfolger wurde 1887 Ferdinand von Sachsen-Coburg-Gotha gewählt, dem es 1908 gelang, gegen die jungtürk. Reg. die formelle Unabhängigkeit von B. durchzusetzen und sich zum Zaren krönen zu lassen. Als treibende Kraft des Balkanbundes (1912) trug B. die Hauptlast des 1. Balkankrieges und begann den 2. Balkankrieg gegen Serbien und Griechenland (1913). Die bulgar. Armeen wurden jedoch geschlagen. In den Friedensverträgen von Bukarest und Konstantinopel verlor B. große Teile der im 1. Balkankrieg gewonnenen Territorien, zusätzl. die Süddobrudscha an Rumänien. Im 1. Weltkrieg schloß sich B. 1915 den Mittelmächten an und besetzte die von ihm beanspruchten Gebiete. Der Vertrag von Neuilly nahm B. 1919 diese Gebiete wieder und schnitt es vom Ägäischen Meer ab.

Unter Zar Boris III. (1918–43) kam es im Juni 1923 wegen wirtsch. und polit. Schwierigkeiten zu einem Staatsstreich und zur Ermordung von Min.präs. A. Stamboliski. Im Sept. versuchte die Bulgar. Kommunist. Partei unter W. Kolarow und G. Dimitrow die neue Reg. der Demokrat. Sammlung unter A. Zankow zu stürzen; dieser Sept.aufstand wurde jedoch blutig niedergeschlagen. Nach einem Militärputsch 1934 kam es zur Auflösung der polit. Parteien. Seit 1935 regierte Boris III. durch persönl. Beauftragte. 1940 erwirkte B. die Rückgabe der Süddobrudscha von Rumänien, 1941 schloß sich B. dem Dreimächtepakt an und wurde von dt. Truppen besetzt. B., das der Sowjetunion nicht den Krieg erklärt hatte, wurde von der sowjet. Kriegserklärung (5. Sept. 1944) und dem Einmarsch der Roten Armee am 8. Sept. überrascht. Nach dem Putsch der Vaterländ. Front vom 9. Sept. erwirkte deren Reg. einen Waffenstillstand und trat in den Krieg gegen Deutschland ein (28. Okt.). In den Wahlen von 1945 erhielt die Vaterländ. Front, in der die Kommunisten die Oberhand gewonnen hatten, 88,2 % der Stimmen. Sie bildet bis heute formell die Reg., nachdem sich 1948 die Bulgar. KP mit der Bulgar. Sozialdemokrat. Partei vereinigt hatte. Nach der Regierung K. Georgiew (1944–46), unter der eine Bodenreform durchgeführt wurde, leiteten G. Dimitrow (1946–49), W. Kolarow (1949–50) und W. Tscherwenkow (1950–56) die Reg. Letzterer wurde als Vertreter des Personenkults im Zuge der Entstalinisierung von A. Jugow (1956–62) abgelöst, der aus ähnl. Gründen seine Ämter auf dem VIII. Parteikongreß an T. Schiwkow (seit 1962) verlor. In der Folge arbeitete B. wirtsch. und polit. sehr eng mit der Sowjetunion zusammen. Zeitweilig entstand im Westen sogar der Eindruck, als könnte B. bereit sein, seine staatl. Selbständigkeit zugunsten der Sowjetunion aufzugeben. Die Politik Schiwkows wurde jedoch in der 2. Hälfte der 1970er Jahre als Anlehnung an die Sowjetunion, soweit dies wirtsch. Vorteile bringt, beurteilt. Der wirtsch. Erfolg des Landes bestätigt diese These. Die bulgar. Außenpolitik ist daneben in den 1970er Jahren v. a. durch die Verbesserung der Beziehungen zu Jugoslawien gekennzeichnet, mit dem es jedoch weiterhin Meinungsverschiedenheiten über die makedon. Frage gibt, die sich 1979 in Hinsicht auf die 1300-Jahrfeiern des bulgar. Staates (1981) erneut verschärften.

Politisches System: Nach der 1971 in einem Referendum angenommenen Verfassung ist B. eine sozialistische VR. Kollektives *Staatsoberhaupt* ist der Staatsrat; der Vors. des Staatsrates (seit 1971 T. Schiwkow) vertritt B. völkerrechtl. Als oberstes Organ der Nationalversammlung ist der Staatsrat das höchste ständig amtierende Machtorgan. Der Ministerrat als oberstes Organ der *Exekutive* und der Verwaltung wird von der Nationalversammlung eingesetzt und ist ihr verantwortl. Die Nationalversammlung („Sobranje") mit 400 Mgl. ist höchstes Vertretungsorgan. Die Volksvertreter werden (bei Wahlpflicht aller Bürger ab 18 Jahren) alle 5 Jahre (zuletzt 1976) über die Einheitslisten der „Vaterländ. Front" gewählt. Sie treten i. d. R. zweimal im Jahr zusammen. Bei der Nationalversammlung liegt zwar die *Legislative*, sie beschränkt sich aber im wesentl. auf eine Bestätigung der vom Staatsrat erlassenen Dekrete. Die führende staatl. und gesellschaftl. Rolle der Bulgar. Kommunist. Partei (Balgarska Komunistitscheska Partija, Abk. BKP), 1903 aus der 1891 gegr. Sozialdemokrat. Partei hervorgegangen (Name seit 1919), ist in der Verfassung fest verankert; ihr Erster Sekretär ist der Vors. des Staatsrats, T. Schiwkow. Daneben besteht die 1899 gegr. Agrarunion (Balgarski Semedelski Naroden Sojus, Abk. BSNS). Beide *Parteien* und die *gesellschaftl. Organisationen*, Ausführungsorgane der Bulgar. KP, sind in der „Vaterländ. Front" vereinigt. *Verwaltungsmäßig* ist B. in 28 Bezirke untergliedert, die begrenzte Selbstverwaltung durch gewählte Volksräte besitzen. Das *Rechtswesen* ist am sowjet. Vorbild orientiert. Die Richter der Volksgerichte werden vom Volk, die Richter auf Bezirksebene durch die Volksräte gewählt, die Richter des Obersten Gerichts und der Generalstaatsanwalt werden von der Nationalversammlung gewählt. Die *Streitkräfte* haben bei allg. Wehrpflicht eine Stärke von 157 800 Mann (davon Heer 115 000, Luftwaffe 34 000, Marine 8 800). Daneben bestehen paramilitär. Einheiten in Stärke von rd. 173 000 Mann.

🕮 *Lendvai, P.: Die Grenzen des Wandels. Spielarten des Kommunismus im Donauraum. Wien 1977. - Dobrin, B.: Bulgarian economic development since World War II. New York 1973. - Vakarelski, Ch.: Bulgar. Volkskunde. Dt. Übers. Bln. 1969. - Kassev, D., u. a.: Bulgar. Gesch. Dt. Übers. Sofia 1963.*

Bull, John [engl. bʊl] ↑John Bull.

Bulle [lat.], Bez. für Siegel aus Metall von kreisrunder Form. **Goldbullen** waren den Herrschern vorbehalten und wurden zur Besiegelung bes. feierl. und wichtiger Urkunden v. a. byzantin. und abendländ. Kaiser (seit Justinian bzw. Karl d. Gr.) verwendet. **Silberbullen** sind nur vereinzelt nachweisbar, v. a. in Byzanz und Venedig (16./17. Jh.). **Bleibullen** waren in Südeuropa die geläufigste Siegelform. Sie finden sich bes. auch im byzantin. Bereich und seit dem 6. Jh. in der päpstl. Kanzlei. Befestigt wurden die B. an der Urkunde mit Seiden- oder Hanffäden, auch mit Lederriemen.

◆ Bez. für die mit einer B. versiegelte Urkunde, v. a. bestimmte Gruppen der Papsturkunden. Sie betreffen die wichtigsten Rechtsakte des Hl. Stuhls (z. B. Errichtung und Umschreibung von Bistümern, Kanonisationen).

Bullock, Alan Louis Charles, Baron of Leafield in the County of Oxfordshire (seit 1976) [ˈbʊlək], * Trowbridge 13. Dez. 1914, brit. Historiker. - Mit F. W. Deakin Hg. der „Oxford history of modern Europe" (1956 ff.); v. a. polit.-biograph. und historiograph. Studien zur Neueren Geschichte („Hitler", 1952).

Bülow [ˈbyːlo], mecklenburg. Adelsgeschlecht; erstmals 1154 genannt; bed.:

B., Bernhard Heinrich Martin Fürst von (seit 1905), * Klein-Flottbek (= Hamburg) 3. Mai 1849, † Rom 28. Okt. 1929, dt. Politiker. - Seit 1874 im diplomat. Dienst; wurde 1894 Botschafter in Rom, 1897 Staatssekretär im Auswärtigen Amt; 1900 zum Reichskanzler und preuß. Min.präs. berufen. Verkörperte mit seiner Außenpolitik den Drang des industriellen Deutschland zur Weltgeltung und das Bestreben der alten Machteliten, das bestehende Gesellschaftsgefüge zu bewahren. Seine unentschlossene Haltung gegenüber Großbrit. und Rußland (Politik der „freien Hand") führte zus. mit dem Flottenbau zur weltpolit. Isolierung des Dt. Reiches. Innenpolit. trat B. durch die Bildung des konservativ-liberalen „B.-Blocks" im Reichstag hervor. Demissionierte nach Schwächung seiner Position auf Grund der Daily-Telegraph-Affäre, nach Zerbrechen des „B.-Blocks" an der Wahlrechtsreform sowie Ablehnung der Reichsfinanzreform 1909. Bedeutend sind seine „Denkwürdigkeiten" (4 Bde., postum 1930–31).

🕮 *Winzen, P.: Bülows Weltmachtkonzept. Boppard 1977.*

B., Friedrich Wilhelm Graf (seit 1814) B. von Dennewitz, * Falkenberg (Altmark) 16. Febr. 1755, † Königsberg (Pr) 25. Febr. 1816, preuß. General. - Generalmajor seit 1808; bereitete als Generalgouverneur in Ost- und Westpreußen seit 1812 die preuß. Erhebung gegen Napoleon I. vor; zeichnete sich 1813 durch Siege bei Großbeeren und Dennewitz sowie in der Völkerschlacht bei Leipzig aus; kämpfte 1813/14 erfolgreich in den Niederlanden und hatte erhebl. Anteil am Sieg Blüchers bei Laon (1814); trug 1815 wesentl. zum Sieg über Napoleon bei Belle-Alliance bei.

B., Hans Graf von (1810/16), * Essenrode (Landkr. Gifhorn) 14. Juli 1774, † Bad Landeck i. Schl. [in Schlesien] 11. Aug. 1825, preuß. Minister. - Führte als Finanzmin. 1808–11 unter König Jérôme von Westfalen eine erfolgreiche Steuerreform durch; 1813–1818 preuß. Finanzmin., seit 1818 Min. für Handel und Gewerbe; konnte seine Steuerreform bis auf das (für die wirtsch. Entwicklung Preußens wichtige) Zollgesetz beim König nicht durchsetzen.

Bunche, Ralph Johnson [engl. bʌntʃ], * Detroit (Mich.) 7. Aug. 1904, † New York 9. Dez. 1971, amerikan. Diplomat. - Übernahm 1946 den Treuhänderausschuß als Direktor im Sekretariat der UN; nach dem Tode F. Bernadottes erfolgreiche Vermittlung am Beginn des Israel.-Arab. Krieges (1949 Unterzeichnung eines Waffenstillstands zw. Israel und den arab. Staaten); erhielt 1950 den Friedensnobelpreis; als Untergeneralsekretär der UN 1968–71 enger Berater U Thants.

Bund der Kommunisten, polit. Organisation dt.-sprachiger Intellektueller, Handwerker und Arbeiter 1847–52, aus dem „Bund der Gerechten" (seit 1837) entstanden; war vor und nach der Revolution von 1848 und 1849 v. a. in London, Brüssel, Paris und in der Schweiz verbreitet; programmat. seit 1847 wesentl. von Marx und Engels geprägt; erhielt mit dem Kommunist. Manifest eine wirksame Theorie, nachdem im „Bund der Gerechten" die auf einem religiösen Sozialismus basierenden Konzeptionen W. Weitlings vorgeherrscht hatten; löste sich 1852 auf.

🕮 *Die Gründungsdokumente des Bundes der Kommunisten (Juni bis Sept. 1847). Hg. v. B. Andréas. Hamb. 1969. - Schieder, W.: B. d. K.*

In: Sowjetsystem u. demokrat. Gesellschaft. Bd. 1. Freib. 1966.

Bund der Landwirte, Abk. BdL, 1893 gegr. einflußreichster Interessenverband im Dt. Kaiserreich mit dem Ziel, die durch den Industrialisierungsprozeß gefährdete Vormachtstellung der Landw. in Politik und Wirtschaft zu verteidigen; fakt. durch vielfache Personalunion mit der Deutschkonservativen Partei verbunden; rückte mit stark antisemit. geprägter und gegen Liberalismus und Pluralismus gerichteter Propaganda in die Nähe vorfaschist. Bewegungen; ging 1921 im Reichslandbund auf.

◆ Abk. BdL, zur Interessenwahrnehmung sudetendeutscher Bauern in der ČSR 1919 gegr. polit. Partei; löste sich 1938 zugunsten der Sudetendeutschen Partei auf.

Bund der Sozialdemokratischen Parteien der Europäischen Gemeinschaft, 1974 gegr. Zusammenschluß der nat. Mitgliedsparteien der Sozialist. Internationale in den 9 Mitgliedsstaaten der EG; hervorgegangen aus dem seit 1957 bestehenden Verbindungsbüro der sozialist. und sozialdemokrat. Parteien der EWG- bzw. EG-Mitgliedsstaaten.

Bund der Vertriebenen, Vereinigte Landsmannschaften und Landesverbände, Abk. BdV, 1957 durch den Zusammenschluß des **Bundes der vertriebenen Deutschen** und des **Verbandes der Landsmannschaften** gebildete Spitzenorganisation der Heimatvertriebenen; umfaßt 20 Bundeslandsmannschaften und 11 Landesverbände mit zus. rd. 2,4 Mill. Mgl.; Sitz: Bonn.

Bund Deutscher Mädel ↑Hitlerjugend.

Bund Deutscher Offiziere, 1943 gegr. Organisation nicht nur kommunist. gesinnter dt. Offiziere in sowjet. Kriegsgefangenschaft unter Vorsitz des Generals W. von Seydlitz. Rief neben dem Nationalkomitee Freies Deutschland die Offiziere der Wehrmacht zur Beendigung des Krieges durch Widerstand gegen Hitler auf; im Nov. 1945 aufgelöst.

Bundesakte, svw. ↑Deutsche Bundesakte.

Bundesarchiv, zentrales Archiv für die BR Deutschland; untersteht dem Bundesmin. des Innern; 1952 errichtet, Sitz: Koblenz; verwahrt das zur dauernden Aufbewahrung bestimmte Schriftgut der Bundesregierung, der obersten und oberen Bundesbehörden, die Akten der ehem. zonalen und bizonalen Verwaltungen und des Vereinigten Wirtschaftsgebietes; die Archivalien des Dt. Bundes und des Dt. Reiches bis 1945, der Wehrmacht und der abgetrennten dt. Gebiete; Archivgut von Verbänden und Institutionen mit überregionaler Bedeutung und der ehem. polit. Parteien, Nachlässe bed. Persönlichkeiten, Quellen zur Zeitgeschichte, Dokumentarfilme u.a.; zahlr. Veröffentlichungen.

Bundesdistrikt (Bundesterritorium), in einigen Bundesstaaten ein bundesunmittelbares, zu keinem der Bundesstaaten (Bundesländer) gehörendes Territorium, das Sitz der Bundesbehörden (Hauptstadt) ist und einer Sonderverwaltung untersteht, z. B. in Australien das *Australian Capital Territory* (Canberra), in den USA der *District of Columbia* (Washington, D. C.).

Bundesexekution, im Dt. Bund gemäß Art. 31 der Wiener Schlußakte in Verbindung mit der Exekutionsordnung von 1820 ein Mittel zur Vollstreckung gerichtl. und gerichtsähnl. Entscheidungen sowie zum Vollzug der Bundesakte und anderer Grundgesetze des Bundes, von Bundesbeschlüssen und Bundesgarantien gegen „pflichtwidrige" Bundesglieder. Exekutionsbeschlüsse wurden 1830 gefaßt gegen Karl II., Herzog von Braunschweig, 1834 gegen die Freie Stadt Frankfurt, 1864 gegen Dänemark und 1866 als formlose B. durch die Mobilmachung des Bundesheeres gegen Preußen. Mit der B. verwandt, aber von dieser zu trennen, ist die ↑Bundesintervention. Zum Recht im Hl. Röm. Reich bis 1806 ↑Acht, im Dt. Reich ab 1871 ↑Reichsexekution.

Bundesfestungen, Festungen des Dt. Bundes: zunächst Luxemburg und Landau in der Pfalz, später kamen Mainz (1816), Ulm (1840) und Rastatt (1841) hinzu.

Bundesfürsten, die Landesherren der dt. Einzelstaaten 1871–1918; regierten im wesentl. als konstitutionelle Monarchen, hatten mit Ausnahme des preuß. Königs jedoch die eigtl. Attribute der Souveränität eingebüßt.

Bundesgenossenkrieg, Krieg Athens 357–355 gegen die vom 2. Att. Seebund abgefallenen Mgl.staaten Chios, Kos, Rhodos, Byzanz; durch die Niederlage Athens in Ionien und ein pers. Ultimatum beendet.

◆ Krieg Philipps V. von Makedonien und des Achäischen Bundes 220–217 gegen den Ätol. Bund und Sparta; führte zum Frieden von Naupaktos und vorübergehender Aussöhnung der Gegner.

◆ (Mars. Krieg) der 91–89 bzw. 82 geführte Krieg Roms gegen seine italischen Bundesgenossen, provoziert durch die aus wirtsch. wie rechtl. Gründen seit der Gracchenzeit erhobene Forderung der Bundesgenossen nach dem röm. Bürgerrecht. Nach anfängl. Niederlagen lenkte Rom rasch ein. Alle Italiker südl. des Po erhielten das Bürgerrecht (↑Foederati).

Bundesgerichte, in Bundesstaaten Gerichte des Gesamtstaates, die organisator. [und oft auch im Instanzenzug] unabhängig neben den Gerichten der Einzelstaaten bestehen. In der BR Deutschland sind gemäß Art. 92, 95, 96 GG B. die obersten Gerichtshöfe des Bundes (Bundesarbeitsgericht, Bundesfinanzhof, Bundesgerichtshof, Bundessozialgericht, Bundesverwaltungsgericht), der Gemeinsame Senat der obersten Gerichtshöfe des Bundes sowie das Bundespatentgericht, das Bundesdisziplinargericht und die Wehrdienstgerichte. Einen bes. Platz unter den Gerichten des Bundes nimmt das Bundesverfassungsgericht ein.

Bundesgerichtshof, Abk. BGH, oberster Gerichtshof des Bundes im Bereich der ordentl. Gerichtsbarkeit, Sitz: Karlsruhe.
Der BGH ist mit dem Präs., den Senatspräs. als Vors. der einzelnen Senate und Richtern [am B.] besetzt; diese werden durch den Bundesmin. der Justiz gemeinsam mit dem Richterwahlausschuß berufen und vom Bundespräs. ernannt. Der BGH gliedert sich in Zivil- und Strafsenate, jeweils mit 5 Mgl. einschließl. des Vors. besetzt. Daneben bestehen Fachsenate für Anwalts-, Patentanwalts-, Steuerberater-, Wirtschaftsprüfer- und Notarsachen sowie das Dienstgericht des Bundes.
In *Zivilsachen* entscheidet der BGH über die Revision gegen die Berufungsurteile der Oberlandesgerichte, über die Sprungrevision gegen Urteile der Landgerichte sowie über die Beschwerde gegen die Entscheidungen der Oberlandesgerichte, durch die die Berufung als unzulässig verworfen wird. In *Strafsachen* ist er zuständig für die Entscheidung über die Revision gegen Urteile der Oberlandesgerichte in Staatsschutzsachen, der Schwurgerichte sowie der großen Strafkammern der Landgerichte im ersten Rechtszug und über die Beschwerde gegen bestimmte Entscheidungen der Oberlandesgerichte in Staatsschutzsachen sowie gegen Verfügungen des Ermittlungsrichters des BGH.

Bundesgrenzschutz, Abk. BGS, 1951 errichtete, dem Bundesmin. des Innern unterstellte Sonderpolizei des Bundes (Sollstärke: etwa 21 000 Mann) zum Schutz des Bundesgebietes gegen verbotene Grenzübertritte und sonstige Störungen der öffentl. Ordnung im Grenzgebiet bis zu einer Tiefe von 30 km und zum Einsatz in gesetzl. geregelten Fällen (BundesgrenzschutzG vom 18. 8. 1972). Im Verteidigungsfall und in Fällen des inneren Notstandes kann der B. im gesamten Bundesgebiet als Polizeitruppe eingesetzt werden. Im Verteidigungsfall haben die Beamten Kombattantenstatus. Der B. setzt sich zusammen aus der **Grenzschutztruppe** und dem **Grenzschutzeinzeldienst.** Eine Spezialeinheit des B. zur Bekämpfung des Terrorismus ist die 1972 gebildete **Grenzschutzgruppe 9 (GSG 9),** die aus rd. 180 Freiwilligen besteht und mit modernsten Geräten und Waffen ausgerüstet ist.

Bundesheer, das Heer eines Bundesstaates. In *Österreich* die vom Bund unterhaltene, militär. organisierte Wehrmacht, deren Aufgaben der Schutz der Grenze der Republik *(Neutralitätsschutz)* und die Assistenzleistung (die Mitwirkung des B. zum Schutz der verfassungsmäßigen Einrichtungen, zur Aufrechterhaltung der Ordnung und Sicherheit im Innern und zur Hilfeleistung bei Elementarereignissen und Unglücken außergewöhnl. Umfangs) sind. Selbständiges militär. Einschreiten ist nur zulässig, wenn die zuständigen Behörden durch höhere Gewalt funktionsunfähig geworden sind und bei weiterem Zuwarten unwiederbringl. Schaden entstünde. Den Oberbefehl über das B. führt der Bundespräsident.

Bundesintervention, im Dt. Bund gemäß Art. 26 der Wiener Schlußakte in Verbindung mit der Exekutionsordnung von 1820 ein Mittel der - erbetenen oder unerbetenen - Bundeshilfe zur Abwehr innerer Unruhen, v.a., wenn eine Regierung nicht mehr zur Aufrechterhaltung der verfassungsmäßigen Ordnung imstande war; Beispiele: die 1850 auf dän. Forderung erfolgte B. in Holstein und die 1850 eingeleitete Bundesintervention in Kurhessen.

Bundeskanzler, im *Norddt. Bund* (1867–71) der durch das Bundespräsidium ernannte Vors. des Bundesrats und Leiter der Bundesexekutive. Fakt. war das Amt mit dem des preuß. Außenmin. und Min.präs. verbunden.
In der *BR Deutschland* ist der B. Leiter der Bundesregierung; er wird vom Bundestag auf Vorschlag des Bundespräs. ohne Aussprache auf die Dauer der Legislaturperiode (meist 4 Jahre) gewählt (Art. 63 GG). Der B. muß nicht Mgl. des Bundestages sein. Zum B. gewählt ist, wer die Stimmen der Mehrheit der Mgl. des Bundestages auf sich vereinigt. Wird der Vorgeschlagene nicht gewählt, so kann der Bundestag innerhalb von 14 Tagen mit einer entsprechenden Mehrheit einen B. wählen. Kommt auch innerhalb dieser Frist keine Wahl zustande, so findet ein neuer Wahlgang statt, in dem der gewählt ist, der die meisten Stimmen erhält. Der Bundespräs. muß den Gewählten innerhalb von 7 Tagen ernennen, wenn dieser die Mehrheit des Bundestages erhalten hat; erreichte er diese Stimmenzahl nicht, muß ihn der Bundespräs. entweder ernennen oder den Bundestag auflösen. Die übrigen Mgl. der Bundesregierung werden auf Vorschlag des B. vom Bundespräs. ernannt und entlassen (Art. 64 GG). Der B. bestimmt die Richtlinien der Politik und trägt dafür die Verantwortung; er leitet die Geschäfte der Bundesregierung nach einer von dieser beschlossenen und vom Bundespräs. genehmigten Geschäftsordnung. Zu den Kompetenzen des B. gehört, daß er im Verteidigungsfall die Befehls- und Kommandogewalt über die Streitkräfte hat, die sonst beim Bundesmin. der Verteidigung liegt. Der B. ernennt einen Bundesmin. zu seinem Stellvertreter (Vizekanzler). Nach Art. 69 GG endigt das Amt des B. mit dem Zusammentritt eines neuen Bundestages. Der Bundestag kann dem B. nur dadurch das Mißtrauen aussprechen, daß er mit der Mehrheit seiner Mgl. einen Nachfolger wählt und den Bundespräs. ersucht, den B. zu entlassen; der Bundespräs. muß diesem Ersuchen entsprechen. Zw. An-

trag und Wahl müssen 48 Stunden liegen (**konstruktives Mißtrauensvotum**). Findet ein Antrag des B., ihm das Vertrauen auszusprechen, nicht die Zustimmung der Mehrheit der Mgl. des Bundestages, so kann der Bundespräs. auf Vorschlag des B. innerhalb von 21 Tagen den Bundestag auflösen.
Unmittelbar dem B. unterstehen das Presse- und Informationsamt der Bundesregierung, der Bundesnachrichtendienst, der Bevollmächtigte der Bundesregierung in Berlin (West) und der Leiter der Ständigen Vertretung der BR Deutschland in der DDR.
In *Österreich* ist der B. der Vors. der Bundesregierung, die als Kollegialorgan die Staatsgeschäfte leitet. Er wird vom Bundespräs. ernannt. In der *Schweiz* wird der Vorsteher der Bundeskanzlei als B. bezeichnet. Er wird von der Bundesversammlung gleichzeitig mit dem Bundesrat auf die Dauer von 4 Jahren gewählt.

Bundesminister ↑ Minister.

Bundespräsident, das Staatsoberhaupt eines Bundesstaates.
In der *BR Deutschland* wird der B. ohne Aussprache von der Bundesversammlung gewählt. Wählbar ist jeder Deutsche, der das Wahlrecht zum Bundestag besitzt und das 40. Lebensjahr vollendet hat. Die Amtszeit des B. dauert 5 Jahre; einmalige anschließende Wiederwahl ist zulässig. Zur Wahl des B. tritt die Bundesversammlung, die vom Präs. des Bundestages einberufen wird, spätestens 30 Tage vor Ablauf der Amtszeit des B., bei vorzeitiger Beendigung spätestens 30 Tage nach diesem Zeitpunkt zusammen. Als B. ist gewählt, wer die Stimmen der Mehrheit der Mgl. der Bundesversammlung erhält; wenn diese Mehrheit in zwei Wahlgängen von keinem der Bewerber erreicht wird, ist gewählt, wer in einem dritten Wahlgang die meisten Stimmen erhält. Der B. darf weder der Regierung noch einer gesetzgebenden Körperschaft des Bundes oder eines Landes angehören. Außerdem darf er kein anderes besoldetes Amt, kein Gewerbe und keinen Beruf ausüben und weder der Leitung noch dem Aufsichtsrat eines auf Erwerb gerichteten Unternehmens angehören. Bei seinem Amtsantritt muß der B. vor den Mgl. des Bundestages und Bundesrats einen Amtseid ablegen.
Die *Befugnisse* des B. werden im Falle seiner Verhinderung oder bei vorzeitiger Erledigung des Amtes vom Präs. des Bundesrats wahrgenommen. Zu seinen Befugnissen gehören: Vorschlagsrecht für die Wahl des Bundeskanzlers, dessen Ernennung und Entlassung (auf Ersuchen des Bundestages); Ernennung und Entlassung der Bundesmin. auf Vorschlag des Bundeskanzlers; Einberufung des Bundestags und dessen Auflösung (in zwei Ausnahmefällen, ↑Bundeskanzler); Ernennung und Entlassung der Bundesrichter, Bundesbeamten, Offiziere und Unteroffiziere, soweit gesetzl. nichts anderes bestimmt ist; Recht der Begnadigung im Einzelfall; Ehrungen (Verleihung des Bundesverdienstkreuzes); Ausfertigung der Gesetze nach Gegenzeichnung und Verkündung im Bundesgesetzblatt; Erklärung des Gesetzgebungsnotstandes entsprechend den Bestimmungen des Art. 81 GG. Anordnungen und Verfügungen des B. bedürfen zu ihrer Gültigkeit der Gegenzeichnung durch den Bundeskanzler oder den zuständigen Bundesmin. Dies gilt nicht für die Ernennung und Entlassung des Bundeskanzlers, die Auflösung des Bundestags nach Art. 63 GG und das Ersuchen des B. an den Bundeskanzler, die Geschäfte bis zur Ernennnung seines Nachfolgers weiterzuführen (Art. 69 GG).
Der B. vertritt den Bund völkerrechtl.; er schließt im Namen des Bundes die Verträge mit auswärtigen Staaten und beglaubigt und empfängt die Gesandten. Der B. verkündet den vom Bundestag festgestellten Eintritt des Verteidigungsfalles. Stehen dem Zusammentritt des Bundestages unüberwindl. Hindernisse entgegen, so kann bei Gefahr im Verzug der B. mit Gegenzeichnung des Bundeskanzlers diese Feststellung treffen und verkünden. Der Bundestag oder der Bundesrat können den B. wegen vorsätzl. Verletzung des GG oder eines anderen Bundesgesetzes mit $^2/_3$-Mehrheit vor dem Bundesverfassungsgericht anklagen, das den B. nach einem Schuldspruch des Amts entheben kann. Dem B. steht zur Durchführung seiner Aufgaben das **Bundespräsidialamt** zur Verfügung, das von einem Staatssekretär geleitet wird und in 7 Referate gegliedert ist. Der Chef des Bundespräsidialamts hat die Aufgabe, den B. zu beraten und ihn über die laufenden Fragen der allg. Politik und die Arbeit der Bundesregierung und der gesetzgebenden Körperschaften zu unterrichten.
In *Österreich* hat der B. eine ähnl. verfassungsrechtl. Stellung wie in der BR Deutschland (↑Österreich, politisches System).
In der *Schweiz* vertritt der B. den Staat nach außen und führt den Vorsitz im Bundesrat, dem er als Chef eines Departements angehört. Das Amt wechselt jährl. nach dem Dienstalter.

🕮 *Ziller, G.: Der B. Bonn ^{3}1970.*

Bundesrat, föderatives Verfassungsorgan eines Bundesstaates, durch das die Gliedstaaten bei der Gesetzgebung und Verwaltung des Bundes mitwirken.
Im *Norddeutschen Bund* (1867–71) und im *Deutschen Reich* (1871–1918) bestand der B. als oberstes Bundesorgan aus den Vertretern der Mgl. des Bundes. Er umfaßte 1911 61 Stimmen (einschließl. Elsaß-Lothringen; davon entfielen auf Preußen 17 Stimmen). Die Reichsgesetzgebung wurde durch B. und Reichstag ausgeübt. Die Übereinstimmung der Mehrheitsbeschlüsse beider Versamm-

lungen war zu einem Reichsgesetz erforderl. Der B. beschloß über die dem Reichstag zu machenden Vorlagen und die von diesem gefaßten Beschlüsse. Die Beschlußfassung erfolgte i. d. R. mit einfacher Mehrheit, bei Stimmengleichheit gab die Präsidialstimme den Ausschlag. Der B. bildete aus seiner Mitte ständige Ausschüsse, zu deren wichtigsten der Ausschuß für auswärtige Angelegenheiten zählte. Den Vorsitz im B. und die Leitung der Geschäfte hatte der Reichskanzler, der vom Kaiser ernannt wurde. Änderungen der Verfassung, die auf dem Wege der Gesetzgebung erfolgten, galten als abgelehnt, wenn sie im B. 14 Stimmen gegen sich hatten.
In der *BR Deutschland* besteht der B. aus Mgl. der Länderregierungen (z. Z. 41, ohne Berlin [West]), die sie bestellen und abberufen. Die B.mitglieder der gleichen Regierung können einander vertreten; sie sind im Plenum und in den Ausschüssen (außer im Gemeinsamen Ausschuß und im Vermittlungsausschuß) an die Weisungen ihrer Regierungen gebunden. Jedes Land hat mindestens 3 Stimmen, Länder mit mehr als 2 Mill. E 4, Länder mit mehr als 6 Mill. E 5 Stimmen. Jedes Land kann so viele Mgl. entsenden, wie es Stimmen hat. Die Stimmen eines Landes können nur einheitl. und nur durch anwesende Mgl. oder deren Vertreter abgegeben werden. Als autonomes Verfassungsorgan gibt sich der B. eine Geschäftsordnung und wählt seinen Präs. (Amtsdauer: 1 Jahr). Der Präs. des B. vertritt den Bundespräs. im Falle seiner Verhinderung oder bei vorzeitiger Erledigung des Amtes. Der B. verhandelt – nach Vorberatung durch seine Ausschüsse – öff. und faßt Beschlüsse mit der Mehrheit seiner Stimmen. Er wählt ein Drittel der Mgl. des Gemeinsamen Ausschusses sowie die Hälfte der Bundesverfassungsrichter und ist zur Präsidentenanklage befugt. Die Mgl. des B. haben jederzeit Zutritt und Rederecht im Bundestag. Eine gleichzeitige Mitgliedschaft in B. und Bundestag ist ausgeschlossen. Den Ausschüssen des B. können auch Beauftragte der Landesregierungen angehören. Diese Bestimmung hat deshalb in der Praxis eine große Bed., weil sie dazu führte, daß die Spezialarbeit in den Ausschüssen vorwiegend durch Beamte der Landesverwaltungen geleistet wird.
Eine starke Stellung hat der B. im ↑Gesetzgebungsverfahren; für einen Teil der Gesetze ist seine Zustimmung erforderlich, bei den übrigen kann sein Einspruch vom Bundestag überwunden werden. Auch beim Erlaß bestimmter Rechtsverordnungen und Verwaltungsvorschriften ist die Bundesregierung an die Zustimmung des B. gebunden. Weitere Zuständigkeiten besitzt der B. im Gesetzgebungsnotstand und bei anderen Notstandsfällen, bes. im Verteidigungsfall.
In *Österreich* vertritt der B. als 2. Kammer ebenfalls die Länderinteressen (↑Österreich, politisches System).
In der *Schweiz* vertritt der ↑Ständerat die Kantone. Als B. wird die Bundesregierung bezeichnet (↑Schweiz, politisches System).

Bundesräte, in der Schweiz die Mgl. der Regierung des Bundes.

Bundesregierung, oberstes kollegial gebildetes Organ der Exekutive eines Bundesstaats.
In der *BR Deutschland* besteht die B. aus dem Bundeskanzler und den Bundesmin. (Art. 62 GG). Sie hat die Aufgabe, der gesamten Staatstätigkeit eine bestimmte Richtung zu geben und für die Einhaltung dieser Linie durch die ihr unterstellten Instanzen zu sorgen. Ihre wichtigsten Aufgaben und Rechte sind: Ausübung der auswärtigen Gewalt, insbes. Abschluß völkerrechtl. Verträge; Gesetzesinitiative; Erlaß von Rechtsverordnungen, allg. Verwaltungsvorschriften und Organisationsakten; Ausübung der Bundesaufsicht und des Bundeszwanges; Zustimmung zu ausgabenerhöhenden und einnahmemindernden Beschlüssen des Bundestages; Gegenzeichnung von Maßnahmen des Bundespräs.; Antrag auf Feststellung des ↑Verteidigungsfalles. Die B. ist in ihrer Amtsführung vom Vertrauen des Bundestages abhängig. Gestürzt werden kann sie jedoch nur dadurch, daß der Bundestag mit der Mehrheit seiner Mgl. einen neuen Bundeskanzler wählt und damit die gesamte B. zum Rücktritt zwingt. Einzelne Min. dagegen können vom Bundestag nicht gestürzt werden. Verfassungsrechtl. zulässig sind ledigl. Mißbilligungsbeschlüsse, die dem Min. eine polit. Verwarnung erteilen, rechtl. aber keine Abgangspflicht zur Folge haben. Die Mgl. der B. müssen dem Bundestag und dem Bundesrat auf Verlangen Rede und Antwort stehen (Interpellationsrecht), haben ihrerseits zu allen Sitzungen des Bundestages und des Bundesrates sowie ihrer Ausschüsse Zutritt und müssen jederzeit gehört werden. Der Bundeskanzler schlägt die Min. dem Bundespräs. zur Ernennung und Entlassung vor, leitet die Geschäfte der B. nach einer vom Kollegium beschlossenen und vom Bundespräs. genehmigten Geschäftsordnung, bestimmt die Richtlinien der Politik und trägt dafür die Verantwortung gegenüber dem Bundestag (**Kanzlerprinzip**). Innerhalb dieser Richtlinien leitet jeder Min. seinen Geschäftsbereich selbständig und unter eigener Verantwortung (**Ressortprinzip**). Die B. als Kollegium entscheidet über alle Angelegenheiten von allg. innen- oder außenpolit., wirtsch., sozialer, finanzieller oder kultureller Bed., insbes. über Meinungsverschiedenheiten zw. den Min., über Gesetzesentwürfe und über die Ernennung bestimmter Bediensteter (**Kollegialprinzip**).
Nach *östr. Verfassungsrecht* ist die B. das mit den obersten Verwaltungsgeschäften des Bun-

des betraute Kollegialorgan (↑Österreich, politisches System).

*Bundesrepublik Deutschland

Bundesstaat in Mitteleuropa, zw. 47° und 55° n. Br. sowie 6° und 14° ö. L. **Staatsgebiet:** Erstreckt sich von Nord- und Ostsee bis zu den Alpen, grenzt im NW an die Niederlande, Belgien und Luxemburg, im W an Frankr., im S an die Schweiz und Österreich, im O an die ČSSR und an die DDR, im N an Dänemark sowie an Nord- und Ostsee; zur BR Deutschland gehören u. a. die Ostfries. Inseln, Helgoland, der überwiegende Teil der Nordfries. Inseln und Fehmarn. **Fläche:** 248 619 km^2. **Bevölkerung:** 61,0 Mill. E (1986), 246 E/km^2. **Hauptstadt:** Bonn. **Verwaltungsgliederung:** 10 Bundesländer. **Amtssprache:** Deutsch. **Nationalfeiertag:** 17. Juni. **Währung:** Deutsche Mark (DM) = 100 Pfennige. **Internat. Mitgliedschaften:** UN, EG, Europarat, WEU, OECD, GATT, NATO. **Zeitzone:** MEZ (mit Sommerzeit).

Geschichte: Nachdem es den Alliierten nach dem 2. Weltkrieg v. a. durch das Aufkommen des Ost-West-Gegensatzes nicht gelungen war, ein einheitl. deutschlandpolit. Konzept zu finden, forcierten auf dem Höhepunkt des kalten Krieges die westl. Besatzungsmächte die Gründung eines aus den frz., brit. und amerikan. Besatzungszonen bestehenden dt. Teilstaates. Wichtigste Schritte zu dieser Teillösung waren die am 20. Juni 1948 durchgeführte Währungsreform und die am 1. Sept. 1948 erfolgte Konstituierung des ↑Parlamentarischen Rates, der das als provisor. Verfassung gedachte „Grundgesetz" (GG) ausarbeitete, das am 23. Mai 1949 verkündet wurde. Die UdSSR reagierte auf die Gründung der BR Deutschland am 7. Okt. 1949 mit der Gründung der DDR (↑deutsche Geschichte). Nach der 1. Bundestagswahl (14. Aug. 1949; ↑Übersicht) war die gemeinsame Fraktion von CDU und CSU vor der der SPD stärkste Fraktion, die unter ihrem Parteivors. K. Adenauer als erstem B.kanzler mit der FDP und der Dt. Partei (DP) eine kleine Koalition bildete. Die gegen Bedenken auch in der eigenen Fraktion getroffene Entscheidung Adenauers, der SPD die Mitarbeit an der 1. B.reg. zu verweigern, sowie die außen- und wirtsch.polit. Schwerpunkte der von der Reg. Adenauer verfolgten Politik führten zu einer schweren innenpolit. Konfrontation zw. der Koalition und der von K. Schumacher geführten SPD. *Außenpolit.* erstrebte Adenauer die feste Integration der BR Deutschland in W-Europa und im Bündnissystem des W, um v. a. die volle Souveränität zu erreichen und gleichzeitig durch Stärkung des westl. Bündnisses die UdSSR zur Herausgabe der DDR zu zwingen *(Politik der Stärke)*, und machte zur Erreichung dieser Ziele erhebl. Vorleistungen (z. B. Eintritt in die Internat. Ruhrbehörde, Lösung der Saarfrage, Angebot einer dt. Wiederaufrüstung). Etappen der Erlangung der Souveränität waren das Petersberger Abkommen (1949), die Revision des Besatzungsstatuts (1951), der Beitritt zur Europ. Gemeinschaft für Kohle und Stahl (Montanunion, 1951/52) sowie die Unterzeichnung des Vertrages über die Europ. Verteidigungsgemeinschaft (EVG) und des Deutschlandvertrags (1952), die die UdSSR mit Hilfe eines am 10. März 1952 unterbreiteten Friedensvertragsvorschlages, der die Wiedervereinigung Deutschland in einem blockfreien, neutralen Staat vorsah, vergebl. zu verhindern suchte. Erst auf Grund der 1955 in Kraft getretenen ↑Pariser Verträge, die u. a. die Mitgliedschaft in der Westeurop. Union und in der NATO vorsahen, erhielt die BR Deutschland die Souveränität, die jedoch durch Vorbehaltsrechte der Westmächte eingeschränkt wurde. Der *innenpolit.* Einfluß Adenauers wurde in der 2. (1953) und 3. (1957, absolute Mehrheit der CDU/CSU) B.tagswahl entscheidend gegenüber der SPD gestärkt, die sowohl Adenauers Westorientierung als auch die Wiederbewaffnung der BR Deutschland ablehnte. Darüber hinaus führten Verbote der rechtsextremen Sozialist. Reichspartei (SRP, 1952) und der KPD (1956), die Einführung der Fünfprozentklausel (1953) sowie der Mindestanzahl von drei Direktmandaten (1956) als Voraussetzung zum Einzug einer Partei in den B.tag zur Verringerung des Parteienspektrums und zu einem Dreiparteiensystem (CDU/CSU, SPD, FDP). Wichtigste Ursache der Wahlerfolge der CDU/CSU und der innenpolit. Stabilität war ein durch die Marshallplanhilfe in Gang gesetzter und durch die Währungsreform unterstützter wirtsch. Aufschwung, der sich in einem (gegen den Widerstand der für Planwirtschaft und Sozialisierung der Schlüsselindustrien eintretenden SPD, jedoch mit der Unterstützung der Besatzungsmächte eingeführten) privatkapitalist. Wirtschaftssystem, der *sozialen Marktwirtschaft*, entwickelte und in den Jahren des Wiederaufbaus zu einem ungeahnten quantitativen Wachstum („dt. Wirtschaftswunder") und relativem Wohlstand breiter Schichten, gleichzeitig aber zur Wiedereinführung der überkommenen einseitigen Vermögensverteilung und Anhäufung privater wirtsch. Macht führte, deren gesellschaftspolit. Konsequenzen nach der Wiederaufbauphase deutl. wurden. Der Wirtschaftsaufschwung der 1950er Jahre erleichterte jedoch die soziale Eingliederung der Vertriebenen und Flüchtlinge, die Beseitigung der Kriegsfolgelasten im sog. Lastenausgleich sowie die Rentenreform 1957 (dynam. Rente) und bewirkte, daß sich die SPD in ihrem ↑Godesberger Programm 1959 marktwirtsch. Argumenten öffnen mußte.

KABINETTE DER BUNDESREPUBLIK DEUTSCHLAND

Kabinette		*Bundeskanzler*
1. Kabinett:	konstituiert 15. 9. 1949; Koalition CDU, CSU, FDP, DP	K. Adenauer CDU
2. Kabinett:	konstituiert 20. 10. 1953; Koalition CDU, CSU, FDP, DP, GB/BHE; nach der Umbildung des Kabinetts am 16. 10. 1956 CDU, CSU, FVP, DP	K. Adenauer CDU
3. Kabinett:	konstituiert 28. 10. 1957; Koalition CDU, CSU, DP; seit 1. 7. 1960 CDU, CSU	K. Adenauer CDU
4. Kabinett:	konstituiert 14. 11. 1961; Koalition CDU, CSU, FDP	K. Adenauer CDU
5. Kabinett:	konstituiert 14. 12. 1962; Koalition CDU, CSU, FDP	K. Adenauer CDU
6. Kabinett:	konstituiert 17. 10. 1963; Koalition CDU, CSU, FDP	L. Erhard CDU
7. Kabinett:	konstituiert 26. 10. 1965; Koalition CDU, CSU, FDP	L. Erhard CDU
8. Kabinett:	konstituiert 1. 12. 1966; Koalition CDU, CSU, SPD	K. G. Kiesinger CDU
9. Kabinett:	konstituiert 21. 10. 1969; Koalition SPD, FDP	W. Brandt SPD
10. Kabinett:	konstituiert 15. 12. 1972; Koalition SPD, FDP	W. Brandt SPD
11. Kabinett:	konstituiert 16. 5. 1974; Koalition SPD, FDP	H. Schmidt SPD
12. Kabinett:	konstituiert 15. 12. 1976; Koalition SPD, FDP	H. Schmidt SPD
13. Kabinett:	konstituiert 5. 11. 1980; Koalition SPD, FDP	H. Schmidt SPD

	Auswärtiges[1]	*Inneres*	*Justiz*	*Verteidigung*
1. Kabinett:	K. Adenauer CDU	G. Heinemann CDU; ab 11. 10. 50 R. Lehr CDU	T. Dehler FDP	
2. Kabinett:	K. Adenauer CDU H. v. Brentano CDU ab 7. 6. 55	G. Schröder CDU	F. Neumayer FDP (Febr. 56 FVP); ab 16. 10. 56 H.-J. v. Merkatz DP	T. Blank CDU; ab 16. 10. 56 F. J. Strauß CSU
3. Kabinett:	H. v. Brentano CDU bis 17. 10. 61	G. Schröder CDU	F. Schäffer CSU	F. J. Strauß CSU
4. Kabinett:	G. Schröder CDU	H. Höcherl CSU	W. Stammberger FDP	F. J. Strauß CSU
5. Kabinett:	G. Schröder CDU	H. Höcherl CSU	E. Bucher FDP	F. J. Strauß CSU; ab 9. 1. 63 K.-U. v. Hassel CDU
6. Kabinett:	G. Schröder CDU	H. Höcherl CSU	E. Bucher FDP	K.-U. v. Hassel CDU
7. Kabinett:	G. Schröder CDU	P. Lücke CDU	R. Jaeger CSU	K.-U. v. Hassel CDU
8. Kabinett:	W. Brandt SPD	P. Lücke CDU; ab 2. 4. 68 E. Benda CDU	G. Heinemann SPD; ab 26. 3. 69 H. Ehmke SPD	G. Schröder CDU
9. Kabinett:	W. Scheel FDP	H.-D. Genscher FDP	G. Jahn SPD	H. Schmidt SPD; ab 7. 7. 72 G. Leber SPD
10. Kabinett:	W. Scheel FDP	H.-D. Genscher FDP	G. Jahn SPD	G. Leber SPD
11. Kabinett:	H.-D. Genscher FDP	W. Maihofer FDP	H.-J. Vogel SPD	G. Leber SPD
12. Kabinett:	H.-D. Genscher FDP	W. Maihofer FDP; ab 8. 6. 78 G. R. Baum FDP	H.-J. Vogel SPD	G. Leber SPD; ab 16. 2. 78 H. Apel SPD
13. Kabinett:	H.-D. Genscher FDP	G. R. Baum FDP	H.-J. Vogel SPD[9a]	H. Apel SPD

	Post- und Fernmeldewesen[2]	*Verkehr*	*Gesundheitswesen*[3]	*Jugend, Familie und Gesundheit*[4]
1. Kabinett:	K. H. Schuberth CSU	H.-C. Seebohm DP		
2. Kabinett:	S. Balke (s. 1. 1. 54 CSU); ab 13. 11. 56 E. Lemmer CDU	H.-C. Seebohm DP		F.-J. Wuermeling CDU
3. Kabinett:	R. Stücklen CSU	H.-C. Seebohm (20. 9. 60 CDU)		F.-J. Wuermeling CDU
4. Kabinett:	R. Stücklen CSU	H.-C. Seebohm CDU	E. Schwarzhaupt CDU	F.-J. Wuermeling CDU
5. Kabinett:	R. Stücklen CSU	H.-C. Seebohm CDU	E. Schwarzhaupt CDU	B. Heck CDU
6. Kabinett:	R. Stücklen CSU	H.-C. Seebohm CDU	E. Schwarzhaupt CDU	B. Heck CDU
7. Kabinett:	R. Stücklen CSU	H.-C. Seebohm CDU	E. Schwarzhaupt CDU	B. Heck CDU
8. Kabinett:	W. Dollinger CSU	G. Leber SPD	K. Strobel SPD	B. Heck CDU; ab 2. 10. 68 Ä. Brauksiepe CDU
9. Kabinett:	G. Leber SPD ab 7. 7. 72 L. Lauritzen SPD	G. Leber SPD ab 7. 7. 72 L. Lauritzen SPD		K. Strobel SPD
10. Kabinett:	H. Ehmke SPD	L. Lauritzen SPD		K. Focke SPD
11. Kabinett:	K. Gscheidle SPD	K. Gscheidle SPD		K. Focke SPD
12. Kabinett:	K. Gscheidle SPD	K. Gscheidle SPD		A. Huber SPD
13. Kabinett:	K. Gscheidle SPD[9e]	V. Hauff SPD		A. Huber SPD[9f]

Kabinette der Bundesrepublik Deutschland (Forts.)

	Raumordnung, Bauwesen und Städtebau[5]	*Bildung und Wissenschaft*[6]	*wirtschaftliche Zusammenarbeit*[7]	*innerdeutsche Beziehungen*[8]
1. Kabinett:	E. Wildermuth FDP † 9. 3. 52; ab 16. 7. 52 F. Neumayer FDP		F. Blücher FDP	J. Kaiser CDU
2. Kabinett:	V.-E. Preusker FDP (Febr. 56 FVP)	F. J. Strauß CSU; ab 16. 10. 56 S. Balke CSU	F. Blücher FDP (Febr. 56 FVP)	J. Kaiser CDU
3. Kabinett:	P. Lücke CDU	S. Balke CSU		E. Lemmer CDU
4. Kabinett:	P. Lücke CDU	S. Balke CSU	W. Scheel FDP	E. Lemmer CDU
5. Kabinett:	P. Lücke CDU	H. Lenz FDP	W. Scheel FDP	R. Barzel CDU
6. Kabinett:	P. Lücke CDU	H. Lenz FDP	W. Scheel FDP	E. Mende FDP
7. Kabinett:	E. Bucher FDP; ab 4. 11. 66 B. Heck CDU	G. Stoltenberg CDU	W. Scheel FDP; ab 4. 11. 66 W. Dollinger CSU	E. Mende FDP; ab 8. 11. 66 J. B. Gradl CDU
8. Kabinett:	L. Lauritzen SPD	G. Stoltenberg CDU	H. J. Wischnewski SPD; ab 2. 10. 68 E. Eppler SPD	H. Wehner SPD
9. Kabinett:	L. Lauritzen SPD	H. Leussink; ab 15. 3. 72 K. v. Dohnanyi SPD	E. Eppler SPD	E. Franke SPD
0. Kabinett:	H.-J. Vogel SPD	K. v. Dohnanyi SPD	E. Eppler SPD	E. Franke SPD
1. Kabinett:	K. Ravens SPD	H. Rohde SPD	E. Eppler SPD; ab 8. 7. 74 E. K. Bahr SPD	E. Franke SPD
2. Kabinett:	K. Ravens SPD; ab 16. 2. 78 D. Haack SPD	H. Rohde SPD; ab 16. 2. 78 J. Schmude SPD	M. Schlei SPD; ab 16. 2. 78 R. Offergeld SPD	E. Franke SPD
3. Kabinett:	D. Haack SPD	J. Schmude SPD[9b]	R. Offergeld SPD	E. Franke SPD

	Finanzen[9]	*Wirtschaft*	*Arbeit und Sozialordnung*	*Ernährung, Landwirtschaft und Forsten*
1. Kabinett:	F. Schäffer CSU	L. Erhard CDU	A. Storch CDU	W. Niklas CSU
2. Kabinett:	F. Schäffer CSU	L. Erhard CDU	A. Storch CDU	H. Lübke CDU
3. Kabinett:	F. Etzel CDU	L. Erhard CDU	T. Blank CDU	H. Lübke CDU; ab 29. 9. 59 W. Schwarz CDU
4. Kabinett:	K. H. Starke FDP	L. Erhard CDU	T. Blank CDU	W. Schwarz CDU
5. Kabinett:	R. Dahlgrün FDP	L. Erhard CDU	T. Blank CDU	W. Schwarz CDU
6. Kabinett:	R. Dahlgrün FDP	K. Schmücker CDU	T. Blank CDU	W. Schwarz CDU
7. Kabinett:	R. Dahlgrün FDP; ab 4. 11. 66 K. Schmücker CDU	K. Schmücker CDU	H. Katzer CDU	H. Höcherl CSU
8. Kabinett:	F. J. Strauß CSU	K. Schiller SPD	H. Katzer CDU	H. Höcherl CSU
9. Kabinett:	A. Möller SPD; ab 13. 5. 71 K. Schiller SPD ab 7. 7. 72 H. Schmidt SPD	K. Schiller SPD	W. Arendt SPD	J. Ertl FDP
0. Kabinett:	H. Schmidt SPD	H. Friderichs FDP	W. Arendt SPD	J. Ertl FDP
1. Kabinett:	H. Apel SPD	H. Friderichs FDP	W. Arendt SPD	J. Ertl FDP
2. Kabinett:	H. Apel SPD; ab 16. 2. 78 H. Matthöfer SPD	H. Friderichs FDP; ab 7. 10. 77 O. Graf Lambsdorff FDP	H. Ehrenberg SPD	J. Ertl FDP
3. Kabinett:	H. Matthöfer SPD[9c]	O. Graf Lambsdorff FDP	H. Ehrenberg SPD[9d]	J. Ertl FDP

	Forschung und Technologie
10. Kabinett:	H. Ehmke SPD
11. Kabinett:	H. Matthöfer SPD
12. Kabinett:	H. Matthöfer SPD; ab 16. 2. 78 V. Hauff SPD
13. Kabinett:	A. von Bülow SPD

[1] seit 15. 3. 1951; [2] 1949–53: Angelegenheiten des Fernmeldewesens; [3] 1961–69; [4] 1953–57: Familienfragen, 1957–63: Familien- und Jugendfragen, 1963–69: Familie und Jugend; [5] 1949–61: Wohnungsbau, 1961–69: Wohnungswesen, Städtebau und Raumordnung, 1969–72: Städtebau und Wohnungswesen; [6] gegr. 20. 10. 1955, 1955–57: Atomfragen, 1957–62: Atomenergie und Wasserwirtschaft, 1962–69: Wiss. Forschung; [7] 1949–53: Angelegenheiten des Marshall-Planes; [8] 1949–69: gesamtdt. Fragen; [9] Mai 1971–Dez. 1972 mit Wirtschaft vereinigt; [9a] seit 28. 1. 1981 J. Schmude SPD; [9b] seit 28. 1. 1981 B. Engholm; [9c] seit 28. 4. 1982 M. Lahnstein SPD; [9d] seit 28. 4. 1982 H. Westphal SPD; [9e] seit 28. 4. 1982 H. Matthöfer; [9f] seit 28. 4. 1982 A. Fuchs SPD.

Kabinette der Bundesrepublik Deutschland (Forts.)

	Vertriebene, Flüchtlinge und Kriegsgeschädigte[10]	*Angelegenheiten des Bundesrates und der Länder*[11]	*Schatzministerium*[12]	*besondere Aufgaben*[13]
1. Kabinett:	H. Lukaschek CDU	H. Hellwege DP		
2. Kabinett:	T. Oberländer GB/BHE (März 56 CDU)	H. Hellwege DP; ab 7. 6. 55 H.-J. v. Merkatz DP		R. Tillmanns CDU †12. 11. 55; H. Schäfer FDP* (Febr. 56 FVP) W. Kraft GB/BHE* (Juli 55 CDU) F. J. Strauß CSU bis 19. 10. 55
3. Kabinett:	T. Oberländer CDU bis 4. 5. 60; ab 27. 10. 60 H.-J. v. Merkatz DP (24. 8. 60 CDU)	T. Oberländer DP (24. 8. 60 CDU)	H. Lindrath CDU † 27. 2. 60; ab 8. 4. 60 H. Wilhelmi CDU	
4. Kabinett:	W. Mischnick FDP	H.-J. v. Merkatz CDU	H. Lenz FDP	H. Krone CDU
5. Kabinett:	W. Mischnick FDP	A. Niederalt CSU	W. Dollinger CSU	H. Krone CDU
6. Kabinett:	K. H. Krüger CDU; ab 17. 2. 64 E. Lemmer CDU	A. Niederalt CSU	W. Dollinger CSU	H. Krone CDU L. Westrick CDU** (ab 15. 6. 64) H. Krone CDU
7. Kabinett:	J. B. Gradl CDU	A. Niederalt CSU	W. Dollinger CSU	L. Westrick CDU
8. Kabinett:	K.-U. v. Hassel CDU; ab 7. 2. 69 H. Windelen CDU	C. Schmid SPD	K. Schmücker CDU	
9. Kabinett:				H. Ehmke SPD**
10. Kabinett:				E. K. Bahr SPD W. Maihofer FDP

[10] 1969 aufgehoben; [11] 1949–57: Angelegenheiten des Bundesrates, 1969 aufgehoben; [12] 1957–62: wirtsch. Besitz des Bundes, 1969 aufgehoben; [13] 1964–66: Sonderaufgaben und Verteidigungsrat.
* ausgeschieden bei Umbildung des Kabinetts am 16. 10. 1956; ** Chef des Bundeskanzleramtes.

Die Ende der 1950er Jahre im Zeichen des atomaren Patts einsetzende ↑Entspannungspolitik leitete mit dem Abflauen des kalten Krieges eine Krise der weiterhin verfolgten Politik der Stärke ein, da weder ein Aufgehen der BR Deutschland in einem gemeinsamen Westeuropa noch die Wiedervereinigung erreicht wurde. Trotzdem beharrte Adenauer auf dem Alleinvertretungsanspruch, erkannte die DDR nicht an, verhinderte mit Hilfe der ↑Hallsteindoktrin die Aufnahme diplomat. Beziehungen der DDR mit westl. Staaten, blockierte aber gleichzeitig eine Öffnung der BR Deutschland gegenüber östl. Staaten. V. a. die 2. Berlinkrise 1958–61 und der von der BR Deutschland und den westl. Alliierten hingenommene Bau der Berliner Mauer (1961) zeigten das Scheitern dieser Politik auf; auch die Europapolitik (↑Europäische Gemeinschaften) blieb ohne die erhofften Erfolge. Vom Ende der 1950er Jahre an geriet die Reg. Adenauer in Schwierigkeiten. Bei den Bundestagswahlen 1961 verlor die CDU/CSU ihre absolute Mehrheit, 1963 erzwang ihr Koalitionspartner, die FDP, Adenauers Rücktritt. Sein Nachfolger als B.kanzler wurde der als Wirtschaftsmin. populäre L. ↑Erhard (CDU), dem jedoch eine Überwindung der innen- und außenpolit. Stagnation nicht gelang. An seiner Führungsschwäche, Desintegrationserscheinungen in der CDU/CSU, dem Beginn einer wirtsch. Rezession mit hoher Arbeitslosenrate, überraschenden Landtagswahlerfolgen der Nationaldemokrat. Partei (NPD) und am Verlust der CDU-Reg.mehrheit in NRW scheiterte die Reg. Erhard bereits im Nov. 1966 durch den Rücktritt der FDP-Min. Der polit. Ausweg aus dieser Situation wurde in der Bildung einer *Großen Koalition* aus CDU/CSU und SPD unter K. G. ↑Kiesinger (CDU) als B.kanzler und W. ↑Brandt (SPD) als Außenmin. gesucht, die jedoch eine Schwächung der parlamentar. Opposition mit sich brachte (die FDP besaß nur 9,9 % der B.tagsmandate) und zum weiteren Erstarken der NPD sowie zur Bildung der ↑außerparlamentarischen Opposition (APO) führte, einer Protestbewegung, die eine umfassende Diskussion um die Revision des GG, eine Reform des Parlamentarismus und eine allg. Demokratisierung von Staat und Gesellschaft auslöste. Gegen den Widerstand der APO und der FDP verabschiedete die Große Koalition 1968 die Notstandsgesetzgebung.
Die große Koalition stellte bereits 1966 die Weichen für eine neue, der amerikan. Entspannungspolitik angemessene Außenpolitik dem Osten gegenüber *(Ostpolitik)*, deren

Erfolge jedoch ausblieben. Erst die nach der B.tagswahl vom 28. Sept. 1969 sich konstituierende Koalitionsreg. von SPD und FDP unter W. Brandt als B.kanzler *(sozialliberale Koalition)* überwand diese außenpolit. Stagnation, indem sie gegen den erbitterten Widerstand v.a. der CDU/CSU-Opposition auf Alleinvertretungsanspruch und Hallsteindoktrin verzichtete, die Grenzen zu Polen bzw. zwischen der BR Deutschland und der DDR respektierte, worauf ihr 1970 der Abschluß des ↑Deutsch-Sowjetischen Vertrags und des ↑Deutsch-Polnischen Vertrages sowie das ↑Viermächteabkommen über Berlin gelangen. Darüber hinaus kam es zu intensiveren Kontakten zw. den beiden dt. Staaten (v.a. die Treffen Brandt-Stoph in Erfurt und Kassel 1970), die zu Vertragsverhandlungen über den 1972 abgeschlossenen und am 21. Juni 1973 in Kraft getretenen ↑Grundvertrag führten. Im September 1973 wurden daraufhin die BR Deutschland und die DDR in die UN aufgenommen. Im Dez. 1973 wurde der Dt.-Tschechoslowak. Vertrag unterzeichnet. Innenpolit. war die Reg. Brandt mit dem Anspruch angetreten, eine Reg. der inneren Reformen zu sein, die das v.a. von der außerparlamentar. Opposition als ungerecht und unsozial kritisierte Wirtsch.- und Gesellschaftssystem sozial gerechter gestalten sollten. Die wichtigsten Vorhaben (v.a. Bildungsreform, Mitbestimmungsgesetzgebung) gelangen nicht; erfolgreich waren die Bemühungen um die Reform des Betriebsverfassungsgesetzes (1972). V.a. die Ostpolitik der sozialliberalen Reg. hatte zu heftigen Auseinandersetzungen in der Öffentlichkeit und im B.tag geführt, die die innenpolit. Atmosphäre vergifteten. Nachdem Abg. von SPD und FDP zur CDU/CSU übergewechselt waren, versuchte die Opposition die Reg. Brandt durch ein konstruktives Mißtrauensvotum am 24. April 1972 zu stürzen; ihr Kandidat, R. Barzel, erreichte jedoch am 27. April die erforderl. absolute Mehrheit nicht. Bei der daraufhin vorgezogenen B.tagswahl am 19. Nov. 1972 wurde die SPD erstmals stärkste Fraktion. Die v.a. infolge der Erdölkrise sich verschärfende wirtsch. Entwicklung mit steigenden Inflationsraten und Arbeitslosenquoten ließ die innenpolit. Re-

Bundesrepublik Deutschland. Vereinfachende schematische Darstellung des politischen Systems

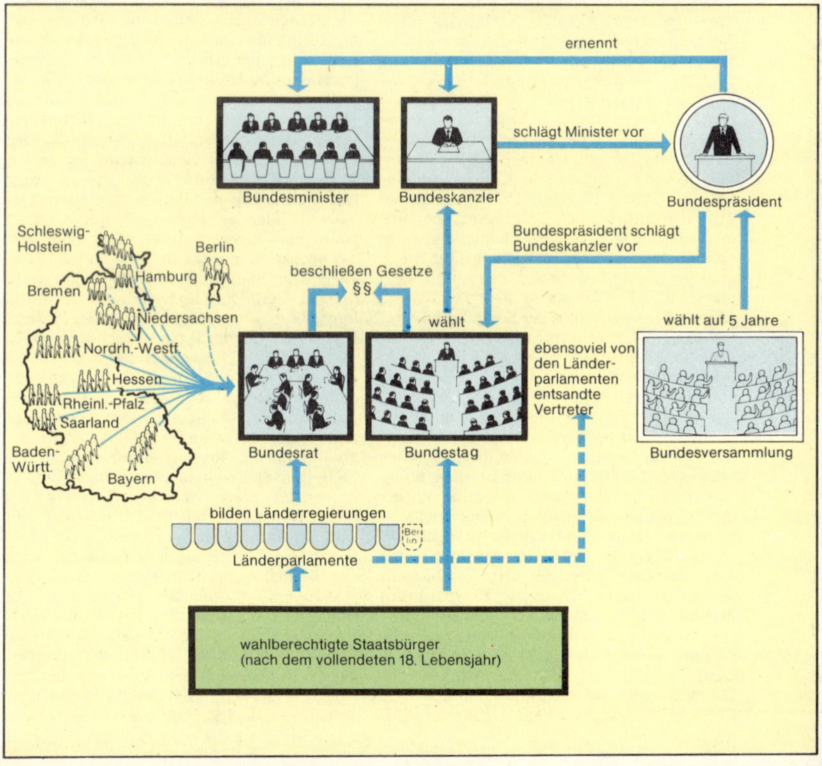

formpolitik der Reg. Brandt weiter stagnieren und schwächte ihr Ansehen. Der sog. Extremistenbeschluß von 1972 und seine unterschiedl. Handhabung in den Bundesländern verschärfte das innenpolit. Klima. Am 7. Mai 1974 trat Brandt zurück, nachdem ein wichtiger Mitarbeiter im B.kanzleramt als Spion entlarvt worden war (Guillaume-Affäre). Neuer B.kanzler wurde H. Schmidt, der eine stärker pragmat. ausgerichtete Politik verfolgte, v. a. Wirtschaftskrise, Inflation und Arbeitslosigkeit nat. und internat. zu bekämpfen suchte. Die weltweite Wirtschaftskrise bestimmte auch nachhaltig die außenpolit. Aktivitäten der Reg., die keine markanten Neuorientierungen in der westl. Bündnispolitik, der Europapolitik und der Ostpolitik erkennen ließ. Die B.tagswahlen am 3. Okt. 1976 gewann die SPD/FDP-Koalition nur knapp, bildete aber wiederum eine Koalitionsreg. unter Schmidt, die sich 1977 v. a. mit der Sanierung der Renten- und Krankenversicherung und 1977/78 mit der Bekämpfung des nat. und internat. Terrorismus befaßte. Nach Ansicht ihrer Kritiker verfolgte die Reg. Schmidt nun keine sozialen Erneuerungen mehr, sondern widmete sich v. a. der Verwaltung und Erhaltung von Bestehendem – nicht dessen Fortentwicklung. Die zunehmende Unzufriedenheit und Enttäuschung in der Bevölkerung zeigte sich bei den meisten Landtagswahlen auch in einer Stärkung der CDU/CSU, was u. a. zur Folge hatte, daß 1979 mit K. Carstens zum 1. Mal in der Geschichte der BR Deutschland ein Kandidat der B.tagsopposition zum Bundespräs. gewählt wurde. Nach der Nominierung von F. J. Strauß zum Kanzlerkandidaten der CDU/CSU (Juli 1979) konnte die SPD allerdings bei den Landtagswahlen 1980 im Saarland und in NRW bemerkenswerte Erfolge erzielen. Außenpolit. suchte die B.reg. die Auswirkungen der durch den sowjet. Einmarsch in Afghanistan ausgelösten Ost-West-Krise auf ihr Verhältnis zur Sowjetunion und insbes. zur DDR so gering wie mögl. zu halten. Die B.tagswahlen vom 5. Okt. 1980 bestätigten bei einer deutl. Stärkung der FDP eindrucksvoll die soziailiberale Koalition. Die neue, nur geringfügig veränderte Reg. unter H. Schmidt erklärte ihren Willen zur Weiterführung der Entspannungspolitik auch unter schwierigen weltpolit. Bedingungen (u. a. die Auswirkungen der inneren Situation Polens mit seiner unabhängigen Gewerkschaftsbewegung auf die Ost-West-Beziehungen). Im Innern führte die Einengung der finanziellen Möglichkeiten infolge der welt- und binnenwirtsch. Situation zu massiven Einsparungen in den Bundeshaushalten für 1981 und 1982 - v.a. zu Lasten breiter Bevölkerungsschichten. Die außenpolit. Diskussion in der BR Deutschland ist seit 1981 v.a. geprägt vom Drängen einer breiten parteiunabhängigen Friedensbewegung auf Reduzierung der militär. Rüstung in ganz Europa sowie von mehr oder weniger scharfen Reaktionen auf die Einführung des Kriegsrechts in Polen im Dez. 1981.

Politisches System: *Staatsform und Gesellschaftsordnung:* Die BR Deutschland ist ein demokrat., sozialer und föderativer B.staat, der die Länder Baden-Württemberg, Bayern, Hessen, Niedersachsen, Nordrhein-Westfalen, Rheinland-Pfalz, Saarland, Schleswig-Holstein sowie die Stadtstaaten Bremen und Hamburg umfaßt. Berlin (West) ist auf Grund der Vorbehalte der Besatzungsmächte kein integraler Bestandteil der BR Deutschland; die staatl. Ordnung wird durch das ↑Grundgesetz festgelegt. Staatsform ist die parlamentar. Demokratie. Alle Staatsgewalt geht vom Volke aus *(Volkssouveränität);* sie wird vom Volke in Wahlen und Abstimmungen und durch bes. Organe der Gesetzgebung *(Legislative)*, der vollziehenden Gewalt *(Exekutive)* und der Rechtsprechung *(Judikative)* ausgeübt. Eine strikte Trennung der drei Staatsgewalten (↑Gewaltentrennung) sieht das GG nicht vor, so daß verschiedene Formen der Gewaltenüberschneidung mögl. sind. Die Festlegung des GG auf diese Staatsform, auf das Mehrparteienprinzip, auf die Gewähr der Chancengleichheit für alle polit. Parteien und ihr Recht auf verfassungsmäßige Bildung und Ausübung einer Opposition wird zusammenfassend als *freiheitliche demokratische Grundordnung* bezeichnet, wobei diese Ordnung jedoch auf kein bestimmtes Wirtschaftssystem festgelegt ist. Allen Bürgern werden vom GG wichtige ↑Grundrechte, insbes. das Recht auf Leben, auf körperl. Unversehrtheit und die Freiheit der Person, garantiert. Obwohl die B.länder Staaten mit eigener Staatsgewalt und eigenem Staatsgebiet sind, liegt die höchste Staatsgewalt, die ↑Souveränität, allein beim Bund; B.recht bricht Landesrecht (Art. 31 GG). Die Länder können zur Erfüllung ihrer verfassungsrechtl. oder gesetzl. B.pflichten von der B.reg. angehalten werden (Art. 37 GG). Die verfassungsmäßige Ordnung in den Ländern muß den Grundsätzen des republikan., demokrat. und sozialen Rechtsstaates entsprechen. Den Gemeinden und Gemeindeverbänden steht das Recht der kommunalen Selbstverwaltung zu (Art. 28 GG). Eine Staatskirche besteht nicht.

Regierungssystem: Staatsoberhaupt ist der ↑Bundespräsident (seit 1979 K. Carstens). Er wird von der ↑Bundesversammlung auf 5 Jahre gewählt. Die ↑Bundesregierung ist neben dem B.präs. oberstes Organ der *vollziehenden (exekutiven) Gewalt.* Sie besteht aus dem Bundeskanzler und den Bundesministern. *Rechtsetzende (legislative) Gewalt* haben auf Grund der föderalist. Struktur der ↑Bundestag als Bundesparlament sowie die Länderparlamente. Das GG unterscheidet ausschließl., konkurrierende und Rahmengesetz-

Ergebnisse der Bundestagswahlen 1949–87 (ohne Berlin [West])

Wahlen	14. Aug. 1949		6. Sept. 1953		15. Sept. 1957		17. Sept. 1961	
Wahlberechtigte (Mill.):	31,2		33,1		35,4		37,4	
Wahlbeteiligung (%):	78,5		85,8		87,8		87,7	
	Stimmen in %	Mandate	Stimmen in%	Mandate	Stimmen in%	Mandate	Stimmen in %	Mandate
CDU/CSU	31,0	139	45,2	243	50,2	270	45,3	242
SPD	29,2	131	28,8	151	31,8	169	36,2	190
FDP/DVP	11,9	52	9,5	48	7,7	41	12,8	67
DP, ab 1961 GDP	4,0	17	3,3	15	3,4	17	2,8	–
GB/BHE	–	–	5,9	27	4,6	–	–	–
Zentrum	3,1	10	0,8	3	0,3	–	–	–
Bayernpartei (BP)	4,2	17	1,7	–	0,5	–	–	–
KPD	5,7	15	2,2	–	–	–	–	–
DFU	–	–	–	–	–	–	1,9	–
DRP	1,8	5	1,1	–	1,0	–	0,8	–
sonstige	9,1	16	1,5	–	0,5	–	0,2	–
insgesamt	100	402	100	487	100	497	100	499

Wahlen:	19. Sept. 1965		28. Sept. 1969		19. Nov. 1972		3. Okt. 1976	
Wahlberechtigte (Mill.):	38,5		38,6		41,4		42,1	
Wahlbeteiligung (%):	86,8		86,7		91,1		90,7	
	Stimmen in%	Mandate	Stimmen in%	Mandate	Stimmen in%	Mandate	Stimmen in%	Mandate
CDU/CSU	47,6	245	46,1	242	44,9	225	48,6	243
SPD	39,3	202	42,7	224	45,8	230	42,6	214
FDP/DVP	9,5	49	5,8	30	8,4	41	7,9	39
GDP	–	–	0,1	–	–	–	–	–
Bayernpartei	–	–	0,2	–	–	–	–	–
DFU	1,3	–	–	–	–	–	–	–
DKP	–	–	–	–	0,3	–	0,3	–
NPD	2,0	–	4,3	–	0,6	–	0,3	–
sonstige	0,3	–	0,8	–	–	–	0,3	–
insgesamt	100	496	100	496	100	496	100	496

Wahlen:	5. Okt. 1980		6. März 1983		25. Jan. 1987	
Wahlberechtigte (Mill.):	43,2		44,1		45,3	
Wahlbeteiligung (%):	88,6		89,1		84,3	
	Stimmen in %	Mandate	Stimmen in %	Mandate	Stimmen in %	Mandate
CDU/CSU	44,5	226	48,8	244	44,3	223
SPD	42,9	218	38,2	193	37,0	186
FDP/DVP	10,6	53	7,0	34	9,1	46
Grüne	1,5	–	5,6	27	8,3	42
DKP	0,2	–	0,2	–	–	–
NPD	0,2	–	0,2	–	0,6	–
sonstige	0,1	–	0,1	–	0,7	–
insgesamt	100	497	100	498	100	497

gebung (↑ Gesetzgebung); der B.reg. steht ein Initativrecht *(Gesetzesinitiative)* zu. Der B.tag ist das einzige B.organ, das unmittelbar vom Volk gewählt wird. Durch den ↑ Bundesrat wirken die Länder bei der Gesetzgebung und Verwaltung des Bundes mit (Art. 50 GG).
Parteien und Verbände: Nach dem GG sollen die polit. Parteien bei der polit. Willensbildung des Volkes mitwirken; ihre innere Ordnung muß demokrat. Grundsätzen entsprechen; über die Herkunft ihrer Mittel müssen sie öffentl. Rechenschaft ablegen (Art. 21 GG). Zw. 1961 und 1983 waren im B.tag nur die Christl.-Demokrat. Union (CDU) und die Christl.-Soziale Union (CSU), die seit 1949 eine gemeinsame Fraktion bilden, die Sozialdemokrat. Partei Deutschlands (SPD) und die Freie Demokrat. Partei (FDP) vertreten. Zusätzl. zu diesen gibt es seit der B.tagswahl 1983 auch eine Fraktion der Grünen im B.tag. Andere Parteien, wie die Nationaldemokrat. Partei Deutschlands (NPD) oder die Dt. Kommunist. Partei (DKP), scheiterten an der Fünfprozentklausel. Nur die Wahl zum 3. B.tag (1957) ergab eine absolute Mehrheit für eine Fraktion – die der CDU/CSU –, ansonsten mußten jeweils Koalitionsregierungen gebildet werden. Seit Okt. 1982 bilden CDU/CSU und FDP eine Koalition.
Wenngleich sie im GG nicht erwähnt werden, nehmen neben den Parteien verschiedene *Interessenverbände* Einfluß auf die individuelle Meinungs- und die polit. Willensbildung. Die Kanäle des Verbandseinflusses sind je nach Art der anstehenden Entscheidungen die Parteien, das Parlament oder die Reg. Wichtigste Spitzenverbände sind der B.verband der Dt. Industrie e.V. (BDI), der Dt. Ind.- und Handelstag (DIHT) sowie die Bundesvereinigung der Dt. Arbeitgeberverbände e.V. (BDA), denen als zentrale Organisationen der Arbeitnehmer der Dt. Gewerkschaftsbund (DGB) als Dachorganisation von 17 Einzelgewerkschaften der Arbeiter, Angestellten und Beamten sowie die Dt. Angestellten-Gewerkschaft (DAG) und der Dt. Beamtenbund (DBB) u. a. kleinere Organisationen gegenüberstehen. Ein starker, direkter und unkontrollierbarer Einfluß der Verbände auf Parteien, Fraktionen und Landes- bzw. B.reg. wird gelegentl. als die im GG verankerte Volkssouveränität und demokrat. Ordnung unterlaufend kritisiert.
Die *Verwaltung* geschieht durch Behörden des Bundes (Bundesverwaltung) und der Länder (Landesverwaltung).
Rechtswesen: Durch die Verankerung des *Rechtsstaatsprinzips* wird in der BR Deutschland staatl. Handeln den Gesetzen unterworfen und diese *Gesetzmäßigkeit staatl. Handelns* durch eine umfassende Rechtsschutzgarantie und durch die Unabhängigkeit der Gerichte sichergestellt. Die Stellung der Justiz wurde durch die Möglichkeit, zur Überprüfung polit. Entscheidungen und Vereinigungen auf ihre Verfassungsmäßigkeit das B.verfassungsgericht anzurufen, erhebl. verstärkt. Seit 1949 wurden die größtenteils Ende des 19. Jh. kodifizierten Gesetze den neuen Bestimmungen des GG angepaßt.
Landesverteidigung: Es besteht allgemeine Wehrpflicht, die in der ↑ Bundeswehr in 18monatiger Dienstzeit abgeleistet werden kann; unter bestimmten Voraussetzungen ist auch ein Zivildienst möglich. Die Gesamtstärke der B.wehr betrug 1987 495000 Mann (Heer 335000, Luftwaffe 106000, Marine 36000). Daneben bestehen als paramilitär. Kräfte die Truppen des Bundesgrenzschutzes (rd. 20000 Mann).
Soziales: Das GG verpflichtet den Staat, für einen Ausgleich sozialer Gegensätze und eine gerechte Sozialordnung zu sorgen *(Sozialstaatsprinzip);* es garantiert die Koalitionsfreiheit, freie Berufswahl, verpflichtet zum gemeinnützigen Gebrauch des Eigentums und ermöglicht die Verstaatlichung von Boden, Naturschätzen und Produktionsmitteln. Auf dieser Grundlage entstanden neue Sozialgesetze, die Kündigungsschutz, Tarifvertragsrecht, Mutterschutz, Betriebsverfassung, Personalvertretung, Mitbestimmung, Lastenausgleich, die verschiedenen Sozialversicherungen, Sozialhilfe, Arbeitsförderung und -beschaffung, Vermögensbildung u. a. regeln und ein weitgehendes System der *sozialen Sicherung* schufen, dessen Bestand jedoch auf Grund der v. a. seit 1973 sich verschlechternden Wirtschaftslage, der hohen Arbeitslosenquote (1987 im Jahresdurchschnitt 2,2 Mill.) und daraus resultierender Engpässe in allen Sozialversicherungszweigen gefährdet zu sein scheint.

📖 *Beyme, K.: Das polit. System der B.D. Mchn. ³1981. - Jesse, E.: Die Demokratie der B. D. Bln. ⁵1981. - Schwarz, Hans-Peter: Die Ära Adenauer (Gesch. der B.D., Bd. 3). Stg. u. Wiesb. 1981. - Hesse, K.: Grundzüge des Verfassungsrechts der B. D. Karlsruhe ¹²1980. - Das Parteiensystem der B. D. Hg. v. D. Staritz. Opladen ²1980. - Claessens, D., u.a.: Sozialkunde der B. D. Düss. u. Köln ¹⁰1980. - Fuchs, G.: Die B. D. Stg. ³1980. - Nach dreißig Jahren. Die B. D. Vergangenheit, Gegenwart, Zukunft. Hg. v. W. Scheel. Stg. 1979. - Schuon, T.: Wirtschafts- u. Sozialgesch. der B. D. Stg. 1979. - Schäfers, B.: Sozialstruktur u. Wandel der B. D. Stg. ²1979. - Rupp, A. K.: Polit. Gesch. der B. D.*

Bundesstaat, 1. eine staatsrechtl. Verbindung mehrerer Staaten in der Weise, daß ein neuer Staat entsteht (Gesamtstaat), die Gliedstaaten jedoch weiterhin ihre Staatseigenschaft behalten (↑ auch Föderalismus). Im B. haben sowohl die Gliedstaaten als auch der Gesamtstaat eigene, unabgeleitete Staatsgewalt, d.h., die Gliedstaaten leiten ihre Staatsgewalt nicht vom Gesamtstaat ab, sie sind ihm nicht untergeordnet. Die Staatsge-

walt ist durch die jeweilige Verfassung zw. Gesamtstaat und Gliedstaaten aufgeteilt. Diese sind zu bundesfreundl. Verhalten (**Bundestreue**) verpflichtet, d. h. alle an dem Bündnis Beteiligten haben zu seiner Festigung und zur Wahrung seiner und der Belange seiner Glieder beizutragen. Ein B. kann durch einen Bündnisvertrag der Gliedstaaten (so die Gründung des Dt. Reiches 1871) oder durch die verfassunggebende Gewalt des Volkes (so die Gründung der Weimarer Republik 1919 und die Gründung der BR Deutschland 1949) entstehen. Die für die Organisation des B. kennzeichnende Aufteilung der staatl. Aufgaben kann entweder in der Weise vorgenommen werden, daß Gesamtstaat und Gliedstaaten jeweils für bestimmte Materien zuständig sind, in denen sie sowohl die Gesetzgebung wie auch die vollziehende Gewalt und die Rechtsprechung ausüben (so z. B. in den USA), oder die jeweiligen Zuständigkeiten können nach Materie und Funktion unterschiedl. aufgeteilt sein, so daß in manchen Bereichen die Gesetzgebung Sache des Gesamtstaates, der Vollzug der Bundesgesetze dagegen Sache der Gliedstaaten ist. Letztere Regelung trifft für die BR Deutschland zu.
2. auch Bez. für die Gliedstaaten des Gesamtstaats.

Bundestag, im *Dt. Bund* (1815–66) Bez. für die ↑Bundesversammlung.
◆ (Dt. Bundestag) in der *BR Deutschland* die aus Wahlen hervorgegangene Volksvertretung. Kraft der allein ihm zukommenden unmittelbaren demokrat. Legimitation nimmt der B. eine bes. Stellung unter den Verfassungsorganen ein. Er wählt und stürzt den Bundeskanzler, stellt die Hälfte der Mgl. der Bundesversammlung und $^2/_3$ der Mgl. des Gemeinsamen Ausschusses, ist zur Präs.anklage befugt, wählt die Hälfte der Bundesverfassungsrichter und entsendet Mgl. in den Richterwahlausschuß, der die Bundesrichter wählt. Der B. ist das zentrale Organ der polit. Willensbildung, das in seiner personellen Zusammensetzung die im Volk vorhandenen polit. Kräfte widerspiegeln soll. Er ist zugleich das oberste Gesetzgebungsorgan, ermächtigt die Reg. zum Erlaß von Rechtsverordnungen, stellt durch Gesetz den Haushaltsplan fest, erteilt die Zustimmung zu völkerrechtl. Verträgen (durch *Ratifikationsgesetz*) und entscheidet im Verteidigungsfall. Als oberstes Kontrollorgan hat er die Bundesregierung einschließl. der ihr unterstellten Verwaltung zu überwachen. Er hat das Recht, jedes Mgl. der Bundesregierung einer Befragung zu unterziehen (Interpellationsrecht) sowie parlamentar. Untersuchungen durchzuführen. Als Hilfsorgan bei der Ausübung der parlamentar. Kontrolle über die Bundeswehr und zum Schutze der Grundrechte der Soldaten beruft der B. den Wehrbeauftragten. Die Abhörpraxis der Exekutive wird durch bes. Kontrollorgane überwacht. Bei der Kontrolle über das Haushaltsgebaren der Regierung wird der B. durch den Bundesrechnungshof unterstützt, der einmal im Jahr dem B. über seine Prüfungsergebnisse zu berichten hat.
Der B. wird in allg., freien, geheimen, unmittelbaren und gleichen Wahlen nach dem durch das Bundeswahlgesetz festgelegten System der personalisierten Verhältniswahl gewählt. Ihm gehören 496 Abg. an, die zur Hälfte direkt, zur Hälfte über Listen gewählt werden (zu mögl. Überhangmandaten ↑Wahlen). Hinzu kommen 22 nicht voll stimmberechtigte Berliner Abg. Die einer Partei zugehörigen Abg. bilden innerhalb des B. eine Fraktion. Die *Wahlperiode* dauert i.d.R. 4 Jahre, kann aber vorher durch Auflösung des B. enden. Die Neuwahl findet im letzten Vierteljahr der Wahlperiode statt, im Falle der Auflösung spätestens nach 60 Tagen. Der B. tritt spätestens am 30. Tag nach der Wahl, jedoch nicht vor Ende der Wahlperiode des letzten B. zusammen. Für die Gesetzgebungsarbeit des B. gilt der Grundsatz der ↑Diskontinuität. Der B. nimmt die Wahlprüfung vor, gibt sich eine Geschäftsordnung und wählt seine Organe (Präs., Präsidium, Ältestenrat, Schriftführer, Ausschüsse). Der *Präsident* vertritt den B., ist die oberste Dienstbehörde der B.beamten, übt das Hausrecht und die Polizeigewalt im Gebäude des B. aus und leitet u. a. seine Sitzungen. Der Präs. und seine Stellvertreter bilden das *Präsidium*. Zentrales Lenkungsorgan des B. ist der Ältestenrat. Das Plenum verhandelt öffentl., die Ausschüsse dagegen tagen grundsätzl. nicht öffentlich. Sie suchen dies durch verstärktes Abhalten von sog. Hearings auszugleichen. - ↑auch Parlamentarismus.
Zeh, W.: Der Dt. B. Düss. [3]1978. - Schäfer, Friedrich: Der B. Opladen. [3]1977.

Bundesterritorium, svw. ↑Bundesdistrikt.

Bundestreue ↑Bundesstaat.

Bundesverfassungsgericht, Abk. BVerfG, BVG, ein allen übrigen Verfassungsorganen gegenüber selbständiger Gerichtshof des Bundes; errichtet am 7. 9. 1951. Sitz: Karlsruhe. Seine Entscheidungen binden alle anderen staatl. Organe, auch den Bundestag. Das B. ist selbst Verfassungsorgan, hat einen eigenen Einzelplan im Bundeshaushalt und eine eigene, dem Präs. des B. unterstellte Verwaltung. Die Zuständigkeiten des B. und die Grundzüge der Richterwahl sind im GG (Art. 93, 94) geregelt, die Rechtsstellung der Richter, die Verfassung und das Verfahren des Gerichts im Gesetz über das B. i.d.F. vom 3. 2. 1971. Das B. ist ein sog. *Zwillingsgericht* mit 2 Senaten, besetzt mit je 8 Richtern. Die beiden Senate zusammen bilden das Plenum des B., das zuständig ist, wenn ein Senat in einer Rechtsfrage von der Meinung des anderen Senats abweichen will. Die Richter werden je zur Hälfte vom Bundestag und Bundesrat gewählt, vom Bundespräs. ernannt und vereidigt. Während der Bundesrat die Richter direkt mit Zweidrittelmehrheit wählt, werden die vom Bundestag zu berufenden Richter in indirekter Wahl von einem vom Bundestag nach den Regeln der Verhältniswahl gewählten zwölfköpfigen Wahlmännerausschuß bestimmt. 3 Richter jedes Senats werden aus der Zahl der Richter an den obersten Gerichtshöfen gewählt. Den Präs. des B. und seinen Stellvertreter wählen Bundestag und Bundesrat im Wechsel. Die Richter dürfen neben ihrer Richtertätigkeit nur das Amt eines Hochschullehrers ausüben. Ihre Amtszeit dauert 12 Jahre; eine anschließende oder spätere Wiederwahl ist ausgeschlossen.

Bundes-Verfassungsgesetz, Abk. BVG, Bez. für die geltende östr. Verfassung (B.-V. vom 1. 10. 1920 i. d. F. von 1929).

Bundesversammlung, im *Deutschen Bund* (1815–66; auch Bundestag gen.) nach Art. 4 der Dt. Bundesakte das Bundesorgan, das die Angelegenheiten des Bundes unter dem Bundespräsidium Österreichs besorgte. In der B. waren alle Gliedstaaten durch Bevollmächtigte im Range von Gesandten vertreten, die nur nach den Instruktionen ihrer Regierungen abstimmen konnten. Das Plenum umfaßte 69 Stimmen (entsprechend der Größe der einzelnen Bundesstaaten aufgeteilt). Die B. tagte ständig, konnte sich jedoch nach Erledigung der Geschäfte auf bestimmte Zeit vertagen. Die B. hatte ihren Sitz in Frankfurt am Main und war zuständig für die auswärtigen, militär. und inneren Angelegenheiten des Bundes. In der *BR Deutschland* ist die B. das Organ, durch das der Bundespräs. gewählt wird (Art. 54 GG). Die B. besteht aus den Mgl. des Dt. Bundestages und einer gleichen Anzahl von Mgl., die von den Volksvertretungen der Länder nach den Grundsätzen der Verhältniswahl gewählt werden. Sie wird vom Präs. des Bundestages einberufen. - Für *Österreich* und die *Schweiz* ↑Österreich (polit. System), ↑Schweiz (polit. System).

Bundesvertrag, das Abkommen von 1815, genehmigt von den Teilnehmern des Wiener Kongresses und beschlossen von den schweizer. Kantonen. Er stellte in der Schweiz den Staatenbund wieder her.

Bundeswehr, Bez. für die Streitkräfte der BR Deutschland. Der Aufbau erfolgte nach dem 5. Mai 1955; die verfassungsrechtl. Voraussetzungen wurden durch Grundgesetzänderungen vom 26. 3. 1954 und vom 19. 3. 1956 geschaffen. Zunächst nur Freiwillige; ab 1956 jedoch allg. Wehrpflicht; die Angehörigen der B. sind entweder *Wehrpflichtige, Soldaten auf Zeit* oder *Soldaten auf Lebenszeit* (Berufssoldaten). Die zahlenmäßige Stärke der B. betrug 1987 495 000 Mann. Die B. gliedert sich in Heer, Luftwaffe, Marine, Sanitäts- und Gesundheitswesen sowie Zentrale militär. B.dienststellen. Befehls- und Kommandogewalt hat gemäß Artikel 65a GG der Bundesminister der Verteidigung (sie geht jedoch im Verteidigungsfall auf den Bundeskanzler über); ihm untersteht der Generalinspekteur der Bundeswehr mit dem Führungsstab der Streitkräfte; bes. Aufgaben hinsichtl. der B. haben die B.verwaltung und der Wehrbeauftragte des Bundestages. Dem Führungsstab des **Heeres** im Bundesministerium der Verteidigung unterstehen das *Heeresamt* (zuständig für die Schulen u. Lehrtruppen des Heeres, das Erarbeiten von Grundlagen für Führungs-, Kampf- und Einsatzgrundsätze, für Rüstung, Ausbildung, dienstl. Anweisungen an Korps und Territorialkommandos), das Feldheer und das Territorialheer. Das *Feldheer* umfaßt 3 Korps (inklusive Korps-Verfügungs- und Versorgungstruppen) mit insges. 12 Divisionen (4 Panzergrenadier- und 6 Panzerdivisionen sowie 1 Gebirgs- und 1 Luftlandedivision einschließl. Divisionstruppen). Das *Territorialheer* ist der in nat. Verantwortung geführte Teil des Heeres und gliedert sich auf verschiedenen Bereichsebenen (Territorial-, Wehrbereichs-, Verteidigungsbezirks-, Verteidigungskreiskommandos) in Führungsstäbe mit den diesen unterstellten Truppen und Dienststellen. 1987 hatte das Heer eine Stärke von 335 000 Mann, davon das Territorialheer 44 000. Dem Führungsstab der **Luftwaffe** im Bundesministerium der Verteidigung sind das *Luftwaffenamt* (zuständig für zentrale Luftwaffenaufgaben: Ausbildung, Rüstung, Transport, Sanitätswesen u. a.), das *Luftflottenkommando* (die Einsatzverbände der Luftwaffe, bestehend aus 2 Luftangriffs- und 2 Luftverteidigungsdivisionen) und das *Luftwaffenunterstützungskommando* (die logist. Verbände und Dienststellen der Luftwaffe) unterstellt. Die Luftwaffe hatte 1987 eine Stärke von 106 000 Mann und besaß 574 Kampfflugzeuge. Dem Führungsstab der **Marine** im Bundesverteidigungsministerium unterstehen das *Marineamt* (zuständig für Ausbildung, Rüstung und Sanitätsdienst in der Marine), das *Flottenkommando* (alle Kampfeinheiten, die schwimmenden Unterstützungseinheiten der Marine sowie Einrichtungen auf dem Festland, die für deren Einsatzführung notwendig sind) und das *Marineunterstützungskommando* (dem die Aufrechterhaltung der materiellen Einsatzbereitschaft der Marinestreitkräfte obliegt). Die Marine hatte 1987 eine Stärke von 36 000 Mann und besaß 223 schwimmende Einheiten.

Dem Inspekteur des **Sanitäts- und Gesundheitswesens** im Bundesministerium der Verteidigung untersteht als Fachvorgesetztem der Sanitätsdienst in den Teilstreitkräften und in den Zentralen militär B.dienststellen. Er ist zugleich unmittelbarer truppendienstl. Vorgesetzter des *Sanitätsamtes der B.* als der

Kommandobehörde für die nachgeordneten zentralen Sanitätsdienststellen der B. Unter den **Zentralen militärischen Bundeswehr-Dienststellen,** die dem Stellvertreter des Generalinspekteurs der B. unterstellt sind und für die Streitkräfte gemeinsame Aufgaben wahrnehmen, hat das *Streitkräfteamt* (früher B.amt) eine bes. Stellung.
Das **Heer** hat den Auftrag, mit den der NATO assignierten Teilen in den zugewiesenen Gefechtsstreifen die Vorneverteidigung zu führen. Im Verteidigungsfall ist das I. Korps (Münster) zus. mit belg., brit., niederl. und amerikan. Großverbänden der Northern Army Group (NORTHAG) in Mönchengladbach, das II. und III. Korps (Ulm bzw. Koblenz) zusammen mit amerikan. und kanad. Großverbänden der Central Army Group (CENTAG) in Heidelberg unterstellt. Das Territorialheer hat unter nat. Kommando die Operationsfreiheit der NATO-Streitkräfte in der BR Deutschland sicherzustellen und mit der zivilen Verteidigung zusammenzuarbeiten. Die Aufgaben der **Luftwaffe** im Gesamtgefüge der NATO sind: Luftaufklärung, Luftraumüberwachung, Luftverteidigung im integrierten Luftverteidigungssystem der NATO, Kampf gegen feindl. Luftstreitkräfte am Boden, Abriegelung des Gefechtsfeldes und in der Tiefe des Raumes, unmittelbare Bekämpfung von feindl. Land- bzw. Seestreitkräften und Lufttransport. Die Luftwaffe ist mit ihren Einsatzverbänden der 2. bzw. 4. Alliierten Taktischen Luftflotte (Mönchengladbach bzw. Heidelberg) zugeteilt. Im Verteidigungsfall soll die **Marine** durch Abwehr von Angriffen auf die Küsten der Ost- und Nordsee das Territorium der NATO-Anliegerstaaten und die Ostseezugänge schützen. Darüber hinaus sind dem Gegner die Verbindungswege zw. Ostsee und Atlantik zu unterbrechen sowie gemeinsam mit den Verbündeten die eigenen Nachschublinien in der Nordsee zu sichern. Koordiniert werden diese Aufgaben durch den Befehlshaber der Alliierten Streitkräfte Ostseezugänge in Karup (Dänemark) mit dem nachgeordneten Befehlshaber der Alliierten Seestreitkräfte Ostseezugänge.
📖 *Unsere B.? Hg. v. R. Steinweg. Ffm. 1981. - Hdb. der B. Bonn 1978. - Range, A.: Das Heer der B. Gesch., Organisation, Laufbahnen. Stg. 1977.*

bündische Jugend ↑Jugendbewegung.

Bündnis, völkerrechtl. Vertrag zw. souveränen Staaten über die Leistung von Beistand im Kriegsfall bzw. über eine wechselseitige Verteidigung im Falle eines Angriffs durch einen oder mehrere Drittstaaten.

Bundschuh, im MA die über die Knöchel reichende Fußbekleidung des Bauernstandes, die mit Riemen über dem Fuß festgebunden wurde.
◆ in der 1. Hälfte 15. Jh. Name und Feldzeichen aufständ. Bauernverbände; erster großer B.aufstand 1493 in Schlettstadt, 1502 Bistum Speyer, 1513 Breisgau, 1517 Oberrhein (unter Führung von Joß Fritz).

Bunsen, [Christian] Karl [Josias] Frhr. von, * Korbach 25. Aug. 1791, † Bonn 28. Nov. 1860, preuß. Diplomat und Gelehrter. - Seit 1824 Gesandter beim Vatikan; wurde 1829 Generalsekretär des mit seiner Hilfe neu errichteten archäolog. Inst. in Rom; 1838 aus Rom abberufen; seit 1824 Botschafter in London; verhandelte im Auftrag der dt. Nationalversammlung, deren Mgl. er 1848/49 war, mit Dänemark über Schleswig-Holstein, mußte aber 1852 das Londoner Protokoll unterzeichnen; erhielt 1854 seinen Abschied.

bunte Listen, Wählervereinigungen in der BR Deutschland, die unter maßgebl. Beteiligung bestimmter Gruppen (v. a. Umweltschützer, K-Gruppen, Spontis, Feministinnen, Homosexuelle) sich mit einem zu den gegebenen Verhältnissen alternativen Gesellschaftsprogramm in den 1970er Jahren zur Wahl stellten.

Buol-Schauenstein, Karl Ferdinand Graf, * Regensburg 17. Mai 1797, † Wien 28. Okt. 1865, östr. Diplomat und Minister. - 1852–59 Min. des Äußeren; Rücktritt nach Fehlschlag des Sardin.-Frz.-Östr. Krieges.

Buonaparte ↑Bonaparte.

Burchard, Name von Herrschern:
Halberstadt:
B. II. (Buko, Bucco), * um 1028, † Kloster Ilsenburg/Harz 7. April 1088, Bischof (ab 1059). - Entschied 1062 die strittige Papstwahl für Alexander II., war im Sachsenaufstand (ab 1073) einer der Hauptgegner Heinrichs IV.; unterstützte dessen Gegenkönige und wurde im Konflikt mit Eckbert von Meißen tödlich verwundet.
Magdeburg:
B. III., gen. Lappe, † Magdeburg 21. Sept. 1325, Erzbischof (ab 1307). - Geriet beim Ausbau der magdeburg. Landesherrschaft in Ggs. zur Hausmachtpolitik Ludwigs des Bayern, zum Adel und den Städten seines Territoriums und wurde ermordet.
Schwaben:
B. I., Herzog, † vor Novara 28. oder 29. April 926. - Kehrte 914 aus der Verbannung zurück und versuchte, das Hzgt. Schwaben zu erringen; mußte sich aber 919 Heinrich I. unterwerfen, der ihn als Herzog von Schwaben mit weitgehenden Rechten bestätigte.

Burchard, Johann Heinrich, * Bremen 26. Juli 1852, † Hamburg 6. Sept. 1912, dt. Kommunalpolitiker. - Hamburger Bürgermeister (ab 1902); setzte sich als persönl. Berater Wilhelms II. für einen dt.-brit. Ausgleich ein. Nach dem Rücktritt Bülows (1909) lehnte er das ihm angebotene Amt des Reichskanzlers ab.

Burckhardt, Carl Jacob, * Basel 10. Sept. 1891, † Vinzel 3. März 1974, schweizer. Historiker und Diplomat. - Seit 1932 Prof. in

Genf; 1937–39 Hoher Kommissar des Völkerbundes in Danzig; organisierte als Mgl. des IRK (seit 1934), dessen Präs. er 1944–48 war, zahlr. Hilfsaktionen vor und während des 2. Weltkrieges. 1945–50 Gesandter der Schweiz in Paris; verfaßte u.a. „Richelieu" (3 Bde., 1935–67), Erinnerungen „Meine Danziger Mission 1937–39" (1960). Erhielt 1954 den Friedenspreis des Dt. Buchhandels.

B., Jacob, * Basel 25. Mai 1818, † ebd. 8. Aug. 1897, schweizer. Kultur- und Kunsthistoriker. - 1855–58 Prof. in Zürich, seit 1858 in Basel; gilt als Begr. der wiss. Kunstgeschichte im heutigen Sinn und als Klassiker wiss. histor. Prosa; seine kunsthistor. und histor. Hauptwerke sind „Cicerone" (1855; eine „Anleitung zum Genuß der Kunstwerke Italiens"), „Die Zeit Constantins des Großen" (1853), „Die Cultur der Renaissance in Italien" (1860), „Griech. Kulturgeschichte" (4 Bde., 1898–1902). In den kulturpessimist. „Weltgeschichtl. Betrachtungen" (1905) deutete er von einem konservativen humanist. Standpunkt aus die polit., techn. und sozialen Tendenzen seiner Zeit.

Buren, Martin Van ↑ Van Buren, Martin.

Buren [niederl. „Bauern"] (Boeren, Afrikaander), Nachkommen der seit 1652 in Südafrika eingewanderten niederl. und dt. Siedler; sprechen Afrikaans; zogen 1835–38 im Großen Treck nach N und gründeten mehrere kleine Republiken, von denen nach 1860 der Oranjefreistaat und die Südafrikan. Republik übrigblieben.

Burenkrieg, Konflikt zw. Großbrit. und den Burenrepubliken Oranjefreistaat und Südafrikan. Republik, verursacht durch die brit. Politik, die nach der Errichtung eines geschlossenen Kolonialreiches vom „Kap bis Kairo" und nach den Gold- und Diamantenfeldern S-Afrikas strebte, verschärft durch die strenge Ausländergesetzgebung und die Verweigerung des vollen Bürgerrechts für eingewanderte Briten und Angehörige anderer Staaten (womit sich die Buren vor den sog. „Uitlanders" schützen wollten), durch den Jameson Raid (1895), die Krügerdepesche und das Bündnis zw. der Südafrikan. Republik und dem Oranjefreistaat (1897). Die Kampfhandlungen entwickelten sich zunächst sehr günstig für die Buren, hatten aber im Verlauf der brit. Gegenoffensive (1900) die Besetzung und Annexion der Burenrepubliken zur Folge. Auf den folgenden Guerillakrieg der Buren antworteten die Briten mit der Taktik der verbrannten Erde und der Internierung von Frauen und Kindern in Konzentrationslagern. Der Friede von Vereeniging (1902) machte die Burenrepubliken zu brit. Kolonien, die bis 1907 Selbstverwaltung erhielten.
📖 *Marais, J. S.: The fall of Kruger's republic. London ²1962. - Holt, E.: The Boer war. London 1958.*

Buresch, Karl, * Großenzersdorf 12. Okt. 1878, † Wien 16. Sept. 1936, östr. christl.-sozialer Politiker. - Jurist; 1919–33 Nationalrat, 1922–31 und 1932/33 Landeshauptmann von Niederösterreich, 1931/32 Bundeskanzler, 1933–35 Finanzmin., 1935/36 Min. ohne Geschäftsbereich.

Burg [urspr. „(befestigte) Höhe"], histor. Bauanlage mit der Doppelfunktion „Wohnen und Wehren"; diente der adeligen Führungsschicht als Residenz, Wohn-, Verwaltungs- und Amtssitz sowie als Schutzanlage. - Im weiteren Sinn umfaßt die Bez. B. auch alle ehem. bewohnbaren vor- und frühgeschichtl. Wehranlagen (**Wallburg**) inner- und außerhalb Europas, die vielfach eng mit Stadtbefestigungen, Palast- und Tempelbauten verbunden waren. Im engeren Sinn umfaßt die Bez. B. die aus Stein errichtete **Feudalburg** des europ. MA vom 11.–16. Jh. In der Ebene oder auf der Talsohle wurde die *Wasser-B.* mit nassen oder die *Niederungs-* (auch *Tief-*) *B.* mit trockenen Schutzgräben erbaut. Auf oder an Berghöhen entstand die *Höhen-B.*, als *Gipfel-B.* auf der allseitig unangreifbaren Spitze oder Kuppe eines Berges, als *Hang-B.* auf einem Felsen am Berghang und als *Sporn-B.* auf einem auslaufenden Felsgrat oder Bergsporn. Die *Höhlen-* oder *Felsen-B.* besaß ganz oder teilweise in den Felsen gemeißelte Gemächer. Besitzrechtl. werden unterschieden *Allodial-B.* (volles Grundeigentum) und *Lehns-B.* Je nach gesellschaftl. Stand des Besitzers gab es *Reichs-B.* (Pfalzen), *Grafen-B.*, *Ministerialen-B.*, geistl. oder weltl. *Landes-B.*, *Dynastien-B.*, *Bischofs-B.*, *Kloster-B.* und *Amts-B.* Eine Sonderstellung nehmen die *Ordens-B.* in Spanien, die *Kreuzfahrer-B.* in Kleinasien und am östl. Mittelmeer sowie die *Kloster-B.* des Dt. Ordens und die *Kirchen-B.* ein. Der gegenseitigen Sicherung und Vorwarnung dienten die *Abschnitts-* oder *Doppel-B.*, der Belagerung einer gegner. B. die *Trutz-B.* - Die Frühform der ma. B. war die im gesamten Mitteleuropa bekannte *Turmhügel-B.* oder *Motte* des 9.–11. Jh., ein bewohnbarer hölzerner oder steinerner Turm auf einem künstl. Erdhügel, umgeben von Wall und Graben; im normann. Kulturbereich (N-Frankr., England, S-Italien) entstand im 11./12. Jh. der *Donjon.* Die wehr- und bautechn. Erfahrungen des 12. und 13. Jh. führten zu einer verstärkten Entwicklung von Ringmauern mit Zwingern und Flankentürmen, von Schießscharten, Pechnasen, Wehrgängen mit Wurfschachtreihen (sog. Maschiculi) und von Schießkammern oder Kasemattengängen. In den roman. Ländern und in England setzte sich dabei seit dem 13.–15. Jh. überwiegend die Kastellform mit streng regelmäßig-rechteckigem Anlagesystem durch. In Deutschland und Skandinavien entwickelten sich zwei eigene Baukörper für die Wehr- und Wohnaufgabe: Bergfried und Palas. Unter dem Einfluß frz. B.baukunst breitete sich im dt. Raum seit dem 14. Jh.

auch der Wohnturm stärker aus. Ein Torturm mit Wehrerkern oder (seit etwa 1200) mächtige flankierende Doppeltürme sicherten den B.eingang; eisenbeschlagene Holztore, Fallgatter und Zugbrücken sowie Pechnasen oder Pecherker schützten das Tor. Die B.baukunst der Spätgotik (Ende 14.- Anfang 16. Jh.) führte in den roman. Ländern zu überwiegend typengleichen, sehr monumentalen Bauanlagen, in Deutschland und Skandinavien zu immer individuelleren Lösungen. Erst ab Mitte des 15. Jh. (Einsatz von Schießpulvergeschützen) wurde das Bild der B. grundlegend geändert: Die Ringmauern wurden dicker, niedriger und durch Schießkammern ausgehöhlt, den Bergfried ersetzten Bastions- und Batterietürme, mächtige Gräben und Wälle bildeten Abwehrringe; es begann die Epoche des Festungsbaus.

🕮 *Anderson, W.: Burgen Europas. Dt. Übers. Stg. Neuaufl. 1980. - Dt. B., Schlösser u. Festungen. Hg. v. Werner Meyer. Ffm. 1979. - Hotz, W.: Kleine Kunstgesch. der dt. B. Darmst. 41979. - Müller-Wiener, W.: Burgen der Kreuzritter im Heiligen Land, auf Zypern u. in der Ägäis. Mchn. 1966. - Tillmann, C.: Lex. der dt. Burgen u. Schlösser. Stg. 1958–61. 3 Bde., Atlasbd.*

Burgenland, östlichstes östr. Bundesland, an der ungar. Grenze, 3965 km², 267 279 E (1986), Hauptstadt Eisenstadt.

Geschichte: Im Altertum Durchgangsland; etwa vom 9. Jh. an als Bestandteil der Pannon. Mark des Ostfränk. Reiches dt. besiedelt; geriet nach 907 unter ungar. Herrschaft. Vom 14. Jh. an kam fast das gesamte B. durch Verpfändungen an östr. Herren unter habsburg. Einfluß und fiel 1526 mit der ungar. Krone an das Haus Österreich. Noch vor Mitte des 16. Jh. wandte sich der größte Teil der Bev. dem Luthertum zu, doch setzte sich ein Jh. später die Gegenreformation durch. Die gegen Ende 19. Jh. einsetzende Madjarisierungspolitik des ungar. Staates führte zu schweren Spannungen mit der volksdt. Minderheit. Nach dem Frieden von Saint-Germain-en-Laye (1919) und dem Venediger Protokoll (1921) fiel das B. an Österreich; Ödenburg blieb bei Ungarn. 1938–45 auf Niederösterreich und die Steiermark aufgeteilt, 1945 wiederhergestellt. - Bez. B. wegen der dt. Namen der ehem. ungar. Komitate Wieselburg, Ödenburg, Preßburg und Eisenburg.

🕮 *B. in Gegenwart u. Vergangenheit. Hg. v. Edmund Zimmermann. Wien 1969.*

Bürger [urspr. „Burgverteidiger", dann „Burg-, Stadtbewohner"], im MA der freie, vollberechtigte Stadtbewohner, zunächst v. a. die Oligarchie der wohlhabenden „Geschlechter". Erst im ausgehenden MA erweiterte sich, oft unter langwierigen innerstädt. Kämpfen, der Kreis der B., die Anteil am polit. und sozialen Leben der Stadt hatten. Das B.recht war erbl. und in erster Linie begründet auf städt. Grundbesitz. Kein B.-recht besaßen Juden, Kleriker und v. a. unterbürgerl. Schichten (Gesellen, Gesinde, Arme).

Burg (schematisch): 1 Bergfried, 2 Verlies, 3 Zinnenkranz, 4 Palas, 5 Kemenate (Frauenhaus), 6 Vorratshaus, 7 Wirtschaftsgebäude, 8 Burgkapelle, 9 Torhaus, 10 Pechnase, 11 Fallgatter, 12 Zugbrücke, 13 Wachturm, 14 Palisade (Pfahlzaun), 15 Wartturm, 16 Burgtor, 17 Ringgraben, 18 Torgraben

Im Zeitalter des Absolutismus entstand der Begriff des „exemten" B., der, frei von städt. dingl. oder steuerl. Lasten, dem Staat diente oder zum unternehmer. Großbürgertum zählte. Neben diesem heute meist krit. verwendeten B.begriff entstand im 20. Jh. der des [polit. und sozial vollberechtigten] Staatsbürgers.

🕮 *Riedel, M.: B., Staatsbürger, B.tum. In: Geschichtl. Grundbegriffe. Hg. v. O. Brunner, W. Conze u. R. Koselleck. Bd. 1. Stg. 1972.*

Bürgerinitiative, von polit. Parteien und anderen Verbänden unabhängiger Zusammenschluß gleichgesinnter Bürger zur Verfolgung bestimmter Interessen ihrer Mgl., einzelner Bev.gruppen oder der Bev. insgesamt. Die ersten B. entstanden 1968/69; inzwischen ist ihre Zahl auf mehrere Tausend gewachsen. Den Anstoß zur Bildung von B. gaben (wirkl. oder vermeintl.) Mängel, Mißstände oder Fehlplanungen v.a. auf den Gebieten der Bildung und Erziehung, des Verkehrs, der Stadtplanung und des Umweltschutzes.

🕮 *Guggenberger, B.: B. in der Parteiendemokratie. Stg. 1978. - Pelinka, A.: B., gefährlich oder notwendig? Freib. 1978.*

Bürgerkönig, Beiname des frz. Königs Louis Philippe.

Bürgerkrieg, eine bewaffnete Auseinandersetzung verschiedener Gruppen in einem Staat (z. B. von Aufständischen und Regierungstruppen), mit dem Ziel, die Herrschaft zu erringen oder zu bewahren.

Bürgerministerium, Bez. für das nach dem Abschluß des östr.-ungar. Ausgleichs 1867 in Zisleithanien 1867/70 amtierende Kabinett, das überwiegend aus Min. bürgerl. Abkunft (z. T. geadelt) bestand.

Bürgerrecht, bes. Rechtsstellung, die aus dem Status als Bürger eines Gemeinwesens im Unterschied zu dem als Einwohner erwächst. *Staats-B.* sind die jemandem als Bürger eines Staates zustehenden Rechte, insbes. das Wahlrecht. *Gemeinde-B.* sind das aktive und passive Wahlrecht bei Gemeindewahlen. Das *östr. Recht* kennt nur die einheitl. Staatsbürgerschaft. In der *Schweiz* ist jeder Kantonsbürger zugleich Schweizer Bürger und Bürger einer Gemeinde. Keines dieser drei Bürgerrechte kann für sich allein bestehen.

Bürgerrechtsbewegung, die Gesamtheit der organisierten Bemühungen um Durchsetzung von Menschen- und Bürgerrechten; insbes. die B. für Rechtsgleichheit der Farbigen und Beseitigung der Rassenvorurteile in den USA (↑auch Rassenfrage). Dem Versuch, auf gerichtl. Wege die gesetzl. Diskriminierung der farbigen Minderheit zu bekämpfen (seit 1910), folgten Demonstrations- und Boykottkampagnen, um Gleichberechtigung in den Schulen und Univ. des S der USA durchzusetzen. Protestmärsche führten zu einer Beschleunigung der Bürgerrechtsgesetzgebung, die im Juli 1964 in Kraft trat. Nach der Ermordung M. L. Kings im April 1968 kam es zur Radikalisierung und zur Abspaltung der Black-power-Bewegung. Für die Rechte der schwarzen Mehrheit kämpft die B. in Südafrika, während die B. in N-Irland für die polit.-soziale Gleichstellung der Minderheit der Katholiken eintritt. V.a. seit den 1970er Jahren bemühen sich in den europ. kommunist. Staaten oppositionelle Gruppen, die auch als B. bezeichnet werden, um die Durchsetzung von Menschen- und Bürgerrechten, häufig unter Berufung auf die KSZE-Schlußakte.

Bürgerschaft, 1. Gesamtheit aller Bürger eines polit. Gemeinwesens; 2. Bez. für die Parlamente der Länder Bremen und Hamburg.

Bürgertum, Bez. für den in der Stadt ansässigen Bev.teil, der insbes. im europ. MA neben Adel und Kirche einen eigenen Stand bildete und bis Ende des 18. Jh. als soziale und gesellschaftl. Klasse eine polit. Vorrangstellung gewann. Unabhängig von antiken Vorläufern (B. in der griech. Polis und in der röm. Civitas) entwickelte sich das B. des MA in engem Zusammenhang mit der Entfaltung des europ. Städtewesens. Die stärksten Impulse für die Entwicklung des B. gingen von Siedlungsteilen aus, die sich schon früh in engem räuml. Anschluß an die älteren Befestigungen (civitas oder urbs) ausgebildet hatten (suburbium, burgus, Wik). Unter ihren Bewohnern traten die Fernhandelskaufleute als wirtsch. stärkste Gruppe hervor. Oft in Gilden organisiert, bildeten sie eigene Kaufmannsrechte aus. Sie übernahmen die Führung in dem im 11. Jh. einsetzenden Kampf der Stadtbewohner um kommunale Selbstverwaltung. Entscheidend wurde dabei das Phänomen des bürgerl. Schwurverbandes (coniuratio), das die verschiedenen Gruppen der städt. Bev., Kaufleute, die in Zünften zusammengeschlossenen Handwerker und die ansässigen Ministerialen des Stadtherrn, einte. Diese Kämpfe, das gemeinsame Stadtrecht, auch eine neue, positive Bewertung der manuellen Arbeit ließen ein für das B. charakterist. Gemeinschaftsbewußtsein entstehen, wenngleich es keineswegs eine homogene Bev.schicht war. Bis Ende des 13. Jh. erkämpfte sich das europ. B. weitgehend die kommunale Selbstverwaltung, soweit sie nicht bereits bei der Gründung neuer Städte von vornherein verliehen worden war.

Die Bed. des ma. B. lag v.a. auf wirtsch. und kulturellem Gebiet. Es spielte als ausschließl. Träger des Nah- und Fernhandels die entscheidende Rolle bei der Intensivierung des Marktaustausches und der Verkehrswirtschaft, wobei es oft zu Bündnissen von Städten oder Zusammenschlüssen von Unternehmern kam (Hanse; Merchant adventurers in England). Im Zusammenhang damit bildete sich seit dem 14. Jh. in Italien, im 15. Jh. auch in Oberdeutschland eine bürgerl., internat. Hochfinanz heraus (Vorbereitung der Epoche des Frühkapitalismus). Als Auftraggeber der bildenden Künste und Förderer der Literatur und humanist. Studien wurde das B. neben dem Adel zum bed. Träger einer Laienkultur, doch es war auch den religiösen Bewegungen der Zeit (Bettelorden, Mystik, Waldenser) eng verbunden. Im Zeitalter des Absolutismus begann sich die Bed. des Begriffs „Bürger" grundlegend zu wandeln: Als „Bürgerliche" wurden nun gerade auch Personen bezeichnet, denen das Hauptmerkmal des traditionellen Bürgers - die durch den Bürgereid bekräftigte Zugehörigkeit zu einer städt. Gemeinschaft - fehlte: Angehörige gelehrter Berufe, Beamte, Händler, Bankiers, Verleger, Manufakturisten. Das B. war nicht nur der vom absolutist. Staat geförderte Hauptträger des techn. und wirtsch. Fortschritts (Verlagswesen, Manufaktur), sondern auch der weiteren großen Emanzipationsbewegung der Neuzeit, der Aufklärung; zur klass. Ideologie des B. wurde der Liberalismus. Zw. der ökonom. und kulturellen Bed. des B. und seiner polit. Rolle klaffte jedoch ein eklatanter Widerspruch, v. a. in Frankr. Nicht zufällig erreichte gerade dort die Auseinandersetzung zw. B. und Ancien régime zuerst ihren Höhepunkt: Das Ziel der freien Entfaltung der Persönlichkeit u. der Selbstbestimmung des freien Individuums verlangte die Beseitigung obrigkeitl. Bevormundung auf allen Gebieten, auf dem der Wirtschaft ebenso wie auf dem der Kultur und dem der Politik. Die endgültige Überwindung des „Feudalsystems" durch die Frz. Revolution 1789 leitete das klass. Zeitalter des B. ein. Die Anerkennung allg. Menschen- und Bürgerrechte in der Unabhängigkeitserklärung der USA wie ihre programmat. Verkündung in der Frz. Revolution bedeutete jedoch nicht, daß das besitzende B. bereit gewesen wäre, die polit. Macht in die Hände der besitzlosen Volksmassen zu legen. Vielmehr sollte durch ein nach dem Steueraufkommen abgestuftes Wahlrecht und/oder durch institutionelle Korrektive (Gewaltenteilung) dem demokrat. Prinzip der Mehrheitsherrschaft Schranken gesetzt werden. In den großen westl. Demokratien - den USA, Großbrit. und Frankr. - hat sich jedoch das demokrat. Prinzip weit stärker durchgesetzt, als es den Intentionen des Frühliberalismus entsprach.

In M-Europa dagegen, wo die Beamtenherrschaft des aufgeklärten Absolutismus als Katalysator bürgerl. Emanzipation wirkte, kam zunächst in der sozialen und polit. Revolution 1848 verspätet der Ggs. von „Bildungs-" und „Besitz-B." und vorindustrieller Machtelite zum Ausbruch. Ihr Verlauf und partielles Scheitern waren v. a. bestimmt von dem sozialen Frontwechsel, den das B. angesichts der polit. Emanzipationsbewegung des sich aus absinkendem Klein-B. und Manufakturarbeitern bildenden Proletariats vollzog. Diese Wendung schwächte die Durchsetzungskraft der bürgerl. Bewegung und der liberalen Parteien und trug entscheidend zu dem Rückgang der Verfassungsentwicklung in Deutschland nach 1866/71 bei (partielle „Refeudalisierung"). In der 2. Hälfte des 19. Jh. förderte dies den modernen Cäsarismus, der v. a. hinsichtl. seiner Technik der Massenbeeinflussung zu den Wegbereitern faschist. Bewegungen im 20. Jh. zu zählen ist. Faschist. Bewegungen waren erfolgreich in den Ländern, in denen sich das B. entweder sozioökonom. (Italien) oder polit. (Deutschland) nicht voll hatte entwickeln können. Die relative Unterentwicklung des B. bzw. des Mittelstandes in einer Reihe überwiegend agrar. Länder Europas, die in der Zwischenkriegszeit zu autoritären oder faschistoiden Regimen übergingen, wird als die wichtigste strukturelle Ursache für das Scheitern des demokrat. Regierungssystems angesehen. Auch in Rußland ist die polit. Entwicklung nicht ohne die traditionelle Schwäche des einheim. B. zu verstehen. Die histor. Bedingungen, unter denen sich das B. herausbildete, scheinen damit bis in die unmittelbare Gegenwart fortzuwirken. Zumindest in der Theorie haben bestimmte Maximen des revolutionären B., wie die demokrat. Legitimation und Kontrolle von Macht und Herrschaft weltweite Anerkennung gefunden.

📖 *Kofler, L.: Zur Gesch. der bürgerl. Gesellschaft. Neuwied [7]1979. - Ennen, E.: Die europ. Stadt des MA. Gött. u. Zürich [3]1979. - Weber, Max: Wirtschaft u. Gesellschaft. Hg. v. J. Winckelmann. Tüb. [5]1976. 3 Bde. - Rörig, F.: Die europ. Stadt u. die Kultur des B. im MA. Gött. [3]1964. - Pernoud, R.: Histoire de la bourgeoisie en France. Paris 1960–62. 2 Bde. - Das dt. B. Begr. v. A. Bernt. Hg. v. G. Binding. Tüb. 1959ff. Bis 1980 sind 30 Bde. erschienen. - Brunner, O.: „B." u. „Feudalwelt" in der europ. Sozialgesch. In: Gesch. in Wiss. u. Unterricht 7 (1956).*

Burgfriede, im MA die Sicherung verstärkten Schutzes und Friedens im Bereich ummauerter Anlagen (Burg, Stadt), innerhalb dessen jede Fehde untersagt war und Friedensbruch streng bestraft wurde; zugleich Bez. dieses Bezirks selbst.

◆ polit. Schlagwort für verabredete Einstellung innenpolit., v. a. parteipolit. Auseinandersetzungen zur Überbrückung nat. Ausnahmesituationen; in Deutschland zw. den Fraktionen des Dt. Reichstags (1914–17), in Frankr. durch die Union sacrée.

Burggraf (mittellat. burggravius, prefectus), ma. Amt, später erbl. Titel; urspr. mit den militär. und gerichtl. Befugnissen eines Grafen ausgestattet, aber früh dem Wandel der gräfl. Funktionen im Umbau der Herrschaftsstrukturen des Reiches seit Mitte 11. Jh. unterworfen. Das Amt des B. wurde erbl., trat in Konkurrenz zur Gewalt der Stadtherrn und wurde von diesen im 12. und 13. Jh. zurückgedrängt; der B. stieg meist zum Stadtvogt oder Schultheiß ab.

Burggrafenamt, histor. Gebiet in Südtirol, zw. Bozen und Naturns, ehem. Gerichts- und Amtsbezirk des Burggrafen auf Burg Tirol bei Meran, Kern des tirol. Landesft.

Burghley (Burleigh), William Cecil, Baron [engl. ˈbəːlɪ], * Bourne (Lincolnshire) 18. Sept. 1520, † London 4. Aug. 1598, engl. Politiker. - Mgl. des Unterhauses seit 1534, seit 1571 im Oberhaus; von Elisabeth, deren Thronbesteigung (1558) er betrieb, zum Staatssekretär, 1572 zum Großschatzmeister ernannt; bestimmte als erster Min. und Berater Elisabeths I. die engl. Politik; hatte wesentl. Einfluß auf die volle Durchsetzung des Protestantismus in England sowie auf die auswärtige Politik. Der erfolgreiche Seekrieg gegen Spanien führte zur Begründung der engl. Weltmachtstellung.

***Burgiba,** Habib (frz. Bourguiba; arab. Bu Rkiba), * Monastir 3. Aug. 1903, tunes. Politiker. - 1934 Begründer der Neo-Destur-Partei; 1934–36, 1938–42 und 1952–54 in frz. Haft; setzte sich in der Führung der Neo-Destur-Partei durch; wurde 1956 Min.präs., 1957 auch Staatspräs.; modernisiert innenpolit. durch sozialreformer. Programme das Agrarland Tunesien, sucht außenpolit. enge Anlehnung an den Westen; spielt im arab.-israel. Konflikt eine zurückhaltende Rolle.

Burgund, Name mehrerer Dynastien: Pfalzgrafen *(gräfl. Haus)* in B. (Franche-Comté) waren um 980–1155 Nachkommen des Königs Berengar II. von Italien sowie 1248–1331 eine Seitenlinie. Im frz. Hzgt. B. folgten 963 auf einheim. Herzöge Angehörige der Kapetinger, 1032–1361 (ab 1331 auch in der Franche-Comté) in einer Nebenlinie des frz. Königshauses *(Haus Altburgund)*. Nach ihrem Aussterben begründete 1363 der frz. Königssohn Philipp (II.), der Kühne, das *Haus Neuburgund* (erloschen 1477/91). Zwei burgund. Schwiegersöhne Alfons' VI. von Kastilien und León begründeten um 1095 das *portugies. Haus* (1139 Könige, 1383 erloschen) und das *kastil. Haus* (1126–1369 Könige), dem die Bastardlinie *B.-Trastámara* folgte. Sie erbte 1412 auch die Krone Aragonien (mit Sizilien und 1458 Neapel in eigenen Linien), die sich 1469 vereinigten (1516/55 erloschen).

Burgund (frz. Bourgogne), histor. Landschaft und Region in Frankr. zw. Saône und oberer Loire; Regionshauptstadt Dijon.

Königreich Burgund: Das spätere B. war seit 52 v. Chr. endgültig röm., gehörte seit 26 v. Chr. zur Prov. Lugdunensis und seit 297 zur Prov. Lugdunensis I. 443 wurden die Reste der von den Hunnen geschlagenen Burgunder in Savoyen (Sapaudia) als Foederati des Reiches angesiedelt (Hauptstadt seit 461 Lyon). 532–34 eroberten die Franken das in sich uneinige Kgr. Bei der Teilung des Fränk. Reichs von 843 fiel B. mit Ausnahme der zum Westreich geschlagenen Gebiete des späteren Hzgt. B. an das Mittelreich Kaiser Lothars I., dann als eigenes Teilreich (Kgr. Provence) an seinen Sohn Karl, nach dessen Tod (863) Streitigkeiten um B. ausbrachen. Graf Boso von Vienne, Schwiegersohn Kaiser Ludwigs II., ließ sich 879 in dem von ihm aufgebauten Herrschaftsgebiet von Lyon bis zur Rhonemündung zum König ausrufen (Kgr. Nieder-B. oder ↑Arelat). In der heutigen W-Schweiz und Franche-Comté errichtete 888 der Welfe ↑Rudolf I. († 912?) das Kgr. Hoch-B. König Konrad († 993) erwarb 950 auch Nieder-B. Dieses vereinigte Kgr. Arelat stand in starker Abhängigkeit vom Dt. Reich, an das es nach dem Tod Rudolfs III. († 1032) fiel, dessen Herrschaftsbasis in B. jedoch stets schwach blieb. 1365 ließ sich Kaiser Karl IV. als letzter dt. Herrscher in Arles zum König von B. krönen. Nach der Verselbständigung der schweizer. Eidgenossenschaft (1648) und dem Verlust der Franche-Comté an Frankr. (1679) verblieben als Teile des alten B. nur Savoyen, die württemberg. Gft. ↑Mömpelgard und das Bistum Basel bis Ende des 18. Jh. im Reichsverband.

Herzogtum Burgund: Gleichzeitig mit den Kgr. Hoch- und Nieder-B. entwickelte sich westl. der Saône das Hzgt. B., in dem der Bruder Bosos von Nieder-B., Richard der Gerechte († 921) die Herzogswürde erlangte. Seit 963 in kapeting. Hand, wurde das Hzgt. 1032 Stammland des kapeting. Hauses Alt-B. Eine zentrale polit. und kulturelle Rolle in Europa errang B. unter dem Haus Neu-B. (1363–1477). Hzg. Philipp der Kühne († 1404) erhielt 1384 durch Heirat Flandern, Nevers, Rethel und Artois sowie die Frei-Gft. B. (↑Franche-Comté) als Reichslehen, 1390 durch Kauf die Gft. Charollais. Sein Enkel Philipp der Gute († 1467) erwarb durch Kauf Namur (1429), durch Erbschaft Brabant und Limburg (1430), durch polit. Druck Hennegau, Holland und Luxemburg. Karl der Kühne († 1477) gewann durch Pfandschaft die habsburg. Oberrheingebiete, durch Eroberung 1473 das Hzgt. Geldern. Der auf vielerlei Weise zusammengebrachte Länderkomplex vom Zentralmassiv bis zur Zuidersee gehörte z. T. zum Hl. Röm. Reich, z. T. zu Frankr., doch konnte beider Lehnshoheit kaum aufrechterhalten werden. Als Karl der Kühne versuchte, ein geschlossenes Kgr. B. zu schaffen, fiel er 1477 im ↑Burgunderkrieg. B. kam über seine Erbtochter Maria († 1484) größtenteils an die Habsburger, Frankr. erhielt 1493 das Hzgt. B. und die Picardie.

🕮 *Boehm, L.: Gesch. Burgunds. Stg. ²1979. - Calmette, J.: Die großen Herzöge v. B. Dt. Übers. Mchn. Neuaufl. 1976. - Bligny, B.: Le royaume de Bourgogne. In: Karl d. Gr. Lebenswerk u. Nachleben. Hg. v. W. Braunfels u. a.*

BURGUND, BURGUNDISCHES REICH 1363-1477

- Kernbesitz des Herzogtums Burgund
- Geistliche Territorien unter unmittelbarem Einfluß Burgunds
- Reichsstädte innerhalb des burgundischen Gebietes bzw. innerhalb beanspruchter Gebiete
- Unter Philipp dem Kühnen gewonnene Gebiete (1363-1404)
- Burgundische Gebiete der Nebenlinie Nevers-Rethel (1404)
- Unter Philipp dem Guten gewonnene Gebiete (1419-67)
- Unter Karl dem Kühnen gewonnene Gebiete (1467-77)
- Nichtburgundische Gebiete innerhalb Burgunds
- Nichtburgundische Gebiete unter burgundischem Einfluß
- Reichsgrenze

Bd. 1. Düss. 1965. - Mariotte, J.-Y.: Le comté de Bourgogne sous les Hohenstaufen 1156–1208. Paris 1963. - Baethgen, F.: Das Kgr. B. in der dt. Kaiserzeit des MA. In: Baethgen: Mediaevalia. Aufs., Nachrufe, Besprechungen. Bd. 1. Stg. 1960.

Burgunder (lat. Burgundiones, Burgundii, Burgunden), ostgerman. Volk, erstmals genannt von Plinius dem Älteren; im 1. Jh. n. Chr. zw. Oder und Weichsel siedelnd, im 3. Jh. am Main nachweisbar, Anfang 5. Jh. in die Gegend von Worms und Speyer eingedrungen; nachdem ein großer Teil 436 durch Hunnen vernichtet worden war (histor. Kern der Nibelungensage) wurde der Rest 443 am W-Rand der Alpen angesiedelt. - ↑auch Burgund.

🕮 *Schmidt, Ludwig: Gesch. der dt. Stämme bis zum Ausgang der Völkerwanderung. Bd. 2: Die Ostgermanen. Mchn. Neudr. 1970.*

Burgunderkrieg (1474–77), Bez. der zunächst in Übereinkunft mit Frankr. und dem Kaiser geführten Feldzüge der Schweizer Eidgenossen gegen Herzog Karl den Kühnen von Burgund mit den Entscheidungssiegen bei Grandson (1476), Murten (1476) und Nancy (1477).

Burgundischer Reichskreis ↑Reichskreise.

burgundisches Kreuz, zwei nach Art des Andreaskreuzes schräg gekreuzte Äste (mit Ansätzen abgehauener Zweige); neben dem burgund. Wappen geführt und dem Orden vom Goldenen Vlies beigegeben; von den belg. ↑Rexisten und span. Traditionalisten wieder aufgegriffen.

Burgus [german.-spätlat.], in der Spätantike kleineres Militärlager (Wehrturm bzw. kleines Kastell) mit eigener Rechtspersönlichkeit, zur Grenzsicherung eingerichtet, v. a. mit german. Truppen besetzt.

Burgward (Burgwardei), zu einer Burg gehörender Verwaltungs- und Gerichtsbezirk, der etwa Mitte des 10. Jh. als Untergliederung der Marken an der Ostgrenze des Hl. Röm. Reiches in der Gegend von Magdeburg entstand.

Burián von Rajecz, Stephan Freiherr (seit 1918 Graf) ['bu:ria:n fɔn 'rajɛts], * Stupava bei Preßburg 16. Jan. 1851, † Wien 20. Okt. 1922, östr.-ungar. Diplomat und Min. ungar. Herkunft. - 1903–1912 und 1916–18 östr.-ungar. Finanzmin.; bemühte sich in seiner ersten Amtsperiode vergebl. um volle innere Befriedung der 1908 annektierten, seinem Ministerium verwaltungsmäßig unterstellten Gebiete Bosniens und der Herzegowina; operierte auch als östr.-ungar. Außenmin. 1915/16 und April bis Okt. 1918 erfolglos.

Burke [engl. bə:k], Edmund, * Dublin 12. Jan. 1729, † Beaconsfield 9. Juli 1797, brit. Publizist und Politiker. - Seine Schrift „Betrachtungen über die Frz. Revolution“ (1790), in der er die Ziele der Frz. Revolution und ihrer Parteigänger in Großbrit. verurteilte, wurde eine wesentl. theoret. Grundlage des europ. Konservatismus. Die unmittelbare Erfahrung der traditionellen brit. Institutionen und Rechte als Grundvoraussetzung der brit. Verfassung veranlaßten B., den rationalist. Staatsidealen der Aufklärung eine organ. Staatslehre entgegenzustellen. Begr. eine psycholog. Ästhetik.

🕮 *Wilkins, B. T.: The problem of B.'s political philosophy. London 1967. - Schneider, Franz: Das Rechts- u. Staatsdenken Edmund Burkes. Bonn 1965. - Schumann, H.-G.: E. B.s Anschauungen vom Gleichgewicht in Staat u. Staatensystem. Meisenheim 1964 (mit Bibliogr.).*

B., Robert O'Hara, * Saint Cleran's (Grafschaft Galway) 6. Mai 1820, † beim Cooper Creek (Queensland) 28. Juni 1861, brit.-austral. Offizier und Forschungsreisender. - Durchquerte 1860/61 mit anderen zuerst den austral. Kontinent in S–N-Richtung.

Burkina Faso ↑Obervolta.

Bürkli, Karl, * Zürich 23. Juli 1823, † Mettmenstetten (Kt. Zürich) 20. Okt. 1909, schweizer. Sozialpolitiker und Publizist. - Maßgebl. Mitwirkung bei Gründung und Verwaltung des ersten schweizer. Konsumvereins in Zürich; Mgl. des Zürcher Kantonsparlaments, 1868 des Zürcher Verfassungsrates und 1893–1901 des Großen Rates; beeinflußte die schweizer. sozialdemokrat. Arbeiterbewegung im Sinne der „direkten Demokratie“.

Burleigh William Cecil, Baron [engl. 'bə:lɪ] ↑Burghley, William Cecil, Baron.

Burma, Staat in Asien, ↑Birma.

Burnham, Linden Forbes Sampson [engl. 'bə:nəm], * Georgetown (Guyana) 1923, guyan. Politiker afrikan. Herkunft. - Begr. 1955 die gemäßigtsozialist. Partei des Nat. Volkskongresses (PNC); 1964–68 Reg.chef eines Koalitionskabinetts, seit 1968 einer Einparteienregierung (seit 1980 als Präs. auch Staatsoberhaupt).

Bürokratie [frz.; zu ↑Büro und griech. krátos „Kraft, Macht“ (analog zu „Demokratie“ u. a.)], Form staatl., polit. oder privat organisierter Verwaltung, die durch eine hierarch. Befehlsgliederung *(Instanzenweg)*, durch klar abgegrenzte Aufgabenstellungen, Befehlsgewalten, Zuständigkeiten und Kompetenzen, durch berufl. Aufstieg in festgelegten Laufbahnen, durch feste, an die jeweilige Funktion gekoppelte Bezahlung sowie durch genaue und lückenlose Aktenführung sämtl. Vorgänge gekennzeichnet ist. Der Begriff B. wurde bereits 1745 von V. Seigneur de Gournay geprägt und war urspr. auf die zunehmend rationalisierte und vom Berufsbeamtentum durchgeführte staatl. Verwaltung bezogen. Diese Organisationsform ist jedoch universell anwendbar und wurde daher auch auf andere Verwaltungsformen, z. B. auf Parteien, Verbände und Wirtschaftsunternehmen übertragen, da sie als bes. leistungsfähig und rational angesehen wurde. V.a. seit Beginn des 20.Jh. bildete sich in Wirtschaftsunternehmen das Stellenprinzip heraus, das analog zur Beamtenorganisation durch feste Funktions- und Rollenbeschreibungen gekennzeichnete Arbeitsplätze bei Auswechselbarkeit des Stelleninhabers und nach bestimmten Tätigkeitsmerkmalen eingestellte und entlohnte Angestellte kennt. Vor der Übernahme des B.modells auf alle Vorgänge in Staat, Gesellschaft und Wirtschaft (**Bürokratisierung**) wird heute jedoch verstärkt gewarnt, da bürokrat. Verwaltungen die Tendenz zur Verselbständigung und Eigengesetzlichkeit aufweisen, die ihre eigtl. Ziele, Prinzipien und Aufgaben vergessen läßt.

🕮 *Grunow, D., u.a.: Bürger u. Verwaltung. Ffm. 1978. 4 Bde. - Grauhan, R.-R.: Modelle polit. Verwaltungsführung. Konstanz 1969.*

Burschenschaft, eine farbentragende waffenstudent. Korporation, mit anderen heute im Verband der Dt. B. zusammengeschlossen. Die Bestimmungsmensur bleibt seit 1971 der Entscheidung der einzelnen B. überlassen.

Ende des 18.Jh. bedeutet das Wort „Burschenschaft" dasselbe wie „Studentenschaft". F. L. Jahn formte das Wort zum polit. Begriff im Sinne des Freiheitskampfes gegen Napoleon I. (1811), verstanden als Einigungsbewegung der bisher in Landsmannschaften zersplitterten Studentenschaft. In Jena gaben am 12. Juni 1815 die Landsmannschaften ihre Selbständigkeit auf (**Jenaische Burschenschaft**). Ihre Farben Schwarz und Rot, mit goldener Einfassung, entlehnten sie der Uniform des Lützowschen Freikorps. Die Einigung der Studenten sollte als Vorbild für die polit. Einigung der dt. Nation wirken. Das Wartburgfest vom 18. Okt. 1817 vereinte über 500 Burschen von fast allen dt. Hochschulen. Die Verfassung einer „Allgemeinen Dt. B." wurde am 18. Okt. 1818 von den Vertretern der B. von 14 Universitäten unterzeichnet. Die - schon vorher entstandene - Denkschrift „Die Grundsätze und Beschlüsse des 18. Oktobers", v.a. von H. Riemann unter Mitwirkung H. Ludens 1818 verfaßt, formulierte das liberal-nat. Programm der B.: staatl., wirtsch. und kirchl. Einheit Deutschlands, eine konstitutionelle Monarchie mit Ministerverantwortlichkeit, einheitl. Recht mit öffentl. Verfahren und Geschworenengerichten, Rede- und Pressefreiheit, Selbstverwaltung, allg. Wehrpflicht u.a. Radikale Gruppen wollten eine Republik (bes. die Gießener „Schwarzen" unter K. T. Follen). Bes. infolge der Ermordung A. von Kotzebues durch einen Anhänger Follens (K. L. Sand) konnte Metternich die ↑Karlsbader Beschlüsse durchsetzen. Beim Hambacher Fest (1832) wurde das burschenschaftl. Schwarz-Rot-Gold zum erstenmal als Volksfahne gefeiert. - Die in den 1840er Jahren einsetzende sog. **Progreßbewegung** betrieb eine allg. „Demokratisierung" der Hochschulen (Aufhebung der Fakultäten, gebührenfreies Studium, student. Beteiligung bei der Besetzung der Lehrstühle und der Wahl der akadem. Behörden). Höhepunkt war das zweite Wartburgfest (Pfingsten 1848). - In Deutschland verlor nach der Gründung des Dt. Reiches die polit. Zielsetzung an Bedeutung, konservatives Gedankengut und student. Brauchtum prägten das Leben der B., student. Gruppen neben anderen. 1883–1934 bestand als Gesamtverband der Allgemeine Dt. Burschenbund, daneben entfaltete sich seit 1902 die Dt. B. (DB), Nachfolgeorganisation älterer Convente. 1950 kam es in Marburg zur Wiedererrichtung der Dt. Burschenschaft.

🕮 *Steiger, G.: Aufbruch. Ur-B. u. Wartburgfest. Lpz. u.a. 1967. - Darstt. und Quellen zur Gesch. der dt. Einheitsbewegung im 19. u. 20. Jh. Hg. v. P. Wentzcke u.a. Hdbg. 1957–67. 7 Bde.*

*Burundi

(amtl. Vollform: Republika y'Uburundi, frz. République du Burundi), Republik in O-Afrika, zw. 2° 30′ und 4° 30′ s. Br. sowie 29° und 31° ö. L. **Staatsgebiet:** B. grenzt im O und SO an Tansania, im W an Zaïre und im N an Rwanda. **Fläche:** 27834 km². **Bevölkerung:** 4,7 Mill. E (1985), 172,3 E/km². **Hauptstadt:** Bujumbura. **Verwaltungsgliederung:** 8 Prov. **Amtssprachen:** Französisch und Kirundi; Handelssprache auch Swahili. **Nationalfeiertag:** 1. Juli (Unabhängigkeitstag). **Währung:** Burundi-Franc (F.Bu.) = 100 Centimes. **Internat. Mitgliedschaften:** UN und OAU, der EG und dem GATT assoziiert. **Zeitzone:** Osteurop. Zeit; d.i. MEZ + 1 Std.

Geschichte: Wahrscheinl. im 17.Jh. von den Tussi gegr.; ab 1890 Teil von Dt.-Ostafrika, wurde mit Ruanda 1919 als Völkerbundsmandat und 1946 als UN-Treuhandgebiet unter belg. Verwaltung gestellt. 1962 unabhängiges Kgr.; 1966 Republik. Staatsoberhaupt und Regierungschef war ab 1966 M. Micombéro - durch Staatsstreich 1966 selbst zur Macht gelangt -, der 1976 von J.-B. Bagaza (* 1946) gestürzt wurde. Die Macht lag zunächst beim Obersten Revolutionsrat (30 Mgl., nur Offiziere), dessen Funktionen im Jan. 1980 an das im Dez. 1979 gewählte Zentralkomitee (49 Mgl.) der Einheitspartei UPRONA übergingen. Bagaza, zuvor Präs. des Obersten Revolutionsrates, wurde für 5 Jahre zum Parteipräs. und Leiter des Zentralkomitees gewählt.

Politisches System: Die am 18. Nov. 1981 in einer Volksabstimmung verabschiedete Verfassung nennt soziale Gerechtigkeit und Abschaffung der Ausbeutung des Menschen durch den Menschen als Ziele; erstmals wird

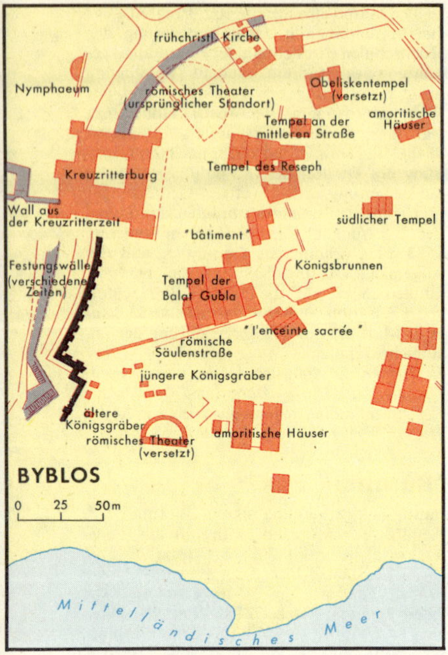

die Gleichberechtigung der Frau proklamiert. Nach der neuen Verfassung soll der Präs. als *Staatsoberhaupt* und oberster Träger der *Exekutive* für eine Amtszeit von fünf Jahren vom Volk gewählt werden. Als einziger Kandidat bei den Präsidentschaftswahlen soll jeweils der Parteipräs. der Einheitspartei UPRONA zugelassen sein. Die *Legislative* soll künftig bei einer auf fünf Jahre gewählten Nationalversammlung liegen; zu den Wahlen sind nur Kandidaten der UPRONA zugelassen. Bis zur Abhaltung der Wahlen übt weiterhin der Parteipräs. der UPRONA, J.-B. Bagaza, die Funktionen des Staatsoberhaupts und Regierungschefs aus; zusammen mit dem Zentralkomitee der UPRONA nimmt er auch die legislativen Funktionen wahr. *Einheitspartei* in B. ist die Unité pour le Progrès National (UPRONA), gegr. 1958 und seit 1966 einzige Partei, mit 1 Mill. Mgl. In die UPRONA integriert sind eine Jugendorganisation, eine Frauenorganisation und der *Gewerkschaftsbund* Union des Travailleurs du Burundi. *Gerichtswesen* nach belg. Vorbild: Gerichte erster Instanz, ein Berufungsgericht, ein Oberster Gerichtshof. *Verwaltungsmäßig* ist B. in 8 Prov. geteilt, die in 18 Bez. (Arrondissements) und 118 Gemeinden weiter untergliedert sind. Die *Streitkräfte* von B. umfassen rd. 5 000 Mann. Daneben gibt es paramilitär. Kräfte in Stärke von etwa 1 500 Mann.

🕮 *African kingships in perspective. Hg. v. R. Lemarchand. London Neuaufl. 1977.*

Bury, John Bagnell [engl. ˈbɛrɪ], * Monaghan (Irland) 16. Okt. 1861, † Rom 1. Jan. 1927, ir. klass. Philologe und Historiker. - 1893 Prof. in Dublin, 1902 in Cambridge; einer der bedeutendsten Gelehrten auf dem Gebiet der spätantiken und byzantin. Geschichte; Hg. von E. Gibbons „History of the decline and fall of the Roman Empire" (7 Bde., 1896–1900).

Buschido [jap. „Weg des Kriegers"], neuere Bez. für die Regeln der Lebensführung des jap. Ritters (Buschi, Samurai): Treue, Mut, Ehrfurcht, Höflichkeit, Achtung vor dem Feind, Selbstzucht, Ehre, Opfer des Lebens für den Herrn u. a.

Busento, kleiner süditalien. Fluß, entspringt im kalabr. Küstengebirge, mündet bei Cosenza in den Crati. - Im Bett des B. wurde der Westgotenkönig Alarich I. begraben.

Bushati [alban. buˈʃati] (Bushatli), nach ihrem Grundbesitz in Bushat bei Shkodër ben. alban. Familie, die 1763–1831 N-Albanien beherrschte.

Busiris, Name altägypt. Orte, ↑Abu Sir.

Buß, Franz Joseph Ritter von (seit 1863), * Zell am Harmersbach 23. März 1803, † Freiburg im Breisgau 31. Jan. 1878, dt. Jurist und Politiker. - Prof. in Freiburg im Breisgau, 1848 Präs. des 1. dt. Katholikentags, 1848/49 Mgl. der Frankfurter Nat.-Versammlung (großdt.) und 1874 MdR (Zentrum); forderte 1837 eine Arbeiterschutzgesetzgebung, verfocht einen kirchl. Sozialismus konservativständ. Prägung.

Buße [urspr. „Nutzen, Vorteil"], in der älteren Rechtsprechung Genugtuung, Leistung an den widerrechtl. Verletzten (meist in Geld).

Bute, John Stuart, Earl of [engl. bjuːt], * Edinburgh 25. Mai 1713, † London 10. März 1792, brit. Politiker. - Erzieher und danach Günstling des späteren Königs Georg III.; suchte als Premiermin. und Erster Schatzkanzler (1762/63) einen raschen Friedensschluß im Siebenjährigen Krieg, erneuerte den Subsidienvertrag mit Preußen nicht und verständigte sich 1762 mit Frankr. über den Abschluß des Krieges; stützte die Absicht Georgs III., ohne Parteien zu regieren.

Buthelezi, Chief Gatsha [engl. buːtəˈlɛɪzɪ], * Mahlabatini (Kwazulu) 27. Aug. 1928, südafrikan. Stammesführer und Politiker. - 1953 als Häuptling des Buthelezi-Stammes eingesetzt; 1970 zum Leiter der Territorialbehörde der Zulu gewählt; seit 1972 Chefmin. des „Heimatlandes" Kwazulu; bekämpft seit 1976 die Politik der südafrikan. Reg., den „Heimatländern" die Unabhängigkeit zu gewähren, da dies nur der Schaffung von Arbeitsreservoiren diene; gründete mit dem Ziel, eine Einheitsfront der südafrikan. Schwarzen zu erreichen, 1976 die Black Unity

Front, die 1977 verboten wurde; seit 1978 Führer der Black Alliance.

Butler [engl. ˈbʌtlə], Josephine Elizabeth, * Milfield Hill (Northumberland) 13. April 1828, † Wooler (Northumberland) 30. Dez. 1906, brit. Sozialreformerin. - Unterstützte die Reformbewegung, die der Frau den Weg zum Universitätsstudium ebnen sollte; wurde bekannt v.a. durch die Initiative gegen die staatl. Reglementierung der Prostitution; führte zahlr. Reformen durch.

B., Nicholas Murray, * Elizabeth (N.J.) 2. April 1862, † New York 7. Dez. 1947, amerikan. Philosoph und Publizist. - Prof. an der Columbia University 1890–1902, seitdem bis 1945 deren Präs.; 1925–45 Präs. der Carnegiestiftung für den internat. Frieden; erhielt 1931 mit J. Addams den Friedensnobelpreis.

B., Richard Austen, Baron (seit 1965) of Saffron Walden, * Attok Serai (Pakistan) 9. Dez. 1902, † Great Yeldham (Essex) 9. März 1982, brit. Politiker. - 1929–65 konservativer Unterhausabg.; Experte für ind. Angelegenheiten; seit 1941 Mgl. aller konservativen Kabinette; hatte als Schatzkanzler 1951–55 maßgebl. Einfluß auf die Reprivatisierung der Wirtschaft. 1957–62 Innenmin.; 1959–61 Vors. der Konservativen; 1963/64 Außenmin.

Büttel [zu althochdt. butil „Bekanntmacher"] (Fronbote, Gerichtsknecht), ehem. Bez. für einen Gerichtsboten; gehörte zu den niederen Vollstreckungsbeamten.

***Buttigieg,** Anton [bʊtɪˈdʒiːg], * auf Gozzo 19. Febr. 1912, maltes. Lyriker und Politiker. - Jurist; 1956–76 Mgl. des Parlaments; 1959–61 Präs. der Labour Party; 1971–76 Justizmin.; 1971–74 auch stellv. Premiermin.; 1976–82 Staatspräs. der Republik Malta; förderte als Lyriker maßgebl. die Weiterentwicklung der maltes. Sprache.

Buxton, Sir Thomas Fowell [engl. ˈbʌkstən], * Castle Hedingham (Essex) 1. April 1786, † Norfolk 19. Febr. 1845, brit. Philanthrop. - Machte sich als Mgl. des Unterhauses 1818–1837 ab 1822 v.a. zum Sprecher der Bewegung für die Abschaffung der Sklaverei in den brit. Kolonien und für die Humanisierung des Strafvollzugs.

Byblos (akkad. Gubla, hebr. Gebal), bed. Hafenstadt des Altertums (heute Dschubail, 300 E), 30 km nördl. von Beirut; früheste Besiedlung für das Neolithikum bezeugt; kommerzieller und religiöser Mittelpunkt der phönik. Mittelmeerküste; wichtige Funde zur Schriftentwicklung; nach noch unentzifferten Vorstufen älteste phönik. Texte auf dem Sarkophag des Königs Achiram (um 1000 v. Chr.?).

Byrd, Richard Evelyn [engl. bəːd], * Winchester (Va.) 25. Okt. 1888, † Boston 11. März 1957, amerikan. Marineoffizier und Polarforscher. - Überflog am 9. Mai 1926 (nach eigenen Angaben; neuerdings angezweifelt) von Spitzbergen aus mit Floyd Bennet erstmals den Nordpol. Auf seiner 1. Antarktisexpedition (1928–30) gelang ihm 1929 der erste Flug zum Südpol. Auf dieser und drei weiteren Großexpeditionen (1933–36, 1939–41, 1946/1947) gelang vom Flugzeug aus die Erforschung und Aufnahme fast der gesamten Küste und großer Inlandgebiete der Antarktis.

Byrnes, James Francis [engl. bəːnz], * Charleston (S.C.) 2. Mai 1879, † Columbia (S.C.) 9. April 1972, amerikan. Politiker (Demokrat). - 1911–25 Mgl. des Repräsentantenhauses, 1931–41 Senator; Richter am

Obersten Bundesgericht 1941/42; nahm an der Konferenz von Jalta teil; trat als Außenmin. (1945–47) seit 1946 für eine Verständigungspolitik gegenüber Deutschland ein; 1951–55 Gouverneur von South Carolina.

Byron, John [engl. 'baɪərən], * Newstead Abbey (Nottinghamshire) 8. Nov. 1723, † London 10. April 1786, brit Admiral und Entdecker. - Großvater von Lord B.; 1764–66 in die Südsee entsandt; entdeckte die Tokelau- und einige der Gilbertinseln.

Byzantinisches Reich (Byzanz, Ostrom), abendländ. Bez. für das Oström. Reich.

Spätantik-frühmittelalterl. Zeit (330/395–610): Das B. R., das seine Grundlage in der Tetrarchie Diokletians (285–305) hat, entstand nach der Einweihung der griech. Stadt Byzanz als neue röm. Hauptstadt Konstantinopel durch Konstantin I., d. Gr. (330), bei der endgültigen Teilung des Röm. Reiches (395). Das in seinen Anfängen den Balkan bis zur Donau, Kleinasien, Syrien, Ägypten und Libyen umfassende Ostreich suchte nach dem Zusammenbruch des Weström. Reiches (476) Justinian I. (527–565) nochmals auf den gesamten Mittelmeerraum auszudehnen: u. a. Eroberung des von den Vandalen beherrschten N-Afrika (533/534), Vernichtung der Ostgoten in Italien durch die Feldherren Belisar und Narses (535–555). Unter Justinians Nachfolger gingen die Eroberungen großenteils wieder verloren (Italien 568 bis auf das später sog. Exarchat Ravenna an die Langobarden).

Mittelbyzantin. Zeit (610–1204): In der durch die Einfälle von Awaren und Slawen hervorgerufenen schweren Krise rettete Kaiser Herakleios (610–641) das B. R. durch Verwaltungs- und Heeresreformen vor dem Untergang, wenngleich die militär. Mißerfolge anhielten; die Prov. im O gingen Anfang des 7. Jh. an das neupers. Reich, nach vorübergehender Rückeroberung ab 636 an die Araber verloren, die sogar 674–678 und 717/718 Konstantinopel belagerten. Die wechselvollen Auseinandersetzungen mit den Arabern in einem großen Teil des B. R. begleiteten nahezu die ganze byzantin. Geschichte. Auch die ständigen Konflikte mit dem mächtigen Bulgarenreich, das sich Ende des 7. Jh. südl. der Donau gebildet hatte, wurden bis ins 12. Jh. zu einer schweren Belastung für das B. R. († auch Bulgarien, Geschichte). In der 2. Hälfte des 11. Jh. erschienen die Seldschuken in Kleinasien und schlugen die byzantin. Truppen 1071 bei Manzikert entscheidend. Die Petschenegen, die Mitte des 11. Jh. die Donau überschritten und 1090/91 Konstantinopel belagerten, konnten bis 1122 niedergeworfen werden. Die Niederlage von Myriokephalon 1176 im Kampf gegen die Rum-Seldschuken (Sultanat von Ikonion) aber bedeutete das Ende der Großmachtstellung des B. R. Auch das Verhältnis zw. Byzanz und den christl. Mächten des Abendlands war keineswegs spannungsfrei. Die Päpste erkannten nach dem Zusammenbruch des Weström. Reiches bis zu Hadrian I. (772–795) die Oberhoheit des byzantin. Kaisers an. Entscheidende Bed. für die byzantin. Geschichte gewann allerdings die zunehmende Entfremdung von der röm. Kirche, die sich schon im Akazian. Schisma (484–519), v. a. aber im Streit um den päpstl. Primat gegenüber dem Patriarchen von Konstantinopel gezeigt hatte. Im 8. Jh. trat sie mit dem erst 843 beendeten † Bilderstreit in eine neue Phase, zumal dieser sich mit dem durch die Anlehnung des Papsttums an das aufstrebende Fränk. Reich hervorgerufenen polit. Ggs. verband. Die Kaiserkrönung Karls d. Gr. durch den Papst in Rom (800) bedeutete für das sich als einzigen legitimen Erben des antiken röm. Reiches betrachtende B. R. eine ungeheure Herausforderung († auch Zweikaiserproblem). Wenn der Ggs. zw. den beiden Kaiserreichen auch die weitere Entwicklung entscheidend bestimmte, bildete die Anerkennung des westl. Kaisertitels durch Michael I. (812) doch die Grundlage des künftigen Verhältnisses beider Reiche. 1054 kam es zum endgültigen Bruch zwischen morgenländ. und abendländ. Kirche (sog. Morgenländ. Schisma).

Die Reste der byzantin. Herrschaft im W wurden schließl. durch die Nomannen beseitigt (1071 Verlust Baris, des letzten süditalien. Stützpunkts des B. R.). Die Kreuzzüge, obgleich urspr. durch Hilferufe des byzantin. Kaisers gegen die Seldschuken initiiert, schufen neue Konflikte; schließl. waren es die Kreuzfahrer, die auf dem Weg zum 4. Kreuzzug erstmals Konstantinopel eroberten (17. Juli 1203 und 13. April 1204), womit die Geschichte des byzantin. Kaiserreiches bis 1259/61 endete.

Spätbyzantin. Zeit (1204–1453): Das B. R. wurde unter die Venezianer (v. a. bed. Häfen, Inseln, ein Teil Konstantinopels) und die übrigen Kreuzfahrer aufgeteilt (Entstehung des † Lateinischen Kaiserreichs von Konstantinopel, des Kgr. von Thessalonike, der Ft. Achaia und Athen). Eigenständige griech. Reiche bildeten sich um Trapezunt, Nizäa und Epirus. Nachdem Johannes III. Dukas Batatzes, Kaiser von Nizäa 1222–54, den größten Teil der lat. Besitzungen in Kleinasien sowie Thrakien und Makedonien erobert hatte, gelang dem Usurpator Michael VIII. Palaiologos (1259–1282) neben der Rückeroberung großer westgriech. Landstriche die Wiedereroberung Konstantinopels (25. Juli 1261), doch wurde das B. R. unter seinen Nachfolgern unbed.; die Osmanen besetzten um die Wende zum 14. Jh. die byzantin. Besitzungen in Kleinasien, im NW drangen die Serben, in Thrakien die Bulgaren weiter nach S vor. Die durch Thronwirren und Bürgerkrieg (1341–54) be-

HERRSCHERLISTE DES BYZANTINISCHEN REICHES

324–337	Konstantin (I.) der Große
337–361	Konstantius
361–363	Julian Apostata
363–364	Jovian
364–378	Valens
379–395	Theodosius I.
395–408	Arcadius
408–450	Theodosius II.
450–457	Markian
457–474	Leon I.
474	Leon II.
474–475	Zenon, 1. Regierungszeit
475–476	Basiliskos
476–491	Zenon, 2. Regierungszeit
491–518	Anastasios I.
518–527	Justin I.
527–565	Justinian I.
565–578	Justin II.
578–582	Tiberios I. Konstantinos
582–602	Maurikios
602–610	Phokas
610–641	Herakleios
641	Konstantin III. und Heraklonas
641	Heraklonas
641–668	Konstans II.
668–685	Konstantin IV.
685–695	Justinian II., 1. Regierungszeit
695–698	Leontios
698–705	Tiberios II.
705–711	Justinian II., 2. Regierungszeit
711–713	Philippikos
713–715	Anastasios II.
715–717	Theodosius III.
717–741	Leon III.
741–775	Konstantin V.
775–780	Leon IV.
780–797	Konstantin VI.
797–802	Irene
802–811	Nikephoros I.
811	Staurakios
811–813	Michael I. Rangabe
813–820	Leon V.
820–829	Michael II.
829–842	Theophilos
842–867	Michael III.
867–886	Basileios I.
886–912	Leon VI.
912–913	Alexander
913–959	Konstantin VII. Porphyrogennetos
920–944	Romanos I. Lekapenos
959–963	Romanos II.
963–969	Nikephoros II. Phokas
969–976	Johannes I. Tsimiskes (Tzimiskes)
976–1025	Basileios II.
1025–1028	Konstantin VIII.
1028–1034	Romanos III. Argyros
1034–1041	Michael IV.
1041–1042	Michael V.
1042	Zoe und Theodora
1042–1055	Konstantin IX. Monomachos
1055–1056	Theodora, 2. Regierungszeit
1056–1057	Michael VI.
1057–1059	Isaak I. Komnenos
1059–1067	Konstantin X. Dukas
1068–1071	Romanos IV. Diogenes
1071–1078	Michael VII. Dukas
1078–1081	Nikephoros III. Botaneiates
1081–1118	Alexios I. Komnenos
1118–1143	Johannes II. Komnenos
1143–1180	Manuel I. Komnenos
1180–1183	Alexios II. Komnenos
1183–1185	Andronikos I. Komnenos
1185–1195	Isaak II. Angelos
1195–1203	Alexios III. Angelos
1203–1204	Isaak II. Angelos (2. Regierungszeit) und Alexios IV. Angelos
1204	Alexios V. Murtzuphlos
1204–1222	Theodor I. Laskaris
1222–1254	Johannes III. Dukas Batatzes (Vatatzes)
1254–1258	Theodor II. Laskaris
1258–1261	Johannes IV. Laskaris
1259–1282	Michael VIII. Palaiologos
1282–1328	Andronikos II. Palaiologos
1328–1341	Andronikos III. Palaiologos
1341–1391	Johannes V. Palaiologos
1347–1354	Johannes VI. Kantakuzenos
1376–1379	Andronikos I. Palaiologos
1390	Johannes VII. Palaiologos
1391–1425	Manuel II. Palaiologos
1425–1448	Johannes VIII. Palaiologos
1449–1453	Konstantin XI. (Dragases) Palaiologos

Dynastien

Bis 363:	Konstantinische Dynastie
379–457:	Theodosianische Dynastie
457–518:	thrakische Dynastie
518–610:	Justinianische Dynastie
610–711:	Dynastie des Herakleios
717–802:	syrische Dynastie
820–867:	amorische Dynastie
867–1056:	makedonische Dynastie
1059–1078:	Dynastie der Dukas
1081–1185:	Dynastie der Komnenen
1185–1204:	Dynastie der Angeloi
1204–1261:	Dynastie der Laskaris
1259–1453:	Dynastie der Paläologen

dingte militär. und finanzielle Zerrüttung des B. R. ermöglichte seit 1354 das Übergreifen der Osmanen auf das europ. Festland. Sie eroberten fast die ganze Balkanhalbinsel und belagerten 1394–1402 und 1422 Konstantinopel. Die militär. Unterstützung, die sich der Kaiser von der Union von Florenz mit der röm. Kirche (1439) aus dem Abendland erhoffte, blieb aus; mit der Eroberung Konstantinopels durch die Osmanen (29. Mai 1453) ging das B. R. unter.

Die innere Entwicklung des Reiches: Die Grundlage der byzantin. Staatsordnung war die unumschränkte Selbstherrschaft (Autokratie) des Kaisers, die nur an die Grundsätze der Religion und Sittlichkeit gebunden war. Reste der röm. Tradition, derzufolge die kaiserl. Gewalt durch den Senat, die Kurien der hauptstädt. Bev. und das Heer eine gewisse Einschränkung fand, beseitigte Leon VI. (886–912). Einen entscheidenden Schritt zu der dem B. R. und seinem Kaisertum eigentüml. griech. Prägung hatte schon Herakleios mit der Einführung des Griech. als Amtssprache und des alten griech. Herrschertitels Basileus getan. Andererseits wurden bed. röm. Traditionen durch das B. R. vermittelt, insbes. das röm. Recht, das in mehreren von byzantin. Kaisern veranlaßten Sammlungen zusammengefaßt wurde (v. a. Codex Theodosianus [438] Theodosius' II., ↑Corpus Juris Civilis Justinians I., ↑Basilika Leons VI.).

Die kirchl. Fragen wurden in frühbyzantin. Zeit nach röm. Auffassung als Staatsangelegenheit behandelt, doch auch im B. R. setzte sich die Kirche im MA als eigener Machtfaktor durch, so daß man nur bedingt von einem Cäsaropapismus sprechen kann.

Die gesamte Verwaltung lag in den Händen des Kaisers und seiner Beamten. Die Zentralverwaltung, urspr. unter der Aufsicht des Magister officiorum, war seit der Reform des Herakleios in Logothesien (Ministerien) gegliedert. Die nach der diokletian.-konstantin. Ordnung streng in Zivil- und Militärverwaltung getrennte Provinzialverwaltung wurde von Herakleios durch die Einrichtung der Themen als Verwaltungseinheiten unter der militär. und (bis ins 11. Jh.) zivilen Leitung je eines Strategen grundlegend umgestaltet. Gleichzeitig schuf Herakleios eine Bauernmiliz, die allerdings im 11. Jh. zunehmend durch Söldner ersetzt wurde, da die Zahl der freien Bauern durch die Ausbildung des Feudalismus stark zurückging, der ein wichtiger Faktor der Gesellschaftsstruktur wurde. - Karte S. 253.

📖 *Maier, Franz G.: Byzanz. In: Fischer-Weltgesch. Bd. 13. Ffm. ⁴1980. - Ostrogorsky, G.: Gesch. des Byzantin. Staates. Mchn. ²1980. - Beck, H.-G.: Das byzantin. Jahrtausend. Mchn. 1978. - Runciman, St.: Byzanz. Dt. Übers. Mchn. 1976. - Wirth, P.: Grundzüge der byzantin. Gesch. Darmst. 1976. - Langen, R.: Imperium zwischen Morgen und Abend. Die Gesch. von Byzanz in Dokumenten. Recklinghausen 1972. - Haussig, H.-W.: Kulturgesch. von Byzanz. Stg. ²1966. - Baynes, N. H.; Moss, H. St. L. B.: Byzanz. Dt. Übers. Mchn. 1964.*

Byzantinistik [griech.] (Byzantinologie), Bez. der wiss. Fachdisziplin, die sich mit Geschichte, Literatur, Kunst, Kultur des griech. MA (v. a. innerhalb der Gebiete des byzantin. Kaiserreichs von 330 n. Chr. bis 1453) sowie mit der Ausstrahlung byzantin. Kultur nach Westeuropa, v. a. aber nach dem Balkan und Rußland befaßt.

Byzantion ↑Istanbul.

Byzanz ↑Istanbul.

◆ Bez. für das ↑Byzantinische Reich.

C

C, röm. Abk. für: **G**ajus (Caius), auch: u. a. **C**aesar, **C**alendae, **C**enturio, **C**ivitas, **C**olonia, **C**onsule (Consulibus), **c**ondidit.

C, röm. Zahlzeichen für 100 (lat. centum).

Caballero, Francisco Largo ↑Largo Caballero, Francisco.

Caballero [kabal'je:ro, kava...; span., eigtl. „Reiter" (zu lat. caballus „Pferd")], im ma. Spanien Angehöriger des niederen Adels, dessen Sozialstatus urspr. auf dem Kriegsdienst zu Pferde beruhte; auch Bez. für Angehörige geistl. Ritterorden; seit der Neuzeit allg. span. Bez. für: Herr.

Cabalministerium, abschätzige Bez. für den königl. Rat Karls II. von England 1667–73; nach den Anfangsbuchstaben der Namen seiner Mgl. (**C**lifford, **A**rlington, **B**uckingham, **A**shley, **L**auderdale) und wegen seiner Geheimdiplomatie (engl. cabal „Kabale, Intrige") genannt.

Cabochiens [frz. kabɔ'ʃjɛ̃], frz. Aufständische unter Führung des Pariser Schlachters und Tierhäuters Simon Caboche, die sich im Kampf zw. den Häusern Burgund und Orléans 1411 und 1413 auf die Seite der Bourguignons schlugen und, gestützt auf die Unterschichten, ein Schreckensregiment führten, bis sie von den Parteigängern der Orléans (Armagnacs) niedergeworfen wurden.

Cabot Lodge, Henry [engl. 'kæbət 'lɔdʒ] ↑Lodge, Henry Cabot.

Caboto, Giovanni (John Cabot), * Genua um 1450, † um 1499, italien. Seefahrer in engl. Diensten. - Erreichte 1497, wahrscheinl. in Labrador, das er für China hielt, das amerikan. Festland, wahrscheinl. 1498 Grönland und befuhr die nordamerikan. O-Küste, vielleicht bis Florida.

C., Sebastiano (Sebastian Cabot), * Bristol, London oder Venedig zw. 1474 und 1483, † London 1557, italien.-engl. Seefahrer und Kartograph. - Sohn von Giovanni C.; erforschte 1526–30 in span. Diensten Río de la Plata, Paraná und Uruguay; entwarf 1544 eine berühmte Weltkarte; suchte seit 1548 in engl. Diensten nach der Nordöstl. Durchfahrt.

Cabral [portugies. kɐ'βral], Luis de Almeida, * Bissau 1931, Politiker von Guinea-Bissau. - Organisator und einer der Führer des Kampfes gegen die portugies. Kolonialverwaltung: seit 1973 Staatschef, seit 1974 Präs. des Staatsrates von Guinea-Bissau; im Nov. 1980 durch Militärputsch gestürzt.

C., Pedro Alvares, * Belmonte um 1467, † wahrscheinl. 1520, portugies. Seefahrer. - Entdeckte 1500 die O-Küste Brasiliens, die er für die portugies. Krone in Besitz nahm; gründete später in Vorderindien bei Calicut portugies. Handelsniederlassungen; kehrte 1502 nach Lissabon zurück.

Cádiz [span. 'kaðiθ], span. Hafenstadt an der Bucht von C., 141 000 E.

Geschichte: Gadir wurde um 1100 v. Chr. von phönik. Kauffahrern gegr.; entwickelte sich seit etwa 500 v. Chr. zur bedeutendsten Handelsstation Karthagos im Atlantikverkehr; schloß sich 206 v. Chr. freiwillig an Rom an (**Gades**) und wurde neben Tarragona zur bedeutendsten Stadt auf iber. Boden. Cäsar verlieh ihr als erster Stadt außerhalb Italiens das Bürgerrecht; war in der Kaiserzeit nach Rom die zweite Stadt im W des Imperiums. 711 von den Arabern erobert, 843 von den Normannen geplündert und zerstört; seit 1262 endgültig im Besitz Kastiliens; 1509–1778 (neben Sevilla) Handelsmonopol mit den span. Überseegebieten; während der Napoleon. Kriege Zentrum des span. Widerstandes gegen die Franzosen; die während der Belagerung von 1810–12 hier tagenden verfassunggebenden Cortes beschlossen 1812 die von nat. und liberalem Geist geprägte **Verfassung von C.** Die revolutionären Bewegungen von 1820 und 1868 nahmen hier ihren Anfang; im Span. Bürgerkrieg seit 1936 in der Hand der Nationalisten (wichtigster Hafen für die Überführung der in N-Afrika stationierten Truppen General Francos).

Caere ['tsɛ:re] (etrusk. Cisra), eine der ältesten (Anfang des 1. Jt. v. Chr.) und größten etrusk. Städte (heute Cerveteri), 40 km nw. von Rom am Tyrrhen. Meer, bed. Handelsplatz; 353 v. Chr. von Rom unterworfen.

Caesar, Gajus Julius ['tsɛ:zar] ↑Cäsar.

Caesar ['tsɛ:zar] (Mrz. Caesares), Beiname im röm. Geschlecht der Julier; seit Augustus (dem Adoptivsohn Julius Cäsars) Name, der die Zugehörigkeit zum Kaiserhaus kennzeichnet, seit Claudius Bestandteil der kaiserl. Titulatur, seit Hadrian auch Titel des designierten Nachfolgers, in der Tetrarchie Diokletians Titel der als Nachfolger der ranghöheren Kaiser bestimmten Unterkaiser; in Byzanz (Kaisar) seit dem 7. Jh. durch den Titel Basileus ersetzt; blieb in Herrschertiteln erhalten (Kaiser, Zar).

Caesarius von Heisterbach [tsɛ...] ↑Cäsarius von Heisterbach.

Caetani (Gaetani), italien. Adelsfamilie, seit dem 12. Jh. nachgewiesen, in den Linien Neapel (im 15. Jh. ausgestorben), Pisa (seit 1652 im Zweig C. di Sermoneta aufgegangen) und Anagni, die sich um 1420 in die Zweige C. d'Aragona und den noch in Rom lebenden C. di Sermoneta (seit 1526 Herzöge) teilte.

Caetano, Marcelo José das Neves Alves [portugies. kɐi̯'tɐnu], * Arganil 17. Aug. 1906, † Rio de Janeiro 26. Okt. 1980, portugies. Jurist und Politiker. - 1933–68 Prof. für Verfassungs- und Verwaltungsrecht, 1959–62 Rektor der Univ. Lissabon; seit 1936 enger polit. Mitarbeiter Salazars; 1944–47 Kolonialmin., 1949–55 Präs. der Ständekammer, 1955–58 Leiter des Präsidialmin.; seit 1968 Min.präs., 1974 durch Militärputsch gestürzt.

Caillaux, Joseph [frz. ka'jo], * Le Mans 30. März 1863, † Mamers (Sarthe) 22. Nov. 1944, frz. Finanzwissenschaftler und Politiker. - 1892 Prof. in Paris, seit 1898 radikaler Abg.; hatte entscheidenden Anteil an der Einführung der Einkommensteuer; konnte als Min.präs. 1911/12 die 2. Marokkokrise beilegen.

Caillié, René Auguste [frz. ka'je], * Mauzé-sur-le-Mignon (Deux-Sèvres) 19. Sept. 1799, † La Baderre bei Paris 17. Mai 1838, frz. Afrikaforscher. - Brach 1827, verkleidet als Ägypter, aus Sierra Leone nach Timbuktu auf, das er 1828 erreichte; kehrte als erster Europäer von dort zurück (durch die westl. Sahara nach Marokko).

Ça ira [frz. sa-i'ra „es wird gehen"], Lied der Terroristen während der Frz. Revolution, ben. nach dem Refrain „Ah, ça ira, ça ira, ça ira, les aristocrates à la lanterne".

Cairn [engl. kɛən; gäl. carn], i. w. S. Name für angehäufte Steinhügel (z. B. Landmarken), i. e. S. Bez. für die aus Steinen aufgeschütteten Hügel über Gangkammergräbern der Megalithkultur in Großbritannien.

Cajetan, Thomas (italien. Gaetano), eigtl. Jacobus de Vio, * 20. Febr. 1469, † Rom 9. oder 10. Aug. 1534, italien. Kardinal (seit 1517). - Bedeutendster kath. Theologe der Reformationszeit, 1494–1507 Prof. in Padua, Brescia, Pavia und Rom, 1508 Generaloberer der Dominikaner, 1518 Erzbischof von Palermo, 1519 Bischof von Gaeta. Als Legat des Papstes verhandelte er nach Ende des Reichstages in Augsburg 1518 mit Luther.

📖 *Hennig, G.: C. u. Luther. Stg. 1966.*

Calabria, lat. und italien. für ↑Kalabrien.

Calatrava, Orden von [span. kala'traβa], ältester und bedeutendster span. Ritterorden, ben. nach der maur. Festung C., begr. 1158; 1486 bzw. 1523 gingen Großmeisterwürde und Einkünfte an die span. Krone über; erhielt im 17. Jh. den Charakter eines Verdienstordens.

Caldera, Rafael, * San Felipe 24. Jan. 1916, venezolan. Jurist und Politiker. - Gründete 1946 die Christl. Soziale Partei (COPED); an der Ausarbeitung der venezolan. Verfassung von 1961 maßgebl. beteiligt; 1968–74 Staatspräs.; seit 1980 Präs. des Interparlamentar. Rates.

Calenberg, von der gleichnamigen Burg aus im 13./14. Jh. gebildetes welf. Territorium; umfaßte zunächst nur das heutige Calenberger Land zw. Leine und Deister; 1432–73 erstmals eigenständiges Ft. unter der Hauptlinie des Mittleren Hauses Braunschweig; seit 1463 Eingliederung des Ft. Göttingen (C.-Göttingen), ging später in Hannover auf.

Calendae [lat.] ↑Kalenden.

Calhoun, John Caldwell [engl. kəl'hu:n], * bei C. Mills, Abbeville District (S. C.) 18. März 1782, † Washington 31. März 1850, amerikan. Politiker. - 1810–17 Mgl. des Repräsentantenhauses, 1817–25 Kriegsmin.; 1825–32 Vizepräs.; schuf eine umfassende Theorie des amerikan. Regierungssystems; setzte sich als Bundessenator (1832–44 und 1845–50) für die Autonomie der Südstaaten ein; stand als Außenmin. 1844/45 hinter der Annexion von Texas.

Caliga [lat.], der genagelte Stiefel des röm. Soldaten.

Caligula (Gajus Julius Caesar Germanicus) [eigtl. „Soldatenstiefelchen" (die er als Kind trug)], * vermutl. Antium (= Anzio) 31. Aug. 12 n. Chr., † Rom 24. Jan. 41, röm. Kaiser (seit 37). - Sohn des Germanicus und Agrippinas der Älteren; nach dem Tod des Tiberius zum Kaiser ausgerufen; machte sich bald durch Gewalttätigkeiten verhaßt; strebte eine monarch. Herrschaft im Stil hellenist. Könige an; 39 Niederschlagung einer Militärrevolte am Rhein; nach Rückkehr von einer gegen Britannien gerichteten Expedition zur Kanalküste (40) durch Prätorianer ermordet.

Callaghan, James [engl. 'kæləhən], * Portsmouth 27. März 1912, brit. Gewerkschafter und Politiker. - Abg. im Unterhaus für die Labour Party seit 1945; 1947–50 parlamentar. Staatssekretär im Verkehrsministerium; gehört seit 1957 (mit Unterbrechungen) dem Vorstand der Labour Party an; seit 1961 deren Finanzexperte; 1964–67 Schatzkanzler; 1967–70 Innen-, 1974–76 Außenmin.; 1976–79 Premiermin., 1979/80 Oppositionsführer; Parteiführer der Labour Party bis 1980.

Calonder, Felix, * Schuls (Graubünden) 8. Dez. 1863, † Zürich 14. Juni 1952, schweizer. Politiker. - Rechtsanwalt; Führer der Freisinnig-Demokrat. Partei; als Bundesrat (1913–20) bis 1919 Chef des Polit. Departements (Äußeres); 1918 Bundespräs.; 1922–37 Vors. der zur Durchführung der Genfer Konvention über Oberschlesien eingesetzten dt.-poln. Völkerbundskommission.

Calpurnia, letzte Gemahlin Cäsars (seit 59). - Aus röm. plebej. Geschlecht. Durch einen Traum in der Nacht vor Cäsars Ermordung erschreckt, warnte sie Cäsar vergebl., an der Senatssitzung teilzunehmen.

Calvin, Johannes [-'-; frz. kal'vɛ̃], eigtl. Jean Cauvin, * Noyon 10. Juli 1509, † Genf 27. Mai 1564, frz.-schweizer. Reformator. - C. besuchte in Paris das Collège de la Marche und das Collège Montaigu und studierte 1528–32 in Orléans und Bourges Jurisprudenz. 1532 wurde er in Paris Lizentiat der Rechte. Er betrieb auch humanist. Studien. Spätestens im Herbst 1533 wurde er ein offener Verfechter der Reformation. Er mußte deshalb Paris verlassen und ließ sich 1535 in Basel nieder. Hier schrieb er die erste Fassung seines theolog. Hauptwerkes, die „Institutio Christianae Religionis", eine kurze Zusammenfassung der ev. Lehre. Als er 1536 durch Genf reiste, wurde ihm ein kirchl. Lehramt angeboten, woraufhin C. bis zu seinem Tod das Ziel verfolgte, eine vollkommene reformator. Durchgestaltung der Stadt zu erreichen. Das ganze Leben der Stadt, der Alltag mit Schule und Wiss., Politik und Wirtschaft, das ganze private und öff. Leben sollte ein Gottesdienst sein. 1541 erließ der Rat eine von C. verfaßte Kirchenordnung, die sog. „Ordonnances ecclésiastiques", mit der charakterist. Struktur der vier Ämter (Prediger, Lehrer, Älteste, Diakone), der aus Predigern und Lehrern gebildeten „Vénérable compagnie", v. a. aber des aus Ältesten (in der Mehrzahl Ratsherren) und Pfarrern zusammengesetzten „Consistoire". Dessen Aufgabe bestand (gemäß Matth. 18) darin, „Sünder" zu mahnen, eventuell vom Abendmahl auszuschließen, im Notfall dem als Justizbehörde fungierenden Kleinen Rat zur Bestrafung (mit Buße, Haft, Verbannung, Hinrichtung) zu übergeben. - Dem Aufbau einer vollkommen reformator. durchgestalteten Stadt diente wahrscheinl. in erster Linie C. Tätigkeit als Prediger an der Kathedrale Saint-Pierre, als Lehrer (bes. an der 1559 gegr. Akad.) und als theolog. Schriftsteller. C. verfaßte Kommentare zu fast allen Büchern des A. T. und N. T., theolog. Traktate (meist Streitschriften zur Verteidigung der Gesamtreformation oder eigener Positionen). Immer wieder überarbeitete er jedoch die „Institutio", die bedeutendste Dogmatik der Reformationszeit. In C. Theologie finden sich die folgenden Leitideen: die Betonung der Souveränität und Ehre Gottes, die Betonung der Einzigartigkeit Christi, die Betonung des Wortes Gottes als ausschließl. Kriterium der Wahrheit und Gerechtigkeit, an dem die Kirche zu messen ist. - C. Aufbauwerk in Genf erfolgte nicht ohne Widerstand. Die strenge Lehr- und Kirchenzucht verwickelte ihn in zahlr. Prozesse (u. a. mit dem Antitrinitarier M. Servet [1553 auf Betreiben C. verbrannt]), die das Andenken C. bis heute belasten. - C. war nicht nur Reformator in Genf, als Berater und Führer wurde er im Laufe der Jahre auch zum anerkannten Reformator weiter Teile Westeuropas (Frankr., Schottland, Niederlande) und Osteuropas (Polen, Ungarn, Siebenbürgen). C. universaler Geist hat auch viel zur Entwicklung der modernen Welt überhaupt beigetragen; unbestreitbar war C. Einfluß auf die Entwicklung neuer demokrat. Strukturen, des Widerstandsrechtes und des sozialen und wirtsch. Verhaltens in der Neuzeit.

🕮 *Stauffer, R.: Dieu, la création et la Providence dans la prédication de C. Bern 1978. - Staedtke, J.: J. C. Gött. u. a. 1969. - Wendel, F.: C. Ursprung u. Entwicklung seiner Theologie. Dt. Übers. Neukirchen-Vluyn 1968. - Dankbaar, W. F.: C., sein Weg u. sein Werk. Dt. Übers. Neukirchen-Vluyn ²1966. - Bohatec, J.: Calvins Lehre v. Staat u. Kirche mit bes. Berücksichtigung des Organismusgedankens. Aalen Nachdr. ²1968.*

Calvodoktrin, auf den argentin. Juristen und Historiker C. Calvo (* 1824, † 1906) zurückgehende Völkerrechtstheorie von der Unverletzlichkeit der Gebietshoheit eines souveränen Staates sowie der rechtl. Gleichstellung des Fremden mit dem Inländer.

Calvo Sotelo, José [span. 'kalβo], * Túy (Galicien) 6. Mai 1893, † Madrid 13. Juli 1936, span. Politiker. - Cortesabg. seit 1919; 1925–30 Finanzmin.; während der ersten Jahre der 2. Republik im Exil; trat dann als Propagandist und Wortführer der Rechten in den Cortes für die Restauration der Monarchie ein. Seine Ermordung am 13. Juli 1936 war ein auslösendes Ereignis des Spanischen Bürgerkriegs.

Calw [kalf], Krst. in Bad.-Württ., im Nagoldtal, am O-Rand des Schwarzwalds, 21 500 E. - Erste Klostergründung im Ortsteil **Hirsau** 830; 1049 Neugründung; 1079 Zentrum der kluniazens. Reformbewegung in Deutschland; berühmte Schreibschule im 12. Jh.; 1534 Einführung der Reformation.

Camacho [span. ka'matʃo], Marcelino, * Osmala Rasa (Prov. Soria) 21. Jan. 1918, span. Arbeiterführer. - Maschinenschlosser; Mitgründer und Führer der zunächst illegalen „Arbeiterkommissionen" (Comisiones obreras); mehrfach in Haft. Mgl. des Politbüros der span. KP; Kongreß-Mgl. seit 1977.

Cambacérès, Jean-Jacques Régis de [frz. kãbase'rɛs], Herzog von Parma, * Montpellier 18. Okt. 1753, † Paris 8. März 1824, frz. Jurist und Politiker. - Seit 1794 Präs. des Konvents und des Wohlfahrtsausschusses; setzte sich v. a. für die Schaffung eines Revolutionstribunals ein; seit Juli 1799 Justizmin., seit Nov. 1799 2. Konsul der Republik, seit 1804 Erzkanzler; maßgebl. an der Schaffung des Code Civil beteiligt; 1815 verbannt (bis 1818).

Cambon, Paul [frz. kã'bõ], * Paris 20. Jan. 1843, † ebd. 29. Mai 1924, frz. Diplomat. - Bereitete als Min.resident in Tunis (1882–86) das frz. Protektorat vor; seit 1886 Botschafter in Madrid, 1890 in Konstantinopel und 1898 in London (bis 1920); zählt zu den Schöpfern der Entente cordiale und hatte Anteil am Zustandekommen der Tripelentente.

Cambrai [frz. kã'brɛ], frz. Stadt an der Schelde, 39 000 E. - Stadt der kelt. Nervier (**Camaracum**), seit etwa 400 Hauptstadt der **Civitas Nervicorum,** 445 eines Reichs der sal. Franken, um 500 zum merowing. Frankenreich; gehörte später zum ostfränk.-dt. Reich. - Die **Liga von Cambrai,** 1508 zw. Kaiser Maximilian I. und Ludwig XII. von Frankr. geschlossen, durch den Beitritt v. a. des Papstes, Spaniens und Englands zur Koalition geweitet, verfolgte das Ziel, den italien. Festlandsbesitz der Republik Venedig zu erobern und aufzuteilen. - Im **Frieden von Cambrai** (1529) zw. Kaiser Karl V. und König Franz I. von Frankr., ausgehandelt durch Luise von Savoyen und Margarete von Österreich (daher auch **Damenfriede**), verzichtete die frz. Krone neben der Lehnshoheit über Flandern und Artois auf alle Ansprüche in Italien, erhielt aber das Hzgt. Burgund zurück.

Camelots du Roi [frz. kamlody'rwa], 1908 gegr. Jugendorganisation der Action française.

Camisards [frz. kami'za:r] ↑Kamisarden.

Cammin, ehem. dt. Bistum und Territorium, entstand um 1176; 1188 vom Papst als exemt anerkannt; umfaßte den größten Teil Pommerns sowie die Uckermark und Neumark bis Küstrin und reichte bis Güstrow in Mecklenburg; 1255 Verlegung des Bischofssitzes nach Kolberg, der Stiftsregierung nach Köslin; nach der Einführung der Reformation war das Stift seit 1556 prakt. eine Sekundogenitur des pommerschen Herzogshauses; 1648 säkularisiert, der Ostteil fiel an Brandenburg, der Westteil mit der Stadt C. i. Pom. folgte 1679.

Camorra [italien.], Name eines terrorist. polit. Geheimbundes in Neapel und S-Italien; zeichnete sich durch eine bes. straffe Organisation aus und wurde zeitweise aus polit. Gründen geduldet; verlor seinen Einfluß erst 1911, als seine Führer hingerichtet wurden; lebte nach den Weltkriegen immer wieder auf und hatte v. a. in den USA eine bed. polit. Macht.

Campanella, Tommaso, * Stilo (Kalabrien) 5. Sept. 1568, † Paris 21. Mai 1639, italien. Philosoph und Utopist. - 1583 Dominikaner. Wurde 1591 in Rom der Ketzerei angeklagt und eingekerkert. Nach Freilassung 1598 Initiator eines Aufruhrs in Kalabrien gegen die span. Vorherrschaft; deswegen ab 1599 wieder Kerker. Verfaßte in Gefangenschaft sein berühmtestes Werk „La città del sole" (Der Sonnenstaat, 1602), sein philosoph. bedeutendstes Werk „Metafisica" (lat. 1638) und die „Theologia". 1634 Flucht nach Frankreich. Die Utopie des „Sonnenstaates" ist das idealisierte Programm der eigenen polit. Aktionen: Herrschaft priesterl. Philosophen und Wissenschaftler. Wie bei T. Morus ist Privateigentum als Grundübel der Gesellschaft abgeschafft, alles, selbst Eheschließung und Zeugung, staatl. organisiert. Oberster Priester und Herrscher ist der Weiseste. Die Jesuiten versuchten, diese Utopie während ihrer Herrschaft in Paraguay 1588 bis 1768 zu verwirklichen.

Campbell [engl. kæmbl], schott. Adelsfamilie, ↑Argyll.

Campbell-Bannerman, Sir Henry [engl. 'kæmbl 'bænəmən], * Glasgow 7. Sept. 1836, † London 22. April 1908, brit. Politiker. - 1886 und 1892–95 Kriegsmin., seit 1899 Fraktionsvors. der Liberalen; Premiermin. 1905–08; leitete durch die Transvaal 1906 gegebene Autonomie und den Ausgleich mit den Buren die Bildung des bur.-brit. Gesamtstaates (Südafrika) ein.

Camphausen, Ludolf, * Hünshoven (= Geilenkirchen) 10. Jan. 1803, † Köln 3. Dez. 1890, preuß. Politiker. - Gemäßigter Liberaler; setzte sich als preuß. Min.präs. (März-Juni 1848) und preuß. Bevollmächtigter bei der provisor. Zentralgewalt in Frankfurt am Main (seit Juni 1848) für die Selbständigkeit Preußens im Rahmen des Dt. Bundes und die Kaiserwahl des preuß. Königs ein.

Campignien [kãpɪn'jɛ̃; frz.], nach Funden bei dem Campignyhügel bei Blangy-sur-Bresle (Seine-Maritime) ben. neolith. westeurop. Kultur, deren Kennzeichen geschlagene Feuersteingroßgeräte sind.

Campoformido, italien. Gemeinde, 8 km sw. von Udine, Friaul-Julisch-Venetien, 5 300 E. Bekannt durch den 1797 zw. Frankr. und Österreich geschlossenen **Frieden von Campoformio** (so im einheim. Dialekt), in dem Österreich auf die östr. Niederlande, Mailand, Modena und Mantua verzichtete, in Geheimartikeln der Abtretung des linken Rheinufers von Basel bis Andernach an Frankr. zustimmte und dafür Venetien links der Etsch, Istrien und Dalmatien erhielt.

Campus Majus [lat.] (Maifeld) ↑Märzfeld.

Campus Martius [lat.] ↑Marsfeld, ↑Märzfeld.

Canabae [lat.], urspr. Bez. für die Schenken und Buden in der Nähe röm. Militärlager, dann für die sich daraus entwickelnden Siedlungen.

Canaris, Wilhelm, * Aplerbeck bei Dortmund 1. Jan. 1887, † KZ Flossenbürg 9. April 1945, dt. Admiral. - Seit 1935 Konteradmiral und Chef der Abwehrabteilung, 1938–44 Leiter des Amtes Ausland/Abwehr' im OKW; unterstützte bes. 1938–41 aktiv die Widerstandsbewegung gegen Hitler; lehnte ein Attentat ab, dennoch nach dem 20. Juli 1944 verhaftet und hingerichtet.

📖 *Höhne, H.: C. Mchn. 1976.*

Can Hasan [türk. dʒan ha'san], vorgeschichtl. Ruinenhügel in der S-Türkei, 13 km nö. von Karaman; besiedelt von etwa 5500–4000 v. Chr.; brit. Ausgrabungen seit 1961; wichtig für die frühe Chronologie Kleinasiens (Nachweis von Gerste, Weizen, Erbsen).

Cannae, im Altertum apul. Ort am rechten Ufer des unteren Aufidus (Ofanto); berühmt durch die Umfassungsschlacht, in der 216 v. Chr. etwa 80 000 Römer und Bundesgenossen von etwa 50 000 karthag. Söldnern und Bundesgenossen unter Hannibal fast völlig vernichtet wurden.

Canning, George [engl. 'kænɪŋ], * London 11. April 1770, † Chiswick (= London) 8. Aug. 1827, brit. Politiker. - 1807–09 und seit 1822 Außenmin.; förderte die Unabhängigkeitsbestrebungen der span. Kolonien in Südamerika und die nat. Freiheitsbewegung in Griechenland und löste Großbrit. von der Heiligen Allianz.

Canossa, Burg 20 km sw. von Reggio nell'Emilia, am nördl. Abhang des Apennin auf einem 689 m hohen Felsen gelegen; um 940 errichtet; heute Ruine; berühmt v. a. durch den Bußgang Heinrichs IV., der hier nach dreitägigem Warten 1077 die Lossprechung vom päpstl. Bann erreichte und durch diese persönl. Erniedrigung die polit. Handlungsfreiheit zurückgewann (↑Investiturstreit).

Cánovas del Castillo, Antonio [span. 'kanoβaz ðɛl kas'tiʎo], * Málaga 8. Febr. 1828, † Santa Águeda (Guipúzcoa) 8. Aug. 1897, span. Schriftsteller und Staatsmann. - 1874–97 sechsmal Min.präs.; schuf 1876 die bis 1923 bzw. 1931 geltende Verfassung und setzte 1890–92 das allg. Wahlrecht durch; förderte den Parlamentarismus, um den Einfluß der Militärs auf die Politik zurückzudrängen. Autor histor. Arbeiten; wurde Opfer eines anarchist. Attentats.

Cantemir, rumän. Fürstenfam. der Moldau, im 17. und frühen 18. Jh.; bed.:

C., Dimitrie, * Fălciu (Kreis Vaslui) 26. Okt. 1673, † Dimitrowka bei Charkow 21. Aug. 1723, Fürst der Moldau (1693 und 1710/11), humanist. Gelehrter und Schriftsteller. - Verbündete sich mit Peter dem Großen, um die Moldau von osman. Oberhoheit zu befreien; wurde aber mit diesem 1711 besiegt und mußte seine letzten Lebensjahre als Vertrauter des Zaren in Rußland verbringen; erster rumän. Wissenschaftler von internat. Ruf; verfaßte u. a. eine der ersten Geschichten des Osman. Reiches, die erste geograph.-ethnograph. rumän. Monographie und den ersten rumän. Sittenroman „Istoria ieroglifică“ (Hieroglyphengeschichte, 1705).

Cão, Diogo [portugies. kɐ̃u̯], † vermutl. 1486, portugies. Seefahrer. - Gründete auf seiner ersten Fahrt im Auftrag Johanns II. von Portugal (1482/83) Fort Elmina, entdeckte die Kongomündung und erreichte auf seiner 2. Fahrt (1485–86), an der M. Behaim teilnahm, Kap Cross (Südwestafrika).

Capet ↑ Hugo Capet, König von Frankr.

Capitulare de villis [lat. „Erlaß über die Güter“], Verordnung Karls d. Gr. zur Verwaltung der karoling. Krongüter; erlassen wohl im letzten Jahrzehnt des 8. Jahrhunderts.

Capitularia ↑ Kapitularien.

Capodistrias ↑ Kapodistrias.

Caporal, Korporal; **le petit caporal,** „der kleine Korporal“, Spitzname Napoleons I.

Cappadocia, röm. Prov., ↑ Kappadokien.

Caprivi, Georg Leo Graf von C. de Caprera de Montecuccoli, * Berlin 24. Febr. 1831, † Skyren bei Crossen/Oder 6. Febr. 1899, dt. General und Politiker. - Wurde 1890 Nachfolger Bismarcks als Reichskanzler und (bis 1892) preuß. Min.präs. Seine Politik des „Neuen Kurses“ stützte sich auch auf Zentrum und Linksliberale. Bed. Reformen in der Sozialpolitik (Maximalarbeitstag, Gewerbegerichte). Seine liberale Handelspolitik war v. a. um internat. Entspannung bemüht: 1891–94 Handelsverträge u. a. mit Rußland, Italien und Österreich; Senkung der dt. Landwirtschaftszölle. Außenpolit. wirkte C.

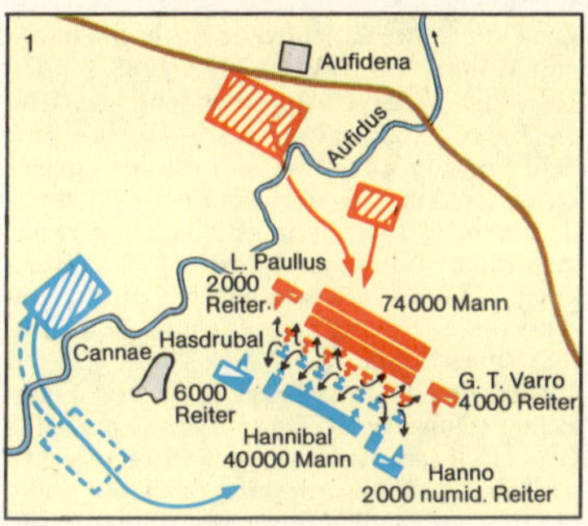

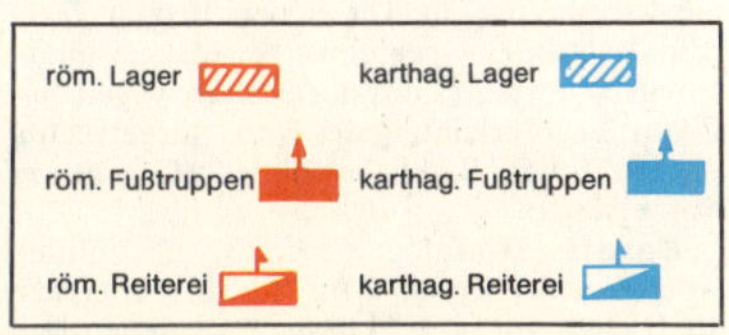

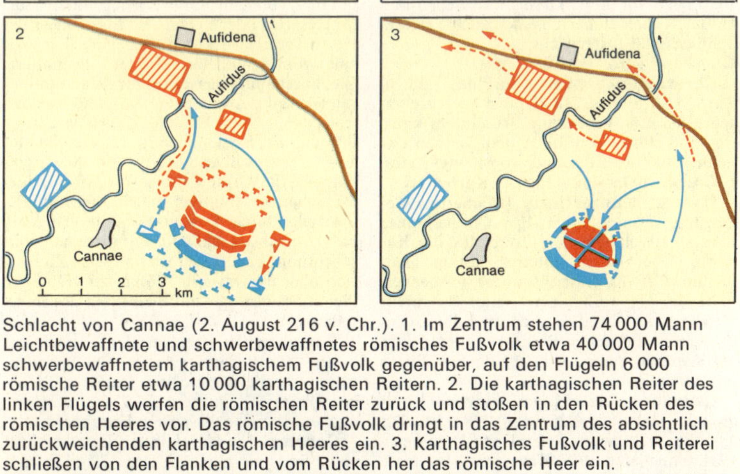

Schlacht von Cannae (2. August 216 v. Chr.). 1. Im Zentrum stehen 74 000 Mann Leichtbewaffnete und schwerbewaffnetes römisches Fußvolk etwa 40 000 Mann schwerbewaffnetem karthagischem Fußvolk gegenüber, auf den Flügeln 6 000 römische Reiter etwa 10 000 karthagischen Reitern. 2. Die karthagischen Reiter des linken Flügels werfen die römischen Reiter zurück und stoßen in den Rücken des römischen Heeres vor. Das römische Fußvolk dringt in das Zentrum des absichtlich zurückweichenden karthagischen Heeres ein. 3. Karthagisches Fußvolk und Reiterei schließen von den Flanken und vom Rücken her das römische Heer ein.
Römische Verluste: etwa 46 000 Gefallene, 22 000 Gefangene. Karthagische Verluste: etwa 6 000 Gefallene

für den Ausgleich mit England (Helgoland-Sansibar-Vertrag, 1890) und Rußland (Nichterneuerung des Rückversicherungsvertrages ausgeglichen durch die Beendigung des Handelskrieges mit Rußland). Stürzte 1894 auf Grund der Gegnerschaft der Agrarier und der Schwächung seiner Stellung in Preußen. 🕮 *Meisner, H. O.: Der Reichskanzler C. Darmst. Nachdr. 1969.*

Caprivizipfel, Landstreifen im nö. Namibia, reicht bis zum Sambesi, 450 km lang, nur 30–100 km breit, Eingeborenenreservat. - Kam 1890 unter Reichskanzler Caprivi zu Deutsch-Südwestafrika, um diesem einen Zugang zum Sambesi zu verschaffen.

Capsien [kapsi'ɛ̃:; frz.], nach Fundstellen in der Nähe von Gafsa, dem antiken Capsa, in Tunesien ben. mesolith. Kulturgruppe; anfängl. Oberbegriff für alle spätsteinzeitl. Kulturen des Maghreb; jetzt nur noch Bez. (typ. C.) für eine im südl. Tunesien und im östl. Algerien vorkommende Fundgruppe (etwa 7. Jt. v. Chr.); Steinwerkzeuge (Klingen, Spitzen und Kratzer); vereinzelt Steinplatten mit Ritzungen.

Caracalla (Marcus Aurelius Antoninus), eigtl. Bassianus, * Lugdunum (= Lyon) 4. April 186, † bei Carrhae 8. April 217 (ermordet), röm. Kaiser (seit 211). - Sohn des Septimius Severus; 196 zum Caesar, 198 zum Augustus erhoben, ließ er seinen Bruder Geta bald nach dem gemeinsamen Regierungsantritt ermorden; zahlr. Kriegszüge gegen den Osten; 212 Verleihung des röm. Bürgerrechts an alle freien Reichsbewohner (**Constitutio Antoniniana**).

Carafa (Caraffa, Carrafa), neapolitan. Adelsgeschlecht seit dem 12. Jh.; seit dem 14. Jh. bed. im polit., kirchl., kulturellen und militär. Leben Italiens, später auch Frankr., Spaniens und Österreichs.

C., Gian Pietro ↑Paul IV., Papst.

Caratacus, britann. König des 1. Jh. n. Chr. - Führer des Widerstands der Kelten gegen die röm. Eroberung Britanniens unter Claudius (43 n. Chr.); unter dem Namen **Caradoc** Ritter der Tafelrunde von König Artus.

Carboneria [lat.-italien.] ↑Karbonari.

Carcer Mamertinus (Mamertin. Gefängnis), vermutl. im 3. Jh. v. Chr. erbautes röm. Staatsgefängnis am Ostabhang des Kapitols. Über einem unterird. Raum (Tullianum, Ort für Hinrichtungen) wurde vermutl. um 100 v. Chr. ein zweiter Raum für Gefangene gebaut. Die noch im 4. Jh. n. Chr. als Kerker dienenden Räume wurden später als Kapellen eingerichtet (heute **San Pietro in Carcere**).

Cárdenas, Lázaro [span. 'karðenas], * Jiquilpan (Michoacán) 25. Mai 1895, † Mexiko 19. Okt. 1970, mex. General und Politiker. - 1931 Innen- und 1933 Kriegsmin.; beendete als Staatspräs. (1934–40) die Epoche der gewaltsamen Präs.wechsel; setzte mit der beginnenden Enteignung des Großgrundbesitzes und dessen Verteilung eine weitgehende Bodenreform durch; enteignete 1938 die meisten brit. und nordamerikan. Erdölgesellschaften.

CARE [engl. kɛə], Abk. für: ↑Cooperative for American Remittances to Europe.

Carl XVI. Gustav, König von Schweden, ↑Karl XVI. Gustav.

Carlisten ↑Karlisten.

Carlos, Infanten von Spanien:

C., Don C., * Valladolid 8. Juli 1545, † Madrid 24. Juli 1568, Sohn König Philipps II. aus seiner 1. Ehe mit Maria von Portugal. - Infolge enger Verwandtschaft seiner Eltern erbl. belastet; von Kindheit an körperl. und geistig zurückgeblieben, später zunehmend psychopath.; sollte von der Nachfolge ausgeschlossen werden; 1568 gefangengesetzt, als er seine Flucht aus Spanien vorbereitete; starb vor Beginn seines Prozesses. Literar. häufig unhistor. dargestellt, so u. a. in Schillers Drama „Don C." (1787); Oper Verdis: „Don C." (1867).

C., Don C. María Isidro de Borbón, Herzog von Molina, * Madrid 29. März 1788, † Triest 10. März 1855, Thronprätendent (Karl V., 1833–44). - Sohn König Karls IV.; weigerte sich, die Möglichkeit weibl. Erbfolge anzuerkennen; nahm nach dem Tode seines Bruders Ferdinand VII. den Königstitel an und verursachte den - für ihn erfolglosen - 1. Karlistenkrieg 1833–39; flüchtete nach Frankr. und verzichtete 1844 auf seine Ansprüche zugunsten seines Sohnes.

Carlyle, Thomas [engl. kɑ:'laɪl], * Ecclefechan (Dumfries) 4. Dez. 1795, † London 4. Febr. 1881, schott. Essayist und Geschichtsschreiber. - 1865 Lordrektor der Univ. Edinburgh. Zu seinen Hauptwerken gehören „Sartor Resartus oder Leben und Meinungen des Herrn Teufelsdröckh" (1834), eine Schrift, die eine vom „Wilhelm Meister" beeinflußte Weltanschauung der Entsagung und des moral. Werts der Arbeit entwickelt, und die Vortragsreihe „Über Helden, Heldenverehrung und das Heldentümliche in der Geschichte" (1841). Eigenwilliger, kraftvoller, oft hymn.-pathet. Stil. Wollte die brit. Nation in neuer eth.-religiöser Bindung zu sittl.-patriot. Bewährung führen. Das ausgewählte brit. Volk habe Aufgabe, Recht und weltmissionar. Verpflichtung, seinen Glauben und seine Zivilisation über unzivilisierte Völker zu verbreiten (Sendungsideologie mit Elementen des Imperialismus).

Carmagnole [frz. karma'ɲɔl; nach der italien. Stadt Carmagnola], 1792/93 allgemein verbreitetes anonymes frz. Revolutionslied (Refrain: „Dansons la C., vive le son du canon!"); von Napoleon I. verboten.

Carmer, Johann Heinrich Casimir Graf von, * Bad Kreuznach 29. Dez. 1720, † Rützen (Schlesien) 23. Mai 1801, preuß. Jurist und Minister. - Seit 1763 Präs. der preuß. Reg.

in Breslau; seit 1768 Justizmin. in Schlesien; oberster Justizmin. und Großkanzler (1779–95); 1779 von Friedrich II. mit der Neuordnung des Justizwesens beauftragt; schuf die Grundlage für die Preuß. Allg. Gerichtsordnung von 1793; Mitschöpfer des Allg. Landrechts [für die preuß. Staaten] (1794).

Carmichael, Stokeley [engl. kɑː'maɪkl], * Port of Spain (Trinidad) 29. Juni 1941, Führer der Black-Power-Bewegung. - Zunächst aktiv in der Bürgerrechtsbewegung, lehnte aber bald jede Zusammenarbeit mit ihr ab und forderte den revolutionären Befreiungskampf der Farbigen in den USA; 1967–69 Vors. der Black Panther Party.

Carmona, António Oscar de Fragoso [portugies. kɐr'monɐ], * Lissabon 24. Nov. 1869, † ebd. 18. April 1951, portugies. General und Politiker. - Teilnehmer am Militärputsch von 1926, Außenmin., dann Min.präs., seit 1928 Staatspräs. (1935, 1942 und 1949 bestätigt); berief 1932 Salazar zum Min.präs.

Carnac [frz. kar'nak], frz. Gemeinde an der breton. S-Küste, 13 km sw. von Auray, Dep. Morbihan. - Bekannt durch prähistor. Monumente aus der 2. Hälfte des 3. Jt. v. Chr.; zwei Grabhügel (Saint-Michel und Le Moustoir), die mit ähnl. Hügeln bei Locmariaquer als **Carnacgruppe** bezeichnet werden und neolith.-frühbronzezeitl. Gräber einer gehobenen Bev.schicht sind; kilometerlange Alignements (in Reihen angeordnete Menhire) von Ménec, Kermario und Kerlescan.

Carnegie Endowment for International Peace [engl. 'kɑːnɛgɪ ɪn'daʊmənt fə ɪntə'næʃənəl 'piːs „Carnegiestiftung für den internat. Frieden"], 1910 durch A. Carnegie errichtete Stiftung zur Friedenssicherung und zur Völkerverständigung durch Kriegsursachen- und Kriegsverhütungsforschung, Förderung des Völkerrechts und der polit. Bildung; Sitz: New York (seit 1953), Außenstelle Genf (seit 1953).

Carnot [frz. kar'no], Lazare, * Nolay (Dep. Côte-d'Or) 13. Mai 1753, † Magdeburg 2. Aug. 1823, frz. Politiker und Mathematiker. - Zunächst Ingenieuroffizier; 1793 in den Wohlfahrtsausschuß berufen, organisierte das frz. Militärwesen; gilt als Schöpfer des Revolutionsheeres (Levée en masse); Mgl. des Direktoriums seit 1795; mußte nach Deutschland fliehen; 1800 zurückgerufen und Kriegsmin.; 1815 Innenmin.; nach der Rückkehr der Bourbonen verbannt.

C., Marie François Sadi, * Limoges 11. Aug. 1837, † Lyon 24. Juni 1894 (ermordet), frz. Politiker und Ingenieur. - 1871 als Abg. der linken Mitte Mgl. der Nationalversammlung; seit 1887 Präs. der Republik.

Carnuntum, röm. Ruinenstadt bei Petronell und Bad Deutsch Altenburg (Niederösterreich); seit 15 n. Chr. röm. Hauptstützpunkt an der pannon. Donaugrenze. Neben dem Legionslager entstand eine große Zivilstadt (106 Hauptort der Prov. Pannonia superior, unter Hadrian Munizipium, von Septimius Severus zur Kolonie erhoben). 375 wohl weitgehend verfallen, um 400 von Germanen zerstört.

Carol, rumän. Könige, ↑ Karl.

Carolina (Constitutio Criminalis C.) [lat.], Abk. C.C.C., Peinl. Gerichtsordnung, die 1532 von Kaiser Karl V. auf dem Reichstag von Regensburg zum Reichsgesetz erhoben wurde; stellt das erste allg. Strafgesetz mit Strafprozeßordnung dar; blieb bis zur Mitte des 18. Jh. (in Norddeutschland bis 1871) in Kraft.

Carolus Magnus ↑ Karl der Große.

Carpzov, Benedict ['karptso], * Wittenberg 27. Mai 1595, † Leipzig 21. (30.?) Aug. 1666, dt. Jurist. - Seit 1645 Prof. in Leipzig; gilt als einer der Begr. der dt. Rechtswissenschaft; mit der „Jurisprudentia ecclesiastica seu consistorialis" (1649) schuf C. das erste vollständige System des prot. Kirchenrechts.

* **Carr,** Edward Hallett [engl. kɑː], * London 28. Juni 1892, brit. Diplomat und Historiker. - Neben zahlr. Arbeiten zur internat. Politik seit 1919 verfaßte C. eine Geschichte Sowjetrußlands („A history of Soviet Russia", bisher 7 Bde., 1950 bis 1964), die als westl. Standardwerk über die Zeit der bolschewist. Revolution gilt.

Carrera, Rafael, * Guatemala 24. Okt. 1814, † ebd. 14. April 1865, Präs. von Guatemala (seit 1847). - Übernahm 1837 die Führung des Aufstands gegen die zentralamerikan. Union; proklamierte 1839 die Unabhängigkeit der Republik Guatemala; 1854 Präs. auf Lebenszeit; herrschte als Diktator, gestützt auf Militär und Kirche.

Carrero Blanco, Luis, * Santoña (Santander) 3. März 1903, † Madrid 20. Dez. 1973 (Attentat), span. Offizier und Politiker. - Marineoffizier 1918–67 (zuletzt Admiral); seit 1951 im Min.rang; seit 1943 Vizepräs. der Cortes; 1967–73 Vizepräs., 1973 Min.präs.; engster Vertrauter Francos.

Carrhae (Carrhä) ↑ Charran.

* **Carrillo,** Santiago [span. kar'riʎo], * Gijón 18. Jan. 1915, span. Politiker. - Redakteur; seit 1936 Mgl. der KP Spaniens, seit 1937 Mgl. des ZK; ging 1939 nach Frankr. bzw. Lateinamerika ins Exil; ab 1942 mit dem Aufbau einer Geheimorganisation der KP in Spanien beauftragt; seit 1960 Generalsekretär der KP Spaniens, in der er sich auch nach deren Wiederzulassung 1977 als entschiedener Verfechter eines eurokommunist. Kurses behaupten konnte; Mgl. des Kongresses seit 1977.

* **Carrington,** Peter Alexander [engl. 'kærɪŋtən], Baron of C., * London 6. Juni 1919, brit. Politiker. - Seit 1946 konservatives Mgl. des Oberhauses; 1956–59 brit. Hochkommissar in Australien; 1959–63 1. Lord der Admiralität; 1970–74 Verteidigungs-,

1974 Energiemin.; 1974–79 Führer der konservativen Opposition im Oberhaus; Außenmin. seit 1979; trat im April 1982 wegen der Falklandkrise zurück.

***Carstens,** Karl, *Bremen 14. Dez. 1914, dt. Jurist und Politiker. - 1945–49 Rechtsanwalt; seit 1960 Prof. für Staats- und Völkerrecht in Köln; 1960–69 Staatssekretär im Auswärtigen Amt, dann im Verteidigungsministerium bzw. im Bundeskanzleramt; seit 1972 MdB (CDU); 1973–76 Fraktionsvors. der CDU/CSU im Bundestag; 1976–79 Bundestagspräs.; seitdem Bundespräsident.

Carter [engl. 'kɑ:tə], Howard, *Swaffham (Norfolk) 9. Mai 1873, †London 2. März 1939, brit. Archäologe. - Entdeckte im Tal der Könige 1922 das Grab des Tutanchamun.

C., James Earl („Jimmy"), *Plains (Ga.) 1. Okt. 1924, 39. Präs. der USA (1977–81). - Farmer; 1970–74 Gouverneur von Georgia; im Juli 1976 mit überwältigender Mehrheit zum Präsidentschaftskandidaten der Demokrat. Partei nominiert; konnte bei den Wahlen im Nov. 1976 Präs. G. R. Ford knapp schlagen; stellte zunächst die Themenbereiche „Menschenrechte" und „Energieeinsparungen" in den Vordergrund der Politik; unterlag nach nur geringen innen- wie außenpolit. Erfolgen bei den Präsidentschaftswahlen 1980 deutl. dem Republikaner R. W. Reagan.

Cartier, Jacques [frz. kar'tje], *Saint-Malo 1491, † ebd. 1. Sept. 1557, frz. Seefahrer und Kolonisator. - Erreichte auf der Suche nach dem nordwestl. Seeweg nach Asien 1534 Neufundland (und nahm es für Frankr. in Besitz), auf zwei weiteren Reisen 1535 und 1541 den Sankt-Lorenz-Strom (gründete das erste Montreal); gilt als Begr. des frz. Kolonialreiches in Nordamerika.

Gajus Julius Cäsar. Lebensgroßer Marmorkopf. Vatikanische Sammlungen

Carus, Marcus Aurelius, *Narbo (heute Narbonne), †vor Ktesiphon im Aug. (?) 283 n.Chr., röm. Kaiser (seit 282). - Seit 276 Prätorianerpräfekt des Probus, wurde C. von den Truppen in Rätien zum Kaiser ausgerufen und nach der Ermordung des Probus allg. anerkannt; erhob seine Söhne Carinus und Numerianus zu Mitkaisern.

Casablanca (arab. Dar Al Baida), wichtigste marokkan. Hafenstadt, am Atlantik, 1,5 Mill. E. - Auf der **Konferenz von Casablanca** (1943) zur Intensivierung der Kriegsanstrengungen und Festlegung gemeinsamer Strategien in Europa und Asien vereinbarten Roosevelt und Churchill die Landung in Sizilien im Sommer 1943, die Invasion in Frankr. 1944 und die Forderung nach der bedingungslosen Kapitulation Deutschlands, Italiens und Japans.

Casablancastaaten, Gruppe afrikan. Staaten (Ghana, Guinea, Mali, Marokko, VAR [Ägypten], der alger. Exilregierung und bis Mai 1961 Libyen), die in Casablanca 1961 (bis 1963) die Bildung eines gemeinsamen militär. Oberkommandos und einer afrikan. Konsultativversammlung beschlossen; erstrebten im Ggs. zu den Brazzavillestaaten wirtsch. und polit. Unabhängigkeit von den beiden Weltblöcken.

Casa d'Austria [italien.] ↑Österreich, Haus; ↑auch Habsburger.

Cäsar (Gajus Julius Caesar), *Rom 13. Juli 100 oder 102, † ebd. 15. März 44, röm. Staatsmann, Feldherr und Schriftsteller. - Kam als Neffe des Gajus Marius 87–84 in engen Kontakt zum Führer der Popularen, Lucius Cornelius Cinna (um 85 ∞ mit dessen Tochter Cornelia). 68 Quästor in Spanien, 65 kurul. Ädil, 63 Pontifex maximus (einer der nicht greifbaren Hintermänner des Lucius Sergius ↑Catilina), 62 Prätor, 61/60 Proprätor in Spanien. Nach Rom zurückgekehrt, verbündete C. sich mit Gnaeus ↑Pompejus Magnus († 48) und Marcus Licinius ↑Crassus Dives im 1. Triumvirat (60–53) gegen den Senat und verwirklichte 59 als Konsul die Pläne der Triumvirn mit Gewalt und unter Rechtsbruch (Übergehen des Senats und des 2. Konsuls). Sein Prokonsulat in Gallia Cisalpina und Transalpina mit dem Oberbefehl über vier Legionen sicherte seine Machtstellung als Voraussetzung für die Eroberung ganz Galliens (58–51): 58 Sieg über die Helvetier bei Bibracte und über den Swebenkönig Ariovist; 57 Eroberung der heutigen Normandie und Bretagne, 56 Aquitaniens. Weitere Unternehmungen: zwei Rheinübergänge (55 und 53 im Neuwieder Becken), zwei Züge nach Britannien (55/54). 52 mußte C. die ganz Gallien erfassende Erhebung unter Vercingetorix niederwerfen. Der Senatsbeschluß vom 7. Jan. 49, der Pompejus und den Konsuln diktator. Vollmachten übertrug und von C. die Entlassung des Heeres verlangte, veranlaßte C. zur Überschreitung (10./11. Jan.) des Rubikon (Grenze zum röm. Bürgergebiet Italiens), womit der Bürgerkrieg (49–45) begann. C. ließ sich zum Konsul für 48 wählen, unterwarf Spanien (49), schlug Pompejus am 9. Aug. 48 bei Pharsalos in Thessalien und verfolgte ihn bis nach Ägypten, wo Pompejus ermordet wurde. C. entschied in Alexandria den ägypt. Thronstreit zugunsten Kleopatras VII. und behauptete sich 48/47 gegen die Anhänger ihres Bruders Ptolemaios XIII. 47 sicherte er Kleinasien im Kampf gegen Pharnakes II., den König des Bosporan. Reiches. Nach Siegen über die Pompejaner in N-Afrika (bei Thapsus, 6. April 46) und in Spanien (bei Munda, 17. März 45) hatte C. die Alleinherrschaft erlangt (Febr. 44 Diktator auf Lebenszeit). Diese Macht und sein Streben nach der Königswürde führten zur Verschwörung des Brutus und Cassius, der C. an den Iden des März 44 im Senat zum Opfer fiel. - C. literar. Schaffen: u. a. 7 Bücher über den Gall. Krieg, 3 Bücher über den Bürgerkrieg.

Caesar. Hg. v. D. Rasmussen. Darmst. ³1980. - Oppermann, H.: Julius C. in Selbstzeugnissen u. Bilddokumenten. Rbk. 38.–42. Tsd. 1978. - Ders.: C., Wegbereiter Europas. Gött. ³1977. - Grant, M.: C. Dt. Übers. Hamb. 1970 (Tb. 1976). - Adcock, F.: C. als Schriftsteller. Dt. Übers. Gött. ²1962. - Gelzer, M.: Caesar, der Politiker u. Staatsmann. Wsb. ⁶1960.

Cäsarion ↑Kaisarion.

Cäsarismus, von Julius Cäsar abgeleitete, zw. 1800 und 1830 aufgekommene Bez. für eine Herrschaftstechnik; Kennzeichen: Vereinigung der polit. Macht in den Händen eines einzelnen, Legitimation durch Plebiszite und [schein]demokrat. Institutionen, Stützung des Regimes durch bewaffnete Macht und Beamtenapparat.

Cäsarius von Heisterbach, * Köln um 1180, † Heisterbach (= Königswinter) nach 1240, Zisterzienser, mittellat. Schriftsteller und Geschichtsschreiber. - Neben Predigten über bibl. Themen bes. bed. der „Dialogus miraculorum" (1219–23), eine Niederschrift von etwa 750 Predigtmärlein; verfaßte auch eine Biographie des Erzbischofs Engelbert von Köln, die Lebensbeschreibung der hl. Elisabeth von Thüringen sowie eine selbständige Fortsetzung des Katalogs der Kölner Erzbischöfe 1167–1238.

***Casaroli,** Agostino, * Castel San Giovanni (Prov. Piacenza) 24. Nov. 1914, italien. Theologe, päpstl. Diplomat. - 1937 Priester, seit 1940 im päpstl. diplomat. Dienst, 1967 Sekretär der „Kongregation für Außerordentl. Angelegenheiten" (jetzt „Rat für die Öff. Angelegenheiten der Kirche").

Cäsaropapismus [lat.], die Vereinigung der höchsten weltl. und geistl. Gewalt in einer, der weltl. Hand, die dann unbeschränkte Macht auch im Bereich der Kirche besitzt; zunächst polem. gebraucht, ist der C. charakterist. für das Byzantin. Reich sowie für das russ. Staatskirchentum 1721–1917.

Casement, Sir (seit 1911) Roger David [engl. kɛɪsmənt], Dublin 1. Sept. 1864, † London 3. Aug. 1916, ir. Freiheitskämpfer. - 1892–1911 im brit. Konsulardienst; suchte 1914 in Deutschland Unterstützung für die Unabhängigkeit Irlands; wurde von einem dt. U-Boot in Irland abgesetzt; von brit. Behörden verhaftet; wegen Hochverrats hingerichtet.

Cassin, René [frz. ka'sɛ̃], * Bayonne 5. Okt. 1887, † Paris 20. Febr. 1976, frz. Jurist und Politiker. - Prof. in Lille (ab 1920) und Paris (ab 1929); 1924–38 Mgl. der frz. Delegation beim Völkerbund; ab 1940 führend im Freien Frankreich tätig; an der Abfassung der Menschenrechtserklärung der UN maßgebl. beteiligt; Präs. des Europ. Gerichtshofs für Menschenrechte 1965–68; erhielt 1968 den Friedensnobelpreis.

Cassiodor (Flavius Magnus Aurelius Cassiodorus), * Scylaceum (= Squillace, Kalabrien) um 490, † Kloster Vivarium bei Squillace um 583, röm. Staatsmann, Gelehrter und Schriftsteller. - Hatte unter Theoderich dem Großen verschiedene hohe Staatsämter inne und leitete unter dessen Tochter Amalasuntha die Zivilverwaltung Italiens; suchte die röm. Bev. mit der got. Verwaltung des Weström. Reiches auszusöhnen; gründete nach 550 das Kloster Vivarium, wo er die selbst gesammelten Handschriften abschreiben ließ und so zum Retter bed. Schriften der Antike wurde; schrieb u. a. eine Geschichte der Goten.

Cassius, Name eines röm. Geschlechtes, das in histor. Zeit plebejisch war; bekannt v. a.:

C., Gajus C. Longinus, † bei Philippi (Makedonien) im Okt. 42 v. Chr., Prätor (44). - Im Bürgerkrieg 49/48 Flottenkommandant des Pompejus; nach der Schlacht von Pharsalos durch Cäsar begnadigt; seit 47 dessen Legat; wurde mit seinem Schwager Brutus 44 Haupt der Verschwörung gegen Cäsar; 42 von den Triumvirn Oktavian, Antonius und Lepidus geächtet; beging, bei Philippi geschlagen, Selbstmord.

Cassius Dio Cocceianus, * Nizäa (= İznik, Türkei) um 155, † um 235, griech. Geschichtsschreiber. - War zweimal röm. Konsul. Schrieb in griech. Sprache eine Geschichte Roms in 80 Büchern (erhalten Buch 36–60 mit einigen Lücken, ferner Fragmente) von den Anfängen bis zum Jahr seines 2. Konsulats (229).

Castiglione, Baldassarre Graf [italien. kastiʎ'ʎo:ne], * Casatico bei Mantua 6. Dez. 1478, † Toledo (Spanien) 7. Febr. 1529, italien.

Staatsmann und Schriftsteller. - Humanist. gebildet, lebte an den Höfen von Urbino und Mantua; Gesandtschaftsreisen führten ihn nach England, Frankr. und Rom; seit 1525 war er im Auftrag Klemens' VII. Nuntius bei Karl V. in Spanien. Sein Hauptwerk „Il libro del cortegiano" (1528, dt. 1565 u. d. T. „Der Hofmann") ist eine humanist.-höf. Bildungslehre, in der sich ma. Züge mit dem neuen Menschenbild der Renaissance vereinen; bed. v. a. als kulturhistor. Quelle. Als Zeitdokument von Interesse ist sein Briefwechsel („Lettere", 2 Bde., hg. 1769–71).

Castilla, Ramón [span. kas'tija], * Tarapacá 31. Aug. 1797, † Arica 30. Mai 1867, peruan. Politiker. - Mestize, polit. Aufstieg im Unabhängigkeitskampf gegen die Spanier; 1845–51 und 1855–62 Präs. von Peru; konservativ, gab Peru erstmals inneren Frieden und durch Reformen wirtsch. Aufschwung; beseitigte Sklaverei und Indianertribut.

Castle, Barbara [engl. kɑ:sl], * Chesterfield 6. Okt. 1911, brit. Politikerin. - Seit 1929 Mgl. der Labour Party; seit 1945 Unterhausabg.; 1958/59 Parteivors.; 1964/65 Entwicklungshilfe-, 1965–68 Transportmin., 1968–70 Min. für Arbeit und Produktivität; 1974–76 Sozialmin.; versuchte vergebl., die brit. Gewerkschaften zu reformieren; seit 1979 Mgl. des Europ. Parlaments.

Castlereagh, Robert Stewart, Viscount [engl. 'kɑ:slrɛɪ], Marquis of Londonderry (seit 1821), * Mount Stewart (Irland) 18. Juni 1769, † North Gray Farm (Kent) 12. Aug. 1822 (Selbstmord), brit. Staatsmann. - 1805/06 und 1807–09 Kriegsmin.; maßgebl. am Zustandekommen der Union zw. Irland und dem Vereinigten Kgr. (1801) beteiligt; bestimmte als Außenmin. 1812–22 die antinapoleon. Politik Großbrit. und seit 1814 zunehmend Europas; Initiator der Quadrupelallianz; wahrte auf dem Wiener Kongreß die brit. Interessen und erreichte die Wiederherstellung des Gleichgewichts der europ. Mächte.

📖 *Kissinger, H. A.: Großmacht Diplomatie. Von der Staatskunst C. u. Metternichs. Dt. Übers. Düss. Neuaufl. 1980.*

Castra [lat.], in der röm. Republik mit Wall und Graben befestigte Marschlager oder bei Belagerungen vorübergehend angelegte Lager in quadrat. Form; später entstanden ähnl. Standlager zur Verteidigung der Reichsgrenzen. Bekannte C. u. a.: C. Batava (= Passau), C. Caecilia (= Cáceres), C. Cevana (= Chester), C. Regina (= Regensburg), C. Vetera = Xanten).

Castrismo (Castrism'), svw. ↑ Fidelismo.

Castro, Cipriano [span. 'kastro], * Capacho (Táchira) 12. Okt. 1858, † San Juan (Puerto Rico) 5. Dez. 1924, venezolan. Politiker. - Führte 1899 eine Revolte gegen Präs. Andrade und herrschte nach dessen Sturz diktator. bis 1908.

C., Fidel [span. 'kastro], * Mayarí (Oriente) 13. Aug. 1927, kuban. Politiker. - Urspr. Rechtsanwalt; nach mißglücktem Putschversuch 1953, polit. Haft und Exil in den USA Rückkehr 1956 mit wenigen Anhängern; nach erfolgreichem Guerillakrieg gegen den Diktator Batista y Zaldívar 1959 Min.präs.; seit 1965 1. Sekretär der KP Kubas; seit 1976 auch Vors. des Staatsrats (Staatsoberhaupt). C. führte eine Bodenreform durch, enteignete die amerikan. Zuckerplantagen (Handelsembargo der USA und Abbruch der diplomat. Beziehungen), verstaatlichte allmähl. die gesamte Wirtschaft des Landes, erreichte die Umstrukturierung der Landw., führte die Planwirtschaft ein und schuf ein neues Volksbildungssystem. Auf wirtsch. und polit. Druck der USA reagierte C. mit militär. Aufrüstung und enger wirtsch. und polit. Anlehnung an die UdSSR (Höhepunkt: Stationierung sowjet. Raketen auf Kuba und Kubakrise Okt. 1962); engagierte seit Mitte der 1970er Jahre kuban. Truppen in Befreiungskämpfen in Afrika.

C., Inês de [portugies. 'kaʃtru], * um 1320, † Coimbra 1355, galicische Adlige. - Hofdame der 1. Gemahlin des Infanten Dom Pedro von Portugal, der sie nach deren Tod 1354 heiml. heiratete. König Alfons IV. lehnte diese Verbindung ab und ließ Inês de C. ermorden. Nach seiner Thronbesteigung nahm Dom Pedro an den Mördern grausame Rache.

C., Raúl [span. 'kastro], * auf Kuba 3. Juni 1931, kuban. Politiker. - Bruder von Fidel C.; 1959 Befehlshaber der Streitkräfte und seit 1960 Verteidigungsmin.; 1960–76 (1972–76 1.) stellv. Min.präs.; seit 1976 1. Vizepräs. des Staatsrates und des Min.rats.

Casus belli [lat.], Kriegsfall, Kriegsgrund, ein Ereignis, das zum Krieg führt.

Casus foederis ['fø:dɛrɪs; lat.], ein in einem Bündnisvertrag umschriebenes Ereignis, dessen Eintritt ein Recht auf Inanspruchnahme von Hilfe der einen und eine entsprechende Hilfeleistungspflicht der anderen Vertragsseite auslöst.

Çatal Hüyük [türk. tʃɑ'tɑl hy'jyk „Gabelhügel"], vorgeschichtl. Ruinenhügel in der Türkei, 52 km sö. von Konya. Brit. Ausgrabungen 1961–65 erbrachten zwölf Schichten einer frühneolith. Großsiedlung (von vor 6500 bis etwa 5500 bzw. etwa 5000 bis 4000), vergleichbar mit Jericho.

Catargiu, Lascăr [rumän. katar'dʒiu], * Jassy im Nov. 1823, † Bukarest 11. April 1899, rumän. Politiker. - Hatte maßgebl. Anteil an der Vertreibung des Fürsten Cuza und der Thronbesteigung Karls I. (1866); Min.-präs. 1866, 1871–76, 1889 und 1891–95; profiliertester konservativer Politiker Rumäniens im 19. Jh.

Cateau-Cambrésis, Friede von [frz. katokãbre'zi], geschlossen 1559 zw. Philipp II. von Spanien und Heinrich II. von Frankr.;

beendete den um Italien und Burgund seit Beginn des 16. Jh. andauernden Kampf; Frankr. mußte bei Verlust aller Rechte auf die burgund. Territorien die erhebl. gestärkte Position der burgund. (niederl.) Herrschaft Spaniens anerkennen. Spanien festigte seine Herrschaft über die Apenninenhalbinsel.

Cathedra [griech.-lat. „Armsessel"], in der Antike sesselartiges Gestühl in Grabanlagen für den Totenkult, auch Sitzmöbel des Lehrers, später für den Bischofssitz (Bischofsthron) im Kirchenraum verwendet, dann übertragen für Bischofssitz allgemein. Lehrentscheidungen des Papstes, die er **ex cathedra** (etwa „aus der Vollmacht der höchsten Lehrautorität heraus") trifft, gelten in der kath. Kirche als unfehlbar.

Catilina, Lucius Sergius, * um 108, ⚔ bei Pistoria (= Pistoia) im Jan. 62, röm. Prätor (68). - Aus altem patriz. Geschlecht; Ende 66 an erfolglosen Plänen beteiligt, die auf die Ermordung der Konsuln des Jahres 65 abzielten (sog. 1. Catilinar. Verschwörung); bereitete 63 einen Staatsstreich vor, der mit der Ermordung des Konsuls Cicero beginnen sollte; Cicero erreichte die Erklärung des Staatsnotstandes durch den Senat und mit der ersten seiner 4 Catilinar. Reden, daß C. Rom verließ und offen den Kampf begann; seine Anhänger in Rom wurden ausgeschaltet und z. T. hingerichtet; C. fiel in der Schlacht bei Pistoria.

Cato, röm. Beiname, v. a. im Geschlecht der Porcier. Bed. v. a.:

C., Marcus Porcius C. Censorius (C. Maior, Cato d. Ä.), * Tusculum (= Frascati) 234, † 149, röm. Staatsmann und Schriftsteller. - 195 Konsul; richtete sich v. a. gegen Korruption und das Vordringen hellenist. Lebensart auf Kosten der altröm. Sitten; trat in seinen letzten Lebensjahren dafür ein, Karthago völlig zu vernichten („Ceterum censeo Carthaginem esse delendam"); wurde wegen seiner Ablehnung des Griech. zum Schöpfer der lat. Prosa; von seinem Hauptwerk, den „Origines" (Ursprünge), einem annalist. Geschichtswerk, sind nur Fragmente überliefert.

📖 *Kienast, D.: C. der Zensor. Darmst. Neuaufl. 1979.*

C., Marcus Porcius C. Uticensis (C. Minor, Cato d. J.), * 95, † Utica (Nordafrika) im April 46, röm. Staatsmann. - Urenkel des C. Censorius; Stoiker, überzeugter Republikaner, bekämpfte erfolglos die überragende Stellung von Pompejus und Cäsar; nahm nach deren Zerwürfnis 49/48 auf der Seite des Pompejus am Bürgerkrieg teil, führte nach der Niederlage von Pharsalos (Aug. 48) in Afrika den Kampf gegen Cäsar fort, beging aber nach der Niederlage der Pompejaner bei Thapsus (46) Selbstmord, weil er eine Begnadigung durch Cäsar ablehnte.

📖 *Gelzer, M.: C. Uticensis. In: Gelzer: Kleine Schrr. Bd. 2. Wsb. 1963.*

Caturiges, kelt. Stamm, ↑ Katurigen.

Catuvellauni ↑ Katuvellauner.

Caucus [engl. 'kɔːkəs; indian.], in den USA Bez. für inoffizielle Parteiversammlungen, in denen die Kandidatenaufstellung für Wahlen zu den polit. Ämtern (bis zum Beginn des 20. Jh.; ↑ auch Primary) oder allg. polit. Richtlinien abgesprochen wurden.

Caudillo [kaʊ'dɪljo; span.], urspr. Bez. für Häuptling; im ma. Spanien auch für Heerführer; in Lateinamerika seit dem 19. Jh. Bez. für einen polit. Machthaber, bes. für einen militär. Diktator; offizieller Titel des span. Staatschefs Franco Bahamonde.

Cauer, Minna, geb. Schelle, verw. Latzel, * Freyenstein bei Wittstock 1. Nov. 1842, † Berlin 3. Aug. 1922, dt. Frauenrechtlerin. - 1895 Führerin des linken Flügels der bürgerl. Frauenbewegung im Kampf für das Frauenstimmrecht (u. a. „Die Frau im 19. Jh.", 1898).

Caulaincourt, Armand Augustin Louis Marquis de [frz. kolɛ̃'kuːr], Herzog von Vicenza (seit 1808), * Caulaincourt (Aisne) 9. Dez. 1773, † Paris 19. Febr. 1827, frz. General und Politiker. - 1807–11 Gesandter in Rußland, bemühte sich vergebl. um einen Ausgleich zw. Zar Alexander I. und Napoleon I.; nahm 1812 am Rußlandfeldzug teil; unterzeichnete als Außenmin. (seit 1813) den Vertrag über die Abdankung Napoleons I.; 1815 während der „Hundert Tage" erneut Außenmin.; wichtige Memoiren.

Cavendish [engl. 'kævəndɪʃ], engl. Adelsfamilie, die sich von Sir William C. (* 1557) herleitet; führt seit dem 17. Jh. die Herzogtitel von Devonshire und Newcastle; seit der Einheirat in das Geschlecht der Bentinck (Herzöge von Portland) **Cavendish-Bentinck.**

Cavendish-Bentinck, Lord William Henry [engl. 'kævəndɪʃ 'bɛntɪŋk], * Portland 14. Sept. 1774, † Paris 17. Juni 1839, brit. General und Politiker. - Wurde 1803 Gouverneur von Madras, 1811 Botschafter am Hofe des Königs von Neapel; 1827 Gouverneur von Bengalen; 1833–35 1. Generalgouverneur von Indien; seit 1837 Unterhausmitglied.

Cavour, Camillo Benso Graf von [italien. ka'vur], * Turin 10. Aug. 1810, † ebd. 6. Juni 1861, italien. Staatsmann. - Seit 1848 polit. tätig, liberal-konservativer Realpolitiker, der wirtsch. Stärke als Basis polit. Macht und Voraussetzung zu nat. Wiedergeburt ansah, freil. das Interesse der Monarchie und Sardinien-Piemonts der italien. Einheit voranstellte. Seit 1852 sardin. Min.präs. Er ging davon aus, daß die italien. Einheit von einem liberal reformierten Sardinien aus nur im europ. Rahmen und gegen Österreich erreichbar sei. Das Bündnis mit Frankr. (gegen Abtretung Savoyens mit Nizza) sicherte ihm den Erfolg im Sardin.-Frz.-Östr. Krieg (1859). 1860 gelang C. der Anschluß M-Italiens. Sein diplomat. Spiel beflügelte die Freischarenzüge Garibaldis, deren revolutionäre Impulse C. aber auffing. 1861 erweiterte C. das sardin. zum italien. Parlament. Italien (ohne Rom) wurde konstitutionelle Monarchie mit zentralist. Verwaltung nach frz. Vorbild.

C. C. (CC), Abk. für frz.: Corps consulaire („konsular. Korps").

C.C.C., Abk. für: Constitutio Criminalis Carolina (↑Carolina).

C.D. (CD), Abk. für frz.: Corps diplomatique („diplomatisches Korps").

CDU, Abk. für: ↑Christlich Demokratische Union.

Ceaușescu, Nicolae [rumän. tʃeau'ʃesku], *Scornicești (Kr. Olt) 26. Jan. 1918, rumän. Politiker. - Mgl. der KP seit 1936; seit 1945 im ZK, 1952 Kandidat und seit 1955 Mgl. des Politbüros, spätestens seit 1960 Leiter des Parteiapparats sowie seit 1965 1. Parteisekretär und 1967–74 auch Vors. des Staatsrats (Staatsoberhaupt), seit 1974 Staatspräs.; setzt unter geschickter Ausnutzung des Konflikts Moskau-Peking die „nat. Linie" der rumän. Außenpolitik (Betonung der Unabhängigkeit, Souveränität und Gleichberechtigung der Staaten) verstärkt fort.

Cecil [engl. sɛsl], berühmte engl. Familie, deren Einfluß William C. Lord Burghley begründete, und durch dessen Ehen die Familie C. 1605 die Titel eines Earl of Exeter und eines Earl of Salisbury erlangte. Bed.:

C., Edgar Algernon Robert, Viscount (seit 1923) C. of Chelwood, *Salisbury 14. Sept. 1864, †Tunbridge Wells (Kent) 24. Nov. 1958, brit. Politiker und Diplomat. - Seit 1906 konservativer Abg.; in verschiedenen Funktionen für den Völkerbund tätig (u.a. Mitverfasser der Völkerbundssatzung); stimmte 1938 gegen das Münchner Abkommen; erhielt 1937 den Friedensnobelpreis.

C., William, Baron Burghley, engl. Staatsmann, ↑Burghley, William Cecil, Baron.

Celio [italien. 'tʃɛ:lio], Enrico, *Ambri (Tessin) 19. Juni 1889, †Lugano 23. Febr. 1980, schweizer. Politiker (kath.-konservative Partei). - 1940–50 Bundesrat für das Post- und Eisenbahnwesen, 1943 und 1948 Bundespräsident.

C., Nello, *Quinto (Tessin) 12. Febr. 1914, schweizer. Politiker. - 1962–66 Präs. der Freisinnig-demokrat. Partei; 1966–73 Bundesrat (Leiter des Militär-, seit 1968 des Finanzdepartements); 1972 Bundespräsident.

Celle, Bez. für das Ft. Lüneburg der Welfen, entstanden durch die nach 1371 erfolgte Verlegung der Residenz von Lüneburg nach Celle, sowie für die 1569 abgespaltene jüngere Linie des Hauses Lüneburg und das von ihr regierte, aus dem größten Teil des lüneburg. Territoriums bestehende Ft.

Censor ↑Zensor.

Census ↑Zensus.

***Centerpartiet** [schwed. 'sɛntərparti:ət] (Zentrumspartei, Zentrum), schwed. Partei; seit 1958 Name der um 1900 gegr. Bondeförbundet („Landbundpartei"); Teilnahme an der Reg. 1936–39, 1951–57, 1976–78 und seit 1979.

CENTO ['tsɛnto, engl. 'sɛntoʊ], Abk. für engl.: ↑Central Treaty Organization.

Central Intelligence Agency [engl. 'sɛntrəl ɪn'tɛlɪdʒəns 'ɛɪdʒənsɪ], Abk. CIA, Zentralamt des amerikan. Geheimdienstes, 1947 gegr., untersteht dem United States Intelligence Board (USIB). CIA und Defense Intelligence Agency (DIA) unterstützen und ergänzen einander. Mitte der 1970er Jahre wurde aufgedeckt, daß die CIA auch innerhalb der USA tätig geworden war, dort v.a. Gegner des Vietnamkrieges überwacht, Organisationen infiltriert und das Briefgeheimnis verletzt hatte. Darüber hinaus wurde bekannt, daß es auch jahrelang Pläne gegeben hatte, mißliebige ausländ. Politiker und Staatsmänner ermorden zu lassen. Im Zuge der Enthüllungen mußten 1975 zahlr. hohe CIA-Beamte ausscheiden. Ein Untersuchungsausschuß des Kongresses deckte 1976 noch weitere Verfehlungen auf und forderte eine stärkere Kontrolle des Geheimdienstes durch Legislative und Exekutive.

***Central Treaty Organization** [engl. 'sɛntrəl 'tri:tɪ ɔ:gənaɪ'zɛɪʃən], Abk. CENTO, Nachfolgeorganisation des Bagdadpaktes, Sitz seit 1960 Ankara; Grundlage ist nach wie vor der Bagdadpakt. Die USA sind der CENTO zwar nicht beigetreten, haben aber ihre Mitarbeit verstärkt und sind im CENTO-Rat durch Beobachter vertreten.

Centurie ↑Zenturie.

Centurio ↑Zenturio.

Černík, Oldřich [tschech. 'tʃɛrnji:k], *Ostrau 27. Okt. 1921, tschechoslowak. Politiker. - Seit 1945 Mgl. der KPČ, 1956 Mgl. und Sekretär im ZK, 1963 stellv. Min.präs. und Vors. der staatl. Plankommission, 1966 Mgl. im Parteipräsidium, 1968 Min.präs.; 1970 als führender Vertreter des tschechoslowak. Reformkommunismus aus der Partei ausgeschlossen.

Certosa [italien. tʃer'tɔ:za, eigtl. „Kartause"], auf dem Gelände eines Klosters des Kartäuserordens gelegenes etrusk. Gräberfeld bei Bologna, namengebend für die *C.stufe* (5./4. Jh.), deren Kennzeichen, die C.fibel, für die Chronologie der jüngeren Eisenzeit im nordalpinen Gebiet (La-Tène-Zeit) bed. ist.

Cestius, Gajus C. Epulo, † vor 12 v. Chr., röm. Volkstribun, Prätor und Septemvir. - Bekannt durch sein Grabmal, die vermutl. in frühaugusteischer Zeit an der Straße nach Ostia errichtete 37 m hohe **Cestiuspyramide** (heute neben der Porta San Paolo).

Ceterum censeo Carthaginem esse delendam [lat. „im übrigen meine ich, daß Karthago zerstört werden muß"], stehende Schlußformel in den Senatsreden des älteren Cato, daher sprichwörtl. für eine hartnäckig wiederholte Forderung.

Četnici [serbokroat. 'tʃɛtni:tsi] (Tschetniks), serb. Freischärler, die sich zum Schutz der serb. Bev. in Makedonien vor den Türken und vor der Inneren Makedon. Revolutionären Organisation zusammenfanden; nach 1919 im wesentl. ein serb.-nat. Traditionsverband; bildeten im 2. Weltkrieg Partisanengruppen gegen die dt. Besatzung in Bosnien und Herzegowina sowie in den serb. besiedelten Gebieten Kroatiens gegen die Ustaša, kämpften auch gegen kommunist. Gruppen.

Ceylon, Insel im Ind. Ozean, ↑Sri Lanka.

CGB, Abk. für: Christl. Gewerkschaftsbund Deutschlands (↑Gewerkschaften).

C. G. T. (CGT) [frz. seʒe'te], Abk. für: Confédération Générale du Travail (↑Gewerkschaften [Übersicht; Europa]).

C.H. (CH), Abk. für lat.: ↑Confoederatio Helvetica.

Chaban-Delmas, Jacques Michel Pierre [frz. ʃabãdɛl'ma:s], eigtl. J. Delmas, * Paris 7. März 1915, frz. gaullist. Politiker. - Seit 1940 Mitarbeiter in der Résistance (Deckname „Chaban"); seit 1946 Abg.; seit 1947 Bürgermeister von Bordeaux; 1954–58 Min. in verschiedenen Ressorts (u.a. 1957/58 Verteidigungsmin.); 1958–69 und erneut seit 1978 Präs. der Nat.versammlung; 1969–72 Premierminister.

Chacokrieg [span. 'tʃako], Krieg zw. Bolivien und Paraguay (1932–35), der nach jahrelangen Feindseligkeiten um das durch Erdölfunde wirtsch. interessant gewordene nördl. Chacogebiet (sog. Chaco boreal) und das Problem des Meereszugangs Boliviens über den Paraguay ausbrach. 1938 erhielt das siegreiche Paraguay den größten Teil des umstrittenen Gebiets, Bolivien einen Korridor zum Paraguay.

Chair Ad Din ['xaɪər a'di:n] (Cheireddin), gen. Barbarossa C. Ad D., * Lesbos um 1467, † Konstantinopel 4. Juli 1546, islamisierter Grieche, Herrscher in Algier und türk. Admiral. - Folgte 1518 seinem Bruder Horuk in der Herrschaft über Algier, das er 1519 osman. Oberhoheit unterstellte; unterwarf 1534 Tunis; 1535 auf frz. Seite von Kaiser Karl V. bei Goletta geschlagen; 1533 Oberbefehlshaber der türk. Flotte, schlug 1538 die kaiserl. Flotte, vernichtete 1540 bei Candia (= Iraklion, Kreta) eine christl. Flotte.

Chaldäa [kal...], Land der Chaldäer, eigtl. Teil S-Babyloniens, in griech.-röm. Quellen meist allg. Name für Babylon.

Chaldäer [kal...], wichtigster Großstamm der Aramäer in Babylonien; seit Anfang des 1. Jt. v. Chr. in S-Babylonien seßhaft und an babylon. Kultur und Sprache angepaßt; übernahmen 626 v. Chr. die Macht. Unter der Dynastie der C. erlebte Babylonien eine letzte kulturelle Blüte, bis es 539 v. Chr. von Kyros II., dem Großen, erobert wurde.

Chalder ['kal...] ↑Urartäer.

Chalfont, Alun Gwynne-Jones [engl. 'tʃælfənt], Baron (seit 1964), * Llantarnam (Wales) 5. Dez. 1919, brit. Offizier und Politiker. - Mgl. der Labour Party bis 1974; Min. für Abrüstungsfragen (1964–67); leitete 1967–69 als „Europamin." die brit. Delegation bei den Beitrittsverhandlungen Großbrit. zur EWG.

Chalid, Ibn Abd Al Asis Ibn Saud [arab. 'xa:lɪt], * Ar Rijad 1913, † ebd. 13. Juni 1982, König von Saudi-Arabien (seit 1975). - Halbbruder König Sauds und König Faisals; 1965 zum Kronprinzen und sellv. Min.präs. ernannt; übertrug die eigtl. Regierungsgeschäfte an Kronprinz Fahd.

Chalid Ibn Al Walid ['xa:lɪt...], † Medina oder Homs 642, arab. Heerführer. - Nach seinem Übertritt zum Islam 629 einer der erfolgreichsten Feldherrn („Schwert des Islams"); 633–636 maßgebl. an der Eroberung des Irak und Syriens beteiligt.

Chalkedon [çal...] (Kalchedon; Chalcedon, Chalzedon), bed. Stadt in der Antike, an der asiat. Seite des Bosporus gegenüber von Byzantion, 685 v. Chr. von Megara gegr.; seit 74 v. Chr. röm., 365 von Kaiser Valens zerstört, seit dem 5. Jh. wieder aufgebaut; Tagungsort des 4. ökumen. Konzils (451).

Chalkidike [çal...], Halbinsel in Makedonien, N-Griechenland. - Urspr. von Thrakern besiedelt; 8.–6. Jh. Einwanderung von Griechen aus Euböa; der **Chalkid. Bund** (Anfang 4. Jh.–348) war schärfster Konkurrent Makedoniens in N-Griechenland, dessen Schicksal die Städte der C. dann teilten. Im MA beim Byzantin. Reich; seit dem 15. Jh. osman.; seit 1913 zu Griechenland.

Chalkolithikum [çal...; griech.] (Kupfersteinzeit, Eneolithikum), v. a. in der prähistor. Archäologie Vorderasiens gebräuchl. Bez. für das jüngere Neolithikum, in dem neben Steingeräten bereits Kupfergegenstände auftreten.

Chaluz [hebr. „Pionier, gerüstet"], Name der Mgl. der zionist. Jugendorganisation **He-Chaluz** (Anfang des 20. Jh. in Rußland gegr., breitete sich schnell über viele Länder aus), kämpften beim Aufstand im Warschauer Ghetto 1943 gegen die SS.

Chamaven [ça...] (lat. Chamavi; Chamaver), german. Volksstamm am Niederrhein zw. Lippe und IJssel; erhob sich 9 n. Chr. mit den Cheruskern gegen Rom.

Chamberlain [engl. 'tʃeɪmbəlɪn], Arthur Neville, * Edgbaston bei Birmingham 18. März 1869, † Heckfield bei Reading 9. Nov. 1940, brit. Politiker. - Sohn von Joseph C., Halbbruder von Joseph Austen C.; seit 1918 konservativer Abg., 1922/23 Generalpostmeister; baute als Gesundheitsmin. (1923, 1924–1929) die Sozialgesetzgebung aus u. setzte als Schatzkanzler 1931–37 eine Schutzzollpolitik durch; Premiermin. 1937–40; gab die bisherige brit. Gleichgewichtspolitik auf und versuchte, durch persönl. Diplomatie eine Politik

des Einvernehmens mit den faschist. Regierungen Europas durchzusetzen; glaubte, durch Nachgeben gegenüber den „berechtigten" Forderungen Hitlers 1938 einen Krieg verhindern zu können; erkannte erst 1939 die Fehler seiner Politik des Appeasements; erfolglose Kriegsführung führte zu seinem Rücktritt.
📖 *Macleod, I.: N. C. London 1961.*

C., Houston Stewart, * Portsmouth 9. Sept. 1855, † Bayreuth 9. Jan. 1927, brit. Kulturphilosoph und Schriftsteller. - ∞ mit R. Wagners Tochter Eva in Bayreuth; Verehrer R. Wagners; seit 1916 dt. Staatsangehörigkeit; verkündete in seinen kulturphilosoph. Schriften, bes. in seinem Hauptwerk „Die Grundlagen des 19. Jh." (1899) eine völk.-myst. Ideologie, die auf einer unkrit. Verschmelzung naturwiss. und philosoph. Ideen beruhte; starker Einfluß auf die nat.-soz. Rassenideologie.

C., Joseph, * London 8. Juli 1836, † ebd. 2. Juli 1914, brit. Politiker. - Industrieller; 1873–76 Unterhausabg.; trat als Handelsmin. Gladstones für weitgehende soziale Reformen ein; wechselte aus Protest gegen die Homerulevorlage für Irland mit den „Liberalen Unionisten" zur Konservativen und Unionist. Partei; 1895–1903 Kolonialmin.; führender Repräsentant des liberalen Imperialismus, der in einem Schutzzollsystem innerhalb des brit. Empires, Übersee-Expansion und sozialen Reformen im Mutterland ein Heilmittel gegen alle sozialen Erschütterungen sah; wesentl. an den dt.-brit. Bündnisbesprechungen (1898–1901) beteiligt.

C., Sir Joseph Austen, * Birmingham 16. Okt. 1863, † London 16. März 1937, brit. Politiker. Sohn von Joseph C.; seit 1912 konservativer Abg.; 1903–05 und 1919–21 Schatzkanzler, 1915–17 Staatssekretär für Indien, 1918 Mgl. des engeren Kriegskabinetts, 1921/22 Lordsiegelbewahrer und Führer des Unterhauses; 1921/22 Parteiführer der Konservativen; als Außenmin. 1924–29 wesentl. am Zustandekommen des Locarnopaktes 1925 beteiligt; Friedensnobelpreis 1925 (mit C. Dawes).

Chamberlain [engl. 'tʃɛɪmbəlɪn] (Chamberer), Kammerherr; vor der Eroberung Englands durch die Normannen Verwalter der Finanzen; später erbl. Ehrentitel. Heute ist der Lord C. Vorsteher des königl. Hofstaates.

Chambord, Henri Charles de Bourbon, Graf von [frz. ʃã'bɔ:r], Herzog von Bordeaux, * Paris 29. Sept. 1820, † Frohsdorf bei Wiener Neustadt 24. Aug. 1883, frz.-bourbon. Thronprätendent. - Enkel Karls X.; die Legitimisten versuchten 1836, 1848 und 1870–73 vergebl., ihn auf den Thron zu bringen; C. weigerte sich, Trikolore und Verfassung anzuerkennen.

Chambord [frz. ʃã'bɔ:r], frz. Ort im Dep. Loir-et-Cher, 15 km östl. von Blois. - In C. wurde 1552 zw. der dt. Fürstenverschwörung unter Moritz von Sachsen und König Heinrich II. von Frankr. ein Vertrag gegen Kaiser Karl V. geschlossen.

Chambre ['ʃã:brə; frz.; zu lat. camera „Gewölbe"], frz. für Kammer, polit. Körperschaft, Richterkollegium; z. B. **Chambre des pairs,** 1814–48 die 1. Kammer des frz. Parlaments, **Chambre des députés,** 1814–48 und 1875–1940 die Abg.kammer, **Chambre ardente,** frz. Sondergericht des 16. und 17. Jahrhunderts.

Chamoun, Camille [frz. ʃa'mun] ↑Schamun, Kamil.

Champa ['tʃampa], seit dem 2./3. Jh. nachweisbares histor. Reich der Cham im Küstengebiet des heutigen Vietnam; höchste kulturelle Blüte im 8./9. Jh.; geriet zunehmend unter den Einfluß von China, Annam und der Khmer; 1471 von Annam erobert.

Champagne [frz. ʃã'paɲ], Plateaulandschaft im östl. Pariser Becken, erstreckt sich bis zu den Ardennen bzw. Argonnen. - In der Völkerwanderungszeit häufig Schauplatz von Kämpfen; 486 fränk., seit 814 Gft. C., die 923 an das Haus Vermandois fiel; im 10. Jh. um Meaux sowie einige Lehen des Erzbistums Reims erweitert; 1023 erbte das Haus Blois die C.; 1314/61 der frz. Krondomäne einverleibt.

Champlain, Samuel de [frz. ʃã'plɛ̃], * Brouage (= Hiers-Brouage, Charente-Maritime) um 1567, † Quebec 25. Dez. 1635, frz. Entdecker. - Bereiste 1599–1609 Westindien und Mexiko; erforschte seit 1603 auf mehreren Reisen Nordamerika, gründete 1604 Port Royal, 1608 Quebec; entdeckte 1609 den Lake Champlain, 1615 den Huronsee; seit 1633 erster Gouverneur von Kanada.

Champollion, Jean-François [frz. ʃãpɔ'ljõ], * Figeac (Lot) 23. Dez. 1790, † Paris 4. März 1832, frz. Ägyptologe. - Entzifferte als erster die ägypt. Hieroglyphen; 1831 erster Prof. für Ägyptologie in Paris.

Chan ↑Khan.

Chancelier [frz. ʃãsə'lje; zu lat. cancellarius „Kanzleidirektor"], in Frankr. im 12. und 13. Jh. entstandenes Hofamt. Heute ledigl. Titel des Großkanzlers (Grand Chancelier) der Ehrenlegion.

Chancellor of the Exchequer [engl. 'tʃɑ:nsələ əv ðɪ ɪks'tʃɛkə], seit dem 18. Jh. Titel des brit. Schatzkanzlers (Finanzmin.), stets Mgl. des Unterhauses.

***Chang Ch'un-ch'iao** (Zhang Chunqiao) [chin. dʒaŋtʃuəntɕiau], * 1911, chin. Politiker. - Ab 1967 stellv. Leiter der zentralen Gruppe Kulturrevolution und Vors. des Revolutionsrates von Schanghai, seit 1971 1. Sekretär der KPCh in Schanghai; nach dem Tode Mao Tse-tungs als einer der 4 Hauptvertreter („Viererbande") der linken Parteigruppierung verhaftet, aus allen Ämtern entfernt und im Juli 1977 aus der Partei ausgeschlossen; Mitte Nov. 1980 angeklagt, im Jan. 1981 zum Tode (mit Bewährung) verurteilt.

***Chao Tzu-yang** (Zhao Ziyang) [chin. dʒaudzɪjaŋ], * in der Prov. Honan, chin. Politiker. - Sohn eines Gutsbesitzers; seit 1938 Mgl. der KPCh; wurde 1965 Parteivors. für die Prov. Kwangtung; nach Ausbruch der Kulturrevolution von seinen Ämtern abgesetzt; ab 1971 wieder polit. Funktionen in der Inneren Mongolei; ab 1973 Mgl. des ZK der KPCh; ab 1977 Kandidat, ab 1979 Mgl. des Politbüros des ZK der KPCh; seit Febr. 1980 Mgl. des Ständigen Komitees des ZK, seit April 1980 stellv. Min.präs., seit Sept. 1980 als Nachfolger Hua Kuo-fengs Min.präsident.

Charan ↑Charran.

Chargé d'affaires [frz. ʃarʒeda'fɛr] ↑Geschäftsträger.

Charles, Prince of Wales (seit 1958) [engl. tʃɑːlz], * London 14. Nov. 1948, brit. Thronfolger. - Ältester Sohn von Königin Elisabeth II. und Prinz Philip, Herzog von Edinburgh.

Charlotte [ʃar...], Name von Herrscherinnen:

Luxemburg:

C., * Schloß Berg (Luxemburg) 23. Jan. 1896, Großherzogin (1919–64). - Aus dem Hause Nassau; emigrierte 1940 nach der Besetzung Luxemburgs durch dt. Truppen mit ihrer Regierung zunächst nach Großbrit., dann in die USA (bis 1945).

Mexiko:

***C.,** (Marie C.), * Laeken (= Brüssel) 7. Juni 1840, † Bouchoute bei Brüssel 19. Jan. 1927, Kaiserin von Mexiko (1864–67). - Tochter Leopolds I. von Belgien; seit 1857 ∞ mit dem östr. Erzherzog Maximilian; verfiel 1866 in geistige Umnachtung.

Charran [xa...] (Haran, lat. Carrhae, Carrae; Harran, Charan, Karrhai, Carrhä), ehem. Stadt etwa 35 km sö. von Urfa in der SO-Türkei; als bed. Handelsstadt des alten Orients seit dem 18. Jh. v. Chr. bezeugt, nach dem A. T. kurze Zeit Sitz der Familie Abrahams; assyr. Prov.hauptstadt und Residenz des letzten assyr. Königs; bekannt v. a. durch den Kult des Mondgotts von Charran.

Charta (Charte, Carta) ['karta; griech.-lat.], urspr. Blatt aus dem Mark der Papyrusstaude, dann verallgemeinert für alle Arten von Schreibmaterialien und für Buch. - Im MA bes. neben Diplom in der Bed. von „Urkunde" (z. B. Magna Carta libertatum), im heutigen Staats- und Völkerrecht für eine Urkunde gebraucht, die für das Rechtsleben bestimmend ist (z. B. die C. der Vereinten Nationen [↑UN-Charta], in Frankr. die oktroyierte Verfassung [Charte] von 1814 bzw. 1830).

Charta 77 ['karta], am 1. Jan. 1977 in der Tschechoslowakei gegr. Bürgerrechtsgruppe; setzt sich für „die Respektierung der Bürger- und Menschenrechte" in der ČSSR und in der Welt ein; Sprecher der C. 77 sind der frühere Außenmin. J. Hájek, der Schriftsteller V. Havel und bis zu seinem Tod der Soziologe J. Patočka (* 1907, † 1977).

Chartismus [tʃar'tismʊs, ʃa...; lat.-engl.], erste brit. organisierte Arbeiterbewegung; entstand seit 1836; legte ihre Forderungen in der „People's Charter" (1839) nieder: u. a. Einführung des allg. Stimmrechts, geheime Abstimmung, Abschaffung aller aus dem Besitz abgeleiteten polit. Vorteile, Gesetzgebung gegen wirtsch. und polit. Ausbeutung und Entrechtung; 1839 blutige Zusammenstöße und Aufstand in Birmingham; erhielt 1840 eine straffere Organisation, die aber bald wieder zerfiel; verlor nach 1848 ihre Massenbasis und bald auch jeden polit. Einfluß auf die Arbeiterschaft; hatte großen Einfluß auf K. Marx und F. Engels.

Chasaren [xa...], halbnomad. Turkstamm, beherrschte 4.–11. Jh. zw. Dnjepr, Wolga und Kaukasus weite Gebiete; Niederwerfung des Bulgar. Reiches 679; im 8. Jh. Blütezeit; Ende seiner Vorherrschaft im 9./10. Jh.; die C. sind nach 1223 nicht mehr bezeugt.

Chasseykultur [frz. ʃa'sɛ] (Chasséen), nach Funden auf der vorgeschichtl. Höhensiedlung Camp-de-Chassey (Dep. Saône-et-Loire) ben. mittel-, süd- und westfrz. neolith. Kulturgruppe (etwa Anfang des 3. Jt. v. Chr.); kennzeichnend v. a. qualitätvolle rundbodige Keramik, Steingeräte, Schieferarmringe u. a.

Chassidim [xa...; hebr. „Fromme"], Bez. verschiedener Gruppen des Judentums. 1. Anhänger einer bes. gesetzesstrengen, nat. gesinnten Volkspartei, die sich 167/166 mit den ↑Makkabäern gegen Antiochos IV. Epiphanes zusammenschlossen. Sie gingen in den Essenern und Pharisäern auf. In ihren Kreisen entstanden die Bücher Daniel und Henoch. 2. Bez. für Juden in Deutschland (Blütezeit 1150–1250), deren Ideal ein Leben in Askese, Gleichgültigkeit gegenüber Freud und Leid, Hinwendung zum Nächsten selbst gegen das Religionsgesetz, war. 3. Anhänger des **Chassidismus,** einer myst. Richtung des Judentums (Blütezeit 18./19. Jh. in Osteuropa).

Chateaubriand, François René Vicomte de [frz. ʃatobri'ã], * Saint-Malo 4. Sept 1768, † Paris 4. Juli 1848, frz. Schriftsteller und Politiker. - Lebte 1793–1800 als Emigrant in Großbrit., wo sein Essay über die Revolution entstand (1797 veröffentlicht), 1800 Rückkehr nach Frankr. Sein Essay „Der Genius des Christentums oder ..." (mit der Novelle „René", 1802), eine Reaktion auf die religiöse Indifferenz der Aufklärung, ist eine romant. Verklärung des Christentums. War 1823 als Außenmin. für die Intervention in Spanien verantwortl.; wechselte zur Opposition über. Bedeutendster und einflußreichster Vertreter der frz. Frühromantik.

Châtelperronien [ʃatɛlpɛroni'ɛ̃:; frz.], nach einer nahe Châtelperron (Dep. Allier) gelegenen Höhlenstation ben., v. a. in S- und M-Frankr. verbreitete frühe jungpaläolith. Kulturgruppe; kennzeichnend die sog. C.spitzen mit gebogenem, eng retuschiertem Rükken und gestreckt halbmondförmiger Gestalt.

Chatham, William Pitt, Earl of [engl. 'tʃætəm] ↑Pitt, William, d. Ä., Earl of Chatham.

Châtillon-sur-Seine [frz. ʃatijõsyr'sɛn], frz. Stadt an der oberen Seine, Dep. Côte-d'Or, 7000 E. - Im **Kongreß von Châtillon** (5. Febr.–19. März 1814) boten die Verbündeten Napoleon I. einen Friedensschluß auf der Grundlage der frz. Grenzen von 1792 an, doch lehnte dieser ab.

Chatten ['ka..., 'ça...] (lat. Chatti), bed., den Cheruskern benachbarter german. Volksstamm zw. Eder, Fulda und Schwalm; von den Römern zu den Herminonen gezählt; 203 zum letzten Male erwähnt. Im 7. Jh. treten im ehem. Gebiet der C. zuerst die Namen Hassii, Hessi, Hessones (später Hessen) auf.

Chattuarier [xa...] (lat. Chattuarii), german. Stamm, ↑Attuarier.

Chattusa ['xa...] (Chattuscha, Hattusa), alte hethit. Hauptstadt, ↑Boğazkale.

Chattuschili [xa...] (Chattusili), Hethiterkönig, ↑Hattusili.

Chaudet, Paul [frz. ʃo'dɛ], * Rivaz (Kt. Waadt) 17. Nov. 1904, † Lausanne 7. Aug. 1977, schweizer. Politiker. - 1943–54 als Mgl. der Freisinnig-demokrat. Partei Nationalrat; 1954–66 Bundesrat (Leiter des Militärdepartements); 1959 und 1962 Bundespräsident.

Chauken ['çaʊkən] (lat. Chauci), german. Stamm; siedelten urspr. an der Nordseeküste zw. unterer Ems und Elbe, seit 58 n. Chr. bis zum Rhein; Fischer und Seefahrer; seit dem 4. Jh. n. Chr. nicht mehr erwähnt, gingen vermutl. im sächs. Stammesverband auf.

Chaumont [frz. ʃo'mõ], frz. Stadt auf einem Sporn am Zusammenfluß von Suize und Marne, 100 km sw. von Nancy, 27000 E. - Am 1. März 1814 wurde der **Bündnisvertrag von Chaumont** geschlossen (↑Quadrupelallianz).

Chauvinismus [ʃovi...; frz.; nach der (vielleicht auf ein histor. Vorbild zurückgehenden) Gestalt des extrem patriot. Rekruten Chauvin, die durch das Lustspiel „La cocarde tricolore" von C. T. Cogniard (* 1806, † 1872) und seinem Bruder H. Cogniard (* 1807, † 1882) populär wurde], exzessiver Nationalismus, meist militarist. Prägung; bezeichnet seit der 3. Republik jede extrem patriot. und blind nationalist. Haltung.

***Chavan,** Yeshwantrao Balwantrao [engl. 'tʃɑ:vən], * Devashtre (Maharashtra) 12. März 1914, ind. Jurist und Politiker. - Seit 1939 Mgl. der Kongreßpartei; 1956–60 Chefmin. im Gliedstaat Bombay, 1960–62 im Gliedstaat Maharashtra; 1962–66 Verteidigungs-, 1966–70 Innen-, 1970–74 Finanz-, 1974–77 Außenmin.; seit 1977 Fraktionsvors. der Kongreßpartei und bis 1979 Oppositionsführer; 1979–80 stellv. Premiermin. und Innenminister.

Chavín de Huantar [span. tʃa'βin de ṷan'tar], Ruinenstätte eines Heiligtums im westl. Z-Peru, am O-Abhang der Cordillera Blanca, osö. von Huaraz; erhalten sind Reste einer Gruppe massiver, rechteckiger Gebäude mit Plattformen, um einen in O-W-Richtung orientierten Innenhof gruppiert. In ihre Außenwände sind Steinmasken (menschl. Gesichter mit Raubtiergebiß) und Friese mit stilisierten Darstellungen von Raubtieren oder Kombinationen verschiedener Tiere eingelassen. Freistehende Reliefstelen zeigen das typ. Motiv der nach C. de H. benannten **Chavínkultur** (9.–4./3. Jh.), die sich bis an die N-Küste Perus ausbreitete: die geometr. aufgelöste, kurvige Darstellung von Jaguarmenschen mit Schlangengürtel und verschiedenen Attributen (z. B. auf der berühmten Raimondi-Stele in Lima). Kennzeichnend sind weiterhin ornamentaler Darstellungsstil, einfarbig rote oder braune, dekorierte Keramik.

Chefren ['çe:...], ägypt. König, ↑Chephren.

Cheireddin [xaɪ...] ↑Chair Ad Din.

Chełmno [poln. 'xɛṷmnɔ], Ort in Polen, nw. von Łódź. Im nat.-soz. Vernichtungslager C. (dt. Kulmhof) wurden Ende 1941 bis Jan. 1945 mindestens 160000 Menschen (größtenteils Juden aus dem Ghetto von Łódź) umgebracht.

Chelmsford, Frederick John Napier Thesiger Viscount (seit 1921) [engl. 'tʃɛlmsfəd], * London 12. Aug. 1868, † Ardington House (bei Wantage) 1. April 1933, brit. Politiker. - 1905–09 Gouverneur von Queensland, 1909–13 von Neusüdwales; Vizekönig von Indien 1916–21; 1924 1. Lord der Admiralität.

Ch'en Po-ta (Chen Boda) [chin. tʃənbɔda], * Hweian (Prov. Fukien) 1904, chin. Politiker und marxist. Theoretiker. - 1937–56 Privatsekretär Mao Tse-tungs; ab 1949 Direktor des Instituts für Marxismus-Leninismus, 1958–71 Chefredakteur des offiziösen Parteiorgans „Rote Fahne"; neben Mao führender Parteiideologe; 1966–71 Mgl. des Politbüros; im Jan. 1981 (Prozeß gegen die „Viererbande") zu 18 Jahren Haft verurteilt.

Ch'en Yi (Chen Yi) [chin. tʃən-i], * Loshan (Prov. Szetschuan) 1901, † Peking 6. Jan. 1972, chin. Marschall (seit 1955) und Politiker. - Seit 1923 Mgl. der Kuomintang; kommandierte 1937–47 die 4. Armee, die in O-China die Truppen Chiang Kai-sheks vernichtend schlug, dann die Volksbefreiungsarmee O-Chinas; seit 1954 stellv. Min.präs. der VR China, 1956–69 Mgl. des Politbüros; forcierte als Außenmin. 1958–70/72 die Aufrüstung Chinas mit Kernwaffen.

Cheops ['çe:...] (ägypt. Chufu), ägypt. König der 4. Dyn. (gräzisierte Namensform). - Regierte 23 Jahre, um 2530 v. Chr.; Erbauer der Cheopspyramide.

Cheopspyramide ['çe:...], größte Pyramide Ägyptens, gehört zu der 8 km sw. von Gise gelegenen Pyramidengruppe mit Chephrenpyramide und Mykerinospyramide. Urspr. 146,6 m, jetzt 137 m hoch; Seitenlänge der quadrat. Grundfläche 230,38 m, jetzt 227,5 m; ehem. glatt mit weißem Kalkstein verkleidet. Im Innern mehrere Gänge und drei, aus verschiedenen Bauentwürfen stammende Sargkammern. Verschiedene Maß- und Zahlentheorien zur C. sind wiss. nicht erwiesen. An der Ostseite wurden Reste des Totentempels gefunden.

Chephren ['çe...] (ägypt. Chafre?; Chefren), ägypt. König der 4. Dyn. (gräzisierte Namensform). - Sohn des Cheops; regierte um 2500, erbaute die Chephrenpyramide.

Chephrenpyramide ['çe...], zweithöchste ägypt. Pyramide, gehört zu der Pyramidengruppe mit ↑Cheopspyramide. Urspr. 143,5 m, jetzt 136,5 m hoch; Seitenlänge der quadrat. Grundfläche 210 m. An den Wänden des zugehörigen Tempels standen ehemals 23 überlebensgroße Königsstatuen (einige heute in Kairo, Ägypt. Museum).

Cherokee [engl. 'tʃɛrɔkiː], einer der bekanntesten und größten Indianerstämme in den sw. Ausläufern der Appalachen, USA; sprechen eine irokes. Sprache. Eine der „Fünf Zivilisierten Nationen". Die C. lebten in befestigten Dörfern und betrieben intensiven Akkerbau. Anfang des 19. Jh. entwickelten die C. eine Silbenschrift. 1835 wurden die meisten C. nach Oklahoma deportiert.

Chersones (Cherronesos, Cherson) [çɛr...], Name einer im 6. Jh. v. Chr. gegr. ion. Kolonie auf der Krim, 5 km sw. vom heutigen Sewastopol; Teil des Byzantin. Reichs, 998 durch das Kiewer Reich erobert; im 14. Jh. verlassen; seit 1827 Ausgrabungen, ab 1931 systemat. freigelegt.
C. (Cherronesos), Name mehrerer Halbinseln in der Antike, bekannt v. a.: die **Thrak. Chersones,** heute Halbinsel Gelibolu (Türkei) und die **Taur. Chersones,** heute Krim (UdSSR).

Cherusker (lat. Cherusci) [çe...], german. Volksstamm nördl. des Harzes zw. Weser und Elbe siedelnd; 12 und 9 v. Chr., dann 4 n. Chr. unterworfen, erhoben sich gegen Rom und erlangten nach der Schlacht im Teutoburger Wald (9 n. Chr.) die Freiheit wieder; im 1. Jh. n. Chr. von den Chatten unterworfen; gingen wahrscheinl. im sächs. Stammesverband auf.

Chevalier [frz. ʃəva'lje; eigtl. „Reiter" (zu lat. caballus „Pferd")], Bez. des berittenen Kriegers (dt. Ritter, italien. cavaliere, span. caballero), später Mgl. eines Ritterordens. **Chevalerie,** ritterl. Lebensform und Haltung; auch Reiterei (Kavallerie).

Chevallaz, Georges-André [frz. ʃɛva'la], *Lausanne 7. Febr. 1915, schweizer. Politiker. - Mgl. der Freisinnig-demokrat. Partei; 1959–73 Nationalrat; seit 1974 Bundesrat (bis 1979 Finanz- und Zolldepartement, seit 1980

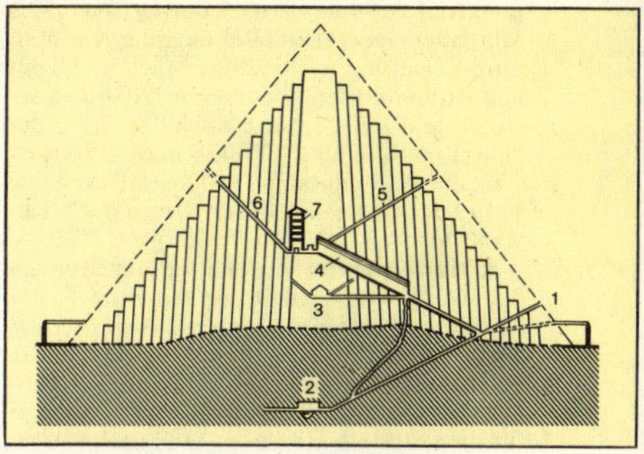

Cheopspyramide (Schnitt): 1 Eingang an der Nordseite, 2 älteste, unvollendete Grabkammer, 3 kleine Grabkammer mit unvollendeten Luftschächten, 4 „Große Galerie" mit 8,50 m hohem Kragsteingewölbe, 5 ursprünglich für die Grabkammer angelegter Luftschacht, 6 späterer Luftschacht der 5,80 m hohen Grabkammer mit Sarkophag und fünf Entlastungsräumen (7)

Militärdepartement); Bundespräs. 1980.

***Cheysson,** Claude [frz. ʃɛ'sõ], *Paris 13. April 1920, frz. Diplomat und Politiker. - 1966–69 Botschafter in Indonesien, ab 1970 in der Industrie tätig; seit 1973 EG-Kommissar für Entwicklungshilfe; maßgebl. beteiligt am Abkommen von Lomé mit den AKP-Staaten (1975). Seit Mai 1981 Außenminister.

***Chiang Ch'ing** (Jiang Qing) [tʃi̯aŋ'tʃiŋ], *Chucheng (Prov. Schantung) 1914, chin. Politikerin. - Aus verarmter Kaufmannsfamilie; 1930–37 Schauspielerin; seit 1937 Mgl. der KPCh; seit 1939 ∞ mit Mao Tse-tung; als Mgl. des ZK und Politbüros der KPCh (seit 1969) bed. Rolle während der Kulturrevolution. Nach dem Tode Maos scheiterte ihr Versuch, die Parteiführung zu übernehmen; am 6. Okt. 1976 verhaftet, aus der Partei ausgeschlossen und seitdem als Haupt der sog. „Viererbande" scharf kritisiert; stand seit Mitte Nov. 1980 vor Gericht unter Anklage verschiedener Verbrechen im Zusammenhang mit der Kulturrevolution 1966–69; 1981 zum Tod verurteilt.

Chiang Ching-kuo (Jiang Jingguo) [tʃi̯aŋtʃiŋ'gu̯ɔ], *Fenghwa (Prov. Tschekiang) 18. März 1910, chin. Politiker. - Ältester Sohn Chiang Kai-sheks; 1965–69 Verteidigungsmin. in Taiwan, 1969–72 stellv. Min.präs., 1972–78 Min.präs.; seit 1975 Parteivors. der Kuomintang; seit 1978 Präs. von Taiwan.

Chiang Kai-shek [tʃi̯aŋkaɪ'ʃɛk] (chin. Chiang Chieh-shih; Tschiang Kai schek), eigtl. Chiang Chung-cheng, *Feng Hwa (Chekiang) 31. Okt. 1887, †Taipeh 5. April 1975, chin. Politiker und Marschall. - Schloß sich nach der Revolution 1911 der Reformbewegung Sun Yat-sens an; nach dessen Tod (1925) führender General und Politiker der Kuomintang-Regierung in Kanton; brach 1927 mit den Kommunisten und mit der UdSSR; kontrollierte 1926–28 ganz S-China; Präs. der chin. Republik ab 1928; floh nach Kapitulation der Kuomintang-Truppen (1948) Ende 1949 mit den Resten seiner Armee nach Taiwan (dort seit 1950 Staatspräs.).

Chichén Itzá [tʃi'tʃen it'sa „am Brunnen der Itzá"], Ruinenstadt der Maya im N der Halbinsel Yucatán, 110 km osö. von Mérida, an der Straße Mérida-Puerto Juárez; älteste Siedlungsreste stammen aus der spätformativen Zeit (300–100); Bauten lassen sich erst für die spätklass. Zeit (600–900) nachweisen; um 918 durch die Itzá besetzt, um 987 durch Tolteken; C. I. wurde zum bedeutendsten Ort in Yucatán bis etwa 1200; „Heiliger Brunnen" als Wallfahrtsort; zahlr. bed. Bauten: sog. Nonnenkloster mit Anbau und „Kirche", „Caracol", sog. Grab des Hohenpriesters, Ballspielplatz mit Tempeln, Tausendsäulenkomplex.

Ch'ien Lung [chin. tɕjænlʊŋ], *1711, †1799, chin. Kaiser der Tsingdyn. (1736–95). - Unter ihm erreichte das Mandschu-Kaiserreich höchste Blüte und Ausdehnung (Mongolei, Turkestan und Tibet einverleibt).

Chigi [italien. 'ki:dʒi], aus Siena stammendes italien. Adelsgeschlecht; urkundl. bezeugt seit dem 13. Jh.; 1377 in den Adelsstand erhoben; berühmt durch den Bankier und Geldgeber mehrerer Päpste *Agostino C.*, gen. „il Magnifico" (*1465, †1520) und *Fabio C.*, der 1655 als Alexander VII. den päpstl. Thron bestieg; 1712 wurden die C. Marschälle der röm. Kirche und damit Hüter des Konklaves.

Childebert I. ['çɪl...], *um 495, †558, fränk. König (Merowinger). - Sohn Chlodwigs I., erhielt 511 den NW des Frankenreichs (Hauptstadt: Paris), dann den SW Aquitaniens, nach Chlodomers I. Tod (524) den N von dessen Reichsteil; konnte in Kämpfen gegen Westgoten und Ostgoten seine Macht bis zu den Pyrenäen und in die Provence ausdehnen; erhielt 534 den Mittelteil von Burgund, übernahm die innen- und kirchenpolit. Führung des Frankenreichs.

Childerich I. ['çɪl...], †um 482, König der sal. Franken (seit etwa 456). - Kämpfte mit den Römern gegen Westgoten und Sachsen; bereitete die Großreichsbildung seines Sohnes Chlodwig I. vor. - Sein Grab, das **Childerichsgrab,** wurde 1653 in Tournai (Belgien) entdeckt; eines der wenigen frühma. Gräber, das einer histor. Persönlichkeit zugeordnet werden kann und wegen des feststellbaren Todesjahres ein Fixpunkt in Archäologie und Kunstgeschichte des frühen MA ist. Die erhaltenen Beigaben (die meisten Funde wurden 1831 gestohlen und in die Seine geworfen) zeigen Einflüsse der Goten; sie befinden sich heute in der Bibliothèque Nationale in Paris.

*Chile

[çi:le; 'tʃi:le] (amtl. Vollform: República de Chile), Staat im sw. S-Amerika, zw. 17°15' und 56° s. Br. sowie 67° und 76° w. L. **Staatsgebiet:** Umfaßt den schmalen, langgestreckten Festlandstreifen (einschließl. vorgelagerter Inseln) von den Anden bis zum Pazifik sowie mehrere weiter entfernte Inseln; grenzt im N an Peru, im NO an Bolivien, im O an Argentinien. **Fläche:** 756945 km², davon 15178 km² Wasserfläche. **Bevölkerung:** 12 Mill. E (1985), 16 E/km². **Hauptstadt:** Santiago de Chile. **Verwaltungsgliederung:** 13 Regionen. **Amtssprache:** Spanisch. **Nationalfeiertag:** 18. Sept. (Unabhängigkeitstag). **Währung:** Chilen. Peso (chil$) = 100 Centavos. **Internat. Mitgliedschaften:** UN, OAS, ALALC, SELA, GATT. **Zeitzone:** Atlantikzeit, d.i. MEZ −5 Std.

Geschichte: Die z. Z. bekannten ältesten Funde stammen aus Calama (Prov. Antofagasta). Der dortige Chuquikomplex wird vor oder um 12000 v. Chr. datiert. Die um 9500 v. Chr. datierten folgenden Komplexe zählen zum Andean Biface Horizon. In die gleiche Zeit gehören die ältesten Fundgegenstände von der Magalhãesstraße. Dort läßt sich durch Höhlenfunde die Entwicklung durch 5 Stufen zu den histor. Jägern, Fischern und Sammlern verfolgen. Ähnl. Kulturen kennzeichnen S-C. In N-C. bildeten sich seit 4000 v. Chr. Fischerkulturen heraus. Keramik und Kulturpflanzen treten in N-C., aus Peru kommend, erst gegen 300 v. Chr. auf. Während der mittleren keram. Periode (700–1000) verstärkten sich die Einflüsse aus dem N. Um 1480 unterwarf Topa Inca Yupanqui N- und M-C. ohne größeren Widerstand und gliederte es dem Inkareich an. Die span. Eroberung begann, als F. Pizzaro 1539 P. de Valdivia von Peru nach S entsandte. Dieser gründete 1541 das heutige Santiago de Chile als erste europ. Stadt auf chilen. Boden, bei seinem weiteren Vordringen nach S 1550 das heutige Concepción, doch konnte südl. des Río Bío-Bío der Indianerstamm der Araukaner in wechselvollen Kämpfen lange seine Unabhängigkeit behaupten. Im Frieden von Negrete (1726) erkannten die Araukaner die Oberhoheit der Spanier an, bei deren Verzicht auf jedes Vordringen südl. des Río Bío-Bío. Ab 1606 besaß das span. C. eine Audiencia mit Sitz in Santiago de Chile. 1778 wurde es Generalkapitanat, unabhängig von Peru.
Streitigkeiten zw. Santiago de Chile und Concepción kennzeichnen den Beginn der Unabhängigkeitsbestrebungen in C. ab 1808. Zwar führte eine erste Erhebung gegen Spanien 1811 unter J. M. Carrera (seit 1812 1. chilen. Präs.) zur Unabhängigkeit. Doch die Spanier eroberten C. ab 1813 von S her zurück. 1817 überschritt eine argentin.-chilen. Armee unter

J. de San Martín und B. O'Higgins die Anden und schlug die span. Armee bei Chacabuco entscheidend. Am 1. Jan. 1818 wurde die Unabhängigkeit formell ausgerufen und O'Higgins zum „director supremo" ernannt. Der S blieb zunächst in span. Hand und bildete den Ausgangspunkt für einen neuen Angriff, wurde jedoch nach dem Sieg der Chilenen von diesen erobert. In den folgenden inneren Wirren bis 1831 setzten sich die Konservativen durch (Verfassung von 1833). Um die Mitte des 19. Jh. begann C. die Eroberung, Erschließung und Besiedlung der Frontera, südl. des Río Bío-Bío, und unterwarf die Araukaner. Chilen. Unternehmer begannen vor der Mitte des 19. Jh., die Salpetervorkommen in der Atacama in großem Maße abzubauen, woraus C. territoriale Ansprüche ableitete. Im sog. Salpeterkrieg 1879–83 gewann C. mit dem Sieg über Peru und Bolivien Antofagasta und Arica. Wirtsch. Aufschwung und polit. Expansion führten nach einer Revolution 1891 zur Errichtung eines liberalen, parlamentar. Systems. In der Zeit nach dem 1. Weltkrieg bis zur Weltwirtschaftskrise geriet C. in eine sich ständig verschärfende wirtsch. und soziale Krise, weil das chilen. Salpetermonopol durch die Gewinnung von Stickstoff aus der Luft wertlos geworden war. Unter Beteiligung des Militärs gelang es konservativen Kräften, die Lage zu stabilisieren. Kurz vor Ausbruch des 2. Weltkrieges scheiterte eine Volksfrontregierung. Im 2. Weltkrieg nahm C. erneut einen großen wirtsch. Aufschwung, der auf dem Export wichtiger Rohstoffe, v. a. in die USA, beruhte. Das Abklingen der Nachfrage führte nach Kriegsende zu einer schweren wirtsch. Krise, die eine polit. Krise zur Folge hatte, in der die Arbeiterschaft immer nachdrücklicher soziale Reformen forderte. Eine zusätzl. Verschlechterung der allg. Lage wurde durch schwere Naturkatastrophen (v. a. das Erdbeben von 1960) herbeigeführt. Nach dem Wahlsieg von E. Frei (christl. Demokrat) 1964 wurde ein umfassendes Reformprogramm in Angriff genommen. Er setzte eine Reihe wesentl. Strukturreformen durch, u. a. die Landreform und die Übernahme der Kapitalmehrheit an den großen Kupferminen, die zuvor im Besitz amerikan. Unternehmen waren. 1970 übernahm der Sozialist Salvador Allende Gossens, der als Kandidat einer mehrere linksgerichtete Parteien umfassenden Volksfront mit knapper Mehrheit gewählt worden war, die Präsidentschaft. Sein Versuch einer Verbesserung der wirtsch. und sozialen Situation (Verstaatlichung ausländ. Unternehmen, Fortführung der Landreform) wurde durch konservative Kräfte bekämpft und schließl. durch den Militärputsch vom Sept. 1973, bei dem Allende ums Leben kam, beendet. Eine Militärjunta unter Vorsitz General A. Pinochets übernahm die Reg.gewalt, verhängte den Belagerungszustand und setzte weite Teile der Verfassung außer Kraft. Führende Politiker der Reg.koalition wurden verhaftet, zahlr. Funktionäre und Parteigänger mußten außer Landes fliehen oder wurden in Lagern gefangengehalten oder erschossen. Nach offiziellen Mitteilungen waren Mitte 1978 noch 218 polit. Gefangene in Haft, jedoch gelten mindestens 1 500 Personen als verschollen. Im Juli 1977 kündigte Pinochet die stufenweise Rückkehr zur Zivilregierung bis 1985 an und löste darauf die 1974 geschaffene Geheimpolizei DINA (Dirección de Intelegencia Nacional) auf. Im Juli 1978 versuchte Pinochet seine Position zu festigen, indem er Kräfte in der chilen. Luftwaffe ausschaltete (insbes. den Oberbefehlshaber der Luftwaffe, General G. Leigh), die für eine baldige Rückkehr zu verfassungsmäßigen Zuständen in C. eintraten. Im März 1978 wurde der Belagerungszustand aufgehoben (der Ausnahmezustand blieb jedoch aufrechterhalten). Im April nahm der Präs. im Sinne einer schrittweisen Rückkehr zu einer Zivilregierung erstmals Zivilisten in sein Kabinett auf. Im Juli 1979 wurden Gesetze erlassen, die den Gewerkschaften bei angestrebter Entpolitisierung ein eingeschränktes Streikrecht zugestanden. Eine neue Verfassung wurde 1980 in einer Volksabstimmung von 67% der Wähler angenommen.

Außenpolit. veranlaßte der Austritt aus dem Andenpakt 1976 C. zu einer stärkeren Annäherung an die La-Plata-Staaten. Allerdings verschärfte sich der Streit mit Argentinien wegen des Beaglekanals im Feuerlandarchipel, und mit Bolivien kam es in der Korridorfrage zu neuen Spannungen.

Politisches System: Nach der Verfassung von 1980 (teilweise in Kraft seit März 1981) ist C. eine präsidiale Republik. Wesentl. Bestimmungen, u. a. das Verbot der Wiederwahl des Präs. und die Wahl parlamentar. Körperschaften, wurden bis 1989 suspendiert. *Staatsoberhaupt* und Inhaber der *Exekutive* ist z. Z. der Vors. der seit Sept. 1973 herrschenden Militärjunta, der seit Dez. 1974 den Präs.titel führt (A. Pinochet Ugarte). Die *Legislative* liegt bei der Junta. Nach der neuen Verfassung können sich *Parteien* und *Gewerkschaften* bilden, doch bleibt ihre Tätigkeit starken Beschränkungen unterworfen. Nach der Neugliederung der *Verwaltung* ist C. in 13 Regionen (einschl. der hauptstädt. Region) und 40 bzw. 41 Prov. gegliedert. Den Regionen stehen ernannte Gobernadores vor, den Prov. Intendenten. Das *Recht* ist an frz. und span. Vorbild orientiert. Neben dem Obersten Gerichtshof gibt es 15 Appellationsgerichtshöfe. Eine unabhängige Rechtsprechung ist seit dem Militärputsch nicht mehr gewährleistet. Die *Streitkräfte* haben eine Stärke von rd. 101 000 Mann (Heer 57 000, Marine 29 000, Luftwaffe 15 000); paramilitär. Kräfte umfassen rd. 27 000 Mann.

📖 *Fagg, J. E.: Latin America. A general history. New York u. London ³1977. - Korth, E. H.: Spanish policy in colonial C. The struggle for social justice. 1535–1700. Stanford (Calif.) 1968.*

Chiliasmus [çi...; zu griech. chílioi „tausend"], die Lehre von einer tausendjährigen Herrschaft Christi auf Erden (auch lat. *Millennium* „Jahrtausend") am Ende der geschichtl. Zeit. Sie beruht auf Aussagen der Johannesapokalypse (Apk. 20, 1–10), wo von einer Fesselung Satans für eine Zeit von tausend Jahren gesprochen wird. Diese Zeit soll nach der „ersten" Auferstehung der Gerechten stattfinden und bis zur „zweiten", endgültigen Auferstehung dauern. Die Lehre des C. ist im MA am deutlichsten und nachhaltig wirksam von dem italien. Theologen Joachim von Fiore (* um 1130, † 1202) formuliert worden, der eine umfassende Geschichtstheologie entwickelte: auf das Zeitalter des Vaters (Zeitalter des A.T.) folgt die Zeit des Sohnes (des N.T.), deren Ende er für das Jahr 1260 erwartete. Danach sollte das tausendjährige Zeitalter des Geistes anbrechen. - Religiöse Bewegungen der Neuzeit, v. a. in der Dritten Welt, die den Anbruch eines Friedensreiches auf Erden erwarten, werden häufig *chiliast.* genannt.

Chilperich I. ['çıl...], fränk. König (Merowinger), * 539, † bei Chelles 584. - Sohn Chlothars I., erhielt bei der Reichsteilung von 561 den N (Hauptstadt: Soissons) und den S von Aquitanien; kämpfte ständig mit Brüdern und Neffen.

Chimú [span. tʃi'mu] (auch Chimor), Indianerstamm in NW-Peru, Gründer des ersten bed. Reiches in S-Amerika (12.–15. Jh. n. Chr.), dessen Kerngebiet in den nordwestperuan. Tälern des Río Chicama, Río Virú und Río Moche (nördl. und südl. von Trujillo) mit der Hauptstadt Chan-Chan lag. Das Reich war wahrscheinl. keine polit. Einheit, sondern eine Verbindung relativ selbständiger Stadtstaaten. - In der **Chimúkultur** werden Motive und Formen aus der Kunst der Mochekultur wiederbelebt; Keramik meist schwarzgrundig mit anthropomorphen Gefäßformen, daneben rote Gebrauchskeramik.

Chin [chin. dzın], chin. Dynastie, ↑chinesische Geschichte.

Ch'in [chin. tɕın], altchin. Dynastie, ↑chinesische Geschichte.

China

['çi:na] (amtl. Vollform: Chung-hua Jen-min Kung-ho-kuo; VR China), VR in O-Asien, zw. 18° und 53° 57′ n. Br. sowie 71° und 135° ö. L. **Staatsgebiet:** Erstreckt sich mit einer O–W-Ausdehnung von rd. 4 500 km und einer maximalen N–S-Ausdehnung von 4 200 km vom Pamir bis zum Pazifik; im N gemeinsame Grenzen mit der UdSSR und der Mongol. VR, im NO mit Nord-Korea, im W mit Afghanistan (Wakhan) und Pakistan, im SW und S mit Indien (Grenzverlauf umstritten), Nepal, Bhutan, Birma, Laos und Vietnam, im SO mit Macau und Hongkong. C. beansprucht die im Südchin. Meer gelegenen Paracel- und Spratlyinseln, auf die auch Vietnam bzw. Taiwan und die Philippinen Besitzrechte geltend machen, sowie die Pratasinseln und die Macclesfield-Bank. **Fläche:** 9 561 000 km². **Bevölkerung:** 1 032,7 Mill. E (1985), 108 E/km². **Hauptstadt:** Peking. **Verwaltungsgliederung:** 3 regierungsunmittelbare Städte, 5 Autonome Regionen, 21 Prov. **Amtssprache:** Chinesisch. **Nationalfeiertage:** 1. Aug. (Gründung der Volksbefreiungsarmee) und 1. Okt. (Gründung der VR). **Währung:** Renminbi Yuan (RMB. ¥) = 10 Jiao = 100 Fen. **Internat. Mitgliedschaften:** UN. **Zeitzonen** (von W nach O): MEZ + 5 Std., bzw. + 7 Std., bzw. + 8 Std.

Politisches System: Nach der Verfassung von 1982 ist die VR C. ein „sozialist. Staat der demokrat. Diktatur des Volkes". Die Verfassung stellt die Aufgabe, „C. nach und nach zu einem sozialist. Land mit moderner Ind., Landw., Verteidigung, Wiss. und Technik sowie zu einer hochstehenden Demokratie und Zivilisation aufzubauen". Die „vier Grundprinzipien" werden bekräftigt: Sozialismus, demokrat. Diktatur des Volkes, Marxismus-Leninismus-Mao-Tse-tung-Ideen, Führung der Kommunist. Partei. Auch die KP hat sich an Verfassung und Gesetze zu halten und steht nicht über diesen. Die Verfassung erkennt die Prinzipien der „friedl. Koexistenz" an, die Beziehungen zu anderen Staaten sollen ausgebaut werden, C. will den Weltfrieden verteidigen und gegen „Imperialismus, Hegemonismus und Kolonialismus" kämpfen. Hauptaufgabe ist die Wiedervereinigung mit Taiwan. Für diesen Fall wie auch für die Rückgewinnung von Hongkong und Macau ist in der Verfassung die Errichtung von „Sonderverwaltungsbezirken" vorgesehen.

Legislative und „höchstes Organ der Staatsmacht" ist der Nat. Volkskongreß, dessen rd. 3 000 Abg. für 5 Jahre indirekt in den Prov., autonomen Gebieten, regierungsunmittelbaren Städten und in der Volksbefreiungsarmee gewählt werden. Der Nat. Volkskongreß soll einmal jährl. zusammentreten. Zw. den Sitzungen nimmt sein Ständiger Ausschuß (z. Z. 133 Mgl.) die legislativen Funktionen wahr, der auch den *Staatspräsidenten* (seit 1983 Li Hsien-nien) und den Vizepräsidenten auf 5 Jahre wählt.

Exekutive und zentrales Verwaltungsorgan ist der Staatsrat mit dem Min.präs. (seit November 1987 Li Peng) an der Spitze. Der Min.präs., die Min. und die sonstigen Mgl. des Staatsrats werden auf Vorschlag des ZK der KPCh vom Nat. Volkskongreß bestellt und abberufen. Sie sind dem Nat. Volkskongreß und dessen Ständigem Ausschuß verantwortlich.

Einzig entscheidende *Partei* ist die KPCh, mit (1985) über 40 Mill. Mgl. die größte KP der Welt. Ihre wichtigsten Führungsgremien sind: das vom Parteitag gewählte Zentralkomitee (ZK) - Generalsekretär seit Jan. 1987: Chao Tzu-yang - mit 210 Vollmgl. und 133 Kandidaten; das Politbüro mit 23 Vollmgl.; der Ständige Ausschuß des Politbüros mit 7 Mgl. Neben der KPCh existieren noch mehrere unbed. nichtkommunist. Parteien, die sich der KPCh untergeordnet haben und mit ihr die Nat. Front bilden. Die Nat. Front stellt die Einheitslisten für die Wahl der Volkskongresse auf allen Ebenen auf.

Gewerkschaften: Dachverband der 15 Ind.gewerkschaften und 29 lokalen Gewerkschaftsräte mit insgesamt rd. 80 Mill. Mgl. ist der 1925 gegr. Allchin. Gewerkschaftsbund.

Mittlere, direkt der Zentralreg. unterstehende *Verwaltungseinheiten* der VR C. sind die 21 Prov. und die 5 autonomen Gebiete, die jeweils in Präfekturen, Kreise und Bez. unterteilt sind, sowie die 3 regierungsunmittelbaren Städte, die in Stadtbez. gegliedert sind. Die autonomen Gebiete wurden zur gesetzl. geschützten Selbstverwaltung der nat. Minderheiten geschaffen. Auf allen Verwaltungsebenen bestehen gewählte örtl. Volkskongresse, die als ihre ständigen Organe und „örtl. Volksreg." die örtl. Revolutionskomitees bestellen.

Die *Rechtsprechung* wird durch das Oberste Volksgericht, die örtl. Volksgerichte aller Ebenen und die bes. Volksgerichte ausgeübt. Die Volksgerichte aller Ebenen sind den Volkskongressen der entsprechenden Ebenen und deren ständigen Organen verantwortl. In zunehmendem Maße wurden Funktionen der Gerichtsbarkeit auf die Partei übertragen und rechtl. Sanktionen durch polit. ersetzt.

Der Oberbefehl über die chin. *Streitkräfte* liegt seit der Verfassung von 1982 bei einem Zentralen Militärrat, dessen Vorsitzender dem Nationalen Volkskongreß verantwortl. ist. Im Unterschied zu den Streitkräften der meisten anderen Länder ist die „Chin. Volksbefreiungsarmee" nicht nur eine Kampftruppe, sondern gleichzeitig eine Arbeits- und Produktionstruppe. Es besteht allg. Wehrpflicht für Männer; die Dienstzeit beträgt im Heer 3 Jahre, in der Luftwaffe 4 und in der Marine 5 Jahre. Die Gesamtstärke der Volksbefreiungsarmee beträgt rd. 3,2 Mill. Mann (Heer 2,3 Mill., Marine 345 500, Marineinfanterie 4 500, Luftwaffe - einschließlich der strategischen Truppen und Nuklearstreitkräfte - 470 000 Mann). Neben den regulären Streitkräften besteht eine bewaffnete Volksmiliz mit rd. 12 Mill. Mann.

🕮 *Mehnert, K.: Maos Erben machen's anders. Stg. 1979. - Menzel, U.: Wirtschaft u. Politik im modernen C. Eine Sozial- u. Wirtschaftsgesch. v. 1842 bis nach Maos Tod. Opladen 1979. - Fischer, Harald, u. a.: C. - das neue Bewußtsein. Gesellschaft, Erziehung, Bevölkerung. Mchn. u. Zürich 1978. - Ruge, G.: Begegnung mit C. Düss. 1978. - C.-Hdb. Hg. v. W. Franke. Düss. 1974.*

***chinesische Geschichte** [çi...], **Vorgeschichte:** Die Überreste des in der Prov. Jünnan gefundenen chin. Urmenschen sind nach Auffassung. chin. Wissenschaftler rd. 1,7 Mill. Jahre alt. Grabungen bei Choukout'ien in der Nähe von Peking und Ting-tsun (Shansi) brachten neben Steinwerkzeugen auch menschl. Skelettreste (Homo erectus, Sinanthropus) aus dem mittleren Pleistozän (ca. 500 000 v. Chr.) zutage. Die Anfänge des Neolithikums scheinen im S Chinas bis ins 8./7. Jt. zurückzugehen. Die vollneolith. Yangshaokultur (6.–4. Jt.) lag im Flußgebiet des Hwangho (rotgrundige Tongefäße mit schwarzer Bemalung). Die folgende Lungshankultur (3. Jt. und Anfang des 2. Jt.) leitet in die bronzezeitl. Anyang-Periode der Shangzeit und damit zur histor. Periode über.

Geschichte: Shangdynastie: Nach der orthodoxen Chronologie soll die Shangdynastie von 1766–1122 v. Chr. geherrscht haben. Das Herrschaftsgebiet beschränkte sich auf M-China. Eine feste Residenz gab es nicht, achtmal wurde die Hauptstadt verlegt. Die ersten schriftl. Zeugnisse sind die sog. Orakeltexte: Auf Schildkrötenschalen oder Knochen wurden zur Erfragung der Zukunft Schriftzeichen eingeritzt. Bekannt waren weiter Bronzeguß, Streitwagen, wallgeschützte Städte und eine Kalenderrechung. Höchste Gottheit war der *Shang-ti*, der Ahnengeist der Herrscherfamilie (seit dem 3. Jh. v. Chr. bedeutet *ti* auch Kaiser). Der Glaube an ein Fortleben nach dem Tode war verbreitet.

Choudynastie (1122–249 v. Chr.): Im Verlauf der ausgehenden Shangzeit bildete sich im Tal des Weiho eine Föderation der Sippengemeinschaft der Chou, die um 1122 die damalige Hauptstadt Yin eroberte und zerstörte. Die neue Dyn. organisierte sich in der Form eines Lehnsstaates. Da die Lehnsherren im Unterschied zum Zentralherrscher des in der Mitte gelegenen Kronlandes imstande waren, ihre Gebiete ständig durch neue Landnahmen (Sublehen) zu erweitern, übertraf ihre Macht die des Königs. Seit 770 kam dem Herrscherhaus der Chou nur noch die Repräsentation und nicht mehr die Ausübung des *Mandats des Himmels* (T'ien-ming) zu. Die *Frühling-und-Herbst-Periode* (771–481) - so ben. nach einer von Konfuzius redigierten Chronik des Staates Lu - ist durch die Kämpfe der Lehnsherren gegeneinander charakterisiert. Aus diesen Kämpfen ging gegen Ende der *Zeit der Streitenden Reiche* (481–249) der Staat Ch'in durch eine Reihe von Reformmaßnahmen (Auflösung „feudalist." Verhältnisse durch die freie Verkäuflichkeit von Grund und Boden, zentralisierte und militarisierte Staatsführung, Aufstellung von Gesetzen) unter dem Prinzen Cheng als Sieger hervor, und China wurde vereint. Die Zerfallsphase der Choudynastie brachte eine in der späteren chin. Geschichte kaum wieder erreichte Hochblüte des Geisteslebens (u.a. Konfuzius, Laotse).

Ch'indynastie (221–206 v. Chr.): König Cheng von Ch'in nahm 221 den Kaisertitel *Shih Huang Ti* („Erhabener Kaiser des Anfangs") an. In dem geeinten Staatsgebiet wurde die Vereinheitlichung der Maße, des Geldes und der Schrift durchgesetzt. Die noch bestehenden Lehnsdomänen wurden umgewandelt in Bezirke und Kreise, die der Zentrale direkt unterstanden. Die Opposition der Konfuzianer und Vertreter der untergegangenen feudalist. Gesellschaftsordnung wurde durch die Bücherverbrennung von 213 und andere Zwangsmaßnahmen unterdrückt. Nach außen wurde das Reich durch Feldzüge nach N (Ordosgebiet) und nach S vorübergehend bis in die Gegend des heutigen Kanton erweitert. Nach dem Tode Shih Huang Tis kam es auf Grund der hohen Fronarbeiten und Besteuerungen der Bauern zu Aufständen, die zum Fall der Dyn. führten. Dennoch wurde die von Shih Huang Ti erstmals realisierte Reichsidee verpflichtende Norm für die folgende 2000jährige chin. Geschichte.

Handynastie (206 v. Chr.–220 n. Chr.): Unter dem Gründer der Dyn. (Liu Pang, einem aus dem Volk aufgestiegenen Heerführer) entstand zunächst eine Art Mischstaat aus Feudaldomänen und staatl. Verwaltungsgebieten bis sich ein auf konfuzian. Schriften beruhendes Prüfungsverfahren für die Beamtenauswahl durchsetzte. Es bildete sich nicht nur eine neue Elite in der Staatsverwaltung, sondern, da die im Amt erworbenen Reichtümer in Land angelegt wurden, auch eine neue Klasse von Großgrundbesitzern. Unter dem Kaiser Wu Ti (140–86) erfuhr China seine bislang größte Ausdehnung. Kriege gegen die Hunnen endeten mit deren Niederlage. Seit 125 v. Chr. gab es erstmals Kunde von Ländern außerhalb des chin. Kulturbereichs. Das Interregnum Wang Mangs (9–23) und seine Versuche, die Institutionen der Chouzeit zu restaurieren, fanden ein rasches Ende durch den Aufstand der *Roten Augenbrauen*, einer Organisation der durch Verschuldung und Überschwemmungen heimatlos gewordenen Landarbeiter. Die zunächst erfolgreiche Wiedererrichtung der Hanregierung durch die Kaisersippe Liu zerfiel während des Aufstands der *Gelben Turbane*, einer Volksbewegung messian. Charakters. Im Verlauf der Unterdrückung der Aufstandsbewegungen ging die Macht an Heerführer über, die den Staat schließl. aufteilten.

Spaltung des Reiches („3 Reiche": Shu, Wei, Wu; 220–265) und Chindynastie (265–421) und Spaltung des Reiches: Das Reich löste sich in 3 Staaten auf, von denen der Nordstaat Wei (220–265) als Träger der legalen Nachfolge galt. Der N und NW ging durch den Einbruch von Fremdvölkern für das Reich verloren. Während der nun folgenden Spaltung (südl. und nördl. Dyn.; 420–589) wurde der Buddhismus unter Zurückdrängung des einheim. Taoismus nicht nur zur führenden Religion, sondern erhielt durch das Mönchswesen und die auf dem Klostergelände abgehaltenen Märkte auch eine beherrschende soziale und wirtsch. Stellung.

Suidynastie (589–618) und T'angdynastie (618–907): Nacn der kurzlebigen Suidynastie, in deren Verlauf die Reorganisation der Verwaltung und der Wiederaufbau des Landes in Angriff genommen wurden (u. a. Ausbau des Kaiserkanals), entstand mit der T'angdynastie (Gründer Li Yüan, kanonisiert als Kao-tsu) der konfuzian. Bürokratismus, der bis 1911 bestehen blieb. Die höf. Kultur des Reiches erlebte ihren Höhepunkt und wirkte bis nach Japan als Vorbild. Durch die Verlagerung der militär. Schwerkraft von der Hauptstadt Ch'ang-an in die Außenbezirke kam es 755 zum Aufstand des Grenztruppenführers An Lu-shan. Trotz Maßnahmen zur Neuverteilung des Bodens gelang es der Reg. nicht, den Landankauf des Hochadels, der Beamten und Klöster zu beschränken. Die Notlage der unteren Schichten führte zu einem Aufstand unter Huang Ch'ao, im Verlauf dessen die Prov.gouverneure so erstarkten, daß der T'angstaat sich prakt. auflöste.

Zeit der „5 Dynastien" (Wu-toi; 907–960) und Sungdynastie (960–1280): Die Sungdynastie mußte den chin. Raum mit anderen Staaten teilen, von denen der Liao-(Kitan-)Staat (907–1125) der bedeutendste war, bis er von dem Chin-(Tschurtschen-)Staat (1115–1234) abgelöst wurde. Der während dieser Dyn. erreichte wirtsch. und auch kulturelle Höhepunkt (Verbreitung des Drucks) wurde jäh durch den Einbruch der Mongolen beendet.

Yüandynastie (1280–1368): China wurde Teil des mongol. Weltreiches. Die Mongolen versuchten ihre Herrschaft über die Chinesen durch Rassenpolitik aufrechtzuerhalten. Die Gefahr einer Vernichtung der chin. Kultur wurde erst beseitigt, als der letzte Yüankaiser - durch Volksaufstände gezwungen - sich in die Mongolei zurückzog.

Mingdynastie (1368–1644): Die in der Sungzeit erreichte Machtstellung der Bürokratie wurde reduziert, und der Kaiser übernahm die Kontrolle der Ministerien und errichtete eine absolute Monarchie. Erneute Auseinandersetzungen mit den Mongolen verliefen nicht immer erfolgreich. Übersee-Expeditionen des Eunuchen Cheng Ho führten bis nach Ostafrika. Europäer gelangten an den Kaiserhof (Matteo Ricci) und verbreiteten die Kenntnis des Christentums und der abendländ. Wissenschaften.

Ch'ingdynastie (1644–1911): Heereseinheiten verschiedener Teilstämme der Mandschuren, eines halbnomad. Volks und Nachfahren der Tschurtschen, gelang es durch Zusammenschluß unter Nurhatschi (1559–1626) chin. Gebiete nördl. und nö. der Großen Mauer zu erobern. Gleichzeitig wurde das Reich im Innern durch Aufstände der von Li Tzuch'eng (1605–45) und Chang Hsien-chung (1605–47) geführten Bauernarmeen erschüttert. Im Jahre 1644 eroberte Li Tzu-ch'eng mit seinen Truppen Peking. Der letzte Mingkaiser beging Selbstmord. Durch den Verrat des Minggenerals Wu San-kuei (1612–78), der mit seinen Truppen zur Ch'ingarmee überlief, kam es im Mai 1644 zum Einmarsch der Mandschu in die Hauptstadt und zur Errichtung der Mandschudynastie. Bis zum Ende des Kaiserreiches im Jahre 1911 stand China damit unter einer Fremdherrschaft. In den Jahren zw. 1630 und 1660 fanden Mill. Menschen in China den Tod. (Die gleiche Bev.zahl, näml. 150 Mill. E für 1600 und 1700; stärkerer Anstieg erst wieder im 18. und 19. Jh.: 1800 wurden über 300 Mill., für 1880 schon 430 Mill. geschätzt.)

Die Mandschu übernahmen den Verwaltungsapparat im wesentl. so, wie sie ihn von der Mingdynastie vorgefunden hatten. Heiraten zw. Chinesen und Mandschuren waren verboten, doch in Bezug auf Sitten, Sprache und Nationalcharakter wurden die Mandschuren immer stärker von den Chinesen absorbiert und im Laufe der Zeit sogar völlig sinisiert. In die Reg.zeit von Sheng Tsu (Herrschername K'ang Hsi [1662–1723]), des bedeutendsten Herrschers der Dynastie, fiel der Vertrag von Nertschinsk (1689), der erste Vertrag mit einem europ. Staat (Regelung des chin.-russ. Grenzverlaufs). Die Annektion Tibets wurde abgeschlossen. Kunst und Wiss. erlebten unter K'ang Hsi eine neue Blüte (Kompilierung umfangreicher Enzyklopädien u. Lexika). Unter dem Kaiser Kao Tsung (1736–96) weitere Gebietsausdehnungen in Z-Asien. Birma und Annam wurden 1788 bzw. 1789 tributpflichtig. Das Reich erfuhr damit die größte territoriale Ausdehnung seiner Geschichte. In der 2. Hälfte des 19. Jh. wachsender europ. Einfluß auf die chin. Kultur (Übersetzungen Yen Fus und Lin Shus aus dem Engl. ins Chin.).

Die einschneidendste Zäsur der chin. Geschichte vollzog sich mit der in den 30er Jahren des 19. Jh. intensivierten militär.-ökonom. Intervention des Westens. Die Ausdehnung des von der brit. Ostind. Kompanie betriebenen Opiumhandels führte zu einer rapiden Verschlechterung der chin. Außenhandelsbilanz und dem Abfluß großer Silbermengen ins Ausland. Zur Durchsetzung eines von Kaiser Tao Kuang im Jahre 1839 erlassenen totalen Opiumverbots wurde Lin Tse-hsü (* 1785, † 1850) nach Kanton entsandt. Durch waffentechn. Überlegenheit der Briten wurde jedoch 1842 zu Nangking der erste der *Ungleichen Verträge* abgeschlossen: Hongkong wurde für immer an Großbrit. abgetreten, fünf Vertragshäfen geöffnet und China wurde eine Kriegsentschädigung von 21 Mill. mex. Dollar auferlegt. Im Verlauf neuer krieger. Auseinandersetzungen drang eine brit.-frz. Flotte nach N vor. Die Taku-Forts wurden eingenommen und Truppen marschierten in Peking ein (1860 Plünderung und Zerstörung des Sommerpalastes). Die Ratifikation der Verträge von Tientsin zwang den Chinesen weitere Zugeständnisse ab: die Errichtung ausländ. Gesandtschaften in Peking, Öffnung weiterer Häfen, Handelsschiffahrt auf dem Jangtsekiang bis Hangkou, Missionsfreiheit für kath. und ev. Missionare, Handelsfreiheit für brit. Kaufleute. Ähnl. Konzessionen wie Großbrit. wurden auch Frankr., Rußland und den USA eingeräumt. An Rußland verlor China bis 1860 die Gebiete nördl. des Amur und östl. des Ussuri.

Zusätzl. zur ausländ. Aggression wurde das Reich seit 1850 länger als 2 Jahrzehnte durch schwerste innenpolit. Unruhen erschüttert. Die von Hung Hsiu-ch'üan geführte *Taiping-Rebellion* sammelte im Laufe der Zeit über 1 Mill. Aufständische, die sich bes. aus den verelendeten Bauernmassen rekrutierten. Die Ideologie dieser größten Bauernbewegung in der chin. Geschichte basierte teils auf chin., teils auf abendländ.-christl. Vorstellungen. Die europ. Mächte verhielten sich der Bewegung gegenüber zunächst neutral, später schlossen sich brit. und frz. Truppen der Reg.-armee an. Der Aufstand wurde von den Befehlshabern Tseng Kuo-fan, Li Hung-chang und Tsao Tsung-t'ang niedergeschlagen.

Unter dem Eindruck der Aufteilung Chinas in Interessensphären durch die imperialist. Großmächte im letzten Jahrzehnt des 19. Jh. wurde 1898 unter K'ang Yu-wei eine Reformbewegung ins Leben gerufen. Obwohl diese die Unterstützung des jungen Kaisers Kuang Hsü genoß, scheiterte sie an der konservativen Partei unter Führung der Kaiserinwitwe Tz'u Hsi und der Intervention des Truppenführers Yüan Shih-k'ai.

Die 1899 ausgebrochene *Boxerbewegung* (I-ho-t'uan) war der Aufstand eines fremdenfeindl. und anfangs antidynast. Geheimbundes. Als er die Interessen der ausländ. Mächte gefährdete, wurde Peking im Herbst 1900 von der *Vereinigten Armee der acht Staaten* (darunter auch Deutschland) besetzt. Das 1901 unterzeichnete Boxerprotokoll legte China u. a. eine Kriegsentschädigung von 450 Mill. Silbertaels auf.

Angesichts der sich verschärfenden wirtsch. Krise und des Ausgangs des Russ.-Jap. Krieges (1905), in dem zum erstenmal eine modernisierte asiat. Macht eine europ. Großmacht besiegt hatte, konnte sich auch der Kaiserhof der Notwendigkeit von Reformen nicht länger verschließen. Die konfuzian. Staatsprüfungen, aus denen seit fast 2000 Jahren die Beamtenschaft hervorging, wurden abgeschafft, die Ausarbeitung einer Verfassung und die Errichtung eines Parlaments nach europ. Muster geplant. Überholt wurde diese Entwicklung jedoch durch die von Sun Yat-sen (* 1866, † 1925) geführte revolutionäre Bewegung, deren Programm in Suns Lehre von den 3 Volksprinzipien niedergelegt war: Nationalismus, Demokratie und Volkswohlstand. Aufstände und die Bildung einer Regierung in Nangking (1. Präs. war Sun Yat-sen) führten 1912 zur Abdankung der Ch'ingdynastie und Gründung der Republik China.

Republik China (1912–49): Die 1912 von Sun Yat-sen gegr. *Nationalpartei* (Kuomintang) konnte sich zunächst nicht gegen das von Yüan Shih-k'ai geführte Militärregime behaupten. Nach Yüans Shih-k'ais vergebl. Versuch, sich zum Kaiser einer neuen Dynastie zu erklären, und seiner Ermordung 1916 herrschte in China bis 1927 Bürgerkrieg zw. regionalen Militärführern, während die Zentralregierung in Peking zur Bedeutungslosigkeit herabsank.

Am 4. Mai 1919 demonstrierten die Studenten von Peking, unterstützt durch Solidaritätsstreiks von Arbeitern und Kaufleuten in anderen Städten, gegen die im Friedensvertrag von Versailles (1919) beschlossene Übertragung dt. Privilegien in China an Japan. Im Verlauf der auch kulturelle Erneuerung anstrebenden *4.-Mai-Bewegung* ersetzten Sprachreformen die klass. chin. Schriftsprache durch die moderne chin. Hochsprache. Seit der Mitte der 1920er Jahre polarisierten sich die innenpolit. Kräfte in der Auseinandersetzung zw. der Kommunist. Partei (gegr. in Shanghai, 1. Parteitag am 20. Juli 1921) und den von Chiang Kai-shek geführten Nationalisten. Von Chiang Kai-shek gegen kommunist. Stützpunktgebiete in Kiangsi geführte Feldzüge zwangen die *Rote Armee* auf den sog. *Langen Marsch* (Okt. 1934–Okt. 1935), einen strateg. Rückzug durch 11 Prov. Die während des chin.-jap. Krieges (1937–45) gebildete Einheitsfront der Kommunisten und Nationalisten zerbrach endgültig im Aug. 1945 nach der bedingungslosen Kapitulation Japans und führte bis 1949 zu neuem Bürgerkrieg. Die kommunist. Truppen eroberten das gesamte Festland. Chiang Kai-shek mußte nach Taiwan fliehen.

Volksrepublik China (seit 1949): Nach der am 1. Okt. 1949 von Mao Tse-tung proklamierten Gründung der VR China wurden neben Maßnahmen zur Konsolidierung der neuen Herrschaft umfassende Bodenreformprogramme eingeleitet. Die zw. 1950 und 1953 durchgeführte Verteilung von Grund und Boden an die Bauern war Vorstufe zu der 1953–1957 betriebenen Kollektivierungspolitik, die ihren Höhepunkt in dem 1958 angestrebten *Großen Sprung nach vorne* und der Bildung von *Volkskommunen* fand. Die durch das Experiment des Großen Sprungs ausgelösten Schwierigkeiten (die *Drei Bitteren Jahre* 1960–62) erzwangen die erste Revision des von Mao Tse-tung vertretenen mobilisator. Konzeptes zugunsten einer dem sowjet. Entwicklungsmodell verpflichteten Politik, deren führende Vertreter Liu Shao-ch'i und Teng Hsiao-p'ing wurden. Dieser sog. *Kampf zweier Linien* führte in der Partei zu sich verschärfenden Macht- und Richtungskämpfen, die sich in der *Kulturrevolution* von 1966–69, aus der die Armee als Sieger hervorging, der Lin-Piao-Krise von 1971 und der Übergangskrise von 1973–77 entluden.

Das Bündnis mit der UdSSR, die China zw. 1950 und 1960 beim Aufbau des Landes unterstützt hatte, zerbrach und ließ in der von Chou En-lai geführten Außenpolitik China die Aufnahme von Beziehungen zum Westen suchen. (Aufnahme der VR China in die UN am 25. Okt. 1971, Besuch Nixons im Febr. 1972).

Auf den Tod Mao Tse-tungs am 9. Sept. 1976 folgte die Ausschaltung der radikalen Fraktion um Maos Witwe Chiang Ch'ing (sog. *Viererbande*). Mit Unterstützung der Armee übernahm Hua Kuo-feng (der im April 1976 mit der kulturrevolutionären Linken Teng Hsiao-p'ing entmachtet hatte) die Nachfolge Mao Tse-tungs als Vors. des ZK der KPCh. Gegen seinen Willen erzwangen regionale Militärkommandeure und Funktionärsveteranen im Mai 1977 die erneute Rehabilitierung Teng Hsiao-p'ings und die Wiedereinsetzung in seine Ämter (1. Stellv. Min.präs., stellv. Vors. des ZK der KPCh), die am 23. Juli 1977 offiziell bekanntgegeben wurde. Auf dem XI. Parteitag im Aug. 1977 gewannen Militärs und Funktionärsveteranen die bestimmende Mehrheit in den neuen Führungsorganen der Partei und auf dem V. Nat. Volkskongreß im März 1978 auch im Staatsapparat. Seither wird die chin. Innenpolitik bestimmt von einer deutl. Herabsetzung des Kollektivierungsniveaus in der Landw., einer strikten Befolgung des Leistungsprinzips im Lohnsystem, Bemühungen um breiten Technologieimport aus dem Westen, eindeutigem Vorrang der Fachausbildung vor der polit. Indoktrinierung im Erziehungssystem, der Rückbesinnung auf klass. chin. Traditionen in der Kultur und wachsender Kritik an Person und Ideologie Maos. Ansätze zu einer innenpolit. Demokratisierung im Winter 1978/79 bewirkten allerdings massive Demonstrationen gegen das kommunist. Herrschaftssystem und wurden deshalb im März 1979 wieder abgebrochen. Im Sept. 1980 schieden Hua Kuo-feng und Teng Hsiao-p'ing aus ihren Ämtern als Min.-präs. bzw. stellv. Min.präs. aus, neuer Min.-präs. wurde Chao Tzu-yang.

Nachdem Japan im Aug. 1978 einen Friedens-

CHINA 1918 – 41
Chinesisches Kerngebiet
Bis 1941 von Japan besetzte Gebiete
Chinesisches Gebiet unter russischem Einfluß
Kommunistische Kerngebiete vor dem Langen Marsch 1934
Kommunistisches Kerngebiet nach dem Langen Marsch 1936
Verlauf des Langen Marsches
Tschengtu Hauptstädte der Kuomintang
Yenan Hauptstädte der Kommunisten
Mandschurei
1932 unabhäng. als jap. Protektorat
MANDSCHUKUO
1934 Kaiserreich unter japan. Schutz
KOREA
japan. Kronkolonie
JAPAN
JAPANISCHES MEER
OSTCHINESISCHES MEER
Riukiuinseln
Formosa
Nördl. Wendekreis
MONGOLISCHE VOLKSREPUBLIK
(ÄUSSERE MONGOLEI)
1921/24 Volksrepublik
Tannu-Tuwa
1921/24 unabh.
Sinkiang
unter russ. Einfluß
Tibet
1912 autonom
CHINA
Franz. Indochina
1940 japanisch
Hainan
seit 1939 jap. besetzt
Kwangchouwan
bis 1943 frz. besetzt
Hongkong (brit.)
Macao (port.)
Weihaiwei (bis 1930 brit.)
Wenchow 1937
Futschou 1939
Amoy 1938
Swatow 1939
Peking
Port Arthur
Dairen
Tsingtau
Kiautschou
Schanghai
Nanking
Kaifeng
Hankow
Sian
Yenan
Paotow
Tsingning
Tschengtu
Tschungking
Juichin
Hingan
Kanton
Lhasa
Turfan
Kaschgar
Ulan-Bator (Urga)
Mukden (Schenjang)
Harbin
Wladiwostok
Hiroschima
Nagasaki
Tokio
Sapporo
Jangtsekiang
Hwangho
Mekong
Amur
Angara
Jenissei
Irtysch
Ob
Amu-Darja
Indus
Ganges
Brahmaputra
0 250 500 750 km

und Freundschaftsvertrag mit C. abgeschlossen hatte, brach im Dez. 1978 Präs. Carter die diplomat. Beziehungen der USA zu Taiwan ab und erkannte die VR China diplomat. an. Chin. Aufrufe zur Formierung einer antisowjet. Allianz mit den USA, Japan und W-Europa blieben jedoch ohne positive Antwort. Im Febr. 1979 überfielen chin. Truppen Vietnam, doch fand sich China nach wenig überzeugenden Anfangserfolgen zu einem Waffenstillstand bereit.

Eberhard, W.: Gesch. Chinas. Von den Anfängen bis zur Gegenwart. Stg. ³1980. - Franke, W.: Das Jh. der chin. Revolution. 1851–1949. Mchn. ²1980. - Das chin. Kaiserreich. Hg. v. H. Franke u. R. Trauzettel. Ffm. ⁴1979. - China-Hdb. Hg. v. W. Franke. Nachdr. Opladen 1978. - Wolter, G. A.: China-Spiegel. Das Reich der Mitte in 4 Jt. Herford 1978. - Wiethoff, B.: Grundzüge der neueren c. G. Darmst. 1977. - Bauer, W.: China u. die Hoffnung auf Glück. Mchn. Neuaufl. 1974. - Siemers, G.: China v. Opiumkrieg bis zur Gegenwart. Eine einführende Bibliogr. Hamb. 1974.

Chinesische Mauer [çi...] (Große Mauer), in N-China errichtete Schutzmauer, erstreckt sich vom chin. Turkestan bis zum Pazifik (von Kansu bis zum Golf von Liaotung); mißt in ihrer Gesamtlänge etwa 6 250 km; ab Ende des 3. Jh. errichtet, bis ins 6. Jh. n. Chr. weiter ausgebaut, während der Herrschaft der Mingdyn. (1368–1644) in die heutige Form gebracht; Daten von den nördl. Abschnitten: massiv gebaute Wachttürme im Abstand von 100–2 000 m, Mauerhöhe 6–9 m, Breite am Fuß 7,6 m, an der Krone 4,5–4,9 m, Turmhöhe 11–12 m, Breite 12 m; besteht aus einem Geröllkern, mit Steinen oder Ziegeln ummantelt; Maße und Bauweise wechseln in den örtl. Teilen.

Ch'ing [chin. tɕɪŋ] (Tsing, Tsching), Mandschudyn. in China, ↑chinesische Geschichte.

***Chirac,** Jacques René [frz. ʃi'rak], * Paris 29. Nov. 1932, frz. Politiker. - 1967/68 und seit 1976 Mgl. der Nat.versammlung (UDR bzw. RPR); Min. für Beziehungen zum Parlament 1971/72, Landwirtschaftsmin. 1972–74; Innenmin. 1974; 1974–76 Premiermin.; 1974/75 Generalsekretär der UDR; seit 1976 Vors. des RPR; seit 1977 Bürgermeister von Paris; seit 1979 Mgl. des Europ. Parlaments.

Chirographum [çi...; griech. „Handschreiben"] (Charta partita, Charta indentata, Zerter), im ma. Recht: Urkundenart, vorwiegend im privaten Rechtsverkehr gebräuchl.; zw. die doppelte oder dreifache Ausfertigung eines Vertrags auf einem Pergamentblatt wurden Buchstaben oder Worte (z. B. „C.") geschrieben, die durchschnitten wurden. Jeder Partner erhielt so eine Urkunde, deren Echtheit durch Zusammenfügen mit dem Gegenstück bewiesen werden konnte.

Chlodio ['klo:...], † um 460, fränk. König. - Erster histor. bezeugter Merowinger, König eines sal. Teilstammes im heutigen Brabant; eroberte ein Gebiet bis zur Somme; 432 von Aetius geschlagen.

Chlodomer I. ['klo:...], * 495, ⚔ 524, fränk. König (seit 511). - Sohn Chlodwigs I., erhielt bei der Teilung von 511 den S des älteren Reichsbestandes (Hauptstadt: Orléans), bald auch den N Aquitaniens; fiel im Kampf (seit 523) gegen Burgund.

Chlodwig I. ['klo:tvɪç], * um 466, † Paris 27. Nov. (?) 511, fränk. König (Merowinger). - Sohn Childerichs I., dem er um 482 als König der sal. Franken folgte. Beseitigte allmähl. durch List, Verrat und Gewalt alle fränk. Gaukönige und dehnte das Fränk. Reich, zu dessen Mittelpunkt er 508 Paris machte, aus durch Eroberung des röm. gebliebenen Teils Galliens (Sieg über Syagrius bei Soissons 486/487) sowie eines großen Teils Alemanniens (496/506) und Aquitaniens (d. h. des östl. Teils des westgot. Tolosan. Reiches; 507). Mit seiner Taufe (wohl 498) durch Bischof Remigius in Reims, durch die er in Ggs. zu dem arian. Ostgotenkönig Theoderich d. Gr. geriet, wurde die röm. Kirche auf den Weg der ma. Staats- bzw. Reichskirche geführt. C. übernahm das zentralist. Verwaltungssystem der Römer, bewahrte aber auch die german. Tradition (1. Kodifizierung der Lex Salica).

Steinen, W. von den: Chlodwigs Übergang zum Christentum. Darmst. Neuaufl. 1969.

Chlothar ['klo:tar], fränk. Könige aus dem Hause der Merowinger:

C. I., * um 500, † Compiègne 29. Nov. (Dez.?) 561. - Sohn Chlodwigs I., erhielt bei der Teilung 511 das altsal. Land im N (Hauptstadt: Soissons), dazu den S Aquitaniens, 524 Tours mit Poitiers; übernahm 555 das östl. Teilreich und 558 das Gesamtreich.

C. II., * 584, † Ende 629. - Sohn Chilperichs I., folgte diesem schon 584 unter der Regentschaft seiner Mutter Fredegunde. Das ihm 614 in Paris vom Adel abgezwungene „Edictum Chlotharii" festigte dessen Macht und die der Hausmeier; mußte 623 seinem Sohn Dagobert I. Austrien überlassen.

C. III., * 654, † 673. - Sohn Chlodwigs II., folgte diesem 657 in Neustrien unter der Regentschaft seiner Mutter; kurze Zeit auch König in Austrien, das er 662 seinem Bruder Childerich II. überlassen mußte.

Chmelnizki (Chmielnizki), Sinowi Bogdan Michailowitsch [russ. xmɪlj'nitskij], * um 1595, † Tschigirin (Ukraine) 6. Aug. 1657, Hetman der Kosaken (seit 1648) und ukrain. Nationalheld. - Leitete, unterstützt von den Krimtataren, 1648 den ukrain. Kosakenaufstand gegen die poln. Magnaten; strebte für die Kosaken eine Autonomie in der Ukraine an und leistete deshalb 1654 den Eid auf den Moskauer Zaren Alexei Michailowitsch, der dieses als Unterwerfung und „Wiedervereinigung der Ukraine mit Rußland" auslegte.

Choiseul-Amboise, Étienne-François, Marquis von Stainville, Herzog von [frz. ʃwazœlɑ̃'bwa:z], * Stainville (Meuse) 28. Juni 1719, † Paris 7. Mai 1785, frz. Staatsmann. - Günstling der Marquise de Pompadour; seit 1758 Min. des Auswärtigen, 1761–66 Kriegsmin., beherrschte bis 1770 die frz. Außenpolitik; verbesserte das Heer, schuf eine neue frz. Flotte, pflegte die frz.-östr. Freundschaft; setzte 1762 das Verbot des Jesuitenordens in Frankr. durch und bewirkte 1768 den Ankauf von Korsika; 1770 von der Gräfin Dubarry gestürzt.

Choltitz, Dietrich von ['kɔl...], * Schloß Wiese bei Neustadt O. S. 9. Nov. 1894, † Baden-Baden 4. Nov. 1966, dt. General. - Lehnte als Wehrmachtsbefehlshaber von Paris 1944 die Durchführung von Hitlers Befehl ab, ohne Rücksicht auf Wohnviertel und Kunstdenkmäler alle Brücken und wichtigen Einrichtungen zu zerstören und übergab die Stadt kampflos.

Chomaini, Ruhollah [pers. xomeị'ni:] (Chomeini, Khomeini), * Chomain 1902 (?), iran. Schiitenführer (Ajatollah) und Politiker. - C. studierte an der islam. Hochschule in Ghom und war dann als Lehrer tätig. Als Schah Mohammad Resa Pahlawi die „Weiße Revolution" ausrief und dabei den Landbesitz der Mollas beschnitt, trat C. erstmals als Agitator erfolgreich hervor (1963). Im erzwungenen Exil in An Nadschaf (Irak) verstand er es, die Gegner des Schahs um sich zu sammeln. Aus Irak auf Druck des Schahs ausgewiesen, ließ er sich im Okt. 1978 in der Nähe von Paris nieder. In der durch blutige Unruhen gekennzeichneten innenpolit. Situation in Iran wurde C., obwohl persönl. abwesend, zur beherrschenden Figur der Opposition gegen den Schah. Nachdem Schah Mohammad Resa Pahlawi im Jan. 1979 Iran verlassen hatte, kehrte C. am 1. Febr. 1979 nach Teheran zurück und setzte die letzte vom Schah ernannte Reg. ab. Ohne ein offizielles polit. Amt zu bekleiden, steht er an der Spitze der durch Volksabstimmung errichteten Islam. Republik Iran.

Chopper [engl. 'tʃɔpə], (Chopping tool) Hauer bzw. Hauwerkzeug, aus einer Geröllknolle oder einem Steinbrocken geschlagen; gehören zu den frühesten menschl. Werkzeugen; als C.-(Chopping-tool-)Kreis werden die altpaläolith. Fundgruppen O-Asiens von der Faustkeilkultur abgegrenzt.

Chorasan [xo...], Gebiet, das den NO Irans umfaßt. Hauptstadt Meschhed. - Mit dem antiken Baktrien ident., bildete nach der Eroberung durch die muslim. Araber 651 eine Prov. des Kalifenreichs; kam in den folgenden Jh. unter die Herrschaft der Abbasiden, Tahiriden, Samaniden, Ghasnewiden und Seldschuken; 1220 Invasion der Mongolen; seit 1598 endgültig in pers. Hand. Im 19. Jh. gingen der N und O von C. verloren; 1863 kam Herat an Afghanistan. 1884 mußte Merw (heute Mary) an Rußland abgetreten werden. Während des Bürgerkriegs 1911–14 in Persien war der N zeitweilig russ. besetzt.

Choresmien [xo...] (arab. Chwarism), Stammesgebiet der ostiran. Choresmier, südl. des Aralsees um das heutige Chiwa am Unterlauf des Amu-Darja (Oxus). Im Altertum war der König von C. Vasall der Perserkönige; im 2. Jh. n. Chr. selbständig, aber bald abhängig von den türk. Hephthaliten. 712 durch muslim. Araber erobert, 998 durch Mahmud von Ghazni und 1043 von den Seldschuken, von denen sich 1100 der Chwarism-Schah selbständig machte. Seine Nachfolger brachten fast ganz Iran unter ihre Herrschaft, wurden aber 1220 von den Mongolen vernichtend geschlagen. C., 1379 von Timur-Leng verwüstet und 1388 wieder aufgebaut, kam 1484 kurze Zeit an Persien; bildete dann das usbek. Khanat Chiwa.

Chorsabad [xɔr...], Ort im N-Irak, 20 km nö. von Mosul bei den Ruinen der assyr. Stadt Dur-Scharrukin („Sargons-Burg"), die der assyr. König Sargon II. 713–708 erbaute. Die Stadt, von einer Mauer mit 183 vorspringenden Türmen und 7 Toren umgeben, hatte fast quadrat. Grundriß (etwa 3 km^2). An ihrem NW-Rand lag erhöht die Zitadelle, in ihr der Nabutempel und der Königspalast.

Chosrau [pers. xos'roụ], Name pers. Könige:

C. I. Anoscharwan; mittelpers. Anoschagruwan [„mit der unsterbl. Seele"] (Chosroes), † im Febr. 579, König (seit 531) aus der Dyn. der Sassaniden. - Führte nach der Revolution des Masdak Staatsreformen durch und bekämpfte das Oström. Reich unter Justinian I.

C. II. Aparwes [„der Siegreiche"] (Chosroes), † 628, pers. König (seit 590) aus der Dyn. der Sassaniden. - Enkel von C. I.; eroberte 608 Teile Kleinasiens, 614 Palästinas, 619 N-Ägyptens; 627 von Herakleios bei Ninive besiegt; durch seinen Sohn ermordet.

Chosrew Pascha [xɔs...] ↑Chusrau Pascha.

Chosroes ['çɔsro-ɛs], Name von Perserkönigen, ↑Chosrau.

Chotek, Sophie Gräfin ['xɔtɛk], Herzogin von Hohenberg (seit 1909), * Stuttgart 1. März 1868, † Sarajevo 28. Juni 1914. - Seit 1900 ∞ mit dem östr. Thronfolger Franz Ferdinand in morganat. Ehe; mit ihrem Gemahl ermordet.

Chou [chin. dʒoụ], altchin. Dynastie, ↑chinesische Geschichte.

Chouans [frz. ʃwɑ̃], die royalist. Gegner der Frz. Revolution in Maine, der Normandie und der Bretagne, ben. nach dem Beinamen ihres ersten Führers, J. Cottereau, der den Ruf eines Waldkauzes (frz. chat huant) als Erkennungszeichen benutzte; erhoben sich 1792 (1797 unterworfen), 1799 und gegen den zurückkehrenden Napoleon I. 1815.

Chou En-lai [chin. dʒɔu̯an'lai̯], * Shaohsing (Prov. Tschekiang) 1898, † Peking 8. Jan. 1976, chin. Politiker. - Studierte u. a. in Paris, Göttingen und Berlin; 1921 Mitbegr. der KP Chinas; nahm 1934/35, nachdem er 1931 Kontakte mit Mao Tse-tung in Kiangsi aufgenommen und seitdem gepflegt hatte, am „Langen Marsch" teil; Vertreter Maos 1935: Hauptunterhändler in den Verhandlungen mit der Kuomintang-Regierung und Chiang Kai-shek; seit 1949 Min.präs. (Vors. des Staatsrates) und 1949–58 zugleich Außenmin. der VR China, seit 1969 Mgl. des fünfköpfigen Ständigen Ausschusses des Politbüros der KP Chinas; vertrat seitdem China bei allen wichtigen außenpolit. Verhandlungen.

Choukoutien (chin. Chou-k'ou-tien [chin. dʒɔu̯kɔu̯diæn]), etwa 40 km sw. von Peking gelegener Ort; bekannt durch bed. Ausgrabungen (u. a. Elefanten, Nashörner, Riesenbiber, Säbelzahntiger, Pekingmensch).

Christelijke Volkspartij [niederl. 'krɪstələkə 'vɔlkspɑrtɛi̯], Abk. CVP (frz. Parti Social Chrétien, Abk. PSC), belg. polit. Partei; ging 1945 aus der seit 1830 bestehenden kath. Partei hervor; stärkste Partei Belgiens; 1949–1954 u. seit 1958 an der Regierung beteiligt; seit 1968 in einen fläm. und einen wallon. Flügel geteilt.

Christelijk-Historische Unie [niederl. 'krɪstələk hɪs'to:rɪsə 'y:ni:], Abk. CHU, zweite große kalvinist.-konservative Partei der Niederlande; entstand im Jahre 1908; schloß sich mit der Katholieke Volkspartij und der Anti-Revolutionaire Partij 1975 zur Sammelpartei Christen Democratisch Appèl zusammen.

***Christen Democratisch Appèl,** 1976 gegr. niederl. Sammelpartei, Zusammenschluß von Anti-Revolutionaire Partij, Christelijk-Historische Unie und Katholieke Volkspartij.

Christentum ['krɪs...], Bez. der Gesamtheit der Anhänger des christl. Glaubens sowie dieses Glaubens selbst. Die Anhänger des christl. Glaubens sind in zahlr. und unterschiedl. Gemeinschaften und Organisationen zusammengeschlossen, wie Kirchen, Freikirchen, religiösen Gemeinschaften (die z. T. von den Mgl. größerer Organisationen als „Sekten" bezeichnet werden) und religiösen Bewegungen. Die größten organisierten christl. Gemeinschaften sind die kath. Kirche, die aus der Reformation hervorgegangenen prot. Kirchen und die orth. Kirchen. Die Zahl der Anhänger des C. wird (1976) auf etwa 951 Mill. geschätzt. Davon entfallen auf die kath. Kirche rd. 542 Mill., auf die prot. Kirchen rd. 324 Mill., auf die orth. Kirchen rd. 85 Mill.

Die **Geschichte** des C. umfaßt die Auswirkungen des Glaubens an Person und Wirken Jesu Christi, wie er von den christl. Kirchen und Gemeinschaften in der Auseinandersetzung mit fremden Religionen, den geistigen und weltanschaul. Strömungen der verschiedenen Zeiten sowie mit den polit. Mächten entwickelt worden ist. In dieser Geschichte lassen sich vier Abschnitte unterscheiden: die Epoche innerhalb des *Römischen Reiches*, im *Mittelalter*, in der *Neuzeit* mit den religiösen Bewegungen der Reformation und Gegenreformation und schließl. die Epoche der neuzeitl. *Ausbreitung des C.* mit seinen Auseinandersetzungen mit nichtreligiösen Ideologien und Wertsystemen sowie mit anderen Religionen und christl. Konfessionen in der Gegenwart.

Die *erste Epoche:* Die christl. Gemeinde galt im Röm. Reich zunächst als eine jüd. Sekte. Der röm. Staat entzog dieser schnell wachsenden Gemeinschaft bald die religiösen und rechtl. Privilegien, die er dem Judentum eingeräumt hatte. Die Auseinandersetzung mit dem Röm. Reich wurde intensiv seit der Mitte des 3. Jh. geführt. Kaiser Konstantin d. Gr. stellte die Christenverfolgungen ein und machte das C. zu der mit allen zeitgenöss. Kulten gleichberechtigten und schließl. zur allein berechtigten Religion im Reich (Toleranzedikt von 311). Damit hatte er eine Entwicklung eingeleitet, die zur Entstehung der Reichskirche als einer von dem Reich letztl. abhängigen Einrichtung führte. Durch den oström. Kaiser Theodosius I. wurde 380 der christl. Glaube für alle Bürger des Reiches verbindl., die christl. Kirche wurde so zur Staatskirche.

Die *zweite Epoche* in der Geschichte des C. beginnt mit dem Übergang des christl. Glaubens auf die german., roman. und slaw. Völker. Wie der Kirche allmähl. die Hoheit über den Staat zufiel und der Papst als der Herr der Welt erscheinen konnte, der die Fürsten und die Bischöfe als seine Untergebenen betrachtete, so schien der christl. Glaube in geistiger Hinsicht die *eine* Weltanschauung zu sein, mit der alle Probleme des Lebens gelöst werden sollten. Im Zusammenhang mit dieser monopolartigen Machtstellung stellten sich in der Kirche Verfallserscheinungen ein, die den Ruf nach einer Reform an „Haupt und Gliedern" (d. h. an Papst und Klerus) laut werden ließen.

Die *dritte Epoche* war die Zeit der Reformation und Gegenreformation, sie umfaßt das 16. und 17. Jh., in denen es zur Umbildung der gesamten Kirche kam. An die äußeren Formen des christl. Glaubens hat Luther die Kriterien der Bibel und des bibl. begr. Glaubens angelegt; er konnte aber infolge der auf dem Reichstag zu Worms (1521) bekundeten Haltung Kaiser Karls V. die Reform der Kirche für das Reich nicht durchführen. Diese mußte nun den Weg über die Länder nehmen, so daß es zur Entstehung territorial und nat. begrenzter Landeskirchen kam. Auf dem Reichstag zu Augsburg (1530) legten diese Landeskirchen ein erstes grundlegendes Be-

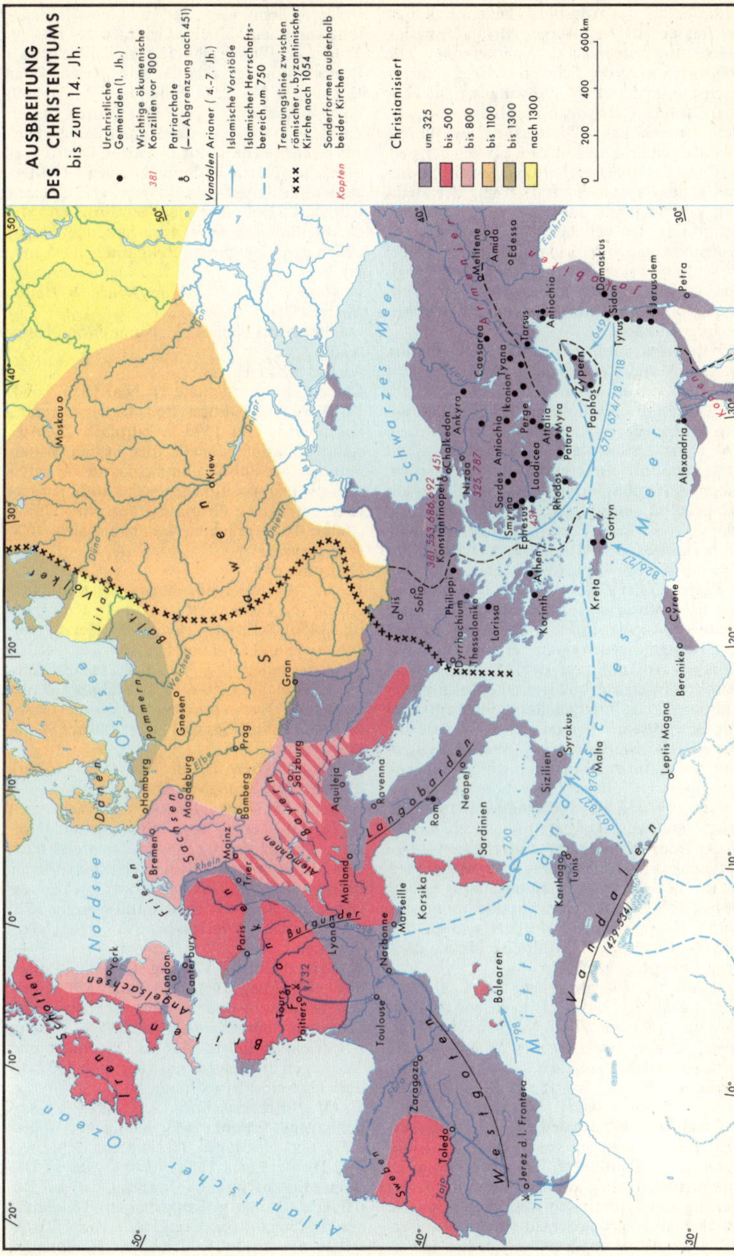
AUSBREITUNG DES CHRISTENTUMS bis zum 14. Jh.
Urchristliche Gemeinden (1. Jh.)
381 Wichtige ökumenische Konzilien vor 800
Patriarchate (– – Abgrenzung nach 451)
Vandalen Arianer (4.–7. Jh.)
Islamische Vorstöße
Islamischer Herrschaftsbereich um 750
Trennungslinie zwischen römischer u. byzantinischer Kirche nach 1054
Kopten Sonderformen außerhalb beider Kirchen
Christianisiert
um 325
bis 500
bis 800
bis 1100
bis 1300
nach 1300
0 200 400 600 km
Atlantischer Ozean
Nordsee
Ostsee
Schwarzes Meer
Mittelländisches Meer
Iren
Schotten
Angelsachsen
Friesen
Sachsen
Dänen
Franken
Burgunder
Alemannen
Baiern
Langobarden
Westgoten
Sweben
Vandalen (429–534)
Slawen
Balt. Völker
Litauer
Pommern
Armenier
Kopten
York
London
Canterbury
Paris
Tours
Poitiers 732
Lyon
Toulouse
Narbonne
Marseille
Trier
Mainz
Bremen
Hamburg
Magdeburg
Bamberg
Salzburg
Prag
Gnesen
Gran
Kiew
Moskau
Mailand
Aquileja
Ravenna
Rom
Neapel
Korsika
Sardinien
Sizilien
Syrakus
Malta
Balearen
Toledo
Zaragoza
Jerez d. l. Frontera
Karthago
Tunis
Leptis Magna
Berenike
Cyrene
Kreta
Gortyn
Rhodos
Zypern
Paphos
Alexandria
Petra
Jerusalem
Tyrus
Sidon
Damaskus
Antiochia
Tarsus
Edessa
Amida
Melitene
Caesarea
Tyana
Ikonion
Ankyra
Chalkedon
Nizäa 325, 787
Konstantinopel 381, 553, 686, 692
Ephesus 431
Smyrna
Sardes
Laodicea
Perge
Attalia
Myra
Patara
Antiochia
Athen
Korinth
Larissa
Thessalonike
Philippi
Dyrrhachium
Sofia
Niš
Elbe
Weichsel
Rhein
Düna
Dnjepr
Dnjestr
Don
Euphrat
Tajo
Ebro

kenntnis ab, das Augsburg. Bekenntnis, und sie fanden im Augsburger Religionsfrieden (1555) ihre reichsrechtl. Anerkennung. Die Reformation in der Schweiz vollzog sich zunächst unter dem Einfluß Zwinglis, dann aber v. a. Calvins. Calvin gab den hier entstehenden Kirchen Lehre, Verfassung und kirchl. Ordnungen. In England kam es nach der Verwerfung der obersten Leitungsgewalt (Suprematie) des Papstes zur Entstehung der anglikan. Kirche. Im dt. und schweizer. Protestantismus trennten sich die Täufer und die Spiritualisten von den reformator. Kirchen, wobei sie schließl. wegen ihrer z. T. radikalen Versuche, das Reich Gottes auf Erden zu verwirklichen, von den offiziell anerkannten Kirchen verfolgt wurden.

Die Reformation löste die Gegenreformation aus. Im Mittelpunkt dieser Erneuerung steht das Konzil von Trient (1545–63), auf dem die Lehren des Katholizismus gegenüber denen der ev. oder prot. Kirchen fixiert wurden. Die *vierte Epoche* der Geschichte des C. ist in der neuzeitl. Ausbreitung des C. zu sehen, die im Anschluß und im Zusammenhang mit der polit. Expansion der europ. Mächte (Kolonialismus und Imperialismus) geschah. Dabei kam es sowohl zur religiösen Legitimation des Kolonialismus wie auch zum erhebl. Widerstand der Missionen gegen kolonialist. Unterdrückung und Ausbeutung. Im Zuge der missionar. Ausbreitung des C. fanden vielfach Begegnungen mit fremden, einheim. Religionen statt, und auf der Grundlage von durch Missionare und Reisende erhobenen Tatsachen aus fremden Religionen entstand das Bewußtsein einer religiösen Vielfalt, die zur wiss. Beschäftigung mit fremden Religionen und damit zur Entstehung einer neuzeitl. Religionswiss. führte. Neben dieser Auseinandersetzung und Beschäftigung mit fremdem religiösen Gedankengut mußte sich das C. in der Neuzeit zudem mit antireligiösen Ideologien und Weltanschauungen auseinandersetzen. Bes. diese Auseinandersetzung hat die Besinnung auf das Gemeinsame unter den christl. Konfessionen gefördert und in den letzten Jahren wesentl. Impulse für die ökumen. Bewegung geliefert.

🕮 *Kraft, H.: Die Entstehung des C. Darmst. 1981. - Baus, K.: Von der Urgemeinde zur frühchristl. Großkirche. Freib. Neudr. 1978. - Bultmann, R.: Das Urchristentum im Rahmen der antiken Religionen. Zürich u. Stg. ⁴1976. - Ökumen. Kirchengesch. Hg. v. R. Kottje u. B. Moeller. Mainz u. Mchn. ¹⁻³1974–80. 3 Bde.*

Christenverfolgungen ['krɪs...], allg. die zu verschiedenen Zeiten erfolgten Maßnahmen staatl. Mächte, das Christentum zu unterdrücken oder zu beseitigen, i. e. S. die Verfolgungen durch den röm. Staat, die v. a. durch die Weigerung der Christen, am Kaiserkult teilzunehmen, ausgelöst wurden. Die C. unter Nero blieben zunächst ohne wesentl. Folgeerscheinungen. Die erste staatl. Regelung von C. enthält eine Urkunde des Kaisers Trajan an Plinius den Jüngeren. Die energ. Restaurationsversuche des Röm. Reichs unter Decius (♔ 249–251), Valerian (♔ 253–260) und Diokletian (♔ 284–305) führten zu den größten systemat. C. der Spätantike. Im ganzen erreichten die C. ihr Ziel nicht. Die Konsequenz zog Kaiser Galerius (mit seinen Mitregenten) im Toleranzedikt von 311, das den Christen Religionsfreiheit gewährte und die christl. Religion als staatserhaltende Macht neben den nichtchristl. Religionen anerkannte.

🕮 *Moreau, J.: Die C. im röm. Reich. Dt. Übers. Bln. ²1971.*

Christian ['krɪs...], Name von Herrschern:

Anhalt-Bernburg:

C. I., * Bernburg/Saale 11. Mai 1568, † ebd. 17. April 1630, Fürst (seit 1603), kurpfälz. Diplomat. - Trat 1595 in kurpfälz. Dienste; stellte die konfessionelle Idee in den Mittelpunkt seiner Politik und aktivierte die kalvinist.-prot. Opposition gegen das kath. Kaisertum; betrieb die Gründung der prot. Union (1608); 1620 geächtet, unterwarf sich 1624 dem Kaiser.

Dänemark:

C. I., * 1426, † Kopenhagen 21. Mai 1481, König von Dänemark (seit 1448), Norwegen (seit 1450), Schweden (seit 1457), Herzog von Schleswig und Graf von Holstein (seit 1460). - Begr. des oldenburg. Königshauses in Dänemark; erreichte 1450 eine Vereinigung Dänemarks mit Norwegen; begr. 1460 die Personalunion Schleswigs und Holsteins mit Dänemark.

C. II., * Nyborg 1. Juli 1481, † Kalundborg 25. Jan. 1559, König von Dänemark und Norwegen (1513–23), König von Schweden (1520–23), Herzog von Schleswig und Holstein. - Enkel von C. I.; setzte sich erst nach langjährigen blutigen Kämpfen (Stockholmer Blutbad, 1520) in Schweden durch; 1523 von Gustav Wasa vertrieben; mußte nach 1522 auch Dänemark verlassen; 1531 gefangengenommen.

C. III., * Gottorf 12. Aug. 1503, † Koldinghus bei Kolding (Jütland) 1. Jan. 1559, König von Dänemark und Norwegen, Herzog von Schleswig und Holstein (seit 1536). - Sohn Friedrichs I.; führte 1536 in Dänemark und Norwegen die Reformation ein; hob 1537 die norweg. Selbstverwaltung auf.

C. IV., * Frederiksborg 12. April 1577, † Kopenhagen 28. Febr. 1648, König von Dänemark und Norwegen, Herzog von Schleswig und Holstein (seit 1588). - Enkel von C. III., Sohn Friedrichs II.; Initiator zahlr. Renaissancebauten in Kopenhagen; Teilnahme am Dreißigjährigen Krieg, 1626 von Tilly geschlagen; 1643–45 schwere Niederlagen durch die Schweden; volkstümlicher König.

C. VII., * Kopenhagen 29. Jan. 1749, † Rendsburg 13. März 1808, König von Dänemark und Norwegen, Herzog von Schleswig und Holstein (seit 1766). - Sohn Friedrichs V.; früh geisteskrank; überließ die Regierungsgeschäfte seinen Günstlingen, von denen v. a. Struensee bed. Macht gewann.
C. VIII., * Kopenhagen 18. Sept. 1786, † ebd. 20. Jan. 1848, König von Dänemark, Herzog von Schleswig und Holstein (seit 1839). - Seit 1813 Statthalter in Norwegen; 1814 König von Norwegen; erklärte 1846 in seinem berühmten „Offenen Brief", daß auch Schleswig in der Erbfolge dem dän. Königsgesetz von 1665 unterliege.
C. IX., * Gottorf 8. April 1818, † Kopenhagen 29. Jan. 1906, König von Dänemark (seit 1863). - Sohn Herzog Wilhelms von Schleswig-Holstein-Sonderburg-Glücksburg, zum Nachfolger Friedrichs VII. bestimmt; bestätigte die sog. eiderdän. Verfassung, durch die Schleswig Dänemark einverleibt werden sollte, was 1864 zum Dt.-Dän. Krieg führte.
C. X., * Charlottenlund 26. Sept. 1870, † Kopenhagen 20. April 1947, König von Dänemark (seit 1912), König von Island (1918–1943). - Bestätigte 1915 eine neue demokrat. Verfassung; bewahrte im 1. Weltkrieg die Neutralität; übergab 1940 nach erfolglosem Widerstand das Land den dt. Truppen; lebte 1943–45 als Gefangener auf Schloß Amalienborg.
Halberstadt:
C. II., der Jüngere, * Gröningen 20. Sept. 1599, † Wolfenbüttel 16. Juni 1626, Herzog von Braunschweig-Wolfenbüttel, Söldnerführer. - Ab 1616 prot. Administrator des Bistums Halberstadt; kämpfte im Dreißigjährigen Krieg auf prot. Seite als Söldnerführer, wurde von Tilly bei Höchst (1622) und Stadtlohn (1623) vernichtend geschlagen. Seine rücksichtslose Art der Kriegsführung trug ihm den Beinamen „der tolle Halberstädter" ein.
Mainz:
C. I. (C. von Buch), * um 1130, † Tusculum (= Frascati) 25. Aug. 1183, Erzbischof von Mainz (seit 1165). - 1162 von Friedrich I. Barbarossa zum Kanzler ernannt; nahm an den Italienzügen teil, siegte 1167 mit Rainald von Dassel bei Tusculum über die Römer; energ. Vertreter der kaiserl. Interessen; erfolgreicher Vermittler zw. Papst Alexander III. und dem Kaiser.
Schleswig-Holstein-Sonderburg-Augustenburg:
C. [Karl Friedrich] August, * Kopenhagen 10. Juli 1798, † Primkenau (Niederschlesien) 11. März 1869, Herzog (seit 1814). - Hielt am Erbrecht auf Schleswig und Holstein fest; schloß sich der Bewegung gegen die dän. Einverleibungsbestrebungen an; 1851 verbannt; verzichtete 1852 gegen eine Geldentschädigung auf die Thronfolge in den Elbherzogtümern.

Christine [krɪs...], * Stockholm 18. Dez. 1626, † Rom 19. April 1689, Königin von Schweden (1632–54). - Tochter Gustavs II. Adolf; regierte bis 1644 unter der Vormundschaft des Reichsrates unter Führung des Reichskanzlers Axel Graf Oxenstierna, trat dann selbst die Regierung an, bis 1646 den Ratschlägen ihres Kanzlers folgend, dem sie danach Gabriel de la Gardie vorzog; förderte die Wiss., unterstützte einheim. Gelehrte und korrespondierte mit ausländ.; zog u. a. Descartes und Grotius an ihren Hof; dankte 1654 zugunsten ihre Vetters Karl Gustav von Pfalz-Zweibrücken ab; konvertierte heiml., lebte in Rom.

***Christlich Demokratische Union** (Christl. Demokrat. Union Deutschlands) ['krɪst...], Abk. CDU, als christl. Sammelbewegung 1945 entstandene dt. Partei. Die regionalen, zunächst nur lose verbundenen Parteigründungen hatten dabei unterschiedl. Ausrichtung: „christl. Sozialismus" (Berlin), interessenausgleichende Volkspartei unter Betonung des konfessionellen Unionsgedankens (Köln), nat.liberale und nat.konservative bzw. dt.nat. Prägung (NW-Deutschland); für Bayern ↑Christlich-Soziale Union.
In der SBZ/DDR wurde die CDU im Rahmen der „Blockpolitik" seit 1948 völlig von der SED abhängig. Bis heute stellt sie Abg. und Minister.
In den Westzonen konnte die CDU in den Landtagswahlen große Wählergruppen ansprechen und 1947 die Führung im Wirtschaftsrat der Bizone übernehmen. In Abkehr vom **Ahlener Programm**, das 1947 bei Kritik am Kapitalismus u. a. die Vergesellschaftung von Schlüsselind. und die Mitbestimmung gefordert hatte, wandte sich die CDU L. Erhards Konzept der sozialen Marktwirtschaft zu. Zugleich setzten sich die außenpolit. Ansichten K. Adenauers, der einen Ausgleich mit der UdSSR zur Abwehr der dt. Spaltung für unmögl. hielt, in der CDU durch. Die Bundestagswahl 1949 brachte 25,2 % der Stimmen (mit CSU 31 %). Bundeskanzler Adenauer, seit dem 1. Bundesparteitag 1950 Parteivors., förderte das Selbstverständnis der CDU als große staatstragende Reg.partei. Programmatik u. die fast nur zu Wahlkämpfen aktivierte Organisation traten an Bed. zurück. In den Bundestagswahlen 1953 und 1957 weitete die CDU ihre Wählerschaft stark aus (1953: 36,4 %, mit CSU 45,2 %; 1957: 39,7 %, mit CSU 50,2 %). Die Bundestagswahlen kurz nach dem Bau der Berliner Mauer 1961 brachten der CDU starke Einbußen (35,8 %, mit CSU 45,3 %). Der Erfolg in der Bundestagswahl 1965 (38 %, mit CSU 47,6 %) unter der Führung Erhards (Bundeskanzler 1963–66, Parteivors. 1966/67) überdeckte nur die innen-, außen- und wirtschaftspolit. Auseinandersetzungen innerhalb der Union. Erhard wurde im März 1967 auch im Parteivor-

sitz durch den neuen Bundeskanzler K.G. Kiesinger ersetzt. Nach der Bundestagswahl 1969 (36,6 %, mit CSU 46,1 %) wurde die CDU/CSU erstmals in die Opposition verwiesen. R. Barzel wurde als Parteivors. (1971–73) nach der verlorenen Bundestagswahl von 1972 (35,2 %, mit CSU 44,9 %) von H. Kohl abgelöst. Nachdem auch die Bundestagswahl 1976 (38 %, mit CSU 48,6 %) nicht die Rückkehr an die Reg. gebracht hatte, wurde die Krise in der Zusammenarbeit mit der CSU mit deren - bald widerrufener - Aufkündigung der Fraktionsgemeinschaft deutlich. Bei der Wahl 1980 mit F. J. Strauß als Kanzlerkandidat mußte die CDU beträchtl. Einbußen hinnehmen (34,2 %, mit CSU 44,5 %).

Programm: Das Grundsatzprogramm der CDU (beschlossen auf dem Ludwigshafener Parteitag 1978) geht aus von den Grundwerten „Freiheit, Solidarität und Gerechtigkeit". Die CDU versteht sich als Volkspartei und begründet ihre Politik auf dem christl. Menschenbild. Sie bekennt sich zur sozialen Marktwirtschaft und zu den „festen sozialen Lebensformen" (Ehe, Familie, Staat, Kirche).

Organisation: Der Parteitag wählt den Bundesvorstand: Vors., 7 stellv. Vors., Schatzmeister und Generalsekretär gehören dem Parteipräsidium an. Die CDU hatte 1980 693 000 Mgl. Nach wie vor beruht die Parteifinanzierung zu einem beträchtl. Teil auf Spenden von Firmen und Verbänden. Von den Vereinigungen der CDU sind v.a. die Wirtschaftsvereinigung und die Sozialausschüsse von Bedeutung. Die **Junge Union** ist die gemeinsame Jugendorganisation von CDU und CSU.

📖 *Pütz, H.: Die CDU. Entwicklung, Aufbau u. Politik der CDU Deutschlands. Düss. [3]1978. - Zahn, P. v.: Profil der CDU. Hamb. 1975.*

Christlichdemokratische Volkspartei der Schweiz [krıst...], Abk. CVP, seit 1970 Name der 1912 konstituierten „Schweizer. Konservativen Volkspartei" (Vorgänger: „Konservative Union", 1881/82 und „Kath. Volkspartei", 1894–98), 1957–70 „Konservativ-christlichsoziale Volkspartei der Schweiz"; tritt für die christl. Weltanschauung und für soziale Wirtschaftsgestaltung ein und versucht, sich seit den 1970er Jahren unter Verzicht auf ausgesprochen konfessionspolit. Forderungen als „dynam. Mitte" stärker nach links zu profilieren; verfügte 1980 über 44 Sitze im Nationalrat und 18 Sitze im Ständerat.

christliche Gewerkschaften ['krıst...], in Deutschland Ende des 19. Jh. aus der christl.-sozialen Bewegung gegr. Arbeitnehmerorganisationen, die den Klassenkampf u. eine parteipolit. Bindung ablehnten. 1901 wurde der „Gesamtverband c. G." gegr. (150 000 Mgl.). 1908 entstand die „Allg. christl. Internationale", die Deutschland, die Schweiz, Österreich, die Niederlande, Schweden, Italien und Polen umschloß. Nach dem 1. Weltkrieg waren die c. G. im christl.-nat. „Dt. Gewerkschaftsbund" bestimmend. 1949 gingen die 1933 aufgelösten c. G. in dem als Einheitsgewerkschaft 1949 neugegr. „Dt. Gewerkschaftsbund" (DGB) auf. Interne Spannungen im DGB führten 1955 zur Neugründung der „Christl. Gewerkschaftsbewegung Deutschlands" (CGD), seit 1959 „Christl. Gewerkschaftsbund Deutschlands" (CGB) mit (1980) 17 Berufsgewerkschaften und 287 000 Mgl.; weltweiter Zusammenschluß ist der „Internat. Bund C. G." (IBCG).

christliche Parteien ['krıst...], seit dem 19. Jh. in Reaktion auf Säkularisierung, Liberalisierung und Demokratisierung zunächst in Europa entstandene konfessionelle Parteien. Der anfängl. dominierende Charakter der c. P. als konfessionell-kirchl. Interessenvertretungen trat im 20. Jh. zugunsten einer Betonung gemeinsamer interkonfessioneller Interessen (bes. in der Auseinandersetzung mit Faschismus und Kommunismus) zurück. Das Ideal einer christl.[-ständ.] Staats- und Wirtschaftsgesellschaft wich der Anerkennung des modernen polit.-gesellschaftl. Pluralismus.

Die ersten bed. c. P. entwickelten sich im kath. Raum. Seit 1823 bildete sich in Irland eine kath. Partei mit nat. und sozialemanzipator. Charakter. In Deutschland kam es - nach Vorformen seit 1848 - in der Auseinandersetzung mit dem Liberalismus 1869 zur Gründung kath. Parteiorganisationen in Baden (Kath. Volkspartei) und Bayern (Patriotenpartei) und 1870 zur Bildung des Zentrums (in Bayern 1918 Gründung der Bayer. Volkspartei), das bis zu seiner Auflösung 1933 die bedeutendste c. P. war. In Österreich-Ungarn wurde 1891 die Christlichsoziale Partei gegr., in der Schweiz 1894 die kath. Konservative Volkspartei, in den Niederlanden 1896 die Röm.-Kath. Staatspartei. Infolge des päpstl. Verbots polit. Tätigkeit für die italien. Katholiken 1868 kam es in Italien erst 1918 zur Gründung des Partito Popolare Italiano, der 1926 von den Faschisten aufgelöst wurde und seit 1941/43 in der Democrazia Cristiana eine Nachfolgeorganisation fand. In Frankr. entwickelte sich erst aus der Résistance des 2. Weltkrieges heraus eine c. P., der Mouvement Républicain Populaire. In Lateinamerika entstanden c. P. nur in Ländern mit entwickeltem Vielparteiensystem (Chile, Kolumbien, Venezuela). Auf prot. Seite kam es bes. im Kalvinismus zur Bildung c. P., so in den Niederlanden 1879 der Anti-Revolutionaire Partij, 1908 der Christelijk-Historische Unie. Erste Parteibildung des dt. Protestantismus war 1878 die Christlichsoziale Arbeiterpartei, die 1896 ihren linken Flügel an den Nationalsozialen Verein verlor. Unter den heute bestehenden c. P. sind nur die CDU und die CSU bikonfessionelle Parteien.

📖 *Buchheim, K.: Gesch. der c. P. in Deutschland. Mchn. [2]1966.*

Christlicher Gewerkschaftsbund Deutschlands ['krɪst...] ↑christliche Gewerkschaften.

Christliche Volkspartei ['krɪst...], Abk. CVP, 1945 gegr. saarländ. Partei, die ein von Deutschland unabhängiges und unter frz. Protektorat stehendes Saarland propagierte und sich für enge wirtsch. und kulturelle Kontakte mit Frankr. einsetzte; hatte 1946–55 die absolute Mehrheit der Wählerstimmen im Saarland; schloß sich 1965 der CDU an.

Christlichsoziale Arbeiterpartei ['krɪst...] (1881–1918 Christlichsoziale Partei), 1878 von A. Stoecker in Berlin gegr. konservativ-soziale dt. Partei; 1881–96 selbständige Gruppe in der Dt. Konservativen Partei; nach Neugründung 1896 nahezu bedeutungslos; ging 1918 in der DNVP auf.

christlich-soziale Bewegungen ['krɪst...], im 19. Jh. in den christl. Kirchen als Antwort auf die sozialen Probleme im Übergang zur Industriegesellschaft entstandene Bewegungen. 1. Erste theoret. Ansätze zu einem *sozialen Katholizismus* finden sich seit den 1830er Jahren bei F. von Baader. F. J. von Buß und P. F. Reichensperger kritisierten bes. die ungebundene Konkurrenzwirtschaft mit ihren Folgen und forderten staatl. Unterstützung von Handwerk und Landw., Arbeitsschutz, Sozialversicherung, Dezentralisation der Kapitalien und Maschinen, Wiederherstellung des „korporativen Geistes". 1849 gründete A. Kolping den ersten kath. Gesellenverein. Seit 1864 entstanden die v. a. von W. E. von Ketteler geprägten christl.-sozialen Arbeitervereine. Seit 1880 kam es zu einer bed. kath. Sozialbewegung. Bes. die seit 1891 in verschiedenen päpstl. Enzykliken formulierte kath. Soziallehre hat den sozialen Katholizismus geprägt. Dieser ist bis heute in kath. Verbänden wie auch in den Sozialausschüssen der CDU wirksam.
2. Der *soziale Protestantismus* begann im 19. Jh. in Deutschland unter pietist. Einfluß mit der Gründung von „Rettungsanstalten" u. a. für Waisen, Arbeitslose und mit der Erneuerung der weibl. Diakonie. 1848 forderte J. H. Wichern die „christl.-soziale Aufgabe" für die „Innere Mission". Sein „christl. Sozialismus" sollte die sittl. und sozialen Verhältnisse verbessern und die Revolution bekämpfen. Ev.-soziale Parteibildungen waren 1878 die Christlichsoziale Arbeiterpartei und 1896 der Nationalsoziale Verein. Im 20. Jh. ist der soziale Protestantismus theolog. vertieft und nach 1945 in der EKD institutionell verankert worden (z. B. Kammer für soziale Ordnung, Ev. Akademien, Sozialakademien).
Die Vielfalt der im 19. Jh. in Europa entstandenen c.-s. B. konzentriert sich seit 1945 v. a. in der ökumen. Arbeit.

🕮 *Budde, H.: Hdb. der c.-s. B. Recklinghausen 1967.*

Christlichsoziale Partei ['krɪst...], Abk. CP, östr. kath. Partei, gegr. 1891, entstanden aus einem Zusammenschluß des Christl. Sozialen Vereins und des konservativen Liechtensteinclubs mit kleinbürgerl. Gruppen um K. Lueger; 1907–11 stärkste Fraktion im Reichsrat; vertrat eine antiliberale und protektionist. Politik; erste größere antisemit. Partei Europas; 1919–34 Regierungspartei (bedeutendster Politiker: Prälat I. Seipel, Bundeskanzler 1922–24 und 1926–29); unter dem wachsenden Einfluß der Heimwehren ging die CP in den 1930er Jahren immer mehr zu einem autoritären Kurs über; 1934 von ihren Führern aufgelöst; die Mgl. wurden der „Vaterländ. Front" angeschlossen, die sich zum Sammelbecken der Gegner von NSDAP und Anschluß entwickelte.

Christlich-Sozialer Volksdienst ['krɪst...], Abk. CSVD, 1929 gegr. prot. konservative Partei; ging aus verschiedenen, seit 1924 sich zusammenschließenden prot. Vereinigungen hervor; errang 1930 14 Mandate und hatte während der Regierung Brüning, die der CSVD unterstützte, einigen Einfluß auf die Reichspolitik; strebte einen autoritären Staat an; 1933 freiwillige Gleichschaltung und Selbstauflösung.

***Christlich-Soziale Union** ['krɪst...], Abk. CSU, 1945/46 als christl.-konservative Partei von A. Stegerwald, F. Schäffer, J. Müller und A. Hundhammer in Bayern gegründet. Stellt sich bisher nur in Bayern zur Wahl und bildet mit der CDU im Bundestag eine gemeinsame Fraktion, in der sie erhebl. Einfluß hat. Insgesamt konservativer als die CDU, vertritt die CSU u. a. folgende Grundsätze: Betonung des Föderalismus, Schutz der Familie und des Eigentums, Förderung der Klein- und Mittelbetriebe. Außer 1954–57 führte die CSU stets die bayr. Landesregierung. Die Wochenzeitung „Bayernkurier" ist das publizist. Organ der CSU, die 1980 172 000 Mgl. hatte und bei der Bundestagswahl 1980 mit F. J. Strauß den (unterlegenen) Kanzlerkandidaten von CDU/CSU stellte. Vors.: H. Ehard, seit 1955 H. Seidel, seit 1961 F. J. Strauß.

🕮 *Mintzel, A.: Gesch. der CSU. Opladen u. Wsb. 1977.*

Christoph, Name von Herrschern:
Dänemark:
C. III., * 26. Febr. 1418, † Hälsingborg 5. oder 6. Jan. 1448, Pfalzgraf bei Rhein, König von Dänemark, (als C. I.) von Schweden und Norwegen. - 1439 vom dän. Reichsrat zum Reichsvorstand und 1440 zum König gewählt (1441 in Schweden, 1442 in Norwegen); bestätigte 1442 eine neue Fassung des schwed. Landrechts (**Kristofers landslag**).
Württemberg:
C., * Urach 12. Mai 1515, † Stuttgart 28. Dez. 1568, Herzog (seit 1550). - Sohn Herzog Ulrichs; erließ als Lutheraner die sog. Große Kirchenordnung von 1559, förderte das

Schulwesen, unterstützte die Protestanten in Italien, Österreich und Ungarn, bemühte sich um Ausgleich zw. den prot. Parteien und um Annäherung an den Katholizismus.

Christophe, Henri [frz. kris'tɔf], *auf Grenada (Kleine Antillen) 16. Okt. 1767, † Port-au-Prince (Haiti) 8. Okt. 1820, König von Haiti. - Urspr. Sklave; später zum General ernannt; wurde nach Ermordung von Dessalines 1807 Präs.; ließ sich 1811 als **Henri I.** zum König krönen, beherrschte aber nur den NO der Insel; verfiel in Größenwahn und beging, als die Bev. sich gegen ihn erhob, Selbstmord.

Christusorden ['krıstus...], portugies. Ritterorden, 1317 nach Auflösung des Templerordens gestiftet und mit dessen Gütern ausgestattet; von bes. Bed. für die portugies. Kolonisation; 1797 säkularisiert.

Chrodegang ['kro:...], hl., *im Haspengau um 715, † Metz 6. März 766, Bischof von Metz (seit 742). - Gehört mit Bonifatius zu den Reformern der karoling.-fränk. Kirche.

Chronik ['kro:nık; griech.; zu chrónos „Zeit"], Form der Geschichtsschreibung (bes. im MA und im 16./17. Jh.), die sachl. und ursächl. Zusammenhänge zw. den Ereignissen und chronolog. Phasen herzustellen versucht. C. gehen oft von den Anfängen (der Welt, des bestimmten Klosters, der bestimmten Stadt) aus und ordnen die Geschehnisse in den Rahmen der Heilsgeschichte ein. Die Grenzen zu den ↑Annalen und der ↑Historie sind fließend, die Begriffe wurden häufig synonym verwendet. - Die Fülle der überlieferten C. läßt sich ordnen: 1. nach der Sprache (lat. und volkssprachl. C.), 2. nach der Form (Prosa- oder Reimchroniken) und v.a. 3. nach dem Inhalt: Welt-, Kaiser-, Landes-, Kloster-, Städte- und Geschlechterchroniken. Im 14. Jh. kamen Bilder-C. auf, die die Berichte des Schreibers durch Darstellungen erläutern.
🕮 *Grundmann, H.: Geschichtsschreibung im MA. Gött. ³1978.*

Chronogramm [kro...], ein Satz in lat. Sprache, in dem hervorgehobene lat. Großbuchstaben als Zahlzeichen gelesen die Jahreszahl eines bestimmten histor. Ereignisses ergeben. In Versform als **Chronostichon** (ein Vers) oder als **Chronodistichon** (zwei Verse).

Chronograph des Jahres 354 [kro...], 354 n. Chr. entstandene Ausgabe eines für die Bev. Roms bestimmten Kalenderwerkes und Staatshandbuches; enthält einen Kalenderteil, Konsularfasten (509/508 v. Chr. bis 354 n. Chr.); Ostertafeln (312–354, ergänzt bis 411); eine Liste der röm. Stadtpräfekten (254–354); einen Katalog der Bischöfe Roms mit Angabe ihrer Amtsdauer (230–354), ein Verzeichnis ihrer Todestage (255–352) und der Märtyrer Roms; eine Weltchronik; eine Stadtchronik Roms (bis 325); eine Beschreibung der Stadtregionen Roms.

Chronologie [kro...] ↑Zeitrechnung.

Chruschtschow, Nikita Sergejewitsch [russ. xru'ʃtʃɔf], *Kalinowka (Gouv. Kursk) 17. April 1894, † Moskau 11. Sept. 1971, sowjet. Politiker. - Stieß 1918 zu den Bolschewiki; Mgl. des ZK der KPdSU (seit 1934) und des Politbüros (seit 1939), Erster Parteisekretär von Moskau (Stadt 1935–38, Gebiet 1949–53) und der Ukraine (1938–49, mit kurzer Unterbrechung 1947) und ZK-Sekretär (1949–53); im 2. Weltkrieg Politkommissar bei den sowjet. Streitkräften; 1943 Generalleutnant; nach dem Tod Stalins, zu dessen engerem Führungskreis er fast 20 Jahre gehörte, 1953 Erster ZK-Sekretär und - nach Ausschaltung der Malenkow-Molotow-Kaganowitsch-Gruppe 1957–1958 auch Min.präs.; versuchte, der sowjet. Innen- und Außenpolitik neue Impulse zu geben (v.a. Entstalinisierung), konnte seine weitgesteckten polit. Ziele aber nicht erreichen; auf Grund zunehmender wirtsch. Mißerfolge und der Verschärfung des Konflikts mit der VR China 1964 als Partei- und Reg.chef gestürzt (bei gleichzeitigem Verlust der Politbüro- und 1966 auch der ZK-Mitgliedschaft); lebte zurückgezogen als Pensionär in Moskau.
🕮 *Tatu, M.: Macht u. Ohnmacht im Kreml. Von C. zur kollektiven Führung. Dt. Übers. Bln. u.a. 1968. - Bilanz der Ära C. Hg. v. E. Boettcher u.a. Stg. 1966.*

Churchill [engl. 'tʃə:tʃıl], engl. Familie, die mit John C., Herzog von Marlborough (seit 1702), berühmt wurde; die Nachkommen seiner Tochter Anna, seit 1700 ∞ mit C. Spencer, nahmen den Namen Spencer Churchill an; bed.:

C., John, Herzog von Marlborough, ↑Marlborough, John Churchill, Herzog von.

C., Randolph Henry Spencer Lord, *Blenheim Palace, Woodstock (Oxford) 13. Febr. 1849, † London 24. Jan. 1895, brit. Politiker. - Vater von Sir Winston C.; vertrat einen aggressiven Hochkonservatismus. 1883 Mitbegr. der Primrose League; einer der Führer der konservativen Partei.

C., Sir (seit 1953) Winston [Leonard Spencer], *Blenheim Palace, Woodstock (Oxford) 30. Nov. 1874, † London 24. Jan. 1965, brit. Staatsmann. - Sohn von Lord Randolph Henry Spencer C.; im Internat Harrow und in der Kadettenanstalt Sandhurst erzogen; Kavallerieleutnant. Seit 1900 konservativer Unterhausabg., trat 1904 zur Liberalen Partei über und begann als Freund Lloyd Georges einen steilen polit. Aufstieg; wurde 1906 Unterstaatssekretär für die Kolonien, 1908 Handels-, 1910 Innenmin., 1911 1. Lord der Admiralität (Rücktritt 1915). Wurde nach einem Frontkommando 1917 Munitions-, 1918 Heeres- und Luftwaffenmin., 1921 Kolonialmin. (bis 1922). Kehrte wegen des Zerfallsprozesses bei den Liberalen und aus antisozialist. Motiven zur Konservativen und Unionist. Partei zurück, 1924–29 Schatzkanzler. Seine Kritik

an der mangelnden Rüstung und an der Appeasement-Politik N. Chamberlains brachten ihn in Ggs. zu seiner Partei. 1929–39 widmete C. sich v. a. seinen histor. Arbeiten, ehe seine öff. Warnungen vor der nat.-soz. Gefahr seit 1938 wachsende Resonanz fanden. Bei Kriegsausbruch 1939 wieder 1. Lord der Admiralität und am 10. Mai 1940 unter öff. Druck Premier- und Verteidigungsmin. einer großen Kriegskoalition. C. wurde zum Motor des brit. Widerstands gegen Hitler und zum Symbol des brit. Durchhaltewillens („Blut, Mühsal, Tränen, Schweiß“) und war der maßgebl. Initiator der „Grand Alliance“ zw. Großbrit., den USA und der UdSSR, in der sein Einfluß freil. begrenzt war. Seine Vorstellungen, die die Zurückdrängung des sowjet. Einflusses im Nachkriegseuropa bezweckten, konnte er gegenüber Stalin und Roosevelt nicht durchsetzen. Durch eine Wahlniederlage im Juli 1945 als Premiermin. abgelöst; plädierte für ein westl. Verteidigungsbündnis sowie die westeurop. Einigung (allerdings ohne Großbrit.); 1951–55 erneut Premiermin. Die Vielfalt seiner Talente als Kriegsführer, Parlamentarier, Redner, histor. Schriftsteller (Nobelpreis für Literatur 1953) und Maler macht C. zu einer der herausragenden Gestalten der brit. Geschichte.
Werke: Marlborough (4 Bde., 1933–38), Der Zweite Weltkrieg (6 Bde., 1948–53).
🕮 *Aigner, D.: W. C. Gött. u. a. 1975. - Churchill, R. S.: W. S. C. London 1966. 3 Bde.*

Churriter [xʊ...], (Hurriter), altoriental. Volk im 3.–2. Jt. in N-Mesopotamien und N-Syrien; urspr. südl. des Vansees beheimatet, traten erstmals um 2200 in N-Assyrien, um 2000 im O-Tigrisland auf; breiteten sich nach W über den oberen Euphrat hinüber aus; bildeten im Euphratbogen mit einer Oberschicht von Ariern gegen 1500 v. Chr. das zeitweise mächtige Reich Mitanni (auch Chanigalbat bzw. „Land Churri“ genannt; Hauptstadt Wassukanni), das bis an die Grenzen des Hethiterreichs und des ägypt. Reichs in NO-Syrien reichte und um 1350 v. Chr. während innerer Wirren dem Angriff der Hethiter erlag. Die Nennung der C. im A. T. (Horiter) meint wohl eine Restgruppe. - Die *Religion* der C. war in Kleinasien und Syrien weit bekannt. V. a. der Mythenkreis um den Göttervater Kumarbi mit dem Motiv der Göttergenerationen wurde von Phönikern und Griechen aufgenommen. Das Gesellschaftssystem war ritterl.-feudal mit einer kleinen Schicht von Streitwagenkämpfern an der Spitze.
🕮 *Die Altoriental. Reiche. Hg. v. E. Cassin u. a. Bd. 2. Dt. Übers. Ffm. 56.–60. Tsd. 1978.*

Chusrau Pascha ['xʊsraʊ] (türk. Hüsrev; Chosrau, Chosrew), * um 1756, † bei Konstantinopel 26. Febr. 1855, osman. Politiker. - Urspr. Sklave; seit 1801 Kommandant von Alexandria, Wesir und Statthalter von Ägypten; unterlag 1804 Mehmet Ali; seit 1827 Serasker (Kriegsmin.) mit fast unbegrenzter Macht; 1836 gestürzt; 1838 Chef des Kabinetts und Reformer der Zivilverwaltung, 1839 Großwesir; 1840 abgesetzt und (bis 1841) verbannt; 1846/47 nochmals Serasker.

Chwarism [xva'rɪzəm], altertüml. Namensform von ↑Choresmien.

Chwarism-Schah [xva'rɪzəm], Titel der von etwa 1100 bis 1220 in Choresmien herrschenden Fürsten, die sich von der Seldschukenherrschaft selbständig machten.

CIA [engl. 'si:aɪ'ɛɪ], Abk. für: ↑Central Intelligence Agency.

Ciano, Galeazzo [italien. 'tʃa:no], Graf von Cortellazzo, * Livorno 18. März 1903, † Verona 11. Jan. 1944 (hingerichtet), italien. Diplomat und Politiker. - Seit 1925 im diplomat. Dienst; heiratete 1930 Mussolinis Tochter Edda, wurde 1933 dessen Pressechef und 1934 Leiter des Staatssekretariats (seit 1935 Ministeriums) für Presse und Propaganda; begr. als Außenmin. seit 1936 die Achse Berlin–Rom und war mitverantwortl. für die italien. Intervention im Span. Bürgerkrieg, die Besetzung Albaniens 1939 und den Angriff auf Griechenland 1940; begann 1939, die enge Bindung an Deutschland zu kritisieren, trat zu Beginn des 2. Weltkriegs für die Neutralität Italiens ein und distanzierte sich nach den italien. Niederlagen 1942/43 offen von der Kriegspolitik Mussolinis; 1943 entlassen, stimmte im Faschist. Großrat (Mgl. seit 1935) für den Sturz Mussolinis; flüchtete nach Deutschland, interniert, später ausgeliefert, zum Tod verurteilt und erschossen. Seine Tagebücher und Aufzeichnungen sind eine wichtige Quelle für die Vorkriegs- und Kriegszeit.

Cicero, Marcus Tullius, * Arpinum (= Arpino) 3. Jan. 106, † bei Caieta (= Gaeta) 7. Dez. 43, röm. Staatsmann, Redner und Philosoph. - Als erfolgreicher Anwalt (berühmt v. a. Prozeß und Anklage gegen Verres, 70) schuf C. die Voraussetzungen für seine polit. Karriere, die den aus dem Ritterstand kommenden „Homo novus“ zur Prätur (66) und zum Konsulat (63) führte. Bes. durch die Aufdeckung und energ. Unterdrückung der Verschwörung des Catilina (vier Reden gegen Catilina) gelang es ihm, den Führungsanspruch des Senats ein letztes Mal durchzusetzen, doch scheiterte sein Widerstand gegen die Maßnahmen des Konsuls Cäsar (59), mit dessen Einverständnis ihn sein persönl. Feind, der Volkstribun Clodius Pulcher, zum Exil zwang (März 58–Sept. 57). Danach entstanden seine Hauptwerke „De oratore“ („Über den Redner“; 55), „De re publica“ („Über den Staat“; 54–51), „De legibus“ („Über die Gesetze“; postum veröffentlicht). 51/50 verwaltete C. als Prokonsul erfolgreich die Prov. Kilikien. Trotz Cäsars Werben schloß C. sich im Bürgerkrieg zögernd Pompejus an (Juni 49), blieb aber passiv und wurde von Cäsar begnadigt (25. Sept. 47). Bald wandte er sich jedoch enttäuscht wieder der literar. Tätigkeit zu: u. a. „Tusculanae disputationes" („Gespräche in Tusculum"; 45). An der Verschwörung gegen Cäsar war er nicht beteiligt, begrüßte aber dessen Ermordung (15. März 44) als Chance zur Wiederherstellung der alten Verfassung. Im Kampf gegen Antonius wurde C. noch einmal zum Führer des Senats (seit Dez. 44; 14 Philipp. Reden gegen Antonius), wobei er sich mit den Konsuln und dem jungen Oktavian verband. Der Tod der Konsuln (April 43), der Staatsstreich Oktavians (Aug. 43) und dessen Verständigung mit Antonius und Lepidus (Okt. 43) machten seine Pläne illusorisch. Als Geächteter wurde C. bei dem Versuch, zu Brutus und Cassius in den O zu entkommen, im Auftrag des Antonius ermordet. - Die Verbreitung der griech. Philosophie in der röm. Welt und ihre Verbindung mit den Überlieferungen der Res publica ist die eigtl. Leistung seiner zahlr. philosoph. Schriften, die das Denken der christl. Spätantike (Hieronymus, Augustinus) und des Abendlandes (seit Petrarca) nachhaltig beeinflußten.

🕮 *Giebel, Marion: C. Rbk. 1977. - Pöschl, V.: Röm. Staat u. griech. Staatsdenken bei C. Darmst. Nachdr. 1976. - Görler, W.: Unterss. zu Ciceros Philosophie. Hdbg. 1974. - Das neue C.bild. Hg. v. K. Büchner. Darmst. 1971. - Gelzer, M.: C. Ein biograph. Versuch. Wsb. 1969.*

Cid, el [tsi:t, si:t; span. θið; frz. sid; von arab. saijid „Herr"], gen. el Campeador („der Kämpe"), eigtl. Rodrigo (Ruy) Díaz de Vivar, * Vivar del Cid bei Burgos um 1043, † Valencia 10. Juni 1099, span. Ritter und Nationalheld. - Als Sohn eines kastil. Adligen mit dem späteren König Sancho II. erzogen, dem er im Kampf um das Erbteil des Bruders, Alfons VI. von León, diente; nach der Ermordung Sanchos II. (1072) von dessen Nachfolger Alfons VI. dennoch in seine Dienste genommen und mit einer Verwandten, Jimena Díaz vermählt; trat 1081 auf die Seite des maur. Fürsten von Zaragoza und kämpfte u. a. auch gegen die Christen. Eroberte 1094 Valencia, das er bis zu seinem Tode gegen die Almoraviden behauptete.

Cincinnatus, Lucius Quinctius, röm. Staatsmann des 5. Jh. v. Chr. aus patriz. Geschlecht. - Soll 458 vom Pflug weggeholt und zum Diktator ernannt worden sein, um das von den Äquern eingeschlossene Heer des Konsuls Lucius Minucius Esquilinus zu befreien; legte nach Sieg und Triumph die Diktatur nieder; 439 erneut Diktator, um die Unruhen der Plebejer zu unterdrücken.

Cinna, röm. Familienname, v. a. im patriz. Geschlecht der Cornelier und im plebej. Geschlecht der Helvier:

C., Lucius Cornelius, † Ancona 84 v. Chr., röm. Konsul. - Gegen Sullas Willen zum Konsul für 87 gewählt; aus Rom vertrieben, verband sich mit Marius und eroberte die Stadt; der anschließenden Schreckensherrschaft fielen viele polit. und persönl. Gegner zum Opfer; jährl. wiedergewählter Konsul 86–84; von meuternden Soldaten getötet, als er gegen Sulla Truppen nach Epirus übersetzen wollte.

C., Lucius Cornelius, röm. Prätor (44 v. Chr.). - Lobte die Mörder Cäsars, weshalb ihn das erbitterte Volk lynchen wollte, wegen einer Verwechslung aber den Volkstribunen Gajus Helvius Cinna tötete (März 44).

Cinquecento [tʃɪnkveˈtʃɛnto; italien.], italien. Bez. für das 16. Jh., im Zusammenhang mit Kultur und Kunst in Italien (Renaissance, Manierismus) verwendet.

Cinque Ports [engl. ˈsɪŋk ˈpɔ:ts „fünf Häfen"], Bez. für den Bund der engl. Hafenstädte Hastings, Romney, Hythe, Dover, Sandwich, später noch Winchelsea und Rye, denen 30 Städte in Kent und Sussex assoziiert waren; entstanden wohl im 11. Jh.; stellten als Leistung für außerordentl. Privilegien bis ins 14. Jh. den Kern der engl. Flotte.

CIO [engl. ˈsi:aɪˈoʊ], Abk. für engl.: **C**ongress of **I**ndustrial **O**rganizations (↑Gewerkschaften [Übersicht; Amerika]).

Circus maximus [lat.], größter und ältester Zirkus Roms, im Tal zw. Palatin und Aventin; 600 m lang und 150 m breit; angebl. schon in der Königszeit gegr., seit dem 4. Jh. v. Chr. mehrmals umgebaut; soll zuletzt zw. 140 000 und 385 000 Zuschauer gefaßt haben; Ort der ↑zirzensischen Spiele.

Cirksena [ˈtsɪrksəna], ostfries. Häuptlingsgeschlecht; begründete seine Herrschaft von Greetsiel aus; 1464 mit der Reichsgrafschaft Ostfriesland belehnt; 1654 in den Fürstenstand erhoben; 1744 erloschen.

Cisalpinische Republik ↑Zisalpinische Republik.

***Ciskei,** Bantuheimatland der Xhosa in der östl. Kapprovinz, Republik Südafrika, 9 185 km², 660 000 E (1981). Hauptstadt Zwelitsha, künftige Hauptstadt Alice. Amtssprachen sind Englisch, Afrikaans und Xhosa. Erhielt 1972 als drittes Bantuheimatland Selbstregierung.

Cisleithanien ↑Zisleithanien.

Cisneros, Francisco Jiménez de ↑Jiménez de Cisneros, Francisco.

Cispadanische Republik ↑Zispadanische Republik.

Cisrhenanische Republik ↑Zisrhenanische Republik.

Cistercienster ↑Zisterzienser.

Cîteaux [frz. siˈto], frz. Kloster in Burgund, Dep. Côte-d'Or, in der Gemeinde Saint-Nicolas-lès-C., 23 km südl. von Dijon. 1098 von Robert von Molesme und Alberich gegr. Reformkloster, das zum Mutterkloster des Zisterzienserordens wurde.

Citoyen [sitoaˈjɛ̃:; lat.-frz.], Bürger;

urspr. der stimm- und wahlberechtigte Bürger der Cité („Stadt"); *C.* und *Citoyenne* wurden 1792 in Frankr. als allg. Anrede an Stelle von Monsieur und Madame eingeführt (bis 1804; außerdem 1848).

Citrine, Walter McLennan, Baron (seit 1946) C. of Wembley [engl. sɪˈtriːn], * Liverpool 22. Aug. 1887, brit. Gewerkschaftsführer. - Seit 1914 Gewerkschaftssekretär, 1926–1946 Generalsekretär des brit. Gewerkschaftsbundes (TUC), 1928–45 Präs. der Internat. Gewerkschaftsbundes (IGB), 1945/46 des Weltgewerkschaftsbundes.

City [ˈsɪti; engl.; zu lat. civitas „Bürgerschaft, Gemeinde"], im engl. Sprachbereich urspr. ein histor.-rechtl. Begriff, eine Stadt mit eigener Verwaltung und beschränkter Gesetzgebungsgewalt; heute - im Ggs. zu Town - jede größere Stadt.

Ciudad [span. θi̯uˈðað; zu lat. civitas „Gemeinde"], span. Bez. für Stadt.

Civilis, Gajus Julius, german. Freiheitskämpfer aus vornehmem Geschlecht der Bataver im 1. Jh. n. Chr. - Stand in röm. Dienst; zettelte 69 n. Chr. einen Befreiungskrieg gegen Rom an, der 69/70 zum Abfall gall. Gebiete, german. Föderierter und röm. Legionen führte; mußte schließl. 70 kapitulieren.

Civil Rights [engl. ˈsɪvɪl ˈraɪts], im Sprachgebrauch der USA bestimmte Bürgerrechte, die darauf abzielen, daß alle Bürger ohne Rücksicht auf Rassenzugehörigkeit, Hautfarbe, nat. Herkunft, Religion und Geschlecht im staatl. und gesellschaftl. Leben die gleichen Rechte genießen und nicht diskriminiert werden sollen. Die C. R. gehen über die klass. Grundrechte (**Civil Liberties**) hinaus, die dem Bürger ledigl. eine staatsfreie Sphäre sichern, d. h. ihn davor bewahren, daß die staatl. Gewalt ohne zwingenden Grund seine Freiheit beschränkt (z. B. Schutz des Eigentums und der Vertragsfreiheit). Die erste C. R. Act wurde nach dem amerikan. Bürgerkrieg im Jahre 1866 erlassen. Sie bestimmte u. a., daß alle Bürger der USA ohne Rücksicht auf Rasse und Farbe berechtigt sind, zu erben, zu kaufen und zu verkaufen, zu mieten sowie Eigentum zu haben und zu übertragen. Die Einhaltung der C.-R.-Gesetzgebung wird von einer Reihe von Behörden (u. a. Generalstaatsanwalt) und Vereinigungen überwacht.

Civis [lat.], im antiken Rom Bez. für einen Angehörigen der röm. Bürgerschaft *(civitas Romana)*; Vollbürger oder Halbbürger ohne Stimmrecht *(civis sine suffragio)*.

Civitas (Mrz. Civitates) [lat.], im *Röm. Reich* Bez. für jede Art Staatswesen mit den Voraussetzungen bürgerl. Selbstverwaltung; auch Bez. für die röm. Bürgergemeinde selbst.
◆ das für das Mgl. einer C. gültige Bürgerrecht, in Rom durch Geburt, Verleihung oder Freilassung erworben († auch Civis).
◆ Bez. für die geschlossenen, polit. selbständigen german. Volksgemeinden; in Gaue untergliedert; in der Völkerwanderungszeit ging die Bez. auf die ummauerten Städte über.

Civitas Dei [lat. „Stadt (Gemeinde) Gottes"], Titel eines der Hauptwerke des Aurelius Augustinus und Zentralbegriff seiner Geschichtstheologie. Der C. D. gehören v. a. Engel und Menschen im Himmel an, sie verwirklicht sich aber auch schon in dem auf Erden wandernden Gottesvolk; die **Civitas terrena** („die ird. Stadt"), ihr Gegenbegriff, hat ihre Hauptrepräsentanten in den heidn. Staatsgebilden von Babylon und Rom. Umstritten ist, inwieweit Augustinus die sichtbare Kirche mit der C. D. identifiziert.

Clactonien [klɛktoniˈɛ̃ː; nach einer bei Clacton on Sea (Gft. Essex) gelegenen Fundstelle], altpaläolith. Fundgruppe in England und NW-Europa ohne Faustkeile; kennzeichnend sind u. a. vielseitig verwendbare Abschläge.

Clam, östr. Adelsgeschlecht aus dem Raum Wallersee (Salzburg); 1655 Reichsfreiherrn, 1759 östr. Grafen; 1768 wurde die Linie **Clam-Gallas,** 1792 die Linie **Clam-Martinic** begr.; bed.:

C.-Martinic (Clam-Martinitz) [...nɪts], Heinrich Karl Maria Graf, * Wien 1. Jan. 1863, † Schloß Clam bei Grein 7. März 1932, Politiker. - Polit. und persönl. dem Thronfolger, Erzherzog Franz Ferdinand, verbunden; seit 1894 einer der führenden Vertreter der Großgrundbesitzer im böhm. Landtag und östr. Herrenhaus; 1916 Ackerbaumin., 1916/17 östr. Min.präs.; sein Ausgleichsversuch mit den Nationalitätengruppen scheiterte.

Clan [klaːn; engl. klæn; gäl. „Abkömmling"], Sippen- oder Stammesverband im inselkelt. Bereich (heute noch v. a. im schott. Hochland), dessen Angehörige sich nach ih-

Circus maximus. Lageplan des antiken Roms

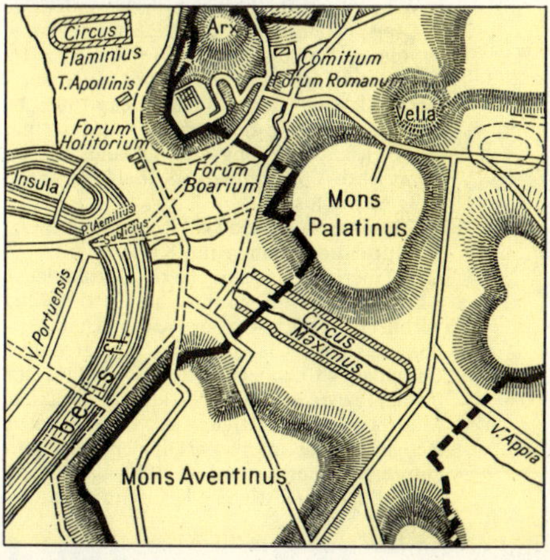

rem gemeinsamen Stammvater nennen; meist Verbindung des Namens mit „Mac" („Sohn"; z.B. McNeill). Die Farben der C., in Stoff eingewebte Karomuster (Tartan, Kilt), wurden erst im 18. Jh. zu festen Abzeichen.

Clapperton, Hugh [engl. 'klæpətn], * Annan (Dumfries) 18. Mai 1788, † bei Sokoto (Nigeria) 13. April 1827, brit. Afrikaforscher. - Erreichte von Tripolis aus 1822/23 den Tschadsee und Bornu; dann Kano, Katsina, Sokoto und Zaria; brach 1825 mit R. Lander vom Golf von Benin zum Niger auf, den sie überquerten, und von wo aus sie über Kano nach Sokoto reisten.

Clarendon [engl. 'klærəndən], Adelstitel (Earl of C.) in der engl. Familie *Hyde* (1661–1753) und in der Familie *Villiers* (seit 1776).

C., Edward Hyde, Earl of (seit 1661), * Dinton (Wiltshire) 18. Febr. 1609, † Rouen 9. Dez. 1674, engl. Staatsmann. - Seit 1643 Mgl. des Geheimen Rats, Schatzkanzler und Berater des späteren Karl II.; festigte als Lordkanzler Karls II. (1660–67) die Restauration der Staatskirche; 1667 gestürzt und des Hochverrats angeklagt; mußte nach Frankr. fliehen; zahlr. bed. histor. Schriften.

C., George William Frederick Villiers, Earl of (seit 1838), * London 12. Jan. 1800, † ebd. 27. Juni 1870, brit. Politiker und Diplomat. - 1847–52 Vizekönig von Irland, schlug den ir. Aufstand 1848 nieder; Außenmin. 1853–58, 1865/66 und 1868–70.

***Clark** [engl. klɑːk], Joseph, * High River (Alberta) 5. Juni 1939, kanad. Politiker. - Seit 1972 Unterhausabg. für die Progressive Conservative Party, seit 1976 deren Parteiführer; 1976–79 und erneut seit Dez. 1979 Oppositionsführer; Mai–Dez. 1979 Premierminister.

***C.,** Mark Wayne, * Madison Barracks (N. Y.) 1. Mai 1896, amerikan. General. - 1941/42 Stabschef in N-Afrika, wo er die Landung der Alliierten in Italien vorbereitete; nahm 1944 Rom ein; 1945–47 Hoher Kommissar in Wien; 1952/53 Oberbefehlshaber in Korea.

Claß, Heinrich, Pseud. Einhart; Daniel Frymann, * Alzey 29. Febr. 1868, † Jena 16. April 1953, dt. Publizist und Politiker. - Verbandsvors. der Alldeutschen 1908–39. Seine Konzeption der „völk. Diktatur" und der Weltmachtstellung Deutschlands war eine wesentl. Vorform der NS-Ideologie; nach 1933 einflußlos.

Claudische Straße ↑ Römerstraßen.

Claudius, Name röm. Kaiser:

C. (Tiberius Claudius Nero Germanicus), * Lugdunum (= Lyon) 1. Aug. 10. v. Chr., † Rom 13. Okt. 54, röm. Kaiser (seit 41). - Sohn des Nero Claudius Drusus; Nachfolger Caligulas; 43 Eroberung des SO Britanniens (röm. Prov.; ebenso Noricum, Thrakien, Mauretanien), Befestigung der Donaugrenze. Religiös, literar. interessiert, in der Rechtsprechung engagiert, stand C. sehr unter dem Einfluß seiner Gattinnen, bes. der dritten, Valeria ↑ Messalina (wegen ihres Lebenswandels mit dem Tode bestraft), und Agrippinas d. J., die ihn schließl. ermorden ließ.

🕮 *Momigliano, A.: C. the emperor and his achievement. New York Neuaufl. 1962.*

C. II. Gothicus (Marcus Aurelius Valerius Claudius), † Sirmium (= Sremska Mitrovica) 270, röm. Kaiser (seit 268). - Ihm gelang durch energ. Kriegsführung (Sieg über die Alemannen am Gardasee, vernichtende Niederlage der Goten bei Naissus [= Niš]) eine erneute Stärkung des Reichs.

Claudius, Name eines altröm. Patriziergeschlechtes (seit dem 4. Jh. v. Chr. auch eines plebej. Zweiges); bekannt v. a.:

C., Appius C. Caecus, röm. Zensor (312 v. Chr.) und Konsul (307 und 296). - Führte Neuerungen im Bauwesen (u. a. Straßenbau: Via Appia), im religiösen und im polit. Bereich (u. a. Ergänzung des Senats mit Söhnen von Freigelassenen) ein. Kämpfte als Konsul (296) und als Prätor (295) in Samnium und Etrurien; stellte sich 280 im Senat gegen das Friedensangebot des Pyrrhus.

Clausewitz, Carl Philipp Gottfried von, * Burg bei Magdeburg 1. Juni 1780, † Breslau 16. Nov. 1831, preuß. General und Militärtheoretiker. - Schloß sich 1808 dem Kreis der Reformer um Scharnhorst, Gneisenau und Boyen an; 1812–15 in russ. Diensten; 1815–18 Stabschef beim Generalkommando in Koblenz, dann als Generalmajor Verwaltungsdirektor der Allg. Kriegsschule (später Kriegsakademie) in Berlin; 1831 Chef des Generalstabes der preuß. Observationsarmee. Sein Hauptwerk „Vom Kriege" (1832–34) machte C. zum Begr. der modernen Kriegslehre. Seine Auffassungen über Strategie basieren, abgesehen vom theoret.-philosoph. Aspekt, auf Untersuchungen der Feldzüge Friedrichs d. Gr. und Napoleons I. und waren lange von großem Einfluß (u. a. auf Lenin).

Carl Philipp Gottfried von Clausewitz (Lithographie von F. Michelis nach einem Gemälde von W. Wach)

🕮 *Schramm, W. v.: C. Leben u. Werk. Mchn. 3 1981. - Aron, R.: C. - Den Krieg denken. Bln. 1980. - Paret, P.: C. and the state. Oxford 1976.*

Clausula rebus sic stantibus [lat. „Vorbehalt dafür, daß die Dinge so bleiben, wie sie sind"], 1. seit den ↑Postglossatoren der [vereinbarte oder als vereinbart geltende] Vorbehalt, kraft dessen ein Schuldversprechen (später jedes Geschäft) bei Veränderung der Verhältnisse seine bindende Wirkung verliert; 2. im Völkerrecht eine Doktrin der Staatenpraxis, mit der die vorzeitige Auflösung von völkerrechtl. Verträgen begründet wird, wenn Voraussetzungen oder Umstände, die bei Vertragsabschluß gegeben waren, sich in der Folgezeit geändert haben.

Clay [engl. klɛɪ], Henry, * Hanover County (Va.) 12. April 1777, † Washington 29. Juni 1852, amerikan. Politiker. - Demokrat. Abg.; 1806 auch Senator von Kentucky; 1811 in das Repräsentantenhaus gewählt, dessen Sprecher er fünfmal war; überbrückte in der Innenpolitik durch Kompromisse die regionalen Gegensätze: Missourikompromiß (1820), Zollkompromiß (1833), Kompromiß zw. N und S (1850); Außenmin. 1825–29; mehrmals Präsidentschaftskandidat.

C., Lucius D[uBignon], * Marietta (Ga.) 23. April 1897, † Chatham (Mass.) 16. April 1978, amerikan. General. - Seit 1945 Stellvertreter D. D. Eisenhowers; 1947–49 Militärgouverneur in der amerikan. Besatzungszone Deutschlands; Mitinitiator und Organisator der Luftbrücke während der Berliner Blockade; 1961/62 persönl. Beauftragter Präs. Kennedys in Berlinfragen.

Clayton-Bulwer-Vertrag [engl. 'klɛɪtn'bʊlwə] ↑Panamakanal.

Clemenceau, Georges Benjamin [frz. klemɑ̃'so], * Mouilleron-en-Pareds (Vendée) 28. Sept. 1841, † Paris 24. Nov. 1929, frz. Politiker. - Republikaner; im 2. Kaiserreich wiederholt inhaftiert; seit 1876 Abg., Führer der radikalsozialist. Linken mit dem Ziel einer Vollendung der Frz. Revolution. In den Panamaskandal verwickelt, verlor der brillante Redner 1893 sein Abg.mandat, wurde aber nach seinem Einsatz gegen die Rechte in der Dreyfusaffäre 1902 Senator. Als Min.präs. 1906–09 stützte er sich auf eine radikalsozialist. Mehrheit, anfangs auch auf die Sozialisten. Die angestrebte soziale Demokratie konnte er wegen der Gegensätze zw. radikalsozialist. Kleinbürgern und Bauern und sozialist. Arbeitern nicht verwirklichen. Nach Kriegsausbruch 1914 forderte er die Mobilisierung aller Kräfte der Nation, die er dann als Min.präs. (seit Nov. 1917) mit diktator. Vollmachten durchführte. Überzeugt von der dt. Kriegsschuld trat er für harte Friedensbedingungen ein. Bei den Präsidentschaftswahlen 1920 unterlegen; zog sich, wohl die stärkste polit. Persönlichkeit der 3. Republik, aus der Politik zurück.

🕮 *Watson, D. R.: G. C. London 1974.*

Clemens ↑Klemens.

Cleve, Herzogtum, ↑Kleve.

Cleveland, Stephen Grover [engl. 'kli:vlənd], * Caldwell (N. J.) 18. März 1837, † Princeton (N. J.) 24. Juni 1908, 22. und 24. Präs. der USA. - Gouverneur von New York (1882); setzte sich als Präs. 1885–89 und 1893–97 für eine gesunde Finanzpolitik ein und trat in der Tarifreform von 1894 als Gegner der Schutzzollpolitik hervor; zwang 1895 Großbrit. zu einer friedl. Regelung des Grenzkonfliktes mit Venezuela; sorgte in der Hawaii- (1893) und in der Kubakrise (1895) für friedl. Lösungen.

Cliff-dwellings [engl. 'klɪf,dwɛlɪŋz „Felsenwohnungen"], Siedlungstyp der Anasazitradition während der Pueblo-III-Phase (1100–1300), bes. in SW-Colorado; Anlage der mehrstöckigen Häuser vom Pueblotyp unter überhängenden Felsen entlang tiefeingeschnittener Täler.

Clive, Robert [engl. klaɪv], Baron C. of Plassey (seit 1762), * Styche (Shropshire) 29. Sept. 1725, † London 22. Nov. 1774 (Selbstmord), brit. General und Staatsmann. - Kam 1743 als Angestellter der Ostind. Kompanie nach Madras; wurde Offizier; sein entscheidender Sieg über den Nabob von Bengalen bei Plassey 1757 wurde Basis der brit. Macht in Ostindien; als Gouverneur und Oberbefehlshaber der brit. Streitkräfte in Ostindien gelang es ihm 1765, mit dem Großmogul für die Ostind. Kompanie Verwaltungsverträge für die Prov. Bengalen, Bihar und N-Orissa abzuschließen; 1767 wegen Amtsmißbrauchs angeklagt, aber rehabilitiert.

Cloaca maxima [lat.], der älteste, vom 6.–1. Jh. gebaute, zugleich bedeutendste Entwässerungskanal Roms; ermöglichte die Anlage des Forum Romanum.

Clodia, * um 94 v. Chr., Römerin. - Schwester des Volkstribunen Publius Clodius Pulcher, Gattin des Quintus Caecilius Metellus Celer; schön und gebildet, durch ihren Lebenswandel berüchtigt, als „quadrantaria" („Groschenhure") bezeichnet; von Catull als Lesbia verherrlicht.

Clodius Pulcher, Publius, * um 92 v. Chr., † bei Bovillae (vor Rom) 20. Jan. 52, röm. Volkstribun (58). - Setzte die Verbannung Ciceros durch; gestützt auf die röm. Plebs, terrorisierte er mit gedungenen Banden Rom; von den Leuten seines Gegners Milo im Straßenkampf erschlagen.

Cloviskomplex [engl. 'kloʊvɪs], paläoindian. Kultur in den USA (9500–8500), ben. nach der Stadt Clovis in New Mexico (eigtl. Llanokultur), v. a. Mastodontenjagd; verbreitet im SW und in den Prärien der USA; Steingeräte; kennzeichnend die **Clovisspitzen,** Projektilspitzen aus Stein mit Auskehlung an einer, selten an beiden Seiten.

Club of Rome, The [engl. ðə 'klʌb əv

'roʊm], lockere Verbindung von Wissenschaftlern und Industriellen. Ziele: Untersuchung, Darstellung und Deutung der „Lage der Menschheit" (sog. „Weltproblematik") sowie Aufnahme und Pflege von Verbindungen zu nat. und internat. Entscheidungszentren zum Zweck der Friedenssicherung, wobei „Frieden" verstanden wird als menschl. Zusammenleben auf der Grundlage sozialer Gerechtigkeit und Achtung vor den anderen Menschen sowie der Harmonie der Natur (globaler Rohstoffhaushalt und Umweltschutz). 1972 veröffentlichte der C. of R. „Die Grenzen des Wachstums"; Friedenspreis des Dt. Buchhandels 1973.

cluniacensische Reform ↑kluniazensische Reform.

Cluny [frz. kly'ni], frz. Ort in Burgund, Dep. Saône-et-Loire, 20 km nw. von Mâcon, 4 300 E. C. entstand bei der zw. 908 und 910 gegr. Benediktinerabtei, die zum bed. Reformzentrum für das abendländ. Mönchtum und die Gesamtkirche wurde (↑kluniazensische Reform). Im frühen 12. Jh. setzte der Niedergang der Mutterabtei und des Klosterverbandes ein. C. kam unter die Herrschaft des frz. Königs. Die Glaubensspaltung im 16. Jh. und die Frz. Revolution brachten den Untergang von C. (1790 Aufhebung der Abtei).

CNT [span. θeene'te], Abk. für: **C**onfederación **N**acional del **T**rabajo (↑Gewerkschaften [Übersicht; Europa]).

Cobbett, William [engl. 'kɔbɪt], * Farnham (Surrey) 9. März 1763, † bei Guildford 18. Juni 1835, brit. Politiker. - 1792–1800 in der Emigration (USA); bekämpfte in London bis 1803 die brit. Friedenspolitik gegenüber Napoleon I.; Anwalt des sozialen und polit. Rechts der verelendeten Land- und Fabrikarbeiter; seit 1815 Führer der unorganisierten brit. Arbeiterschaft; 1832 im Unterhaus.

Cobden, Richard, * Dunford Farm bei Midhurst (Sussex) 3. Juni 1804, † London 2. April 1865, brit. Nationalökonom und Wirtschaftspolitiker. - Initiierte 1838 die ↑Anti-Corn-Law-League, wurde 1841 Unterhaus-Abg.; sein größter Erfolg war die Abschaffung der Getreidezölle 1846. Als Nationalökonom versuchte er, die freihändler. Anschauungen der Vertreter des Manchestertums in der polit. und wirtsch. Praxis durchzusetzen.

Cobenzl, Ludwig Graf von, * Brüssel 21. Nov. 1753, † Wien 22. Febr. 1809, östr. Diplomat und Politiker. - Unterzeichnete 1797 den Frieden von Campoformio, führte 1801 die Friedensverhandlungen von Lunéville; 1801–05 Hof- und Staatsvizekanzler sowie Außenminister.

C., Philipp Graf von, * Ljubljana 28. Mai 1741, † Wien 30. Aug. 1810, östr. Politiker. - Vetter von Ludwig Graf von C.; schloß 1779 den Frieden von Teschen ab, wurde danach Hof- und Staatsvizekanzler, 1792/93 Hof- und Staatskanzler sowie Außenminister.

Cocceji, Samuel Freiherr von (seit 1749) [kɔk'tseːji], * Heidelberg 20. Okt. 1679, † Berlin 4. Okt. 1755, preuß. Jurist. - Prof. in Frankfurt/Oder; bed. Reformer des preuß. Justizwesens: u. a. preuß. Gerichtsordnung (1747–49), Vereinheitlichung der Gerichtsverfassung, Visitationsordnung (1754).

Cochise [engl. 'koʊtʃiːz, kɔ'tʃiːz], † 1874, Indianerhäuptling. - Kämpfte als Anführer von Apachentrupps gegen weiße Siedler und Soldaten in Arizona und Mexiko; Held von Western- und Populärromanen und zahlreicher Wildwestfilme.

Cochisekultur [engl. 'koʊtʃiːz, kɔ'tʃiːz], vorgeschichtl. Kulturfolge im SW der USA (Staaten Arizona und New Mexico); ben. nach dem eiszeitl. Lake Cochise in SO-Arizona; Grundlage der Anasazitradition, Hohokamkultur und Mogollonkultur; drei Phasen: Sulphur Springs (7000–5000); Chiricahua (5000–2000); San Pedro (2000–200).

Cochläus, Johannes [kɔx...], eigtl. Dobneck, Dobeneck, * Wendelstein bei Schwabach 10. Jan. 1479, † Breslau 11. Jan. 1552, dt. Humanist und kath. Theologe. - Rektor der Lateinschule in Nürnberg 1510–15; gab 1512 die Kosmographie des Pomponius Mela heraus, der er die 1. selbständige Beschreibung Deutschlands von einem Deutschen beifügte. 1540 als Hofkaplan Georgs von Sachsen in Augsburg, wo er zu den Verfassern der kath. Gegenschrift zum Augsburger Bekenntnis, der „Confutatio", gehörte; an den Religionsgesprächen in Hagenau, Worms und Regensburg (1540/41 und 1546) beteiligt. Seine Lutherbiographie (1549) hat bis ins 20. Jh. das kath. Lutherbild bestimmt.

Cod., Abk. für: **Cod**ex (↑Kodex).

Code [koːt; lat.-frz.], in der frz. Rechtssprache svw. Gesetzeswerk, Gesetzbuch (↑auch Kodex), v. a. die fünf napoleon. Gesetzbücher: 1. **Code civil** (C. civil des Français, **Code Napoléon**), das frz. Zivilgesetzbuch vom 21. 3. 1804; es ist trotz zahlr. Änderungen heute noch gültig. Auf Grund seiner einfachen und klaren Sprache sowie seiner damals fortschrittl., der Frz. Revolution entstammenden Grundgedanken (Gleichheit vor dem Gesetz, Anerkennung der Freiheit des Individuums und des Eigentums, Trennung von Staat und Kirche durch Einführung der obligator. Zivilehe) hat der C. civil erhebl. Einfluß auf den europ. Rechtskreis ausgeübt; er gilt auch in Belgien und Luxemburg. - 2. **Code de procédure civile,** das frz. Zivilprozeßbuch von 1806; er führte den Mündlichkeitsgrundsatz, den Öffentlichkeitsgrundsatz sowie die Grundsätze der freien Beweiswürdigung und des Parteibetriebes in den Zivilprozeß ein und übte starken Einfluß auf die Rechtsentwicklung in Deutschland aus. - 3. **Code de commerce,** die Kodifikation des gesamten frz. Handelsrechts von 1807. - 4. **Code d'instruction criminelle,** die frz. Strafprozeßordnung von 1808.

Sie schaffte den geheimen schriftl. Inquisitionsprozeß ab und ersetzte ihn durch ein mündl., öffentl., durch eine Anklage der Staatsanwaltschaft eingeleitetes Verfahren. Durch sie wurde das Schwurgericht zum ersten Male auf dem Kontinent nach engl. Vorbild eingeführt. - 5. **Code pénal** von 1810, das frz. Strafgesetzbuch.

Codex ↑Kodex, ↑Kodifikationen.

Codex Euricianus [lat.] ↑Eurich, König der Westgoten.

***Codex Iuris Canonici** [lat. „Gesetzbuch des Kanon. Rechts"], Abk. CIC, Gesetzbuch der kath. Kirche für den Bereich der lat. Kirche; es enthält die Grundlagen des kath. Kirchenrechts: Personen-, Sachen-, Prozeß- und Strafrecht. Auf Anordnung Pius' X. (19. März 1904) erarbeitet und am 27. Mai 1917 amtl. veröffentlicht; am 19. Mai 1918 in Kraft getreten. Für den Bereich der kath. Ostkirchen wurde 1929 mit den Kodifikationsarbeiten begonnen; wichtige Teilstükke wurden 1949–57 veröffentlicht. - Die Reform des CIC obliegt einer Kardinalskommission, die von Johannes XXIII. 1963 eingesetzt und von Paul VI. erweitert wurde.

Codex Justinianus [lat.] ↑Corpus Juris Civilis.

Codreanu, Corneliu Zelea, *Jassy 13. Sept. 1899, † Bukarest-Jilava 29. oder 30. Nov. 1938, rumän. Politiker. - Begr. mit A. C. Cuza 1923 die Liga Christlicher Nat. Verteidigung, die er 1927 in die Legion des Erzengels Michael (seit 1930 ↑Eiserne Garde) umbildete; 1938 wegen Hoch- und Landesverrats verurteilt; in der Haft ermordet.

Cody, William Frederick [engl. 'koʊdɪ], amerikan. Pionier, ↑Buffalo Bill.

Coelestin [tsø...] ↑Cölestin.

Coelius Antipater ['tsø:...] ↑Cölius Antipater.

Coen, Jan Pieterszoon [niederl. ku:n], * Hoorn (Nordholland) 8. Jan. 1587, † Batavia (= Jakarta) 21. Sept. 1629, niederl. Kolonialpolitiker. - Begr. die niederl. Kolonialmacht in SO-Asien; 1618–23 und 1627–29 Generalgouverneur von Niederl.-Indien; gründete 1619 die Stadt Batavia.

Cognac [frz. kɔ'ɲak], frz. Stadt 40 km westl. von Angoulême, Dep. Charente, 22000 E. - In der **Liga von Cognac** schloß König Franz I. von Frankr. 1526 mit Papst Klemens VII., Mailand, Florenz und Venedig ein Bündnis zur Wiederaufnahme des Kampfes gegen Kaiser Karl V.; führte 1527 zum ↑Sacco di Roma.

Coke, Sir Edward [engl. kʊk], * Mileham (Norfolk) 1. Febr. 1552, † Stoke Poges bei Slough, 3. Sept. 1634, engl. Jurist und Politiker. - Führte 1620–29 die Opposition des Unterhauses gegen absolutist. Ansprüche der Königsmacht und nahm nachhaltigen Einfluß auf die ↑Petition of Right; verfaßte eine systemat. Darstellung des Common Law.

Cola di Rienzo ↑Rienzo, Cola di.

Colbert, Jean-Baptiste [frz. kɔl'bɛ:r], Marquis de Seignelay (seit 1658), * Reims 29. Aug. 1619, † Paris 6. Sept. 1683, frz. Staatsmann. - Seit 1661 Oberintendant der Finanzen, später auch der königl. Bauwerke, der schönen Künste, der Fabriken und der Marine; schuf durch grundlegende administrative, wirtsch. und finanzielle Reformen im Innern die Voraussetzungen für die Außen- und Kolonialpolitik Ludwigs XIV., auf den er 1661–72 großen Einfluß ausübte; bedeutendster Vertreter des Merkantilismus (**Colbertismus**). Förderte Ind., Außenhandel und Schiffahrt, betrieb eine systemat. Kolonialpolitik, wurde der eigtl. Schöpfer der frz. Seemacht, verbesserte im Innern u. a. die Finanzverwaltung, begr. 1666 die Académie des sciences.

📖 *Malettke, K.: J.-B. C. Gött. u.a. 1977.*

Cölestin, Name von Päpsten:

C. I., hl., Papst (10. Sept. 422–27. Juli 432). - Römer; in den christolog. Kämpfen verurteilte er die Lehren des Nestorius auf einer röm. Synode 430 und durch seine drei Legaten auf dem Konzil von Ephesus 431.

C. V., hl., * Isernia 1215, † Schluß Fumone bei Anagni 19. Mai 1296, vorher Petrus von Murrone, Papst (5. Juli–13. Dez. 1294). - Einsiedler in den Abruzzen, wo um seine Zelle die Eremitengemeinde der **Cölestiner** entstand. Erließ am 10. Dez. eine Konstitution über die mögl. Abdankung von Päpsten und dankte am 13. Dez. 1294 ab.

Coligny, Gaspard de [frz. kɔli'ɲi], Seigneur de Châtillon, * Châtillon-sur-Loing (= Châtillon-C., Dep. Loiret) 16. Febr. 1519, † Paris 24. Aug. 1572, frz. Hugenottenführer. - 1552 Admiral von Frankr., 1555 Gouverneur der Picardie; geriet 1557 in span. Gefangenschaft und trat zum Kalvinismus über; übernahm neben Condé die Führung der Hugenotten; gewann großen Einfluß auf Karl IX. und versuchte, Frankr. in die prot. Front gegen Spanien einzugliedern; nach Scheitern eines Anschlags seiner Gegner, Katharinas von Medici und der Herzöge von Guise, eines der Opfer der Bartholomäusnacht.

Colijn, Hendrikus [niederl. ko:lɛin], * Haarlemmermeer 22. Juni 1869, † Ilmenau 16. Sept. 1944, niederl. Politiker. - Seit 1909 Abg. für die Anti-Revolutionaire Partij, seit 1922 ihr Vors.; mehrmals Min. (u. a. Finanzmin. 1923–25), 1925/26 und 1933–39 Min.-präs.; 1941 von den dt. Besatzungsbehörden interniert.

Cölius Antipater, Lucius (lat. Coelius A.; Cälius A.), * zw. 180 und 170, † nach 121, röm. Geschichtsschreiber. - Verfaßte eine Darstellung des 2. Pun. Krieges in 7 Büchern, die erste histor. Monographie in Rom (nur Fragmente erhalten).

Colleoni, Bartolomeo, * Solza (= Rivera d'Adda bei Bergamo) 1400, † Malpaga bei Venedig 4. Nov. 1475, italien. Kondottiere. -

Zunächst in neapolitan., dann in venezian. und mailänd. Diensten; 1454 von Venedig zum Generalkapitän ernannt, das sein reiches Erbe erhielt und ihm von A. del Verrocchio das berühmte Reiterstandbild errichten ließ.

Collins, Michael [engl. 'kɔlınz], * bei Clonakilty (Cork) 16. Okt. 1890, ⚔ bei Bandon (Cork) 22. Aug. 1922, ir. Politiker. - Als Mgl. der Sinn Féin-Bewegung unter de Valera Innen- und Finanzmin. (1919) sowie Chef für Organisation und Nachrichtenwesen der ir.-republikan. Armee; gehörte dann zu den Unterzeichnern des Vertrags über den Dominionstatus Irlands 1921; Mgl. der provisor. ir. Reg.; fiel im Bürgerkrieg als Oberbefehlshaber der Reg.truppen.

Colloredo, weitverzweigtes östr. Adelsgeschlecht, dessen Ahnherr, der schwäb. Adlige Wilhelm von Mels, 1302 Burg C. bei Udine erbaute; 1591 Vereinigung mit den Freiherren **von Waldsee (Wallsee);** 1629 und 1724 in den Reichsgrafenstand erhoben; der fürstl. Zweig (1763 Erhebung in den Reichsfürstenstand) nannte sich seit 1789 **Colloredo-Mannsfeld;** bed.:

C.-Waldsee, Franz de Paula Graf von, * Wien 23. Mai 1736, † ebd. 10. März 1806, östr. Politiker. - Erzieher des späteren Kaisers Franz II. (I.), 1792 zum Kabinetts- und Konferenzmin. ernannt; leitete 1801–05 mit L. Graf von Cobenzl die Außenpolitik.

C.-Waldsee, Joseph Graf von, * Regensburg 11. Sept. 1735, † Wien 26. Nov. 1818, kaiserl. Feldmarschall (seit 1789). - Führte als General-Artillerie-Direktor (seit 1779) wichtige Reformen durch; nahm 1788–90 am Türkenkrieg teil; seit 1809 Staats- und Konferenzmin., 1809–14 zugleich Kriegsminister.

Colombo, Cristoforo ↑ Kolumbus, Christoph.

C., Emilio, * Potenza 11. April 1920, italien. Politiker (Democrazia Cristiana). - Seit 1955 Min. in verschiedenen Ressorts; trug als Schatzmin. 1963–70 entscheidend dazu bei, die wirtsch. Krisen in Italien zu überwinden und hatte erhebl. Anteil an der Ausgestaltung der EWG; zeitweilig Präs. des Min.rats der EWG; 1970–72 Min.präs.; 1973/74 Finanz-, 1972 und 1974–76 erneut Schatzmin.; 1977–79 Präs. des Europ. Parlaments; seit März 1980 italien. Außenminister.

Colombo-Plan, 1950 in Colombo bei einer Konferenz der Außenmin. der Commonwealth-Staaten gefaßter, seit 1951 in Kraft stehender Beschluß zur Unterstützung der finanziellen, techn. und wirtsch. Entwicklung der Länder S- und SO-Asiens; nicht auf Mgl. des Commonwealth beschränkt; Mgl. sind: Afghanistan, Bangladesch, Bhutan, Birma, Fidschi, Indien, Indonesien, Iran, Kambodscha, Süd-Korea, Laos, Malaysia, Malediven, Nepal, Pakistan, Papua-Neuguinea, Philippinen, Singapur, Sri Lanka, Thailand, Vietnam; unterstützende Mgl. Großbrit., Kanada, Australien und Neuseeland, Japan, USA.

Colón, Cristóbal ↑ Kolumbus, Christoph.

Colonia (Mrz. Coloniae) [lat. „Ansiedlung"], in der Antike Bez. für Siedlungen außerhalb Roms und des röm. Bürgergebietes. Bekannte Kolonien: **Colonia Agrippinensis (Colonia Claudia Ara Agrippinensium)** = Köln; **Colonia Iunonia** = Karthago; **Colonia Caesaraugusta** = Zaragoza; **Colonia Raurica (Colonia Augusta Raurica** oder **Rauricorum)** = Augst; **Colonia Ulpia Traiana** = Xanten.

Colonna, seit dem frühen 12. Jh. erwähntes röm. Adelsgeschlecht; meist auf der Seite der Ghibellinen; seit dem 13. Jh. Rivalen der Orsini, neben denen sie bis zum 16. Jh. in der röm.-päpstl. Geschichte eine wichtige Rolle spielten; bed.:

C., Oddo (Oddone, lat. Odo) ↑ Martin V., Papst.

Colorado [kolo'ra:do, engl. kɔlə'rɑ:doʊ], B.staat der USA, 269 998 km², 3,04 Mill. E (1982), 11 E/km², Hauptstadt Denver.

Geschichte: Die Erforschung des Gebietes des heutigen C. begannen die Spanier im 16. Jh. Bis 1763 waren große Teile von C. zw. Spanien und Frankreich umstritten; erst der Verkauf von Louisiana brachte C. ganz in span. Besitz. Der östl. Teil wurde 1800 wieder frz.; die USA kauften ihn 1803 mit dem gesamten Louisiane. Der westl., span. Teil ging 1821 mit der Unabhängigkeit von Mexiko in dessen Besitz über; den O dieses Gebietes annektierte 1835 Texas, er kam mit diesem Staat 1845 zu den USA. Mit dem Frieden von Guadalupe Hidalgo, der den amerikan.-mex. Krieg (1846–48) beendete, war ganz C. amerikan. Besitz. 1861 wurde das Territorium C. in den Grenzen des heutigen Staates geschaffen. Seit dem 1. Aug. 1876 gehört C. den USA als 38. Bundesstaat an.

🕮 *Hafen, L. R.: C., the story of a western commonwealth. New York 1970.*

Colosseum [lat.] ↑ Kolosseum.

Coloureds [engl. 'kʌlədz; zu lat. color „Farbe"], allg. svw. Farbige; bezeichnet i. e. S. im Gesellschaftssystem Südafrikas die Mischlinge und die Nachkommen der eingewanderten Inder, die als rechtl., polit. und sozial abgegrenzte Gruppe von den Schwarzafrikanern und den Weißen unterschieden werden.

Columban (Columba) d. Ä., hl., gen. Columcille („Kirchentaube"), * Donegal 7. Dez. um 520, † auf Hy (= Iona) 9. Juni 597, ir. Missionar und Abt. - Gründete zahlr. Kirchen und Klöster in Irland; um 563 errichtete C. das westschott. Inselkloster Hy, von wo aus er die Pikten in Schottland missionierte.

C. d. J., hl., * Leinster (Irland) um 543, † Bobbio bei Piacenza 23. Nov. 615, ir. Missionar und Abt. - Verließ um 590 mit 12 Gefährten das Kloster Bangor, predigte im Frankenreich, wo er die Klöster Anegray, Fontaine und Luxeuil gründete.

Columbus, Christoph ↑Kolumbus, Christoph.

Comanche [engl. kəˈmæntʃɪ] (dt. Komantschen), einer der bekanntesten krieger. Indianerstämme der südl. Great Plains, USA; die C. spezialisierten sich auf die Büffeljagd und verbreiteten das Pferd in den nördl. Great Plains.

Combe-Capelle [frz. kõbkaˈpɛl], wichtiges Abri (vorgeschichtl. Wohnstätte unter einem Felsüberhang) 38 km osö. von Bergerac (Dordogne) mit mehreren paläolith. Kulturschichten; Bestattung eines etwa 40–50 Jahre alten Mannes.

Combes, Émile [frz. kõ:b], * Roquecourbe (Tarn) 6. Sept. 1835, † Pons (Charente-Maritime) 25. Mai 1921, frz. Politiker. - Führte als Min.präs. 1902–05 (zugleich Innen- und Kultusmin.) die radikale Trennung von Staat und Kirche durch.

COMECON (Comecon), Abk. für engl.: **Co**uncil for **M**utual **Econ**omic Assistance (seltener: Aid), dt.: Rat für gegenseitige Wirtschaftshilfe (Abk. RGW), Organisation zur wirtsch. Integration Ost- und Ostmitteleuropas auf der Basis der Koordination der nat. Volkswirtschaftspläne und der Spezialisierung und Kooperation der industriellen Produktion innerhalb der internat. sozialist. Arbeitsteilung.
Der C. wurde am 25. Jan. 1949 in Moskau von Vertretern der UdSSR, Polens, der Tschechoslowakei, Ungarns, Rumäniens und Bulgariens gegr. Am 21. Febr. 1949 traten ihm Albanien, am 29. Sept. 1950 die DDR bei. Die Mongol. VR wurde am 7. Juni 1962 Vollmitglied, Jugoslawien schloß am 17. Sept. 1964 einen Assoziierungsvertrag ab; Kuba gehört ihm seit 1972 an. Albanien, formell weiter Mgl., ist seit 1962 den Tagungen ferngeblieben; im Juni 1978 erfolgte der Beitritt Vietnams.

Comes (Mrz. Comites) [lat. „Begleiter"], zunächst Bez. für Mgl. der Stäbe röm. Statthalter und Feldherren; seit Augustus in kaiserl. Dienst und mit amtsähnl. Funktionen betraut, erhielten in der späten Kaiserzeit im zivilen und militär. Bereich bestimmte Kompetenzen; oft nur ein auszeichnender Titel. ◆ im Früh-MA der Gefolgsmann, dann auch der Graf; **Comes stabuli** ↑Konnetabel; **Comes palatinus** ↑Pfalzgraf.

Comines, Philippe de [frz. kɔˈmin] ↑Commynes, Philippe de.

Comité français de libération nationale [frz. kɔmitefrɑ̃sɛdliberasjõnasjɔˈnal] ↑Französisches Komitee der Nat. Befreiung.

Comitia imperii [...ri-i; lat.], Bez. für den alten dt. ↑Reichstag (bis 1806).

Commines, Philippe de [frz. kɔˈmin] ↑Commynes, Philippe de.

Commodus, Marcus Aurelius C. Antoninus (seit 191 Lucius Aelius Aurelius C.), * bei Lanuvium (?) 31. Aug. 161, † Rom in der Nacht zum 1. Jan. 193, röm. Kaiser (seit 180). - Sohn Mark Aurels und Faustinas der Jüngeren; 166 Caesar, 177 Augustus; Willkürherrschaft, sich verschärfender Gegensatz zum Senat, Günstlingswirtschaft, Ausschweifungen sowie sich steigernde Vorstellungen von eigener Göttlichkeit führten zu seiner Ermordung.

Common Law [engl. ˈkɔmən lɔ:], 1. [urspr.] das im ganzen engl. Königreich für alle Personen einheitl. geltende Recht im Unterschied zu den nur örtl. geltenden Gewohnheitsrechten und den nur für bestimmte Klassen oder Berufsangehörige geltenden Rechtsregeln; 2. das in England entwickelte und später in vielen Ländern, dem angelsächs. Rechtskreis (↑angelsächsisches Recht), übernommene gemeine Recht im Unterschied zum Civil Law, d. h. den aus dem röm. Recht abgeleiteten Rechtsordnungen; 3. das von den Gerichten geschaffene Fallrecht im Gegensatz zum Gesetzesrecht.

Common Prayer Book [ˈkɔmən ˈprɛɪəbʊk; engl. „Buch des gemeinsamen Gebets"] (Book of Common Prayer), in den Jahren 1541–49 entworfenes, 1549 unter Eduard VI. eingeführtes, mehrfach revidiertes liturg. und katechet. Buch der anglikan. Kirche.

Commons [engl. ˈkɔmənz „die Gemeinen"; zu lat. communis „gemein"], in England Vertreter der Ritter, Städte und Boroughs, 1265 erstmals mit dem feudalen Hochadel zu einem Parlament zusammengerufen; seit der Spaltung des Parlaments Mitte des 14. Jh. Bez. für die Mgl. des brit. Unterhauses (House of Commons).

Commonwealth [engl. ˈkɔmənwɛlθ], engl. Bez. für öffentl. Wohl, Gemeinwesen; Name der engl. Republik 1649–60. - ↑auch Britisches Reich und Commonwealth.

Commune ↑Kommune.

Commynes (Comines, Commines), Philippe van den Clyte, Seigneur de [frz. kɔˈmin], * Schloß Commynes bei Hazebrouck (Dep. Nord) um 1447, † Schloß Argenton (= Argenton-Château, Deux-Sèvres) 18. Okt. 1511, frz. Diplomat und Geschichtsschreiber. - Diente seit 1464 Karl dem Kühnen, seit 1472 König Ludwig XI. von Frankr.; seine seit 1489 verfaßten „Mémoires" (1542) stehen am Anfang der neueren Memoirenliteratur.

Compiègne [frz. kõˈpjɛɲ], frz. Stadt in der Picardie, Dep. Oise, 37000 E. - Am 11. Nov. 1918 wurden im Wald von C. der Waffenstillstand zw. dem dt. Reich und den Alliierten, am 22. Juni 1940 der dt.-frz. Waffenstillstand geschlossen.

Comte, Auguste [frz. kõ:t], * Montpellier 19. Jan. 1789, † Paris 5. Sept. 1857, frz. Mathematiker und Philosoph. - C., Schüler Saint-Simons, gilt als Begründer des Positivismus, der jede Metaphysik ablehnt. Die von C. so benannte „Soziologie" untersucht die Gesetze, denen auch die Gesellschaft unterliege.

In einer Gesellschaft herrsche Ordnung, solange in ihr weitgehendes Einverständnis über grundlegende Prinzipien besteht; Perioden des Umbruchs dienen dem Fortschritt, sofern sie zur Einsicht in die Gesetzmäßigkeit der gesellschaftl. Entwicklung und entsprechendem rationalen Handeln führen. Die Politik wird der „positiven Moral" untergeordnet, die die Selbstverwirklichung durch Sozialgebundenheit ersetzt.

Comte [frz. kõ:t; zu lat. ↑comes], frz. Bez. für Graf; dem Rang nach zw. dem Baron und dem Marquis stehend.

Comtesse [frz. kõ'tɛs], frz. Bez. für Gräfin (↑auch Comte). - ↑auch Komteß.

Comuneros [lat.-span.], Anhänger des (schließl. zur sozialrevolutionären Volksbewegung gewordenen) kastil. Aufstandes von 1520/21, gegen König Karl I., König von Spanien (Kaiser Karl V.).

◆ Kurzname für den span. Geheimbund „Confederación de Caballeros C." (auch „Söhne des Padilla") mit demokrat. Zielsetzung, nach 1823 von der Restauration rücksichtslos verfolgt.

Conant, James Bryant [engl. 'kɔnənt], * Dorchester (Mass.) 26. März 1893, † Hanover (N. H.) 11. Febr. 1978, amerikan. Chemiker und Politiker. - Seit 1929 Prof. an der Harvard University, deren Präs. 1933–53; 1953–55 Hochkommissar, 1955–57 erster Botschafter der USA in Bonn; zahlr. Arbeiten zur organ. Chemie und zur Bildungspolitik.

Condé [frz. kõ'de], Seitenlinie des Hauses Bourbon; begr. Mitte des 16. Jh., endete 1830; bed.:

C., Henri, Fürst von, * La Ferté-sous-Jouarte (Seine-et-Marne) 29. Dez. 1552, † Saint-Jean-d'Angély (Charente-Maritime) 5. März 1588. - Übernahm nach dem Tod seines Vaters Louis I die Führung der Hugenotten; floh nach der Bartholomäusnacht nach Deutschland und organisierte 1574–81 die polit.-staatl. Machtbasis der Hugenotten.

C., Louis I Fürst von, * Vendôme 7. Mai 1530, † Jarnac (Charente) 13. März 1569. - Leitete seit 1561 mit wechselndem Erfolg die Operationen der Hugenotten; gefangengenommen und erschossen.

C., Louis II, Fürst von, gen. „Le Grand Condé", * Paris 8. Sept. 1621, † Fontainebleau 11. Dez. 1686. - Schlug sich 1651 auf die Seite der Fronde und trat in den Dienst des span. Königs; 1659 begnadigt; kämpfte, nach Frankr. zurückgekehrt, siegreich in den Niederlanden und als Oberbefehlshaber in der Pfalz.

C., Louis Antoine Henri de, Herzog von Enghien ↑Enghien, Louis Antoine Henri de Condé, Herzog von.

Condorcet, [Marie Jean] Antoine [Nicolas de Caritat] Marquis de [frz. kõdɔr'sɛ], * Ribemont bei Saint Quentin 17. Sept. 1743, † Clamart (Hauts-de-Seine) 29. März 1794, frz. Mathematiker, Philosoph, Politiker. - Einer der Enzyklopädisten. Schloß sich 1789 der Frz. Revolution an; als einer der einflußreichsten Befürworter des gesellschaftl. Fortschritts entwickelte C. das Ideal des demokrat. Einheitsstaates. 1792 forderte er in seinem Entwurf einer „Nationalerziehung" die Beseitigung der Klassenunterschiede im Bildungswesen, dessen Autonomie gegenüber Kirche und Staat sowie eine Erwachsenenfortbildung. Seit 1792 Präs. der Gesetzgebenden Nationalversammlung; wurde als Girondist am 27. März 1794 verhaftet; Tod wenig später durch Erschöpfung oder Gift; 1795 Rehabilitierung.

Condottiere ↑Kondottiere.

Confederación Nacional del Trabajo [span. kɔnfeðera'θi̯ɔn naθi̯o'nal dɛl tra'βaxo], Abk. CNT, span. Gewerkschaft, ↑Gewerkschaften (Übersicht).

Confédération Générale du Travail [frz. kõfedera'sjõ ʒeneral dytra'vaj], Abk. C. G. T., frz. Gewerkschaft, ↑Gewerkschaften (Übersicht).

Confederation of British Industry [engl. kənfɛdə'rɛɪʃən əv 'brɪtɪʃ 'ɪndəstrɪ], Abk. CBI, Spitzenverband der brit. Arbeitgeberverbände.

Confédération Suisse [frz. kõfederasjõ'sɥis], amtl. frz. Name der Schweiz.

Confederazione Generale Italiana del Lavoro [italien. komfederat'tsi̯o:ne dʒene'ra:le ita'li̯a:na del la'vo:ro], Abk. C. G. I. L., italienische Gewerkschaft, ↑Gewerkschaften (Übersicht).

Confederazione Svizzera [italien. komfederat'tsi̯o:ne'zvittsera], amtl. italien. Name der Schweiz.

Confessio [lat.], das Glaubensbekenntnis, die Konfession; die Bekenntnisschrift (↑Bekenntnisschriften).

Confessio Augustana [lat.] ↑Augsburger Bekenntnis.

Confessio Helvetica [lat.], Name zweier reformator. Bekenntnisschriften. 1. **Confessio Helvetica prior** (1536), in 27 (bzw. 28) Artikeln über Glaube, Kirche und Ethos ein Bekenntnis über die ref. Lehre vor Calvin. 2. **Confessio Helvetica posterior** (1566), urspr. als eine Privatarbeit von dem Züricher Theologen H. Bullinger verfaßt zur Rechenschaft über die von ihm vertretene Lehre, der die schweizer. Städte (außer Basel), später auch ref. Kirchen im Ausland zustimmten.

Confessio tetrapolitana [lat. „Vier-Städte-Bekenntnisschrift"], reformator. Bekenntnisschrift der Städte Straßburg, Memmingen, Lindau und Konstanz (1530).

Confoederatio Helvetica [...fø...; lat.], Abk. C. H. oder CH, Bez. der Schweizer. Eidgenossenschaft.

Congress of Industrial Organizations [engl. 'kɔŋgrɛs əv ɪn'dʌstrɪəl ɔ:gənaɪ'zɛɪʃənz], Abk. CIO, amerikan. Gewerkschaftsverband, 1938 gegr.; seit 1955 mit der American Federation of Labor (AFL) zur AFL-CIO zusammengeschlossen.

Connacht [engl. 'kɔnɔ:t] (Connaught), histor. Prov. in NW-Irland, umfaßt die Gft. Galway, Leitrim, Mayo, Roscommon und Sligo, 17122 km², 391000 E (1971). - Im MA eines der ir. Königreiche, reichte vom Atlantik bis zu Shannon und Erne; Anfang 13. Jh. wurde der W von Anglonormannen erobert; der NO blieb als Kgr. Brefni unabhängig; 1576 in die heutigen Gft. aufgeteilt.

Connecticut [engl. kə'nɛtɪkət], Bundesstaat im NO der USA, am Atlantik, südlichster der Neuenglandstaaten, 12973 km², 3,15 Mill. E (1982), 243 E/km², Hauptstadt Hartford; acht Counties.
Geschichte: Die Besiedlung des heutigen C. begann mit der Anlage einer niederl. Siedlung am 1614 entdeckten Connecticut River; 1633 bauten die Niederländer ein kleines Fort am Platze des heutigen Hartford, das mit dem ganzen niederl. Besitz in Nordamerika 1654 brit. wurde. In den Jahren 1634/35 ließen sich Engländer aus Massachusetts im heutigen C. nieder. Ihren Siedlungen schloß sich 1643 die 1638 von einer Siedlungsgesellschaft gegr. Kolonie New Haven an; für diese Neuenglandkonföderation konnte John Winthrop 1662 von König Karl II. von England die in der Charter für C. von 1639 verbrieften Rechte (v.a. Wahl des Gouverneurs) sichern. Schon 1665 waren die Grenzen des heutigen Staates mit Ausnahme der Westgrenze festgelegt; diese wurde 1786 fixiert, als C. alle Ansprüche auf seine westl. Territorien mit Ausnahme der Western Reserve im Gebiet der Großen Seen an die USA abtrat. 1776 erklärte sich C. zu einer unabhängigen Kolonie; unterstützte den Unabhängigkeitskampf der Kolonien mit Truppen. Im Jan. 1788 billigte C. als fünfter Staat die Verfassung der USA.
📖 *Bingham, H. J.: History of C. New York 1962. 4 Bde.*

Connétable [frz. kɔne'tabl] ↑Konnetabel.

Conrad von Hötzendorf, Franz Graf (seit 1918), * Penzing (= Wien) 11. Nov. 1852, † Bad Mergentheim 25. Aug. 1925, östr.-ungar. Feldmarschall. - Seit 1906 Chef des Generalstabs; trat 1908/09 für einen Präventivkrieg gegen die Politik der Irredenta in Italien und die serb. Expansion ein; 1911 vorübergehend entlassen; arbeitete im 1. Weltkrieg strateg. und polit. eng mit der dt. Obersten Heeresleitung zusammen; trat 1917 als Chef des Generalstabs aus polit. Gegensatz zu Kaiser Karl I. zurück.

Conseil [frz. kõ'sɛj; zu lat. consilium „Rat"], Rat, Ratsversammlung, Ratschlag; in Frankr. Namensteil zahlr. Institutionen; u.a. **Conseil constitutionnel,** Verfassungsrat (seit 1958); **Conseil de la République,** die 2. Kammer des Parlaments (1948–58); **Conseil d'État,** Staatsrat (1799 geschaffen; seit 1806 oberstes Verwaltungsgericht, seit 1872 von der Regierung unabhängig); **Conseil municipal,** Gemeinderat.

Conseil National du Patronat Français [frz. kõ'sɛj nasjɔ'nal dy patrɔ'na frã'sɛ], Abk. C.N.P.F., Spitzenorganisation der frz. Arbeitgeber; Sitz Paris.

Consejo [span. kɔn'sɛxo (↑Conseil)], Ratsversammlung bzw. Ratsbehörde in Spanien; am wichtigsten: **Consejo de Estado** (Staatsrat).

Conservative and Unionist Party [engl. kən'sə:vətɪv ənd 'ju:njənɪst 'pɑ:tɪ] ↑Konservative und Unionistische Partei.

Constable [engl. 'kʌnstəbl; zu lat. comes stabuli „Oberstallmeister"], in England und Schottland seit dem 12. Jh. bezeugter hoher Amtsträger der Krone mit vorwiegend militär. Funktionen; heute in Großbrit. ein beamteter Polizist, in den USA ein gewählter kommunaler Amtsträger zur Wahrung der öff. Ordnung. - ↑auch Konnetabel.

Constans, röm. Kaiser, ↑Konstans.

Constantinus ↑Konstantin.

Constantius, röm. Kaiser, ↑Konstantius.

Constituante [frz. kõsti'tɥã:t] ↑Konstituante.

Constitutio [lat.] ↑Verfassung.

Constitutio Antoniniana [lat.] ↑Caracalla.

Constitutio Criminalis Carolina ↑Carolina.

Consul ↑Konsul.

Consulares (Konsularen) [lat.] ↑Konsul.

Containment [engl. kən'teɪnmənt; zu lat. continere „zurückhalten"], Bez. für Eindämmungspolitik; von G. F. Kennan 1946/47 entworfenes außenpolit. Konzept, das davon ausging, daß die UdSSR den Status quo in Europa und Asien nicht durch militär. Aktionen ändern würde, wenn jeder sowjet. Druck mit Gegendruck beantwortet und der sowjet. Einflußbereich „eingedämmt" würde; vornehml. durch die Errichtung militär. Paktsysteme (NATO, SEATO, CENTO) praktiziert; führte direkt in die Phase des kalten Krieges.

Contarini, venezian. Patrizierfamilie, aus der 8 Dogen hervorgingen; u.a. **Domenico Contarini** (1043–70), der die Markuskirche errichten ließ, und **Jacopo Contarini** (1275–80), unter dem Venedig seinen Einflußbereich an der istr.-dalmatin. Küste und auf der Terra ferma vergrößern konnte; bedeutendstes Mgl. war **Gaspare Contarini** (* 1483, † 1542), als Politiker und Gelehrter gleich bed.; 1535 zum Kardinal berufen; Mgl. der päpstl. Reformkommission und Gegner Luthers; 1541 auf dem Regensburger Reichstag (vergebl.) um Verständigung und um Erhaltung der kirchl. Einheit in Deutschland bemüht.

Conte [italien.; zu lat. comes „Begleiter"],

Titel des italien. hohen Adels, dem dt. „Graf" entsprechend; stand dem Rang nach zw. Marchese und Visconte.

Contẹssa [italien.], italien. Adelstitel, die Frau des Conte.

Contrat social [frz. kõtrasɔ'sjal], der Gesellschaftsvertrag, bes. in der polit. Theorie von J.-J. ↑Rousseau von Bedeutung.

Conụbium [lat.], das Recht, eine gültige Ehe einzugehen; die Ehe selbst (röm. Recht).

Cọnze, Alexander, * Hannover 10. Dez. 1831, † Berlin 19. Juli 1914, dt. Archäologe. - 1887–1905 erster Generalsekretär des Dt. Archäolog. Instituts. Leiter der Ausgrabungen in Samothrake (1873–75) und Pergamon (1878–86 und 1900–12; Erwerbung des Pergamonaltars für Berlin). Verfaßte u. a. „Die att. Grabreliefs" (4 Bde., 1893–1922).

***C.,** Werner, * Neuhaus (Elbe) 31. Dez. 1910, dt. Historiker. - Prof. in Posen 1944, Münster 1952, Heidelberg seit 1957; einer der Begr. der modernen Sozialgeschichtsforschung in der BR Deutschland.

Cook [engl. kʊk], Frederick Albert, * Callicoon (N. Y.) 10. Juni 1865, † New Rochelle (N. Y.) 5. Aug. 1940, amerikan. Forschungsreisender. - Seine Behauptung, er habe 1906 den Mount McKinley bestiegen, v. a. aber sein Bericht über seine Ankunft am Nordpol 1908 vor Peary machten ihn zu einer umstrittenen Persönlichkeit, doch glaubt ihm die neuere Forschung großenteils.

C., James, * Marton-in-Cleveland (York) 27. Okt. 1728, † auf Hawaii 14. Febr. 1779, brit. Entdecker. - Trat 1755 in die Royal Navy ein; 1758–62 Kartierung des Sankt-Lorenz-Stroms, 1763–67 kartograph. Messungen in Neufundland. Im Auftrag der brit. Admiralität und der Königl. Geograph. Gesellschaft unternahm C. (seit 1775 Mgl. der Gesellschaft) drei Forschungsreisen: 1. *1768–71:* Beobachtete am 3. Juni 1769 auf Tahiti den Durchgang der Venus vor der Sonne zur Bestimmung der Entfernung Erde–Sonne. C. nannte die umliegenden Inseln zu Ehren der Königl. Geograph. Gesellschaft Gesellschaftsinseln, stellte den Doppelinselcharakter Neuseelands fest und erreichte die austral. O-Küste (April 1770). - 2. *1772–75* wies C. die Nichtexistenz der legendären Terra australis nach. Er überquerte 1773/74 zweimal den südl. Polarkreis und erreichte die Osterinsel, die Neuen Hebriden, Neukaledonien, die Süd-Sandwich-Inseln und Kap Bouvet. - 3. *1776–79* suchte C. eine nördl. Durchfahrt zw. Atlantik und Pazifik. Er entdeckte im Jan. 1778 die Hawaii-Inseln, mußte aber seine Fahrt nach N bei 70° n. Br. wegen Treibeis abbrechen; wurde auf Hawaii bei der Vermittlung in einem Streit mit Eingeborenen erschlagen. - Verfaßte mehrere Reiseberichte.

📖 *Villiers, A.: Captain J. C. Seefahrer u. Entdecker. Dt. Übers. Hamb. 1971.*

Coolidge, Calvin [engl. 'ku:lidʒ], * Plymouth (Vermont) 4. Juli 1872, † Northampton (Mass.) 5. Jan. 1933, 30. Präs. der USA (Republikaner). - 1912–15 Senator, 1919/20 Gouverneur in Massachusetts; ab 1921 Vizepräs., nach W. G. Hardings Tod (1923) Präs. (bis 1929); innenpolit. durch die Interessen der Wirtschaftsführer bestimmt, führte er die amerikan. Ind. zur Prosperität. Sein außenpolit. Programm war von einem gemäßigten Isolationismus geprägt.

Cooperative for American Remittances to Europe [später: to Everywhere] [engl. koʊ'ɔpərətɪv fə ə'mɛrɪkən rɪ'mɪtənsɪz tə 'jʊərəp], Abk. CARE, in den USA 1946 entstandene Hilfsorganisation, v. a. von privater Seite getragen; trug wesentl. dazu bei, die wirtsch. Not in Europa nach dem 2. Weltkrieg zu mildern. Ihre Aktion wurde in der BR Deutschland 1960, in Berlin (West) 1963 eingestellt; seit dem Koreakrieg auch auf asiat. Länder ausgedehnt.

Copán, bed. Ruinenstätte (Zeremonialzentrum) der Maya, bei Santa Rosa de C., W-Honduras. Entdeckt 1576; Ausgrabungen 1891–95 und 1937–42. Älteste Keramiken um 1000 v. Chr. Wichtigster Teil ist die „Akropolis" mit Pyramiden, Tempeln usw. Die 20 Stelen und Altäre werden zw. 618 und 783 datiert. C. entwickelte in der Skulptur einen eigenen, fast vollplast. Stil. Lange „Hieroglyphentreppe".

Corbie [frz. kɔr'bi], nordfrz. Stadt an der Somme, 15 km östl. von Amiens, 5 500 E. - Das 657/661 gegr. Kloster C. (1792 aufgehoben), das später die Benediktregel übernahm, erlangte im 9. Jh. polit. und kulturelle Blüte (nord. Mission, begr. u. a. das Kloster Corvey; bed. Bibliothek).

Corday d'Armont, Charlotte de [frz. kɔrdɛdar'mõ], * Saint-Saturnin-des-Ligneries (Orne) 27. Juli 1768, † Paris 17. Juli 1793, frz. Republikanerin. - Erstach 1793 aus Protest gegen den Blutterror ↑Marat im Bad; wenige Tage später guillotiniert.

Cordeliers [frz. kɔrdə'lje, eigtl. „Strickträger", Bez. für Franziskanermönche], 1790 von radikalen Jakobinern (v. a. Danton, Desmoulins, Brissot, Marat, Hébert) gegr., zunächst im ehem. Franziskanerkloster in Paris tagende „Gesellschaft der Freunde der Menschenrechte" zur Mobilisierung der hauptstädt. „menu peuple" („kleine Leute"; ↑auch Sansculotten); löste sich 1794 auf.

Cọ́rdoba, span. Stadt in Niederandalusien, am Guadalquivir, 251 000 E.

Geschichte: Hatte in karthag. Zeit (Ende 3. Jh. v. Chr.) große wirtsch. Bed.; 152 v. Chr. von den Römern besetzt (**Corduba**) und der Prov. Baetica eingegliedert; zeitweise Hauptstadt dieser Prov., später auch der Prov. Hispania Ulterior; seit 572 westgot.; 711 von den Arabern erobert, seit 756 Sitz des gleichnamigen **Emirats,** 929–1030 des **Kalifats von Córdoba,** entwickelte sich C., eine der reichsten Städte des ma. Europa, zu einem geistigen und kulturellen Zentrum des Islam; galt im 10. Jh. als das Mekka des W; nach 1010 begann der Abstieg von C., der sich seit dem 13./15. Jh. beschleunigte.

Cordon sanitaire [frz. kɔrdõsani'tɛ:r], Bezeichnung für Staaten, die einen Riegel gegen vermeintl. verderbl. ideolog. Einflüsse oder militär. Gefahren bilden; ab 1919 v. a. zur Kennzeichnung der bes. von Frankr. bis 1934 vorangetriebenen Politik einer Begrenzung der „bolschewist. Weltrevolution" auf Sowjetrußland durch Unterstützung der an Sowjetrußland grenzenden europ. Staaten seitens der Westmächte.

Coriolanus, Gnaeus Marcius, sagenhafter röm. Held des 5. Jh. v. Chr. - Erobert nach der Überlieferung in den Volskerkriegen die Stadt Corioli (493), nach der er seinen Beinamen erhält; muß wegen seiner starren Haltung gegen die Plebs Rom verlassen und führt das volsk. Heer gegen seine Vaterstadt; soll auf die Bitten von Mutter und Gattin jedoch die Belagerung Roms aufgegeben haben und deshalb von den Volskern ermordet worden sein.

Cornelia, † nach 121 v. Chr., altröm. Patrizierin. - Eine der bedeutendsten röm. Frauen; Tochter des Scipio Africanus d. Ä., Gattin des Tiberius Sempronius Gracchus, Mutter der Gattin des Scipio Africanus d. J., Sempronia, und der beiden Volkstribunen Tiberius und Gajus Gracchus.

Cornwall [engl. 'kɔ:nwəl] (amtl. C. and Isles of Scilly), südwestengl. Gft., umfaßt den sw. Teil der Halbinsel C. und die Scilly-Inseln; 3546 km^2, rund 414000 E, Verw.-Sitz Truro. Aus vorgeschichtl. Zeit reich an megalith. Denkmälern; in der Antike wegen seines Zinnbergbaus berühmt; zur Römerzeit von kelt. Dumnoniern besiedelt; im 6. Jh. Rückzugsgebiet von Kelten. König Egbert von Wessex setzte 823 die angelsächs. Oberhoheit durch; seit 1068 Grafschaft, wurde C. 1337 mit der Erhebung des jeweiligen Thronerben zum Herzog von C. das älteste engl. Hzgt.

Cornwallis, Charles [engl. kɔ:n'wɔlɪs], Marquis (1793) of, * London 31. Dez. 1738, † Ghazipur (Uttar Pradesh) 5. Okt. 1805, brit. General und Politiker. - Im nordamerikan. Unabhängigkeitskrieg zur Kapitulation gezwungen; 1786–93 und 1805 Generalgouverneur in Ostindien; unterdrückte 1798 als Vizekönig von Irland den ir. Aufstand und leitete die Union mit Großbrit. (1800) ein; unterzeichnete den Frieden von Amiens (1802).

Corona [lat.] der im antiken Rom zunächst v. a. von Priestern und jedem Opfernden getragene Kranz, der urspr. nur den Göttern zugestanden haben soll, später auch als Auszeichnung diente; der Triumphator trug die **Corona triumphalis** oder **Corona laurea** in Form eines Lorbeerkranzes.

Corps diplomatique [frz. kɔrdiplɔma'tik], Abk. CD, ↑diplomatisches Korps.

Corpus evangelicorum [lat.], die polit. Vertretung der ev. dt. Reichsstände auf dem Reichstag nach 1648, dem das **Corpus catholicorum** unter Kurmainz als Vertretung der kath. Reichsstände gegenüberstand. 1653 formierte sich in Regensburg das C. e. als gemeinsames Organ aller ev. Stände unter der Leitung von Kursachsen.

Corpus Inscriptionum Latinarum [lat.], Abk. CIL, maßgebl. Sammlung und Edition der lat. Inschriften. - ↑auch Epigraphik.

Corpus Juris Canonici [mittellat.], seit 1580 offizielle Bez. für eine Gruppe kirchl. Rechtssammlungen und Gesetzbücher, die vom 12. bis 15. Jh. entstanden: 1. ↑*Decretum Gratiani;* 2. *Liber Extra* (eigtl. Liber decretalium extra Decretum Gratiani): nach Gratian entstandene, private Kirchenrechtssammlungen; 1234 amtl. publiziert; 3. *Liber Sextus:* 1298 als 6. Buch des Liber Extra verkündete Sammlung der seit 1234 entstandenen Konzilsbeschlüsse und päpstl. Erlasse; 4. *Klementinen:* Gesetzessammlung Papst Klemens' V. (Kanones des Konzils von Vienne, päpstl. Dekretalen), nach seinem Tod in Kraft gesetzt; 5. *Extravaganten:* außerhalb der amtl. Sammlungen umlaufende Dekretalen, private Sammlungen neuerer Dekretalen. - Das C. J. C. war bis 1918, als es vom ↑Codex Iuris Canonici abgelöst wurde, die wichtigste Rechtsquelle der kath. Kirche und hatte großen Einfluß auch auf die Entwicklung des staatl. Rechts.

Corpus Juris Civilis [lat.], seit 1583 (krit. Ausgabe von D. Gothofredus) übl. Bez. für die im Auftrag des oström. Kaisers Justinian I. von dem Justizmin. Tribonianus 528–534 vorgenommene Sammlung des damals geltenden Rechts. Das C. J. C. besteht aus vier Teilen: 1. *Institutionen* (4 Bücher): ein amtl. Lehrbuch auf der Grundlage des gleichnamigen Werkes des klass. Juristen Gajus; 2. *Digesten* oder *Pandekten* (50 Bücher): eine Sammlung von Auszügen aus den Werken von etwa 40 jurist. Schriftstellern vorwiegend der klass. Zeit (1.–3. Jh.); 3. *Codex Justinianus* (12 Bücher): eine Sammlung von Gesetzen der Kaiser Hadrian bis Justinian I. auf der Grundlage älterer derartiger Sammlungen; 4. *Novellen:* eine [moderne] Sammlung von 168 aus der Zeit nach der Publikation der übrigen Teile (533/534) stammenden Gesetzen, größtenteils in griech. Sprache. - Während das C. J. C. nur schwer Eingang in die Praxis fand, erlangte es seit seiner Wiederentdeckung (Ende des 11. Jh.) und Glossierung eine überragende Bed. für die Rezeption des röm. Rechts.

Corradini, Enrico, * San Miniatello (= Montelupo Fiorentino) 20. Juli 1865, † Rom 1. Dez. 1930, italien. Schriftsteller, Journalist und Politiker. - Theoretiker des italien. Nationalismus; ab 1922 Mgl. der faschist. Partei, 1923 Senator; verfaßte zahlr. polit. Schriften.

Corregidor [kɔrɛxi'do:r; lat.-span.], Repräsentant der königl. Zentralgewalt in der span. Gemeinde ab Anfang 14. Jh.; entwickelte sich zum wichtigsten städt. Amtsträger; 1835 aufgehoben.

Corrigan, Mairead [engl. 'kɔrɪgən], * Belfast 27. Jan. 1944, nordir. Friedenskämpferin. - Schloß sich als eine der ersten den von B. Williams organisierten „Friedensmärschen gegen Terror und Gewalt" an und wurde zu einer der beiden Führerinnen dieser Friedensbewegung, deren Ziel die Versöhnung der Protestanten und Katholiken in Nordirland und das Ende des sinnlosen Tötens zw. den feindl. Konfessionen seit 1960 ist; erhielt 1977 zus. mit B. Williams nachträgl. den Friedensnobelpreis des Jahres 1976.

Cortaillodkultur [frz. kɔrta'jo], nach Funden in Cortaillod (Kt. Neuenburg, Schweiz) ben., neolith. Kulturgruppe in der W- und M-Schweiz mit Verbindungen zu O-Frankr. und Oberitalien (1. Hälfte des 3. Jt. v. Chr.); kennzeichnend u. a. eine dünnwandige Keramik, aus Holz geschnitzte und mit eingesetzten Silexklingen versehene Erntegeräte.

Cortes [zu lat. cohors „(den Praetor in der Prov. umgebendes) Gefolge"], in den Ländern der Pyrenäenhalbinsel - zeitweise auch in Sardinien - bis Anfang 19. Jh. die Versammlung der Landstände, danach in Spanien (bis 1936/39) und in Portugal (1822–1911) die Volksvertretung; gegenwärtig sind in Spanien die C. gesetzgebendes Organ; entstanden im 12./13. Jahrhundert.

Cortés, Hernán, * Medellín (Prov. Badajoz) 1485, † Castilleja de la Cuesta bei Sevilla 2. Dez. 1547, span. Konquistador. - Entstammte dem niederen Adel; nahm 1511 unter dem Kommando von D. de Velázquez an der Eroberung Kubas teil; leitete in dessen Auftrag 1519 eine Expedition zur Erkundung des Reichs der Azteken. Vom Río Tabasco aus, wo er im April 1519 landete, die Schiffe zerlegen ließ und (unter Überschreitung seiner Vollmachten) Villa Rica de Vera Cruz (= Veracruz Llave) gründete, brach C. ins Landesinnere auf, gelangte am 8. Nov. in die Hauptstadt Tenochtitlán (= Mexiko) und nahm den Aztekenherrscher Moctezuma II. Xocoyotzin gefangen (14. Nov.). Nachdem C. eine von Velázquez gegen ihn ausgesandte Armee besiegt und für sich gewonnen hatte, kehrte er in das inzwischen durch aztek. Widerstand erschütterte Tenochtitlán zurück, mußte es aber nach der Tötung Moctezumas durch Steinwürfe der aufständ. Bev. unter schweren Verlusten verlassen (30. Juni/1. Juli 1520). Nach der 2. Eroberung unterwarf er das Reich vollständig. 1522 zum Generalkapitän und (bis 1528) Statthalter von Neuspanien ernannt; zeigte bei der polit. Neugestaltung der Kolonie außergewöhnl. Fähigkeiten. 1525 Expedition nach Honduras, 1528–30 und seit 1540 Aufenthalt in Spanien (zuletzt 1541 Teilnahme an der fehlgeschlagenen Expedition Kaiser Karls V. gegen Algier).

📖 *Matis, H.: H. C. Eroberer und Kolonisator. Gött. u.a. 1967.*

Corvey [...vaɪ], ehem. Benediktinerabtei im östl. Teil von Höxter, NRW, als **Nova Corbeia** 822 von Corbie in der Picardie aus begründet; entwickelte sich zu einem bed. kulturellen Zentrum und zum Stützpunkt für die Christianisierung des Nordens. 1803 wurde C. säkularisiert.

Corvina [nlat.] (Bibliotheca Corviniana), die ehem. Bibliothek des ungar. Königs Matthias I. Corvinus, die erste humanist. Fürstenbibliothek nördl. der Alpen. V. a. kostbare Handschriften, z. T. eigens für die C. hergestellt; u. a. Meisterwerke der italien. Buchmalerei. Charakterist. sind vergoldete Renaissanceeinbände mit königl. Wappen. 1526 in türk. Besitz, die Bücher wurden zerstreut, von den 2000–2500 Bänden sind 172 erhalten (Corvinen).

Corvinus, Matthias ↑Matthias I. Corvinus, König von Ungarn.

Corvin-Wiersbitzki, Otto von [kɔr'vi:nvɪɛrs...], * Gumbinnen 12. Okt. 1812, † Wiesbaden 1. März 1886, dt. Publizist. - Entschiedener Demokrat, nahm 1848 am Aufstand in Baden teil; berichtete für verschiedene Zeitungen aus den USA, Großbrit. und vom Dt.-Frz. Krieg; zahlr. Schriften, am bekanntesten die „Histor. Denkmale des christl. Fanatismus" (1845, seit 1891 u. d. T. „Pfaffenspiegel").

Cosa, Juan de la, * Santoña (Prov. Santander) um 1460, † Tabasco (Mexiko) 1510, span. Seefahrer und Kartograph. - Begleiter von Kolumbus auf dessen ersten beiden Fahrten, dann Ojedas und Vespuccis; berühmt ist seine Karte von 1500, die neben eigenen die Entdeckungen von Kolumbus und Ojeda, die Ergebnisse der Fahrten G. Cabotos sowie die wirkl. Gestalt Afrikas verzeichnete.

Cosa, 273 v. Chr. gegr. röm. Kolonie latin. Rechts an der etrur. Küste in der Nähe des heutigen Orbetello; im 5. Jh. n. Chr. verödet; im 9. Jh. als **Ansedonia** neu besiedelt; z. T. gut erhaltene röm. Bauwerke.

Cosa Nostra [italien. „unsere Sache"], kriminelle Organisation in den USA, deren Mgl. v. a. Italiener oder Italoamerikaner sind; gegr. zur Kontrolle der illegalen finanziellen Erwerbsquellen (v. a. Prostitution, Rauschgifthandel und illegale Glücksspiele); hat ein das ganze Land umfassendes kriminelles Kartell errichtet und agiert unter strengster Geheimhaltung. - ↑auch Mafia.

Cosel (Cossel, Cossell), Anna Konstanze Reichsgräfin von (seit 1707), * Depenau bei Plön 17. Okt. 1680, † Stolpen bei Pirna 31. März 1765. - Mätresse Augusts II., des Starken, auf den sie gewissen Einfluß ausübte; wurde gestürzt und ab 1716 auf Schloß Stolpen in Haft gehalten.

Cosenza, italien. Stadt in der Region Kalabrien, 102000 E. Bei C. wurde 410 Alarich im Flußbett des Busento begraben.

Cosgrave [engl. 'kɔzgreɪv], Liam Thomas, * Templeogue (Dublin) 17. April 1920, ir. Politiker. - Sohn von William Thomas C. 1954–57 Außenmin.; 1965–77 Vors. der Fine Gael; 1973–77 Premierminister.

C., William Thomas, * Dublin 6. Juni 1880, † ebd. 16. Nov. 1965, ir. Politiker. - Nahm am Osteraufstand 1916 teil; 1919 Mgl. der ersten republikan. Reg.; konsolidierte mit Hilfe seiner Partei, der Fine Gael, als Min.-präs. 1922–32 die polit. Verhältnisse Irlands; führte 1932–44 die Opposition.

Cosimo, Name von Fürsten aus dem Haus ↑Medici; bed.:

C. I., * Florenz 11. Juni 1519, † Castello bei Florenz 21. April 1574, Herzog von Florenz (seit 1537), Großherzog von Toskana (seit 1569). - Schaltete die Opposition des florentin. Patriziats aus; zentralisierte die Verwaltung als Voraussetzung für eine absolutist. Herrschaft, die sich nach 1555 auf die ganze Toskana erstreckte; förderte Wiss. und Künste.

Cosmas von Prag, * um 1045, † Prag 21. Okt. 1125, böhm. Geschichtsschreiber. - Verfaßte 1119/22–1125 als Domdekan (ab 1099) unter Verwendung älterer Quellen, bes. der sagenhaften Überlieferung zur böhm. Frühgeschichte, die erste zusammenfassende Chronik Böhmens.

Costa, Afonso Augusto da [portugies. 'kɔʃtɐ], * Seia bei Guarda 6. März 1871, † Paris 11. Mai 1937, portugies. Jurist und Politiker. - Erster republikan. Justizmin. 1910/11; zw. 1913 und 1917 viermal Min.präs.; 1926 Präs. der Versammlung des Völkerbundes.

Costa Cabral, Antonio Bernardo da [portugies. 'kɔʃtɐ kɐ'βral], Graf (seit 1845) von Thomar, * Formas de Algodres 9. Mai 1803, † São João da Foz (= Porto) 1. Sept. 1889, portugies. Politiker. - Seit 1839 Justizmin., kurzfristig 1842 Min.präs.; amtierte anschließend als Innenmin. mit diktator. Gewalt; 1846 gestürzt; 1849–51 erneut Min.präsident.

Costa e Silva, Arturo da [brasilian. 'kɔsta i 'silva], * Taquari (Rio Grande do Sul) 3. Okt. 1902, † Rio de Janeiro 17. Dez. 1969, brasilian. General und Politiker. - 1964–1966 Kriegsmin., Staatspräs. 1967–69.

*Costa Rica

(amtl. Vollform: República de Costa Rica), Republik in Zentralamerika, zw. 8° und 11° n. Br. sowie 83° und 86° w. L. **Staatsgebiet:** C. R. erstreckt sich vom Karib. Meer zum Pazifik, es grenzt im N an Nicaragua, im O an Panama. Zu C. R. gehört die pazif. Insel Isla del Coco. **Fläche:** 50900 km². **Bevölkerung:** 2,65 Mill. E (1985), 52,2 E/km². **Hauptstadt:** San José. **Verwaltungsgliederung:** 7 Prov. **Amtssprache:** Spanisch. **Staatsreligion:** Röm.-kath. **Nationalfeiertag:** 15. Sept. (Unabhängigkeitstag). **Währung:** Costa-Rica-Colón (₡) = 100 Céntimos. **Internat. Mitgliedschaften:** UN, OAS, ODECA, MCCA, SELA. **Zeitzone:** Central Standard Time, d.i. MEZ – 7 Std.

Geschichte: Der älteste bekannte archäolog. Fund in C. R. wird um 9000 v. Chr. datiert, genauere Kenntnisse beginnen um 300 v. Chr. In Nicoya entstand in der mittelpolychromen Periode (800–1200) wahrscheinl. ein größeres Staatsgebilde nördl. mittelamerikan. Prägung. Erst während der spätpolychromen Periode (1200–1550) löste sich das zentrale Hochland aus dieser Bindung und entwickelte sich selbständig. Außerhalb dieser Entwicklung und unbeeinflußt von ihr blieb S-C. R. Als Teil der Region „Groß-Chiriquí" spiegelte es südl. Kulturströme wider. In der Zeit zw. 1100/1550 erfolgte die Invasion der chibchasprechenden Stämme in diesen Teil Z-Amerikas. Die Küste von C. R. wurde von Kolumbus 1502 auf seiner 4. Reise entdeckt. Die eigtl. Eroberung durch die Spanier erfolgte erst in den 1560er Jahren. Trotz der Zugehörigkeit zur Audiencia von Guatemala war die Handelsverbindung zum nahen Panama von größter Wichtigkeit. Dauernde Kämpfe gegen die Indianer und die damit verbundenen Ausgaben machten C. R. zu einer der ärmsten Prov. Die Loslösung von Spanien erfolgte ohne Kämpfe 1821 im Verband des Generalkapitanats Guatemala, das sich 1821 dem unabhängigen Kaiserreich Mexiko unter Itúrbide anschloß. Nach dessen Sturz (1823) löste sich das Generalkapitanat von Mexiko; seine Prov. bildeten als autonome Staaten die Zentralamerikan. Föderation. 1825 gab sich C. R. seine 1. Verfassung, aber erst 1848 konstituierte sich die Republik C. R. Bis zum Ende des 19. Jh. wechselten Revolutionen, Bürgerkriege und Kriege mit den Nachbarstaaten einander ab. In dem Maße, wie der polit. und wirtsch. Einfluß der USA in Z-Amerika zunahm, beruhigte sich die innen- und außenpolit. Lage des Landes. C. R. trat in beiden Weltkriegen an der Seite der USA in den Krieg ein, ohne sich jedoch an militär. Aktionen zu beteiligen. Auch wirtsch. geriet C. R. in den Bannkreis der USA, v. a. durch die Niederlassung amerikan. Bananenpflanzungsgesellschaften. Der bürgerkriegsartige Konflikt des Jahres 1948, der für die jüngere polit. und wirtsch. Entwicklung des Landes bestimmend wurde, brachte die Grundlagen für den Aufbau eines sozial orientierten demokrat. Verfassungsstaates. Nach den Wahlen von 1974 löste D. Oduber Quirós als Präs. J. Figueres Ferrer ab, dessen Politik der

freundschaftl. Beziehungen zu sozialist. Ländern er fortsetzte. Aus den Wahlen von 1978 ging die konservativ-rechtsliberale Koalition „Partido Unidad Opositora (PUO) als Sieger hervor. Zum Präs. wurde R. Carazo Odio (* 1926) gewählt; er wurde durch die Wahlen von 1982 von dem Sozialisten L. A. Monge abgelöst, dessen Partei PLN mit über 58% der Stimmen die absolute Mehrheit erreichte.
Politisches System: Nach der Verfassung von 1949 ist C. R. eine zentralist. verwaltete Republik mit präsidialem Regierungssystem. *Staatsoberhaupt* und als Regierungschef oberster Inhaber der *Exekutive* ist der Präs., vom Volk auf 4 Jahre gewählt. Die von ihm ernannten Min. des Kabinetts sind nur ihm verantwortl. Die *Legislative* liegt beim Kongreß, dessen Mgl. (z. Z. 57 Abg.) auf 4 Jahre gewählt werden. Die wichtigsten *Parteien* sind die konservativ-rechtsliberale Koalition Partido Unidad Opositora (PUO; 20 Sitze) und die Reg.partei, die sozialist. Partido Liberación Nacional (PLN, 33 Sitze; sie stellt auch den Präs.). Es gibt 4 nat. Gewerkschaftsbünde. *Verwaltung*smäßig ist C. R. in 7 Prov. gegliedert, an deren Spitze vom Präs. ernannte Gouverneure stehen. Das *Recht* ist am frz. und span. Vorbild orientiert. Die *Streitkräfte* wurden durch die Verfassung abgeschafft. Es gibt eine etwa 5 000 Mann starke, militär. organisierte Nationalgarde.

🕮 *Nuhn, H.: Regionalisierung u. Entwicklungsplanung in C. R. Hamb. 1978. - Fanger, U.: History and political system. In: Latin America and the Caribbean; a handbook. Hg. v. C. Veliz. London; New York 1968.*

Coste-Floret, Paul [frz. kɔstflɔ'rɛ], * Montpellier 9. April 1911, † ebd. 28. Aug. 1979, frz. Jurist und Politiker. - Seit 1940 führendes Mgl. der frz. Widerstandsbewegung (zus. mit seinem Zwillingsbruder Alfred C.-F.); 1943 Justizmin. in der Provisor. Reg. der frz. Republik in Algier, 1944 stellv. Kabinettschef und Justizmin., Abg. der MRP in beiden Konstituanten, 1945/46 und seit 1946 Mgl. der Nat.versammlung, 1947–52 Min. in verschiedenen Ressorts.

Costello, John Aloysius [engl. kɔs'tɛloʊ] (ir. Séan Ua Coisdealbha), * Dublin 20. Juni 1891, † ebd. 5. Jan. 1976, ir. Politiker. - 1933–1943 und seit 1944 Mgl. des ir. Parlaments, seit 1944 Führer der Fine Gael, 1948–51 und 1954–57 Min.präs.; unter seiner Reg. trat Irland 1949 aus dem Commonwealth aus, Oppositionsführer 1951–54 und 1957–59.

Coty, René [frz. kɔ'ti], * Le Havre 20. März 1882, † ebd. 22. Nov. 1962, frz. Politiker. - Rechtsanwalt; 1923–35 und 1945–48 Abg. (republikan. Linke bzw. unabhängige Republikaner), 1935–40 Senator der republikan. Union, 1947/48 Wiederaufbau- und Städtebaumin., 1949–53 Vizepräs. des Rates der Republik; Präs. der Vierten Republik 1953–59.

Coudenhove-Kalergi, Richard Nicolas Graf (C.-K.-Balli) [ku:dən'ho:və], * Tokio 16. Nov. 1894, † Schruns (Vorarlberg) 27. Juli 1972, Politiker und polit. Schriftsteller östr.-ungar. Herkunft. - Begr. der Paneuropa-Bewegung (1923), deren Programm und Ziele er in seinem Buch „Paneuropa“ (1923) festlegte; emigrierte 1938 (Schweiz/USA); 1949–46 Prof. für Geschichte in New York; ab 1947 Generalsekretär der von ihm gegr. Europ. Parlamentarier-Union; 1952–65 Ehrenpräs. der Europ. Bewegung; zahlr. Werke.

Cougnac [frz. ku'ɲak], 1952 entdeckte, 95 m tiefe Höhle bei Payrignac (Lot, Frankr.) mit jungpaläolith. Wandmalereien. - Abb. S. 308.

Council [engl. kaʊnsl], engl. svw. Beratung, Ratsversammlung, Rat; z. B. in Großbritannien ↑Privy Council, in den USA **National Security C.** (= Nat. Sicherheitsrat). Das Mitglied eines C.s heißt **Councillor.**

Count [engl. kaʊnt (zu ↑Comte)], Grafentitel; im Ggs. zum engl. Earl nur zur Bez. nichtbrit. Grafen.

Counteß ['kaʊntɛs; engl.], engl. Bez. für Gräfin (↑Count).

County [engl. 'kaʊntı; zu mittellat. comitatus „Grafschaft“], in Großbrit. und den USA Bez. für Gerichts- und Verwaltungsbez.

Courtoisie [kʊrtoa'zi:; frz.], in der *Heraldik* ↑Wappenkunde.

Courtrai [frz. kur'trɛ] ↑Kortrijk.

Coutumes [frz. ku'tym; zu lat. consuetudo „Gewohnheit“], in Frankr. nach Verfall der Kapitularien im 10. Jh. die Gewohnheitsrechte territorialer Geltung, oft für kleinste Gebiete; etwa 700 verschiedene C. sind bekannt; seit Ende 11. Jh. schriftl. aufgezeichnet; 1454 veranlaßte König Karl VII. ihre Kodifikation und Bearbeitung; galten z. T. bis ins 19. Jahrhundert.

Couve de Murville, Maurice [frz. kuvdəmyr'vil], * Reims 24. Jan. 1907, frz. Politiker. - Floh als Anhänger de Gaulles 1940 nach N-Afrika; 1950 Botschafter in Kairo, 1955 in Washington, 1956–58 in Bonn; vertrat als Außenmin. (1958–68) die außenpolit. Konzeption de Gaulles u. a. bei der Beendigung des Algerienkriegs, in den Fragen der EWG-Integration und der NATO-Politik, bei der Aussöhnung mit Deutschland und der Ostorientierung der frz. Außenpolitik; 1968/69 Ministerpräsident.

Covadonga [span. koβa'ðɔŋga], nordspan. Marienwallfahrtsort in der Prov. Oviedo. - Der erste Sieg gegen die Muslime in der **Schlacht von Covadonga** (wahrscheinl. Mai 722) unter Führung des Pelayo bezeichnet den Beginn der ↑Reconquista.

Covenant ['kʌvənənt; engl. „Bund“; zu lat. convenire „zusammenkommen“], 1. theolog. Lehre, die auf Grund alttestamentl. Anschauungen das Verhältnis zw. Gott und der Kirche als Bund auffaßt; sie gewann durch den schott. Reformator John Knox und durch den engl. Staatsmann Oliver Cromwell zentrale Bedeutung für den Puritanismus. 2. Bez. für Zusammenschlüsse schott. Presbyterianer im 16. und 17. Jh. zum Zweck der Verteidigung ihrer religiösen Rechte.

Covilhã, Pêro da (Pedro de) [portugies. kuvi'ʎɐ̃], * Covilhã um 1450, † in Äthiopien 1521 (?), portugies. Entdecker. - Reiste (z. T. mit A. de Paiva) im Auftrag König Johanns II. von Portugal über Rhodos, Alexandria, Kairo und Aden nach Calicut (= Kozhikode) und Goa, von dort nach Sofala an der afrikan. Ostküste; von der Reise nach Äthiopien (1492) kehrte er nicht zurück.

Craig, Gordon Alexander [engl. krɛɪg], * Glasgow (Schottland) 26. Nov. 1913, brit.-amerikan. Historiker. - 1950 Prof. an der Princeton University, ab 1961 an der Stanford University, seit 1962 außerdem an der Freien Universität Berlin. Schrieb u. a. „Die preuß.-dt. Armee 1640–1945“ (1955, dt. 1960, unveränderter Nachdr. 1980), „Geschichte Europas im 19. und 20. Jh.“ (1971, dt. 2 Bde., 1978/79), „Dt. Geschichte 1866–1945“ (1978, dt. 1980).

Cranmer, Thomas [engl. 'krænmə], * Aslacton (Nottingham) 2. Juli 1489, † Oxford 21. März 1556, engl. Reformator und Erzbischof. - 1524 Prof. in Cambridge. Schlug 1529 Heinrich VIII. vor, dessen Ehescheidungswunsch den europ. Universitäten zur Begutachtung vorzutragen und so die Anrufung des Papstes zu vermeiden. 1533 zum Erzbischof von Canterbury ernannt, hob C. den päpstl. Dispens der Ehe des Königs mit Katharina von Aragonien auf und erklärte sie damit für nichtig; er annullierte auch 1535 die Ehe mit Anna Boleyn, 1540 die mit Anna von Kleve. C. ließ die Bibel in engl. Sprache verbreiten, publizierte das erste Common Prayer Book (1549) und die 42 Artikel der anglikan. Kirche. Unter der Herrschaft Marias I., der Katholischen, verlor er seinen Bischofssitz, wurde 1553 eingekerkert und als Häretiker verbrannt.

Crassus [lat. „der Dicke“], röm. Beiname, bes. im plebej. Geschlecht der Licinier:
C., Lucius Licinius, * 140, † 91, röm. Konsul (95). Gehörte neben Marcus Antonius zu den bedeutendsten Rednern seiner Zeit. Gründete 118 die Kolonie Narbo Martius (Narbonne).

Crazy Horse [engl. 'krɛɪzɪ 'hɔːs] (indian. Tashunca-Uitco), * um 1840 (?), † 5. Sept. 1877, Siouxhäuptling vom Stamm der Oglala. - Galt als geistiger Führer der Indianer in den Kämpfen 1875–77; hatte maßgebl. Anteil am sog. Custer Massaker am Little Bighorn River; mußte sich 1877 ergeben; unter Arrest gestellt, angebl. auf der Flucht erschossen.

Crécy-en-Ponthieu [frz. kresiãpõ'tjø], frz. Ort im Dep. Somme, 1 500 E. - Hier besiegten 1346 die Engländer unter Eduard III. mit zukunftsweisender Taktik das überlegene frz. Ritterheer Philipps VI.

Creek [engl. kriːk], Konföderation von Muskogee sprechenden Indianerstämmen in Georgia und Alabama, USA; Mgl. der „Fünf Zivilisierten Nationen“; nach ihrer Vertreibung bildeten sie ihre polit. Organisation nach dem Vorbild der amerikan. Bundesregierung um.

Cremer, Sir (seit 1907) William Randal [engl. 'kriːmə], * Fareham (Hampshire) 18. März 1838, † London 22. Juli 1908, brit. Politiker und Arbeiterführer. - Führend in der Gewerkschaftsbewegung; trat u. a. als Gründer der Interparlamentar Friedenskonferenz (1887) für die Schlichtung internat. Streitigkeiten durch ein Schiedsgericht ein; Mgl. des Unterhauses 1885–95, 1900–08; erhielt 1903 den Friedensnobelpreis.

Crépy [frz. kre'pi], frz. Ort im Dep. Aisne, 10 km nw. von Laon, 1 400 E. - Der **Friede von Crépy** (1544) zw. Kaiser Karl V. und König Franz I. von Frankr. bestätigte auf der Basis der Verträge von Madrid (1526) und Cambrai (1529) territorial den Status quo; in einem zusätzl. Geheimvertrag verhieß Frankr. u. a. Unterstützung auch bei krieger. Vorgehen des Kaisers gegen die Protestanten.

Crescentius, Name von Vertretern der röm. Adelsfamilie der **Crescentier (Crescenzier),** die im 10. und 11. Jh. in Rom zu bed. Macht aufstieg; standen als Führer der röm.-nat. Politik in Rivalität zu den kaiserfreundl. Tuskulanern; bed.:
C., † Rom 7. Juli 984, Patricius von Rom. - Stürzte 973 Papst Benedikt VI. und setzte den Gegenpapst Bonifatius VII. ein; unterwarf sich 980 Kaiser Otto II. und wurde Mönch.
C., Johannes C. Nomentanus, † Rom 29. April 998, Patricius von Rom. - Sohn von C.; ergriff nach dem Tode Kaiser Ottos II. in Rom die Macht; nach dem Sieg Kaiser Ottos III. hingerichtet.

Crimen laesae maiestatis [lat. „Verbrechen der verletzten Majestät“] ↑ Majestätsverbrechen.

Cripps, Sir Stafford, * London 24. April 1889, † Zürich 21. April 1952, brit. Anwalt und Politiker. - Trat 1929 der Labour Party bei; 1931–50 Abg. im Unterhaus; gründete 1932 die Socialist League; aus der Labour Party ausgeschlossen (bis Kriegsende), als er 1939 eine gemeinsame Front mit den Kommunisten gegen Hitler forderte; Botschafter in Moskau 1940–42; 1942 Lordsiegelbewahrer und Führer des Unterhauses; 1942–45 Min. für Flugzeugherstellung; Handelsmin. 1945–47; Schatzkanzler 1947–50; maßgebl. Vertreter der Politik der ↑ Austerity.

Crispi, Francesco, * Ribera (Prov. Agrigent) 4. Okt. 1819, † Neapel 11. Aug. 1901, italien. Politiker. - Wirkte führend an der Expedition Garibaldis nach Sizilien mit; seit

Cougnac. Höhlenmalereien aus dem Jungpaläolithikum

1861 Abg. der äußersten Linken im Parlament, 1876 Kammerpräs., 1877/78 Innenmin., leitete als Min.präs. 1887–91 und 1893–96 (zugleich Innen- und Außenmin.) eine scharfe Unterdrückungspolitik gegen die beginnende sozialist. Bewegung ein und strebte, gestützt auf den Dreibund, die Gewinnung von Kolonien in NO-Afrika an (Eritrea 1890); gilt als Begr. des italien. Imperialismus.

Croce, Benedetto [italien. 'kro:tʃə], * Pescasseroli (L'Aquila) 25. Febr. 1866, † Neapel 20. Nov. 1952, italien. Philosoph, Historiker, Literaturwissenschaftler und Politiker. - C., der 1925 ein antifaschist. Manifest verfaßt hat, begr. 1943 die Liberale Partei neu. Als bedeutendster Vertreter des italien. Neuidealismus wandte er sich bes. gegen den italien. Positivismus des 19. Jh. In seinem universalen wissenschaftsmethod. Aufbau stehen sich einerseits „Logik" und „Ästhetik", zu der auch Sprache, Literatur und Geschichte zählen, und andererseits „Ökonomik" und „Ethik" als die theoret. und prakt. Seite gegenüber. Die Philosophie ist zum einen Methodologie zur Geschichte, zum anderen betrachtet sie die individuellen histor. Taten unter den universalen Kategorien des Schönen, Wahren, Nützlichen und Sittlichen.

Werke: Materialismo storico ed economia marxista (1900), Ästhetik... (1902), Logik... (1909), Philosophie der Praxis (1909), Goethe (1919), Geschichte Europas im 19. Jh. (1932), Die Geschichte als Gedanke und als Tat (1938).

Croix de feu [frz. krwad'fø] (dt. Feuerkreuz), 1927 gegr. frz. Frontkämpferorganisation; auf den Bürgerkrieg ausgerichteter nationalist. Wehrverband mit antiparlamentar.-autoritärer Zielsetzung; 1936 verboten; zählte zu den halbfaschist. Organisationen der Zwischenkriegszeit; Nachfolgeorganisationen: „Parti Social Français" (1937 verboten), „Progrès Social Français" (ab 1940).

Cro-Magnon [frz. kroma'ɲõ], Teil der frz. Gemeinde Les Eyzies-de-Tayac (Dordogne). In einer Höhle wurden 1868 fünf jungpaläolith., dem Aurignacien zuzurechnende Homo-sapiens-[sapiens-]Skelette gefunden.

Cromer, Evelyn Baring, Earl of (seit 1891) [engl. 'kroʊmə], * Cromer Hall (Norfolk) 26. Febr. 1841, † London 29. Jan. 1917, brit. Politiker. - 1883–1907 brit. Generalbevollmächtigter und Generalkonsul in Kairo; vertrat energ. die Interessen der brit. Kolonialpolitik; 1904 maßgebl. beteiligt am Abschluß der Entente cordiale.

Cromlech ↑ Kromlech.

Cromwell [engl. 'krɔmwəl], Name mehrerer engl. Staatsmänner:

C., Oliver, * Huntingdon (= Huntingdon and Godmanchester) 25. April 1599, † London 3. Sept. 1658, Staatsmann und Heerführer. - Gehörte dem Landadel an; wurde als Mgl. des Unterhauses (seit 1628) zum strengen Puritaner; 1640 Mgl. des Langen Parlaments, organisierte nach Ausbruch des Bürgerkriegs das Heer des Parlaments. Doch erst als Karl I. 1646 floh, um mit den Schotten ein Bündnis einzugehen, sah C. keine Chance einer Einigung mehr. Nach dem Sieg über die Schotten (1648) vertrieb er die Presbyterianer aus dem Unterhaus und veranlaßte die Hinrichtung des Königs (1649). In der Republik wurde C. 1. Vors. des Staatsrats. Nach blutigen Feldzügen in Irland (1649) besiegte er die Schotten bei Dunbar (1650) und den nach England eingedrungenen Karl II. bei Worcester (1651). Die ständigen Fraktionskämpfe im Parlament beantwortete C. mit mehreren Parlamentsauflösungen. 1653 Lordprotektor mit diktator. Vollmachten; lehnte die ihm angebotene Krone 1657 ab, ernannte aber seinen Sohn Richard zu seinem Nachfolger. C. außenpolit. Erfolge im 1. engl.-niederl. Seekrieg (1652–54) und im See- und Kolonialkrieg gegen Spanien bildeten die Fundamente für die Weltmachtstellung Englands.

🕮 *Wedgwood, C. V.: O. C. Totowa (N. J.) ²1973.*

C., Richard, * Huntingdon (= Huntingdon and Godmanchester) 4. Okt. 1626, † Cheshunt (Hertford) 12. Juli 1712, Staatsmann. - Sohn von Oliver C., 1658/59 Nachfolger seines Vaters als Lordprotektor; lebte 1660–80 in Paris.

C., Thomas, Earl of Essex (1540), * Putney (= London) um 1485, † London 28. Juli 1540,

Staatsmann. - Leitender Min. Heinrichs VIII. ab 1534; leitete ab 1532 v.a. die Reformen für ein Staatskirchentum; 1540 gestürzt, wegen Hochverrats und Ketzerei hingerichtet.

Crosland, Anthony Raven [engl. 'krɔslənd], * London 29. Aug. 1918, † Oxford 19. Febr. 1977, brit. Politiker (Labour Party). - 1965–67 Erziehungs-, 1967–69 Handelsmin.; 1969/70 Min. für lokale Selbstverwaltung und Regionalplanung, 1974–76 Umwelt-, 1976/77 Außenminister.

Crotus Rubianus (C. Rubeanus), eigtl. Johannes Jäger (bis 1509 Venator[ius]), * Dornheim bei Arnstadt um 1480, † Halberstadt um 1545, dt. Humanist. - 1510 Leiter der Stiftsschule der Reichsabtei Fulda. Hauptverfasser des 1. Teiles der „Epistolae obscurorum virorum" („Dunkelmännerbriefe"), stand auf der Seite Reuchlins im Streit gegen die Kölner Theologen. 1520 Rektor der Univ. Erfurt. 1524 trat C. R. in den Dienst Albrechts von Preußen in Königsberg, 1530 Rat und Kanoniker an der Stiftskirche zu Halle, wo er sich wieder dem kath. Glauben zuwandte („Apologia", 1531).

Croy [krɔʏ], aus der Gft. Ponthieu stammendes, Anfang 12. Jh. erstmals erwähntes Adelsgeschlecht; 1598 Herzogswürde; im 15. Jh. Aufspaltung in 2 Hauptlinien mit den Nebenlinien Roeulx, Chimay, Havré (1839 erloschen) und C.-Solre (noch bestehend); die Familie erhielt 1803 als Ersatz für die linksrhein. Verluste das Amt Dülmen; seitdem in Westfalen ansässig; bed.:

C., Wilhelm von, Herr von Chièvres, * Chièvres (Hennegau) 1458, † Worms 28. Mai 1521, Herzog von Arschot. - Erzieher und Ratgeber Karls V.; 1505 Generalstatthalter für alle burgund. Besitzungen; gewann ab 1509 als Großkämmerer zunehmend Einfluß auf den späteren Kaiser Karl V.

ČSSR [tʃeːˈɛsˈɛsˈˈɛr], Abk. für: **Č**eskoslovenská **S**ocialistická **R**epublika, ↑ Tschechoslowakei.

CSU, Abk. für: ↑ Christlich-Soziale Union.

CSVD, Abk. für: ↑ Christlich-Sozialer Volksdienst.

Cuba ↑ Kuba.

Cucutenikultur [rumän. kukuˈtenj], nach dem Ort Cucuteni (Verw.-Geb. Jassy, Rumänien) ben. jungneolith. Kulturgruppe (um 3000 v. Chr.); in der Moldau und in Siebenbürgen verbreitet, der benachbarten südruss. Tripoljekultur eng verwandt; kennzeichnend u. a. qualitätvolle, polychrom. bemalte Keramik mit Wellen- und Spiralverzierung.

Cui bono? [lat.], „wem zum Vorteil?", Zitat in Ciceros Reden „Pro Milone" und „Pro Roscio Amerino".

Cuius regio, eius religio [lat. „wessen das Land, dessen die Religion"], Prinzip des Augsburger Religionsfriedens von 1555, das den Landesherren, auch den geistl. Fürsten, das Recht zusprach, das Bekenntnis ihrer Untertanen zu bestimmen *(Jus reformandi)*.

Culmer Handfeste, den Städten Culm und Thorn 1233 verliehenes Recht, das v. a. die Rechtsstellung der landbesitzenden Bürger regelte; bildete die Grundlage des **Culmer Rechts,** eines ma. Stadt- und Landrechts, vorwiegend im Bereich des Deutschordenslandes gebräuchlich.

Culmer Land (Kulmer Land), histor. Landschaft östl. der unteren Weichsel, Polen, umfaßt das fruchtbare Land innerhalb des Weichselbogens und mit der **Culmer Seenplatte** Teile des Preuß. Landrückens. - Das C. L. war poln. besiedelt und wurde von den Pruzzen beherrscht, die ab 1231 durch den Dt. Orden christianisiert wurden. Die am Ende des 13. Jh. einsetzende und noch im 14. Jh. verebbende dt. Besiedlung führte zur Gründung von Städten wie Culm. Nach 1309 wurde das C. L. immer stärker in den Staat des Dt. Ordens eingegliedert. Im 2. Thorner Frieden (1466) fiel das C. L. an Polen. In der Folgezeit wurde das Gebiet weitgehend polonisiert. Kam 1772 zu Preußen und gehört seit 1919/20 zu Polen, der östl. Teil seit 1945.

Culmer Recht ↑ Culmer Handfeste.

Cultural lag [engl. ˈkʌltʃərəl ˈlæg], kulturelle Verschiebung; von W. F. Ogburn geprägter Begriff, der die verspätete soziokulturelle Anpassung an die tatsächl. (v. a. vom techn. Fortschritt bestimmte) Entwicklung bzw. den unterschiedl. schnellen Wandel einzelner Kulturelemente bezeichnet; beruht auf der Auffassung, daß sich v. a. in der modernen Gesellschaft die „materielle Kultur" schneller verändert als die Sozialordnung.

Cumae (italien. Cuma), älteste, nach der Überlieferung um 750 v. Chr. gegr. griech. Kolonie in Italien (in der heutigen Prov. Neapel); von C. aus wurden Dikaiarcheia (526; = Pozzuoli) und Neapolis (= Neapel) gegr.; erlebte um 500 seine Blütezeit; 474 Seesieg der Truppen Cumaes und Hierons I. von Syrakus gegen die Etrusker; zw. 424 und 421 von den Samniten erobert; geriet 338 unter röm. Einfluß, 334 Halbbürgergemeinde; 180 wurde das Lat. Amtssprache. - Zahlr. antike Reste; 1930 Freilegung der Orakelhöhle der Sibylle (wahrscheinl. 5. Jh. v. Chr.).

Cumberland [engl. ˈkʌmbələnd], engl. Herzogstitel; 1644 erstmals Prinz Ruprecht von der Pfalz verliehen, 1689 an Prinz Georg von Dänemark; seit 1799 im Haus Hannover erbl.; bed.:

C., Ernst August Herzog von C. und zu Braunschweig-Lüneburg, * Hannover 21. Sept. 1845, † Gmunden 14. Nov. 1923. - Einziger Sohn König Georgs V. von Hannover; hielt am Widerspruch gegen die preuß. Annexion Hannovers fest; 1884 im Hzgt. Braunschweig erbberechtigt, jedoch durch Beschluß des Bundesrats 1885 von der Nachfolge ausgeschlossen.

C., Wilhelm August Herzog von, * London 15. April 1721, † ebd. 31. Okt. 1765. - Sohn König Georgs I. von Großbrit.; warf 1746 den Stuartaufstand Karl Eduards nieder; im Siebenjährigen Krieg Oberbefehlshaber der brit.-hannoverschen Armee; 1757 bei Hastenbeck geschlagen und abberufen, nachdem er sich zur Räumung Hannovers bereit erklärt hatte.

Cunctator [lat. „Zauderer"], Beiname des röm. Staatsmannes und Feldherrn Quintus ↑Fabius Maximus Verrucosus.

Cunhal, Alvaro Barreirinhas [portugies. ku'ɲal], * Coimbra 10. Nov. 1913, portugies. Politiker. - Rechtsanwalt; 1936 Mgl. des ZK der portugies. KP (KPP); 1939 Generalsekretär der KPP; 1949 verhaftet; 1961 Flucht ins Ausland, bis 1974 im Exil; Min. ohne Geschäftsbereich 1974/75.

Cuno, Wilhelm, * Suhl 2. Juli 1876, † Aumühle bei Hamburg 3. Jan. 1933, dt. Wirtschaftsfachmann und Politiker. - Ab 1917 Mgl. des Direktoriums, 1918–22 Generaldirektor, nach 1923 Aufsichtsratsvors. der HAPAG; Teilnehmer an den Friedensverhandlungen 1918/19 und an internat. Konferenzen; bildete als Reichskanzler 1922 ein konservatives Kabinett (Regierung mit „diskontfähiger Unterschrift"); seine Versuche, eine Stabilisierung der Währung zu erreichen, scheiterten; beantwortete die frz. Ruhrbesetzung mit der Politik des passiven Widerstandes.

Curator (Mrz. Curatores) [lat.], in der Antike Bez. für Inhaber von Sonderämtern (curae).

Curia [lat.], im allgemeinsten Sinne der „Hof" als Gebäude, davon abgeleitet als Personenkreis und Institution; **curia regis:** Hoftag des Königs als oberster Lehnsherr, i. e. S. seine Verwaltungsbehörde *(magna curia);* später auch der Reichstag *(curia imperialis).* ◆ ↑Kurie.

Curiatier (lat. Curiatii) ↑Horatier.

Currus [lat.], im antiken Rom Bez. für jede Art von Wagen, bes. aber für den Triumph- und den Rennwagen.

Curtis [mittellat.], der Herrenhof des früheren MA; entgegen älterer Anschauung i. d. R. unbefestigt.

Curtius, Ernst, * Lübeck 2. Sept. 1814, † Berlin 11. Juli 1896, dt. Historiker und Archäologe. - 1844 Prof. in Berlin, 1855–67 in Göttingen, seit 1868 in Berlin; Forschungsreisen nach Griechenland und Kleinasien; Leiter der ersten Ausgrabungskampagne in Olympia (bed. Funde: Hermes des Praxiteles und Skulpturen des Zeustempels).

C., Julius, * Duisburg 7. Febr. 1877, † Heidelberg 10. Nov. 1948, dt. Jurist und Politiker. - Rechtsanwalt und Mgl. von Aufsichtsräten der Schwer-, Kali- und Waggonbauind.; 1920–32 MdR (DVP); 1926–29 Reichswirtschaftsmin., 1929–31 (als „Testamentsvollstrecker" Stresemanns) Reichsaußenmin., erreichte die Durchsetzung des Youngplanes und die Rheinlandräumung; sein Versuch einer dt.-östr. Zollunion scheiterte; zahlr. Veröffentlichungen.

Curtius Rufus, Quintus, röm. Geschichtsschreiber der Kaiserzeit. - Verfaßte eine „Geschichte Alexanders d. Gr." in 10 Büchern, von denen die letzten 8 fast vollständig erhalten sind.

Curzon, George Nathaniel, Marquess C. of Kedlestone (1921) [engl. kə:zn], * Kedlestone Hall (Derbyshire) 11. Jan. 1859, † London 20. März 1925, brit. Politiker. - 1886–94 konservativer Unterhaus-Abg., Vizekönig und Generalgouverneur von Indien 1898–1905; 1915 Lordsiegelbewahrer, 1916 Mgl. des Kriegskabinetts; bemühte sich als Außenmin. 1919–24 um eine poln.-russ. Grenzregelung (↑Curzon-Linie); bereitete u.a. die Lösung des Ruhrkonfliktes zw. Deutschland und Frankr. vor.

Curzon-Linie [engl. kə:zn], Demarkationslinie zw. Sowjetrußland und Polen, die die interalliierte Konferenz von Spa 1920 in einer vom brit. Außenmin. G. N. Curzon unterzeichneten Depesche zur Annahme vorschlug; verlief von der Bahnlinie Dünaburg–Wilna–Grodno nach Brest, von dort längs des Bug bis über Kryłów, quer durch Galizien über Rawa Ruska nach Przemyśl und weiter nach S; kam erst 1945 zur Geltung, als die Sowjetunion im wesentl. auf der Basis der C.-L. ihre Grenze zu Polen festlegte.

Cusco ↑Cuzco.

Custoza (fälschl. Custozza), Teil der italien. Gemeinde Sommacampagna, Prov. Verona, in der nördl. Poebene; bekannt durch zwei östr. Siege: 1848 siegte Radetzky über König Karl Albert von Sardinien, 1866 während des Dt. Krieges Erzherzog Albrecht über A. F. La Marmora.

Cuza, Alexandru Ioan [rumän. 'kuza], * Bîrland 20. März 1820, † Heidelberg 15. Mai 1873, erster Fürst Rumäniens. - 1848 an der revolutionären Bewegung in der Moldau beteiligt; nahm am Kampf für die Vereinigung der Moldau und der Walachei teil; 1859 zum Fürsten der Moldau bzw. der Walachei gewählt; 1862 nahmen die unter ihm (als Alexander Johann I. von Rumänien) zusammengeschlossenen Vereinigten Fürstentümer den Namen Rumänien an; führte grundlegende liberale Reformen durch: u.a. Säkularisierung der kirchl. Güter 1863, Bodenreform 1864, Schaffung eines modernen Zivil- und Strafrechts, Univ.gründungen; 1866 zur Abdankung gezwungen.

Cuzco [span. 'kusko] (Cusco), Stadt im südl. Z-Peru, 600 km sö. von Lima, 131 000 E. - Ende des 12. Jh. vom ersten Inka gegr. Nach der Eroberung von Chan-Chan (1460) die bedeutendste Stadt des präkolumb. S-Amerika; 1533 von F. Pizarro erobert. 1535 Brand; Wiederaufbau unter Beibehaltung des Stadtgrundrisses und Neubau einer Stadtmauer. - Bauten aus der Inkazeit sind erhalten.

CVP, Abk. für: Christlichdemokrat. Volkspartei der Schweiz.

◆ Abk. für: Christl. Volkspartei.

Cyrankiewicz, Józef [poln. tsɨraŋ'kjɛvitʃ], * Tarnów (Galizien) 23. April 1911, poln. Politiker. - Seit 1935 Funktionär der Poln. Sozialist. Partei (PPS); im 2. Weltkrieg Widerstandskämpfer, 1941–45 KZ-Häftling in Auschwitz und Mauthausen; als Generalsekretär der PPS (seit 1945) maßgebl. an deren 1948 vollzogener Vereinigung mit den Kommunisten zur Vereinigten Poln. Arbeiterpartei beteiligt, deren Politbüro er bis 1971 angehörte; 1947–52 und 1954–70 Ministerpräsident; 1970–72 Staatspräsident (Vorsitzender des Staatsrats).

Cyrus, Name altpers. Könige, ↑Kyros.

Czartoryski [poln. tʃartɔ'rɨski], litauisch-poln. Adelsgeschlecht, seit dem 15. Jh. nachgewiesen; leitete seine Herkunft von dem litauischen Großfürsten Gedimin her u. führte den Fürstentitel; gewann 1623 den Reichsfürstentitel; stand im 18. Jh. an der Spitze einer proruss. orientierten Adelspartei (Gegenpartei die Potocki); bed.:

C., Adam Jerzy (Georg) Fürst, * Warschau 14. Jan. 1770, † Montfermeil bei Paris 15. Juni 1861. - Gehörte seit 1801 zum engsten Freundes- und Beraterkreis des Kaisers Alexander I., verfolgte 1804–07 als stellv. russ. Außenmin. den Plan einer Wiederherstellung der poln. Einheit in Personalunion mit Rußland; 1831 von der russ. Reg. zum Tode verurteilt, weil er sich dem Aufstand seiner Landsleute als Präs. einer poln. Nationalreg. zur Verfügung gestellt hatte; floh nach Paris; dort Haupt der konservativ-aristokrat. Emigration.

Czech, Ludwig [tʃɛç], * Lemberg 14. Febr. 1870, † Theresienstadt 20. Aug. 1942, sudetendt. Politiker. - Seit 1920 Führer der sudetendt. Dt. Sozialdemokrat. Arbeiterpartei; 1929–38 Min. in mehreren tschechoslowak. Kabinetten; 1941 im KZ Theresienstadt inhaftiert.

Czernin von und zu Chudenitz, Ottokar Theobald Graf ['tʃɛrni:n, tʃɛr'ni:n; 'ku:dənɪts], * Dimokur (= Dymokury) 26. Sept. 1872, † Wien 5. April 1932, östr. Politiker. - Rechnete als östr.-ungar. Min. des Äußeren 1916–18 mit der Niederlage der Mittelmächte und arbeitete auf einen Verständigungsfrieden hin; bekämpfte den Reformplan Karls I., der auf einen nach Nationalitäten geordneten Bundesstaat gerichtet war; Hauptverantwortlicher für den Verlust außenpolit. Handlungsfreiheit Österreich-Ungarns.

D

D, Abk. für lat.: Datum, Debet, Decimus, Decuria, Deus, Devotus, Dictator, Digesta, Divis, Dominus u. a.

D, röm. Zahlzeichen für 500.

D'Abernon, Edgar Vincent, Viscount (seit 1926) [engl. 'dæbənən], * Slinfold (Sussex) 19. Aug. 1857, † Hove (Sussex) 1. Nov. 1941, brit. Diplomat. - 1920–26 Botschafter in Berlin; befürwortete Deutschlands Aufnahme in den Völkerbund und war Miturheber des Locarnopakts.

Dąbrowski (Dombrowski), Jan Henryk [poln. dɔm'brɔfski], * Pierszowice bei Krakau 2. oder 29. Aug. 1755, † Winnogóra bei Posen 6. Juni 1818, poln. General. - Teilnahme am Aufstand Kościuszkos (1794); kämpfte unter Napoleon I. für die Wiederherstellung Polens.

Dachau, Krst. in Bayern, am N-Rand des Dachauer Mooses, 34 000 E. - Am Ortsrand befand sich eines der ersten nat.-soz. KZ (seit 1933; seit 1940 mit zahlr. Außenstellen). 1933–45 waren im KZ rd. 200 000 Menschen interniert, von denen zw. 1940/45 mindestens 34 000 umkamen.

Dacia ↑Dakien.

***Dacko,** David [frz. da'ko], * 1930, zentralafrikan. Politiker. - 1959–66 Min.präs., 1960–66 gleichzeitig auch Präs. der Zentralafrikan. Republik; durch Militärputsch entmachtet, ab Sept. 1969 unter Hausarrest; seit 1976 persönl. Berater des Präs. und späteren Kaisers Bokassa und nach einem Putsch im Sept. 1979 dessen Nachfolger als Staatspräsident.

DAF, Abk. für: ↑Deutsche Arbeitsfront.

DAG, Abk. für: ↑Deutsche Angestellten-Gewerkschaft.

Dagobert, Name fränk. Könige aus dem Hause der Merowinger:

D. I., * zw. 605 und 610, † 19. Jan. 639. - Sohn Chlothars II.; 623 König von Austrien, seit 629 des Gesamtreiches; mußte 633/634 in Austrien seinen Sohn Sigibert III. als König einsetzen.

D. II., * 652, † 678 (679?) (ermordet). - Sohn Sigiberts III.; von Grimoald, dem Sohn Pippins d. Ä., der in einem Staatsstreich seinen eigenen Sohn, Childebert, zum König erhob, 662 nach Irland verbannt; 676 vom austras. Adel zurückgeholt.

* **Dahlem,** Franz, * Rohrbach (Lothringen) 14. Jan. 1892, dt. Politiker (DDR). - Seit 1920 Mgl. der KPD (seit 1928 Mgl. des ZK); 1928–33 MdR; nach 1933 Emigrant; Teilnehmer am Span. Bürgerkrieg; 1941–45 im KZ Mauthausen; gehörte als Kaderleiter der KPD bzw. SED in der SBZ bzw. DDR bis 1952 den höchsten Parteigremien an; 1953 aller Parteifunktionen enthoben; 1956 rehabilitiert; 1957 erneut Mgl. des ZK und (wie 1950–53) 1963–77 Abg. der Volkskammer.

Dahlerus, Birger, * Stockholm 6. Febr. 1891, † ebd. 8. März 1957, schwed. Industrieller. - Als Bekannter H. Görings übermittelte er 1939, kurz vor Kriegsausbruch, zw. Großbrit. und Deutschland persönl. Botschaften, die neben den offiziellen diplomat. Verhandlungen herliefen und zur friedl. Lösung der poln. Frage beitragen sollten.

Dahlmann, Friedrich Christoph, * Wismar 13. Mai 1785, † Bonn 5. Dez. 1860, dt. Politiker und Historiker. - 1812 Prof. in Kiel, seit 1829 in Göttingen, 1837 als Führer der ↑ Göttinger Sieben des Landes verwiesen; 1842 Prof. in Bonn; trat als einer der Führer der kleindt. Partei in der Frankfurter Nationalversammlung hervor; wurde zum geistigen Vater der preuß. Schule in der dt. Historiographie, die eine kleindt. Lösung unter preuß. Hegemonie propagierte. Sein Hauptwerk ist „Quellenkunde der dt. Geschichte“ (1830, fortgesetzt von G. Waitz u. a., [10]1969 ff., 5 Bde., Reg.-Bd.).

Dahome (frz. Dahomey [frz. daɔ'mɛ]), ehem. Reich an der Guineaküste, östl. des Reiches der Aschanti; seit Mitte des 17. Jh. ein Staatswesen, in dem eine Anzahl verwandter Stämme zusammenlebte; Militärdespotie; konnte seine Stellung bis zur Eroberung durch die Franzosen (1894) behaupten.

Dahomey [da(h)o'me:] ↑ Benin.

* **Dahrendorf,** Ralf, * Hamburg 1. Mai 1929, dt. Soziologe und Politiker. - Seit 1958 Prof. in Hamburg, 1960 in Tübingen, 1966 in Konstanz; seit 1974 Direktor der London School of Economics, 1979 zum Leiter (ab 1980) des Max-Planck-Instituts für Sozialwiss. in Starnberg berufen; bis 1960 Mgl. der SPD, trat 1967 in die FDP ein; 1969/70 als MdB parlamentar. Staatssekretär im Außenmin., 1970–74 dt. Vertreter bei der Kommission der Europ. Gemeinschaften in Brüssel; wiss. Arbeiten, v. a. im Bereich der theoret. Soziologie, zur polit. Soziologie, zur Ind.- und Bildungssoziologie.

Dahschur [dax'ʃu:r], altägypt. Ruinenstätte auf dem Westufer des Nils, 25 km südl. von Kairo, mit zwei Pyramiden des Königs Snofru, ferner drei Pyramiden der 12. Dynastie aus Nilschlammziegeln.

Daily-Telegraph-Affäre [engl. 'dɛɪlɪ 'tɛlɪgra:f], Verfassungskrise, ausgelöst durch ein von der Londoner Zeitung „The Daily Telegraph“ am 28. Okt. 1908 veröffentlichtes Interview mit Kaiser Wilhelm II., das in verfassungsmäßig korrekter Form Reichskanzler und Auswärtigem Amt vorgelegt worden war. Die Äußerungen wurden in Großbrit. als Provokation, in Deutschland als Ausdruck des „persönl. Regiments“ scharf kritisiert. Die Affäre trug dazu bei, die Schwäche des monarch. Regiments sichtbar zu machen und die Tendenz zur Parlamentarisierung des dt. Verfassungslebens zu stärken.

Daimio, in Japan Bez. für die dem Ritterstand (Buke) angehörenden Großgrundbesitzer; hatten in ihren Gebieten die Gerichtshoheit und übten Zivil- sowie Militärverwaltung aus.

Daker (lat. Daci; Geten), indogerman. Volk, nördlichster Zweig der thrak. Volksgruppe; bewohnten seit dem 2. Jt. v. Chr. im Donau-Karpaten-Raum ein Gebiet, das etwa dem heutigen Rumänien entsprach.

Dakien (lat. Dacia; Dazien), Bez. der Gebiete zw. Donau, Theiß und Karpatenbogen, die seit dem 2. Jt. v. Chr. von den Dakern bewohnt wurden; von Trajan in zwei schweren Kriegen (101/102, 105/106) erobert, seit 106 röm. Prov. 271 unter dem Druck der Goten und freien Daker aufgegeben.

Dakoromanismus [nlat.], rumän. Nationalbewegung, im 18. Jh. entstanden; propagierte 1848/49 die Schaffung eines „Großdak. Reiches“ (Großrumänien); erreichte in den Friedensverträgen 1919/20 ihr Ziel.

Dakota, größte Gruppe der Siouxstämme im nördl. Prärie- und Plainsgebiet; urspr. seßhaft, betrieben Feldbau, gingen erst nach der Entstehung des nomad. Präriekriegertums teilweise zur Bisonjagd über.

Dakota Territory [engl. də'koʊtə 'tɛrɪtərɪ], histor. Verwaltungsgebiet der USA, 1861 eingerichtet; durch die Schaffung der Territorien Montana (1864) und Wyoming (1868) reduziert, 1889 in North Dakota und South Dakota aufgeteilt.

Daladier, Édouard [frz. dala'dje], * Carpentras (Vaucluse) 18. Juni 1884, † Paris 10. Okt. 1970, frz. Politiker. - 1919–58 Abg., gehörte zum linken Flügel der Radikalsozialist. Partei, 1927–31 deren Vors.; seit 1924 mehrfach Min.; 1933, 1934 sowie 1938–40 Min.präs.; betrieb zunächst eine Politik des Appeasements gegenüber Deutschland (Unterzeichnung des Münchner Abkommens); erklärte Deutschland 1939 den Krieg; 1940 verhaftet und vor Gericht gestellt; 1943–45 in Deutschland interniert; 1947–54 Präs. der Linksrepublikan. Sammlungsbewegung; 1953 bis 1958 Bürgermeister in Avignon; 1956–58 Fraktionsvors., 1957/58 Präs. der Radikalsozialist. Partei.

Dalai Lama [zu mongol. dalai „Ozean (des gelehrten Wissens)" und tibet. bla-ma „der Obere"], Titel des bedeutendsten tibet. Priesterfürsten im hierarch. System des Lamaismus. Nach der Lehre des Buddhismus gilt der D. L. als die sich stets erneuernde Inkarnation eines Bodhisattwa, und zwar als diejenige des Awalokiteschwara. Er residierte in Lhasa. Im März 1959 floh der gegenwärtige 14. D. L. (* 1935, 1940 inthronisiert) vor den Chinesen nach Indien.

Dalberg, seit 1132 nachweisbares mittelrhein. Uradelsgeschlecht, 1653 in den Reichsfreiherrenstand erhoben; im 17. Jh. Teilung in eine Mainzer (D.-Dalbergsche Linie, 1848 erloschen) und eine Mannheimer Linie (D.-Herrnsheim, 1833 erloschen); bed.:

D., Emmerich Josef Herzog von (seit 1810), * Mainz 30. Mai 1773, † Herrnsheim (= Worms) 27. April 1833, bad. bzw. frz. Diplomat. - Sohn von Wolfgang Heribert Reichsfreiherr von D.; vermittelte die Heirat Napoleons I. mit Erzherzogin Marie Louise; unterzeichnete auf dem Wiener Kongreß die Ächtung Napoleons I., seit 1816 Staatsmin., Pair und Gesandter in Turin.

D., Karl Theodor Reichsfreiherr von ↑ Karl Theodor (Reichsfreiherr von Dalberg), Kurfürst von Mainz.

Daleminzier, sorb. Stamm, wohnte an der Elbe um Meißen, 929 von König Heinrich I. endgültig unterworfen, der die Burg Meißen als Militärstützpunkt errichtete.

Dalfinger (Alfinger), Ambrosius, * Ulm vor 1500, † in Venezuela 1532, dt. Konquistador. - Seit 1526 Leiter einer Handelsniederlassung der Welser im heutigen Haiti; erster span.-kastil. Statthalter Venezuelas.

Dalhousie, James Andrew Broun Ramsay [engl. dæl'haʊzɪ], Marquess of (1849), * Dalhousie Castle bei Edinburgh 22. April 1812, † ebd. 19. Dez. 1860, brit. Politiker. - Generalgouverneur von Indien 1848–56; erweiterte den brit. Besitz in Indien durch Annexionen von Fürstentümern, in denen es keine männl. Erben gab.

Dalimilchronik, alttschech. Reimchronik aus dem 14. Jh., als Verf. wurde fälschl. ein Kanoniker Dalimil aus Ostböhmen angenommen; reicht bis zum Jahr 1310.

Dalin, Olof von, * Vinberg (Halland) 29. Aug. 1708, † Drottningholm bei Stockholm 12. Aug. 1763, schwed. Schriftsteller und Geschichtsschreiber. - Hauptführer der älteren schwed. Aufklärung; schrieb witzige Gelegenheitspoesie, Dramen, Dichtungen im Volkston und verfaßte 1747–62 die erste bed. schwed. Geschichtsdarstellung.

Dalmatien (serbokroat. Dalmacija), jugoslaw. Landschaft, umfaßt den Küstenstreifen des Adriat. Meeres sowie die über 800 **Dalmatinischen Inseln.**

Geschichte: Das im 1. Jh. v. Chr. **Dalmatia** bezeichnete Gebiet zw. Cetina und Neretva wurde urspr. von illyr. Dalmatern bewohnt. Die röm. Intervention (ab 229 v. Chr.) endete 9 n. Chr. mit der Errichtung der Prov. Dalmatia. Bei der Teilung des röm. Reiches (395) kam D. zum Westreich, 535 zum Byzantin. Reich. Die seit Ende 6. Jh. einfallenden Slawen und Awaren eroberten im 7. Jh. große Teile. Im 11. Jh. versuchte Venedig, die Küstenstädte zu erobern (später griffen auch Ungarn, Bosnien und Serbien ein); im 15. Jh. wurden die Inseln und Küstenstädte von Venedig beherrscht (bis 1797). Im 16. Jh. eroberten die Osmanen einen Teil von D. 1815 kam es endgültig an Österreich (seit 1816 Kgr.), durch den Vertrag von Rapallo (1920) an Jugoslawien. Im 2. Weltkrieg annektierte Italien den größten Teil von D., das nach 1945 wieder an Jugoslawien fiel.

Dalwigk, Carl Friedrich Reinhard D., Freiherr zu Lichtenfels, * Darmstadt 19. Dez. 1802, † ebd. 28. Sept. 1880, hess. Politiker. - Seit 1850 Außenmin., Min. des Großherzogl. Hauses und des Innern, 1852–71 Min.präs.; vertrat eine an Maßstäben des Systems Metternichs orientierte reaktionäre Politik; Gegner eines preuß. Führungsanspruchs in Deutschland und einer kleindt. Lösung.

Damaschke, Adolf, * Berlin 24. Nov. 1865, † ebd. 30. Juli 1935, dt. Sozialpolitiker und Nationalökonom. - Kämpfte v. a. als Vors. des Bundes Dt. Bodenreformer (seit 1898) für eine Reform der Besteuerung von Grund und Boden; schrieb „Die Bodenreform" (1902).

Damaskus, Hauptstadt Syriens, am O-Fuß des Antilibanon, 837 000 E.

Geschichte: Besteht seit dem 4. Jt. v. Chr.; um 1470 v. Chr. als Eroberung von Pharao Thutmosis III. erstmals erwähnt. Nach häufigem Besitzwechsel (u. a. 732 assyr., 605 babylon., im 6. Jh. pers., nach 333 zum Reich Alexanders d. Gr.), 64 v. Chr. röm. (222 n. Chr. Colonia, unter Diokletian Prov.hauptstadt). 635/636 von den Arabern erobert, 661–744 Residenz der omaijad. Kalifen, stand nach deren Sturz 750 meist unter der Herrschaft der in Kairo residierenden Tuluniden und Fatimiden; im 12. Jh. Zentrum des Kampfes der Atabeken von Mosul gegen die Kreuzfahrer. Nach neuer Blütezeit unter den Aijubiden (v. a. Saladin) Prov.hauptstadt der ägypt. Mamelucken nach 1260; 1399 von Timur-Leng geplündert; 1516 osman.; 1920 Hauptstadt des frz. Völkerbundmandats Syrien.

📖 *Dettmann, K.: D. Eine oriental. Stadt zw. Tradition u. Moderne. Erlangen 1969.*

Dame [frz.; zu lat. domina „Hausherrin"], höfl. Bez. für Frau, bes. in der Anrede; um

1600 entlehnt, kam im 17. Jh. als Bez. für die feingebildete Geliebte, die „Herrin" auf; erst seit Ende des 18. Jh. auch in der Sprache der bürgerl. Gesellschaft. Im ma. Frankreich war die „dame" die Frau des Ritters (die des Knappen die „damoiselle"), wie überhaupt die Frau hohen Ranges. In Großbritannien ist „dame" die Anrede für die Frau oder Witwe eines Barons oder Ritters („knight") sowie Titel der Trägerinnen des Ordens des British Empire.

Damenstift, seit dem ausgehenden MA Bez. für 1. ein adliges Nonnenkloster oder Kanonissenstift, das das klösterl. Leben aufgegeben hat; 2. ehemals kath. Frauenkloster, das in der Reformation in eine Versorgungsanstalt für (adlige) unverheiratete Frauen umgewandelt wurde; 3. von Anfang an als D. errichtete adlige Frauengemeinschaft.

Damenweg (frz. Chemin des Dames), etwa 30 km langer Weg auf einem Höhenrücken zw. den Flüssen Aisne und Ailette im frz. Dep. Aisne, nw. von Reims, urspr. von Ludwig XV. für seine Töchter angelegt. - Nach frz. Mißerfolg, hier im April/Mai 1917 die dt. Front zu durchbrechen, verlief bis Mai 1918 ein Abschnitt der Hauptkampflinie im Bereich des Damenwegs.

Da Mosto (Ca' da M., Cademosto), Alvise, * Venedig 1432, † ebd. 18. Juli 1488, italien. Seefahrer in portugies. Diensten. - Entdeckte vier der Kapverd. Inseln, kam über den Gambia hinaus zu den Bissagosinseln; sein Werk „Navigazioni" (1507) ist die einzige ausführl. wirtschaftsgeschichtl. Quelle der Zeit.

Dampier, William [engl. 'dæmpjə], * East Coker (Somerset) Mai (?) 1652, † London März 1715, engl. Seefahrer und Südseeforscher. - Erreichte 1688 die W-Küste Australiens; gelangte 1699 erneut nach Australien, erforschte die nw. Küste Neuguineas, entdeckte u. a. Neubritannien.

Danaer, in den Epen Homers Bez. für die Griechen in ihrer Gesamtheit.

Danckelman, Eberhard Frhr. von (seit 1695), * Lingen (Ems) 23. Nov. 1643, † Berlin 31. März 1722, brandenburg. Politiker. - Seit 1663 Erzieher, 1674 Ratgeber des Thronfolgers Prinz Friedrich III., nach dessen Reg.antritt (1688) prakt. leitender Min.; 1697 gestürzt und verhaftet; in einem Prozeß gerechtfertigt, 1707 aus der Haft entlassen; seit 1713 Berater Friedrich Wilhelms I.; veranlaßte die Gründung der Univ. Halle (1694) und der Akad. der Künste in Berlin (1696).

Dandolo, seit dem 10. Jh. nachweisbare Patrizierfamilie in Venedig, aus der vier Dogen hervorgingen; *Giovanni D.* (1280–89) und *Francesco D.* (1328–39); außerdem:

D., Andrea, * Venedig um 1307, † ebd. 1354. - Seit 1343 Doge, gewann den Türken einen günstigen Frieden ab und kämpfte gegen Genua.

D., Enrico, * Venedig um 1110, † Konstantinopel 14. Juni 1205. - Als Doge (seit 1192) bemüht, die Vormachtstellung Venedigs im östl. Mittelmeer zu festigen; erreichte im Verlauf des 4. Kreuzzugs die Eroberung Dalmatiens und Konstantinopels (1204).

Danebrog (Danebroge) [dän.], Bez. für die dän. Flagge (weißes Kreuz in rotem Feld).

*Dänemark

(amtl. Vollform: Kongeriget Danmark), parlamentar. Monarchie in Nordeuropa, zw. 54° 34′ und 57° 45′ n. Br. sowie 8° 05′ und 12° 35′ (Ostseeinsel Bornholm 15° 12′) ö. L. **Staatsgebiet:** Bis auf die gemeinsame Landgrenze mit der BR Deutschland im S ist D. allseitig von Wasser umgeben. Im W stößt das Land an die Nordsee, im NW und NO an Skagerrak bzw. Kattegatt; der östl. Landesteil mit den Hauptinseln Seeland, Fünen, Lolland und Bornholm liegt in der westl. Ostsee. Zum Staatsgebiet gehören auch die ↑Faröer und ↑Grönland. **Fläche:** 43 075 km². **Bevölkerung:** 5,1 Mill. E (1986), 118,4 E/km². **Hauptstadt:** Kopenhagen. **Verwaltungsgliederung:** 14 Amtskommunen. **Amtssprache:** Dänisch. **Staatskirche:** Ev.-luth. Volkskirche. **Nationalfeiertag:** 5. Juni. **Währung:** Dän. Krone (dkr) = 100 Øre. **Internat. Mitgliedschaften:** UN, NATO, EG, OECD, Nord. Rat, Europarat, GATT. **Zeitzone:** MEZ.

Geschichte: Als eigtl. Staatsgründer wird Gorm der Alte angesehen. Unter seinem Sohn Harald Blåtand, der D. und Norwegen vereinte, fand das Christentum endgültig Eingang. Vom 9. Jh. bis 1050 unternahmen dän. Wikinger ausgedehnte Beutezüge im Frankenreich, in Asturien, Portugal, auf den Balearen, in der Provence und in Italien. Bis 878 hatten sie drei Viertel von England erobert. Knut II., d. Gr., war schließl. König von D., England und Norwegen. Das Nordseegroßreich brach jedoch nach Knuts Tod (1035) zusammen. D. selbst geriet zeitweise durch Erbvertrag unter norweg. Herrschaft; es wurde von Aufständen und Thronwirren heimgesucht. Erst 1157 vermochte sich Waldemar I., d. Gr., als Alleinherrscher durchzusetzen. D. expandierte entlang der südl. Ostseeküste, Rügen (1169), Pommern (1184) und Estland (1219) wurden erobert. Nach der Schlacht bei Bornhöved (1227) gingen die unterworfenen Gebiete zum großen Teil verloren. Nach 100 Jahren (1241–1340) des Niederganges gelang es Waldemar IV. Atterdag, die meisten Pfandlehen einzulösen und D. erneut zu einen.

1387 wurde der Tochter Waldemars, Margarete I., zugleich in D. und Norwegen als Königin gehuldigt, zwei Jahre später auch in Schweden-Finnland. Formal bestand die 1397 geschlossene Kalmarer Union zwar bis 1523, fakt. brach aber Schweden-Finnland bereits 1448 aus. Bestimmend wurde nun die machtpolit. Rivalität zu Schweden. König Friedrich III. von D. führte gegen Schweden den Dreikronenkrieg (bis 1570). Sein Sohn Christian IV. unternahm 2 schwed. Feldzüge (1611–13 und 1643–45). Im Dreißigjährigen Krieg, in den Christian als Haupt des niedersächs. Reichskreises eingriff, versuchten beide Staaten, vom Kontinent aus ihre Stellung gegen den Rivalen zu stärken, wobei Schweden sich durchsetzte. In den knapp 2 Jahrzehnten zw. 1643/60 wurde die machtpolit. Gewichtsverlagerung in Skandinavien zugunsten Schwedens festgelegt. D. verlor die Prov. Jämtland und Härjedalen, Bohuslän, Halland, Schonen und Blekinge sowie die Inseln Gotland und Ösel an Schweden. 1536 war in D. die luth. Reformation durchgeführt worden. 1660 erzwangen die beiden nichtadligen Stände gegen den Adel die Umwandlung D. in eine Erbmonarchie; 5 Jahre später wurde durch die Lex Regia (1665) der monarch. Absolutismus verfassungsrechtl. fixiert.

In der 2. Hälfte des 18. Jh. leiteten tatkräftige Min., die Grafen von Bernstorff und Struensee, D. im Geiste der Aufklärung durch eine große Reformperiode (Ständeausgleich, Entschärfung sozialer Spannungen, Bauernbefreiung 1788). Während der Napoleon. Kriege auf seiten Frankr. mußte D. 1814 Helgoland an Großbrit., Norwegen (außer Island, Grönland und den Färöern) an Schweden abtreten.

1834 wurden 4 nach Zensuswahlrecht gewählte Provinzialstände eingerichtet. Der Konflikt zw. der dän. (Eiderdänen) und der dt. Nationalbewegung in Schleswig-Holstein führte zum Dt.-Dän. Krieg 1848–50, nach einer Zwischenlösung zum Dt.-Dän. Krieg 1864, in dem D. besiegt wurde; Schleswig, Holstein und Lauenburg gingen verloren.

Nachdem 1849 die absolute durch die konstitutionelle Monarchie abgelöst worden war, wurde nach der Katastrophe des Jahres 1864 die Verfassung 1866 wieder in konservativer Richtung abgeändert. Ergebnis einer beginnenden Zusammenarbeit zw. Links- und Rechtsparteien im Reichstag war die Verabschiedung eines sozialen Gesetzgebungswerkes ab 1891: Altersversorgung, staatl. Förderung des Krankenkassenwesens, Unfallversicherung, Staatszuschuß für die Arbeitslosenkassen. 1901 setzte sich der Parlamentarismus in D. endgültig durch.

Nach einer Abstimmung 1920 kam das überwiegend deutschsprachige Nordschleswig an das im 1. Weltkrieg neutrale D. Eine moderne soziale Reformpolitik, v. a. vertreten von Sozialdemokraten und Sozialliberalen, brachte D. den Ruf eines Wohlfahrtsstaates ein.

Auf Grund des Dt.-Brit. Flottenabkommens 1935 sah sich die dän. Reg. gezwungen, im Mai 1939 das dt. Angebot eines Nichtangriffspakts anzunehmen. Nach dem dt. Angriff vom 9. April 1940 und anschließender Besetzung

DÄNISCHE KÖNIGE

Göttrik (Godfred)	†810
Gorm der Alte	†um 950
Harald Blåtand (= Blauzahn)	†um 986
Svend Gabelbart	986–1014
Harald	1014–1018
Knut II., d. Gr.	1018–1035
Hardknut	1035–1042
Magnus der Gute	1042–1047
Svend Estridsen	1047–1076
Harald Hein	1076–1080
Knut der Heilige	1080–1086
Olaf Hunger	1086–1095
Erich I. Ejegod	1095–1103
Niels	1104–1134
Erich II. Emune	1134–1137
Erich III. Lam	1137–1146
Svend, Knut, Waldemar (Nachfolgekriege)	1146–1157
Waldemar I., d. Gr.	1157–1182
Knut VI.	1182–1202
Waldemar II., der Sieger	1202–1241
Erich IV. Plovpenning	1241–1250
Abel	1250–1252
Christoph I.	1252–1259
Erich V. Klipping	1259–1286
Erich VI. Menved	1286–1319
Christoph II.	1319–1326 und 1330–1332
Waldemar III.	1326–1330
(Interregnum)	1332–1340
Waldemar IV. Atterdag	1340–1375
Olaf	1375–1387
Margarete I.	1376/87–1412
Erich VII.	1412–1439
Christoph III.	1440–1448
Haus Oldenburg	
Christian I.	1448–1481
Johann	1481–1513
Christian II.	1513–1523
Friedrich I.	1523–1533
Christian III.	1534–1559
Friedrich II.	1559–1588
Christian IV.	1588–1648
Friedrich III.	1648–1670
Christian V.	1670–1699
Friedrich IV.	1699–1730
Christian VI.	1730–1746
Friedrich V.	1746–1766
Christian VII.	1766–1808
Friedrich VI.	1808–1839
Christian VIII.	1839–1848
Friedrich VII.	1848–1863
Haus Glücksburg	
Christian IX.	1863–1906
Friedrich VIII.	1906–1912
Christian X.	1912–1947
Friedrich IX.	1947–1972
Margarete II.	seit 1972

wurden den Dänen die Reg.gewalt zunächst belassen. Doch auf Grund des zunehmenden Widerstandes erklärte die Besatzungsmacht am 29. Aug. 1943 den Ausnahmezustand. Die Führer des Widerstandes organisierten sich in London im „Dän. Rat".
Obwohl D. vergleichsweise geringe Kriegsschäden erlitten hatte, konnte die Wirtschaft nach der dt. Kapitulation erst durch die Marshallplanhilfe wieder in Gang kommen. D. trat zwar 1960 der EFTA bei, suchte aber 1961 und erneut 1967 um Aufnahme in die EWG nach. 1971 konnten die Beitrittsverhandlungen in Brüssel abgeschlossen werden und nach einer Volksabstimmung 1972 ist D. seit 1973 Mgl. der EG. Im Jan. 1972 folgte die älteste Tochter Friedrichs IX. ihrem Vater als Margarete II. auf dem Thron. Nach Minderheitsreg. ab 1973 (bis 1975 liberal geführt, seitdem sozialdemokrat.) besaß D. 1978/79 eine Koalitionsreg. aus Sozialdemokraten und Liberalen (Venstre) mit A. Jørgensen als Min.-präs., der nach den Wahlen vom Okt. 1979 sowie vom Dez. 1981 erneut eine sozialdemokrat. Minderheitsreg. bildete.
Island, seit 1918 in Personalunion mit D., proklamierte sich 1944 als unabhängige Republik. Die Färöer wurden 1948 eine „Selbstverwaltete Bev.gruppe im Kgr. D.". 1953 wurde Grönland gleichberechtigter Teil von D., seine Belange wurden von dem neu errichteten Ministerium für Grönland (ab 1955) wahrgenommen. 1979 erhielt Grönland die innere Autonomie.
Politisches System: Nach der Verfassung von 1953 ist D. eine Erbmonarchie (Haus Glücksburg, Linie Schleswig-Holstein-Sonderburg-Glücksburg) mit demokrat.-parlamentar. Reg.form. Das Thronfolgegesetz von 1953 gestattet die weibl. Thronfolge.
Staatsoberhaupt ist der König. Seine formelle Macht geht mit der notwendigen ministeriellen Gegenzeichnung seiner Handlungen in die alleinige Verantwortung der zuständigen Min. über. Im Staatsrat (König und Min.) wird über alle Gesetze und wichtigen Reg.-maßnahmen verhandelt. Die wichtigsten polit. Aufgaben des Königs sind die repräsentative Vertretung des Kgr. gegenüber anderen Staaten und die vorläufige Erlassung [verfassungskonformer] Gesetze, wenn das Folketing nicht zusammentreten kann. Jeder einzelne Min. des *Kabinetts* (Min.rats) ist als Ressortchef dem Parlament gegenüber verantwortl. und kann von diesem gestürzt werden. Der Premiermin. wird nach Absprache mit den Obmännern der Parteien vom König ernannt und kann seiner mögl. Abwahl durch Mißtrauensvotum den eigenen Antrag auf Neuwahlen entgegensetzen. Die *gesetzgebende Gewalt* liegt (abgesehen von den eben erwähnten Aufgaben des Königs) beim Einkammerparlament, dem Folketing mit 179 (darunter 2 auf den Färöern und 2 in Grönland) in allg. direkter, gleicher und geheimer Wahl auf 4 Jahre gewählten Abg. Es gibt einen verfassungsmäßig verankerten Volksentscheid und (zur Kontrolle des Staatsapparates durch das Parlament) einen „Ombudsman".
Parteien: Die im Folketing vertretenen Parteien sind die 1871 gegr. Sozialdemokrat. Partei (59 Sitze), die 1972 entstandene Fortschrittspartei (16 Sitze), die Konservative Volkspartei (26 Sitze), die 1872 gegr. Liberale Partei (Venstre; 20 Sitze), die 1959 gegr. Sozialist. Volkspartei (21 Sitze) und die 1905 gegr. Sozialliberale Partei (9 Sitze), die Zentrums-Demokraten (15 Sitze), die Linkssozialist. Partei (5 Sitze) und die Christl. Volkspartei (4 Sitze).
Dachverband der etwa 40 *Gewerkschaftsverbände* (in denen insgesamt rd. 1,5 Mill. Mgl. organisiert sind) ist die sog. Landsorganisationen i Danmark.
Verwaltung: D. ist in 14 Amtskommunen gegliedert, die durch einen gewählten Amtsrat verwaltet werden. Die rd. 275 Primärgemeinden haben Selbstverwaltungsrecht. Die Färöer haben einen weitgehend autonomen Status, eigene Legislative und Exekutive, Amtssprache und Währung. Seit 1979 hat Grönland einen Autonomiestatus. Die Rechte der dt. Minderheit in D. wurden wie die der dän. in der BR Deutschland 1955 durch gegenseitige Erklärungen der beiden Reg. gesichert.
Recht: Es gibt 85 Untergerichte, als Appellationsinstanz für Verfahren der Untergerichte und erste Instanz für schwerere Fälle 2 Landgerichte. Das Oberste Gericht (Højesteret) in Kopenhagen ist Berufungsinstanz für die Landgerichte. Außerdem gibt es ein Schiffahrts- und Handelsgericht sowie ein Arbeitsgericht.
Landesverteidigung: Die in die NATO integrierten Streitkräfte umfassen rd. 29 300 Mann (Heer 17 000, Luftwaffe 6 900, Marine 5 400).

🕮 *Skovmand, R., u.a.: Gesch. Dänemarks 1830–1939. Dt. Übers. Neumünster 1973. - Thomsen, E.: Dt. Besatzungspolitik i. D. 1940–1945. Düss. 1971. - Imhof, A. E.: Grundzüge der nord. Gesch. Darmst. 1970. - Lauring, P.: Gesch. Dänemarks. Dt. Übers. Neumünster 1964. - Brønsted, J.: Nord. Vorzeit. Dt. Übers. Neumünster 1961–77. 4 Bde. - Dän. Wirtschaftsgesch. Hg. v. A. Nielsen. Jena 1933.*

Danewerk (Dannewerk, dän. Danevirke), Sammelbez. für frühgeschichtl. und ma. Befestigungsanlagen, die die Jüt. Halbinsel an der Schleswiger Landenge (zw. Treene und Schlei) nach S abriegeln; Zuordnung und genaue Datierung der einzelnen Bestandteile sind problemat.; entstand wohl seit Anfang des 9. Jh.; Wälle aus Erde und Holz mit Feldsteinverstärkungen, später Ziegelmauern; 1859/60 z. T. erneut für Verteidigungszwecke hergerichtet.

Daniel (russ. Daniil) **Alexandrowitsch,** * 1261, † 1303, Fürst (seit 1276) von Moskau. -

Sohn Alexander Newskis; machte Moskau zur ständigen Residenz; Stammvater der Moskauer Dyn. Danilowitsch, die Rußland im 14. und 15. Jh. einigte und bis zum Ende des 16. Jh. regierte.

Danilewski, Nikolai Jakowlewitsch [russ. dɐniˈljɛfskij], * Oberez (Gouv. Orel) 10. Dez. 1822, † Tiflis 19. Nov. 1885, russ. Kulturhistoriker. - Wegbereiter des jüngeren, militanten Panslawismus durch sein Werk „Rußland und Europa" (1869), in dem er Rußland die Aufgabe der polit. Vereinigung aller Slawen und dem slaw. Kulturtyp unter russ. Führung die welthistor. Mission der Ablösung des alternden, vom german.-roman. Kulturtyp bestimmten Europa zuwies.

Danton, Georges Jacques [frz. dãˈtõ], * Arcis-sur-Aube 28. Okt. 1759, † Paris 5. April 1794, frz. Revolutionär. - Zunächst Advokat; 1790 Mitbegr. des Klubs der Cordeliers, wo er sein Rednertalent entfaltete; seit 1791 Mgl. der Pariser Stadtverwaltung, trug wesentl. zu deren Radikalisierung, zur Erstürmung der Tuillerien und zum Sturz des Königtums bei; wurde als Justizmin. ab Aug. 1792 zur beherrschenden Figur in Frankr.; organisierte den revolutionären Terror, mobilisierte den frz. Widerstandsgeist und Patriotismus gegen die Intervention europ. Mächte; ab April 1793 führend im Wohlfahrtsausschuß; schlug eine kompromißbereitere Politik ein, wodurch er in scharfen Gegensatz zu Robespierre geriet; 1794 verhaftet, verurteilt und guillotiniert. - Sein Schicksal wurde mehrfach literar. gestaltet, u. a. in G. Büchners Drama „Dantons Tod" (1835).

🕮 *Christophe, R.: D. Paris 1964. - Herissay, J.: Cet excellent Monsieur D. Paris 1960.*

Danubius (Danuvius), aus dem Kelt. stammender lat. Name zunächst des oberen und mittleren Laufes der Donau, seit etwa Mitte des 1. Jh. v. Chr. des gesamten Flusses.

Danzig (poln. Gdańsk), poln. Hafenstadt an der W-Küste der Danziger Bucht, 10 m ü. d. M., 378 000 E.

Geschichte: Erstmals erwähnt 997, Sitz der slaw. Fürsten von D. Neben der slaw. Siedlung entstanden vermutl. um 1178 eine dt. Marktsiedlung und eine dt. Gemeinde (um 1240 Stadtrecht). Häufig war D. Streitobjekt zw. Polen, Brandenburg und dem Dt. Orden, der sich 1301/08 durchsetzte. Seit Ende 13. Jh. unterhielt D. ausgedehnte Handelsbeziehungen und arbeitete seit 1361 in der Hanse mit. Durch starken Zustrom stieg die Bev. bis 1400 auf etwa 10 000 meist dt. E an. Aufstände gegen den Dt. Orden zw. 1361/1416 wurden blutig niedergeschlagen. Unter poln. Oberhoheit (ab 1454/57) erhielt D. weitgehende Privilegien. D. wurde um 1600 zum größten Produktionszentrum (Schiffbau, Textilien, Möbel, Waffen) in Polen. Während der Reformationszeit wurde D. auf Dauer ev. 1793 kam es an Preußen und wurde 1807–14 Freistaat. 1814–24 und 1878–1919 Hauptstadt der preuß. Prov. Westpreußen. 1919/20 wurde D. Freie Stadt (↑ Danzigfrage) mit Parlament (Volkstag) und Reg. (Senat). Die wirtsch. und polit. Isolierung und die Konkurrenz Gdingens verschlechterten D. Wirtschaftslage, v. a. nach 1929. 1933 errang die NSDAP die Mehrheit im Volkstag. Mit Kriegsbeginn am 1. Sept. 1939 wurde D. dem Dt. Reich angegliedert. Seit 1945 poln., wuchs es als bed. Industrie- und Hafenstadt mit Zoppot und Gdingen zur „Dreistadt" zusammen.

🕮 *D./Gdańsk. Betrachtungen der Stadt in 4 Jh. Hg. v. H. Wennig. Hamb. 1980. - Ruhnau, R.: D. Gesch. einer dt. Stadt. Würzburg 1971.*

Danzigfrage, polit. Probleme, die durch die Sonderstellung Danzigs im Versailler Vertrag von 1919 entstanden. Die Errichtung eines poln. Staates mit freiem Zugang zum Meer führte zur Ausgliederung Danzigs aus dem Dt. Reich. Danzig wurde zur „Freien Stadt" erklärt und unter den Schutz des Völkerbundes gestellt. Dieser entsandte einen Hohen Kommissar (1937–39 C. J. Burckhardt) zur Schlichtung von Streitfällen mit Polen. Im Ausland wurde Danzig von Polen vertreten, zu dessen Zollgebiet es gehörte. Während die Eisenbahn von Polen verwaltet wurde, unterstanden Hafen und Wasserwege einem parität. Ausschuß. 1939 nahm Hitler die D. zum Vorwand für den Krieg gegen Polen.

🕮 *Kimmich, C.: The Free City: Danzig and the German foreign policy, 1919–1934. New Haven (Conn.) 1968.*

Danzig-Westpreußen, 1939 aus dem Gebiet der Freien Stadt Danzig, dem ostpreuß. Reg.-Bez. Westpreußen (dann Marienwerder), dem 1919 poln. gewordenen Teil der Prov. Westpreußen und dem poln. Gebiet um Bromberg gebildeter Reichsgau; bestand bis 1945.

Dardanellen [nach der antiken Stadt Dardanos], Meerenge in der Türkei, zw. Marmarameer und Ägäischem Meer, 65 km lang, 4–5 km (engste Stelle 1,3 km) breit. Mehrere Forts an den Küsten unterstreichen die strateg. Bedeutung.

Geschichte: In der Antike und im MA **Hellespont** gen., waren spätestens seit dem 3. Jt. v. Chr. Landbrücke zw. Europa und Asien wie Seeverbindung zw. Ägäis und Schwarzem Meer. 8./7. Jh. dichte Besiedelung im Zuge der griech. Kolonisationsbewegung; 480 v. Chr. setzte das Heer Xerxes' auf einer Schiffbrücke über die D., die nach den Perserkriegen unter die Kontrolle Athens gerieten, 405 v. Chr. jedoch wieder abgegeben werden mußten. 1354 osman. besetzt; nach der Eroberung Konstantinopels (1453) Befestigung der D. (Bau von Çanakkale). Der **Dardanellenvertrag** von 1841 untersagte allen nichttürk. Schiffen die Durchfahrt. Obwohl die D.-befestigungen zu Beginn des 1. Weltkriegs veraltet waren, konnten die Türken 1915/16 die Angriffe der Alliierten zurückschlagen. 1920 unter Kontrolle einer Meerengenkommission gestellt; 1923 entmilitarisiert; nach dem Meerengenabkommen (1936) Neubefestigung durch die Türkei.

Dardaner, aus der „Ilias" bekanntes, offenbar thrak. Volk; auf den zum Stammvater der Könige von Troja gemachten Dardanos zurückgeführt, mit den Trojanern gleichgesetzt, galten als Bewohner der Landschaft Dardania im nordwestl. Kleinasien.

D., illyr. Volk zu beiden Seiten des Vardar um Scupi (Skopje); schloß sich 284–217 zu einem stärkeren staatl. Gebilde zusammen und dehnte sich bis zur Adria aus; 217 von Philipp V. von Makedonien unterworfen; seit 1. Jh. v. Chr. röm., im 1. Jh. n. Chr. zur Prov. Moesia; ab 297 eigene Prov. Dardania.

Darius (Dareios; altpers. Darajawausch „der das Gute festhält"), Name von Großkönigen der altpers. Dyn. der Achämeniden:

D. I., d. Gr., † 486 v. Chr., Großkönig (seit 522). - Sohn des Hystaspes (altpers. Wischtaspa) aus einer Nebenlinie des Geschlechtes, ∞ mit Atossa; ergriff 522 die Macht, die er durch Schaffung einer einheitl. Reichsverwaltung (20 Satrapien, dadurch Gleichschaltung der Reichsteile; Steuerordnung; Schaffung einer Währung; Bau eines Straßennetzes, „Königsstraße" von Susa nach Sardes) zu sichern suchte; unternahm 513 einen erfolglosen Zug gegen die Skythen; konnte Thrakien und Makedonien in den pers. Machtbereich eingliedern; seinen Versuch, nach Abfall der kleinasiat. Griechen (Ion. Aufstand 499–493) Griechenland zu unterwerfen (↑ Perserkriege), konnte Athen in der Schlacht bei Marathon scheitern lassen (490).

Darius I. Audienz Darius' I. Relief vom Schatzhaus in Persepolis (6./5. Jh.; Teheran, Archäologisches Museum)

📖 *Hinz, W.: D. u. die Perser. Bd. 1. Baden-Baden 1976.*

D. II. Nothus, eigtl. Ochus, † Babylon 404 v. Chr., Großkönig (seit 423). - Seine Herrschaft war innenpolit. eine Zeit des Verfalls des Perserreiches; zahlr. Aufstände mußten niedergeschlagen werden; für die Einmischung zugunsten Spartas im Peloponnes. Krieg erhielt Persien Konzessionen in Kleinasien; 405 Abfall Ägyptens.

D. III. Codomannus, * um 380 v. Chr., † bei Hekatompylos (beim heutigen Damghan, Iran) im Juli 330, Großkönig (seit 336). - Neffe Artaxerxes' III.; nach mehreren Niederlagen (334 am Granikos; 333 bei Issos, 331 bei Gaugamela) gegen Alexander d. Gr. auf der Flucht ermordet. - Abb. S. 320.

Darlan, François [frz. dar'lɑ̃], * Nérac (Lot-et-Garonne) 7. Aug. 1881, † Algier 24. Dez. 1942, frz. Admiral. - Wurde 1939 Oberbefehlshaber der frz. Marine, 1940 Handels- und Marinemin. der Vichy-Reg.; 1941/42 zusätzl. Vizepräs. des Min.rats, Außen- und Informationsmin., kurzzeitig 1941 auch Innenmin. und anschließend Verteidigungsmin.; ab 1942 Oberkommandierender der frz. Streitkräfte; zeigte sich anfängl. zu einer takt. Kooperation mit den Deutschen bereit, schloß aber bei der Landung der Alliierten in N-Afrika im geheimen Einverständnis mit Pétain (offiziell seiner Ämter enthoben) einen Waffenstillstand; von einem Anhänger de Gaulles ermordet.

Darnley, Lord Henry Stewart (Stuart) [engl. 'dɑːnlɪ], * Temple Newsam (Yorkshire) 7. Dez. 1545, † Edinburgh 10. Febr. 1567, 2. Gemahl der Königin Maria Stuart (seit 1565). - Entstammte einer Seitenlinie des schott. Königshauses; zunächst heiml. Eheschließung mit Maria Stuart, offizielle Trauung nach päpstl. Dispens; ermordete 1566 Riccio, den Sekretär seiner Gemahlin; von einer Verschwörergruppe unter J. H. Bothwell umgebracht.

Darre, Richard Walther, * Belgrano bei Buenos Aires 14. Juli 1895, † München 5. Sept. 1953, dt. Agrarpolitiker. - 1933 Reichsleiter der NSDAP; schuf als Reichsernährungsmin. (ab 1933) den Reichsnährstand; veranlaßte das Reichserbhofgesetz von 1933; Verfechter einer rassist. Sozialromantik; ab 1934 Reichsbauernführer; 1942 aus allen Ämtern entfernt; 1945 verhaftet, 1949 zu 7 Jahren Haft verurteilt, 1950 entlassen.

Dat, Donat, Dedicat [lat. „er gibt, weiht, widmet"], Abk. D. D. D., stereotype Widmungsformel, bes. auf lat. Inschriften bei Weihungen an Götter.

Datis, pers. Feldherr zu Beginn des 5. Jh. v. Chr. - Leitete im Auftrag Darius' I. 490 mit Artaphernes die Flottenexpedition gegen Griechenland, die zur Eroberung von Delos und Eretria, schließl. jedoch zur Schlacht bei Marathon führte.

Daud Khan, Mohammed [da'u:t], * Kabul 1908, † ebd. 27. April 1978, afghan. Politiker. - Vetter des Königs Mohammed Sahir; 1937 Oberbefehlshaber der Armee; nahm als Min.präs. 1953–63 die Reformpolitik König Aman Ullahs wieder auf; stürzte 1973 die Monarchie, rief die Republik aus und amtierte seitdem als Staatsoberhaupt, Reg.-chef, Verteidigungs- und Außenmin.; kam beim Militärputsch 1978 ums Leben.

Daun (Dhaun), seit Mitte 15. Jh. nachweisbares mittelrhein. Adelsgeschlecht; 1655 Erhebung in den Reichsgrafenstand; übersiedelte nach Österreich; 1896 ausgestorben; bed.:
D., Leopold Graf von, Fürst von Thiano, * Wien 24. Sept. 1705, † ebd. 5. Febr. 1766, östr. Feldmarschall. - Kämpfte erfolgreich im Östr. Erbfolgekrieg; reorganisierte nach 1748 die östr. Armee; brachte im Siebenjährigen Krieg Friedrich II. die erste große Niederlage bei (Kolin, 1757) und erfocht 1758 den Sieg bei Hochkirch; bei Torgau 1760 geschlagen; 1762 Präs. des Hofkriegsrats.
🕮 *Thadden, F.-L. v.: Feldmarschall D. Mchn. u. Wien 1967.*

Dauphin [do'fɛ̃; frz.], seit etwa 1130 Titel der Grafen von Vienne, Herren der Dauphiné; nach deren Erwerb durch die frz. Krone (1349) Titel des frz. Thronfolgers bis 1830 (in der Verfassung von 1791 durch die Bez. „Prince Royal" ersetzt).

Dauphiné [frz. dofi'ne], histor. Landschaft in SO-Frankr., erstreckt sich von der mittleren Rhone bis in die Hochalpen, zentraler Ort ist Grenoble.
In kelt. Zeit lebten hier v. a. die Allobroger mit der Hauptstadt Vienna (= Vienne) und die Vocontier. 121 v. Chr. wurde das Land röm. und gehörte seit 27 v. Chr. zur Prov. Narbonensis, seit 395 n. Chr. zur Prov. Viennensis. 933 kam es zum Kgr. Burgund. 1349–1460 war die D. Apanage des frz. Thronfolgers (daher Dauphin); 1560 kam sie zur frz. Krondomäne und wurde später eine Prov.; 1790 in die heutigen Dep. aufgeteilt.
🕮 *Letonnelier, G.: Histoire du D. Paris ^{2}1958.*

David ['da:fɪt, 'da:vɪt], erster eigentl. König von Israel-Juda (etwa 1000–970) und Gründer der judäischen Dynastie. - 1. Sam. 16 bis 2. Sam. 5 schildern seinen Aufstieg (Sagen und Berichte). D. eroberte mit List die Kanaanäerstadt Jerusalem, wohin er die Bundeslade als Zeichen der Gegenwart Gottes überführte, vereinigte die eroberten Gebiete der Kanaanäer, Philister, Syrer, Moabiter, Edomiter zu einem Großreich, schlug eine Revolte seines Sohnes Absalom nieder und setzte Salomo zu seinem Nachfolger ein.

David I., * um 1085, † Carlisle (Cumberland) 24. Mai 1153, König von Schottland (seit 1124). - Folgte 1124 seinem Bruder Alexander I. auf dem schott. Thron und setzte dessen Politik der Eingliederung Schottlands in den westeurop. Kulturbereich mit Erfolg fort. Er gab der bis dahin stark kelt. geprägten Kirche eine feste Bistumsorganisation und verschaffte dem Lehnswesen und der Münzprägung Eingang. In Schottland als Heiliger verehrt.

David, Lucas, * Allenstein 1503, † Königsberg (Pr) April 1583, dt. Geschichtsschreiber. - Sein Hauptinteresse galt der Geschichte Preußens; sammelte viele Jahre Urkunden, begann 1575 mit der Niederschrift seiner bis 1410 führenden Chronik.
🕮 *Hubatsch, W.: L. D. aus Allenstein, der Geschichtsschreiber seiner Zeit. In: Südostpreußen u. das Ruhrgebiet. Hg. v. E. Nadolny. Leer (Ostfriesland) 1954.*

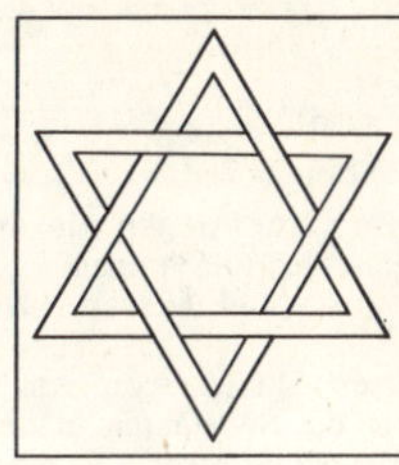

Davidstern

Davidstern ['da:fɪt, 'da:vɪt; nach König David] (Davidschild, hebr. Magen Dawid), Symbol in der Form eines Hexagramms (Sechsstern); im Judentum unter der Bez. D. erst vom MA an verbreitet; zu unterscheiden vom Pentagramm, dem Fünfstern; seit dem 19. Jh. religiöses Symbol des Judentums, seit 1897 Wahrzeichen des Zionismus. - Im Dritten Reich [meist gelbes] Erkennungszeichen mit der Aufschrift „Jude" (Judenstern), mußte von Juden seit 1941, in Frankr., den Niederlanden und in Belgien seit 1942 getragen werden. - 1948 in die Staatsflagge, die Handelsflagge und in die Flagge der Streitkräfte Israels aufgenommen; auch Emblem der jüd. Schwesterorganisation des Roten Kreuzes (Roter Davidstern).
🕮 *Scholem, G.: Das Davidschild. In: Scholem: Judaica. Ffm. 1963. S. 75.*

Davis [engl. 'dɛɪvɪs], Angela Yvonne, * Birmingham (Ala.) 26. Jan. 1944, schwarze amerikan. Soziologin und Bürgerrechtlerin. - 1969/70 Hochschullehrerin; militante Kämpferin für die Gleichberechtigung der Schwarzen in den USA; Mgl. der KP der USA seit 1968; 1970–72 inhaftiert.
D., Jefferson, * Fairview (Ky.) 3. Juni 1808, † New Orleans (La.) 6. Dez. 1889, amerikan. Politiker. - 1845 als Mgl. der Demokrat. Partei in das Repräsentantenhaus gewählt; 1847–51 und 1857–61 Bundessenator; 1853–57 Kriegsmin.; 1861 auf 6 Jahre zum Präs. der

Darius III. im Kampf gegen Alexander den Großen. Alexandermosaik (Ausschnitt). Neapel, Museo Nazionale

Konföderierten Staaten von Amerika gewählt; führte die Südstaaten in den Sezessionskrieg; der Mitwisserschaft an der Ermordung Lincolns beschuldigt, 1865 gefangengenommen, 1868 amnestiert.

D., John, * Sandridge Park bei Dartmouth (Devonshire) um 1550, † vor Sumatra 29. oder 30. Dez. 1605, engl. Seefahrer. - Drang auf der Suche nach der Nordwestpassage auf drei Reisen zw. 1585/87 durch die später nach ihm ben. Straße in das Baffinmeer vor (73° n. Br.); entdeckte 1592 die Falklandinseln.

Davout, Louis Nicolas [frz. da'vu], Herzog von Auerstaedt (1808), Fürst von Eckmühl (Eggmühl; 1809), * Annoux (Yonne) 10. Mai 1770, † Paris 1. Juni 1832, frz. Marschall (seit 1804). - Siegte 1806 bei Auerstedt und trug 1809 wesentl. zu den östr. Niederlagen bei Eggmühl und Wagram bei.

Dawes, Charles Gates [engl. dɔ:z], * Marietta (Ohio) 27. Aug. 1865, † Evanston (Ill.) 23. April 1951, amerikan. Finanzpolitiker (Republikaner). - Rechtsanwalt und Bankier; 1925–29 Vizepräsident, dann bis 1932 Botschafter in London. Erhielt zus. mit Sir J. A. Chamberlain 1925 den Friedensnobelpreis für die Ausarbeitung des **Dawesplans** vom 16. Aug. 1924, der die Zahlungen der dt. Reparationen nach dem 1. Weltkrieg regelte; der dt. Haushalt und die dt. Handelsbilanz sollten durch die Reparationen nicht gefährdet werden. Zunächst wurde die dt. Währung durch einen 800-Mill.-Kredit (Goldmark) stabilisiert, nach einer Anlaufzeit sollten die Reparationszahlungen in Höhe von etwa 2,4 Milliarden Goldmark pro Jahr beginnen. Der Plan wurde nach seinem Scheitern 1928 durch den Youngplan ersetzt.

📖 *Wandel, E.: Die Bedeutung der Vereinigten Staaten v. Amerika für das dt. Reparationsproblem 1924–1929. Tüb. 1971. - Link, W.: Die amerikan. Stabilisierungspolitik in Deutschland 1921–32. Düss. 1970. - Timmons, B. N.: Portrait of an American: C. G. D. New York 1953.*

Dayan, Moshe [hebr. da'jan], * Deganya 20. Mai 1915, † Tel Aviv 16. Okt. 1981, israel. General und Politiker. - Als Generalstabschef der israel. Armee Oberbefehlshaber des Sinaifeldzugs 1956; 1959–64 als Mgl. der Mapai Landwirtschaftsmin.; 1964 Mitbegr. der Rafi-Partei (später in der Arbeiterpartei aufgegangen); 1967–74 Verteidigungsmin.; 1977–79 (nach Austritt aus der Arbeiterpartei) Außenminister. Die von ihm im April 1981 neu gegr. Partei Telem (Bewegung für die nat. Erneuerung) konnte bei den Knesset-Wahlen vom Juni 1981 nur zwei Sitze erringen.